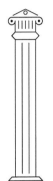

민법강의:
민법총칙·물권

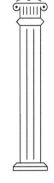

권재문 저

박영사

머리말

가족법과 재산법의 준별. 박사 논문 주제를 '친생자관계'로 정함으로써 '가족법 전공자'로 분류되었을 때부터 내내 이러한 준별에 대해 의문을 가지고 있었습니다. 가족관계와 재산관계는 얼핏 보기에는 많이 달라 보입니다. 그러나 이들은 모두 우리의 일상생활을 구성하고 있으며 인간의 존엄과 가치, 행복추구권과도 직결되어 있습니다. 또한 재산관계뿐 아니라 가족관계에 대해서도, '사적 자치 원칙'이 적용되고 예외적으로 약자 보호나 법적 안정성이라는 '공공복리'를 위해 법률에 의한 제한이 작용할 뿐이라고 본다면, 가족법과 재산법의 기본적인 구조도 비슷하다고 할 수 있겠습니다.

이처럼 가족법과 재산법은 '민법'이라는 하나의 법률을 구성하고 있는 각 부분일 뿐인데도 마치 이들이 별개의 법인 것처럼 인식되는 것이 현실입니다. 이러한 상황을 타개하기 위한 노력의 일환으로, 가족법 전공자로서, 가족법 교과서부터 출간한 후 재산법 교과서에 도전하게 되었습니다. 이 책도 가족법 교과서와 같은 방식으로 만들어 보았습니다. 우선 보편적 교과서라고 할 수 있는 지원림 교수님(저) 교과서를 기준으로 삼아 이 책에서 다루어야 할 내용을 선정하고, 각각에 대해 판례가 없는 부분은 간결하게 서술하고, 판례가 있는 부분은 제 나름대로 요약한 문장과 판례의 원문을 모두 소개했습니다. 가족법 교과서 서문에서도 언급했던 것처럼, 판례의 취지뿐 아니라 그 원문에도 익숙해질 필요가 있다고 생각했기 때문입니다.

이 책을 쓰면서 서울시립대학교 법학전문대학원에 재학 중인 김연주, 김은빈, 전혜지 세 분의 도움을 받았습니다. 1학년 겨울방학 내내 이 책의 초고를 다른 교과서나 수험서와 대조하면서 수정·보완해야 할 부분을 정리해 주신 덕분에 더 좋은 책이 될 수 있었습니다. 진심으로 감사드립니다. 세 분 모두 실력뿐 아니라 인성과 성실성까지 겸비하고 있어서, 변호사 시험 합격에는 확정 기한, 법률가로서의 대성에는 불확정 기한이 붙어 있을 뿐이라는 점에 대해 일말의 의심도 없습니다. 뿐만 아니라 개인적 성취를 넘어서 우리 서울시립대학교 법학전문대학원이 추구하는 '구성원의 다양성 실현'이라는 목표가 옳았음을 증명해 주실 것으로도 믿어 의심치 않습니다.

원래는 2월 말까지 출판을 마무리할 계획이었으나 한창 책을 쓰고 있던 2월 초에 예기치 않은 부친상을 당하여 이제야 출간할 수 있게 되었습니다. 부친에 대한 그리움과 불효자의 회한을 담아 이 책을 부친의 영전에 바칩니다.

끝으로 어려운 여건하에서도 가족법 교과서에 이어 이 책의 출간도 허락해 주신 박영사 안상준 대표님, 출판에 필요한 모든 여건을 조성해 주신 장규식 팀장님, 그리고 이번에도 까탈스럽고 변덕스러운 교정지를 잘 다스려 주신 윤혜경 대리님께 감사드립니다.

2024년 6월
권재문

목 차

3장

의사표시의 하자: 무효 · 취소의 요건

4장
무효와 취소

5장
대리

6장
자연인

7장
법인

8장
소멸시효

9장
물권의 의미와 효력

10장
점유와 점유권

11장
물권 변동의 요건, 법률행위에 의한 동산 물권 변동

12장
부동산 물권변동의 공시방법: 등기

13장
법률 규정에 의한 물권 변동

14장
부동산의 점유 시효취득

15장
명의신탁과 부동산실명제법

16장
공동소유

17장
지상권

18장

전세권

19장

유치권

20장
지명채권에 대한 채권질권

21장
저당권

22장
공동저당, 근저당

23장
비전형 담보물권

일러두기

* 서술 순서는 민법 조문 순서를 반영하는 것을 원칙으로 했지만, 물권법 총론 부분에서는 물권적 청구권, 점유와 점유권, 물권 변동론의 순서로 서술하였다.
* 판례나 조문에서 [ ]으로 묶인 부분은 필자가 보충한 내용이다. 또한 굵은 글씨나 밑줄도 필자가 보충한 내용이다.
* 판례의 사실관계는 설명에 필요한 부분만 남기고 최대한 단순화하였으며, 판례 원문을 이해하기 편하도록, 판례의 '원고', '피고', '소외인' 등을 판례 설명에 등장하는 인명인 甲, 乙, 丙 등으로 변경한 부분이 있음을 밝혀둔다.
* 민법 이외의 법률명은 다음과 같이 요약하였다.
  - 부동산 실권리자명의 등기에 관한 법률 → 부동산실명제법
  - 가등기담보 등에 관한 법률 → 가등기담보법
* 본문에서 법조문을 인용할 때, '조'는 '§'로 표기하였고, 「민법」의 조문들은 법률명을 생략하였다.
* 판례는 판례공보 2024년 5월 1일자까지 반영했다.
* 본문에서 저자명으로 인용된 참고문헌은 다음과 같다.
  - 권재문, 민법강의: 친족상속법, 박영사, 2023
  - 지원림, 민법강의 제20판, 홍문사, 2023
  - 구연모, 부동산등기법 제2판, 박영사, 2022

1장

민법 총론: 민법의 법원·권리
행사와 의무이행

민법 총론: 민법의 법원·권리 행사와 의무이행

I | 민법의 법원

1. 개관: 민사 법률관계에 적용되는 규범

가. 사적 자치 원칙

- 민사 법률관계에 대해 적용되는 규범은 당사자들이 스스로 형성하는 것이 원칙이다. 즉 당사자들이 원하는 권리·의무를 내용으로 하는 의사표시가 합치된 '계약'이 민사 법률관계를 규율하는 원칙적인 규범이다.
- 당사자들의 의사표시가 없으면 법률관계 자체가 성립할 수 없다. 다만 당사자의 의사표시의 내용이 불명확한 경우에는 ⑦ 사실인 관습 또는 거래 관행을 근거로 의사표시의 구체적인 내용을 해석해야 하고, ⓛ 사실인 관습의 내용도 불명확하면 실정법 규정을 기준으로 삼아 그 내용을 해석해야 한다. 이처럼 의사표시 해석의 기준이 되는 실정법 규정을 임의법규라고 한다.

> 제105조(임의규정) 법률행위의 당사자가 법령 중의 선량한 풍속 기타 사회질서에 관계없는 규정과 다른 의사를 표시한 때에는 그 의사에 의한다.

> 제106조(사실인 관습) 법령 중의 선량한 풍속 기타 사회질서에 관계없는 규정과 다른 관습이 있는 경우에 당사자의 의사가 표시되었으나 그 내용이 명확하지 아니한 때에는 그 관습에 의한다.

나. 법규범이 적용되는 경우

(1) 문제의 소재

- 민사 법률관계 중에는 사적 자치에 맡겨질 수 없는 것들도 있다. 예컨대 도덕 규범이나 사회의 기본질서와 관련된 법률관계에 대해서는 당사자들의 의사표시보

다 법규범이 우선적으로 적용된다.

- 또한 사적 자치가 적용되는 영역에서도 당사자들이 부수적인 법률관계에 관한 규율을 빠뜨린 경우에는 법규범이 보충적으로 적용될 수 있다.

(2) 법원의 의미와 유형

> 제1조(법원) 민사에 관하여 법률에 규정이 없으면 관습법에 의하고 관습법이 없으면 조리에 의한다.

- §1의 법원(法源)이란 법규범의 존재 형태를 의미한다. 법원은 법규범의 존재와 내용을 확인할 수 있는 근거가 된다.
- 민사 법률관계에 대해서는 실정법뿐 아니라 관습법, 조리 등의 불문법도 법원으로 인정된다.

(3) 법원들 사이의 관계

- 원칙: 실정법, 관습법, 조리는 순차적으로 적용되는 보충적 관계에 있다. 따라서 문제된 법률관계에 대해 법률·하위법령 등의 실정법이 있으면 그 내용과 저촉되는 관습법은 적용될 수 없다.

> 「가정의례에 관한 법률」에 따라 제정된 가정의례준칙과 다른 내용의 관습법의 효력을 인정하면 관습법의 제정법에 대한 열후적, 보충적 성격에 비추어 그와 같은 관습법의 효력을 인정하는 것은 관습법의 법원으로서의 효력을 정한 제1조의 취지에 어긋나는 것이라고 할 것이고 이를 **사실인 관습으로 보는 취지라면** 당사자의 주장과 입증이 있어야 할 것일 뿐만 아니라 성격과 효력에 비추어 이 관습이 사법자치가 인정되는 임의규정에 관한 것이어야만 비로소 이를 재판의 자료로 할 수 있을 따름이므로 이 점에 관하여도 아울러 심리판단하였어야 할 것이므로, 따라서 원심인정과 같은 관습을 재판의 자료로 하려면 그 관습이 관습법인지 또는 사실인 관습인지를 먼저 가려 그에 따라 그의 적용여부를 밝혔어야 할 것이다(대법원 1983. 6. 14. 선고 80다3231 판결).

- 예외: 물권법에서는 실정법과 관습법에 대등한 지위가 인정된다. 따라서 이들의 내용이 양립할 수 없을 때는 법규범의 충돌을 해결하기 위한 일반원칙인 신법 우선 원칙, 특별법 우선 원칙이 적용된다.

> 제185조(물권의 종류) 물권은 법률 또는 관습법에 의하는 외에는 임의로 창설하지 못한다.

(4) 관습법과 사실인 관습(§1, §106의 관계)

A. 공통점과 차이점

- 공통점: 관습법과 사실인 관습은 모두 사회의 거듭된 관행으로부터 발생한 규범이다.
- 차이점: 관습법은 사회의 확신·인식에 의해 법규범으로 인정되어 법원의 일종이 되지만 사실인 관습은 법규범이라는 사회적 확신에 이르지 못한 상태에서 의사표시의 해석 기준으로서의 역할만 한다.

B. 구별의 실익

- 법규범이 민사 법률관계에 적용되는 규범으로 인정되는 경우, 실정법이 없으면 관습법은 보충적으로 법원이 될 수 있으나 사실인 관습은 법원이 될 수 없다. 따라서 실정법이 없고 사실인 관습만 인정되는 경우 즉 관행만 있고 이에 대한 사회 일반의 법적 확신은 없는 경우라면 조리가 법원이 되어야 한다.
- 관습법이 법원의 일종으로 적용되는 경우, 재판에서 적용되어야 할 법규범의 존부와 내용을 파악하는 것은 법원의 임무이므로, 법원이 관습법의 존부와 내용을 직권으로 조사·적용해야 한다. 이에 비해 사실인 관습은 의사표시의 해석과 관련하여 문제되므로 당사자가 주장·증명해야 한다.

> **대법원 1983. 6. 14. 선고 80다3231 판결**
> - 관습법이란 사회의 거듭된 관행으로 생성한 사회생활규범이 사회의 법적 확신과 인식에 의하여 법적 규범으로 승인 강행되기에 이른 것을 말하고 사실인 관습은 사회의 관행에 의하여 발생한 사회생활규범인 점에서는 관습법과 같으나 다만 사실인 관습은 사회의 법적 확신이나 인식에 의하여 법적 규범으로서 승인될 정도에 이르지 않은 것을 말하여 관습법은 바로 법원으로서 법령과 같은 효력을 갖는 관습으로서 법령에 저촉되지 않는 한 법칙으로서의 효력이 있는 것이며 이에 반하여 사실인 관습은 법령으로서의 효력이 없는 단순한 관행으로서 법률행위의 당사자의 의사를 보충함에 그치는 것이다.
> - 법령과 같은 효력을 갖는 관습법은 당사자의 주장 입증을 기다림이 없이 법원이 직권으로 이를 확정하여야 하나 이와 같은 효력이 없는 사실인 관습은 그 존재를 당사자가 주장 입증하여야 한다고 파악할 것이다.

- 사실인 관습은 강행법규가 적용되는 영역에서 법규범으로 적용될 수 없다.

2. 관습법

가. 개관

- 관습법의 존재 여부나 존재하는 관습법의 내용이 문제되는 사안은 기본적으로 강행법규가 적용되는 사안이어야 한다.
- 관습법이 법규범으로 적용되는 사안의 예로서 ㉠ 종중의 법률관계, ㉡ 관습법상 분묘기지권, 관습법상 법정지상권 등을 들 수 있다.

나. 관습법의 성립요건

- 사실적 요건: 민사 법률관계에 속하는 권리·의무와 관련된 거듭된 관행이 사회에서 법적 규범으로 승인되어야 한다.
- 규범적 요건: 이러한 관행의 내용이 ㉠ 헌법을 최상위 규범으로 하는 법질서 전체의 이념을 위반하지 않는 것으로서 ㉡ 합리성·정당성이 인정되어야 한다.

> **대법원 2003. 7. 24. 선고 2001다48781 전원합의체 판결**
> ‣ 사회의 거듭된 관행으로 생성한 어떤 사회생활규범이 법적 규범으로 승인되기에 이르렀다고 하기 위하여는 그 사회생활규범은 헌법을 최상위 규범으로 하는 전체 법질서에 반하지 아니하는 것으로서 정당성과 합리성이 있다고 인정될 수 있는 것이어야 한다.
> ‣ 제정민법 부칙에 따라 제정 민법이 시행된 1960. 이전에 상속이 개시된 경우 법원 역할을 하는 제정 민법이 시행되기 전에 존재하던 관습 중 "상속회복청구권은 상속이 개시된 날부터 20년이 경과하면 소멸한다."는 내용의 관습은 이를 적용하게 되면 20년의 경과 후에 상속권침해가 있을 때에는 침해행위와 동시에 진정상속인은 권리를 잃고 구제를 받을 수 없는 결과가 되므로 소유권은 원래 소멸시효의 적용을 받지 않는다는 권리의 속성에 반할 뿐 아니라 진정상속인으로 하여금 참칭상속인에 의한 재산권침해를 사실상 방어할 수 없게 만드는 결과로 되어 불합리하고, 헌법을 최상위 규범으로 하는 법질서 전체의 이념에도 부합하지 아니하여 정당성이 없으므로, 위 관습에 법적 규범인 관습법으로서의 효력을 인정할 수 없다.

다. 관습법의 변경·소멸

(1) 요건

A. 공통 요건

- 종래에 거듭되어 온 관행의 내용 또는 이에 대한 사회의 법적 확신이 변경·소멸하면, 관습법의 변경·소멸이 발생한다.
- 명백성: 관습법의 변경·소멸이 인정되려면 위와 같은 변경·소멸의 요건이 충족되었음이 명백해야 한다. 관습법의 변경·소멸을 인정함으로써 발생할 수 있는 법적 안정성의 저해를 방지할 필요가 있기 때문이다.

> 관습법의 소멸을 인정하면 기존의 관습법에 따라 형성된 과거의 법률관계에 대한 효력을 일시에 뒤흔드는 것이 되어 법적 안정성을 해할 위험이 있으므로, 위와 같은 관습법의 법적 규범으로서의 효력을 부정하기 위해서는 그 관습을 둘러싼 전체적인 법질서 체계와 함께 <u>사회 구성원들의 인식·태도나 그 사회적·문화적 배경 등에 의미 있는 변화가 뚜렷하게 드러나야 하고</u>, 그러한 사정이 <u>명백하지 않다면</u> 기존의 관습법에 대하여 법적 규범으로서의 효력을 유지할 수 없게 되었다고 단정하여서는 아니 된다 (대법원 2017. 1. 19. 선고 2013다17292 전원합의체 판결).

B. 개별적 요건

- 관습법 변경의 요건: 관행과 법적 확신이 모두 변경되고, 변경된 내용에 대해서도 관행·법적 확신·합리성 요건이 모두 충족되어야 관습법 변경으로 인정된다.
- 관습법 소멸의 요건: 관행, 법적 확신, 법질서 전체와의 조화, 합리성·정당성이라는 요건들 중 하나라도 소멸했다면 관습법 소멸로 인정된다.

> **대법원 2005. 7. 21. 선고 2002다1178 전원합의체 판결**
> - 사회의 거듭된 관행으로 생성된 사회생활규범이 관습법으로 승인되었다고 하더라도 사회 구성원들이 그러한 관행의 <u>법적 구속력에 대하여 확신을 갖지 않게 되었다거나</u>, 사회를 지배하는 기본적 이념이나 사회질서의 변화로 인하여 그러한 관습법을 <u>적용하여야 할 시점에 있어서의 전체 법질서에 부합하지 않게 되었다면</u> 그러한 관습법은 법적 규범으로서의 효력이 부정될 수밖에 없다.
> - 호주제 폐지 등에 의해 양성차별에서 양성평등으로 법적 확신이 변경됨에 따라 종

원의 자격을 성년 남자로만 제한하고 여성에게는 종원의 자격을 부여하지 않는 종래 관습에 대하여 우리 사회 구성원들이 가지고 있던 **법적 확신은 상당 부분 흔들리거나 약화**되어 있고, 무엇보다도 **헌법을 최상위 규범으로 하는 우리의 전체 법질서**는 개인의 존엄과 양성의 평등을 기초로 한 가족생활을 보장하고, 가족 내의 실질적인 권리와 의무에 있어서 남녀의 차별을 두지 아니하므로 종래의 관습은 우리의 전체 법질서에 부합하지 아니하여 정당성과 합리성이 있다고 할 수 없다. 따라서 종중 구성원의 자격을 성년 남자만으로 제한하는 종래의 관습법은 이제 더 이상 법적 효력을 가질 수 없게 되었다.

(2) 효과

A. 원칙적(이론적)인 소급효

• 관습법 변경의 경우: 변경 요건이 충족된 때로 소급하여 변경된 관습법이 적용된다.

• 관습법 소멸의 경우: 소멸 요건이 충족된 때 이후의 사실관계에 대해서는 더 이상 종래의 관습법이 적용되지 않는다. 따라서 이를 대체할 실정법이나 새로운 관습법이 생성되기 전까지는 조리가 적용된다.

B. 예외적인 장래효

• 법적 안정성을 위해 필요하다고 인정되는 경우 법원은 정책적 판단에 따라 관습법 변경·소멸에 대해 장래효만 인정할 수 있다.

• 다만 이 경우에도 관습법의 변경이나 소멸을 확인하게 된 계기가 된 당해 사건에 대해서는 변경이나 소멸이라는 효과가 소급적으로 적용된다.

대법원 2005. 7. 21. 선고 2002다1178 전원합의체 판결

‣ 새로운 판례의 적용 시점과 이 사건에의 소급적용: 이와 같은 종중 구성원의 자격에 관한 대법원의 견해의 변경은 관습상의 제도로서 대법원판례에 의하여 법률관계가 규율되어 왔던 종중제도의 근간을 바꾸는 것인바 위와 같이 변경된 견해를 소급하여 적용한다면, 최근에 이르기까지 수십 년 동안 유지되어 왔던 종래 대법원판례를 신뢰하여 형성된 수많은 법률관계의 효력을 일시에 좌우하게 되고, 이는 법적 안정성과 신의성실의 원칙에 기초한 당사자의 신뢰보호를 내용으로 하는 법치주의의 원리에도 반하게 되는 것이므로, 위와 같이 변경된 대법원의 견해는

이 판결 선고 이후의 종중 구성원의 자격과 이와 관련하여 새로이 성립되는 법률관계에 대하여만 적용된다고 함이 상당하다.

‣ 다만 원고들이 자신들의 권리를 구제받기 위하여 종래 관습법의 효력을 다투면서 자신들이 피고 종회의 회원(종원) 자격이 있음을 주장하고 있는 이 사건에 대하여도 위와 같이 변경된 견해가 적용되지 않는다면, 이는 <u>구체적인 사건에 있어서 당사자의 권리구제를 목적으로 하는 사법작용의 본질에 어긋날 뿐만 아니라 현저히 정의에 반하게 되므로, 원고들이 피고 종회의 회원(종원) 지위의 확인을 구하는 이 사건 청구에 한하여는 위와 같이 변경된 견해가 소급하여 적용되어야 할 것이다.</u>

3. 조리

가. 개관

(1) 의미

• 조리는 대개 '사물의 본질적 법칙'이라고 정의된다. 그러나 민법의 법원으로서의 조리는 '법의 일반원칙, 사회적 타당성, 형평, 정의, 사람의 이성·상식에 근거한 사회공동생활의 규범' 등으로 파악해야 한다.

• 조리도 법규범의 일종이므로 실정법·관습법 등의 다른 법규범들과 마찬가지로 ㉠ 헌법을 최상위 규범으로 하는 전체 법질서에 부합해야 하고, ㉡ 사회관념·법의식 변화를 반영하여 변경될 수 있다.

> **대법원 2023. 5. 11. 선고 2018다248626 전원합의체 판결**
>
> ‣ 조리는 일반적으로 사물의 이치, 본질적 법칙 등으로 이해되거나, 사회적 의미를 중시하여 사람의 **이성이나 양식에 기하여 생각되는 사회공동생활의 규범, 법의 일반원칙, 사회적 타당성, 형평, 정의** 등으로 해석된다. 이러한 조리에 근거한 법규범은 **헌법을 최상위 규범으로 하는 전체 법질서에 부합하면서 사회적으로 통용되고 승인**될 수 있어야 한다.
>
> ‣ 조리에 근거한 법규범 역시 고정불변의 것이 아니라 **사회관념과 법의식의 변화**에 따라 현재의 시대상황에 적합하게 변화할 수 있다. 따라서 <u>과거에는 조리에 부합하였던 법규범이라도 사회관념과 법의식의 변화 등으로 인해 헌법을 최상위 규범으로 하는 전체 법질서에 부합하지 않게 되었다면,</u> 대법원은 전체 법질서에 부합하지 않는 부분을 배제하는 등의 방법으로 그러한 법규범이 현재의 법질서에 합치

하도록 하여야 한다.

(2) 적용 요건

- 조리 적용의 전제: ㉠ 법규범이 당사자들의 의사표시보다 우선적으로 적용되어야 하는 민사 법률관계이어야 비로소 §1에 규정된 법원이 적용된다. ㉡ 또한 이러한 법률관계에 대해 적용될 실정법과 관습법이 모두 없는 경우에만 조리가 법규범으로 적용된다. 실정법이 없어서 법규범으로 적용되던 관습법이 소멸한 경우에도 마찬가지이다.
- 비교: 사적 자치가 적용되는 영역에서 당사자의 의사표시의 내용이 불명확하고 거래관행도 없는 경우, 문제된 내용이 중요부분이면 계약 불성립으로 귀결되지만 부수적 부분이면 조리에 근거한 보충적 해석이 이루어진다.

(3) 조리의 변경

- 조리는 사회통념을 반영하므로 조리의 내용도 변경될 수 있다.
- 조리가 법규범으로 적용되어야 하는 재판에서 조리의 내용 변경이 인정된 경우, 변경된 조리는 장래에 대해서만 적용되는 것이 원칙이고 당해 사안에 대해서만 예외적으로 소급효가 인정된다. 이 점에서 관습법이 변경된 경우와 마찬가지이다.

만약 새로운 법리를 소급하여 적용하면 종전 전원합의체 판결을 신뢰하여 형성된 제사용 재산 승계의 효력에 바로 영향을 미침으로써 법적 안정성과 당사자의 신뢰 보호에 반하게 된다. 따라서 새로운 법리는 이 판결 선고 이후에 제사용 재산의 승계가 이루어지는 경우에만 적용된다고 봄이 타당하다. 다만 대법원이 새로운 법리를 선언하는 것은 이 사건의 재판규범으로 삼기 위한 것이므로 이 사건에는 새로운 법리를 소급하여 적용하여야 한다(대법원 2023. 5. 11. 선고 2018다248626 전원합의체 판결).

나. 조리가 적용된 사례

(1) 종중 구성원 자격인 '후손'의 의미

- 종중은 '공동선조의 후손들로 구성된 자연발생적 단체'인데 종래의 관습법은 남성 후손에게만 종중원의 자격을 인정했다. 이런 관습법은 헌법 질서와 저촉되므로 더 이상 법적 확신의 대상이 될 수 없어서 폐기되었다.

- 따라서 '후손'의 의미는 조리에 따라 정해져야 하고, '후손'에는 양성 모두가 포함된다고 보는 것이 조리에 부합한다.

> **대법원 2005. 7. 21. 선고 2002다1178 전원합의체판결**
> ‣ 성문법이 아닌 관습법에 의하여 규율되어 왔던 종중에 있어서 그 구성원에 관한 종래 관습은 더 이상 법적 효력을 가질 수 없게 되었으므로, 종중 구성원의 자격은 민법 제1조가 정한 바에 따라 조리에 의하여 보충될 수밖에 없다.
> ‣ 종중이란 공동선조의 분묘수호와 제사 및 종원 상호간의 친목 등을 목적으로 하여 구성되는 자연발생적인 종족집단이므로, 종중의 이러한 목적과 본질에 비추어 볼 때 공동선조와 성과 본을 같이 하는 후손은 성별의 구별 없이 성년이 되면 당연히 그 구성원이 된다고 보는 것이 조리에 합당하다고 할 것이다.

(2) 제사용 재산을 단독승계할 '제사주재자'의 결정 기준

A. 문제의 소재
- 제사주재자의 의미에 관한 명문 규정이 없고 '종손의 제사 승계'라는 관습법은 소멸했다.
- 따라서 그 의미는 조리에 따라 정해져야 한다.

B. 조리에 따른 제사주재자 결정
- 제사주재자는 공동상속인들의 합의로 정하고 합의로 정하지 못하면 망인의 직계비속 중 최근친·최연장자인 1인이 단독으로 제사주재자가 된다고 보는 것이 조리에 부합한다.
- 다만 최근친·최연장자가 제사를 주재할 수 없는 특별한 사정이 있으면 후순위자가 제사주재자라고 보는 것이 조리에 부합한다. 이러한 특별한 사정이 있는지의 여부는 피상속인이나 다른 공동상속인의 의사뿐 아니라 최근친·최연장자의 제사거부, 해외 거주 등의 사정도 고려하여 결정해야 한다.

대법원 2023. 5. 11. 선고 2018다248626 전원합의체 판결

‣ 공동상속인들 사이에 **협의가 이루어지지 않는 경우**에는 제사주재자의 지위를 인정할 수 없는 특별한 사정이 없는 한 피상속인의 직계비속 중 남녀, 적서를 불문하고 **최근친의 연장자가 제사주재자로 우선한다고 보는 것이 가장 조리에 부합**한다. 피상속인의 **직계비속 중 최근친의 연장자를 제사주재자로 우선하는 것은 현행법질서 및 사회 일반의 보편적 법인식**에 부합한다고 볼 수 있기 때문이다.

‣ 피상속인의 직계비속 중 최근친의 연장자라고 하더라도 제사주재자의 지위를 인정할 수 없는 특별한 사정에는, 장기간의 외국 거주, 불효, 제사 거부 등으로 인하여 정상적으로 제사를 주재할 의사나 능력이 없다고 인정되는 경우뿐만 아니라, **피상속인의 명시적·추정적 의사, 공동상속인들 다수의 의사**, 피상속인과의 생전 생활관계 등을 고려할 때 그 사람이 제사주재자가 되는 것이 현저히 부당하다고 볼 수 있는 경우도 포함된다.

‣ 제1008조의3은 제사용 재산의 특수성을 고려하여 제사용 재산을 유지·보존하고 그 승계에 관한 법률관계를 간명하게 처리하기 위하여 일반 상속재산과 별도로 특별승계를 규정하고 있다. 이러한 취지를 고려하면 어느 정도 예측 가능하면서도 사회통념상 제사주재자로서 정당하다고 인정될 수 있는 특정한 1인을 제사주재자로 정해야 할 필요가 있다.

‣ 제사는 기본적으로 후손이 조상에 대하여 행하는 추모의식의 성격을 가지므로, 제사주재자를 정할 때 피상속인과 그 직계비속 사이의 근친관계를 고려하는 것이 자연스럽다. 다만 직계비속 중 최근친인 사람들이 여러 명 있을 경우에 그들 사이의 우선순위를 정하기 위한 기준이 필요한데, **연령은 이처럼 같은 순위에 있는 사람들 사이에서 특정인을 정하기 위한 최소한의 객관적 기준**으로 삼을 수 있다. 같은 지위와 조건에 있는 사람들 사이에서는 연장자를 우선하는 것이 우리의 **전통 미풍양속**에 부합할 뿐만 아니라, 가족공동체 내에서 어떤 법적 지위를 부여받을 때에 같은 순위자들 사이에서 연장자를 우선하는 것은 이미 **우리 법질서 곳곳에 반영**되어 있다. 생명윤리 관련법, 제877조의 연장자 입양 금지, 종중의 종장 선임에 관한 관습법 등도 종족집단 내에서 연장자를 우선하는 전통이 반영된 것이다.

II 권리 행사와 의무이행

1. 호의관계와 법률관계

가. 노력 문구의 의미

(1) 개관

- 문제의 소재: 장래에 어떤 행위를 하기로 약속하면서 '최대한 노력', '책임지고 해결' 등의 문언을 사용한 경우에 이러한 약속이 법적 구속력 있는 의사표시로, 약속된 행위가 법적인 의무로 각각 인정되어 당사자들 사이의 채권관계를 발생시키는 근거가 될 수 있는지가 문제된다.
- 사안의 해결: ㉠ 노력 문구만으로는 법적 의무를 근거지울 수는 없는 것이 원칙이다. 당사자들에게 법적 의무를 발생시키려는 의사가 있었다면 노력 문구는 무의미한 표현이기 때문이다. ㉡ 예외적으로, 특별한 사정이 있으면 이러한 문구를 근거로 채권관계가 발생할 수 있다.

(2) 사례: 주주간 계약과 노력 문구

A. 사안의 개요

- 甲(원고)은 乙이 유상증자를 위해 발행한 신주에 대한 신주인수계약을 체결하면서 동시에 乙의 지주회사인 丙(피고)과 이 사건 주주간 계약을 체결했는데, 여기에는 '丙은 乙이 보유하고 있는 丁회사에 대한 지분 비율을 그대로 유지하도록 노력하여야 한다'는 취지의 조항이 포함되어 있다.
- 甲이 위 계약에 따라 신주인수대금을 지급한 후 乙이 丁회사 지분을 모두 매각하자 甲은 丙을 상대로 위 조항 위반을 이유로 §390 손해배상청구를 하였다.

B. 쟁점과 판단

- 노력 문구는 원칙적으로 법적 의무의 근거가 될 수 없다.
- 다만 甲·丙 사이에 체결된 주주간 계약의 해석상 乙이 丁회사에 대한 지분을 유지하게 하는 것이 丙의 법적 의무라고 인정될 수 있다.

대법원 2021. 1. 14. 선고 2018다223054 판결

‣ 어떠한 의무를 부담하는 내용의 기재가 있는 문면에 '최대한 노력하겠습니다.', '최대한 협조한다.' 또는 '노력하여야 한다.'고 기재되어 있는 경우, 특별한 사정이 없는 한 당사자가 위와 같은 문구를 기재한 의미는 문면 그 자체로 볼 때 그러한 의무를 법적으로는 부담할 수 없지만 사정이 허락하는 한 그 이행을 사실상 하겠다는 취지로 해석함이 타당하다. 그러한 의무를 법률상 부담하겠다는 의사였다면 굳이 위와 같은 문구를 사용할 필요가 없고, 위와 같은 문구를 삽입하였다면 그 문구를 의미 없는 것으로 볼 수 없기 때문이다. 다만 당사자가 그러한 의무를 법률상 부담할 의사였다고 볼 만한 특별한 사정이 인정되는 경우에는 위와 같은 문구에도 불구하고 법적으로 구속력이 있는 의무로 보아야 한다.

‣ 원심은 투자전문회사인 甲으로서는 丁회사 지분 외에는 자산이 거의 없는 乙의 신주를 인수할 이유가 없으며, 甲이 지급한 신주인수대금은 丁의 유상증자 대금으로 사용되었다는 등의 특별한 사정이 있음을 이유로 노력하여야 한다고 기재된 문언에도 불구하고 丙으로 하여금 乙이 丁의 지분을 신주인수계약 당시와 같이 유지하도록 할 법적 의무를 부과하고 있는 것으로 보아야 한다고 판단하였다. 이와 같이 해석한 원심판단은 정당하다. 丙은 甲에 대해 위 주주 간 계약상의 의무를 불이행한 데에 대한 책임이 있다고 보아야 한다.

나. 호의동승

(1) 요건: 무상성, 이타성

• 호의동승이란, 차량의 운행자와 동승자 사이에, 동승에 대한 대가가 지급되지 않으며 동승은 전적으로 동승자의 편의·이익을 위한 것이라는 점에 대한 합의가 있었던 경우를 뜻한다.

• 이러한 요건이 충족된 경우, 운행자와 동승자 사이에 동승과 관련된 법적 권리·의무가 발생하는지가 문제된다.

> 호의동승이란 차량의 운행자가 아무런 대가를 받지 아니하고 동승자의 편의와 이익을 위하여 동승을 허락하고, 동승자도 그 자신의 편의와 이익을 위하여 그 제공을 받은 경우이다(대법원 1995. 10. 12. 선고 93다31078 판결).

(2) 효과: 운행자의 교통사고로 인한 손해배상책임의 범위

A. 문제의 소재

• 호의동승 사안에서 운행자의 과실에 의한 교통사고로 호의동승자에게 손해가 발생할 수 있다.

• 이 경우 운행자의 동승자에 대한 손해배상 책임 인정 여부와 손해배상의 범위가 문제된다.

B. 운행자의 손해배상 책임

(a) 손해배상책임의 근거

• 운행자와 호의동승자 사이의 계약 관계가 인정되지 않으므로, 운행자는 §390의 채무불이행 책임을 부담하지는 않는다.

• 다만 불법행위는 계약 등의 법률관계를 전제하지 않으므로 운행자는 §750의 불법행위 책임을 지게 된다.

(b) 손해배상의 범위

• 불법행위 책임이 인정되는 경우이더라도 일반적인 불법행위 사안에 준하여 손해배상책임을 인정하는 것이 신의칙·형평원칙상 매우 불합리하다고 인정되는 경우에는 손해배상액이 감경될 수 있다. 다만 호의동승이라는 이유만으로 운행자의 손해배상액이 원칙적으로 감경되는 것이 아님에 유의해야 한다.

✓ 동승 자체가 동승자의 손해 발생의 원인을 제공한 것이므로 과실상계도 인정될 수 있다.

> 그 운행목적, 동승자와 운행자의 인적관계, 그가 차에 동승한 경위, 특히 동승을 요구한 목적과 적극성에 비추어 가해자에게 일반 교통사고와 동일한 책임을 지우는 것이 신의칙이나 형평의 원칙으로 보아 매우 불합리하다고 인정될 때에는 그 배상액을 감경할 수 있다고 할 것이다(대법원 1995. 10. 12. 선고 93다31078 판결).

2. 신의성실의 원칙

가. 개관

> 제2조(신의성실) ① 권리의 행사와 의무의 이행은 신의에 좇아 성실히 하여야 한다.

(1) 의미

- 신의성실의 원칙은, 민사 법률관계는 물론 법질서 전체에 대해 적용되는 일반 원칙으로서, 신의를 저버리는 내용·방법으로 권리를 행사하거나 의무를 이행하면 안 된다는 추상적 규범을 뜻한다.
- 요건: 신의성실의 원칙은 ㉠ 행위자가 상대방에게 신뢰를 제공했거나, 상대방이 객관적으로 정당화 될 수 있는 신뢰를 가지게 되었는데도, ㉡ 행위자가 신뢰를 저버리는 내용이나 방법으로 권리 행사나 의무 이행을 하는 것이 정의관념에 비추어 용인될 수 없다고 평가할 수 있을 때 적용된다.
- 효과: 신의성실의 원칙을 위반한 경우 형식적으로는 권리 행사에 해당해도 권리 행사로서의 정당성이 인정될 수 없다. 의무 이행의 경우에도 마찬가지이다.

> **대법원 2021. 11. 25. 선고 2019다277157 판결**
> - 신의칙은 법률관계의 당사자가 상대방의 이익을 배려하여 형평에 어긋나거나 신의를 저버리는 내용 또는 방법으로 권리를 행사하거나 의무를 이행해서는 안 된다는 추상적 규범으로서 법질서 전체를 관통하는 일반 원칙으로 작용하고 있다.
> - 신의칙에 반한다는 이유로 권리의 행사를 부정하기 위해서는, 상대방에게 신뢰를 제공하였다거나 객관적으로 보아 상대방이 신뢰를 하는 데 정당한 상태에 있어야 하고, 이러한 상대방의 신뢰에 반하여 권리를 행사하는 것이 정의관념에 비추어 용인될 수 없는 정도의 상태에 이르러야 한다.

(2) 유형

- 신의성실의 원칙은 추상적 규범이므로 구체적 사안의 특성에 따라 요건·효과가 구체화되는 여러 가지 유형으로 나타난다.
- 이러한 각 유형들을 '파생원칙'이라고도 하며, 권리남용 금지 원칙, 모순거동 금지 원칙, 사정변경 원칙 등이 여기에 속한다.

나. 권리남용 금지 원칙

> 제2조(신의성실) ② 권리는 남용하지 못한다.

(1) 적용범위

- 권리의 유형을 가리지 않고 모든 권리에 대해 적용된다.
- 재산법상 권리뿐 아니라 친족법상 권리에 대해서도 적용된다.
- 권리뿐 아니라 대리권과 같은 권한·법적 지위 등에 대해서도 적용된다(대리권 남용의 법리, 182면).

(2) 권리남용의 요건

A. 주관적·객관적 요건

- 권리남용으로 인정되려면, ㉠ 권리 행사의 목적이 이익 취득이 아니라 상대방에게 고통을 주는 것이어야 한다는 주관적 요건과, ㉡ 이러한 행위가 객관적으로 사회질서 위반으로 평가되어야 한다는 객관적 요건이 모두 충족되어야 한다.
- 주관적 요건은 권리남용의 필수 요건이 아니라고 보는 견해도 있으나, 판례는 객관적 요건을 근거지우는 사실들로부터 주관적 요건이 추정된다고 본다.

> 권리의 행사가 <u>주관적으로 오직 상대방에게 고통을 주고 손해를 입히려는 데 있을 뿐 이를 행사하는 사람에게는 이익이 없고, 객관적으로 사회질서에 위반된다고 볼 수 있으면, 그 권리의 행사는 권리남용으로서 허용되지 아니하고</u>, 이때 권리의 행사가 상대방에게 고통이나 손해를 주기 위한 것이라는 **주관적 요건은 권리자의 정당한 이익을 결여한 권리 행사로 보이는 객관적인 사정들을 모아서 추인**할 수 있다(대법원 2021. 10. 14. 선고 2021다242154 판결).

B. 비교: 이익형량

- 이익형량은 권리남용 여부를 판단하기 위한 요건이 아니다.
- 따라서 권리 행사에 의해 권리자가 얻게 될 이익보다 이로 인해 상대방에게 발생하게 될 손실이 현저히 크더라도, 이것만을 이유로 권리남용이 인정되지는 않는다.

> 위와 같은 주관적·객관적 요건이 충족된 경우에 해당하지 않는 한 비록 그 권리의 행사에 의하여 권리자가 얻는 <u>이익보다 상대방이 입을 손해가 현저히 크다고 하여도 그러한 사정만으로는 이를 권리남용이라 할 수 없다</u>(대법원 2006. 11. 23. 선고 2004다44285 판결).

C. 증명책임: 직권조사사항

• 신의성실의 원칙 · 권리남용 금지 원칙을 규정한 §2는 강행법규이다.

• 따라서 권리남용 여부는 법원이 직권으로 판단할 수 있다.

> 신의성실의 원칙에 반하는 것 또는 권리남용은 강행규정에 위배되는 것이므로 당사
> 자의 주장이 없더라도 법원은 직권으로 판단할 수 있다(대법원 1995. 12. 22. 선고 94
> 다42129 판결).

(3) 권리남용의 효과

• 권리 자체의 유지 · 존속에는 영향이 없다. 즉 남용된 권리가 소멸하는 것은 아니
고 권리남용으로 인정된 특정한 권리 행사 행위의 적법성 · 정당성이 부정되는 효
과만 인정된다.

• 권리 행위로 인해 그 상대방에게 손해나 방해가 발생한 경우 그 권리 행사 행위가
권리남용에 해당하면 상대방은 권리를 남용한 자에게 §750, §741, §214 등의 권리
를 행사할 수 있다. 예컨대 甲이 자신이 소유한 토지에 공작물을 설치했더라도 권
리남용으로 인정되면 인접 건물 소유자 乙은 甲을 상대로 §214의 방해배제청구
권을 행사하여 그 공작물의 철거를 청구할 수 있다.

> 토지 소유자가 자신 소유의 토지 위에 공작물을 설치한 행위가 인근 건물의 소유자에
> 대한 관계에서 권리남용에 해당하고, 그로 인하여 인근 건물 소유자의 건물 사용수익
> 이 실질적으로 침해되는 결과를 초래하였다면, **인근 건물 소유자는 건물 소유권에 기**
> **한 방해제거청구권을 행사하여 토지 소유자를 상대로 그 공작물의 철거를 구할 수 있**
> 다(대법원 2014. 10. 30. 선고 2014다42967 판결).

• 특정한 권리 행사 행위의 효과 중 권리남용에 해당하는 부분만 배제되고 나머지
는 인정된다. 예컨대 소유자가 점유자에게 §213의 점유물반환청구를 하는 것이
권리남용에 해당하더라도 소유자는 점유자에게 §741의 부당이득 반환 청구는 할
수 있다.

> 원고가 침범부분의 토지에 대한 **부당이득을 구함을 별론**으로 하고 그 소유권에 기하
> 여 침범된 건축물의 철거와 그 부분 토지의 인도를 구하는 것은 권리남용에 해당한다
> (대법원 1992. 7. 28. 선고 92다16911 판결)

(4) 사례

A. 소멸시효 항변이 권리남용인 경우

- 적극적 권리 행사뿐 아니라 소극적인 항변의 주장도 권리남용 금지 원칙의 적용 대상이다.
- 예컨대 채무자가 소멸시효 기간 중에 장차 소멸시효가 완성되더라도 이를 원용하지 않을 것 같은 태도를 보여 이를 신뢰한 권리자가 시효중단을 하지 못한 경우, 채무자의 소멸시효 완성 항변은 권리남용에 해당한다(2012다202819, 376면).

B. 소송경제에 반하는 순환소송

(a) 개관

- 甲이 乙에 대한 권리를 행사하더라도 이로 인해 얻은 이익을 乙에게 반환할 의무가 있는데도, 甲이 굳이 乙에게 권리를 행사하는 것은 신의칙에 반한다.

(b) 산재보험 가입자와 제3자의 공동불법행위로 인한 산업재해와 산재보험자의 구상권 행사

- 사안의 개요: 甲·乙의 공동과실로 인한 산업재해가 발생하여 甲이 100만원의 손해를 입었으며 甲·乙의 과실 비율을 6 : 4이다.
- 쟁점과 판단: 丙(근로복지공단)이 甲에게 산재보험금 100만원을 지급했더라도 乙에게 40만원을 초과하여 구상권을 행사하는 것은 권리남용이다. 乙이 甲에게 60만원을 재구상하면 甲은 丙에게 60만원의 재재구상권을 행사할 수 있기 때문이다.

> 근로복지공단이 제3자에 대하여 보험급여액 전액을 구상할 수 있다면, 그 급여액 전액을 구상당한 제3자는 다시 공동불법행위자인 보험가입자를 상대로 그 과실 비율에 따라 그 부담 부분의 재구상을 할 수 있고, 재구상에 응한 보험가입자는 근로복지공단에게 재구상당한 금액의 재재구상을 할 수 있다고 하여야 할 것인데, 그렇게 되면 순환소송이 되어 소송경제에도 반할 뿐만 아니라, 근로복지공단이 결국은 보험가입자에게 반환할 것을 청구하는 것이 되어 이를 허용함은 신의칙에 비추어 보더라도 상당하지 아니하므로, 근로복지공단은 제3자에 대하여 보험가입자의 과실 비율 상당액은 구상할 수 없다(대법원 2002. 3. 21. 선고 2000다62322 전원합의체 판결).

다. 모순행위 금지원칙(금반언 원칙)

(1) 요건

A. 사실적 요건: 신의의 공여, 신의의 대상인 외관의 형성

- 선행행위: 모순행위 금지원칙이 적용되려면, 권리·의무 변동의 요건사실에 해당하는 선행행위가 존재해야 한다.
- 후행행위: 선행행위의 법률효과를 부정하는 행위를 뜻한다. 예컨대 甲의 乙에 대한 권리 발생 요건에 해당하는 선행행위를 했던 乙이, 甲의 권리 행사에 불응하여 이에 대한 의무 이행을 거절하는 행위가 여기에 해당한다.

B. 규범적 요건

- 모순행위자에 대한 비난가능성: 후행행위가 신의칙 위반으로 인정되려면 선행행위와 모순이라는 것뿐 아니라, 이러한 모순행위를 한 것에 대한 비난가능성도 인정되어야 한다. 여기서 말하는 비난가능성은 귀책사유(고의·과실)와는 다른 의미로서 모순행위를 하는 것 자체가 정의의 관념에 비추어 용인될 수 없는 상태임을 뜻한다.
- 상대방의 보호가치: 모순행위의 상대방이 선행행위에 따른 효과 발생을 신뢰한 것에 보호가치가 인정되어야 한다. 예컨대 위법한 선행행위에 대한 신뢰는 보호가치가 인정될 수 없다.

(2) 사례

A. 강행법규 위반과 무효의 효과 주장

- 문제의 소재: 법률행위의 무효·취소사유가 인정되는 사안에서, 이러한 사유 발생의 원인을 제공한 당사자가 무효·취소의 효과인 §741, §213, §214 등의 권리를 주장하는 것이 권리남용인지가 문제된다.
- 이러한 주장은 권리남용이 아니다. 만약 이러한 주장을 권리남용이라고 한다면 강행법규가 금지하려고 하는 결과가 오히려 확정되어 버려서 강행법규의 입법취지를 실현할 수 없게 되기 때문이다.

> 강행법규를 위반한 자가 스스로 그 약정의 무효를 주장하는 것이 신의칙에 위배되는 권리의 행사라는 이유로 그 주장을 배척한다면, 이는 오히려 강행법규에 의하여 배제하려는 결과를 실현시키는 셈이 되어 입법 취지를 완전히 몰각하게 되므로, 달리 특별

한 사정이 없는 한 위와 같은 주장이 권리남용에 해당되거나 신의성실 원칙에 반한다고 할 수 없다(대법원 2018. 4. 26. 선고 2017다288757 판결).

B. 증권회사의 투자수익보장 약정

(a) 사안

• 증권회사 A의 직원 甲이 고객 乙과 투자수익보장 약정을 하고 투자계약을 체결하였다. 강행법규에 의하면 투자계약 당사자간 투자수익 보장 약정은 무효이다.

• 乙이 A에게 위 투자수익 보장약정에 따른 약정수익금 지급을 청구하면 A는 이에 응할 의무가 있는가?

(b) 쟁점과 판단

• 법률행위의 대리: 甲의 대리권 인정 여부, 甲이 대리권이 없었다면 표현대리 인정 여부 등이 문제된다.

• 甲의 대리권이 인정되는 경우, ㉠ A가 乙에게 투자수익금 지급을 거절하는 후행 행위는 투자수익 보장 약정이라는 선행행위와 모순된다. ㉡ 그러나 위법한 약정에 대한 신뢰는 보호가치가 없으므로 투자수익 지급 거부는 모순행위이더라도 신의칙에 반하지 않는다. ㉢ A의 대리인 甲이 강행법규 위반 행위를 주도했더라도 A가 강행법규 위반 행위의 무효를 주장하는 것은 허용된다. ㉣ A회사는 乙에게 사용자책임(§756)으로 인한 불법행위 책임을 부담하지만, 과실상계를 주장할 수 있을 것이다.

> **대법원 1999. 3. 23. 선고 99다4405 판결**
> • 증권회사나 그 임직원이 유가증권의 매매거래에 있어서 고객에게 일정한 이익의 보장을 약속하거나 손실의 전부 또는 일부를 부담할 것을 약속하는 행위를 금하고 그 위반행위에 대하여는 벌칙을 과하는 규정들은 강행법규로 보아야 할 것이므로, 이에 위반하여 이루어진 수익보장약정은 무효라고 할 것이다.
> • 이 사건 수익보장약정이 위탁회사인 피고가 먼저 원고에게 제의를 함으로써 체결된 것이라고 하더라도, 이러한 경우에 강행법규를 위반한 피고 스스로가 그 약정의 무효를 주장함이 신의칙에 위반되는 권리의 행사라는 이유로 그 주장을 배척한다면, 이는 오히려 강행법규에 의하여 배제하려는 결과를 실현시키는 셈이 되어 입법 취지를 완전히 몰각하게 되므로, 달리 특별한 사정이 없는 한 위와 같은 주장이 신

의성실의 원칙에 반하는 것이라고 할 수 없다.

라. 사정변경의 원칙

(1) 요건

A. 사정의 의미

- 당사자들 사이에서 계약 성립의 기초가 되었던 객관적 사정을 뜻한다.
- 당사자들 중 일방이 계약 성립 후 어떤 사정이 변경됨에 따른 불이익·위험을 떠안기로 한 경우, 이러한 사정은 사정변경 원칙의 요건인 '사정'에 해당하지 않는다. 따라서 이러한 사정이 계약의 기초인 객관적 사정에 해당하고, 이에 대한 현저한 변경이 발생해도 사정변경 원칙이 적용되지 않는다.

> **대법원 2021. 6. 30. 선고 2019다276338 판결**
> ‣ 판례는 계약을 체결할 때 예견할 수 없었던 사정이 발생함으로써 야기된 불균형을 해소하고자 신의성실 원칙의 파생원칙으로서 사정변경의 원칙을 인정하고 있다. 즉, 계약 성립의 기초가 된 사정이 현저히 변경되고 당사자가 계약의 성립 당시 이를 예견할 수 없었으며, 그로 인하여 계약을 그대로 유지하는 것이 당사자의 이해에 중대한 불균형을 초래하거나 계약을 체결한 목적을 달성할 수 없는 경우에는 계약 준수 원칙의 예외로서 사정변경을 이유로 계약을 해제하거나 해지할 수 있다.
> ‣ 여기에서 말하는 사정이란 당사자들에게 계약 성립의 기초가 된 사정을 가리키고, 당사자들이 계약의 기초로 삼지 않은 사정이나 어느 일방당사자가 변경에 따른 불이익이나 위험을 떠안기로 한 사정은 포함되지 않는다.

- 일방 당사자의 주관적·개인적 사정은 여기에 해당하지 않는다. 주관적인 예측이나 기대와 다른 사정이 발생한 경우 이로 인한 위험은 법률행위를 한 당사자가 감수해야 하기 때문이다. 예컨대 건축을 위한 토지매매계약 체결 후 개발제한이 설정된 경우, 사정변경 원칙에 근거한 해제는 불가능하고, 표시되지 않은 동기의 착오이므로 취소도 불가능하다.

이 사건 토지에 대한 개발제한구역 지정이 해제됨에 따라 원고가 건축 등이 가능한 토지로 알고 당시의 객관적인 시가보다 훨씬 비싼 가격에 이 사건 토지를 피고로부터 매수하였는데, 그 후 피고에 의하여 이 사건 토지가 **공공공지로 지정되어 건축개발이 불가능**해진 경우 건축가능 여부는 원고가 이 사건 토지를 매수하게 된 주관적인 목적에 불과할 뿐 이 사건 매매계약의 성립에 있어 기초가 되었다고 보기 어렵다(대법원 2007. 3. 29. 선고 2004다31302 판결).

장래에 발생할 막연한 사정을 예측하거나 기대하고 법률행위를 한 경우 그러한 예측이나 기대와 다른 사정이 발생하였다고 하더라도 그로 인한 위험은 원칙적으로 법률행위를 한 사람이 스스로 감수하여야 하고 상대방에게 전가해서는 안 되므로 착오를 이유로 취소를 구할 수는 없다(대법원 2020. 5. 14. 선고 2017다220058 판결).

B. 사정의 변경

(a) 사실적 평가

- 개관: 객관적으로 현저한 변경이어야 하고, 주관적으로 계약 성립 당시에 당사자들이 예견할 수 없었어야 한다.
- 예견 가능성의 판단 기준: ㉠ 합리적인 사람을 기준으로 하지만, 구체적 사정을 고려하여 개별적으로 판단해야 하고 추상적·일반적으로 판단하면 안 된다. ㉡ 당사자들이 사정의 변경을 예견했다면 계약을 체결하지 않았거나 다른 내용으로 체결했을 것으로 기대된다면 예견할 수 없었던 사정 변경으로 인정된다(But-for Test).

경제상황 등의 변동으로 당사자에게 손해가 생기더라도 합리적인 사람의 입장에서 사정변경을 예견할 수 있었다면 사정변경을 이유로 계약을 해제할 수 없다(대법원 2017. 6. 8. 선고 2016다249557 판결).

사정변경에 대한 예견가능성이 있었는지는 추상적·일반적으로 판단할 것이 아니라, 구체적인 사안에서 계약의 유형과 내용, 당사자의 지위, 거래경험과 인식가능성, 사정변경의 위험이 크고 구체적인지 등 여러 사정을 종합적으로 고려하여 **개별적으로 판단**하여야 한다(대법원 2021. 6. 30. 선고 2019다276338 판결).

이때 합리적인 사람의 입장에서 볼 때 당사자들이 사정변경을 예견했다면 계약을 체결하지 않거나 다른 내용으로 체결했을 것이라고 기대되는 경우 특별한 사정이 없는 한 예견가능성이 없다고 볼 수 있다(대법원 2021. 6. 30. 선고 2019다276338 판결).

(b) 규범적 평가

- 판단기준: ㉠ 사정변경을 주장하는 당사자에게 책임 없는 사유로 발생했어야 하고, ㉡ 계약 내용대로 권리·의무를 인정하면 신의칙에 현저히 반하는 결과가 발생해야 한다.
- 사정변경 원칙을 근거로 계약을 해제하려는 경우는 물론 해지하려는 경우에도, 사정변경 후 계약의 구속력 유지가 ㉠ 당사자들 사이에 중대한 불균형을 초래하거나 ㉡ 계약의 목적을 달성할 수 없게 하는 것으로 인정되어야 한다.

대법원 2013. 9. 26. 선고 2013다26746 전원합의체 판결

- 사정변경을 이유로 한 계약해제는 <u>계약 성립 당시 당사자가 예견할 수 없었던 현저한 사정의 변경</u>이 발생하였고 그러한 사정의 변경이 해제권을 취득하는 <u>당사자에게 책임 없는 사유로 생긴 것으로서, 계약 내용대로의 구속력을 인정한다면 신의칙에 현저히 반하는 결과</u>가 생기는 경우에 계약준수 원칙의 예외로서 인정된다.
- 여기서 말하는 사정이라 함은 **계약의 기초가 되었던 객관적인 사정**으로서, 일방당사자의 <u>주관적 또는 개인적인 사정을 의미하는 것은</u> 아니다. 따라서 계약의 성립에 기초가 되지 아니한 사정이 그 후 변경되어 일방당사자가 계약 <u>당시 의도한 계약목적</u>을 달성할 수 없게 됨으로써 손해를 입게 되었다 하더라도 특별한 사정이 없는 한 그 계약 내용의 효력을 그대로 유지하는 것이 신의칙에 반한다고 볼 수 없다.
- 이러한 법리는 계속적 계약관계에서 사정변경을 이유로 계약의 해지를 주장하는 경우에도 마찬가지로 적용된다.

(2) 효과

A. 개관

- 사정변경 원칙이 적용되면 그 효과로서 당사자 일방의 의사표시에 의한 법률관계의 내용 변경 또는 해제가 인정될 수 있다.
- 어떤 효과가 인정되는지는 구체적 사정을 고려하여 결정할 수밖에 없다.

B. 사례: 보증인의 해지권

• 원칙: 사정변경을 이유로 한 보증인의 해지권은 인정되지 않는다.

• 예외: 계속적 보증인과 주채무자 사이의 인적 관계가 변경된 경우에는 보증인의 해지권이 인정된다. 다만 이 경우에도 이미 발생하여 확정된 채무에 대해서는 보증인의 책임이 유지된다.

> **대법원 2018. 3. 27. 선고 2015다12130 판결**
> ‣ 회사의 임원이나 직원의 지위에 있었기 때문에 부득이 회사와 제3자 사이의 계속적 거래에서 발생하는 회사의 채무를 연대보증한 사람이 그 후 회사에서 퇴직하여 임직원의 지위에서 떠난 때에는 연대보증**계약의 기초가 된 사정이 현저히 변경**되어 그가 계속 연대보증인의 지위를 유지하도록 하는 것이 <u>사회통념상 부당</u>하다고 볼 수 있다. 이러한 경우 연대보증인은 특별한 사정이 없는 한 연대보증계약을 일방적으로 해지할 수 있다고 보아야 한다
> ‣ 불확정한 **구상채무를 보증한 사람**도 위와 같은 사정이 있는 경우에는 마찬가지로 해지권을 행사할 수 있다.

이 경우에도 보증계약이 해지되기 전에 계속적 거래가 종료되거나 그 밖의 사유로 주채무 내지 **구상금채무가 확정된 경우**라면 보증인으로서는 더 이상 사정변경을 이유로 보증계약을 해지할 수 없다(대법원 2002. 5. 31. 선고 2002다1673 판결).

2장

의사표시

의사표시

I 개관

1. 의미와 본질

(1) 구성요소

- 의사표시는 '진의'와 '표시'로 구성된다.
- 진의란 권리·의무의 변동(발생, 변경, 소멸)을 내용으로 하는 사람의 생각을 뜻하고, 표시란 이러한 진의를 타인이 알 수 있게 하는 모든 방법을 뜻한다.

(2) 의사표시의 해석

A. 의미

- 의사표시의 해석이란 의사표시의 목적인 권리·의무의 법적인 의미를 밝히는 것으로서, 당사자가 표시(행위)에 부여한 객관적 의미를 명백하게 확정하는 것을 뜻한다.
- 의사표시의 해석의 절차법적 성질: 의사표시를 구성하는 두 요소인 '표시된 내용'과 '표의자가 의도하는 목적' 각각의 의미를 파악하는 것은 사실 인정에 속하고, 이를 기초로 그 법적 의미를 파악하는 '해석'은 법률적 판단의 영역에 속한다.

> **대법원 2014. 11. 27. 선고 2014다32007 판결**
> ‣ 의사표시와 관련하여, 당사자에 의하여 무엇이 표시되었는가 하는 점과 그것으로써 의도하는 목적을 확정하는 것은 **사실인정**의 문제이고, 이렇게 인정된 사실을 토대로 그것이 가지는 법률적 의미를 탐구 확정하는 것은 이른바 의사표시의 해석으로서, 이는 사실인정과는 구별되는 법률적 판단의 영역에 속한다.
> ‣ 그리고 어떤 목적을 위하여 한 당사자의 일련의 행위가 법률적으로 다듬어지지 아니한 탓으로 그것이 가지는 법률적 의미가 명확하지 아니한 경우에는 그것을 법률

적인 관점에서 음미, 평가하여 그 법률적 의미가 무엇인가를 밝히는 것 역시 의사표
시의 해석에 속한다.

B. 해석의 방법
- 진의의 의미를 탐구하는 자연적 해석이 의사표시 해석의 원칙적인 방법이고, 자
  연적 해석만으로는 의사표시의 내용을 명확하게 할 수 없을 때 표시의 의미를 탐
  구하는 규범적 해석을 시도한다.
- 보충적 해석: 자연적 해석·규범적 해석을 통해 법률관계(권리·의무)의 내용은 파
  악되었으나 이러한 법률관계가 실현되기 위해 필요한 내용의 일부가 빠진 경우,
  법관이 해석이라는 이름으로 이러한 공백을 메꿔주는 것을 뜻한다.

C. 해석의 기준
- 의사표시의 객관적 의미 파악의 근거가 되는 자료를 뜻하며, 규범적 해석이나 보
  충적 해석을 할 때만 동원된다.
- 당사자의 동기·목적, 사실인 관습, 거래관행, 신의칙, 조리 순서로 적용된다(§106).

> **대법원 2021. 11. 11. 선고 2021다248503 판결 등**
> ‣ 법률행위의 해석은 당사자가 그 표시행위에 부여한 객관적인 의미를 명백하게 확
>   정하는 것으로서, 서면에 사용된 문구에 구애받는 것은 아니지만 어디까지나 당사
>   자의 내심적 의사의 여하에 관계없이 그 서면의 기재 내용에 의하여 당사자가 그 표
>   시행위에 부여한 객관적 의미를 합리적으로 해석하여야 한다.
> ‣ 당사자가 표시한 문언에 의하여 그 객관적인 의미가 명확하게 드러나지 않는 경우
>   에는 그 문언의 내용과 그 법률행위가 이루어진 동기·경위, 당사자가 그 법률행위
>   에 의하여 달성하려는 목적과 진정한 의사, 거래의 관행 등을 종합적으로 고려하여
>   사회정의와 형평의 이념에 맞도록 논리와 경험의 법칙, 그리고 사회 일반의 상식과
>   거래의 통념에 따라 합리적으로 해석하여야 한다.

(3) 의사표시의 본질론

A. 전제
- ✓ 진의의 내용과 표시로부터 추단되는 내용이 일치하지 않을 때 어떤 것을 중시할 것인지가 문제
  된다.
- ✓ 견해가 대립하지만 진의와 표시 중 어느 하나의 내용이 절대적으로 우선한다고 보는 견해는 없고,
  이들을 모두 고려하여야 한다는 절충설들만 주장되고 있다. 이러한 절충설들은 진의와 표시 중

어떤 것을 원칙으로 볼 것인지와 그렇게 보아야 하는 근거는 무엇인지에 대한 다양한 견해들이라고 할 수 있다.

B. 견해의 대립

✓ 의사주의적 절충설에 의하면 의사표시의 내용은 진의의 내용에 따라 결정되어야 하는 것이 원칙이지만 표의자의 귀책사유 등 특별한 사정이 있으면 예외적으로 표시의 내용에 따라 결정되어야 한다.

✓ 표시주의적 절충설에 의하면 의사표시의 내용은 표시의 내용에 따라 결정되어야 하는 것이 원칙이지만 표의자의 보호가치가 상대방보다 더 크다고 볼 수 있는 특별한 사정이 있으면 예외적으로 진의의 내용에 따라야 한다.

C. 평가: 의사주의적 절충설(지원림, 2−187)

✓ 민법의 기본 원리인 사적 자치 원칙에 비추어 볼 때 권리·의무의 변동이라는 법률효과의 발생 근거는 당사자의 진의라고 보아야 한다. 다만 사적 자치 원칙뿐 아니라 과실책임주의도 민법의 기본 원리이므로 진의와 일치하지 않는 내용으로 표시를 한 표의자에게 귀책사유가 있다면, 이 때는 진의의 내용과 다른 법률효과 발생을 감수해야 한다. 이처럼 원하지 않는 불이익을 받는 것은 '책임'의 일종이라고 할 수 있다.

✓ §109에 의하면 표의자는 진의와 내용을 달리하는 다른 표시에 의해 형성된 법률행위를 취소할 수 있다. 표시 내용대로 표의자가 구속되려면 표의자 자신의 중과실이 있어야 하고 상대방의 보호가치는 고려되지 않는다. 따라서 의사주의적 절충설이 §109를 더 잘 설명할 수 있다.

2. 의사표시의 요건과 효과

가. 의사표시의 요건

(1) 의사표시의 구성요건: 청구원인

A. 당사자: 권리능력

B. 내용: 권리·의무의 변동(발생·변경·소멸)

C. 형식

• 불요식 원칙: 민법상의 의사표시에는 특별한 형식이 요구되지 않는 것이 원칙이다. 따라서 진의가 표시되었다고 볼 수 있는 사실이 있으면 의사표시가 성립한 것으로 인정된다. 거동 등에 근거한 묵시적 의사표시도 명시적 의사표시와 같은 효력이 인정된다.

• 예외적인 요식행위: 의사표시 중에서는 명문 규정에 의해 특정한 형식이 요구되는 것들도 있다. 그 예로서 보증계약, 유언, 혼인, 입양, 임의후견계약 등을 들 수 있다.

(2) 의사표시의 무효, 취소 사유: 항변

A. 당사자에 관한 사유: 제한 행위능력

B. 의사표시에 관한 사유

• 내용과 관련된 사유로 원시적 불능, 불명확성, 반사회성(§103, §104), 강행법규 위반(§105) 등이 있다.

• 과정과 관련된 사유로, ㉠ 진의와 표시의 불일치를 전제한 비진의표시, 허위표시, 착오에 의한 의사표시(§107 ~ §109), ㉡ 진의와 일치하는 표시가 행해졌으나 그 과정이 위법한 경우에 적용되는 사기·강박에 의한 의사표시(§110) 등이 있다.

C. 형식과 관련된 사유: 예외적인 요식행위에서 방식을 갖추지 못한 경우

나. 의사표시의 효과

(1) 실질적 효과

• 의사표시의 요건이 충족되면 의사표시의 내용대로 권리·의무가 변동한다.

• 하나 또는 여러 개의 의사표시로 이루어지는 법률요건을 법률행위라고 하는데, 변동되는 권리의 종류가 무엇이냐에 따라, 법률행위는 물권행위, 채권행위, 친족행위 등으로 나누어진다.

(2) 형식적 효과: 구속력

• 의사표시는 자기구속력을 가진다. 따라서 의사표시가 성립하여 효력이 발생하면 표의자는 임의로 그 효과를 소멸시키는 '철회'를 할 수 없는 것이 원칙이다.

• 의사표시의 구속력을 소멸시키는 법정 사유로서, 취소, 해제, 해제조건 성취, 종기 도래 등을 들 수 있다.

법인의 이사를 사임하는 행위는 상대방 있는 단독행위라 할 것이어서 그 의사표시가 상대방에게 도달함과 동시에 그 효력을 발생하고 그 의사표시가 효력을 발생한 후에는 마음대로 이를 철회할 수 없음이 원칙이다(대법원 2011. 9. 8. 선고 2009다31260 판결).

3. 의사표시의 효력발생 시점

가. 개관

(1) 의사표시의 전개 과정

- 의사표시의 전개 과정에 대해서는 견해가 대립하지만, 지배적 견해는 표백, 발신, 도달, 요지의 순서로 전개된다고 본다.
- 표백은 표의자가 자신의 진의를 표시한 상태, 발신은 표의자가 의사표시를 상대방에게 발신한 상태, 도달은 의사표시의 상대방이 의사표시의 내용을 알 수 있게 된 상태, 요지는 의사표시의 상대방이 의사표시의 내용을 알아차린 상태를 각각 의미한다.

(2) 의사표시의 성립과 효력발생

A. 개관

- 의사표시는 진의가 표시된 때 즉 표백된 때 성립하고 성립 즉시 효력이 발생하는 것이 원칙이다. 다만 상대방 있는 의사표시는 상대방에게도 그 효력이 미치기 때문에, 성립했더라도 상대방이 알 수 있어야, 즉 도달해야 비로소 효력이 발생한다. 계약 성립을 위해 필요한 청약·승낙 의사표시, 상대방 있는 권리인 채권을 포기하는 채무면제 의사표시 등이 그 예이다.
- 의사표시의 부관: 의사표시의 효력 발생 요건이 충족되었음을 전제로, 이러한 효력을 변동시키거나 그 작용시점을 조절하는 것을 내용으로 하는 의사표시를 뜻한다.

B. 적용범위: 준법률행위에 대한 유추적용

- 의사표시의 성립·효력발생 시점에 관한 논의는 준법률행위에 대해서도 그대로 유추 적용된다.
- 예컨대 채권양도 통지에 대해서도 도달주의가 적용되고, 이에 대한 부관을 붙일 수 있다.

나. 상대방 있는 의사표시의 효력발생 시점

(1) 개관

A. 도달주의 원칙과 예외적인 발신주의

• 상대방 있는 의사표시는 상대방에게 도달해야 그 효력이 발생한다.

> 시효이익의 포기는 시효의 완성으로 인하여 생기는 법률상의 이익을 받지 않겠다는
> 적극적이고 일방적인 의사표시로서, 취득시효 이익의 포기와 같은 상대방 있는 단독
> 행위는 그 의사표시로 인하여 권리에 직접적인 영향을 받는 상대방에게 도달하는 때
> 에 효력이 발생한다(대법원 2013. 9. 13. 선고 2013다43666 판결).

• 의사표시의 성립과 효력 발생은 별개의 문제이다. 따라서 상대방 있는 의사표시
가 표시되어 성립했다면 상대방에게 도달 전에 표의자가 사망했더라도 의사표시
성립에는 영향이 없다. 따라서 표의자 사망 후 상대방에게 도달하면 그때 표의자
의 상속인과 상대방 사이에 의사표시의 효력이 발생한다.

> 제111조(의사표시의 효력발생시기)
> ① 상대방이 있는 의사표시는 상대방에게 도달한 때에 그 효력이 생긴다.
> ② 의사표시자가 그 통지를 발송한 후 사망하거나 제한능력자가 되어도 의사표시의
>   효력에 영향을 미치지 아니한다.

B. 기능: 증명책임

• 도달주의 원칙: 의사표시를 발신했다는 사실만으로는 부족하고 의사표시가 상대
방에게 도달했다는 사실까지 증명되어야 의사표시의 효과가 인정된다.

• 발신주의가 적용되는 경우: 발신 사실만 증명되면 의사표시의 효력이 인정되므
로, 그 효력을 부정하는 사람이 부도달 사실을 증명해야 한다. 즉 발신주의가 적
용되더라도 '도달하지 않았음이 증명된' 경우에는 의사표시의 효력이 인정되지
않는다.

(2) 도달의 의미

A. 개관

• 도달이란 상대방이 의사표시의 내용을 알 수 있는 객관적 상태에 놓여 있는 경우
를 뜻한다.

계약의 해제와 같은 상대방 있는 의사표시는 그 통지가 상대방에게 도달한 때 효력이 생기는 것이고, 여기서 도달이라 함은 사회통념상 상대방이 통지의 내용을 알 수 있는 객관적 상태에 놓여 있는 경우를 가리키는 것으로서, 상대방이 **통지를 현실적으로 수령하거나 통지의 내용을 알 것까지는 필요로 하지 않**는다(대법원 2008. 6. 12. 선고 2008다19973 판결).

• 일반우편으로 의사표시를 한 경우에는 도달이 추정되지 않지만, 내용증명이나 등기우편으로 의사표시를 한 경우에는 도달이 추정된다.

우편법령의 규정 내용과 취지에 비추어 보면, 우편물이 등기취급(내용증명우편 및 배달증명우편)의 방법으로 발송된 경우에는 반송되는 등의 특별한 사정이 없는 한 그 무렵 수취인에게 배달되었다고 보아야 한다(대법원 2020. 8. 20. 선고 2019두34630 판결).

B. 상대방이 정당한 이유없이 수령을 거절한 경우

• 상대방이 ㉠ 의사표시 내용을 알 수 있는 객관적 상태임이 인정되거나 ㉡ 이러한 객관적 상태 형성을 신의칙에 반하는 방법으로 방해했으면, 수령을 거절한 때 도달로 간주되어 의사표시의 효력이 발생한다.

상대방이 정당한 사유 없이 통지의 수령을 거절한 경우에는 상대방이 그 통지의 내용을 알 수 있는 객관적 상태에 놓여 있는 때에 의사표시의 효력이 생기는 것으로 보아야 한다(대법원 2016. 3. 24. 선고 2015다71795 판결).

• 사례: 내용증명이나 등기우편으로 의사표시를 한 경우, ㉠ 수취 거부는 신의칙에 반하는 것으로 추정되므로, 수취를 거부한 때 도달과 이로 인한 의사표시의 효력 발생이 인정된다. ㉡ 수취를 거부한 상대방이 도달의 효과를 부정하려면 수취를 거부할 만한 정당한 사유가 있음을 증명해야 한다.

대법원 2020. 8. 20. 선고 2019두34630 판결
‣ 상대방이 부당하게 등기취급 우편물의 **수취를 거부함으로써 그 우편물의 내용을 알 수 있는 객관적 상태의 형성을 방해**한 경우 그러한 상태가 형성되지 아니하였다는 사정만으로 발송인의 의사표시의 효력을 부정하는 것은 **신의성실의 원칙에 반**하므로 허용되지 아니한다.

‣ 이러한 경우에는 부당한 수취 거부가 없었더라면 상대방이 우편물의 내용을 알 수 있는 객관적 상태에 놓일 수 있었던 때, 즉 **수취 거부 시에 의사표시의 효력이 생긴 것으로 보아야** 한다. 여기서 우편물의 수취 거부가 신의성실의 원칙에 반하는지 여부는 여러 사정을 종합하여 판단하여야 한다. 이때 **우편물의 수취를 거부한 것에 정당한 사유가 있는지에 관해서는 수취 거부를 한 상대방이 이를 증명**할 책임이 있다.

Ⅱ 조건과 기한: 의사표시의 효력 발생시에 관한 특칙

1. 개관

가. 부관의 의미와 유형

(1) 부관의 의미

• 부관이란 당사자가 권리 변동과 관련된 의사를 표시한 것으로서 의사표시의 일부를 이룬다. 다만 권리 변동의 구체적인 내용 자체를 정하는 '주된 의사표시'와는 달리 부관은 권리 변동의 효력 발생 여부나 시점, 또는 권리 변동에 수반하는 부수적 권리의 발생 등을 내용으로 한다.

• 부관도 의사표시의 일부이므로 부관의 존재 여부 판단이나 그 유형 결정은 의사표시 해석의 문제이다. 예컨대 분양 대행 계약에서 '미분양 물건인수조건'으로 용역비를 지급하기로 약정한 경우, '조건' 아닌 '부담'이 붙은 것으로 해석된다. 따라서 대행자는 미분양 물건을 인수할 의무를 지게 되지만, 이러한 의무를 이행하기 전이더라도 용역비 지급을 청구할 수 있다.

대법원 2020. 7. 9. 선고 2020다202821 판결

‣ 조건은 법률행위 효력의 발생 또는 소멸을 장래 불확실한 사실의 발생 여부에 따라 좌우되게 하는 법률행위의 부관이고, 법률행위에서 효과의사와 일체적인 내용을 이루는 의사표시 그 자체이다. 조건을 붙이고자 하는 의사는 법률행위의 내용으로 외부에 표시되어야 하고, 조건을 붙이고자 하는 의사가 있는지는 의사표시에 관한 법리에 따라 판단하여야 한다.

‣ 신축건물 분양 대행 위임계약을 체결하면서 "분양계약기간 완료 후 미분양 물건은

갑이 모두 인수하는 조건으로 한다."라고 정한 사안에서, 위 특약사항은 '인수하는 조건'이라는 문언을 사용하고 있기는 하나 미분양 세대가 있는 경우 수임인이 이를 인수할 의무를 부담하도록 하기 위함이지 수임인이 미분양 세대를 인수하지 아니할 경우 조건이 성취되지 않은 것으로 보아 수수료 전부를 포기하게 할 의사였다고 보기는 어렵다.

(2) 부관의 유형

A. 조건과 기한

(a) 조건

• 의미: 장래의 불확실한 사실이 발생하면 이에 따라 주된 법률행위의 효력 발생 여부가 결정되도록 하는 부관을 뜻한다.

• 유형: 법률효과를 발생시키는 조건을 '정지조건', 일단 발생한 법률효과를 소멸시키는 조건을 '해제조건'이라고 한다.

(b) 기한

• 의미: 유효하게 성립한 주된 법률행위의 효력 자체는 확정됨을 전제로 이러한 효력의 발생 또는 종료 시점을 장래로 정하는 부관을 뜻한다.

• 유형: 기한이 도래하면 법률효과가 발생하는 경우를 '시기'라고 하고, 기한이 도래하면 법률효과가 소멸하는 경우를 '종기'라고 한다.

> **대법원 2018. 6. 28. 선고 2018다201702 판결**
> ‣ 조건은 법률행위 **효력의 발생 또는 소멸**을 장래의 불확실한 사실의 성부에 의존하게 하는 법률행위의 부관이다. 반면 장래의 사실이더라도 그것이 장래 반드시 실현되는 사실이면 실현되는 시기가 비록 확정되지 않더라도 이는 기한으로 보아야 한다.
> ‣ 법률행위에 붙은 부관이 조건인지 기한인지가 **명확하지 않은 경우** 법률행위의 해석을 통해서 이를 결정해야 한다. 부관에 표시된 사실이 발생하지 않으면 채무를 이행하지 않아도 된다고 보는 것이 합리적인 경우에는 조건으로 보아야 한다. 그러나 부관에 표시된 사실이 발생한 때에는 물론이고 반대로 발생하지 않는 것이 확정된 때에도 그 채무를 이행하여야 한다고 보는 것이 합리적인 경우에는 표시된 사실의 발생 여부가 확정되는 것을 불확정기한으로 정한 것으로 보아야 한다.

B. 부담

- 부담이란 주된 의사표시의 효과인 권리 변동과 관련된 부수적인 권리 변동을 내용으로 하는 부관을 뜻한다.
- 부담은 반대급부가 아니므로 부담 불이행은 반대급부 불이행과 본질이 다르다. 다만 부담부 증여의 경우 부담 불이행은 반대급부 불이행에 준한다.

> 제561조(부담부증여) 상대 부담 있는 증여에 대하여는 본절의 규정 외에 쌍무계약에 관한 규정을 적용한다.

나. 증명책임

(1) 전제: 법률행위의 유효한 성립

(2) 정지조건·시기: 법률효과를 발생시키는 부관

- 부관의 존재 사실 자체는 의사표시의 효력을 부정하는 당사자가 증명해야 한다 (항변).
- 정지조건 성취나 시기 도래 사실은 의사표시의 효력 발생을 주장하는 당사자가 증명해야 한다(재항변).

(3) 해제조건·종기: 법률효과를 소멸시키는 부관

- 부관의 존재 사실 자체뿐 아니라, 해제조건 성취나 종기 도래 사실도 의사표시의 효력을 부정하는 당사자가 증명해야 한다.

다. 사례: 정지조건과 불확정 시기

(1) 구별 기준

- 부관에 해당하는 사실의 발생 가능성이 아니라 당사자의 의사표시 해석에 따라 판단해야 한다.
- 의사표시 해석상 그 효과인 권리의 불발생 가능성을 전제하고 있으면 정지조건이고, 권리 발생 자체는 확정적인 것으로 전제하고 있으면 불확정 시기이다.

(2) 불확정 시기의 특징

- 당사자들 사이의 권리·의무는 불확정 시기부 법률행위의 효력 자체를 소멸시키는 무효·취소, 해제 등의 다른 사유가 없는 한 소멸하지 않는다.
- 불확정 시기가 붙은 법률행위의 효력발생 시점: ㉠ 불확정 기한에 해당하는 사실이 발생한 경우는 물론, ㉡ 이러한 사실 불발생이 확정된 경우나 ㉢ 이러한 사실

의 발생 여부가 확정되지 않은 상태에서 당사자가 예견했던 상당한 기간이 경과한 경우에도 불확정 기한 도래로 간주된다.

(3) 사례

• 아파트 신축·분양사업에 대한 투자계약을 체결하면서 투자수익금 지급 의무라는 주된 의사표시에 대해 '일정 기간 단위로 분양 실적이 충족되면 지급하기로 한다'는 취지의 부관을 붙인 경우, 분양 실적이 저조하면 투자자가 위험을 부담하기로 한 것으로 볼 수 있으므로 이 부관은 정지조건으로 해석된다.

> 아파트 신축·분양 사업 분양수입금 인출배분에 관하여 수급인인 건설회사가 시행사의 선투입비 채권에 대해 아파트 분양 실계약률에 따라 계약률 50%시 45억 원, 최초 계약일로부터 6개월 이내에 계약률 75%시 35억 원, 12개월 이내에 계약률 95%시 10억 원을 각각 지급하기로 한 사안에서 **선투입비는 위 사업이 실패하게 되면 시행사가 위험을 부담**하여야 하는 것이었던 점 등에 비추어 위 시행사의 선투입비 채권은 일정 기간 내에 일정 분양률이 충족되는 것을 **정지조건**으로 최대 90억 원까지 2순위로 지급받기로 약정된 것으로 보아야 한다(대법원 2011. 4. 28. 선고 2010다89036 판결).

• 乙에 대한 금전채권자 甲이 금전채권 포기각서를 작성하면서 '乙이 丙에 대해 가지는 금전채권을 甲이 행사하여 丙으로부터 해당금액을 지급받으면 효력이 발생한다'라는 취지의 부관을 붙인 경우, 이러한 부관은 甲이 乙에 대한 채권 포기 의사가 확실하면 불확정 기한에 해당하고 그렇지 않으면 정지조건에 해당한다.

> 갑이 위 돈을 지급받는다는 것은 **장래 발생 여부가 불확실한 사실**로서 조건으로 볼 여지가 있고, 갑이 을 회사 등으로부터 미지급 물품대금 액수에 해당하는 금액을 변제받을 것이 확실시되었다는 등의 특별한 사정이 없는 상태에서 을 회사에 대한 물품대금 채권을 포기할 아무런 이유가 없다는 점에서도 위 합의는 정지조건부 합의로 볼 여지가 크다 위 합의를 갑에게 부과된 이행의무의 기한을 정한 것으로 본 원심판단에 법리오해의 잘못이 있다(대법원 2018. 6. 28. 선고 2018다201702 판결).

2. 조건부·기한부 법률행위의 효과

가. 공통효과

• 조건 성취나 기한 도래 여부가 확정되지 않은 법률행위를 근거로 발생하는 권리도 재산권이라는 성질에는 변함이 없다.

- 따라서 일반적인 재산권과 마찬가지로 양도·처분할 수 있고, 상대방은 이러한 권리를 해치지 못한다.

> 제148조(조건부권리의 침해금지) 조건있는 법률행위의 당사자는 조건의 성부가 미정한 동안에 조건의 성취로 인하여 생길 상대방의 이익을 해하지 못한다.

> 제149조(조건부권리의 처분 등) 조건의 성취가 미정한 권리의무는 일반규정에 의하여 처분, 상속, 보존 또는 담보로 할수 있다.

> 제154조(기한부권리와 준용규정) 제148조와 제149조의 규정은 기한있는 법률행위에 준용한다.

- 등기할 수 있는 권리의 원인행위에 시기나 정지조건이 붙은 경우 이 권리도 가등기로 보전할 수 있다(부동산등기법 §88).

나. 조건에 대해서만 적용되는 특칙

(1) 불법조건, 기성조건, 불능조건

- 불법조건이 붙은 법률행위는 불법조건에 해당하는 부관뿐 아니라 법률행위 전부가 무효이다. 따라서 §137는 적용되지 않는다.

> 제151조(불법조건, 기성조건) ① 조건이 선량한 풍속 기타 사회질서에 위반한 것인 때에는 그 법률행위는 무효로 한다.

- 기성조건 또는 불능조건이 붙은 의사표시의 경우, 조건에 해당하는 사실이 이미 발생했으면 조건 성취의 효과가, 그 발생이 불가능한 것으로 확정되었다면 조건 불성취의 효과가 각각 인정된다.

> 제151조(불법조건, 기성조건)
> ② 조건이 법률행위의 당시 이미 성취한 것인 경우에는 그 조건이 정지조건이면 조건없는 법률행위로 하고 해제조건이면 그 법률행위는 무효로 한다.
> ③ 조건이 법률행위의 당시에 이미 성취할 수 없는 것인 경우에는 그 조건이 해제조건이면 조건없는 법률행위로 하고 정지조건이면 그 법률행위는 무효로 한다.

(2) 신의칙에 반하는 방법으로 조건성취 여부에 개입하는 경우

> 제150조(조건성취, 불성취에 대한 반신의행위)
> ① 조건의 성취로 인하여 불이익을 받을 당사자가 <u>신의성실에</u> <u>반하여</u> 조건의 성취를 방해한 때에는 상대방은 그 조건이 성취한 것으로 주장할 수 있다.
> ② 조건의 성취로 인하여 이익을 받을 당사자가 <u>신의성실에</u> 반하여 조건을 성취시킨 때에는 상대방은 그 조건이 성취하지 아니한 것으로 주장할 수 있다.

A, 개관

- 근거: 조건부 법률행위의 당사자가 조건 성취 여부에 개입했고 이러한 개입이 신의칙에 반한다고 평가되는 경우, 신의칙에 반하는 개입의 결과에 따른 효과를 인정하면 안 된다.

제150조 제1항은 조건이 성취되었더라면 원래 존재했어야 하는 상태를 일방 당사자의 부당한 개입으로부터 보호하기 위한 것으로서 권리의 행사와 의무의 이행은 <u>신의에 좇아 성실히 하여야 한다는 법질서의 기본원리가 발현된</u> 것이고, 누구도 신의성실에 반하는 행태를 통해 이익을 얻어서는 안 된다는 사상을 포함하고 있다(대법원 2022. 12. 29. 선고 2022다266645 판결).

- 적용범위: §150는 채무자의 이행을 위해 필요한 협력을 제공하지 않았던 채권자가 채무불이행 주장을 하는 경우에 대해서도 유추 적용될 수 있다. 다만 채권자가 협력을 제공하지 않았다는 사실만으로는 부족하고 이러한 협력 미제공이 신의칙에 반한다고 인정될 수 있을 정도이어야 한다.

> **대법원 2021. 1. 14. 선고 2018다223054 판결**
> - 제150조 제1항은 계약 **당사자 사이에서 정당하게 기대되는 협력을 신의성실에 반하여 거부함으로써 계약에서 정한 사항을 이행할 수 없게 된 경우에 유추 적용될 수** 있다.
> - 이 경우에도 <u>단순한 협력 거부만으로는 부족하고</u> 이 조항에서 정한 방해행위에 준할 정도로 신의성실에 반하여 <u>협력을 거부함으로써</u> **계약에서 정한 사항을 이행할 수 없는 상태가 되어야** 한다.

B. 요건: 신의칙에 반하는 개입의 의미

- 신의칙에 반하는 정도라고 볼 수 있다면, 악의에 의한 개입은 물론 과실에 의한 개입인 경우에도 §150가 적용된다.

대법원 1998. 12. 22. 선고 98다42356 판결
- 피고가 보증한 위 소외인의 원고에 대한 이 사건 공사대금채무는 원고가 하도급받은 위 공사 부분 완성과 준공필증 제출을 정지조건으로 하는 것으로 볼 수 있고, 피고 및 위 소외인은 **이러한 조건의 성취로 인하여 불이익을 받을 당사자**의 지위에 있다.
- 원고가 하도급받은 공사는 공사현장에 들어오는 전기용량을 증강시켜주지 아니하고서는 그 시공이 불가능할 뿐만 아니라 건물 내부에서 이루어지는 공사로서 시공자에게 그 출입이 보장되어야만 이를 완성시킬 수 있는 것이므로 위 소외인은 사전에 전기용량을 증강시키는 인입공사를 시행하여 줌은 물론 공사기간 중 원고측이 공사현장에 출입할 수 있도록 **협조하여야 할 의무**를 부담한다. 그런데도 피고 및 위 소외인은 이러한 의무에 위반하여 전기용량을 증강시키는 공사를 실시하지 아니한 데다가 원고측의 출입을 방해함으로써 원고로 하여금 나머지 공사를 수행할 수 없게 했다면, 그것이 **고의에 의한 경우만이 아니라 과실에 의한 경우**에도 위 소외인 및 피고가 신의성실에 반하여 조건의 성취를 방해한 때에 해당한다.

- 방해행위와 조건 성취 방해 사이의 상당인과관계가 인정될 수 있어야 한다 (But-for Test). 방해행위가 없었더라도 조건이 성취될 가능성이 현저하게 낮았다면 방해행위자도 조건성취의 효과를 주장할 수 있다.

대법원 2022. 12. 29. 선고 2022다266645 판결
- '조건의 성취를 방해한 때'란 사회통념상 일방 당사자의 방해행위가 없었더라면 조건이 성취되었을 것으로 볼 수 있음에도 방해행위로 인하여 조건이 성취되지 못한 정도에 이르러야 하고, 방해행위가 없었더라도 조건의 성취가능성이 현저히 낮은 경우까지 포함되는 것은 아니다.
- 乙이 지적재산권을 활용한 매출 발생시 투자금의 5배를 상환하기는 조건으로 甲으로부터 투자를 유치했으나 지적재산권의 상품화 시도를 하지 않았더라도, 乙의 지적재산권을 활용한 사업화나 매출 발생 가능성 자체가 낮았다면 제150조 제1항이 적용되지 않는다.

C. 신의칙에 반하는 개입의 효과

(a) 기본적인 효과

- 신의칙에 반하는 조건 성취 방해 사안에서는 조건 성취로 간주되고, 신의칙에 반하는 조건 성취 사안에서는 조건 불성취로 간주된다.
- 간주 시점: 신의칙에 반하는 개입이 없었으면 조건 성취 여부가 결정되었을 것으로 추정되는 시점에 조건의 성취 또는 불성취라는 사실이 확정된 것으로 간주된다.

> 신의칙에 반하는 조건 성취 방해 사실이 인정되는 경우 그 상대방은 제150조 제1항에 의하여 위 소외인 및 피고에 대하여 그 조건이 성취한 것으로 주장할 수 있고, **조건이 성취된 것으로 의제되는 시점은 이러한 신의성실에 반하는 행위가 없었더라면 조건이 성취되었으리라고 추산되는 시점**이라고 할 것인데 도급인의 공사 방해로 수급인의 공사대금채권에 대한 정지조건인 준공필증 제출이 지연된 경우 위 조건이 성취된 것으로 의제되는 시기는 **당초에 예정한 준공시점**이라고 할 것이다(대법원 1998. 12. 22. 선고 98다42356 판결).

(b) 법률행위의 다른 내용에는 영향을 미치지 않음

- 신의칙에 반하여 조건 성취 여부에 대한 개입이 이루어졌더라도, 신의칙에 반하는 행위를 한 당사자의 의도와 반대되는 결과인 조건의 성취 또는 불성취 사실이 간주되는데 그친다.
- 신의칙 위반 행위를 한 당사자가 원하지 않았던 법률효과의 발생 자체가 간주되는 것은 아님에 유의해야 한다. 예컨대 채무자가 신의칙에 반하여 정지조건 성취 방해를 한 경우 정지조건 성취 사실이 간주되는데 그치고, 채권 발생이라는 효과가 확정되는 것은 아니다. 따라서 계약의 효력을 소멸시키는 다른 사유가 있으면 채무자는 채무 소멸을 주장할 수 있다.

> 제150조는 사실관계의 진행이 달라졌더라면 발생하리라고 희망했던 결과를 의제하는 것은 아니므로, 이 조항을 유추적용할 때에도 조건 성취 협력의무의 이행 의제와 직접적인 관련이 없는 사실관계를 의제하거나 계약에서 정하지 않은 법률효과를 인정해서는 안 된다(대법원 2021. 1. 14. 선고 2018다223054 판결).

3장

의사표시의 하자:
무효·취소의 요건

의사표시의 하자: 무효·취소의 요건

I 개관

1. 무효·취소, 해제

가. 공통점: 해방효

- 해방효란 계약의 구속력 소멸 즉 계약에 근거한 권리·의무의 소멸이라는 효과를을 뜻한다.
- 해방효의 원인은 의사표시의 무효·취소, 해제 등의 사실이고, 이런 사실을 주장하는 것은 절차법적으로는 항변에 해당한다.

나. 차이점

(1) 요건

A. 무효 사유의 특징

- 의사표시에 무효 사유가 있으면 의사표시 성립 당시부터 효력이 없다.
- 누구나 기간 제한 없이 무효임을 주장할 수 있다. 예컨대 채권자대위권 사안에서 제3채무자는 채무자와 채권자대위권자간 피보전채권의 원인계약이 무효임을 항변할 수 있다.

B. 해제·취소 사유의 특징

- 해제·취소 사유가 인정되더라도 그것만으로는 의사표시의 효력에는 영향이 없다.
- 해제·취소 사유를 요건으로 하여 인정되는 효과는 '형성권 발생'이다. ㉠ 그 후 이러한 형성권이 행사되어야 비로소 의사표시는 소급적으로 즉 의사표시의 효력 발생 당시부터 무효로 다루어진다. ㉡ 이에 비해 이러한 형성권이 소멸하면 의사표시는 유효로 확정된다. 형성권 소멸 사유에는 형성권자가 형성권을 포기하는 의사표시, 법정추인, 상대방의 확답촉구 후 일정기간 경과, 형성권 자체의 행사기

간 경과 등이 있다.

• 형성권자 아닌 사람은 의사표시의 취소를 주장할 수 없다. 예컨대 채권자대위권 사안에서 제3채무자는 채무자와 채권자대위권자 간 피보전채권의 원인계약에 취소사유가 있어도 이를 주장할 수 없다.

(2) 효과

• 원상회복의 범위: 무효·취소의 경우에는 특칙이 없으므로 §741 이하가 적용되지만, 해제의 경우에는 특칙인 §548 ②이 적용된다.

• 제3자 보호: 무효·취소의 경우 각 사유의 근거규정에 따라 제3자 보호 여부나 그 요건이 달라지는 반면, 해제의 경우 §548 ① 단서에 의해 제3자가 해제사유에 대해 선의이든 악의이든 가리지 않고 보호된다.

(3) 사례: 사해행위인 허위표시

• 문제의 소재: 사해행위가 허위표시에 해당하여 무효인 경우, 무효인 법률행위가 사해행위 취소의 대상이 될 수 있는지가 문제된다.

• 쟁점과 판단: 무효와 사해행위 취소는 독립적이다. 무효인 법률행위도 사해행위 취소의 대상이 될 수 있고, 사해행위인 근저당권 설정계약이 취소되기 전이더라도, 후순위저당권자 등은 이러한 계약이 무효임을 이유로 배당이의의 소를 제기할 수 있다.

대법원 2001. 5. 8. 선고 2000다9611 판결

‣ 통정한 허위의 의사표시는 당사자 사이에서는 물론 제3자에 대하여도 무효이고 다만, 선의의 제3자에 대하여만 이를 대항하지 못한다고 할 것이므로(제108조), 채권자취소의 소로써 취소되지 않았다 하더라도 그 무효를 주장하여 그에 기한 채권의 존부, 범위, 순위에 관한 배당이의의 소를 제기할 수 있다.

‣ 배당이의의 소와 사해행위취소의 소는 그 성질, 요건, 효과 등을 달리하므로, 제3자가 허위의 근저당권에 기하여 배당을 받은 경우 배당채권자는 채권자취소의 소에 의하지 아니하고 배당이의의 소로써 그 시정을 구할 수 있다고 한 원심의 판단은 정당하다.

2. 무효·취소 사유들의 유형분류

	진의의 형성과정	진의와 표시	법률효과 (권리의 내용)	예	처리
제1유형	문제없음	일치	문제 있음	□ 목적 불명확 □ 원시적 불능 □ §103 ~ §105	모두 무효사유
제2유형	문제없음	불일치	문제 없음	□ §107, §108	□ 무효
				□ §109	□ 취소
제3유형	상대방의 위법한 개입	일치	문제 없음	□ §110	모두 취소사유

II 비도덕성·반사회성으로 인한 무효(§103)

1. 개관

가. 의미, 기능

- 의미: 당사자들의 자유로운 의사표시가 합치되었더라도 그 내용이 비도덕적·반사회적이면 이러한 의사표시의 내용에 따른 권리·의무의 발생을 인정하면 안 된다. 권리·의무는 공권력에 의한 실현 가능성을 전제하는데, 법치주의 원칙상 비도덕적·반사회적 결과를 초래하는 공권력 행사는 허용될 수 없기 때문이다.
- 기능: 기본권의 대사인효의 근거 규정이 된다. 객관적 가치질서로서의 기본권도 '도덕·사회질서'에 해당하기 때문이다.

> 헌법상의 기본권은 제1차적으로 개인의 자유로운 영역을 공권력의 침해로부터 보호하기 위한 방어적 권리이지만 다른 한편으로 헌법의 기본적인 결단인 객관적인 가치질서를 구체화한 것으로서, 사법을 포함한 모든 법 영역에 그 영향을 미치는 것이므로 사인간의 사적인 법률관계도 헌법상의 기본권 규정에 적합하게 규율되어야 한다. 다만 기본권 규정은 그 성질상 사법관계에 직접 적용될 수 있는 예외적인 것을 제외하고는 사법상의 일반원칙을 규정한 제2조, 제103조, 제750조, 제751조 등의 내용을 형성

하고 그 해석 기준이 되어 간접적으로 사법관계에 효력을 미친다(대법원 2010. 4. 22. 선고 2008다38288 전원합의체 판결).

나. 강행법규 위반, 폭리행위 등과의 관계: 일반조항

• §104, §105는 §103와 마찬가지로 비도덕적·반사회적인 의사표시를 무효로 하는 조항들이지만 §103에 대한 특칙이다.
• 따라서 §104, §105의 요건이 충족되지 못한 경우에도 §103가 적용될 수 있다.

다. 판단기준시: 법률행위 당시

• 의사표시의 내용이 비도덕적·반사회적인지는 법률행위 당시를 기준으로 판단해야 한다.
• 예컨대 매수인이 매매계약이 체결된 후 비로소 매매 목적물이 장물임을 알게 된 경우, 이런 사실만을 근거로 당초의 매매계약이 반사회적 법률행위로서 무효가 되는 것은 아니다.

매매계약체결 당시에 정당한 대가를 지급하고 목적물을 매수하는 계약을 체결하였다면, 비록 그 후 목적물이 범죄행위로 취득된 것을 알게 되었다고 하더라도, **계약의 이행을 구하는 것 자체가** 선량한 풍속 기타 사회질서에 위반하는 것으로 볼 만한 특별한 사정이 없는 한, 그러한 사유만으로 당초의 매매계약에 기하여 목적물에 대한 소유권 이전등기를 구하는 것이 제103조의 공서양속에 반하는 행위라고 단정할 수 없다(대법원 2001. 11. 9. 선고 2001다44987 판결).

2. 요건: 비도덕적·반사회적 의사표시의 유형

가. 개관

(1) 의사표시의 목적·내용 자체가 반사회적인 경우

• 범죄 청부처럼 비도덕적·반사회적 행위를 급부의 내용으로 하는 의사표시는 무효이다.
• 인권의 본질적 부분을 제한하기로 하는 의사표시는 무효이다(기본권의 대사인효).

(2) 목적·내용 자체에는 문제가 없는 경우

• 의사표시의 목적·내용 자체에는 문제가 없으나, 대가 지급과 결부되면 비도덕성·반사회성이 인정되는 경우가 있다. 성매매, 장기매매 등이 여기에 해당한다.

- 당연히 해야 할 일에 대한 대가지급 약정도 무효이다. 대가를 지급받지 않으면 당연히 해야 할 일을 하지 않겠다는 의미이므로 반사회성이 인정될 수 있기 때문이다. 그 예로서 범죄를 저지르지 않기로 하는 계약, 증언에 대해 과도한 대가를 요구하는 계약 등을 들 수 있다.

> 소송사건에 증인으로 출석하여 증언하는 것과 연계하여 어떤 급부를 하기로 약정한 경우 그 급부의 내용에 기존 채무의 변제를 위한 부분이 포함되어 있다고 하더라도, 전체적으로 **통상 용인될 수 있는 수준**을 넘는 급부를 하기로 한 것이라면, 그 약정은 제103조가 규정한 반사회질서행위에 해당하여 **전부가 무효**라고 보아야 한다(대법원 2016. 10. 27. 선고 2016다25140 판결).

나. 비교

(1) 동기의 불법

- 문제의 소재: 동기·목적에는 비도덕성·반사회성이 인정되지만 법률효과의 내용 자체에는 이런 문제가 없는 의사표시가 무효인지의 여부가 문제된다.
- 판단: 비도덕적·반사회적인 동기에 의한 의사표시는, 이러한 동기가 표시되거나 이러한 동기에 대해 상대방이 알 수 있었으면, 동기의 불법성으로 인해 의사표시 자체가 무효라고 보아야 한다. 표시되었거나 상대방이 알게 된 동기는 더 이상 의사표시의 동기에 머무는 것이 아니라 의사표시의 내용을 구성하게 되었다고 볼 수 있기 때문이다.

(2) 의사표시 과정만 비도덕적·반사회적인 경우

- 의사표시 과정에서만 비도덕적·반사회적인 개입이 있었으면 §110의 문제가 될 뿐이다. 즉 의사표시 과정에서의 비도덕성·반사회성만으로는 §103에 의한 무효를 근거지울 수 없다.
- 다만 불법성의 정도가 극심하여 의사무능력으로 인정되면 이를 근거로 의사표시의 무효가 인정될 수 있다.

> **대법원 2002. 12. 27. 선고 2000다47361 판결**
> - 제103조에 의하여 무효로 되는 반사회질서 행위는 ㉠ 법률행위의 목적인 권리·의무의 내용이 선량한 풍속 기타 사회질서에 위반되는 경우뿐 아니라, ㉡ 그 내용 자체는 반사회질서적인 것이 아니라고 하여도 법률적으로 이를 강제하거나, ㉢ 법률

행위에 반사회질서적인 조건 또는 금전적 대가가 결부됨으로써 반사회질서적 성질을 띠게 되는 경우 및 ㉣ 표시되거나 상대방에게 알려진 법률행위의 동기가 반사회질서적인 경우를 포함하나,

‣ 이상의 각 요건에 해당하지 아니하고, 단지 법률행위의 **성립과정**에 강박이라는 불법적 방법이 사용된 데에 불과한 때에는 강박에 의한 의사표시의 하자나 의사의 흠결을 이유로 효력을 논의할 수는 있을지언정 반사회질서의 법률행위로서 무효라고 할 수는 없다

3. 효과

가. 해방효(2010다67890)

나. 급부부당이득

(1) 개관

• 무효인 법률행위를 전제로 재산적 이익이 이전된 경우가 있을 수 있다. 이때 재산적 이익 이전의 원인인 법률행위가 무효이므로 급부부당이득 반환이 문제된다.

무효인 약정에 기하여 급부의 이행을 청구하는 것은 허용되지 않고, 이행을 구하는 급부의 내용을 새로운 약정의 형식을 통해 정리하거나 일부를 가감하였다 하더라도 무효인 약정이 유효함을 전제로 한 이상 그 급부의 이행 청구가 허용되지 않음은 마찬가지이며, 다만 그 무효인 약정으로 인하여 상호 실질적으로 취득하게 된 이득을 부당이득으로 반환하게 되는 문제만 남게 된다(대법원 2011. 1. 13. 선고 2010다67890 판결).

• 이 경우 불법원인급여에 해당하므로 당사자들의 불법성을 비교하여 §741 인정 여부를 판단해야 한다(§746).

부당이득의 반환청구가 금지되는 사유로 제746조가 규정하는 불법원인이라 함은 그 원인되는 행위가 선량한 풍속 기타 사회질서에 위배되는 경우를 말하는 것이고 불법원인급여 후 급부를 이행받은 자가 급부의 **원인행위와 별도의 약정으로 급부 그 자체 또는 그에 갈음한 대가물의 반환**을 특약하는 것은 불법원인급여를 한 자가 그 부당이득의 반환을 청구하는 경우와는 달리 그 반환약정 자체가 사회질서에 반하여 무효가 되지 않는 한 유효하다고 할 것이고, 여기서 반환약정 자체의 무효 여부는 반환약정 그 자체의 목적뿐만 아니라 당초의 불법원인급여가 이루어진 경위, **쌍방당사자의 불법성의**

<u>정도</u>, 반환약정의 체결과정 등 제103조 위반 여부를 판단하기 위한 제반 요소를 종합적으로 고려하여 결정하여야 하고, 한편 <u>반환약정이 사회질서에 반하여 무효라는 점은 수익자가 이를 입증하여야 한다</u>(대법원 2010. 5. 27. 선고 2009다12580 판결).

(2) 사례: 과도한 중복보험의 반사회성

A. 중복보험의 의미와 반사회성

- 중복보험이란 보험계약자가 보험금을 부정취득할 목적으로 다수의 보험계약을 체결하는 경우를 뜻한다.
- 이러한 중복보험은 사행심을 조장한다는 점, 보험제도의 근간을 무너뜨린다는 점에서 비도덕성·반사회성이 인정된다.

B. 반사회성의 판단 기준

- 보험금 부정취득 목적은 간접사실들을 근거로 추인될 수 있다.
- 수입에 비해 과도한 보험료, 자발적 보험가입, 중복 보험 가입여부에 대한 허위사실 고지 등이 유력한 간접사실로 인정된다.

C. 과도한 중복보험의 처리

- 보험자가 가지는 구제수단인 무효(§103), 취소(§110), 해지(보험약관) 등은 병존·경합한다.
- 따라서 보험자는 이들 중 어떤 것이라도 자유롭게 선택하여 행사할 수 있다.

> **대법원 2017. 4. 7. 선고 2014다234827 판결**
> ‣ 보험계약자가 다수의 보험계약을 통하여 보험금을 부정취득할 목적으로 보험계약을 체결한 경우 보험계약은 제103조의 선량한 풍속 기타 사회질서에 반하여 무효이다. 보험계약을 악용하여 부정한 이득을 얻고자 하는 <u>사행심을 조장함으로써 사회적 상당성을 일탈하게 될</u> 뿐만 아니라, 합리적인 위험의 분산이라는 보험제도의 목적을 해치고 다수의 선량한 보험가입자들의 희생을 초래하여 <u>보험제도의 근간을 무너뜨리기</u> 때문이다.
> ‣ 보험계약자가 보험금을 부정취득할 목적으로 다수의 보험계약을 체결하였는지를 직접적으로 인정할 증거가 없더라도 보험계약자의 직업과 재산상태, 다수 보험계약의 체결 시기와 경위, 보험계약의 규모와 성질, 보험계약 체결 후의 정황 등 제반 사정에 기하여 그와 같은 목적을 추인할 수 있다.

- 한편 보험계약을 체결하면서 중요한 사항에 관한 보험계약자의 고지의무 <u>위반이</u> <u>사기에 해당하는 경우에는 보험자는 상법의 규정에 의하여 계약을 해지할 수 있음</u>은 물론 보험계약에서 정한 취소권 규정이나 <u>민법의 일반원칙에 따라 보험계약을</u> <u>취소할 수 있다.</u> 따라서 보험금을 부정취득할 목적으로 다수의 보험계약이 체결된 경우에 <u>제103조 위반으로 인한 보험계약의 무효와 고지의무 위반을 이유로 한 보험</u> <u>계약의 해지나 취소는 그 요건이나 효과가 다르지만, 개별적인 사안에서 각각의 요</u> <u>건을 모두 충족한다면 위와 같은 구제수단이 병존적으로 인정되고, 이 경우 보험자</u> <u>는 보험계약의 무효, 해지 또는 취소를 선택</u>적으로 주장할 수 있다.

다. 불법행위

- 비도덕적·반사회적 법률행위는 위법한 행위이므로 이로 인해 일방에게 손해가 발생하면 피해자는 상대방에게 §750의 손해배상 청구를 할 수 있다.
- 기본권의 본질적 부분을 제한하는 법률행위도 불법행위가 될 수 있다. 기본권도 §750의 보호 대상인 인격적 법익에 해당하기 때문이다.

  <u>기본권의 침해도 제750조의 일반규정을 통하여 사법상 보호되는 인격적 법익침해의</u> 형태로 구체화될 수 있고, 그 위법성 인정을 위하여 반드시 사인간의 평등권 보호에 관한 별개의 <u>입법이 있어야만</u> 하는 것은 아니다(대법원 2011. 1. 27. 선고 2009다 19864 판결).

4. 사례연구: 부동산의 이중매매

가. 개관: 전형적 사안

(1) 사실관계

- 부동산의 이중매매에 관한 판례 법리가 적용되는 전형적 사안은 다음과 같다. 甲은 자신이 소유한 X부동산을 乙에게 매도하기로 하는 계약을 체결했으나 乙명의 등기가 마쳐지기 전에 거듭 丙에게 X부동산을 처분하기로 하는 계약을 체결하고, 丙이 乙보다 먼저 소유권이전등기를 마쳤다.
- 이에 비해 이중매매 상태에서 제1매수인인 乙명의 등기가 마쳐진 경우에는 제2매수인 丙에 대한 관계에서 甲·乙의 공모에 의한 배임은 인정되기 어렵다. 제1매매 당시에는 제2매수인과 매도인 사이의 신임관계 자체가 존재하지 않았기 때

문이다. 결국 제1매매에 허위표시 등의 별도의 무효사유가 없는 한 제2매수인은 판례법리에 따른 구제를 주장할 수 없다.

> 부동산을 이중으로 매도한 경우에 매도인이 선매수인에게 소유권이전의무를 이행하였다고 하여 후매수인에 대한 관계에서 그가 임무를 위법하게 위배한 것이라고 할 수 없다(대법원 2009. 2. 26. 선고 2008도11722 판결).

(2) 쟁점: 제1매수인 乙의 구제방법
- 제1매수인의 구제방법으로서, ㉠ 乙은 甲에게 어떤 권리를 행사할 수 있는지와, ㉡ 乙이 丙에게 말소등기청구나 §750의 손해배상청구를 할 수 있는지가 문제된다.

(3) 이중매매에 관한 판례법리 적용의 전제
- 甲·乙 간 계약의 구속력이 인정되어야 한다. 甲·乙간 계약이 무효·취소, 해제로 실효되면 乙의 甲에 대한 채권적 소유권이전등기 청구권 자체가 인정될 수 없기 때문이다.
- 甲·丙 간 계약이 유효하게 성립해야 한다. 이 경우 丙은 대세적으로 소유권을 취득하고(§186), 乙은 甲에 대한 채권자에 불과하므로 丙의 지위를 다툴 수 없다.

나. 이중매매의 법률관계

(1) 원칙: 제2매매에 무효 사유가 없는 경우

A. 개관
- 제2매수인의 악의만으로는 제2매매의 불법성을 근거지울 수 없다. 제2매매가 반사회적 행위라고 보려면 제2매수인의 소유권 취득을 좌절시키는 것을 정당화할 만한 귀책사유가 있어야 하기 때문이다.
- 제2매매계약에 별도의 무효 사유가 없다면 제2매수인은 유효한 원인행위를 하고 소유권이전등기를 마쳤으므로 소유권을 취득한다(§186).

> **대법원 2009. 9. 10. 선고 2009다23283 판결**
> ・ 어떠한 부동산에 관하여 소유자가 양도의 원인이 되는 매매 기타의 계약을 하여 일단 소유권 양도의 의무를 짐에도 다시 제3자에게 매도하는 등으로 같은 부동산에 관하여 소유권 양도의 의무를 이중으로 부담하고 나아가 그 의무의 이행으로, 그러나 제1의 양도채권자에 대한 양도의무에 반하여, 소유권의 이전에 관한 등기를 그

제3자 앞으로 경료함으로써 이를 처분한 경우에, 소유자의 그러한 제2의 소유권양
도의무를 발생시키는 원인이 되는 매매 등의 계약이 소유자의 위와 같은 의무위반
행위를 유발시키는 계기가 된다는 것만을 이유로 이를 공서양속에 반하여 무효라
고 할 것이 아님은 물론이다.

› 공서양속에 반한다고 하려면, 제2매수인에게도 그러한 <u>무효의 제재, 보다 실질적
으로 말하면 나아가 그가 의도한 권리취득 자체의 좌절을 정당화할 만한 책임귀속
사유</u>가 있어야 한다. **제186조의 입법취지**에 비추어 보면, 제2매수인이 소유자가 같
은 부동산에 대하여 이미 다른 사람에 대하여 소유권양도의무를 지고 있음을 그 채
권 발생의 원인이 되는 **계약 당시에 알고 있었다는 것만으로 당연히 위와 같은 책임
귀속이 정당화될 수는 없**다.

B. 당사자들 사이의 법률관계

• 이중매도인의 제1매수인에 대한 채무에 대해서는 채무자의 귀책사유로 인한 이
행불능이 발생하게 된다.

• 따라서 이중매도인은 제1매수인에 대해 채무불이행 책임 즉 전보배상(§390), 대
상청구권, 법정해제(§546) 등으로 인한 책임을 부담하게 된다.

(2) 예외: 제2매매가 반사회적 법률행위라서 무효인 경우

A. 제2매매의 반사회성 판단 기준

(a) 개관

• 매도인의 제2매매가 배임죄에 해당하는 경우 반사회성이 인정된다. 그러나 매도인
의 배임죄 성립 여부와 제2매매가 §103에 의해 무효가 되는지의 여부는 별개의 문
제이다. 제2매매의 무효 여부는 오히려 제2매수인의 재산권 취득을 부정할 수 있을
만한 귀책사유가 있는지의 여부에 따라 결정되어야 한다(2009다 23283, 50면).

• 예컨대 <u>매도인은 선의</u>이고 제2매수인의 가담·권유에 대해서만 불법성이 인정되
는 경우 매도인에 대한 배임죄가 성립하지 않지만 제2매매는 무효인 반사회적 이
중매매로 인정된다.

丙은 乙이 망인로부터 이 사건 토지를 전전매수하였다는 사실을 알면서도 그 정을 모
르는 위 망인의 상속인인 甲을 기망하여 甲으로 하여금 이 사건 토지를 이중매도하게
하였으므로 丙의 적극적인 기망행위에 의하여 이루어진 위 甲·丙 간의 이 사건 토지

에 관한 양도계약은 반사회적 법률행위로서 무효이다. (대법원 1994. 11. 18. 선고 94
다37349 판결).

(b) 반사회성을 근거지우는 적극 가담의 의미

- 이중매매라는 사실에 대한 제2매수인의 악의만으로는 부족하고, 제2매수인이 매
  도인을 유인·교사하거나 매도인의 배임적 처분행위 과정에 적극 가담하는 등 제
  2매수인에 대한 책임 귀속을 정당화할 수 있는 특별한 사정이 인정되어야 한다.
- 특별한 사정의 판단 기준: 우선 제2매수인의 관여 방식을 고려해야 하고, 나아가
  매도인과 제2매수인 간의 인적 관계, 제2매수인이 지급한 대가의 상당성 등 법
  률행위의 반사회성 판단을 위해 참작되는 일반적인 제반 사정도 종합적으로 고
  려해야 한다.

제2매수인으로서는 기본적으로 그 실행행위자와는 별개의 이해관계를 가지고 반대
편에서 독자적으로 거래에 임하는 것이므로, **배임행위를 유인·교사하거나 배임행위
의 전 과정에 관여하는 등 배임행위에 적극 가담하는 경우에는 그 실행행위자와 체결
한 계약이 반사회적 법률행위에 해당하여 무효**로 될 수 있지만, 관여의 정도가 거기에
까지 이르지 아니하고 법질서 전체적인 관점에서 볼 때 계약의 동기, 목적 및 의도, 그
계약의 내용 및 요구된 조치의 필요성 내지 관련성, 거래 상대방과 배임행위의 실행행
위자와 관계 등을 종합할 때 **사회적 상당성**을 갖추고 있다고 평가할 수 있는 경우에는
비록 거래 상대방이 그 계약의 체결에 임하는 실행행위자의 행위가 **배임행위에 해당
할 수 있음을 알거나 알 수 있었다** 하더라도 그러한 사정만으로 그 계약을 반사회적
법률행위에 해당한다고 보아 **무효라고 할 수는 없**다(대법원 2009. 3. 26. 선고 2006다
47677 판결).

여기서 적극가담하는 행위는 매수인이 다른 사람에게 매도된 것을 **안다는 것만으로
는 부족하고 적어도 그 매도사실을 알고도 매도를 요청하여 매매계약에 이르는 정도**
가 되어야 한다(대법원 1994. 3. 11. 선고 93다55289 판결).

그와 같은 사유가 있는지를 판단함에 있어서는, 제2매수인이 당해 계약의 성립과 내
용에 어떠한 방식으로 관여하였는지(소유자의 배임행위에 적극 가담하였는지)를 일
차적으로 고려할 것이고, 나아가 계약에 이른 경위, 약정된 대가 등 계약내용의 상당

성 또는 특수성, 그와 소유자의 인적 관계 등 법률행위가 공서양속에 반하는지 여부의 판단에서 일반적으로 참작되는 제반 사정을 여기서도 종합적으로 살펴보아야 한다 (대법원 2009. 9. 10. 선고 2009다23283 판결).

(c) 배임죄의 성립 여부에 관한 형사판례

• 부동산의 이중매매의 경우, 중도금이 지급된 후에 한 처분행위에 대해서는 배임죄 성립이 인정된다. 중도금이 지급되면 이행 착수가 인정되어 계약금 포기 방식으로 자유롭게 해제할 수 없게 되므로 매도인과 제1매수인 사이에서는 제1매수인의 재산적 이익을 보호·관리해야 하는 신임관계가 형성된다. 따라서 이때부터 매도인은 제1매수인에 대해 '타인의 사무를 처리하는 자'에 해당하게 된다.

> **대법원 2018. 5. 17. 선고 2017도4027 전원합의체 판결**
>
> ‣ 매매와 같이 당사자 일방이 재산권을 상대방에게 이전할 것을 약정하고 상대방이 그 대금을 지급할 것을 약정함으로써 그 효력이 생기는 계약의 경우, 쌍방이 그 계약의 내용에 좇은 이행을 하여야 할 채무는 특별한 사정이 없는 한 '자기의 사무'에 해당하는 것이 원칙이다. 부동산 매매계약에서 계약금만 지급된 단계에서는 어느 당사자나 계약금을 포기하거나 그 배액을 상환함으로써 자유롭게 계약의 구속력에서 벗어날 수 있다.
>
> ‣ 그러나 중도금이 지급되는 등 계약이 본격적으로 이행되는 단계에 이른 때에는 계약이 취소되거나 해제되지 않는 한 매도인은 매수인에게 부동산의 소유권을 이전해 줄 의무에서 벗어날 수 없다. 따라서 **이러한 단계에 이른 때에 매도인은 매수인에 대하여 매수인의 재산보전에 협력하여 재산적 이익을 보호·관리할 신임관계**에 있게 된다. 그때부터 매도인은 배임죄에서 말하는 '타인의 사무를 처리하는 자'에 해당한다고 보아야 한다.
>
> ‣ 그러한 지위에 있는 매도인이 매수인에게 계약 내용에 따라 부동산의 소유권을 이전해 주기 전에 그 부동산을 제3자에게 처분하고 제3자 앞으로 그 처분에 따른 등기를 마쳐 준 행위는 매수인의 부동산 취득 또는 보전에 지장을 초래하는 행위이다. 이는 매수인과의 **신임관계를 저버리는 행위로서 배임죄가 성립**한다.

• 매도인이 제1매수인 명의 가등기를 마쳐 준 경우: 장차 발생할 수 있는 손해를 회복할 수 있는 방안을 마련해 준 것에 불과하므로 신임관계의 본질적 내용이 변경된 것은 아니다. 따라서 이 상태에서 한 제2매매도 배임죄에 해당한다.

이 경우 매도인이 매수인에게 **순위보전의 효력이 있는 가등기를 마쳐 주었더라도 이는 향후 매수인에게 손해를 회복할 수 있는 방안을 마련하여 준 것일 뿐 그 자체로 물권변동의 효력이 있는 것은 아니**어서 매도인으로서는 소유권을 이전하여 줄 의무에서 벗어날 수 없으므로, 그와 같은 <u>가등기로 인하여 매수인의 재산보전에 협력하여 재산적 이익을 보호·관리할 신임관계의 전형적·본질적 내용이 변경된다고 할 수 없다</u>(대법원 2020. 5. 14. 선고 2019도16228 판결).

- 동산에 대한 이중매매, 부동산에 대한 이중 담보권 설정은 배임죄를 구성하지 않는다. ㉠ 동산이 매매의 목적물인 경우, 매도인이 매수인에 대한 인도 의무를 위반하여 목적물을 제2매수인에게 인도하더라도 배임죄가 성립하지는 않는다. 동산 매매의 경우에는 매도인이 매수인에게 목적물을 인도하면 계약의 이행이 완료되고 매수인이 소유권을 취득하게 되므로 매도인은 인도 의무 외에 별도로 매수인의 재산 관리에 협력할 의무를 부담하지 않기 때문이다. ㉡ 담보물권 설정계약의 경우, 채무자의 담보물권 설정등기 의무는 자신의 사무이므로 채무자가 담보물권 설정계약 체결 후 처분행위를 하더라도 배임죄가 성립하지 않는다.

매매의 목적물이 동산일 경우, 매도인은 매수인에게 계약에 정한 바에 따라 그 목적물인 동산을 <u>인도함으로써 계약의 이행을 완료하게 되고 그때 매수인은 매매목적물에 대한 권리를 취득하게 되는 것이므로</u>, 매도인에게 자기의 사무인 **동산인도채무 외에 별도로 매수인의 재산의 보호 내지 관리 행위에 협력할 의무가 있다고 할 수 없다.** 동산매매계약에서의 매도인은 매수인에 대하여 그의 사무를 처리하는 지위에 있지 아니하므로, <u>매도인이 목적물을 매수인에게 인도하지 아니하고 이를 타에 처분하였다 하더라도 형법상 배임죄가 성립하는 것은 아니다</u>(대법원 2011. 1. 20. 선고 2008도10479 전원합의체 판결).

대법원 2020. 2. 20. 선고 2019도9756 전원합의체 판결

- 타인의 사무를 처리하는 자'라고 하려면, <u>당사자 관계의 전형적·본질적 내용이 통상의 계약에서의 이익대립관계를 넘어서 그들 사이의 신임관계에 기초하여 타인의 재산을 보호 또는 관리하는 데에 있어야 한다.</u>
- 통상의 계약관계에서 채무자의 성실한 급부이행에 의해 상대방이 계약상 권리의 만족 내지 채권의 실현이라는 이익을 얻게 되는 관계에 있다거나, 계약을 이행함에

있어 상대방을 보호하거나 배려할 부수적인 의무가 있다는 것만으로는 채무자를 타인의 사무를 처리하는 자라고 할 수 없고, <u>위임 등과 같이 계약의 전형적·본질적인 급부인 **주된 급부**의 내용이 상대방의 재산상 사무를 일정한 권한을 가지고 맡아 처리하는 경우</u>에 해당하여야 한다.

‣ 채무자가 채권자인 양도담보권자에 대하여 담보물의 담보가치를 유지·보전할 의무 내지 담보물을 타에 처분하거나 멸실, 훼손하는 등으로 담보권 실행에 지장을 초래하는 행위를 하지 않을 <u>의무를 부담하게 되었더라도, 채무자가 통상의 계약에서의 이익대립관계를 넘어서 채권자와의 신임관계에 기초하여 채권자의 사무를 맡아 처리하는 것으로 볼 수 없다. 따라서 채무자를 배임죄의 주체인 '타인의 사무를 처리하는 자'</u>에 해당한다고 할 수 없다.

B. 제2매매의 반사회성이 인정되는 경우의 법률관계

(a) 甲·乙간의 관계: 乙의 甲에 대한 채권적 소유권이전등기 청구권 유지

• 丙명의 등기는 원인무효이므로 甲의 乙에 대한 채무는 이행불능이 아니고 이행지체 상태에 있을 뿐이다.

• 乙은 이행지체의 효과인 강제이행(§389)과 법정해제(§544) 중 선택할 수 있다.

(b) 乙·丙간의 관계: 甲의 丙에 대한 말소등기 청구권 대위행사

• 제1매수인은 매도인에 대한 채권자에 불과하므로 제2매수인 명의 소유권이전등기가 원인무효이더라도 이에 대한 말소등기청구권이 없다.

• 매도인 甲은 제2매수인 丙에 대한 丙명의 소유권이전등기 말소등기청구권을 가진다(§214). 그렇지만 甲·丙간 제2매매가 반사회적 행위이므로 丙명의 소유권이전등기는 불법원인 급여에 해당하고 불법원인 급여자인 甲은 §741는 물론 §214를 근거로 한 반환청구도 할 수 없다. 결국 甲 자신은 丙에게 말소등기청구를 할 수 없다.

제746조는 <u>사회적 타당성이 없는 행위를 한 사람은 그 스스로 불법한 행위를 주장하여, 복구를 그 형식 여하에 불구하고 소구할 수 없다는 이상</u>을 표현하고 있는 것이다. 따라서 급여를 한 사람은 그 원인행위가 법률상 무효라 하여 상대방에게 부당이득을 원인으로 한 반환청구를 할 수 없음은 물론, 그 원인행위가 무효이기 때문에 급여한 물건의 소유권은 여전히 자기에게 있다고 하여, <u>소유권에 기한 반환청구도 할 수 없는</u>

> 것이고, 그리하여 그 반사적 효과로서 급여한 물건의 소유권은 급여를 받은 상대방에게 귀속하게 되는 것이다(대법원 1979. 11. 13. 선고 79다483 전원합의체 판결).

- 다만 이처럼 甲 자신이 丙에게 §214의 말소등기청구권을 행사할 수 없어도, 乙은 甲에 대한 소유권이전등기 청구권을 보전하기 위해 甲의 丙에 대한 말소등기청구권을 대위행사할 수 있다. 丙명의 소유권이전등기 말소는 피보전채권인 乙의 甲에 대한 소유권이전등기 청구권이 실현될 수 있게 하는 유효적절한 수단이므로 채권자대위권 전용을 위한 요건도 충족된다.

> 부동산에 관한 등기청구권이 채무자와 제3자인 피고 문중의 반사회적 법률행위로 인하여 침해당하였다면 원고로서는 피고 문중에 대하여는 채무자를 대위하여 위 등기의 말소등기절차 이행을 청구할 수는 있으나 직접 말소등기를 청구할 수 없다 할 것임은 형식주의하의 등기청구권의 성질에서 당연히 도출되므로, 원고가 위 채무자를 대위하여 이건 등기의 말소를 구한다는 명백한 주장을 하지도 아니하고 그렇다고 직접 청구한다는 아무런 주장도 명확히 펴고 있지 아니한 이 사건에서 원심으로서는 **석명권**을 행사하여 원고의 이 사건 청구가 직접 청구하는 취지인지의 여부를 명백히 밝혔어야 할 것이다(대법원 1983. 4. 26. 선고 83다카57 판결).

(c) 甲·乙·丙 이외의 제3자에 대한 효과: 절대적 무효
- 甲·丙 간 제2매매의 무효는 선의의 제3자에게도 대항할 수 있다.
- 따라서 乙은 丙으로부터 선의로 물권을 취득한 전득자나 담보물권자에 대해서도 무효를 주장할 수 있다.

> 부동산의 제2매수인이 매도인의 **배임행위에 적극 가담**하여 제2매매계약이 **반사회적 법률행위**에 해당하는 경우에는 제2매매계약은 **절대적으로 무효**이므로, 그 부동산을 제2매수인으로부터 다시 취득한 제3자는 제2매수인이 당해 부동산의 소유권을 유효하게 취득한 것으로 **믿었다고 하더라도** 제2매매계약이 유효하다고 주장할 수 없는 것이며, 이러한 법리는 담보권설정계약에서도 마찬가지라 할 것이다(대법원 2008. 3. 27. 선고 2007다82875 판결).

C. 사례: 매도인의 공동상속인 중 일부가 상속재산인 부동산 전부를 처분한 경우

(a) 사안

- 甲은 자신이 소유한 X부동산을 乙에게 매도하고 계약금, 중도금을 수령한 상태에서 사망했으며 甲의 자녀인 A·B가 공동상속인이다.
- A는 B 몰래 B의 대리인이라고 자처하면서 丙에게 X부동산 전부를 매도했고 丙은 이러한 사정을 잘 알면서 매수했다.
- 그 후 丙은 A·B를 상대로 소유권이전등기청구소송을 제기하였으며 A·B의 의제자백으로 丙 승소 판결이 확정되었다. 이에 따라 丙 명의로 X부동산 전부에 대한 소유권이전등기가 마쳐졌다.

(b) 쟁점과 판단

- 乙은 X부동산 전부에 대해 丙명의 소유권이전등기의 말소등기를 청구할 수 있다.
- 제2매수인이 확정판결을 근거로 소유권이전등기를 마친 경우에도 이중양도에 관한 판례법리가 적용된다. 또한 A의 상속분뿐 아니라 B의 상속분에 대해서도 이중양도에 관한 판례법리가 적용된다.

> **대법원 2002. 4. 26. 선고 2001다8097 판결**
> - 반사회적 법률행위에 해당하여 무효인 제2매매계약을 원인으로 하는 <u>제2매수인 앞으로의 소유권이전등기가 확정판결에 따라 마쳐졌다 하더라도, 그 확정판결의 기판력에 저촉되지 않는 범위에서는 제1매수인이 위 소유권이전등기의 무효를 주장할 수 있다</u>고 할 것이다.
> - 매도인의 사망으로 상속이 이루어진 후 공동상속인 중 1인으로서 <u>다른 공동상속인들의 대리인임을 자칭하는 자</u>와 제2매수인 사이에 부동산 전부에 관하여 제2매매계약이 체결되었는데 그 제2매매계약이 반사회적 법률행위에 해당하여 무효인 경우라면, 위 제2매매계약에 <u>직접 관여한 공동상속인의 상속분에 관하여 뿐만 아니라 부동산 전부에 관하여 그 매매계약 및 그에 기한 소유권이전등기가 무효</u>인 것으로 보아야 할 것이다.

다. 이중매매에 관한 판례법리의 적용범위

(1) 적용되는 경우

A. 부동산 소유권에 대한 모든 처분행위

- 소유권을 양도할 채무를 진 사람이 다른 사람에게 소유권을 넘겨주고 소유권이

전등기를 마쳐 준 모든 사안에 대해 적용된다. 예컨대 매매계약뿐 아니라, 증여계약, 상속재산 분할협의(95다54426), 적법한 명의신탁관계에서 명의수탁자의 처분(91다6221), 점유취득시효 완성 후 진정권리자의 처분(94다22484) 등에 대해서도 같은 법리가 적용된다.

- 제1매매 계약 체결 후 목적물에 대한 담보권설정등기가 마쳐진 경우에도 같은 법리가 적용된다.

> 이미 **매도된 부동산에 관하여 체결한 근저당권 설정계약**이 반사회적 법률행위로 무효가 되려면 매도인의 배임행위와 근저당권자가 매도인의 배임행위에 적극 가담한 행위로 이루어져 그 적극 가담하는 행위는 근저당권자가 다른 사람에게 그 **목적물이 매도된 것을 알고도 근저당권설정을 요청하거나 유도**하여 계약에 이르는 정도가 되어야 한다(대법원 2002. 9. 6. 선고 2000다41820 판결).

- 부동산의 이중 임대에 대해서도 같은 법리가 적용된다.

> **대법원 2013. 6. 27. 선고 2011다5813 판결**
> - 적극가담 등의 사정이 있을 때만 이중매매가 무효라는 이러한 법리는 **이중으로 임대차계약을 체결한 경우에도 그대로 적용**될 수 있다.
> - 甲·丙간 2차 임대차계약 체결 당시 **乙은 계약금만 지급한 상태였고, 또한 이미 甲·乙간 분쟁이 발생하여 그 적법 여부를 떠나 乙이 甲에게 이 사건 임대차계약의 해제를 통보**한 상태였으며, 丙의 2차 임대차계약의 체결은 그 분쟁의 발생과 전혀 무관한 사정들을 알 수 있다. 이러한 사정들에 비추어 보면, 2차 임대차계약 당시 丙이 이 사건 임대차계약을 알고 있었고 이 사건 임대차계약과 관련된 사항이 계약 내용에 반영되었다는 앞에서 본 사실관계만으로는 2차 임대차계약을 신의칙에 반하는 이중계약으로서 무효라고 보기에는 부족하고, 丙이 甲에게 이 사건 임대 부분을 반환할 의무를 진다고 할 수 없으므로, 결국 이중 임대차계약을 이유로 甲이 丙으로부터 이 사건 임대 부분을 반환받아 乙에게 인도하는 것은 불가능하다.

B. 부동산 소유권 이외의 재산권

(a) 개관

- 이중매매에 관한 판례법리 즉 제2매수인의 악의적 가담 등의 특별한 사정이 있을 때만 제2처분행위가 무효라는 법리는 주식 등 물권 이외의 재산권에 대해서도 적용된다.

- 이 경우에도 제2처분행위의 무효를 근거지우는 반사회성은 제2취득자의 귀책사유를 근거로 인정되는 것이므로 처분자의 제2처분행위가 형법상 배임죄를 구성하지 않아도 제2처분행위의 무효가 인정될 수 있다.

(b) 사례: 주권발행 전 주식의 이중매매

- 주권발행 전 주식 매매에 대해서는 대항요건주의가 적용된다.

- 당사자들 사이에서는 의사표시만으로 효력이 발생하므로 매수인은 단독으로 회사에 대해 명의개서를 청구할 수 있지만, 제3자에게 대항하려면 회사에 대해 확정일자 있는 통지·승낙을 마쳐야 한다. 이러한 통지·승낙을 할 의무는 주식 매도인 자신의 사무이므로 매도인의 제2매매는 배임죄를 구성하지 않는다.

> 양도인이 양수인으로 하여금 회사 이외의 제3자에게 대항할 수 있도록 확정일자 있는 증서에 의한 양도통지 또는 승낙을 갖추어 주어야 할 채무를 부담한다 하더라도 이는 자기의 사무라고 보아야 하고, 이를 양수인과의 신임관계에 기초하여 양수인의 사무를 맡아 처리하는 것으로 볼 수 없다. 그러므로 주권발행 전 주식에 대한 양도계약에서 양도인은 양수인에 대하여 그의 사무를 처리하는 지위에 있지 아니하여, 양도인이 위와 같은 제3자에 대한 대항요건을 갖추어 주지 아니하고 이를 타에 처분하였다 하더라도 형법상 배임죄가 성립하는 것은 아니다(대법원 2020. 10. 15. 선고 2020도9688 판결).

- 다만 ㉠ 제2매수인의 가담·권유 등에 불법성이 인정되면 제2매매의 반사회성이 인정되어 무효이고, ㉡ 제2매매의 위법성이 인정되어 제3자의 채권침해로 인한 §750 손해배상책임도 성립할 수 있다.

> 주권발행 전 주식의 양도는 당사자의 의사표시만으로 효력이 발생하는 것이고 양도인의 협력을 받을 필요 없이 단독으로 자신이 주식을 양수한 사실을 증명함으로써 회사에 대하여 그 명의개서를 청구할 수 있는 것이지만, 회사 이외의 제3자에 대하여 양도 사실을 대항하기 위하여는 지명채권의 양도에 준하여 확정일자 있는 증서에 의한 양도통지 또는 승낙을 갖추어야 한다는 점을 고려할 때, 양도인은 회사에 그와 같은 양도통지를 함으로써 양수인으로 하여금 제3자에 대한 대항요건을 갖출 수 있도록 해 줄 의무를 부담한다 할 것이다. 따라서 양도인이 그러한 채권양도의 통지를 하기 전에 다른 제3자에게 이중으로 양도하여 회사에게 확정일자 있는 양도통지를 하는 등 대항

요건을 갖추어 줌으로써 양수인이 그 제3자에게 대항할 수 없게 되었고, 이러한 <u>양도인의 배임행위에 제3자가 적극 가담한 경우라면, 제3자에 대한 양도행위는 사회질서에 반하는 법률행위로서 무효</u>라고 봄이 상당하다(대법원 2006. 9. 14. 선고 2005다45537 판결).

양도인이 제1양수인에 대하여 앞서 본 바와 같은 원인계약상의 의무를 위반하여 이미 자신에 속하지 아니하게 된 주식을 다시 제3자에게 양도하고 제2양수인이 주주명부상 명의개서를 받는 등으로 제1양수인이 회사에 대한 관계에서 주주로서의 권리를 제대로 행사할 수 없게 되었다면, 이는 그 한도에서 이미 제1양수인이 적법하게 취득한 주식에 관한 권리를 위법하게 침해하는 행위로서 양도인은 제1양수인에 대하여 그로 인한 불법행위책임을 진다고 할 것이다(대법원 2012. 11. 29. 선고 2012다38780 판결).

(2) 비교: 담보권 설정계약 체결 후의 처분행위

A. 배임죄 불성립

- 채무자가 자신이 소유한 부동산에 대한 담보권 설정계약에 따라 부담하는 담보권설정등기 의무를 이행하는 것은 채무자 자신의 사무를 처리하는 것이다.
- 따라서 채무자가 담보권 설정계약 체결 후 담보물에 대해 제3자 명의로 담보권설정등기를 마치거나, 담보물을 제3자에게 매도하고 그 제3자 명의 소유권이전등기를 마치더라도 배임죄가 성립하지 않는다.

> **대법원 2020. 6. 18. 선고 2019도14340 전원합의체 판결**
> - 채무자가 금전채무를 담보하기 위한 <u>저당권 설정계약에 따라 채권자에게 그 소유의 부동산에 관하여 저당권을 설정할 의무를 부담</u>하게 되었다고 하더라도, 이를 들어 채무자가 통상의 계약에서 이루어지는 이익대립관계를 넘어서 **채권자와의 신임관계에 기초하여 채권자의 사무를 맡아 처리하는 것으로 볼 수 없**다.
> - 채무자가 저당권 설정계약에 따라 채권자에 대하여 부담하는 의무는 계약에 따라 부담하게 된 **채무자 자신의 의무이고 이를 이행하는 것은 채무자 자신의 사무에 해당할 뿐이므로, 채무자를 채권자에 대한 관계에서 '타인의 사무를 처리하는 자'라고 할 수 없**다.
> - 따라서 <u>채무자가 제3자에게 먼저 담보물에 관한 저당권을 설정하거나 담보물을 양도하는 등으로 담보가치를 감소 또는 상실시켜 채권자의 채권실현에 위험을 초래</u>

하더라도 **배임죄가 성립한다고 할 수 없**다.

B. 사례: 제3자의 채권침해

- 사안의 개요: 甲은 X부동산을 乙에게 분양한 후 공사대금 조달을 위해 X부동산을 丙에게 이중 분양했다. 그 후 甲은 丙명의로 丁으로부터 대출을 받고 丁명의 근저당권을 설정해 주었다. 丁의 근저당권 실행경매 절차에서 戊가 X부동산을 매수하였다.
- 쟁점과 판단: 丁이 甲의 이중분양 등의 과정에 적극 가담했더라도, 甲·乙 간 근저당권 설정계약은 유효이므로 乙은 ㉠ 戊 명의 소유권이전등기 말소등기 청구를 할 수는 없고 ㉡ 제3자의 채권침해를 이유로 丁에게 §750 손해배상 청구를 할 수는 있다.

> **대법원 2009. 10. 29. 선고 2008다82582 판결**
>
> ・제3자의 행위가 채권을 침해하는 것으로서 불법행위에 해당한다고 할 수 있으려면, 그 제3자가 <u>채권자를 해한다는 사정을 알면서도 법규를 위반하거나 선량한 풍속 기타 사회질서를 위반하는 등 위법한 행위를 함으로써</u> 채권자의 이익을 침해하였음이 인정되어야 하고, 이때 그 행위가 위법한 것인지 여부는 구체적·개별적으로 판단하되, 거래자유 보장의 필요성, 경제·사회정책적 요인을 포함한 공공의 이익, 당사자 사이의 이익균형 등을 종합적으로 고려하여 판단하여야 한다.
>
> ・이미 분양된 아파트에 대하여 <u>이중분양계약에 기한 금융기관의 대출과 근저당권설정행위가 최초 수분양자의 분양계약에 기한 채권을 침해하는 것으로서 불법행위에 해당하기 위해서는</u> 그 금융기관의 임직원이 이중분양 사실을 안다는 것만으로는 부족하고, 분양자의 이중분양 행위에 **적극 가담하여, 이중분양을 요청하거나 유도하여 계약에 이르게 하거나 그와 같이 평가될 수 있는 정도에 이르러야** 한다.

C. 사례: 양도담보계약 체결 후 채무자가 목적물을 매도한 경우

(a) 사안의 개요

- 甲은 乙에 대한 10억원의 물품 대금 채무를 담보하기 위해 X부동산에 대한 매매계약서를 작성하고 다음 날 소유권이전등기에 필요한 서류를 교부하기로 하고, 특약사항으로 1년 후 甲이 乙에게 11억 원을 지급하면 乙은 甲에게 X부동산의 소유권이전등기를 마쳐주기로 했다.

- 甲은 그 다음날 이러한 사정을 알게 된 지인 丙의 적극적인 권유를 받고 丙으로부터 8억원을 지급받고 X부동산에 대한 丙명의 소유권이전등기를 마쳐 주었다.

(b) 쟁점과 판단

- 乙이 丙명의 소유권이전등기의 말소등기를 청구하면 기각된다.
- 甲·乙 간 계약은 매매계약이 아니라 양도담보 계약이라고 보아야 한다. 그런데 피담보채무가 물품대금 채무여서 가등기담보법이 적용되지 않으므로, 甲은 乙에게 소유권이전등기 의무를 진 상태이다. 다만 甲은 乙에 대한 관계에서 매도인이 아니라 양도담보를 설정해 준 채무자로서의 지위를 가질 뿐이다.
- 판례에 의하면 담보권 설정계약에 의한 담보권설정 등기 의무는 채무자 자신의 사무이므로 이를 위반해도 배임이 성립하지 않으며, 이러한 법리는 양도담보의 경우에도 그대로 적용된다. 따라서 甲·丙 간 소유권이전등기의 원인행위인 매매계약의 반사회성이 인정될 수 없고 乙의 말소등기 청구는 이유 없다.

> 저당권 설정계약을 한 채무자가 채권자에게 부담하는 의무는 채무자 자신의 의무이므로 이를 위반해도 배임이 성립하지 않는다는 법리는, 채무자가 **양도담보 설정계약**을 체결하고 이에 따라 채권자에게 소유권이전등기를 해 줄 의무가 있음에도 제3자에게 그 부동산을 처분한 경우에도 적용된다. 채무자가 금전채무를 담보하기 위하여 그 소유의 동산을 채권자에게 양도담보로 제공함으로써 채권자인 양도담보권자에 대하여 담보물의 담보가치를 유지·보전할 의무 내지 담보물을 타에 처분하거나 멸실, 훼손하는 등으로 담보권 실행에 지장을 초래하는 행위를 하지 않을 의무를 부담하게 되었더라도, 채무자가 통상의 계약에서의 이익대립관계를 넘어서 채권자와의 신임관계에 기초하여 채권자의 사무를 맡아 처리하는 것으로 볼 수 없다. 따라서 배임죄가 성립한다고 할 수 없다(대법원 2020. 2. 20. 선고 2019도9756 전원합의체 판결).

III 폭리행위로 인한 무효(§104)

1. 개관

가. 적용범위

- §104의 폭리행위는 피해자가 스스로 한 법률행위임을 전제한다. 따라서 경매 사안에 대해서는 §104가 적용되지 않는다.

- 또한 §104의 폭리행위는 급부와 반대급부를 전제하므로 증여 등의 무상계약에서는 문제되지 않는다.

나. 효과: 무효

- 해방효: 폭리행위는 무효이므로 폭리행위에 해당하는 법률행위에 근거한 채무는 이행할 필요가 없다.
- 급부부당이득 반환관계: 폭리행위의 경우 불법원인급여에 해당할 수 있지만 급부자가 피해자이기 때문에 §746 단서가 적용된다.

2. 요건

가. 개관

- 어떤 법률행위가 폭리행위에 해당하여 무효로 인정되려면, ㉠ 궁박·경솔·무경험 중 하나, ㉡ 폭리성, ㉢ 상대방의 이용의사라는 요건들이 충족되어야 한다. 따라서 궁박이 인정되지 않으면 폭리성은 따질 필요도 없다.

> 피해 당사자가 궁박한 상태에 있었다고 하더라도, 그 상대방 당사자에게 그와 같은 피해 당사자 측의 사정을 알면서 이를 이용하려는 의사, 즉 폭리행위의 악의가 없었다거나 또는 급부와 반대급부 사이에 현저한 불균형이 존재하지 아니한다면 제104조의 불공정한 법률행위라고 할 수 없다(대법원 2015. 1. 15. 선고 2014다216072 판결).

> 원심이 이 사건 정산 합의에 따른 원고의 급부와 그 반대급부인 피고 등의 급부 사이에 현저한 불균형이 존재한다는 점의 근거로 든 사정들은 모두 타당성이 인정되지 아니하므로, 피고 등이 원고의 궁박한 상태를 이용했다는 주장의 당부에 관하여는 더 살펴볼 것도 없이 이 사건 정산 합의는 불공정한 법률행위에 해당한다고 볼 수 없다(대법원 2010. 2. 11. 선고 2009다72643 판결).

- 폭리행위임을 이유로 법률행위가 무효라고 주장하는 당사자가 §104의 모든 요건에 대한 주장·증명책임을 진다.
- 판단기준시는 법률행위 당시이다. 법률행위 성립 이후의 사정변경으로 인해 불공정성이 발생하더라도 폭리행위의 요건들 중 '이용하려는 악의'가 인정될 수 없다. 다만 불공정성의 정도가 심하면 §103이 적용될 수 있을 뿐이다.

어떠한 법률행위가 불공정한 법률행위에 해당하는지는 <u>법률행위 당시를 기준으로 판단하여야 하므로, 계약 체결 당시를 기준으로 계약 내용에 따른 권리의무관계를 종합적으로 고려한 결과 불공정한 것이 아니라면, 사후에 외부적 환경의 급격한 변화에 따라 계약당사자 일방에게 큰 손실이 발생하고 상대방에게는 그에 상응하는 큰 이익이 발생할 수 있는 구조라고 하여 그 계약이 당연히 불공정한 계약에 해당한다고 말할 수 없다</u>(대법원 2015. 1. 15. 선고 2014다216072 판결).

나. 구체적인 요건

(1) 표의자 측 요건: 궁박·경솔·무경험

A. 개관

• 궁박·경솔·무경험 중 하나에만 해당해도 표의자 측 요건은 충족된다. ㉠ 궁박에는 경제적 궁박뿐 아니라 심리적 궁박도 포함되고, ㉡ 무경험이란 문제된 특정 거래가 아니라 일반적인 거래 전반에 대한 경험부족을 뜻한다.

• 궁박·경솔·무경험은 당사자의 연령·사회경험 등의 구체적 사정을 고려하여 판단해야 한다. 대리인이 의사표시를 한 경우, 궁박은 본인, 경솔·무경험은 대리인을 기준으로 판단해야 한다.

> **대법원 2011. 1. 27. 선고 2010다53457 판결**
> • 불공정한 법률행위가 성립하기 위한 요건인 궁박, 경솔, 무경험은 모두 구비되어야 하는 요건이 아니라 그중 <u>일부만 갖추어져도 충분</u>한데, ㉠ 여기에서 '궁박'이라 함은 '급박한 곤궁'을 의미하는 것으로서 경제적 원인에 기인할 수도 있고 정신적 또는 심리적 원인에 기인할 수도 있으며, ㉡ '무경험'이라 함은 어느 **특정영역에 있어서의 경험부족이 아니라 거래일반에 대한 경험부족**을 뜻한다.
> • 당사자가 궁박 또는 무경험의 상태에 있었는지 여부는 나이, 직업, 교육 및 사회경험의 정도, 재산 상태, 상황의 절박성의 정도 등 제반 사정을 종합하여 <u>구체적으로 판단</u>해야 한다.

대리인에 의하여 법률행위가 이루어진 경우 그 법률행위가 민법 제104조의 불공정한 법률행위에 해당하는지 여부를 판단함에 있어서 <u>경솔, 무경험은 대리인을 기준으로 하여 판단하고, 궁박은 본인의 입장에서 판단해야 한다</u>(대법원 2002. 10. 22. 선고

2002다38927 판결).

- 표의자가 제3자와의 관계에서 발생할 수 있는 법적·경제적 위험을 예견하고 감수하여 발생한 궁박 상태를 상대방과의 관계에서의 즉 §104의 '궁박'으로 곧바로 인정하면 안 된다(2023다301712).

B. 사례: 자초한 궁박(2023다301712).

(a) 사안의 개요

- X주택 소유자 乙은 2020. 2. 1. 甲에게 X주택을 임대한 상태에서, 주변 지역의 재개발을 추진하고 있는 丙에게 2020. 8. 1. X주택을 고가에 매도했다. 乙·丙 간 특약 사항으로 乙이 甲을 2020. 12. 1.까지 퇴거시키지 못하면 乙은 丙에게 6억원의 위약금을 지급하기로 했다.

- 甲과 乙은 2020. 11. 1. X주택 임대차계약을 합의해지하면서, 乙은 甲에게 임대차보증금 2000만원, 이사비용 500만원뿐 아니라 해지합의금 2억원을 지급하기로 했다.

- 甲이 퇴거하자 乙은 甲에게 2500만원만 지급했고 甲이 2억원의 지급을 청구하자 위 해지합의금 약정은 §104의 폭리행위에 해당한다고 주장한다.

- 원심은 甲·乙 간 합의해지로 乙은 丙에 대한 6억원의 위약금 지급의무를 면했으므로 폭리행위가 아니라고 판단했다.

(b) 쟁점과 판단

- 폭리행위의 요건인 급부와 반대급부의 불균형을 판단할 때, 그 법률행위의 결과로서 표의자가 제3자와의 관계에서 얻게 될 이익은 고려하면 안 된다.

- 이에 비해 제3자와의 관계로 인한 궁박도 §104의 궁박성 판단을 위해 고려할 수 있다. 다만 이 사건의 경우처럼 표의자가 스스로 예견하고 감수한 경우에는 §104의 궁박으로 함부로 인정하면 안 된다.

(2) 상대방측 요건: 악의, 이용의사(2014다216072, 64면)

(3) 경제적 판단: 폭리 = 급부와 반대급부의 현저한 불균형

A. 판단의 대상

- 급부 자체의 내용들을 비교해야 한다. 즉 해당 법률행위의 급부와 반대급부가 무엇인지를 확정하고 각각의 가치를 비교·평가해야 한다.

객관적으로 급부와 반대급부 사이에 현저한 불균형이 존재하는지를 판단하려면 우선 해당 법률행위의 급부와 반대급부가 무엇인지를 확정한 뒤 그 각각의 객관적 가치를 비교·평가해야 한다(대법원 2024. 3. 12. 선고 2023다301712 판결).

- 그 외의 사정은 고려 대상이 아니다. ㉠ 장래의 채무불이행 발생시에 발생할 수 있는 전보의 불균형은 고려할 필요가 없다. ㉡ 폭리행위의 상대방이 제3자와의 관계에서 얻게 될 이익은 비교 대상은 아니고, 궁박 여부 판단에서 고려할 수 있을 뿐이다.

불공정한 법률행위에 해당하는지 여부는 법률행위가 이루어진 시점을 기준으로 약속된 급부와 반대급부 사이의 객관적 가치를 비교 평가하여 판단하여야 할 문제이고, 당초의 약정대로 계약이 이행되지 아니할 경우에 발생할 수 있는 문제는 달리 특별한 사정이 없는 한 채무의 불이행에 따른 효과로서 다루어지는 것이 원칙이다(대법원 2013. 9. 26. 선고 2010다42075 판결).

◇ 대법원 2024. 3. 12. 선고 2023다301712 판결
- 궁박 때문에 법률행위를 하였다고 주장하는 당사자가 그 법률행위의 결과 제3자와의 계약관계에서 입었을 불이익을 면하게 되었더라도, 해당 법률행위에서 정한 상대방의 급부로 평가해서는 안 된다. 그렇지 않으면 당사자가 그 불이익을 입는 것보다 해당 법률행위에서 정한 반대급부를 이행하는 것이 경제적으로 유리하다고 보아 그 법률행위를 한 경우에 당사자의 궁박 여부와 관계없이 법률행위의 불공정성이 부정되는 부당한 결과가 발생할 수 있기 때문이다.
- 제3자와의 관계에서의 불이익은 급부와 반대급부 사이의 객관적 가치 차이가 사회통념상 현저하게 균형을 잃은 정도에 이르렀는지, 또는 당사자가 궁박한 상태에 있었는지를 판단할 때 고려할 수 있을 뿐이다.

B. 판단 방법
- 구체적 사정을 고려하여 사회통념에 따라 판단해야 한다. 즉 시가와 거래대금의 차액 비교와 같은 산술적 판단의 문제가 아니다. 예컨대 궁박성의 정도가 크면 시가와 거래대금의 차액이 작아도 불공정한 법률행위로 인정될 수 있다.
- 당사자의 주관적 가치가 아니라 거래상의 객관적 가치를 기준으로 판단해야 한다.

'현저하게 공정을 잃었는지'는 단순히 시가와 거래대금의 차액 또는 배율만으로 판단할 수 있는 것은 아니고 구체적·개별적 사안에서 일반인의 사회통념에 따라 결정하여야 하며, 당사자의 주관적 가치가 아닌 거래상의 객관적 가치에 따라 판단하여야 한다(대법원 2017. 5. 30. 선고 2017다201422 판결).

3. 효과

가. 무효의 일반적인 효과

(1) 해방효, 급부부당이득 반환관계

(2) 절차법

• 법률행위가 폭리행위에 해당하여 무효이면 이 법률행위에 수반된 부제소합의도 특별한 사정이 없는 한 무효이다.

매매계약과 같은 쌍무계약이 급부와 반대급부와의 불균형으로 말미암아 불공정한 법률행위에 해당하여 무효라고 한다면, 그 계약으로 인하여 불이익을 입는 당사자로 하여금 위와 같은 불공정성을 소송 등 사법적 구제수단을 통하여 주장하지 못하도록 하는 부제소합의 역시 다른 특별한 사정이 없는 한 무효이다(대법원 2017. 5. 30. 선고 2017다201422 판결).

나. 무효행위의 전환: §138(2009다50308, 132면)

4. 사례

가. 알박기 사건(대법원 2010. 7. 15. 선고 2009다50308 판결)

(1) 사안의 개요

• 甲은 재건축조합이고 乙은 그 지역에 속하는 X토지의 소유자이다.
• 甲이 추진하는 재건축과 관련하여 관할관청은 X토지의 매수를 조건으로 사업을 승인했으므로, 甲은 X토지를 매수하지 못하면 사업을 추진할 수 없는 상황이었다.
• 甲·乙은 X토지 매매계약을 체결했는데 매매대금은 시가의 4배에 해당하는 가액이었다.

(2) 쟁점과 판단

- 甲·乙간 위 토지 매매계약은 §104의 폭리행위에 해당하여 무효이다.
- 乙은 甲이 추진하는 재건축사업에 참여한 설계용역업체의 하도급업체 직원이었기 때문에 甲의 궁박한 상황을 알고 이를 이용할 의사가 있었다고 추정된다.

> 원심은 사업계획승인조건에 따라 원고가 재건축사업을 계속 추진하기 위하여는 반드시 이 사건 토지를 매수하여야 했던 점, 원고로서는 재건축사업을 위하여 피고들이 요구하는 가격으로 이 사건 각 지분을 매수하는 외에는 다른 대안이 없었던 점 등에 비추어 매매계약 당시 원고가 궁박한 상태에 있었고, 원고가 재건축사업을 수행하기 위하여 이 사건 토지가 반드시 필요하다는 사정을 피고들이 알고 있었다고 보이는 점에서 피고들에게 원고의 궁박한 상태를 이용하고자 하는 폭리행위의 악의가 있었다고 보았다. 또한 원심은, 피고들이 이 사건 각 지분을 각 1억 9,000만 원에 매수하여 각 9억 원에 매도한 점 등을 종합하여, 이 사건 매매계약의 급부인 이 사건 각 지분과 반대급부인 매매대금 사이에는 객관적으로 현저한 불균형이 존재한다고 판단하였다. 원심의 위와 같은 사실인정 및 판단은 모두 정당하다(대법원 2010. 7. 15. 선고 2009다50308 판결).

나. 하도급과 부당감액

(1) 사안의 개요

- 도급인 甲(대기업)은 수급인 乙(하청업체)에게 X물건을 대금 1억원에 공급받기로 하는 계약을 체결했으나, 그 후 대금을 8000만원으로 감액하기로 하는 계약을 체결했다.
- 乙이 甲에게 X물건을 납품한 후 1억 원의 지급을 청구하자 甲은 위 감액약정을 근거로 2000만원에 대한 이행을 거절했다.

(2) 쟁점과 판단

A. 감액약정의 유효 여부

(a) 하도급법 §11의 법적 성질

- 甲·乙간 감액약정은 하도급업법 §11의 부당감액으로 인정되었고, 공정거래위원회는 甲에게 시정명령과 과징금 부과 처분을 하였다.
- 그런데 위 법 §11에는 하수급인의 귀책사유 없는 감액인 부당감액에 대한 제재(과징금)의 근거 규정만 있었고, 감액약정의 효력 자체에 대해서는 명문 규정이 없었다.

- 판례는 하도급업법 §11는 단속법규이므로, 이 조항과 저촉되는 감액약정은 무효가 아니라고 보았다.

> 본조를 위반한 대금감액 약정의 효력에 관하여는 아무런 규정을 두지 않는 반면 그 규정을 위반한 원사업자를 벌금형에 처하도록 하면서 원사업자에게 시정조치를 명하거나 과징금을 부과하도록 규정하고 있을 뿐이므로, 위 규정은 그에 위배한 원사업자와 수급사업자 간의 계약의 사법상의 효력을 부인하는 조항이라고 볼 것은 아니다(대법원 2011. 1. 27. 선고 2010다53457 판결).

(b) 폭리행위인지의 여부
- 감액약정 당시 甲에 대한 乙의 의존도 등의 구체적 사정을 고려하여 궁박성을 판단해야 한다.
- 궁박성이 없었다고 인정되면 감액약정은 유효이다.

B. 불법행위 성립 여부
- 감액약정이 유효이더라도 단속법규 위반은 인정되므로 위법성이 인정된다.
- 계약상의 권리 행사라는 외관을 갖춘 행위도 불법행위가 될 수 있다.

> 입법 목적과 입법 취지 등에 비추어 보면, 같은 법 제11조 제2항 각 호에 해당하는 행위를 한 원사업자가 우월적 지위를 이용하여 수급사업자의 자발적 동의에 의하지 않고 하도급대금을 부당하게 감액한 경우에는, 하도급대금의 감액 약정이 민법상 유효한지 여부와 관계없이 그 자체가 하도급거래 공정화에 관한 법률 제11조를 위반한 불공정 거래행위에 해당하는 것으로서 위 규정에 의하여 보호되는 수급사업자의 권리나 이익을 침해하는 **불법행위를 구**성하고, 원사업자는 이로 인하여 수급사업자가 입은 손해를 배상할 책임이 있다(대법원 2011. 1. 27. 선고 2010다53457 판결).

Ⅳ 강행법규에 의한 무효(§105)

1. 개관: 사적 자치 원칙과 법률의 유형

가. 임의법규와 강행법규

(1) **원칙:** 임의법규
- 사법상의 권리·의무는 당사자들의 계약을 근거로 변동하는 것이 원칙이다.

- 특정한 계약 유형에 대해 그 목적인 권리 변동의 구체적인 내용을 규정하는 법률이 있어도 당사자들은 이러한 법정된 내용을 따를 필요가 없고, 법정된 내용은 보충적 해석의 기준으로 활용될 수 있을 뿐이다. 이처럼 보충적 해석의 기준으로 사용되는데 그치는 법률을 임의법규라고 한다.
- 사법상의 권리 변동을 내용으로 하는 법률 규정은 특칙이 없는 한 임의법규이다. 예컨대 임대인의 임차물 수선의무를 규정한 §623는 임의법규이므로 임차인이 임차물을 수선하기로 하는 특약은 유효이다.

(2) 예외: 강행법규

- 사적 자치 원칙은 헌법상 일반적 행동자유권의 발현이므로 기본권 제한의 일반 원칙에 따라 제한될 수 있다(헌법 §37 ②).
- 이에 따라 사적 자치 원칙을 제한하는 법률을 강행법규라고 하는데, 강행법규는 당사자들이 체결한 계약보다 우선하여 사법상의 권리 변동에 영향을 미친다.

나. 강행법규의 유형

(1) 단속법규와 효력법규

A. 단속법규

- 근거: 사적 자치 원칙을 제한하는 법률에 대해서도 비례원칙이 적용된다. 따라서 당사자들에게 과태료 등의 불이익을 부과함으로써 사적 자치 제한의 목적을 달성할 수 있다면, 당사자들이 한 법률행위의 효력 자체를 부정할 필요는 없다.
- 강행법규 중 특정한 내용의 법률행위에 대해 제재를 가함으로써 사적 자치를 제한하지만 법률행위의 효력 자체에는 영향을 미치지 못하는 것을 단속법규라고 한다.

B. 효력법규

- 강행법규가 금지한 법률효과를 목적으로 하는 법률행위의 효력 자체를 부정해야만 사적 자치 제한으로 실현하고자 하는 입법 목적을 실현할 수 있는 경우, 이러한 강행법규를 효력법규라고 한다.
- ✓ 효력법규는 ㉠ 비도덕적·반사회적 행위를 금지하기 위한 진정 효력법규와 ㉡ 그 밖의 공익 목적 실현을 위한 부진정 효력법규로 다시 나누어진다.

(2) 단속법규와 효력법규의 구별

- 1차적 구별기준: 강행법규의 문언이 위반행위의 효력에 대해 규정하고 있으면 이에 따른다.
- 2차적 구별기준: 강행법규의 문언이 불명확하면 위반행위를 무효로 해야만 입법취지가 실현될 수 있는지의 여부에 따라 판단해야 한다.

> **대법원 2021. 4. 29. 선고 2017다261943 판결**
> - 사법상의 계약 기타 법률행위가 일정한 행위를 금지하는 구체적 법규정을 위반하여 행하여진 경우에 그 법률행위가 무효인가 또는 법원이 법률행위 내용의 실현에 대한 조력을 거부하거나 기타 다른 내용으로 그 효력이 제한되는가의 여부는 당해 법규정이 가지는 넓은 의미에서의 법률효과에 관한 문제의 일환으로서, 그 법규정의 해석 여하에 의하여 정하여진다.
> - 계약 등 법률행위의 당사자에게 일정한 의무를 부과하거나 일정한 행위를 금지하는 법규에서 이를 위반한 법률행위의 효력을 명시적으로 정하고 있는 경우에는 그 규정에 따라 법률행위의 유·무효를 판단하면 되고 그러한 **정함이 없는 때에는** 종국적으로 그 **금지규정의 목적과 의미에 비추어 그에 반하는 법률행위의 무효 기타 효력 제한이 요구되는지**를 검토하여 이를 정할 것이다.

(3) 임의법규, 단속법규, 효력법규의 비교

		제재	법률행위의 효력	부당이득반환관계
임의법규		×	유효	×
강행법규	단속법규	○	유효	×
	진정 효력법규	△	무효	△(§746)
	부진정 효력법규	△	무효	○(§741)

2. 효력법규를 위반한 법률행위의 효과: 절대적 무효

가. 해방효

(1) 당사자들 사이의 관계

- 효력법규와 저촉되는 내용의 법률행위는 무효이므로 이러한 법률행위에 근거한 권리의 행사는 허용되지 않는다.

문화재수리업자의 명의대여 행위를 금지한 문화재수리법 제21조는 강행규정에 해당하고, 이를 위반한 명의대여 계약이나 이에 기초하여 대가를 정산하여 받기로 하는 이사건 정산금 약정은 모두 무효라고 보아야 한다(대법원 2020. 11. 12. 선고 2017다228236 판결).

⁎ 강행법규를 위반한 법률행위의 당사자가 이를 이유로 법률행위의 무효를 주장하는 경우 ㉠ 신의칙·모순거동 금지 원칙에 위배되지 않는 것이 원칙이지만 ㉡ 신의칙을 강행법규의 취지보다 우선하여 적용해야 하는 특별한 사정이 있으면 예외적으로 무효 주장이 신의칙에 위배되어 결국 법률행위의 내용대로 권리·의무가 발생한다.

> **대법원 2021. 11. 25. 선고 2019다277157 판결**
> ‣ 강행규정을 위반한 법률행위를 한 사람이 스스로 그 무효를 주장하는 것이 신의칙에 위배되는 권리의 행사라는 이유로 이를 배척한다면 강행규정의 입법 취지를 몰각시키는 결과가 되므로 그러한 주장은 신의칙에 위배된다고 볼 수 없음이 원칙이다.
> ‣ 다만 신의칙을 적용하기 위한 일반적인 요건을 갖추고 강행규정성에도 불구하고 신의칙을 우선하여 적용할 만한 특별한 사정이 있는 예외적인 경우에는 강행규정을 위반한 법률행위의 무효를 주장하는 것이 신의칙에 위배될 수 있다.

(2) 제3자에 대한 관계

⁎ 강행법규 위반으로 인한 무효는 효력법규에 특칙이 없는 한 제3자에게도 주장할 수 있다.

> **대법원 2017. 12. 22. 선고 2015다205086 판결**
> ‣ 국유재산 관련 사무에 종사하는 직원의 국유재산 양수를 금지하는 국유재산법 규정은 "전항의 규정에 위반한 행위는 무효로 한다."라고 정하고 있다. 국유재산에 관한 사무에 종사하는 직원이 타인의 명의로 국유재산을 취득하는 행위는 위 법률에서 직접 금지한 것이 아니라고 보더라도 강행규정인 위 규정들의 적용을 잠탈하기위한 탈법행위로서 무효이다.
> ‣ 이 법률이 거래안전의 보호 등을 위하여 그 무효를 주장할 수 있는 상대방을 제한하는 규정을 따로 두고 있지 않은 이상 그 무효는 원칙적으로 누구에게나 주장할 수

있으므로, 그 규정을 위반하여 취득한 국유재산을 제3자가 전득하는 행위도 당연 무효이다.

- 법률행위가 내용의 문제로 인해 무효로 인정된 사안이므로, §107 ① 단서나 표현대리 조항에 의한 제3자 보호는 적용될 수 없다.

> **대법원 2016. 5. 12. 선고 2013다49381 판결**
> ‣ **강행법규에 위반한 계약은 무효이므로 그 경우에 계약상대방이 선의·무과실이더라도** 제107조의 비진의표시의 법리 또는 표현대리 법리가 적용될 여지는 없다.
> ‣ 도시 및 주거환경정비법에 의한 주택재건축조합의 대표자가 그 법에 정한 강행규정에 위반하여 적법한 총회의 결의 없이 계약을 체결한 경우에는 상대방이 그러한 법적 제한이 있다는 사실을 몰랐다거나 총회결의가 유효하기 위한 정족수 또는 유효한 총회결의가 있었는지에 관하여 잘못 알았더라도 계약이 무효임에는 변함이 없다. 또한 총회결의의 정족수에 관하여 강행규정에서 직접 규정하고 있지 않지만 강행규정이 유추적용되어 과반수보다 가중된 정족수에 의한 결의가 필요하다고 인정되는 경우에도 그 결의 없이 체결된 계약에 대하여 **비진의표시 또는 표현대리의 법리가 유추 적용될 수 없**는 것은 마찬가지이다.

나. 무효인 법률행위 자체를 요건으로 하는 법정 효과

(1) 무효행위의 전환, 일부무효(2020다253515, 128, 131면)

- §137: 전부무효인지의 여부는 당사자의 가정적 의사가 아니라 효력규정의 취지를 고려하여 결정된다.
- §138: 다른 유효한 법률행위의 요건이 충족된 경우 당사자의 가정적 의사에 따라 무효행위 전환이 인정될 수 있다. 다만 이러한 가정적 의사의 존재 여부는 거래관행, 신의칙 뿐 아니라 입법취지까지 고려하여 판단해야 한다.

(2) 원시적 불능

- 계약 체결 당시부터 그 내용이 효력법규를 위반하여 계약이 무효였다면 원시적 불능에 해당한다.
- 따라서 계약의 이행청구, 해제로 인한 원상회복청구, §390의 손배청구 등은 불가능하지만 §535에 규정된 계약체결상 과실책임은 인정될 수 있다.

‣ 토지의 일부를 매도했으나, 건물대지로서의 법정 최소면적에 미달하여 법령상 분할이 불가능한 경우 계약 체결 후에 채무의 이행이 불가능하게 된 경우에는 채권자가 그 이행을 청구하지 못하고 채무불이행을 이유로 손해배상을 청구하거나 계약을 해제할 수 있다. 그러나 계약 당시에 이미 채무의 이행이 불가능했다면 특별한 사정이 없는 한 채권자가 그 이행을 구하는 것은 허용되지 않고, 민법 제535조에서 정한 계약체결상의 과실책임을 추궁하는 등으로 권리를 구제받을 수밖에 없다.

‣ 채무의 이행이 불가능하다는 것은 절대적·물리적으로 불가능한 경우만이 아니라 사회생활상 경험칙이나 거래상의 관념에 비추어 볼 때 채권자가 채무자의 이행의 실현을 기대할 수 없는 경우도 포함한다. 이는 **채무를 이행하는 행위가 법률로 금지되어 그 행위의 실현이 법률상 불가능한 경우에도 마찬가지**이다.

다. 재산적 이익이 이전된 경우: 부당이득 반환

(1) 진정효력법규: §741, §746

(2) 부진정효력법규

• 효력법규의 취지가 공서양속과 무관한 행정 목적을 실현하는 것이므로, 효력법규 위반행위의 무효로 인한 급부부당이득 반환채권이 발생한다.

‣ 담배 사재기가 법률에 의하여 금지되고 그 위반행위는 처벌되는 것이라고 하여도 이는 국민경제의 정책적 차원에서 일정한 제한을 가하고 위반행위를 처벌하는 것에 불과하므로 이에 위반하는 행위가 무효라고 하더라도 이것을 선량한 풍속 기타 사회질서에 반하는 행위라고는 할 수 없다고 해석함이 상당하다.

‣ 그럼에도 원심이 위 원고가 피고 공사에 담배구입대금을 지급한 것이 선량한 풍속 기타 사회질서에 반하는 행위로서 제746조의 불법원인급여에 해당한다고 보아 담배구입대금 상당의 부당이득금반환청구를 배척한 것은 불법원인급여에 있어 불법의 법리를 오해함으로써 판결에 영향을 미친 위법을 저질렀다고 할 것이다.

• 비교: 효력법규를 위반한 계약 내용에 따른 약정채권 행사는 허용되지 않는다. 예컨대 부진정 효력법규를 위반하여 무효인 임대차계약이 체결된 경우 임대인은 임차인에게 차임상당 부당이득은 청구할 수 있으나 차임 지급은 청구할 수 없다.

대법원 2010. 12. 9. 선고 2010다57626 판결

‣ 제746조에서 불법의 원인이라 함은 그 원인되는 행위가 선량한 풍속 기타 사회질
서에 위반하는 경우를 말하는 것으로서 법률의 금지에 위반하는 경우라 할지라도
그것이 선량한 풍속 기타 사회질서에 위반하지 않는 경우에는 이에 해당하지 않는
다고 할 것이다.

‣ 수산업법 제33조가 **어업권의 임대차를 금지하고 있는 취지** 등에 비추어 보면, 위 규
정에 위반하는 행위가 무효라고 하더라도 그것이 선량한 풍속 기타 사회질서에 반
하는 행위라고 볼 수는 없다고 할 것이다. 원고로서는 이 사건 임대차계약에 기해
피고에게 한 급부로 인하여 피고가 얻은 이익, 즉 피고가 이 사건 양식어장(어업권)
을 점유·사용함으로써 얻은 이익을 부당이득으로 반환을 구할 수 있다고 보아야
할 것이다.

라. 강행법규와 관련된 사례

(1) 공인중개사법

• 무자격자의 중개행위 자체는 무효이므로 약정된 중개수수료를 받을 수 없다. 또
한 법정 수수료 상한액을 초과하는 초과수수료 약정은 초과액 부분에 대해 무효
이다.

부동산 공인중개사의 업무는 국민 개개인의 재산적 이해관계 및 국민생활의 편의에
미치는 영향이 매우 커서 이에 대한 규제가 강하게 요청된다. 공인중개사 자격이 없어
중개사무소 개설등록을 하지 아니한 채 부동산중개업을 한 자에게 **형사적 제재를 가
하는 것만으로는 부족하고 그가 체결한 중개수수료 지급약정에 의한 경제적 이익이
귀속되는 것을 방지하여야 할 필요**가 있다고 할 것이고 공인중개사 자격이 없는 자가
중개사무소 개설등록을 하지 아니한 채 부동산중개업을 하면서 체결한 중개수수료
지급약정의 효력을 제한하는 규정은 이른바 **강행법규에 해당**한다(대법원 2010. 12.
23. 선고 2008다75119 판결).

투기억제, 국민의 주거생활 안정 등의 입법목적을 달성하기 위해서는 고액의 수수료
를 수령한 부동산 중개업자에게 행정적 제재나 형사적 처벌을 가하는 것만으로는 부
족하고 부동산중개업법 관련 법령 소정의 한도를 초과한 중개수수료 약정에 의한 경
제적 이익이 귀속되는 것을 방지하여야 할 필요가 있다고 할 것이므로, 부동산 중개수

수료에 관한 위와 같은 규정들은 중개수수료 약정 중 소정의 한도를 <u>초과하는 부분에 대한 사법상의 효력</u>을 제한하는 이른바 강행법규에 해당한다고 보아야 한다. 따라서 부동산중개업법 관련 법령에서 정한 한도를 초과하는 부동산 중개수수료 약정은 그 <u>한도를 초과하는 범위 내에서 무효</u>라고 할 것이다(대법원 2007. 12. 20. 선고 2005다 32159 전원합의체 판결).

• 이에 비해 공인중개사의 자기매물 중개 금지 규정은 단속법규이므로, 공인중개사의 자기매물에 대해 성사된 계약은 유효이다.

공인중개사의 자기매물 중개 금지규정의 취지는 중개의뢰인의 이익을 해하는 경우를 방지하여 중개의뢰인을 보호하고자 함에 있는바, 이 규정에 위반하여 한 거래행위 자체가 그 <u>사법상의 효력까지도 부인하지 않으면 안 될 정도로 현저히 반사회성, 반도덕 성을 지닌 것이라고 할 수 없을 뿐만 아니라</u> 그 행위의 사법상의 <u>효력을 부인하여야만 비로소 입법 목적을 달성할 수 있다고 볼 수 없고</u>, 위 규정을 효력규정으로 보아 이에 위반한 거래행위를 일률적으로 무효라고 할 경우 중개의뢰인이 직접 거래임을 알면서도 자신의 이익을 위해 한 거래 등도 단지 직접 거래라는 이유로 그 효력이 부인되어 거래의 안전을 해칠 우려가 있으므로, 위 규정은 **강행규정이 아니라 단속규정**이라고 보아야 한다(대법원 2017. 2. 3. 선고 2016다259677 판결).

(2) 비의료인의 병원 개설 · 운영

A. 의료인과 비의료인 사이의 병원 동업계약

• 의료인 아닌 자의 병원 개설 · 운영을 금지하고 있는 의료법 규정은 효력법규이므로 의료인과 비의료인이 당사자인 병원 동업계약은 무효이다. 따라서 병원 운영으로부터 발생하는 모든 수익과 채무는 의료인에게 귀속되고, 비의료인은 의료인에게 동업계약에 근거한 수익분배청구를 할 수 없다.
• 다만 이러한 병원 동업계약을 비도덕적 · 반사회적이라고 볼 수는 없으므로, 비의료인은 무효인 동업계약 상의 급부로서 출연했던 재산에 대한 급부부당이득 반환을 청구할 수 있다.

대법원 2003. 9. 23. 선고 2003두1493 판결
‣ 위반행위에 대한 <u>형사 처벌만으로는 의료법의 실효를 거둘 수 없다</u>고 보이는 점 등

을 종합하여 보면, 위 규정은 의료인이나 의료법인 등이 아닌 자가 의료기관을 개설하여 운영하는 경우에 초래될 보건위생상의 중대한 위험을 방지하기 위하여 제정된 이른바 강행법규에 속하는 것으로서 이에 **위반하여 이루어진 약정은 무효**라고 할 것이다.

‣ 병원의 운영과 관련하여 맺은 동업약정 또한 의사인 甲이 의료인 아닌 乙과 각 그 소유 토지들을 출자하여 함께 의료기관을 개설한 후 그것을 운영하여 얻은 수입을 동등한 비율로 배분하기로 하는 내용의 약정으로서, 강행법규인 의료법 제30조 제2항 위반으로 무효이므로, <u>위 병원 운영과 관련하여 얻은 이익이나 취득한 재산, 부담하게 된 채무 등은 모두 甲 개인에게 귀속되는 것이고, 乙은 위 동업약정이 무효로 돌아감에 따라 그 출자물의 반환만을 구할 수 있을 뿐이어서, 위 **대출금 반환 채무는 법적 외관에 있어서 뿐만이 아니라 그 실질에 있어서도 전액 甲 개인의 채무**로 보아야 한다.</u>

• 이러한 법리는 비의료인이 의료인 명의로 의료기관을 개설하고 운영을 주도하면서 의료행위는 그 의료인에게 맡기는 이른바 '사무장 병원'에 대해서도 마찬가지로 적용된다.

의료법상 금지된 의료기관 개설행위는, <u>비의료인이 시설 및 인력의 충원·관리, 자금의 조달, 운영성과의 귀속 등을 주도적인 입장에서 처리하는 것을 의미한다. 따라서 비의료인 乙이 필요한 자금을 투자하여 시설을 갖추고 유자격 의료인 甲을 고용하여 그 명의로 의료기관 개설신고를 한 행위는 형식적으로만 적법한 의료기관의 개설로 가장한 것일 뿐 실질적으로는 의료인 아닌 자가 의료기관을 개설한 경우에 해당하고, 개설신고가 의료인 명의로 되었다거나 **개설신고 명의인인 의료인 甲이 직접 의료행위를 하였다 하여 달리 볼 수 없**다(대법원 2022. 4. 14. 선고 2019다299423 판결).</u>

(3) 법정요건을 충족하지 못한 농지 임대차계약 체결

A. 사안의 개요

• 甲이 소유한 X농지를 乙이 임차하여 농업을 경영하여 수익을 얻었는데, 乙은 농지법상 농지 임대차·위탁경영의 요건을 갖추지 못했다.

• 甲이 乙에게 차임 지급을 청구하자 乙은 위 농지임대차 계약이 무효라고 주장했다. 이에 甲이 차임 상당 부당이득 반환을 청구하자 乙은 농지임대차 계약은 소

작금지라는 헌법정신에 반하는 반사회적 계약이므로 §746이 적용된다고 주장한다.

B. 쟁점과 판단

- 농지법상 농지 임대차 금지조항은 효력법규이지만 현재의 사회·경제적 상황에 비추어 볼 때 농지 소작 계약이 반사회적이라고 보기는 어렵다. 따라서 乙은 甲에게 X농지를 인도하고 차임 상당 부당이득을 반환해야 한다.

> **대법원 2017. 3. 15. 선고 2013다79887 판결**
>
> ‣ 농지법의 적용 대상인 농지의 임대차는, 그 대상이 농지라는 특수성이 있지만, 일반적인 부동산 임대차와 본질적인 차이가 없다. 이는 과거 소작의 경우 지주가 통상적인 토지 임대료 수준을 넘어 경작이익의 상당부분까지 소작료 명목으로 받아가거나 심지어 신분적 예속 관계까지 형성하였던 것과는 현저히 다르다. 즉, 오늘날의 통상적인 농지 임대차는 경자유전의 원칙을 위하여 특별한 규제의 대상이 되어 있기는 하지만, 계약 내용이나 성격 <u>자체로 반윤리성·반도덕성·반사회성이 현저하다고 단정할 수는 없다.</u>
>
> ‣ 농지임대차가 농지법에 위반되어 그 <u>계약의 효력을 인정받을 수 없다고 하더라도</u>, 농지법의 이념에 정면으로 배치되어 반사회성이 현저하다고 볼 수 있는 특별한 사정이 있는 경우가 아닌 한 농지 <u>임대인이 임대차기간 동안 임차인의 권원 없는 점용을 이유로 손해배상을 청구한 데 대하여 임차인이 불법원인급여의 법리를 이유로 그 반환을 거부할 수는 없다.</u>

- 농지가 다른 용도로 사용되어 수익이 발생했더라도 §741의 대상인 차임 상당액은 전용되고 있는 상태가 아니라 농지로 사용되는 상태를 기준으로 산정해야 한다.

농지에 관한 임대차계약이 강행법규인 농지법 제23조에 위반되어 무효가 되는 경우, 임차인이 법률상 권원 없이 농지를 점유·사용함에 따라 얻게 된 이득인 '임료 상당액'은 해당 농지가 다른 용도로 불법으로 전용되어 이용되는 상태임을 전제로 산정하여서는 안 됨은 물론, 임대차보증금이 없는 경우를 전제로 객관적으로 산정된 금액을 의미하는 것이 원칙이다. 농업 이외의 목적으로 불법 전용되는 상태를 전제한 차임액을 기준으로 부당이득의 가액을 산정하면 농지 소유자는 불법 전용으로 인한 수익을 얻게 되어 부당하기 때문이다(대법원 2022. 5. 26. 선고 2021다216421 판결).

3. 탈법행위

가. 개관

(1) 의미

- 효력법규에 의해 특정한 내용의 법률행위가 무효가 되는 경우에 탈법행위가 문제된다.
- 효력법규가 금지하는 권리 변동을 효력법규에 의해 금지되지 않은 방법으로 실현하기로 하는 법률행위를 탈법행위라고 한다.

(2) 탈법행위가 무효인지의 여부

- 1차적 판단기준: 효력법규 자체의 문언에 따라 탈법행위의 무효 여부가 결정된다. 예컨대 효력법규가 탈법행위를 취소 대상으로 규정하고 있다면 탈법행위는 무효라고 볼 수 없다.
- 2차적 판단기준: 효력법규에 탈법행위의 효력에 대한 명문 규정이 없으면, 입법취지에 따라 판단한다. 효력법규의 입법취지가 ㉠ 권리 변동이라는 결과 자체를 금지하는 것이면 탈법행위도 무효인 반면 ㉡ 특정한 내용의 법률행위를 금지하는 것일 뿐, 권리 변동이라는 효과를 부정하는 것은 아니라면 탈법행위는 유효이다.

나. 사례

(1) 국유재산법을 위반한 부동산 취득

A. 사안의 개요

- 국유토지인 X토지를 관리하는 공무원인 甲은 X토지를 자신의 배우자 乙이 매수한 것처럼 꾸몄고 이에 따라 X토지에 대해 乙명의 소유권이전등기가 마쳐졌다. 그 후 X토지는 丙, 丁에게로 전전 매도되었다. 이 사실이 적발되자 원고(대한민국)는 丁을 상대로 X토지에 대한 진정명의회복을 원인으로 하는 소유권이전등기를 청구했다.
- 이에 대해 丁은 1) 자신은 대한민국과 乙 간 X토지 매매계약이 무효임을 전혀 알지 못했으므로 대한민국은 乙명의 소유권이전등기가 원인무효임을 丁에게 주장할 수 없고, 2) 설령 丁에게 무효 주장을 할 수 있다 하더라도 대한민국은 丁에게 X토지 소유권 상실로 인한 손해배상채무를 지기 때문에 丁은 이와 상환하여 소

유권이전등기를 할 의무가 있다고 주장한다.

B. 쟁점과 판단

- 국유재산법에 의하면 국유재산을 관리하는 공무원이 국유재산을 양수하는 법률 행위는 무효이고, 타인 명의로 이를 양수했더라도 무효이다(대법원 2017. 12. 22. 선고 2015다205086 판결). 따라서 배우자간 명의신탁이 유효라 하더라도 乙명의 소유권이전등기는 원인무효 등기이다.

- 무효인 원인행위에 터잡은 소유권이전등기는 원인무효이고, 등기공신력이 없는 우리 법제상 효력법규에 제3자 보호조항이 없는 이상 진정권리자는 자신의 소유권을 선의·무과실인 제3자에게도 주장할 수 있다.

- 대한민국은 공무원의 과실 불법행위로 인해 丁이 입은 손해에 대한 손해배상책임을 지지만, 대한민국의 손해배상채무와 丁의 대한민국에 대한 소유권이전등기 의무 사이에 동시이행관계가 있다고 보기는 어렵다(대법원 1997. 5. 16. 선고 96다 43799 판결).

C. 변형된 사실관계

- 국유토지인 X토지에 대해 乙은 대한민국을 피고로 하여 소유권이전등기 청구소송을 제기했는데 대한민국의 소송수행자 甲은 乙과 재판상 화해를 하였다. 이에 따라 X토지에 乙명의 소유권이전등기가 마쳐졌고 그 후 전전 양도되어 丁명의 소유권이전등기가 마쳐졌다. 丁은 乙명의 소유권이전등기는 확정판결과 동일한 효력이 있는 재판상 화해에 터잡은 것이므로 대한민국이 丁을 상대로 X토지가 국유임의 확인을 구하는 소송은 기판력에 저촉된다고 주장한다.

- 판단: 기판력 저촉으로 인해 진정권리자가 소유권이전등기를 받을 수 없더라도 소유권을 상실하는 것은 아니므로 소유권의 확인을 구할 법률상 이익은 인정된다.

> 부동산 소유자가 부동산 소유권이전등기에 관한 조정의 당사자로서 조정조서의 기판력으로 말미암아 부동산등기부에 소유명의를 회복할 방법이 없어졌다고 하더라도 소유권이 그에게 없음이 확정된 것은 아니고, 부동산등기부에 소유자로 등기되어 있지 않다고 하여 소유권을 행사하는 것이 전혀 불가능한 것도 아니다. 그러한 소유자는 소유권을 부인하는 조정의 상대방을 비롯하여 제3자에 대하여 다툼의 대상이 된 부동산이 자기의 소유라는 확인을 구할 법률상 이익이 있다(대법원 2017. 12. 22. 선고 2015다205086 판결).

(2) 재벌계열사간 채무보증 금지조항에 대한 탈법행위

- 사안의 개요: 공정거래법 §15는 재벌 계열사간 채무보증뿐 아니라 이를 목적으로 하는 탈법행위도 금지하면서, 이에 대한 제재로서 시정조치 명령, 과징금 부과, 형사처벌뿐 아니라 탈법행위에 해당하는 법률행위인 병존적 채무인수 등에 대한 취소명령도 규정하고 있다.
- 쟁점과 판단: 취소는 유효한 법률행위를 전제하므로, 공정거래법 §15가 명문으로 금지한 탈법행위에 해당하더라도 유효이다(대법원 2019. 1. 17. 선고 2015다227000 판결).

Ⅴ   비진의표시

1. 요건

> 제107조(진의 아닌 의사표시)
> ① 의사표시는 표의자가 진의아님을 알고 한 것이라도 그 효력이 있다. 그러나 상대방이 표의자의 진의아님을 알았거나 이를 알 수 있었을 경우에는 무효로 한다.
> ② 전항의 의사표시의 무효는 선의의 제삼자에게 대항하지 못한다.

가. 표시행위의 외관이 존재할 것

- 비진의표시에 해당하려면 의사표시의 외관인 '표시'의 존재가 인정되고 그 내용에는 무효 사유가 없어야 한다.
- 비교: 표시된 내용 자체에 무효사유가 있으면 §107가 적용될 수 없으므로 선의의 제3자도 보호될 수 없다(2013다49381, 73면)

나. 진의의 내용과 표시에서 추단되는 내용의 불일치

- 진의란 표의자가 실제로 원했던 효과의사 즉 표의자가 실제로 원했던 권리 변동의 내용을 뜻한다.
- 비교: 표시된 권리 변동 내용이 표의자가 원했던 것이라면 그 동기가 무엇이었건 비진의표시가 아니다. 따라서 그 효력을 부정하려면 §107 이외의 무효취소 사유가 인정되어야 한다.

진의 아닌 의사표시에 있어서 '진의'란 특정한 내용의 의사표시를 하고자 하는 표의자의 생각을 말하는 것이지 표의자가 진정으로 마음속에서 바라는 사항을 뜻하는 것은 아니므로 표의자가 의사표시의 내용을 진정으로 마음속에서 바라지는 않았더라도 당시의 상황에서는 그것이 최선이라고 판단하여 그 의사표시를 한 경우에는 이를 내심의 효과의사가 결여된 진의 아닌 의사표시라고 할 수 없다(대법원 2015. 8. 27. 선고 2015다211630 판결).

다. 표의자가 이러한 사실을 알고 있었을 것

- 비진의표시로 인정되려면 표의자가 자신의 진의와 표시의 내용이 일치하지 않음을 안 상태에서 의사표시를 했어야 한다.
- 비교: ㉠ 표의자가 이러한 사실을 몰랐다면 착오 사안이고, ㉡ 상대방이 이러한 과정에 동참하였다면 허위표시 사안이다. ㉢ 상대방이 표의자와의 의사소통 없이 진의와 표시의 불일치 사실을 알았거나 알 수 있었다면 무효이지만(§107①단서) 허위표시는 아니다.

2. 효과

가. 당사자들 사이의 관계

(1) 원칙: 유효

- 의미: 표시로부터 추단되는 효과의사의 내용대로 권리 변동이 일어난다. 따라서 상대방이나 제3자 보호를 위한 특칙은 필요 없다.
- 근거: 사적 자치 원칙상 진의가 우선해야 하지만, 스스로 진의와 다르게 표시한 사람은 보호가치가 없으므로 거래안전을 위해 표시된 내용에 구속되어야 한다.

(2) 예외: 상대방이 비진의 표시임을 알았거나 알 수 있었던 경우

- 표의자의 의사표시가 비진의 표시임에 대한 상대방의 악의나 과실이 인정되면 거래안전을 고려할 필요가 없으므로 사적 자치 원칙으로 돌아가 진의에 따른 법률효과가 인정되어야 한다. 따라서 표시된 내용에 따른 의사표시는 무효이다.
- 증명책임: 비진의표시라서 무효라고 주장하는 표의자가 상대방의 악의나 과실을 증명해야 한다.

나. 제3자에 대한 관계: 선의의 제3자에게 대항 불가(113면 이하)

3. 사례: 의원면직과 비진의표시

가. 의원면직의 법적 성질

- 근로자의 사직 의사표시와 사용자의 승낙 의사표시가 합치하면 근로계약에 대한 합의해지 계약이 성립한다. 이러한 '의원면직'은 사용자가 정당한 징계사유 없이 일방적으로 근로관계를 종료시키는 부당해고에 해당하지 않는다.
- 의원면직에 대한 청약인 사직 의사표시가 비진의표시로 인정되는 경우 사용자가 이에 대한 승낙 의사표시를 하여 의원면직의 외관이 인정되더라도, 사용자의 일방적 의사에 의한 부당해고로 인정된다. 예컨대 사직의 진의가 없었던 근로자가 사용자의 경영방침에 순응하기 위해 제출한 사직 의사표시는 비진의표시이다.
- 판단기준: 사직서 제출의 경위, 회사의 관행, 사직 종용의 방법과 강도, 사직서 제출 거부시의 불이익과 사직서 제출시의 이익 제공 여부 등을 고려해야 한다.

> **대법원 2017. 2. 3. 선고 2016다255910 판결**
> ‣ 사용자가 <u>사직의 의사 없는 근로자로 하여금 어쩔 수 없이 사직서를 작성·제출하게 한 후 이를 수리하는</u> 이른바 의원면직의 형식을 취하여 근로계약관계를 종료시키는 경우에는, ㉠ <u>실질적으로 사용자의 일방적인 의사에 의하여 근로계약관계를 종료시키는 것이어서 해고에 해당한다</u>고 할 것이나, ㉡ 그렇지 않은 경우에는 <u>사용자가 사직서 제출에 따른 사직의 의사표시를 수락함으로써 사용자와 근로자의 근로계약관계는 합의해지에 의하여 종료되는 것</u>이므로 사용자의 의원면직처분을 해고라고 볼 수 없다.
> ‣ 이때 의원면직이 <u>실질적으로 해고에 해당하는지는</u> 근로자가 사직서를 제출하게 된 경위, 회사의 관행, 사용자 측의 퇴직권유 또는 종용의 방법, 사직서를 제출하지 않을 경우 예상되는 불이익의 정도, 사직서 제출에 따른 경제적 이익의 제공 여부, 사직서 제출 전후의 근로자의 태도 등을 <u>종합적으로 고려하여 판단</u>하여야 한다.
> ‣ <u>기간의 정함이 없는 근로계약을 체결한 것으로 간주되는 근로자가 사직서를 제출하고 퇴직금을 지급받은 후 다시 기간제 근로계약을 체결하는 형식을 취하였다고 하더라도, 그것이 근로자의 자의에 의한 것이 아니라 사용자의 일방적인 결정에 따라 기간제법 제4조 제2항의 적용을 회피하기 위하여 퇴직과 재입사의 형식을 거친 것에 불과한 때에는,</u> 실질적으로 사용자의 일방적인 의사에 의하여 근로계약관계를 종료시키는 것이어서 해고에 해당한다.

나. 의원면직과 동기의 착오

(1) 사안의 개요

- 근로자 乙이 근로계약을 위반하자 사용자 甲은 징계해고보다는 사직이 유리할 것이라고 하면서 사직을 권고했고 이에 따라 乙에 대한 의원면직이 이루어졌다.
- 그 후 실업급여 수령이나 재취업 등과 관련하여 징계해고보다 사직이 더 불리하다는 사실을 알게 된 乙은 자신의 사직 의사표시는 비진의표시이므로 위 의원면직은 해고에 해당한다고 주장한다.

(2) 쟁점과 판단

- 乙은 사직의 진의로 사직이라는 취지의 의사표시를 했으므로, 乙의 사직 의사표시를 비진의표시라고 볼 수 없다(2015다211630, 82면).
- 乙은 甲의 사기에 의한 의사표시라고 주장했으나 증명되지 못했다.

VI 허위표시

> 제108조(통정한 허위의 의사표시)
> ① 상대방과 통정한 허위의 의사표시는 무효로 한다.
> ② 전항의 의사표시의 무효는 선의의 제삼자에게 대항하지 못한다.

1. 요건

가. 의사표시의 성립

나. 진의의 내용과 표시상 효과의사의 내용의 불일치

다. 불일치에 대한 표의자와 상대방의 통정

- 표의자의 진의와 표시의 내용이 다르다는 것에 대해 상대방이 알았거나 알 수 있었던 것에 그치지 않고, 표의자와 상대방이 이러한 불일치에 대해 합의했어야 한다.

> 통정허위표시가 성립하려면 의사표시의 진의와 표시가 일치하지 아니하고 그 불일치에 관하여 상대방과 사이에 합의가 있어야 한다(대법원 2018. 11. 29. 선고 2018다253413 판결).

- 표의자와 상대방 사이에서 표시된 내용에 따른 의사표시인 '가장행위' 외에 진의의 내용에 따른 의사표시인 '은닉행위'에 대한 합의도 성립하는 경우도 있다. 다만 이러한 은닉행위의 존재가 허위표시의 요건인 것은 아니다. 통정 허위표시는 단순한 외관상의 법률행위를 만들기 위해서도 행하여질 수도 있기 때문이다. 가장혼인이 전형적인 예이다.

2. 효과

가. 당사자들 사이의 관계

(1) 표시된 내용대로 성립한 법률행위(가장행위): 무효

(2) 은닉행위: 유효

A. 개관

- 가장행위와 은닉행위가 모두 성립하고 은닉행위의 내용에 무효 사유가 없으면 은닉행위는 유효이다.

> 당사자들이 외면적으로 표시된 법률행위 속에 실제로는 다른 행위를 할 의사를 감추고 그에 관하여 상호 합의가 있는 경우, 외형행위는 통정허위표시로서 무효라고 하더라도 **내면적으로 의욕한 법률행위는 유효**라고 볼 수 있다(대법원 2021. 12. 10. 선고 2019다239988 판결).

✓ 근거: 당사자들 사이에서 효과의사가 합치한 이상 이에 따른 법률효과가 인정된다고 보는 것이 사적 자치 원칙에 부합한다.

B. 사례

- 사안의 개요: 甲은 자신의 보유 주식을 매도할 경우 매매대금이 채권자에게 귀속될 상황에 처하게 되었다. 이에 甲은 이러한 사정을 잘 아는 乙과 매매계약서상의 매매대금은 형식상 1억원으로 하고 나머지 실질적인 매매대금은 추후 지급받기로 하는 주식매매계약을 체결했다.
- 쟁점과 판단: 甲·乙이 '실질적 매매대금'의 가액 결정의 기준·방법에 대해 약정했으면 이에 따라 산정될 수 있는 실질적 매매대금을 내용으로 하는 매매계약이 유효하게 성립한다.

매매계약상의 대금 1억 원이 **적극적 은닉행위를 수반하는 허위표시**라 하더라도 **실지 지급하여야 할 매매대금의 약정이 있는 이상** 위 매매대금에 관한 외형행위가 아닌 **내 면적 은닉행위는 유효하고 따라서 실지매매대금에 의한 위 매매계약은 유효**하다(대법원 1993. 8. 27. 선고 93다12930 판결).

나. 제3자에 대한 관계: 선의의 제3자에게 대항 불가(113면 이하)

다. 사례: 대출명의대여

(1) 사안의 개요

- 실제 채무자로서 대출금을 사용하려고 하는 甲은 자신의 명의로 대출을 받을 수 없는 사정이 있었다. 이에 甲은 지인 乙을 설득하여 乙을 표의자(명의대여자)로 하여 금융기관(상대방) 丙과 대출계약을 체결하게 하였다.
- 丙이 乙에게 원리금 상환을 청구하자 乙은 자신은 명의대여자일 뿐이라고 주장한다.

(2) 쟁점과 판단

- 원칙: 대출명의인인 乙이 채무자로서 책임을 져야 한다. 자신이 실제로 대출받는 것이 아니라는 생각은 동기에 불과하고, 대출계약의 내용인 대출금을 만기에 상환한다는 취지 자체에 대해서는 진의와 표시가 일치했기 때문이다.
- 예외: ㉠ 상대방인 대출금융기관이 위와 같은 동기를 알고 명의대여자에게는 채무부담을 지우지 않기로 양해했다는 특별한 사정이 인정되면, 乙의 동기도 의사표시의 내용으로 편입될 수 있다. 그 결과 乙·丙 간 대출계약은 허위표시 또는 상대방이 악의인 비진의표시로 인정되고, 乙에 대해서는 무효라고 볼 수 있다. ㉡ 이러한 특별한 사정은 주장하는 자가 증명해야 한다.

통정허위표시가 성립하기 위해서는 의사표시의 진의와 표시가 일치하지 아니하고 그 불일치에 관하여 상대방과 사이에 합의가 있어야 하는데, 제3자가 금전소비대차약정서 등 대출관련 서류에 주채무자로서 직접 서명·날인하였다면 제3자는 **자신이 그 소비대차계약의 채무자임을 금융기관에 대하여 표시**한 셈이고, 제3자가 금융기관이 정한 여신제한 등의 규정을 회피하여 타인으로 하여금 자신의 명의로 대출을 받아 이를 사용하도록 할 의사가 있었다거나 그 원리금을 타인의 부담으로 상환하기로 하였더라도, 특별한 사정이 없는 한 이는 소비대차계약에 따른 경제적 효과를 타인에게 귀속시키려는 의사에 불과할 뿐, 그 법률상의 효과까지도 타인에게 귀속시키려는 의사로 볼 수는 없으므로 제3자의 진의와 표시에 불일치가 있다고 보기는 어렵다(대법원 2015. 2. 12. 선고 2014다41223 판결).

제3자가 소비대차계약에 따른 경제적 효과뿐만 아니라 그 법률상의 효과까지 타인에게 귀속시키려는 의사로 대출 관련 서류에 서명·날인한 것이고, 금융기관 등 채권자도 제3자와 사이에 당해 대출에 따르는 법률상의 효과까지 실제 차주에게 귀속시키고 제3자에게는 그 채무부담을 지우지 않기로 약정 내지 양해하였음을 추단할 수 있는 특별한 사정이 있다면 그 의사표시는 통정허위표시로서 무효이다(대법원 2018. 11. 29. 선고 2018다253413 판결).

위와 같은 특별한 사정의 존재를 인정하기 위해서는, 금융기관이 명의대여자와 사이에 당해 대출에 따르는 법률상의 효과까지 실제 차주에게 귀속시키고 **명의대여자에게는 그 채무부담을 지우지 않기로 약정 또는 양해하였음이 적극적으로 입증되어야** 한다(대법원 2015. 2. 12. 선고 2014다41223 판결).

Ⅶ 착오로 인한 의사표시

> 제109조(착오로 인한 의사표시)
> ① 의사표시는 법률행위의 내용의 중요부분에 착오가 있는 때에는 취소할 수 있다. 그러나 그 착오가 표의자의 중대한 과실로 인한 때에는 취소하지 못한다.
> ② 전항의 의사표시의 취소는 선의의 제삼자에게 대항하지 못한다.

1. 개관

가. 의미

• 착오로 인한 의사표시란, 표의자가 진의와 일치하지 않는 내용의 표시를 했고 이런 사실을 의사표시 당시에는 알지 못했던 경우를 가리킨다.

법률행위 내용의 중요 부분에 착오가 있다고 하기 위하여는 표의자에 의하여 추구된 목적을 고려하여 합리적으로 판단하여 볼 때 **표시와 의사의 불일치**가 객관적으로 현저하여야 하는바(대법원 2003. 4. 11. 선고 2002다70884 판결).

- 진의에 포함되었던 내용이 표시에서 누락된 경우는 착오 사안이 아니다. 누락된 부분이 중요부분이면 의사표시의 불성립이라고 보아야 하고, 중요부분이 아니면 보충적 해석의 대상이 될 뿐이다.

계약당사자 쌍방이 **계약의 전제나 기초가 되는 사항에 관하여 같은 내용으로 착오를 하고 이로 인하여 그에 관한 구체적 약정을 하지 아니**하였다면, 당사자가 그러한 착오가 없을 때에 약정하였을 것으로 보이는 내용으로 당사자의 <u>의사를 보충하여 계약을 해석</u>할 수도 있으나, 여기서 보충되는 당사자의 의사란 당사자의 <u>실제 의사 내지 주관적 의사가 아니라 계약의 목적, 거래관행, 적용법규, 신의칙 등에 비추어 객관적으로 추인되는 정당한 이익조정 의사</u>를 말한다(대법원 2014. 4. 24. 선고 2013다218620 판결).

<u>착오가 없었더라면 보충적 해석되는 내용과 다르게 계약 내용을 정하였을 것으로 보는 것이 당사자의 진정한 의사에 부합한다고 판단한 원심판결에는 **위법**이 있다(대법원 2006. 11. 23. 선고 2005다13288 판결).

나. 착오관련 사례 접근법

(1) 전제

A. 진의와 표시의 내용 파악

- 착오 사안인지의 여부를 판단하려면 진의와 표시 각각의 내용이 해석을 통해 명확해져야 한다.
- 처분문서인 계약서가 작성된 경우, 여기에 기재된 내용대로 의사표시의 존재와 내용을 인정해야 한다.

계약의 성립을 위한 의사표시의 객관적 합치 여부를 판단함에 있어, 처분문서인 계약서가 있는 경우에는 특별한 사정이 없는 한 계약서에 기재된 대로의 의사표시의 존재 및 내용을 인정하여야 한다(대법원 2013. 9. 26. 선고 2013다40353 판결).

B. 표시된 법률행위가 유효하게 성립할 것

- 착오 사안으로 인정되려면, 표의자와 상대방이 표시한 내용이 일치하고, 여기에 무효·취소사유가 없어야 한다. 이에 비해 ㉠ 표의자와 상대방이 서로 다른 내용의 '표시'를 한 경우 불합치로 인해 계약이 성립하지 않기 때문에 착오 여부는 따질 필요도 없다. 다만 교섭 중 부당파기 사안으로서 §750의 손해배상책임이 문제될 수 있다. ㉡ 표시된 내용에 무효 사유가 있는 경우 예컨대 당사자들이 표시한 내용이 합치하여 계약이 성립했더라도 그 내용이 반사회적이거나 효력법규와 저촉되는 경우라면, 계약의 효과를 부정하는 당사자는 착오로 인한 취소보다 무효를 먼저 주장해야 한다. §103, §105에 의한 '무효'는 선의의 제3자에게도 대항할 수 있기 때문이다.

- 표시된 내용이 합치하고 여기에 무효 사유가 없는 경우, ㉠ 표의자의 착오가 인정되더라도 상대방이 동일한 내용으로 착오한 경우에는 쌍방에게 공통된 진의의 내용대로 계약이 유효하게 성립한다(오표시 무해 원칙). ㉡ 표의자는 착오했으나 상대방은 표시 내용대로 계약이 성립한다고 믿은 경우, 일단 표시된 내용대로 계약이 유효하게 성립하므로 비로소 §109의 착오가 문제된다.

C. §109는 임의규정임

- 착오의 요건·효과에 대해 당사자들 사이에 특약이 있었는지를 검토해야 한다. 예컨대 경과실이 있어도 착오 취소권을 배제하기로 하는 약정은 유효이다.

  제109조의 법리는 그 적용을 배제하는 취지의 별도의 규정이 있거나 당사자의 합의로 그 적용을 배제하는 등의 특별한 사정이 없는 한 원칙적으로 모든 사법상의 의사표시에 적용된다고 보아야 한다(대법원 2014. 11. 27. 선고 2013다49794 판결).

- 사례: '계약서에 기재되지 않은 구술 약정은 무효'라는 취지가 계약서에 명시된 경우, 표의자가 상대방에게 동기를 말로 표시했더라도 동기의 착오의 법리에 따른 취소권이 인정될 수 없다.

  표시된 동기의 착오는 내용의 착오에 해당하여 취소권을 근거지울 수 있다. 그러나 분양계약서 표지에 "본 계약서에 기술되지 아니한 사항의 구두약정은 무효"라고 기재되어 있고 원고가 그 아래에 자필로 서명 날인한 점을 알 수 있는바, 이러한 사정을 위 법리에 비추어 보면, 원고가 일정한 조망·일조의 확보를 분양계약의 내용으로 삼을 것을 피고에게 표시하고 의사표시의 해석상 그러한 내용이 분양계약의 내용으로 되어 있다고 인정하기 어렵다(대법원 2010. 4. 29. 선고 2009다97864 판결).

(2) 착오 취소의 소송법적 구조

A. 표시된 내용(예: 계약서)에 따른 권리 주장: 청구원인

B. 착오 취소 항변

(a) 착오(로 인한 취소권)의 구성요건

• 제1유형은 중요부분의 착오 사안으로서 §109의 문리해석을 근거로 인정된다.

• 제2유형은 상대방의 원인제공으로 인한 착오 사안으로서, 제1유형과는 달리 표시되지 않은 동기의 착오, 부수적 부분의 착오 등을 근거로 하는 취소권도 인정된다.

(b) 취소권의 행사: 의사표시, 도달

C. 재항변: 착오로 인한 취소권의 배제사유

• §109에 의한 취소권의 불성립 사유로 표의자의 중과실을 들 수 있다.

• 착오 취소권의 소멸 사유로 취소권의 행사기간 경과, 취소권자의 추인, 취소권의 포기, 권리남용 등을 들 수 있다.

다. 오표시 무해의 원칙

(1) 의미

• 표의자가 A라는 진의로 의사표시를 하면서 B라고 해석되게 표시를 했는데, 상대방도 표의자가 한 B라는 표시의 의미를 A라고 이해한 경우, 표의자와 상대방 사이에서 이 의사표시는 A라는 내용으로 유효하게 성립한다. 표의자와 상대방 모두가 진정으로 원한 내용대로 법률효과가 발생하게 해야 사적 자치 원칙에 부합하기 때문이다.

• 이러한 법리는 계약의 내용뿐 아니라 계약상의 지위에 대해서도 그대로 적용된다.

> **대법원 2018. 7. 26. 선고 2016다242334 판결**
> ‣ 일반적으로 계약을 해석할 때에는 형식적인 문구에만 얽매여서는 안 되고 쌍방당사자의 진정한 의사가 무엇인가를 탐구하여야 한다. 계약 내용이 명확하지 않은 경우 계약서의 문언이 계약 해석의 출발점이지만, **당사자들 사이에 계약서의 문언과 다른 내용으로 의사가 합치된 경우에는 의사에 따라 계약이 성립**한 것으로 해석하

여야 한다.
- 계약당사자 쌍방이 모두 <u>동일한 물건을 계약 목적물로 삼았으나 계약서에는 착오로 다른 물건을 목적물로 기재한 경우 계약서에 기재된 물건이 아니라 쌍방 당사자의 의사합치가 있는 물건에 관하여 계약이 성립한 것으로 보아야 한다.</u>
- 이러한 법리는 계약서를 작성하면서 계약상 지위에 관하여 당사자들의 합치된 의사와 달리 착오로 잘못 기재하였는데 계약 당사자들이 오류를 인지하지 못한 채 계약상 지위가 잘못 기재된 계약서에 그대로 기명날인이나 서명을 한 경우에도 동일하게 적용될 수 있다.

(2) 사례: 토지매매와 오표시 무해 원칙

A. 사안의 개요
- 甲은 자신이 소유한 X토지를 乙에게 팔기로 하는 계약을 체결했는데, 甲·乙 모두 Y토지가 X토지라고 착각하여 계약서에 Y토지를 기재했고 소유권이전등기도 Y토지에 대하여 마쳐졌다.
- 자연적 해석에 의하여 甲·乙의 공통된 진의는 X토지 매매였던 것으로 밝혀졌다.

B. 쟁점과 판단
- 甲·乙간 토지 매매 계약은 진의의 내용대로 성립하므로 X토지 매매계약이 성립한 것으로 인정된다. 따라서 乙은 甲에게 X토지에 대한 소유권이전등기 청구를 할 수 있다.
- Y토지에 대한 乙명의 소유권이전등기는 원인무효 등기이다. 원인행위가 없기 때문이다. 따라서 Y토지는 여전히 甲의 소유이고 甲은 乙뿐 아니라 乙로부터 선의로 X토지를 매수하고 소유권이전등기를 마친 제3자 丙에 대해서도 §214를 근거로 말소등기 청구나 진정명의회복을 원인으로 하는 소유권이전등기 청구를 할 수 있다. 등기에는 공신력이 인정되지 않기 때문이다.

쌍방당사자의 의사합치가 있는 이상 위 매매계약은 X토지에 관하여 성립한 것으로 보아야 할 것이고 Y토지에 관하여 매매계약이 체결된 것으로 보아서는 안 될 것이며, 만일 Y토지에 관하여 위 매매계약을 원인으로 하여 매수인 명의로 소유권이전등기가 경료되었다면 이는 원인이 없이 경료된 것으로서 무효이다(대법원 1993. 10. 263 선고 93다2629 판결).

2. 착오로 인한 취소권의 요건

가. §109에 의한 취소권의 요건

(1) 착오가 있을 것

A. 개관: 착오의 유형

(a) 내용(의미)의 착오

- 표의자가 진의를 구성하는 문언(단어, 기호 등)의 의미를 잘못 알고 사용하여 의사표시를 한 경우를 뜻한다. 예컨대 매수인이 캐나다에서 거래하면서 모든 나라의 $는 US $와 동일한 가치가 있다고 오인하여 1,000 US $를 받을 생각으로 1,000 CA $라고 표시했다면 내용의 착오에 해당한다.
- 계약에 사용된 법률용어의 의미를 잘못 안 경우도 내용의 착오라고 할 수 있다.

(b) 표시의 착오

- 표의자가 의사표시를 할 때 진의를 구성하는 문언의 의미는 정확하게 이해했으나 진의를 표시하는 과정에서 진의와 다르게 인식될 수 있게 표시한 경우를 뜻한다. 오기나 오타가 전형적인 예이다.
- 표의자가 자신의 진의와 다르게 작성된 서면에 기명날인이나 서명을 하는 경우도 표시의 착오에 해당한다.

> **대법원 2013. 9. 26. 선고 2013다40353 판결**
> - 기명날인의 착오(또는 서명의 착오), 즉 어떤 사람이 자신의 의사와 다른 법률효과를 발생시키는 내용의 서면에, 그것을 읽지 않거나 올바르게 이해하지 못한 채 기명날인을 하는 것은 이른바 표시상의 착오로서 착오에 의한 의사표시에 관한 법리를 적용하여 취소권 행사 가부를 가려야 한다.
> - 원고는 이 사건 지상권설정계약서에 표시된 내용을 알지 못한 채 이 사건 지상권설정계약서에 날인을 하였고, 원고가 이 사건 지상권설정계약서 내용대로 피고 회사에 무상으로 30년간 지상권을 설정해 주는 것을 알았더라면 위와 같이 날인을 하지는 않았을 것임이 명백하다고 볼 정도로 표시와 의사의 불일치가 객관적으로 현저하며 일반인이 원고의 입장에 섰더라면 그와 같은 의사표시를 하지 아니하였으리라고 보인다.

(c) 동기의 착오

• 의미: 표의자가 의사표시 당시의 상황을 실제 상황과 다르게 인식하고 이러한 잘못된 인식을 전제로 진의를 형성한 후 진의와 일치하는 내용으로 표시를 한 경우를 가리킨다. 특정한 용도로 사용하기 위해 토지를 매수했으나 그 토지에 대한 법적 규제로 인해 매수인의 목적대로 사용하는 것이 불가능했던 경우가 전형적인 예이다.

• 쟁점: 동기의 착오 사안에 대해서도 §109가 적용될 수 있는지의 여부 즉 동기가 중요부분에 해당한다면 동기의 착오를 이유로 의사표시를 취소할 수 있는지가 문제된다.

• 해결: 동기가 표시된 경우에만 §109의 착오에 해당한다. 동기가 표시되었다면 의사표시의 해석상 동기도 의사표시의 내용이 되었으므로 내용의 착오의 일종이라고 보아야 하기 때문이다.

> **대법원 2015. 5. 28. 선고 2014다24327 등 판결**
> ‣ 동기의 착오가 법률행위의 내용 중 중요부분의 착오에 해당함을 이유로 표의자가 법률행위를 취소하려면 그 동기를 당해 의사표시의 내용으로 삼을 것을 상대방에게 표시하고 의사표시의 해석상 법률행위의 내용으로 되어 있다고 인정되면 충분하고 당사자들 사이에 별도로 그 동기를 의사표시의 내용으로 삼기로 하는 합의까지 이루어질 필요는 없다.
> ‣ 원심은, 원고의 착오는 동기의 착오에 불과한데, 원고가 이 사건 아파트 분양계약을 체결할 당시 이 사건 개발사업이 입주할 무렵 모두 실현될 것을 의사표시의 내용으로 삼아 이것이 이 사건 아파트 분양계약의 내용으로 되었다고 볼 증거가 없다는 등의 이유로, 착오를 이유로 한 이 사건 아파트 분양계약의 취소 주장을 배척하였다.

B. 사례: 미래 예측이 실현되지 않은 경우

(a) 문제의 소재

• 표의자가 의사표시 당시의 상황을 실제 상황이 다르게 인식하고 의사표시를 한 경우에는 동기의 착오 사안에 해당한다고 볼 수 있다.

• 이에 비해 표의자가 예견한 미래의 상황 전개와 실제로 일어난 상황 전개의 불일치도 동기 착오 사안으로 파악될 수 있는지에 대해서는 견해가 대립한다.

(b) 판례의 태도

• 판례는 표의자의 미래 예측이 실현되지 못한 경우는 동기의 착오 사안에 해당하

지 않는다고 본다.

- 이러한 판례에 의하면, '표시'에 포함된 미래 예측이 실현되지 못했더라도 이를 이유로 §109의 취소권이 인정될 수는 없다.

대법원 2020. 5. 14. 선고 2016다12175 판결

‣ 원심은 이는 단순히 장래의 미필적 사실의 발생에 대한 기대 또는 예상이 빗나간 것에 불과한 것이 아니라, 개발광구에 대한 사실상 증산 가능성이라는 **실제로는 없는 사실을 있는 사실로 잘못 인식한 동기의 착오**에 해당한다고 보았으나, 이러한 원심은 부당하다.

‣ 제109조에 따라 의사표시에 착오가 있다고 하려면 **법률행위를 할 당시**에 실제로 없는 사실을 있는 사실로 잘못 깨닫거나 아니면 실제로 있는 사실을 없는 것으로 잘못 생각하듯이 의사표시자의 인식과 그러한 사실이 어긋나는 경우라야 한다. 의사표시자가 행위를 할 당시 **장래에 있을 어떤 사항의 발생을 예측한 데 지나지 않는 경우**는 의사표시자의 심리상태에 **인식과 대조사실의 불일치가 있다고 할 수 없어** 계약 당시 상대방에게 **표시되었다 하더라도 이를 착오로 다룰 수 없다.** 장래에 발생할 막연한 사정을 예측하거나 기대하고 법률행위를 한 경우 그러한 <u>예측이나 기대와 다른 사정이 발생하였다고 하더라도 그로 인한 위험은 원칙적으로 법률행위를 한 사람이 스스로 감수하여야</u> 하고 상대방에게 전가해서는 안 되므로 착오를 이유로 취소를 구할 수 없다.

대법원 2010. 5. 27. 선고 2009다94841 판결

‣ 매매계약 당시에는 이 사건 임야가 도시관리계획상 '관리지역'으로 지정되어 있었을 뿐 세부용도지역으로 구분되어 있지 않았고, 이 사건 공고는 위 임야를 '계획관리지역'으로 지정함에 대한 주민 및 이해관계인의 의견청취를 위한 공고에 불과하므로, 이 사건 매매계약 당시 객관적 상황에 대한 원고의 인식 자체에는 오류가 없는 것으로 보인다. 또한, 원고가 이 사건 임야가 장차 계획관리지역으로 지정되어 공장설립이 가능할 것으로 생각하였다고 하더라도 이는 장래에 대한 단순한 기대에 지나지 않는 것이므로, 그 기대가 이루어지지 아니하였다고 하여 이를 법률행위의 내용의 중요부분에 착오가 있는 것으로는 볼 수 없다.

‣ 그럼에도 원심이 원고가 이 사건 매매계약 체결 당시 이 사건 임야에 공장을 설립할 수 있을 것으로 믿은 것이 매매와 관련한 동기의 착오로서 매매계약 내용의 중요부

분에 관한 착오에 해당한다고 단정한 것은, 법률행위의 내용의 중요부분의 착오에 관한 법리를 오해하여 판결에 영향을 미친 위법이 있다.

- 착오 사안에 해당하지 않기 때문에 표의자의 미래 예측에 대해 상대방이 원인 제공을 했더라도 착오로 인한 취소권이 인정될 수 없다.

대법원 2012. 12. 13. 선고 2012다65317 판결

‣ 원심은 피고 회사가 체불임금 50% 포기를 내용으로 하는 이 사건 합의 과정에서 원고에게 재고용을 명시적으로 약정하지는 않았더라도 **마치 재고용이 당연히 이루어질 것처럼 행동하여 이에 원고는 재고용이 될 것으로 굳게 믿고 이 사건 합의에 이르렀으므로** 피고 회사는 재고용의 보장에 관하여 원고를 착오에 빠뜨린 것이고, 원고는 위와 같은 착오가 없었더라면 이 사건 합의를 체결하지 아니하였을 것이므로 원고는 법률행위의 중요부분에 착오를 일으켜 이 사건 합의에 이른 것이며, 나아가 **동기의 착오가 상대방에 의하여 유발된 경우에는 그 착오로 인한 의사표시를 취소할 수 있으므로 이 사건 합의는 원고의 취소의 의사표시에 따라 적법하게 취소되었다고 판단**하였다.

‣ 그러나, 피고 회사는 이 사건 합의 당시 피고 회사의 회생계획이 인가되어 피고 회사가 정상화되면 원고를 비롯한 퇴직자들의 재고용을 위하여 노력하겠다고 하였을 뿐이므로, 이 사건 합의 당시 원고가 피고 회사의 정상화 이후에 재고용되리라 믿고 이 사건 합의를 하였으나 재고용이 이루어지지 않았더라도, 이는 **원고의 인식과 그 대조사실이 어긋난 경우가 아니라 원고의 미필적 인식에 기초한 재고용의 기대가 이루어지지 아니한 것에 불과하고, 이를 이 사건 합의에 있어서 법률행위의 중요부분에 착오가 있는 것으로 볼 수 없다.**

‣ 그럼에도 원심은 원고가 이 사건 합의 당시 피고 회사에 재고용될 것으로 믿은 것이 이 사건 합의와 관련한 동기의 착오로서 법률행위의 중요부분에 관한 것에 해당함을 전제로 원고의 취소의 의사표시에 따라 이 사건 합의가 취소되었다고 판단하였으니, 이러한 원심판결에는 법률행위의 착오에 관한 법리를 오해하여 판결에 영향을 미친 위법이 있다.

C. 비교: 법률효과의 착오, 법률용어의 착오

(a) 법률효과의 착오: 동기의 착오의 일종

- 사안의 개요: 甲은 乙의 특정 사업 부문을 분할합병하기로 하는 계약을 체결했는

데, 계약서상 甲이 乙의 부채는 승계하지 않는 것으로 명시되어 있다. 원심은 부채 승계 여부에 관한 甲과 乙의 의사표시 불합치로 인해 위 계약이 불성립한 것으로 판단했다.

• 쟁점과 판단: 대법원은 계약서에 '부채 미승계'의 취지가 명시적으로 표시되었으므로 이에 대한 의사 합치가 인정되어 계약이 성립했다고 보았다. 다만 부채 미승계 약정으로 채권자에게 대항할 수 없다는 사정은 법률효과의 착오로서 동기의 착오에 불과한데, 분할합병 계약 당시에 이러한 동기가 표시되지 않았고 중요부분이라고 볼 수도 없어서 §109의 취소권이 인정될 수 없다고 판단했다.

대법원 2009. 4. 23. 선고 2008다96291 판결

‣ 분할합병의 경우 존립회사가 분할합병 전의 회사의 채무를 승계하지 않기로 하는 내용의 합의가 상법 제530조의9에 위반하여 채권자에 대해서는 효력이 없다고 하더라도, 이 사건 계약을 체결한 당사자인 원, 피고 사이에서는 계약서의 기재에 따라 부채를 제외한 전기공사업면허 등을 분할합병의 방식으로 이전하는 의사의 합치가 있었다고 보아야 하고, 원고가 분할합병 방식에 의할 경우 피고의 채무를 부담할 가능성이 있다는 점을 알지 못한 채 전기공사업면허 등만을 양수하는 것으로 믿고 이 사건 계약을 체결하였다고 하더라도, 이는 분할합병의 법률적인 효력에 관하여 착오가 있었던 것에 불과하다 할 것이다.

‣ 채무부담 우려가 없다고 생각한 것이 분할합병의 **법률적인 효력과 관련한 동기의 착오**에 해당한다고 하더라도, 이러한 **동기가 이 사건 계약 체결 과정에서 피고에게 표시되지 아니하여 이 사건 계약의 내용으로 되지 못하였음**은 원심이 인정한 위 사실들로도 이를 알 수 있다. **원고가 위와 같은 착오로 인하여 경제적인 불이익을 입거나 장차 불이익을 당할 염려가 없다**고 볼 수 있으므로 착오가 법률행위의 내용의 중요 부분에 관한 것이라고 단정할 수도 없다.

(b) 법률용어에 관한 착오: 내용의 착오(2013다40353, 92면).

(2) 착오의 대상과 관련된 제한: 의사표시의 중요 부분

A. 개관

• 중요부분인지의 여부는 가정적 판단으로 식별한다. 예컨대 표의자가 문제된 부분에 대한 착오에 빠지지 않았다면 의사표시를 하지 않았거나 다른 내용으로 의사표시를 했을 것으로 인정되면 그 부분은 중요부분으로 인정된다.

- 판단기준(이중기준설): 표의자 자신의 주관적 관점과 합리적인 일반인의 객관적 관점 모두를 고려하여 중요부분인지의 여부를 판단해야 한다.

법률행위 중요부분의 착오란 표의자가 그러한 착오가 없었더라면 그 의사표시를 하지 않았으리라고 생각될 정도로 중요한 것이어야 하고, 보통 일반인도 표의자의 처지에 있었더라면 그러한 의사표시를 하지 않았으리라고 생각될 정도로 중요한 것이어야 한다(대법원 2020. 3. 26. 선고 2019다288232 판결).

- 증명책임: 착오로 인한 취소를 주장하는 표의자가 착오의 대상이 중요부분임을 증명해야 한다.

착오를 이유로 의사표시를 취소하는 자는 법률행위의 내용에 착오가 있었다는 사실과 함께 착오가 의사표시에 결정적인 영향을 미쳤다는 점, 즉 만일 착오가 없었더라면 의사표시를 하지 않았을 것이라는 점을 증명하여야 한다(대법원 2020. 3. 26. 선고 2019다288232 판결).

B. 중요부분의 의미가 문제된 사례

- 일정한 자격이 필요한 업무를 하기로 하는 계약에서 이러한 자격에 대한 자격증의 소지 여부는 중요부분이다.

이 사건 설계용역에서 건축사 자격이 가지는 중요성에 비추어 볼 때, 피고가 원고에게 건축사 자격이 없다는 것을 알았더라면 피고만이 아니라 객관적으로 볼 때 일반인으로서도 이 사건과 같은 설계용역계약을 체결하지 않았을 것으로 보이므로, 피고의 착오는 중요 부분의 착오에 해당한다고 할 것이다(대법원 2003. 4. 11. 선고 2002다70884 판결).

- 매매 등에서 물건의 수량에 차이가 있을 때는 그 차이가 현저하여 경제적 불이익이 발생할 것으로 인정되어야 중요부분의 착오로 인정된다.

착오가 법률행위 내용의 중요부분에 있다고 하기 위하여는 표의자에 의하여 추구된 목적을 고려하여 합리적으로 판단하여 볼 때 표시와 의사의 불일치가 **객관적으로 현저**하여야 하고, 보통 일반인이 표의자의 입장에 섰더라면 **경제적인 불이익**을 입게 되는 결과 등을 가져오게 됨으로써 그와 같은 의사표시를 하지 아니하였으리라고 여겨져야 한다(대법원 2013. 9. 26. 선고 2013다40353 판결).

토지의 현황과 경계에 착오가 있어 계약을 체결하기 전에 이를 알았다면 **계약의 목적을 달성할 수 없음이 명백**하여 계약을 체결하지 않았을 것으로 평가할 수 있을 경우에 계약의 중요부분에 관한 착오가 인정된다(대법원 2020. 3. 26. 선고 2019다288232 판결).

(3) 착오의 과정과 관련된 제한: 표의자의 중대한 과실

A. 개관

• 착오로 인한 취소권은 표의자를 보호하기 위해 인정되는 것이다. 따라서 표의자의 보호가치가 낮으면 취소권이 배제될 수 있다.

• 표의자가 착오로 인한 의사표시를 하게 된 것에 대해 경과실이 인정되더라도 취소권이 인정되고, 이에 대한 중과실이 인정되는 경우에만 취소권이 부정된다.

법률행위 내용의 중요부분에 착오가 있는 때에는 그 의사표시를 취소할 수 있으나 그 착오가 표의자의 중대한 과실로 인한 때에는 취소하지 못한다. 여기서 '중대한 과실'이란 표의자의 직업, 행위의 종류, 목적 등에 비추어 보통 요구되는 주의를 현저히 게을리한 것을 의미한다(대법원 2020. 3. 26. 선고 2019다288232 판결).

• 증명책임: 표의자의 중과실은 중요부분의 착오라는 요건사실이 인정된 경우에 비로소 문제되며, 상대방이 주장·명해야 한다.

피고측의 착오가 그의 **중대한 과실에 연유되었다는 원고의 주장**을 배척한 원심의 조치는 정당한 것으로 수긍할 수 있다(대법원 2003. 4. 11. 선고 2002다70884 판결).

B. 사례: 매매계약에 있어서 매수인의 주의의무

• 원칙: 매수인에게는 매매 목적물의 현황 등을 확인할 주의의무가 없다. 매수인에게 과실이 있으면 물건의 하자로 인한 담보책임(§580)을 주장할 수 없을 뿐이다. 따라서 매수인이 자신의 식별 능력을 과신하고 전문성이 필요한 거래를 했더라도 중과실이 인정되지 않으므로 §109의 취소권이 성립할 수 있다.

토지매매에서 특별한 사정이 없는 한 매수인에게 측량을 하거나 지적도와 대조하는 등의 방법으로 매매목적물이 지적도상의 그것과 정확히 일치하는지 여부를 미리 <u>확인하여야 할 주의의무가 있다고 볼 수 없다</u>(대법원 2020. 3. 26. 선고 2019다288232 판결).

매수인이 매매계약을 체결하면서 **자신의 식별 능력과 매매를 소개한 원고를 과신**한 나머지 이 사건 도자기가 고려청자 진품이라고 믿고 소장자를 만나 그 출처를 물어 보지 아니하고 전문감정인의 감정을 거치지 아니한 채 고가로 매수하고 이 사건 도자기가 고려청자가 아닐 경우를 대비하여 필요한 조치를 강구하지 아니한 잘못이 있다 하더라도 매매계약 체결시 요구되는 통상의 주의의무를 현저하게 결여하였다고 보기는 어렵다(대법원 1997. 8. 22. 선고 96다26657 판결).

- 예외: 공인중개사를 거치지 않은 비정상적인 부동산 거래의 경우에는 매수인에게 과실이 인정될 수 있다.

대법원 2009. 9. 24. 선고 2009다40356 판결
- ‣ 공인된 중개사나 신뢰성 있는 중개기관을 통하지 않고 개인적으로 토지 거래를 하는 경우, 매매계약 목적물의 특정에 대하여는 스스로의 책임으로 토지대장, 임야도 등의 공적인 자료 기타 공신력 있는 객관적인 자료에 의하여 그 토지가 과연 그가 매수하기 원하는 토지인지를 확인하여야 할 최소한의 주의의무가 있다.
- ‣ 이 사건 매매계약 체결에 앞서 임야도, 임야대장 등을 확인하거나, 원고측에 확인을 구하였더라면 이 사건 임야가 이 사건 소개임야 중의 하나가 아님을 쉽게 알 수 있었음에도 그러한 조치를 전혀 취하지 않아 그와 같은 착오에 빠진 것이므로, 이 사건 매매계약에 있어서 보통 요구되는 주의를 현저히 결여하였다고 봄이 상당하다.

나. 신의칙에 근거한 착오 취소권의 요건 완화

(1) 요건
A. 상대방이 표의자의 착오에 원인을 제공한 경우
B. 상대방이 표의자의 착오 사실을 알고 이용한 경우

(2) 효과
A. §109보다 완화된 요건 하에 착오 취소권이 인정됨
B. 구체적인 차이점
- 표의자의 착오에 대한 상대방의 악의 또는 과실이 인정되므로, 표의자는 표시되지 않은 동기의 착오를 근거로 취소권을 행사할 수 있다.
- 표의자의 착오는 중요부분에 대한 착오로 인정되고, 상대방은 표의자의 중과실이 인정되더라도 이를 내세워 취소권을 부정할 수 없다.

동기의 착오가 상대방의 강력한 주장에 의하여 생긴 것으로서 표의자가 그 동기를 의사표시의 **내용으로 표시하였다고 보아야** 하고, 또한 원고로서는 그와 같은 착오가 없었더라면 그 의사표시를 하지 아니하였으리라고 생각될 정도로 중요한 것이고, 보통 일반인도 원고의 처지에 섰더라면 그러한 의사표시를 하지 아니하였으리라고 생각될 정도로 **중요한 것이라고 볼 수 있다**(대법원 1997. 8. 26. 선고 97다6063 판결).

제109조 제1항 단서는 상대방의 이익을 보호하기 위한 것이므로, **상대방이 표의자의 착오를 알고 이를 이용한 경우**에는 그 착오가 표의자의 **중대한 과실로 인한 것이라고 하더라도** 표의자는 그 의사표시를 취소할 수 있다(대법원 2014. 11. 27. 선고 2013다49794 판결).

3. 착오에 의한 취소의 효과

가. 당사자들 사이의 관계

(1) 계약의 소멸

(2) 급부부당이득 반환

(3) 표의자에게 경과실이 있어도 취소는 적법한 권리 행사이므로 불법행위 불성립

불법행위로 인한 손해배상책임이 성립하기 위하여는 가해자의 고의 또는 과실 이외에 행위의 위법성이 요구된다 할 것인바, 피고가 계약보증서를 발급하면서 소외 회사가 수급할 공사의 실제 도급금액을 **확인하지 아니한 과실이 있다고 하더라도 제109조에서 중과실이 없는 착오자의 착오를 이유로 한 의사표시의 취소를 허용**하고 있는 이상, 피고가 과실로 인하여 착오에 빠져 계약보증서를 발급한 것이나 그 착오를 이유로 보증계약을 취소한 것이 **위법하다고 할 수는 없다**. 그럼에도 불구하고 원심이 피고가 과실로 인하여 착오에 빠짐으로써 소외 회사를 위하여 계약보증을 해 준 것이 불법행위를 구성한다 하여 그로 인한 손해배상책임을 인정한 것은 불법행위의 성립에 관한 법리를 오해하여 판결에 영향을 미친 위법을 저질렀다 할 것이다(대법원 1997. 8. 22. 선고 97다13023 판결).

나. 제3자에 대한 관계: 선의의 제3자에게 대항 불가(113면 이하)

VIII 사기·강박에 의한 의사표시

> 제110조(사기, 강박에 의한 의사표시)
> ① 사기나 강박에 의한 의사표시는 취소할 수 있다.
> ② 상대방 있는 의사표시에 관하여 제삼자가 사기나 강박을 행한 경우에는 상대방이
> 그 사실을 알았거나 알 수 있었을 경우에 한하여 그 의사표시를 취소할 수 있다.
> ③ 전2항의 의사표시의 취소는 선의의 제삼자에게 대항하지 못한다.

1. 개관

가. 사기·강박에 의한 의사표시의 의미

• 표의자의 진의와 표시의 내용이 일치하고 그 내용에 무효 사유가 없지만, 표의자의 진의가 형성되는 과정에 타인의 위법행위가 개입된 경우, 이러한 의사표시에 따른 권리 변동을 인정하면 표의자의 사적 자치가 침해된다.

• 따라서 이 경우 표의자 보호를 위해 표의자에게 취소권이 주어진다.

나. 사기와 착오의 경합 가능성

(1) 문제의 소재

• 사기는 표의자에게 '표시되지 않은 동기의 착오'를 불러일으키는 것이다. 따라서 기망행위를 한 자가 상대방이면 표의자에게는 §110의 취소권뿐 아니라 §109의 취소권도 인정될 수 있다. 상대방의 원인 제공에 의한 동기의 착오에 해당하기 때문이다.

• 이에 비해 기망으로 인한 의사표시이더라도 피해자의 진의와 표시가 일치하지 않으면 §109만 적용될 수 있고 §110는 적용될 수 없다.

(2) 실익

• 제3자가 표의자를 기망했고 표의자와 법률행위를 한 상대방이 이런 사실을 몰랐던 경우, §109의 취소권과 §110의 취소권 중 어떤 것이 적용되느냐에 따라 결과가 달라질 수 있다.

• 사기 사안이면 표의자는 의사표시를 취소할 수 없으나(§110 ②), 착오 사안이면 표의자는 의사표시를 취소할 수 있다. 따라서 상대방이 계약 유지를 원한다면 §110의 취소권을 배제하기 위한 요건인 자신의 선의·무과실이 아니라 §109의 취소권

을 배제하기 위한 요건인 표의자의 중과실을 주장·증명해야 한다.

(3) 사례: 제3자의 기망에 의한 표시 착오

• 사안의 개요: 甲은 乙이 丙회사에 입사하는 데 필요한 신원보증을 할 의사로 서류를 작성하던 중 丁에게 속아서 丁의 戊에 대한 채무를 면책적으로 인수한다는 취지의 서류에 서명날인 하였다.

• 쟁점과 판단: 戊가 甲에게 채무이행을 청구하자 甲은 §109의 취소를 주장했다. 이 경우 戊가 자신은 선의·무과실이므로 甲의 취소권이 인정될 수 없다고 주장하더라도 배척된다. 착오 사안이므로 §110②이 적용될 수 없기 때문이다.

> **대법원 2005. 5. 27. 선고 2004다43824 판결**
>
> ‣ 사기에 의한 의사표시란 타인의 기망행위로 말미암아 착오에 빠지게 된 결과 어떠한 의사표시를 하게 되는 경우이므로 거기에는 **의사와 표시의 불일치가 있을 수 없**고, 단지 의사의 형성과정 즉 의사표시의 **동기에 착오가 있는 것에 불과**하며, 이 점에서 고유한 의미의 착오에 의한 의사표시와 구분되는데, 신원보증서류에 서명·날인한다는 착각에 빠진 상태로 연대보증의 서면에 서명날인한 경우, 결국 위와 같은 행위는 강학상 기명날인·서명의 착오, 즉 어떤 사람이 자신의 의사와 다른 법률효과를 발생시키는 내용의 서면에, 그것을 읽지 않거나 올바르게 이해하지 못한 채 기명날인을 하는 이른바 **표시상의 착오에 해당**한다.
>
> ‣ 따라서 비록 위와 같은 **착오가 제3자의 기망행위에 의하여 일어난 것이라 하더라도** 그에 관하여는 사기에 의한 의사표시에 관한 법리 특히 제110조 제2항의 규정을 적용할 것이 아니라, **착오에 의한 의사표시에 관한 법리만을 적용하여 취소권 행사의 가부**를 가려야 한다.

2. 요건

가. 진의와 표시가 일치하고 내용상의 무효 사유도 없는 법률행위의 성립

나. 의사표시 형성과정에 대한 타인의 위법한 개입

(1) 사기

A. 2단계 고의

• 사기의 고의가 인정되려면 2단계 고의가 필요하다.

• 우선 피해자인 표의자를 기망하여 동기의 착오에 빠지게 하려는 고의가 있어야

하고, 나아가 이러한 상태를 이용하여 표의자가 의사표시를 하게 하려는 고의도 있어야 한다.

B. 기망행위

(a) 의미

- 타인으로 하여금 사실과 다른 내용을 믿게 만드는 행위는 물론, 타인이 이미 사실과 다른 내용을 믿고 있을 때 이러한 오해를 유지·강화시키는 행위도 기망행위에 해당한다.
- 작위뿐 아니라 부작위도 기망행위가 될 수 있다. 다만 부작위에 의한 기망은 진실을 알려 줄 의무인 고지의무를 부담하고 있는 자에 대해서만 인정될 수 있다.

(b) 부작위 사기의 요건인 고지의무

- 원칙: 거래 상대방에게 거래와 관련된 진실을 알려 줄 의무는 원칙적으로 인정되지 않는다.

일반적으로 재화나 용역의 판매자가 자신이 판매하는 재화나 용역의 판매가격에 관하여 구매자에게 그 원가나 판매이익 등 구성요소를 알려주거나 밝혀야 할 의무는 없다(대법원 2013. 9. 26. 선고 2012다1146,1153 전원합의체 판결).

- 예외: 법률이나 신의칙에 의한 고지의무가 인정되는 경우에는 고지할 대상을 알려주지 않은 부작위는 기망행위로 평가될 수 있다. ㉠ 계약의 효력이나 상대방의 권리 확보에 위험을 초래할 수 있는 구체적 사정으로서 중요부분에 해당함이 경험칙상 명백하면 고지의무의 대상이 된다. ㉡ 이에 비해 상대방이 스스로 확인할 의무가 있거나, 거래관행상 상대방이 알 수 있을 것으로 기대되는 사항은 고지의무의 대상이 아니다. 고지의무에 설명의무까지 포함되는 것은 아니기 때문이다.
- 사례: 채권 매매계약에서 양도인이 양수인에게 채무자의 사업현황에 관한 자료를 모두 넘겨주었다면 채무자의 파산 위험을 고지하지 않았더라도 §110의 사기로 인정되지 않는다.

재산권의 거래관계에 있어서 계약의 일방 당사자가 상대방에게 <u>그 계약의 효력에 영향을 미치거나 상대방의 권리 확보에 위험을 가져올 수 있는 구체적 사정을 고지하였다면 상대방이 그 계약을 체결하지 아니하거나 적어도 그와 같은 내용 또는 조건으로 계약을 체결하지 아니하였을 것임이 경험칙상 명백한 경우 그 계약</u> 당사자는 신의성실의 원칙상 상대방에게 미리 그와 같은 사정을 고지할 의무가 있다고 하겠으나, 이때도 상대방이 고지의무의 대상이 되는 사실을 이미 알고 있거나 스스로 확인할 의무가 있는 경우 또는 거래 관행상 상대방이 당연히 알고 있을 것으로 예상되는 경우 등에는 상대방에게 위와 같은 사정을 알리지 아니하였다고 하여 고지의무를 위반했다고 볼 수 없다(대법원 2016. 4. 15. 선고 2013다97694 판결).

C. 기망행위의 위법성

- 기망행위라는 사실이 인정되더라도 이러한 행위의 위법성이 인정되어야만 사기의 구성요건이 충족될 수 있다.
- 이러한 위법성의 판단 기준은 법률에 한정되지 않는다. 즉 신의칙상 부정적 가치 판단이 가능하다면 실정법 위반 행위가 아니더라도 §110의 사기의 요건인 위법성이 인정될 수 있다.
- 기망행위의 위법성이 인정되면 §110의 취소권이 발생할 뿐 아니라 §750의 불법행위도 성립한다.

D. 사례: 과장광고

(a) 개관

- 거래관행상 과장광고 자체가 위법이라고 볼 수는 없으나, ㉠ 중요부분에 관한 구체적 사실을 신의칙상 비난받을 정도로 허위로 고지했을 때는 위법성이 인정된다. 특히 ㉡ 상대방이 대기업인 경우 표의자의 신뢰에 대한 보호가치가 크기 때문에 과장광고의 위법성이 인정되기 쉽다.
- 위법한 과장광고는 기망행위이므로 표의자에게 §110의 취소권이 발생한다. 다만 취소권 행사 여부는 권리자의 자유에 맡겨져 있으므로 표의자는 계약을 취소하지 않은 채 §750의 불법행위 책임만 추궁할 수도 있다.

(b) 사례: 과장광고와 §750의 손해배상책임

- 아파트(40평형)를 분양하면서 타사 아파트 40평형보다 전용면적이 더 넓다고 광고한 경우, 위법성은 인정되지만 실제로 40평이 분양된 이상 재산적 손해는 없으므로 정신적 손해만 배상받을 수 있다.

대법원 2008. 10. 23. 선고 2007다44194 판결

- 상품의 선전, 광고에 있어 다소의 과장이나 허위가 수반되는 것은 그것이 일반 상거래의 관행과 신의칙에 비추어 시인될 수 있는 한 기망성이 결여된다고 하겠으나, 거래에 있어서 **중요한 사항에 관하여 구체적 사실을 신의성실의 의무에 비추어 비난받을 정도의 방법**으로 허위로 고지한 경우에는 기망행위에 해당한다.

- 소비자가 갖는 상품의 품질이나 가격 등에 대한 정보는 대부분 생산자 및 유통업자의 광고에 의존할 수밖에 없고, 특히 피고와 같은 대기업이 시공하고 분양하는 아파트의 구조, 면적 등에 관한 사항에 관하여는 그 아파트의 광고 내용의 진실성에 더 높은 신뢰와 기대를 가지게 되므로 이러한 경우 일반인의 신뢰나 기대는 보호되어야 한다.

- 피고의 위와 같은 **허위광고행위에 대하여 불법행위책임**을 인정할 수 있지만, 피고가 원고들에게 공급한 이 사건 각 아파트의 구조, 면적 등이 아파트 공급계약서와 일치할 뿐만 아니라 광고에서 기대하였던 분양면적 등에 비하여 실제 이 사건 아파트의 분양면적 등이 못하다는 점 때문에 이 사건 아파트의 가치가 하락하였다고 볼 만한 증거도 없는 이상, 원고들에게 어떠한 재산상 손해가 발생하였다고 보기 어렵다. 원심이 같은 취지에서, 피고는 원고들에게 원고들이 위와 같은 피고의 허위광고행위로 인하여 받은 정신적 고통에 대하여 위자할 의무가 있다고 판단한 것은 정당하다.

• 과장광고가 위법한 경우 이로 인한 재산적 손해는 실제 지급된 분양대금과 분양계약 체결 당시의 적정 시가의 차액이다. 이러한 재산적 손해액이 증명되지 못하면 법원은 재산적 손해배상청구를 기각하고 위자료 지급을 명할 수 있다.

원고들이 피고들의 허위·과장광고나 위법한 기망행위로 인하여 입은 재산상 손해는 원고들이 실제로 지급한 분양대금과 기망행위에 의하여 분양계약을 체결하던 당시를 기준으로 한 이 사건 아파트의 시가 내지 적정 분양대금 사이의 차액이지만 증명이 되지 못했으므로 재산상 손해배상청구를 기각하면서, 이러한 사정 등을 정신적 손해의 산정에 참작하여 피고들이 위 원고들에게 배상하여야 할 위자료를 인정한 원심의 판단은 정당하다(대법원 2019. 4. 23. 선고 2015다28968 판결).

• 수분양자 지위가 계약인수에 의해 양도되더라도 §750의 손해배상채권은 별도의 채권양도 계약이 없는 한 수반 양도되지 않는다. 다만 수분양자 지위 양수인이

과장광고에 의해 과대평가된 가액을 지급함으로써 손해를 입었다는 특별한 사정이 인정되면 수분양자 지위 양수인은 자신의 고유한 §750 채권을 분양자에게 행사할 수 있다.

> 표시광고법상 허위·과장광고로 인한 손해배상청구권은 불법행위에 기한 손해배상청구권의 성격을 가진다고 할 것인데, **계약상 지위의 양도에 의하여 계약당사자로서의 지위가 제3자에게 이전되는 경우 계약상의 지위를 전제로 한 권리관계만이 이전될 뿐 불법행위에 기한 손해배상청구권은 별도의 채권양도절차 없이 제3자에게 당연히 이전되는 것이 아니**므로 허위·과장광고로 높아진 가격에 수분양자 지위를 양수하는 등으로 양수인이 수분양자 지위를 양도받으면서 허위·과장광고로 인한 손해를 입었다는 등의 특별한 사정이 있는 경우에만 양수인이 그 손해배상청구권을 행사할 수 있다(대법원 2019. 4. 23. 선고 2015다28968 판결).

(2) 강박

A. 2단계 고의

B. 강박행위

- 의미: 타인에게 해악을 입히겠다고 알려서 공포심을 일으키는 행위를 뜻한다. '해악'은 법익 침해를 뜻하는데, 침해 대상 법익의 종류에는 제한이 없으며, 강박 대상인 표의자 아닌 제3자의 법익도 포함된다.

> 강박에 의한 의사표시라고 하려면 상대방이 불법으로 어떤 해악을 고지함으로 말미암아 공포를 느끼고 의사표시를 한 것이어야 한다(대법원 2010. 2. 11. 선고 2009다72643 판결).

- 주관적 판단: 강박자가 실제로 해악을 가할 수 있었는지의 여부, 일반적으로 그렇게 볼 수 있는지의 여부는 강박 여부를 판단하기 위한 기준이 아니다. 피강박자의 처지에서 볼 때 해악을 입을 우려가 있다고 여겨지면 '강박행위'로 인정될 수 있다.

C. 강박행위의 위법성

- 판단기준: 강박행위 당시의 거래관념과 구체적 사정을 기준으로 판단한다.
- 위법한 강박행위의 유형: ㉠ 강박자가 고지한 해악의 내용 자체가 위법하거나, 강박자가 피해자의 법률행위를 통해 실현하려는 목적이 부당한 경우는 물론, ㉡ 강박자의 목적과 고지된 해악이 모두 정당해도 해악고지를 그 목적 실현의 수단으

로 사용하는 것 자체가 부당한 경우에도 강박행위의 위법성이 인정 될 수 있다.

어떤 해악을 고지하는 강박행위가 위법하다고 하기 위하여는 강박행위 당시의 거래 관념과 제반 사정에 비추어 ㉠ 해악의 고지로써 추구하는 이익이 정당하지 아니하거 나 강박의 수단으로 상대방에게 고지하는 해악의 내용이 법질서에 위배된 경우 또는 ㉡ 어떤 해악의 고지가 거래관념상 그 해악의 고지로써 추구하는 이익의 달성을 위한 수단으로 부적당한 경우 등에 해당하여야 한다(대법원 2010. 2. 11. 선고 2009다 72643 판결).

* 사례: 영업양도양수 계약 체결 후 양수인이 양도인으로부터 받은 자료에 매출이 누락되어 있음을 을 발견하고, 양수인이 지적하면서 이를 바로잡지 않으면 영업 양도양수 계약 해제와 손해배상청구를 하겠다고 위협해도 강박행위로 인정되지 않는다. 정당한 권리를 행사하겠다고 고지한 것이므로 위법성이 없기 때문이다.

피고 등이 원고에게 매출액 누락 등을 법적으로 문제삼을 수 있고 이 사건 계약을 해 제하여 손해배상을 청구할 수 있다는 취지로 말하였다고 하더라도, 앞서 본 이 사건의 제반 정황에 비추어 보면 그것이 '위법한 해악의 고지'에 해당한다고까지 할 수는 없 다(대법원 2010. 2. 11. 선고 2009다72643 판결).

D. 비교: 이른바 절대적 강박

(a) 의미

* 고지된 해악의 내용, 해악 고지 당시의 상황 등의 구체적 사정에 비추어 볼 때 피 해자가 정상적인 의사결정을 할 수 없을 정도의 정신적 상태로 의사표시를 한 경 우 그 효력이 문제된다.
* 절대적 강박 상태에서 법률행위가 이루어졌다고 인정되면 의사표시의 부존재로 인한 법률행위의 불성립 또는 의사무능력으로 인한 법률행위의 무효로 인정된다.

강박에 의한 법률행위가 하자 있는 의사표시로서 취소되는 것에 그치지 않고 나아가 무 효로 되기 위하여는, 강박의 정도가 단순한 불법적 해악의 고지로 상대방으로 하여금 공포를 느끼도록 하는 정도가 아니고, 의사표시자로 하여금 의사결정을 스스로 할 수 있는 여지를 완전히 박탈한 상태에서 의사표시가 이루어져 단지 법률행위의 외형만이 만들어진 것에 불과한 정도이어야 한다(대법원 2003. 5. 13. 선고 2002다73708 판결).

(b) 실익: §110에 의한 취소와 다른 점

- 절대적 강박 하의 의사표시는 불성립이나 무효이므로 취소 대상이 아니다.
- 따라서 ㉠ 취소권의 행사기간이 적용되지 않으며, ㉡ 제3자가 절대적 강박을 한 경우 상대방이 선의·무과실이더라도 의사표시는 무효이며, ㉢ 선의의 제3자에 게도 대항할 수 있다.

다. 인과관계

- 의미: 사기·강박이 성공하여 이로 인해 표의자가 사기·강박자가 원하는 내용으로 법률행위를 했음을 뜻한다.
- 판단기준: 피해자인 표의자의 입장에서 판단해야 하고, 강박이 없었다면 같은 내용으로 의사표시를 하지 않았을 것으로 인정되어야 한다(But—for—Test).

3. 효과

가. 당사자들 간의 관계

(1). 상대방이 사기·강박을 한 경우

A. 취소권 발생

- 상대방의 사기·강박으로 인해 의사표시를 한 표의자에게는 취소권이 발생한다.
- 취소권 행사 여부는 표의자의 자유이다. 예컨대 표의자가 강박을 벗어난 후 강박에 의한 의사표시에 따른 이행을 요구하면 법정추인에 의해 법률행위는 유효로 확정되므로 표의자와 상대방(사기·강박자) 모두 §741 청구를 할 수는 없게 된다.

B. 표의자가 취소권을 행사한 경우

- 당사자 쌍방에게 §741 채무가 발생하고, 표의자는 사기·강박자에게 §750 책임도 추궁할 수 있다. 이에 비해 착오 사안에서는 §741만 문제된다.
- 표의자가 상대방에 대해 가지는 §741 채권과 §750 채권은 청구권 경합 상태로 병존한다.

> 법률행위가 사기에 의한 것으로서 취소되는 경우에 그 법률행위가 동시에 불법행위를 구성하는 때에는 취소의 효과로 생기는 부당이득반환청구권과 불법행위로 인한 손해배상의 청구권은 경합하여 병존하는 것이므로, 채권자는 어느 것이라도 선택하여 행사할 수 있지만 중첩적으로는 행사할 수 없다. 따라서 특별한 사정이 없는 한 어느 하나의 청구권이 만족을 얻어 소멸하면 그 범위 내에서 다른 나머지 청구권도 소멸

하는 관계에 있다(대법원 2021. 6. 10. 선고 2019다226005 판결).

- 표의자의 상대방에 대한 §750·§741 채권과 상대방의 표의자에 대한 §741의 채권은 동시이행 관계라고 보아야 한다. 동일한 법률요건으로부터 발생한 채권과 반대채권이기 때문이다.

(2) 제3자가 사기·강박을 한 경우

A. 제3자의 의미

- §110 ②에서 말하는 제3자란 사기·강박을 당한 표의자가 한 법률행위의 상대방 당사자가 아닌 자를 뜻한다.

- 법적으로 상대방과 동일시할 수 있는 지위에 있는 자는 §110 ②의 제3자에 해당하지 않는다. 상대방 당사자의 대리인이 그 예이다.

제110조 제2항에서 정한 제3자에 해당되지 아니한다고 볼 수 있는 자란 그 의사표시에 관한 상대방의 **대리인 등 상대방과 동일시할 수 있는 자**만을 의미한다. (대법원 1998. 1. 23. 선고 96다41496 판결).

- 표의자의 상대방에 대한 §750·§741 채권과 상대방의 표의자에 대한 §741 채권은 동시이행 관계라고 보아야 한다. 동일한 법률요건으로부터 발생한 채권과 반대채권이기 때문이다.

B. 피용자가 제3자에 해당하는지의 여부

- 문제의 소재: 피해자를 사기·강박한 사람이 피해자가 한 법률행위의 상대방 당사자의 피용자인 경우, §110 ②의 적용 여부가 문제된다.

- 쟁점과 판단: ㉠ 피용자에게 대리권이 없다면 제3자로 볼 수는 있다. ㉡ 그러나 자신의 피용자의 사기·강박 사실을 알지 못한 사용자에게는 과실이 인정되므로 §110 ②이 적용되더라도 피해자는 취소권을 행사할 수 있다. ㉢ 또한 사용자에게는 피용자의 사기·강박을 저지하지 못했다는 점에서 감독상의 주의의무 위반이 인정된다. 따라서 피해자는 상대방에게 §756의 손해배상책임도 물을 수 있다.

대법원 2010. 2. 11. 선고 2009다72643 판결
- 단순히 **상대방의 피용자에 지나지 않는 자는 상대방과 동일시할 수는 없어 이 규정에서 말하는 제3자에 해당**한다고 보아야 할 것이다.

- 그러나 피고(취소 대상 의사표시의 상대방)로서는 자신의 영역 내에서 일어난 소외 3의 위와 같은 기망행위에 관하여 그 감독에 상당한 주의를 다하지 아니한 사용자로서의 책임을 져야 할 지위에 있을 뿐만 아니라, 나아가 그러한 사정을 이용한 **사기 사실을 알지 못한 데에 과실**이 있었다고 봄이 상당하고, 따라서 원고로서는 기망으로 인하여 이루어진 이 사건 근저당권 설정계약을 취소할 수 있다.
- 이러한 경우, 피용자를 제110조 제2항에서 말하는 **제3자에 속하지 않는다고 한 원심의 잘못**은 판결 결과에 영향이 있다고 할 수 없다.

나. 제3자에 대한 관계: 선의의 제3자에게 대항 불가(113면 이하)

4장

무효와 취소

4장

무효와 취소

I 개관

1. 무효의 의미

가. 개관

- 법률행위가 성립하여 법률행위로서의 외관은 존재하지만 법률행위에 포함된 효과의사의 내용대로 권리 변동이 일어날 수 없는 상태를 '무효'라고 한다.
- 무효인 법률행위의 효과: 무효인 법률행위 자체가 법률로 정해진 별도의 법률효과를 발생시키는 법률요건이 될 수 있다. 따라서 무효인 법률행위이더라도 법적으로 완전히 무의미한 것은 아니다.

나. 무효인 법률행위를 요건으로 하는 법률효과

(1) 무효인 법률행위 자체를 요건으로 하는 법률효과

- 무효인 법률행위이더라도 일정한 법정 요건이 충족되면 유효한 법률행위가 될 수 있다.
- 그 예로서 무효행위의 전환, 무효행위의 추인, 일부무효의 법리 등을 들 수 있다.

(2) 무효인 법률행위를 원인으로 재산적 이익이 이전된 경우

- 무효인 법률행위의 당사자들간의 관계: 무효인 법률행위는 재산적 이익 이전의 정당한 원인이 될 수 없으므로 급부부당이득 반환관계가 성립한다(2010다67890, 47면).
- 무효인 법률행위를 원인으로 이전된 재산적 이익이 그 법률행위의 당사자 아닌 제3자에게 거듭 이전된 경우: 제3자에게도 원인행위의 무효를 주장할 수 있는지가 문제된다.

(3) 무효인 법률행위를 원인으로 손해가 발생한 경우

• §390의 손해배상책임은 인정될 수 없다. 법률행위가 무효이므로 채무가 성립하지 않기 때문이다.

> 무효인 법률행위는 그 법률행위가 성립한 당초부터 당연히 효력이 발생하지 않는 것이므로, 무효인 법률행위에 따른 법률효과를 침해하는 것처럼 보이는 위법행위나 채무불이행이 있다고 하여도 법률효과의 침해에 따른 손해는 없는 것이므로 그 손해배상을 청구할 수는 없다고 보아야 한다(대법원 2003. 3. 28. 선고 2002다72125 판결).

• §750의 요건이 충족된 경우 이에 근거한 손해배상책임은 인정될 수 있다. §750의 손해배상책임은 계약 관계와 무관하게 성립할 수 있기 때문이다.
• 강행법규 위반으로 인한 원시적 불능 사안에서는 §535의 체약상 과실책임이 성립할 수 있다.

2. 무효과 취소의 비교

가. 공통점

• 취소된 법률행위의 효과는 무효인 법률행위의 효과와 같다.
• 취소의 효과는 일단 유효하게 다루어지던 법률행위를 소급적으로 무효화하는 것이기 때문이다.

나. 차이점

• 무효 사유가 있는 법률행위는 누구나 언제든지 무효라고 주장할 수 있다.
• 이에 비해 취소 사유 있는 법률행위는 법정된 취소권자가 법정된 기간 내에 취소권을 행사하지 않는 한 유효로 인정된다. 즉 취소 사유 있는 법률행위는 성립 후 취소되기 전까지 유동적(가변적) 유효 상태에 있게 된다.

Ⅱ 소유권 이전의 원인행위가 무효인 경우: 제3자 보호

1. 개관

가. 문제의 소재: 법률행위에 의한 부동산 물권 변동

• 재산권 양도가 효과의사의 내용인 법률행위를 원인행위라고 한다. 원인행위가

무효이면 양수인은 재산권을 취득하지 못하므로, 양수인으로부터 재산권을 전득한 제3자도 재산권을 취득하지 못하는 것이 원칙이다.

- 그러나 법률행위에 의한 동산 물권변동에 대해서는 선의·무과실인 제3자를 보호하는 특칙인 선의취득 제도가 있으므로, 법률행위의 무효·취소 사유에 관한 조문들의 제3자 보호 조항은 이러한 특칙이 없는 부동산 물권 변동의 경우에 특히 중요한 의미를 가진다.

나. 구체적인 내용

(1) 원칙: 무효의 대세효

A. 근거: 물권행위의 유인성(461면)

B. 무효의 확정적, 대세적 효과

- 사안의 개요: 甲은 A에게 이미 X부동산을 매도한 상태에서, 乙의 적극적인 권유를 받고 X부동산을 乙에게 이중매매한 후 乙에게 X부동산에 대한 소유권이전등기를 마쳐주었다. 그 후 丙이 X부동산을 무단 점유하자, 乙은 丙에게 점유 인도와 부당이득반환을 청구했다.
- 쟁점과 판단: 乙의 소유권 취득의 원인행위인 甲·乙간 제2매매가 반사회성으로 인하여 무효로 인정되면 丙도 이러한 사정을 주장하여 乙의 물권적 청구권 행사에 대항할 수 있다.

> 공서양속 위반 사항을 내용으로 하는 <u>법률행위의 무효는 이를 주장할 이익이 있는 자는 누구든지 무효를 주장할 수 있다.</u> 따라서 반사회질서 법률행위를 원인으로 하여 부동산에 관한 소유권이전등기를 마쳤다 하더라도 그 등기는 원인무효로서 말소될 운명에 있으므로 등기명의자가 소유권에 기한 물권적 청구권을 행사하는 경우에, 그 권리 행사의 상대방은 위와 같은 법률행위의 무효를 항변으로서 주장할 수 있다고 할 것이다(대법원 2016. 3. 24. 선고 2015다11281 판결).

(2) 예외: 제3자의 보호

A. 일반적 보호: 동산 선의취득(§249)

B. 개별적 보호: 부동산의 경우

- 선의의 제3자만 보호되는 경우: §107 ②, §108 ②, §109 ②, §110 ②
- 모든 제3자가 보호되는 경우: §548

- 선의의 제3자도 보호되지 않는 경우: 행위무능력자의 취소, 반사회적·비도덕적 행위(§103), 폭리행위(§104), 강행법규 위반 행위(§105)

2. 보호대상인 제3자의 의미

가. 개관

(1) 제3자의 기본적(일반적)인 의미

- 제3자란 법률행위의 당사자 또는 이들의 포괄승계인을 제외한 모든 사람을 가리킨다.
- 문제된 법률행위의 당사자와 직접 이해관계를 맺은 사람에 한정되지 않는다. 즉 전득자뿐 아니라 전전득자 또는 그 후자도 제3자에 해당한다.
- 사례: 甲·乙간 허위표시로 乙명의 전세권 설정등기가 마쳐진 후 악의인 丙이 乙에 대한 채권을 담보하기 위해 乙명의 전세권에 대해 丙명의 전세권저당권을 설정했다. 그 후 丙에 대한 채권자 丁은 이러한 사정을 알지 못한 채 丙의 위 전세권저당권부 채권에 대한 압류명령을 받았다. 이 경우 甲·乙간 허위표시에 대해 제3자인 丙은 악의이지만 丙의 지위를 기초로 새로운 이해관계를 가지게 된 丁은 §108②의 선의의 제3자로서 보호된다.

  여기에서 선의의 제3자가 보호될 수 있는 법률상 이해관계는 위 전세권 설정계약의 당사자를 상대로 하여 직접 법률상 이해관계를 가지는 경우 외에도 **그 법률상 이해관계를 바탕으로 하여 다시 위 전세권 설정계약에 의하여 형성된 법률관계와 새로이** 법률상 이해관계를 가지게 되는 경우도 포함된다(대법원 2013. 2. 15. 선고 2012다49292 판결).

(2) 무효 사안에서 보호되는 제3자

A. 의미

- 무효인 법률행위에 의하여 형성된 외관상의 법률관계를 기초로, 새로운 법률요건에 의해 고유한 법률상의 이익 있는 법률관계를 가지게 된 사람을 뜻한다. 이러한 제3자인지의 여부는 실질적으로 파악해야 한다.
- 무효인 법률행위로 형성된 외관상 법률관계에 다른 원인이 개입된 후 그 결과를 기초로 새로운 이해관계를 가진 사람은 보호되는 제3자가 아니다.

허위표시의 당사자와 포괄승계인 이외의 자로서 **허위표시에 의하여 외형상 형성된 법률관계를 토대로 실질적으로 새로운 법률상 이해관계를 맺은** 선의의 제3자에 대하여는 허위표시의 당사자뿐만 아니라 그 누구도 허위표시의 무효를 대항하지 못하는 것인바, 그 취지는 <u>허위표시를 기초로 하여 별개의 법률원인에 의하여 고유한 법률상의 이익을 갖는 법률관계에 들어간 자를 보호하기 위한 것</u>이므로, 제3자의 범위는 권리관계에 기초하여 **형식적으로만 파악할 것이 아니라** 허위표시행위를 기초로 하여 새로운 법률상 이해관계를 맺었는지 여부에 따라 **실질적으로 파악**하여야 한다(대법원 2020. 1. 30. 선고 2019다280375 판결).

B. 사례

(a) 사안의 개요

- 甲은 자신이 소유한 X부동산의 관리를 乙에게 위임하면서 편의상 乙명의 가등기를 마쳐 주면서 그 원인을 '매매예약'으로 기재했다. 甲이 연락이 두절되자 乙은 甲을 상대로 본등기 청구 소송을 제기하여 의제자백으로 승소판결이 확정되었다.

- 甲은 이 사실을 알고 추완항소를 제기하여 위 판결을 취소했으나 乙은 그 전에 받아둔 집행권원을 이용하여 본등기를 마친 후 X부동산을 丙에게 팔고 丙명의 소유권이전등기를 마쳐 주었다.

(b) 쟁점과 판단

- 甲은 乙명의 가등기는 그 원인인 매매예약이 허위표시이므로 원인무효라고 주장하면서 丙명의 소유권이전등기에 대한 말소등기청구(§214)를 했다.

- 이에 대해 丙은 자신은 §108 ②의 선의의 제3자라고 항변했으나 배척되었다. 丙은 허위표시인 매매예약 자체가 아니라 乙의 편취판결이라는 새로운 원인이 개입되어 형성된 외관을 신뢰했고, 부동산 물권변동에 대해서는 등기공신력이 인정되지 않기 때문이다.

대법원 2020. 1. 30. 선고 2019다280375 판결
- 乙명의의 본등기는 甲·乙 간 허위 가등기 설정이라는 통정한 허위의 의사표시 자체에 기한 것이 아니라, 이러한 통정한 허위의 의사표시가 철회된 이후에 乙이 항소심판결에 의해 취소·확정되어 소급적으로 무효가 된 판결에 기초하여 乙이 일방적

으로 마친 원인무효의 등기이므로 乙명의의 본등기를 비롯하여 그 후 戊에 이르기까지 순차적으로 마쳐진 각 소유권이전등기는 부동산등기에 관하여 공신력이 인정되지 아니하는 우리 법제하에서는 특별한 사정이 없는 한 무효임을 면할 수 없다.

‣ 甲과 乙이 통정한 허위의 의사표시에 기하여 마친 가등기와 丙명의의 소유권이전등기 사이에는 乙이 일방적으로 마친 원인무효의 본등기가 중간에 개재되어 있으므로, 이를 기초로 마쳐진 丙 명의의 소유권이전등기는 乙명의의 가등기와는 서로 단절된 것으로 평가되고, 가등기의 설정행위와 본등기의 설정행위는 엄연히 구분되는 것으로서 丙 내지 그 후 소유권이전등기를 마친 자들에게 신뢰의 대상이 될 수 있는 '외관'은 乙명의의 가등기가 아니라 단지 乙명의의 본등기일 뿐이라는 점에서도 이들은 乙명의의 허위 가등기 자체를 기초로 하여 새로운 법률상 이해관계를 맺은 제3자의 지위에 있다고 볼 수 없다.

(3) 비교

A. §548의 제3자

• §548의 제3자는 ㉠ 해제된 계약으로부터 생긴 법률효과를 기초로 해제 전에 새로운 이해관계를 가졌을 뿐 아니라 ㉡ 등기·인도 등으로 대세적 권리를 취득한 사람을 뜻한다.

> **대법원 2003. 1. 24. 선고 2000다22850 판결**
> ‣ 제548조 제1항 단서에서 규정하고 있는 제3자란 일반적으로 계약이 해제되는 경우 그 해제된 계약으로부터 생긴 법률효과를 기초로 하여 해제 전에 **새로운 이해관계를 가졌을 뿐 아니라 등기·인도 등으로 완전한 권리를 취득한 자**를 말하고, **계약상의 채권을 양수한 자는 여기서 말하는 제3자에 해당하지 않는다**고 할 것이다.
> ‣ 계약이 해제된 경우 해제 이전에 해제로 인하여 소멸되는 채권을 양수한 자는 계약해제의 효과에 반하여 자신의 권리를 주장할 수 없음은 물론이고, 나아가 특단의 사정이 없는 한 채무자로부터 이행받은 급부를 원상회복하여야 할 의무가 있다.

B. 부동산실명제법 §4 ③의 제3자

• 부동산실명제법 §4 ③의 제3자는 수탁자와 원인행위를 한 양수인으로 한정된다.
• 따라서 전전양수인의 지위는 전자인 양수인이 §4 ③의 제3자에 해당하는지의 여부에 따라 결정될 뿐이고, 전전양수인 자신이 §4 ③의 제3자로서 보호될 수는 없다(2009다20581, 669면).

나. 제3자의 선의

(1) 선의의 의미

- 선의란 어떤 사실을 모르는 것을 뜻한다. 따라서 원인행위가 무효이고 이로 인해 양도인이 무권리자임을 몰랐던 사람은 선의의 제3자로서 보호될 수 있다.
- 선의이기만 하면 과실이 있어도 보호된다. 보호의 요건으로 '선의'뿐 아니라 '무과실'까지 명문으로 규정된 경우가 아닌 한, 과실이 있어도 선의이기만 하면 보호되는 제3자에 해당하기 때문이다.

> 제108조 제2항에 규정된 통정허위표시에 있어서의 제3자는 그 선의 여부가 문제이지 이에 관한 과실 유무를 따질 것이 아니다(대법원 2006. 3. 10. 선고 2002다1321 판결).

(2) 판단기준시: 법률행위 당시

- 취소권이나 해제권 행사로 인해 법률행위가 성립 당시로 소급하여 무효가 되는 경우, 취소권이나 해제권이 행사된 후 이를 반영한 외관 제거가 이루어지기 전에 그 법률행위의 효과를 기초로 새로운 이해관계를 가지게 된 자도 '제3자'에 해당으로 취소·해제 사실에 대해 선의이면 보호된다.

> 사기에 의한 법률행위의 의사표시를 취소하면 취소의 소급효로 인하여 그 행위의 시초부터 무효인 것으로 되는 것이요 취소한 때에 비로소 무효로 되는 것은 아니므로 취소를 주장하는 자와 양립되지 아니하는 법률관계를 가진 것이 취소 이전에 있었던가 이후에 있었던가는 가릴 필요없이 사기에 의한 의사표시 및 그 취소사실을 몰랐던 모든 제3자에 대하여는 그 의사표시의 취소를 대항하지 못한다고 보아야 할 것이고 이는 거래안전의 보호를 목적으로 하는 제110조 제3항의 취지에도 합당한 해석이다(대법원 1975. 12. 23. 선고 75다533 판결).

(3) 증명책임

- 법률행위가 무효임을 주장하는 사람이 제3자의 악의를 증명해야 한다. 성립한 법률행위는 유효로 추정되므로 제3자의 선의도 추정되기 때문이다.
- 사례: 甲·乙간 허위표시를 기초로 丙이 새로운 이해관계를 가진 사안에서 甲의 무효 주장에 대해 丙이 다투는 경우, 甲이 소송절차에서 丙이 제3자에 해당하지 않는다는 주장만 하고 丙이 악의라는 주장은 하지 않았더라도 법원의 석명 의무가 인정

되지 않는다.

대법원 2007. 11. 29. 선고 2007다53013 판결

‣ 제108조 제2항에 규정된 제3자는 특별한 사정이 없는 한 선의로 추정되고, 제3자가 악의라는 사실에 관한 주장·입증책임은 그 허위표시의 무효를 주장하는 자에게 있다.

‣ 법원의 석명권 행사는 당사자의 주장에 모순된 점이 있거나 불완전·불명료한 점이 있을 때 이를 지적하여 정정·보충할 수 있는 기회를 주고, 계쟁 사실에 대한 증거의 제출을 촉구하는 것으로, 당사자가 주장하지도 아니한 법률효과에 관한 요건사실이나 독립된 공격방어방법을 시사하여 그 제출을 권유하는 행위 등은 변론주의의 원칙에 위배되고 석명권 행사의 한계를 일탈하는 것이다.

‣ 피고는 원고가 파산관재인에 불과하여 통정허위표시로부터 보호되는 제3자에 해당하지 아니한다는 주장만 하였을 뿐, 원고가 악의라는 주장을 한 바 없음을 알 수 있는바 원심이 피고에게 원고의 악의 여부에 관한 주장·입증을 촉구하지 않았다고 하여 석명의무를 다하지 아니한 위법이 있다고 할 수 없다.

다. '대항하지 못한다'의 의미

(1) 상대적 무효

• 법률행위가 그 당사자들 사이에서는 무효이지만 이러한 무효를 초래하는 사유를 제3자에게는 주장할 수 없음을 뜻한다. 즉 선의의 제3자에 대해서는 문제된 무효·취소사유가 없는 것으로 간주되는데 그치고, 문제된 법률행위 자체가 유효라고 간주되는 것은 아니다.

• 예컨대 허위표시의 내용에 비도덕성이 인정되면 허위표시라는 사실에 대해 선의인 제3자에 대해서도 §103를 근거로 무효 주장을 할 수 있다.

(2) 대항하지 못하는 사람의 범위

• 무효인 원인행위의 당사자들과 그 포괄승계인들뿐 아니라 당사자들의 특정승계인도 선의의 제3자에게 원인행위의 무효사유를 주장할 수 없다.

• 선의의 제3자가 법률행위의 무효를 주장할 수 있는지에 대해서는 견해가 대립하지만 부정적으로 보아야 한다. 제3자에게 법률행위의 유효 여부를 임의로 선택하게 해 줄 필요는 없기 때문이다. 다만 이 문제에 대한 판례는 아직 없는 듯하다.

라. 제3자 보호가 문제되는 사례

(1) 무효인 계약의 목적물에 대한 이해관계를 가진 제3자

A. 개관

• 대세적 권리를 취득하면 제3자로 보호된다.

• 무효 사안과 해제 사안에서 같은 판단 기준이 적용된다.

B. 목적물 자체를 취득한 자

• 의미: 무효인 계약상 양수인과 유효한 원인행위를 하고 이에 따른 공시방법까지 갖춘 자를 뜻한다.

• 무효 사안이건 해제 사안이건 보호대상인 제3자에 해당한다.

C. 목적물에 대한 채권을 취득하고 공시된 자

• 의미: 무효인 계약으로 양수인이 외관상 취득한 목적물과 관련하여 양수인에 대한 채권을 가지는데 그친 자는 보호되는 제3자가 아니다. 그러나 이러한 채권이 공시되어 대세효가 인정되면 보호되는 제3자에 해당한다.

• 예컨대 무효인 계약으로 양수인이 취득한 부동산에 대해 가등기나 가압류등기가 마쳐진 경우, 가등기나 가압류등기의 명의인은 보호되는 제3자에 해당한다.

> 제548조 제1항 단서에서 말하는 제3자란 일반적으로 해제된 계약으로부터 생긴 법률효과를 기초로 하여 별개의 새로운 권리를 취득한 자를 말하는 것인바, 해제된 계약에 의하여 채무자의 책임재산이 된 계약의 목적물인 부동산을 가압류한 가압류채권자는 그 가압류에 의하여 당해 목적물에 대하여 잠정적으로 그 권리 행사만을 제한하는 것이나 **종국적으로는 이를 환가하여 그 대금으로 피보전채권의 만족을 얻을 수 있는 권리를 확정적으로 취득**하는 것이므로 그 권리를 보전하기 위하여서는 위 조항 단서에서 말하는 제3자에는 위 가압류채권자도 포함된다(대법원 2000. 1. 14. 선고 99다40937 판결).

> 제548조 제1항 단서에서 말하는 제3자는 매수인과 매매예약을 체결한 후 그에 기한 소유권이전청구권 보전을 위한 가등기를 마친 사람도 위 조항 단서에서 말하는 제3자에 포함된다(대법원 2014. 12. 11. 선고 2013다14569 판결).

(2) 무효인 계약 자체로부터 발생한 채권에 대해 이해관계를 가진 제3자

A. 전제

• 무효이거나 해제된 계약으로부터 발생한 채권을 양수했거나 이에 대한 (가)압류 명령, 추심·전부명령을 받은 자가 무효나 해제 주장에 대항할 수 있는 제3자에 해당하는지의 여부가 문제된다.

• 채권양도나 채권(가)압류 등의 요건은 갖춰졌음을 전제한다.

B. 무효 사안: 보호되는 제3자에 해당함

• 채권양수인, 채권에 대한 가압류 권리자 등은 보호되는 제3자에 해당한다.

> 임대차보증금 **반환채권이 양도된 후** 그 **양수인의 채권자가 임대차보증금 반환채권에 대하여 채권압류** 및 추심명령을 받았는데 그 임대차보증금 반환채권 양도계약이 허위표시로서 무효인 경우 그 채권자는 그로 인해 외형상 형성된 법률관계를 기초로 실질적으로 새로운 법률상 이해관계를 맺은 제3자에 해당한다(대법원 2014. 4. 10. 선고 2013다59753 판결).

> 통정한 허위표시에 의하여 외형상 형성된 법률관계로 생긴 채권을 가압류한 경우 그 가압류권자는 허위표시에 기초하여 새로이 법률상 이해관계를 가지게 된 제3자에 해당하므로, 그가 선의인 이상 위 통정허위표시의 무효를 그에 대하여 주장할 수 없다(대법원 2010. 3. 25. 선고 2009다35743 판결).

• 주채무를 변제한 보증인이 주채무의 원인행위가 무효라는 사실에 대해 선의이면 보호되는 제3자에 해당하므로 구상권, 변제자 대위권을 행사할 수 있다.

> **대법원 2000. 7. 6. 선고 99다51258 판결**
> ‣ 보증인이 주채무자의 기망행위에 의하여 주채무가 있는 것으로 믿고 주채무자와 보증계약을 체결한 다음 그에 따라 보증채무자로서 그 채무까지 이행한 경우, 그 보증인은 주채무자에 대한 구상권 취득에 관하여 법률상의 이해관계를 가지게 되었고 그 구상권 취득에는 보증의 부종성으로 인하여 주채무가 유효하게 존재할 것을 필요로 한다.
> ‣ 결국 그 보증인은 주채무자의 채권자에 대한 채무 부담행위라는 허위표시에 기초하여 구상권 취득에 관한 법률상 이해관계를 가지게 되었으므로 제108조 제2항 소정의 '제3자'에 해당한다.

C. 해제 사안: 보호되는 제3자 아님

(a) 채권양도 사안

- 乙의 甲에 대한 채권을 丙이 양수한 후 甲·乙간 원인행위가 해제되면, 丙은 그 사실에 대해 선의였더라도 甲에게 채권양수인으로서의 권리를 행사할 수 없다. 이러한 결론은 丙이 자신의 양수채권 보전을 위한 처분금지가처분 결정을 받았더라도 마찬가지이다.

丙이 甲에게 이미 양수채권을 행사했다면 §741에 따른 반환의무가 발생한다.

✓ 그러나 이러한 판례의 태도는 납득하기 어렵다. 채권양수인도 '채권양도'라는 새로운 이해관계를 가진 자이므로 제3자에 해당한다고 보아야 하지 않을까?

> 甲·乙·丙에게로 순차 미등기전매된 사안에서 丙이 해제 전에 乙로부터 甲에 대한 소유권이전등기 청구권을 양수하였고, 양도인인 乙이 위 소유권이전등기의무자인 甲에게 위 **양도사실을 통지**하였으며, 丙이 위 소유권이전등기 청구권을 피보전권리로 하여 乙을 채무자로, 甲을 제3채무자로 한 **처분금지가처분 결정**을 받았다 하더라도 계약이 해제되기 이전에 계약상의 채권을 양수하여 이를 피보전권리로 하여 처분금지가처분결정을 받은 경우, **그 권리는 채권에 불과하고 대세적 효력을 갖는 완전한 권리가 아니므로** 그 채권자는 제548조 제1항 단서 소정의 해제의 소급효가 미치지 아니하는 '제3자'에 해당하지 않는다(대법원 2000. 8. 22. 선고 2000다 23433 판결).

> ‣ 분양계약 해제 전에 수급인의 분양대금 채권을 제3자가 양수한 경우 계약해제 이전에 **해제로 인하여 소멸되는 채권을 양수한 자는 계약해제의 효과에 반하여 자신의 권리를 주장할 수 없음**은 물론이고, 나아가 **채무자로부터 이행받은 급부를 원상회복**하여야 할 의무가 있다(대법원 2003. 1. 24. 선고 2000다22850 판결).

(b) 채권압류 사안

- 계약으로부터 발생한 채권이 압류되더라도 이로 인해 계약 해제가 제한되지는 않는다. 또한 해제된 계약으로부터 발생한 채권을 압류한 압류채권자는 §548의 제3자에 해당하지 않는다. 따라서 압류명령은 무효이다.
- 사례: 해지된 계약으로부터 발생한 채권이 압류된 경우 해지 전까지 발생한 피압류채권에 대해서만 압류·전부명령의 효력이 미친다.

대법원 2006. 1. 26. 선고 2003다29456 판결

‣ 수급인의 보수채권에 대한 압류가 행하여지면 그 효력으로 채무자가 압류된 채권을 처분하더라도 채권자에게 대항할 수 없고, 제3채무자도 채권을 소멸 또는 감소시키는 등의 행위는 할 수 없으며, 그와 같은 행위로 채권자에게 대항할 수 없는 것이지만, 그 **압류로써 위 압류채권의 발생 원인인 도급계약관계에 대한 채무자나 제3채무자의 처분까지도 구속하는 효력은 없으므로 채무자나 제3채무자는 기본적 계약관계인 도급계약 자체를 해지**할 수 있고, 채무자와 제3채무자 사이의 기본적 계약관계인 도급계약이 해지된 이상 그 계약에 의하여 발생한 **보수채권은 소멸하게 되므로 이를 대상으로 한 압류명령 또한 실효**될 수밖에 없다.

‣ 위의 경우에 도급계약이 해지되기 전에 피압류채권에 대한 전부명령이 내려지고 그 전부명령이 확정되었더라도 전부명령의 효력은 피압류채권의 기초가 된 도급계약이 해지되기 전에 발생한 보수채권에 미칠 뿐 그 계약이 해지된 후 제3채무자와 제3자 사이에 새로 체결된 공사계약에서 발생한 공사대금채권에는 미칠 수 없다 할 것이다.

III 일부무효의 법리

1. 개관

> 제137조(법률행위의 일부무효) 법률행위의 일부분이 무효인 때에는 그 전부를 무효로 한다.
> 그러나 그 무효부분이 없더라도 법률행위를 하였을 것이라고 인정될 때에는 나머지 부분은 무효가 되지 아니한다.

가. 일부무효의 법리의 의미

(1) 원칙적인 전부무효: 일부가 무효인 법률행위는 전부가 무효(§137 본문)

(2) 예외적인 일부유효: 남은 부분(잔부)이 유효인 경우(§137 단서)

• 일부유효의 요건: §137에 규정된 요건인 '당사자들의 가정적 의사'뿐 아니라, 법률행위의 일체성, 법률행위의 가분성 등의 요건도 충족되어야 한다.

- 증명책임: 일부가 유효임을 전제로 이러한 일부에 근거한 권리를 주장하는 사람이 일부 유효의 요건들을 주장·증명해야 한다.

나. 적용순서

- 민법은 일반법이므로 강행법규에 일부무효의 효과를 규정하는 조문이 있으면 이러한 특칙이 우선적용 된다. 예컨대 근로기준법 §15에 의하면, 근로계약 중 근로기준법을 위반한 내용만 무효가 되고, 근로기준법 조문으로 대체된다.

> 법률행위의 일부가 강행법규인 효력규정에 위반되어 무효가 되는 경우 그 부분의 무효가 나머지 부분의 유효·무효에 영향을 미치는가의 여부를 판단할 때에는, 개별 법령이 일부무효의 효력에 관한 규정을 두고 있는 경우에는 그에 따르고, 그러한 규정이 없다면 제137조 본문에서 정한 바에 따라서 원칙적으로 법률행위의 전부가 무효가 된다(대법원 2013. 4. 26. 선고 2011다9068 판결).

- §137는 임의법규이므로 '일부가 무효인 경우에는 전부를 무효로 본다'라는 약정도 유효이고, 이 경우 §137 단서에 근거한 일부 유효 주장이 있어도 판단할 필요가 없다.

> 제137조는 임의규정으로서 의사자치의 원칙이 지배하는 영역에서 적용된다(대법원 2022. 5. 26. 선고 2020다253515 판결).

다. 적용범위

- 계약의 당사자가 3명 이상인 경우 특정 당사자에 대해서만 무효 사유가 있는 경우에도 일부무효의 법리가 적용된다.

> **복수의 당사자 사이에 어떠한 합의를 한 경우 그 합의는 전체로서 일체성**을 가진다. 따라서 그 중 한 당사자의 의사표시가 무효인 것으로 판명된 경우 나머지 당사자 사이의 합의가 유효한지의 여부는 제137조에 정한 바에 따라 당사자가 그 무효 부분이 없더라도 법률행위를 하였을 것이라고 인정되는지의 여부에 의하여 판정하여야 한다(대법원 2017. 11. 9. 선고 2015다44274 판결).

- 법률행위의 일부에 취소사유가 있어서 이 부분에 대해서만 취소권이 행사된 '일부 취소'의 경우에도 §137가 유추 적용된다. 따라서 §137 단서의 요건이 충족되면 취소된 부분을 제외한 나머지 부분은 유효한 법률행위가 된다.

하나의 계약에 대한 기망 취소의 의사표시는 **법률행위의 일부무효이론과 궤를 같이 하는 법률행위 일부취소의 법리에 따라** 전체 계약에 대한 취소의 효력이 있다(대법원 2013. 5. 9. 선고 2012다115120 판결).

2. 무효사유 없는 일부가 유효한 법률행위가 될 수 있는 요건

가. 법률행위의 일체성

(1) 원칙: 하나의 법률행위

(2) 예외: 일부무효의 법리의 적용범위 확장

• 경제적·사실적 일체성이 인정되는 여러 법률행위 중 일부가 무효인 경우에도 일부무효의 법리가 적용된다. 여러 법률행위들 사이에 일체성이 있는지의 여부는 당사자의 의사에 따라 판단한다. 즉 각 법률행위의 내용이나 성질이 비슷하지 않아도 일체성이 인정될 수 있다.

✓ 따라서 여러 개의 법률행위들 중 일부에만 무효 사유가 있어도 그 법률행위와 경제적·사실적 일체성이 인정되는 다른 법률행위까지 무효가 될 수 있다.

여러 개의 계약이 체결된 경우에 그 <u>계약 전부가 하나의 계약인 것과 같은 불가분의 관계에 있는 것인지</u> 여부는 계약체결의 경위와 목적 및 <u>당사자의 의사</u> 등을 종합적으로 고려하여 판단하여야 할 것이고, 각 계약이 전체적으로 <u>경제적·사실적으로 일체</u>로서 행하여진 것으로 그 하나가 다른 하나의 조건이 되어 어느 하나의 존재 없이는 당사자가 다른 하나를 의욕하지 않았을 것으로 보이는 경우 일부무효의 법리가 적용된다(대법원 2013. 5. 9. 선고 2012다115120 판결).

나. 법률행위의 가분성

(1) 의미

• 하나의 법률행위의 일부에만 무효·취소사유가 있으므로 나머지 부분은 유효라고 하려면 법률행위의 가분성이 인정되어야 한다. 법률행위의 가분성이란, 일체성 있는 법률행위 중에서 무효인 부분을 제외하고 난 나머지 부분이 독자적인 법률행위로 인정될 수 있음을 뜻한다.

• 가분성이 인정된 사례: 주채무가 3000만원이라고 잘못 알고 1억원에 대한 보증계약을 체결한 보증인이 §109의 취소권을 행사하는 경우, 3000만원까지는 보증할 가

정적 의사가 있었음이 인정되기 때문에 3000만원 부분에 대한 보증은 유효이다.

• 가분성이 부정된 사례: 법률행위의 주된 부분이 무효인 경우 종된 부분을 포함하
  여 전부 무효라 보아야 한다. 예컨대 금전 대출 계약에만 무효사유가 있고 이를
  담보하기 위한 저당권 설정계약에는 무효사유가 없어도 이들 전부가 무효이다.
  후자의 가분성이 인정될 수 없기 때문이다.

(2) 사례: 임차권 양도·권리금 수수 계약의 일부취소와 가분성 인정 여부

• 사안의 개요: 甲은 乙을 속여서 점포 임차권을 양도하고 권리금도 받았다. 그 후
  이 사실을 알게 된 乙은 권리금만 돌려받고 임차권은 계속 보유하기를 원한다.
• 쟁점과 판단: 임차권 양도계약과 권리금 지급계약은 별개의 계약이지만 경제적
  일체성이 인정되으로 §137의 적용 대상이다. 그런데 乙이 §110를 근거로 권리금
  지급계약을 취소하면 임차권 양도 계약도 취소된다고 보는 것이 당사자들의 가
  정적 의사에 부합한다.

다. 당사자의 가정적 의사

(1) 개관

A. 의미

- 법률행위의 당사자들이 일부무효임을 알았다면, 무효사유가 없어서 유효인 부분만을 내용으로 하는 법률행위라도 했을 것이라고 추정됨을 뜻한다.
- 판단기준: 계약 체결시의 구체적 사정과 동일한 상황 하에서 거래관행과 신의칙에 따라 당사자들이 결정했을 것으로 가정되는 내용에 따른다.

B. 사례

(a) 영업용 재산의 매매

- ✓ 사안의 개요: 甲·乙은 甲소유 X토지, Y건물, Y 내부에 있는 기계류인 Z동산을 매매계약의 객체로 하였는데, Z동산을 강행법규에 의해 양도가 금지되어 있는 물건이다. 이 경우 X토지, Y건물에 대한 매매계약은 유효인지가 문제된다.
- ✓ 쟁점과 판단: ㉠ 일부무효의 법리의 요건 중, 일체성과 가분성은 인정된다. ㉡ 가정적 의사 요건과 관련하여, 만약 乙이 Z동산을 이용하여 영업을 할 목적(동기)이 있었다면 전부무효이다. 반면 乙에게는 X토지, Y건물만 필요했지만 乙이 甲의 편의를 위하여 Z동산도 일괄매수하기로 한 것이었으면 X토지, Y건물에 대한 매매계약은 유효이다.

(b) 토지와 지상건물의 매매

- 사안의 개요: 토지와 건물을 매매하였는데 토지거래에 무효사유가 있는 경우 건물 매매계약 부분도 무효인지가 문제된다.
- 쟁점과 판단: 토지매매와 지상건물 매매에는 일체성이 인정되므로 §137의 전부무효 원칙이 적용된다. 따라서 지상건물에 대해서만 유효한 매매계약이 성립했다고 주장하려면 토지이용권 확보 등의 특별한 사정이 인정되어야 한다.

일반적으로 토지와 그 지상의 건물은 법률적인 운명을 같이 하는 것이 거래의 관행이고, 당사자의 의사나 경제의 관념에도 합치되는 것이므로, 원심으로서는 이 사건 토지에 관한 당국의 **거래허가가 없으면 건물만이라도 매매하였을 것이라고 볼 수 있는 특별한 사정이 인정되는 경우에 한하여** 토지에 대한 매매거래허가가 있기 전에 건물만의 소유권이전등기를 명할 수 있고, 그렇지 않은 경우에는 토지에 대한 거래허가가 있어 그 매매계약의 전부가 유효한 것으로 확정된 후 토지와 함께 이전등기를 명하는 것이 옳을 것이다(대법원 1992. 10. 13. 선고 92다16836 판결).

(2) 비교: 강행법규 위반으로 인한 일부무효

A. 개관

- 강행법규 자체에 무효 사유 없는 일부의 효력에 관한 명문 규정이 있으면 이 규정이 우선 적용된다.

- 명문규정이 없으면 §137가 적용되는데, 이때 당사자의 가정적 의사보다는 <u>입법취지 즉 입법자의 가정적 의사</u>를 고려해야 한다.

> **대법원 2022. 5. 26. 선고 2020다253515 판결**
> ‣ 법률행위의 일부가 강행법규 위반으로 무효가 되지만 잔부의 가분성이 인정되는 경우에 <u>제137조는 임의규정</u>이므로 나머지 부분의 유효·무효에 영향을 미치는지 판단함에 있어서는 <u>개별 법령이 일부무효의 효력에 관한 규정을 두고 있는 경우에는 그에 따라야 하고, 그러한 규정이 없다면 원칙적으로 제137조가 적용</u>된다.
> ‣ 다만 당해 <u>효력규정 및 그 효력규정을 둔 법의 입법 취지</u>를 고려하여 볼 때 나머지 부분을 무효로 한다면 당해 효력규정 및 그 법의 취지에 명백히 반하는 결과가 초래되는 경우에는 나머지 부분까지 무효가 된다고 할 수는 없다.

B. 사례

(a) 의료법인의 대출한도 제한

- 의료법 §41③에 의한 의료법인의 대출한도 제한은 강행법규로서 이를 위반한 대출계약은 무효라고 보아야 한다.

- 다만 의료법인의 건전한 경영이라는 입법취지에 비추어 과도하지 않은 적정한 대출은 허용된다고 보아야 하므로, 대출한도를 초과하는 부분만 무효라고 보아야 한다.

> 의료법인이 허가받은 한도액을 초과하여 한 담보제공약정은 무효이지만, 위 담보제공약정 중 일부가 위 법률 규정에 따른 허가를 받은 범위를 초과하는 것이어서 무효라는 이유로 허가받은 <u>나머지 담보제공약정 부분까지도 무효가 된다</u>고 본다면 이는 의료법인으로 하여금 이미 허가받은 범위의 담보제공에 따른 피담보채무까지 상환할 수밖에 없도록 하여 결국, 재산처분에 대한 허가제도를 통하여 거래당사자의 일방인 의료법인을 보호하고 건전한 발달을 도모하려는 의료법 제41조 제3항의 <u>취지에 명백히 반하는 결과를 초래</u>한다(대법원 2008. 9. 11. 선고 2008다32501 판결).

(b) 신주인수와 투자손실 보전 약정

- 사안의 개요: 甲회사는 신주를 발행하여 직원 乙이 인수하게 하면서 투자손실 보전 약정을 했다. 이 중 투자손실 보장 약정은 강행법규 위반으로 인해 무효이다.
- 쟁점과 판단: ㉠ 신주인수 계약은 유효이고 투자손실 보장 약정만 무효이다. 신주인수 계약에는 가분성이 인정되며, 신주인수 계약까지 무효라고 하면 乙이 실질적으로 투자손실 보장을 받게 되어 입법취지에 저촉되기 때문이다. ㉡ 이때 甲·乙의 동기나 목적은 고려 대상이 아니다.

> 회사가 직원들을 유상증자에 참여시키면서 퇴직시 출자 손실금을 전액 보전해 주기로 약정한 경우, 직원들의 신주인수의 동기가 된 위 손실보전약정이 주주평등의 원칙에 위배되어 무효라는 이유로 신주인수까지 무효로 보아 신주인수인들로 하여금 그 주식인수대금을 부당이득으로서 반환받을 수 있도록 한다면 이는 사실상 다른 주주들과는 달리 그들에게만 투하자본의 회수를 보장하는 결과가 되어 오히려 강행규정인 주주평등의 원칙에 반하는 결과를 초래하게 될 것이므로, 위 신주인수계약까지 무효라고 보아서는 아니 된다(대법원 2007. 6. 28. 선고 2006다38161 판결).

(c) 제한능력자를 피보험자로 하는 보험

- 사안의 개요: 만15세 미만인 미성년자 또는 성년자인 제한능력자의 사망을 보험사고로 하는 보험계약은 무효이다(상법 §732).
- 쟁점과 판단: 부모가 보험수익자이고 자녀가 피보험자인 보험계약에서, 사망보험금 부분은 무효이지만 상해보험금 부분은 유효이다. 판례는 피보험자에 대한 위험방지라는 입법취지뿐 아니라 당사자의 가정적 의사도 근거로 제시한다.

> **대법원 2013. 4. 26. 선고 2011다9068 판결**
> - 이때 당사자의 의사는 법률행위의 일부가 무효임을 법률행위 당시에 알았다면 의욕하였을 가정적 효과의사를 가리키는 것으로서, 당해 효력규정을 둔 입법취지 등을 고려할 때 법률행위 전부가 무효로 된다면 그 입법취지에 반하는 결과가 되는 등의 경우에는 여기서 당사자의 가정적 의사는 무효의 부분이 없더라도 그 법률행위를 하였을 것으로 인정되어야 할 것이다.
> - 원고와 피고가 이 사건 보험계약을 체결할 당시 15세 미만인 소외 1을 피보험자로 함으로써 이 사건 보험계약 중 재해로 인한 사망을 보험금 지급의 사유로 하는

부분이 상법 제732조에 의하여 무효라는 사실을 알았다고 하더라도 이를 제외한 나머지 보험금지급사유 부분에 관한 보험계약을 체결하였을 것으로 봄이 상당하다.

Ⅳ 무효행위의 전환(§138)

> 제138조(무효행위의 전환) 무효인 법률행위가 다른 법률행위의 요건을 구비하고 당사자가 그 무효를 알았더라면 다른 법률행위를 하는 것을 의욕하였으리라고 인정될 때에는 다른 법률행위로서 효력을 가진다.

1. 요건

가. 성립하였으나 무효인 법률행위가 있을 것

나. 가정적 의사

- 의미: 당사자가 그 법률행위가 무효임을 알았더라면 다른 유효한 법률행위를 하기를 원했을 것으로 해석되어야 한다.
- 판단기준: 거래관행과 신의칙에 따라 판단해야 한다. ㉠ 당사자 중 일방에게만 유리하여 형평에 반하는 결과를 초래하는 내용은 가정적 의사로 인정될 수 없다 (2020다253515, 131면). ㉡ 계약 당시의 목적물의 시가와 같은 객관적 지표는 당사자의 가정적 의사 파악을 위한 일응의 기준은 아니고 참고자료에 지나지 않는다 (2009다50308, 132면).

다. 전환될 법률행위로서의 유효요건을 갖추었을 것

- 요식행위의 방식을 갖추지 못하여 무효인 법률행위는 그 효과의사의 내용을 별개의 불요식행위로 볼 수 있으면 유효한 불요식행위로 전환될 수 있다. 예컨대 공동상속인들 중 일부가 상속을 포기하려는 의사표시를 한 경우, 요식행위인 상속포기의 방식을 위반했더라도 불요식행위인 상속재산 분할협의로 인정될 수 있다 (95다45545, 권재문, 친족상속법, 382면 참조).
- 강행법규 위반 사안의 경우, 당사자의 가정적 의사에 비추어 전환될 유효한 법률행위의 내용이 강행법규의 입법취지와 저촉되면 안 된다.

대법원 2022. 5. 26. 선고 2020다253515 판결

‣ 법률행위가 강행법규에 위반되어 무효가 되는 경우에 그 법률행위가 다른 법률행위의 요건을 구비하고 당사자 쌍방이 위와 같은 무효를 알았더라면 다른 법률행위를 하는 것을 의욕하였으리라고 인정될 때에는 **제138조에 따라 다른 법률행위로서 효력을 가질 수도 있다.**

‣ 다만 이때 다른 법률행위를 하였을 것인지에 관한 당사자의 의사는 당시에 <u>무효임을 알았다면 의욕하였을 것으로 평가할 수 있는 가정적 효과의사</u>로서, 당사자가 법률행위 당시와 같은 구체적 사정 아래 있다고 상정하는 경우에 거래관행을 고려하여 신의성실의 원칙에 비추어 결단하였을 바를 의미한다.

‣ 이러한 가정적 의사의 내용은 구체적 제반 사정을 고려하여 판단할 것이나, 그 결과가 한쪽 당사자에게 **일방적인 불이익을 주거나 거래관념과 형평에 반하는 것이어서는 안 됨**은 물론, 이러한 전환을 허용하는 것이 강행법규의 입법 취지 및 그 위반행위에 대한 제재의 의미를 전적으로 부정하거나 무력화시키는 것이어서는 안 될 것이다.

2. 효과

가. 개관: 가정적 의사에 부합하는 법률행위로 전환되어 유효하게 성립함

나. 사례: §104와 §138

(1) 사안의 개요

• 甲은 乙(재건축조합)의 궁박한 상황을 악용하여 X토지를 10억원에 팔았는데, 구체적 사정에 비추어 乙이 6억 원은 지급할 생각이 있었던 것으로 인정된다.

• 乙은 甲의 불법행위를 이유로 4억 원의 손해배상청구를 했으나 X토지 매매계약의 무효를 주장하지는 않았다.

(2) 쟁점과 판단

• 乙이 불법행위 주장만 하고 있으며 X토지의 소유권 취득을 전제로 X토지에서 공사를 하고 있으므로 X토지 매매계약의 효력 자체는 인정할 의사가 있는 것으로 해석된다.

• 폭리행위여서 무효인 원래의 매매계약은 가정적 의사에 비추어 인정되는 상당한 대금을 지급하기로 하는 매매계약으로 전환된다.

• 乙이 X토지에서 공사를 진행하는 것이 무효인 폭리행위에 대한 추인이라는 주장

은 배척된다(94다10900, 133면).

Ⅴ 무효행위의 추인

1. 개관

가. 추인의 의미

• 추인이란 무효인 법률행위를 유효로 만드는 의사표시로서 단독행위에 해당한다.

• 추인권은 형성권의 일종이고, 특칙이나 별도 의사표시가 없는 한 조건·기한을 붙일 수 없으며 불요식 행위이다(2009다37718, 134면).

나. 추인의 유형

(1) 법률행위의 하자를 치유하는 추인

• 무효 사유 있는 법률행위는 추인의 대상이 될 수 있다.

제139조(무효행위의 추인) 무효인 법률행위는 추인하여도 그 효력이 생기지 아니한다. 그러나 당사자가 그 무효임을 알고 추인한 때에는 새로운 법률행위로 본다.

• 취소 사유 있는 법률행위를 추인하면 유동적 유효였던 상태에서 확정적 유효 상태가 된다.

(2) 처분권의 하자를 치유하는 추인: 무권대리의 추인, 무권리자의 처분에 대한 추인

2. 무효행위 추인

가. 요건

(1) 무효사유가 치유되었을 것

> 불공정한 법률행위로서 무효인 경우에는 추인에 의하여 그 무효인 법률행위가 유효
> 로 될 수 없다(대법원 1994. 6. 24. 선고 94다10900 판결).

(2) 추인권자의 추인 의사표시

A. 의미

• 추인이란, 적법한 추인권자가 자신이 한 법률행위의 무효 사유를 적어도 미필적
 으로는 인식한 상태에서, 이 법률행위를 유효로 만들려는 의사표시를 하는 것을
 뜻한다.

• 추인의 요건인 '무효 사유의 인식'은 추정되지 않으므로 무효행위 추인을 근거로
 법률행위가 유효라고 주장하는 사람이 증명해야 한다. 무효인 법률행위의 당사
 자가 이 법률행위가 유효임을 전제로 후속 법률행위를 했다는 사실만으로는 무
 효행위 추인으로 인정되지 않는다.

> **대법원 2014. 3. 27. 선고 2012다106607 판결**
> ‣ 당사자가 **법률행위가 존재함을 알고 그 유효함을 전제로 하여 이에 터 잡은 후속행
> 위**를 하였다고 해서 그것만으로 이전의 법률행위를 묵시적으로 추인했다고 단정할
> 수는 없고, 묵시적 추인을 인정하려면 이전의 **법률행위가 무효임을 알거나 적어도
> 무효임을 의심**하면서도 그 행위의 효과를 자기에게 귀속시키려는 의사로 후속행위
> 를 하였음이 인정되어야 할 것이다.
> ‣ 원고나 원고 조합원들이 위와 같이 이 사건 처분행위가 유효함을 전제로 위 2006.
> 12. 27.자 또는 2007. 10. 13.자 총회 결의 당시에나 후속행위를 할 당시 원고가 이
> 사건 처분행위가 무효임을 알았다거나 적어도 무효임을 의심하였다는 점을 뒷받침
> 하는 것은 되지 못하고, 기록을 살펴보아도 당시 원고가 이 사건 처분행위가 무효임
> 을 알았다거나 적어도 무효임을 의심하였음을 인정할 만한 증거를 찾아보기 어렵
> 다. 따라서 무효인 결의에 기초한 처분행위는 무효이고 양수인 명의 소유권이전등

기도 원인무효 등기이다.

B. 방식
- 무효행위 추인은 불요식 행위이므로 묵시적 추인도 인정될 수 있다.
- 다만 추인의 결과나 효과를 충분히 이해하고 이를 승인한 것으로 볼 수 있는 사정이 증명되어야 한다.

> 무권대리행위나 무효행위의 추인은 무권대리행위 등이 있음을 알고 그 <u>행위의 효과를 자기에게 귀속시키도록 하는</u> 단독행위로서 그 의사표시의 방법에 관하여 일정한 <u>방식이 요구되는 것이 아니므로 명시적이든 묵시적이든 묻지 않는다</u> 할 것이지만, 묵시적 추인을 인정하기 위해서는 본인이 그 <u>행위로 처하게 된 법적 지위를 충분히 이해하고 그럼에도 진의에 기하여</u> 그 행위의 결과가 자기에게 귀속된다는 것을 승인한 것으로 볼 만한 사정이 있어야 할 것이므로 이를 판단함에 있어서는 관계되는 여러 사정을 종합적으로 검토하여 신중하게 하여야 할 것이다(대법원 2010. 12. 23. 선고 2009다37718 판결).

나. 효과

(1) 개관
- 비소급 원칙: 무효였던 법률행위는 추인 의사표시가 상대방에게 도달한 때부터 유효가 된다(§139단서).
- 예외: 당사자들의 약정으로 소급효를 인정할 수 있으나 제3자에게는 대항할 수 없다.

(2) 사례
A. 무효인 입양의 추인(친족법 참조)
B. 무효인 종중총회 결의에 대한 추인
- 사안의 개요: 甲종중의 대표자 乙은 종중 재산 처분의 요건인 종중총회 결의를 거쳐 甲소유 X부동산을 丙에게 팔고 丙명의 소유권이전등기를 마쳐 주었다. 그 후 甲종중은 총회 결의로 丙으로부터 받은 매매대금 분배 방법을 정했고 이에 따라 종중원들에게 분배금이 지급되었다.
- 쟁점과 판단: X부동산 처분의 요건인 종중총회 결의가 소집 절차 위반으로 인해 무효였더라도 처분대금 분배 결의가 유효였으면, 처분에 대한 종중총회 결의는

처분대금 분배 결의에 의해 소급적·묵시적으로 추인된 것으로 보아야 한다. 따라서 丙명의 소유권이전등기는 유효이다.

> 종중의 종원들이 이 사건 매매계약 체결 사실을 알고 있는 상태에서 이 사건 매매계약이 유효함을 전제로 그 대금을 종원들에게 분배하기로 하는 결의를 하였고, 이에 따라 실제로 분배까지 이루어졌다면, 적어도 묵시적으로나마 종중재산 처분에 관한 종전 결의 및 이 사건 매매계약을 추인하였다고 보아야 한다. 따라서 이 사건 매매계약의 매도인인 종중의 총회결의에 하자가 있었다고 하더라도, 그와 같은 하자는 위 추인에 의하여 적법하게 치유되었다고 할 것이므로, 이 사건 매매계약을 기초로 마쳐진 매수 원고들의 각 지분소유권이전등기는 유효하다(대법원 2011. 2. 10. 선고 2010다83199 판결).

Ⅵ 유동적 무효와 토지거래 허가제

1. 개관

가. 유동적 무효의 의미

- 법률행위에 무효 사유가 있어서 일단 무효 상태로 인정되지만 장차 무효 사유가 치유되어 소급적으로 유효가 될 가능성이 있는 상태를 유동적 무효라고 한다.
- 무효 사유는 대개 치유될 수 없는 성질을 가지기 때문에, 무효인 법률행위는 확정적 무효임이 원칙이다.

나. 유동적 무효의 예

- 무권대리행위: 무권대리행위는 본인에게 효력이 없다는 점에서 무효이지만 본인이 추인하면 소급하여 유효한 대리행위가 될 수 있다.
- 강행법규에 의한 유동적 무효: 강행법규가 어떤 요건을 법률행위의 유효 사유로 규정한 경우, 그 법률행위는 강행법규에 규정된 유효 요건의 충족 전에는 무효이지만 그 요건이 충족되면 유효로 확정된다. 전형적인 예로서 토지거래 허가제 적용 대상인 토지에 대해 매매계약이 체결되었으나 아직 허가를 받지 못한 상태를 들 수 있다.

허가받을 것을 전제로 한 거래계약일 경우에는 **일단 허가를 받을 때까지는 법률상 미완성의 법률행위로서 거래계약의 채권적 효력도 전혀 발생하지 아니**하지만, 일단 **허가를 받으면 그 거래계약은 소급해서 유효**로 되고, 이와 달리 **불허가가 된 때에는 무효로 확정**되는 이른바 유동적 무효의 상태에 있다고 보아야 한다(대법원 1999. 6. 17. 선고 98다40459 전원합의체 판결).

2. 토지거래 허가제와 유동적 무효

가. 판례법리의 적용범위

(1) 적용대상인 계약: 허가 신청 절차를 전제한 계약

- 유동적 무효에 관한 판례 법리는 허가제가 적용되는 토지를 목적물로 하는 매매계약의 당사자들이 장차 허가 신청 절차를 거칠 것을 전제한 경우에만 적용된다. 만약 매매계약 당시에 당사자들에게 허가를 잠탈할 목적이 있었으면 확정적 무효이다.

- 허가 신청 절차를 진행할 예정이었는지의 여부는 요건사실에 해당한다. 따라서 당사자 일방이 허가 잠탈 목적이 있었다고 주장하는데도 유동적 무효의 법리를 적용하면 변론주의 위반에 해당한다.

> **대법원 2000. 4. 7. 선고 99다68812 판결**
> ‣ 허가를 배제하거나 잠탈하는 내용의 계약일 경우에는 확정적 무효로서 유효화될 여지가 없으며 규제구역 내의 토지를 매매함에 있어서 사전에 거래허가를 받지 않은 경우 그 매매계약의 효력은 처음부터 그 허가를 배제하거나 잠탈하려 하였던 경우와 허가받을 것을 전제로 한 경우 사이에 커다란 차이가 있다. 따라서 **당사자가 자신이 체결한 계약이 어느 경우에 해당하는지에 대한 주장사실은 법률상의 요건사실인 주요사실**에 해당한다고 할 것이므로, 법원은 이에 대한 당사자의 주장사실에 구속되어 그와 다른 사실을 인정하거나 이를 기초로 판단할 수는 없다고 할 것이다.
> ‣ 원고가 처음부터 허가를 배제하거나 잠탈하려 하였던 경우에 해당한다고 주장했는데도, 원심이 유동적 무효 상태에 있던 이 사건 계약이 피고가 이 사건 토지를 타인에게 매도함으로써 해제되었음을 전제로 원고 승소판결을 한 것은 국토이용관리법상의 허가를 받지 않은 토지매매계약의 효력에 관한 법리를 오해하였거나 **변론주의에 위반**하여 판결에 영향을 미친 위법을 저질렀다고 할 것이다.

(2) 시간적 적용 범위

A. 토지 매매계약 후 소유권이전등기 전에 허가구역으로 지정된 경우

- 허가제가 적용되지 않으므로 다른 무효사유가 없는 한 유효인 계약의 일반적인 효과가 인정된다.
- 토지거래 허가제는 소급 적용되지 않기 때문이다.

> 토지 매매계약 체결일이 같은 법상의 규제지역으로 지정고시되기 전인 때에는 그 매매계약에 관하여 관할 관청의 허가를 받을 필요가 없다(대법원 2010. 3. 25. 선고 2009다41465 판결).

B. 토지 매매계약 후 허가구역 지정이 해제되거나, 지정기간 종료 후 재지정이 안 된 경우

- 허가 신청 전이더라도 무효 사유가 치유되어 확정적 유효가 된다. 허가제를 적용할 필요가 없어졌고 사적 자치가 회복되어야 하기 때문이다.

> 토지거래허가구역으로 지정된 토지에 관하여 허가구역 지정이 해제되거나, 허가구역 지정기간이 만료되었음에도 허가구역 재지정이 되지 아니한 경우, 그 취지는 투기적 토지거래와 이로 인한 지가의 급격한 상승의 방지라는 토지거래허가제도가 달성하려고 하는 공익에 아무런 지장이 없게 되었고 **허가의 필요성도 소멸**되었으므로, 허가구역 안의 토지에 대한 거래계약에 대하여 허가를 받은 것과 마찬가지로 취급함으로써 사적 자치에 대한 공법적인 규제를 해제하여 거래 당사자들이 당해 토지거래계약으로 달성하고자 한 사적 자치를 실현할 수 있도록 함에 있다고 할 것이므로, 토지거래계약이 허가구역 지정이 **해제되기 전에 확정적으로 무효로 된 경우**를 제외하고는, 더 이상 관할 행정청으로부터 **토지거래허가를 받을 필요가 없이 확정적으로 유효**로 되어 거래 당사자는 그 계약에 기하여 바로 토지의 소유권 등 권리의 이전 또는 설정에 관한 이행청구를 할 수 있고, 상대방도 반대급부의 청구를 할 수 있다고 보아야 할 것이지, 여전히 그 계약이 유동적 무효상태에 있다고 볼 것은 아니다(대법원 2010. 3. 25. 선고 2009다41465 판결).

- 비교: 계약 당시 허가 잠탈 목적이 있었다면 계약 당시부터 확정적 무효이므로 허가구역 지정이 해제되더라도 그 계약은 여전히 무효이다.

토지거래계약 허가구역 내 토지에 관하여 허가를 배제하거나 잠탈하는 내용으로 매매계약이 체결된 경우에는, 강행법규에 따라 계약은 체결된 때부터 확정적으로 무효이므로 계약체결 후 허가구역 지정이 해제되거나 허가구역 지정기간 만료 이후 재지정을 하지 아니한 경우라 하더라도 이미 확정적으로 무효로 된 계약이 유효로 되는 것이 아니다(대법원 2019. 1. 31. 선고 2017다228618 판결).

나. 유동적 무효 상태의 법률관계

(1) 개관: 두 가지 측면

- 매매계약은 무효 상태이므로 매매계약 상의 채권 행사나 채무 이행은 불가능하다.
- 다만 허가 신청 절차를 위해 필요한 협력에 관한 권리·의무는 신의칙을 근거로 인정되는데, 법적 성질은 채권관계의 일종이라고 볼 수 있다.

(2) 매매계약에 근거한 권리·의무

A. 원칙: 매매계약 상의 채권·채무가 인정되지 않음

토지의 소유권 등 권리를 이전 또는 설정하는 내용의 거래계약은 관할 관청의 허가를 받아야만 그 효력이 발생하고 **허가를 받기 전에는 물권적 효력은 물론 채권적 효력도 발생하지 아니하여 무효**라고 보아야 한다(대법원 1991. 12. 24. 선고 90다12243 전원합의체 판결).

- 매수인이 반대급부를 이행제공 하거나 매도인의 선이행 특약이 있어서 매도인에게 동시이행항변권이 인정되지 않는 경우이더라도 매도인의 이행지체가 성립하지 않는다. 따라서 매수인이 제기하는 이행소송은 소의 이익이 없고, 매수인은 ㉠ 매도인의 이행지체를 주장하여 강제이행을 주장하거나 ㉡ 매도인의 이행불능을 주장하여 전보배상·법정해제 등을 주장할 수 없다.

토지거래허가를 전제로 하는 매매계약의 경우 토지거래허가를 받기 전에는, 그 계약 내용대로의 효력이 있을 수 없어 당사자는 그 계약 내용에 따른 어떠한 의무도 부담하지 아니하고 어떠한 이행청구도 할 수 없으므로 그 계약 내용에 따른 상대방의 **채무불이행을 이유로 계약을 해제할 수 없**다(대법원 2010. 2. 11. 선고 2008다88795 판결).

- 매수인의 소유권이전등기 청구권은 처분금지가처분의 피보전권리가 될 수 없다.

이행청구를 허용하지 않는 취지에 비추어 볼 때 그 매매계약에 기한 소유권이전등기 청구권 또는 토지거래계약에 관한 허가를 받을 것을 조건으로 한 소유권이전등기 청구권을 피보전권리로 한 부동산처분금지 가처분 신청 또한 허용되지 않는다고 봄이 상당하다(대법원 2010. 8. 26. 자 2010마818 결정).

- 계약 구속력이 인정되지 않으므로 당사자들은 누구나 일방적으로 매매계약을 파기할 수 있다. 다만 이러한 일방적 파기는 협력의무 위반에 해당하기 때문에 이로 인한 손해배상책임은 면할 수 없고 이때 손해배상액 예정 약정도 적용된다(2008다15377, 142면).

B. 예외: 채권관계의 법률효과가 적용되는 경우

(a) 계약금 계약에 의한 해제

- 전제: ㉠ 무효인 계약도 해제 대상이 될 수 있다. ㉡ §565의 해제의 요건인 '계약금 계약'은 매매계약과 별개의 계약이고 허가제 적용 대상도 아니어서 유효이므로 (사견), 그 내용에 따른 해제는 가능하다. 이 점에서 아직 채무가 없으므로 '채무불이행'이 인정될 수 없어서 법정해제가 불가능한 것과 다르다.

- §565에 의한 해제의 소극적 요건인 '이행착수' 여부는 협력의무가 아니라 매매계약 상의 의무를 기준으로 판단해야 한다. 따라서 상대방이 협력의무를 이행하여 허가를 받은 후에도 대금지급의무나 소유권이전등기의무에 대한 이행착수가 이루어지기 전이면 §565에 의한 해제가 가능하다.

✓ 매수인이 계약금을 초과하는 대금을 지급했거나 매도인이 토지를 이미 인도하여 매수인이 이용한 경우에는 이행 착수로 인정되어 §565에 의한 해제가 불가능하므로 원상회복 문제는 생기지 않는다(사견).

협력의무는 매매계약의 효력으로서 발생하는 매도인의 재산권이전의무나 매수인의 대금지급의무와는 달리 신의칙상의 의무에 해당하는 것이어서 쌍방이 위 협력의무에 기초해 토지거래허가신청을 하고 이에 따라 허가를 받았다 하더라도 그러한 사정만으로는 아직 이행의 착수가 있다고 볼 수 없어 매도인으로서는 제565조에 의하여 계약금의 배액을 상환하여 매매계약을 해제할 수 있다(대법원 2009. 4. 23. 선고 2008다62427 판결).

(b) 합의해제

- 유동적 무효 상태인 계약도 합의해제의 대상이 될 수 있다. 특히 허가신청을 위

해 필요한 협력의무에 대한 이행거절은 묵시적 합의해제 의사표시로 인정될 수 있다.

• 효과에 관한 특칙: 합의해제로 인해 유동적 무효였던 계약이 합의해제되면 확정적 무효가 된다. 따라서 합의해제 후 기지급 대금과 이자, 선인도 토지의 점유 인도 및 과실 반환에 대해서는 §741이 적용된다. 법정해제가 아니므로 §548이 적용되지 않으며 §565에 의한 해제가 아니므로 매수인은 기지급 계약금의 반환도 청구할 수 있다.

> **대법원 2008. 3. 13. 선고 2007다76603 판결**
> ‣ 토지거래허가를 받지 않아 유동적 무효의 상태에 있는 매매계약은 관할 관청의 불허가처분이 있을 때뿐만 아니라 **양쪽 당사자가 허가신청협력의무의 이행거절의사를 명백히 표시하거나 허가신청을 하지 아니하기로 의사표시를 명백히 한 때에도 확정적 무효**가 된다.
> ‣ **계약해제의 합의**에는 계약 당사자들이 더 이상 계약상의 의무를 이행하지 않기로 하는 의사의 합치가 당연히 포함되어 있으며, 이러한 의사의 합치는 결국 양쪽 당사자가 토지거래 허가신청을 하지 아니하기로 하는 의사표시를 명백히 한 것을 의미하는 것이므로, 원심이 합의해제로 이 사건 매매계약이 **확정적으로 무효가 되었다** 매수인은 매매계약에 기하여 **임의로 지급한 계약금을 부당이득으로 반환을 구할 수 있다.**

(3) 허가신청에 필요한 협력과 관련된 권리·의무

A. 개관

(a) 의미

• 허가 대상인 매매계약을 체결한 당사자들은 이러한 계약이 확정적 유효가 될 수 있도록 서로 협력할 의무를 진다.

• 따라서 당사자 쌍방은 공동으로 관할 관청에 허가를 신청할 의무가 있다.

> 토지거래허가를 전제로 체결된 계약은 유동적 무효의 상태에 있고 그 채권적 효력도 발생하지 않으므로 권리의 이전 또는 설정에 관한 어떠한 내용의 이행청구도 할 수 없지만, 그 계약을 체결한 당사자 사이에서는 그 계약이 효력 있는 것으로 완성될 수 있도록 서로 협력할 의무가 있으므로, 그 계약의 쌍방 당사자는 공동으로 관할 관청에 허가

를 신청할 의무가 있다(대법원 2013. 5. 24. 선고 2010다33422 판결).

(b) 근거: 신의칙

• 원칙: 매매계약은 허가 전까지는 유동적 무효 상태이므로 매매계약 상의 권리·의무는 발생하지 않지만, 매도인과 매수인에게는 신의칙을 근거로 '허가 신청에 필요한 협력을 할 의무'가 인정된다.

협력의무는 매매계약의 효력으로서 발생하는 매도인의 재산권이전의무나 매수인의 대금지급의무와는 달리, **신의칙상의 의무**에 해당하는 것이다(대법원 2009. 4. 23. 선고 2008다62427 판결).

• 예외: 허가 전 계약에 대한 무효·취소 주장은 협력의무에 대한 이행거절에 해당하고, 이로 인해 매매계약은 확정적 무효가 된다.

이들 사유에 의하여 그 거래의 무효 또는 취소를 주장할 수 있는 당사자는 그러한 거래허가를 신청하기 전 단계에서 이러한 사유를 주장하여 거래허가신청 협력에 거절 의사를 일방적으로 명백히 함으로써 그 <u>계약을 확정적으로 무효화시키고 자신의 거래허가절차에 협력할 의무를 면할 수 있는 것이다</u>. 따라서 이 사건 매매계약이 <u>토지거래허가를 받지 않았다고 하여 피고가 사기에 의한 계약 취소의 주장을 제기할 수 없다는 원심의 판단</u>에는 법리를 오해한 위법이 있다(대법원 1997. 11. 14. 선고 97다36118 판결).

B. 채권의 효력 중 인정되는 것들

(a) **협력의무 위반에 대한 권리자 구제 방법**

• 일방의 협력의무 이행 청구에 상대방이 불응하면, 일방은 상대방에 대해 협력의무 불이행을 근거로 강제이행을 청구할 수 있고 이행소송을 제기할 수도 있다.

쌍방 당사자는 공동으로 관할 관청의 허가를 신청할 의무가 있고, 이러한 의무에 위배하여 허가신청절차에 협력하지 않는 당사자에 대하여 상대방은 협력의무의 이행을 소송으로써 구할 이익이 있다고 할 것이다(대법원 1991. 12. 24. 선고 90다12243 전원합의체 판결).

• 협력의무 위반으로 인한 손해배상책임이 인정되고, 이를 위한 손해배상액 예정 약정도 유효이다.

> 유동적 무효상태에 있는 이 사건 매매계약에 대하여 허가를 받을 수 있도록 허가신청을 하여야 할 협력의무를 이행하지 아니하고 원고가 그 매매계약을 일방적으로 철회함으로써 피고가 손해를 입은 경우에 원고는 <u>협력의무 불이행과 인과관계가 있는 손해는 이를 배상하여야 할 의무</u>가 있다(대법원 1995. 4. 28. 선고 93다26397 판결).

> 당사자 사이에 그 일방이 토지거래허가를 받기 위한 **협력 자체를 이행하지 아니**하거나 허가신청에 이르기 전에 **매매계약을 철회하는 경우 상대방에게 일정한 손해액을 배상하기로 하는 약정을 유효**하게 할 수 있으며, 토지거래허가 구역 내의 토지에 관한 매매계약을 체결함에 있어서 <u>토지거래허가를 받을 수 없는 경우 이외에 당사자 일방의 계약 위반으로 인한 손해배상액의 약정에 있어서 계약 위반이라 함은 당사자 일방이 그 협력의무를 이행하지 아니하거나 매매계약을 일방적으로 철회하여 그 매매계약이 확정적으로 무효가 되는 경우를 포함하는 것</u>이다(대법원 2008. 7. 10. 선고 2008다15377 판결).

(b) 채권자대위권의 피보전 권리

• 협력의무 이행청구권은 채권자대위권의 피보전권리가 될 수 있다(대법원 2013. 5. 24. 선고 2010다33422 판결).
• 협력의무 이행청구권을 피보전권리로 하는 처분금지가처분도 가능하다.

> 소유권 이전에 관한 계약의 효력이 발생하지 아니한다고 할지라도 위와 같은 **토지거래허가 신청절차 청구권을 피보전권리로 하여 매매목적물의 처분을 금하는 가처분을 구할 수 있**고, 매도인이 매매계약을 다투는 경우 보전의 필요성도 있다고 보아야 할 것이며, 이러한 가처분이 집행된 후에 진행된 강제경매절차에서 당해 토지를 낙찰받은 제3자는 특별한 사정이 없는 한 이로써 가처분채권자인 매수인의 권리보전에 대항할 수 없다(대법원 1998. 12. 22. 선고 98다44376 판결).

• 협력의무 이행청구권을 피보전권리로 하는 가등기 역시 인정될 여지가 있으나 판례의 태도는 명확하지 않다(사견). 판례는 허가 전 매매예약으로부터 비롯된 예약완결권을 피보전권리로 한 가등기가 무효라고 했으므로 협력의무 이행청구권 보전을 위한 가등기에 대해 판단한 것은 아니다.

토지거래허가 없이 체결된 매매예약에 기하여 소유권이전청구권 보전을 위한 가등기가 경료되어 있는 상태에서 당해 토지가 제3자에게 낙찰되어 소유권이 이전된 경우에는 허가 전 계약은 확정적 무효로 되었으므로 그 후 그 가등기에 기한 본등기까지 경료되었더라도 이는 효력이 없는 무효의 등기라 할 것이다(대법원 2013. 2. 14. 선고 2012다89900 판결).

C. 채권의 효력 중 인정되지 않는 것들

(a) 동시이행항변: 협력의무와 매매계약상 의무의 견련성은 인정되지 않음

매도인의 토지거래계약허가 신청절차에 **협력할 의무**와 **토지거래허가를 받으면 매매계약 내용에 따라 매수인이 이행하여야 할 매매대금 지급의무**나 이에 부수하여 매수인이 부담하기로 특약한 양도소득세 상당 금원의 지급의무 사이에는 상호 이행상의 **견련성이 있다고 할 수 없**으므로, 매도인으로서는 그러한 의무이행의 제공이 있을 때까지 그 협력의무의 이행을 거절할 수 있는 것은 아니다(대법원 1996. 10. 25. 선고 96다23825 판결).

매매대금 지급의무의 불이행과 관련한 사유는 매매계약이 확정적으로 유효하게 된 이후의 계약이행 단계에서나 문제될 수 있을 뿐 토지거래허가신청절차의 이행청구에 대하여 이를 거절할 사유가 되지 못한다 할 것이다(대법원 2013. 12. 26. 선고 2012다1863 판결).

(b) 협력의무 위반을 이유로 한 법정해제는 인정되지 않음

유동적 무효의 상태에 있는 거래계약의 당사자는 상대방이 그 거래계약의 효력이 완성되도록 협력할 의무를 이행하지 아니하였음을 들어 일방적으로 유동적 무효의 상태에 있는 거래계약 자체를 해제할 수 없는 것이다(대법원 1999. 6. 17. 선고 98다40459 전원합의체 판결).

(4) 사례

A. 유동적 매매 상태에서의 계약인수

(a) 매도인측 계약인수: 허가제 적용 대상 아님

• 유동적 무효인 매매계약이 성립한 상태에서 매도인 지위에 대한 계약인수 계약이 체결되더라도 이 계약인수 계약은 허가 대상이 아니다. 계약인수 계약의 처분

대상은 토지소유권 자체가 아니라 매도인이라는 지위와 여기에 수반되는 채권·채무이기 때문이다.

• 유동적 무효의 법률관계는 인수인과 매수인 사이에서 그대로 인정된다. 예컨대 매수인은 인수인에게 허가신청 협력의무의 이행을 청구할 수 있다.

> 토지거래허가제도는 **투기적 거래를 방지하여 정상적 거래질서를 형성하려는 데에 입법 취지**가 있는 점에 비추어 보면, 제3자가 토지거래허가를 받기 전의 토지 매매계약상 **매수인 지위를 인수하는 경우와 달리 매도인 지위를 인수하는 경우**에는 최초매도인과 매수인 사이의 매매계약에 대하여 관할 관청의 **허가가 있어야만 매도인 지위의 인수에 관한 합의의 효력이 발생한다고 볼 것은 아니**다(대법원 2013. 12. 26. 선고 2012다1863 판결).

(b) 매수인측 계약인수: 허가제 적용 대상임

• 유동적 무효인 매매계약이 성립한 상태에서 체결된 매수인 지위에 대한 계약인수 계약은 허가 대상이므로, 계약인수 계약도 유동적 무효 상태가 된다. 매수인 지위에 대한 계약인수 계약을 규제하지 않으면 투기억제 등의 입법취지를 실현할 수 없기 때문이다.

• 따라서 인수인은 계약인수 계약에 대한 허가를 받지 않는 한 매도인에게 협력의무 이행청구권을 행사할 수 없다.

> 유동적 무효상태에 있는 매매계약상의 매수인의 지위에 관하여, 매도인과 매수인 및 제3자 사이에 제3자가 위와 같은 매수인의 지위를 매수인으로부터 이전받는다는 취지의 합의를 하더라도, 토지거래허가 제도가 토지의 투기적 거래를 방지하여 정상적 거래를 조장하려는 데에 그 **입법취지가 있음에 비추어 볼 때, 위와 같은 계약인수 합의는 매도인과 매수인 사이의 매매계약에 대한 관할 관청의 허가가 있어야 비로소 효력이 발생**한다고 보아야 하고, 허가가 없는 이상 위 3 당사자 사이의 합의만으로 유동적 무효상태의 매매계약의 매수인 지위가 매수인으로부터 제3자에게 이전하여 **제3자가 매도인에 대하여 직접 토지거래허가 신청절차 협력의무의 이행을 구할 수는 없다**(대법원 1996. 7. 26. 선고 96다7762 판결).

B. 유동적 무효와 중간생략등기

• 사안의 개요: 허가제 적용 대상인 토지에 대한 甲·乙간 매매계약 체결 후 유동적
무효 상태에서 乙·丙 간 전매계약이 체결되었다.

• 쟁점과 판단: ㉠ 3자합의를 해도 甲·丙 간 매매계약이 성립한 것으로 간주되지
않기 때문에, 甲·丙을 당사자로 허가를 받은 후 마쳐진 丙명의 소유권이전등기
는 원인무효 등기이다. ㉡ 甲·乙간 매매, 乙·丙 간 매매 각각에 대한 허가를 얻
어야 유효한 등기로 인정될 수 있다.

최초의 매도인인 원고가 최종 매수인인 피고 앞으로 직접 소유권이전등기를 경료하
기로 하는 중간생략등기의 합의가 있었다고 하더라도 이러한 중간생략등기의 합의란
부동산이 전전 매도된 경우 각 매매계약이 유효하게 성립함을 전제로 그 이행의 편의
상 최초의 매도인으로부터 최종의 매수인 앞으로 소유권이전등기를 경료하기로 한다
는 당사자 사이의 합의에 불과할 뿐, 그러한 합의가 있었다고 하여 **최초의 매도인과
최종의 매수인 사이에 매매계약이 체결되었다는 것을 의미하는 것은 아니**므로 원고
와 피고 사이에 매매계약이 체결되었다고 볼 수 없고, 설사 **피고가 자신과 원고를 매
매 당사자로 하는 토지거래허가를 받아 피고 앞으로 소유권이전등기를 경료하였다고
하더라도 그러한 피고 명의의 소유권이전등기는 적법한 토지거래허가 없이 경료된
등기로서 무효**라고 할 것이다(대법원 1997. 11. 11. 선고 97다33218 판결).

이렇게 해석하지 않고, 위와 같은 중간생략등기의 합의가 있는 경우 최초의 매도인과
최종의 매수인 사이에 매매계약이 성립된 것으로 보고, 그들 사이에 토지거래허가만
받으면 유효하게 최후의 매수인 앞으로 소유권이전등기를 경료할 수 있다고 본다면,
허가 없이 체결된 중간 매도인들의 매매행위를 유효한 것으로 취급하게 되고, 결국 중
간 매도인들의 투기행위를 용인하는 결과가 되어 위 법이 달성하려는 부동산 투기방
지라는 목적은 도저히 달성될 수 없게 된다(대법원 1996. 6. 28. 선고 96다3982 판결).

다. 유동적 무효상태의 소멸

(1) 확정적·소급적 유효: 허가를 받은 경우

• 유동적 무효였던 매매계약은 확정적으로 유효가 된다.

• 그 효과는 매매계약 성립시로 소급한다.

(2) 확정적 무효

A. 개관

• 허가 미비 이외의 고유한 무효 사유가 있으면 허가를 받아도 무효이다. 따라서 공동 허가신청과 같은 신의칙상 협력의무도 인정될 필요가 없다.

• 확정적 무효 사유 발생에 대해 책임 있는 당사자도 무효 주장을 할 수 있다. 예컨대 매수인이 토지에 대해 설정된 근저당권의 이자를 대위지급하기로 약정했으나 이를 위반하여 토지가 경매된 경우에도 매수인은 무효 주장을 할 수 있다.

> 이와 같이 거래계약이 확정적으로 무효가 된 경우에는 거래계약이 확정적으로 무효로 됨에 있어서 귀책사유가 있는 자라고 하더라도 그 계약의 무효를 주장할 수 있는 것이다(대법원 1997. 7. 25. 선고 97다4357 판결).

B. 원시적 확정적 무효 사유: 허가 잠탈 목적(136면)

C. 후발적 확정적 무효 사유

(a) 불허가 처분

• 보정할 수 없는 사유로 인한 불허가 처분은 확정적 무효 사유이다.

• 이에 비해 절차 미비나 부실기재처럼 보정할 수 있는 사유로 인한 불허가처분은 확정적 무효 사유가 아니다.

> 일단 토지거래허가신청을 하여 불허가되었다면 특별한 사정이 없는 한 불허가된 때로부터 그 매매계약은 확정적으로 무효가 되지만, 그 불허가의 취지가 미비된 요건의 보정을 명하는 데에 있고 그러한 흠결된 요건을 보정하는 것이 객관적으로 불가능하지도 아니한 경우라면 그 불허가로 인하여 매매계약이 확정적으로 무효가 되는 것은 아니다(대법원 2010. 2. 11. 선고 2008다88795 판결).

(b) 합의해제(2007다76603, 140면)

(c) 토지소유권 이전의무의 급부불능

• 확정적 무효가 되기 위한 요건으로 급부불능이라는 사실뿐 아니라 상대방의 거래 존속 불원 의사도 필요하다.

합의해제로 인해 확정적 무효가 된다고 한 법리는 이 사건에 있어서와 같이 거래계약상 일방의 채무가 <u>이행불능임이 명백하고 나아가 그 상대방이 거래계약의 존속을 더 이상 바라지 않고 있는 경우</u>에도 마찬가지로 적용된다(대법원 1997. 7. 25. 선고 97다4357 판결).

• 대상청구권이 인정되지 않는다는 점에서 일반적인 채무의 급부불능 사안과는 다르다.

대상청구권은 그 전제인 **매매계약이 유효하게 성립·존속**하던 중 매매계약 상 매도인의 주된 의무인 소유권이전등기의무의 이행불능에 따라 매수인에게 주어지는 권리라 할 것이므로 미완성의 법률행위에 불과하여 <u>소유권이전에 관한 물권적 효력은 물론 채권적 효력도 발생하지 아니하는 유동적 무효</u> 상태의 매매계약이 매매의 목적물인 부동산의 **수용으로 인하여 객관적으로 허가가 날 수 없음이 분명해져 확정적으로 무효가 된 경우에는 특별한 사정이 없는 한 발생하지 아니**한다고 보아야 할 것이다(대법원 2008. 10. 23. 선고 2008다54877 판결).

• 사례: 경매로 인해 매도인이 소유권을 상실하면 매수인 명의 가등기나 이에 기한 본등기도 원인무효이다(2012다89900, 143면).

(d) 정지조건 불성취 확정, 종기 도래의 경우

• 유동적 무효인 계약에 붙은 정지조건 불성취가 확정되면, 유동적 무효 상태는 확정적 무효로 변한다.

정지조건이 토지거래허가를 받기 전에 이미 불성취로 확정되었다면 장차 토지거래허가를 받는다고 하더라도 그 거래계약의 효력이 발생될 여지는 없게 되었다고 할 것이므로, 이와 같은 경우에도 또한 허가 전 거래계약의 유동적 무효 상태가 더 이상 지속된다고 볼 수 없고 그 계약관계는 확정적으로 무효가 된다고 봄이 상당하다(대법원 1998. 3. 27. 선고 97다36996 판결).

• 비교: 허가절차에 대한 종기를 정한 경우 종기가 도래해도 확정적 무효 사유 아님이 원칙이고 자동 소멸 합의임이 명백한 예외적인 경우에만 확정적 무효 사유이다.

매매계약 체결 당시 <u>일정한 기간 안에 토지거래허가를 받기로 약정하였다</u>고 하더라도, 그 약정된 기간 내에 토지거래허가를 받지 못할 경우 계약해제 등의 **절차 없이 곧바로 매매계약을 무효로 하기로 약정한 취지라는 등의 특별한 사정**이 없는 한, 이를 쌍무계약에서 이행기를 정한 것과 달리 볼 것이 아니므로 위 **약정기간이 경과하였다는 사정만으로 곧바로 매매계약이 확정적으로 무효가 된다고 할 수 없**다 할 것이다(대법원 2009. 4. 23. 선고 2008다50615 판결).

(e) 토지 매매계약에 무효사유나 취소사유가 있는 경우

• 당사자가 이러한 사유를 주장하여 허가신청 협력 거절 의사를 명백하게 하면 매매계약은 확정적 무효가 되고 기지급대금 등에 대한 §741 채권이 발생한다.

• 토지 매매계약에 대해, 허위표시, 상대방이 악의인 비진의표시 등과 같은 무효 사유가 있는 경우에도 같은 법리가 적용된다.

대법원 1996. 11. 8. 선고 96다35309 판결

‣ 제107조 내지 제110조가 적용되는 사안의 경우, 그 거래의 **무효 또는 취소를 주장할 수 있는 당사자는 그러한 거래허가를 신청하기 전 단계에서 이러한 사유를 주장**하여 거래허가 신청협력에 거절의사를 일방적으로 명백히 함으로써 그 계약을 **확정적으로 무효화**시키고 자신의 거래허가절차에 협력할 의무를 면함은 물론 기왕에 지급된 계약금 등의 반환도 구할 수 있다고 할 것이다.

‣ 양돈단지 조성이라는 원고의 매매계약상의 **동기는 표시되어 피고도 이를 충분히 인식하고 있었으며 이러한 동기는 위 매매계약의 중요한 부분**을 이루고 있었다고 할 것인데, 실제 위 매매계약 당시 국토이용관리법상 제약 때문에 당초부터 거래허가가 불가능한 것이었음에도 이러한 사정을 알지 못하고 위 매매계약을 체결한 원고는 법률행위의 착오를 원인으로 한 취소에 준하여 계약의 효력을 사전에 부인할 수 있는 정당한 사유를 갖게 되었다고 할 것이므로, 원고가 이러한 사정을 들어 위 매매계약에 기한 거래허가신청 절차에 협력할 의사를 미리 거부한다는 취지의 의사표시를 명백히 한 날 확정적으로 무효로 된다.

D. 확정적 무효의 효과

• 확정적 무효가 되어야 계약금을 비롯한 기지급대금에 대한 §741 청구를 할 수 있다.

• 토지인도의무나 대금지급의무의 일부 또는 전부가 이행된 상태에서 확정적 무효가 되면, 토지의 사용이익이나 대금의 이자도 부당이득 반환의 대상이 되고, 이들

은 동시이행관계에 있게 된다.

허가를 배제하거나 잠탈하는 내용이 아닌 유동적 무효 상태의 매매계약을 체결하고 그에 기하여 임의로 지급한 계약금 등은 그 계약이 유동적 무효 상태로 있는 한 그를 부당이득으로서 반환을 구할 수 없고 **유동적 무효 상태가 확정적으로 무효가 되었을 때 비로소** 부당이득 반환을 구할 수 있다(대법원 1995. 4. 28. 선고 93다26397 판결).

Ⅶ 법률행위의 취소

1. 개관

가. 의미

- 법률행위의 취소란, 일단 유효하게 성립한 법률행위가 법정된 취소권자의 일방적 의사표시인 취소권 행사에 의해 법률행위 성립시로 소급하여 무효로 되는 것을 뜻한다.
- 법률행위의 철회란, 법률행위의 효력이 발생하기 전에 당사자 일방의 일방적 의사표시에 의하여 그 효력이 발생하지 않게 되는 것을 뜻한다.

나. 취소와 무효(113면)

2. 취소의 요건, 방법

가. 취소사유 = 취소권의 성립요건

(1) 제한능력: §5, §10, §13

(2) 의사표시의 하자: §109, §110

나 취소의 당사자

(1) 취소권자와 상대방

A. 취소권자

제140조(법률행위의 취소권자) 취소할 수 있는 법률행위는 제한능력자, 착오로 인하거나 사기·강박에 의하여 의사표시를 한 자, 그의 대리인 또는 승계인만이 취소할 수 있다

- 사기·강박, 착오가 취소사유인 경우, §140의 문리해석에 의하면 표의자가 사기·강박, 착오를 벗어나기 전이더라도 적법하게 취소할 수 있을 것으로 보인다.
- 제한능력이 취소사유인 경우, 제한능력자 자신도 취소할 수 있다.

> 미성년자의 법률행위에 법정대리인의 동의를 요하도록 하는 것은 강행규정인데, 위 규정에 반하여 이루어진 신용구매계약을 미성년자 스스로 취소하는 것을 신의칙 위반을 이유로 배척한다면, 이는 오히려 위 규정에 의해 배제하려는 결과를 실현시키는 셈이 되어 미성년자 제도의 입법 취지를 몰각시킬 우려가 있으므로, 법정대리인의 동의 없이 신용구매계약을 체결한 미성년자가 사후에 법정대리인의 동의 없음을 사유로 들어 이를 취소하는 것이 신의칙에 위배된 것이라고 할 수 없다(대법원 2007. 11. 16. 선고 2005다71659 판결).

B. 상대방
- 취소 의사표시의 상대방은 취소 대상 법률행위의 상대방이다.
- 취소 의사표시가 취소 대상 법률행위의 상대방에게 도달해야 법률행위의 취소라는 효과가 발생한다.

> 제142조(취소의 상대방) 취소할 수 있는 법률행위의 상대방이 확정한 경우에는 그 취소는 그 상대방에 대한 의사표시로 하여야 한다.

(2) 사례: 취소의 상대방

A. 사안의 개요
- 甲은 乙에게 X부동산을 매도했고 이에 따라 X부동산에 대해 乙명의 소유권이전등기가 마쳐졌다. 그 후 乙은 X부동산을 丙에게 팔고 X부동산에 대해 丙명의 소유권이전등기가 마쳐졌다.
- 甲·乙 간 X부동산 매매계약은 착오에 의한 법률행위이므로 甲에게 §109의 취소권이 인정된다.

B. 쟁점과 판단

(a) 甲이 丙에게 취소 의사표시와 §214에 의한 말소등기청구를 한 경우
- 이 경우 甲이 丙에게 취소 의사표시를 하더라도 甲·乙간 매매계약은 취소되지 않는다. 乙이 이런 사실을 알았더라도 마찬가지라고 보아야 한다.
- 취소권의 행사기간이 진행하므로 §146에 의해 취소권이 소멸할 수 있다.

(b) 甲이 乙에게 취소 의사표시를 한 경우

• 甲·乙간 매매계약은 적법하게 취소된다.

• 甲이 丙에게 §214에 의한 말소등기청구를 한 경우, 丙이 선의의 제3자이면 甲에게 대항할 수 있으나 丙이 악의의 제3자이면 甲에게 대항할 수 없다. 이때 丙은 乙에게 §390의 손해배상청구를 할 수 있으나 과실상계가 인정된다.

• 다만 丙이 악의라는 주장·증명이 없으면 丙은 선의로 추정된다.

다. 취소의 방법

(1) 취소권의 법적성질: 형성권

• 취소 여부는 전적으로 취소권자의 자유에 맡겨져 있다.

• 취소권자가 취소권을 행사하지 않는 한 취소사유 있는 법률행위도 유효이다(유동적 유효).

(2) 취소권의 행사방법: 의사표시의 일반적인 방법

• 취소권이 행사되었는지의 여부는 의사표시 해석의 문제이다.

• 불요식 행위이므로 묵시적 취소도 인정된다. 예컨대 취소된 계약을 근거로 이전된 이익에 대한 §741 청구, 취소된 계약으로부터 발생한 채무에 대한 이행거절 의사표시에는 취소권을 행사하는 묵시적 의사표시도 포함된 것으로 해석된다.

> 취소의 의사표시는 특별히 재판상 행하여짐이 요구되는 경우 이외에는 <u>특정한 방식의 요구되는 것이 아니고,</u> 취소의 의사가 상대방에 의하여 인식될 수 있다면 어떠한 방법에 의하더라도 무방하다고 할 것이고, **법률행위의 취소를 당연한 전제로 한 소송상의 이행청구나 이를 전제로 한 이행거절** 가운데는 취소의 의사표시가 포함되어 있다고 볼 수 있다(대법원 1993. 9. 14. 선고 93다13162 판결).

• 취소 의사표시에 취소 사유가 적시되어 있을 필요도 없다.

> <u>취소의 의사표시란 반드시 명시적이어야 하는 것은 아니고, 취소자가 그 착오를 이유로 자신의 **법률행위의 효력을 처음부터 배제하려고 한다는 의사가 드러나면 족한 것**이며, 취소원인의 진술 없이도 취소의 의사표시는 유효한 것이므로,</u> 신원보증서류에 서명날인하는 것으로 잘못 알고 약정서를 읽어보지 않은 채 서명날인한 것일 뿐 연대보증약정을 한 사실이 없다는 주장은 위 연대보증약정을 착오를 이유로 취소한다는 취지로 볼 수 있다(대법원 2005. 5. 27. 선고 2004다43824 판결).

(3) 취소권을 행사하는 의사표시의 효력 발생 시점: 도달주의

> **대법원 2008. 9. 11. 선고 2008다27301 판결**
> ‣ (재판상 행사하는 경우) 취소권자가 취소의 의사표시를 담은 반소장 부본을 원고에게 송달함으로써 취소권을 재판상 행사하는 경우에는 반소장 부본이 원고에게 **도달한 때**에 비로소 취소권 행사의 효력이 발생하여 취소권자와 원고 사이에 취소의 효력이 생기므로, 취소의 의사표시가 담긴 반소장 부본이 **제척기간 내에 송달되어야만** 취소권자가 제척기간 내에 적법하게 취소권을 행사였다고 할 것이다
> ‣ 그럼에도 원심은 취소의 의사표시가 담긴 반소장이 **법원에 접수된 때**에 취소권의 행사가 있은 것으로 보았으니, 원심판결에는 강박에 의한 의사표시의 취소권 행사 및 그 제척기간에 관한 법리를 오해하고 심리를 다하지 아니한 위법이 있다.

3. 소극적 요건

가. 취소할 수 있는 법률행위의 추인

(1) 의미

> 제143조(추인의 방법, 효과)
> ① 취소할 수 있는 법률행위는 제140조에 규정한 자가 추인할 수 있고 추인 후에는 취소하지 못한다.
> ② 전조의 규정은 전항의 경우에 준용한다.

• 추인의 일반적인 의미(132면)

• 취소할 수 있는 법률행위에 대한 추인은 취소권의 소멸사유이므로 한 번 추인하면 더 이상 취소권을 행사할 수는 없게 된다.

(2) 추인의 요건

A. 추인의 당사자: 취소의 당사자와 같음

B. 취소 사유의 해소, 취소권에 대한 인식

• 취소 사유 해소 전에는 추인 의사표시를 해도 효력이 없다. 따라서 취소권은 그대로 유지된다. 다만 취소 사유가 제한능력인 경우 제한능력자의 법정대리인이 한 추인 의사표시는 유효이다.

> 제144조(추인의 요건)
> ① 추인은 취소의 원인이 소멸된 후에 하여야만 효력이 있다.
> ② 제1항은 법정대리인 또는 후견인이 추인하는 경우에는 적용하지 아니한다.

• 취소권 있음을 알고 한 의사표시만 추인으로 인정될 수 있다. 추인의 본질은 취소권을 포기하는 것이기 때문이다.

> 추인은 **취소권을 가지는 자가 취소원인이 종료한 후에 취소할 수 있는 행위임을 알고서** 추인의 의사표시를 하거나 법정추인사유에 해당하는 행위를 행할 때에만 법률행위의 효력을 유효로 확정시키는 효력이 발생한다(대법원 1997. 5. 30. 선고 97다2986 판결).

(3) 추인의 방법

A. 명시적 추인: 취소권을 포기한다는 내용의 의사표시
B. 묵시적 추인 = 법정추인

> 제145조(법정추인) 취소할 수 있는 법률행위에 관하여 전조의 규정에 의하여 추인할 수 있는 후에 다음 각호의 사유가 있으면 추인한 것으로 본다. 그러나 이의를 보류한 때에는 그러하지 아니하다.
> 1. 전부나 일부의 이행, 2. 이행의 청구, 3. 경개, 4. 담보의 제공, 5. 취소할 수 있는 행위로 취득한 권리의 전부나 일부의 양도, 6. 강제집행

(a) 법정추인 사유들의 의미

• 추인 의사 있음을 추정할 수 있게 해 주는 사실들이 법률로 규정된 것으로서, 취소 대상 법률행위의 효과(권리·의무)를 전제한 행위들에 해당한다.
• 법정추인 사유에 해당하는 행위를 한 표의자의 실제 의사가 무엇이었지는 불문한다.

(b) 법정추인의 전제: 취소사유 해소, 취소권에 대한 인식

> 이 사건 임의해지조항은 이 사건 대지 및 건물에 대한 원고들의 임차권을 매수하는 피고에게는 **계약의 체결 여부를 결정하는 데에 있어서 중요한 사항이므로 원고들로서는 피고에게 이를 고지하여야 할 의무**가 있다고 할 것인데, 원고들이 이 사건 매매계약 당시 피고에게 임의해지조항의 존재를 고지하지 아니하여 기망이 인정되지만 피

고는 임의해지조항을 확인하여 **취소의 원인인 기망상태에서 벗어난 후에** 이 사건 매매계약에 따른 일부의 이행을 한 이상 이 사건 매매계약을 추인하였다고 보아야 할 것이고, 따라서 피고는 원고들이 이 사건 매매계약 당시 임의해지조항을 고지하지 아니하였음을 들어 이 사건 매매계약을 취소할 수 없다(대법원 2004. 3. 26. 선고 2003다21834 판결).

(c) 소극적 요건: 이의유보(§145 단서)
• 의미: §145 본문 각호에 해당하는 행위를 하면서 취소권을 포기하지는 않겠다는 의사표시를 하는 것을 뜻한다.
• 효과: 이의유보가 있으면 §145 단서에 해당하는 사실이 있어도 취소권이 유지되지만, 취소권을 행사하지 않는 한 §146의 행사기간은 계속 진행하므로 이로 인해 취소권이 소멸할 수 있다.

(4) 추인의 효과
• 취소권은 소멸하고 법률행위는 확정적 유효가 된다.
• 법률행위에 근거한 재산적 이익의 이전도 확정된다.

나. 취소권의 행사기간

제146조(취소권의 소멸) 취소권은 추인할 수 있는 날로부터 3년내에 법률행위를 한 날로부터 10년내에 행사하여야 한다.

• 법적성질: 제척기간이지만 제소기간은 아니다.
• 3년의 기산점은 취소 사유가 해소된 때이다.

대법원 2008. 9. 11. 선고 2008다27301 판결
‣ 강박에 의한 의사표시에 대한 취소권은 형성권의 일종으로서 그 행사기간을 <u>제척기간으로 보아야 하고, 취소권은 재판상이든 재판외이든</u> 그 기간 내에 행사하면 된다.
‣ 취소권의 제척기간의 기산점으로 삼고 있는 '추인할 수 있는 날'이란 <u>취소의 원인이 종료되어 취소권 행사에 관한 장애가 없어져서</u> 취소권자가 취소의 대상인 법률행위를 추인할 수도 있고 취소할 수도 있는 상태가 된 때를 가리킨다고 보아야 한다.

4. 취소의 효과

가. 개관

(1) 소급적 무효

(2) 법률행위의 일부에 취소사유가 있으면 §137 유추적용

(3) 취소권 행사 후의 추인

- 취소 대상 법률행위를 추인하면 취소권이 소멸하기 때문에 법률행위의 성립 당시부터 유효로 취급된다(§144의 추인).
- 이에 비해 취소 대상 법률행위를 일단 취소한 후 추인을 하면 이미 무효가 된 법률행위를 추인하는 것이므로 추인한 때부터 유효로 취급된다(§139의 무효행위 추인).

> **대법원 1997. 12. 12. 선고 95다38240 판결**
> ‣ 취소한 법률행위는 처음부터 무효인 것으로 간주되므로 취소할 수 있는 법률행위가 일단 취소된 이상 그 후에는 취소할 수 있는 법률행위의 추인에 의하여 이미 취소되어 무효인 것으로 간주된 당초의 의사표시를 다시 확정적으로 유효하게 할 수 없고, 다만 **무효인 법률행위의 추인의 요건과 효력으로서 추인**할 수는 있다.
> ‣ 무효행위의 추인은 그 **무효 원인이 소멸한 후**에 하여야 그 효력이 있고, 따라서 강박에 의한 의사표시임을 이유로 일단 유효하게 취소되어 당초의 의사표시가 무효로 된 후에 추인한 경우 그 추인이 효력을 가지기 위하여는 그 무효 원인이 소멸한 후일 것을 요한다고 할 것인데, 그 **무효 원인이란 바로 위 의사표시의 취소사유라할 것이므로** 결국 무효 원인이 소멸한 후란 것은 <u>당초의 의사표시의 성립 과정에 존재하였던 취소의 원인이 종료</u>된 후, 즉 강박 상태에서 벗어난 후라고 보아야 한다.

나. 법률행위의 취소와 급부부당이득 반환의 범위

(1) 전제

- 취소 대상인 법률행위를 원인으로 하여 재산적 이익이 이전된 후 이 법률행위가 취소되면 급부부당이득 반환관계가 성립한다. 법률행위의 무효나 취소로 인한 부당이득 반환관계에 대해서는 별도의 규정이 없으므로 §741 이하의 일반원칙이 적용된다.
- 다만 제한능력자의 취소로 인한 부당이득 반환 범위에 대해서는 §141의 특칙이

적용된다.

(2) 부당이득 반환에 관한 일반원칙

A. 반환범위

• 부당이득의 요건에 대한 선의자는 현존이익만 반환하면 되는 반면, 악의자는 받은 이익 전부에 이자와 손해배상까지 더하여 반환해야 한다(§748)

• 부당이득자는 선의로 추정된다.

> **대법원 2017. 6. 15. 선고 2013다8960 판결**
> ‣ 부당이득의 수익자가 **악의라는 점에 대하여는 이를 주장하는 측에서 증명책임**을 진다.
> ‣ 여기서 '악의'는, 제749조 제2항에서 <u>악의로 의제</u>하는 경우 등은 별론으로 하고, 자신의 이익 보유가 법률상 원인 없는 것임을 인식하는 것을 말하고, 그 이익의 보유 **를 법률상 원인이 없는 것이 되도록 하는 사정, 즉 부당이득반환의무의 발생요건에 해당하는 사실**이 있음을 인식하는 것만으로는 부족하다.

B. 현존이익 증명

• 금전이나 금전과 유사한 대체물은 현존하는 것으로 추정되므로 수익자가 현존하지 않음을 증명해야 한다. 금전과 유사한 대체물의 예로서 전자 제품을 들 수 있다.

> 취득한 것이 금전상의 이득인 때에는 그 금전은 이를 취득한 자가 소비하였는가의 여부를 불문하고 현존하는 것으로 추정되고, 그 취득한 것이 성질상 계속적으로 반복하여 거래되는 물품으로서 곧바로 판매되어 환가될 수 있는 금전과 유사한 대체물인 경우에도 마찬가지다(대법원 2009. 5. 28. 선고 2007다20440 판결).

• 금전 이외의 재산적 이익은 현존하지 않는 것으로 추정되므로 손실자가 현존함을 증명해야 한다.

> 선의의 수익자에 대한 부당이득반환청구에 있어서 그 이익이 현존하고 있고 사실에 관하여는 그 반환청구권자에게 입증책임이 있다(대법원 1970. 2. 10. 선고 69다2171 판결).

(3) 제한능력을 사유로 하는 취소의 경우

A. 반환 범위에 관한 특칙

• 제한능력자는 취소 사유 즉 자신이 제한능력자라는 사실을 알았더라도 현존이익
만 반환하면 된다.

> 제141조(취소의 효과) 다만, 제한능력자는 그 행위로 인하여 받은 이익이 현존하는 한
> 도에서 상환할 책임이 있다.

• 의사무능력자에 대해서도 §141가 유추 적용되므로 수익자인 의사무능력자가 악
의이더라도 부당이득 반환 범위는 현존이익으로 제한된다.

✓ 문리해석상 §141의 특칙은 제한능력자·의사무능력자 자신이 취소하는 경우는 물론, 상대방이
§109를 근거로 취소하는 경우에도 적용되어야 한다.

> 제한능력자의 책임을 제한하는 제141조 단서는 부당이득에 있어 수익자의 반환범위
> 를 정한 제748조의 특칙으로서 무능력자의 보호를 위해 그 선의·악의를 묻지 아니하
> 고 반환범위를 현존 이익에 한정시키려는 데 그 취지가 있으므로, 의사능력의 흠결을
> 이유로 법률행위가 무효가 되는 경우에도 유추적용되어야 한다(대법원 2009. 1. 15.
> 선고 2008다58367 판결).

B. 이익 현존 여부에 대한 증명책임: 특칙 없음

• 특칙이 없으므로, 제한능력자나 의사무능력자에 대해서도 일반적인 법리가 적용
된다.

• 따라서 부당이득이 금전인 경우에는 수익자가 제한능력자나 의사무능력자이더
라도 그 금전이 현존하는 것으로 추정된다.

> 법률상 원인 없이 타인의 재산 또는 노무로 인하여 이익을 얻고 그로 인하여 타인에게
> 손해를 가한 경우에 그 취득한 것이 금전상의 이득인 때에는 그 금전은 이를 취득한
> 자가 소비하였는가의 여부를 불문하고 현존하는 것으로 추정되므로, 이익이 현존하
> 지 아니함은 이를 주장하는 자, 즉 의사무능력자 측에 입증책임이 있다(대법원 2009.
> 1. 15. 선고 2008다58367 판결).

(4) 사례

A. 의사무능력자의 금전대출계약

(a) 사안의 개요

- 甲은 정신적 판단능력이 초등학교 저학년 수준인 사람인데, 乙에게 속아서 丙으로부터 금전을 대출받고 甲명의 X부동산에 丙명의 근저당권 설정등기를 마쳤다.
- 甲이 丙명의 근저당권 설정등기 말소등기를 청구하자, ㉠ 丙은 甲이 원리금 일부를 지급했으므로 법정추인이 인정된다고 주장했으나 의사무능력 상태에서 지급했음을 이유로 배척되었다. ㉡ 이에 丙은 대출금 상당액의 부당이득반환을 청구한다.

(b) 쟁점과 판단

- 의사무능력자에 대해서도 §141이 유추적용되어 甲은 현존이익만 반환하면 된다. 다만 증명책임에 대한 특칙은 없고 甲은 금전대출을 받았으므로 부당이득이 현존하는 것으로 추정된다.
- 이 사건의 경우, 乙이 甲과 함께 丙을 만났고, 丙이 대출계약에 따라 지급한 돈을 乙이 甲으로부터 빌려갔다는 사실이 증명되었다. 따라서 甲이 丙으로부터 받았던 대출금은 현존하지 않고 乙에 대한 대여금채권만 존재하는 것으로 인정되므로 甲은 丙에게 乙에 대한 대여금채권을 반환하면 된다.

> 甲이 이 사건 대출로써 받은 이익은 그와 같은 채권의 형태로 현존한다 할 것이므로, 丙은 이 사건 대출거래약정 등의 무효에 따른 원상회복으로서 위 대출금 자체의 반환을 구할 수는 없다 하더라도 현존 이익인 위 채권의 양도를 구할 수는 있다 할 것이고, 공평의 관념과 신의칙에 비추어 볼 때 甲의 채권양도 의무와 丙의 근저당권 설정등기 말소 의무는 동시이행관계에 있다고 보아야 한다(대법원 2009. 1. 15. 선고 2008다 58367 판결).

B. 신용카드 발급계약 취소

(a) 사안의 개요

- 미성년자 甲은 B카드사와 신용카드 이용계약을 체결하고 신용카드를 발급받은 후, B카드의 가맹점인 乙과 X동산 매매계약을 체결하고 B카드로 결제를 마쳤다.
- B카드는 가맹점 계약에 따라 乙에게 X동산 매매대금을 지급하고, 甲에게 그 가액 상당액의 카드사용대금을 청구했다.

(b) 쟁점과 판단

• 甲은 적법하게 카드이용 계약을 취소할 수 있다.

• 그러나 원래 甲이 지출했어야 할 X동산 대금이 지급되지 않은 것도 금전적 이익이므로 현존하는 것으로 추정된다. 따라서 甲은 B카드사에 그 가액에 대한 부당이득반환 채무를 부담한다.

> **대법원 2005. 4. 15. 선고 2003다60297 판결**
>
> ‣ 신용카드 이용계약이 취소되더라도 신용카드 회원과 가맹점 사이에 체결된 개별적인 매매계약은 특별한 사정이 없는 한 신용카드 이용계약 취소와 무관하게 유효하게 존속한다.
>
> ‣ 신용카드 발행인이 가맹점에 대해 신용카드 사용대금을 지급한 것은 신용카드 이용계약과는 별개로 신용카드발행인과 가맹점 사이에 체결된 가맹점 계약에 따른 것으로서 유효하므로, 신용카드발행인의 가맹점에 대한 신용카드이용대금의 지급으로써 신용카드회원은 자신의 가맹점에 대한 **매매대금 지급채무를 법률상 원인 없이 면제받는 이익을 얻었으며, 이러한 이익은 금전상의 이득으로서 특별한 사정이 없는 한 현존하는 것으로 추정**된다.

5장

대리

5장

대리

1. 대리의 의미

가. 사적 자치와 대리 제도

(1) 의사표시의 자기구속성 원칙과 대리제도

A. 임의대리

- 의사표시의 효과는 표의자 자신에게 미치는 것이 원칙이다. 다만 어떤 사람(본인)이 다른 사람(대리인)이 한 법률행위(대리행위)의 효과를 받아들이려는 의사표시(수권행위)를 하는 것도 사적 자치 실현의 한 형태라고 할 수 있다.
- 이처럼 본인의 의사표시인 수권행위에 의해 대리인과 대리권의 범위가 정해지는 경우를 임의대리라고 한다.

B. 법정대리

- 법정대리란 본인의 수권행위와 무관하게 성립하는 대리를 뜻한다. 법정대리의 경우에도 대리인이 한 대리행위의 효과가 본인에게 귀속된다.
- 법정대리의 특징(임의대리와 다른 점): ㉠ 법정대리의 경우에 대리인과 대리권의 범위는 모두 법률로 정해지는데, 법률이 직접 규정하는 경우(§920 등)도 있고 법원의 재판으로 선임하도록 하는 경우(§936, §938 등)도 있다. ㉡ 법정대리는 제한능력자 보호를 통해 사적 자치를 보충하는 제도라는 점에서 사적 자치를 확장하는 제도인 임의대리와 구별된다.

(2) 의사표시 이외의 법률사실과 대리제도

- 준법률행위: 대리제도는 의사표시를 전제하지만, 준법률행위에 대해서도 대리에 관한 조항들이 유추 적용된다.

✓ 예컨대 채권양도의 대항요건으로서 관념의 통지의 일종인 §450의 채권양도 통지는 양수인이 양도인을 대리하여 할 수도 있다.

> 민법상 대리는 행위자 아닌 자에게 법률행위의 효력을 귀속시키는 제도로서 의사표시를 요소로 하는 법률행위에서 인정되는 것이 원칙이지만, 의사 또는 관념의 통지와 같은 **준법률행위에 대하여도 대리에 관한 규정이 유추적용**된다(대법원 2024. 1. 4. 선고 2023다225580 판결).

• 사실행위의 경우에는 본인의 이익을 위해 행해졌더라도 대리에 관한 조항들이 유추 적용될 수 없다.

> 제126조의 표현대리가 성립하기 위하여는 무권대리인에게 법률행위에 관한 기본대리권이 있어야 하는 바, 증권회사로부터 위임받은 고객 유치, 투자상담 및 권유 등의 업무는 사실행위에 불과하므로 이를 기본대리권으로 하여서는 권한초과의 표현대리가 성립할 수 없다(대법원 1992. 5. 26. 선고 91다32190 판결).

나. 대리의 법률관계

• 대리의 삼면관계: 대리의 법률관계는 ㉠ 본인이 대리인에게 대리권을 수여하는 법률행위인 수권행위를 하고 ㉡ 대리인이 대리권에 근거하여 본인에게 효과를 귀속시키려는 대리의사를 표시하는 '현명'이 포함된 법률행위인 대리행위를 하면 ㉢ 대리인과 상대방이 한 이러한 대리행위의 효과가 직접 본인에게 귀속되는 것이다.

• 대리행위의 효과를 주장하는 사람은 위 ㉠, ㉡을 모두 주장·증명해야 한다(대법원 2008. 9. 25. 선고 2008다42195 판결). 다만 명시적으로 주장될 필요는 없으므로 예상 밖의 재판으로 당사자 일방에게 뜻밖의 불이익을 주는 경우가 아닌 한 법원은 묵시적 주장만을 근거로 판단할 수 있다.

> **대법원 1990. 6. 26. 선고 89다카15359 판결**
> ㆍ대리인에 의한 계약체결의 사실은 법률효과를 발생시키는 실체법상의 구성요건 해당사실에 속하므로 법원은 변론에서 당사자의 주장이 없으면 그 사실을 인정할 수가 없는 것이나, 그 주장은 반드시 명시적인 것이어야 하는 것은 아닐 뿐더러 반드시 주장책임을 지는 당사자가 진술하여야 하는 것도 아니고 소송에서 쌍방 당사자

간에 제출된 소송자료를 통하여 심리가 됨으로써 그 주장의 존재를 인정하더라도 상대방에게 불의의 타격을 줄 우려가 없는 경우에는 그 대리행위의 주장은 있는 것으로 보아 이를 재판의 기초로 삼을 수도 있다.

‣ 甲이 乙의 대리인 丙과 체결한 계약상의 권리를 주장하면서 대리의 요건사실을 진술하지 않았으나 乙이 무권대리 주장을 하고 있다면 대리행위라는 취지의 주장이 있었음을 기초로 재판하더라도 변론주의 위반은 아니다.

다. 비교

(1) 사자

A. 의미

(a) 사자와 대리인의 구별

• 사자란 타인의 의사표시가 이루어지는 과정의 일부를 담당하는 사람을 뜻한다. 사자는 본인의 진의를 표시하거나 본인이 한 의사표시를 전달하는 과정에 개입한다. 이에 비해 대리인은 의사표시의 표시 · 전달뿐 아니라 의사표시에 포함된 진의의 내용 자체를 결정할 수 있다는 점에서 사자보다 권한의 범위가 더 넓다.

본인에게 효력이 발생할 의사표시의 내용을 스스로 결정하여 상대방과의 관계에서 자신의 이름으로 법률행위를 하는 대리인과 달리 '사자'는 본인이 완성해 둔 의사표시의 단순한 전달자에 불과하다(대법원 2024. 1. 4. 선고 2023다225580 판결).

• 판례는 사자와 대리인의 구별 기준이 의사표시의 내용 결정 권한이 있는지의 여부가 아니라고 하면서, 사자와 대리인 중 어디에 해당하는지를 결정하는 것은 의사표시 해석의 문제로서 상대방과의 외부적 관계에서 보이는 모습을 중심으로 판단해야 한다고 본다.

✓ 그러나 이 판례의 논거는 납득하기 어렵다. 판례는 §116 ②을 근거로 대리인도 본인의 지시에 따라 행위한다는 점에서 사자와 마찬가지라고 보는 데서 출발하지만, §116 ②의 문언이 대리행위도 본인의 지시에 따라 이루어져야 한다는 취지라고 보기는 어렵다.

대리인도 본인의 지시에 따라 행위를 하여야 하는 이상(제116조 제2항), 법률행위의 체결 및 성립 여부에 관한 **최종적인 결정권한이 본인에게 유보되어 있다는 사정이 대리와 사자를 구별하는 결정적 기준이나 징표가 될 수는 없다**. 그 구별은 의사표시 해석과 관련된 문제로서, **상대방의 합리적 시각**, 즉 본인을 대신하여 행위하는 자가 상대방과의 외부적 관계에서 어떠한 모습으로 보이는지 여부를 중심으로 살펴보아야 하고, 이러한 사정과 더불어 행위자가 지칭한 지위·역할에 관한 표시 내용, 행위자의 구체적 역할, 행위자에게 일정한 범위의 권한이나 재량이 부여되었는지 여부, 행위자가 그 역할을 수행함에 필요한 전문적인 지식이나 자격의 필요 여부, 행위자에게 지급할 보수나 비용의 규모 등을 종합적으로 고려하여 합리적으로 판단하여야 한다(대법원 2024. 1. 4. 선고 2023다225580 판결).

(b) 사자의 유형

• 사자는 ㉠ 본인이 결정한 진의의 표시를 담당하는 '표시사자'와 ㉡ 본인이 한 의사표시를 상대방에게 도달시키는 역할을 담당하는 '전달사자'로 나눠진다.

✓ ㉠의 예로서 본인의 지시에 따라 매도·매수에 필요한 조치만 대행하는 증권회사를, ㉡의 예로서 내용증명 우편물을 전달하는 집배원을 들 수 있다.

B. 사자가 있는 경우의 법률관계

• 사자는 대리인이 아니지만, 대리에 관한 조항들은 성질에 반하지 않는 한 사자에 대해서도 유추 적용된다.

• 예컨대 사자가 본인의 진의와 다른 내용으로 표시한 경우, 경우 상대방이 사자를 대리인이라고 믿었고 이에 대해 정당한 사유가 인정되면 유효한 대리행위로 인정될 수 있다(§126의 유추적용).

대리인이 아니고 사실행위를 위한 **사자라 하더라도** 외관상 그에게 어떠한 권한이 있는 것 같은 표시 내지 행동이 있어 상대방이 그를 믿었고 또 그를 믿음에 있어 정당한 사유가 있었다면 표현대리의 법리에 의하여 본인에게 책임지워 상대방을 보호하여야 할 것이다(대법원 1962. 2. 8. 선고 4294민상192 판결).

(2) 대표

• 법인의 대표기관인 이사의 대표권에 대해서는 대리에 관한 규정이 준용된다.

> 제59조(이사의 대표권) ② 법인의 대표에 관하여는 대리에 관한 규정을 준용한다.

• 그러나 대표권은 대리권과는 구별된다. 대표기관이 한 사실행위나 불법행위의 효과도 법인에게 귀속되기 때문이다.

2. 사례: 타인 명의 법률행위

가. 문제의 소재

* 법률행위에 해당하는 행위를 실제로 하는 자와 법률행위의 명의인이 서로 다른 경우, 행위자와 명의인 중 누가 그 법률행위의 당사자인지가 문제된다.
* 행위자가 당사자로 확정되면 일반적인 법률행위에 해당하지만, 명의인이 당사자로 확정되면 대리행위에 해당하는지가 문제된다.

나. 법률행위의 당사자 확정

(1) 개관

* 1차적 기준은 당사자들의 합치된 의사이다. 이러한 의사는 결국 자연적 해석으로 정해진다. 예컨대 행위자와 상대방 모두 행위자가 당사자임을 전제로 법률행위를 했다면, 행위자와 상대방이 그 법률행위의 당사자가 된다.
* 2차적 기준은 규범적 해석이다. 예컨대 행위자는 자신이 당사자라고 생각했더라도 합리적인 사람이라면 명의인이 당사자라고 생각했을 것으로 여겨진다면, 명의인과 상대방이 법률행위의 당사자가 된다.

(2) 사례: 타인 명의 보험계약

A. 사안의 개요

* 丙은 乙보험사와 생명보험 계약을 하면서 피보험자를 丙, 보험수익자를 甲으로 정했다. 그런데 丙은 신용불량자였으므로 보험설계사인 丁명의로 보험계약을 체결하고 보험금도 丁의 계좌를 통해 지급되었다.
* 丙은 선원으로서 조업 중 사망했는데, '피보험자인 선원의 조업중 사망'은 위 생명보험 계약상 보험자 면책사유에 해당한다. 乙은 이러한 내용을 丙에게 설명하지 않았다.

B. 쟁점과 판단

* 의사표시 해석상 乙·丙 모두 丁이 보험계약자라는 의사표시를 한 것이다.
* 보험계약자는 丙이 아니라 丁이므로, 乙은 甲에게 보험금을 지급할 의무가 없다. 丁은 보험설계사이므로 면책조항에 대해 악의로 인정되기 때문이다.

대법원 2016. 12. 29. 선고 2015다226519 판결

· 계약을 체결하는 행위자가 타인의 이름으로 법률행위를 한 경우에 행위자 또는 명의인 가운데 계약 당사자가 누구인지는 계약에 관여한 당사자의 <u>의사해석 문제</u>에 해당한다.

· 행위자와 상대방의 의사가 일치하는 경우에는 <u>그 일치한 의사대로</u> 행위자 또는 명의인을 계약 당사자로 확정하여야 하고 행위자와 상대방의 의사가 <u>일치하지 않는 경우</u>에는 그 계약의 성질·내용·목적·체결 경위 등 그 계약 체결 전후의 구체적인 여러 사정을 토대로 상대방이 **합리적인 사람이라면 행위자와 명의자 중 누구를 계약 당사자로 이해할 것인지**에 의하여 계약 당사자를 결정하여야 한다.

다. 당사자 확정 후의 법률관계

(1) 행위자가 당사자로 확정된 경우

A. 개관

• 일반적인 법률행위로서 행위자와 상대방 사이에 법률효과가 발생한다.

• 다만 처분행위의 경우에는 명의인의 재산을 행위자가 처분할 의사가 있었더라도 무권리자의 처분에 불과하다.

甲이 피고 종중을 대리하여 원고와 이 사건 양도담보 계약을 한 것이 아니라, 이 사건 임야를 실질적으로 **자기가 매수한 것이라고 하여** 원고로부터 금원을 차용하면서 그 담보를 위하여 양도담보계약을 체결하였으며 원고도 **그와 같이 알고 있었던** 이상, 甲의 이 사건 양도담보계약 체결이 피고 종중을 위한 대리행위라고 할 수 없어 그 효력이 피고 종중에게 미칠 수 없을 뿐만 아니라 여기에 제126조의 표현대리의 법리가 적용될 수도 없다 할 것이다(대법원 2001. 1. 19. 선고 99다67598 판결).

B. 사례: 타인 명의 도급 계약

(a) 사안의 개요

• 수급인 甲은 종합건설면허를 받지 못한 자로서, 도급인 乙의 양해 하에 종합건설면허가 있는 丙의 명의로 공사계약을 체결했다.

• 甲과 丙 사이에서는 丙이 乙부터 송금받은 돈 중에서 명의대여 수수료 명목으로 일정한 비율로 계산한 금액을 공제한 나머지 금액을 甲의 예금계좌로 송금하여 주기로 하는 약정이 있었다.

(b) 쟁점과 판단

• 도급 계약 당사자인 甲·乙 사이에서는 수급인이 행위자 甲이라는 것에 대한 의사합치가 있었다. 따라서 수급인으로서의 권리·의무는 모두 甲에게 귀속된다.

> **대법원 2016. 3. 10. 선고 2015다240768 판결**
> ‣ <u>타인 명의 법률행위의 당사자 확정에 관한 법리는</u> 종합건설업자로 등록되어 있지 아니한 수급인이 도급인과 건축도급계약을 체결하면서, 당사자의 합의하에 계약상의 수급인 명의를 종합건설업자로 등록된 사업자로 표시하여 도급계약을 체결하기는 하였지만 그 공사를 직접 시공하고 공사대금도 자기의 계산으로 하는 등 스스로 계약당사자가 될 의사이었음이 인정되는 경우에도 마찬가지로 적용된다.
> ‣ 甲을 계약 당사자인 수급인으로 하는 데 대한 甲·乙간 의사의 합치가 존재하거나 적어도 乙이 합리적인 사람이라면 甲을 이 사건 공사도급계약의 당사자로 이해하였으리라고 보기에 충분한 사정이 인정된다.

(2) 명의인이 당사자로 확정된 경우

A. 행위자에게 대리의사가 없었던 경우

• 甲이 자신에게 법률효과를 귀속시킬 의사로 乙명의 법률행위를 한 경우를 뜻한다.

• 명의인을 당사자로 하는 계약은 불성립이므로 명의인에게는 아무 영향이 없다. 또한 甲에게 대리의사가 없으므로 무권대리·표현대리가 성립하지도 않는다.

> 제126조의 표현대리는 대리인이 본인을 위한다는 의사를 명시 혹은 묵시적으로 표시하거나 <u>대리의사를 가지고 권한 외의 행위를 하는 경우</u>에 성립하고, 사술을 써서 대리행위의 표시를 하지 아니하고 단지 본인의 성명을 모용하여 자기가 **마치 본인인 것처럼 기망하여 본인 명의로 직접 법률행위를 한 경우에는 특별한 사정이 없는 한 표현대리는 성립될 수** 없다(대법원 2002. 6. 28. 선고 2001다49814 판결).

B. 행위자에게 대리의사가 있었던 경우

(a) 행위자에게 대리권이 인정되는 경우

• 행위자가 명의인의 대리인이면 이른바 '서명대리'로서 유효한 대리행위가 된다.

• 만약 대리권을 넘는 법률행위를 한다면 서명대리권을 기본대리권으로 하는 표현대리로 인정될 수 있다.

甲이 이 사건 부동산을 乙에게 담보로 제공함에 있어서 丙에게 그에 관한 대리권을 준 이상 丙이 乙과의 사이에 근저당권 설정계약을 체결할 때 대리관계를 표시함이 없이 마치 甲 본인인 양 행세하였더라도 위 근저당권 설정계약은 대리인인 丙이 그의 권한 범위 안에서 한 것인 이상 그 효력은 본인인 甲에게 미친다(대법원 1987. 6. 23. 선고 86다카1411 판결).

본인으로부터 아파트에 관한 임대 등 일체의 관리권한을 위임받아 자신을 본인으로 가장하여 아파트를 임대한 바 있는 대리인이 다시 자신을 본인으로 가장하여 임차인에게 아파트를 매도하는 법률행위를 한 경우에는 권한을 넘은 표현대리의 법리를 유추적용하여 본인에 대하여 그 행위의 효력이 미친다(대법원 1993. 2. 23. 선고 92다52436 판결).

(b) 행위자가 명의인의 대리인이 아닌 경우: 무권대리에 해당함

C. 사례: 허무인 명의의 계약

(a) 사안의 개요

• 甲(원고)은 위조된 신분증 등을 이용하여 허무인인 乙 명의로 丙금융기관(피고)에 乙명의 예금계좌를 개설했는데, 丙은 그 후 乙은 허무인이고 甲이 실질적으로 예금채권자임을 알게 되었다.

• 甲이 乙명의 예금계약에 따라 丙에게 예금채권을 행사했다.

(b) 쟁점과 판단

• 계약 당사자 확정의 기준시는 법률행위 당시이므로 위 예금계약의 당사자는 乙과 丙이다. 丙이 예금계약 체결 후 乙은 허무인이고 실제로는 甲이 당사자라는 사실을 알게 되었더라도 마찬가지이다.

• 허무인 乙이 당사자인 예금계약은 불성립이므로 丙은 이에 따른 원리금 지급 의무를 지지 않는다. 다만 丙은 甲에게 부당이득 반환채무를 지게 된다.

대법원 2012. 10. 11. 선고 2011다12842 판결
‣ 금융실명제를 고려할 때 丙은 乙이 당사자인 줄 알고 계약을 체결했다고 할 것이어서 甲과 丙 사이에 행위자인 甲을 계약의 당사자로 하기로 하는 의사의 일치가 있었다고 보기 어렵다. 비록 乙에 대한 실명확인 절차가 허무인에 대한 것으로서 적법하

지 않다고 하더라도 丙이 乙이 허무인임을 알지 못한 이상 명의자인 乙을 계약당사자로 인식하여 그와 사이에서 이 사건 계좌 개설계약을 체결한 것이라고 봄이 타당하고, 이러한 **계약체결 당시의 계약당사자에 대한 인식은 사후에 乙이 허무인임이 확인되었다고 하여 달라지지 아니**한다.

- 丙의 계약 상대방에 관한 의사가 위와 같은 이상 甲을 계약당사자로 한 계좌 개설계약이 체결되었다고 할 수 없고, 계약당사자인 허무인 乙과 丙 사이에서도 유효한 계좌 개설계약이 성립하였다고 볼 수 없으므로, 결국 이 사건 계좌에 입고된 주식은 이해관계인들 사이에서 **부당이득반환 등의 법리에 따라 청산**될 수 있을 뿐이다.

Ⅱ (유권)대리의 법률관계

1. 개관

가. 문제의 소재

- 대리인은 본인과 독립된 권리주체이므로 대리인과 상대방이 한 법률행위의 효과는 대리인 자신에게 귀속되는 것이 원칙이다.
- 따라서 대리인이 당사자인 법률행위의 효과가 행위자인 대리인이 아니라 본인에게 귀속되는 '대리행위'라고 하려면, 법률행위의 유효한 성립을 위한 요건 이외의 추가 요건이 충족되어야 한다.

나. 유효한 대리행위를 위한 추가 요건

- 본인과 대리인의 관계: 행위자인 대리인에게 대리권이 존재하고 대리행위가 대리권 범위 내에 있는 사항을 목적으로 해야 한다.
- 대리인과 상대방의 관계: 대리인이 대리의사로 법률행위를 했어야 하고, 상대방은 그 법률행위가 대리행위이므로 행위자인 대리인이 아닌 본인에게 법률효과가 귀속된다는 사실을 알았거나 알 수 있었어야 한다.

2. 대리권의 존재와 범위: 본인과 대리인의 관계

가. 대리권의 존재: 유효한 수권행위

(1) 수권행위의 의미와 법적성질

A. 의미

- 수권행위란 본인의 의사표시로서 여기에 포함된 효과의사는 대리인에게 대리권을 수여하는 것 즉 '대리인이 한 법률행위의 효과를 본인 자신에게 직접 귀속되게 하는 것'이다.
- 수권행위는 의사표시의 일종이므로 원칙적으로 불요식 행위이다. ㉠ 거래관행상 위임장이 작성되는 경우가 많지만, 위임장이 없어도 의사표시 해석을 근거로 수권행위가 인정될 수 있다(2016다203315, 172면). ㉡ 인감도장과 인감증명서 교부는 대리권 수여를 인정할 수 있는 자료들 중 일부에 불과하므로, 이러한 사실만을 근거로 양도담보부 소비대차계약 체결 대리권이 수여되었다고 볼 수는 없다(대법원 2008. 9. 25. 선고 2008다42195 판결).

B. 법적성질

- 상대방 있는 단독행위이므로 대리인에게 도달하면 대리권이 발생한다.
- 계약이 아니기 때문에 ㉠ 대리인이 제한능력자이더라도 본인의 유효한 의사표시만 있으면 대리권이 발생하고(§117), ㉡ 본인은 일방적인 수권행위 철회로 대리권을 소멸시킬 수 있다(§128).

> 제128조(임의대리의 종료) 2문: 법률관계의 종료전에 본인이 수권행위를 철회한 경우에도 같다.

(2) 수권행위와 기초적 내부관계

- 독자성: 기초적 내부관계와 수권행위는 별개의 법률행위이다. 기초적 내부관계란 본인이 수권행위를 하게 된 원인인 법률관계로서, 본인과 대리인 사이의 위임계약이나 고용계약이 여기에 해당한다.
- 유인성: 기초적 내부관계의 근거인 법률행위가 무효이면 수권행위에 별도의 무효 사유가 없어도 대리권 역시 소멸한다.

> 제128조(임의대리의 종료) 1문: 법률행위에 의하여 수여된 대리권은 전조의 경우 외에 그 원인된 법률관계의 종료에 의하여 소멸한다.

(3) 사례

A. 묵시적 수권행위와 계약파기 주장

(a) 사안의 개요

- 乙은 자신이 소유한 X토지를 매도하기를 원하여 丙에게 매수인을 구해달라고 부탁했다. 丙은 X토지 매수를 원하는 甲과 X토지 매매계약서를 작성하면서 '乙의 대리인 丙'으로 기재했다. 그후 甲은 丙이 알려준 乙의 계좌번호로 계약금을 지급했고 乙과 전화통화로 대금지급 시기를 조율했다.
- 乙은 X토지의 가격이 상승하자 계약 불성립을 주장하면서 甲으로부터 받은 계약금을 반환하겠다고 한다.

(b) 쟁점과 판단

- 대리권 수여는 묵시적으로도 가능한데 乙은 丙에게 묵시적 수권행위를 했거나 甲과 통화하면서 丙의 대리행위를 추인했다고 볼 수 있다.
- 따라서 乙이 계약 파기를 주장하려면 甲으로부터 수령한 계약금의 배액을 상환해야 한다.

> 대리권을 수여하는 수권행위는 불요식의 행위로서 명시적인 의사표시에 의함이 없이 묵시적인 의사표시에 의하여 할 수도 있으며, 어떤 사람이 대리인의 외양을 가지고 행위하는 것을 본인이 알면서도 이의를 하지 아니하고 방임하는 등 **사실상의 용태에 의하여 대리권의 수여가 추단**되는 경우도 있다(대법원 2016. 5. 26. 선고 2016다203315 판결).

B. 제한능력자와의 위임계약

- 사안의 개요: 甲은 乙에게 사무처리를 위임하고 乙에게 대리권을 수여했는데, 乙이 제한능력자임이 밝혀지자 甲은 乙에 대한 대리권 수여를 취소했다.
- 쟁점과 판단: 乙이 甲을 현명한 대리행위는 유효이고 甲에게 그 효과가 귀속된다. 대리인의 제한능력은 대리행위의 효과에 영향을 미치지 못하기 때문이다(§117).
- 甲이 위임계약을 해지하면 별도의 의사표시 없이 乙의 대리권은 소멸한다(§128,

유인성). 다만 그 후 乙이 대리행위를 하더라도 상대방이 위임계약 해지에 대해 선의·무과실이면 §129의 표현대리를 주장할 수 있다.

나. 대리권의 범위

(1) 개관

• 대리인이 본인에게 법률효과를 귀속시킬 수 있는 사항의 범위는 수권행위로 정해지는 것이 일반적이다. 다만 수권행위는 의사표시이고 묵시적으로도 할 수 있기 때문에 대리권의 범위가 의사표시의 보충적 해석에 의해 판별되는 경우도 있다.

• 대리권, 현명 등 대리행위의 다른 요건들이 충족되었더라도 대리권의 범위에 속하지 않는 효과를 목적으로 하는 대리행위는 무권대리이고, §126의 표현대리 성립이 문제된다.

(2) 수권행위의 해석에 의한 임의대리권의 범위 결정

A. 특정 법률행위에 대한 대리권

• 능동적 대리권은 수동적 대리권을 포함한다. 즉 의사표시를 할 대리권이 수여되었다면 상대방의 의사표시를 받을 대리권도 수여된 것으로 해석된다.

> 임의대리에 있어서 대리권의 범위는 수권행위(대리권수여행위)에 의하여 정하여지는 것이므로 어느 행위가 대리권의 범위 내의 행위인지의 여부는 개별적인 수권행위의 내용이나 그 해석에 의하여 판단할 것이나, 일반적으로 말하면 수권행위의 통상의 내용으로서의 임의대리권은 그 권한에 부수하여 필요한 한도에서 상대방의 의사표시를 수령하는 이른바 수령대리권을 포함하는 것으로 보아야 한다(대법원 2015. 12. 23. 선고 2013다81019 판결).

• 계약 체결 대리권이 수여된 경우, 대리권의 범위에는 ㉠ 체결된 계약의 이행과 관련된 행위는 포함되지만 ㉡ 계약의 해제나 파기는 포함되지 않는다.

대법원 2008. 6. 12. 선고 2008다11276 판결
> • 어떠한 계약의 체결에 관한 대리권을 수여받은 대리인이 <u>수권된 법률행위를 하게 되면 그것으로 대리권의 원인된 법률관계는 원칙적으로 목적을 달성하여 종료되는</u> 것이고, 법률행위에 의하여 수여된 대리권은 그 <u>원인된 법률관계의 종료에 의하여 소멸하는 것이므로</u>(제128조), 그 계약을 대리하여 체결하였다 하여 곧바로 그 사람이 체결된 <u>계약의 해제 등 일체의 처분권과 상대방의 의사를 수령할 권한까지 가지</u>

고 있다고 볼 수는 없다.
- 따라서 도급인이 수여한 공사계약 체결 대리권에 공사대금 지급에 관한 대리권까지 포함된다고 해석할 수 없으므로, <u>도급인의 대리인이 수급인에게 한 공사대금 채무승인 의사표시는 본인에 대한 채무의 시효중단사유가 될 수 없다.</u>

통상 대부중개업자가 전주를 위하여 금전소비대차계약과 그 담보를 위한 담보권 설정계약을 체결할 대리권을 수여받은 것으로 인정되는 경우라 하더라도, 특별한 사정이 없는 한 일단 금전소비대차계약과 그 담보를 위한 담보권 설정계약이 체결된 후에 이를 해제할 권한까지 당연히 가지고 있다고 볼 수는 없다(대법원 2021. 10. 14. 선고 2021다243430 판결).

B. 일정한 거래에 대한 포괄적 대리권

(a) 사안의 개요

- 乙은 자신이 신축한 X건물의 분양을 丙에게 위임하면서, 분양계약 체결은 물론 대금미납 발생시의 해제와 재분양계약 체결 등에 대해서도 대리권을 수여했다.
- 丙은 甲과 X건물 분양계약을 체결했으나 입주가 지연되자 甲은 丙에게 해제 의사표시를 했다.

(b) 쟁점과 판단

- 乙은 丙의 대리권의 범위에 분양계약 해제 의사표시 수령은 포함되지 않는다고 주장했으나 배척되었다. 수권행위의 내용상 해제의 능동대리는 물론 수동대리에 대해서도 대리권이 부여된 것으로 해석되기 때문이다.
- 乙은 甲에게 §548에 의한 원상회복의무를 진다.

대법원 2015. 12. 23. 선고 2013다81019 판결

- 아파트 등 <u>건물의 분양업무에 관한 대리권을 수여받은 자의 업무가 개별적인 분양계약의 체결에 그치는 것이 아니라</u>, 사정에 따라 그 <u>일부 분양의 취소 내지 해제와 이에 따른 보완적인 재분양 계약의 체결</u> 등 거래행위를 순차적, 계속적으로 수행하는 것을 필요로 하고 <u>분양계약에 달리 정함이 없는 경우에는, 일반 거래상대방의 보호를 위하여는 이러한 모든 행위가 일률적으로 그 업무범위 내에 속한다</u>고 보아야지, 그중에서 분양계약의 <u>취소, 해제</u>만을 따로 떼어 그 업무는 본인이 이를 직접 수

행하든지 분양업무를 맡은 대리인에게 별도의 특별수권을 하여야 한다고 새겨서는 안 될 것이다.

‣ 수분양자인 원고 甲이 이 사건 아파트에 관한 분양계약을 체결하였다는 사정만으로 분양사무 위임을 받은 대리인인 丙의 분양업무 대리권의 원인된 법률관계가 목적을 달성하여 종료하는 것이라고 볼 수 없고, 특별한 사정이 없는 한 순차적·계속적인 분양계약 및 개별합의의 체결과 수분양자들의 입주 시까지는 **丙의 분양업무 대리권이 그대로 존속하고 있고 丙에게 수분양자들의 분양계약 해제의 의사표시를 수령할 권한이 있다**고 봄이 상당하다. 그렇다면 甲이 丙의 분양사무실에 근무하는 丁에게 한 이 사건 아파트에 대한 **해제의 의사표시는 피고 乙에 대하여 그 효력이 미친다**.

(3) 대리권의 범위에 관한 임의법규

A. 대리권의 범위에 관한 보충적 해석의 근거규정

• 수권행위의 해석상 대리권 수여 의사표시는 인정되는데 대리권의 범위가 불명확한 경우, 대리권의 범위는 §118에 의해 결정된다. 즉 §118는 임의법규이다.

• §118에 의한 대리권의 범위: 보존행위, 성질이 변하지 않는 한도 내에서의 이용·개량행위에 대해서만 대리권이 인정된다.

> 제118조(대리권의 범위) 권한을 정하지 아니한 대리인은 다음 각호의 행위만을 할 수 있다.
> 1. 보존행위, 2. 대리의 목적인 물건이나 권리의 성질을 변하지 아니하는 범위에서 그 이용 또는 개량하는 행위

B. 공동대리

(a) 원칙

• 공동대리란 대리권의 범위가 중복되는 대리인이 여러 명인 경우를 뜻한다.

• 공동대리의 경우, 상대방 보호와 거래 안전을 위해 각 대리인은 단독으로 유효한 대리행위를 할 수 있다.

> 제119조(각자대리) 본문: 대리인이 수인인 때에는 각자가 본인을 대리한다.

(b) 예외

- 특칙 또는 수권행위로 공동 행사의 취지가 정해졌으면 공동대리인은 함께 대리 권을 행사해야 한다.
- 본인의 이익 보호를 위한 대리인 상호 간의 견제라는 취지를 고려할 때, 의사결정 만 함께 하면 되고 표시까지 함께할 필요는 없는 것으로 해석된다.

> 제119조(각자대리) 단서: 그러나 법률 또는 수권행위에 다른 정한 바가 있는 때에는 그러하지 아니하다.

- 본인이 수권행위로 공동으로 대리권을 행사하도록 정했으나 특정 대리인이 단독 으로 대리행위를 한 경우, 무권대리에 해당하지만 §126의 표현대리가 성립할 수 있다.

C. 자기계약, 쌍방대리의 금지

> 제124조(자기계약, 쌍방대리) 대리인은 본인의 허락이 없으면, 본인을 위하여 자기와 법률행위를 하거나 동일한 법률행위에 관하여 당사자쌍방을 대리하지 못한다. 그러 나 채무의 이행은 할 수 있다.

(a) 개관

- 자기계약 금지: 대리제도는 대리인이 본인의 이익을 위해 법률행위를 하는 것을 전제한다. 따라서 대리인과 본인 간에 이해관계가 대립하는 경우에는 대리권이 제한되어야 한다.
- 쌍방대리 금지: 재산법상 법률행위는 당사자 간 이해관계 대립을 전제하므로 대 리인이 양 당사자 모두를 대리하면 일방의 이익은 고려할 수 없게 된다. 따라서 이 경우에도 일방에 대해서는 대리권이 제한되어야 한다.

(b) 적용범위

- 법률행위의 당사자라는 지위가 대립하는 경우 뿐 아니라, 이해관계가 대립하는 경우 즉 이해상반성이 있는 경우에도 자기계약·쌍방대리에 준하여 대리권이 제 한된다(2017다271070, 178면).
- 민사집행법상 입찰 참가에 대해서도 §124가 적용된다.

제124조의 취지에 비추어 볼 때 부동산 입찰절차에서 동일물건에 관하여 이해관계가 다른 2인 이상의 대리인이 된 경우에는 그 대리인이 한 입찰은 무효이다(대법원 2004. 2. 13.자 2003마44 결정).

(c) 적용의 효과

• 원칙: 자기계약이나 쌍방대리에 해당하는 대리행위는 무권대리에 해당한다.
• 예외: ㉠ 본인이 자기계약이나 쌍방대리를 허락한 경우 또는 새로운 법률관계를 창설하지 않고 종래의 법률관계를 반영하는 법률행위인 경우에는 유효한 대리행위이다(§124 단서). ㉡ 본인의 허락은 묵시적 또는 사후 추인으로도 할 수 있으며, 이에 대한 주장·증명책임은 본인의 허락을 근거로 쌍방대리행위가 유권대리 행위라고 주장하는 당사자에게 귀속된다.

'본인의 허락'이 있는지 여부는 이익충돌의 위험을 회피하기 위한 입법취지에 비추어 쌍방대리행위에 관하여 유효성을 주장하는 자가 주장·증명책임을 부담하고, 이때의 '허락'은 명시된 사전 허락 이외에도 '묵시적 허락' 또는 '사후 추인'의 방식으로도 가능하다(대법원 2024. 1. 4. 선고 2023다225580 판결).

(d) 사례: 이해상반성과 §124

• 사안의 개요: 영농조합법인 甲의 대표자 丙은 자신의 배우자인 丁의 乙에 대한 채무를 연대보증하고 甲소유 X부동산에 대한 근저당권 설정계약도 체결했다.
• 원심은, 법인과 대표기관의 이해상반행위인데 특별대리인을 선임하지 않았으므로 무권대표행위(§64)라고 판단했다.
• 대법원의 판단: ㉠ 영농조합법인에 대해서는 법인이 아니라 조합에 관한 규정들이 적용되므로 §64는 적용될 수 없다. ㉡ 조합의 대표자는 대리권이 있고(§709) 본인과 대리인 간에 이해상반성이 있는 대리행위에 대해서는 §124가 적용된다. ㉢ 따라서 丙이 甲을 대리하여 체결한 보증계약과 근저당권설정계약은 무권대리 행위이다.
✓ 그러나 이러한 판례의 태도는 납득하기 어렵다. 판례는 §921의 이해상반성을 판단할 때는 상대방과 대리인이 실질적으로 이해관계를 같이한다는 사정을 고려하지 않는 이른바 '형식설'의 입장이다(2001다65960, 권재문, 친족상속법, 225면). 그런데 이 사건에서는 조합체인 甲과 이해상반관계에 있는 상대방은 丁인데도 丁과 대표자 丙의 '실질적 이해관계 동일성'을 전제로 甲과 丙 사이에 이해상반성이 있다고 보았다. 형식설을 관철시켜 丙이 한 대표행위가 자기계약이 아니라고

보더라도 대표권 남용에 해당하여 무권대리라는 결론을 도출할 수 있을 것이다.

> 제709조에 의하면, 조합의 대표자는 조합을 위하여 모든 행위를 할 대리권이 있는 것
> 으로 추정된다. 제124조는, **본인과 대리인 간의 이해의 충돌이 있는** 때에도 적용된다.
> 이러한 규정에 비추어 보면, 영농조합법인과 대표이사의 이익이 상반하는 사항에 관
> 하여 대표이사는 대리권이 없다. 그럼에도 대표이사가 제124조를 위반하여 영농조합
> 법인을 대리한 경우에 그 행위는 무권대리행위로서 영농조합법인에 대하여 효력이
> 없다(대법원 2018. 4. 12. 선고 2017다271070 판결).

(e) 사례: 대출알선과 쌍방대리

• 대출알선업자 丙은 채권자 甲과 채무자 乙을 모두 대리하여 대출계약을 체결했
  고 乙은 丙에게 대출이자를 지급했다.

• 甲이 丙은 대출이자를 수령할 권한이 없다고 주장하면 배척된다. ㉠ 위 대출계약
  은 쌍방대리이지만 甲·乙이 묵시적으로 허락했으므로 유효이고, ㉡ 대출계약
  체결 대리권에는 원리금 수령 대리권도 포함된다고 해석되기 때문이다.

> 사채알선업자는 소비대차계약 체결에 있어서 대주에 대하여는 차주의 대리인 역할을
> 하고, 반대로 차주에 대하여는 대주의 대리인 역할을 하게 되는 것이고, 대주로부터
> 소비대차계약을 체결할 대리권을 수여받은 대리인은 특별한 사정이 없는 한 그 소비
> 대차계약에서 정한 바에 따라 차주로부터 변제를 수령할 권한도 있다고 봄이 상당하
> 므로 차주가 그 사채알선업자에게 하는 변제는 유효하다고 보아야 한다(대법원 1997.
> 7. 8. 선고 97다12273 판결).

다. 대리권의 소멸

(1) 임의대리권, 법정대리권에 공통된 소멸사유

• 사망: 대리는 신뢰관계를 전제하므로 본인이나 대리인이 사망하면 대리권은 소
  멸하는 것이 원칙이다(§127 2호).

• 제한능력: ㉠ 본인이 제한능력자가 된 경우에도 대리권은 소멸한다고 보아야 한
  다. 제한능력자의 법정대리인인 후견인이 선임되고 이 후견인에게 포괄적 대리
  권이 인정되어야 하기 때문이다(사견). ㉡ 대리인이 제한능력자가 된 경우 본인
  의 이익을 위해 대리권이 소멸한다(§127 2호).

제127조(대리권의 소멸사유) 대리권은 다음 각 호의 어느 하나에 해당하는 사유가 있으면 소멸된다. 1. 본인의 사망 2. 대리인의 사망, 성년후견의 개시 또는 파산

(2) 임의대리권에 대해서만 적용되는 소멸사유(§128)

• 기초적 내부관계가 종료하면 유인성으로 인해 대리권도 소멸한다.

• 본인은 언제든지 수권행위를 철회할 수 있고 이로 인해 대리권은 소멸한다.

제128조(임의대리의 종료) 법률행위에 의하여 수여된 대리권은 전조의 경우 외에 그 원인된 법률관계의 종료에 의하여 소멸한다. 법률관계의 종료전에 본인이 수권행위를 철회한 경우에도 같다.

3. 대리행위의 유효한 성립: 대리인과 상대방의 관계

가. 대리인의 현명(顯名)

(1) 의미

• 현명이란, 대리행위의 상대방에게 대리인이 '자신이 하는 법률행위의 효과가 대리인 자신이 아니라 본인에게 귀속된다'는 뜻을 표시하는 것이다.

• 대리인이 현명하지 않았고 상대방이 대리행위라는 사실에 대해 선의·무과실이면, 대리인이 대리 의사로 한 법률행위이더라도 그 효과는 대리인 자신과 상대방 사이에서 발생한다.

제115조(본인을 위한 것임을 표시하지 아니한 행위) 대리인이 본인을 위한 것임을 표시하지 아니한 때에는 그 의사표시는 자기를 위한 것으로 본다. 그러나 상대방이 대리인으로서 한 것임을 알았거나 알 수 있었을 때는 전조 제1항의 규정을 준용한다.

(2) 현명의 방식

• 현명은 불요식 행위이므로, 현명이 있었는지의 여부를 판단하는 것은 의사표시 해석의 문제이다.

대리인이 본인을 위한 대리행위라는 의사의 표시(현명)는 방식을 불문할 뿐만 아니라 반드시 명시적으로만 할 필요가 없이 묵시적으로도 할 수 있는 것이고, 현명을 하지 아니한 경우라도 그 행위를 둘러싼 여러 사정에 비추어 대리행위로서 이루어진 것임을 상대방이 알았거나 알 수 있었을 때에는 적법한 대리행위로서 효력이 인정된다(대

법원 2024. 1. 4. 선고 2023다225580 판결).

- 전형적인 방식은 '甲의 대리인 乙' 명의로 법률행위를 하는 것이다. 그러나 이처럼 대리관계를 명시적으로 표시하지 않았더라도, ㉠ 위임장이 첨부된 경우에는 대리인 자신의 명의로 한 법률행위도 대리행위로 인정될 수 있고, ㉡ 대리인이 자신의 이름을 현명하지 않은 채 본인 명의로 한 법률행위도 대리행위로 인정될 수 있다.

> 일반적으로 매매계약에서 매도인으로 나온 사람이 위와 같은 소유권자로부터 매매에 관한 권한을 위임받은 내용의 **위임장을 제시하고 매매계약을 체결하였다면 특단의 사정이 없는 한 그는 소유권자를 대리하여 매매행위를 한 것으로 보아야 할 것**이고, 매매계약서의 매도인란에 <u>대리관계의 표시가 없이</u> 그 **자신의 이름**을 <u>기재하였다고 하여도</u> 이것만으로 그 자신이 매도인으로서 타인권리 매매를 한 것이라고 볼 수는 없다(대법원 1982. 5. 25. 선고 81다1349 판결).

> 대리인이 법률행위를 함에 있어 반드시 대리인임을 표시하여 의사표시를 하여야 하는 것이 아니고 **본인 명의**로도 할 수 있다(대법원 2003. 5. 30. 선고 2003다13604 판결).

나. 법률행위의 일반적인 성립·유효요건

(1) 개관

- 대리인이 대리권 범위 내의 사항에 대해 법률행위를 하면서 본인의 대리인임을 현명하는 것은 법률행위의 효과가 본인에게 귀속되기 위한 요건에 지나지 않는다.
- 따라서 대리행위의 법률효과인 권리 변동이 본인에게 발생하려면, 대리행위 자체가 유효한 법률행위로서의 요건을 갖춰야 한다.

(2) 당사자에 관한 요건(행위능력)

A. 본인의 행위능력: 문제되지 않음

B. 대리인의 행위능력

- 대리인의 행위능력은 대리행위의 효력에는 영향을 미치지 않는다. 즉 본인, 대리인, 상대방은 모두 대리인의 제한능력을 이유로 대리행위를 취소할 수는 없다.
- 비교: 본인·대리인은 대리인의 제한능력을 이유로 원인계약을 취소할 수 있고 이때 취소의 소급효와 유인성으로 인해 무권대리·표현대리의 문제가 등장한다.

또한 본인은 수권행위를 철회할 수도 있다.

(3) 대리행위의 하자

A 원칙(§116 ①)

• 대리행위와 관련된 인적 사정은 모두 대리인을 기준으로 판단한다. ⊙ 의사표시
의 사기·강박, 착오 여부는 물론, ⓒ 대리행위의 무효·취소를 근거지우는 선의
여부나 과실 유무, ⓒ 사해행위 취소 사안에서 수익자·전득자의 악의 여부도 실
제로 법률행위를 하는 사람인 대리인을 기준으로 판단해야 한다.

> 제116조(대리행위의 하자) ① 의사표시의 효력이 의사의 흠결, 사기, 강박 또는 어느
> 사정을 알았거나 과실로 알지 못한 것으로 인하여 영향을 받을 경우에 그 사실의 유무
> 는 대리인을 표준하여 결정한다.

대법원 1998. 2. 27. 선고 97다45532 판결

‣ **대리인**이 본인을 대리하여 매매계약을 체결함에 있어서 매매대상 토지에 관한 저
간의 사정을 잘 알고 그 **배임행위에 가담하였다면**, 대리행위의 하자 유무는 대리인
을 표준으로 판단하여야 하므로, 설사 본인이 미리 그러한 사정을 몰랐거나 반사회
성을 야기한 것이 아니라고 할지라도 그로 인하여 매매계약이 가지는 사회질서에
반한다는 장애사유가 부정되는 것은 아니다.

‣ 사해행위인지가 문제되는 법률행위가 대리인에 의하여 이루어진 때에는 수익자의
사해의사 또는 전득자의 사해행위에 대한 악의의 유무는 대리인을 표준으로 결정
하여야 한다.

• 본인의 지위: ⊙ 의사표시의 하자나 선의·과실 여부를 근거로 발생하는 법률효
과는 본인에게 귀속된다. 예컨대 대리인이 사기를 당한 경우 취소권은 본인에게
귀속된다. ⓒ 대리행위의 무효·취소 사안에서 본인은 보호되는 '제3자'에 해당하
지 않는다.

B 예외: 본인의 악의를 고려하는 경우

• 본인이 대리인에게 특정한 법률행위를 위임했을 뿐 아니라 대리인이 본인의 지시
에 따라 법률행위를 한 경우에는, 실질적으로 본인이 행위자라고 볼 수 있다. 따라
서 본인은 대리인의 선의·무과실을 내세워 그 효과를 주장할 수 없다(§116 ②).

제116조 ② 특정한 법률행위를 위임한 경우에 대리인이 본인의 지시에 좇아 그 행위를 한 때에는 본인은 자기가 안 사정 또는 과실로 인해 알지 못한 사정에 관하여 대리인의 부지를 주장하지 못한다.

- 사기·강박에 의한 법률행위(§110 ②): ⊙ 본인이 상대방을 사기·강박한 경우 대리인이 선의·무과실이더라도 상대방은 대리행위를 취소할 수 있다. 이때 본인을 제3자라고 볼 수는 없기 때문이다. ⓒ 제3자의 사기·강박으로 인해 상대방이 대리행위를 한 경우, 대리인이 이런 사실에 대해 선의·무과실이더라도 본인의 악의나 과실이 인정된다면 상대방은 취소권을 행사할 수 있다(지원림, 2-306).

4. 대리행위의 효과: 본인과 상대방 사이의 법률관계 발생

가. 원칙: 대리행위의 내용인 법률효과는 상대방과 본인에게 귀속됨

나. 예외: 대리권 남용의 법리

(1) 개관

A. 문제의 소재

- 유효한 대리행위의 법률효과는 본인에게 귀속되는 것이 원칙이다.
- 그러나 이러한 법률효과가 본인에게 불리하고 대리인이나 상대방에게는 유리하다면 대리인이 대리권을 본질에 반하는 방식으로 행사한 것으로서 신의칙에 반한다. 그런데 권리남용의 법리는 권리뿐 아니라 권한에 대해서도 적용되므로 신의칙에 반하는 대리권 행사는 대리권 남용에 해당한다.

B. 대리권 남용의 법리의 적용범위: 임의대리, 법정대리 모두

(2) 대리권 남용 법리의 적용요건

- 전제: 외관상으로는 유효한 대리행위가 성립한 상태여야 한다. 즉 대리인이 대리권 범위 내에서 대리행위임을 표시하고 법률행위를 했으며, 이러한 대리행위에 무효·취소 사유가 없어야 한다.
- 대리권의 남용: 대리행위가 본인에게는 불리하고 대리인 및/또는 상대방에게 유리한 결과를 초래하는 상태여야 한다.
- 이익형량: 대리행위의 상대방의 보호가치가 없어야 한다. 즉 대리권이 남용되어 본인 이외의 사람의 이익을 위한 대리행위가 행해졌다는 사실에 대한 상대방의 악의나 과실이 인정되어야 한다.

(3) 대리권 남용 법리 적용의 효과

A. 개관

(a) 대리인, 상대방에 대한 효과: §107 ① 단서 유추적용

• 대리행위는 무효이므로 본인에게 그 효과가 귀속되지 않는다.

• 본인에게 손해가 발생한 경우 본인은 대리인에게 §390, §750에 근거한 손해배상 청구를 할 수 있다.

(b) 제3자 보호: §107 ② 유추적용

• 판례는 대리권 남용 사안에 대해 §107 ①뿐 아니라 §107 ②도 유추 적용된다고 본다. 따라서 선의의 제3자에게는 대리권 남용으로 인해 대리행위가 무효임을 대항할 수 없다.

• 판례는 이때 제3자는 선의로 추정된다고 본다. 따라서 본인은 제3자의 악의를 증명해야만 대리권 남용 행위로 인해 유출된 재산을 제3자로부터 회복할 수 있다.

B. 사례: 대리권 남용과 제3자 보호

(a) 사안의 개요

• 甲의 단독친권자 乙은 甲 소유 X부동산을 헐값에 丙에게 팔았고 丙은 이런 사정을 잘 알고 있었다. 丙은 X부동산을 다시 丁에게 팔았는데, 丁이 이런 사정을 알았는지의 여부는 증명되지 못했다.

• 甲이 성년이 된 후 丁을 상대로 X부동산에 대한 丁명의 소유권이전등기 말소등기를 청구한다.

(b) 쟁점과 판단

• 대리권 남용 사실이 인정되므로 乙의 대리에 의한 X부동산 매매계약은 무효이다.

• 대리권 남용 사안에 대해서는 §107 ②도 유추 적용되며 제3자는 선의로 추정된다. 따라서 甲의 丁에 대한 말소등기 청구는 배척된다.

> **대법원 2018. 4. 26. 선고 2016다3201 판결**
> • **법정대리인**인 친권자의 대리행위가 객관적으로 볼 때 **미성년자 본인에게는 경제적인 손실만을 초래하는 반면, 친권자나 제3자에게는 경제적인 이익을 가져오는 행위이고 그 행위의 상대방이 이러한 사실을 알았거나 알 수 있었을 때**에는 제107조 제1항 단서의 규정을 유추적용하여 행위의 효과가 자에게는 미치지 않는다고 해석함이 상당하나, 그에 따라 **외형상 형성된 법률관계를 기초로 하여 새로운 법률상 이해**

관계를 맺은 선의의 제3자에 대하여는 같은 조 제2항의 규정을 유추적용하여 누구도 그와 같은 사정을 들어 대항할 수 없으며, 제3자가 악의라는 사실에 관한 주장·증명책임은 그 무효를 주장하는 자에게 있다.

‣ 원심은, 이 사건 매매계약은 친권자에 의한 대리권 남용행위에 따라 체결된 계약으로서 그 효과는 원고와 소외 1에게 미치지 아니하는바, 위 매매계약을 원인으로 하여 소외 2 앞으로 마쳐진 소유권이전등기는 원인무효의 등기이고, 소외 2가 이 사건 각 부동산에 관하여 아무런 권리를 취득한 바 없다면 무권리자인 소외 2가 피고에게 이 사건 각 부동산을 매도하였다 하여도 아무 효력이 없는 것이어서 피고 명의의 등기는 실체적 권리관계에 부합되지 않은 무효의 등기라고 판단하였다. 그러나 위와 같은 원심의 판단은 **그대로 수긍하기 어렵다**. 원심으로서는 피고가 소외 3의 친권 남용에 대하여 선의의 제3자인지 여부를 심리하여 원고에게 대항할 수 있는지 여부를 판단하였어야 한다.

5. 복대리

가. 의미: 대리인이 선임한 본인의 대리인

• 본인에게 대리인이 추가로 필요한 경우, 본인이 새 대리인과 기초적 내부관계의 원인계약과 수권행위를 하는 것이 원칙이다. 그러나 본인의 승낙이 있거나 부득이한 사정이 있는 경우, 대리인이 본인의 수권행위를 대리하여 본인 대신 본인의 대리인을 선임하는 경우가 있다.

• 이처럼 대리인이 선임했으나 대리인 자신의 대리인이 아니라 본인의 대리인인 자를 '복대리인'이라고 한다. 이때 복대리인을 선임한 자를 복대리인과 구별하기 위해 필요한 경우에는 '원대리인'이라고 한다.

나. 복대리의 요건

(1) 개관

A. 복임권 = 복대리인을 선임할 수 있는 대리인의 권한

(a) **법정대리인**: 자기 책임 하에 자유롭게 복대리인 선임

(b) **임의대리인**

• 본인이 복임권을 수여한 경우 또는 부득이한 사유가 있는 경우에만 복대리인을 선임할 수 있다.

제120조(임의대리인의 복임권) 대리권이 법률행위에 의하여 부여된 경우에는 대리인은 본인의 승낙이 있거나 부득이한 사유 있는 때가 아니면 복대리인을 선임하지 못한다.

- 복임권 수여도 불요식 행위이므로 묵시적으로도 할 수 있다.
- 대리행위의 성질에 비추어 행위자의 능력이나 개성이 중요하지 않은 경우에는 복대리에 대한 본인의 묵시적 승낙이 추정된다.

대리의 목적인 법률행위의 **성질상 대리인 자신에 의한 처리가 필요하지 아니한 경우에는 본인이 복대리 금지의 의사를 명시하지 아니하는 한 복대리인의 선임에 관하여 묵시적인 승낙**이 있는 것으로 보는 것이 타당하다. 따라서 외국인 주주로부터 의결권 행사를 위임받은 상임대리인은 특별한 사정이 없는 한 그 의결권 행사의 취지에 따라 제3자에게 그 의결권의 대리행사를 재위임할 수 있다(대법원 2009. 4. 23. 선고 2005다22701 판결).

오피스텔의 분양업무는 그 성질상 대리인의 능력에 따라 본인의 분양사업의 성공 여부가 결정되는 것이므로, 사무처리의 주체가 중요하지 아니한 경우에 해당한다고 보기 어렵다(대법원 1999. 9. 3. 선고 97다56099 판결).

B. 복임권 있는 원대리인이 복대리인을 선임하는 수권행위

(2) 사례: 묵시적 복임권 수여

A. 사안의 개요

- 甲은 乙의 丙에 대한 채무 담보를 위해 甲소유 X부동산에 채권최고액 2억원의 근저당권 설정계약을 할 대리권을 乙에게 수여했다.
- 乙이 丙에게 X부동산에 대한 근저당권 설정계약에 필요한 서류를 넘겨주자 丙은 이것을 이용해 자신의 채권자 丁명의로 2억원의 근저당권을 설정해 주었다.

B. 쟁점과 판단

- 甲이 丁명의 근저당권 말소등기를 청구하면 배척된다.
- 甲이 乙에게 근저당권 설정등기에 필요한 서류를 교부하면서 근저당권자 명의를 백지로 했다면, 乙에게 복임권을 수여한 것으로 해석되기 때문이다.

대법원 1996. 2. 9. 선고 95다10549 판결

· 甲은 담보 제공을 승낙하고 인감증명서뿐 아니라 인감도장까지 그의 아들인 乙에게 교부하였고, 乙은 丙에 대한 채무의 담보로 근저당권 설정등기를 경료해 주면서 丙에게 이 사건 부동산을 담보로 대출을 받아 그 대출금으로 위 채무에 충당하라고 하면서, 그에 필요한 위 인감증명서와 인감도장을 맡겼다

· 甲으로서는 근저당권자가 누구이건 간에 乙의 행위로 말미암은 채무에 대하여는 <u>이 사건 부동산을 담보로 제공할 의사로 乙에게 이에 해당하는 일체의 대리권을 준 것으로 볼 것이고, 이 대리권의 범위 내에는 제3자에게 복대리권을 부여하는 복임권까지도 포함되어 있다고 봄이 상당</u>하다고 할 것이므로 乙이 丙에게 甲의 인감증명서와 인감도장을 교부하여 이 사건 부동산을 담보로 제공하여 대출을 받을 권한을 부여한 이상 丙이 이를 이용하여 丁(피고) 명의로 근저당권 설정등기를 경료해 준 행위는 甲(원고)이 乙에게 부여한 대리권 범위 내에 속하는 유효한 행위라고 하지 않을 수 없다.

다. 복대리의 법률관계

(1) 본인과 원대리인

A. 법정대리인

· 원칙: 법정대리인은 복대리인의 잘못으로 인한 손해에 대해 본인에게 무과실책임을 진다.

· 예외: 법정대리인이 부득이한 사유로 복대리인을 선임한 경우에는 선임·감독 책임만 진다. 즉 복대리인의 선임·감독에 대한 과실이 없으면 법정대리인은 면책된다.

> 제122조(법정대리인의 복임권과 그 책임) 법정대리인은 그 책임으로 복대리인을 선임할 수 있다. 그러나 부득이한 사유로 인한 때에는 전조 제1항에 정한 책임만이 있다.

B. 임의대리인

· 원칙: 복대리인에 대한 선임·감독에 대한 책임을 진다.

· 예외: 본인이 복대리인을 지명한 경우에는 임의대리인이 ㉠ 복대리인의 부적임·불성실을 알고도 본인에게 알리지 않았거나 ㉡ 해임을 게을리한 경우에만 본인에 대해 손해배상 책임을 진다.

> 제121조(임의대리인의 복대리인선임의 책임)
> ① 전조의 규정에 의하여 대리인이 복대리인을 선임한 때에는 본인에게 대하여 그 <u>선임감독에 관한 책임</u>이 있다.
> ② 대리인이 **본인의 지명**에 의하여 복대리인을 선임한 경우에는 그 부적임 또는 불성실함을 알고 본인에게 대한 통지나 그 해임을 태만한 때가 아니면 책임이 없다.

(2) 원대리인과 복대리인

A. 동일성

* 복대리인은 상대방에 대해 원대리인과 마찬가지로 본인의 대리인이라는 지위를 가진다.
* 복대리인과 본인 사이에도 본인·대리인 간 기초적 내부관계와 동일한 기초적 내부관계가 있는 것으로 간주된다.

> 제123조(복대리인의 권한)
> ① 복대리인은 그 권한 내에서 본인을 대리한다.
> ② 복대리인은 본인이나 제삼자에 대하여 대리인과 동일한 권리의무가 있다.

B. 종속성

* 대리권의 범위: 복대리권의 범위, 존속기간 등은 원대리권을 넘을 수 없다.
* 감독관계: 복대리인은 원대리인의 감독을 받아야 한다.

(3) 본인과 복대리인: 본인의 대리인, 기초적 내부관계의 의제(§123 ②)

(4) 상대방과 복대리인: 복대리인도 본인의 대리인임(§123 ①)

라. 복대리의 소멸

(1) 원대리권 소멸에 대한 부종성

(2) 복대리권 자체의 고유한 소멸사유: §128

마. 복대리 관련 사례

(1) 복대리인 선임에 대한 추인

A. 사안의 개요

* 甲은 자신이 신축한 X건물의 분양을 乙에게 위임했는데 乙은 甲의 승낙 없이 丙에게 복위임 했다.

- 丙이 丁과 X 분양계약 체결한 후 乙은 甲에게 丙·丁간 계약체결 사실을 보고하고 丁으로부터 수령한 계약금을 甲의 예금계좌에 입금했으며 甲은 영수증을 발급했다.

B. 쟁점과 판단

- 원심의 판단: 분양가가 정해져 있었으므로 임의대리인의 복임권에 대한 묵시적 승낙이 추정된다고 판단했다.
- 대법원의 판단: ㉠ 분양사무는 행위자의 능력의 영향을 많이 받기 때문에 묵시적 승낙이 추정될 수 없다. 따라서 乙은 복임권이 없고 丙·丁간 분양계약은 무권대리이다. ㉡ 다만 甲의 영수증 발급은 무권대리에 대한 추인으로 인정되기 때문에 丁은 甲에 대해 분양계약상의 채권을 행사할 수 있다.

> ### 대법원 1996. 1. 26. 선고 94다30690 판결
> ‣ 대리의 목적인 법률행위의 <u>성질상 대리인 자신에 의한 처리가 필요하지 아니한 경우에는 본인이 복대리 금지의 의사를 명시하지 아니하는 한 복대리인의 선임에 관하여 묵시적인 승낙이 있는 것으로 보는 것이</u> 타당하다.
> ‣ 그러나 이 사건 대리의 목적이 된 오피스텔 분양업무는 청약을 유인함으로써 분양계약을 성사시키는 것으로서 **분양업자의 능력에 따라 건축주인 피고의 분양사업 성공 여부가 결정되는 것이므로 사무처리의 주체가 별로 중요하지 않은 경우에 해당한다고 보기 어렵**다.
> ‣ 그렇다면 이 사건 **분양 위임에 복대리인의 선임에 관한 묵시적인 승낙이 있다고 한 원심판결에는 임의대리인의 복대리인 선임권에 관한 법리를 오해한 잘못이 있다.** <u>그러나 본인이 복대리인 선임을 사후에 추인하였음이 인정되므로 원심의 이러한 잘못은 판결 결과에 영향이 없다.</u>

(2) 복임권 위반과 §103

A. 사안

- 甲은 신축아파트인 X건물의 분양을 乙에게 위임했는데 乙은 甲 명의로 분양계약 체결후 계약금을 甲의 계좌로 입금하고 일일 보고를 하기로 약정했다.
- 乙은 丙과 통모하여 丙이 X건물의 계약금을 지급한 것처럼 甲에게 허위로 보고했고, 丙은 丁에게 X건물을 전매하면서 乙의 직원 戊가 丁에게 분양계약서를 작성했다.

- 그 후 X건물은 己에게 분양되어 己명의 소유권이전등기가 마쳐졌다.

B. 쟁점과 판단

- 丁은 X건물 분양계약을 해제하고 甲에게 원상회복과 손해배상청구를 했지만 배척되었다.
- 乙·丙간 외상 분양 계약 체결은 배임행위이므로 무효이고(§103), 제3자 보호조항이 없으므로 甲은 丁에게 乙·丙간 분양계약의 무효를 주장할 수 있다.
- 戊는 甲의 복대리인이 아니라 乙의 대리인에 불과하므로, 甲·丁간 분양계약은 성립하지 않았다. 파기된 원심은 戊가 甲의 복대리인임을 전제로 甲·丁간 분양계약이 성립했다고 보아 丁의 청구를 인용했다.

대법원 1999. 9. 3. 선고 97다56099 판결

- 乙은 丙의 제의에 따라 전매차익을 노린 나머지 그에게 입장아파트 63세대를 외상으로 분양하면서 그 분양대금이 완납된 양 분양계약서, 영수증 등을 교부해 주고, 丙은 이처럼 외상분양받은 아파트 중 일부인 이 사건 아파트를 원고 丁에게 교환 목적물로 제공했다. 이러한 乙<u>의 행위는 甲의 위임 취지에 반하는 배임행위에 해당하고, 丙은 그에 적극 가담한 공범임이 명백하여 그 두 사람 사이의 아파트 외상분양은 사회질서에 반하는 법률행위로서 무효</u>이고, 이처럼 무효인 분양계약을 전제로 하여 丙, 丁 사이에 이루어진 이 사건 아파트의 수분양권 양도양수 행위도 특별한 사정이 없는 한 역시 무효이다.
- 戊는 乙이 자신의 분양업무 수행을 위하여 고용한 사람으로서 그의 지시에 따라 분양업무를 보조해 온 이행보조자이고, 임의대리인은 본인의 승낙이 있거나 부득이한 사유가 있지 아니하면 복대리인을 선임할 수 없는 것인바, <u>아파트 분양업무는 그 성질상 분양 위임을 받은 수임인의 능력에 따라 그 분양사업의 성공 여부가 결정되는 사무로서 본인의 명시적인 승낙 없이는 복대리인의 선임이 허용되지 아니하는 경우</u>로 보아야 할 것이다.
- 그럼에도 불구하고, 원심은 앞서 본 바와 같은 <u>소외 3의 행위가 피고의 대리인 자격으로서 한 행위로서 기본대리권의 범위 내에 속한다고 판단하여 원고의 주위적 청구를 인용하였으니, 원심판결에는 아파트 분양위임계약상 기본대리권의 범위에 관한 법리를 오해하여 판결 결과에 영향을 미친 위법</u>이 있고, 이 점을 지적하는 상고이유의 주장은 이유 있다.

III 무권대리

1. 개관

가. 의미

- 무권대리란, 유효한 대리행위인 유권대리의 요건 중 '대리권의 존재'만 충족되지 않은 상태로서, 대리권 없는 무권대리인이 상대방에게 '본인의 대리인'이라고 현명하면서, 그 내용이나 과정에는 무효·취소 사유가 없는 법률행위를 한 경우를 뜻한다.
- 특정 법률행위에 대한 대리인이 수권 범위 밖에 있는 사항에 대해서 한 대리행위인 월권대리도 무권대리의 일종으로 인정된다.

나. 두 가지 처리방식

(1) 문제의 소재

- 무권대리행위의 효과는 본인에게 귀속되지 않는 것이 원칙이다.
- 상대방에게 보호가치가 있는 경우 즉 상대방이 유효한 대리행위라고 과실 없이 믿은 경우에는 상대방 보호를 위해 유효한 대리행위와 같은 효과를 인정해 줄 필요가 있다.

(2) 문제해결의 기준: 무권대리 상황에 대한 본인의 원인제공 여부

A. 좁은 의미의 무권대리

- 의미: ㉠ 무권대리 상황 발생에 대해 본인이 원인제공을 하지 않은 경우 또는 ㉡ 본인이 원인제공을 했더라도 상대방이 무권대리임을 알았거나 알 수 있었던 경우를 뜻한다.
- 본인에 대한 관계: 무권대리행위는 유동적 무효이다. 본인에게 추인권(§130)이 인정되기 때문이다.
- 상대방 보호: 상대방은 ㉠ 무권대리인에게 무권대리행위 내용에 따른 이행이나 손해배상을 청구하는 것(§135)과 ㉡ 철회권을 행사하여 무권대리에 의한 법률행위를 무효로 만드는 것(§134) 중에서 선택할 수 있다.

B. 본인이 원인제공을 한 경우: 표현대리

- 의미: 무권대리 상황 발생에 대해 본인이 원인제공을 했고, 상대방은 유권대리라

고 과실 없이 믿은 경우를 뜻한다.

- 본인에 대한 관계: 대리권이 있었던 것으로 간주되는데 그친다. 예컨대 대리행위의 내용이 강행법규 위반으로 무효이면 표현대리의 요건이 충족되더라도 상대방은 본인에게 그 대리행위에 근거한 권리를 행사할 수 없다(2013다49381, 73면).

  ✓ 상대방 보호를 위해 상대방에게 §134의 철회권이나 §135에 의한 무권대리인에 대한 책임추궁 등도 인정할 필요가 있다는 견해도 있으나, 부당하다. 상대방이 원했던 것은 본인에 대해 무권대리행위의 법률효과를 주장하는 것이었으므로 상대방에게 그 이상의 보호를 제공할 필요는 없기 때문이다.

2. 좁은 의미의 무권대리

가. 무권대리인의 책임

> 제135조(상대방에 대한 무권대리인의 책임)
> ① 다른 자의 대리인으로서 계약을 맺은 자가 그 대리권을 증명하지 못하고 또 본인의 추인을 받지 못한 경우에는 그는 상대방의 선택에 따라 계약을 이행할 책임 또는 손해를 배상할 책임이 있다.
> ② 대리인으로서 계약을 맺은 자에게 대리권이 없다는 사실을 상대방이 알았거나 알 수 있었을 때 또는 대리인으로서 계약을 맺은 사람이 제한능력자일 때에는 제1항을 적용하지 아니한다.

(1) 요건(§135 ①)

- 상대방이 무권대리인의 책임을 추궁하려면, ㉠ 무권대리인이 외관상으로는 유효한 대리행위를 했어야 하고, ㉡ 이러한 외관상 유효한 대리행위의 효과가 본인에게 귀속되게 하는 본인의 추인이나 표현대리의 요건이 충족되지 못했어야 한다.
- 증명책임: 이러한 요건에 대해서는 상대방이 주장·증명책임을 진다. 다만 §135 ①의 문리해석상 대리권 없음은 추정되므로, 대리권의 존재에 대한 증명책임은 무권대리인에게 귀속된다.
- 주의! §135에 의한 무권대리인의 책임은 무과실책임이다. 따라서 제3자가 무권대리행위 발생의 원인을 제공했거나 무권대리인이 선의·무과실로 무권대리 행위를 했더라도 무권대리인은 §135 ①의 책임을 면할 수 없다(2013다213038, 194면).

(2) 소극적인 요건(§135 ②)

- 내용: ㉠ 상대방에게 대리권 없음에 대한 악의 또는 과실이 인정되거나 ㉡ 무권대

리인이 제한능력자였으면 무권대리인은 §135 ①의 책임을 면한다. 특히 ⓛ의 경우에 상대방이 선의·무과실이었더라도 마찬가지인데, 제한능력자 보호가 거래 안전 보호보다 우선하여야 하기 때문이다.

- 판단기준시: 대리행위를 할 당시를 기준으로 판단한다.
- 증명책임: 무권대리인이 §135 ①의 책임을 면하기 위해 주장·증명해야 하는 항변사유이다.

> 제135조 제2항은 무권대리인의 무과실책임에 관한 원칙 규정인 같은 조 제1항에 대한 예외 규정이므로 상대방이 대리권이 없음을 알았다는 사실 또는 알 수 있었는데도 알지 못하였다는 사실에 관한 **주장·증명책임은 무권대리인**에게 있다(대법원 2018. 6. 28. 선고 2018다210775 판결).

(3) 효과

A. 채권자는 두 가지 권리 중 하나를 선택할 수 있음

(a) 무권대리행위 내용에 따른 이행청구

- 상대방은 무권대리행위에 의한 채권을 무권대리인에게 행사하여 급부의무 이행을 청구할 수 있다.
- 무권대리인이 계약 당사자인 것처럼 책임을 부담하기 때문에 외관상으로는 약정채무인 것처럼 보이지만 §135 ①을 근거로 발생하는 법정채무의 일종이다.

> **대법원 2018. 6. 28. 선고 2018다210775 판결**
> - 상대방이 <u>계약의 이행을 선택</u>한 경우 무권대리인은 계약이 본인에게 효력이 발생하였더라면 본인이 상대방에게 부담하였을 것과 같은 내용의 채무를 이행할 책임이 있다.
> - 무권대리인은 <u>마치 자신이 계약의 당사자가 된 것처럼</u> 계약에서 정한 채무를 이행할 책임을 지는 것이다.

(b) 손해배상청구

- 채권자는 무권대리인에게 급부의무 불이행으로 인한 손해배상을 청구할 수 있다.
- 무권대리행위에 손해배상액 예정 약정이 포함되어 있으면, 채권자는 이에 따른 예정 배상액을 청구할 수 있다. 이 경우에도 §398이 적용되므로 감액 청구도 가능하다.

대법원 2018. 6. 28. 선고 2018다210775 판결

‣ 무권대리인이 계약에서 정한 채무를 이행하지 않으면 상대방에게 **채무불이행에 따른 손해를 배상할 책임**을 진다. 위 계약에서 채무불이행에 대비하여 손해배상액의 예정에 관한 조항을 둔 때에는 특별한 사정이 없는 한 <u>무권대리인은 조항에서 정한 바에 따라 산정한 손해액을 지급하여야 한다.</u>

‣ <u>이 경우에도 손해배상액의 예정에 관한 제398조가 적용됨은 물론이다.</u>

B. 주의: 유상·쌍무계약인 경우

• 상대방이 무권대리인에게 §135 ①의 책임을 추궁하는 경우, 상대방은 무권대리인에게 반대급부를 이행해야 한다.

• 상대방이 이런 결과를 회피할 수 있게 해 주기 위헤 철회권이 인정된다

(4) 사례: 무권대리인의 무과실 책임

A. 사안의 개요

• X토지는 甲의 소유인데, A가 甲인 척하면서 乙에게 A의 채무를 담보하기 위해 X토지에 근저당권 설정계약을 체결할 수 있는 대리권을 수여했다. 이에 따라 乙은 A에 대한 채권자 丙과 X토지에 대한 근저당권 설정계약을 했고 X토지에는 丙명의 근저당권 설정등기가 마쳐졌다.

• 이 사실을 알게 된 甲은 丙명의 근저당권 설정등기 말소등기 청구를 했고, 甲의 청구가 인용되어 丙명의 근저당권 설정등기 말소등기가 마쳐지자 丙은 乙에게 손해배상청구를 했다.

B. 쟁점과 판단

• 숨은 쟁점: 타인 명의 법률행위의 당사자 확정에 관한 법리에 따라, 수권행위나 기초적 내부관계 설정계약에서 행위자인 A 아닌 명의인인 甲이 당사자로 확정되어야 한다.

• 乙이 제3자 A의 기망으로 인해 무권대리를 했더라도, §135 ①의 책임은 무과실책임이므로 丙의 청구는 인용된다. 乙은 A에게 §750 손해배상청구를 할 수 있을 뿐이다.

대법원 2014. 2. 27. 선고 2013다213038 판결

‣ 피고의 무권대리행위로 인하여 이 사건 근저당권 설정계약이 체결된 이상 대리권
  의 흠결에 대하여 피고에게 귀책사유가 있는지 여부를 묻지 아니하고, 피고는 상대
  방인 원고에게 제135조 제1항에 따른 책임을 져야 한다.
‣ 무권대리인의 상대방에 대한 책임은 **무과실책임**으로서 대리권의 흠결에 관하여 대
  리인에게 과실 등의 귀책사유가 있어야만 인정되는 것이 아니고, 무권대리행위가
  <u>제3자의 기망이나 문서위조 등 위법행위로 야기되었다고 하더라도 책임은 부정되
  지 아니한다.</u>

나. 본인의 추인권

(1) 개관

• 무권대리를 확정적 무효가 아니라 유동적 무효로 하는 이유: 무권대리행위는 본
  인을 구속할 수 없음이 원칙이지만 무권대리행위의 효과가 본인에게 유리할 수
  도 있기 때문이다.
• 추인권이 인정되면 본인은 상대방의 승낙 없이 곧바로 유리한 법률효과를 자신
  에게 귀속시킬 수 있다.

(2) 무권대리 추인의 요건

A. 추인의 당사자

(a) 개관

• 추인은 본인의 형성권 행사에 해당한다. 추인권은 일신전속적 권리는 아니므로
  추인권 행사도 대리의 대상이 될 수 있다.
• 추인의 상대방은 무권대리행위의 상대방이다. 본인이 그 외의 제3자 특히 무권대
  리인에게 추인 의사표시를 한 경우 이런 취지를 무권대리행위의 상대방이 알게
  되면 그때 비로소 추인의 효과가 발생한다.

> 제130조(무권대리) 대리권없는 자가 타인의 대리인으로 한 계약은 본인이 이를 추인
> 하지 아니하면 본인에 대하여 효력이 없다.

> 제132조(추인, 거절의 상대방) 추인 또는 거절의 의사표시는 상대방에 대하여 하지 아니하면 그 상대방에 대항하지 못한다. 그러나 상대방이 그 사실을 안 때에는 그러하지 아니하다.

(b) **사례: 추인의 상대방**

- 사안의 개요: 甲의 대리인 아닌 乙이 甲을 현명하여 丙과 대리행위를 했다. 甲은 이 사실을 알게 되었는데 계약 내용이 마음에 들어서 乙에게 추인 의사표시를 했다.
- 쟁점과 판단: 丙은 ㉠ 甲에게 철회 의사표시를 하여 乙·丙간 무권대리행위를 무효로 확정시킬 수 있으나, 乙로부터 甲의 추인 사실을 들어서 알게 된 후에는 더 이상 철회를 주장할 수 없다. ㉡ 丙이 乙로부터 추인 사실을 들어서 알게 된 경우 丙은 甲의 추인 사실을 주장하여 乙·丙 간 무권대리 행위의 효과를 유효로 확정시킬 수 있다.

제132조의 취지는 추인을 상대방에게 아니하고 무권대리인에게 한 경우에 상대방이 추인있음을 알지 못한 동안에는 본인은 상대방에게 추인의 효과를 주장하지 못한다는 취지이며 따라서 **상대방은 그때까지 제134조에 의한 철회를 할 수 있**으되 그렇지 아니하고 **상대방이 무권대리인에의 추인이 있었음을 주장**함도 무방하다(대법원 1981. 4. 14. 선고 80다2314 판결).

B. 추인의 대상

- 추인의 대상은 유동적 무효상태인 무권대리행위이다.
- 이미 상대방이 적법하게 철회했으면 추인 대상이 없어졌기 때문에 그 후 상대방에게 추인 의사표시가 도달해도 무권대리의 무효 상태에는 영향을 미칠 수 없다.

C. 추인의 방식

- 추인은 의사표시이므로 추인의 존재 여부 등은 의사표시 해석의 문제이다.
- 추인은 불요식 행위이므로 묵시적 추인도 가능하다. 본인이 무권대리행위로부터 발생한 권리 행사나 의무 이행을 했더라도 무권대리라는 사실과 추인의 효과에 대해 알고 권리 행사나 의무 이행을 했음이 인정되어야 묵시적 추인으로 인정될 수 있다.

무효행위 또는 무권대리행위의 추인은 <u>무효행위 등이 있음을 알고 행위의 효과를 자기에게 귀속시키도록 하는 단독행위로서</u> 의사표시의 방법에 관하여 일정한 방식이 <u>요구되는 것이 아니므로 **묵시적인 방법**</u>으로도 할 수 있지만, 묵시적 추인을 인정하기 위해서는 본인이 그 행위로 처하게 된 <u>법적 지위를 충분히 이해하고 그럼에도 진의에</u> <u>기하여</u> 행위의 결과가 자기에게 귀속된다는 것을 승인한 것으로 볼 만한 사정이 있어야 할 것이다(대법원 2014. 2. 13. 선고 2012다112299 판결).

• 본인이 무권대리 사실을 알고 장기간 방치했다는 사실만으로는 묵시적 추인으로 인정되지 않는다.

무권대리행위에 대하여 본인이 그 직후에 그것이 자기에게 효력이 없다고 이의를 제기하지 아니하고 이를 장시간에 걸쳐 방치하였다고 하여 무권대리행위를 추인하였다고 볼 수 없다(대법원 1990. 3. 27. 선고 88다카181 판결).

(3) 추인의 효과

• 유권대리와 같은 효과가 인정된다. 즉 추인 대상 법률행위에 대해 성립·유효요건이 모두 갖추어졌다면 본인에게 그 효력이 귀속된다.
• 추인의 소급효: 추인의 효과는 대리행위 당시로 소급한다.

제133조(추인의 효력) 추인은 다른 의사표시가 없는 때에는 계약시에 소급하여 그 효력이 생긴다. 그러나 제삼자의 권리를 해하지 못한다.

(4) 본인의 추인 거절권

A. 의미

• 거절권은 유동적 무효 상태 즉 추인될 가능성이 있는 상태였던 무권대리행위를 확정적 무효로 만드는 권리로서 형성권의 일종이다.
• 본인이 무권대리행위의 효과 귀속을 원하지 않으면 굳이 거절하지 않고 방치하는 것으로 충분하다.

B. 요건: 추인과 같음

C. 추인 거절의 효과

• 무권대리행위는 확정적 무효가 되므로, 본인도 더 이상 §130 이하의 소급적 추인을 할 수는 없다.
• 다만 이 경우에도 §139에 의한 무효행위 추인은 인정된다.

D. 사례: 무권대리인이 본인을 상속한 경우, 추인 거절은 신의칙에 반함

乙이 대리권 없이 甲 소유 부동산을 丙에게 매도하여 소유권이전등기를 마쳐주었다면 그 매매계약은 무효이고 이에 터잡은 이전등기 역시 무효가 되나, 乙은 甲의 <u>무권대리인으로서 제135조 제1항의 규정에 의하여 매수인인 丙에게 부동산에 대한 소유권이전등기를 이행할 의무가 있으므로</u> 그러한 지위에 있는 乙이 甲으로부터 부동산을 상속받아 그 소유자가 되어 소유권이전등기이행의무를 이행하는 것이 가능하게 된 시점에서 자신이 소유자라고 하여 자신으로부터 부동산을 전전매수한 丁에게 자신의 매매행위가 무권대리행위여서 무효임을 근거로 丁명의 등기의 말소를 청구하거나 부동산의 점유로 인한 부당이득금의 반환을 구하는 것은 금반언의 원칙이나 <u>신의성실의 원칙에 반하여 허용될 수 없다</u>(대법원 1994. 9. 27. 선고 94다20617 판결).

다. 상대방의 최고권

제131조(상대방의 최고권) 대리권없는 자가 타인의 대리인으로 계약을 한 경우에 상대방은 상당한 기간을 정하여 본인에게 그 추인여부의 확답을 최고할 수 있다. 본인이 그 기간내에 확답을 발하지 아니한 때에는 추인을 거절한 것으로 본다.

(1) 의미
- 상대방이 본인에게 무권대리행위를 추인할 것인지의 여부에 대한 확답을 요구하는 것을 뜻한다.
- 법적 성질은 의사의 통지이고, 불요식 행위이다.

(2) 요건
- 당사자: 무권대리행위의 상대방이 본인에게 최고해야 한다. 무권대리 사실에 대해 악의나 과실이 인정되는 상대방도 최고권은 행사할 수 있다.
- 무권대리행위 후 본인의 추인이나 거절이 있기 전까지만 최고할 수 있다.

(3) 효과
- 본인이 최고에 대응하여 추인이나 거절 의사표시를 하면 본인의 의사표시에 따른 효과가 발생한다.
- 본인이 최고 도달 후 상당 기간동안 확답을 발신하지 않으면 추인 거절로 간주된다. 따라서 본인도 더 이상 추인할 수 없게 된다.

✓ 본인이 무권대리행위의 효과 귀속을 원하면 상대방에게 다시 청약을 하는 수밖에 없고 상대방은 승낙 여부를 선택할 수 있다.

라. 상대방의 철회권

> 제134조(상대방의 철회권) 대리권없는 자가 한 계약은 본인의 추인이 있을 때까지 상대방은 본인이나 그 대리인에 대하여 이를 철회할 수 있다. 그러나 계약당시에 상대방이 대리권 없음을 안 때에는 그러하지 아니하다.

(1) 개관

• 의미: 철회권이란 무권대리행위의 상대방이 일방적으로 무권대리행위를 무효로 확정시킬 수 있는 형성권을 뜻한다.
• 기능: 철회권은 상대방 보호를 위해 인정된다. 무권대리행위의 내용이 상대방에게 불리할 수 있기 때문이다. 철회제도가 없으면, 본인이 추인하지 않은 경우, 상대방은 원래 원했던 거래 상대가 아닌 무권대리인과의 법률행위에 구속되고 반대급부를 지급해야 한다.

(2) 요건

A. 추인 전일 것

• 본인이 적법하게 추인하면 무권대리행위는 유효한 법률행위로 확정된다. 따라서 상대방이 일방적 철회 의사표시로 그 효과를 소멸시킬 수는 없다.

B. 당사자

• 철회권자는 무권대리인과 대리행위를 한 상대방 자신이다.
• 철회권의 상대방은 무권대리인 또는 본인이다. 무권대리인은 추인의 상대방은 아니지만 철회의 상대방에는 해당하기 때문에 추인과 철회가 동시에 무권대리인에게 도달하면 철회의 효과만 인정된다.

C. 철회권자의 선의

• 무권대리행위 당시 무권대리임을 몰랐던 상대방만 철회권을 행사할 수 있다. 철회권은 상대방 보호를 위한 제도이므로 보호가치 있는 자에게만 인정되어야 하기 때문이다.
• 상대방은 선의로 추정된다. 따라서 철회 후 추인을 한 본인이 무권대리행위의 효과를 주장하려면 상대방의 악의를 증명해야 한다.
• 상대방이 선의이면 과실이 있어도 철회권을 행사할 수 있다. 이에 비해 §135를 근

거로 무권대리인의 책임을 추궁하려면 상대방은 선의일 뿐 아니라 무과실이어야 한다.

> **상대방이 대리인에게 대리권이 없음을 알았다는 점에 대한 주장·입증책임은 철회의 효과를 다투는 본인에게** 있다(대법원 2017. 6. 29. 선고 2017다213838 판결).

D. 철회 의사표시: 단독행위, 불요식, 도달주의

(3) 효과

• 본인의 추인 전에 상대방이 유효한 철회 의사표시를 하면 무권대리행위는 확정적으로 무효가 된다.

• 상대방의 철회 후에는 본인은 더이상 일방적 추인으로 무권대리행위를 유효한 대리행위로 만들 수 없다.

> 제134조의 철회권은, 무권대리행위가 본인의 추인여부에 따라 그 효력이 좌우되어 상대방이 불안정한 지위에 놓이게 됨을 고려하여 대리권이 없었음을 알지 못한 상대방을 보호하기 위하여 상대방에게 부여된 권리로서, 상대방이 유효한 철회를 하면 무권대리행위는 확정적으로 무효가 되어 그 후에는 본인이 무권대리행위를 추인할 수 없다(대법원 2017. 6. 29. 선고 2017다213838 판결).

3. 비교: 무권리자의 처분

가. 개관

(1) 전형적 사안

• 甲이 소유한 X물건을 乙이 丙에게 처분하면서, 자신이 甲의 대리인이라고 현명하지 않았고, 乙·丙의 의사표시 해석상 X물건 매매계약의 당사자인 매도인이 乙로 확정된 경우에 무권리자의 처분에 관한 법리가 문제된다.

• 타인권리 매매도 유효(§569)이므로 乙·丙간 X물건 매매계약 자체는 유효라는 점에서 무권대리 사안과 다르다.

• 이 경우 甲이 乙·丙 간 X물건 매매계약을 추인하면 이 계약은 유효로 확정된다. 반면 甲이 추인을 거절하면 乙은 丙에게 §570의 담보책임을 진다.

(2) 법적 성질

A. 견해의 대립

- 제1설(무권대리 유추적용설)은 무권대리 상황과의 유사성을 근거로 무권대리에 관한 조항들이 유추 적용된다고 본다.
- 제2설(사적 자치설)은 진정권리자의 처분 의사표시의 효과가 발현되는 것에 불과하며 무권대리와는 상황이 다르다고 본다.

B. 실익: §134, §135의 유추 적용 여부

- 제1설에 의하면 상대방은 §134의 철회권을 행사할 수 있고, 본인이 추인을 거절하면 §135를 근거로 무권처분자의 책임을 추궁할 수도 있다.
- 제2설에 의하면 §134, §135는 무권리자의 처분 사안에 대해 적용되지 않는다. 따라서 본인이 추인을 거절하더라도 상대방은 무권처분자에게 §390의 손해배상책임을 추궁하거나 법정해제의 효과를 주장할 수 있을 뿐이다.

C. 판례의 태도

- 판례는 제1설의 입장인 것으로 보인다. 무권리자의 처분 사안에 대해 §130, §133의 유추적용을 인정하기 때문이다.
- ✓ 다만 §134, §135까지 유추적용된다고 보는 것인지는 불명확하다.

> **대법원 2017. 6. 8. 선고 2017다3499 판결**
> ‣ 법률행위에 따라 권리가 이전되려면 권리자 또는 처분권한이 있는 자의 처분행위가 있어야 한다. <u>무권리자가 타인의 권리를 처분한 경우에는 특별한 사정이 없는 한 권리가 이전되지 않는다. 그러나 이러한 경우에 권리자가 무권리자의 처분을 추인하는 것도 자신의 법률관계를 스스로의 의사에 따라 형성할 수 있다는 사적 자치의 원칙에 따라 허용된다.</u>
> ‣ 권리자가 무권리자의 처분을 추인하면 무권대리에 대해 본인이 추인을 한 경우와 당사자들 사이의 이익상황이 유사하므로, **무권대리의 추인에 관한 제130조, 제133조 등을 무권리자의 추인에 유추 적용할 수 있다.**

나. 무권리자의 처분에 대한 추인의 법률관계

(1) 요건

- 추인권자는 진정권리자이고, 상대방은 무권처분자 또는 그 상대방이다.
- 방법: 무권리자의 처분에 대한 추인도 불요식 행위이지만, 진정권리자가 무권처

분 사실을 알고 추인한 것으로 인정되어야 한다.

> 이러한 추인은 **무권리자의 처분이 있음을 알고 해야 하고, 명시적으로 또는 묵시적으로 할 수 있으며, 그 의사표시는 무권리자나 그 상대방 어느 쪽에 해도 무방**하다(대법원 2017. 6. 8. 선고 2017다3499 판결).

(2) 효과: 무권처분 행위의 소급적 유효(§133 유추적용)

Ⅳ 표현대리

1. 개관

가. 의미

(1) 근거: 권리외관 이론

- 외관상의 권리관계와 실제 권리관계가 다른 경우에는 실제 권리관계가 우선 적용되는 것이 원칙이다. 다만 외관상의 권리관계에 대해 보호가치 있는 신뢰를 가진 당사자가 있으면 외관과 실제의 불일치 상황 발생에 대해 책임이 있는 당사자는 외관상 권리관계와 다른 실제 권리관계를 주장할 수 없다.
- 표현대리 제도는 무권대리 사안에 대해 위와 같은 권리외관 이론이 적용된 것이다.

> 표현대리의 법리는 거래의 안전을 위하여 어떠한 외관적 사실을 야기한 데 원인을 준 자는 그 외관적 사실을 믿음에 정당한 사유가 있다고 인정되는 자에 대하여는 책임이 있다는 일반적인 권리외관 이론에 그 기초를 두고 있는 것이다(대법원 1998. 5. 29. 선고 97다55317 판결).

(2) 공통요건

- 무권대리행위: 표현대리 행위는 대리권을 제외하면 대리행위로서의 요건이 모두 충족된 법률행위를 전제한다.
- 상대방의 보호가치: 대리행위의 상대방은 무권대리 사실에 대해 선의·무과실이어야 한다.

- 본인의 귀책사유: 무권대리행위 발생을 본인의 탓으로 돌릴 만한 사유가 인정되어야 한다.

(3) 공통효과

A. 실체법적 효과

(a) 개관

- 표현대리의 요건이 충족되더라도 '대리권 없음'이라는 하자만 치유될 뿐이다.
- 따라서 상대방이 표현대리의 요건을 증명하더라도 본인은 대리행위 자체에 존재하는 취소사유나 무효사유를 주장할 수 있다.

> 계약체결의 요건을 규정하고 있는 강행법규에 위반한 계약은 무효이므로 그 경우에 계약상대방이 선의·무과실이라 하더라도 제107조의 비진의표시의 법리 또는 표현대리 법리가 적용될 여지는 없다(대법원 2016. 5. 12. 선고 2013다49381 판결).

(b) 사례: 표현대리와 과실상계

- 전제: 과실상계의 요건인 '과실'이 인정되더라도 표현대리의 소극적 요건인 상대방의 과실에 해당하지 않으므로 표현대리가 성립할 수는 있다.
- 문제의 소재: 표현대리의 요건이 충족되지만 상대방에게 과실상계의 요건인 과실이 인정되는 경우 과실상계의 법리에 따라 본인의 책임이 감경될 수 있는지가 문제된다.
- 쟁점과 판단: 과실상계는 손해배상책임에 대해서만 적용되므로 표현대리 행위의 효과로서 발생하는 원래의 급부의무의 내용에는 영향을 미칠 수 없다.

> 과실상계는 채무불이행 내지 불법행위로 인한 손해배상책임에 대하여 인정되는 것이고, 채무 내용에 따른 본래의 급부의 이행을 구하는 경우에 적용될 것은 아니다(대법원 2000. 4. 7. 선고 99다53742 판결).

> 따라서 본인은 표현대리행위에 의하여 전적인 책임을 져야 하고, 상대방에게 과실이 있다고 하더라도 과실상계의 법리를 유추적용하여 본인의 책임을 경감할 수 없다(대법원 1996. 7. 12. 선고 95다49554 판결).

B. 절차법적 효과

- 표현대리와 유권대리는 별개의 요건사실이다. 본인에게 대리행위의 효과가 귀속되

는 근거는, 표현대리의 경우에는 외관책임을 근거지우는 §125, §126, §129인 반면, 유권대리의 경우에는 본인의 수권행위 자체이기 때문이다. 따라서 유권대리 주장만 하고 표현대리 주장을 안 하면 법원은 표현대리 성립 여부를 심리할 필요가 없다.

> **대법원 1983. 12. 13. 선고 83다카1489 전원합의체 판결**
> - 변론에서 당사자가 주장한 주요사실만이 심판의 대상이 되는 것으로서 **주요사실이라 함은 법률효과를 발생시키는 실체법상의 구성요건 해당사실**을 말하는 것인바, 대리권에 기한 대리의 경우나 표현대리의 경우나 모두 대리행위의 효과가 본인에게 귀속된다는 점에서는 차이가 없으나 유권대리에 있어서는 본인이 대리인에게 수여한 대리권의 효력에 의하여 위와 같은 법률효과가 발생하는 반면 표현대리에 있어서는 대리권이 없음에도 불구하고 법률이 특히 상대방 보호와 거래안전 유지를 위하여 본래 무효인 무권대리행위의 효과를 본인에게 미치게 한 것으로서 **표현대리가 성립된다고 하여 무권대리의 성질이 유권대리로 전환되는 것은 아니므로, 양자의 구성요건 해당사실 즉 주요사실은 서로 다르다**고 볼 수 밖에 없다.
> - 그러므로 유권대리에 관한 주장 가운데 무권대리에 속하는 표현대리의 주장이 포함되어 있다고 볼수 없으며, 따로이 표현대리에 관한 주장이 없는 한 법원은 나아가 표현대리의 성립여부를 심리·판단할 필요가 없다.

- 표현대리는 특정한 무권대리행위를 대상으로 하므로, 표현대리 사유가 인정되더라도 상대방의 표현대리 주장으로 특정된 무권대리행위에 대해서만 표현대리의 효과가 인정된다.

  당사자가 표현대리를 주장함에는 무권대리인과 표현대리에 해당하는 무권대리행위를 특정하여 주장하여야 한다 할 것이고 따라서 **당사자의 표현대리의 항변에 의하여 특정된 무권대리인의 행위에만 미치고** 그밖의 무권대리인이나 무권대리행위에는 미치지 않는다(대법원 1984. 7. 24. 선고 83다카1819 판결).

- 표현대리는 본인의 무권대리 주장이 인정된 경우 상대방이 이를 반박하기 위해 주장하는 것이다. 본인이 대리행위의 효과 귀속을 원하면 추인을 하면 된다.

나. 적용범위

(1) 표현대리의 여러 유형의 중복 적용

- 수권행위 표시(§125)나 대리권 소멸(§129)에 의한 표현대리의 요건이 충족되는 경

우에 인정되는 표현대리권의 범위는 §125의 경우에는 표시된 범위, §129의 경우에는 소멸 전의 범위로 한정된다.

- 따라서 이러한 범위에 속하지 않는 사항에 대한 무권대리행위에 대해서는 §125나 §129뿐 아니라 §126의 요건도 충족되어야 표현대리가 인정될 수 있다.

> 원칙적으로 제126조에서 말하는 권한을 넘은 표현대리는 현재에 대리권을 가진 자가 그 권한을 넘은 경우에 성립하는 것이지, **현재에 아무런 대리권도 가지지 아니한 자가 본인을 위하여 한 어떤 대리행위가 과거에 이미 가졌던 대리권을 넘은 경우에까지 성립하는 것은 아니**라고 할 것이고, 예외적으로 과거에 가졌던 대리권이 소멸되어 **제129조에 의하여 표현대리로 인정되는 경우**에 그 표현대리의 권한을 넘는 대리행위가 있을 때에는 제126조에 의한 표현대리가 성립할 수 있다(대법원 2008. 1. 31. 선고 2007다74713 판결).

(2) 복대리에 대한 적용

A. 개관

- 복대리에 대해서도 표현대리에 관한 조항들이 적용된다.
- 예컨대 복대리인이 수권 받은 권한 외의 사항에 대해 대리행위를 한 경우에도 §126의 적용 대상이 된다.

B. 사례: 원대리인의 대리권 소멸 후 선임된 복대리인

(a) 사안의 개요

- 甲은 자신이 소유한 X부동산의 처분 권한을 乙에게 수여하는 한편 복임권도 수여했는데 乙은 甲이 사망한 후 丙에게 X부동산의 처분을 재위임했다.
- 丙과 丁(원고)은 X부동산 매매계약을 체결했는데 甲의 상속인인 戊(피고)는 이행을 거절한다.

(b) 쟁점과 판단

- 본인 甲의 사망으로 원대리인 乙의 대리권이 소멸하면 이에 따라 복임권도 소멸한다. 그렇지만 복임권 소멸 후 乙이 복대리인을 선임한 행위에 대해서도 §129가 적용될 수 있다.
- 파기된 원심은 복임권 소멸 후 복대리인 선임 행위는 무효이므로 §129가 적용될 여지가 없다고 보았다.

표현대리의 법리는 대리인이 대리권 소멸 후 **직접 상대방과 사이에 대리행위를 하는 경우는 물론, 대리인이 대리권 소멸 후 복대리인을 선임하여 복대리인으로 하여금 상대방과 사이에 대리행위를 하도록 한 경우**에도, 상대방이 대리권 소멸 사실을 알지 못하여 복대리인에게 적법한 대리권이 있는 것으로 믿었고, 그와 같이 믿은 데 과실이 없다면 **제129조에 의한 표현대리가 성립할 수 있다.** 원심으로서는 丁이 丙의 대리권에 관하여 선의·무과실인지 여부에 나아가 살펴보고서 제129조에 의한 표현대리가 성립하는지 여부를 판단하지 않은 위법이 있다(대법원 1998. 5. 29. 선고 97다55317 판결).

(3) 사자에 대한 유추적용

A. 개관

• 사자가 본인의 지시와 다른 내용으로 표시하거나 전달한 경우, 상대방이 선의·무과실이면 사자가 표시하거나 전달한 내용대로 본인에게 법률효과가 귀속될 수 있는지가 문제된다.

• 판례는 이 경우 §126의 유추적용이 인정될 수 있다고 본다.

甲이 乙의 丙에 대한 채무를 보증하는 취지의 보증계약 서류를 작성하라고 丁에게 시켰으나, 丁이 戊의 丙에 대한 채무를 보증하는 서류를 작성해 준 경우 원심은 丙이 丁의 대리권의 존재를 믿은 데에 정당한 이유가 있었다고 볼 수 없다고 하여 표현대리의 성립을 부정하였으니, 거기에는 사실을 잘못 인정하였거나 표현대리의 법리를 오해한 위법이 있다(대법원 2001. 2. 9. 선고 2000다54918 판결).

B. 사례: 대리인이 자신의 사자를 통해 월권행위를 한 경우

(a) 사안의 개요

• 甲(피고)은 대출 신청에 관한 기본대리권을 乙에게 수여했다. 乙은 丙에게 甲의 인감도장 등 대출신청에 필요한 서류들을 넘겨주면서 丁의 戊에 대한 채권을 甲이 연대보증하는데 사용하라고 지시했다.

• 丙은 乙의 지시에 따라 甲을 대리하여 丁(원고)과 연대보증계약을 체결했다.

(b) 쟁점과 판단

• 丙의 법적 지위는 乙의 무권대리행위에 대한 乙의 사자 또는 乙이 복임권 없이 임명한 甲의 복대리인이라고 볼 수 있다.

- 어떤 경우이건 §126의 '기본대리권'이라는 요건이 충족되므로 丁에게 정당한 이유가 인정되는지의 여부에 따라 甲이 丁에게 戊에 대한 연대보증 책임을 지는지의 여부가 결정된다.

> **대법원 1998. 3. 27. 선고 97다48982 판결**
> - 원심이 인정한 사실관계에 의하면, 乙은 비록 무권대리인이기는 하지만 甲으로부터 대출신청에 관한 기본대리권을 수여받은 자들로서 丙에게 甲, 丁간 연대보증계약을 체결하는 데에 사용하라면서 피고들의 각 인감도장을 교부하였고, 이들은 **무권대리인인 乙이 결정한 의사를 서명 대행의 방식으로 丁에게 표시하여 그 의사를 완성한 사자** 내지는 **위 乙에 의하여 선임된 甲의 복대리인**에 해당한다고 할 것이다.
> - 이러한 경우 **상대방인 丁에게 丙의 대리권의 존재를 신뢰한 것에 대한 정당한 이유가 있으면 복대리인 선임권이 없는 대리인에 의하여 선임된 복대리인의 권한도 기본대리권이 될 수 있을 뿐만 아니라, 丙이 사자라고 하더라도 이 사건 대리행위의 주체가 되는 대리인인 乙에게 본인인 甲으로부터 기본대리권이 수여된 이상, 제126조를 적용함에 있어서 기본대리권의 흠결 문제는 생기지 않는다.**
> - 원심이 이와 달리 丙에게 甲을 위하여 어떠한 법률행위를 할 수 있는 기본대리권이 없었다는 이유로 甲에 대하여 제126조의 표현대리 책임을 물을 수 없다고 판단한 데에는 표현대리에 관한 법리오해의 위법이 있다.

2. 표현대리의 요건

> 제125조(대리권수여의 표시에 의한 표현대리) 제삼자에 대하여 타인에게 대리권을 수여함을 표시한 자는 그 대리권의 범위 내에서 행한 그 타인과 그 제삼자간의 법률행위에 대하여 책임이 있다. 그러나 제삼자가 대리권 없음을 알았거나 알 수 있었을 때에는 그러하지 아니하다.

> 제126조(권한을 넘은 표현대리) 대리인이 그 권한외의 법률행위를 한 경우에 제삼자가 그 권한이 있다고 믿을 만한 정당한 이유가 있는 때에는 본인은 그 행위에 대하여 책임이 있다.

> 제129조(대리권소멸후의 표현대리) 대리권의 소멸은 선의의 제삼자에게 대항하지 못한다. 그러나 제삼자가 과실로 인하여 그 사실을 알지 못한 때에는 그러하지 아니하다.

가. 공통요건: 상대방의 보호가치

(1) 문제의 소재

• 상대방이 보호될 가치가 있는지를 판단하게 해 주는 표지에 관한 조문의 표현방식은 표현대리의 유형마다 다르다.

• 문리해석을 존중하여 각 유형마다 그 내용이나 증명책임을 다르게 보아야 한다는 견해도 있다.

(2) 판례의 태도

• 상대방의 보호가치를 보여주는 표지의 의미는 모두 '선의·무과실'이라고 본다.

• 증명책임에 대해서도 동일한 규율이 적용되는지에 대해서는 태도가 불명확하다.

> 제125조의 표현대리에 해당하여 본인에게 대리행위의 직접의 효과가 귀속하기 위하여는 대리행위의 상대방이 대리인으로 행위한 사람에게 실제로는 대리권이 없다는 점에 대하여 **선의일 뿐만 아니라 무과실이어야 함**은 같은 조 단서에서 명백하고, 이는 **제126조 또는 제129조에서 정하는 표현대리에 있어서도 다를 바 없다**(대법원 2009. 5. 28. 선고 2008다56392판결).

나. 개별요건: 본인의 외관책임의 근거

(1) 수권표시대리(§125의 표현대리)

A. 개관

• 외관상으로는 수권행위가 있는 것처럼 보이지만 실제로는 수권행위가 없었던 경우에 문제된다. 외관상의 수권행위를 전제하므로 임의대리에 대해서만 적용될 수 있고 법정대리에 대해서는 적용될 여지가 없다.

• 상법 §14(표현지배인), §24(명의대여자의 책임), §395(표현대표이사) 등이 적용되는 사안에서는 일반법인 민법 §125의 적용은 배제된다.

B. 요건: 대리권 수여 표시

(a) 의미

• 본인의 행위이지만 본인의 의사와 무관하게 효과가 발생하므로 준법률행위인 관념통지의 일종이다.

• 대리인 아닌 사람이 대리인 같은 외관을 갖추게 된 것에 대해 본인이 원인제공을 한 것으로 평가될 수 있는 경우를 뜻한다. 본인과 표현대리인 사이의 기본적 법률

관계의 성질이나 효과는 따지지 않는다.

> 대리권 수여의 표시에 의한 표현대리는 본인과 대리행위를 한 자 사이의 **기본적인 법률관계의 성질이나 그 효력의 유무와는 관계없이** 어떤 자가 본인을 대리하여 제3자와 법률행위를 함에 있어 본인이 그 자에게 대리권을 수여하였다는 표시를 제3자에게 한 경우에 성립한다(대법원 2007. 8. 23. 선고 2007다23425 판결).

(b) 판단기준

• 준법률행위 역시 의사표시와 마찬가지로 특칙이 없는 한 불요식 행위이다. 따라서 묵시적으로 대리권 수여 표시를 한 경우에도 §125가 인정될 수 있지만 구체적 사정을 고려하여 판단해야 한다. 예컨대 매도인이 자신이 날인한 부동산 매매계약서를 무권대리인에게 교부했더라도 인감증명서·등기권리증 등의 다른 필요 서류를 교부하지 않았다면 부동산 매도에 대한 수권표시라고 볼 수 없다.

대법원 2001. 8. 21. 선고 2001다31264 판결
‣ 부동산 매매계약에서 서류를 교부하는 방법으로 대리권 수여의 표시가 있었다고 하기 위하여는 본인을 대리한다고 하는 자가 제출하거나 소지하고 있는 서류의 내용과 그러한 서류가 작성되어 교부된 경위나 형태 및 대리행위라고 주장하는 행위의 종류와 성질 등을 종합하여 판단하여야 할 것이다.
‣ 매도인이 <u>인감증명서, 등기권리증 등을 교부하지 않은 채</u> 무인 또는 날인한 매매계약서를 교부한 사실만으로는 대리권 수여를 표시한 행위가 있었다고 볼 수는 없다.

• 작위뿐 아니라 부작위도 §125의 '표시'에 해당할 수 있다. 따라서 무권대리인이 대리인으로 인정될 수 있는 명칭·직함 등을 사용한다는 사실을 알고도 본인이 이를 방치한 경우에도 수권표시로 인정될 수 있다. 이에 비해 '전문취급점, 전국총판'이라는 명칭은 위탁매매를 근거로도 인정될 수 있으므로 수권표시에 해당하지 않는다.

대법원 1998. 6. 12. 선고 97다53762 판결
‣ 본인에 의한 대리권 수여의 표시는 반드시 대리권 또는 대리인이라는 말을 사용하여야 하는 것이 아니라 **사회통념상 대리권을 추단할 수 있는 직함이나 명칭 등의 사용을 승낙 또는 묵인**한 경우에도 대리권 수여의 표시가 있은 것으로 볼 수 있다.
‣ 甲(호텔)이 자신의 시설이용 우대회원 모집계약을 체결하면서, 乙이 자신의 <u>판매점, 총대리점 또는 연락사무소 등의 명칭</u>을 사용하여 회원모집 안내를 하거나 입회계약

을 체결하는 것을 승낙 또는 묵인했다면 제125조의 표현대리가 성립할 여지가 있다. 따라서 원심이 甲·乙간에 준위탁매매계약이 성립한 것으로 본 것은 잘못이다.

乙이 乙회사 제품의 전문취급점 및 A/S센터 전국총판으로 甲을 기재한 광고를 한 번 실었다고 하더라도, 전문취급점이나 전국총판의 실질적인 법률관계는 대리상인 경우도 있고 특약점인 경우도 있으며 위탁매매업인 경우도 있기 때문에, 위 광고를 곧 乙이 제3자에 대하여 甲에게 乙 회사 제품의 판매에 관한 대리권을 수여함을 표시한 것이라고 보기 어렵다(대법원 1999. 2. 5. 선고 97다26593 판결).

(c) 표시의 상대방
• 특정인에게 수권표시를 한 경우 다른 사람은 §125의 표현대리를 주장할 수 없다.
• 수권표시는 불특정인에 대해서도 할 수 있다. 그 예로서 무권대리인이 대리인으로 인정될 수 있는 직함을 사용하여 광고를 했다는 사실을 알고도 방치한 경우를 들 수 있다.

(d) 수권표시의 철회
• 수권표시와 같은 방법으로 철회할 수 있다.
• 수권표시 철회 후의 무권대리에 대해서는 §129가 적용될 수 있다.

C. 사례: 분양계약과 수권표시

(a) 사안의 개요
• 甲(본인)은 자신이 소유한 X부동산 분양계약의 중개를 乙에게 의뢰했으며, 乙이 X부동산 분양사업본부 대표이사라는 명함을 사용하는 것을 알고도 방치했다.
• 수분양자 丙이 乙에게 분양계약 체결 의사를 표시하자 乙은 자신의 사무실에서 甲명의 계약서를 작성해 교부했다.
• 丙이 적법하게 분양계약을 해제하고 甲에게 원상회복으로 이미 지급한 대금의 반환을 청구했으나 丙이 납부한 대금은 乙이 가로챘다는 것이 밝혀졌다.

(b) 쟁점과 판단
• 乙이 丙으로부터 수령한 대금에 대한 영수증을 乙 자신의 명의로 발행했다면 甲은 §125의 책임을 지지 않는다. 분양계약서와 대금영수증의 발행인이 달랐다면 丙에게 과실이 인정되기 때문이다.

乙이 甲(피고) 소유인 위 오피스텔에 분양사무실을 차려놓고 그 분양을 희망하는 사람들을 甲에게 중개하였고 분양사업본부의 대표이사라는 명함을 사용하여 왔다면 이는 甲이 乙에게 대리권 수여의 의사를 표시한 것으로 볼 여지가 있다 하더라도 제125조의 표현대리에 해당하기 위하여는 상대방은 선의·무과실이어야 하고 상대방에게 과실이 있다면 위 표현대리를 주장할 수 없다(대법원 1997. 3. 25. 선고 96다51271 판결).

(2) 월권대리(§126)

A. 개관: §126의 특수성

(a) 개관

- 다른 유형들과는 달리, §126의 표현대리는 문제된 대리행위 이외의 행위에 대한 유효한 대리권인 '기본대리권'의 존재를 요건으로 한다. 즉 §126의 표현대리는 대리인의 월권행위에 대해 적용된다.

- 대리인이 기본대리권을 양적으로 월권한 경우 상대방의 정당한 이유가 부정되어 표현대리가 성립하지 못해도 기본대리권에 속하는 행위는 유권대리 행위라고 볼 수 있으며 결국 §137의 문제가 된다.

(b) 사례

- 사안의 개요: 甲은 자신이 소유한 X부동산에 乙명의 저당권을 설정하고 乙로부터 3억원을 대출받기 위해 丙에게 甲·乙 간 대출계약과 X부동산에 대한 저당권 설정계약에 대한 대리권을 수여했다. 그런데 丙은 X부동산에 乙명의 저당권을 설정해 주면서 피담보채무를 甲의 乙에 대한 기존대출 1억원과 신규대출 2억원으로 기재했다.

- 이 경우 乙에게 '정당한 이유'가 부정되어 기존대출에 대한 저당권 설정계약은 무권대리행위지만 신규대출에 대한 저당권 설정계약은 유권대리행위이다. 따라서 위 乙명의 저당권은 피담보채무 2억원에 대해서는 유효한 저당권이다.

丙이 甲의 乙에 대한 기존채무를 담보하기 위하여 근저당권을 설정한 것은 대리권의 범위를 벗어났지만 신규대출금의 담보를 위하여 근저당권을 설정한 것은 대리권의 범위내의 행위라고 보아야 할 것이므로 결국 이 사건 근저당권 설정등기는 유효하고 다만 그 피담보채무액은 신규대출액에 한정된다(대법원 1989. 1. 17. 선고 87다카1698 판결).

B. 기본대리권의 존재

(a) 의미

- §126의 표현대리는 대리인에게 문제된 사항 이외의 사항에 대한 유효한 대리권 있음을 전제한다. 이러한 유효한 대리권을 기본대리권이라고 한다.
- 기본대리권의 성질에는 제한이 없다. ⑦ 법정대리권, 공법상 법률행위에 대한 대리권도 기본대리권이 될 수 있고, ⓒ 복대리권, §125나 §129에 의한 표현대리권도 기본대리권이 될 수 있다.

> 권한을 넘는 <u>표현대리 규정은 거래의 안전을 도모하여 거래상대방의 이익을 보호하려는 데에 그 취지가 있으므로 법정대리라고 하여 임의대리와는 달리 그 적용이 없다</u>고 할 수 없고, 따라서 한정치산자의 후견인이 친족회의 동의를 얻지 않고 피후견인의 부동산의 처분행위를 한 경우에도 상대방이 친족회의 동의가 있다고 믿은 데에 정당한 사유가 있는 때에는 본인인 한정치산자에게 그 효력이 미친다(대법원 1997. 6. 27. 선고 97다3828 판결).

(b) 사례: 사실행위 담당자의 대리행위

- 사안의 개요: 甲의 직원 乙은 거래처의 거래 제안을 접수하여 이를 정리한 후 보고하는 업무를 담당하고 있었는데, 乙이 甲을 대리하여 丙과 거래상의 계약을 체결했다.
- 쟁점과 판단: 乙에게 기본대리권 자체가 없으므로 §126가 적용될 수 없다. 따라서 丙에게 乙을 甲의 대리인이라고 믿을 만한 정당한 이유가 인정되더라도 표현대리가 성립하지 않고, 무권대리의 문제가 될 뿐이다.

> 乙은 거래 제안을 보고하는 업무를 담당하였을 뿐, <u>스스로 甲(피고)을 대리하여 영업과 관련된 계약을 체결할 권한을 가지지는 않았던 점</u>을 알 수 있으므로, 이러한 乙에게 甲을 대리할 기본대리권이 있었다고 할 수 없고, 따라서 丙이 乙에게 이 사건 계약 체결에 관한 대리권이 있다고 믿었던 것에 정당한 이유가 있는지 여부에 나아가 판단할 필요 없이, 乙의 이 사건 계약체결행위가 제126조의 표현대리에 해당한다는 원고의 주장은 받아들일 수 없다(대법원 2007. 8. 23. 선고 2007다23425 판결).

C. 월권행위

- 의미: ⑦ 대리인이 기본대리권 범위 밖에 있는 사항에 관하여 한 대리행위를 한 경우뿐 아니라 ⓒ 대리인이 기본대리권 범위 내에서 대리행위를 했더라도 대리

행위에 필요한 요건을 지키지 않은 경우도 월권대리에 해당한다. ⓛ의 예로서 공동대리인이 §119 단서의 제한을 위반하여 단독으로 한 대리행위를 들 수 있다.

- 기본대리권이 수여된 행위와 월권행위의 법적성질이 달라도 무방하지만, 이 경우 상대방에게 '정당한 이유'가 인정되기 어려울 것이다.

D. 상대방의 보호가치: 정당한 이유

(a) 개관

- 의미: 상대방의 선의·무과실, 즉 상대방이 문제된 대리행위가 대리권 범위 내의 사항이라고 믿었고 이에 대해 상대방에게 과실이 없음을 뜻한다.

- 판단기준: ㉠ 대리행위가 행해질 때를 기준으로 ㉡ 객관적으로 판단해야 한다. 따라서 무권대리행위 이후에 본인의 위임장 등이 제시되었더라도 정당한 이유 판단의 근거가 될 수 없다.

> **대법원 2018. 7. 24. 선고 2017다2472 판결**
> ‣ 제126조의 정당한 이유의 존부는 자칭 대리인의 <u>대리행위가 행하여질 때에 존재하는 제반 사정을 객관적으로 관찰하여 판단</u>하여야 한다.
> ‣ 무권대리인에게 그 권한이 있다고 믿을 만한 정당한 이유가 있는가의 여부는 **대리행위인 매매계약 당시를 기준으로 결정하여야 하고 매매계약 성립 이후의 사정은 고려할 것이 아니**므로, 무권대리인이 매매계약 후 그 이행단계에서야 비로소 본인의 인감증명과 위임장을 상대방에게 교부한 사정만으로는 상대방이 무권대리인에게 그 권한이 있다고 믿을 만한 정당한 이유가 있었다고 단정할 수 없다.

(b) 정당한 이유가 인정된 사례

- 대리인이 거래에 필요한 모든 서류를 갖춘 경우에는 §126의 정당한 이유가 인정될 수 있다. 부동산 매도 대리인이 소유권이전등기에 필요한 서류 특히 본인이 스스로 발급받은 인감증명서와 등기권리증을 소지한 경우가 그 예이다.

> 일상가사대리권 외에 별도의 기본대리권이 있는 처가 <u>근저당권 설정등기에 필요한 각종 서류를 소지하고 있는 데다가 그 인감증명서가 본인인 남편이 발급받은 것이고, 남편 스스로 처에게 인감을 보냈음을 추단할 수 있는 문서와 남편의 무인이 찍힌 위임장 및 주민등록증</u> 등을 제시하는 등 남편이 처에게 **대리권을 수여하였다고 믿게 할 특별한 사정**까지 있었다면 그 상대방으로서는 처가 남편을 대리할 적법한 권한이 있었다고 믿은 데 정당한 이유가 있다(대법원 1995. 12. 22. 선고 94다45098 판결).

- 동종 거래가 반복된 경우에도 상대방에게 정당한 이유가 인정될 수 있다(대법원 1989. 5. 23. 선고 88다카22626 판결).

(c) 정당한 이유가 부정된 사례

- 상대방에게 대리권의 범위를 확인할 의무가 인정되는데도 상대방이 이러한 확인을 하지 않고 거래한 경우 §126의 정당한 이유가 인정될 수 없다. 그 예로서 ㉠ 제한능력자 소유 부동산의 처분과 같은 이례적인 거래, ㉡ 본인에게 문의하여 확인하기 쉬운 특별한 사정이 있었던 경우, ㉢ 상대방이 금융기관인 경우, ㉣ 위임장에 명시된 수권 범위를 벗어난 거래 등을 들 수 있다.

> 부동산의 소유자가 아닌 제3자로부터 근저당권을 취득하려는 자로서는, 그 소유자의 인감증명 외에 소유자에게 확인해 보아야 할 것이고, 만약 그러한 조사를 하지 아니하였다면 그 제3자에게 그 소유자를 대리할 권한이 있다고 믿은 데에 과실이 있다. 더구나 그러한 확인을 쉽게 할 수 있는 경우에는 더욱 그러하다(대법원 1992. 11. 27. 선고 92다31842 판결).

> 금융기관이 채무자 본인의 서명날인 또는 채무자의 보증의사 확인 등 계약체결에 관한 사무처리규정을 마련하여 둔 경우에는 연대보증계약을 체결하면서 그와 같은 사무처리규정을 준수하였는지 여부가 표현대리에서 정당한 이유가 있는지 여부를 판단하는 요소가 될 수 있다(대법원 2009. 2. 26. 선고 2007다30331 판결).

> 甲이 乙에게 대리권을 수여한 범위는 이 사건 각 토지지분의 단순한 매도에 관한 것인데, 이 사건 매매계약의 특약사항에는 乙의 권한 범위를 벗어난 사항, 즉 이 사건 각 토지 지분을 주위 토지와 합병하여 토목 및 석축 공사를 완료한 다음 그중 특정 부분을 매도하는 내용이 포함된 점, 丙이 위 위임장에 명시된 수권범위와 이 사건 매매계약의 내용이 확연히 다름에도 乙의 대리권 범위에 관하여 甲에게 직접 이를 확인하지도 않았던 점 등에 비추어 보면, 乙에게 이 매매계약의 체결에 관한 대리권이 있다고 丙이 믿은 데에 정당한 이유가 있었다고 볼 수 없다(대법원 2013. 4. 26. 선고 2012다99617 판결).

- 부동산 처분행위를 대리하는 대리인이 부동산 처분에 필요한 서류를 전부 소지하지 못한 경우, 부동산 처분행위의 상대방에게는 §126의 정당한 이유가 인정되기 어렵다.

乙이 甲의 어머니이고, 공유자로서 매매계약 당시 이를 관리하고 있었다 하더라도, 그와 같은 사실만으로는 丙이 乙에게 甲 상속지분의 매도처분에 관한 대리권이 있다고 믿을 만한 정당한 이유가 있었다고 인정하기에 부족하다. 매매계약 당시 乙은 甲명의 <u>인감도장이나 인감증명서, 위임장 등의 서류조차 전혀 구비하고 있지 아니하였던 사실</u>을 인정할 수 있어 丙이 乙을 甲의 대리인이라 믿은 데에는 <u>과실</u>이 있다고 보여지므로, 원고의 위 표현대리의 주장 역시 그 이유 없다(대법원 1992. 6. 9. 선고 92다11473 판결).

- 일반보증의 경우 본인의 의사를 확인하지 않으면 정당한 이유가 인정되기 어렵다. 반면 보증보험계약의 경우에는 본인이 발급받은 인감증명서에 '보증보험용' 등의 문구가 기재되어 있음을 확인했으면 별도로 본인의 의사를 확인하지 않았더라도 정당한 이유가 인정될 수 있다.

보증행위는 아무런 반대급부 없이 오직 일방적으로 불이익만을 입는 것인 점에 비추어 볼 때, 남편이 처에게 타인의 <u>채무를 보증함에 필요한 대리권을 수여한다는 것</u>은 <u>사회통념상 이례</u>에 속하므로, 처가 특별한 수권 없이 남편을 대리하여 위와 같은 행위를 하였을 경우에 그것이 제126조 소정의 표현대리가 되려면 그 처에게 <u>일상가사대리권이 있었다는 것만이 아니라 상대방이 처에게 남편이 그 행위에 관한 대리의 권한을 주었다고 믿었음을 정당화할 만한 객관적인 사정이 있어야</u> 한다(대법원 1998. 7. 10. 선고 98다18988 판결).

대법원 2001. 4. 24. 선고 2001다5654 판결

- 원고에게 제출된 피고들의 <u>인감증명서는 본인들이 발급받은 것이고 그 사용용도란에 "보증보험연대보증용"이라는 문구가 기재되어 있는바</u>, 이처럼 보증보험약정서 상의 연대보증인으로 입보한다는 의사가 객관적으로 표명된 연대보증인의 인감증명서가 제출된 경우에는 특별한 사정이 없는 한 <u>연대보증계약의 체결에 앞서 그 보증인에 대하여 직접 보증의사를 확인할 것을 요구하지 않는다.</u>
- 인감증명서와 함께 제출된 서류들 중 일부에 대한 날인 상태가 불량하더라도 한 묶음의 서류로 작성되는 다른 서류에 날인된 피고들의 인영이 뚜렷하여 피고들의 인감증명서의 그것과 동일한 사실이 인정되는 이상 날인 상태가 불량한 서류의 진정성립이나 대리권한의 유무까지 별도로 조사하여야 할 의무는 없다.

6장

자연인

자연인

I 의사능력과 행위능력

1. 의사능력

가. 의미

- 의사능력이란, 사람이 사적 자치를 누리기 위해 필요한 정신적 능력으로서, 자신의 행위의 의미나 결과를 합리적으로 판단할 수 있는 정신적 능력이나 지능을 뜻한다.
- 명문 규정은 없지만 판례에 의해 인정된다.

나. 요건(판단기준)

- 의사능력의 인정 여부는 문제된 구체적 법률행위의 성질에 따라 개별적으로 판단해야 한다. 일상적 거래에 대한 의사능력이 인정되더라도 법적 의미까지 파악해야 하는 법률행위에 대해서는 의사능력이 부정될 수 있다. 따라서 지적장애인 등록 여부나 그 등급은 의사능력 판단을 위한 획일적·절대적 기준이 아니다.

  > 어떤 법률행위가 그 일상적인 의미만을 이해하여서는 알기 어려운 **특별한 법률적인 의미나 효과**가 부여되어 있는 경우 의사능력이 인정되기 위하여는 그 행위의 일상적인 의미뿐만 아니라 법률적인 의미나 효과에 대하여도 이해할 수 있을 것을 요한다고 보아야 하고, **의사능력의 유무는 구체적인 법률행위와 관련하여 개별적으로 판단**되어야 할 것이다(대법원 2006. 9. 22. 선고 2006다29358 판결).

- 자연인은 의사능력자로 추정되므로 의사무능력으로 인해 법률행위가 무효라고 주장하는 당사자가 그 사실에 대한 증명책임을 진다.

의사능력이란 자기 행위의 의미나 결과를 정상적인 인식력과 예기력을 바탕으로 합리적으로 판단할 수 있는 정신적 능력이나 지능을 말하고, **의사무능력을 이유로 법률행위의 무효**를 주장하는 측이 **증명책임**을 부담한다(2022. 12. 1. 선고 2022다261237 판결).

지적장애를 가진 사람이 장애인복지법령에 따라 지적장애인 등록을 하지 않았다거나 등록 기준을 충족하지 못하였다고 해서 반드시 의사능력이 있다고 단정할 수 없다. 법률행위의 구체적인 내용이나 책임의 중대성 등에 비추어 볼 때 지적장애를 가진 사람이 문제된 법률행위의 일상적 의미뿐만 아니라 **법률적인 의미나 효과를 이해할 수 있는지** 등을 세심하게 살펴보아야 한다(대법원 2022. 5. 26. 선고 2019다213344 판결).

• 사례: 일상적 거래를 하거나 인감증명서를 발급받거나 자필 서명을 할 수 있을 정도의 정신적 능력이 있어도, 연대보증 등과 같은 법률행위에 대해서는 의사무능력이 인정될 수 있다.

정신지체장애인으로서 간단한 읽기, 쓰기만 가능한 정신능력을 가졌다면, 스스로 인감증명서를 제출받아 발급하고 자필서명을 하여 연대보증계약을 체결했더라도 연대보증 계약의 법률적 의미와 효과를 이해할 수 있는 의사능력을 갖추고 있었다고는 볼 수 없고, 따라서 이러한 계약은 **의사능력을 흠결한 상태에서 체결된 것으로서 무효**라고 보아야 할 것이다(대법원 2006. 9. 22. 선고 2006다29358 판결).

다. 의사무능력자가 한 법률행위의 효과(2008다58367, 158면)

• 의사무능력자가 한 법률행위는 무효이다. 자기결정에 기초한 자기구속이라고 할 수 없기 때문이다.
• 이러한 무효는 의사무능력자 자신도 주장할 수 있고, 선의의 제3자에게도 주장할 수 있다.
• 급부부당이득 반환 범위와 관련하여, 의사무능력자는 현존이익만 반환하면 된다 (§141의 유추 적용).

2. 행위능력

가. 개관

(1) 의미

- 사람이 사적 자치를 누리기 위해 필요한 정신적 능력이라는 점에서 의사능력과 같다.
- 행위능력을 갖추지 못한 사람을 뜻하는 '제한능력자'의 기준은 법률로 정해져 있고, 제한능력자가 한 법률행위는 취소사유이며, 제한능력자가 스스로 할 수 있는 법률행위도 법률이나 재판으로 정해질 수 있다는 점에서 의사능력과 다르다.

(2) 유형: 미성년자, 피성년후견인

나. 미성년자

(1) 의미: 만 19세 미만인 자(§4)

(2) 미성년자의 행위능력

A. 원칙

(a) 법정대리인의 동의, 대리

- 미성년자는 법정대리인의 동의를 얻어야 유효한 법률행위를 할 수 있다. 이러한 동의는 묵시적으로도 할 수 있다.

> 제5조(미성년자의 능력) ① 본문: 미성년자가 법률행위를 함에는 법정대리인의 동의를 얻어야 한다.

- 미성년자를 위한 법정대리인인 친권자나 후견인에게는 포괄적 대리권(§920 본문)이 인정되기 때문에 법정대리인은 미성년자를 대리하여 법률행위를 할 수도 있다.

(b) 미성년자가 단독으로 한 법률행위

- 미성년자가 법정대리인의 대리 없이 스스로 한 법률행위는 취소 대상이고, 법정대리인은 물론 미성년자 자신도 단독으로 취소권을 행사할 수 있다.

> 제5조(미성년자의 능력) ② 전항의 규정에 위반한 행위는 취소할 수 있다.

> 제140조(법률행위의 취소권자) 취소할 수 있는 법률행위는 제한능력자, 착오로 인하
> 거나 사기·강박에 의하여 의사표시를 한 자, 그의 대리인 또는 승계인만이 취소할 수
> 있다.

- 상대방에게는 최고권·철회권이 인정된다. 법정대리인의 추인권, 상대방의 최고
권·철회권의 내용은 무권대리의 경우와 같다. 예컨대 제한능력자에 대한 철회
의사표시도 유효이다.

> 제15조(제한능력자의 상대방의 확답을 촉구할 권리)
> ① 제한능력자의 상대방은 제한능력자가 능력자가 된 후에 그에게 1개월 이상의 기간
> 을 정하여 그 취소할 수 있는 행위를 추인할 것인지 여부의 확답을 촉구할 수 있다. 능
> 력자로 된 사람이 그 기간 내에 확답을 발송하지 아니하면 그 행위를 추인한 것으로
> 본다.
> ② 제한능력자가 아직 능력자가 되지 못한 경우에는 그의 법정대리인에게 제1항의 촉
> 구를 할 수 있고, 법정대리인이 그 정하여진 기간 내에 확답을 발송하지 아니한 경우
> 에는 그 행위를 추인한 것으로 본다.
> ③ 특별한 절차가 필요한 행위는 그 정하여진 기간 내에 그 절차를 밟은 확답을 발송
> 하지 아니하면 취소한 것으로 본다.

> 제16조(제한능력자의 상대방의 철회권과 거절권)
> ① 제한능력자가 맺은 계약은 추인이 있을 때까지 상대방이 그 의사표시를 철회할 수 있
> 다. 다만, 상대방이 계약 당시에 제한능력자임을 알았을 경우에는 그러하지 아니하다.
> ② 제한능력자의 단독행위는 추인이 있을 때까지 상대방이 거절할 수 있다.
> ③ 제1항의 철회나 제2항의 거절의 의사표시는 제한능력자에게도 할 수 있다.

- 미성년자의 취소권이 부정되는 경우: 미성년자가 상대방을 속여서 ㉠ 행위능력이
있거나 ㉡ 법정대리인의 동의가 있었던 것처럼 꾸민 경우에는, 취소권이 소멸한다.

> 제17조(제한능력자의 속임수)
> ① 제한능력자가 속임수로써 자기를 능력자로 믿게 한 경우에는 그 행위를 취소할 수
> 없다.
> ② 미성년자나 피한정후견인이 속임수로써 법정대리인의 동의가 있는 것으로 믿게
> 한 경우에도 제1항과 같다.

B. 예외: 미성년자가 스스로 할 수 있는 법률행위

(a) 개관

• 법정된 법률행위는 미성년자가 스스로 할 수 있으므로 법정대리인의 대리권이 미치지 않는다. 구체적인 예로서, ㉠ 불리하지 않은 행위, ㉡ 법정대리인이 처분을 허락한 특정 재산에 관한 법률행위, ㉢ 법정대리인이 영업허락을 한 경우 그 영업과 관련된 행위 등을 들 수 있다.

> 제5조(미성년자의 능력) ① 단서: 그러나 권리만을 얻거나 의무만을 면하는 행위는 그러하지 아니하다.

• 법정대리인의 처분 허락은 '범위'에만 제한할 수 있고 '목적'은 제한할 수 없다. 법정대리인은 미성년자의 법률행위에 대한 동의나 허락을 취소할 수 있으나 그 전에 마쳐진 법률행위에 대해서는 동의·허락 취소의 효과가 소급하지 않는다.

> 제6조(처분을 허락한 재산) 법정대리인이 범위를 정하여 처분을 허락한 재산은 미성년자가 임의로 처분할 수 있다.

> 제7조(동의와 허락의 취소) 법정대리인은 미성년자가 아직 법률행위를 하기 전에는 전2조의 동의와 허락을 취소할 수 있다.

• 법정대리인은 영업을 허락할 수 있으나, 입법론적으로는 의문이 있다.

> 제8조(영업의 허락)
> ① 미성년자가 법정대리인으로부터 허락을 얻은 특정한 영업에 관하여는 성년자와 동일한 행위능력이 있다.
> ② 법정대리인은 전항의 허락을 취소 또는 제한할 수 있다. 그러나 선의의 제삼자에게 대항하지 못한다.

(b) 사례: 미성년자의 근로에 대한 허락

• 법정대리인이 미성년자의 근로를 허락한 경우 그 보수에 대한 처분 허락이 포함된 것으로 해석된다. 법정대리인의 동의나 허락은 묵시적으로도 할 수 있기 때문이다.

• 근로 소득이 있는 미성년자가 신용카드를 발급받아 사용한 경우, 보수 상당액 범위 내의 처분행위는 '처분이 허락된 재산'에 대한 법률행위에 해당하여 유효이므

로 법정대리인이더라도 이를 취소할 수 없다.

> **대법원 2007. 11. 16. 선고 2005다71659 판결**
> ‣ 미성년자의 행위가 위와 같이 법정대리인의 묵시적 동의가 인정되거나 처분허락이 있
> 는 재산의 처분 등에 해당하는 경우라면, 미성년자로서는 더 이상 행위무능력을 이유로
> 그 법률행위를 취소할 수는 없다. 한편 묵시적 동의 또는 처분 허락을 받은 재산의 범위
> 내라면 특별한 사정이 없는 한 신용카드를 이용하여 재화와 용역을 <u>신용구매한 후 사후</u>
> <u>에 결제하려는 경우와 곧바로 현금구매하는 경우를 달리 볼 필요는 없다</u>고 할 것이다.
> ‣ 미성년자 본인이 경제활동을 통해 월 60만 원 이상의 소득을 얻고 있었으며, 이 사
> 건 각 신용구매계약은 대부분 식료품·의류·화장품·문구 등 비교적 소규모의 일
> 상적인 거래행위였을 뿐만 아니라, 그 대부분이 할부구매라는 점을 감안하면 월 사
> <u>용액이 원고의 소득범위를 벗어나지 않는 것으로 볼 수 있는바 스스로 얻고 있던 소</u>
> <u>득에 대하여는 법정대리인의 묵시적 처분허락이 있었고</u>, 이 사건 각 신용구매계약
> 은 위와 같이 처분허락을 받은 재산범위 내의 처분행위에 해당한다.

다. 피성년후견인

(1) 의미: 성년자인 제한능력자

- 성년자이지만 정신적 능력이 부족한 사람은 법원의 재판을 거쳐야 제한능력자가
  된다. 그 전에는 의사무능력으로 인정될 수 있을 뿐이다.
- 피성년후견인에 대해서는 법정대리인인 후견인이 필요하다.

(2) 성년후견의 유형

A. 임의후견과 법정후견

(a) 개관

- 임의후견은 후견 개시 사유와 후견인을 본인이 계약으로 미리 정해 두는 것을 뜻
  한다.
- 이에 비해 법원의 성년후견 개시 선고 재판으로 후견이 개시되고 후견인도 법원
  이 직권으로 선임하는 경우를 법정후견이라고 한다.

(b) 임의후견 우선 원칙(§959의20)

- 사적 자치 원칙상 임의후견이 법정후견에 우선하므로, 임의후견 계약이 등기되
  어 있으면 성년후견 선고 재판을 할 수 없는 것이 원칙이다.
- 다만, 예외적으로 피후견인을 위해 필요하면 임의후견 계약이 등기되어 있더라

도 법원은 성년후견 개시 선고를 할 수 있다.

(c) 임의후견 개시를 위한 후견감독인 선임 재판(§959의15)

• 임의후견 계약이 체결되어 있어도, 후견 개시 사유 충족 여부는 법원이 판단해야 하므로 반드시 '후견감독인 선임 재판'을 거쳐야 한다.

• 즉 후견감독인 선임 여부가 법원의 재량에 맡겨져 있는 법정후견과는 달리, 임의후견의 경우에는 반드시 후견감독인이 선임되어야만 한다.

B. 법정후견

(a) 개관

• 법정후견은 피후견인 자신을 포함한 일정한 청구권자의 청구에 따른 법원의 재판에 의해 개시된다.

제9조(성년후견개시의 심판)

① 가정법원은 질병, 장애, 노령, 그 밖의 사유로 인한 정신적 제약으로 **사무를 처리할 능력이 지속적으로 결여된** 사람에 대하여 본인, 배우자, 4촌 이내의 친족, 미성년후견인, 미성년후견감독인, 한정후견인, 한정후견감독인, 특정후견인, 특정후견감독인, 검사 또는 지방자치단체의 장의 청구에 의하여 성년후견개시의 심판을 한다.

② 가정법원은 성년후견개시의 심판을 할 때 본인의 의사를 고려하여야 한다.

제12조(한정후견개시의 심판)

① 가정법원은 질병, 장애, 노령, 그 밖의 사유로 인한 정신적 제약으로 **사무를 처리할 능력이 부족한** 사람에 대하여 본인, 배우자, 4촌 이내의 친족, 미성년후견인, 미성년후견감독인, 성년후견인, 성년후견감독인, 특정후견인, 특정후견감독인, 검사 또는 지방자치단체의 장의 청구에 의하여 한정후견개시의 심판을 한다.

② 한정후견개시의 경우에 제9조 제2항을 준용한다.

• 피후견인의 정신적 능력의 정도에 따라 보호의 필요성도 달라지므로, 법정후견은 성년후견과 한정후견으로 나누어진다.

• 성년후견 개시 심판은 가사비송 재판이다. 따라서 법원은 후견적 재량을 발휘하여 당사자의 청구취지와 무관하게 적절한 유형의 후견 개시를 선고해야 한다 (2020스596, 권재문, 친족상속법, 253면).

(b) 행위능력

• 성년후견의 경우, 법률행위는 법정대리인이 대리하는 것이 원칙이지만, 법원의 재

판이나 법률조항으로 피후견인이 스스로 할 수 있는 법률행위의 범위가 정해진다.

> 제10조(피성년후견인의 행위와 취소)
> ① 피성년후견인의 법률행위는 취소할 수 있다.
> ② 제1항에도 불구하고 가정법원은 취소할 수 없는 피성년후견인의 법률행위의 범위를 정할 수 있다.
> ④ 제1항에도 불구하고 일용품의 구입 등 일상생활에 필요하고 그 대가가 과도하지 아니한 법률행위는 성년후견인이 취소할 수 없다.

- 한정후견의 경우, 법률행위는 피후견인이 스스로 하는 것이 원칙이지만, 법원의 재판으로 법정대리인의 동의나 대리가 필요한 법률행위의 범위가 정해진다.

> 제13조(피한정후견인의 행위와 동의)
> ① 가정법원은 피한정후견인이 한정후견인의 동의를 받아야 하는 행위의 범위를 정할 수 있다.
> ④ 단서: 다만, 일용품의 구입 등 일상생활에 필요하고 그 대가가 과도하지 아니한 법률행위에 대하여는 그러하지 아니하다.

- 어떤 유형이든, 법정대리인의 도움이 필요한 법률행위를 피후견인이 스스로 했다면 이 법률행위는 취소 대상이다(§10 ①, §13 ④ 본문). 이에 대한 추인, 상대방의 철회권, 취소권 배제 사유 등은 미성년자의 경우와 같다(§15~§17).

> 제13조(피한정후견인의 행위와 동의) ④ 본문: 한정후견인의 동의가 필요한 법률행위를 피한정후견인이 한정후견인의 동의 없이 하였을 때에는 그 법률행위를 취소할 수 있다.

- 비교: 특정후견은 특정한 사무에 대한 일시적 후견으로서 본인의 의사에 반하지 않는 경우에만 개시될 수 있다.

> 제14조의2(특정후견의 심판)
> ① 가정법원은 질병, 장애, 노령, 그 밖의 사유로 인한 정신적 제약으로 일시적 후원 또는 특정한 사무에 관한 후원이 필요한 사람에 대하여 본인, 배우자, 4촌 이내의 친족, 미성년후견인, 미성년후견감독인, 검사 또는 지방자치단체의 장의 청구에 의하여 특정후견의 심판을 한다.
> ② 특정후견은 본인의 의사에 반하여 할 수 없다.

Ⅱ 권리능력

1. 태아의 권리능력

가. 개별보호주의

(1) 의미: 보호가 필요한 경우에만 출생한 것으로 간주됨

(2) 태아의 권리능력이 인정되는 경우

A. 법률

• 상속(§1000 ③), 인지(§858), 유증(§1064, §1000 준용), 불법행위(§762) 등의 경우에만 태아는 출생한 것으로 간주되고 권리능력이 인정된다.

> 태아도 손해배상청구권에 관하여는 이미 출생한 것으로 보는바, 부가 교통사고로 상해를 입을 당시 태아가 출생하지 아니하였다고 하더라도 그 뒤에 출생한 이상 부의 부상으로 인하여 입게 될 정신적 고통에 대한 위자료를 청구할 수 있다(대법원 1993. 4. 27. 선고 93다4663 판결).

• 그 외의 경우에는 권리능력이 인정되지 않는다. 예컨대 태아를 수증자로 하는 증여 계약은 태아를 임신한 모가 대리하더라도 성립할 수 없다.

B. 사례: 태아를 피보험자로 하는 상해보험 계약

• 태아를 피보험자로 하는 상해보험 계약은 유효이다. 보험제도의 목적·취지에 부합하고 공서양속에 반하는 것도 아니기 때문이다.

> **대법원 2019. 3. 28. 선고 2016다211224 판결**
> ‣ 약관이나 개별 약정으로 출생 전 상태인 태아의 신체에 대한 상해를 보험의 담보범위에 포함하는 것이 보험제도의 목적과 취지에 부합하고 보험계약자나 피보험자에게 불리하지 않으므로 상법 제663조에 반하지 아니하고 제103조의 공서양속에도 반하지 않는다.
> ‣ 계약자유의 원칙상 태아를 피보험자로 하는 상해보험계약은 유효하고, 그 보험계약이 정한 바에 따라 보험기간이 개시된 이상 출생 전이라도 태아가 보험계약에서 정한 우연한 사고로 상해를 입었다면 이는 보험기간 중에 발생한 보험사고에 해당한다.

나. 출생 간주의 의미

(1) 제1설(판례): 정지조건설(인격소급설)

• 법정대리인이 없으므로 권리를 취득·행사할 수 없다.

• 태아가 출생하면 수태된 때로 소급하여 그 순위를 기준으로 권리를 취득할 수 있음에 불과하다.

> 태아가 권리를 취득한다 하더라도 현행법상 이를 대행할 기관이 없으니 태아로 있는 동안은 권리능력을 취득할 수 없으니 살아서 출생한 때에 출생시기가 문제의 사건의 시기까지 소급하여 그 때에 태아가 출생한 것과 같이 법률상 보아준다고 해석하여야 상당하다(법정정지조건설, 인격소급설)(대법원 1976. 9. 14. 선고 76다1365 판결).

(2) 제2설: 해제조건설(유동적 인격설)

• 법률에 의해 태아의 권리능력이 인정되는 경우에 태아는 완전한 권리능력자이므로 모가 법정대리인이 되어 권리를 취득·행사할 수 있다.

• 태아가 출생하면 출생 전의 권리관계가 그대로 유지되지만 태아가 사산되면 출생 전에 태아를 당사자를 하여 모가 체결한 법률행위는 모두 무효가 된다.

✓ 이러한 제2설을 따르더라도 법적안정성을 크게 해치지는 않는다. 사산은 매우 드물 뿐 아니라, 설령 태아가 사산되더라도 이미 발생한 태아의 권리·의무는 부모에게 상속되기 때문이다.

> 태아를 위한 법률관계의 보존을 위한 목적에서 태아 중에도 출생한 것으로 인정되는 범위에서 제한적 권리능력을 주고 따라서 법정대리인에 의한 권리보전수단을 쓸 수 있으며 살아서 태어나지 않을 때엔 그 권리능력이 소급적으로 소멸한다고 보는 견해(법정해제조건설, 제한적인격설)에 따른다고 하더라도 **태아가 사산과 같은 경우인 본건**에 있어서는 결론은 달라지지 아니한다(대법원 1976. 9. 14. 선고 76다1365 판결).

2. 부재자재산관리

가. 부재자재산관리가 필요한 경우

(1) 부재의 의미

• 자연인이 종래의 주소나 거소를 떠나 연락이 두절된 경우를 뜻한다.

• 부재는 실종선고의 전제가 된다.

(2) 본인이 임명한 관리인(수임인)이 있는 경우

A. 원칙

- 본인이 부재중이더라도 수임인이 재산관리를 할 수 있으므로 법정 절차에 따른 부재자재산관리는 필요 없다.

✓ 부재자재산관리 처분 신청은 기각된다(사견).

B. 예외

- 부재중에 수임인의 권한이 임기 만료 등으로 인해 소멸하거나, 본인이 생사불명이 된 경우에는 법정 절차에 따른 부재자 재산관리가 필요하다.
- 이 경우 법원은 부재자가 선임한 재산 관리인, 이해관계인 또는 검사의 청구에 따른 재판으로 재산관리인을 새로 선임할 수 있다.

> 제23조(관리인의 개임) 부재자가 재산관리인을 정한 경우에 부재자의 생사가 분명하지 아니한 때에는 법원은 재산관리인, 이해관계인 또는 검사의 청구에 의하여 재산관리인을 개임할 수 있다.

- 또한 법원은 본인의 수임인의 재산관리를 유지한 채 법정 재산관리인에 준하여 감독할 수도 있다.

> 제22조(부재자의 재산의 관리) ① 2문: 본인의 부재 중 재산관리인의 권한이 소멸한 때에도 같다.

> 제24조(관리인의 직무) ③ 부재자의 생사가 분명하지 아니한 경우에 이해관계인이나 검사의 청구가 있는 때에는 법원은 부재자가 정한 재산관리인에게 전2항의 처분을 명할 수 있다.

> 제26조(관리인의 담보제공, 보수) ③ 전2항의 규정관리인의 담보제공, 보수은 부재자의 생사가 분명하지 아니한 경우에 부재자가 정한 재산관리인에 준용한다.

(3) 본인이 임명한 관리인이 없는 경우

- 법원은 이해관계인이나 검사의 청구에 의한 재판으로 재산관리에 필요한 처분을 명해야 한다. 이해관계인의 예로는 부재자가 가진 권리나 의무의 상대방을 들 수 있다.
- 재산관리인 선임은 재산관리에 필요한 처분의 전형적인 예이다.

> 제22조(부재자의 재산의 관리) ① 1문: 종래의 주소나 거소를 떠난 자가 재산관리인을 정하지 아니한 때에는 법원은 이해관계인이나 검사의 청구에 의하여 재산관리에 관하여 필요한 처분을 명하여야 한다.

나. 선임된 관리인의 지위, 권리와 의무

(1) 본인의 법정대리인

A. 대리권의 범위

• §118에 규정된 권한에 대해서는 법정대리권이 인정된다. 그 밖의 행위를 하려면 법원의 허가를 얻어야 한다.

> 제25조(관리인의 권한) 법원이 선임한 재산관리인이 제118조에 규정한 권한을 넘는 행위를 함에는 법원의 허가를 얻어야 한다. 부재자의 생사가 분명하지 아니한 경우에 부재자가 정한 재산관리인이 권한을 넘는 행위를 할 때에도 같다.

• 이러한 허가는 사전 동의뿐 아니라 사후 추인의 방식으로도 할 수 있다. 또한 허가대상 처분행위의 상대방은 재산관리인을 상대로 허가 신청의사의 진술을 명하는 판결을 구할 수 있다.

> 부재자 재산관리인에 의한 부재자 소유의 부동산 매매행위에 대한 법원의 허가결정은 그 허가를 받은 재산에 대한 <u>장래의 처분행위뿐만</u> 아니라 <u>기왕의 매매를 추인하는 방법으로도</u> 할 수 있는 것이다. 부재자 재산관리인의 권한초과행위에 대한 법원의 사후 허가는 사인의 법률행위에 대하여 법원이 <u>후견적·감독적</u> 입장에서 하는 비쟁송적인 것으로서 그 허가 여부는 전적으로 법원의 권한에 속하는 것이기는 하나, <u>그 신청절차는 소의 제기 또는 그에 준하는 신청과는 달리 그 의사표시의 진술만 있으면</u> 그 목적을 달성할 수 있는 것이므로 비록 그 허가신청이 소송행위로서 공법상의 청구권에 해당하더라도, 부재자 재산관리인이 권한 초과행위에 대하여 허가신청절차를 이행하기로 약정하고도 그 이행을 태만히 할 경우에는 <u>상대방은 위 약정에 기하여 그 절차의 이행을 소구할 수 있다</u> 할 것이고, 이러한 의사 진술을 명하는 판결이 확정되면 허가신청의 진술이 있는 것으로 간주된다(대법원 2000. 12. 26. 선고 99다19278 판결).

B. 사례

• 대리권 남용의 법리와 §126의 표현대리 불성립: 부재자 재산관리인이 매각처분 허가를 받은 후 그 목적물을 타인의 채무에 대한 담보로 제공하면 무권대리 행위

이고, 상대방에게는 정당한 이유가 인정되기 어렵다.

> 부재자 재산관리인이 법원의 매각처분허가를 얻었다 하더라도 위와 같이 부재자와 아무런 관계가 없는 남의 채무의 담보만을 위하여 부재자 재산에 근저당권을 설정하는 행위는 보통 있을 수 없는 드문 처사라 할 것이니 통상의 경우 객관적으로 그 행위가 부재자를 위한 처분행위로서 당연하다고는 경험칙상 쉽사리 볼 수 없는 처사라 할 것이므로 달리 그 권한 있는 것으로 믿음에 잘못이 없다고 인정되는 정당한 이유가 있다면 모르거니와 그렇지 않다면 그 권한있다고 믿음에 있어 선의무과실이라 할 수 없을 것이다(대법원 1976. 12. 21.자 75마551 결정).

• 절차법: 부재자 A의 재산관리인 乙은 A소유 X부동산을 甲에게 매도하는 계약을 체결했는데 그 후 甲이 제기한 이행소송에서 乙의 X부동산 매매계약은 법원의 허가 없는 월권행위였음을 이유로 甲의 청구를 기각하는 판결이 확정되었다. 이 경우 乙이 X부동산 매매계약에 대한 허가를 얻으면 그 후 甲이 다시 이행소송을 제기해도 기판력에 저촉되지 않는다.

> 이 사건 매매계약은 부재자 재산관리인이 권한을 초과하여서 체결한 것으로 **법원의 허가를 받지 아니하여 무효**라는 이유로 청구가 기각되어 확정되었다고 하더라도, 패소판결의 확정 **후에 위 권한 초과행위에 대하여 법원의 허가**를 받게 되면 다시 이 사건 매매계약에 기한 소유권이전등기청구의 소를 제기할 수 있는 것이다(대법원 2002. 1. 11. 선고 2001다41971 판결).

(2) 권리의무

A. 재산목록 작성, 법원이 명한 재산보존에 필요한 처분 실시

> 제24조(관리인의 직무)
> ① 법원이 선임한 재산관리인은 관리할 재산목록을 작성하여야 한다.
> ② 법원은 그 선임한 재산관리인에 대하여 부재자의 재산을 보존하기 위하여 필요한 처분을 명할 수 있다.
> ④ 전3항의 경우에 그 비용은 부재자의 재산으로써 지급한다.

B. 담보제공 의무, 보수지급 청구권

> 제26조(관리인의 담보제공, 보수)
> ① 법원은 그 선임한 재산관리인으로 하여금 재산의 관리 및 반환에 관하여 상당한 담보를 제공하게 할 수 있다.
> ② 법원은 그 선임한 재산관리인에 대하여 부재자의 재산으로 상당한 보수를 지급할 수 있다.

다. 재산관리의 종료

(1) 개관

• 부재자가 스스로 재산관리를 하거나 재산관리인을 선임할 수 있게 되면, 본인, 재산관리인, 이해관계인, 검사의 청구에 따라 재산관리에 관한 처분이 취소되고 법정재산관리는 종료된다.

> 제22조(부재자의 재산의 관리) ② 본인이 그 후에 재산관리인을 정한 때에는 법원은 본인, 재산관리인, 이해관계인 또는 검사의 청구에 의하여 전항의 명령을 취소하여야 한다.

• 부재자가 사망하거나 실종선고에 의해 사망한 것으로 간주되면 상속이 개시되므로 피상속인인 부재자에 대한 법정재산관리는 종료된다. 이때도 §22 ②이 적용될 수 있을 것이다(사견).

(2) 사례: 선임취소의 비소급효

A. 사안의 개요

• 재산관리인 乙은 부재자 A의 사망사실을 알게 된 후, A소유 X부동산을 甲에게 처분하고 甲명의 소유권이전등기를 마쳤다.

• A의 상속인 丙은 부재자재산관리인 선임 취소 재판을 받은 후, 甲·乙간 X부동산 매매계약은 무권대리임을 이유로 甲명의 소유권이전등기 말소등기를 청구한다.

B. 쟁점과 판단

• 부재자재산관리인 선임 취소 재판은 소급효가 없다. 따라서 부재자재산관리 종료 사유가 발생했더라도, 부재자재산관리인 선임 취소 재판 전에 재산관리인이 법원의 허가 등의 요건을 갖추어 한 처분행위는 유효이다.

• §25에 따라 X부동산 처분에는 법원의 허가가 필요한데, 등기추정력의 법리상 이

러한 절차가 갖춰진 것으로 추정된다.

> **대법원 1991. 11. 6. 선고 91다11810 판결**
>
> ‣ 사망한 것으로 간주된 자가 그 이전에 생사불명의 부재자로서 그 재산관리에 관하여 법원으로부터 재산관리인이 선임되어 있었다면 재산관리인은 그 부재자의 사망을 확인했다고 하더라도 선임결정이 취소되지 아니하는 한 계속하여 권한을 행사할 수 있다.
> ‣ 따라서 재산관리인에 대한 선임결정이 취소되기 전에 재산관리인의 처분행위에 기하여 경료된 등기는 법원의 처분허가 등 모든 절차를 거쳐 적법하게 경료된 것으로 추정된다.

3. 실종

가. 개관: 자연인의 권리능력 소멸 사유인 사망

• 자연인의 권리능력 소멸 사유는 사망뿐이다. 사망 사실에 대해서는 주장하는 사람이 증명책임을 진다. 다만 사람의 평균 수명을 현저하게 넘는 연령에 해당하는 사람은, 사망사실을 확인할 수 없어도 사망한 것으로 추정될 수 있다.

> 일반적으로 원고가 내세우는 피고나 피대위자 등이 실존인물임이 인정되고 그러한 연령의 사람이 생존한다는 것이 매우 이례적이라고 보여지는 고령에 해당되지 않는 이상 특별한 사정이 없는 한 그들은 생존한 것으로 추정함이 상당하므로, 오히려 그가 사망하였다는 점을 피고가 적극적으로 입증하여야 한다(대법원 2002. 4. 26. 선고 2002다5873 판결).

• 가족관계등록부상의 사망 기재에는 강한 추정력이 인정되지만, ㉠ 사망신고 서류가 허위임이 형사재판으로 밝혀지거나 ㉡ 사망 기재일에 본인이 생존해 있었다는 사실이 증명되거나 ㉢ 이에 준하는 사유가 있는 경우에는 가족관계등록부상 사망 기재의 추정력이 소멸한다.

> 가족관계등록부에 기재된 사항은 진실에 부합하는 것으로 추정된다 할 것이나, 그 기재에 반하는 증거가 있거나 그 기재가 진실이 아니라고 볼만한 특별한 사정이 있는 때에는 그 추정은 번복될 수 있다(대법원 2013. 7. 25. 선고 2011두13309 판결).

호적부의 사망기재는 쉽게 번복할 수 있게 해서는 안되며, 그 기재내용을 뒤집기 위해서는 사망신고 당시에 첨부된 서류들이 위조 또는 허위조작된 문서임이 증명되거나 신고인이 공정증서원본불실기재죄로 처단되었거나 또는 사망으로 기재된 본인이 현재 생존해 있다는 사실이 증명되고 있을 때, 또는 이에 준하는 사유가 있을 때 등에 한해서 호적상의 사망기재의 추정력을 뒤집을 수 있을 뿐이다(대법원 1997. 11. 27.자 97스4 결정).

• 사망의 개연성은 있으나 사망 사실을 확인할 수 없는 생사불명 상태가 장기간 지속되는 사람에 대해서는 법원의 실종 선고 재판을 받아 사망한 것으로 간주할 수 있다.

부재자의 생사불명 상태가 일정기간 계속하고 살아 있을 가능성이 적게 된 때에, 그 사람을 사망한 것으로 간주하여 그를 중심으로 하는 법률관계를 확정·종결케 하는 것이 실종선고제도이다(대법원 2017. 12. 22. 선고 2017다360 판결).

나. 실종 선고 제도

(1) 요건

A. 실질적 요건

• 법정된 실종기간 동안 부재자의 생사가 분명하지 않아야 한다. 실종기간은 ㉠ 일반실종은 5년, ㉡ 사망 개연성이 높은 사고 등으로 인한 특별실종은 1년이다.

• 사례: 잠수장비를 착용하고 잠수했다가 행방불명이 된 사안에 대해서는 일반실종 기간이 적용된다.

> **대법원 2011. 1. 31. 자 2010스165 결정**
> ‣ 사건본인의 경우 위난실종에 의한 실종선고의 요건을 구비하지 아니하였고, 나아가 사건본인의 생사가 불명한지 5년이 경과하지 아니하여 보통실종에 의한 실종선고의 요건도 갖추지 못하였으므로, 실종선고 심판청구를 기각한다.
> ‣ 제27조의 문언이나 규정의 체계 및 취지 등에 비추어, 그 제2항에서 정하는 "사망의 원인이 될 위난"이라고 함은 화재·홍수·지진·화산 폭발 등과 같이 **일반적·객관적으로 사람의 생명에 명백한 위험을 야기하여 사망의 결과를 발생시킬 가능성이 현저히 높은 외부적 사태** 또는 상황을 가리킨다 고 할 것이다.
> ‣ 따라서 잠수장비를 착용하고 바다에 들어가서 해산물을 채취하는 것이 그 결과 청

구인의 주장대로 행방불명되었다고 하더라도 "사망의 원인이 될 위난"이라고 할 수 없다는 원심의 판단은 정당하고, 거기에 재항고이유의 주장과 같은 법리 오해 등 의 위법이 있다고 할 수 없다.

- 가족관계등록부에 사망으로 기재된 사람은 생사가 분명하지 않은 상태가 아니기 때문에 그 기재의 추정력이 번복되지 않는 한 실종 선고를 할 수 없다.

호적상 이미 사망한 것으로 기재되어 있는 자는 그 호적상 사망기재의 추정력을 뒤집 을 수 있는 자료가 없는 한 그 생사가 불분명한 자라고 볼 수 없어 실종선고를 할 수 없다(대법원 1997. 11. 27.자 97스4 결정).

B. 절차적 요건
- 이해관계인이나 검사의 청구에 따라 법원이 실종선고 재판을 해야 하는데, '이해 관계인'은 부재자의 사망 간주에 의해 법적 권리·의무에 영향을 받는 법률상 이 해관계 있는 자를 뜻한다.

대법원 1992. 4. 14.자 92스4 결정
- 부재자에 대하여 실종선고를 청구할 수 있는 이해관계인은 그 실종선고로 인하여 일정한 권리를 얻고 의무를 면하는 등의 신분상 또는 재산상의 이해관계를 갖는 자 에 한한다고 할 것이다.
- 부재자의 종손자로서, 부재자가 사망할 경우 제1순위의 상속인이 따로 있어 제2순 위의 상속인에 불과한 청구인은 특별한 사정이 없는 한 위 부재자에 대하여 실종선 고를 청구할 수 있는 신분상 또는 경제상의 이해관계를 가진 자라고 할 수 없다

- 실질적 요건이 충족되었다면, 법원은 6개월 이상의 공고를 거쳐(가사소송규칙 §53) 실종선고를 해야 한다.

제27조(실종의 선고)
① 부재자의 생사가 5년간 분명하지 아니한 때에는 법원은 이해관계인이나 검사의 청 구에 의하여 실종선고를 하여야 한다.
② 전지에 임한 자, 침몰한 선박 중에 있던 자, 추락한 항공기 중에 있던 자 기타 사망 의 원인이 될 위난을 당한 자의 생사가 전쟁종지후 또는 선박의 침몰, 항공기의 추락 기타 위난이 종료한 후 1년간 분명하지 아니한 때에도 제1항과 같다.

(2) 효과

A. 본질적 효과: 사망간주

B. 사망간주되는 시점

• 실종 선고 재판 확정시가 아니라, 실종기간 종료시에 사망한 것으로 간주된다.

> 제28조(실종선고의 효과) 실종선고를 받은 자는 전조의 기간이 만료한 때에 사망한 것으로 본다.

• 다만 상속관계에 대해서는 사망 간주 시점이 아니라 실종선고 재판 확정시의 법률이 적용되어야 한다.

> 실종기간이 제정 민법 시행 전에 만료된 경우에도 실종선고로 인한 상속에 관해서는 개정 민법이 적용된다고 보아야 한다(대법원 2017. 12. 22. 선고 2017다360 판결).

(3) 실종선고 취소

A. 취소사유의 세가지 유형과 각각의 효과

• 사망 간주 효과 제거: 실종자의 부재 상태가 종료한 경우 즉 실종자가 살아서 돌아온 경우에는 실종선고 취소 재판을 하여 사망 간주라는 효과를 제거해야 한다.

• 사망 시점 이동: 실종자가 §28에 의해 사망으로 간주되는 시점과 다른 시점에 사망한 것이 증명된 경우, 사망 간주라는 효과는 유지되지만, 실종선고 취소 재판을 하고 실제로 사망한 날을 기준으로 사망한 것으로 정정해야 한다.

• 사망 간주 시점 이동: 실종자가 실종기간 중 일시 생존했음이 증명된 경우, 우선 실종선고 취소 재판을 하고, 일시 생존이 증명된 날을 기준으로 다시 실종기간을 기산하여 그 실종기간이 종료한 날로 사망 간주 시점을 이동시키는 실종선고 재판을 해야 한다.

B. 실종선고 취소 재판

(a) 요건

• 실질적 요건: 위의 세 가지 요건 중 하나가 증명되어야 한다.

• 절차적 요건: 본인, 이해관계인, 검사의 청구에 따른 법원의 재판으로 실종선고를 취소한다.

(b) 효과

• 사망간주의 효과는 소급적으로 소멸한다.

• 다만 실종선고 후 실종선고 취소 전에 선의로 한 행위에는 영향을 미치지 않는다. 이에 비해 실종기간 종료 후 실종선고 전까지 한 행위는 보호되지 못한다.

> 제29조(실종선고의 취소)
> ① 실종자의 생존한 사실 또는 전조의 규정과 상이한 때에 사망한 사실의 증명이 있으면 법원은 본인, 이해관계인 또는 검사의 청구에 의하여 실종선고를 취소하여야 한다. 그러나 **실종선고 후 그 취소전**에 선의로 한 행위의 효력에 영향을 미치지 아니한다.
> ② 실종선고의 취소가 있을 때에 실종의 선고를 직접원인으로 하여 재산을 취득한 자가 선의인 경우에는 그 받은 이익이 현존하는 한도에서 반환할 의무가 있고 악의인 경우에는 그 받은 이익에 이자를 붙여서 반환하고 손해가 있으면 이를 배상하여야 한다.

7 장

법인

7장

법인

I 개관

1. 법인의 의미와 유형

가. 법인의 의미

(1) 자연인 이외의 권리주체

• 법인의 필요성: 자연인 여러 명으로 구성된 단체 또는 특정 목적을 위해 사용되는 재산 자체가 거래관념상 권리주체로서 인식되는 경우, 이러한 단체나 재산에 대해 법적으로도 권리능력을 인정할 필요가 있다.

• 법인본질론: 법인의제설과 법인실재설이 대립한다. 법인으로 인정되려면 법정 요건을 충족하여 주무관청의 허가와 등기를 갖추도록 하는 허가주의 원칙은 전자를 반영한다. 이에 비해 이른바 비법인 사단을 인정하는 것은 후자를 반영한다.

> 제31조(법인성립의 준칙) 법인은 법률의 규정에 의함이 아니면 성립하지 못한다.

(2) 법인의 특징: 자연인과 다른 점

• 법인은 권리능력이 인정되지만 행위능력은 없으므로 법인을 대표하여 법률행위를 할 대표기관이 필요하다.

• 법인은 법률로 정해진 요건을 충족해야 권리능력을 가진다는 점에서 출생과 동시에 권리능력을 가지는 자연인과 다르다.

나. 법인의 유형

(1) 공법인, 사법인

• 구별기준: 설립목적과 설립주체를 모두 고려해야 한다.

• 구별실익: 사법인에 대해서는 사적 자치 원칙이 적용된다. 다만 사법인이더라도

설립 근거 법률이 공익적 성격을 부여한 경우에는 공익적 성격의 정도에 따라 가입·탈퇴의 자유가 제한될 수 있다. 예컨대 사법인이더라도 가입강제가 적용되는 경우에는 임의탈퇴가 부정된다.

대법원 2017. 12. 22. 선고 2014다223025 판결

‣ **국가의 목적**을 위하여 존재하고 **국가에 의하여 설립**되는 공법인과 달리, 사법인은 기본적으로 그 구성원의 공동이익을 도모함을 목적으로 하는 조직이다.

‣ 사법인은 원칙적으로 결사의 자유를 갖는다. 그러나 그 설립근거가 되는 법률 등에서 사법인에게도 공익적 성격을 부여하는 경우가 많고, 공익적 성격의 정도에 따라서는 사법인이라고 하더라도 법률이나 정관의 규정에 의해 단체가입 및 탈퇴 등의 자유를 제한할 수 있다.

‣ 강제가입이 인정되는 경우에는 특별한 규정이 없는 한, 임의탈퇴가 부정된다고 보는 것이 강제가입 제도의 취지에 부합하는 해석이라고 할 것이다. 강제가입을 인정하면서 그와 동시에 임의탈퇴를 인정하는 것은 그 자체로 모순이기 때문이다.

(2) 사단법인, 재단법인

A. 의미

• 사단법인은 일정한 목적을 위해 결합한 사람들의 단체에 권리능력이 인정된 것을 뜻한다. 이에 비해 재단법인은 일정한 목적을 위해 출연된 재산 자체에 권리능력이 인정된 것을 말한다.

• 사단법인과 재단법인은 모두 법인이므로 동일한 규율이 적용되지만, 본질이 다르기 때문에 이를 반영하여 별개의 규율이 적용되기도 한다.

대법원 2008. 9. 25. 선고 2006다37021 판결

‣ 사단법인은 일정한 목적을 위해 결합한 사람의 단체에 법인격이 인정된 것을 말하고, 사단법인에 있어 사원 자격의 득실변경에 관한 사항은 정관의 기재사항이다.

‣ 어느 사단법인과 다른 <u>사단법인이 동일한 것인지 여부는 그 구성원인 사원이 동일한지 여부에 따라 결정됨</u>이 원칙이다. 다만, 사원 자격의 득실변경에 관한 <u>정관의 기재사항이 적법한 절차를 거쳐서 변경된 경우에는 구성원이 다르더라도 그 변경 전후의 사단법인은 동일성</u>을 유지하면서 존속하는 것이고, 이러한 법리는 법인 아닌 사단에 있어서도 마찬가지이다.

2. 법인의 권리능력(§34)

가. 개관

- 법인의 권리능력은 제한적으로 인정된다.
- 이에 비해 자연인은 특칙이 없는 한 모든 법률관계에서 권리능력이 인정된다.

나. 법인의 권리능력 제한 사유

(1) 법률에 의한 제한, 성질에 의한 제한

- 친족법, 상속법상 법률관계에 대해서는 법인의 권리능력이 인정될 수 없다.
- 청산법인의 권리능력은 청산에 필요한 행위로 제한된다.

> 제81조(청산법인) 해산한 법인은 청산의 목적범위 내에서만 권리가 있고 의무를 부담한다.

(2) 목적에 의한 제한

> 제34조(법인의 권리능력) 법인은 법률의 규정에 좇아 정관으로 정한 목적의 범위내에서 권리와 의무의 주체가 된다.

A. 의미

- 법인은 법률 규정에 따라 정관으로 정한 목적 범위 내에서 권리능력을 가진다.
- 목적 자체를 실현하기 위한 행위뿐 아니라 목적 달성을 위해 직접적·간접적으로 필요한 행위에 대해서도 권리능력이 인정된다.
- 사례: 비영리 법인이더라도 목적 달성을 위해 필요한 수익사업에 대해서는 권리능력이 인정되고, 이러한 수익사업 과정에서 부담한 부채를 변제하기 위해 수익사업용 재산을 처분하는 경우에도 권리능력이 인정된다.

> **대법원 2013. 11. 28. 선고 2010다91831 판결**
> · 법인의 권리능력은 법인의 설립근거가 된 <u>법률과 정관상의 목적</u>에 의하여 제한되나 그 목적 범위 내의 행위라 함은 **법률이나 정관에 명시된 목적 자체에 국한되는 것이 아니라 그 목적을 수행하는 데 있어 직접, 간접으로 필요한 행위는 모두 포함**된다.
> · 원고(법인)가 피고에게 원고 소유 충전소를 매도한 것은 원고의 수익사업으로 시작한 이 사건 충전소 운영 과정에서 발생한 부채문제를 정리하기 위한 것으로 행위의

객관적 성질상 위 목적 수행에 직접·간접으로 필요한 행위이므로 원고의 목적범위 내의 행위이다.

B. 판단기준: 행위의 객관적 성질

제38조에서 목적사업 수행에 필요한지는 행위자의 주관적·구체적 의사가 아닌 사업 자체의 객관적 성질에 따라 판단하여야 한다(대법원 2014. 1. 23. 선고 2011두25012 판결).

C. 사례: 대표자가 §34의 권리능력를 벗어나는 행위를 한 경우

(a) 법인의 책임

- 법인의 목적 달성을 위해 필요하다고 볼 수 없는 법률행위에 대해서는, ㉠ 법인의 권리능력이 없어서 법률행위의 불성립으로 인정되므로 법인에게 계약상의 권리·의무가 귀속되지 않는다. ㉡ 또한 법인의 불법행위책임(§35 ①)도 인정되지 않는다. §34의 범위를 벗어난 행위이면 §35 ①의 요건인 사무관련성이 인정될 수 없기 때문이다.
- 다만 주무관청에 의한 설립허가 취소 사유가 될 수 있고(§38), 허가 취소로 인한 해산(§77)으로 연결될 수 있다.

(b) 대표자 개인의 불법행위 책임(§750): 인정됨

3. 법인의 불법행위책임(§35 ①)

제35조(법인의 불법행위능력)
① 법인은 이사 기타 대표자가 그 직무에 관하여 타인에게 가한 손해를 배상할 책임이 있다. 이사 기타 대표자는 이로 인하여 자기의 손해배상책임을 면하지 못한다.
② 법인의 목적범위외의 행위로 인하여 타인에게 손해를 가한 때에는 그 사항의 의결에 찬성하거나 그 의결을 집행한 사원, 이사 및 기타 대표자가 연대하여 배상하여야 한다.

가. 개관

(1) §35 ①의 법적 성질

- §35 ①은 불법행위로 인한 손해배상 책임에 대한 권리능력을 법인에게 인정하는 특칙이다. 불법행위는 '법인의 목적 달성을 위해 필요한 행위'가 아니므로 §35 ①

의 특칙이 없으면 불법행위에 대해서는 법인의 권리능력이 부정되어 책임도 귀속될 수 없기 때문이다.

- 부진정연대채무: ㉠ 법인이 §35 ①에 의한 불법행위 책임을 지더라도, 이러한 법인의 책임과 실제로 불법행위를 한 대표기관의 §750 책임은 병존한다. ㉡ 대표자 아닌 피용자가 불법행위를 한 경우 법인은 §756를 근거로 손해배상책임을 지고 이때도 실제로 불법행위를 한 피용자의 §750 책임과 병존한다.

> 법인은 그 대표자가 직무에 관하여 불법행위를 한 경우에는 제35조 제1항에 의하여, 법인의 피용자가 사무집행에 관하여 불법행위를 한 경우에는 제756조 제1항에 의하여 각기 손해배상책임을 부담한다(대법원 2009. 11. 26. 선고 2009다57033 판결).

(2) §35 ②의 법적 성질

- 대표기관의 불법행위 책임(§750)은 인정되지만 §35 ①이 적용되지 않아서 법인의 불법행위 책임이 인정되지 않는 경우에 적용된다.
- 피해자 구제를 강화하기 위해 대표기관의 불법행위에 가담한 자에게 부진정연대 책임을 부담하게 할 필요가 있다. 다만 §35②의 규정이 없어도 이러한 자에게는 공동불법행위로 인한 손해배상책임(§760)을 추궁할 수 있을 것이다.

(3) 사례: 대표기관이 한 가해행위가 법률행위인 경우

- 표현대리, 추인 등에 의해 유효가 되면 법인이 계약책임을 지기 때문에 §35 ①에 의한 불법행위 책임을 인정할 필요가 없다.
- 가해행위가 강행법규 위반, 공서양속 위반 등으로 인해 무효인 경우: 법인은 §35 ①의 불법행위 책임을 진다.

나. §35 ①의 적용 요건

(1) 적용범위: 불법행위 책임

- §35는 불법행위 책임에 대해서만 적용된다.
- 비교: 대표기관이 채무불이행을 했더라도 §390 손해배상책임은 법인만이 부담한다. 대표기관은 §391의 이행보조자에 해당하기 때문이다.

대법원 2013. 2. 14. 선고 2012다77969 판결

· <u>제391조는 법정대리인</u> 또는 이행보조자의 고의·과실을 채무자 자신의 고의·과실로 간주함으로써 채무불이행책임을 채무자 본인에게 귀속시키고 있는데, 법인의 경우도 법률행위에 관하여 **대표기관의 고의·과실에 따른 채무불이행책임의 주체는 법인으로 한정**된다.

· 따라서 법인의 적법한 **대표권을 가진 자가 하는 법률행위는 그 성립상 효과뿐만 아니라 위반의 효과인 채무불이행책임까지 법인에게 귀속될 뿐**이고, 다른 법령에서 정하는 등의 특별한 사정이 없는 한 법인이 당사자인 법률행위에 관하여 대표기관 개인이 손해배상책임을 지려면 제750조에 따른 불법행위책임 등이 별도로 성립하여야 한다.

· 상법 제210조는 법인의 불법행위능력에 관한 제35조 제1항의 특칙이므로, 법무법인의 대표변호사나 담당변호사가 법무법인과 연대하여 제3자에 대해 손해배상책임을 부담하는 것은 대표변호사 등이 그 업무집행 중 불법행위를 한 경우에 한정된다.

· 따라서 피고 법무법인이 원고에게 불법행위로 인한 손해배상책임이 아니라 소송위임계약상의 채무불이행으로 인한 손해배상책임을 부담할 뿐이라면, 그 대표변호사이자 담당변호사에게 변호사법 제58조 제1항, 상법 제210조에 기한 연대책임을 물을 수는 없다.

(2) 대표자의 의미

A. 원칙: 법적·형식적 대표자

· 법적·형식적으로 대표기관에 해당하면 §35 ①의 적용 대상이 된다. 즉 이사뿐 아니라 임시이나, 특별대리인, 청산인 등에 대해서도 §35 ①이 적용된다.

· 다만 법적·형식적 대표기관이더라도 적법하게 대표권이 제한된 경우에는 §35 ①이 적용되지 않는다. 이 경우 §35 ②이 적용될 수 있을 것이다.

제35조에서 말하는 '이사 기타 대표자'는 법인의 대표기관을 의미하는 것이고 <u>대표권이 없는 이사는 법인의 기관이기는 하지만 대표기관은 아니기 때문에 그들의 행위로 인하여 **법인의 불법행위가 성립하지 않는다**</u>(대법원 2005. 12. 23. 선고 2003다30159 판결).

B. 예외: 실질적 대표자

· 사안의 개요: 甲법인의 대표자 乙은 丙에게 업무를 포괄적으로 위임했는데 이러

한 포괄적 위임은 §62에 저촉되어 무효이다.

- 쟁점과 판단: 丙이 甲법인을 대표하여 丁과 한 계약은 대표권 없는 자의 계약이므로 무권대표행위이고, 甲법인은 丁에게 §35 ①의 불법행위 책임을 진다.

> **대법원 2011. 4. 28. 선고 2008다15438 판결**
> - 제35조 제1항의 '법인의 대표자'에는 그 명칭이나 직위 여하, 또는 대표자로 등기되었는지 여부를 불문하고 당해 법인을 **실질적으로 운영하면서 법인을 사실상 대표하여 법인의 사무를 집행하는 사람을 포함**한다고 해석함이 상당하다.
> - 구체적인 사안에서 이러한 사람에 해당하는지는 법인과의 관계에서 그 지위와 역할, 법인의 사무 집행 절차와 방법, 대내적·대외적 명칭을 비롯하여 법인 내부자와 거래 상대방에게 법인의 대표 행위로 인식되는지 여부 제반 사정을 종합적으로 고려하여 판단하여야 한다.

(3) 가해행위의 직무관련성

A. 적극적 기준: 객관적, 외관적 판단

(a) 판단기준

- 외형상 직무수행 행위 자체로 보이거나, 사회통념상 직무수행 행위와 관련 있는 행위이면 직무관련성이 인정된다. 이처럼 외형상 직무관련성만 인정되면 대표자의 사리추구나 법령위반 등의 사정이 있어도 §35 ①이 적용된다.
- 예컨대 재건축조합장이 강행법규를 위반하여 임의분양계약을 한 경우, 이러한 분양계약은 무효이지만 수분양자는 법인에게 §35 ①의 불법행위 책임을 추궁할 수 있다(2002다27088, 243면).

(b) 비교: 대표자가 외관상 §34의 범위에 속하지 않는 행위를 한 경우

- 직무관련성이 없어서 법인에게 §35 ①의 불법행위 책임은 인정되지 않는다(대법원 1964. 12. 29. 선고 64다1231 판결).
- 가해행위를 한 대표자 개인은 §750, 가담자는 §35 ②를 근거로 각각 불법행위 책임을 지며, 피해자에 대해 부진정연대채무자가 된다.

B. 소극적 기준: 상대방의 보호가치

- 대표자가 한 가해행위에 직무관련성이 없다는 사실에 대해 피해자에게 악의나 중과실이 인정되면 보호가치가 부정된다.
- 이러한 피해자는 법인에게 §35 ①의 불법행위 책임을 추궁할 수 없다.

대법원 2003. 7. 25. 선고 2002다27088 판결

- 비법인 사단의 대표자의 행위가 대표자 개인의 사리를 도모하기 위한 것이었거나 혹은 법령의 규정에 위배된 것이었다 하더라도 외관상, 객관적으로 직무에 관한 행위라고 인정할 수 있는 것이라면 **제35조 제1항의 직무에 관한 행위에 해당**한다고 할 것이나, 그 경우에도 대표자의 행위가 직무에 관한 행위에 해당하지 아니함을 피해자 자신이 **알았거나 또는 중대한 과실로 인하여 알지 못한** 경우에는 비법인 사단에게 손해배상책임을 물을 수 없다.
- 피고 조합원들의 총유재산인 이 사건 임의분양분을 비조합원에게 분양하는 업무는 피고 조합의 설립목적 범위 내에 포함된다고 할 것이니, 피고 조합장 소외 1이 원고들에게 이 사건 임의분양분을 분양한 행위는 외관상, 객관적으로 보아 피고 조합장의 직무에 관한 행위라고 할 것 원고들이 피고 조합장 소외 1이 개인의 사리를 도모하기 위하여 이 사건 임의분양분을 중복분양하는 것을 알지 못한 데 중대한 과실이 있다고 할 수 없다.

다. §35 ① 적용의 효과

(1) 부진정연대채무

A. 법인과 대표기관의 책임

- 피해자에 대해 법인과 대표기관은 부진정연대채무를 진다. 법인의 면책이 불가능하다는 점에서 사용자책임(§756)의 경우와 다르다.
- 법인이 피해자에게 손해배상을 한 경우 대표기관에게 구상권을 행사할 수 있다. 법인은 대표기관에게 §61의 선관주의 의무 위반을 이유로 채무불이행 책임을 추궁할 수 있기 때문이다.

> 제61조(이사의 주의의무) 이사는 선량한 관리자의 주의로 그 직무를 행하여야 한다.

B. 대표기관의 불법행위에 위법하게 가담한 자가 있는 경우

(a) 공동불법행위(§760)

- 법인은 §35 ①의 불법행위 책임을, 대표기관과 가담자는 각 §750의 불법행위 책임을 부담한다. 이들은 모두 피해자에게 부진정연대채무를 진다.
- 가담자도 이사이면 법인에 대해 연대책임을 진다.

> 제65조(이사의 임무해태) 이사가 그 임무를 해태한 때에는 그 이사는 법인에 대하여 연대하여 손해배상의 책임이 있다.

(b) 가담자의 위법성이 인정되기 위한 특별한 사정

• 판단 기준: 가담자의 지위·임무, 적극성, 대표기관에 대한 영향력 등을 고려하여 판단한다.
• 사례: 단순히 대표기관의 가해행위의 근거가 된 의결에 참석하여 찬성한 것만으로는 위법성이 인정되지 않는다.

대법원 2009. 1. 30. 선고 2006다37465 판결

‣ 법인의 대표자가 그 직무에 관하여 타인에게 손해를 가함으로써 법인에 손해배상책임이 인정되는 경우에, 대표자의 행위가 제3자에 대한 불법행위를 구성한다면 그 대표자도 제3자에 대하여 손해배상책임을 면하지 못하며(제35조 제1항), 또한 사원도 위 대표자와 공동으로 불법행위를 저질렀거나 이에 가담하였다고 볼 만한 사정이 있으면 제3자에 대하여 위 대표자와 연대하여 손해배상책임을 진다.

‣ 그러나 사원총회, 대의원 총회, 이사회의 의결은 원칙적으로 법인의 내부행위에 불과하므로 특별한 사정이 없는 한 그 사항의 의결에 찬성하였다는 이유만으로 제3자의 채권을 침해한다거나 대표자의 행위에 가공 또는 방조한 자로서 제3자에 대하여 불법행위책임을 부담한다고 할 수는 없다. 이 때 의결에 참여한 사원 등이 대표자와 공동으로 불법행위를 저질렀거나 이에 가담하였다고 볼 수 있는지 여부는, 그 의결에 참여한 법인의 기관이 당해 사항에 관하여 의사결정권한이 있는지, 대표자의 집행을 견제할 위치에 있는지, 그 사원이 의결과정에서 대표자의 불법적인 집행행위를 적극적으로 요구하거나 유도하였는지 여부 및 그 의결이 대표자의 업무 집행에 구체적으로 미친 영향력의 정도, 침해되는 권리의 내용, 의결 내용, **위법성의 정도를 종합적으로 평가하여 법인 내부행위를 벗어나 제3자에 대한 관계에서 사회상규에 반하는 위법한 행위라고 인정될 수 있는 정도**에 이르러야 한다.

(2) 과실상계

• 피해자의 경과실이 인정되는 경우, 피해자는 법인에게 §35 ①의 불법행위 책임을 추궁할 수 있지만 과실상계가 적용된다.

대표기관의 행위가 외형상으로 피고법인의 업무집행 행위로 볼 수 있다는 이유로 제35조 제1항에 의하여 피고의 손해배상책임을 인정한 다음, <u>원고(상대방)의 과실을 참작하여 피고가 배상하여야 할 손해액을 제한한 원심의 조치는 원고에게는 대표기관의 행위가 직무에 관한 행위라고 믿은 데 중대한 과실이 없었음을 당연한 전제로 한 것</u>으로 수긍할 수 있다(대법원 2003. 7. 25. 선고 2002다27088 판결).

- 대표기관이 고의로 불법행위를 한 경우에도 법인은 과실상계를 주장할 수 있다. 고의로 불법행위를 한 가해자 자신이 상대방의 부주의를 이유로 과실상계를 주장하는 것은 신의칙에 반하여 허용될 수 없지만, 가해자의 고의를 이유로 부진정연대채무자인 공동불법행위자도 과실상계를 주장할 수 없게 하는 것은 자기책임의 원칙에 반하기 때문이다.

대법원 2018. 2. 13. 선고 2015다242429 판결

- ‣ <u>피해자의 부주의를 이용하여 고의로 불법행위를 저지른 사람이 바로 그 피해자의 부주의를 이유로 자신의 책임을 줄여 달라고 주장하는 것은 허용될 수 없다. 그러나 이는 그러한 사유가 있는 자에게 과실상계의 주장을 허용하는 것이 **신의칙에 반하기 때문이므로, 불법행위자 중의 일부에게 그러한 사유가 있다고 하여 그러한 사유가 없는 다른 불법행위자까지도 과실상계의 주장을 할 수 없다고 해석할 것은 아니다.**</u>
- ‣ <u>중개보조원이 업무상 행위로 거래당사자인 피해자에게 고의로 불법행위를 저지른 경우라고 하더라도, **중개보조원을 고용하였을 뿐 이러한 불법행위에 가담하지 않은 개업공인중개사**에게 책임을 묻고 있는 피해자에게 과실이 있다면, 법원은 과실상계의 법리에 따라 손해배상의 책임과 그 금액을 정하는 데 이를 참작하여야 한다.</u>

II ｜ 법인의 설립

1. 개관

가. 법인 설립 절차의 개관

- 민법상 법인을 설립하려면 비영리 목적, 주무관청의 허가, 설립등기라는 요건이 충족되어야 한다. 또한 법인이 법인이 권리주체가 되려면 법인의 실체가 있어야

하는데, 사단법인은 사원들, 재단법인은 기본재산이 법인의 실체가 된다.

• 모든 법인은 목적, 대표기관 선임 방법 등과 같이 법인 운영에 필요한 중요한 사항을 문서로 규정해야 하는데 이런 문서를 정관이라고 한다.

나. 정관의 의미와 법적 성질

(1) 의미

• 법인의 존재와 동일성을 식별할 수 있는 내용이 기재된 서류를 뜻한다.

• 상급단체의 정관이더라도, 하급단체가 이를 정관에 반영하지 않는 한, 하급단체에 적용되지 않는다(대법원 2010. 5. 27. 선고 2006다72109 판결).

(2) 법적성질

A. 정관을 작성하는 행위(설립행위)

• 설립행위는 법률행위의 일종이다. 다만 요식행위이므로 법정된 사항을 문서로 기재하고, 작성자가 기명·날인해야 한다.

• 사단법인의 경우, 설립행위의 법적 성질에 대해 계약설과 합동행위설이 대립한다. 이에 비해 재단법인의 설립행위에 대해서는 상대방 없는 단독행위라고 보는데 견해가 일치한다.

• 설립행위에 대해서는 사적 자치 원칙이 적용되고, 법률행위의 무효·취소 사유가 전반적으로 적용된다. 예컨대 그 내용에 대해 §103, §105가 적용되고, 의사표시의 하자에 관한 §109, §110도 적용된다.

> 정관 조항이 자체로서 객관적으로 현저하게 타당성을 잃은 것이라는 등의 특별한 사정이 없는 한, 그것이 선량한 풍속 기타 사회질서에 반하여 무효라고 할 수는 없다(대법원 2009. 10. 15. 선고 2008다85345 판결).

> **대법원 1999. 7. 9. 선고 98다9045 판결**
> ‣ 재단법인에 대한 출연자와 법인과의 관계에 있어서 그 출연행위에 터잡아 **법인이 성립되면 그로써 출연재산은 제48조에 의하여 법인 성립시에 법인에게 귀속되어 법인의 재산이 되는 것**이라고 할 것이고, 출연재산이 **부동산인 경우에 있어서도 위 양당사자 간의 관계에 있어서는 법인의 성립 외에 등기를 필요로 하는 것은 아니라** 할지라도 출연자는 **제109조의 착오가 인정되는 경우** 재단법인의 **성립 여부나 출연된 재산이 기본재산인지의 여부와 무관하게 출연 의사표시를 취소할** 수 있다.

- 제47조 제1항은 생전출연의 경우 제555조를 준용하여 서면에 의한 증여(출연)의 해제를 제한하고 있으나, 그 **해제는 민법 총칙상의 취소와는 요건과 효과가 다르므로 서면에 의한 출연이더라도 민법 총칙규정에 따라 출연자가 착오에 기한 의사표시라는 이유로 출연의 의사표시를 취소할 수 있고**, 상대방 없는 단독행위인 재단법인에 대한 출연행위라고 하여 달리 볼 것은 아니다.

B. 작성된 정관 자체

- 설립된 법인의 정관은 법률행위가 아니라 자치법규로서의 성질을 가진다. 설립행위에 참여하지 않은 구성원에 대해서도 적용될 수 있기 때문이다.
- 따라서 정관 규정의 해석이 문제될 때는 §106의 의사표시 해석 방법이 아니라 법률 해석 방법에 따라야 한다. 또한 사단법인의 사원총회 결의로도 정관의 내용을 그 문언과 다른 내용으로 해석할 수는 없다.

> **대법원 2000. 11. 24. 선고 99다12437 판결**
> - 사단법인의 정관은 <u>이를 작성한 사원뿐만 아니라 그 후 가입한 사원이나 사단법인의 기관 등도 구속하는</u> 점에 비추어 그 법적성질은 **계약이 아니라 자치법규**로 보는 것이 타당하다.
> - 정관의 내용은 객관적인 기준에 따라 그 규범적인 의미 내용을 확정하는 **법규해석의 방법으로 해석되어야 하는 것이지, 작성자의 주관이나 해석 당시의 사원의 다수결에 의한 방법으로 자의적으로 해석될 수는 없다.** 따라서 어느 시점의 사단법인의 사원들이 정관의 규범적인 의미 내용과 다른 해석을 사원총회의 결의라는 방법으로 표명하였다 하더라도 그 결의에 의한 해석은 그 사단법인의 구성원인 사원들이나 법원을 구속하는 효력이 없다 할 것이다.

(3) 정관에 기재되어야 하는 사항

- 필수기재사항: 정관에 기재되지 않으면 법인 설립이 인정될 수 없는 사항을 뜻한다. 법인의 목적 등이 여기에 해당한다.

> 제40조(사단법인의 정관) 사단법인의 설립자는 다음 각호의 사항을 기재한 정관을 작성하여 기명날인하여야 한다. 1. 목적 2. 명칭 3. 사무소의 소재 4. 자산에 관한 규정 5. 이사의 임면에 관한 규정 6. 사원자격의 득실에 관한 규정 7. 존립시기나 해산사유를 정한 때에는 그 시기 또는 사유

> 제43조(재단법인의 정관) 재단법인의 설립자는 일정한 재산을 출연하고 제40조 제1
> 호 내지 제5호의 사항을 기재한 정관을 작성하여 기명날인하여야 한다.

- 임의기재사항: 정관에 기재되지 않아도 법인 설립이 인정될 수 있는 사항을 뜻한
  다. 임의기재사항도 일단 정관에 기재되면 필수기재사항과 같은 효력을 가진다
  (지원림, 2-109).

2. 법인의 유형에 따른 쟁점

가. 사단법인의 설립과정에서 발생한 권리·의무의 귀속

(1) 사단법인의 설립절차 개관

- 사단법인 설립을 원하는 사람들이 법인 설립이라는 공동 목적을 위해 역할 분담
  등을 약정하면 발기인 조합이 성립한다. 그 후 정관이 작성되고 이에 따라 사원이
  정해지면 비법인 사단이 성립한다.
- 비법인 사단이 주무관청의 허가를 얻어 설립등기를 마치면 사단법인이 된다.

(2) 설립과정에서 발생한 권리·의무의 귀속

- 발기인 조합: 민법상의 조합이므로 조합계약의 법률관계가 적용된다. 예컨대 조
  합이 취득한 재산은 조합원들의 합유이지만, 그 후 법인이 설립되면 법인에게 그
  재산이 귀속되기 위한 요건이 갖춰져야 한다.
- 비교: 설립 중 사단은 권리능력 없는 사단이지만 설립된 사단법인과 동일성이 있
  으므로 설립 중 사단 단계에서 취득하여 총유하는 권리·의무는 설립된 사단법인
  에 당연 귀속된다.

> **대법원 2008. 2. 28. 선고 2007다37394,37400 판결**
> - 교회가 이와 같이 그 실체를 갖추어 법인 아닌 사단으로서 성립한 경우에 교회의 대
>   표자가 교회를 위하여 취득한 권리의무는 교회에 귀속된다고 할 것이나, 교회가 아
>   직 실체를 갖추지 못하여 법인 아닌 사단으로서 **성립되기 이전에 설립의 주체인 개**
>   **인이 취득한 권리의무는 그것이 앞으로 성립될 교회를 위한 것이라 하더라도 바로**
>   **법인 아닌 사단인 교회에 귀속될 수는 없다**고 할 것이며, 또한 설립중의 회사의 개
>   념과 법적 성격에 비추어, 법인 아닌 사단인 교회가 성립되기 전의 단계에서 **설립중**
>   **의 회사의 법리를 유추적용할 수는 없다** 할 것이다.
> - 교회의 대표자 甲이 이 사건 건물에 관한 분양계약을 체결할 당시에는 원고 교회는

아직 그 실체를 갖추지 못하여 법인 아닌 사단으로서 성립되기 전이라 할 것이고, 따라서 甲이 이 사건 건물에 관하여 체결한 분양계약이 원고 교회를 대표하여 체결한 것이라거나 그 계약상의 지위가 별도의 이전행위 없이 바로 원고 교회에 귀속된다고는 할 수 없다.

나. 재단법인의 설립과 출연재산의 귀속시기

(1) 재단법인 설립: 정관작성, 재산 출연

제43조(재단법인의 정관) 재단법인의 설립자는 일정한 재산을 출연하고 제40조 제1호 내지 제5호의 사항을 기재한 정관을 작성하여 기명날인하여야 한다.

제44조(재단법인의 정관의 보충) 재단법인의 설립자가 그 명칭, 사무소소재지 또는 이사 임면의 방법을 정하지 아니하고 사망한 때에는 이해관계인 또는 검사의 청구에 의하여 법원이 이를 정한다.

(2) 출연재산 귀속시기

제48조(출연재산의 귀속시기)
① 생전처분으로 재단법인을 설립하는 때에는 출연재산은 법인이 성립된 때로부터 법인의 재산이 된다.
② 유언으로 재단법인을 설립하는 때에는 출연재산은 유언의 효력이 발생한 때로부터 법인에 귀속한 것으로 본다.

A. 원칙

(a) 개관
• 재단법인에 대한 재산 출연은 처분행위의 일종이라고 보아야 한다.
• 무상 처분행위에 관한 조항들이 준용되기 때문이다.

제47조(증여, 유증에 관한 규정의 준용)
① 생전처분으로 재단법인을 설립하는 때에는 증여에 관한 규정을 준용한다.
② 유언으로 재단법인을 설립하는 때에는 유증에 관한 규정을 준용한다.

(b) 사례: 유언으로 지명채권을 출연한 경우
• 설립자가 유언으로 지명채권을 출연한 경우, §450의 대항요건주의가 적용된다.

따라서 §48에 규정된 시점에 재단법인이 지명채권을 취득하므로 이 지명채권은 설립자의 상속재산이 아니다.

- 다만 재단법인이 대항요건을 갖추지 못하면 제3자 특히 채무자에게 권리를 주장할 수 없다.

> **대법원 1984. 9. 11. 선고 83누578 판결**
> - 제48조 제2항의 취지는 출연자의 재산상속인 등이 출연자 사망 후에 출연자의 의사에 반하여 출연재산을 처분함으로써 법인재산이 일실되는 것을 방지하고자 출연자가 사망한 때로 소급하여 법인에 귀속하도록 한 것이므로 **출연재산은 재산상속인의 상속재산에 포함되지 않는 것으로서 재산상속인의 출연재산 처분행위는 무권한자의 행위**가 될 수 밖에 없다.
> - 출연자가 자기의 채권을 재단법인의 목적재산으로 일단 출연한 이상 그 <u>채권은 재단법인에 귀속되는 것이고 그 채권에 대한 당사자의 평가액 여하에 따라 출연의 효과가 좌우되는 것은 아니라고 할 것이며,</u> 다만 그 채권이 변제 기타 사유로 이미 소멸하여 존재하지 아니하거나 회수가 불가능한 것이어서 실질적인 재산가치가 전혀 없는 경우에만 재산의 출연이 있다고 볼 수 없을 것이다.

B. 출연재산이 부동산인 경우

- §187 적용설: §48도 §187의 '법률의 규정'에 해당한다고 보는 견해는 §48에 규정된 시점에 부동산 소유권이 재단법인에 귀속된다고 본다.
- §186 적용설: 출연이 법률행위임을 중시하는 견해는 재단법인 설립을 위한 재산출연에 대해서도 §186가 적용되므로 재단법인 명의로 소유권이전등기가 마쳐졌을 때 비로소 출연된 부동산 소유권이 재단법인에게 귀속된다고 본다. 이 견해에 따르면 출연된 부동산에 대해 재단법인 명의 소유권이전등기가 마쳐지기 전까지는, 채권적 소유권이전등기 청구권이 재단법인에게 귀속된 출연재산이라고 볼 수 있다.
- 판례의 태도: 내부관계에서는 §48에 규정된 시점에, 대외관계에서는 공시방법을 갖췄을 때 재단법인에게 소유권이 귀속된다고 본다.

> **대법원 1993. 9. 14. 선고 93다8054 판결**
> - 제48조의 규정은 출연자와 법인과의 관계를 상대적으로 결정하는 기준에 불과하여 출연재산이 부동산인 경우에도 **출연자와 법인 사이**에는 법인의 성립 외에 등기를

필요로 하는 것은 아니지만, **제3자에 대한 관계에 있어서**, 출연행위는 법률행위이므로 출연재산의 법인에의 귀속에는 부동산의 권리에 관한 것일 경우 등기를 필요로 한다.

‣ 유언으로 재단법인을 설립하는 경우에도 <u>제3자에 대한 관계에서는 출연재산이 부동산인 경우는 그 법인에의 귀속에는 법인의 설립외에 등기를 필요로 하는 것이므로, 원고가 그와 같은 등기를 마치지 아니한 이 사건에서 유언자의 상속인의 한 사람으로부터 이 사건 부동산의 지분을 취득하여 이전등기를 마친 선의의 제3자인 피고에 대하여 대항할 수는 없다.</u>

C. 사례: 재단법인에 대한 재산출연이라는 효과와 저촉되는 부관

• 사안의 개요: 재단법인 설립 행위에 재단법인 명의로 출연재산을 귀속시키되 ㉠ 제3자가 그 재산을 사용·수익, 처분한다는 취지의 부관이 붙은 경우 또는 ㉡ 출연자가 재단법인에게 명의신탁하기로 약정한 경우에, 그 효과가 문제된다.

• 쟁점과 판단: 재단법인이 출연재산을 사용·수익 처분할 수 없게 하는 부관은 무효이고, 일부무효의 법리에 따라 출연행위 자체는 유효라고 해석된다.

대법원 2011. 2. 10. 선고 2006다65774 판결

‣ 재단법인의 기본재산은 재단법인의 실체를 이루는 것이므로, 재단법인 설립을 위한 기본재산의 출연행위에 관하여 그 <u>재산출연자가 소유명의만을 재단법인에 귀속시키고 실질적 소유권은 출연자에게 유보하는 등의 부관을 붙여서 출연하는 것은</u> 재단법인 설립의 취지에 어긋나는 것이어서 관할 관청은 이러한 부관이 붙은 출연재산을 기본재산으로 하는 재단법인의 설립을 허가할 수 없다.

‣ 또한 재단법인 설립과정에서 그 출연자들이 장래 설립될 재단법인의 기본재산으로 귀속될 부동산에 관하여 소유명의만을 신탁하는 약정을 하였고 부동산실명제법 시행 전이어서 명의신탁 자체는 유효로 인정될 수 있었다 하더라도 <u>관할 관청의 설립허가 및 법인설립등기를 통하여 새로이 설립된 재단법인에게 아무 조건 없이 기본재산 증여를 원인으로 한 소유권이전등기를 마친 이후에까지</u> 이러한 명의신탁계약이 설립된 재단법인에게 효력이 미친다고 보면 재단법인의 기본재산이 상실되어 재단법인의 존립 자체에 영향을 줄 것이므로, 위와 같은 <u>명의신탁계약은 새로 설립된 재단법인에 대해서는 효력을 미칠 수 없다</u>고 해석함이 상당하다.

III 법인의 기관: 이사

1. 개관

가. 이사의 지위

(1) 필수기관

> 제57조(이사) 법인은 이사를 두어야 한다.

(2) 업무집행기관, 대표기관

> 제58조(이사의 사무집행) ① 이사는 법인의 사무를 집행한다.

> 제59조(이사의 대표권) ② 법인의 대표에 관하여는 대리에 관한 규정을 준용한다.

나. 임면

(1) 선임

- 이사 선임 방법은 정관의 필수 기재사항이고, 이사는 정관 규정에 따라 선임되어야 한다.
- 정관상 이사 선임 요건이 충족되더라도 법인과 이사 사이에 위임과 유사한 사무 처리 계약이 체결되어야 한다. 따라서 법인의 특성이나 정관 규정에 반하지 않는 한 이사에 대해서는 수임인에 관한 규정들도 적용된다.

(2) 해임, 사임

A. 해임의 요건

(a) 전제

- 법인과 이사의 법률관계에 대해서는 위임에 관한 규정들이 적용된다.
- 다만 이러한 규정들은 임의법규이므로 자치법규인 정관의 내용이 우선적용된다.

(b) 정관에 해임에 관한 규정이 있는 경우

- 정관에 따라 해임이 이루어져야 한다. 따라서 정관상의 사유가 없으면 해임할 수 없는 것이 원칙이다. 해임에 관한 정관 규정은 이사의 신분을 보장하는 의미도 있기 때문이다. 다만 예외적으로 이사의 중대한 의무 위반 사실이 있거나 이사의 정상적인 업무 집행을 불가능하게 하는 특별한 사정이 있으면 정관 규정과 무관하

게 해임할 수 있다.

‣ 법인과 이사의 법률관계는 신뢰를 기초로 한 위임 유사의 관계로 볼 수 있는데, 제 689조 제1항에서는 위임계약은 각 당사자가 언제든지 해지할 수 있다고 규정하고 있으므로, 법인은 원칙적으로 이사의 <u>임기 만료 전에도 이사를 해임할 수 있지만</u>, 이러한 민법의 규정은 <u>임의규정에 불과하므로 법인이 자치법규인 정관으로 이사의 해임사유 및 절차 등에 관하여 별도의 규정을 두는 것도 가능하다.</u>

‣ 이와 같이 법인이 정관에 이사의 해임사유 및 절차 등을 따로 정한 경우 그 규정은 법인과 이사와의 관계를 명확히 함은 물론 이사의 <u>신분을 보장하는 의미</u>도 아울러 가지고 있어 이를 단순히 <u>주의적 규정으로 볼 수는 없다. **따라서 법인의 정관에 이사의 해임사유에 관한 규정이 있는 경우 법인으로서는 이사의 중대한 의무위반 또는 정상적인 사무집행 불능 등의 특별한 사정이 없는 이상, 정관에서 정하지 아니한 사유로 이사를 해임할 수 없다.**</u>

• 정관상의 사유가 충족된 이상 법인과 이사 사이의 신뢰관계 파탄 여부는 문제되지 않는다. 다만 정관상의 사유가 충족되더라도 정관상의 해임 절차를 따라야 적법하게 해임할 수 있다.

법인의 <u>자치법규인 정관을 존중할 필요성</u>은 법인이 정관에서 정하지 아니한 사유로 이사를 해임하는 경우뿐만 아니라 법인이 <u>정관에서 정한 사유로 이사를 해임하는 경우</u>에도 요구된다. 법인이 정관에서 이사의 해임사유와 절차를 정하였고 그 해임사유가 실제로 발생하였다면, 법인은 이를 이유로 정관에서 정한 절차에 따라 이사를 해임할 수 있다. … <u>해임사유에 관한 정관 조항 자체를 해석·적용함으로써 해임사유 발생 여부를 판단하면 충분하고, 법인과 이사 사이의 신뢰관계 파탄을 별도 요건으로 보아 그 충족 여부를 판단해야 하는 것은 아니다</u>(대법원 2024. 1. 4. 선고 2023다263537 판결).

(c) 정관에 해임에 관한 규정이 없는 경우

• 위임에 관한 임의법규가 유추 적용된다.

• 따라서 이사의 임기 만료 전이더라도 법인은 자유롭게 이사를 해임할 수 있고 이사는 자유롭게 사임할 수 있다(§689, §691).

B. 사임의 요건

• 이사는 일방적 의사표시로 사임할 수 있으며 법인의 수령권한 있는 기관에 도달

함으로써 효력이 발생한다.

- 주의: 법인의 승낙, 관할관청의 허가 등은 사임의 요건이 아니다.

> 이사는 법인에 대한 일방적인 사임의 <u>의사표시에 의하여 법률관계를 종료시킬 수 있</u>
> <u>고, 그 의사표시는 수령권한 있는 기관에 도달됨으로써 바로 효력을 발생하는 것이며</u>
> <u>그 효력발생을 위하여 법인의 승낙(이사회의 결의)나 관할관청의 승인이 있어야 하는</u>
> <u>것</u>은 아니다(대법원 2013. 7. 25. 선고 2011두22334 판결).

C. 해임, 사임의 효과: 후임자 결정 전까지 직무수행 계속 의무(§691)

(a) 요건: 필요성

- 해임·사임 후 종전의 이사가 계속 직무를 수행하지 않으면 법인이 정상적으로 활동할 수 없는 특별한 사정이 있을 때만 긴급사무처리 권한이 인정된다. 따라서 다른 이사가 직무를 수행할 수 있거나, 대표기관의 직무를 대행할 임시이사 등이 선임되면 종전 이사에게는 긴급사무처리 권한이 인정되지 않는다.
- 소극적 요건: 위와 같은 요건이 충족되더라도 해임·사임 이사가 종래의 직무를 계속 수행하는 것이 부적당하다고 할 수 있는 특별한 사정이 있으면 긴급사무처리권이 인정되지 않는다.

> 사단법인과 그 대표기관과의 관계는 <u>**위임인과 수임인의 법률관계와 같은 것**</u>으로서
> 제691조의 규정을 유추하여 구 대표자로 하여금 <u>조합의 업무를 수행케 함이 부적당하</u>
> <u>다고 인정할 만한 특별한 사정이 없고 종전의 직무를 구 대표자로 하여금 처리하게 할</u>
> <u>필요가 있는 경우에 한하여</u> 후임 대표자가 선임될 때까지 임기만료된 구 대표자에게
> 대표자의 직무를 수행할 수 있는 업무수행권이 인정된다(대법원 2003. 7. 8. 선고
> 2002다74817 판결).

> 이러한 업무수행권은 법인이 정상적인 활동을 중단할 수밖에 없는 급박한 사정이 있
> 는 경우에 한정되는 것이고, 아직 임기가 만료되지 않거나 사임하지 아니한 다른 이사
> 들로써 정상적인 법인의 활동을 할 수 있는 경우에는 사임한 이사에게 직무를 계속 행
> 사하게 할 필요는 없다(대법원 2003. 1. 10. 선고 2001다1171 판결).

- 사례: 정관이나 법률로 이사의 최소인원이 정해져 있는데 여러 명이 함께 퇴임하게 된 경우, 정원이 충족될 때까지 퇴임자 전원에게 긴급사무처리권이 인정된다.

수인의 이사가 동시에 임기의 만료나 사임에 의하여 퇴임함으로 말미암아 법률 또는 정관에 정한 이사의 원수(최저인원수 또는 특정한 인원수)를 채우지 못하게 되는 결과가 일어나는 경우, 특별한 사정이 없는 한 그 퇴임한 이사 전원은 새로 선임된 이사가 취임할 때까지 이사로서의 권리의무가 있다(대법원 2007. 3. 29. 선고 2006다83697 판결).

(b) 효과: 제한적 대표권

• 긴급사무처리가 필요하더라도 포괄적 대표권이 인정되는 것은 아니다.
• 사무 집행을 위해 필요한 사항에 한해 개별적·구체적으로 대표권이 인정될 수 있다.

> 권리능력 없는 사단의 임기만료된 대표자의 사무처리에 대하여 유추적용되는 제691 조는 종전 대표자가 **임기만료 후에 수행한 업무를 사후에 개별적·구체적으로 가려 예외적으로 그 효력을 인정케 하는 근거**가 될 수 있을 뿐, 그로 하여금 장래를 향하여 대표자로서의 업무수행권을 **포괄적으로 행사하게 하는 근거가 될 수는 없**으므로, 법인 아닌 사단의 사원 기타 이해관계인이 임기가 만료된 대표자의 직무수행금지를 소구하여 올 경우 제691조만을 근거로 이를 배척할 수는 없다(대법원 2003. 7. 8. 선고 2002다74817 판결).

2. 이사의 대표권의 범위

가. 원칙

(1) 법인의 권리능력 범위 내의 모든 법률행위

(2) 이사가 여러 명인 경우: 각자대표 원칙(§59 ① 본문)

> 제59조(이사의 대표권) ① 이사는 법인의 사무에 관하여 각자 법인을 대표한다.

(3) 복임권 제한(§62)

• 이사가 법인의 대리인을 선임하는 것은 법인에 대한 관계에서는 복대리인 선임에 해당한다.
• 이사의 복임권은 ㉠ 정관이나 총회 결의로 금지하지 않은 사항에 관한 ㉡ 특정한 행위를 대상으로 할 때만 인정될 수 있다. 따라서 이사의 직무를 포괄적으로 위임하는 수권행위는 강행법규 위반으로서 무효이다.

제62조(이사의 대리인 선임) 이사는 정관 또는 총회의 결의로 금지하지 아니한 사항에 한하여 타인으로 하여금 특정한 행위를 대리하게 할 수 있다.

비법인 사단에 대하여는 사단법인에 관한 민법 규정 가운데 법인격을 전제로 하는 것을 제외하고는 이를 유추적용하여야 한다 제62조의 취지상 비법인 사단의 대표자는 업무처리를 포괄적으로 위임할 수는 없으므로 비법인 사단 대표자가 행한 타인에 대한 업무의 **포괄적 위임과 그에 따른 포괄적 수임인의 대행행위는 제62조를 위반한 것이어서 비법인 사단에 대하여 그 효력이 미치지 아니**한다(대법원 2011. 4. 28. 선고 2008다15438 판결).

나. 정관에 의한 제한(§59 ① 단서)

(1) 개관

제59조(이사의 대표권) ① 단서: 그러나 정관에 규정한 취지에 위반할 수 없고 특히 사단법인은 총회의 의결에 의하여야 한다.

제41조(이사의 대표권에 대한 제한) 이사의 대표권에 대한 제한은 이를 정관에 기재하지 아니하면 그 효력이 없다.

- 이사의 대표권은 정관으로 제한할 수 있다.
- §59 ① 단서의 문리해석상으로는 총회 결의로도 제한할 수 있는 것처럼 보이지만, 반대하는 견해가 유력하다. 이사의 대표권 제한은 정관 기재사항인데 총회 결의로 이를 제한하면 사원총회 과반수 결의로 정관 기재사항을 변경하는 셈이 되기 때문이다(지원림, 2-134).

(2) 대항요건주의

A. 개관

- 이사의 대표권 제한이 정관에 기재되었더라도 제3자에게 대항하려면 등기해야 한다. 등기된 대표권 제한을 위반하여 이사가 한 대표행위는 무권대표행위에 해당한다.

제60조(이사의 대표권에 대한 제한의 대항요건) 이사의 대표권에 대한 제한은 등기하지 아니하면 제삼자에게 대항하지 못한다.

- 대표권 제한이 등기되지 않은 경우: 선의의 제3자는 물론 악의의 제3자에게도 정관상의 대표권 제한을 주장할 수 없다. 따라서 대표권 제한을 위반한 대표행위도 유효한 대표행위가 되지만, 대표권 남용의 법리가 적용될 수 있다.

> 재건축조합이 설립등기를 마친 후에는 그 재건축조합을 공법인으로 보게 되고 민법 제60조가 준용되므로, 그 재건축조합의 조합장이 조합원의 부담이 될 계약을 체결하기 위하여는 총회의 결의를 거치도록 조합**규약에 규정되어 있다 하더라도 이는 법인 대표권을 제한한 것으로서 그러한 제한은 등기하지 아니하면 제3자에게 그의 선의·악의에 관계없이 대항할 수 없**다(대법원 2014. 9. 4. 선고 2011다51540 판결).

B. 비교: 비법인 사단

- 비법인 사단도 정관이 있으므로 정관으로 대표권을 제한할 수는 있다. 그러나 비법인 사단은 설립 등기를 하지 않았으므로 §60가 적용될 여지가 없다. 따라서 정관상 제한을 위반한 대표행위도 원칙적으로 유권대표행위이다.
- 다만 비법인 사단이 상대방의 악의나 과실이 주장·증명되면 무권대표행위가 된다. 이 점에서 등기된 사단법인이 정관에 의한 대표권 제한을 등기로 공시하지 않은 경우와 다르다.

> 비법인 사단의 경우에는 대표자의 대표권 제한에 관하여 등기할 방법이 없어 제60조의 규정을 준용할 수 없고, 비법인 사단의 대표자가 정관에서 사원총회의 결의를 거쳐야 하도록 규정한 대외적 거래행위에 관하여 이를 거치지 아니한 경우라도, 이와 같은 사원총회 결의사항은 비법인 사단의 내부적 의사결정에 불과하다 할 것이므로, 거래 상대방이 그와 같은 **대표권 제한 사실을 알았거나 알 수 있었을 경우가 아니라면 그 거래행위는 유효**하다고 봄이 상당하고, 이 경우 거래의 상대방이 대표권 제한 사실을 알았거나 알 수 있었음은 이를 주장하는 비법인 사단측이 주장·입증하여야 한다(대법원 2003. 7. 22. 선고 2002다64780 판결).

다. 법률에 의한 제한: 이익상반행위

> 제64조(특별대리인의 선임) 법인과 이사의 이익이 상반하는 사항에 관하여는 이사는 대표권이 없다. 이 경우에는 전조의 규정에 의하여 특별대리인을 선임하여야 한다.

(1) 개관

- 이익상반행위의 의미: 법인과 이사가 법률행위의 양 당사자인 경우뿐 아니라, 이들의 이해관계가 대립하는 경우도 포함된다. 나아가 이사가 대표권을 남용할 우려가 있는 쌍방대표의 경우에도 이해상반성이 인정된다.

> 제64조에서 말하는 법인과 이사의 이익이 상반하는 사항은 **법인과 이사가 직접 거래의 상대방이 되는 경우뿐 아니라, 이사의 개인적 이익과 법인의 이익이 충돌하고 이사에게 선량한 관리자로서의 의무 이행을 기대할 수 없는 사항은 모두 포함**한다고 할 것이고, 이 사건과 같이 형식상 전혀 **별개의 법인 대표를 겸하고 있는자가 양쪽 법인을 대표하여 계약을 체결하는 경우**는 쌍방대리로서 특별한 사정이 없는 이상 이사의 개인적 이익과 법인의 이익이 충돌할 염려가 있는 경우에 해당한다고 볼 것이다(대법원 2013. 11. 28. 선고 2010다91831 판결).

- 효과: 이해관계인이나 검사의 청구에 따라 법원이 선임한 특별대리인이 법인을 대리해야 한다. 특별대리인을 선임하지 않고 이사가 한 대표행위는 무권대표행위이지만 §126가 적용될 수 있다.

(2) 사례: 이익상반행위인 배임행위에 대한 추인

A. 사안의 개요

- 甲법인의 대표자 丙은 甲법인 소유인 X부동산을 丙 자신이 대표자로 있는 乙법인에 헐값에 매각하였다.
- 그 후 X부동산의 가치가 폭락하여 약정된 매매대금보다도 낮아지자 丙의 후임으로 적법하게 甲법인의 대표자로 선임된 丁은 乙법인에게 잔금 지급을 최고하였다.

B. 쟁점과 판단

- 丙이 체결한 甲·乙간 X부동산 매매계약은 丙의 배임행위이고 상대방 乙법인도 이에 적극 가담했으므로 무효이다(§103).
- 그러나 甲법인의 새 대표자 丁이 선임되어 무효 원인이 소멸한 후 적법하게 추인되었다(§139). 반사회성으로 인해 무효인 법률행위에 대한 추인은 §64 위반으로 인한 무권대표행위에 대한 추인으로도 인정될 수 있다.
- 따라서 乙법인은 甲법인에게 잔금을 지급할 의무를 면할 수 없다.

대법원 2013. 11. 28. 선고 2010다91831 판결

‣ 제64조에서 말하는 법인과 이사의 이익이 상반하는 사항은 법인과 이사가 **직접 거래의 상대방이 되는 경우뿐 아니라, 이사의 개인적 이익과 법인의 이익이 충돌하고 이사에게 선량한 관리자로서의 의무 이행을 기대할 수 없는 사항은 모두 포함**한다고 할 것이고, 이 사건과 같이 형식상 전혀 별개의 법인 대표를 겸하고 있는자가 양쪽 법인을 대표하여 계약을 체결하는 경우는 쌍방대리로서 특별한 사정이 없는 이상 이사의 개인적 이익과 법인의 이익이 충돌할 염려가 있는 경우에 해당한다고 볼 것이다.

‣ 그러나 앞서 본 바와 같이 이 사건 매매계약은 甲법인과 그 대표자인 丙의 **이익이 상반되는 것을 넘어서 丙의 행위는 배임행위에 해당하고 그 상대방인 乙이 그 배임행위를 스스로 조성하거나 이에 적극 가담하였으므로 반사회질서의 법률행위로 무효**이다. 다만 甲법인은 적법한 대표자의 대표행위에 의해 무효의 원인이 소멸된 후 이 사건 매매계약의 법률효과를 자기에게 귀속시키고자 하는 묵시적인 추인을 하였다.

‣ 그렇다면 甲이 주장하는 **이익상반행위의 하자도 위와 같은 묵시적인 추인으로 치유되었다고 봄이 상당**하므로, 결국 위와 같은 원심의 잘못은 판결에 영향이 없다고 할 것이다.

3. 이사와 관련된 기관들

가. 이사가 여러 명인 경우

(1) 개관

A. 업무집행 방법

• 이사가 여러 명이더라도 이사회가 구성될 필요는 없다. 즉 민법상 법인에서는 이사회는 임의기관이다.

• 각자대표 원칙이 적용되므로 여러 명의 이사 모두 동일한 대표권을 가진다(§59 ①).

• 그 밖의 사무 집행 방법은 정관으로 정하고, 정관에 규정이 없으면 이사 과반수 결의로 정한다.

> 제58조(이사의 사무집행) ② 이사가 수인인 경우에는 정관에 다른 규정이 없으면 법인의 사무집행은 이사의 과반수로써 결정한다.

B. 사례: 이사회 소집의 요건

- 민법상 법인에서 이사회는 필수기관이 아니므로 이사회와 관련된 업무는 모두 '법인의 사무 집행 방법(§58 ②)'에 따라 정해진다.
- 정관에 규정된 이사회 소집 요건이 충족되었거나, 정관에 이러한 규정이 없으나 과반수 이사가 이사회 소집을 요구하는 경우, 곧바로 이사회 소집이 가능하다. 따라서 법원은 이사회 소집 허가 재판을 할 권한은 없고 이사회 소집 절차의 적법성이 문제될 때 이를 판단할 수 있을 뿐이다.
- §70 ③은 소수사원의 임시총회 소집권 보호를 위한 것이므로 이사회에 대해서는 적용되지 않는다.

대법원 2017. 12. 1.자 2017그661 결정

‣ 이사가 수인인 민법상 법인의 정관에 대표권 있는 이사만 이사회를 소집할 수 있다고 규정하고 있다고 하더라도 이는 과반수의 이사가 본래 할 수 있는 이사회 소집에 관한 행위를 대표권 있는 이사로 하여금 하게 한 것에 불과하다. 따라서 정관에 다른 이사가 요건을 갖추어 이사회 소집을 요구하면 대표권 있는 이사가 이에 응하도록 규정하고 있는데도 대표권 있는 이사가 다른 이사의 정당한 이사회 소집을 거절하였다면, 대표권 있는 이사만 이사회를 소집할 수 있는 규정은 적용될 수 없다. 이 경우 이사는 정관의 이사회 소집권한에 관한 규정 또는 민법에 기초하여 법인의 사무를 집행할 권한에 의하여 이사회를 소집할 수 있다.

‣ 민법상 법인의 필수기관이 아닌 <u>이사회는 이사가 그 사무집행권한에 의해 소집</u>하는 것이므로, 과반수에 미치지 못하는 이사가 <u>정관의 특별한 규정</u>에 근거하여 이사회를 소집하거나 <u>과반수의 이사가 제58조 제2항</u>에 근거하여 이사회를 소집하는 경우에는 **법원의 허가를 받을 필요 없이 그 본래적 사무집행권에 기초하여 이사회를 <u>소집</u>**할 수 있다. 법원은 민법상 법인의 이사회 소집을 허가할 법률상 근거가 없고, 다만 이사회 결의의 효력에 관하여 다툼이 발생하면 그 <u>소집절차의 적법 여부를 판단할 수 있을 뿐</u>이다.

‣ 제70조 제3항은, 법원이 후견적 지위에서 소수사원의 임시총회 소집권을 인정한 법률의 취지를 실효성 있게 보장하기 위한 규정이다. 따라서 위 규정을 그 구성과 운영의 원리가 다르고 법원이 후견적 지위에서 관여하여야 할 필요성을 달리하는 민법상 법인의 집행기관인 이사회 소집에 유추적용할 수 없다.

(2) 이사가 여러 명인 경우의 연대책임

> 제65조(이사의 임무해태) 이사가 그 임무를 해태한 때에는 그 이사는 법인에 대하여 연대하여 손해배상의 책임이 있다.

나. 임시이사(§63)

> 제63조(임시이사의 선임) 이사가 없거나 결원이 있는 경우에 이로 인하여 손해가 생길 염려 있는 때에는 법원은 이해관계인이나 검사의 청구에 의하여 임시이사를 선임하여야 한다

(1) 선임 요건, 임기

• 선임 요건: 이사의 결원으로 인해 손해가 생길 우려가 있을 때는 이해관계인이나 검사의 청구에 의해 법원이 임시이사를 선임해야 한다.

• 이를 위해서는 통상적인 이사 선임 절차를 통해 자율적으로 이사를 충원할 수 없음이 전제되어야 한다.

> 제63조에서 임시이사 선임의 요건으로 정하고 있는 "이사가 없거나 결원이 있는 경우"라 함은 이사가 전혀 없거나 정관에서 정한 인원수에 부족이 있는 경우를 말한다 할 것이고, "이로 인하여 손해가 생길 염려가 있는 때"라 함은 통상의 이사선임절차에 따라 이사가 선임되기를 기다릴 때에 법인이나 제3자에게 손해가 생길 우려가 있는 것을 의미한다(대법원 2009. 11. 19.자 2008마699 전원합의체 결정).

• 임기: 임시이사의 임기는 한시적이므로 선임 요건이 해소될 때까지만 직무를 수행하는 것이 원칙이다.

(2) 권한범위

• 원칙: 임시이사임을 이유로 권한이 제한되지는 않으므로, 임시이사의 권한 범위는 정식 이사와 같다. 따라서 임시이사도 정식이사 선출을 위한 이사회 결의에 참가할 수 있다.

> 민법상의 법인에 대하여 제63조에 의하여 법원이 선임한 임시이사는 **정식이사와 동일한 권한**을 갖는 것이므로 피고 법인의 임시이사들에게는 정식이사의 선임에 관한 의결권한도 있다(대법원 2013. 6. 13. 선고 2012다40332 판결).

- 예외: 특칙이 있으면 임시이사의 권한이 제한될 수 있다. 예컨대 사립학교법이 적용되는 학교법인의 경우, 임기 만료 임시이사의 후임자 지정권자는 주무관청이므로 임시이사는 후임 이사 선출 권한이 없다.

다. 가처분에 의한 직무대행자(§52의2)

(1) 요건: 직무집행정지 등 가처분과 그 취지의 등기

> 제52조의2(직무집행정지 등 가처분의 등기) 이사의 직무집행을 정지하거나 직무대행자를 선임하는 가처분을 하거나 그 가처분을 변경·취소하는 경우에는 주사무소와 분사무소가 있는 곳의 등기소에서 이를 등기하여야 한다.

(2) 권한

A. 범위

> 제60조의2(직무대행자의 권한)
> ① 제52조의2의 직무대행자는 가처분명령에 다른 정함이 있는 경우 외에는 법인의 통상사무에 속하지 아니한 행위를 하지 못한다. 다만, 법원의 허가를 얻은 경우에는 그러하지 아니하다
> ② 직무대행자가 제1항의 규정에 위반한 행위를 한 경우에도 법인은 선의의 제3자에 대하여 책임을 진다.

- 원칙: 가처분에 의한 직무대행자는 법인의 통상 사무에 대해서만 대표권이 인정된다. 다만 월권행위에 대해서도 법인은 선의의 제3자에게는 대항할 수 없다.
- 예외: 통상사무가 아니더라도 가처분으로 정한 직무사항이나 법원이 허가한 사항에 대해서는 대표권이 인정된다.

B. 위임 금지

- §52의2의 직무대행자가 그 권한 전부를 위임하는 것은 가처분결정의 내용을 변경하는 것에 해당하므로 원칙적으로 금지된다.
- 다만 가처분결정에 정한 바에 따르거나 법원의 허가를 얻으면 권한 전부를 위임하는 것도 가능하다.

법원의 가처분결정에 의하여 선임된 법인 등 대표자의 직무대행자가 그 <u>권한의 전부를 위임하는</u> 행위는 가처분결정에 의하여 정하여진 직무대행자의 지위에 변동을 가져오게 하는 것으로서 가처분결정에 위배되는 행위일 뿐만 아니라 법인 등의 통상업

무에 속하는 사무라고 할 수 없으므로, 가처분결정에 **특별히 정한 바가 있거나 법원의 허가**를 얻지 않고는 할 수 없다(대법원 2022. 6. 30. 선고 2020다203695 판결).

(3) 권한종료: 직무대행자 선임 가처분 취소 결정

A. 사유: 직무대행자 선임가처분 취소결정

B. 비교: 피대행자의 후임자 선출은 대행자의 권한 종료 사유 아님

- 직무대행자가 수행하는 직무를 수행할 정식 이사 선출은 총회의 임무이므로 직무대행자의 권한이 미치지 않는다. 따라서 직무대행자가 수행하는 직무를 수행할 이사가 사원총회에서 적법하게 선출될 수 있다.

대법원 2018. 12. 28. 선고 2016다260400 판결

‣ 가처분재판에 의하여 법인 혹은 비법인 사단 등의 대표자 직무를 대행하는 자를 선임한 경우에 그 직무대행자는 가처분명령에 다른 정함이 있거나 법원의 허가를 얻은 경우 외에는 법인 등의 통상사무에 속하지 아니한 행위를 하지 못한다. 여기에서 '통상사무'는 법인 등을 종전과 같이 그대로 유지하면서 관리하는 한도로 제한되고, 법인 등의 근간인 정관을 변경하거나 **임원의 구성을 변경하기 위한 총회를 소집하는 행위는 통상사무라고 할 수 없다.**

‣ 대표자 직무대행자의 권한은 특별한 사정이 없는 한 통상사무로 제한되더라도 그 **법인 등의 총회 자체의 권한마저 통상사무로 제한되는 것은 아니**므로 적법한 절차에 따라 소집된 그 법인 등의 총회에서 피대행자의 해임 및 후임자 선출 등의 결의는 자유롭게 할 수 있는 것이고, 이렇게 **선임된 후임자의 권한은 직무대행자와 달리 통상사무로 제한되는 것은 아니**다.

- 다만 사원총회에서 적법하게 이사가 선출되더라도 직무대행자의 대표권이 당연 소멸하지는 않는다. 직무대행자 선임 가처분 결정이 취소되어야 비로소 직무대행자의 대표권이 소멸하고 선임된 이사가 대표권을 가지게 된다.

가처분재판에 의하여 법인 등 대표자의 직무대행자가 선임된 상태에서 피대행자의 후임자가 적법하게 소집된 총회의 결의에 따라 새로 선출되었다 해도 그 직무대행자의 권한은 위 총회의 결의에 의하여 당연히 소멸하는 것은 아니므로 사정변경 등을 이유로 **가처분결정이 취소되지 않는 한 직무대행자만이 적법하게 위 법인 등을 대표**할 수 있고, 총회에서 선임된 후임자는 그 선임결의의 적법 여부에 관계없이 대표권을 가지지 못한다(대법원 2022. 6. 30. 선고 2020다203695 판결).

Ⅳ 재단법인의 재산처분

1. 개관: 법인의 재산처분

 가. 문제의 소재: 법인 소유 재산에 대한 처분행위의 요건

 • 기본적인 요건: 대표자가 법인 소유 재산에 대한 유효한 처분행위를 하기 위해 필요한 일반적인 요건이 충족되어야 한다.

 • 추가요건: 정관기재 사항인 §40 4호의 '자산에 관한 규정'에 재산 처분을 위한 요건이 따로 정해져 있는 경우, 이러한 요건이 충족되어야 한다.

 나. 재단법인의 경우

 • 재단법인의 재산은 재단법인의 존재 근거인 '기본재산'과 그 외의 일반재산으로 나누어진다. 이 점에서 사단법인과 다르다.

 • 재단법인이 기본재산에 대한 처분행위에는 어떤 요건이 적용되는지가 문제된다.

2. 재단법인의 기본재산 처분

 가. 개관

 (1) 요건

 A. 정관 변경의 요건 충족 필요성

 • 재단법인의 기본재산 처분은 항상 정관 변동을 초래한다. 따라서 정관에 규정된 자산 처분의 요건을 충족해야 할 뿐 아니라, <u>정관 자체의 변경을 위한 요건</u>인 주무관청의 허가도 받아야 한다.

> 재단법인은 정관에 재단법인의 자산에 관한 규정을 두어야 하고, 재단법인의 설립과 정관의 변경에는 주무관청의 허가를 얻어야 한다. 따라서 주무관청의 허가를 얻은 **정관에 기재된 기본재산의 처분행위로 인하여 재단법인의 정관 기재사항을 변경**하여야 하는 경우에는, 그에 관하여 주무관청의 허가를 얻어야 한다(대법원 2018. 7. 20.자 2017마1565 결정)

 • 또한 이러한 재산 처분 결과를 반영하여 정관을 개정하고 이에 따른 변경등기까지 마쳐야 제3자에게 대항할 수 있다.

> 제54조(설립등기 이외의 등기의 효력과 등기사항의 공고) ① 설립등기 이외의 본절의
> 등기사항은 그 등기후가 아니면 제삼자에게 대항하지 못한다.

B. 정관 변경의 요건

- 사단법인과 재단법인 모두 정관을 변경하려면 주무관청의 허가를 얻어야 한다.
  사단법인은 정관 규정에 따라 정관을 변경할 수 있으며, 이런 규정이 없으면 사원
  2/3의 결의로 정관을 변경할 수 있다.

> 제42조(사단법인의 정관의 변경)
> ① 사단법인의 정관은 총사원 3분의 2 이상의 동의가 있는 때에 한하여 이를 변경할
> 수 있다. 그러나 정수에 관하여 정관에 다른 규정이 있는 때에는 그 규정에 의한다.
> ② 정관의 변경은 주무관청의 허가를 얻지 아니하면 그 효력이 없다.

- 재단법인은 정관에 변경 방법이 규정된 경우에만 정관을 변경할 수 있는 것이 원
  칙이지만, 예외적으로 목적 달성이나 재산 보전을 위해 필요하면 명칭과 사무소
  소재지는 변경할 수 있다.

> 제45조(재단법인의 정관변경)
> ① 재단법인의 정관은 그 변경방법을 정관에 정한 때에 한하여 변경할 수 있다.
> ② 재단법인의 목적달성 또는 그 재산의 보전을 위하여 적당한 때에는 전항의 규정에
> 불구하고 명칭 또는 사무소의 소재지를 변경할 수 있다.
> ③ 제42조제2항의 규정은 전2항의 경우에 준용한다.

(2) 효과

- 재단법인의 기본재산인 부동산이 처분된 경우, 기본재산 처분 요건이 충족되지
  못했다면 처분행위는 무효이며 선의의 제3자 보호규정도 없다.
- 따라서 양수인 명의 소유권이전등기는 원인무효 등기이고 등기부시효취득이 문
  제될 뿐이다.

나. 사례: 기본재산 처분을 위한 요건이 문제되는 경우

(1) 기본재산 확충

- 기본재산을 확충하더라도 정관 변경을 초래하므로, 기본재산 처분과 마찬가지로
  정관 변경 요건을 갖춰야 한다.
- 사례: 재단법인이 재산을 취득할 때 정관 변경 요건을 갖추었다면, 그 재산은 기

본재산에 편입된 것이므로 이를 처분할 때도 정관 변경 요건을 갖춰야 한다. 이러한 법리는 명의신탁 해지의 경우에도 마찬가지이다.

> **대법원 1991. 5. 28. 선고 90다8558 판결**
> ‣ 재단법인의 기본재산에 관한 사항은 정관의 기재사항으로서 기본재산의 변경은 정관의 변경을 초래하기 때문에 주무장관의 허가를 받아야 하고, 따라서 <u>기존의 기본재산을 처분하는 행위는 물론 새로이 기본재산으로 편입하는 행위도 주무장관의 허가가 있어야 유효한 것이다</u>
> ‣ 재단법인이 유효한 명의신탁 약정의 명의수탁자인 경우에도 주무장관의 허가를 얻어 기본재산에 편입하여 정관 기재사항의 일부가 된 경우에는 비록 그것이 명의신탁관계에 있었던 것이라 하더라도 이것을 처분(반환)하는 것은 정관의 변경을 초래하는 점에 있어서는 다를 바 없으므로 주무장관의 허가 없이 이를 이전등기 할 수는 없다고 보아야 할 것이다

(2) 기본재산에 대한 제한물권 설정

A. 개관

(a) 원칙

• 기본재산에 대한 제한물권 설정은 정관 변경 사유가 아니기 때문에 주무관청의 허가 등의 요건을 갖추지 않아도 유효이다.

• 따라서 주무관청의 허가를 받지 않은 저당권 설정이나 지상권 설정 등은 적법한 대표행위의 요건과 정관에 규정된 재산 처분 요건을 충족하면 유효이다.

> **대법원 2014. 7. 10. 선고 2012다81630 판결**
> ‣ 민법은 재단법인의 자산에 관한 사항을 정관의 기재사항으로 하여 설립 시 주무관청의 허가를 얻도록 하고, 이에 대응하여 정관의 변경에 대하여도 주무관청의 허가를 얻어야 효력이 있도록 규정하고 있을 뿐, **재단법인의 자산에 관한 처분행위 자체를 주무관청 허가의 대상으로 하고 있지 않다**. 따라서 정관의 변경에 대하여 주무관청의 허가를 얻지 아니하였다는 이유로 재단법인의 자산에 관한 <u>처분행위가 효력이 없다고 하기 위하여는 그 처분행위로 인하여 주무관청의 허가를 얻은 정관의 기재사항을 변경하여야 하는 경우라야</u> 한다.
> ‣ **지상권의 설정행위는 그로 인하여 주무관청의 허가를 얻은 원고의 정관 기재사항을 변경하여야 하는 경우에 해당한다고 볼 수 없**고, 따라서 주무관청의 허가를 얻지

아니하였다는 이유로 이 사건 지상권의 설정행위가 무효라고 할 수 없다.

(b) 예외
• 제한물권 설정도 주무관청의 허가를 받도록 한 정관이 있는 경우, 이러한 정관도 유효이다.
• 따라서 이 경우에는 주무관청의 허가를 받지 않은 제한물권 설정은 무효이다.

B. 사례: 재단법인의 기본재산에 대한 경매
• 전제: 저당권 설정계약은 기본재산에 대한 처분행위에 해당하지 않는다.

> 민법상 재단법인의 기본재산에 관한 **저당권 설정행위는 특별한 사정이 없는 한 정관의 기재사항을 변경하여야 하는 경우에 해당하지 않**으므로, 그에 관하여는 주무관청의 허가를 얻을 필요가 없다(대법원 2018. 7. 20.자 2017마1565 결정)

• 원칙: 주무관청의 허가는 경매개시 요건은 아니고 특별매각조건이므로, 주무관청의 허가 전에도 경매절차가 진행되지만 매각허가 결정 전까지 허가를 받지 못하면 매각불허가 결정으로 절차가 종결된다.

> 재단법인의 기본재산 처분시 주무관청의 허가를 얻어야 한다는 법리는 재단법인의 기본재산에 대하여 강제집행을 실시하는 경우에도 동일하나, 주무관청의 허가는 반드시 사전에 얻어야 하는 것은 아니므로, 재단법인의 정관변경에 대한 주무관청의 허가는, 경매개시요건은 아니고, 경락인의 소유권취득에 관한 요건이다. 그러므로 집행법원으로서는 그 허가를 얻어 제출할 것을 특별매각조건으로 경매절차를 진행하고, 매각허가결정 시까지 이를 제출하지 못하면 매각불허가결정을 하면 된다(대법원 2018. 7. 20.자 2017마1565 결정).

• 예외: 담보물권 설정에 대해 이미 주무관청의 허가를 받았다면 그 담보권의 실행으로 인한 매각에 대해 다시 허가를 받을 필요는 없다.

> 민법상 재단법인의 정관에 기본재산은 담보설정 등을 할 수 없으나 주무관청의 허가·승인을 받은 경우에는 이를 할 수 있다는 취지로 정해져 있고, 정관 규정에 따라 주무관청의 허가·승인을 받아 민법상 재단법인의 기본재산에 관하여 근저당권을 설정한 경우, 이 근저당권을 실행하여 기본재산을 매각할 때에는 주무관청의 허가를 다시 받을 필요는 없다(대법원 2019. 2. 28.자 2018마800 결정).

Ⅴ | 법인의 소멸

1. 개관

- 법인은 해산과 청산이라는 2단계 절차를 거쳐 소멸한다. 해산 후에는 청산에 필요한 범위 내에서만 권리능력이 잔존하지만 해산 전 법인과의 동일성은 유지된다.

> 비법인 사단에 해산사유가 발생했더라도 곧바로 당사자능력이 소멸하는 것이 아니라 청산사무가 완료될 때까지 청산의 목적범위 내에서 권리·의무의 주체가 되고, 이 경우 청산 중의 비법인 사단은 해산 전의 비법인 사단과 **동일한 사단이고 다만 그 목적이 청산 범위 내로 축소**된 데 지나지 않는다고 할 것이다(대법원 2007. 11. 16. 선고 2006다41297 판결).

- 법인 소멸에 관한 규정은 비법인 사단에 대해서도 유추 적용된다.

> 비법인 사단에 대하여는 사단법인에 관한 민법규정 중 법인격을 전제로 하는 것을 제외한 규정들을 유추적용하여야 할 것이므로 비법인 사단인 교회의 교인이 존재하지 않게 된 경우 그 교회는 해산하여 청산절차에 들어가서 청산의 목적범위 내에서 권리·의무의 주체가 되며, 이 경우 해산 당시 그 비법인 사단의 총회에서 향후 업무를 수행할 자를 선정하였다면 제82조를 유추하여 그 선임된 자가 청산인으로서 청산 중의 비법인 사단을 대표하여 청산업무를 수행하게 된다(대법원 2003. 11. 14. 선고 2001다 32687 판결).

2. 해산사유

가. 개관

(1) 공통 해산사유

- 법인의 해산사유는 법정되어 있다.
- 다만 '목적 달성 불가능'이라는 사유는, §77에는 해산사유로 규정되어 있으나 §46 에는 재단법인의 정관 변경 사유로 규정되어 있다.

> 제77조(해산사유) ① 법인은 존립기간의 만료, 법인의 목적의 달성 또는 달성의 불능 기타 정관에 정한 해산사유의 발생, 파산 또는 설립허가의 취소로 해산한다.

제46조(재단법인의 목적 기타의 변경) 재단법인의 목적을 달성할 수 없는 때에는 설립자나 이사는 주무관청의 허가를 얻어 설립의 취지를 참작하여 그 목적 기타 정관의 규정을 변경할 수 있다.

(2) 사단법인에 고유한 해산 사유

• 사원의 부재: 사단법인의 본질은 그 구성원인 사원들이므로 사원이 없게 되는 것은 사단법인의 해산 사유이다.
• 해산 결의: 사원총회의 해산 결의는 사단법인의 해산 사유인데, 해산 결의의 정족수는 정관으로 따로 정해지지 않았으면 총사원의 3/4이다.

제77조(해산사유) ② 사단법인은 사원이 없게 되거나 총회의 결의로도 해산한다.

제78조(사단법인의 해산결의) 사단법인은 총사원 4분의 3 이상의 동의가 없으면 해산을 결의하지 못한다. 그러나 정관에 다른 규정이 있는 때에는 그 규정에 의한다.

나. 설립허가 취소

제38조(법인의 설립허가의 취소) 법인이 목적 이외의 사업을 하거나 설립허가의 조건에 위반하거나 기타 공익을 해하는 행위를 한 때에는 주무관청은 그 허가를 취소할 수 있다.

(1) 개관

• 설립허가 취소 사유는 §38에 명시되어 있는 사유들인 목적 외의 행위, 설립허가 조건 위반, 공익을 해치는 행위로 한정된다.
• 설립허가 취소는 사적 자치 원칙과 결사의 자유에 대한 제한이므로 그 사유는 엄격하게 해석해야 하며, 특히 과잉금지 원칙을 고려해야 한다.

(2) 사례: 공익을 해하는 행위의 판단 기준

• 판단 대상: 법인의 목적 사업이나 존재 자체, 대표기관의 직무집행 행위, 사원총회의 결의 등이 공익을 해하는 행위로 인정될 수 있다.
• 판단 기준시: 법인 설립 이후의 사정변경을 반영해야 하므로, 설립 당시가 아니라 사실심 변론종결시를 기준으로 판단해야 한다.
• 이익형량: 제반 사정을 고려하여 법인을 소멸시키는 것이 공익 침해 상태를 제거를 위한 제재 수단으로 긴요하게 필요해야 한다.

대법원 2020. 2. 27. 선고 2019두39611 판결

‣ 비영리법인이 '공익을 해하는 행위를 한 때'란 법인의 기관이 그 직무의 집행으로서 공익을 침해하는 행위를 하거나 그 사원총회가 그러한 결의를 한 경우를 의미한다.

‣ 제38조는 법인이 설립될 당시에는 그가 목적하는 사업이 공익을 해하는 것이 아니었으나 그 후의 사정변경에 의하여 그것이 공익을 해하는 것으로 되었을 경우에 대처하기 위한 규정인 점, 법인 설립허가취소는 법인을 해산하여 결국 법인격을 소멸하게 하는 제재처분인 점 등에 비추어 보면 당해 법인의 목적사업 또는 존재 자체가 공익을 해한다고 인정되거나 당해 법인의 행위가 직접적이고도 구체적으로 공익을 침해하는 것이어야 하고, 목적사업의 내용, 행위의 태양 및 위법성의 정도, 공익 침해의 정도와 경위 등을 종합하여 볼 때 당해 법인의 소멸을 명하는 것이 불법적인 공익 침해 상태를 제거하고 정당한 법질서를 회복하기 위한 제재수단으로서 긴요하게 요청되는 경우이어야 한다

3. 법인의 청산

가. 개관

(1) 의미, 청산의 주체, 청산법인과 그 기관(§81, §82)

(2) 구체적인 절차: §88~§90

(3) 청산법인의 잔여재산 귀속(§80)

> **제80조(잔여재산의 귀속)**
> ① 해산한 법인의 재산은 정관으로 지정한 자에게 귀속한다.
> ② 정관으로 귀속권리자를 지정하지 아니하거나 이를 지정하는 방법을 정하지 아니한 때에는 이사 또는 청산인은 주무관청의 허가를 얻어 그 법인의 목적에 유사한 목적을 위하여 그 재산을 처분할 수 있다. 그러나 사단법인에 있어서는 총회의 결의가 있어야 한다.
> ③ 전2항의 규정에 의하여 처분되지 아니한 재산은 국고에 귀속한다.

A. 법적성질

• §80는 강행법규이고 제3자 보호조항이 없다.

• 따라서 청산법인이 §80와 다른 방식으로 법인이 소유한 부동산을 처분한 경우, 등기공신력이 없으므로 양수인 명의 소유권이전등기는 원인무효 등기가 된다.

B. 구체적인 처분 방법

- 청산 후 잔여 재산 처분에 관한 정관 규정이 있으면 이에 따라 처분한다. 법인의 일반적인 재산 처분행위를 이사회나 총회가 의결할 수 있게 되어 있더라도 청산 후 재산 처분에 관한 정관 규정이 우선 적용되므로, 이러한 정관 규정과 다른 내용의 총회 의결은 무효이다.
- 청산 후 잔여 재산 처분에 관한 정관 규정이 없으면 이사·청산인이 처분할 수 있으나, 목적의 유사성과 주무관청의 허가라는 요건을 충족해야 한다. 특히 사단법인의 경우 사원총회 결의를 얻어야 한다.

나. 사례: 정관의 지정에 따른 잔여재산 귀속

(1) 사안의 개요

- 사단법인인 甲법인의 정관에 의하면, 법인의 재산 처분은 사원총회 결의에 따라야 하고, 법인 해산시 잔여재산은 乙법인에 귀속된다고 규정되어 있다.
- 甲법인의 해산 후 甲법인의 사원총회에서는 잔여재산인 X부동산을 A에게 양도하기로 결의했으나 甲법인의 대표기관인 丙은 X부동산에 대해 乙법인 명의 소유권이전등기를 마쳤다. 丙은 乙법인의 대표기관도 겸하고 있었다.

(2) 쟁점과 판단

- X부동산에 대한 乙법인 명의 소유권이전등기는 유효이다.
- 정관에 해산시 재산 귀속에 관한 규정을 두고 있다면 법인의 재산처분에 관한 규정보다 우선 적용된다. 또한 정관 지정에 따른 소유권이전등기를 마치는 것은 채무의 이행에 불과하므로 쌍방대리이더라도 유효이다(§124 단서).

> **대법원 2000. 12. 8. 선고 98두5279 판결**
> ‣ 제80조 제1항 등 청산절차에 관한 규정은 모두 제3자의 이해관계에 중대한 영향을 미치는 것으로서 강행규정이므로, 해산한 법인이 잔여재산의 귀속자에 관한 정관 규정에 반하여 잔여재산을 달리 처분할 경우 그 처분행위는 청산법인의 목적범위 외의 행위로서 특단의 사정이 없는 한 무효이다.
> ‣ 정관에 법인 재산의 처분에 관하여 이사회 또는 청산인회의 심의의결을 거치도록 규정되어 있는 경우에도, 해산한 법인이 잔여재산의 귀속자에 관한 민법 및 정관의 규정에 따라 구체적으로 확정된 잔여재산이전의무의 이행으로서 그 귀속권리자에게 잔여재산을 이전하는 것은, 이사회 또는 청산인회의 심의의결을 요하는 재산의

처분에 해당한다고 볼 수 없다.

‣ 해산한 법인이 해산시 잔여재산이 원고에게 귀속한다는 정관 규정에 따라 구체적으로 확정된 잔여재산이전의무의 이행으로서 잔여재산인 이 사건 토지를 그 귀속권리자인 원고에게 이전하는 것은 **채무의 이행에 불과**하므로 원고의 대표자를 겸하고 있던 해산법인의 대표청산인에 의하여 이 사건 토지에 관한 소유권이전등기가 원고에게 경료되었다고 하더라도 이는 쌍방대리금지 원칙에 반하지 않으며 쌍방대리금지에 관한 법리오해 등의 위법이 없다.

Ⅵ 비법인 사단, 비법인 재단

1. 개관

가. 비법인 사단의 의미

(1) 의미

• 법인의 실체를 갖추었으나 주무관청의 허가와 설립등기를 갖추지 않은 상태인 단체가 권리주체로 인정되는 경우가 있는데, 이들을 비법인 사단이라고 한다. 또한 재단법인의 실체인 기본재산을 갖추었으나 주무관청의 허가와 설립등기를 갖추지 않은 상태인 비법인 재단도 인정될 수 있다.

• 법인의 실체: 공통 요건은 정관 작성과 대표기관 선임이며, 이에 더하여 사단의 경우에는 사원을 특정할 수 있어야 하고, 재단의 경우에는 기본재산이 존재해야 한다.

(2) 법인에 관한 규정의 유추적용

• 비법인 사단(재단)에 대해서도 법인에 관한 민법 조문들이 유추 적용되는 것이 원칙이다. 다만 등기를 전제한 조문들처럼 성질상 유추 적용될 수 없는 것들도 있다.

• 민법이 법인에 대해 규정하지 않은 내용은 비법인 사단(재단)에 대해서도 인정될 수 없다.

(3) 사례: 비법인 사단의 분할·합병의 인정 여부

• 민법상 법인에 대해서는 분할·합병의 근거 조항이 없으므로, 비법인 사단의 분할도 인정될 수 없다.

- 다만 잔존 구성원들이 분할을 원하는 구성원들에게 총유재산의 일부를 양도하거나, 종래의 비법인 사단을 해산하고 비법인 사단들을 신설하면서 종래 비법인 사단의 총유재산을 각 신설 비법인 사단들에게 귀속시키는 방법으로 분할과 비슷한 결과를 만들 수 있다.

법인 아닌 사단의 분열은 허용되지 아니하지만, 법인 아닌 사단의 구성원 중 **일부가 탈퇴하여 새로운 법인 아닌 사단을 설립**하는 경우, 종전의 법인 아닌 사단에 ㉠ 남아 있는 구성원들이 자신들이 총유의 형태로 소유하고 있는 재산을 새로이 설립된 법인 아닌 사단의 구성원들에게 양도하거나, 법인 아닌 사단이 ㉡ 해산한 후 그 구성원들이 나뉘어 여러 개의 법인 아닌 사단들을 설립하는 경우에 해산되기 전의 법인 아닌 사단의 구성원들이 자신들이 총유의 형태로 소유하고 있던 재산을 새로이 설립된 법인 아닌 사단들의 구성원들에게 양도하는 것은 허용된다 할 것이다(대법원 2008. 1. 31. 선고 2005다60871 판결).

나. 재산관계

(1) 개관

- 비법인 사단은 총유의 방식으로 재산권을 보유·행사할 수 있다(§275 ①).
- 총유의 내부관계는 물론 그 대외관계에 대해서도 정관 등의 자치법규가 우선 적용된다. 즉 총유에 관한 민법 조항들은 임의법규이다(§275 ②).

제275조(물건의 총유)
① 법인이 아닌 사단의 사원이 집합체로서 물건을 소유할 때에는 총유로 한다.
② 총유에 관하여는 사단의 정관 기타 계약에 의하는 외에 다음 2조의 규정에 의한다.

제277조(총유물에 관한 권리의무의 득상) 총유물에 관한 사원의 권리의무는 사원의 지위를 취득상실함으로써 취득상실된다.

✓ 비법인 재단의 재산 소유 방식에 대해서는 명문 규정이 없지만, 비법인 재단이 재산권을 단독소유한다고 보아야 한다.

불교신도나 승려 등 개인이 토지를 매수하여 그 지상에 사찰건물을 건립한 다음 주지를 두고 그 곳에서 불교의식을 행하는 경우 위 사찰의 창건주가 특정 종단에 가입하여 그 소속 사찰로 등록을 하고 사찰의 부지와 건물에 관하여 그 사찰 명의로 등기를 마침으로써 사찰재산을 창건주 개인이 아닌 사찰 자체에 귀속시키는 등의 절차를 거쳤다면 이로써 그 사찰은 **법인 아닌 재단 또는 사단으로서 독립된 권리주체**가 되었다고 할 것이나, 이에 이르지 못한 경우에는 창건주의 개인사찰로서 불교목적시설에 불과하다고 할 것이고, 일시적으로 사찰재산의 일부에 관하여 사찰을 명의인으로 한 등기가 마쳐졌다는 사정만으로 위 사찰이 법인 아닌 재단으로서 단체성을 취득하는 것은 아니라고 할 것이다(대법원 2005. 6. 24. 선고 2003다54971 판결).

(2) 그 밖의 법률관계

- 민법상 법인에 관한 규정들이 유추 적용된다.
- 다만 권리능력을 전제한 규정은 유추 적용될 수 없다. 등기를 전제하는 §60가 그 예이다.

2. 총유

가. 절차법

(1) 당사자능력, 대표권의 존부

- 당사자인 비법인 사단의 실체가 갖춰졌는지의 여부나 그 대표자의 대표권의 존부는 직권조사사항이고 사실심 변론종결시를 기준으로 판단한다.
- 당사자능력 있는 종중의 대표자가 수행 중인 소송절차에서, 특정 시점에 종중이 비법인 사단으로서의 실체를 갖추었는지의 여부가 문제되더라도 본안판단으로 나아가야 한다.

민사소송법 제52조에서 말하는 사단이라 함은 일정한 목적을 위하여 조직된 다수인의 결합체로서 대외적으로 사단을 대표할 기관에 관한 정함이 있는 단체를 말한다(대법원 2021. 6. 24. 선고 2019다278433 판결).

대법원 2013. 1. 10. 선고 2011다64607 판결

- 비법인 사단이 민사소송에서 당사자능력을 가지려면 일정한 정도로 조직을 갖추고 지속적인 활동을 하는 단체성이 있어야 하고 또한 그 대표자가 있어야 하므로(민사소송법 제52조), 자연발생적으로 성립하는 **고유한 의미의 종중이라도 그와 같은 비법인 사단의 요건을 갖추어야 당사자능력이 인정**된다 할 것이고 이는 소송요건에 관한 것으로서 사실심의 변론종결시를 기준으로 판단하여야 한다.

‣ 자연발생적으로 성립한 종중이 특정 시점에 부동산 등에 대한 권리를 취득하여 타인에게 명의신탁을 할 수 있을 정도로 <u>유기적 조직을 갖추고 있었는지 여부 등은 그 권리귀속의 주체에 관한 문제, 즉 본안에 관한 문제로서</u> 종중의 **당사자능력과는 별개**이다.

(2) 소송수행 방법

• 비법인 사단의 대표자라 하더라도 사원총회 결의가 있어야 비법인 사단 명의로 소를 제기할 수 있다. 또한 사원 전원이 당사자인 필수 공동소송의 형태로 소송을 수행할 수도 있다(2004다44971 전합, 276면).

• 비법인 사단의 대표자가 사원총회 결의 없이 제기한 소송은 특별수권 결여로 인해 부적법하다(대법원 2007. 7. 26. 선고 2006다64573 판결).

(3) 무효인 소송행위에 대한 추인

• 하자 있는 소송행위에 대한 추인은 상고심에서도 할 수 있다.

• 무권 대표자의 소송수행뿐 아니라, 대표자가 사원총회 결의 없이 한 소 제기에 대해서도 추인할 수 있다.

> 적법한 대표자 자격이 없는 비법인 사단의 대표자가 한 소송행위는 후에 대표자 자격을 적법하게 취득한 대표자가 그 소송행위를 추인하면 행위 시에 소급하여 효력을 가지게 되고, 이러한 추인은 상고심에서도 할 수 있으며 이는 비법인 사단의 총유재산에 관한 소송이 사원총회의 결의 없이 제기된 경우에도 마찬가지이다(대법원 2018. 7. 24. 선고 2018다10135 판결).

나. 보존행위

(1) 명문 규정 없음

(2) 판례의 태도

• 총유는 공유나 합유에 비해 단체성이 강하고 구성원들에게 총유재산에 대한 지분이 인정되지도 않으므로, 총유재산에 대한 보존행위라 하더라도 구성원 각자가 단독으로 할 수는 없다. 이에 비해 공유나 합유의 경우에는 보존행위는 공동소유자들 중 1인이 단독으로 할 수 있다(§265, §272).

• 총유재산에 대한 보존행위를 하려면 대표자이더라도 비법인 사단의 사무 집행 방법에 따라야 한다.

- 사례: 보존행위를 위해 필요한 소송이더라도 대표자가 사원총회 결의를 거쳐 수행하거나 구성원 전원이 당사자가 되어 필수공동소송으로 수행해야 한다.

대법원 2005. 9. 15. 선고 2004다44971 전원합의체 판결
- 제276조는 공유나 합유의 경우처럼 **보존행위는 그 구성원 각자가 할 수 있다는 규정을 두고 있지 아니한바**, 이는 법인 아닌 사단의 소유형태인 총유가 공유나 합유에 비하여 단체성이 강하고 구성원 개인들의 총유재산에 대한 지분권이 인정되지 아니하는 데에서 나온 당연한 귀결이라고 할 것이다.
- 따라서 총유재산에 관한 소송은 법인 아닌 사단이 그 명의로만 사원총회의 결의를 거쳐 하거나 또는 그 구성원 전원이 당사자가 되어 필수적 공동소송의 형태로 할 수 있을 뿐 그 사단의 구성원은 설령 그가 사단의 대표자라거나 사원총회의 결의를 거쳤다 하더라도 그 소송의 당사자가 될 수 없고, 이러한 법리는 총유재산의 **보존행위로서 소를 제기하는 경우에도 마찬가지**라 할 것이다.

다. 사용·수익

> 제276조(총유물의 관리, 처분과 사용, 수익) ② 각 사원은 정관 기타의 규약에 좇아 총유물을 사용, 수익할 수 있다.

- 사용·수익의 의미: 공유물의 본질적 변화를 일으키지 않는 정도로 목적물을 이용하는 것을 뜻한다.

사용·수익의 내용이 공유물의 기존의 모습에 본질적 변화를 일으켜 '관리' 아닌 '처분'이나 '변경'의 정도에 이르는 것이어서는 안 된다(대법원 2001. 11. 27. 선고 2000다33638 판결).

- 사용·수익의 방법 결정: 정관·규약 등으로 정하고 정관에 규정이 없으면 각 사원은 비법인 사단의 목적 달성을 위해 필요한 한도 내에서 총유물을 사용·수익할 수 있다(지원림, 2-103).

대법원 2011. 12. 13. 선고 2009다5162 판결
- 민법의 규정은 소유권 이외의 재산권에 준용되므로(제278조), 총유물의 사용·수익에 관한 민법의 규정은 유치권에도 준용된다. 한편 유치권자는 유치물의 보존에 필요한 범위에서는 유치물을 사용할 수 있다(제324조 제2항).
- 따라서 피고들이 독립교회의 구성원으로서 **내부 규약에 정해진 바**에 따라 그들의

준총유에 속하는 유치권의 유치물을 사용하는 것은, 법인이 아닌 사단의 구성원으로서 자신의 정당한 권능을 행사하는 것일 뿐만 아니라 유치물의 보존에 필요한 사용으로 허용된다고 할 것이고 이러한 사용에는 총유물의 관리·처분과 달리 사원총회의 결의를 요하지 아니한다.

라. 관리·처분

(1) 의미

- 처분행위에는 총유물 양도, 총유물에 대한 제한물권 설정 등의 법적 처분뿐 아니라 사실적 처분도 포함된다. 예컨대 특정한 구성원에게 더 많은 이익을 배분하는 행위도 총유물의 사실적 처분에 속한다.
- 이용·개량행위도 관리·처분행위에 속한다. 총유물의 사용대차·임대차가 그 예이다.

대법원 2006. 1. 27. 선고 2004다45349 판결

- 총유물의 관리 및 처분행위라 함은 비록 단순한 채무부담행위는 포함하지 아니하나, 총유물 그 자체에 관한 법률적·사실적 처분행위와 이용·개량행위는 모두 포함한다.
- 일부 조합원에게 조합원들이 출자하여 형성된 전체 조합재산에 대하여 다른 조합원들보다 더 많은 지분을 인정하여 주겠다는 취지 또는 재건축사업의 시행으로 인하여 발생한 아파트, 수익금 등의 결과물을 다른 조합원들보다 더 많이 분배하여 주겠다는 취지인 이 사건 약정이 이행되기 위해서는 이 사건 약정을 반영하는 내용의 관리처분계획이 확정되어야 하는데, 관리처분계획이란 피고가 총유하거나 준총유하는 재산을 처분하는 계획이라 할 것이므로, 이 사건 약정을 체결하는 행위는 피고가 가지고 있는 총유물 그 자체에 관한 관리 및 처분행위라고 보지 않을 수 없다.

대법원 2012. 10. 25. 선고 2010다56586 판결

- 총유물의 처분이라 함은 '총유물을 양도하거나 그 위에 물권을 설정하는 등의 행위'를 말하므로, 그에 이르지 않은 단순히 '총유물의 사용권을 타인에게 부여하거나 임대하는 행위'는 원칙적으로 총유물의 처분이 아닌 관리행위에 해당한다고 보아야 한다.

‣ 종중이 종중총회의 결의에 의하지 않고 타인에게 기한을 정하지 않은 채 건축물을 목적으로 하는 **토지의 사용권을 부여**하였다고 하더라도 이를 곧 처분행위로 단정하여 그 전체가 무효라고 볼 것이 아니라 **관리 권한에 기하여 사용권의 부여가 가능한 범위** 내에서는 관리행위로서 유효할 여지가 있다고 봄이 상당하다.

(2) 관리·처분 방법의 결정

• 총유물의 관리·처분 방법은 정관·규약으로 정하는 것이 원칙이다(§275 ②).
• 총유물의 관리·처분에 관한 정관·규약이 없으면 사원총회 결의로 정한다.

> 제276조(총유물의 관리, 처분과 사용, 수익) ① 총유물의 관리 및 처분은 사원총회의 결의에 의한다.

(3) 위반행위의 효과: 관리·처분의 요건을 갖추지 못한 채 대표자가 한 관리·처분행위

• 법률행위·사실행위에 공통된 효과: §35에 의한 손해배상책임, §741에 의한 급부 부당이득 반환의무가 발생한다.
• 대표자가 한 처분행위가 법률행위인 경우, 강행법규인 §276 위반으로 인해 무효가 되고 특칙이 없으므로 선의의 제3자도 보호되지 않는다. 또한 대표권 제한 위반이 아니므로 §126의 표현대리도 성립할 수 없다.

> 총유물의 관리 및 처분에 관하여는 정관이나 규약에 정한 바가 있으면 이에 따라야 하고, 그에 관한 **정관이나 규약이 없으면 사원 총회의 결의**에 의하여야 하는 것이므로, 정관이나 규약에 정함이 없는 이상, 사원 총회의 결의를 거치지 않은 총유물의 관리 및 처분행위는 무효이다(대법원 2006. 1. 27. 선고 2004다45349 판결).

> 재건축조합은 민법상의 비법인 사단에 해당하고, 조합이 주체가 되어 신축 완공한 건물로서 일반에게 분양되는 부분은 조합원 전원의 총유에 속하며, 비법인 사단인 피고 주택조합의 대표자가 조합총회의 결의를 거쳐야 하는 조합원 총유에 속하는 <u>재산의 처분에 관하여는 조합원 총회의 결의를 거치지 아니하고는 이를 대리하여 결정할 권한이 없다</u>할 것이어서 피고 주택조합의 대표자가 행한 총유물인 이 사건 건물의 처분행위에 관하여는 **제126조의 표현대리에 관한 규정이 준용될 여지가 없다**(대법원 2003. 7. 11. 선고 2001다73626 판결).

마. 채무부담행위

(1) 요건

- 비법인 사단의 채무만 발생시키고 총유물 자체에 직접적인 영향을 미치지 않는 법률행위는 관리·처분행위에 해당하지 않으므로, 대표자가 업무집행 방법에 따라 체결한 채권계약은 유효이다.

> 총유물의 관리 및 처분이라 함은 총유물 자체에 관한 이용·개량행위나 법률적·사실적 처분행위를 의미하므로 총유물 자체의 관리·처분이 따르지 아니하는 채무부담행위는 이를 총유물의 관리·처분행위라고 볼 수 없다(대법원 2014. 2. 13. 선고 2012다112299 판결).

> 피고 조합이 재건축사업의 시행을 위하여 설계용역계약을 체결하는 것은 단순한 채무부담행위에 불과하여 총유물 그 자체에 대한 관리 및 처분행위라고 볼 수 없다(대법원 2003. 7. 22. 선고 2002다64780 판결).

- 사례: 총유물 처분계약이 관리·처분행위의 요건을 갖추어 체결된 경우, 이 계약상 채무에 대한 채무승인은 대표권 행사 요건만 충족되면 유효이다. 총유재산을 처분하거나 새로운 채무를 발생시키는 행위가 아니기 때문이다.

대법원 2009. 11. 26. 선고 2009다64383 판결

- 비법인 사단의 사원총회가 그 총유물에 관한 매매계약의 체결을 승인하는 결의를 하였다면, 통상 그러한 결의에는 그 매매계약의 체결에 따라 발생하는 채무의 부담과 이행을 승인하는 결의까지 포함되었다고 봄이 상당하므로, 비법인 사단의 대표자가 그 채무에 대하여 소멸시효 중단의 효력이 있는 승인을 하거나 그 채무를 이행할 경우에는 특별한 사정이 없는 한 별도로 그에 대한 사원총회의 결의를 거칠 필요는 없다고 보아야 한다.
- 비법인 사단이 총유물에 관한 매매계약을 체결하는 행위는 총유물 그 자체의 처분이 따르는 채무부담행위로서 총유물의 처분행위에 해당하나, 그 매매계약에 의하여 부담하고 있는 채무의 존재를 인식하고 있다는 뜻을 표시하는 데 불과한 소멸시효 중단사유로서의 승인은 총유물 그 자체의 관리·처분이 따르는 행위가 아니어서 총유물의 관리·처분행위라고 볼 수 없다. 따라서 피고의 대표자가 이 사건 매매계약에 따른 소유권이전등기의무에 대하여 소멸시효 중단의 효력이 있는 승인을 하

는 경우에 있어 주민총회의 결의를 거치지 않았다고 하더라도 그것만으로 그 승인이 무효라고 할 수는 없다.

(2) 비법인 사단의 채무와 구성원의 책임

- 비법인 사단은 독립된 권리능력자이므로, 비법인 사단이 부담한 채무에 대해 구성원들은 책임이 없다. 이 점에서 조합과 다르다.
- 다만 비법인 사단의 자산과 채무를 정산하여 채무를 구성원들이 분담하기로 하는 사원총회 결의가 적법하게 성립하면, 구성원들도 비법인 사단의 채무를 분담하게 된다.

> **대법원 2021. 12. 30. 선고 2017다203299 판결**
> ‣ 개정 전 법에 의한 주택조합은 민법상 조합이 아니라 비법인 사단에 해당하므로 법인에 관한 규정 중 법인격을 전제로 하는 조항을 제외한 나머지 조항들이 원칙적으로 준용된다.
> ‣ 따라서 그 조합이 사업을 수행하면서 부담하게 된 채무를 조합의 재산으로 변제할 수 없게 되었다고 하더라도 그 채무는 조합에 귀속되고, 정관 등의 규약으로 조합원 총회 등에서 조합의 자산·부채를 정산하여 그 **채무초과분을 조합원들에게 분담시키는 결의**를 하지 않는 한, 조합원이 곧바로 조합에 대하여 지분 비율에 따른 분담금 채무를 부담하지 않는다.

3. 종중

가. 개관

(1) 근거: 관습법

(2) 의미

A. 고유한 의미의 종중

- 종중은 비법인 사단이며, 그 목적은 공동선조의 분묘 수호, 제사, 친목 도모이다.
- 종중은 공동선조의 후손인 성년자 전원을 구성원으로 하는 자연발생적 단체이다. 따라서 ㉠ 설립 절차를 거쳤는지와 무관하게, 규약이나 관습에 의해 선출된 대표자 등의 조직을 갖추고 지속적인 활동을 하고 있으면 비법인 사단으로 인정되고 ㉡ 공동선조의 후손은 성년이 되면 별도의 가입 절차 없이 종중의 구성원이 되며 ㉢ 종중이 그 구성원인 종원의 자격을 박탈하는 것은 불가능하고, ㉣ 성 ·

본을 변경하지 않는 한 종원이 임의로 종중에서 탈퇴하는 것도 불가능하며, ⑩ 종중의 분열도 허용되지 않는다.

> 종중은 공동선조의 분묘수호와 제사, 그리고 종원 상호 사이의 친목도모 등을 목적으로 자연발생적으로 성립한 종족 집단체로서, 종중이 규약이나 관습에 따라 선출된 대표자 등에 의하여 대표되는 정도로 조직을 갖추고 지속적인 활동을 하고 있다면 비법인 사단으로서 단체성이 인정된다(대법원 2022. 8. 25. 선고 2018다261605 판결).

> 종중이 성립하려면 특별한 조직행위를 필요로 하는 것이 아니고, 공동선조의 후손은 그 의사와 관계없이 성년이 되면 당연히 그 구성원(종원)이 되는 것이며 그중 일부 종원을 임의로 그 종원에서 배제할 수 없다(대법원 2021. 11. 11. 선고 2021다238902 판결).

> 고유 의미의 종중이란 공동선조의 후손 중 성년인 사람을 종원으로 하여 구성되는 자연발생적인 종족집단으로서 **특별한 조직행위를 필요로 함이 없이 관습상 당연히 성립하**는 것이고, 종중이 자연발생적으로 성립한 후에 정관 등 종중규약을 작성하면서 일부 종원의 자격을 임의로 제한하거나 확장하더라도 그러한 규약은 종중의 본질에 반하여 무효이고, 그로 인하여 이미 성립한 종중의 실재 자체가 부인되는 것은 아니다. 또한 종중이 종중원의 자격을 박탈하거나 종중원이 종중을 탈퇴할 수 없는 것이어서 공동선조의 후손들은 종중을 양분하는 것과 같은 종중분열을 할 수 없다(대법원 2023. 12. 28. 선고 2023다278829 판결).

- 종중의 구성원인 '후손'은 공동선조의 성·본을 물려받은 사람으로서 성별을 불문한다.

> 종중의 목적과 본질에 비추어 볼 때 공동선조와 **성과 본을 같이 하는 후손**은 **성별의 구별 없이 성년이 되면 당연히** 그 구성원이 된다고 보는 것이 조리에 합당하다(대법원 2005. 7. 21. 선고 2002다1178 전원합의체 판결).

- 종중 구성원의 변동: ㉠ 성·본 변경 재판에 따라 모의 성·본을 따르게 되면, 종래의 부계 종중에서 탈퇴하게 되고, 모계 종중의 구성원이 된다. ㉡ 입양의 경우에도 양부의 부계 종중의 구성원이 된다(2017다260940, 282면).

B. 사례: 성·본 변경과 종중원 지위 변경

- 사안의 개요: 甲·乙의 자녀인 丙은 출생 당시 아버지 甲의 성·본을 따르고 있었는데, §781 ⑥에 따른 성·본 변경 허가를 얻어 어머니 乙의 성·본을 따르게 되었다.

- 쟁점과 판단: 종중원 자격은 성·본과 연계되며, 한 사람은 하나의 종중에만 소속될 수 있다. 따라서 성·본이 변경되면 부계 종중의 종원 자격이 소멸하고 모계 종중의 종원 자격이 인정된다.

대법원 2022. 5. 26. 선고 2017다260940 판결
- 자녀의 성과 본이 모의 성과 본으로 변경되었을 경우 성년인 그 자녀는 모가 속한 종중의 공동선조와 성과 본을 같이 하는 후손으로서 당연히 종중의 구성원이 된다.
- 법원의 허가를 받아 모의 성과 본을 따르기로 변경된 자녀는 더 이상 부의 성과 본을 따르지 않아 부가 속한 종중에서 탈퇴하게 되므로, 동시에 여러 종중의 구성원이 될 수 없다. 따라서 출생 후 모의 성과 본으로 변경된 경우 모가 속한 종중의 구성원이 될 수 없다고 본다면 종중의 구성원 자격을 박탈하는 것이 되어, 헌법상 평등의 원칙에 반한다.
- 종중이 **자연발생적 종족집단이기는 하나 종래 관습법에서도 입양된 양자가 양부가 속한 종중의 종원이 되는 등 종중 구성원의 변동이 허용**되었으므로, 모의 성과 본을 따르게 되어 모가 속한 종중의 구성원이 되었다고 하더라도 이를 가지고 종원 자격이 인위적으로 변동된 것이라고 볼 수 없다.

(3) 비교: 종중 유사단체
A. 의미
- 종중과 같은 목적을 가진 비법인 사단으로서 ㉠ 공동선조의 후손 중 일부로 구성되며, ㉡ 설립총회 개최, 정관 작성, 대표자선임 등의 조직행위를 마쳐야 비법인 사단으로서의 실체가 인정된다는 점에서 종중과 다르다.

대법원 2019. 2. 14. 선고 2018다264628 판결
- 고유 의미의 종중이란 자연발생적인 관습상 종족집단체로서 특별한 조직행위를 필요로 하는 것이 아니고, 공동선조의 후손은 그 의사와 관계없이 성년이 되면 당연히 그 구성원(종원)이 되는 것이며 그중 일부 종원을 임의로 그 종원에서 배제할 수 없다.
- 따라서 공동선조의 후손 중 특정 범위 내의 자들만으로 구성된 종중이란 있을 수 없으므로, 만일 공동선조의 후손 중 **특정 범위 내의 종원만으로 조직체를 구성하여 활동하고 있다면 이는 본래의 의미의 종중으로는 볼 수 없고, 종중 유사의 권리능력 없는 사단**(이하 '종중유사단체'라 한다)이 될 수 있을 뿐이다.

- 종중 유사단체에 대해서는 성질이나 규약에 반하지 않는 한 종중에 관한 법리가 적용된다. 예컨대 종중의 총회결의 소집통지에 관한 판례 법리는 종중 유사단체에 대해서도 적용된다.

> 종중 유사단체는 그 법적 지위나 단체의 구성 등에서 차이가 있지만, 종족 단체라는 근본 성격과 추구하는 목적 및 운영방식 등은 유사한 점이 있으므로, 종중에 관한 법리는 그 성질이나 규약에 반하지 아니하는 범위 내에서 종중 유사단체에 관한 법률관계에도 적용된다 할 것이고, 특히 종중총회의 소집 및 통지 등에 관한 위에서 본 법리는 종중 유사단체에도 마찬가지로 적용된다(대법원 2014. 2. 13. 선고 2012다98843 판결).

B. 특징: 종중과 다른 점
- 종중은 관습법으로 구성원이 정해지는데 비해 종중유사 단체는 일반적인 비법인 사단이므로 규약으로 구성원의 자격을 제한할 수 있다. 사적 자치 원칙과 결사의 자유가 보장되어야 하기 때문이다.

> 종중 유사단체는 비록 그 목적이나 기능이 고유 종중과 별다른 차이가 없다 하더라도 공동선조의 후손 중 일부에 의하여 인위적인 조직행위를 거쳐 성립된 경우에는 사적 임의단체라는 점에서 고유 종중과 그 성질을 달리하므로, 그러한 경우에는 사적 자치의 원칙 내지 결사의 자유에 따라 구성원의 자격이나 가입조건을 자유롭게 정할 수 있다(대법원 2021. 11. 11. 선고 2021다238902 판결).

- 비법인 사단으로서의 실체 즉 성문 규약과 기관 등이 갖춰지기 전이더라도, 총유 대상 재산이 정해지고 설립 업무 수행을 주도하는 사람이 있으면 설립 중의 단체로 인정된다. 따라서 이 단계에서 취득한 권리·의무는 설립 후의 종중 유사 단체에 그대로 귀속된다.

대법원 2019. 2. 14. 선고 2018다264628 판결
- 종중 유사단체는 반드시 총회를 열어 성문화된 규약을 만들고 정식의 조직체계를 갖추어야만 비로소 단체로서 성립하는 것이 아니라, 실질적으로 **공동의 목적을 달성하기 위하여 공동의 재산을 형성하고 일을 주도하는 사람을 중심으로 계속적으로 사회적인 활동을 하여 온 경우에는 이미 그 무렵부터 단체로서의 실체가 존재한다**고 하여야 한다.
- 계속적으로 공동의 일을 수행하여 오던 일단의 사람들이 **어느 시점에 이르러 비로**

소 창립총회를 열어 조직체로서의 실체를 갖추었다면, 그 실체로서의 조직을 갖추기 이전부터 행한 행위나 또는 그때까지 형성한 재산은, 다른 특별한 사정이 없는 한, 모두 이 사회적 실체로서의 조직에게 귀속되는 것으로 봄이 타당하다.

C. 사례: 종중유사단체가 권리를 주장하기 위한 요건

(a) 실체법적 요건

• 권리귀속 요건이 갖춰질 때 ㉠ 종중 유사단체의 실체가 있었다는 사실과 ㉡ 권리귀속 요건인 법률행위 등이 적법·유효하게 갖춰졌음이 증명되어야 한다.

✓ 법률행위의 성립 요건은 그 법률행위의 성립·유효를 주장하는 당사자가 주장·증명해야 하는데, 종중 유사단체의 실체 존재는 법률행위의 성립요건인 '권리능력'에 해당한다.

어떠한 단체가 고유 의미의 종중이 아니라 종중 유사단체를 표방하면서 그 단체에 권리가 귀속되어야 한다고 주장하는 경우, 우선 **권리 귀속의 근거가 되는 법률행위나 사실관계 등이 발생할 당시 종중 유사단체가 성립하여 존재**하는 사실을 증명하여야 하고, 다음으로 당해 종중 유사단체에 권리가 귀속되는 근거가 되는 법률행위 등 법률요건이 갖추어져 있다는 사실을 증명하여야 한다(대법원 2021. 11. 11. 선고 2021다238902 판결).

(b) 절차법적 요건: 대표자의 대표권

• 종중의 대표권은 소송요건으로서 직권조사사항이며, 사실심 변론종결시를 기준으로 판단해야 한다.

• 법원은 직권탐지 의무는 없으나 이미 제출된 소송자료에 비추어 대표권의 적법성을 의심할만한 사정이 있으면 당사자의 주장이 없어도 직권으로 조사할 의무가 있다.

종중이 당사자인 사건에 있어서 그 종중의 대표자에게 적법한 대표권이 있는지 여부는 소송요건에 관한 것으로서 법원의 직권조사사항이므로, 법원으로서는 그 판단의 기초자료인 사실과 증거를 직권으로 탐지할 의무까지는 없다 하더라도, 이미 제출된 자료들에 의하여 그 대표권의 적법성에 의심이 갈만한 사정이 엿보인다면 상대방이 이를 구체적으로 지적하여 다투지 않더라도 이에 관하여 심리, 조사할 의무가 있다(대법원 2021. 11. 11. 선고 2021다238902 판결).

당사자능력은 소송요건에 관한 것으로서 그 청구의 당부와는 별개의 문제인 것이며, 소송요건은 사실심의 변론종결 시에 갖추어져 있으면 되는 것이므로, 종중 유사단체가 비법인 사단으로서의 실체를 갖추고 당사자로서의 능력이 있는지 여부는 사실심 변론종결시를 기준으로 하여 그 존부를 판단하여야 한다(대법원 2020. 10. 15. 선고 2020다232846 판결).

나. 종중의 대표자 선출

(1) 선출방법

- 1단계: 대표자 선임에 관한 규약·관례가 있으면 이에 따라 대표자를 선출한다.
- 2단계: 규약·관례가 없으면, 종장(문장)이 국내에 거주하고 소재가 분명하여 연락할 수 있는 종중원들에게 통지함으로써 소집한 종중총회에서 대표자를 선출한다.
- 3단계: 종장(문장) 선임은 규약·관례에 따르되 이에 대한 규약·관례가 없으면 관습법에 따라 연고항존자(성별 불문)가 종장(문장)이 된다.

(2) 사례: 대표자 선출 총회 소집권자가 정당한 이유 없이 총회를 소집하지 않는 경우

- 관습법에 따라 차석 연고항존자나 다른 종중원이 총회를 소집할 수 있다.
- 따라서 법원의 허가를 얻어 사원이 총회소집을 할 수 있게 하는 §70 ③은 준용될 필요가 없다.

대법원 2010. 12. 9. 선고 2009다26596 판결

- 종중의 대표자는 **종중의 규약이나 관례**가 있으면 그에 따라 선임하고 그것이 없다면 **종장 또는 문장이 그 종원 중 성년 이상의 사람을 소집하여 선출**하며, 평소에 종중에 종장이나 문장이 선임되어 있지 아니하고 선임에 관한 규약이나 관례가 없으면 현존하는 연고항존자가 종장이나 문장이 되어 국내에 거주하고 소재가 분명한 종원에게 통지하여 종중총회를 소집하고 그 회의에서 종중 대표자를 선임하는 것이 일반 관습이다.
- 종원들이 종중재산의 관리 또는 처분 등에 관하여 대표자를 선정할 필요가 있어 적법한 소집권자에게 종중총회의 소집을 요구하였으나 **소집권자가 정당한 이유없이 이를 소집하지 아니할 때에는 차석 연고항존자 또는 발기인**(위 총회의 소집을 요구한 발의자들)**이 총회를 소집**할 수 있다.
- **대표자를 선임하기 위하여 개최되는 종중총회의 소집권을 가지는 연고항존자를 확정함에 있어서 여성을 제외할 아무런 이유가 없으므로, 여성을 포함한 전체 종원 중**

항렬이 가장 높고 나이가 가장 많은 사람이 연고항존자가 된다 할 것이다. 다만 이러한 연고항존자는 족보 등의 자료에 의하여 형식적·객관적으로 정하여지는 것이지만 이에 따라 정하여지는 연고항존자의 생사가 불명한 경우나 연락이 되지 아니한 경우도 있으므로, **사회통념상 가능하다고 인정되는 방법으로 생사 여부나 연락처를 파악하여 연락이 가능한 범위 내에서 종중총회의 소집권을 행사할 연고항존자를 특정**하면 충분하다.

다. 종중원 총회

(1) 소집

A. 소집 통지 대상자

• 종중 총회를 개최하려면, 족보 등을 근거로 소집 대상 종중원의 범위를 확정한 후, 국내 거주·소재 분명·통지 가능이라는 요건을 모두 충족한 종중원에게 개별적으로 소집통지를 해야 한다.

• 일부 종중원에게 소집통지를 하지 않고 개최된 종중 총회 결의는 무효이다.

> 종중 총회를 개최함에 있어서는, 특별한 사정이 없는 한 **족보 등에 의하여 소집통지 대상이 되는 종중원의 범위를 확정한 후 국내에 거주하고 소재가 분명하여 통지가 가능한 모든 종중원에게 개별적으로 소집통지**를 하여 회의와 토의·의결에 참가할 기회를 주어야 하므로, 일부 종중원에 대한 소집통지 없이 개최된 종중 총회에서의 **결의는 그 효력이 없다**(대법원 2021. 11. 11. 선고 2021다238902 판결).

B. 방법: 불요식

• 말이나 전화, 다른 종중원을 통한 전달도 유효한 통지로 인정된다.

• 개별적으로 통지받지 못한 종중원이 다른 방법(예: 신문광고)으로 총회 소집 사실과 안건에 대해 알 수 있었으면 그 종중원이 총회에 불참했어도 결의무효는 아니다.

> **대법원 2018. 7. 24. 선고 2018다10135 판결**
> • 종중총회는 종원에 관한 족보의 기재가 잘못 되었다는 등의 특별한 사정이 없는 한 그 족보에 의하여 소집통지 대상이 되는 종중원의 범위를 확정한 후 가능한 노력을 다하여 종중원들의 소재를 파악하여 국내에 거주하고 소재가 분명하여 통지가 가능한 종중원에게 개별적으로 소집통지를 하되, 그 소집통지의 방법은 반드시 서면으로 하여야만 하는 것은 아니고, 구두 또는 전화로 하거나 다른 종중원이나 세대주

를 통하여 하여도 무방하다.

‣ 소집통지를 받지 않은 종중원이 <u>다른 방법에 의하여 이를 알게 된 경우</u>에는 그 종중원이 종중총회에 참석하지 않았다고 하더라도 종중총회의 결의를 무효라고 할 수 없다.

• 주의: 규약이나 관행에 의해 총회 일시가 정해진 경우에는 별도의 소집절차를 거치지 않아도 된다. 예컨대 종중 시조의 기제사 봉행에 수반하여 즉 별도의 통지 없이 정기적으로 일정 장소에 모여서 결의를 해 온 관행이 있다면 별도의 소집 절차를 거치지 않았더라도 관행에 따른 일시·장소에서 한 결의는 유효이다.

종중의 규약이나 관행에 의하여 매년 일정한 날에 일정한 장소에서 정기적으로 종중원들이 집합하여 종중의 대소사를 처리하기로 되어 있는 경우에는 별도로 종중회의의 소집 절차가 필요하지 않다(대법원 2005. 12. 8. 선고 2005다36298 판결).

(2) 총회결의의 방법과 내용

A. 방법

• 결의 방법은 규약으로 정하는 것이 원칙이다.

• 결의 방법에 대해 규약으로 정하지 않았으면, 서면 결의, 위임장 수여에 의한 대리 결의도 가능하다.

종중총회의 결의방법에 있어 종중규약에 다른 규정이 없는 이상 종원은 서면이나 대리인으로 결의권을 행사할 수 있으므로 일부 종원이 총회에 직접 출석하지 아니하고 다른 출석종원에 대한 위임장 제출방식에 의하여 종중의 대표자 선임 등에 관한 결의권을 행사하는 것도 허용된다(대법원 2000. 2. 25. 선고 99다20155 판결).

B. 결의의 내용

• 원칙: 사적 자치에 맡겨진다.

• 한계: 종중의 본질에 반하거나 종원의 권리의 본질적 내용을 침해하는 내용의 결의는 무효이다. 예컨대 종중 임원에게 종중재산의 대부분을 분배하는 증여결의, 성별에 따라 종중원들을 차별하는 결의는 무효이다.

피고가 종중재산의 회복에 기여한 부분이 있다고 하더라도 이는 선관주의의무를 부담하는 종중의 임원으로서 당연히 해야 할 업무를 수행한 것에 지나지 않으므로 이들에게 실비를 변상하거나 합리적인 범위 내에서 보수를 지급하는 외에 이를 벗어나 회복한 종중재산의 상당 부분을 피고에게 분배하는 이 사건 증여결의는 그 내용이 현저하게 불공정하거나 사회적 타당성을 결하여 무효라고 보아야 한다(대법원 2017. 10. 26. 선고 2017다231249 판결).

8장

소멸시효

8장

소멸시효

I 개관

1. 소멸시효 제도의 의미와 기능

가. 소멸시효 제도의 의미

- 권리는 보호되는 것이 원칙이다. 그렇지만 장기간의 권리 불행사 상태가 이어지면 법적 안정성을 위해 권리를 소멸시키는데, 이런 제도를 소멸시효 제도라고 한다. 권리자가 장기간 권리 행사를 하지 않으면 권리 불행사 상태에 대한 신뢰를 바탕으로 하는 새로운 법률관계가 형성될 수 있기 때문이다.

- 권리보호는 민법의 기본원리이므로 소멸시효 제도는 예외적인 제도이다. 따라서 권리자에게 유리하게 해석해야 한다. 예컨대 소멸시효의 요건은 엄격하게 해석해야 한다.

  소멸시효 제도 특히 시효중단 제도는 그 제도의 취지에 비추어 볼 때 이에 관한 기산점이나 만료점은 원권리자를 위하여 너그럽게 해석해야 한다(대법원 2010.5.27. 선고 2010다9467 판결).

- 소멸시효 제도는 법적 안정성 유지, 증거 감소로 인해 분쟁 해결이 곤란해지는 상황에 대한 대처, 권리 불행사에 대한 제재 등의 기능을 수행한다.

  대법원 2020. 7. 9. 선고 2016다244224 판결
  - 소멸시효는 권리자가 권리를 행사할 수 있는데도 일정한 기간 권리를 행사하지 않은 경우에 권리의 소멸이라는 법률효과가 발생하는 제도이다.
  - 이것은 시간의 흐름에 따라 법률관계가 점점 불명확해지는 것에 대처하기 위한 제도로서, 일정 기간 계속된 사회질서를 유지하고 시간이 지남에 따라 곤란해지는 증거보전으로부터 채무자를 보호하며 자신의 권리를 행사하지 않는 사람을 법적 보

호에서 제외함으로써 법적 안정성을 유지하는 데 중점을 두고 있다.

시효제도의 존재 이유는 영속된 사실상태를 존중하고 권리 위에 잠자는 자를 보호하지 않는다는 데 있고 특히 소멸시효는 후자의 의미가 강하다(대법원 2014. 4. 24. 선고 2012다105314 판결).

나. 시효제도의 유형

• 소멸시효 제도는 장기간 지속된 권리 불행사를 근거로 권리를 소멸시키는 제도이다.

• 취득시효 제도는 장기간 지속된 권리 행사의 외관을 근거로 외관에 상응하는 권리가 발생하게 하는 제도이다. 취득시효의 요건이 충족되면 그 반사효과로 진정권리자는 권리를 상실하는데, 성질상 소멸시효에 걸리지 않는 소유권 등의 권리에 대해서도 취득시효는 적용된다.

2. 절차법

가. 기본구조

(1) 채권자가 원고인 경우: 이행소송

• 피고의 소멸시효 완성 주장은 원고가 주장하는 청구원인의 요건사실이 충족되어 채권이 인정됨을 전제한다. 즉 소멸시효 주장은 항변이며, 그 요건사실은 대상 적격, 시효기간의 기산점, 소멸시효기간의 경과이다.

• 재항변 사유: 피고의 소멸시효 완성 주장에 대해 원고는 시효정지, 시효중단, 시효이익 포기, 권리남용 등을 주장하여 다툴 수 있다.

• 재재항변 사유: 이러한 시효중단 사유들 중 재판상 청구에 대해서는 재판상 청구의 각하·기각·취하 사실로 다툴 수 있고(§170 ①), 압류 등에 대해서는 그 취소 사실로 다툴 수 있다(§175).

(2) 채무자가 원고인 경우: 채무부존재 확인소송, 담보권설정등기 말소등기소송

• 다툼의 대상인 채무의 소멸시효 완성 주장이 청구원인에 해당한다.

• 시효중단·시효이익 포기 등의 주장은 항변에 해당한다.

나. 변론주의와의 관계

(1) 당사자가 주장·증명할 사항

• 소멸시효 완성의 요건사실과 소멸시효 완성의 원용은 모두 변론주의의 적용 대상이다. 상대방이 뜻밖의 불이익을 입는 것을 방지할 필요가 있기 때문이다.

> 민사소송절차에서 변론주의 원칙은 권리의 발생·변경·소멸이라는 법률효과 판단의 요건이 되는 주요사실에 관한 주장·증명에 적용된다. 따라서 <u>권리를 소멸시키는 소멸시효 항변은 변론주의 원칙에 따라 당사자의 주장이 있어야만 법원의 판단 대상이 된다</u>(대법원 2017. 3. 22. 선고 2016다258124 판결).

> 당사자가 주장하는 기산일을 기준으로 심리·판단해야만 <u>상대방으로서도 법원이 임의의 날을 기산일로 인정하는 것에 의하여 예측하지 못한 불이익을 받음이 없이</u> 이에 맞추어 권리를 행사할 수 있는 때에 해당하는지의 여부 및 소멸시효의 중단 사유가 있었는지의 여부 등에 관한 공격방어방법을 집중시킬 수 있다(대법원 1995. 8. 25. 선고 94다35886 판결).

• 법원은 당사자가 주장·증명하지 않는 한 권리의 시효소멸을 인정할 수 없고, 당사자가 주장한 소멸시효 기산점이 실제 기산점과 다르더라도 당사자가 주장한 기산점을 기준으로 소멸시효 완성 여부를 판단해야 한다.

✓ 소멸시효 완성을 주장하는 당사자가 실제 기산점보다 빠른 날짜를 기산점으로 주장한 경우 그 시점에 '권리 불행사'라는 요건이 충족되었다고 볼 수 없으므로 결국 소멸시효 완성 주장은 배척된다.

> 소멸시효의 기산일은 소멸시효 주장 내지 항변의 법률요건을 구성하는 구체적인 사실에 해당하여 변론주의가 적용되므로 법원은 당사자가 주장하는 기산일과 다른 날짜를 소멸시효의 기산일로 삼을 수 없다. 따라서 본래의 소멸시효 기산일과 당사자가 주장하는 기산일이 서로 다른 경우에는 <u>변론주의의 원칙상 법원은 당사자가 주장하는 기산일을 기준으로 소멸시효를 계산하여야 하는데, 이는 당사자가 본래의 기산일보다 뒤의 날짜를 기산일로 하여 주장하는 경우는 물론이고, 특별한 사정이 없는 한 그 반대의 경우에 있어서도 마찬가지라고 보아야 한다</u>(대법원 2009. 12. 24. 선고 2009다60244 판결).

• 다만 당사자의 착오로 인한 진술이라고 볼 여지가 있는데도 법원이 석명을 구하지 않았다면 심리미진의 위법이 인정된다(대법원 1983. 7. 12. 선고 83다카437 판결).

(2) 직권조사사항: 시효기간의 유형

- 소멸시효의 요건들 중 시효기간은 법률로 정해져 있으므로, 당사자가 주장·증명해야 할 요건사실이 아니라 법원이 직권으로 판단해야 하는 법률문제에 해당한다.
- 따라서 시효기간의 유형은 당사자의 주장과 무관하게 법원이 판단해야 한다. 예컨대 ㉠ 상사시효와 민사시효 중 어떤 것이 적용되는지, ㉡ 일반적인 시효기간과 §163·§164의 단기시효 중 어떤 것이 적용되는지 등은 모두 법원이 직권으로 판단한다.

> **대법원 2017. 3. 22. 선고 2016다258124 판결**
> - 어떤 시효기간이 적용되는지에 관한 주장은 권리의 소멸이라는 법률효과를 발생시키는 요건을 구성하는 사실에 관한 주장이 아니라 법률의 해석이나 적용에 관한 의견을 표명한 것이다. 이러한 주장에는 변론주의가 적용되지 않으므로 법원이 당사자의 주장에 구속되지 않고 직권으로 판단할 수 있다.
> - 당사자가 민법에 따른 소멸시효기간을 주장한 경우에도 법원은 직권으로 상법에 따른 소멸시효기간을 적용할 수 있다.

- 사례: 중복보험 사안에서 보험자들 사이의 구상권의 소멸시효와 관련하여 당사자가 보험법의 특칙인 상법 §662의 2년을 주장해도 법원은 직권으로 상법 §64의 5년을 적용할 수 있다.

> 중복보험에 해당함을 전제로 보험자가 다른 보험자에 대하여 그 부담비율에 따른 구상권을 행사하는 경우, 각각의 보험계약은 상행위에 속하고, 보험자와 다른 보험자는 상인이므로 그 구상금채권에 대해서는 상법 제64조가 적용되어 5년의 소멸시효에 걸린다(대법원 2006. 11. 10. 선고 2005다35516 판결).

1. 대상: 소멸시효가 적용되는 권리

　가. 원칙: 모든 재산권

　(1) 개관

　• 채권은 소멸시효가 적용되는 전형적인 권리이다.

　• 용익물권에 대해 소멸시효가 적용되는지에 대해서는 견해가 대립한다.

　(2) 사례: 채권적 소유권이전등기 청구권의 소멸시효

　A. 원칙: 채권의 일종이므로 10년의 소멸시효가 적용됨

　B. 예외: 채권적 소유권이전등기 청구권이지만 소멸시효에 걸리지 않는 경우

　(a) 미등기 취득자

　• 미등기 취득자가 점유를 계속하는 한 매도인에 대한 소유권이전등기 청구권의
　　소멸시효가 기산하지 않는다(미등기 취득자의 의미에 대해서는 532면). 미등기 취
　　득자의 채권을 구성하는 소유권이전등기 청구권과 목적물 인도청구권 중 하나라
　　도 행사하면 채권 자체를 행사하고 있는 것이기 때문이다.

　• 미등기 취득자가 점유를 그만두더라도 그 사유가 목적물의 처분·양도라면 소멸
　　시효가 기산하지 않는다. 처분·양도는 점유 유지보다 더 적극적으로 권리를 행
　　사한 것이라고 볼 수 있기 때문이다.

> **대법원 1999. 3. 18. 선고 98다32175 전원합의체 판결**
> ‣ 부동산에 관하여 인도, 등기 등의 어느 한 쪽만에 대하여서라도 권리를 행사하는 자
> 　는 전체적으로 보아 그 부동산에 관하여 권리 위에 잠자는 자라고 할 수 없다 할 것
> 　이고, 매수인이 목적 부동산을 인도받아 계속 점유하는 경우에는 그 소유권이전등
> 　기 청구권의 소멸시효가 진행하지 않는다.
> ‣ 부동산의 매수인이 그 부동산을 인도받은 이상 이를 사용·수익하다가 그 부동산에
> 　대한 보다 적극적인 권리 행사의 일환으로 다른 사람에게 그 부동산을 처분하고 그
> 　점유를 승계하여 준 경우에도 그 이전등기청구권의 행사 여부에 관하여 그가 그 부
> 　동산을 스스로 계속 사용·수익만 하고 있는 경우와 특별히 다를 바 없으므로 위 두
> 　어느 경우에나 이전등기청구권의 소멸시효는 마찬가지로 진행되지 않는다.

(b) 점유취득시효 완성자

- 점유취득시효 완성자가 진정권리자에 대해 가지는 소유권이전등기 청구권은 채권의 일종이지만, 점유취득시효 완성자가 목적물의 점유를 계속하는 한 소멸시효가 기산하지 않는다.
- 시효완성자가 점유를 그만둔 경우, ㉠ 시효이익 포기로 볼 수 있으면 소유권이전등기 청구권은 즉시 소멸하고 ㉡ 시효이익 포기로 볼 수 없으면 소유권이전등기 청구권은 일단 유지되고 소멸시효 10년이 기산한다. 시효완성자가 점유취득시효 완성 후 점유물을 양도한 경우에도 마찬가지이다.

> 토지에 대한 취득시효 완성으로 인한 소유권이전등기 청구권은 그 토지에 대한 점유가 계속되는 한 시효로 소멸하지 아니하고, 그 후 <u>점유를 상실하였다고 하더라도 이를 시효이익의 포기로 볼 수 있는 경우가 아닌 한 이미 취득한 소유권이전등기 청구권은 바로 소멸되지 아니하는 것임은</u> 원심의 판시와 같으나, <u>취득시효가 완성된 점유자가 점유를 상실한 경우 취득시효 완성으로 인한 소유권이전등기 청구권의 소멸시효는 이와 별개의 문제로서,</u> 이러한 경우 점유자는 그 부동산에 대한 점유를 상실한 때로부터 <u>10년간 등기청구권을 행사하지 아니하면 소멸시효가 완성한다</u>(대법원 1996. 3. 8. 선고 95다34866).

나. 소멸시효의 적용 대상인지가 문제되는 권리들

(1) 형성권: 제척기간의 적용 대상임

(2) 소유권

- 소유권은 항구성을 가지기 때문에 소멸시효에 걸리지 않는다.
- 소유권에 속하는 권능들도 마찬가지이다. 예컨대 공유물분할 청구권은 공유관계가 유지되는 한 소멸시효에 걸리지 않는다.

> 공유물분할청구권은 공유관계에서 수반되는 형성권이므로 공유관계가 존속하는 한, 그 분할청구권만이 독립하여 시효에 의하여 소멸될 리 없다고 할 것이며 따라서 그 분할청구의 소 내지 공유물분할을 명하는 판결도 형성의 소 및 형성판결로서 소멸시효의 대상이 될 수 없다(대법원 1981. 3. 24. 선고 80다1888 판결).

(3) 점유권, 유치권

- 점유권, 유치권은 점유 유지 여부에 따라 권리의 존속 여부가 결정된다.

• 점유를 상실하면 즉시 소멸하고 점유를 유지하는 한 권리를 행사하는 것으로 인정되므로 소멸시효의 적용 대상이 아니다.

(4) 담보물권

A. 부종성

• 담보물권은 피담보채권이 존속하는 한 존속하고, 피담보채권이 시효소멸 하면 함께 소멸한다.
• 주의: 담보물권을 설정해 둔 것만으로는 피담보채권의 시효중단 사유가 될 수 없다.

> 담보가등기를 경료한 토지를 인도받아 점유할 경우 담보가등기의 피담보채권의 소멸시효가 중단된다는 피고의 주장은 독자적인 견해로서 받아들일 수 없다. 한편, 담보가등기에 기한 소유권이전등기 청구권의 소멸시효가 완성되기 전에 그 대상 토지를 인도받아 점유함으로써 소유권이전등기 청구권의 소멸시효가 중단된다 하더라도 위 담보가등기의 피담보채권이 시효로 소멸한 이상 위 담보가등기 및 그에 기한 소유권이전등기는 결국 말소되어야 할 운명의 것이어서 담보가등기에 기한 소유권이전등기 청구권의 소멸시효 중단 여부를 별도로 살필 필요가 없으므로 이 점에 관한 피고의 주장은 나아가 살피지 아니한다(대법원 2007. 3. 15. 선고 2006다12701 판결).

B. 비교: 담보물권 설정등기 청구권

• 담보권설정 계약에서 비롯된 채권적 등기청구권이므로 피담보채권과는 별개로 소멸시효가 진행된다.
• 피담보채권은 존속해도 담보권 설정등기 청구권이 먼저 시효소멸 할 수 있다. 피담보채권의 원인계약과 담보권 설정계약이 동시에 체결되더라도 담보권 설정등기 의무의 이행기가 대여금 채권의 이행기 이전으로 약정되는 것이 일반적이기 때문이다.
• 사례: 담보권 설정등기 청구권은 시효소멸했으나 피담보채권은 시효소멸하기 전에, 담보권 설정등기 청구의 소를 제기하면 피담보채권에 대한 시효중단 사유인 재판상 청구로 인정된다.

원고의 근저당권 설정등기청구권의 행사는 그 피담보채권이 될 이 사건 금전채권의 실현을 목적으로 하는 것으로서, 근저당권 설정등기청구의 소에는 그 피담보채권이 될 채권의 존재에 관한 주장이 당연히 포함되어 있는 것이고, 피고로서도 원고가 원심에 이르러 금전지급을 구하는 청구를 추가하기 전부터 피담보채권이 될 금전채권의 소멸을 항변으로 주장하여 그 채권의 존부에 관한 실질적 심리가 이루어져 그 존부가 확인된 이상, 그 피담보채권이 될 채권으로 주장되고 심리된 채권에 관하여는 근저당권 설정등기청구의 소의 제기에 의하여 피담보채권이 될 채권에 관한 권리의 행사가 있은 것으로 볼 수 있으므로, **근저당권 설정등기청구의 소의 제기는 그 피담보채권의 재판상의 청구에 준하는 것으로서 피담보채권에 대한 소멸시효 중단**의 효력을 생기게 한다고 봄이 상당하다(대법원 2004. 2. 13. 선고 2002다7213 판결).

2. 소멸시효기간의 기산점: 행사할 수 있는 권리의 불행사

가. 개관

- 권리 행사가 가능한데도 권리를 행사하지 않아야 소멸시효가 기산한다.
- 따라서 소멸시효는 ⊙ 권리 행사의 가능성이 있는데도 ⊙ 권리자가 권리 행사에 해당하는 행위를 하지 않았음이 인정되어야 진행한다.

> 제166조(소멸시효의 기산점) ① 소멸시효는 권리를 행사할 수 있는 때로부터 진행한다.

나. 권리 행사의 가능성

(1) 개관: 권리 행사를 불가능하게 하는 장애의 유형

A. 법률상의 장애

- 원칙: 모든 권리는 발생한 때부터 행사할 수 있으므로, 권리가 발생하면 소멸시효도 진행한다.
- 예외: 성립한 권리를 행사할 수 없게 하는 법률상 장애가 있으면 이러한 장애가 해소되어야 소멸시효가 진행한다.

B. 사실상의 장애

- 권리를 행사할 수 없게 하는 사실상의 장애사유는 소멸시효 진행을 막지 못한다. 사실상의 장애사유 발생에 대해 권리자의 귀책사유가 없어도 마찬가지이다. 예컨대 권리자가 과실 없이 권리의 존재나 의무자의 소재를 알지 못해 권리를 행사

할 수 없어도 소멸시효는 진행한다.

소멸시효는 객관적으로 권리가 발생하여 그 권리를 행사할 수 있는 때로부터 진행하고 그 권리를 행사할 수 없는 동안만은 진행하지 않는바, '권리를 행사할 수 없는' 경우란, 권리자가 권리의 존재나 권리 행사 가능성을 알지 못하였다는 등의 사실상 장애사유가 있는 경우가 아니라, **법률상의 장애사유, 예컨대 기간의 미도래나 조건불성취 등**이 있는 경우를 말한다(대법원 2007. 8. 23. 선고 2007다28024 판결).

권리자에게 사실상 권리의 존재나 권리 행사 가능성을 알지 못하였고 알지 못함에 과실이 없다고 하여도 이러한 사유는 법률상 장애사유에 해당한다고 할 수 없다(대법원 2015. 9. 10. 선고 2015다212220 판결).

- 다만 의무자가 권리 행사에 대한 사실상 장애의 원인을 제공했다는 등의 특별한 사정이 있으면 의무자의 소멸시효 완성 주장이 권리남용에 해당할 수 있다.

대법원 2023. 12. 21. 선고 2018다303653 판결
  ‣ 채무자의 소멸시효를 이유로 한 항변권의 행사도 민법의 대원칙인 신의성실의 원칙과 권리남용금지의 원칙의 지배를 받는 것이어서 객관적으로 채권자가 권리를 행사할 수 없는 장애사유가 있었다면 채무자가 소멸시효 완성을 주장하는 것은 신의성실의 원칙에 반하는 권리남용으로서 허용될 수 없다.
  ‣ 채권자에게 권리의 행사를 기대할 수 없는 객관적인 사실상의 장애사유가 있었던 경우에도 일제 강점기 강제 동원 피해자나 그 상속인의 위자료청구권에 대해서는 한일청구권협정이 적용되지 않는다는 취지의 판결이 확정되어 대법원이 이에 관하여 채권자의 권리행사가 가능하다는 법률적 판단을 내렸다면 특별한 사정이 없는 한 그 시점 이후에는 그러한 장애사유가 해소되었다고 볼 수 있다.

C. 시효정지
- 의미: 시효정지란 권리 행사가 불가능할 것으로 예상되는 사유를 명문으로 규정하고, 이 경우 소멸시효 자체는 진행하지만 그러한 사유가 종료될 때까지 소멸시효가 완성하지 못하도록 정지시켜 두는 것을 뜻한다.
- 유형: 제한능력자가 권리자인 경우(§179), 부부간 또는 피후견인과 후견인간의 권리행사가 필요한 경우(§180), 상속과 관련된 권리 행사가 필요한 경우(§181), 권리행사에 지장을 주는 천재지변이 발생한 경우(§182) 등이 있다.

- 사례: 상속으로 확정될 권리에 대해서는 시효정지가 적용되므로, 이미 그 권리의 소멸시효 기간이 경과했더라도 권리자가 자신이 상속인임을 안 날로부터 6개월 이내에 그 권리를 행사할 수 있다.

제181조에 의하면 상속재산에 속한 권리는 상속인의 확정, 관리인의 선임 또는 파산선고가 있는 때로부터 6월 내에는 소멸시효가 완성하지 않는다고 정하고 있는데, 여기서 상속인의 확정은 상속인의 존부 불명 내지 소재나 생사불명인 경우에 상속인이 확정된 경우뿐만 아니라 상속의 포기, 단순승인, 한정승인 등 여부가 확정되지 아니하다가 상속의 승인에 의하여 상속의 효과가 확정된 경우까지 포함한다. 망인의 일실수입 및 위자료채권은 상속재산에 속한 권리로서 상속인이 확정된 때로부터 6월간 소멸시효가 정지되는데, 원고에 대하여 상속의 효과가 확정된 때는 원고가 망인의 사망사실을 알게 된 2021. 1. 25. 이후이고, 이 사건 소송은 그로부터 6월의 소멸시효 정지기간이 지나기 전인 2021. 3. 31. 제기되었으므로, 망인의 일실수입 및 위자료채권에 대한 원고의 상속분은 소멸시효가 완성되지 않았다(대법원 2023. 12. 14. 선고 2023다248903 판결).

(2) 권리 행사에 대한 법률상의 장애

A. 전형적인 예: 정지조건·시기

(a) 개관

- 정지조건이나 시기가 붙어 있는 법률행위에 근거한 권리는 정지조건이 성취되거나 시기가 도래해야 권리를 행사할 수 있으므로 이때 소멸시효가 진행한다(2007다28024, 298면).
- 사례: 기한이익 상실 특약과 소멸시효의 기산점(2002다28340, 채권총론 참조)

(b) 사례: 기한 유예 합의

- 기한 유예 합의는 채무 승인을 포함하므로 시효중단 사유가 되어, 이때부터 다시 소멸시효가 진행한다. 그 기산점은 ㉠ 유예기간을 정했으면 유예된 새로운 이행기이고 ㉡ 유예기간을 정하지 않았으면 유예 의사표시를 한 때이다.
- 이러한 기한 유예 합의는 묵시적으로도 할 수 있는데 채권자가 지연배상금을 면제해 주면서 기한 유예 통지를 했다면 채무자에게 유리하므로 묵시적 기한 합의로 인정될 수 있다.

기한이 있는 채권의 소멸시효는 이행기가 도래한 때부터 진행하지만, 그 이행기가 도래한 후 채권자와 채무자가 기한을 유예하기로 합의한 경우에는 그 유예된 때로 이행기가 변경되어 소멸시효는 변경된 이행기가 도래한 때부터 다시 진행한다. 이와 같은 기한 유예의 합의는 명시적으로뿐만 아니라 묵시적으로도 가능하다(대법원 2017. 4. 13. 선고 2016다274904 판결).

피고가 채무의 변제를 유예해 주었다고 인정되는 경우, 만약 그 유예기간을 정하지 않았다면 변제유예의 의사를 표시한 때부터, 그리고 유예기간을 정하였다면 그 유예기간이 도래한 때부터 다시 소멸시효가 진행된다(대법원 2006. 9. 22. 선고 2006다22852 판결).

B. 법률상의 장애로 인정된 그 밖의 사례

(a) 건물 소유권이전등기 청구권

• 미등기건물에 대한 소유권이전등기 청구권은 건물이 완성되기 전까지는 소멸시효가 진행하지 않는다.

✓ 건물이 완성되면 보존등기 전이더라도 소멸시효가 진행한다. 미등기건물에 대한 소유권이전등기 청구권자는 채권자대위권을 전용하여 보존등기 신청을 할 수 있기 때문이다(사견).

건물에 관한 소유권이전등기 청구권에 있어서 그 목적물인 건물이 완공되지 아니하여 이를 행사할 수 없었다는 사유는 법률상의 장애사유에 해당한다(대법원 2007. 8. 23. 선고 2007다28024 판결).

(b) 권리 행사의 근거법령의 변동

• 권리 행사를 위해 필요한 법률이 제정된 경우 그때부터 소멸시효가 진행한다. 예컨대 어떤 재산에 대한 수용 보상에 관한 법령이 뒤늦게 제정되면 그때부터 매수인의 대상청구권의 소멸시효가 진행한다.

보상금의 지급을 구할 수 있는 방법이나 절차가 없다가 상당한 기간이 지난 뒤에야 보상금청구의 방법과 절차가 마련된 경우라면, 대상청구권자로서는 그 보상금청구의 방법이 마련되기 전에는 대상청구권을 행사하는 것이 불가능하였던 것이고, 따라서 이러한 경우에는 보상금을 청구할 수 있는 방법이 마련된 시점부터 대상청구권에 대한 소멸시효가 진행한다(대법원 2002. 2. 8. 선고 99다23901 판결).

- 가해행위가 법률 집행의 외관을 갖춘 경우 그 근거 법률에 대한 위헌결정일부터 §766의 단기시효, 장기시효가 모두 기산한다.

  헌법재판소에 의하여 면직처분의 근거가 된 법률 규정이 위헌으로 결정되어 위헌결정의 소급효로 인하여 면직처분이 당연무효가 되고 그 면직처분이 불법행위에 해당되는 경우라도, 그 손해배상청구권은 위헌결정이 있기 전까지는 법률 규정의 존재라는 법률상 장애로 인하여 행사할 수 없었다고 보아야 할 것이므로 소멸시효의 기산점은 위헌결정일로부터 진행된다(대법원 1996. 7. 12. 선고 94다52195).

(c) 선택채권

- 선택채권은 선택 전까지는 권리 행사에 대한 법률상 장애가 있는 것으로 인정된다.
- 채무자가 선택권자인 경우, 채무자가 선택권을 행사하거나 선택권이 §381을 근거로 채권자 자신에게 귀속된 때 소멸시효가 진행한다.

  이 사건에서 토지 중 100평을 선택하는 권한이 누구에게 있는지에 관하여 당초 약정이 없었으므로 제380조에 의하여 채무자에게 선택권이 있다고 볼 것이고, 채권자(매수인)의 소유권이전등기 청구권의 기산점은 제381조에 따라 채권자 자신이 100평의 선택권을 행사할 수 있는 때, 즉 채무자(매도인, 피고)가 100평을 선택할 수 있음에도 선택하지 아니한 때로부터 상당한 기간이 경과한 때이다(대법원 2000. 5. 12. 선고 98다23195 판결).

C. 사례: 채권의 소멸시효 기산점이 문제되는 경우

(a) 이행불능으로 인해 변형된 급부: §390의 손해배상청구권, 대상청구권

- 이행불능으로 인해 원래의 급부의무는 §390의 손해배상청구권이나 대상청구권으로 변형된다. 이 경우 채권자 구제를 위해 소멸시효의 기산점은 늦춰진다.
- 대상청구권의 소멸시효는 원래의 급부의무 이행기가 아니라 이행불능 시점이다.

대법원 2018. 11. 15. 선고 2018다248244 판결
- 매매 목적물의 수용으로 인해 매도인의 소유권이전등기의무가 이행불능된 경우 매수인에게 인정되는 대상청구권에 대하여는 특별한 사정이 없는 한 매수인이 그 **대상청구권을 행사할 수 있는 시점인 매도인의 소유권이전등기의무가 이행불능되었을 때부터 소멸시효가 진행**하는 것이 원칙이다.
- 이러한 대상청구권의 소멸시효 기산점에 관한 법리는 매매 목적물의 이중매매로

인하여 매도인의 소유권이전등기의무가 이행불능된 경우와 같이 그 대상청구권이 채무자의 귀책사유로 발생한 때에도 마찬가지로 적용된다.

- §390의 손해배상청구권의 소멸시효도 이행불능 시점부터 진행하는 것이 원칙이고, 이행불능 후 손해 발생이 확정되면 손해 발생 확정 시점부터 진행한다.

대법원 2018. 11. 9. 선고 2018다240462 판결
- 채무불이행으로 인한 손해배상청구권의 소멸시효는 채무불이행시부터 진행하는 것이 원칙이다. 다만 채무불이행으로 인한 **손해배상청구권은 현실적으로 손해가 발생한 때에 성립하는 것이므로 손해가 현실적으로 발생하였다고 볼 수 있어야 그 때부터 소멸시효가 진행**한다. 이때 현실적으로 손해가 발생했는지는 사회통념에 따라 객관적·합리적으로 판단해야 한다.
- 변호사가 소송위임계약상 채무를 불이행한 경우, 위임의 대상이 된 소송이 의뢰인에게 불리한 내용으로 확정될 때까지는 손해의 발생 여부가 불확실하고 손해의 구체적인 내용이나 범위 등을 확정하기도 어렵다. 따라서 대상소송이 **의뢰인에게 불리하게 확정되거나 이에 준하는 상태가 된 때에 비로소 의뢰인에게 현실적으로 손해가 발생**한다고 볼 수 있고, 손해배상청구권의 소멸시효도 그때부터 진행한다고 봄이 타당하다.

(b) §741채권, §548 원상회복청구권
- §741 채권이나 §548의 원상회복청구권은 기한 없는 채권이므로 발생 즉시 소멸시효가 진행한다.
- 비교: 기한 없는 채권에 대한 이행지체 책임은 이행 청구 다음날부터 발생한다(§387 ②).

변상금부과처분이 당연무효인 경우에 이 변상금부과처분에 의하여 납부자가 납부하거나 징수당한 오납금은 지방자치단체가 법률상 원인 없이 취득한 부당이득에 해당하고, 이러한 오납금에 대한 납부자의 **부당이득반환청구권**은 처음부터 법률상 원인이 없이 납부 또는 징수된 것이므로 **납부 또는 징수시에 발생하여 확정되며, 그 때부터 소멸시효가 진행**한다(대법원 2005. 1. 27. 선고 2004다50143 판결).

부당이득반환 채무는 기한의 정함이 없는 채무이므로 수익자는 이행청구를 받은 때로부터 지체책임이 있다(대법원 1995. 11. 21. 선고 94다45753 판결).

해제로 인한 원상회복청구권의 소멸시효는 해제시, 즉 원상회복청구권이 발생한 때부터 진행하므로, 해제권 발생시로부터 진행함을 전제로 피고의 소멸시효 항변을 받아들인 원심의 판단에는 위법이 있다(대법원 2009. 12. 24. 선고 2009다63267 판결).

(c) §750의 손해배상채권

• 단기시효의 기산점은 ㉠ 피해자가 §750의 모든 구성요건을 현실적·구체적으로 인식하고, 이를 원인으로 손해배상청구가 가능하다는 것까지 안 날이다. 예컨대 폭행 피해자의 §750 채권은 가해자의 무고 고소에 대한 무죄판결이 확정된 때, 공정거래법 위반행위로 인한 §750 채권은 공정거래위원회 심결이 확정된 때부터 진행한다. ㉡ 손해를 안 날은 소멸시효의 기산점이므로 소멸시효 완성을 주장하는 자가 주장·증명해야 한다.

대법원 2013. 7. 12. 선고 2006다17539 판결

‣ 제766조에서 '손해 및 가해자를 안 날'이란 피해자나 그 법정대리인이 손해 및 가해자를 현실적이고도 구체적으로 인식한 날을 의미하며, 그 인식은 손해발생의 추정이나 의문만으로는 충분하지 않고, 손해의 발생사실뿐만 아니라 가해행위가 불법행위를 구성한다는 사실, 즉 불법행위의 요건사실에 대한 인식으로서 위법한 가해행위의 존재, 손해의 발생 및 가해행위와 손해 사이의 인과관계 등이 있다는 사실까지 안 날을 뜻한다.

‣ 손해를 안 시기에 대한 증명책임은 소멸시효 완성으로 인한 이익을 주장하는 자에게 있다.

• 장기시효의 기산점은 가해행위일이 아니라 손해발생일이다.

가해행위와 이로 인한 손해의 발생 사이에 시간적 간격이 있는 불법행위에 기한 손해배상청구권의 경우, 위와 같은 장기소멸시효의 기산점이 되는 '불법행위를 한 날'은 객관적·구체적으로 손해가 발생한 때, 즉 손해의 발생이 현실적인 것으로 되었다고 할 수 있을 때를 의미하고, 그 발생시기에 대한 증명책임은 소멸시효의 이익을 주장하는 자에게 있다(대법원 2013. 7. 12. 선고 2006다17539 판결).

D. 비교: 권리 행사에 대한 장애를 권리자가 스스로 해결할 수 있는 경우

• 개관: 권리자가 당장 권리를 행사할 수는 없지만 권리자 자신이 권리 행사가 가능한 상태를 스스로 조성할 수 있으면, 권리 행사에 대한 법률상 장애가 아니므로

소멸시효 진행을 막지 못한다.

- 동시이행항변권이 붙은 채권: 채무자의 동시이행항변권은 채권 행사에 대한 법률상 장애가 아니다. 채권자 자신이 반대급부를 이행제공하면 동시이행 항변권을 소멸시킬 수 있기 때문이다.

> 매매대금 채권이 비록 소유권이전등기 청구권과 동시이행의 관계에 있다 할지라도 매도인은 매매대금의 지급기일 이후 언제라도 그 대금의 지급을 청구할 수 있는 것이며 다만 매수인은 매도인으로부터 그 이전등기에 관한 이행의 제공을 받기까지 그 지급을 거절할 수 있는 데 지나지 아니하므로 매매대금청구권은 그 지급기일 이후 시효의 진행에 걸린다(대법원 1991. 3. 22. 선고 90다9797 판결).

- 기간을 정하지 않은 임치계약에서 임치인의 임치물 반환청구권: 채권자인 임치인은 언제든지 임치계약을 해지하고 반환청구를 할 수 있으므로, 임치물 인도시에 소멸시효가 기산한다. 임치계약 해지시가 소멸시효 기산점이 아님에 유의해야 한다.

> **대법원 2022. 8. 19. 선고 2020다220140 판결**
> ‣ 임치계약 **해지에 따른 임치물 반환청구는 임치계약 성립 시부터 당연히 예정**된 것이고, 임치계약에서 임치인은 언제든지 계약을 해지하고 임치물의 반환을 구할 수 있는 것이므로, 특별한 사정이 없는 한 임치물 반환청구권의 소멸시효는 임치계약이 성립하여 임치물이 수치인에게 인도된 때부터 진행하는 것이지, 임치인이 임치계약을 해지한 때부터 진행한다고 볼 수 없다.
> ‣ 그런데도 원심은 임치물 반환청구권의 소멸시효 기산점이 임치계약 해지일이라는 잘못된 전제에서 임치물 반환청구권의 소멸시효가 완성되지 않았다고 단정하였다.

(3) 권리 행사에 대한 사실상 장애

A. 원칙: 소멸시효 진행을 저지하지 못함

- 과오납금에 대한 §741 채권: 행정구제 절차에서 과세처분의 하자가 중대·명백하여 무효임이 밝혀진 경우이더라도 이때가 아니라 무효인 과세처분에 따른 과오납금을 납부한 때부터 소멸시효가 진행한다.

대법원 1992. 3. 31. 선고 91다32053 전원합의체 판결

‣ 무효인 과세처분에 의하여 원고가 납부한 오납금에 대한 원고의 부당이득반환청구권은 납부시에 이미 발생하여 확정된 것이므로 이 때부터 그 권리의 소멸시효가 진행한다.

‣ 과세처분의 하자가 중대하고 명백하여 당연무효에 해당하는 여부를 당사자로서는 현실적으로 판단하기 어렵다거나, 당사자에게 처음부터 취소소송과 부당이득반환청구소송을 동시에 제기할 것을 기대할 수 없다고 하여도 법률상 장애사유가 아니라 사실상의 장애사유에 지나지 않는다.

• 의료인의 치료비채권은 발생 즉시 소멸시효가 진행하며, 환자가 의료과오를 주장하면서 손해배상 소송을 제기하는 등의 사정이 있었더라도 권리 행사에 대한 사실상 장애에 지나지 않는다.

환자가 수술 후 후유증으로 장기간 입원 치료를 받으면서 병원을 상대로 의료과오를 원인으로 한 손해배상청구 소송을 제기하였다 하더라도, 그러한 사정만으로는 환자를 상대로 치료비를 청구하는 데 법률상으로 아무런 장애가 되지 아니하므로 치료비채권의 소멸시효가 퇴원시부터 진행한다거나 위 손해배상청구 소송이 종결된 날로부터 진행한다고 볼 수는 없다(대법원 2001. 11. 9. 선고 2001다52568 판결).

• 처분금지가처분이 되어 있어도 소유권이전등기 청구권의 소멸시효는 진행한다. 가처분의 목적물인 부동산에 대한 소유권이전등기 청구권자는 장래의 말소등기 위험을 감수하고 소유권이전등기를 받을 수 있으므로 처분금지가처분은 소유권이전등기 청구권을 행사할 수 없게 하는 법률상 장애에 해당하지 않는다.

매매의 목적인 부동산에 관하여 제3자의 처분금지가처분의 등기가 기입되었다 할지라도, 이는 단지 그에 저촉되는 범위 내에서 가처분채권자에게 대항할 수 없는 효과가 있다는 것일 뿐 그것에 의하여 곧바로 부동산 위에 어떤 지배관계가 생겨서 채무자가 그 부동산을 임의로 타에 처분하는 행위 자체를 금지하는 것은 아니라 하겠으므로, 가처분등기로 인하여 바로 계약이 이행불능으로 되는 것은 아니고, 제3자 앞으로 소유권이전등기가 경료되는 등 사회거래의 통념에 비추어 계약의 이행이 극히 곤란한 사정이 발생하는 때에 비로소 이행불능으로 된다(대법원 2002. 12. 27. 선고 2000다47361 판결).

• 유사 사안에 대한 §750 채권을 부정한 판례가 변경된 경우 §750 채권의 소멸시효
는 판례 변경 전부터 진행한다. 판례의 태도는 '법률상 장애'에 해당하지 않기 때
문이다. 이에 비해 §750 채권이 법률에 의해 부정된 경우에는 그 법률에 대한 위
헌결정시부터 소멸시효가 기산한다.

> 전원합의체 판결로 임용기간이 만료된 국공립대학 교원에 대한 재임용거부처분에 대
> 하여 이를 다툴 수 없다는 종전의 견해를 변경하였다고 하더라도, 그와 같은 대법원
> 의 종전 견해는 국공립대학 교원에 대한 재임용거부처분이 불법행위임을 원인으로
> 한 손해배상청구에 대한 법률상 장애사유에 해당하지 않는다(대법원 2010. 9. 9. 선고
> 2008다15865 판결).

B. 예외: 사실상 장애사유로 인해 소멸시효 진행이 부정되는 특별한 사정

(a) 법인의 내부관계

• 채무자가 법인의 경우, 권리자가 권리 발생의 근거인 법인의 내부적 법률관계(결
의 등)에 대해 알게 된 때 소멸시효가 진행한다.

• 사례: 甲법인의 대표자 乙이 甲소유 X부동산을 丙에게 매도하고 소유권이전등
기를 마쳤는데 甲법인의 정관·등기에 의하면 부동산 처분에는 이사회 결의가 필
요했다면, 甲·丙간 X부동산 매매계약은 무효이다. 이때 丙의 甲에 대한 §741 채
권의 소멸시효는 이사회 결의무효 확인판결이 확정된 때부터 진행한다.

> 법인의 이사회결의가 부존재함에 따라 발생하는 제3자의 부당이득반환청구권처럼
> 법인이나 회사의 내부적인 법률관계가 개입되어 있어 청구권자가 권리의 발생 여부
> 를 객관적으로 알기 어려운 상황에 있고 청구권자가 과실 없이 이를 알지 못한 경우에
> 도 청구권이 성립한 때부터 바로 소멸시효가 진행한다고 보는 것은 정의와 형평에 맞
> 지 않을 뿐만 아니라 소멸시효제도의 존재이유에도 부합한다고 볼 수 없으므로, 이사
> 회결의부존재 확인판결의 확정과 같이 객관적으로 청구권의 발생을 알 수 있게 된 때
> 로부터 소멸시효가 진행된다고 보는 것이 타당하다(대법원 2003. 4. 8. 선고 2002다
> 64957 판결).

(b) 하수급인의 수급인에 대한 저당권설정 청구권(§666)

• §666의 저당권설정 청구권은 공사대금채권 담보를 위한 법정청구권으로서, 도급
인이 원시취득자이면 수급인에게, 수급인이 원시취득자이면 하수급인에게 인정
되는 권리이다.

- 하수급인이 저당권설정 청구권을 행사하려면 신축건물의 소유권이 수급인에게 귀속되어야 한다. 그런데 신축건물의 소유권 귀속은 도급인과 수급인 간 약정에 의해 결정되므로(98다43601, 543면) 그 내용을 제3자인 하수급인이 알기는 어렵다.
- 따라서 하수급인의 저당권설정 청구권의 소멸시효는 하수급인이 수급인의 신축 건물 원시취득 사실을 안 때부터 진행한다.

> 건물신축공사에서 하수급인의 수급인에 대한 저당권설정청구권은 수급인이 건물의 소유권을 취득하면 성립하고 특별한 사정이 없는 한 그때부터 그 권리를 행사할 수 있다고 할 것이지만, 건물 소유권의 귀속주체는 하수급인의 관여 없이 도급인과 수급인 사이에 체결된 도급계약의 내용에 따라 결정되는 것이고, 건물 완성 후 그 소유권 귀속에 관한 법적 분쟁이 계속되는 등으로 하수급인이 수급인을 상대로 저당권설정청구권을 행사할 수 있는지 여부를 객관적으로 알기 어렵고 과실 없이 이를 알지 못한 경우에도 그 청구권이 성립한 때부터 소멸시효가 진행한다고 보는 것은 정의와 형평에 맞지 않을 뿐만 아니라 소멸시효 제도의 존재이유에도 부합한다고 볼 수 없다. 따라서 객관적으로 하수급인이 저당권설정청구권을 행사할 수 있음을 알 수 있게 된 때부터 소멸시효가 진행한다고 보아야 한다(대법원 2016. 10. 27. 선고 2014다211978 판결).

(c) 신의칙

- 근거: 항변권 행사, 소송상 항변 등도 신의칙의 적용대상이다. 따라서 사실상 장애사유로 인해 권리자가 권리를 행사하지 못했더라도 의무자의 소멸시효 완성 주장이 신의칙에 반하여 배척되면 권리자는 권리를 행사할 수 있다.

> 소멸시효에 기한 항변권의 행사도 민법의 대원칙인 신의성실의 원칙과 권리남용금지의 원칙의 지배를 받는 것이어서, 시효완성 전에 객관적으로 권리를 행사할 수 없는 사실상의 장애사유가 있어 권리 행사를 기대할 수 없는 특별한 사정이 있는 경우에는 채무자가 소멸시효의 완성을 주장하는 것은 신의성실의 원칙에 반하는 권리남용으로서 허용될 수 없다(대법원 2015. 9. 10. 선고 2013다73957 판결).

- 의무자의 소멸시효 완성 주장이 신의칙 위반으로 인정되어 권리자가 그 권리를 행사할 수 있다는 취지의 판결이 확정되면 권리 행사에 대한 사실상 장애 사유가 해소된다. 따라서 권리자는 상당 기간 내에 권리를 행사해야 한다. 이때 '상당한 기간'은 시효정지에 준하는 단기간으로 정해지는 것이 원칙이며, 특히 §750 채권

의 경우 §766의 취지를 고려하여 사실상 장애가 해소된 후 늦어도 3년 이내에 권리를 행사해야 한다.

채권자에게 권리의 행사를 기대할 수 없는 객관적인 사실상의 장애사유가 있었던 경우에도 대법원이 이에 관하여 채권자의 권리행사가 가능하다는 법률적 판단을 내렸다면 특별한 사정이 없는 한 그 시점 이후에는 그러한 장애사유가 해소되었다고 볼 수 있다(대법원 2023. 12. 21. 선고 2018다303653 판결).

대법원 2015. 9. 10. 선고 2013다73957 판결

‣ 위와 같이 채권자에게 권리의 행사를 기대할 수 없는 객관적인 장애사유가 있었던 경우에도 그러한 장애가 해소된 때는 그때부터 상당한 기간 내에 권리를 행사하여야만 채무자의 소멸시효의 항변을 저지할 수 있다. 이때 권리를 '상당한 기간' 내에 행사한 것으로 볼 수 있는지는 여러 사정을 종합적으로 고려하여 판단하여야 할 것이다.

‣ 권리 행사의 '상당한 기간'은 특별한 사정이 없는 한 민법상 시효정지의 경우에 준하여 단기간으로 제한되어야 하고, 특히 불법행위로 인한 손해배상청구 사건에서는 매우 특수한 개별 사정이 있어 그 기간을 연장하여 인정하는 것이 부득이한 경우에도 제766조 제1항이 규정한 단기소멸시효기간인 3년을 넘어서는 아니 된다.

다. 권리 불행사

(1) 일반적인 권리

A. 권리 전부의 불행사 사실이 인정되면 소멸시효가 기산함

B. 권리자가 권리를 구성하는 권능 중 일부만 행사한 경우

• 소멸시효를 진행하게 하는 '권리 불행사'란, 권리자가 권리를 구성하고 있는 모든 권능을 전혀 행사하지 않았음을 뜻한다.

• 따라서 권리자가 권리의 주된 권능을 행사한 경우뿐 아니라 권리에 속하는 종된 권능을 행사해도 소멸시효는 진행하지 않는다. 예컨대 채권자가 적극적으로 급부 이행 청구를 한 경우뿐 아니라 소극적으로 상계나 동시이행항변 등의 주장을 한 경우에도 소멸시효는 진행하지 않는다.

대법원 2020. 7. 9. 선고 2016다244224

‣ 소멸시효가 완성되기 위해서는 권리의 불행사라는 사실상태가 일정한 기간 동안 계속되어야 한다. 채권을 일정한 기간 행사하지 않으면 소멸시효가 완성하지만, 채권을 계속 **행사하고 있다고 볼 수 있다면 소멸시효가 진행하지 않**는다.

‣ 나아가 **채권을 행사하는 방법**에는 채무자에 대한 직접적인 이행청구 외에도 변제의 수령이나 상계, 소송상 청구 및 항변으로 채권을 주장하는 경우 등 채권이 가지는 다른 여러 가지 권능을 행사하는 것도 포함된다. 따라서 채권을 행사하여 실현하려는 행위를 하거나 이에 준하는 것으로 평가할 수 있는 객관적 행위 모습이 있으면 권리를 행사한다고 보는 것이 소멸시효 제도의 취지에 부합한다.

(2) 부작위채권: 위반행위시 소멸시효 기산(§166 ②)

> 제166조(소멸시효의 기산점) ② 부작위를 목적으로 하는 채권의 소멸시효는 위반행위를 한 때로부터 진행한다.

3. 시효기간

가. 원칙(§162): 채권 10년, 그 외의 권리 20년

나. 예외: 단기소멸시효

(1) 개관

• 법률에 의한 단기소멸시효로서, §163, §164, 상법 §64 등의 단기시효가 있다. 다만 상법이 적용되는 경우이더라도 §163, §164가 우선 적용된다(상법 §64 단서).

• 약정에 의한 단기소멸시효도 인정된다. §184 ②은 편면적 강행규정이므로 법정된 소멸시효기간을 단축하는 약정은 유효이기 때문이다.

> 특정 채무의 이행을 청구할 수 있는 기간을 제한하고 그 기간을 도과할 경우 채무가 소멸하도록 하는 약정은 민법이나 상법에 의한 소멸시효기간을 단축하는 약정으로서 특별한 사정이 없는 한 제184조 제2항에 의해 유효하다(대법원 2006. 4. 14. 선고 2004다70253 판결).

(1) 민법 §163: 3년

> 제163조(3년의 단기소멸시효) 다음 각호의 채권은 3년간 행사하지 아니하면 소멸시효가 완성한다.
>
> 1. 이자, 부양료, 급료, 사용료 기타 1년 이내의 기간으로 정한 금전 또는 물건의 지급을 목적으로 한 채권
> 2. 의사, 조산사, 간호사 및 약사의 치료, 근로 및 조제에 관한 채권
> 3. 도급받은 자, 기사 기타 공사의 설계 또는 감독에 종사하는 자의 공사에 관한 채권
> 4. 변호사, 변리사, 공증인, 공인회계사 및 법무사에 대한 직무상 보관한 서류의 반환을 청구하는 채권
> 5. 변호사, 변리사, 공증인, 공인회계사 및 법무사의 직무에 관한 채권
> 6. 생산자 및 상인이 판매한 생산물 및 상품의 대가
> 7. 수공업자 및 제조자의 업무에 관한 채권

A. 1년 이내 간격으로 정기적 지급되는 채권(1호)

(a) 의미

- 기본채권을 근거로 발생하는 지분적 채권 중에서 정기적으로 지급되고, 지급 주기가 1년 이내인 것을 뜻한다.
- 월 단위로 지급되는 차임인 월세, 아파트의 관리비 등이 그 예이다.

> 제163조 1호는 기본 권리인 정기금채권에 기하여 발생하는 지분적 채권의 소멸시효를 정한 것으로서, 여기서 '1년 이내의 기간으로 정한 채권'이란 1년 이내의 정기로 지급되는 채권을 말한다. 원고가 피고에 대하여 가지는 권리는, 피고가 저작권 사용자가 아니라는 점에서 저작권 사용료 청구권이라기보다는 저작권 사용료 분배청구권이라고 할 것인데, 피고는 해외로부터 지급받은 저작권 사용료를 6개월마다 정산하여 원고에게 지급하기로 약정하였으므로, 원고는 1년 이내의 기간인 6개월마다 저작권 사용료 분배청구권의 지분적 청구권을 가지게 되었다고 할 것이고, 이러한 청구권은 3년의 단기소멸시효가 적용된다(대법원 2018. 2. 28. 선고 2016다45779 판결).

(b) 부정된 사례

- 이자채권이더라도 원금 변제기에 일괄 지급하기로 약정했으면 §163의 적용 대상이 아니다.

이자가 1년 이내의 정기에 지급하기로 한 이자이었다는 점을 인정할 아무런 증거가 없으므로, 위 이자채권의 소멸시효가 완성되었다고 볼 수 없다(대법원 1996. 9. 20. 선고 96다25302 판결).

• 지연손해금은 이자와 법적 성질이 이자와 다르다. 따라서 ㉠ 1년 이내의 기간을 단위로 산정되더라도 §163의 적용 대상이 아니고, ㉡ 원본채권이 상사시효 적용 대상이면 그 지연손해금 채권에 대해서도 상사시효가 적용된다.

금전채무의 이행지체로 인하여 발생하는 지연손해금은 그 성질이 손해배상금이지 이자가 아니며, 민법 제163조 제1호의 채권도 아니므로 3년간의 단기소멸시효의 대상이 되지 아니한다고 할 것이다(대법원 2010. 9. 9. 선고 2010다24435 판결).

원본채권이 상행위로 인한 채권일 경우 마찬가지로 그 지연손해금도 상행위로 인한 채권으로서 5년의 소멸시효를 규정한 상법 제64조가 적용된다(대법원 2013. 5. 23. 선고 2013다12464 판결).

B. 수급인의 공사관련 채권(3호)

(a) 개관

• 수급인이 도급인에 대해 가지는 공사대금 자체는 물론, 공사대금과 관련된 채권에 대해서도 본호의 단기시효가 적용된다.
• 공사대금과 관련된 채권의 예로서 수급인의 저당권설정 청구권(§666), 공사를 위해 필요한 협력청구권 등을 들 수 있다.

대법원 2016. 10. 27. 선고 2014다211978 판결
  ‣ 도급받은 공사의 공사대금채권은 제163조 제3호에 따라 3년의 단기소멸시효가 적용되고, 그 공사에 **부수되는 채권도 마찬가지**이다.
  ‣ 저당권설정청구권은 공사대금채권을 담보하기 위하여 저당권 설정등기절차의 이행을 구하는 채권적 청구권으로서 공사에 부수되는 채권에 해당하므로 그 소멸시효기간 역시 3년이라고 보아야 한다.

(b) 본호의 단기시효가 적용되지 않는 경우

• 도급인의 수급인에 대한 채권에 대해서는 본호의 단기시효가 적용되지 않는다. 예컨대 하자보수 채권이나 이에 갈음하는 손해배상 채권에 대해서는 일반적인 시효기간이 적용된다.

> 건설공사에 관한 도급계약이 상행위에 해당하는 경우 그 도급계약에 근거한 수급인의 하자담보책임은 상법 제64조 본문에 의하여 원칙적으로 5년의 소멸시효에 걸리고, 그 소멸시효기간은 제166조 제1항에 따라 그 권리를 행사할 수 있는 때인 하자가 발생한 시점부터 진행하는 것이 원칙이나, 그 하자가 건물의 인도 당시부터 이미 존재하고 있는 경우에는 이와 관련한 하자보수를 갈음하는 손해배상채권의 소멸시효기간은 건물을 인도한 날부터 진행한다(대법원 2021. 8. 12. 선고 2021다210195 판결).

- 공동수급인 상호간의 정산채권은 '수급인의 도급인에 대한 채권'이 아니므로 본호의 단기시효가 적용되지 않는다(2015다5811 판결, 채권각론 참조).

C. 전문가의 직무에 관한 채권(5호)

- §163의 단기시효는 §163 5호에 명시된 직역에 대해서만 적용된다. 단기시효의 적용범위를 유추해석으로 확장하면 법적 안정성을 저해하기 때문이다. 따라서 세무사에 대해서는 적용되지 않는다.
- 세무사의 직무는 공공성·윤리성이 강하게 요구되기 때문에 세무사의 직무에 관한 채권에는 상사시효가 적용될 수 없고, 결국 §162의 일반원칙에 따라 10년의 소멸시효가 적용된다.

대법원 2022. 8. 25. 선고 2021다311111 판결

- 제163조 제5호에서 정하고 있는 자격사 외의 다른 자격사의 직무에 관한 채권에도 단기 소멸시효 규정이 유추적용된다고 해석한다면 어떤 채권이 그 적용 대상이 되는지 불명확하게 되어 법적 안정성을 해하게 되는 점 등을 종합적으로 고려하면, 제163조 제5호에서 정하고 있는 직무에 관한 채권에만 3년의 단기 소멸시효가 적용되고, 세무사와 같이 그들의 직무와 유사한 직무를 수행하는 다른 자격사의 직무에 관한 채권에 대하여는 민법 제163조 제5호가 유추적용된다고 볼 수 없다.
- 세무사의 직무에 관하여 고도의 공공성과 윤리성을 강조하고 있는 세무사법의 여러 규정에 비추어 보면 상인의 영업활동과는 본질적으로 차이가 있고 세무사의 직무에 관한 채권이 상사채권에 해당한다고 볼 수 없으므로, 세무사의 직무에 관한 채권에 대하여는 제162조 제1항에 따라 10년의 소멸시효가 적용된다.

(3) 민법 §164: 1년

제164조(1년의 단기소멸시효) 다음 각호의 채권은 1년간 행사하지 아니하면 소멸시효가 완성한다.

1. 여관, 음식점, 대석, 오락장의 숙박료, 음식료, 대석료, 입장료, 소비물의 대가 및 체당금의 채권

2. 의복, 침구, 장구 기타 동산의 사용료의 채권

3. 노역인, 연예인의 임금 및 그에 공급한 물건의 대금채권

4. 학생 및 수업자의 교육, 의식 및 유숙에 관한 교주, 숙주, 교사의 채권

A. 생산자·상인이 판매한 생산물·상품의 대가

• 생산자·상인의 채권이더라도 생산물·상품에 대한 대가성이 없으면 본조의 단기시효가 적용되지 않는다. 예컨대 위탁매매의 당사자들 사이에 발생하는 채권은 모두 상사시효의 적용 대상이다.

위탁자의 위탁상품 공급으로 인한 위탁매매인에 대한 이득상환청구권이나 이행담보책임 이행청구권은 위탁자의 위탁매매인에 대한 상품 공급과 서로 대가관계에 있지 아니하여 등가성이 없으므로 제163조 제6호 소정의 단기소멸시효의 대상이 아니고, 위탁매매는 상법상 전형적 상행위이며 위탁 매매인은 당연한 상인이고 위탁자도 통상 상인일 것이므로, 위탁자의 위탁매매인에 대한 매매 위탁으로 인한 위의 채권은 다른 특별한 사정이 없는 한 통상 상행위로 인하여 발생한 채권이어서 5년의 상사소멸시효의 대상이 된다(대법원 1996. 1. 23. 선고 95다39854 판결).

• 농업협동조합법에 의해 설립된 조합은 특수법인이고 상인이 아니다. 따라서 조합원이 생산한 농산물 판매사업을 하여 취득한 판매대금 채권에 대해서는 10년의 일반 민사시효가 적용된다.

농업협동조합법에 의하여 설립된 조합이 영위하는 사업의 목적은 조합원을 위하여 차별 없는 최대의 봉사를 함에 있을 뿐 영리를 목적으로 하는 것이 아니므로(동법 제5조), 동 조합이 그 사업의 일환으로 조합원이 생산하는 물자의 판매사업을 한다 하여도 동 조합을 상인이라 할 수는 없고, 따라서 그 물자의 판매대금 채권은 3년의 단기소멸시효가 적용되는 제163조 제6호 소정의 '상인이 판매한 상품의 대가'에 해당하지 아니한다고 할 것이다(대법원 2000. 2. 11. 선고 99다53292 판결).

B. §163과 §164의 경합: §164(채무자에게 유리한 해석)

• 사안의 개요: 건설업자 甲은 리조트 乙과 공사계약을 체결했는데, 甲의 직원들이 공사기간 중 乙의 리조트에 숙박하면서 월단위로 리조트 이용료를 정산했다.

• 쟁점과 판단: 甲의 채무는 '숙박료·음식료'이지 '1개월 단위로 지급하는 사용료'가 아니므로 §164가 적용된다.

> 도급인 甲회사가 수급인 乙이 공사 기간 동안 甲회사 소유 리조트를 사용하도록 하고 리조트 사용료를 월 단위로 지급하기로 약정한 경우, 리조트 사용료 채권은 제164조 제1호에 정한 '숙박료 및 음식료 채권'으로서 소멸시효기간은 1년이고, 이와 달리 제163조 제1호의 '사용료 기타 1년 이내의 기간으로 정한 금전의 지급을 목적으로 한 채권'으로서 소멸시효기간이 3년이라고 본 원심판결에는 잘못이 있다(대법원 2020. 2. 13. 선고 2019다271012 판결).

C. 간병인의 과실로 인한 낙상사고와 손해배상채무

• 문제의 소재: 간병인의 보수채권은 노역인의 임금채권에 해당하므로 §164가 적용되는데, 반대채권인 간병급부에 대한 채권의 소멸시효 기간이 문제된다.

• 쟁점과 판단: 간병급부에 대한 채권은 단기시효를 규정한 특칙의 적용대상이 아니므로 10년의 일반 소멸시효 기간이 적용된다. 또한 §390 채권에 대해서는 원래의 급부의무와 동일한 시효기간이 적용된다.

> **대법원 2013. 11. 14. 선고 2013다65178 판결**
> • 제164조는 그 각 호에서 개별적으로 정하여진 채권의 채권자가 그 채권의 발생원인이 된 계약에 기하여 상대방에 대하여 부담하는 **반대채무에 대하여는 적용되지 아니한다.** 따라서 그 채권의 상대방이 그 계약에 기하여 가지는 반대채권은 원칙으로 돌아가, 다른 특별한 사정이 없는 한 제162조 제1항에서 정하는 10년의 일반소멸시효기간의 적용을 받는다.
> • 원심이 피고 1이 원고와 사이에 체결한 간병인계약에 기하여 부담하는 채무를 불이행함으로 말미암아 발생한 손해배상청구권에 대하여 위 법규정상의 단기소멸시효가 적용되지 아니한다고 판단한 것은 정당하다.

(4) 상사시효

A. 적용범위: 상행위로 인한 채권

• 상사시효는 보조적 상행위, 일방적 상행위를 비롯한 모든 상행위에 대해 적용된다.

• 상사시효보다 우선 적용되는 §163·§164의 단기시효가 적용되는 채권이더라도, 준소비대차 계약이 체결되면 상사시효가 적용된다.

> 당사자 쌍방에 대하여 모두 상행위가 되는 행위로 인한 채권뿐 아니라 당사자 일방에 대하여만 상행위에 해당하는 행위로 인한 채권도 상법 제64조 소정의 5년의 소멸시효 기간이 적용되는 상사채권에 해당하는 것이고, 그 상행위에는 상법 제46조 각 호에 해당하는 기본적 상행위뿐만 아니라 상인이 영업을 위하여 하는 보조적 상행위도 포함된다(대법원 2021. 9. 9. 선고 2020다299122 판결).

> 제164조의 **단기소멸시효의 적용을 받은 노임채권이라 하더라도** 이에 관하여 준소비대차의 약정을 한 것으로 보는 이상 위 준소비대차 계약은 상인인 피고 회사가 영업을 위하여 한 상행위로 추정함이 상당하고, 이에 의하여 새로이 발생한 채권은 상사채권으로서 5년의 상사시효의 적용을 받게 된다(대법원 1981. 12. 22. 선고 80다1363 판결).

B. §741 채권과 상사시효

(a) 개관

• 상거래의 특성을 반영하여 상사시효를 적용해야 할 필요성이 있는지의 여부를 기준으로 판단한다.

• 판단기준: 급부부당이득 반환청구로서 정형적으로 발생하고 신속한 해결이 필요한 경우이면 상사시효가, 그렇지 않으면 민사시효가 적용된다.

> **대법원 2021. 6. 24. 선고 2020다208621 판결**
> ‣ 부당이득반환청구권이라도 그것이 상행위인 계약에 기초하여 이루어진 급부 자체의 반환을 구하는 것으로서, 그 채권의 발생 경위나 원인, 당사자의 지위와 관계 등에 비추어 그 법률관계를 상거래 관계와 같은 정도로 신속하게 해결할 필요성이 있는 경우 등에는 5년의 소멸시효를 정한 상법 제64조가 적용된다.
> ‣ 그러나 이와 달리 부당이득반환청구권의 내용이 급부 자체의 반환을 구하는 것이 아니거나, 위와 같은 신속한 해결 필요성이 인정되지 않는 경우라면 특별한 사정이

없는 한 상법 제64조는 적용되지 않고 10년의 민사소멸시효기간이 적용된다.

(b) 상사시효가 적용된 경우

• 정형적으로 발생하고 신속한 처리가 필요한 경우에는 상사시효가 적용된다.

• 예컨대 ㉠ 은행이 고객에게 법률상 원인 없이 전가한 저당권 설정비용(2013다214871), ㉡ 가맹본사가 가맹점에게 전가한 비용(2017다248803), ㉢ 건설회사가 받은 분양대금 중 강행규정을 위반한 초과분(2015다210811), ㉣ 공서양속 위반으로 무효인 중복보험이나 보험사기로 인해 지급된 보험금에 대한 §741 채권에 대해서는 상사시효가 적용된다(대법원 2021. 7. 22. 선고 2019다277812 전원합의체 판결).

> 이러한 법리는 실제로 발생하지 않은 보험사고의 발생을 가장하여 청구·수령된 보험금 상당 부당이득반환청구권의 경우에도 마찬가지로 적용할 수 있다(대법원 2021. 8. 19. 선고 2018다258074 판결).

(c) 상사시효가 적용되지 않은 경우

• 비정형적 사안이면 상행위로부터 발생한 §741 채권에 대해서도 10년의 민사시효가 적용된다. 예컨대 상행위인 임대차계약 종료 후 임차인의 무단사용으로 인해 발생하는 임대인의 §741 채권에 대해서는 민사시효가 적용된다.

> 이 사건 임대차계약이 상행위에 해당한다고 하더라도 계약기간 만료를 원인으로 한 이 사건 부당이득반환채권은 <u>법률행위가 아닌 법률의 규정에 의하여 발생하는 것이고, 그 발생 경위나 원인 등에 비추어 상거래 관계에 있어서와 같이 정형적으로나 신속하게 해결할 필요성이 있다고 볼 것은 아니므로 5년의 상사소멸시효 기간이 아니라 10년의 민사소멸시효 기간이 적용된다</u>(대법원 2012. 5. 10. 선고 2012다4633 판결).

• 침해부당이득의 경우 상행위로 인한 채권이라고 보기 어렵고, 정형성도 부정되기 때문에 민사시효가 적용된다.

> 원고가 주장하는 이 사건 부당이득반환청구권은 원고가 대출금 채무자의 재산에 관한 경매사건 배당절차에서 가지는 권리를 피고들이 침해함으로써 발생하였다는 것으로서 <u>상행위에 해당하는 계약에 기초하여 이루어진 급부 자체의 반환을 구하는 것이 아니고</u>, 원고와 피고들 사이에는 어떠한 거래관계도 없어 원고와 피고들의 법률관계

를 상거래 관계와 같은 정도로 <u>신속하게 해결할 필요성이 있다고 보이지도 않으므로</u>, 이 사건 부당이득반환청구권에는 상법 제64조가 적용되지 아니하고 10년의 민사소멸시효기간이 적용되어야 한다(대법원 2019. 9. 10. 선고 2016다271257 판결).

이익의 배당이나 중간배당은 회사가 획득한 이익을 내부적으로 주주에게 분배하는 행위로서 회사가 영업으로 또는 영업을 위하여 하는 상행위가 아니므로 배당금지급청구권은 상법 제64조가 적용되는 상행위로 인한 채권이라고 볼 수 없다. 위법배당에 따른 부당이득반환청구권 역시 근본적으로 상행위에 기초하여 발생한 것이라고 볼 수 없다(대법원 2021. 6. 24. 선고 2020다208621 판결).

C. 사례: 근로계약과 관련된 §390의 손해배상청구권
- 근로계약은 보조적 상행위이지만 ㉠ 근로계약 위반에 대한 사용자의 §390 손해배상청구권, ㉡ 사용자의 부수적 주의의무 위반으로 인한 근로자의 §390 손해배상청구권 모두에 대해 10년의 민사시효가 적용된다.

상사시효제도는 **대량, 정형, 신속이라는 상거래 관계 특유의 성질에 기인한 제도**임을 고려하면, 상인이 그의 영업을 위하여 <u>근로자와 체결하는 근로계약은 보조적 상행위에 해당한다고 하더라도 근로자의 근로계약상의 주의의무 위반으로 인한 손해배상청구권은 상거래 관계에 있어서와 같이 정형적으로나 신속하게 해결할 필요가 없으므로</u> 특별한 사정이 없는 한 5년의 상사 소멸시효기간이 아니라 <u>**10년의 민사 소멸시효기간**</u>이 적용된다고 봄이 타당하다(대법원 2005. 11. 10. 선고 2004다22742 판결).

<u>사용자가 상인으로서 영업을 위하여 근로자와 체결하는 근로계약이 보조적 상행위에 해당하더라도 사용자가 근로계약에 수반되는 **신의칙상의 부수적 의무인 보호의무를 위반**</u>하여 근로자에게 손해를 입힘으로써 발생한 근로자의 손해배상청구와 관련된 법률관계는 근로자의 생명, 신체, 건강 침해 등으로 인한 손해의 전보에 관한 것으로서 그 성질상 정형적이고 신속하게 해결할 필요가 있다고 보기 어렵다. 따라서 근로계약상 보호의무 위반에 따른 근로자의 손해배상청구권은 특별한 사정이 없는 한 10년의 민사 소멸시효기간이 적용된다(대법원 2021. 8. 19. 선고 2018다270876 판결).

- 주식회사 이사의 임무해태로 인한 회사나 제3자의 손해배상청구권에 대해서는 민사시효가 적용된다. 또한 이러한 책임은 채무불이행 책임의 일종이고 불법행위책임이 아니기 때문에 §766 ①은 적용되지 않는다. 이사로 간주되는 자에 대해

서도 같은 법리가 적용된다.

> 주식회사의 이사의 회사에 대한 임무해태로 인한 손해배상책임은 일반불법행위 책임
> 이 아니라 위임관계로 인한 채무불이행 책임이므로 그 소멸시효기간은 일반채무의
> 경우와 같이 10년이라고 보아야 한다(대법원 2006. 8. 25. 선고 2004다24144 판결).

> 상법 제401조에 기한 이사의 제3자에 대한 손해배상책임이 제3자를 보호하기 위하여
> 상법이 인정하는 특수한 책임이라는 점을 감안할 때 일반 불법행위책임의 단기소멸
> 시효를 규정한 제766조 제1항은 적용될 여지가 없고, 일반 채권으로서 제162조 제1항
> 에 따라 그 소멸시효기간은 10년이다(대법원 2008. 2. 14. 선고 2006다82601 판결).

> 법률 문언 내용과 입법 취지에 비추어 보면, 상법 제401조의2 제1항 각호에 해당하는
> 자는 회사의 이사는 아니지만 상법 제399조에서 정한 손해배상책임을 적용함에 있어
> 그가 관여한 업무에 관하여 법령준수의무를 비롯하여 이사와 같은 선관주의의무와
> 충실의무를 부담하고, 이를 게을리하였을 경우 회사에 대하여 그로 인한 손해배상책
> 임을 지게 되는 것이다. 이와 같이 상법 제401조의2 제1항이 정한 손해배상책임은 상
> 법에 의하여 이사로 의제되는 데 따른 책임이므로 그에 따른 손해배상채권에는 일반
> 불법행위책임의 단기소멸시효를 규정한 제766조 제1항이 적용되지 않는다(대법원
> 2023. 10. 26. 선고 2020다236848 판결).

다. 확정판결에 의한 단기시효의 정상화

(1) 개관

- 확정판결이나 이에 준하는 사유에 의해 시효가 중단되더라도 그 다음 날부터 다
  시 소멸시효가 진행한다(§178).
- 재판상 청구에 의한 확정판결로 시효가 중단된 후 거듭 소멸시효가 진행되는 경우,
  원래 단기시효가 적용되던 채권이더라도 일반적인 소멸시효 기간이 적용된다.

> 제165조(판결 등에 의하여 확정된 채권의 소멸시효)
> ① 판결에 의하여 확정된 채권은 단기의 소멸시효에 해당한 것이라도 그 소멸시효는
> 10년으로 한다
> ② 파산절차에 의하여 확정된 채권 및 재판상의 화해, 조정 기타 판결과 동일한 효력
> 이 있는 것에 의하여 확정된 채권도 전항과 같다.

단기소멸시효가 적용되는 채권이라도 판결에 의하여 채권의 존재가 확정되면 그 성립이나 소멸에 관한 증거자료의 일실 등으로 인한 다툼의 여지가 없어지고, 법률관계를 조속히 확정할 필요성도 소멸하며, 채권자로 하여금 단기소멸시효 중단을 위해 여러 차례 중단절차를 밟도록 하는 것은 바람직하지 않기 때문이다(대법원 2006. 8. 24. 선고 2004다26287 판결).

- 다만 변제기 도래 전인 채권이 판결로 확정된 경우에는 단기시효가 그대로 적용된다. 장래이행 판결이 확정되더라도 변제기 도래 전에는 소멸시효가 진행하지 않기 때문이다.

> 제165조(판결 등에 의하여 확정된 채권의 소멸시효) ③ 전2항의 규정은 판결확정당시에 변제기가 도래하지 아니한 채권에 적용하지 아니한다.

(2) 적용범위

A. 객관적 적용범위: 단기시효가 적용되는 권리

- §165는 단기시효가 적용되는 권리에 대해서만 적용된다. 따라서 재판상 청구에 따른 확정판결이 있어도 시효에 안 걸리던 권리가 시효에 걸리는 것은 아니고, 10년 이상의 시효기간이 10년으로 단축되는 것도 아니다.
- 사례: 공유물분할 청구 소송에서 원고 승소판결이 확정된 후 10년이 지나도 공유물분할 청구권은 그대로 유지된다. 공유물분할청구권은 원래 소멸시효에 걸리는 권리가 아니기 때문이다.

대법원 1981. 3. 24. 선고 80다1888 판결
- 단기소멸시효가 법에 정해진 것이라도 확정판결을 받은 권리의 소멸시효는 10년으로 한다는 것이지, 10년보다 장기의 소멸시효를 10년으로 단축한다는 뜻이 아님을 물론 본시 시효소멸의 대상이 아닌 권리가 확정판결을 받았기 때문에 10년의 소멸시효에 걸린다는 뜻은 더욱 아니다.
- 공유물분할청구권은 공유관계에서 수반되는 형성권이므로 공유관계가 존속하는 한, 그 분할청구권만이 독립하여 시효에 의하여 소멸될리 없다 따라서 그 분할청구의 소는 형성의 소로서 소멸시효의 대상이 될 수 없다.

✓ 문리해석상 불명확하지만 계약에 의한 단기시효에 대해서도 §165가 적용된다고 볼수 있다.

B. 인적 적용범위

(a) 원칙: §165 적용의 상대적 효력

(b) 예외: 독자적인 채무를 지지 않고 책임만 지는 자

• 물상보증인, 유치권의 목적물 매수인 등은 피담보채무의 소멸시효 완성으로 물적 부담 소멸이라는 직접 이익을 얻는다. 따라서 시효이익을 원용할 수 있다.

• 원래 단기시효의 적용 대상이던 피담보채무의 시효기간이 채무자에 대한 확정판결 등으로 인해 연장된 경우, 물상보증인이나 유치물 매수인에 대해서도 연장된 시효기간이 적용된다.

> **대법원 2009. 9. 24. 선고 2009다39530 판결**
> ‣ 유치권이 성립된 부동산의 매수인은 피담보채권의 소멸시효가 완성되면 시효로 인하여 채무가 소멸되는 결과 직접적인 이익을 받는 자에 해당하므로 **소멸시효의 완성을 원용할 수 있는 지위**에 있다.
> ‣ 매수인은 유치권자에게 채무자의 채무와는 별개의 독립된 채무를 부담하는 것이 아니라 단지 채무자의 채무를 변제할 책임을 부담하는 점 등에 비추어 보면, 유치권의 피담보채권의 소멸시효기간이 확정판결 등에 의하여 10년으로 연장된 경우 매수인은 그 채권의 소멸시효기간이 연장된 효과를 부정하고 종전의 단기소멸시효기간을 원용할 수는 없다.

(c) 비교: 주채무에 대한 확정판결이 보증인의 단기시효에 미치는 영향

• 단기시효의 적용 대상인 주채무를 보증한 후 주채무자에 대한 확정판결로 주채무자에 대해서는 소멸시효 기간이 연장되더라도, 보증인에게는 원래의 단기시효가 적용된다. 보증채무에는 편면적 부종성이 있기 때문이다.

> **대법원 2006. 8. 24. 선고 2004다26287 판결**
> ‣ 보증채무가 주채무에 부종한다 할지라도 원래 보증채무는 주채무와는 별개의 독립된 채무이어서 채권자와 주채무자 사이에서 주채무가 판결에 의하여 확정되었다고 하더라도 이로 인하여 보증채무 자체의 성립 및 소멸에 관한 분쟁까지 당연히 해결되어 보증채무의 존재가 명확하게 되는 것은 아니므로, 채권자가 보증채무에 대하여 뒤늦게 권리 행사에 나선 경우 보증채무 자체의 성립과 소멸에 관한 분쟁에 대하여 단기소멸시효를 적용하여야 할 필요성은 여전히 남는다.
> ‣ 확정판결에 의하여 **주채무가 확정되어 그 소멸시효기간이 10년으로 연장되었다 할**

지라도 이로 인해 그 보증채무까지 당연히 단기소멸시효의 적용이 배제되어 10년의 소멸시효기간이 적용되는 것은 아니고, 채권자와 연대보증인 사이에 있어서 **연대보증채무의 소멸시효기간**은 여전히 **종전의 소멸시효기간에 따른다.**

- 반면 이미 확정판결로 시효기간이 연장된 후 주채무를 보증한 보증인에게는 연장된 소멸시효가 적용된다.

주채무자에 대한 확정판결에 의하여 제163조 각 호의 단기소멸시효에 해당하는 **주채무의 소멸시효기간이 10년으로 연장된 상태에서 그 주채무를 보증한 경우**, 특별한 사정이 없는 한 그 보증채무에 대하여는 민법 제163조 각 호의 **단기소멸시효가 적용될 여지가 없고, 그 성질에 따라 보증인에 대한 채권이 민사채권인 경우에는 10년, 상사채권인 경우에는 5년**의 소멸시효기간이 적용된다(대법원 2014. 6. 12. 선고 2011다76105 판결).

C. 사례: 기판력의 범위와 §165의 적용범위

- 사안의 개요: 甲은 乙소유 X부동산에 저당권 설정등기를 마쳤는데, 乙은 그 피담보채권이 甲·乙간 허위표시인 소비대차 계약에서 비롯된 것임을 이유로 甲명의 저당권 말소등기를 청구했으나, 甲이 적극적으로 응소하여 乙의 청구는 기각되었다.
- 쟁점과 판단: 이 경우 甲의 乙에 대한 대여금채권의 이자채권의 소멸시효는 연장되지 않는다. 위 소송의 소송물은 대여금채권의 존부가 아니었기 때문이다. 이에 비해 재판상 청구에 의한 시효중단효는 기판력의 범위보다 넓게 인정된다.

채권이 당초부터 존재하지 않거나 통정허위표시에 의한 무효의 채권이라고 주장하면서 위 각 대여금 채권을 담보하기 위해 설정한 근저당권 설정등기의 말소를 구한 소송에서 원고가 위 각 대여금 채권의 유효함을 주장하며 적극 다투어 위 소외인 등의 청구를 기각하는 판결이 선고되고 그 판결이 그대로 확정되었으므로, 제165조 제1항에 따라 위 각 대여금의 이자채권에 대하여도 10년의 소멸시효가 적용되어야 한다는 원고의 주장에 대하여, **대여금 채권의 존부가 이 사건 소송의 소송물이 된 것으로 볼 수 없어 이 사건 소송의 판결에 의해 위 각 대여금 채권이 확정된 것으로 볼 수는 없다는** 이유로 원고의 위 주장을 배척한 원심의 판단은 정당하다(대법원 2010. 9. 9. 선고 2010다24435 판결).

III 시효중단

1. 개관

가. 시효중단의 의미

(1) 시효중단 제도의 근거와 시효중단 사유의 의미

• 권리자가 권리를 행사하거나 의무자가 의무를 인정하는 경우에는 진정한 권리관계와 일치하지 않는 외관상의 권리관계를 인정할 필요가 없다.

• 시효중단 사유란 이처럼 시효제도를 적용할 필요가 없게 하는 사유들을 가리키며, 민법상 시효중단 사유로는 재판상 청구, (가)압류·가처분, 채무승인 등이 규정되어 있다.

> 제168조(소멸시효의 중단사유) 소멸시효는 다음 각호의 사유로 인하여 중단된다.
> 1. 청구   2. 압류 또는 가압류, 가처분   3. 승인

(2) 절차법

• 시효중단은 변론주의의 적용 대상이고 시효완성을 다투는 권리자가 주장·증명책임을 진다.

• 시효중단 사유에 해당하는 사실만 주장·증명하면 되고 시효중단이라는 법률효과까지 명시적으로 주장할 필요는 없다.

> 시효중단 사유의 주장·입증책임은 시효완성을 다투는 당사자가 지고, 그 주장책임의 정도는 취득시효가 중단되었다는 명시적인 주장을 필요로 하는 것은 아니라 중단사유에 속하는 사실만 주장하면 주장책임을 다한 것으로 보아야 한다(대법원 1997. 4. 25. 선고 96다46484 판결).

나. 시효중단의 구조

(1) 기본개념: 시효중단 기준시, 시효중단효 확정, 시효중단 종료

A. 의미

(a) 시효중단 기준시와 시효중단효 확정

• 시효중단 사유 중에서는 발생 즉시 시효중단효를 확정시키는 것도 있지만, 시효완성을 일시 정지시키는데 그치고 추가 요건이 충족되어야 비로소 시효중단효가

확정되는 것도 있다.

- 전자의 예는 채무승인이고 후자의 예는 재판외 청구, 재판상 청구, (가)압류 등이다.

(b) 시효중단효 확정 사유와 시효중단 종료(재기산) 사유

- 시효중단사유가 확정되면 소멸시효가 0으로 돌아가지만, 다시는 소멸시효에 안 걸리게 되는 것은 아니다.

- 시효중단 종료 사유가 발생하면 시효기간이 재기산한다.

> 제178조(중단후에 시효진행) ① 시효가 중단된 때에는 **중단까지에 경과한 시효기간은 이를 산입하지 아니**하고 **중단사유가 종료한 때로부터** 새로이 진행한다.

- 시효중단효 확정 사유와 재기산 사유는, 재판상 청구, 채무승인이 시효중단 사유인 경우에는 같지만, (가)압류 등이 시효중단 사유인 경우에는 다르다.

B. 시효중단 기준시와 시효중단효 확정시가 다른 경우

- 시효중단 기준시를 결정하는 시효중단 사유 발생 이외의 별도의 시효중단효 확정 사유가 충족되어야 확정적으로 시효가 중단된다.

- 이때 시효중단의 기준 시점은 시효중단효 확정 사유 발생시가 아니라 시효중단 사유 발생시이다. 즉 시효중단효 확정 사유에 의한 시효중단효는 시효중단 기준시로 소급한다.

- 시효중단 사유만 발생하고 시효중단효 확정 사유가 충족되지 못하는 것으로 확정되면, 시효중단 기준시에 발생했던 잠정적 시효중단효는 소급적으로 소멸하고 시효중단 기준시 이후의 기간 동안 시효기간이 경과한 것으로 다루어진다.

(2) 구체적인 예

- 재판외 청구(최고)는 시효중단 기준시의 근거 사유이지만 재판상 청구, (가)압류 등, 채무승인과 같은 시효중단효 확정 사유가 충족되어야 시효중단효를 발생시킬 수 있다.

> 제174조(최고와 시효중단) 최고는 6월내에 재판상의 청구, 파산절차참가, 화해를 위한 소환, 임의출석, 압류 또는 가압류, 가처분을 하지 아니하면 시효중단의 효력이 없다.

- 재판상 청구의 경우 취하, 각하, 기각으로 종료되면 재판외 청구에 준하는 시효중단 기준시 근거 사유가 될 뿐이다. 재판상 청구에 대한 인용판결만 시효중단효 확정 사유가 된다.

> 제170조(재판상의 청구와 시효중단)
> ① 재판상의 청구는 소송의 각하, 기각 또는 취하의 경우에는 시효중단의 효력이 없다.
> ② 전항의 경우에 6월내에 재판상의 청구, 파산절차참가, 압류 또는 가압류, 가처분을 한 때에는 시효는 최초의 재판상 청구로 인하여 중단된 것으로 본다.

- (가)압류 등의 경우 신청에 따른 집행이 완료되면 시효중단효 확정 사유가 된다. 반면 당사자의 청구에 의한 취소 또는 법률위반으로 인한 취소의 경우, 재판외의 청구에 준하여 시효중단 기준시의 근거 사유가 될 뿐이다.

> 제175조(압류, 가압류, 가처분과 시효중단) 압류, 가압류 및 가처분은 권리자의 청구에 의하여 또는 법률의 규정에 따르지 아니함으로 인하여 취소된 때에는 시효중단의 효력이 없다.

(3) 도해

		시효중단 사유 (시효중단 기준시)	시효중단효 확정사유	시효중단 종료 (재기산)
재판상 청구 (1호)	일반	소 제기	원고승소판결 확정	
	응소	응소한 변론기일	원고패소판결 확정	
압류 등 (2호)		(가)압류 신청	(가)압류 집행	(가)압류된 재산에 대한 강제집행 절차 종료
채무승인(3호)		승인이라는 관념통지가 상대방에게 도달한 때		

2. 시효중단 사유1: 재판상 청구

가. 의미

(1) 원칙: 민사소송 절차에서의 적극적인 권리 주장
- 시효중단 사유인 '재판상 청구'의 원칙적인 모습은 채권자가 채무자를 상대로 민사소송을 제기하여 자신의 권리를 적극적으로 주장하는 것이다. 이때 소송의 유

형을 따지지 않으므로 이행소송뿐 아니라 확인소송도 시효중단 사유인 재판상 청구로 인정된다.

권리자가 원고로 되어 소의 형식으로 권리를 주장하는 경우에는 **권리 자체의 이행청구나 확인청구**를 하는 경우만이 아니라, 그 권리가 발생한 **기본적 법률관계에 관한 확인청구**를 하는 경우에도 그 법률관계의 확인청구가 이로부터 발생한 권리의 실현수단이 될 수 있어 권리 위에 잠자는 것이 아님을 표명한 것으로 볼 수 있을 때에는 그 기본적 법률관계에 관한 확인청구도 이에 포함된다(대법원 2018. 10. 18. 선고 2015다232316 전원합의체 판결).

• 권리자가 원고로서 이행소송을 제기하여 권리를 주장하는 경우뿐 아니라, 보조참가인으로서 자신의 권리를 주장하는 것도 시효중단 사유인 재판상 청구로 인정된다.

시효중단 사유의 하나로 규정하고 있는 재판상의 청구라 함은, **통상적으로는 권리자가 원고로서 시효를 주장하는 자를 피고로 하여 소송물인 권리를 소의 형식으로 주장하는 경우**를 가리킨다(2021. 12. 10. 선고 2019다239988 판결).

교통사고 피해자의 보험회사인 甲이 가해자인 피고를 상대로 제기한 구상금청구의 소는 실질적으로 피해자인 원고가 피고에 대하여 가지는 손해배상청구권을 이전받아 대위행사하는 성격을 띠고, 원고가 **보조참가하여** 이 사건 사고에 피고의 과실이 개입되었음을 다툰 것은 원고가 재판상 그 권리를 주장하여 권리 위에 잠자는 것이 아님을 표명한 것으로 보기에 충분하므로 이 사건 소멸시효는 원고의 **보조참가로 인해 중단** 되었다(대법원 2014. 4. 24. 선고 2012다105314 판결).

(2) 사례: 응소와 시효중단

A. 개관

• 채무자가 원고이고 채권자가 피고인 소송에서 채권자가 응소하여 권리를 주장한 경우에도 시효중단 사유로 인정된다.
• 채권자가 응소하여 반박한 채무자의 청구원인이 '소멸시효 완성'이 아니더라도, 채권자가 권리를 주장한 것으로 인정된다면 시효중단 사유인 응소에 해당한다.
• 주의: 권리자가 원고나 보조참가인으로서 적극적으로 권리주장을 한 경우와 시효중단 기준시가 다르다.

- 권리자가 시효를 주장하는 자로부터 제소당하여 직접 응소행위로서 **상대방의 청구를 적극적으로 다투면서 자신의 권리를 주장**하는 것은 자신이 권리위에 잠자는 자가 아님을 표명한 것에 다름 아닐 뿐만 아니라, 계속된 사실상태와 상용할 수 없는 다른 사정이 발생한 때로 보아야 할 것이므로, 이를 민법이 시효중단사유로서 규정한 재판상의 청구에 준하는 것으로 보더라도 전혀 시효제도의 본지에 반한다고 말할 수는 없다.

- 채무자가 소멸시효 완성을 원인으로 한 소송을 제기한 경우이거나 당해 소송이 아닌 전 소송 또는 다른 소송에서 그와 같은 권리주장을 한 경우이어야 할 필요는 없다.

B. 시효중단효 있는 '응소'의 요건

(a) 채무자가 원고인 소송에 채권자가 피고로서 응소했을 것

- 청구취지: 응소가 시효중단 사유로 인정되려면, 채무자가 채권자를 피고로 삼아 채권자의 권리를 부정하는 취지의 소를 제기했어야 한다. 채무부존재 확인소송, 담보권등기 말소등기청구 소송이 전형적인 예이다.

채무자 겸 저당권설정자가 피담보채무의 부존재 또는 소멸을 이유로 하여 제기한 저당권 설정등기 말소등기절차이행청구소송에서 채권자 겸 저당권자가 청구기각의 판결을 구하면서 피담보채권의 존재를 주장하는 경우에는 그와 같은 주장은 재판상 청구에 준하는 것으로서 피담보채권에 관하여 소멸시효중단의 효력이 생긴다(대법원 2004. 1. 16. 선고 2003다30890 판결).

- 청구원인: 채무자가 '시효소멸'을 청구원인으로 하지 않았더라도 예컨대 원인계약의 무효로 인한 채무 불성립 등의 다른 사유를 내세워 채권자의 권리를 부정했더라도, 그 소송절차에서 채권자가 자신의 권리를 주장했으면 시효중단 사유인 응소로 인정된다(2015다232316, 325면).

- 비교: 채무자 아닌 자가 원고인 경우, 예컨대 채무 없이 물적 책임만 지는 물상보증인, 담보물 양수인 등이 원고로서 제기한 소송에서 채권자가 한 응소 행위는 시효중단 사유가 아니다. 이에 비해 채무 없이 물적 책임만 지는 자도 피담보채권이 시효소멸한 경우 시효이익을 원용할 수는 있다.

대법원 2007. 1. 11. 선고 2006다33364 판결

‣ 응소행위가 민법상 시효중단사유로서의 재판상 청구에 준하는 행위로 인정되려면 **의무 있는 자가 제기한 소송에서 권리자가 의무 있는 자를 상대로** 응소하여야 할 것이므로, 담보가등기 설정후 목적 부동산의 소유권을 취득한 제3취득자나 물상보증인 등 **시효를 원용할 수 있는 지위에 있으나 직접 의무를 부담하지 아니하는 자가 제기한 소송에서의 응소행위**는 권리자의 의무자에 대한 재판상 청구에 준하는 행위에 **해당한다고 볼 수 없다.**

‣ 원고는 피고 명의의 담보가등기가 경료된 목적 부동산을 취득한 후 피고를 상대로 그 가등기가 허위의 서류나 허위의 매매계약에 기하여 마쳐진 것이라는 등의 주장을 하면서 두 차례에 걸쳐 가등기의 말소를 구하는 소송을 제기하였고 피고가 이에 응소하여 소외인에 대한 대여금채권의 존재를 주장하여 모두 승소한 사실을 인정할 수 있는바 원고는 담보가등기가 설정된 부동산의 제3취득자로서 시효를 원용할 수는 있지만 **직접 채무를 부담하지 아니하는 자에 불과하므로 원고가 제기한 소송에서 피고가 소외인에 대한 채권의 존재를 주장하며 위와 같이 응소하였다 하더라도 이는 시효중단의 효력 있는 응소행위라고 볼 수는 없다.**

(b) 채권자가 적극적으로 권리를 주장했고, 이 주장이 인용되었을 것

재판상의 청구라 함은, 통상적으로는 권리자가 원고로서 시효를 주장하는 자를 피고로 하여 실체법상의 권리관계를 소송물로 하여 소의 형식으로 주장하는 경우를 가리키지만, 이와 반대로 시효를 주장하는 자가 원고가 되어 소를 제기한 데 대하여 피고로서 응소하여 그 소송에서 적극적으로 **권리를 주장하고 그것이 받아들여진** 경우도 마찬가지로 이에 포함되는 것으로 해석된다(대법원 2018. 10. 18. 선고 2015다232316 전원합의체 판결).

(c) 채권자가 시효중단 주장도 했을 것

• 변론주의 원칙상, 채권자가 자신의 권리의 존재 사실만 주장한 것으로는 부족하고 자신의 권리에 대한 소멸시효 중단 주장도 해야 시효중단 사유가 될 수 있다.

• 변론의 일체성 원칙: 응소한 채권자가 소멸시효 기간 경과 전에는 자신의 권리의 존재 사실만 주장하고 소멸시효 기간 경과 후 사실심 변론종결시 전에 비로소 시효중단 주장을 한 경우, 권리의 존재 사실을 주장한 날을 기준으로 시효중단의 효력이 인정될 수 있다.

변론주의 원칙상 피고가 응소행위를 하였다고 하여 바로 시효중단의 효과가 발생하는 것은 아니고 **시효중단의 주장을 하여야** 그 효력이 생기는 것이지만, 시효중단의 주장은 반드시 응소시에 할 필요는 없고 소멸시효기간이 만료된 후라도 **사실심 변론종결 전**에는 언제든지 할 수 있는 것이다(대법원 2010. 8. 26. 선고 2008다42416 판결).

C. 응소에 의한 시효중단의 효과

- 시효중단효의 확정시점은 채무자가 제기한 소송절차에서 원고의 청구를 기각하는 원고 패소판결이 확정된 때이다.
- 시효중단의 기준시는 채권자가 실제로 응소 행위를 한 변론기일로 소급한다. 채권자 자신이 소를 제기한 경우에는 소 제기시까지 시효중단 기준시가 소급하는 것과 다름에 유의해야 한다.

응소행위로 인한 시효중단의 효력은 피고가 **현실적으로 권리를 행사하여 응소한 때에 발생**한다고 보는 것이 상당하다고 할 것이다. 이와는 달리 피고의 응소행위로 인한 시효중단의 효력이 원고가 피고를 상대로 소를 제기한 때로 소급하여 발생한다는 취지의 주장은 받아들일 수 없다(대법원 2005. 12. 23. 선고 2005다59383 판결).

- 소멸시효 재기산: 시효중단효가 확정되면 이때부터 소멸시효가 새로 진행한다.

피고가 위 전소송에서 응소하여 한 위 담보목적의 대여금채권의 존재에 관한 주장은 소멸시효의 중단사유가 되는 재판상의 청구에 준하는 것이므로, 위 채권에 대하여는 피고의 위 응소행위에 의하여 일단 소멸시효의 진행이 중단되었다가 위 재판이 **확정된 날부터 새로이 그 시효가 진행된다**고 봄이 옳다(대법원 1993. 12. 21. 선고 92다47861 전원합의체 판결).

D. 응소 후의 취하·각하 = 응소한 소송절차에서 본안판단이 이뤄지지 않은 경우

- 원칙: 원고였던 채무자가 한 취하·각하 등에 의해 소송절차가 종료되는 경우, 취하·각하된 날로부터 6개월 이내에 피고였던 채권자가 재판상 청구 등을 마치면 전소에서 채권자가 응소했던 날이 시효중단 기준시로 유지된다(§170 ② 유추적용).
- 예외: 채권자가 이미 반소제기를 한 경우에는 위와 같은 조치를 하지 않아도 시효중단효가 유지된다.

대법원 2010. 8. 26. 선고 2008다42416 판결

- 권리자인 피고가 응소하여 권리를 주장하였으나 그 소가 각하되거나 취하되는 등의 사유로 본안에서 그 권리주장에 관한 판단 없이 소송이 종료된 경우에도 제170조 제2항을 유추적용하여 그때부터 6월 이내에 재판상의 청구 등 다른 시효중단조치를 취하면 응소시에 소급하여 시효중단의 효력이 있는 것으로 봄이 상당하다.
- 원고가 피고들이 제기한 본소에 응소하여 답변서를 제출한 2005. 6. 17. 이 사건 각 대출금채권에 관한 소멸시효는 중단되었고, 그 후 위 본소가 제1심에서 각하되었다고 하더라도, 그 전에 원고가 피고들을 상대로 이 사건 각 대출금의 지급을 구하는 반소를 제기한 이상, 그 시효중단의 효력은 응소시부터 계속 유지되고 있다고 할 것이다.

(3) 민사소송 이외의 재판

A. 행정재판

- 원칙: 행정처분을 다투는 것은 사권 행사가 아니기 때문에 시효중단 사유가 아니다.
- 예외: 행정처분의 무효·취소가 사권행사의 전제이면, 행정처분을 다투는 행정재판도 시효중단 사유가 될 수 있다. 예컨대 과세처분에 대한 무효·취소소송은 과오납금에 대한 §741 채권의 시효중단 사유인 재판상 청구에 해당한다.

> 일반적으로 위법한 행정처분의 취소, 변경을 구하는 행정소송은 사권을 행사하는 것으로 볼 수 없으므로 사권에 대한 시효중단사유가 되지 못하는 것이나, 다만 이 사건과 같은 과세처분의 취소 또는 무효확인의 소는 그 소송물이 객관적인 조세채무의 존부확인으로서 실질적으로 민사소송인 채무부존재확인의 소와 유사할 뿐아니라, 과세처분의 유효 여부는 그 과세처분으로 납부한 조세에 대한 환급청구권의 존부와 표리관계에 있어 실질적으로 동일당사자인 조세부과권자와 납세의무자 사이의 양면적 법률관계라고 볼 수 있으므로, 위와 같은 경우에는 과세처분의 취소 또는 무효확인청구의 소가 비록 행정소송이라고 할지라도 조세환급을 구하는 부당이득반환청구권의 소멸시효중단사유인 재판상 청구에 해당한다(대법원 1992. 3. 31. 선고 91다32053 전원합의체 판결).

- 비교: 공매처분 취소소송은 체납세액에 배당된 공매대금에 대한 §741 채권의 시효중단 사유가 아니다. ㉠ 이러한 소송의 소송물은 공매처분의 위법성이고 조세채무의 존부확인이 아니고, 원고가 승소하더라도 목적물의 소유권을 회복하는

것이지 배당금에 대한 §741 채권을 행사하게 되는 것은 아니기 때문이다. ⓛ 이에 비해 공매처분 대금 배분을 다투는 취소소송 제기는 공매대금에 대한 §741 채권의 시효중단 사유가 될 수 있다.

> **대법원 2010. 9. 30. 선고 2010다49540 판결**
> ‣ 원고가 위 소멸시효 완성 전에 이 사건 공매처분 취소의 소를 제기하였지만 그 소송물은 이 사건 공매처분의 위법 여부로서 객관적인 조세채무의 존부확인이 아니다. 그리고 원고가 위 소송에서 승소할 경우 이 사건 공매처분은 소급하여 무효가 되고 이로 인해 이 사건 공매절차에서 매수인 앞으로 경료된 소유권이전등기는 원인무효로 되어 원고는 이 사건 부동산의 소유권을 회복하게 될 뿐이지, 이 사건 **공매대금 배분처분을 통해 피고에게 배분된 금원에 대한 부당이득반환청구권을 취득할 여지가 없다.**
> ‣ 원고에게 **부당이득반환청구권이 발생**한 것은 이 사건 공매처분이 위법하기 때문이 아니라 그 공매처분은 적법하지만 그에 이은 이 사건 공매대금 배분처분에 고유한 위법사유가 있기 때문이므로, 이 사건 공매처분의 취소나 무효 확인이 원고의 부당이득반환청구권을 행사하기 위한 전제가 되거나 이를 실현하는 수단이 될 수는 없고 이 사건 공매처분의 유효 여부가 이 사건 공매대금 배분처분으로 인하여 피고가 배분받은 금원에 대한 원고의 부당이득반환청구권의 존부와 표리관계에 있지도 아니하다.

B. 형사재판
• 원칙: 피해자가 형사범죄로 인해 재산상 손해를 입었더라도 가해자에 대한 공소제기가 피해자의 §750 채권의 행사는 아니므로 이로 인해 §750 채권의 소멸시효 진행이 중단되는 것은 아니다.
• 예외: 피해자가 형사소송 절차에서 관련 법령에 의한 배상명령을 신청한 경우에는 시효중단 사유로 인정될 수 있다.

> 형사소송은 피고인에 대한 국가형벌권의 행사를 그 목적으로 하는 것이므로, 피해자가 형사소송에서 소송촉진등에관한특례법에서 정한 **배상명령을 신청한 경우를 제외**하고는 단지 피해자가 가해자를 상대로 **고소하거나 그 고소에 기하여 형사재판이 개시되어도** 이를 가지고 소멸시효의 중단사유인 **재판상의 청구로 볼 수는 없다**(대법원 1999. 3. 12. 선고 98다18124 판결).

C. 재판상 청구에 준하는 법정 절차(§171 ~ 173)

(a) 채무자의 파산(§171)

• 파산선고 신청은 재판상 청구의 일종으로서 시효중단 사유에 해당한다. 따라서
  채무자에게 별도의 이행청구를 안 해도 파산선고 신청만 하면 시효중단이 인정
  된다.

> 채무자에 대한 파산신청은 파산채무자의 재산을 보전하여 공평하게 채권의 변제를
> 받는 재판절차를 실시하여 달라는 것으로서 파산채권 신고 등에 의한 파산절차 참가
> 와 유사한 재판상 권리 실행방법에 해당하므로 제168조 제1호에서 정한 시효중단 사
> 유인 재판상의 '청구'에 해당한다고 보아야 한다(대법원 2023. 11. 9.자 2023마6582
> 결정).

• 파산절차 참가 신청이나 파산채권 신고도 시효중단 사유로 인정된다. 다만 이미
  시효소멸한 채권을 파산채권으로 신고해도 시효소멸의 효과는 번복될 수는 없다.

> 채무자가 파산할 경우 채권자의 그 파산자에 대한 <u>채권의 이행청구 등 권리 행사</u>는 파
> 산법이 정하는 바에 따라 파산법원에 대한 <u>파산채권신고 등의 방법으로 제한 및 변경</u>
> 되는 것이므로 채권자는 파산법원에 대한 파산채권신고라는 변경된 형태로 그 권리
> 를 행사함으로써 위와 같은 약정에 의한 이행청구기간의 도과 혹은 소멸시효의 완성
> 을 저지할 수 있는 것이지 신고시점 이전에 이미 <u>소멸시효 완성 등으로 채권을 상실한
> 자에게까지 뒤늦게 파산채권 신고를 통하여 소멸한 채권을 부활시켜 주고자 하는 것
> 은 아니다</u>(대법원 2006. 4. 14. 선고 2004다70253 판결).

• 사례: 채권자가 부인권을 행사함으로써 발생하는 권리인 원상회복청구권 등은
  이에 대한 별도의 재판상 청구 등의 조치를 해야 시효중단효가 인정된다. 즉 부인
  권 행사만으로 시효중단 사유가 될 수 없다.

> 파산법상 부인권은 소의 제기 뿐만 아니라 항변에 의해서도 행사할 수 있도록 규정하
> 고 있는데, 이 때 '부인권을 소에 의하여 행사한다'는 것은, 부인의 대상이 되는 행위가
> 그 효력을 소급적으로 상실하게 됨으로써 발생하는 법률적인 효과에 따라 원상회복
> 의무의 이행을 구하는 소를 제기하거나, 그 법률관계의 존재 또는 부존재 확인을 구하
> 는 소를 제기하는 방법에 의할 수도 있다는 의미로 보아야 할 것이고, 이와 같이 부인
> 권행사의 결과로 생기는 권리관계의 변동에 따라 그 이행 또는 확인의 소를 제기하는
> 경우에는 시효중단의 효력이 생긴다(대법원 2009. 5. 28. 선고 2005다56865 판결).

(b) 지급명령(§172)

- 지급명령 신청도 재판상 청구에 해당한다. 따라서 ㉠ 각하·취하되더라도 각하·취하시로부터 6개월 이내에 재판상 청구 등의 조치를 하면 지급명령 신청시를 기준으로 한 시효중단효가 유지되고(§170 ②), ㉡ 지급명령이 확정되면 확정판결과 동일한 효력이 있으므로(민사소송법 §474), 단기시효가 적용되는 권리이더라도 §165에 의해 일반시효가 적용된다.

> 제170조의 재판상 청구에 지급명령 신청이 포함되는 것으로 보는 이상 특별한 사정이 없는 한, 지급명령 신청이 각하된 경우라도 6개월 이내 다시 소를 제기한 경우라면 제170조 제2항에 의하여 시효는 당초 지급명령 신청이 있었던 때에 중단되었다고 보아야 한다(대법원 20113 11. 10. 선고 2011다54686 판결).

> 민사소송법 제474조, 제165조 제2항에 의하면, 지급명령에서 확정된 채권은 단기의 소멸시효에 해당하는 것이라도 그 소멸시효기간이 10년으로 연장된다(대법원 2009. 9. 24. 선고 2009다39530 판결).

- 지급명령에 대한 적법한 이의신청 또는 법원의 직권 결정에 의해 정식 소송절차가 진행되는 경우에도 시효중단 기준시는 지급명령 신청시로 유지된다.

> 지급명령 사건이 채무자의 이의신청으로 소송으로 이행되는 경우에 그 지급명령에 의한 시효중단의 효과는 **소송으로 이행된 때가 아니라 지급명령을 신청한 때**에 발생한다(대법원 2015. 2. 123 선고 2014다228440 판결).

(c) 화해를 위한 소환: 임의출석(§173)

나. 재판상 청구에 의한 시효중단효의 범위

(1) 개관: 기판력의 객관적 범위보다 넓음

- 재판상 청구에 의한 시효중단효의 범위는 기판력의 범위보다 더 넓다.
- 소송절차에서 주장된 기본적 법률관계와 관련된 권리에 대해서도 시효중단효가 미치고, 청구원인으로부터 도출되는 권리에 대해서도 시효중단효가 미친다.

> 시효중단 사유인 재판상 청구를 기판력이 미치는 범위와 일치하여 고찰할 필요가 없다(대법원 2019. 10. 31. 선고 2017다250998 판결).

(2) 시효중단효의 범위가 문제된 사례

A. 권리의 일부 청구와 시효중단효의 인정 범위

(a) 개관

- 청구취지상 일부청구이더라도 채권전부에 관한 판결을 구하는 것으로 해석되면 채권의 동일성이 인정되는 범위 전부에 대해 시효중단효가 작용한다.
- 예컨대 甲이 자신과 乙이 공동 보험수익자임을 전제로 乙과 함께 보험금의 각1/2에 해당하는 가액의 지급을 청구했다가 甲 자신이 단독 수익자임이 밝혀진 후 청구변경으로 보험금 전부의 지급을 청구하면, 보험금 1/2의 지급을 청구하는 소를 제기했을 때가 보험금 청구권 전부에 대한 시효중단 기준시이다.

> 피고와 그 부모는 그들 모두가 보험수익자에 해당하는 것으로 오인하여 이 사건 반소로 원고는 피고와 그 부모에게 이 사건 보험금을 지급하라는 내용의 청구를 하였다가, 보험금청구권의 소멸시효기간이 경과한 후에 피고만이 보험수익자에 해당한다는 것을 뒤늦게 인식하고 원고는 피고에게 이 사건 보험금을 지급하라는 내용으로 청구를 변경한 경우, 피고는 반소장 제출 당시부터 이 사건 보험금 전부의 지급을 구한다는 뜻을 객관적으로 명백히 표시하였다고 보아 반소장 제출에 의한 시효중단의 효력도 이 사건 보험금 중 1/3에 대하여만 아니라 이 사건 보험금 전부에 대하여 발생한다고 판단한 것은 정당하다(대법원 2006. 1. 26. 선고 2005다60017 판결).

(b) 사례: 일부 청구를 하면서 나머지 부분에 대한 청구 금액 확장의사를 표시한 경우

- 실제로 청구취지를 확장한 경우: 나머지 부분과 이에 대한 지연손해금에 대해서도 재판상 청구에 의한 시효중단이 인정된다.
- 청구취지를 확장하지 않은 경우: 소송계속이 유지되는 동안에는 나머지 부분에 대해서는 §174의 최고가 계속되는 것으로 인정된다.
- 비교: 일부 청구를 하면서 나머지 부분은 청구 대상이 아님을 명시적으로 밝힌 경우, 나머지 부분에 대해서는 처음부터 소 제기가 없었던 것으로 다루어진다.

대법원 2020. 2. 6. 선고 2019다223723 판결

- 하나의 채권 중 일부에 관하여만 판결을 구한다는 취지를 명백히 하여 소송을 제기한 경우에는 소제기에 의한 소멸시효중단의 효력이 그 일부에 관하여만 발생하고, 나머지 부분에는 발생하지 않는다.
- **소장에서 청구의 대상으로 삼은 채권 중 일부만을 청구하면서 소송의 진행경과에**

따라 장차 청구금액을 확장할 뜻을 표시하고 당해 소송이 종료될 때까지 실제로 **청구금액을 확장한 경우**에는, 소제기 당시부터 채권 전부에 관하여 판결을 구한 것으로 해석되므로 이러한 경우에는 **소제기 당시부터 채권 전부에 관하여 재판상 청구로 인한 시효중단**의 효력이 발생한다.

‣ 소장에서 청구의 대상으로 삼은 채권 중 일부만을 청구하면서 소송의 진행경과에 따라 장차 청구금액을 확장할 뜻을 표시하였으나, 당해 **소송이 종료될 때까지 실제로 청구금액을 확장하지 않은 경우**에는 소송의 경과에 비추어 볼 때 채권 전부에 관하여 판결을 구한 것으로 볼 수 없으므로, **나머지 부분에 대하여는 재판상 청구로 인한 시효중단의 효력이 발생하지 아니**한다.

‣ 그러나 이와 같은 경우에도 장래에 나머지 부분을 청구할 의사를 가지고 있는 것이 일반적이라고 할 것이므로, 다른 특별한 사정이 없는 한 **당해 소송이 계속 중인 동안**에는 나머지 부분에 대하여 권리를 행사하겠다는 의사가 표명되어 **최고에 의해 권리를 행사하고 있는 상태가 지속되고 있는 것**으로 보아야 하고, 채권자는 당해 소송이 종료된 때부터 6월 내에 **제174조에서 정한 조치**를 취함으로써 나머지 부분에 대한 소멸시효를 중단시킬 수 있다.

B. 권리 발생 근거인 법률관계 주장과 시효중단효의 범위

(a) 개관

• 특정한 권리의 발생 근거인 법률관계를 주장하는 소송의 시효중단효는 이러한 법률관계로부터 발생하는 다른 권리에 대해서도 작용한다.

• 확인소송뿐 아니라 이행소송의 경우에도 마찬가지이다.

> 시효중단 사유로서 재판상의 청구에는 소멸시효 대상인 그 권리 자체의 이행청구나 확인청구를 하는 경우만이 아니라, 그 권리가 발생한 <u>기본적 법률관계를 기초로 하여 재판의 형식으로 주장하는 경우 또는 그 권리를 기초로 하거나 그것을 포함하여 형성된 후속 법률관계에 관한 청구</u>를 하는 경우에도 그로써 권리 실행의 의사를 표명한 것으로 볼 수 있을 때에는 이에 포함된다(대법원 2023. 11. 9.자 2023마6582 결정).

(b) 사례: 동일한 법률관계로부터 발생하는 여러 권리

• 사안의 개요: ㉠ 甲은 乙이 신축 중인 X건물을 매수했는데 이행기는 2011. 2. 1. 이었다. 甲이 乙을 상대로 2012. 건축허가명의 변경을 구하는 소를 제기하여 2014. 1. 31. 승소판결이 확정되었는데 乙은 2012. 2. 1. 이미 乙명의 보존등기를

마친 상태였다. ⓛ 甲이 乙을 상대로 2023. 소유권이전등기 청구 소송을 제기하
자 乙은 甲의 소유권이전등기 청구권은 2012. 2. 1. 소멸시효가 기산했으므로 이
미 시효소멸했다고 항변한다.

- 쟁점과 판단: 甲의 건축허가명의 변경 청구 소송의 시효중단효는 그 기본적 법률관
계인 X건물 매매계약으로부터 파생된 소유권이전등기 청구권에 대해서도 적용된
다. 따라서 甲의 소유권이전등기 청구권의 소멸시효 기산점은 2014. 2. 1.이다.

이 사건 매매계약에 기한 소유권이전등기 청구권의 시효중단 사유인 재판상 청구는
권리자가 <u>소송이라는 형식을 통하여 그 권리를 주장하면 족하고 반드시 그 권리가 소
송물이 되어 기판력이 발생할 것을 요하지 않</u>으므로, 이 사건 소송물인 <u>소유권이전등
기 청구권이 발생한 기본적 법률관계에 해당하는 이 사건 매매계약을 기초로 하여 건
축주명의변경을 구하는 소도 소멸시효를 중단시키는 재판상 청구에 포함되는 것으로</u>
보아야 한다(대법원 2011. 7. 14. 선고 2011다19737 판결).

(c) 사례: 후속 법률관계에서 발생하는 권리

- 특정 권리를 기초로 하거나 이것을 포함하여 형성된 후속 법률관계를 주장하는 재
판상 청구의 시효중단효는 후속 법률관계의 전제인 권리에 대해서도 작용한다.
- 채권자 甲과 채무자 乙 사이에 이행기가 2001.인 대여금 채권을 포함하는 정산약
정이 2004. 체결된 후 甲이 2013. 정산금 청구 소송을 제기했는데 위 정산약정이
§104에 의해 무효임이 밝혀지자 2015. 예비적 청구를 추가하여 원래의 대여금 채
권을 주장한 경우, 이행기가 2001.이었던 대여금 채권에 대해 2004. 채무승인 되
었고, 정산금 청구 소송이 제기된 2013.이 시효중단 기준시이므로 甲의 청구는
인용될 수 있다.

대법원 2016. 10. 27. 선고 2016다25140 판결

- ・소멸시효의 중단과 관련하여 소멸 대상인 권리 그 자체의 이행청구나 확인청구를
하는 경우뿐 아니라 그 권리가 발생한 기본적 법률관계에 관한 청구를 하는 경우 또
는 그 권리를 기초로 하거나 <u>그것을 포함하여 형성된 후속 법률관계에 관한 청구를
하는 경우에도 그로써 권리 실행의 의사를 표명한 것으로 볼 수 있을 때에는 시효중
단 사유인 재판상의 청구에 포함된다고 보는 것이 타당하다.</u>
- ・따라서 기존 채권의 존재를 전제로 하여 이를 포함하는 새로운 약정을 하고 그에 따
<u>른 권리를 재판상 청구의 방법으로 행사한 경우에는 기존 채권을 실현하고자 하는</u>

뜻까지 포함하여 객관적으로 표명한 것이므로, <u>새로운 약정이 무효로 되는 등의 사정으로 그에 근거한 권리 행사가 저지됨에 따라 다시 기존 채권을 행사하게 되었다면, 기존 채권의 소멸시효는 새로운 약정에 의한 권리를 행사한 때에 중단되었다고 보아야 한다.</u>

C. 원인채권과 어음채권

(a) 전제

• 원인채권의 지급을 담보하기 위해 어음이 교부된 경우, 원인채권과 어음채권 중 하나에 대해 시효중단 사유가 있으면 다른 하나에 대해서도 시효중단 사유가 되는지가 문제된다.

• 어음채권의 소멸시효는 인수인에 대해서는 3년, 배서인·발행인에 대해서는 1년이므로(어음법 §70), 원인채권보다 어음채권의 소멸시효가 먼저 완성되는 경우가 많다.

(b) 각 채권의 시효소멸, 시효중단의 효과

• 어음채권에 대한 시효중단 사유는 원인채권의 소멸시효도 중단시킨다(2006다68902).

• 반면 원인채권의 행사는 어음채권의 시효중단 사유가 아니다(93다59922).

(c) 사례: 이미 시효소멸한 어음채권에 근거한 강제집행과 채무승인

• 이미 시효소멸한 어음채권을 피보전채권으로 하는 (가)압류 등은 원인채권의 소멸시효 중단 사유가 아니다. 다만 이러한 어음채권에 근거한 강제집행 절차가 진행되어 채권자에게 배당금이 지급되었는데도 채무자가 이의를 하지 않았다면, 어음채권에 대한 시효이익 포기로 추정된다.

• 그런데 어음채권의 시효이익 포기는 원인채권에 대한 시효중단 사유로 인정되므로, 이때 원인채권의 소멸시효 기간이 재기산한다.

대법원 2010. 5. 13. 선고 2010다6345 판결
> ‣ 원인채권의 지급을 확보하기 위하여 어음이 수수된 당사자 사이에서 채권자가 어음채권을 청구채권으로 하여 채무자의 재산을 압류함으로써 그 권리를 행사한 경우에는 그 원인채권의 소멸시효를 중단시키는 효력이 있다. 그러나 이미 어음채권의 소멸시효가 완성된 후에는 그 채권이 소멸되고 시효중단을 인정할 여지가 없으므로, 시효로 소멸된 어음채권을 청구채권으로 하여 채무자의 재산을 압류한다 하

더라도 이를 어음채권 내지는 원인채권을 실현하기 위한 적법한 권리 행사로 볼 수 없어, 그 압류에 의하여 그 원인채권의 소멸시효가 중단된다고 볼 수 없다.

ᐧ 채무자가 소멸시효 완성 후 채무를 일부변제한 때에는 그 액수에 관하여 다툼이 없는 한 그 채무 전체를 묵시적으로 승인한 것으로 보아야 하고, 이 경우 시효완성의 사실을 알고 그 이익을 포기한 것으로 추정된다.

ᐧ 따라서 이미 소멸시효가 완성된 어음채권을 원인으로 하여 집행력 있는 집행권원을 가진 채권자가 채무자의 유체동산에 대한 강제집행을 신청하고, 그 절차에서 채무자의 유체동산 매각대금이 채권자에게 교부되어 그 채무의 일부변제에 충당될 때까지 채무자가 아무런 이의를 진술하지 아니하였다면, 그 강제집행 절차의 진행을 채무자가 알지 못하였다는 등 다른 특별한 사정이 없는 한 채무자는 어음채권에 대한 소멸시효 이익을 포기한 것으로 볼 수 있고, 그 때부터 그 원인채권의 소멸시효 기간도 다시 진행한다. 다만 이렇게 소멸시효 이익을 포기한 것으로 보기 위해서는 채무자의 유체동산 매각대금이 채권자에게 교부되어 그 채무의 일부변제가 이루어졌음이 증명되어야 한다.

D. 문제된 권리와 청구권 경합 상태인 권리를 재판상 청구한 경우: 시효중단 사유 아님

• 청구권 경합이 인정되는 권리들 중 특정한 권리에 대한 재판상 청구를 해도 다른 권리에 대해서는 시효중단 사유로 인정되지 않는다.

• 예컨대 §390의 손해배상 청구권을 행사하는 재판상 청구를 해도 §750의 손해배상청구권의 소멸시효가 중단되는 것은 아니고, §741의 부당이득반환 청구 소송을 제기해도 같은 사유로 발생한 §750의 손해배상채권의 소멸시효가 중단되는 것은 아니다.

원고는 소장에서 부당이득반환청구를 하였고, 청구취지 및 원인 변경 신청서에서 불법행위로 인한 손해배상청구를 청구원인에 추가하였을 뿐, 제1심에서 채무불이행으로 인한 손해배상청구를 하지 않다가, 제1심에서 부당이득반환청구와 불법행위로 인한 손해배상청구가 모두 기각당하자, 항소이유서에서 채무불이행으로 인한 손해배상청구를 청구원인에 추가하였다. 이와 같은 사실을 앞서 본 법리에 비추어 살펴보면, 원고가 피고를 상대로 부당이득반환청구의 소를 제기하였다고 하여 이로써 원고의 피고에 대한 채무불이행으로 인한 손해배상청구권의 소멸시효가 중단될 수는 없다

(대법원 2011. 2. 10. 선고 2010다81285 판결).

- 그 외에도 ㉠ 사무관리자의 비용상환 청구권(§739)과 공동불법행위자에 대한 구상권(2001다6145), ㉡ 상법 §399의 손해배상청구권과 §750의 손해배상청구권(2002다11441), ㉢ 국유재산법상 변상금청구권과 §741의 부당이득반환 청구권에 대해서도 같은 법리가 적용된다.

다. 재판상 청구에 의한 시효중단의 효과

(1) 개관

- 시효중단효 확정 사유가 발생하면 시효중단 기준시로 소급하여 소멸시효가 중단된다. 시효중단 기준시부터 시효중단효 확정 사유 발생시 사이에 소멸시효 기간이 경과하더라도 권리는 시효소멸하지 않는다.
- 재판상 청구에 의한 시효중단효는 발생 즉시 종료하므로 시효중단효 확정 사유 발생일 다음날부터 소멸시효가 재기산한다.

(2) 시효중단효 확정 사유

A. 원칙: 본안에 대한 확정판결

(a) 시효중단효 확정 사유인 본안 확정판결의 의미

- 시효중단 사유가 권리자의 재판 청구인 경우 원고의 청구를 인용하는 확정된 본안판결 또는 이에 준하는 사유를 뜻한다.
- 시효중단 사유가 권리자의 응소인 경우 원고의 청구를 기각하는 확정된 본안판결 또는 이에 준하는 사유를 뜻한다.

(b) 비교: 본안에서 시효소멸 대상인 권리 주장에 대해 판단하지 않은 경우

- 권리자가 원고인 소송 절차가 권리의 존부 판단과 무관한 사유로 인한 기각판결이나 소 각하 판결로 종결된 경우 시효중단효가 있는지가 문제된다.
- 이 경우 원고의 소 제기는 재판 외 청구인 최고로 간주되므로 기각·각하 판결 후 6개월 이내에 재판상 청구 등의 시효중단 사유가 갖춰져야 원래의 소 제기시가 소멸시효 기준시로 유지될 수 있다(§170 ②).

B. 예외: 권리자가 승소한 본안 확정판결에 시효중단효가 없는 경우

(a) 망인이 피고이어서 당연무효인 판결

- 사안의 개요: 甲은 채무자 乙에 대한 금전채권자인데, 乙의 사망 사실을 알지 못한

채 乙을 피고로 하는 이행소송을 제기하여 甲의 청구를 인용하는 판결이 확정되었고 그 무렵 이 채권의 소멸시효 기간이 경과했다. 甲은 이 사실을 알고 위 판결의 확정일로부터 3개월 후 乙의 단독상속인 丙을 상대로 이행소송을 제기했다.

• 쟁점과 판단: 망인이 피고인 판결은 당연무효이고 이때는 §170 ②도 적용되지 않는다. 丙이 피상속인 乙을 피고로 하는 소송의 진행 사실을 알고 방치했더라도 丙이 甲의 채권의 시효소멸을 주장하는 것은 권리남용이 아니다.

대법원 2014. 2. 27. 선고 2013다94312 판결

‣ 제170조는 최초의 재판상 청구에 소송요건의 결여 등의 흠이 있는 경우 일정기간 내에 새로운 재판상 청구 등이 이루어지면 최초의 제소시로 시효중단의 소급을 인정하고 있다.

‣ 그런데 이미 **사망한 자를 피고로 하여 제기된 소는 부적법하여 이를 간과한 채 본안 판단에 나아간 판결은 당연무효**로서 그 효력이 상속인에게 미치지 않고, 채권자의 이러한 제소는 권리자의 의무자에 대한 권리 행사에 해당하지 않는다고 할 것이므로, 상속인을 피고로 하는 당사자표시정정이 이루어진 경우와 같은 특별한 사정이 없는 한, 거기에는 애초부터 시효중단 효력이 없어 제170조 제2항이 적용되지 않는다고 봄이 타당하고, 법원이 이를 간과하여 본안에 나아가 판결을 내린 경우에도 마찬가지라고 보아야 한다.

• 비교: 당사자표시 정정을 한 경우 망인을 피고로 한 소 제기 시점을 기준으로 시효중단효가 인정된다.

대법원 2011. 3. 10. 선고 2010다99040 판결

‣ 소장에 표시된 피고에게 당사자능력이 인정되지 않는 경우에는 소장의 전취지를 합리적으로 해석한 결과 인정되는 올바른 당사자능력자로 그 표시를 정정하는 것의 허용된다.

‣ 이 사건의 실질적인 피고는 당사자능력이 없어 소송당사자가 될 수 없는 사망자인 소외인이 아니라 처음부터 사망자의 상속인인 피고이고 다만 소장의 표시에 잘못이 있었던 것에 불과하므로, 원고는 소외인의 상속인으로 피고의 표시를 정정할 수 있고, 따라서 **당초 소장을 제출한 때에 소멸시효중단의 효력이 생긴다고 할 것이다.**

(b) 청구권 경합으로 착각하고 존재하지 않는 청구권에 근거한 소를 제기한 경우

• 사안의 개요: 甲은 乙에게 보험금을 지급한 후 보험자대위를 근거로 丙을 상대로

'乙이 丙에 대해 가지는 §390 채권'을 행사하는 이행소송을 제기했는데, 甲은 乙로부터 이 채권을 양수했으며 그 무렵 위 §390 채권의 소멸시효 기간이 경과했다. 그 후 乙이 피보험자가 아니었음이 밝혀지자 甲은 丙을 상대로 양수금 청구소송을 제기했다.

- 쟁점과 판단: 채권자 아닌 자가 제기한 소송은 시효중단 사유인 재판상 청구가 아니다. 위 사안에서 乙이 피보험자가 아닌 이상 甲의 보험자대위가 인정되지 않으므로 甲이 보험자대위를 근거로 丙에게 제기한 소송은 시효중단 사유인 재판상 청구가 아니다. 또한 청구권 경합 상태에서 하나의 권리를 행사해도 다른 권리가 시효중단 되지 않으며 다른 권리에 대한 최고로도 인정되지 않는다. 따라서 甲이 보험자대위를 근거로 제기했던 이행소송은 양수금 채권에 대한 최고로도 인정될 수 없다.

- 결론: 甲의 보험자대위에 기한 청구를 기각하는 판결 확정일로부터 6개월 이내에 甲이 양수금 청구소송을 제기했더라도 乙이 소멸시효 완성 항변을 하면 甲의 청구는 기각된다.

대법원 2014. 6. 26. 선고 2013다45716 판결

‣ 재판상의 청구가 시효중단의 사유가 되려면 그 청구가 <u>채권자 또는 그 채권을 행사할 권능을 가진 자에 의하여 이루어져야</u> 한다. 그리고 채권자가 동일한 목적을 달성하기 위하여 복수의 채권을 가지고 있는 경우 채권자로서는 그 선택에 따라 권리를 행사할 수 있으나, 그중 <u>어느 하나의 청구를 한 것만으로는 다른 채권 그 자체를 행사한 것으로 볼 수는 없으므로 특별한 사정이 없는 한 다른 채권에 대한 소멸시효 중단의 효력은 없다.</u>

‣ 이러한 사실관계를 앞서 본 법리에 비추어 살펴보면, 지멘스사가 원고와의 보험계약상 피보험자가 아닌 이상 원고가 지멘스사에게 보험금을 지급하였더라도 보험자로서 지멘스사의 손해배상채권을 대위행사할 수 없으므로, <u>원고가 당초 보험자대위에 기한 손해배상청구의 소를 제기한 것은 이를 청구할 아무런 권리나 권능이 없는 자의 권리 행사에 불과</u>하여 이로써 지멘스사의 손해배상채권이 행사되었다고 할 수 없고, 보험자대위청구와 채권양수금청구가 <u>동일한 소송물이라고 볼 수도 없으므로</u>, 원고가 피고에 대하여 <u>보험자대위에 기한 손해배상청구의 소를 제기하였더라도 이로써 원고가 지멘스사로부터 양수한 손해배상채권의 소멸시효가 중단될 수는 없다.</u>

(3) 시효중단 기준시

A. 원칙

• 재판상 청구로 인한 시효중단효는 소 제기시 즉 법원에 소장을 제출한 때를 기준으로 발생한다.

• 재심재판의 재심판결이 확정되면 재심 제기시를 기준으로 시효중단효가 인정된다.

> 원고가 위와 같이 재심의 소를 제기하여 위 피고들에 대한 농지분배사실을 부인하고 그 소유권이 여전히 원고에게 있다고 주장한 것은 취득시효의 중단사유가 되는 재판상의 청구에 준하는 것이라고 할 것이므로, 위 피고들의 위 각 토지에 대한 취득시효는 위 재심의 소제기일인 1968. 12. 31.부터 그 확정일인 1990. 6. 26., 또는 같은 해 8. 14.까지 중단되었다(대법원 1996. 9. 24. 선고 96다11334 판결).

B. 예외

• 채무자 아닌 자를 피고로 하여 소를 제기한 경우에는 소 제기시가 아니라 채무자를 피고로 한 청구취지변경 신청서 제출시가 시효중단 기준시가 된다.

• 응소의 경우(328면)

(4) 시효중단효 종료와 소멸시효 재기산(§178)

A. 개관

• 시효중단효 확정사유가 발생하면 시효중단 기준시로 소급하여 시효중단이 되고, 시효중단효가 종료하면 그때부터 소멸시효가 새로 진행한다.

• 재판상 청구로 인한 시효중단효는 확정 사유와 종료 사유가 모두 재판의 확정이다. 따라서 시효중단효 확정과 동시에 소멸시효가 새로 진행한다.

> 제178조(중단후에 시효진행)
> ① 시효가 중단된 때에는 중단까지에 경과한 시효기간은 이를 산입하지 아니하고 중단사유가 종료한 때로부터 새로이 진행한다.
> ② 재판상의 청구로 인하여 중단한 시효는 전항의 규정에 의하여 재판이 확정된 때로부터 새로이 진행한다.

B. 재기산한 소멸시효 중단을 위한 재판상 청구

(a) 문제의 소재

- 재판상 청구로 확정판결을 받아도 소멸시효가 다시 진행하므로 거듭 소멸시효를 중단할 필요가 있다.
- 채무자의 책임재산을 파악하지 못하면 (가)압류 등을 할 수는 없고 채권승인은 채무자의 의지에 달려 있으므로 채권자로서는 재판상 청구를 거듭하는 수밖에 없는데, 이때 기판력 저촉이 문제된다.

(b) 시효중단을 위한 후소의 허용

- 확정판결 후 재기산한 소멸시효 중단을 위한 후소는 전소 확정판결과 소송물이 같아도 예외적으로 소의 이익이 인정된다.
- 다만 전소 확정판결로 발생한 기판력의 차단효는 여전히 작용하므로 당사자들은 전소의 변론종결시 이전의 사유로 항변할 수 없고, 법원도 이러한 항변에 대한 본안심리를 할 수 없다. 결국 법원은 전소와 같은 내용의 이행판결을 해야 한다.

> **대법원 2018. 7. 19. 선고 2018다22008 전원합의체 판결**
> - 확정된 승소판결에는 기판력이 있으므로, 승소 확정판결을 받은 당사자가 그 상대방을 상대로 다시 승소 확정판결의 전소와 동일한 청구의 소를 제기하는 경우 그 후소는 권리보호의 이익이 없어 부적법하다고 보는 것이 원칙이다.
> - 그러나 예외적으로 확정판결에 의한 채권의 소멸시효기간인 10년의 경과가 임박한 경우에는 그 **시효중단을 위한 소는 소의 이익이 있다.** 채무자가 파산이나 회생제도를 통해 채무의 전부 또는 일부로부터 벗어날 수 있는 이상, 채권자에게는 시효중단을 위한 재소를 허용하는 것이 균형에 맞다.
> - 다만 이 경우 후소의 판결이 전소의 승소 확정판결의 내용에 저촉되어서는 아니 되므로, 후소 법원으로서는 그 확정된 권리를 주장할 수 있는 모든 요건이 구비되어 있는지 여부에 관하여 다시 심리할 수 없다.

따라서 채무자는 청구원인인 요건사실을 부인할 수 없고 전소 판결의 변론종결 이전의 사유를 들어 항변할 수 없으며, 후소 법원도 이와 같은 사유를 들어 채권자의 후소 청구를 배척할 수 없다(대법원 2018. 10. 18. 선고 2015다232316 전원합의체 판결).

(c) 시효중단을 위한 후소의 유형: 이행소송, 확인소송

• 전소와 동일한 소송물인 이행소송뿐 아니라 시효중단만을 목적으로 하는 확인소송도 가능하다. 채권자는 이들 중 하나를 자유롭게 선택할 수 있다.

• 시효중단을 위한 확인소송의 필요성: 전소의 변론종결시 이후에 사정변경이 발생한 경우, ㉠ 후소 이행소송의 기판력의 표준시가 후소 변론종결시로 이동하므로 본안심리를 해야 하는데 이것은 시효중단만을 원하는 채권자의 의사에 반하여 변론주의와 저촉되고, ㉡ 집행권원의 중복으로 인한 이중집행의 위험이 있으며, ㉢ 소송비용을 채무자에게 거듭 부담시키는 문제가 있다.

대법원 2018. 10. 18. 선고 2015다232316 전원합의체 판결

‣ 확인소송도 시효중단 사유인 재판상 청구라는 법리는 이미 승소 확정판결을 받은 채권자가 그 판결상 **채권의 시효중단을 위해 후소를 제기하는 경우에도 동일하게 적용**되므로 '새로운 방식의 확인소송' 역시 판결이 확정된 채권의 채권자가 그 채권을 재판상 주장하여 권리 위에 잠자는 것이 아님을 표명하는 것으로서, 재판상의 청구인 시효중단을 위한 후소의 한 형태로 허용되고, 채권자는 자신의 상황과 필요에 따라 시효중단을 위한 후소로서 전소와 동일한 이행소송 또는 새로운 방식의 확인소송을 선택하여 제기할 수 있다.

‣ 시효중단을 위한 후소의 형태로서 전소와 동일한 이행소송을 제기하는 것은 여러 측면에서 문제점을 내포하고 있다. ㉠ 후소 판결의 기판력은 후소의 변론종결 시를 기준으로 발생하므로, 채무자는 전소 판결의 **변론종결 후에 발생한 사유를 후소에서 주장할 수 있고 후소 법원은 이에 관하여 심리 및 판단을 하여야** 한다. 이것은 이미 기판력과 집행력이 있는 청구권을 보유한 상태에서 단지 그 시효소멸을 방지하고자 했던 채권자가 전혀 의도하지 않은 사항을 심리·판단하는 것으로서, 당사자의 사적 자치를 대원칙으로 하는 민사법체계와도 부합하지 않는다. 채무자도 후소의 변론종결 시까지 전소의 변론종결 후에 발생한 변제, 상계, 소멸시효의 완성 등 실체적 사유를 빠짐없이 주장해 놓아야 한다. 그렇지 않으면 채무자는 전소의 변론종결 후에 발생한 청구이의사유를 들어 후소 판결에 기한 집행을 저지할 수 없게 된다. ㉡ 시효중단을 위한 이행소송은 동일한 청구권에 관하여 집행권원이 추가로 발생하고, 이는 이중집행의 위험을 높이게 된다. ㉢ 시효중단을 위한 후소는 기판력과 집행력을 확보하기 위한 전소와는 달리 채권의 관리·보전행위에 해당한다. 그러나 현행 실무는 예외 없이 시효중단을 위한 채권자의 후소에 있어서 그 소송비용

을 패소한 피고(채무자)가 부담하도록 하고 있다.

‣ 이러한 종래 실무의 문제점을 해결하기 위해서, 시효중단을 위한 후소로서 '**재판상의 청구**'가 있다는 점에 대하여만 확인을 구하는 형태의 '**새로운 방식의 확인소송**'이 허용되고, 채권자는 두 가지 형태의 소송 중 자신의 상황과 필요에 보다 적합한 것을 선택하여 제기할 수 있다.

‣ 새로운 방식의 확인소송의 경우 전소 판결과 후소 판결의 소송물이 달라 이행판결(전소 판결)의 기판력의 표준시가 그대로 유지되므로, 후소에서 전소 판결의 변론종결 후에 발생한 청구이의사유에 대하여 심리할 필요가 없다. 또한 전소와 소송물이 달라 동일한 청구권에 대해 집행권원이 추가로 발생하지 않으므로, 이중집행의 위험도 없다. 채권자가 자신의 채권 보전을 위하여 소를 제기한 것이므로 그 소송비용은 원칙적으로 채권자가 부담하도록 실무를 운용함으로써 채무자가 상당한 정도의 액수에 달하는 채권자의 채권관리·보전 비용을 부담하는 문제를 해결할 수 있다.

(d) 비교: 시효중단을 위한 후소 이행소송에서 채무자의 항변이 인정되는 경우

• 전소 변론종결 후 채권 소멸 사유인 변제, 상계, 공탁 등이 발생한 경우 채무자는 청구이의 소송으로 이러한 사유를 주장해야 하는 것이 원칙이다.

• 청구이의 소송 기능을 하는 후소: 채권자가 시효중단을 위해 제기한 후소 이행소송에서, 채무자는 전소 변론종결후에 발생한 항변 사유를 주장할 수 있다. 이 경우 후소에서는 전소와 결론을 달리하여 청구를 기각하는 판결도 할 수 있다.

• 채무자가 주장하는 항변 사유가 소멸시효 완성인 경우에도 같은 법리가 적용된다. 따라서 전소 확정판결로 재기산한 소멸시효 기간이 이미 경과한 후 후소가 제기되었더라도, 후소 법원은 바로 각하판결을 하면 안 되고 본안판단에 들어가 심리해야 하고 만약 소멸시효 완성이 인정되면 시효중단을 위한 후소 이행소송에 대한 청구기각 판결을 해야 한다.

대법원 2019. 1. 17. 선고 2018다24349 판결
‣ 후소 판결의 기판력은 후소의 변론종결 시를 기준으로 발생하므로, 전소의 변론종결 후에 발생한 변제, 상계, 면제 등과 같은 채권소멸사유는 후소의 심리대상이 된다. 따라서 채무자인 피고는 후소 절차에서 위와 같은 사유를 들어 항변할 수 있고 심리 결과 그 주장이 인정되면 법원은 원고의 청구를 기각하여야 한다. 이는 채권의 소멸사유 중 하나인 소멸시효 완성의 경우에도 마찬가지이다.

- 시효중단을 위한 후소를 심리하는 법원으로서는 전소 판결이 확정된 후 소멸시효가 중단된 적이 있어 그 중단사유가 종료한 때로부터 새로이 진행된 소멸시효기간의 경과가 임박하지 않아 시효중단을 위한 재소의 이익을 인정할 수 없다는 등의 특별한 사정이 없는 한, **후소가 전소 판결이 확정된 후 10년이 지나 제기되었다 하더라도 곧바로 소의 이익이 없다고 하여 소를 각하해서는 아니 되고, 채무자인 피고의 항변에 따라 원고의 채권이 소멸시효 완성으로 소멸하였는지에 관한 본안판단을** 하여야 한다.

라. 비교: 잠정적 시효중단 사유

(1) 재판 외의 청구(최고)

> 제174조(최고와 시효중단) 최고는 6월내에 재판상의 청구, 파산절차참가, 화해를 위한 소환, 임의출석, 압류 또는 가압류, 가처분을 하지 아니하면 시효중단의 효력이 없다.

A. 의미

- 소멸시효 중단사유의 일종인 최고의 법적 성질은 채권자의 의사통지이다. 따라서 채권자에게 시효중단 의사가 있었는지의 여부는 불문한다.
- 이러한 최고는 불요식 행위이므로 권리 행사의 취지가 나타나는 모든 행위는 최고에 해당한다.

> 소멸시효 중단사유의 하나로서 제174조가 규정하고 있는 최고는 채무자에 대하여 채무 이행을 구한다는 채권자의 의사통지(준법률행위)로서, 특별한 형식이 요구되지 아니할 뿐 아니라 행위 당시 당사자가 시효중단의 효과를 발생시킨다는 점을 알거나 의욕하지 않았다 하더라도 이로써 권리 행사의 주장을 하는 취지임이 명백하다면 최고에 해당하는 것으로 보아야 할 것이다(대법원 2003. 5. 13. 선고 2003다16238 판결).

B. 효과: 잠정적 시효중단효 ≒ 정지

- 최고가 채무자에게 도달한 날부터 6개월 이내에, 재판상 청구나 이에 준하는 시효중단 사유를 갖추고 나아가 시효중단효 확정사유까지 충족되면, 최고의 도달 시점으로 소급하여 이때를 기준으로 시효중단효가 발생한다.
- 따라서 ㉠ 최고 도달 후 6개월이 지날 때까지 재판상 청구나 이에 준하는 사유가 갖춰지지 못하거나, ㉡ 최고 도달 후 6개월 이내에 재판상 청구 등을 했더라도 그

후 승소판결 확정과 같은 시효중단효 확정 사유가 충족되지 못하면, 최고 도달일 이후 정지되어 있던 소멸시효 기간이 한꺼번에 진행한다.

C. 6개월의 기산점

(a) 원칙: 최고가 상대방에게 도달한 때

(b) 예외

• 채무자가 최고 대상 권리의 존부에 관한 확인 등을 위해 유예기간을 요청한 경우: ㉠ 유예기간 종료시가 아니라 채무 현황에 대한 조사·확인을 마친 채무자의 채권자에 대한 회신 통지가 채권자에게 도달한 때부터 6개월이 진행된다. ㉡ 채무자의 유예기간 요청 사실과 채무자의 회신 도달시점은 시효중단을 주장하는 채권자가 주장·증명해야 한다.

> **대법원 2022. 1. 27. 선고 2021다271947 판결**
> ‣ 시효중단 사유로서의 최고는 채무이행을 최고받은 채무자가 그 이행의무의 존부 등에 대하여 <u>조사를 해 볼 필요가 있다는 이유로 채권자에 대하여 그 이행의 유예를 구한 경우</u>에는 채권자가 그 회답을 받을 때까지 그 효력이 계속된다고 보아야 하므로, 같은 조에서 정한 6월의 기간은 채권자가 **채무자로부터 회답을 받은 때로부터 기산**된다.
> ‣ 그러나 채무이행을 최고받은 채무자가 채권자에 대하여 그 이행의 유예를 구한 경우가 아니라면 특별한 사정이 없는 한 위 6월의 기간은 최고가 있은 때로부터 기산되는 것이라고 보아야 하고, 이때 채무자가 채권자에 대하여 그 **이행의 유예를 구하였는지에 관한 증명책임은 시효중단의 효력을 주장하는 채권자**에게 있다.

• 최고가 반복된 경우: 재판상 청구 등을 한 날로부터 소급하여 6개월 이내에 한 최고만 §174의 최고로 인정된다. 예컨대 2008. 6. 1. 소멸시효가 기산한 경우 채권자가 2018. 2. 1.과 같은 해 7. 1. 각각 최고한 후 2018. 9. 1. 재판상 청구를 했다면, 2018. 7. 1. 최고를 기준으로 판단해야 하므로 소멸시효 완성이 인정되고 청구는 기각된다.

> 최고를 여러번 거듭하다가 재판상 청구 등을 한 경우에 <u>시효중단의 효력은 항상 최초의 최고시에 발생하는 것이 아니라 재판상 청구 등을 한 시점을 기준으로 하여 이로부터 소급하여 6월이내에 한 최고시에 발생한다</u>(대법원 1987. 12. 22. 선고 87다카2337 판결).

D. 시효중단효 확정 사유

• §174는 시효중단효 확정 사유로서 재판상 청구, 재판상의 청구, 파산절차참가, 화해를 위한 소환, 임의출석, 압류 또는 가압류, 가처분을 규정하고 있다.

• 그러나 §168의 취지상 채무승인도 최고에 의한 잠정적 시효중단효를 확정시키는 사유라고 보아야 한다.

> 제174조에 채권자가 최고 후 6개월 내에 확정적으로 시효를 중단시키기 위해 취할 보완조치에 채무의 승인을 포함하고 있지는 않지만, 최고 후 6개월 내에 **채무자의 승인이 있는 경우에도 위 규정을 유추적용하여 시효중단의 효력이 발생**한다고 해석하는 것이 타당하다. ⊙ 이를 부정하면 <u>제168조에서 승인을 재판상의 청구나 압류 등과 나란히 확정적인 시효중단사유의 하나로 정하고 있는 취지에 부합하지 않는다.</u> ⓒ 소멸시효제도나 시효중단제도의 취지에 비추어 볼 때 이에 관한 기산점이나 만료점은 **원권리자를 위하여 너그럽게 해석하는 것이 타당**하다. ⓒ <u>채권자의 최고에 따라 채무자가 자신의 채무를 승인하기까지하였다면</u> 더 이상 채권자를 권리 위에 잠자는 자라고 볼 수 없으므로, 그 권리를 충분히 보호하는 것이 소멸시효제도의 취지에 부합한다(대법원 2022. 7. 28. 선고 2020다46663 판결).

(2) 재판절차와 관련되지만, §174의 최고에 준하는 효과가 인정되는 경우

A. 각하·기각·취하로 종결된 재판상 청구(§170)

• 채권자가 재판상 청구를 했으나, 소 취하, 소 각하, 청구 기각으로 종료되면, 이러한 재판상 청구에는 시효중단효가 인정되지 않는다.

• 다만 취하·기각·각하된 날로부터 6개월 내에 채권자가 거듭 재판상 청구, (가) 압류 등, 승인 등의 시효중단 사유를 갖추고 이에 따른 시효중단효가 확정되면, 취하·기각·각하된 재판상 청구의 소 제기 시점이 시효중단 기준시가 된다.

> 제170조(재판상의 청구와 시효중단)
> ① 재판상의 청구는 소송의 각하, 기각 또는 취하의 경우에는 시효중단의 효력이 없다.
> ② 전항의 경우에 6월내에 재판상의 청구, 파산절차참가, 압류 또는 가압류, 가처분을 한 때에는 시효는 최초의 재판상 청구로 인하여 중단된 것으로 본다.

제170조에 의하면 재판상의 청구는 그 소송이 각하, 기각 또는 취하된 경우에는 그로부터 6월 내에 다시 재판상의 청구 등을 하지 않는 한 시효중단의 효력이 없고, 다만 최고의 효력이 있게 된다. 채권자가 <u>소 제기를 통하여 채무자에게 권리를 행사한다는 의사를 표시한 경우 그 소송이 계속되는 동안에는 최고에 의하여 권리를 행사하고 있는 상태가 지속되고 있다고 보아야</u> 하고, 최고에 의한 권리행사가 지속되고 있는 해당 소송 기간 중에 채권자가 제174조에 규정된 재판상 청구, 압류 또는 가압류, 가처분 등의 조치를 취한 이상, 그 시효중단의 효력은 당초의 소 제기 시부터 계속 유지되고 있다고 할 것이다(대법원 2022. 4. 28. 선고 2020다251403 판결).

B. 채권에 대한 (가)압류, 압류·추심명령

• 채권자 甲이 채무자 乙의 제3채무자 丙에 대한 채권을 (가)압류하면, 甲의 乙에 대한 집행채권에 대해서는 시효중단 사유로 인정되지만(§168), 乙의 丙에 대한 피압류채권에 대해서는 시효중단 사유로 인정되지 않는다.

• 채권자 甲이 받은 압류·추심명령이 제3채무자 丙에게 송달되더라도, 乙의 丙에 대한 피압류 채권에 대해서는 압류가 아니라 최고의 효력만 인정된다. 따라서 집행채권자 甲은 6개월 이내에 추심소송 등을 제기해야 乙의 丙에 대한 피압류채권의 소멸시효를 중단시킬 수 있다.

> **대법원 2003. 5. 13. 선고 2003다16238 판결**
> ‣ 채권자가 채무자의 제3채무자에 대한 채권을 압류 또는 가압류한 경우에 채무자에 대한 채권자의 채권에 관하여 시효중단의 효력이 생긴다고 할 것이나, <u>압류 또는 가압류된 채무자의 제3채무자에 대한 채권에 대하여는 제168조 **제2호 소정의 소멸시효 중단사유에 준하는 확정적인 시효중단의 효력이 생긴다고 할 수 없다**.</u>
> ‣ 그러나, 채권자가 확정판결에 기한 채권의 실현을 위하여 채무자의 제3채무자에 대한 채권에 관하여 압류 및 추심명령을 받아 그 결정이 <u>제3채무자에게 송달이 되었다면 거기에 소멸시효 중단사유인 최고로서의 효력</u>을 인정하여야 한다.

C. 소송고지(민사소송법 §76)

(a) 요건

• 소송고지의 적법 요건이 충족되어 있어야 한다.

• 소송고지에 이행을 요구하는 뜻도 포함되어 있어야 한다.

(b) 효과

- 소송고지서가 법원에 제출된 때 시효중단 사유인 §174의 최고의 효력이 인정된다(민사소송법 §265 유추적용).

> **대법원 2015. 5. 14. 선고 2014다16494 판결**
> ㆍ소송고지 요건이 갖추어진 경우에 그 소송고지서에 고지자가 피고지자에 대하여 <u>채무의 이행을 청구하는 의사가 표명되어 있으면 제174조 소정의 시효중단사유로서의 최고의 효력이 인정된다.</u>
> ㆍ소송고지에 의한 최고는 보통의 최고와는 달리 법원의 행위를 통하여 이루어지는 것이므로 만일 법원이 소송고지서의 송달사무를 우연한 사정으로 지체하는 바람에 <u>소송고지서의 송달 전에 시효가 완성된다면 고지자가 예상치 못한 불이익을 입게 된다는 점</u> 등을 고려하면, 소송고지에 의한 최고의 경우에는 **민사소송법 제265조를 유추 적용**하여 당사자가 소송고지서를 법원에 제출한 때에 시효중단의 효력이 발생한다고 봄이 상당하다.

- 소송고지가 행해진 재판절차가 소송고지 대상인 권리를 배척하는 판결로 종료한 경우 그때부터 §174의 6개월이 진행한다. 즉 소송고지가 행해진 재판절차가 진행되는 동안에는 최고에 의한 잠정적 시효중단효가 지속된다.

> <u>피고지자에 대한 참가적 효력이라는 일정한 소송법상의 효력까지 발생함에 비추어 볼 때, 고지자로서는 소송고지를 통하여 당해 소송의 결과에 따라 피고지자에게 권리를 행사하겠다는 취지의 의사를 표명한 것으로 볼 것이므로,</u> 당해 소송이 **계속중인 동안은 최고에 의하여 권리를 행사하고 있는 상태가 지속**되는 것으로 보아 제174조에 규정된 6월의 기간은 당해 소송이 종료된 때로부터 기산되는 것으로 해석하여야 할 것이다(대법원 2009. 7. 9. 선고 2009다14340 판결).

D. 재산명시 신청

(a) 개관

- 의미: 집행권원 있는 채권자의 신청이 있으면 법원은 채무자에게 재산목록 제출을 명할 수 있다.

> **민사집행법 제61조(재산명시신청)**
> ① 금전의 지급을 목적으로 하는 집행권원에 기초하여 강제집행을 개시할 수 있는 채권자는 채무자의 보통재판적이 있는 곳의 법원에 채무자의 재산명시를 요구하는 신

청을 할 수 있다.

② 제1항의 신청에는 집행력 있는 정본과 강제집행을 개시하는데 필요한 문서를 붙여야 한다.

제62조(재산명시신청에 대한 재판) ① 재산명시신청에 정당한 이유가 있는 때에는 법원은 채무자에게 재산상태를 명시한 재산목록을 제출하도록 명할 수 있다.

• 법적성질: 채권자의 재산명시 신청을 인용하는 재판서가 채무자에게 송달되었을 때 §174의 최고로서의 효력이 인정되고 6개월의 기간이 진행한다.

(b) 사례

• 사안의 개요: 채무자 甲에 대한 채권자 乙은 甲의 연대보증인 丙에게 이행소송을 제기하여 2007. 12. 1. 승소 확정판결을 받았다. 乙은 2017. 2. 1. 丙소유 부동산에 관한 경매개시 결정을 받았고 甲·丙에게 재산명시신청을 하여 그 결정이 甲·丙에게 2017. 2. 15. 각 송달되었다. 甲이 2017. 4. 1. 채무부존재 확인의 소를 제기하자 乙은 적극적으로 응소했고, 甲은 2017. 8. 1. 채무부존재 확인의 소를 취하했다.

• 쟁점과 판단: ㉠ 甲의 소 취하 시점인 2017. 8. 1.부터 6개월이 경과한 2018. 2. 1. 이전에 乙이 시효중단효 확정사유에 해당하는 재판상 청구 등의 조치를 하지 않았다면 乙의 甲에 대한 채권은 시효소멸한다. 응소에 의한 시효중단의 경우에도 원고인 채무자가 소를 취하하면 §170 ②이 적용되고, 甲이 乙에게 한 재산명시신청은 §174의 최고로서의 효력만 인정되기 때문이다. ㉡ 丙에 대해서는 2017. 2. 1. 경매개시결정으로 압류의 시효중단효가 발생했지만, 乙의 채무가 시효소멸한 이상 丙의 채무는 부종성으로 인해 소멸한다.

대법원 2012. 1. 12. 선고 2011다78606 판결

‣ 채권자가 확정판결에 기한 채권의 실현을 위하여 채무자에 대하여 민사집행법 소정의 재산명시신청을 하고 그 결정이 채무자에게 송달되었다면 거기에 소멸시효의 중단사유인 '최고'로서의 효력만 인정된다.

‣ 甲의 채무를 대위변제한 乙이 甲의 乙에 대한 구상금채무를 연대보증한 丙을 상대로 소송을 제기하였다가 강제조정결정이 내려져 확정된 날로부터 9년 4개월이 지난 후 그 결정을 집행권원으로 丙소유 부동산에 관한 경매개시결정을 받았고, 그 후 乙이

甲과 丙을 상대로 재산명시신청을 하여 재산명시결정이 甲과 丙에게 송달되었는데, 甲과 丙이 재산명시결정을 송달받은 때부터 6월 내에 구상금채무가 변제 등으로 모두 소멸하였다고 주장하면서 소를 제기하자 乙이 응소하여 적극적으로 구상금채무의 존재를 주장하였지만, 甲이 제1심판결에 항소한 후 소취하서를 제출하여 甲의 乙에 대한 소가 소취하로 종료되었음에도 乙은 그때부터 6월 내에 甲의 乙에 대한 구상금채무에 대하여 재판상 청구 등 다른 시효중단조치를 취하지 않았다.

• 甲의 乙에 대한 소가 소취하로 종료된 때부터 6월 내에 주채무인 구상금채무에 대하여 재판상 청구 등 다른 시효중단조치를 취하지 않아 乙의 응소행위로 인한 시효중단의 효력이 소멸됨으로써 주채무인 甲의 乙에 대한 구상금채무는 10년이 경과하여 소멸시효가 완성되었고, 나아가 乙의 신청에 의한 경매개시결정으로 丙 소유 부동산이 압류됨으로써 丙의 乙에 대한 연대보증채무의 소멸시효가 중단되었다 하더라도 주채무인 甲의 乙에 대한 구상금 채무가 소멸시효 완성으로 소멸된 이상 丙의 乙에 대한 연대보증채무도 그 채무 자체의 시효중단에 불구하고 부종성에 따라 당연히 소멸한다.

3. 시효중단 사유2: 압류, 가압류, 가처분

가. 개관

(1) 의미

A. 압류

• 압류란 강제집행 개시와 함께 집행 대상인 재산권을 동결하는 조치를 뜻한다. 압류는 재판상 청구보다 더 적극적으로 채권을 행사하는 것이고, 재판상 청구와는 별도의 조치이므로 독립된 시효중단 사유로 인정된다.

> 민사집행법 제83조(경매개시결정 등) ①경매절차를 개시하는 결정에는 동시에 그 부동산의 압류를 명하여야 한다.

> 민사집행법 제223조(채권의 압류명령) 제3자에 대한 채무자의 금전채권 또는 유가증권, 그 밖의 유체물의 권리이전이나 인도를 목적으로 한 채권에 대한 강제집행은 집행법원의 압류명령에 의하여 개시한다.

> 민사집행법 제268조(준용규정) 부동산을 목적으로 하는 담보권 실행을 위한 경매절차에는 제79조 내지 제162조의 규정을 준용한다.

- 채권자 자신이 경매신청을 하여 압류한 경우뿐 아니라 다른 채권자에 의해 개시된 경매절차에서 채권을 행사하는 것도 압류에 준하는 시효중단 사유로 인정된다. 그 예로서 ㉠ 집행권원 있는 채권자의 배당요구, ㉡ 첫 경매개시결정 등기 전에 등기되고 매각으로 소멸하는 담보권을 가진 채권자의 채권 신고를 들 수 있다.

> 집행권원 있는 채권자가 배당요구의 방법으로 권리를 행사하여 경매절차에 참가하였다면 그 배당요구는 제168조 제2호의 압류에 준하는 것으로서 배당요구에 관련된 채권에 관하여 소멸시효를 중단하는 효력이 생긴다(대법원 2022. 5. 12. 선고 2021다280026 판결).

> 저당권으로서 첫 경매개시결정등기 전에 등기되었고 매각으로 소멸하는 것을 가진 채권자는 담보권을 실행하기 위한 경매신청을 할 수 있을뿐더러 다른 채권자의 신청에 의하여 개시된 경매절차에서 배당요구를 하지 않아도 당연히 배당에 참가할 수 있는 바, 이러한 채권자가 채권의 유무, 그 원인 및 액수를 법원에 신고하여 권리를 행사하였다면 그 채권신고는 제168조 제2호의 압류에 준하는 것으로서 신고된 채권에 관하여 소멸시효를 중단하는 효력이 생긴다(대법원 2010. 9. 9. 선고 2010다28031 판결).

B. 가압류·가처분

(a) 의미

- 가압류·가처분은 금전채권자가 강제집행을 보전하기 위해 채무자의 책임재산을 확보해 두는 보전처분으로서, 가압류·가처분의 집행에 대해서는 강제집행에 관한 규정들이 준용된다.
- 가압류는 금전채권자가 채무자의 책임재산을 확보하기 위한 보전처분이다. 채무자가 가압류 대상 재산을 처분하더라도 가압류 채권자는 가압류의 처분금지효를 양수인에게 주장할 수 있으므로, 처분된 재산을 책임재산으로 삼아 강제경매를 할 수 있다. 다만 담보물권자와는 달리 우선변제권은 없으므로 안분배당만 받을 수 있다.

> 민사집행법 제276조(가압류의 목적) ①가압류는 금전채권이나 금전으로 환산할 수 있는 채권에 대하여 동산 또는 부동산에 대한 강제집행을 보전하기 위하여 할 수 있다.

민사집행법 제277조(보전의 필요) 가압류는 이를 하지 아니하면 판결을 집행할 수 없거나 판결을 집행하는 것이 매우 곤란할 염려가 있을 경우에 할 수 있다.

민사집행법 제291조(가압류집행에 대한 본집행의 준용) 가압류의 집행에 대하여는 강제집행에 관한 규정을 준용한다.

민사집행법 제293조(부동산가압류집행) ①부동산에 대한 가압류의 집행은 가압류재판에 관한 사항을 등기부에 기입하여야 한다.

• 가처분은 권리 실현의 실효성을 확보하기 위해 다툼의 대상인 재산이나 지위 자체의 현상을 유지하는 보전처분이다.

민사집행법 제300조(가처분의 목적) ①다툼의 대상에 관한 가처분은 현상이 바뀌면 당사자가 권리를 실행하지 못하거나 이를 실행하는 것이 매우 곤란할 염려가 있을 경우에 한다.

민사집행법 제301조(가압류절차의 준용) 가처분절차에는 가압류절차에 관한 규정을 준용한다.

민사집행법 제305조(가처분의 방법)
① 법원은 신청목적을 이루는 데 필요한 처분을 직권으로 정한다.
② 가처분으로 보관인을 정하거나, 상대방에게 어떠한 행위를 하거나 하지 말도록, 또는 급여를 지급하도록 명할 수 있다.
③ 가처분으로 부동산의 양도나 저당을 금지한 때에는 법원은 제293조의 규정을 준용하여 등기부에 그 금지한 사실을 기입하게 하여야 한다

(b) 가압류·가처분의 방법

• 부동산: 부동산을 책임재산으로 보전하기 위한 가압류나 부동산 자체를 목적으로 하는 권리를 보전하기 위한 가처분은 가압류나 가처분의 취지를 등기함으로써 집행한다.
• 채권: 채권에 대한 가압류·가처분은 제3채무자에 대해 가압류·가처분 명령서를 송달하는 방식으로 집행한다.

C. 참고: 시효중단 사유로서의 압류, 가압류·가처분

- 압류는 강제집행 절차 개시를 전제한다. 따라서 재판상 청구보다 더 적극적인 권리 행사이다. 한편 가압류·가처분은 비록 재판상 청구 전 단계이기는 하지만, 법원의 재판을 거쳐 발령되고 등기 등의 방법으로 집행하므로 적극적인 권리 행사라고 볼 수 있다. 따라서 압류, 가압류·가처분이 시효중단 사유라는 것 자체에는 의문이 없다.

- 다만 재판상 청구보다 더 강한 시효중단효가 인정된다는 점이 문제된다. 재판상 청구는 시효중단 사유 확정과 동시에 시효중단효가 소멸하는데 비해, 가압류·가처분은 그 집행을 마쳐 시효중단 사유가 확정되면 별도의 시효중단효 소멸 사유가 발생하기 전까지 시효중단효가 지속된다.

나. 요건: (가)압류 등을 명하는 유효한 재판

(1) 유효한 (가)압류 등

A. 의미

(a) 민사집행법상 요건 충족

(b) (가)압류 등은 거듭될 수 있음

> 다른 시효중단사유인 압류·가압류나 승인 등의 경우 이를 1회로 제한하고 있지 않음에도 유독 재판상 청구의 경우만 1회로 제한되어야 한다고 보아야 할 합리적인 근거가 없다(대법원 2018. 7. 19. 선고 2018다22008 전원합의체 판결).

B. 유효한 (가)압류 등이 아니라고 인정된 사례

(a) 집행채무자가 망인인 경우

- 망인을 집행채무자로 하는 (가)압류 등은 당연무효이고 시효중단효가 인정되지 않는다.

- 상속인이 이러한 사실에 대해 악의였다는 사정만으로는 소멸시효 완성 주장이 신의칙에 반한다고 볼 수 없다.

대법원 2006. 8. 24. 선고 2004다26287 판결
- 이미 사망한 자를 피신청인으로 한 가압류신청은 <u>부적법하고 그 신청에 따른 가압류결정이 있었다고 하여도 그 결정은 당연 무효</u>로서 그 효력이 상속인에게 미치지 <u>않으며, 이러한 당연 무효의 가압류는 제168조가 정한 소멸시효의 **중단사유인 가**</u>

__압류에 해당하지 않__는다.

‣ 상속채무를 부담하게 된 상속인의 행위가 단순히 피상속인에 대한 사망신고 및 상
  속부동산에 대한 상속등기를 게을리 함으로써 채권자로 하여금 당연 무효의 가압
  류를 하도록 방치하고 그 가압류에 대하여 이의를 제기하거나 피상속인의 사망 사
  실을 채권자에게 알리지 않은 정도에 그치고, 그 외 __달리 채권자의 권리 행사를 저__
  __지·방해할 만한 행위에 나아간 바 없다면__ 위와 같은 소극적인 행위만을 문제 삼아
  상속인의 소멸시효 완성 주장이 신의성실의 원칙에 반하여 권리남용으로서 허용
  될 수 없다고 볼 것은 아니다.

(b) 채권의 일부에 대한 (가)압류의 경우, 누락된 나머지 부분

• (가)압류 등의 신청시 채권의 일부만 피보전채권으로 주장하면 주장한 부분에 대
  해서만 시효중단 사유로 인정된다. 따라서 (가)압류 등의 신청 대상인 부분은 시
  효소멸 하지 않아도 (가)압류 등의 신청 대상이 아닌 부분은 시효소멸한다.

채권자가 가분채권의 __일부분을 피보전채권__으로 주장하여 채무자 소유의 재산에 대하
여 가압류를 한 경우에 있어서는 그 피보전채권 __부분만에 한하여 시효중단__의 효력이
있다 할 것이고 가압류에 의한 보전채권에 포함되지 아니한 나머지 채권에 대하여는
시효중단의 효력이 발생할 수 없다(대법원 1976. 2. 24. 선고 75다1240 판결).

__대법원 2016. 3. 24. 선고 2014다13280 판결__
‣ 1개의 채권의 일부에 대한 가압류·압류는 유효한 채권 부분을 대상으로 한 것이고,
  유효한 채권 부분이 남아 있는 한 거기에 가압류·압류의 효력이 계속 미친다고 봄
  이 타당하다.
‣ 따라서 1개의 채권 중 일부에 대하여 가압류·압류를 하였는데, 위 채권의 __일부에__
  __대하여만 소멸시효가 중단되고 나머지 부분은 이미 시효로 소멸한 경우, 가압류·__
  __압류의 효력은 시효로 소멸되지 않고 잔존하는 채권 부분에 계속 미친다__고 보아야
  한다.

• 압류에 의한 시효중단은 경매신청서뿐 아니라 채권계산서에도 기재된 채권에 대
  해서만 인정된다.

> 경매신청서의 청구금액에 기재되지 아니한 채권은 경매신청에 의하여 시효가 중단되
> 지 않고, 가분채권의 경우 일부가 청구금액에 포함되지 아니하였다면 그 부분도 시효
> 가 중단되지 않는다고 보아야 할 것이며, **경매신청서의 청구금액에 포함되어 있었다**
> **하더라도 채권계산서에 기재된 채권에 한하여** 소멸시효중단의 효력이 있다(대법원
> 1991. 12. 10. 선고 91다17092 판결).

- 비교: 재판상 청구의 경우에는 일부 청구를 했더라도 나머지 부분에 대해서도 일
  정 요건 하에 시효중단이 인정될 수 있다는 것과 다르다.

C. 사례

(a) 주택임대차보호법상 임차권등기명령에 의한 임차권등기

- 임차권등기명령의 발령·집행, 이에 대한 불복 절차 등에 대해서는 가압류에 관
  한 민사집행법 규정이 준용되지만, 그렇다고 해서 임차권등기명령에 의한 임차
  권등기의 법적 성질이 §168의 '가압류'에 해당하는 것은 아니다. 따라서 이러한
  임차권등기에는 시효중단효가 없다(2017다226629, 채권각론 참조).
- 임차권등기의 본질은 담보권 설정등기에 가깝고, 담보권 설정등기는 시효중단
  사유가 아니기 때문이다.

(b) 예금채권 가압류

- 가압류 당시에는 피압류채권이 존재하지 않아도, 특정 가능성, 발생의 기초가 되
  는 법률관계의 존재, 발생의 개연성이 인정되면 시효중단효가 인정된다. 예컨대
  가압류명령 송달 당시 예금채권 발생의 기초가 되는 법률관계가 존재하여 예금채
  권을 특정할 수 있고 장차 그 예금채권 발생의 개연성이 있었다면 그 후 입금된 예
  금에 대한 예금채권에도 가압류의 효력이 미친다.
- 다만 가압류 결정이 송달되어 집행이 완료될 때까지도 제3채무자 명의 예금계좌
  가 개설되지 않으면, 피압류채권 발생의 기초가 되는 법률관계가 없어서 집행보전
  효가 없으므로 가압류결정 송달로 중단되었던 소멸시효는 송달시부터 다시 진행
  한다. 즉 시효중단이 종료된다.

대법원 2023. 12. 14. 선고 2022다210093 판결

‣ 가압류명령의 송달 이후에 채무자의 계좌에 입금될 예금채권도 그 <u>발생의 기초가</u> <u>되는 법률관계가 존재하여 현재 그 권리의 특정이 가능하고 가까운 장래에 예금채</u> <u>권이 발생할 것이 상당한 정도로 기대</u>된다고 볼 만한 예금계좌가 개설되어 있는 경 우 등에는 가압류의 대상이 될 수 있다. 채권자가 채무자의 제3채무자에 대한 채권 을 가압류할 당시 그 피압류채권이 부존재하는 경우에도 집행채권에 대한 권리 행 사로 볼 수 있어 특별한 사정이 없는 한 가압류집행으로써 그 집행채권의 소멸시효 는 중단된다.

‣ 그러나 장래의 예금채권에 대한 가압류결정 정본이 제3채무자에게 송달되었을 때 에 채무자의 제3채무자에 대한 <u>예금계좌가 개설되어 있지 않는 등 그 피압류채권 발</u> <u>생의 기초가 되는 법률관계가 없는 경우</u>에는, 그러한 채권가압류는 피압류채권이 존재하지 않으므로 가압류로서 집행보전의 효력이 없으므로 특별한 사정이 없는 한 가압류결정의 송달로써 개시된 집행절차는 곧바로 종료되고, 이로써 <u>시효중단사유</u> <u>도 종료되어 집행채권의 소멸시효는 그때부터 새로이 진행한다고 보아야 한다.</u>

다. 시효중단효 확정

(1) 확정사유: (가)압류 등의 집행 착수

A. 개관

• (가)압류 등을 명하는 재판을 받았더라도 집행 절차에 착수하지 않으면 시효중단 효가 발생하지 않는다.

• 집행 절차에 착수했으나 집행 불능으로 종료된 경우, 시효중단효가 발생하지만 집행 절차 종료시에 시효중단 종료로 인정되어 소멸시효가 재기산한다.

대법원 2011. 5. 13. 선고 2011다10044 판결

‣ 유체동산에 대한 가압류결정을 받은 사실만으로는 그 시효가 중단된다고 할 수 없 고 유체동산에 대한 <u>가압류의 집행절차에 착수하지 않은 경우에는 시효중단의 효</u> <u>력이 없다.</u>

‣ 그 <u>집행 절차를 개시하였으나 가압류할 동산이 없기 때문에 집행 불능이 된 경우에</u> <u>는 집행 절차가 종료된 때로부터 시효가 새로이 진행</u>된다.

• 집행 절차를 마치면 시효중단효가 발생하고 시효중단 종료 사유가 발생하기 전 까지 시효중단효가 지속된다.

B. 재산의 유형에 따른 시효중단효 확정 사유

- 부동산: (가)압류 등의 취지가 등기되면 (가)압류 등이 집행되고 시효중단효가 확정된다.
- 채권: 제3채무자에게 (가)압류 등의 취지가 송달되면 (가)압류 등이 집행되고 시효중단효가 확정된다.
- 동산, 유가증권: 집행관이 점유를 개시하면 (가)압류 등이 집행되고 시효중단효가 확정된다. 집행채무자가 간접점유자인 경우에는 직접점유자에게 유체동산 인도청구권에 대한 (가)압류 등의 취지를 송달함으로써 집행이 종료된다.

> 압류 대상인 유가증권을 채무자가 아닌 제3자가 점유하고 있는 경우에는 채권자는 채무자가 제3자에 대하여 가지는 유체동산인 출자증권의 인도청구권을 가압류하는 방법으로 가압류집행을 할 수 있다. 이 경우 유체동산에 관한 인도청구권의 가압류는 원칙적으로 금전채권의 가압류에 준해서 집행법원의 가압류명령과 그 송달로써 하는 것이므로, 가압류명령이 제3채무자에게 송달됨으로써 유체동산에 관한 인도청구권 자체에 대한 가압류집행은 끝나고 그 효력이 생긴다(대법원 2017. 4. 7. 선고 2016다35451 판결).

(2) 시효중단 기준시: (가)압류 등의 신청시

- (가)압류 등에 의한 시효중단의 기준시에 대한 명문 규정은 없지만, 재판상 청구에 관한 민사소송법 §265가 유추 적용된다.
- 재판상 청구에 의한 시효중단 기준시는 소장 송달시가 아니라 소 제기시인데, (가)압류 등도 법원의 재판에 해당하므로 재판 신청시가 시효중단의 기준시로 해석된다.

> **대법원 2017. 4. 7. 선고 2016다35451 판결**
> - 제168조 제2호에서 가압류를 시효중단사유로 정하고 있지만, 가압류로 인한 시효중단의 효력이 언제 발생하는지에 관해서는 명시적으로 규정되어 있지 않다.
> - 민사소송법 제265조에 의하면, 시효중단사유 중 하나인 '재판상의 청구'는 소를 제기한 때 시효중단의 효력이 발생한다. 이는 소장 송달 등으로 **채무자가 소 제기 사실을 알기 전에 시효중단의 효력을 인정**한 것이다.
> - 가압류에 관해서도 위 민사소송법 규정을 유추적용하여 '재판상의 청구'와 유사하게 가압류를 신청한 때 시효중단의 효력이 생긴다고 보아야 한다. '가압류'는 법원

의 **가압류명령을 얻기 위한 재판절차와 가압류명령의 집행절차**를 포함하는데, 가압류도 재판상의 청구와 마찬가지로 법원에 신청을 함으로써 이루어지고(민사집행법 제279조), 가압류명령에 따른 집행이나 가압류명령의 송달을 통해서 채무자에게 고지가 이루어지기 때문이다.

· 가압류를 시효중단사유로 규정한 이유는 가압류에 의하여 채권자가 권리를 행사하였다고 할 수 있기 때문이다. 가압류채권자의 권리 행사는 가압류를 신청한 때에 시작되므로, 이 점에서도 **가압류에 의한 시효중단의 효력은 가압류신청을 한 때에 소급**한다고 볼 수 있다.

라. 시효중단 종료와 소멸시효 재기산

(1) 개관

· 집행보전의 효력이 유지되는 동안은 시효중단효가 유지되므로 소멸시효가 재기산하지 않는다.

> **대법원 2011. 5. 13. 선고 2011다10044 판결**
>
> · 제168조에서 가압류를 시효중단사유로 정하고 있는 것은 가압류에 의하여 채권자가 권리를 행사하였다고 할 수 있기 때문인데 가압류에 의한 집행보전의 효력이 존속하는 동안은 가압류채권자에 의한 권리 행사가 계속되고 있다고 보아야 할 것이므로 가압류에 의한 시효중단의 효력은 가압류의 집행보전의 효력이 존속하는 동안은 계속된다.
>
> · 따라서 유체동산에 대한 가압류결정을 집행한 경우 가압류에 의한 시효중단의 효력은 가압류의 집행보전의 효력이 존속하는 동안 계속된다.

· 가압류의 피보전채권에 관한 본안 승소판결이 확정되더라도 가압류의 집행보전효는 그대로 유지된다. 피보전채권의 이행을 구하는 재판상 청구는 가압류와 구별되는 별개의 시효중단 사유이기 때문이다.

가압류와 재판상의 청구를 별도의 시효중단사유로 규정하고 있는데 비추어 보면, 가압류의 피보전채권에 관한 본안 승소판결이 확정되었다고 하더라도 가압류에 의한 시효중단의 효력이 이에 흡수되어 소멸된다고 할 수도 없다(대법원 2000. 4. 25. 선고 2000다11102 판결).

(2) 취하, 부적법 취소 이외의 사유에 의한 (가)압류 등의 해제, 취소(361면 이하)

(3) (가)압류 등의 대상인 재산에 대한 집행 절차 종료: 압류 등에 근거한 배당

A. 개관

• (가)압류 등에 의한 시효중단은 배당표 확정시 종료되고 이때부터 소멸시효가 다시 진행한다.

• 일부에 대한 배당이의가 있으면 배당이의 대상인 부분에 대해서는 배당이의 소송에 의해 배당표가 경정되거나 확정되는 때부터 소멸시효가 다시 진행한다.

> **대법원 2009. 3. 26. 선고 2008다89880 판결**
> ‣ 채권자가 **배당요구 또는 채권신고** 등의 방법으로 권리를 행사하여 강제경매절차에 참가하고, 그 권리 행사로 인하여 <u>소멸시효가 중단된 채권에 대하여 일부만 배당하는 것으로 배당표가 작성되고 다시 그 배당액 중 일부에 대하여만 배당이의가 있어</u> 그 이의의 대상이 된 부분을 제외한 나머지 부분, 즉 배당액 중 이의가 없는 부분과 배당받지 못한 부분의 배당표가 확정이 되었다면,
> ‣ 이로써 그와 같이 ㉠ **배당표가 확정된 부분에 관한 권리 행사는 종료되고 그 부분에 대하여 중단된 소멸시효는 위 종료 시점부터 다시 진행**된다. 그리고 위 채권 중 ㉡ **배당이의의 대상이 된 부분**은 그에 관하여 적법하게 배당이의의 소가 제기되고 그 소송이 완결된 후 그 결과에 따라 <u>종전의 배당표가 그대로 확정 또는 경정되거나 새로 작성된 배당표가 확정</u>되면 그 시점에서 권리 행사가 종료되고 그때부터 다시 소멸시효가 진행한다.

B. 사례: 배당금이 공탁된 경우

• 가압류된 부동산이 경매되어 가압류등기가 말소되고 배당금이 공탁된 경우 피보전채권의 소멸시효가 재기산한다.

• 배당금이 공탁되어 공탁금출급청구권이 발생한 상태를 피공탁자의 채권행사라고 볼 수는 없기 때문이다.

> **대법원 2013. 11. 14. 선고 2013다18622 판결**
> ‣ 가압류는 강제집행을 보전하기 위한 것으로서 <u>경매절차에서 부동산이 매각되면 그 부동산에 대한 집행보전의 목적을 다하여 효력을 잃고 말소되며</u>, 가압류채권자에게는 집행법원이 그 지위에 상응하는 배당을 하고 배당액을 공탁함으로써 가압류채권자가 장차 집행권원을 얻었을 때 배당액을 지급받을 수 있도록 하면 족한 것이

다. 따라서 이러한 경우 **가압류에 의한 시효중단은 경매절차에서 부동산이 매각되어 가압류등기가 말소되기 전에 배당절차가 진행되어 가압류채권자에 대한 배당표가 확정되는 등의 특별한 사정이 없는 한, 채권자가 가압류집행에 의하여 권리 행사를 계속하고 있다고 볼 수 있는 가압류등기가 말소된 때 그 중단사유가 종료**되어, 그때부터 새로 소멸시효가 진행한다고 봄이 상당하다.

‣ 매각대금 납부 후의 **배당절차에서 가압류채권자의 채권에 대하여 배당이 이루어지고 배당액이 공탁되었다고 하여 가압류채권자가 그 공탁금에 대하여 채권자로서 권리 행사를 계속하고 있다고 볼 수는 없**으므로 가압류에 의한 시효중단의 효력이 계속된다고 할 수 없다.

‣ 피고가 이 사건 공사대금채권을 피보전채권으로 하여 **이 사건 부동산을 가압류하였으므로 소멸시효가 중단되었다가 이 사건 가압류등기가 말소된 다음날인 2005. 11. 5.부터 소멸시효가 새로 진행**하는데, 피고가 이 사건 공사대금채권의 존재를 주장하는 답변서를 제출하고 이 사건 반소를 제기한 것은 그로부터 3년이 경과한 후임이 명백하므로, 피고의 이 사건 공사대금채권은 소멸시효가 완성되었다.

‣ 경매신청이 경락허가 없이 완결된 때에는 법원은 경매개시결정 기입의 말소를 등기공무원에게 촉탁하여야 한다고 규정하고 있으므로, 그 말소등기 촉탁 절차 없이 경매개시결정의 기입등기가 여전히 남아 있다고 하여 이를 달리 볼 것이 아니다.

마. (가) 압류 등에 의한 시효중단의 종료 사유, 시효중단효의 소급적 소멸 사유

(1) 시효중단 종료 사유: (가)압류등의 취소·해제

A. 의미

• (가)압류 재판이나 (가)압류 등의 집행이 취소되더라도, 채권자 자신이 취하하거나 부적법으로 인해 취소되는 경우가 아니라면 시효중단 사유가 종료되는데 그친다.

• 따라서 이 경우 시효중단효 자체는 인정되고 소멸시효가 재기산할 뿐이다.

제178조에 의하면 시효가 중단된 때에는 중단까지에 경과한 시효기간은 이를 산입하지 아니하고 중단사유가 종료한 때로부터 새로이 진행하는데, '압류'에 의한 시효중단의 효력은 압류가 해제되거나 집행절차가 종료될 때 중단사유가 종료한 것으로 볼 수 있다(대법원 2017. 4. 28. 선고 2016다239840 판결).

B. 시효중단 종료 사유의 예

• 민사집행법에 규정된 (가)압류 등의 취소 사유가 적용된 경우에는 소멸시효가 재기산하는데 그친다. 그 예로서 ㉠ 제소명령 위반으로 인한 취소나 ㉡ 남을 가망이 없음을 이유로 경매개시 결정이 취소되는 경우 등을 들 수 있다.

법률의 규정에 따른 적법한 가압류가 있었으나 제소기간의 도과로 인하여 가압류가 취소된 경우에는 제175조의 소멸시효 중단의 효력이 없는 경우에 해당하지 않는다 (대법원 2011. 1. 13. 선고 2010다88019 판결).

법률의 규정에 따른 적법한 압류가 있었으나 이후 남을 가망이 없는 경우의 경매취소를 규정한 민사집행법 제102조 제2항에 따라 경매절차가 취소된 때는 제175조가 정한 소멸시효 중단의 효력이 없는 경우에 해당한다고 볼 수 없다(대법원 2015. 2. 26. 선고 2014다228778 판결).

• 채권압류 집행 후에 집행채무자와 제3채무자 사이에서 발생한 원인계약 해제, 변제 · 상계 · 소멸시효 완성 등의 사정으로 인해 피압류채권이 소멸하면, 이 채권에 대한 (가)압류 등의 명령은 실효된다. 따라서 (가)압류 해제 전이더라도 (가)압류 등에 의한 시효중단도 종료되어 소멸시효가 새로 진행한다.

대법원 2017. 4. 28. 선고 2016다239840 판결

‣ 소멸시효의 중단사유 중 '압류'에 의한 시효중단의 효력은 **압류가 해제되거나 집행 절차가 종료될 때 그 중단사유가 종료**한 것으로 볼 수 있다.

‣ 보험계약자의 보험금 채권에 대한 압류가 행하여지더라도 채무자나 제3채무자는 기본적 계약관계인 보험계약 자체를 해지할 수 있고, 보험계약이 해지되면 그 계약에 의하여 발생한 보험금 채권은 소멸하게 되므로 **이를 대상으로 한 압류명령은 실효**된다.

‣ 체납처분에 의한 채권압류로 인하여 채권자의 채무자에 대한 채권의 시효가 중단된 경우에 그 압류에 의한 체납처분 절차가 채권추심 등으로 종료된 때뿐만 아니라, 피압류채권이 그 기본계약관계의 해지 · 실효 또는 **소멸시효 완성** 등으로 인하여 소멸함으로써 압류의 대상이 존재하지 않게 되어 압류 자체가 실효된 경우에도 체납처분 절차는 더 이상 진행될 수 없으므로 **시효중단 사유가 종료**한 것으로 보아야 하고, 그때부터 **시효가 새로이 진행**한다고 할 것이다. 이에 비해 파기된 원심은 압류가 해제되기 전까지는 그로 인한 시효중단의 효력이 그대로 유지된다는 이유로 조세채무는 그 시효가 중단되어 계속 존재하고 있다고 판단했다.

- 비교: 압류채권자가 채권에 대한 압류·추심명령 중에서 압류명령은 유지한 채 추심명령만 취하하더라도 시효중단효는 유지된다. 압류명령과 추심명령은 별개의 재판이기 때문이다.

대법원 2014. 11. 13. 선고 2010다63591 판결
- 금전채권에 대한 압류명령과 그 현금화 방법인 추심명령을 동시에 신청하더라도 압류명령과 추심명령은 별개로서 적법성 여부나 신청의 취하 여부는 별도로 판단하여야 한다.
- 채권자는 추심명령에 따라 얻은 권리를 포기할 수 있지만 추심권의 포기는 압류의 효력에는 영향을 미치지 아니하므로, 추심권의 포기만으로는 압류로 인한 소멸시효 중단의 효력은 상실되지 아니하고 압류명령의 신청을 취하하면 비로소 소멸시효 중단의 효력이 소급하여 상실된다.

(2) 비교: 시효중단효의 소급적 소멸 사유: (가)압류 등의 취하·취소(§175)

> 제175조(압류, 가압류, 가처분과 시효중단) 압류, 가압류 및 가처분은 권리자의 청구에 의하여 또는 법률의 규정에 따르지 아니함으로 인하여 취소된 때에는 시효중단의 효력이 없다.

- 권리자가 (가)압류 등의 신청을 취하하거나, 이러한 신청이 부적법을 이유로 취소된 경우에는 시효중단효가 소급적으로 소멸한다.

제175조에서 '권리자의 청구에 의하여 취소된 때'라고 함은 권리자가 압류, 가압류 및 가처분의 신청을 취하한 경우를 말하고, '시효중단의 효력이 없다'라고 함은 소멸시효 중단의 효력이 소급적으로 상실된다는 것을 뜻한다(대법원 2014. 11. 13. 선고 2010다63591 판결).

- 가압류 자체가 아니라 가압류 집행을 취하해도 §175가 적용되는데, 권리 행사 의사가 없음을 표명했기 때문이다. 따라서 집행 취소에 장래효만 인정되더라도 시효중단효의 소급적 소멸은 그대로 적용된다.

대법원 2014. 11. 13. 선고 2010다63591 판결
- 가압류가 행하여진 경우에 그 후 채권자의 신청에 의하여 그 집행이 취소되었다면, 다른 특별한 사정이 없는 한 가압류에 의한 소멸시효 중단의 효과는 소급적으로 소멸된다.

- 가압류의 집행 후에 행하여진 채권자의 **집행취소 또는 집행해제의 신청은 실질적으로 집행신청의 취하**에 해당하고, 이는 다른 특별한 사정이 없는 한 **가압류 자체의 신청을 취하하는 것과 마찬가지**로 그에게 권리 행사의 의사가 없음을 객관적으로 표명하는 행위로서 위 법 규정에 의하여 시효중단의 효력이 소멸한다고 봄이 상당하다.
- 이 점은 집행 취소의 경우 그 취소의 효력이 단지 장래에 대하여만 발생한다는 것에 의하여 달라지지 아니한다.

4. 시효중단사유3: 채무승인

가. 개관

(1) 의미, 법적성질

- 채무승인이란 '시효이익을 받을 사람'인 채무자나 그 대리인이 '시효완성으로 인해 권리를 상실할 사람'인 채권자에게 '소멸시효가 진행되고 있는 채무의 존재를 알고 있다'라는 뜻을 표시하는 행위를 뜻한다.
- 법적 성질: 채무승인을 한 채무자가 '시효중단'이라는 법률효과를 원했는지의 여부와 무관하게 시효중단이라는 효과가 발생한다. 따라서 채무승인의 법적 성질은 의사표시가 아니라 관념의 통지이다.
- 비교: 소멸시효 완성 후에 그 효과를 소멸시키려면 의사표시의 일종인 '시효이익 포기'의 요건을 갖춰야 한다. 따라서 소멸시효 완성 후 채권자가 채권을 행사하려면 채무자가 자신의 의무를 알고 있다는 뜻을 표시했다는 사실을 증명하는 것만으로는 부족하고, 채무자가 소멸시효 완성으로 인한 법적 이익을 받지 않으려는 효과의사까지 표시했다는 사실을 증명해야 한다.

> **대법원 2017. 7. 11. 선고 2014다32458 판결**
> - 채무승인은 <u>시효이익을 받는 당사자인 채무자</u>가 소멸시효의 완성으로 채권을 상실하게 될 자에 대하여 **상대방의 권리 또는 자신의 채무가 있음을 알고 있다는 뜻을 표시함으로써 성립하는 이른바 관념의 통지**로 여기에 어떠한 <u>효과의사가 필요하지 않다.</u>
> - 이에 반하여 시효완성 후 **시효이익의 포기가 인정되려면 시효이익을 받는 채무자가 시효의 완성으로 인한 법적인 이익을 받지 않겠다는 효과의사가 필요**하기 때문에,

시효완성 후 소멸시효 중단사유에 해당하는 채무의 승인이 있었다 하더라도 그것만
으로는 곧바로 소멸시효 이익의 포기라는 의사표시가 있었다고 단정할 수 없다.

(2) 증명책임: 채권자

소멸시효의 중단사유로서 채무자에 의한 채무승인이 있었다는 사실은 이를 주장하는
채권자 측에서 입증하여야 한다(대법원 2015. 4. 9. 선고 2014다85216 판결).

나. 요건

(1) 시효중단사유인 채무승인에 대한 시간적 제한

• 사전승인: 아직 발생하지 않은 채무에 대해 미리 승인하는 것은 무효이다.

> **대법원 2001. 11. 9. 선고 2001다52568 판결**
> ‣ 소멸시효의 중단사유로서의 승인은 시효이익을 받을 당사자인 채무자가 그 <u>권리의
> 존재를 인식하고 있다는 뜻을 표시함으로써 성립하는 것이므로 이는 소멸시효의
> 진행이 개시된 이후에만 가능</u>하고 그 이전에 승인을 하더라도 시효가 중단되지는
> 않는다고 할 것이고, 또한 현존하지 아니하는 장래의 채권을 미리 승인하는 것은 채
> 무자가 그 권리의 존재를 인식하고서 한 것이라고 볼 수 없어 허용되지 않는다고 할
> 것이다.
> ‣ 원심판결 이유에 의하면, 원심은 피고들이 원고 병원과 진료계약을 체결하면서
> "입원료 기타 제요금이 체납될 시는 원고 병원의 법적 조치에 대하여 아무런 이의
> 를 하지 않겠다."고 약정하였다 하더라도, 이로써 그 당시 아직 발생하지도 않은 이
> 사건 치료비 채무의 존재를 미리 승인하였다고 볼 수는 없다고 판단하였는바, 이는
> 위 법리에 따른 것으로서 옳다

• 사후승인: 채무의 소멸시효 완성 후에는 관념의 통지인 승인으로는 부족하고 소
  멸시효 완성의 법률효과를 원용하지 않는다는 효과의사가 포함된 의사표시인
  '시효이익 포기'가 있어야 채권 소멸이라는 효과가 배제된다.

(2) 당사자

A. 승인자

(a) 개관

• 채무승인을 하려면 채무를 부담할 권한과 행위능력이 있어야 한다. 다만 상대방
  의 권리에 관한 처분권은 필요 없다.

> 제177조(승인과 시효중단) 시효중단의 효력있는 승인에는 상대방의 권리에 관한 처분의 능력이나 권한있음을 요하지 아니한다.

- 채무자 자신이 승인하는 경우 행위능력이 필요하고 채무자 아닌 자가 승인하려면 채무부담에 관한 대리권이 필요하다(시효이익 포기에 관한 판례 참조).

(b) 사례

- 이행인수인은 채무자의 대리인이 아니므로 이행인수인이 채권자에게 한 채무승인은 채권의 소멸시효 중단 사유가 아니다.

> 소멸시효 중단사유인 채무의 승인은 시효이익을 받을 당사자나 그 대리인만이 할 수 있는 것이므로 이행인수인이 채권자에 대하여 채무자의 채무를 승인하더라도 다른 특별한 사정이 없는 한 시효중단 사유가 되는 채무승인의 효력은 발생하지 않는다(대법원 2016. 10. 273 선고 2015다239744 판결).

- 비법인 사단이 총유물에 대한 계약을 체결하는 것은 처분행위에 해당하지만, 총유물 처분 계약이 유효하게 성립한 후 비법인 사단이 부담한 채무에 대해 채무승인을 하는 것은 처분행위가 아니다. 따라서 대표자가 한 채무승인이 처분행위의 요건을 갖추지 못했더라도 사무집행 방법에 따랐다면 시효중단 사유가 된다(2009다64383, 279면).

B. 상대방

(a) 개관: 시효중단 대상인 권리의 권리자나 그 대리인

(b) 사례

- 검사의 피의자 신문 과정에서 채무자가 채권자의 권리를 인정하는 진술을 했더라도, 진술의 상대방은 채권자가 아니라 검사이므로 시효중단 사유인 채무승인에 해당하지 않는다.

> 검사 작성의 피의자신문조서에 기재된 피의자의 진술은 어디까지나 검사를 상대로 이루어지는 것이어서 그 진술기재 가운데 채무의 일부를 승인하는 의사가 표시되어 있다고 하더라도, 그 기재 부분만으로 곧바로 소멸시효 중단사유로서 승인의 의사표시가 있은 것으로는 볼 수 없다(대법원 1999. 3. 12. 선고 98다18124 판결).

- 형사재판 절차에서 피해자를 위한 손해배상금 공탁은 채무승인에 해당한다. 이때 공탁금액을 넘는 손해배상 채무 전액에 대한 묵시적 승인인지의 여부는 의사

표시 해석의 문제이다.

> 형사재판절차에서 피해자를 위하여 손해배상금의 공탁이 이루어진 경우 공탁금액을 넘는 손해배상채무에 관한 묵시적 승인에 해당하는지 여부는 공탁서에 기재된 공탁원인사실의 내용을 중심으로 그 밖의 공탁 전후의 제반 사정을 종합하여 판단하여야 한다(대법원 2015. 4. 9. 선고 2014다85216 판결).

- 행정소송 절차에서 채무자가 증인의 지위에서 채무의 존재를 인정하는 진술을 하면 시효중단 사유인 채무승인에 해당한다.

> 피고는 원고측의 증인으로 출석하여, 원고대리인의 신문에 대답함에 있어서, "원고로부터 1980.1.10. 금 3,500만원을 차용한 사실이 있다."고 진술하였던 사실 채무자인 피고가 판시 행정소송절차에서 판시와 같은 진술을 하였다면 이는 소멸시효 중단사유인 채무의 승인에 해당한다 할 것이다(대법원 1992. 4. 14. 선고 92다947 판결).

(3) 방식

A. 불요식

- 채무승인은 불요식 행위이므로 묵시적으로도 할 수 있으며, 어떤 행위가 채무승인에 해당하는지의 여부는 제반사정을 고려하여 상식에 따라 합리적으로 판단해야 한다.

> **대법원 2018. 4. 24. 선고 2017다205127 판결**
> - 소멸시효 중단사유인 승인의 방법은 아무런 형식을 요구하지 않고, 명시적이든 묵시적이든 상관없다. 묵시적인 승인의 표시는 **채무자가 채무의 존재와 액수를 인식하고 있음을 전제로 상대방으로 하여금 채무자가 채무를 인식하고 있음을 표시를 통해 추단**하게 할 수 있는 방법으로 하면 충분하다.
> - 승인이 있는지는 문제가 되는 표현행위의 내용·동기와 경위, 당사자가 그 행위 등으로 달성하려고 하는 목적과 진정한 의도 등을 종합적으로 고찰하여 논리와 경험의 법칙, 그리고 사회일반의 상식에 따라 객관적이고 합리적으로 이루어져야 한다.

- 상대방의 권리의 발생 원인, 법적 성질, 구체적 내용 등을 특정할 필요는 없다. 예컨대 부동산실명제법 시행 전 명의신탁에서 유예기간 경과로 신탁자가 수탁자에 대해 부동산 자체에 대한 §741 채권을 가지게 된 경우, 수탁자가 신탁자에게 공과금 등의 전보를 요구하면 위 §741 채무를 승인한 것으로 볼 수 있다.

채무승인에서 표시의 방법은 특별한 형식이 필요하지 않고 묵시적이든 명시적이든 상관없다. 또한 승인은 시효이익을 받는 채무자가 상대방의 권리 등의 존재를 인정하는 일방적 행위로서, 권리의 원인·내용이나 범위 등에 관한 구체적 사항을 확인하여야 하는 것은 아니고, 채무자가 권리 등의 법적 성질까지 알고 있거나 권리 등의 발생 원인을 특정하여야 할 필요는 없다(대법원 2019. 4. 25. 선고 2015두39897 판결).

甲이 乙과의 명의신탁약정에 기하여 乙 명의로 부동산을 매수하고 등기명의를 신탁하였으나 부동산실명제법 제11조의 유예기간이 경과할 때까지 실명등기를 하지 않았는데, 그로부터 10년이 경과한 후에 위 부동산의 회복을 위하여 乙에 대하여 가지는 부당이득반환청구권을 근거로 위 부동산에 관한 소유권이전등기절차 이행을 구하는 소를 제기한 사안에서 乙이 세금의 부담과 같은 재산적 지출을 甲에게 적극적으로 요청하는 등 甲의 대내적 소유권을 인정한 데에는 甲에 대하여 소유권등기를 이전·회복하여 줄 의무를 부담함을 알고 있다는 뜻이 묵시적으로 포함되어 표현되었다고 봄이 타당하므로, 그 후 乙이 **甲의 반환요구를 거부하기 시작한 때까지는 위 부동산에 관한 소유권이전등기의무를 승인**하였다고 할 것이어서 그 무렵까지 甲의 위 부동산에 관한 소유권이전등기 청구권의 소멸시효는 중단되었다(대법원 2012. 10. 25. 선고 2012다45566 판결),

B. 묵시적 승인이 인정된 사례

• 부동산 매도인이 소유권이전등기 필요 서류 등의 이행을 제공한 것은 소유권이전등기 채무에 대한 채무승인에 해당한다. 매수인에게 지연손해금 지급의 선이행 등을 요구했더라도 마찬가지이다.

대법원 2009. 11. 26. 선고 2009다64383 판결

• 피고 종중(매도인)의 대표자가 원고(매수인)의 요청으로 이 사건 토지에 관한 소유권이전등기를 경료해 주기 위하여 원고와 함께 법무사 사무실을 방문한 행위는 원고에게 매매계약에 따른 소유권이전등기의무가 존재함을 인식하고 있다는 뜻을 묵시적으로 표시한 것이라고 보기에 충분하므로, 이로써 그 소멸시효 중단사유로서의 승인이 있었다고 볼 수 있다.

• 피고가 지연손해금의 지급을 이 사건 토지의 소유권이전과 결부시켜 그 이행의 조건으로 삼은 사실이 있다고 하더라도, 그러한 이행조건에 의하여 위와 같은 채무승인의 존재나 효력이 부정될 수 있는 것은 아니다.

- 채무자가 채권자의 담보물 사용·수익, 임대를 용인한 것은 채무승인에 해당한다 (2012다20604, 371면).
- 법인의 대표자가 법인을 대표하여 자신의 개인 채무를 법인이 병존적 채무인수 하게 한 것은, 대표자 자신의 채무에 대한 채무승인에 해당한다.

> 乙이 대표이사로 있는 丙이 甲에게 공정증서를 작성해 준 행위는 乙이 자신의 공사대 금채무에 대한 담보를 제공할 목적으로 丙으로 하여금 乙의 공사대금채무를 병존적 으로 인수하게 한 것으로 봄이 상당하므로, 이는 乙이 자신의 공사대금채무의 존재 및 액수에 대하여 인식하고 있음을 묵시적이나마 甲에게 표시한 것으로 볼 수 있고, 따라 서 甲의 乙에 대한 위 공사대금채권은 채무자인 乙의 위와 같은 丙 명의의 공정증서 작성, 교부를 통한 채무승인에 의하여 그 소멸시효가 중단되었다(대법원 2010. 11. 11. 선고 2010다46657 판결).

- 채권양수인의 양수금 청구 소송에서 채무자가 양도인이 작성한 '채권양도 사실 없음'이라는 취지의 진술서를 제출하여 채권양도의 효력만 부정한 경우, 양수채 권의 존재 자체에 대해서는 채무승인에 의한 시효중단이 인정된다.

> 채권양수인이라고 주장하는 자가 채무자를 상대로 제기한 양수금 청구소송에서 채무 자가 양도인으로부터 채권을 양도한 사실이 없다는 취지의 진술서를 작성·교부받아 이를 증거로 제출하여 승소판결을 받은 경우, 채무자는 채권자로부터 위 진술서를 교 부받음으로써 채무를 승인하였으므로 그 무렵 소멸시효가 중단되었다고 본 사례(대 법원 2000. 4. 25. 선고 98다63193 판결).

C. 묵시적 승인이 부정된 사례
- 채무의 존재 여부 확인을 위해 필요한 조사 기간을 요청한 것만으로는 채무승인 이라고 할 수 없다(대법원 2008. 9. 25. 선고 2006다18228 판결).
- 계속적 거래의 경우, 대금채무자의 새로운 주문이 기존의 대금채무에 대한 승인 이라고 추정되지는 않는다. 채무승인 여부에 대해서는 채권자에게 증명책임이 귀속되기 때문이다.

피고가 단순히 기왕에 공급받던 것과 동종의 물품을 추가로 주문하고 공급받았다는 사실만으로는 기왕의 채무의 존부 및 액수에 대한 인식을 묵시적으로 표시하였다고 보기 어려우므로, 원심의 위와 같은 판단은 정당한 것으로 수긍이 가고 거기에 상고이유에서 주장하는 바와 같이 채무의 승인에 관한 법리를 오해하거나 채증법칙을 위반하여 사실을 잘못 인정한 위법이 있다고 할 수 없다(대법원 2005. 2. 17. 선고 2004다59959 판결).

다. 채무승인의 시효중단효

(1) 개관

• 원칙: 시효중단 기준시, 시효중단효 확정시, 시효중단 종료시는 모두 채무승인이라는 관념통지가 채권자에게 도달한 때이다.

승인으로 인한 시효중단의 효력은 그 승인의 통지가 상대방에게 도달하는 때 즉 사회관념상 채무자가 그 승인의 내용을 알 수 있는 객관적인 상태에 놓일 때 발생한다(대법원 2013. 11. 14. 선고 2011두3982 판결).

• 예외: 채무승인 통지를 받은 채권자가 유예기간을 부여했다면 그 기간이 경과했을 때 소멸시효가 다시 진행된다.

채무자의 승인에 대하여 채권자가 채무의 변제를 유예해 주었다고 인정되는 경우, 만약 그 유예기간을 정하지 않았다면 변제유예의 의사를 표시한 때부터, 그리고 유예기간을 정하였다면 그 유예기간이 도래한 때부터 다시 소멸시효가 진행된다(대법원 2006. 9. 22. 선고 2006다22852 판결).

(2) 일부변제의 경우

A. 원칙

• 채무자가 채무의 일부를 승인한 경우에도 이의유보가 없는 한 채무 전부에 대한 승인으로 인정된다.

• 채무의 일부에 대해 상계한 경우에도 마찬가지이다.

시효완성 전에 **채무의 일부를 변제한 경우**에는 그 수액에 관하여 다툼이 없는 한 채무승인으로서의 효력이 있어 **채무 전부에 관하여 시효중단의 효력이 발생하고, 이는 채무자가 시효완성 전에 채무의 일부를 상계한 경우에도 마찬가지**로 볼 수 있다(대법원

2022. 5. 26. 선고 2021다271732 판결).

- 채무자가 채무를 전부 변제하려는 의사로 정산을 요청했으나, 채권자가 과소청구하여 실제로는 일부변제를 한 경우, 나머지 부분에 대해서도 시효중단 사유인 채무승인이 인정된다.

> 피고는 대출금 채무 중 그 동안 변제되지 않고 있던 <u>모든 채무를 변제한다는 의사로</u> <u>원고 직원에게 잔존 채무를 정산해 달라고 하였는데, 원고 직원의 실수로 이 사건 채</u> <u>무를 제외한 나머지 대출금 채무만이 남아 있는 것처럼 정산하여 위 피고가 위 나머지</u> <u>채무가 남아 있는 전채무인 것으로 알고 이를 변제한 사실</u>을 알 수 있고, 위 피고의 위 행위는 정산된 채무만이 자신의 원고에 대한 전채무이고 그 이상의 채무는 존재하지 아니한다는 인식을 표시하거나 <u>특정채무를 지정하여 그 일부의 변제를 한 것이 아니</u> <u>라, 당시 자신이 원고에 대하여 부담하고 있던 모든 채무를 그대로 인정한다는 관념을</u> <u>표시한 것으로 보아야 할 것이다</u>(대법원 2001. 2. 23. 선고 2000다65864 판결).

- 사례: 채무자가 담보물 사용을 용인하는 한편 그 사용 이익으로 이자, 지연손해금을 충당하기로 약정한 경우, 이자, 지연손해금 채무뿐 아니라 원금채무를 포함한 채무 전부에 대한 채무승인으로 인정된다.

대법원 2014. 5. 16. 선고 2012다20604 판결
- ᐧ 채무의 일부를 변제하는 경우에는 채무 전부에 관하여 시효중단의 효력이 발생한다.
- ᐧ 채무자가 채권자에게 부동산에 관한 근저당권을 설정하고 그 부동산을 인도하여 준 다음 피담보채권에 대한 이자 또는 지연손해금의 지급에 갈음하여 채권자로 하여금 그 부동산을 사용수익할 수 있도록 한 경우라면, 채권자가 그 부동산을 사용수익하는 동안에는 채무자가 계속하여 **이자 또는 지연손해금을 채권자에게 변제하고** **있는 것으로 볼 수 있으므로, 피담보채권의 소멸시효가 중단**된다고 보아야 한다.

B. 예외: 독립성 있는 특정 채무에 대한 승인

- 동일 당사자간에 여러 개의 동종 채권관계가 있는 경우, 특정 채무를 지정하지 않고 일부 변제하면 채무 전부에 대한 채무승인으로 인정된다.
- 다만 변제 대상 채무가 특정성이 있으면 그 채무에 대해서만 채무승인이 인정된다. 예컨대 채무자가 가압류등기 말소를 위해 피보전채무를 변제하거나 저당권 설정등기 말소를 위해 피담보채무를 변제한 경우에는, 그 외의 채무에 대해서는

채무승인으로 인정되지 않는다.

동일 당사자 간에 계속적인 거래로 인하여 같은 종류를 목적으로 하는 수개의 채권관계가 성립되어 있는 경우에 채무자가 **특정채무를 지정하지 아니하고 그 일부의 변제**를 한 때에도 다른 특별한 사정이 없다면 잔존 채무에 대하여도 승인을 한 것으로 보아 **시효중단이나 시효이익 포기**의 효력을 인정할 수 있을 것이나, 그 채무가 별개로 성립되어 독립성을 갖고 있는 경우에는 일률적으로 그렇게만 해석할 수는 없을 것이고, 특히 채무자가 **근저당권 설정등기를 말소하기 위하여 피담보채무를 변제**하는 경우에는 특별한 사정이 없는 한 피담보채무 아닌 별개의 채무에 대하여서까지 채무를 승인하거나 소멸시효의 이익을 포기한 것이라고 볼 수는 없다(대법원 2014. 1. 23. 선고 2013다64793 판결).

채무자가 가압류를 해제받을 목적으로 피보전채권을 변제하는 경우에는 특별한 사정이 없는 한 피보전채권으로 적시되지 아니한 별개의 채무에 대하여서까지 소멸시효의 이익을 포기한 것이라고 볼 수는 없다(대법원 1993. 10. 26. 선고 93다14936 판결).

5. 시효중단의 효력

가. 인적 효력범위: 상대적 효력

(1) 원칙: 시효중단의 상대적 효력

제169조(시효중단의 효력) 시효의 중단은 당사자 및 그 승계인 간에만 효력이 있다.

A. 당사자, 승계인의 의미

• 당사자: 시효중단 사유에 해당하는 행위의 당사자를 뜻하며, 시효의 대상인 권리관계의 당사자를 뜻하지 않는다.

• 승계인: 시효중단효가 발생한 후 시효의 대상인 권리나 의무를 승계한 자를 뜻하며, 포괄승계인은 물론 특정승계인도 포함된다.

제169조에서 당사자라 함은 **중단행위에 관여한 당사자를 가리키고 시효의 대상인 권리 또는 청구권의 당사자는 아니**며, 승계인이라 함은 시효중단에 관여한 당사자로부터 **중단의 효과를 받는 권리 또는 의무를 그 중단 효과 발생 이후**에 승계한 자를 뜻하고 포괄승계인은 물론 특정승계인도 이에 포함된다(대법원 2015. 5. 28. 선고 2014다81474 판결).

(2) 예외: 시효중단효의 인적 범위 확장

A. 정책적인 확장

- 채권자대위권자가 채무자의 제3채무자에 대한 채권을 대위행사하여 시효중단 사유를 갖춘 경우, 시효중단효는 채무자에게 생긴다.

  채권자대위권 행사의 효과는 채무자에게 귀속되는 것이므로 채권자대위소송의 제기로 인한 소멸시효 중단의 효과 역시 채무자에게 생긴다(대법원 2011. 10. 13. 선고 2010다80930 판결).

- 주채무에 대한 시효중단효는 보증채무에도 미친다(§440).

B. (가)압류 등의 효력 확장 사유인 통지(§176)

(a) 개관

- (가)압류 등의 상대방이 시효이익을 받을 자이면 곧바로 시효중단효가 발생한다.
- (가)압류 등을 시효이익을 받을 자 이외의 사람에게 한 경우, 시효이익을 받을 자에게 이런 사실의 통지가 도달하면 시효중단효가 발생한다.

  제176조(압류, 가압류, 가처분과 시효중단) 압류, 가압류 및 가처분은 시효의 이익을 받은 자에 대하여 하지 아니한 때에는 이를 그에게 통지한 후가 아니면 시효중단의 효력이 없다.

(b) 사례: 임차인에 대한 점유이전금지 가처분과 임대인의 취득시효중단 여부

- 사안의 개요: 甲소유 X토지에 乙이 2002. 4. 1. 무단으로 Y건물을 신축하여 소유하고 있었는데, 甲은 2022. 2. 1. 乙에게 내용증명 우편으로 건물 철거를 요구하고, 같은 달 15. Y건물 임차인 丙을 상대로 점유이전금지 가처분을 마쳤다.
- 쟁점과 판단: 甲이 2022. 2. 1. 내용증명 우편으로 한 건물철거 요구는 §174의 최고에 해당한다. 따라서 6개월이 지나기 전에 시효중단 사유를 갖춰야 하는데 甲의 가처분의 상대방은 乙이 아니라 丙이었으므로, 甲이 乙에게 丙에 대한 가처분이 있었다는 사실을 2022. 7. 31. 이전에 통지하지 않으면, 乙에 대한 내용증명의 시효중단효가 소멸하고, 2022. 4. 1. 乙의 취득시효가 완성된다.

> 제176조에 의하면 甲이 임차인 丙에게 가처분을 한 뜻을 임대인 乙에게 통지한 바가 없다면 위 가처분은 乙에 대하여는 시효중단의 효력을 발생할 수 없는 것이라 할 것인데, 원심은 그 통지 여부에 관하여 아무런 설시를 하지 않고 있으니 이유를 갖추지 아니한 위법이 있다(대법원 1992. 10. 27. 선고 91다41064 판결).

나. 시효중단 사유의 종료와 소멸시효 재기산

(1) 시효중단 사유의 유형에 따른 재기산 사유(341, 361, 371면)

(2) 재기산 후의 법률관계

A. 시효기간

(a) 확정판결, 이에 준하는 사유로 인한 시효중단의 경우: 일반시효(§165)

(b) 그 외의 사유로 인한 시효중단: 원래의 단기시효(사견)

B. 재기산한 소멸시효가 완성된 경우

(a) 별개의 독립된 시효소멸 항변

(b) 종래의 소멸시효에 대한 재재항변 아님

Ⅳ 소멸시효 완성의 효과

1. 권리소멸

가. 의미

(1) 견해대립

- 절대적 소멸설(판례): 소멸시효 기간이 경과하면 별도의 추가 요건 없이 당연히 권리가 소멸한다는 견해이다. 이 견해에 따르면 소멸시효 완성은 권리 소멸의 법률요건으로서 그 법적 성질은 '사건'에 해당한다.

> 보증채무에 대한 소멸시효가 중단되는 등의 사유로 완성되지 아니하였다고 하더라도 주채무에 대한 소멸시효가 완성된 경우에는 **시효완성의 사실로써 주채무가 당연히 소멸**되므로 보증채무의 부종성에 따라 보증채무 역시 당연히 소멸된다(대법원 2012. 7. 12. 선고 2010다51192 판결).

- 상대적 소멸설: 소멸시효 기간이 경과해도 의무자가 소멸시효 완성 사실을 원용하여 권리 소멸 주장을 해야 비로소 권리가 소멸한다는 견해이다. 이 견해에 따르면 소멸시효 완성은 의무자에게 형성권을 발생시키는 법률요건이다.

(2) 평가

- 견해대립의 실익은 별로 없다. 절대적 소멸설을 따르더라도 재판에서 항변하지 않으면 의무 소멸이라는 효과는 인정되지 않기 때문이다.

> 당사자의 원용이 없어도 시효완성의 사실로서 채무는 **당연히 소멸**되는 것이고 다만 **변론주의의 원칙상 소멸시효의 이익을 받을 자**가 그것을 포기하지 않고 실제 소송에 있어서 권리를 주장하는 자에 대항하여 시효소멸의 이익을 받겠다는 뜻을 **항변을 하지 않는 이상** 그 의사에 반하여 재판할 수 없다(대법원 1979. 2. 13. 선고 78다2157 판결).

- 참고: 의무자가 시효완성 사실을 알지 못한 채 스스로 급부를 한 경우 어떤 견해를 따르건 §741 청구를 할 수 없다. 절대적 소멸설에 의하면 §744가 적용되고 상대적 소멸설에 의하면 원용권을 행사하지 않은 이상 채권자의 급부 수령은 법률상 원인 있는 이익이기 때문이다.

(3) 사례: 시효완성 주장이 신의칙에 반하는 경우

A. 개관

- 소멸시효 완성 주장도 신의칙의 적용대상이고, 국가가 소멸시효 완성을 주장하는 의무자인 경우에도 개인 간 관계와 같은 기준에 따라 신의칙 위반 여부를 판단한다.
- 의무자의 소멸시효 항변 주장이 권리남용에 해당하는 경우에 그 상대방인 채권자도 신속하게 권리를 행사해야 한다는 제약을 받는다. 따라서 ⊙ 시효정지 기간에 준하는 정도의 단기간 내에 권리를 행사해야 하는 것이 원칙이고, ⓒ 특별한 사정이 있더라도 채무자의 권리 남용이 없었다면 적용되었을 원래의 소멸시효 기간보다 더 긴 권리 행사 기간이 인정될 수는 없다. 예컨대 §750의 손해배상채권의 경우 단기소멸시효기간 3년이 경과했다면 의무자의 소멸시효 완성 주장이 신의칙에 반하더라도 채권의 시효소멸이라는 효과를 부정할 수 없다.

대법원 2013. 5. 16. 선고 2012다202819 전원합의체 판결

‣ 소멸시효를 이유로 한 **항변권**의 행사도 민법의 대원칙인 신의성실의 원칙과 권리 남용금지의 원칙의 지배를 받는 것이어서 <u>채무자가 소멸시효 완성 후 시효를 원용 하지 아니할 것 같은 태도를 보여 권리자로 하여금 이를 신뢰하게 하였다면 채무자 가 소멸시효 완성을 주장하는 것은 신의성실 원칙에 반하는 권리남용으로 허용될 수 없다.</u>

‣ 채무자가 소멸시효의 이익을 원용하지 않을 것 같은 신뢰를 부여한 경우에도 <u>채권 자는 그러한 사정이 있은 때로부터 상당한 기간 내에 권리를 행사하여야만 채무자 의 소멸시효의 항변을 저지할 수 있다.</u>

‣ 다만 신의성실의 원칙을 들어 시효 완성의 효력을 부정하는 것은 법적 안정성의 달 성, 입증곤란의 구제, 권리 행사의 태만에 대한 제재를 이념으로 삼고 있는 <u>소멸시 효 제도에 대한 대단히 예외적인 제한에 그쳐야 할 것이므로, 위 권리 행사의 '**상당 한 기간**'은 특별한 사정이 없는 한 민법상 시효정지의 경우에 준하여 단기간으로 제 한**되어야 한다. 그러므로 개별 사건에서 매우 특수한 사정이 있어 그 기간을 연장하 여 인정하는 것이 부득이한 경우에도 불법행위로 인한 손해배상청구의 경우 그 기 간은 **아무리 길어도 제766조 제1항이 규정한 단기소멸시효기간인 3년을 넘을 수는 없다**고 보아야 한다.

B. 시효완성 주장이 신의칙 위반이기 위한 요건

• 채무자가 ㉠ 채권자의 시효중단을 불가능하거나 현저히 곤란하게 만들었거나 ㉡ 시효이익을 주장하지 않을 것처럼 채권자를 속였다면, 채무자의 소멸시효 완성 주장은 신의칙에 위반될 수 있다. 그 외에도 ㉢ 채권자에게 권리를 행사할 수 없 는 객관적 장애 사유가 있었거나 ㉣ 객관적으로 채권자 보호 필요성이 크고 공평 원칙상 채권자가 보호되어야 할 특별한 사정이 있는 경우에도 시효완성 주장은 신의칙에 위반될 수 있다.

• 채무자가 국가인 경우 국가가 국민의 권리를 보호할 의무를 진다는 이유만으로 국가의 소멸시효 완성 주장이 신의칙 위반이 되지는 않는다.

대법원 2008. 5. 29. 선고 2004다33469 판결

‣ 채무자의 소멸시효에 기한 항변권의 행사도 우리 민법의 대원칙인 신의성실의 원칙과 권리남용 금지의 원칙의 지배를 받는다. 채무자가 ㉠ **시효완성 전에 채권자의 권리 행사나 시효중단을 불가능 또는 현저히 곤란**하게 하였거나, 그러한 조치가 ㉡ **불필요하다고 믿게 하는 행동을** 하였거나, ㉢ **객관적으로 채권자가 권리를 행사할 수 없는 장애사유**가 있었거나, 또는 ㉣ 일단 **시효완성 후에 채무자가 시효를 원용하지 아니할 것 같은 태도**를 보여 권리자로 하여금 그와 같이 신뢰하게 하였거나, ㉤ **객관적으로 채권자보호의 필요성**이 크고 같은 조건의 다른 채권자가 채무의 변제를 수령하는 등의 사정이 있어 채무이행의 거절을 인정함이 **현저히 부당거나 불공평**하게 되는 등의 특별한 사정이 있는 경우에는 채무자의 소멸시효 완성 주장은 신의성실의 원칙에 반하여 권리남용으로서 허용될 수 없다.

‣ 국가에게 국민을 보호할 의무가 있다는 사유만으로 국가가 소멸시효의 완성을 주장하는 것 자체가 신의성실의 원칙에 반하여 권리남용에 해당한다고 할 수는 없는 것이므로 이 역시 **국가가 아닌 일반 채무자의 소멸시효 완성에서와 같은 특별한 사정이 인정될 때만 가능**하다 할 것이다.

나. 소멸시효 완성의 효과가 미치는 범위

(1) 시간적 범위: 소급효(§167)

• 원칙: 소멸시효가 완성된 채권은 소멸시효 기간의 기산일에 소급하여 소멸한 것으로 간주된다.

> 제167조(소멸시효의 소급효) 소멸시효는 그 기산일에 소급하여 효력이 생긴다.

• 예외: 상계적상에 있던 채권이 시효소멸한 후에도 그 채권을 자동채권으로 상계할 수 있다. 당사자의 기대를 반영한 특칙(§495)이 적용되기 때문이다. 시효소멸한 채권을 수동채권으로 하는 상계도 가능한데 이러한 상계 의사표시는 시효이익 포기에 해당하기 때문이다.

(2) 객관적 범위

A. 개관

• 주된 권리가 시효소멸하면 종된 권리도 함께 소멸한다.

• 예컨대 원금채권의 소멸시효가 완성하면 그 효과는 이자채권도 미치는데, 소멸시효 완성에는 소급효가 있으므로(§167) 이자채권 전부가 시효소멸한다.

제183조(종속된 권리에 대한 소멸시효의 효력) 주된 권리의 소멸시효가 완성한 때에는 종속된 권리에 그 효력이 미친다.

B. 사례: 소멸시효 완성과 채무불이행 책임

(a) 손해배상채권

- 지연배상금 채권은 본래의 채권에 종된 권리라고 볼 수 있으므로 §183가 적용된다. 즉 본래의 채권의 시효소멸에 부종하여 소멸한다.

채무불이행으로 인한 손해배상채권은 본래의 채권이 확장된 것이거나 본래의 채권의 내용이 변경된 것이므로 **본래의 채권과 동일성**을 가진다. 따라서 본래의 채권이 시효로 소멸한 때에는 손해배상채권도 함께 소멸한다 본래의 채권인 2008년 하반기 저작권 사용료 분배청구권이 소멸시효 완성으로 소멸한 이상, 그 불이행으로 인한 **지연배상 등의 손해배상청구권** 역시 소멸하였다(대법원 2018. 2. 28. 선고 2016다45779 판결).

✓ 전보배상 채권: 판례는 전보배상 청구권도 §183의 적용 대상이라고 보는 듯하다. 그러나 전보배상 청구권에 대해서도 §183가 적용된다고 하는 판례의 태도는 수긍하기 어렵다. 채권의 시효소멸에 부종하여 전보배상 청구권도 부종하여 소멸한다고 본다면 전보배상 청구권이나 대상청구권의 소멸시효 기산점은 원래의 채권의 소멸시효 기산점이 아니라 이행불능이 발생한 때라고 한 판례는 무의미한 것이 되어 버리기 때문이다.

본래의 공사비채권이 시효소멸된 이상 그 채권이 이행불능이 되었다 하여 이를 원인으로 한 손해배상청구권이 허용될 수 있는 것도 아니다(대법원 1987. 6. 23. 선고 86다카2549 판결).

(b) 법정해제권

- 채권의 시효소멸에는 소급효가 있으므로(§167), 채무불이행에 대한 구제 수단인 해제권과 해제의 효과인 원상회복청구권도 인정될 수 없다.

✓ 해제권을 채권자 보호를 위해 인정되는 종된 권리라고 본다면 §183도 논거가 될 수 있을 것이다.

대법원 2022. 9. 29. 선고 2019다204593 판결
- 이행불능 또는 이행지체를 이유로 한 법정해제권은 채무자의 채무불이행에 대한 구제수단으로 인정되는 권리이다. 따라서 채무자가 이행해야 할 본래 채무가 이행불능이라는 이유로 계약을 해제하려면 그 이행불능의 대상이 되는 채무자의 본래

채무가 유효하게 존속하고 있어야 한다.

‣ 제167조에 의하면 채권이 시효로 인하여 소멸하였다면 그 채권은 그 기산일에 소급하여 더는 존재하지 않는 것이 되어 채권자는 그 권리의 이행을 구할 수 없는 것이고, 이와 같이 본래 채권이 유효하게 존속하지 않는 이상 본래 채무의 불이행을 이유로 계약을 해제할 수 없다고 보아야 한다. 결국 채무불이행에 따른 해제의 의사표시 당시에 이미 채무불이행의 대상이 되는 본래 채권이 시효가 완성되어 소멸하였다면, 채권자는 채무불이행 시점이 본래 채권의 시효 완성 전인지 후인지를 불문하고 그 채무불이행을 이유로 한 해제권 및 이에 기한 원상회복청구권을 행사할 수 없다.

(3) 인적 범위: 상대적 효력

A. 개관

(a) 원칙: 채무자

• 시효로 소멸하는 권리의 의무자, 예컨대 시효로 소멸하는 채권에 대한 채무자는 소멸시효 완성의 효과를 원용할 수 있다. 원용의 의미는 절대적 효력설에 따르면 항변·재항변 등의 절차법적 주장이며 상대적 효력설에 따르면 형성권 행사이다.

> 시효이익을 받는 자는 시효기간 만료로 인하여 소멸하는 권리의 의무자를 말한다(대법원 1991. 7. 26. 선고 91다5631 판결).

• 보증채무자, 연대채무자: ㉠ 소멸시효가 완성된 채무에 대한 보증인은 부종성에 근거한 보증채무 소멸을 주장할 수 있다. ㉡ 연대채무자들 중 일부의 채무가 시효 소멸 하면 다른 연대채무는 부담부분형 절대적 효력(§421)을 주장할 수 있다.

✓ 일부 교재는 연대채무자나 보증인도 '직접수익자'의 예로서 소개하고 있으나, 연대채무자나 보증인의 경우 타인의 채무의 소멸시효 완성의 효과를 원용하는 것이 아니라 자신의 채무 자체의 시효소멸을 주장하는 것이라고 보아야 한다.

(b) 예외: 시효원용권은 직접 수익자에게 확장됨

• 채권이 소멸시효 완성으로 인해 소멸하면 이로 인해 직접적인 이익을 받는 사람을 직접 수익자라고 한다. 직접 수익자는 소멸시효 완성으로 인한 채권 소멸이라는 효과를 주장할 수 있는 고유한 권리가 있다.

• 이에 비해 ㉠ 시효중단효는 직접 수익자에게 확장되지 않는 것이 원칙이고(§169), §440 등의 특칙이 있어야 확장될 수 있다. ㉡ 또한 채무자가 한 시효이익

포기의 효과는 직접 수익자에게 미치지 않는다.

> 소멸시효가 완성된 경우 이를 주장할 수 있는 사람은 시효로 채무가 소멸되는 결과 직접적인 이익을 받는 사람에 한정된다(대법원 2021. 2. 25. 선고 2016다232597 판결).

B. 직접 수익자로 인정된 예

(a) 물적 부담만 지는 자

- 채무자는 아니지만 채무가 시효소멸하면 물적 부담 소멸이라는 이익을 누리는 자는 직접 수익자에 해당한다. 따라서 채무자가 시효이익을 포기해도 직접 수익자로서 소멸시효 완성을 주장할 수 있다.

> **대법원 2018. 11. 9. 선고 2018다38782 판결**
> ‣ 타인의 채무를 담보하기 위하여 자기의 물건에 담보권을 설정한 **물상보증인은 채권자에 대하여 물적 유한책임을 지고 있어 그 피담보채권의 소멸에 의하여 직접 이익**을 받는 관계에 있으므로 소멸시효의 완성을 주장할 수 있고, 소멸시효 이익의 포기는 상대적 효과가 있을 뿐이어서 **채무자가 시효이익을 포기하더라도 물상보증인에게는 효력이 없**다.
> ‣ 피담보채권의 소멸시효가 완성된 이후 채무자가 일부 변제를 약정함으로써 소멸시효의 이익을 포기했더라도, 원고는 물상보증인인 소외인의 채권자로서 소외인을 대위하여 피담보채권의 시효소멸을 주장할 수 있다고 한 원심은 정당하다.

- 예컨대 저당권·유치권·가등기담보권 등의 담보물권이 설정되거나 일반가등기가 마쳐진 물건의 양수인, 소멸시효가 완성된 채권에 대한 물상보증인 등은 직접 수익자에 해당한다(2009다39530, 320면).

(b) 사해행위 취소소송의 피고

- 원칙: 사해행위 취소소송의 피고인 수익자나 전득자는 채권자취소권자가 채무자에 대해 행사하는 피보전채권의 소멸시효 완성을 원용할 수 있다.
- 예외: 별소에서 이러한 피보전채권에 기한 이행판결이 확정된 경우에는 사해행위 취소소송의 피고는 그 피보전채권의 소멸시효 완성을 내세워 그 부존재를 다툴 수 없다.

대법원 2007. 11. 29. 선고 2007다54849 판결

‣ 소멸시효를 원용할 수 있는 사람은 권리의 소멸에 의하여 직접 이익을 받는 자에 한정되는데, **사해행위취소소송의 상대방**이 된 사해행위의 수익자는 사해행위가 취소되면 사해행위에 의하여 얻은 이익을 상실하게 되나, **사해행위취소권을 행사하는 채권자의 채권이 소멸되면 그와 같은 이익의 상실을 면할 수 있는 지위에 있으므로, 그 채권의 소멸에 의하여 직접 이익을 받는 자에 해당**하는 것으로 보아야 한다.

‣ 그러나 이 사건 근저당권 설정계약 당시 원고의 채권을 제외하더라도 망인이 채무초과 상태였으므로 원고의 망인에 대한 채권의 존재 여부는 사실상 피보전채권의 존부에만 영향을 미칠 수 있는 것으로 보아야 할 것인데, 채권자인 원고가 채무자인 망인의 상속인들을 상대로 이 사건 연대보증약정에 기한 이행청구의 소를 제기하여 승소판결을 선고받아 2005. 6. 25. 그 **판결이 확정된 이상, 수익자인 피고가 더 이상 소멸시효의 주장 등으로 원고의 망인에 대한 채권의 존재를 다툴 수는 없다**고 할 것이다.

C. 직접 수익자가 아니라고 인정된 예

• 선순위 담보권의 피담보채권이 시효소멸한 경우 후순위 담보권자는 직접 수익자에 해당하지 않는다. 배당액 증가는 담보권 순위 상승에 따른 반사이익에 불과하기 때문이다.

> **후순위 담보권자는 선순위 담보권의 피담보채권 소멸로 직접 이익을 받는 자에 해당하지 않**아 선순위 담보권의 피담보채권에 관한 소멸시효가 완성되었다고 주장할 수 없다. 후순위 담보권자는 선순위 담보권의 피담보채권이 소멸하면 담보권의 순위가 상승하고 이에 따라 피담보채권에 대한 배당액이 증가할 수 있지만, 이러한 배당액 증가에 대한 기대는 담보권의 순위 상승에 따른 반사적 이익에 지나지 않는다(대법원 2021. 2. 25. 선고 2016다232597 판결).

• 채무자에 대한 다른 일반채권자: 甲의 채무자 乙에 대한 채권이 시효소멸한 경우 乙에 대한 다른 일반채권자인 丙은 직접 수익자에 해당하지 않는다. 다만 丙이 채권자대위권의 요건을 갖췄다면 乙을 대위하여 甲에게 소멸시효 완성을 주장할 수 있다(2014다32458, 채권총론 참조).

2. 시효이익의 포기

가. 개관

(1) 의미와 기능

- 의미: 시효이익 포기는 의사표시의 일종이고 단독행위라는 점에서 관념통지에 불과한 채무승인과 성질이 다르다. 그 효과의사의 내용은 소멸시효 완성으로 인한 법적 이익을 받지 않겠다는 것이다. 이 점에서 시효이익 포기는 관념통지에 불과한 채무승인과 성질이 다르다.

> 시효이익을 받을 채무자는 소멸시효가 완성된 후 시효이익을 포기할 수 있고, 이것은 시효의 완성으로 인한 법적인 이익을 받지 않겠다고 하는 효과의사를 필요로 하는 의사표시이다(대법원 2017. 7. 11. 선고 2014다32458 판결).

- 기능: 절대적 소멸설에 의하면, 시효이익 포기는 절차법상 항변 포기로 파악할 수밖에 없다. 채무자의 일방적 의사표시로 채권자의 의사와 무관하게 이미 소멸한 채권을 부활시키는 것은 사적 자치 원칙과 저촉될 우려가 있기 때문이다. 이에 비해 상대적 소멸설에 의하면 형성권 포기 의사표시라고 파악할 수 있다.

(2) 사례: 개인회생신청을 위한 채권신고

A. 사안의 개요
- 채무자 乙은 채권자 甲에 대한 채무의 소멸시효가 완성된 후 개인회생을 신청하면서 채권자 목록에 甲의 채권액을 5000만원으로 기재했다.
- 채무자회생법에는 회생신청을 하는 채무자의 채권자 목록 제출을 채권의 소멸시효 중단사유로 규정하고 있다.

B. 쟁점과 판단
- 채권자 목록의 작성·제출은 채권의 존재에 대한 관념통지일 뿐이고, 개인회생 신청은 채권의 감축을 의도한 것이다.
- 따라서 채권자 목록 제출은 관념통지인 채무승인으로 인정될 수는 있어도 의사표시인 시효이익 포기로 인정될 수는 없다.

> **대법원 2017. 7. 11. 선고 2014다32458 판결**
> ᐧ 채무자회생법 제32조 제3호에서는 <u>개인회생채권자목록을 제출한 경우 시효중단</u>의 효력이 있다고 규정하고 있다. 채무승인은 관념통지인 반면 시효이익 포기는 의

사표시이다.

‣ 시효완성 후 시효이익의 포기가 인정되려면 시효이익을 받는 채무자가 시효의 완성으로 인한 법적인 이익을 받지 않겠다는 효과의사가 필요하기 때문에 시효완성 후 소멸시효 중단사유에 해당하는 채무의 승인이 있었다 하더라도 그것만으로는 곧바로 소멸시효 이익의 포기라는 의사표시가 있었다고 단정할 수 없다.

‣ 채무자는 궁극적으로 채무에 대한 **면책을 받으려는 목적**으로 개인회생절차를 밟게 되는 점 등에 비추어 볼 때, 소외인이 개인회생신청을 하면서 채권자목록에 소멸시효기간이 완성된 피고의 근저당권부 채권을 기재하였다고 하여 **그 시효이익을 포기하려는 효과의사까지 있었다고 보기는 어렵다**. 즉 소외인에게 피고에 대하여 피고의 채권의 시효완성으로 인한 법적인 이익을 받지 않겠다는 의사표시가 있었다고 단정할 수 없다.

나. 요건

(1) 소극적 요건: 시효완성 전의 사전 포기 금지

• 시효완성 전 포기는 무효이다. 채무자 보호를 위한 편면적 강행규정과 저촉되기 때문이다.

> 제184조(시효의 이익의 포기 기타) ①소멸시효의 이익은 미리 포기하지 못한다.

• 다만 시효완성 전에 한 시효이익 포기 의사표시는 시효중단 사유인 채무승인으로 해석될 수 있다.

(2) 당사자

• 시효이익 포기의 주체는 시효 완성의 이익을 받을 당사자나 그 대리인으로 한정된다. 소멸시효의 경우 채무자, 취득시효의 경우 점유자가 '당사자'의 예이다.

• 시효이익 포기의 상대방은 소멸시효의 경우에는 권리자, 취득시효의 경우에는 진정소유자이다.

시효완성의 이익 포기의 의사표시를 할 수 있는 자는 시효완성의 이익을 받을 당사자 또는 그 대리인에 한정된다고 할 것이고, 그 밖의 제3자가 시효완성의 이익 포기의 의사표시를 하였다 하더라도 이는 시효완성의 이익을 받을 자에 대한 관계에서 아무 효력이 없다(대법원 2014. 1. 23. 선고 2013다64793 판결).

시효이익의 포기는 달리 특별한 사정이 없는 한 시효취득자가 <u>취득시효완성 당시의</u>
<u>진정한 소유자</u>에 대하여 하여야 그 효력이 발생하는 것이지 <u>원인무효인 등기의 등기</u>
<u>부상 소유명의자에게 그와 같은 의사를 표시하였다고 하여 그 효력이 발생하는 것은</u>
<u>아니다</u>(대법원 2011. 7. 14. 선고 2011다23200 판결).

(3) 시효완성 사실을 알았을 것

- 시효이익 포기로 인정되려면, 채무자나 그 대리인이 시효완성 사실을 알고 시효이
  익 포기 의사표시를 했음이 인정되어야 한다.
- 다만 채무자나 그 대리인이 시효완성 후에 채무의 존재를 인정하는 관념의 통지를
  하는데 그친 경우 악의로 시효이익 포기를 한 것으로 추정된다.

시효완성 후 채무를 승인한 때에는 시효완성의 사실을 알고 그 이익을 포기한 것이라
고 추정할 수 있고 시효완성 후에 소유권이전등기절차를 이행해줄 채무의 존재를 승
인한 경우에는 소멸시효 완성으로 인한 이익을 포기한 사실을 추인할 수 있다(대법원
2022. 5. 12. 선고 2021다244 판결).

(4) 방법: 불요식

A. 개관

- 시효이익 포기는 의사표시의 일종이므로 불요식 행위이고, 상대방 있는 단독행
  위이므로 도달주의가 적용된다.
- 묵시적 의사표시도 가능하므로 시효이익 포기 여부는 의사표시 해석의 문제가
  된다.
✓ 시효완성 후에 변제 기한 유예를 요청하거나 상계를 주장하면 시효이익 포기로 해석될 수 있다.

시효이익의 포기와 같은 상대방 있는 단독행위는 그 의사표시로 인하여 권리에 직접
적인 영향을 받는 상대방에게 도달하는 때에 효력이 발생한다. 시효이익 포기의 의사
표시가 존재하는지의 판단은 표시된 행위나 의사표시의 내용과 동기 및 경위, 당사자
가 의사표시 등에 의하여 달성하려고 하는 목적과 진정한 의도 등을 종합적으로 고찰
하여 사회정의와 형평의 이념에 맞도록 논리와 경험의 법칙, 그리고 사회일반의 상식
에 따라 객관적이고 합리적으로 이루어져야 한다(대법원 2013. 9. 13. 선고 2013다
43666 판결).

B. 사례: 상계항변 후 시효소멸 주장

(a) 사안의 개요

• 甲의 乙에 대한 채권의 소멸시효 완성 후 甲이 乙을 상대로 이행소송을 제기했다.

• 乙은 제1심에서 상계항변을 했으나 제2심에서는 시효항변을 했다.

(b) 쟁점과 판단

• 상계항변에는 자동채권에 대한 시효이익 포기 의사표시가 포함된 것으로 해석된다.

• 그러나 항소심은 속심이고 변론의 일체성이 인정되므로, 乙이 상계항변을 했더라도 사실심 변론종결 전에 시효이익을 원용했다면 시효이익 포기 의사표시가 인정될 수 없다.

• 乙이 상계항변을 한 후 번복하여 시효항변을 하는 것은 신의칙에 반하지 않는다.

> **대법원 2013. 2. 28. 선고 2011다21556 판결**
>
> ‣ 소송에서의 상계항변은 예비적 항변의 성격을 갖는다. 따라서 이 사건과 같이 상계항변이 먼저 이루어지고 그 후 대여금채권의 소멸을 주장하는 소멸시효항변이 있었던 경우에, 상계항변 당시 채무자인 피고에게 수동채권인 대여금채권의 시효이익을 포기하려는 효과의사가 있었다고 단정할 수 없다. 그리고 항소심 재판이 속심적 구조인 점을 고려하면 제1심에서 공격방어방법으로 상계항변이 먼저 이루어지고 그 후 항소심에서 소멸시효항변이 이루어진 경우를 달리 볼 것은 아니다.
>
> ‣ 피고가 원심에서 소멸시효항변을 하기에 앞서 제1심에서 상계항변을 하였다는 사정만으로 피고에게 이 사건 대여금채권의 시효완성으로 인한 법적인 이익을 받지 않겠다고 하는 의사표시가 있었다고 단정할 수 없다.

다. 효과

(1) 기본적 효과

• 채무자는 시효 완성이라는 법률효과를 주장할 수 없게 된다.

• 시효의 재기산: 시효이익 포기 의사표시가 도달하여 효력이 발생한 때부터 시효가 다시 진행한다. 일부 변제의 경우에도 마찬가지이다.

> 채무자가 소멸시효 완성 후에 채권자에 대하여 채무를 승인함으로써 그 시효의 이익을 포기한 경우에는 그때부터 새로이 소멸시효가 진행한다(대법원 2009. 7. 9. 선고 2009다14340 판결).

> 채무자가 소멸시효 완성 후에 채권자에 대하여 채무 일부를 변제함으로써 그 시효의 이익을 포기한 경우에는 그때부터 새로이 소멸시효가 진행한다(대법원 2013. 5. 23. 선고 2013다12464 판결).

(2) 인적 범위: 상대적 효력

A. 개관

- 전제: 시효이익 포기의 주체는 채무자나 그 대리인으로 한정되는 반면, 소멸시효 완성의 효과를 원용할 수 있는 사람에는 직접 수익자도 포함된다. 따라서 채무자의 일방적 의사표시로 이러한 직접 수익자의 이익을 박탈하는 것을 방지할 필요가 있다.
- 시효이익 포기의 상대효 원칙: 채무자나 그 대리인이 시효이익을 포기해도 직접 수익자에게는 그 효력이 미치지 않는다. 따라서 채무자가 시효이익 포기 의사표시를 했더라도 직접 수익자는 채무의 소멸시효 완성이라는 효과를 원용할 수 있다(2018다38782, 380면).
- 예외: 직접 수익자이더라도 채무자의 시효이익 포기 후 그 상태를 전제로 법률관계를 가진 사람에게는 시효이익 포기의 효과가 미친다.

B. 사례: 시효이익 포기 후에 등장한 직접 수익자

(a) 사안의 개요

- 甲에 대한 채무를 담보하기 위해 乙은 자신이 소유한 X부동산에 甲명의 1순위 근저당권을 설정해 주었고, 丙은 甲과 보증계약을 체결했다.
- 甲의 채권의 소멸시효가 완성되었으나 乙은 시효이익 포기를 했고, 그 후 乙로부터 X부동산을 매수한 丁명의로 X부동산에 대한 소유권이전등기가 마쳐졌다.

(b) 쟁점과 판단

- 丙은 직접 수익자이고 乙의 시효이익 포기 전에 이해관계를 가진 자이므로, 甲에게 소멸시효 완성의 효과를 원용할 수 있다.
- 丁은 직접 수익자이지만 乙의 시효이익 포기 후에 이해관계를 가진 자이므로, 甲

에게 소멸시효 완성의 효과를 원용할 수 없다. 따라서 丁은 甲의 1순위 근저당권의 부담을 인수한 상태로 X부동산의 소유권을 취득한다.

> **대법원 2015. 6. 11. 선고 2015다200227 판결**
> · 소멸시효 이익의 포기는 상대적 효과가 있을 뿐이어서 다른 사람에게는 영향을 미치지 아니함이 원칙이나, <u>소멸시효 이익의 포기 당시에는 그 권리의 소멸에 의하여 직접 이익을 받을 수 있는 이해관계를 맺은 적이 없다가 나중에 시효이익을 이미 포기한 자와의 법률관계를 통하여 비로소 시효이익을 원용할 이해관계를 형성한 자는 **이미 이루어진 시효이익 포기의 효력을 부정할 수 없**다.</u>
> · 시효이익의 포기에 대하여 상대적인 효과만을 부여하는 이유는 포기 당시에 시효이익을 원용할 다수의 이해관계인이 존재하는 경우 <u>그들의 의사와는 무관하게 채무자의 포기 의사만으로 시효이익을 원용할 권리를 박탈당하게 되는 부당한 결과의 발생을 막으려는 데 있는 것이지</u>, 시효이익을 이미 포기한 자와의 법률관계를 통하여 비로소 시효이익을 원용할 이해관계를 형성한 자에게 이미 이루어진 시효이익 포기의 효력을 부정할 수 있게 하여 시효완성을 둘러싼 법률관계를 사후에 불안정하게 만드는데 있는 것은 아니기 때문이다.

(3) 객관적 범위: 채권의 일부에 대한 시효이익 포기

· 문제의 소재: 채무자가 소멸시효가 완성된 채무의 일부를 변제한 경우 나머지 부분에 대해서도 묵시적 시효이익 포기로 인정되는지가 문제된다.

· 원칙: 채무의 일부에 대한 시효이익 포기도 가능하지만 일부 변제를 하면서 채무의 액수를 다투지 않았다면 채무 전부에 대한 묵시적 시효이익 포기로 해석된다.

> 채무자가 소멸시효 완성 후 채무를 일부 변제한 때에는 그 액수에 관하여 다툼이 없는 한 그 채무 전체를 묵시적으로 승인한 것으로 보아야 하고, 이 경우 시효완성의 사실을 알고 그 이익을 포기한 것으로 추정된다(대법원 2017. 7. 11. 선고 2014다32458 판결).

· 예외: 동일성이 특정되는 채무들 중 일부를 변제한 경우에는 다른 채무에 대해서는 시효이익 포기로 인정되지 않는다. 예컨대 저당권의 피담보채무 변제는 저당권으로 담보되지 않은 다른 채무에 대한 승인이나 시효이익 포기로 해석되지 않는다(2013다64793, 372면).

Ⅴ 제척기간

1. 개관

가. 의미, 기능

- 제척기간이란 권리를 행사할 수 있는 기간을 뜻하고, 그 취지는 법률관계를 신속하게 확정시키는 것이다.

> 제척기간은 권리자로 하여금 권리를 신속하게 행사하도록 함으로써 그 권리를 중심으로 하는 법률관계를 조속하게 확정하려는 데에 그 제도의 취지가 있는 것이다(대법원 2022. 12. 1. 선고 2020다280685 판결).

- 절차법: 소멸시효 완성은 변론주의의 적용 대상이지만, 제척기간 경과는 직권조사사항이므로 당사자가 주장하지 않아도 법원은 제척기간 경과 여부를 직권으로 판단해야 한다.

> 제146조는 취소권은 추인할 수 있는 날로부터 3년 내에 행사하여야 한다고 규정하고 있는바, 이 때의 3년이라는 기간은 일반 시효기간이 아니라 제척기간으로서 그 기간이 도과하였는지 여부는 당사자의 주장에 관계없이 법원이 당연히 조사하여 고려하여야 할 사항이다(대법원 1996. 9. 20. 선고 96다25371 판결).

나. 소멸시효와 제척기간

(1) 구별기준

- 문리해석: '시효'라는 문언이 사용된 기간은 시효기간이라고 해석된다.
- ✓ 체계적 해석: 권리 행사 기간을 규정한 조문에서 기간의 성질을 명시하지 않은 경우에는 법률관계의 신속한 확정이 필요한지의 여부에 따라 그 기간의 법적성질을 파악할 수밖에 없다(사견).

(2) 제척기간과 소멸시효의 경합

- 전제: 유상계약의 경우, 채무불이행(불완전이행)으로 인한 손해배상채무의 소멸시효 기간과 §580의 하자 담보책임으로 인한 손해배상책임의 제척기간은 경합할 수 있으며 각각의 기산점이 다르다.
- §390의 채무불이행채무의 소멸시효 기간은 목적물을 인도받은 때부터 진행하고 §580의 하자담보책임의 제척기간은 하자를 안 때부터 진행한다(§582). 그 결과 매

수인이 목적물을 인도받고 10년 이상이 지난 후 비로소 하자를 알게 되면 §390의 채무불이행채무의 소멸시효는 완성되었으나 §580의 제척기간은 경과하지 않은 듯한 상황이 발생할 수 있다.

2. 요건

가. 적용대상: 제척기간이 적용되는 권리

(1) 성질상의 제척기간: 형성권의 행사기간

- 형성권에는 행사 기간이 적용되고 그 법적 성질은 제척기간이다.
- 취소권, 사해행위취소권, 이혼후 재산분할청구권 등과 같이 명문으로 행사 기간이 규정된 경우는 물론, 예약완결권, 해제권처럼 행사 기간에 관한 규정이 없어도 10년의 제척기간이 적용된다.

> 해제권은 존속기간의 정함이 없는 형성권으로서 제척기간인 10년 내에 이를 행사할 수 있다(대법원 2017. 6. 15. 선고 2017다204230 판결).

(2) 법률에 의한 제척기간: 형성권 이외의 권리에 대한 제척기간

- §580의 담보책임, 가등기담보법 §11의 말소등기청구권 등은 채권적 청구권의 일종이지만 제척기간이 적용된다.
- 점유보호청구권(§204~§206), 상속회복청구권(§999)은 물권적 청구권의 일종이지만 제척기간이 적용된다.

(3) 약정에 의한 제척기간

- 제척기간은 대개 법률로 정해지지만, 당사자의 계약으로 권리 행사 기간의 법적 성질을 제척기간으로 정할 수 있다.
- §184는 편면적 강행규정이므로 소멸시효가 적용될 권리에 제척기간을 붙이는 것도 가능하다. 제척기간이 채무자에게 더 유리하기 때문이다(사견).

나. 기산점

- 제척기간은 권리가 발생하면 곧바로 진행한다.
- 권리 행사의 가능성은 따지지 않으므로 제척기간이 적용되는 권리에 대해 시기를 붙이더라도 권리 발생 즉시 제척기간이 진행한다. 이 점에서 시효기간과 다르다.

대법원 1995. 11. 10. 선고 94다22682 판결

• 소멸시효가 일정한 기간의 경과와 권리의 불행사라는 사정에 의하여 권리소멸의 효과를 가져오는 것과는 달리 제척기간은 그 기간의 경과 자체만으로 곧 권리소멸의 효과를 가져오게 하는 것이므로 그 기간 진행의 기산점은 특별한 사정이 없는 한 원칙적으로 **권리가 발생한 때**이고, 당사자 사이에 위와 같이 위 매매예약 완결권을 **행사할 수 있는 시기(始期)를 특별히 약정**한 경우에도 그 제척기간은 당초 권리의 발생일로부터 10년간의 기간이 경과되면 만료되는 것이지 그 기간을 넘어서 위 약정에 따라 권리를 행사할 수 있는 때로부터 10년이 되는 날까지로 연장된다고 볼 수 없다.

• 매매예약의 완결권은 일종의 형성권으로서 당사자 사이에 그 행사기간을 약정한 때에는 그 기간 내에, 그러한 약정이 없는 때에는 그 예약이 성립한 때로부터 10년 내에 이를 행사하여야 하고 그 기간이 지난 때에는 예약완결권은 제척기간의 경과로 인하여 소멸하므로 상고법원은 매매예약완결권이 제척기간 도과로 인하여 소멸되었다는 주장이 적법한 상고이유서 제출기간 경과 후에 주장되었다 할지라도 이를 판단하여야 할 것이다.

다. 제척기간의 길이 결정

• 어떤 기간을 제척기간으로 인정되는 경우 이 기간을 당사자의 약정으로 연장하거나 단축하는 것이 가능한지가 문제되는데, 아직 이에 관한 판례는 없다. §184 ②의 취지상 단축만 가능하다고 볼 여지가 있다.

• 그러나 판례는, 형성권의 경우 법률로 정해진 기간이 없으면 제척기간은 10년임이 원칙이라고 하면서도 당사자의 약정으로 그 기간을 10년 이상으로 연장할 수 있다고 본다.

대법원 2017. 1. 25. 선고 2016다42077 판결

‣ 당사자 사이에 약정하는 **예약 완결권의 행사기간에 특별한 제한은 없다.**

‣ 원심은, 원고가 2002. 4. 30. 이 사건 부동산에 관하여 피고에게 2002. 4. 26.자 매매의 일방예약을 원인으로 한 이 사건 가등기를 마쳐 준 사실, 원고와 피고 사이에 예약 완결권을 2032. 4. 25.까지 행사할 수 있도록 약정한 사실은 인정되나, 피고의 예약 완결권은 원고와 피고가 10년을 초과하여 약정한 위 기간까지 존속하는 것은 아니므로 피고의 예약 완결권은 2002. 4. 26.부터 10년이 경과한 2012. 4. 25. 제척기

간 10년의 도과로 소멸하였고, 따라서 피고는 원고에게 이 사건 부동산에 관하여 이 사건 가등기의 말소등기절차를 이행할 의무가 있다고 판단하였다.

‣ 그러나 앞서 본 법리에 비추어 살펴보면, 원고와 피고가 예약 완결권의 행사기간을 2032. 4. 25.까지 행사하기로 약정하였으므로 약정한 2032. 4. 25.이 지나야 그 예약 완결권이 제척기간의 경과로 인하여 소멸한다고 할 것이어서, 이 사건 가등기가 예약 완결권의 소멸을 이유로 무효라고 할 수는 없다.

라. 제척기간의 진행

• 제척기간에는 중단·정지가 적용되지 않는다.

제척기간에 있어서는 소멸시효와 같이 기간의 중단이 있을 수 없고, 제척기간은 불변 기간이 아니어서 그 기간을 지난 후에는 당사자가 책임질 수 없는 사유로 그 기간을 준수하지 못하였더라도 추후에 보완될 수 없다(대법원 2003. 8. 11.자 2003스32 결정).

• 다만 제척기간이 붙은 권리를 다시 발생시키는 방법으로 사실상 제척기간을 연장할 수 있다. 예컨대 가등기된 예약완결권의 제척기간 경과 직전에 같은 내용의 매매예약을 체결하고 거듭 가등기를 마치는 것도 유효이다. 다만 이 경우 채무초과 상태에서 두 번째 매매예약을 했다면 사해행위에 해당할 수 있다.

채무자가 유일한 재산인 부동산에 관한 매매예약에 따른 예약완결권이 제척기간 경과가 임박하여 소멸할 예정인 상태에서 제척기간을 연장하기 위하여 새로 매매예약을 하는 행위는 채무자가 부담하지 않아도 될 채무를 새롭게 부담하게 되는 결과가 되므로 채권자취소권의 대상인 사해행위가 될 수 있다(대법원 2018. 11. 29. 선고 2017다247190 판결).

• 권리자의 귀책사유 유무 등은 문제되지 않는다.

추상적 권리 행사에 관한 제척기간은 **권리자의 권리 행사 태만 여부를 고려하지 않으며**, 또 당사자의 신청만으로 추상적 권리가 실현되므로 기간 진행의 중단·정지를 상정하기 어렵다. 이러한 점에서 제척기간은 소멸시효와 근본적인 차이가 있다(대법원 2021. 3. 18. 선고 2018두47264 전원합의체 판결).

3. 제척기간의 효과

가. 제척기간 경과 전 권리 행사의 효과

(1) 개관

- 권리 행사의 효과가 인정된다.

✓ 제척기간의 재기산: 형성권은 행사되면 소멸하므로 재기산이 있을 수 없지만, 채권적 청구권이
나 물권적 청구권의 경우 제척기간이 재기산할 수 있다.

(2) 제척기간이 붙은 권리의 권리 행사 방법

A. 원칙: 불요식

- 제척기간이 붙은 권리를 행사하는 일반적인 방법에 따라 권리를 행사하면 된다.
예컨대 형성권 행사는 단독행위이므로 불요식이고 도달주의가 적용된다.

> 강박에 의한 의사표시에 대한 취소권은 형성권의 일종으로서 그 행사기간을 제척기
> 간으로 보아야 하고, 위 취소권은 재판상이든 재판외이든 그 기간 내에 행사하면 되는
> 것으로서, 취소권자가 취소의 의사표시를 담은 반소장 부본을 원고에게 송달함으로
> 써 취소권을 재판상 행사하는 경우에는 반소장 부본이 원고에게 도달한 때에 비로소
> 취소권 행사의 효력이 발생하여 취소권자와 원고 사이에 취소의 효력이 생기므로, 취
> 소의 의사표시가 담긴 반소장 부본이 제척기간 내에 송달되어야만 취소권자가 제척
> 기간 내에 적법하게 취소권을 행사였다고 할 것이다(대법원 2008. 9. 11. 선고 2008다
> 27301 판결).

- 권리 행사의 요건이 충족되지 않은 경우에는 권리 행사의 외관을 갖춘 행위를 하
더라도 제척기간 진행을 막지 못한다. 예컨대 가등기담보법 §11의 말소등기청구
권 행사로 인정되려면 선이행의무인 피담보채무의 원리금 변제를 마쳤어야 한
다. 따라서 피담보채무 변제의 선이행을 조건으로 말소등기청구를 하더라도 제
척기간 진행을 막지 못한다(2012다47074, 1023면).

B. 예외: 제척기간이면서 제소기간인 경우

- 제척기간이 붙은 권리가 재판으로만 행사할 수 있는 권리이면, 반드시 권리자는
제척기간 경과 전에 적법한 소를 제기해야 한다. 채권자취소권, 점유보호청구권,
상속회복청구권 등이 그 예이다.

상속회복의 소는 상속권의 침해를 안 날로부터 3년, 상속개시된 날로부터 10년 내에 제기하도록 제척기간을 정하고 있는바, 이 기간은 제소기간으로 볼 것이므로, 상속회복청구의 소에 있어서는 법원이 위 제척기간의 준수 여부에 관하여 직권으로 조사한 후 그 기간을 도과한 후에 제기된 소는 부적법한 소로서 그 흠결을 보정할 수 없으므로 이를 각하하여야 할 것이다(대법원 1993. 2. 26. 선고 92다3083 판결).

✓ 제척기간 경과 전에 소를 제기했으나 취하나 각하로 종료된 경우, 신속한 권리관계 확정이라는 제척기간 제도의 취지에 비추어 §170 ②가 유추 적용되지 않으므로 제척기간 경과 즉시 권리가 소멸한다.

나. 제척기간 경과의 효과

(1) 확정적 권리 소멸

• 제척기간 경과로 인한 권리 소멸의 효과는 확정적이다.

소멸시효가 일정한 기간의 경과와 권리의 불행사라는 사정에 의하여 그 효과가 발생하는 것과는 달리 관계 법령에 따라 정당한 사유가 인정되는 등 특별한 사정이 없는 한 그 기간의 경과 자체만으로 곧 권리 소멸의 효과를 발생시킨다(대법원 2021. 3. 18. 선고 2018두47264 전원합의체 판결).

• 의무자의 일방적 의사표시로 권리 소멸이라는 효과를 번복할 수 없다(지원림, 2-397). 이 점에서 시효이익 포기가 가능한 소멸시효와 다르다.

(2) 장래효

• 제척기간 경과로 인한 권리 소멸에는 장래효가 인정된다.
• 다만 판례는 상속회복청구권의 행사기간과 관련하여 그 법적성질이 제척기간이라고 하면서도 이러한 행사기간 경과의 소급효를 인정한다.

상속회복청구권이 제척기간의 경과로 소멸하게 되면 상속인은 상속인으로서의 지위 즉 상속에 따라 승계한 개개의 권리의무 또한 총괄적으로 상실하게 되고, 그 반사적 효과로서 참칭상속인의 지위는 확정되어 참칭상속인이 상속개시일로부터 소급하여 상속인으로서의 지위를 취득한 것으로 봄이 상당하므로, 상속재산은 상속 개시일로 소급하여 참칭상속인의 소유로 된다(대법원 1998. 3. 27. 선고 96다37398 판결).

9장

물권의 의미와 효력

9장
물권의 의미와 효력

I 개관

1. 물권의 의미와 특징, 물건의 의미

가. 물권의 의미

- 물권은 물건으로부터 직접 이익을 얻을 수 있는 권리이다.
- 물권은 타인의 도움 없이 권리자 자신의 힘만으로 실현될 수 있는 권리라는 점에서 전형적인 지배권이다. 이에 비해 채권은 채무자의 행위에 의해 실현되는 권리이므로 청구권이다. 청구권 실현에 장애가 생기더라도 권리자는 스스로 권리를 실현할 수 없고 법원의 재판과 강제집행을 거쳐야만 자신의 권리를 실현할 수 있다.

나. 물권의 특징: 물권의 배타성

(1) 의미

- 물권을 행사하려면 그 대상인 물건을 지배해야 하므로 물권에는 타인의 방해를 배제할 수 있는 배타성이 포함된다.
- 이에 비해 채권에는 배타성이 없으므로, 동일한 채권자에게 동일한 내용의 급부를 요구할 수 있는 채권자 여러 명이 양립하면 모든 채권은 유효하게 성립한다. 이때 일부 채권자는 급부를 받고 다른 채권자는 손해배상을 받는 방식으로 해결할 수밖에 없다.

(2) 배타성의 반영

- 일물일권주의: 하나의 물건에 대해 동일한 내용의 지배가 동시에 발현될 수 없으므로, 동일한 내용을 가지는 물권은 하나의 물건에 대해 하나만 성립할 수 있다.
- 물권법정주의·공시 원칙: 물권은 배타성이 있으므로 대세효를 가진다. 따라서 어떤 물건에 대해 누가 어떤 물권을 가졌는지를 누구나 알 수 있게 해 주는 법적

장치가 필요하다.

- 물권적 청구권: 물권자의 물건 지배를 타인이 방해하면 물권자는 배타성을 근거로 방해를 배제할 수 있다. 다만 이때는 물권이 물건 자체가 아니라 방해자라는 '타인'에 대해 행사되므로 물권은 청구권의 형태로 실현된다.

다. 물건의 의미

(1) 개관

- 물건은 배타적 지배의 대상이 될 수 있는 모든 사물을 뜻한다. 물권자가 지배·관리할 수 있다면 유체물뿐 아니라 전기·냉기 등과 같은 자연력도 물건에 속한다.

> 제98조(물건의 정의) 본법에서 물건이라 함은 유체물 및 전기 기타 관리할 수 있는 자연력을 말한다.

- 물건으로 인정되려면 사실적으로 지배·관리의 대상이 될 수 있어야 할 뿐 아니라 법적으로 지배·관리의 객체로 인정되어야 한다. 예컨대 인체의 일부, 유해 등은 법적 지배·관리의 객체가 아니므로 물건이 아니다.

(2) 물건의 유형

A. 동산과 부동산

- 물건은 동산과 부동산으로 나누어진다. 구별의 실익은 동산과 부동산은 공시 방법이 서로 다르고, 선의취득은 동산에 대해서만 인정된다는 것이다.
- 부동산에 속하는 물건은 ㉠ 토지와 ㉡ 토지에 정착된 물건이다. ㉡의 예로서 건물을 들 수 있다. 부동산 이외의 물건은 모두 동산이다.

> 제99조(부동산, 동산)
> ① 토지 및 그 정착물은 부동산이다.
> ② 부동산 이외의 물건은 동산이다.

- 사례: 토지 위에 건축된 구조물이더라도 일정 기간 후 철거가 예정되어 있으면 토지에 정착된 독립된 부동산이라고 볼 수 없다(2020다224821, 748면).

B. 주물과 종물

- 물권자가 이익을 얻는 근원이 되는 물건을 주물이라고 하고, 물권자가 주물로부터 이익을 얻기 위해 자신이 소유한 다른 물건을 주물에 부속시킨 경우 주물에 부속된 다른 물건을 종물이라고 한다. 예컨대 악기의 케이스는 주물인 악기의 사용

을 위해 부속된 종물이다.

- 주물과 종물은 별개의 물건이므로 각각 독립하여 거래의 대상이 될 수 있다. 그러나 주물을 처분하는 의사표시를 하면 다른 의사표시가 없는 한 종물도 함께 처분하기로 하는 의사표시가 있는 것으로 해석된다. 임의법규인 §100 ②이 적용되기 때문이다.

> 제100조(주물, 종물)
> ① 물건의 소유자가 그 물건의 상용에 공하기 위하여 자기소유인 다른 물건을 이에 부속하게 한 때에는 그 부속물은 종물이다.
> ② 종물은 주물의 처분에 따른다.

- 주물과 종물에 관한 §100는 주된 권리와 종된 권리에 대해서도 적용된다. 예컨대 건물 소유권 매매 계약에는 반대 의사표시가 없는 한 건물 소유를 위한 대지 사용권 매매 계약도 포함되는 것으로 해석된다(구체적인 내용은 법정지상권 부분 참조).

2. 물권의 효력

가. 적극적 효력

- 물권자가 물건으로부터 직접 이익을 얻을 수 있는 권능을 뜻한다.
- 물건으로부터 이익을 얻는 방식이 무엇이냐에 따라 물권은 여러 종류로 나눠진다. 다만 당사자들이 임의로 물권의 종류를 창설할 수는 없고, 법률이나 관습법으로 정해진 것들 중에서 선택하는 것만 가능하다(물권법정주의).

나. 소극적 효력

- 물권자의 배타적 지배를 관철시킬 수 있는 권능을 뜻한다. 물권의 효력이지만 물권자가 물권 행사를 방해하는 자에게 방해 배제·예방을 위해 필요한 행위를 요구하는 방식으로 발현되므로 물권적 청구권이라고 한다.
- 물권의 종류에 따라 서로 다른 내용으로 규정되어 있는 적극적 효력과는 달리, 물권적 청구권은 물권의 종류가 무엇이든 '방해의 배제·예방을 위해 필요한 행위의 청구'라는 동일한 내용으로 규정되어 있다.

Ⅱ 물권의 적극적 효력: 물권법정주의

1. 개관

가. 의미

- 물권자가 물건을 직접 지배하는 방법과 이를 통해 얻을 수 있는 이익의 구체적인 내용은 물권의 종류에 따라 다르다. 이러한 물권의 종류는 법률이나 관습법으로 정해진다.
- 물권을 취득하는 계약은 이렇게 법정되어 있는 여러 종류의 물권들 중 하나를 고르는 방식으로만 체결될 수 있다. 즉 당사자들은 물권의 종류를 창설할 수 없으며 법정되어 있는 물권의 내용을 변경할 수도 없다.

> 제185조(물권의 종류) 물권은 법률 또는 관습법에 의하는 외에는 임의로 창설하지 못한다.

나. 취지

- 물권의 기본적인 형태는 완전한 지배를 내용으로 하는 소유권이지만 하나의 물건의 사용가치나 교환가치만 지배하는 '제한물권'도 독자적인 거래 대상이다.
- 여러 종류의 제한물권을 인정하면서도 물권의 대세효·배타성을 반영한 일물일권주의 원칙을 관철시키려면, 제한물권의 종류별로 지배 방식과 수익의 내용이 구체적으로 규정되어 있어야 한다. 서로 종류가 다른 제한물권들 사이의 충돌이 발생하는 것을 방지할 필요가 있기 때문이다.

> 소유권은 외계 물자의 배타적 지배를 규율하는 기본적 법질서에서 그 기초를 이루는 권리로서 대세적 효력이 있으므로, 그에 관한 법률관계는 이해당사자들이 이를 쉽사리 인식할 수 있도록 명확하게 정하여져야 한다(대법원 2009. 3. 26. 선고 2009다228 판결).

2. 물권법정주의를 위반한 계약

가. 개관

(1) 의미

- 물권을 발생·변경시키는 계약을 체결하는 당사자들 사이에서, 법정된 물권의 종류에 속하지 않는 새로운 종류의 물권을 창설하거나, 법정된 물권의 내용을 변경시키기로 하는 약정이 이루어지는 경우가 있다.
- 이러한 약정 중 특히 소유권의 내용을 법정된 제한물권 설정 이외의 방식으로 제한하기로 하는 특약의 효과가 문제된다. 소유권은 물건에 대한 완전하고 포괄적인 지배권이므로(§211) 소유자가 소유물에 대해 행사할 수 있는 권능은 법률이나 관습법에 근거한 제한물권 설정이라는 방식으로만 제한될 수 있기 때문이다.

(2) 효과

A. 논의의 전제

- 당사자가 권리·의무의 발생·변경·소멸을 내용으로 하는 합의를 하면, 그 내용대로 권리·의무의 발생·변경·소멸이 일어난다. 이처럼 법적 효과를 일으키는 합의를 '계약'이라고 한다.
- 계약으로 변동시키려는 권리가 사람의 행위를 목적으로 하는 채권인 경우, 이러한 계약을 채권계약이라고 한다. 이에 비해 물권의 발생·소멸·변경 자체를 일으키는 것을 내용으로 하는 계약을 물권계약이라고 한다. 권리의 발생이라는 상황만 놓고 볼 때, 채권은 채권계약만 있으면 곧바로 발생하는 것에 비해 물권은 물권계약뿐 아니라 공시 방법까지 갖춰져야 비로소 발생한다. 이것을 '물권 변동의 성립요건주의'라고 한다(구체적인 내용은 후술).

B. 소유권 행사를 제한하기로 하는 계약의 효력

(a) 채권계약은 유효

- 물권법정주의와 다른 내용으로 물권을 행사하기로 하는 계약은 유효한 채권계약이다. 즉 원시적 불능은 아니다.
  - ✓ 판례는 강행법규에 저촉되는 채권계약을 원시적 불능이라고 하고(2016다212524, 74면) 물권법정주의를 규정한 §185가 강행법규라고 하면서도, 소유권 제한 약정에 대해서는 채권적 효력을 인정하고 있다. 이러한 태도는 물권법정주의와 저촉되는 채권계약의 효과의사의 내용을 '소유권의 내용 변경'이 아니라 '소유자가 소유권을 특정한 내용으로 행사하기로 하는 급부의무 발생'이라

고 선해하고 있는 듯하다.

- 당사자들 사이에서는 채권관계가 성립하므로 약정된 권리 행사 방법을 위반하면 채무불이행 책임이 문제된다.
- 다만 소유권 제한 약정은 그 당사자들 사이에서만 효력이 있으므로 원래의 소유자로부터 소유권을 양수한 제3자에게는 이러한 약정으로 대항할 수 없다. 채권에는 상대적 효력만 인정되기 때문이다.

(b) 물권계약은 무효

- 법정된 종류나 내용과 저촉되는 물권계약은 원시적 불능이므로 무효이다. 따라서 약정에 따른 물권 변동이 일어나지 않는다.

✓ 계약은 원래 합의에 참가한 당사자에 대해서만 효력이 있는 것이 원칙이다. 이것을 '상대효'의 원칙이라고 한다. 예외적으로 합의에 참가하지 않은 사람에게도 계약의 효력이 미칠 때 '대세효' 또는 '절대효'가 있다고 한다. 계약에 절대효가 인정되려면 계약에 참가하지 않은 사람도 어떤 계약의 존재와 내용을 알 수 있게 해 주기 위한 장치인 '공시 방법'이 있어야 한다. 주택임대차의 경우 주민등록, 부동산 물권 변동의 경우 등기부가 이런 장치에 해당한다.

나. 사례

(1) 소유자의 처분권한을 제한하는 특약

A. 사안의 개요

- X토지의 소유자인 甲은 乙과의 사이에서 X토지의 처분권한을 乙에게 부여하고 甲은 乙의 승인 없이 X토지를 처분하지 않기로 하는 약정을 했다.

✓ 완전한 지배를 내용으로 하는 물권인 소유권의 내용은 사용·수익권능과 처분권능으로 나누어진다. '권한'은 권리자 아닌 자가 남의 권리를 행사할 수 있는 자격을 가리킨다. '처분권한 부여'란 소유자가 소유자 아닌 자에게 자신의 소유물에 대한 처분권능을 행사할 수 있는 자격을 부여했음을 의미한다.

B. 쟁점과 판단

(a) 소유권의 귀속

- 甲의 처분권능을 제한하는 약정이 있어도 甲은 X토지의 소유자이다.
- 예컨대 X토지의 사용을 방해하는 자가 있으면 물권적 청구권은 甲만이 행사할 수 있으며 乙은 甲의 물권적 청구권을 대위행사할 수 있을 뿐이다.

(b) 甲·乙간 약정의 채권적·상대적 효력

- 甲의 처분권능을 제한하는 약정은 甲·乙 사이에서만 효력이 있으므로, 甲은 제3 자에 대해서는 완전한 소유권을 행사할 수 있다.

- 따라서 甲이 X토지를 丙에게 팔고 소유권이전등기를 마쳐 주었다면, ㉠ 丙은 甲· 乙간의 처분권능 제한 약정에 대해 악의였더라도 완전한 소유권을 취득하고 ㉡ 甲 은 乙에게 처분권능 제한 약정 위반으로 인한 §390의 손해배상 책임을 질 뿐이다.

(c) 乙이 한 처분행위의 효과

- 乙이 X토지를 丁에게 팔기로 하는 매매계약을 체결한 경우, 乙·丁간 매매계약은 무권리자인 乙의 처분이지만 甲의 사전 추인이 있었으므로 그 계약은 甲에 대해 서는 유효이다(무권리자의 처분 부분 참조, 199면 이하). 따라서 丁은 甲에 대한 소 유권이전등기 청구권을 가진다.

✓ 어떤 사람의 권리·의무를 발생시키는 계약은 반드시 그 권리·의무 주체인 본인이 해야 한다. 예 외적으로 권리자가 타인에게 미리 권한을 부여하거나, 타인이 무단으로 한 계약에 대해 나중에 권한을 부여하면 유효한 계약이 되고 그 효과가 권리자에게 귀속된다. 전자를 '대리권 수여 또는 수권'이라고 하고 후자를 '추인'이라고 한다.

- 그러나 그 후 甲과 매매계약을 한 丙이 乙과 매매계약을 한 丁보다 먼저 소유권 이전등기를 마치면, 丁은 丙에게 대항할 수 없다(부동산의 이중매매, 49면 이하). 이 경우 丁은 乙에게 §570·§390의 책임을, 乙은 甲에게 §390의 책임을 각각 물을 수 있다.

> **대법원 2014. 3. 13. 선고 2009다105215 판결**
> - 소유자에게 소유권의 핵심적 내용에 속하는 처분권능이 없다고 하면 이는 결국 민 법이 알지 못하는 새로운 유형의 소유권 내지 물권을 창출하는 것으로서 물권법의 체계를 현저히 교란하게 된다.
> - 소유자는 처분수권이 제3자에게 행하여졌다는 것만으로 그가 원래 가지는 처분권 능에 제한을 받지 아니한다. 따라서 그는 처분권한을 수여받은 자와의 관계에서 처 분수권의 원인이 된 채권적 계약관계 등에 기하여 채권적인 책임을 져야 하는 것을 별론으로 하고, 자신의 소유물을 여전히 유효하게 처분할 수 있고 소유권에 기하여 제213조, 제214조의 물권적 청구권을 가진다.

(2) 소유자가 특정인에게만 사용·수익권을 행사하지 않기로 하는 특약

A. 사안

- 乙은 X토지의 소유자 甲과의 사이에서, X토지를 乙이 배타적으로 사용·수익하고 甲은 이를 방해하지 않기로 약정했다.
- 乙이 X토지에 Y건물을 신축하여 사용하고 있는데, 5년이 경과한 후 甲이 乙에게 Y건물 철거를 청구했다.

B. 쟁점과 판단

- 소유자가 당사자인 계약으로도 사용·수익권 없는 소유권을 창설할 수는 없다. 물권법정주의 위반이기 때문이다. 따라서 甲·乙 간 위 약정은 사용대차 계약으로 해석해야 한다.

✓ 무효행위 전환의 법리가 적용되었다고 볼 수도 있다.

- 따라서 기간을 정하지 않은 사용대차의 해지 요건이 충족되었는지의 여부가 문제되는데, 신뢰관계 상실이라고 볼 만한 사정이 없으므로 철거를 청구할 수 없다.

대법원 2009. 3. 26. 선고 2009다228 판결

- 소유권의 핵심적 권능에 속하는 사용·수익의 권능이 소유자에 의하여 대세적으로 유효하게 포기될 수 있다고 하면, 이는 결국 처분권능만이 남는 민법이 알지 못하는 새로운 유형의 소유권을 창출하는 것으로서, 객체에 대한 전면적 지배권인 소유권을 핵심으로 하여 구축된 물권법의 체계를 현저히 교란하게 된다.

- 그 사용수익권을 채권적으로 '포기'하였다고 하여도, 그것이 피고의 사용·수익을 일시적으로 인정하는 취지라면, 이는 **사용대차의 계약관계**에 다름아니다. 그렇다면 사용대주인 위 소외인 등은 계약관계의 해지 기타 그 종료를 내세워 이 사건 토지의 반환 및 그 원상회복으로서의 이 사건 건물의 철거를 청구할 수 있다. 다만 이 사건에서는 반환시기를 약정하였다는 사정은 보이지 않는바, 그렇다면 제613조 제2항에 따라 "계약 또는 목적물의 성질에 의한 사용수익이 종료"하였는지, 또 "사용수익에 족한 기간이 경과"하였는지 등을 심리·판단할 필요가 있다.

3. 사례: 불특정 다수인의 사용을 위한 소유권의 배타성 포기

가. 사안의 개요

(1) 사실관계와 사건의 경과

- 甲소유 X토지에는 도랑이 흐르고 있었는데, 지자체에서 우수관을 매설하고 복개함으로써 토지를 활용하기에 더 좋은 상태가 되었다. 甲은 우수관 매설에 이의를 제기하지 않았고 그 후 상당 기간이 경과하였다.
- 甲이 사망한 후 그 상속인 乙이 이 우수관의 철거와 (10년치) 차임상당 §741 청구권을 행사한다.

(2) 사용대차 사례와 다른 점

- 배타성 포기 사안에서는 소유자가 불특정 다수인의 이익을 위해 사용·수익 제한을 감수했다고 볼 여지가 있다. 이에 비해 사용대차 사안에서는 소유자가 특정인에 대해서만 사용수익권을 포기했다.
- 불특정 다수인에게 제공된 사용·수익을 방해하지 않는 한 소유자 자신의 사용·수익도 가능하다. 이에 비해 사용대차 사안에서 소유자는 목적물을 전혀 사용·수익할 수 없다.

나. 쟁점과 판단: 사용·수익권의 배타성 제한

(1) 개관

- 불특정 다수인에 대한 대세적 포기이기는 하지만, 소유자는 처분권은 물론 사용·수익권도 유지한다.
- 소유자가 사용·수익권 전부를 대세적으로 포기하는 의사표시는 물권법정주의와 저촉되어 허용될 수 없기 때문이다.

(2) 효과

- 소유자는 공익을 위해 사용·수익의 배타성에 대한 제한을 용인한 것에 지나지 않는다. 따라서 ㉠ 공익을 위한 제한 하에서는 소유물을 자유롭게 사용·수익, 처분할 수 있으나, ㉡ 손실이 발생하지 않은 것으로 간주되므로 §741 청구권을 행사할 수는 없고, ㉢ 소유자가 공익을 위한 제한 상태를 방해라고 주장하여 §214 청구권을 행사하면 권리남용에 해당한다.

대법원 2019. 1. 24. 선고 2016다264556 전원합의체 판결

‣ 소유권의 핵심적 권능에 속하는 사용·수익 권능의 대세적·영구적인 포기는 물권법 정주의에 반하여 허용할 수 없으므로, 토지 소유자의 독점적·배타적인 사용·수익권의 행사가 제한되는 것으로 보는 경우에도, 일반 공중의 무상 이용이라는 토지이용현황과 양립 또는 병존하기 어려운 토지 소유자의 **독점적이고 배타적인 사용·수익만이 제한될 뿐이고, 토지 소유자는 일반 공중의 통행 등 이용을 방해하지 않는 범위 내에서는 그 토지를 처분하거나 사용·수익할 권능을 상실하지** 않는다.

‣ 토지 소유자가 그 소유의 토지를 도로, 수도시설의 매설 부지 등 일반 공중을 위한 용도로 제공한 경우 … 여러 사정을 종합적으로 고찰하고, 토지 소유자의 소유권 보장과 공공의 이익 사이의 **비교형량**을 한 결과, 소유자가 그 토지에 대한 독점적·배타적인 사용·수익권을 포기한 것으로 볼 수 있다면, 타인이 그 토지를 점유·사용하고 있다 하더라도 특별한 사정이 없는 한 그로 인해 토지 소유자에게 어떤 **손해가 생긴다고 볼 수 없으므로, 토지 소유자는 그 타인을 상대로 부당이득반환을 청구할 수 없고, 토지의 인도 등을 구할 수도 없**다.

어떤 토지가 그 개설경위를 불문하고 일반 공중의 통행에 공용되는 도로, 즉 공로가 되면 그 부지의 소유권 행사는 제약을 받게 되며, 이는 소유자가 수인하여야만 하는 재산권의 사회적 제약에 해당한다. 따라서 공로 부지의 소유자가 이를 점유·관리하는 지방자치단체를 상대로 공로로 제공된 도로의 철거, 점유 이전 또는 통행금지를 청구하는 것은 법질서상 원칙적으로 허용될 수 없는 '권리남용'이라고 보아야 한다. … 그 경우 특별한 사정이 없는 한 그 도로 지하 부분에 매설된 시설에 대한 철거 등 청구도 '권리남용'이라고 봄이 상당하다(대법원 2023. 9. 14. 선고 2023다214108 판결).

• 불특정 다수인인 일반 공중의 통행에 공용된 도로에 대해 소유자가 특정인의 통행을 방해하는 행위를 하면 §750의 불법행위에 해당하고, 피해자는 통행 방해 행위 금지를 청구할 수 있다.

불특정 다수인인 일반 공중의 통행에 공용된 도로, 즉 공로를 통행하고자 하는 자는 그 도로에 관하여 다른 사람이 가지는 권리 등을 침해한다는 등의 특별한 사정이 없는 한, 일상생활상 필요한 범위 내에서 다른 사람들과 같은 방법으로 그 도로를 통행할 자유가 있고, 제3자가 특정인에 대하여만 그 도로의 통행을 방해함으로써 일상생활에 지장을 받게 하는 등의 방법으로 그 특정인의 통행의 자유를 침해하였다면 <u>민법상 불법행위에 해당하며, 그 침해를 받은 자로서는 그 방해의 배제나 장래에 생길 방해를 예방하기 위하여 통행방해 행위의 금지를 소구</u>할 수 있다(대법원 2021. 3. 11. 선고 2020다229239 판결).

(3) 발생 요건과 소멸 요건

A. 발생

- 배타성 제한이 적용되려면, ㉠ 소유자가 자발적으로 일반공중에 대해 사용을 용인했다는 사실이 인정되어야 할 뿐 아니라 ㉡ 제반 사정을 고려한 이익형량도 필요하다. ㉢ 재산권 행사에 대한 제한이므로 신중하고 엄격하게 판단해야 하며 배타성 포기를 주장하는 자가 그 요건에 대한 증명책임을 진다.

토지의 소유자가 스스로 토지를 도로로 제공하여 인근 주민이나 <u>일반 공중에 무상 통행권을 부여하거나 토지에 대한 독점적·배타적인 사용·수익권을 포기하였는지 여부를 판단</u>하기 위해서는, 소유자가 토지를 공공의 사용에 제공한 경위와 규모 … 등 여러 가지 사정과 아울러 인근의 다른 토지의 효과적인 사용·수익을 위하여 당해 토지의 기여 정도 등을 종합적으로 고찰함으로써 **토지 소유권의 보장과 공공의 이익 사이에 비교형량**을 하여야 한다(대법원 2022. 7. 14. 선고 2022다228544 판결).

독점적·배타적 사용·수익권 행사를 제한하는 법리는 토지 소유자의 권리행사를 제한하는 예외적인 법리이므로, 공공필요에 의한 재산권의 수용·사용 또는 제한에 관한 정당한 보상을 지급하여야 한다는 헌법 제23조 제3항 및 법치행정의 취지에 비추어 **신중하고 엄격하게 적용**되어야 하고, 독점적·배타적 사용·수익권 행사의 <u>제한을 주장하는 사람이 그 제한 요건을 충족하였다는 점에 대한 증명책임을 진다</u>(대법원 2024. 2. 15. 선고 2023다295442 판결).

- 배타성 제한 여부나 그 범위는 구체적인 상황과 맥락에 따라 달라지므로 통행권을 주장하는 자가 토지 소유자를 상대로 배타적 사용·수익권의 부존재 확인을 구하는 소는 소의 이익이 인정되지 않는다.
- ✓ 판례는 이러한 판단의 논거 중 하나로서 통행권자의 법적 지위가 '채권적인 것에 불과'하다는 점을 들고 있으나, 의문이다.

피고가 이 사건 토지 인근의 택지소유자들을 비롯하여 그 택지를 내왕하는 사람들에 대하여 배타적 사용·수익권을 주장하며 그 통행을 방해하는 등의 행위를 할 수 없다고 하더라도, 이러한 권리행사의 제약이나 그에 따른 법률상 지위는 채권적인 것에 불과하여 권리행사의 상대방이 누구인지, 그 상대방이 이 사건 토지를 이용하려는 목적과 태양은 어떠한지, 장래에 이러한 이용관계가 변경될 가능성은 없는지 등의 구체적 상황과 맥락에 따라 피고가 수인하여야 하는 권리행사상 제약의 내용이나 범위가 달라질 수밖에 없고, 따라서 이러한 구체적 상황 및 맥락과 분리하여 일반적으로 토지소유자에 대하여 '배타적 사용·수익권이 존재하지 않는다'는 취지의 확인을 구하는 것은 특별한 사정이 없는 한 당사자 또는 제3자 사이의 권리관계의 불안이나 위험을 제거할 수 있는 유효·적절한 수단이 된다고 볼 수 없어 그 확인을 구할 소의 이익이 없다 (대법원 2012. 6. 28. 선고 2010다81049 판결).

B. 소멸

- 배타성 제한이 소멸하려면, 사정변경 원칙의 적용 요건이 충족되어야 한다. 즉 종래의 토지 이용 현황 등의 객관적 사정이 예견할 수 없을 정도로 현저하게 변경되어, 소유자의 사용·수익의 배타성 제한 상태라는 현상을 유지하면 당사자의 이해에 중대한 불균형이 초래되어야 한다.
- 이러한 요건이 충족되면 소유자는 완전한 소유권에 근거한 권리를 행사할 수 있다.
✓ 예컨대 사용·수익권의 배타성을 근거로 다른 이용자들에 대해 §213·214의 물권적 청구권은 물론 §741의 부당이득반환이나 §750의 손해배상도 청구할 수 있다.

대법원 2019. 1. 24. 선고 2016다264556 전원합의체 판결

- 토지 소유자의 독점적·배타적인 사용·수익권 행사의 제한은 토지 소유자가 공공의 목적을 위해 그 토지를 제공할 당시의 객관적인 토지이용현황이 유지되는 한도 내에서만 존속한다고 보아야 한다.
- 따라서 토지 소유자의 독점적·배타적인 사용·수익권의 행사가 제한된다고 하더라도, 그 후 토지이용상태에 중대한 변화가 생기는 등으로 독점적·배타적인 사용·수익권의 행사를 제한하는 **기초가 된 객관적인 사정이 현저히 변경되고, 소유자가 일반 공중의 사용을 위하여 그 토지를 제공할 당시 이러한 변화를 예견할 수 없었으며, 사용·수익권 행사가 계속하여 제한된다고 보는 것이 당사자의 이해에 중대한 불균형을 초래하는 경우**에는, 토지 소유자는 그와 같은 **사정변경이 있은 때부**

터는 다시 사용·수익 권능을 포함한 **완전한 소유권에 기한 권리를 주장할 수 있다.**

(4) 적용범위

A. 물적범위

- 배타성 제한의 범위는 불특정 다수인의 사용을 위해 제공될 당시의 객관적 이용 현황을 기준으로 정해진다.
- 배타성 제한의 목적은 통행에 제한되지 않는다. 또한 배타성 제한에 관한 판례 법리는 지상뿐 아니라 지하에 대해서도 적용된다. 즉 지상에 대한 사용·수익의 배타성이 제한된다면 지하에 대해서도 마찬가지라고 해석해야 한다.

> 위와 같은 법리는 토지 소유자가 그 소유의 토지를 도로 이외의 다른 용도로 제공한 경우에도 적용된다. 토지 소유자의 독점적·배타적인 사용·수익권의 행사가 제한되는 것으로 해석되는 경우 특별한 사정이 없는 한 그 지하 부분에 대한 독점적이고 배타적인 사용·수익권의 행사 역시 제한되는 것으로 해석함이 타당하다(대법원 2019. 1. 24. 선고 2016다264556 전원합의체 판결).

B. 인적범위

- 국가나 지방자치단체 등이 토지 소유자의 사용·수익권 제한을 주장하는 경우에도 같은 법리가 적용된다. 국가나 지방자치단체는 수용이 가능하므로 배타적 사용·수익권 포기 법리에 의한 혜택을 누릴 수 없다는 주장은 배척되었다.

> 사인뿐만 아니라 국가, 지방자치단체도 이에 해당할 수 있다(대법원 2019. 1. 24. 선고 2016다264556 전원합의체 판결).

- 특정 다수인이 소유자 자신의 의사표시에 의한 사용·수익권 제한을 주장하는 경우에는 배타적 사용·수익권 포기의 법리가 적용되지 않는다(2009다228, 403면)

(5) 승계

A. 포괄승계(상속): 피상속인의 지위를 그대로 이어받음

B. 특정승계의 경우

- 원칙: 승계인도 사용·수익권의 배타성을 주장할 수 없다. 승계 당시 이러한 상태를 인식하고 용인했다고 봐야 하기 때문이다.
- 예외: 특정승계인의 선의·무과실을 추정하게 해 주는 특별한 사정이 증명되면

승계인은 완전한 사용·수익권을 주장할 수 있다. 특정승계인의 선의·무과실 여부 판단을 위한 간접사실로는 비배타적 사용·수익 상태의 공연성 여부, 특정승계인이 지급한 대가의 정도 등이 있다.

> **대법원 2019. 1. 24. 선고 2016다264556 전원합의체 판결**
> - 상속인은 피상속인의 일신에 전속한 것이 아닌 한 상속이 개시된 때로부터 피상속인의 재산에 관한 포괄적 권리·의무를 승계하므로, 피상속인이 사망 전에 그 소유 토지를 일반 공중의 이용에 제공하여 독점적·배타적인 사용·수익권을 포기한 것으로 볼 수 있고 그 토지가 상속재산에 해당하는 경우에는, 피상속인의 사망 후 그 토지에 대한 상속인의 독점적·배타적인 사용·수익권의 행사 역시 제한된다고 보아야 한다.
> - 원소유자의 독점적·배타적인 사용·수익권의 행사가 제한되는 토지의 소유권을 **경매, 매매, 대물변제 등에 의하여 특정승계**한 자는, 특별한 사정이 없는 한 그와 같은 사용·수익의 제한이라는 부담이 있다는 사정을 용인하거나 적어도 그러한 사정이 있음을 알고서 그 토지의 소유권을 취득하였다고 봄이 타당하므로, 그러한 특정승계인은 그 토지 부분에 대하여 독점적이고 배타적인 사용·수익권을 행사할 수 없다
> - 특정승계인의 독점적·배타적인 사용·수익권의 행사를 허용할 특별한 사정이 있는지 여부는 토지가 일반 공중의 이용에 제공되어 사용·수익에 제한이 있다는 사정이 이용현황과 지목 등을 통하여 외관에 어느 정도로 표시되어 있었는지, 해당 토지의 취득가액에 사용·수익권 행사의 제한으로 인한 재산적 가치 하락이 반영되어 있었는지, 원소유자가 그 토지를 일반 공중의 이용에 무상 제공한 것이 해당 토지를 이용하는 사람들과의 특별한 인적 관계 등의 여러 사정을 종합적으로 고려하여 판단하여야 한다.

다. 비교: 건물 사용을 위한 토지 이용관계

(1) 사안의 개요

- 甲은 자신이 소유한 X토지를 그 지상의 Y건물 소유자인 乙의 무상 사용을 위해 제공했다.
- 30여 년 후 丙이 X토지를 매수하여 乙에게 지료 지급을 청구한다.

(2) 쟁점과 판단

- 원칙: 토지가 지상 건물 소유자라는 특정인의 사용·수익을 위해 제공된 경우, 배타적 사용·수익권 포기의 법리가 적용되지 않으므로, 토지의 특별승계인 丙은 乙에게 §213의 철거청구나 §741 청구를 할 수 있다

- 예외: 乙이 대항력 있는 토지사용권을 확보한 경우에는 丙의 철거청구에 대항할 수 있다. 예컨대 관습법상 법정지상권의 요건이 충족되었거나 Y건물에 대해 乙 명의 보존등기가 마쳐져서 §622가 적용되는 경우를 들 수 있다.

✓ 위 판례의 사안에서는 甲이 아니라 甲이 설립한 회사인 乙이 Y건물의 원시취득자이므로 관습상 법정지상권이 인정될 수 없다. 또한 X토지 사용에 대한 차임이 지급되지 않았으면 임대차가 아니라 사용대차이므로 §622가 적용될 수도 없다. 결국 지상권의 시효취득 인정 여부가 문제된다.

> ### 대법원 2019. 11. 14. 선고 2015다211685 판결
>
> - 토지소유자의 독점적·배타적 사용·수익권 행사 제한의 법리는 토지가 도로, 수도시설의 매설 부지 등 일반 공중을 위한 용도로 제공된 경우에 적용되는 것이어서, 토지가 건물의 부지 등 지상 건물의 소유자들만을 위한 용도로 제공된 경우에는 적용되지 않는다. 따라서 토지소유자가 그 소유 토지를 건물의 부지로 제공하여 지상 건물소유자들이 이를 무상으로 사용하도록 허락하였다고 하더라도, 그러한 법률관계가 물권의 설정 등으로 특정승계인에게 대항할 수 있는 것이 아니라면 채권적인 것에 불과하여 특정승계인이 그러한 채권적 법률관계를 승계하였다는 등의 특별한 사정이 없는 한 특정승계인의 그 토지에 대한 소유권 행사가 제한된다고 볼 수 없다.
>
> - 이 사건 지주들은 각 자신들 소유 토지를 이 사건 상가건물들의 대지로 제공하여 구분소유자들에게 이를 무상으로 사용하도록 허락하였다고 볼 여지가 있다. 그러나 그러한 경우라도 이 사건 지주들이 각 자신들 소유 토지를 일반 공중을 위한 용도로 제공한 것이 아니라 이 사건 상가건물들의 대지로 제공하여 구분소유자들만을 위한 용도로 제공한 것에 불과하므로, 토지소유자의 독점적·배타적 사용·수익권 행사 제한의 법리가 적용될 수는 없다.
>
> - 원심으로서는 이 사건 지주들 및 원지상권자들과 이 사건 상가건물들의 구분소유자들 사이의 토지사용에 관한 법률관계의 내용이 어떠한지, 그러한 법률관계가 특정승계인에게 대항할 수 있는 것인지, 법률관계가 채권적인 것이라면 원고가 그러한 법률관계를 승계하였다고 볼 수 있는지 등에 관하여 심리하였어야 한다. 그런데도 원심은 이 사건에 토지소유자의 독점적·배타적 사용·수익권 행사 제한의 법리

가 적용된다고 보아, 특정승계인인 원고가 사용·수익의 제한이라는 부담을 용인하였는지의 여부에 따라 토지별로 부당이득반환의무의 성립 여부를 달리 판단하였다. 이러한 원심의 판단에는 토지소유자 등의 독점적·배타적 사용·수익권 행사 제한의 법리를 오해하여 필요한 심리를 다하지 않아 판결에 영향을 미친 위법이 있다.

III 물권의 소극적·방어적 효력: 물권적 청구권

1. 개관

가. 의미와 유형

(1) 의미

* 물권은 배타적 지배권이므로 물권에는 물권 행사에 대한 방해를 배제·예방하는 권능이 포함되어 있다.

* 물권자는 물권 행사를 방해하는 타인에게 방해 중지와 방해 없는 상태 회복을 위해 필요한 특정한 행위를 요구할 수 있다.

* 방해 배제·예방을 위해 청구권이 필요한 이유: 권리 행사를 제3자가 방해하더라도 물권자는 방해자에게 직접 물리력을 행사하여 방해 상태를 제거할 수 없다(자력구제 금지 원칙). 물권자는 방해자에게 방해 중지와 방해 상태 제거에 필요한 특정 행위를 요구할 수 있는 청구권만 행사할 수 있다. 이러한 청구권은 공권력 발동을 요청할 수 있는 근거가 된다. 청구권에는 강제집행 권능이 포함되어 있기 때문이다.

(2) 유형

A. 소유권에 근거한 물권적 청구권

* 소유자는 소유물에 대한 방해의 제거나 그 예방을 청구할 수 있고(§214), 방해의 모습이 소유물의 점유 침탈인 경우 소유물의 점유 반환을 청구할 수 있다(§213).

> 제213조(소유물반환청구권) 소유자는 그 소유에 속한 물건을 점유한 자에 대하여 반환을 청구할 수 있다. 그러나 점유자가 그 물건을 점유할 권리가 있는 때에는 반환을 거부할 수 있다.

> 제214조(소유물방해제거, 방해예방청구권) 소유자는 소유권을 방해하는 자에 대하여 방해의 제거를 청구할 수 있고 소유권을 방해할 염려있는 행위를 하는 자에 대하여 그 예방이나 손해배상의 담보를 청구할 수 있다.

B. 제한물권에 근거한 물권적 청구권

• 제한물권에도 물권적 청구권이 포함되어 있다. §213·§214를 준용하는 명문 규정 (§290 등)이 없어도 물권의 성질상 당연하다.

• 다만 점유 권능이 없는 물권인 저당권에 대해서는 §214의 방해배제 청구권만 인정된다(§370).

나. 법적 성질

(1) 개관

A. 물권을 구성하는 권능들 중 하나

• 물권적 청구권은 물권의 내용인 권능들 중 하나이다. 즉 물권적 청구권은 독립된 권리가 아니다. 따라서 물권에서 물권적 청구권만 분리하여 소멸시키거나 양도하기로 하는 계약은 무효이다. 물권적 청구권 없는 물권을 창설하는 것은 물권법 정주의 위반이기 때문이다 .

• 물권의 발생·소멸에 부종하고 물권 이전에 수반되어 이전한다. 또한 물권적 청구권을 행사하지 않아도 이로 인해 물권적 청구권이 시효소멸하지는 않는다.

B. 청구권: 채권법의 유추적용

• 물권적 청구권을 행사하는 것은 물권을 행사하는 것이지만, 그 행사 방법은 특정인에게 특정한 행위를 청구하는 것이라는 점에서 채권 행사와 비슷한 모습을 보인다.

• 따라서 성질에 반하지 않는 한 채권에 관한 조문들이 유추 적용될 수 있다.

(2) 사례: 물권적 청구권의 급부불능

A. 사안의 개요

• 甲 소유 X토지에 대해 乙이 악의로 원인무효인 소유권이전등기를 한 후, 선의·무과실인 丙에게 X토지를 매도하고 丙명의 소유권이전등기를 마쳐주었다.

• 丙이 등기부 시효취득의 요건을 충족하여 X토지의 소유권을 취득함으로써 甲은 乙에게 §214의 말소등기청구권을 행사할 수 없게 되었다. 이에 甲은 乙에게 §214의 물권적 청구권의 이행불능을 이유로 §390의 손해배상청구권을 행사한다.

B. 쟁점과 판단

(a) §390 적용 안 됨

- 丙이 X토지의 소유권을 취득하면 甲은 더 이상 소유자가 아니다(일물일권주의). 따라서 甲은 더 이상 §214의 물권적 청구권의 주체가 아니다.
- 甲은 乙에게 물권적 청구권의 급부불능으로 이유로 §390의 손해배상청구를 할 수 없다. §390의 손해배상청구권은 원래의 채권이 동일성을 유지한 채 변경된 것인데, 甲은 '원래의 청구권'인 물권적 청구권을 이미 상실했기 때문이다.

(b) §750 적용

- 甲은 물권 상실로 인한 손해를 이유로 乙에게 §766의 기간 내에 §750의 손해배상청구권을 청구할 수 있을 뿐이다.
- ✓ 이에 비해 丙은 선의·무과실이므로 §750의 불법행위 책임이 없고, 등기부 시효취득을 원인으로 소유권을 취득했으므로 §741도 문제되지 않는다.

대법원 2012. 5. 17. 선고 2010다28604 전원합의체 판결

- ‣ 소유자가 자신의 소유권에 기하여 실체관계에 부합하지 아니하는 등기의 명의인을 상대로 그 등기말소나 진정명의회복 등을 청구하는 경우에, 그 권리는 물권적 청구권으로서의 방해배제청구권(제214조)의 성질을 가진다. 소유자가 그 후에 소유권을 상실함으로써 이제 등기말소 등을 청구할 수 없게 되었다면, 이를 위와 같은 청구권의 실현이 객관적으로 불능이 되었다고 파악하여 **등기말소 등 의무자에 대하여 그 권리의 이행불능을 이유로 제390조의 손해배상청구권을 가진다고 말할 수 없**다.
- ‣ 채무불이행을 이유로 하는 손해배상청구권은 계약 또는 법률에 기한 채권관계에서 본래의 채권이 동일성을 유지하면서 그 내용이 확장되거나 변경된 것이다. 물권적 청구권은 그 권리자인 **소유자가 소유권을 상실하면 이제 그 발생의 기반이 아예 없게 되어 더 이상 그 존재 자체가 인정되지 아니하는 것**이다.
- ‣ 원고가 이미 소외 1 등의 등기부취득시효 완성으로 이 사건 토지에 관한 소유권을 상실한 사실에는 변함이 없으므로, 원고가 불법행위를 이유로 소유권 상실로 인한 손해배상을 청구할 수 있음은 별론으로 하고, 애초 피고의 등기말소의무의 이행불능으로 인한 채무불이행책임을 논할 여지는 없다고 할 것이다.

(c) 대상청구권 적용 안 됨

- 대상청구권도 인정되지 않는다. 대상청구권도 §390의 손해배상청구권과 마찬가지로 원래의 채권이 변형된 것이기 때문이다.

대상청구권은 이행불능의 효과로서 채권자의 전보배상청구권, 계약해제권과 별도로 해석상 인정되는 권리인데, 이 사건 자동차의 인도청구는 **원고가 소유자임을 전제로 한 소유물반환청구권으로서 물권적 청구권의 성질을 가지므로, 채권적 청구권의 이행불능의 효과로서 인정되는 대상청구권은 인정될 여지가 없다**(대법원 2016. 7. 29. 선고 2016다220044 판결).

다. 다른 권리들과의 관계

(1) 개관: 필요성

- 물권적 청구권의 효과는 법정되고 그 내용은 현상 유지나 원상회복으로 한정된다.
- 따라서 물권 행사 방해 이외의 손해 즉 방해 상태 제거만으로는 전보될 수 없는 손해가 발생한 경우 물권자가 §750 손해배상청구를 할 수 있는지가 문제된다. 또한 물권 행사 방해로 방해자가 이익을 얻은 경우 물권자가 §741 청구를 할 수 있는지도 문제된다.

(2) §750의 손해배상청구권

A. 전제: 방해자의 귀책사유가 있을 것

B. 병존관계: §213

- 원칙: 물권적 반환청구권은 물건 반환만을 내용으로 한다. 따라서 무단 침탈로 인해 점유 상실 이외의 손해를 입은 경우 이 손해는 §750에 의해 배상받아야 한다.
- 예외: 물권자와 방해자 사이에 계약 관계가 없으면 §201의 특칙이 적용되고 선의·과실 점유자에게도 과실수취권이 인정되므로 물권자는 과실 있는 점유자에게 대해서도 사용이익 상실에 대한 §750의 손해배상청구를 할 수 없다.

C. 택일관계: §214

- 논거: 방해와 손해는 동시에 존재할 수 없다. ㉠ 방해는 지속되고 있는 법익침해를, ㉡ 손해는 이미 종결된 과거의 법익 침해 행위의 결과를 각각 의미하기 때문이다.
- 구별의 실익: §750에 대해서는 행사 기간 제한(§766)이 적용되지만, §214에 대해서는 행사 기간 제한이 적용되지 않는다.
- 사례: 토지에 산업폐기물이 무단으로 매립된 경우에, 이미 방해행위가 종료되었으므로 §750의 손해배상 청구만 가능하고 §214의 방해배제 청구는 불가능하다.
- ✓ 판례 사안에서는 §766의 기간 경과를 이유로 소유자의 §750의 손해배상청구가 기각되었다.

대법원 2003. 3. 28. 선고 2003다5917 판결

‣ 소유권에 기한 방해배제청구권에 있어서 '**방해**'라 함은 현재에도 지속되고 있는 침해를 의미하고, 법익 침해가 과거에 일어나서 이미 종결된 경우에 해당하는 '손해'의 개념과는 다르다.

‣ 소유권에 기한 방해배제청구권은 방해결과의 제거를 내용으로 하는 것이 되어서는 아니 되며(이는 손해배상의 영역에 해당한다 할 것이다.) **현재 계속되고 있는 방해의 원인을 제거하는 것을 내용으로 한다**고 할 것인데, 이 사건 토지에 원고 등이 매립에 동의하지 않은 쓰레기가 매립되어 있다 하더라도 이는 과거의 <u>위법한 매립공사로 인하여 생긴 결과로서 원고가 입은 손해에 해당한다 할 것일 뿐, 그 쓰레기가 현재 원고의 소유권에 대하여 별도의 침해를 지속하고 있다고 볼 수 없고 따라서 소유권에 기한 방해배제청구권을 행사할 수 있는 경우에 해당하지 아니한다.</u>

(3) 부당이득반환청구권

• 병존관계: 물권적 청구권의 내용에 부당이득반환은 포함되어 있지 않으므로, 물권자는 방해자에게 부당이득반환은 별도로 청구할 수 있다. 예컨대 점유 침탈을 당한 소유자는 §213의 반환청구는 물론, 침탈일부터 반환이 마쳐질 때까지의 기간에 대한 §741 청구도 할 수 있다.

토지 소유자로서는 건물 전체에 대하여 철거에 관한 집행권원을 확보하여 곧바로 집행에 들어가거나 **철거집행 전까지 토지 점유에 관한 부당이득반환 등을 청구하는 방법으로 권리구제**를 받을 수 있다(대법원 2022. 6. 30. 선고 2021다276256 판결).

• 당사자들 사이에 계약이 없으면 §741에 대한 특칙인 §201~203이 우선 적용된다. 따라서 점유자가 악의인 경우에만 부당이득 반환이 문제된다.

2. 점유반환청구권(§213)

가. 요건

(1) 당사자

• §213의 물권적 청구권은 물권자가 점유자를 상대로 행사할 수 있다. 물권자 자신이 방해 상황의 원인을 제공했더라도 물권적 청구권을 행사하는데는 지장이 없다. 다만 권리남용으로 인정될 가능성이 있을 것이다.

• 물권적 청구권 행사의 상대방은 물권적 청구권이 행사될 당시에 방해 상황을 지

배하는 자이다. 고의·과실 여부는 문제되지 않으며 방해 상황을 야기했는지의 여부도 문제 되지 않는다.

(2) 객관적 요건

• §213의 물권적 청구권은 물권 행사에 대한 방해가 목적물의 점유 침탈로 인해 초래된 경우에 인정된다.

• 점유·점유 침탈의 의미에 대해서는 후술한다(426, 450면).

(3) 소극적 요건: 점유의 권원

A. 의미

• 소유자가 점유자에게 §213의 물권적 청구권을 행사하는 경우 점유자는 점유의 권원을 주장하여 이에 대항할 수 있다.

• 점유의 권원의 유형: 타인 소유물을 점유할 수 있는 내용의 권리이면 무엇이든 점유의 권원에 해당한다. ㉠ 권리의 종류를 가리지 않으므로, 임차인이나 미등기 매수인의 경우 채권이 점유의 권원이고, 지상권자나 전세권자의 경우 제한물권이 점유의 권원이다. ㉡ 권리 발생의 요건도 가리지 않는다. 따라서 법률행위로 점유의 권원이 발생한 경우는 물론 법률의 규정에 의해 점유의 권원을 취득한 자도 §213의 물권적 청구권 행사에 대항할 수 있다. 후자의 예로서 점유 취득시효 완성자, 유치권자, 관습법상 법정지상권자 등을 들 수 있다.

• 효과: 점유의 권원이 인정되는 경우 점유자는 점유를 반환할 의무가 없다. 다만 §741의 의무를 지는지의 여부는 점유 권원 있는 점유자에게 사용·수익 권원도 있는지에 따라 결정된다. 점유 권원과 사용·수익 권원은 별개이기 때문이다. 예컨대 유치권은 점유의 권원이지만 사용·수익 권원은 아니므로 유치권자는 소유자의 §213 청구에 대항할 수 있으나 유치물을 사용하면 §741 의무를 지는지가 문제된다(857면 이하).

B. 사례: 소유자의 허락 하에 점유가 인도된 경우

• 사안의 개요: X자동차의 소유자 甲은 乙에게 X자동차를 인도하고 乙에게 사용·수익, 담보제공 일체에 대한 권한을 부여하는 '자동차 포기 각서'를 작성하여 乙에게 교부했다. 乙이 丙에 대한 채무를 담보하기 위해 丙에게 X자동차를 인도하자 甲은 丙에게 §213의 반환청구와 §741의 부당이득 반환 청구를 한다.

• 쟁점과 판단: 丙의 점유 인수는 乙이 위 약정에 따른 점유·사용·수익 권원을 행

사한 행위의 효과이므로, 丙은 甲에게 직접 §213 단서의 항변을 주장할 수 있고, §741 의무도 부담하지 않는다.

✓ 채권적 사용권원을 가진 乙이 타인에게 점유를 인도한 경우로서 전대차와 비슷한 상황이라고 볼 수 있다.

> **대법원 2020. 5. 28. 선고 2020다211085 판결**
> · 제213조에서 반환을 거부할 수 있는 권리에는 임차권, 임치, 도급 등과 같이 점유를 수반하는 채권도 포함되고, **소유자에 대하여 이러한 채권을 갖는 자가 소유자의 승낙이나 소유자와의 약정 등에 기초하여 제3자에게 점유할 권리를 수여할 수 있는 경우에는 그로부터 점유 내지 보관을 위탁받거나 그 밖에 점유할 권리를 취득한 제3자는 특별한 사정이 없는 한 자신에게도 점유할 권리가 있음을 들어 소유자의 소유물반환청구를 거부할 수 있다.**
> · 乙은 甲이 작성한 자동차포기각서에 포함된 <u>사용·수익에 관한 약정에 따라 직접 이 사건 자동차를 점유할 수 있는 권리를 취득하였고 제3자에게 이 사건 자동차를 점유할 수 있는 권리를 수여할 수도 있게 되었다.</u> 이러한 채권적 권리는 그것이 그대로 유지·존속하는 한 甲이 주장하는 소유물반환청구권에 대항할 수 있는 점유권원에 해당한다고 할 것이므로, 이 사건 자동차를 점유할 수 있는 권리가 1차적으로 귀속된 乙에 대하여는 물론이고 乙과의 별도 약정에 기하여 이 사건 자동차를 점유·사용하게 된 丙(피고)에 대해서도 甲은 소유권에 기한 물권적 청구권을 행사하거나 그 점유·사용을 법률상 원인이 없는 이익이라고 하여 **부당이득반환청구를 할 수는 없다.**

나. 효과

(1) 본질적인 효과: 점유 반환

• 의미: 상대방은 물권자에게 목적물에 대한 점유가 회복된 상태를 조성할 의무를 진다. 물건의 위치가 이동하지 않아도 물권자가 사실상 지배를 회복하면 점유 반환으로 인정할 수 있다.

• 상대방의 점유 반환 의무는 작위의무이므로 상대방 자신이 반환에 필요한 비용도 부담해야 한다.

(2) 부수적 이해관계 조절: 점유자와 회복자의 관계(§201~203)

3. 방해배제·방해예방 청구권(§214)

가. 방해배제청구권

(1) 요건

A. 당사자: §213과 같음

B. 객관적 요건: 방해

- 방해란 점유 침탈 이외의 사유로 인해 물권자의 물권 행사가 실현되지 못하는 상태를 뜻한다.
- 방해배제 청구권이 인정되려면 ㉠ 우선 방해의 현존이 인정되어야 한다. 방해가 종료되면 §750의 손해배상만 문제되기 때문이다. ㉡ 또한 방해의 정도가 수인 한도를 넘어야 한다. 수인 한도는 구체적으로는 사회통념에 따라 결정되므로, 상대방이 법령상의 기준을 준수했더라도 수인 한도를 넘는 방해로 인정될 수 있다.

(2) 효과

- 방해자에게 방해 제거를 위해 필요한 행위를 할 의무가 발생한다
- 작위의무이므로 의무자인 방해자가 비용을 부담해야 한다.

(3) 사례: 토지소유권에 기한 건물철거·퇴거 청구의 상대방

A. 개관

(a) 건물 철거·대지 인도 청구

- 지상 건물 소유자에게 대지 사용권이 없으면 대지 소유자는 물권적 청구권을 행사하여 건물 철거(§214)와 토지 인도(§213)를 청구할 수 있다.
- 건물 철거 청구의 상대방은 지상 건물에 대한 처분권자인 건물 소유자임이 원칙이다. 다만 사실상 처분권 있는 자가 있으면 그 자도 대지 소유자의 건물철거·대지인도 청구의 상대방이 된다.
- 예컨대 건물에 대한 ㉠ 미등기 취득자나 ㉡ 양도담보권 설정자는 대외적으로 소유자가 아니지만 방해배제 청구의 상대방인 사실상의 처분권자로 인정된다. ㉠의 경우 등기부상 소유자인 매도인에게도 철거처분권이 인정된다. 이에 비해 ㉡의 경우 양도담보권자나 그 승계인에게는 담보권 실행 요건이 충족되지 않는 한 철거처분권이 인정되지 않는다.

대법원 2003. 1. 24. 선고 2002다61521 판결

‣ 건물철거는 그 소유권의 종국적 처분에 해당되는 사실행위이므로 원칙으로는 그 소유자(민법상 원칙적으로는 등기명의자)에게만 그 철거처분권이 있다 할 것이고, 예외적으로 건물을 전소유자로부터 매수하여 점유하고 있는 등 그 권리의 범위 내에서 그 점유중인 건물에 대하여 **법률상 또는 사실상 처분을 할 수 있는 지위**에 있는 자에게도 그 철거처분권이 있다.

‣ 피담보채무의 이행지체 등 담보권 실행 요건이 충족되지 않은 경우 건물의 원시취득자와 건물에 관하여 **양도담보계약을 체결한 자로부터 양도담보계약상의 지위를 승계**하여 이 사건 건물을 관리하는 자는 건물의 소유자가 아님은 물론 건물에 대한 법률상 **사실상 처분권을 가지고 있는 자라고 할 수도 없**으므로, 건물에 대한 철거처분권이 있다고 볼 수 없다.

(b) 퇴거 청구

• 지상 건물에 건물 처분권자 아닌 점유자가 있는 경우 그의 점유를 종료시키지 않으면 건물 철거 집행에 지장이 생긴다. 따라서 대지 소유자는 §214를 근거로 건물 점유자에게 퇴거를 청구할 수 있다.

• 주의: 건물 점유자의 건물 사용·수익권에 대항력이 인정되더라도 마찬가지이다. 건물과 대지는 별개 물건이므로 건물 사용·수익권으로 대지 소유자에게 대항할 수는 없기 때문이다.

대법원 2010. 8. 19. 선고 2010다43801 판결

‣ 건물이 그 존립을 위한 토지사용권을 갖추지 못하여 토지의 소유자가 건물의 소유자에 대하여 당해 건물의 철거 및 그 대지의 인도를 청구할 수 있는 경우에라도 **건물소유자가 아닌 사람이 건물을 점유**하고 있다면 토지소유자는 그 건물 점유를 제거하지 아니하는 한 위의 건물 철거 등을 실행할 수 없다. 따라서 토지소유권은 점유에 의하여 그 원만한 실현을 방해당하고 있다고 할 것이므로, 토지소유자는 자신의 **소유권에 기한 방해배제로서 건물점유자에 대하여 건물로부터의 퇴출을 청구**할 수 있다고 할 것이다.

‣ 이는 **건물점유자가 건물소유자로부터의 임차인으로서 그 건물임차권이 이른바 대항력을 가진다고 해서 달라지지 아니한다.** 건물임차권의 대항력은 기본적으로 건물에 관한 것이고 토지를 목적으로 하는 것이 아니므로, 건물에 대한 대항력 있는 임차권을 토지소유자에 대하여 대항할 수 있는 토지사용권이라고 할 수는 없다.

- 건물에 대한 소유자나 처분권자가 건물 점유자인 경우, 대지 소유자는 이들에게 철거를 청구할 수 있을 뿐 퇴거 청구를 할 수는 없다. 지상 건물의 점유 인도를 청구할 권한은 없기 때문이다.

> 건물의 소유자가 건물의 소유를 통하여 타인 소유의 토지를 점유하고 있다고 하더라도 토지 소유자로서는 토지 소유권에 기한 방해배제청구권의 행사로써 그 지상 건물의 철거와 해당 토지의 인도를 구할 수 있을 뿐이고 **자기 소유의 건물을 점유하고 있는 사람에 대하여 건물에서 퇴거할 것을 청구할 수 없**다(대법원 2022. 6. 30. 선고 2021다276256 판결).

B. 사례: 건물 공유자에 대한 퇴거 청구 불가

(a) 사안의 개요

- Y집합건물의 원시취득자 乙은 전용부분 일부는 자신이 보유하고 나머지를 丙(수분양자들)에게 분양했다. 乙·丙의 공유 대상인 Y집합건물의 공용부분은 인접한 X토지 위에 신축되어 있었는데, 이 사실을 알게 된 X토지 소유자 甲이 제기한 선행 소송에서 乙·丙에게 경계침범 부분인 공용부분에 대한 철거를 명하는 판결이 확정되었다.

- 위 선행 판결 후 乙이 철거 대상 공용부분을 계속 사용하자 甲은 乙을 상대로 위 공용부분에서의 퇴거를 청구하는 이 사건 소를 제기했다.

- 파기된 원심은 甲의 퇴거 청구를 인용했다. 퇴거 의무자란 '철거의무 없이 목적물을 점유하여 소유권 행사를 방해하는 자'인데, 乙은 공용부분에 대한 공유자에 불과하여 丙의 지분에 대해서는 철거 의무가 없으므로 퇴거 의무자에 해당한다고 보았기 때문이다.

(b) 쟁점과 판단

- 甲은 지상건물인 Y집합건물의 소유자에게 건물 철거와 대지 인도만 청구할 수 있고 건물 퇴거를 청구할 수는 없으며 이것은 지상건물이 공유이더라도 마찬가지이다.

- 논거: ㉠ 특정 공유자의 점유 유지는 공유 건물 전체에 대한 철거집행이 불가능한 상황의 반사효과에 불과하므로 특정 공유자를 '철거 권한 없는 점유자'라고 볼 수 없다. ㉡ 대지 소유자는 지상건물 공유자 중 일부를 퇴거시켜 건물 공유자들 사이의 건물 사용·수익 관계를 변경시킬 수 있는 권리를 가지지 못한다.

- 대지 소유자 구제 방법: 대지 소유자는 ㉠ 모든 공유자에 대한 집행권원을 확보하여 건물을 철거할 수 있고, ㉡ 철거집행 전까지는 모든 공유자를 상대로 부당이득반환 청구를 할 수 있다.

대법원 2022. 6. 30. 선고 2021다276256 판결

‣ 대지 소유자가 건물 소유자에게 건물 철거 청구를 할 수는 있어도 건물로부터의 퇴거 청구는 할 수 없다는 법리는 건물이 공유관계에 있는 경우에 건물의 공유자에 대해서도 마찬가지로 적용된다. **건물의 점유 자체를 회복하거나 건물에 관한 공유자의 사용관계를 정할 권한이 없는** 토지 소유자로 하여금 그 지상 건물 공유자를 상대로 퇴거 청구를 할 수 있도록 허용한다면 토지 소유자가 건물의 점유 자체를 회복하도록 하거나 해당 건물에 관한 공유자의 사용관계를 임의로 정하게 하는 결과를 가져오게 되기 때문이다.

‣ 지분의 범위에서 철거를 명하는 확정판결을 받은 공유자가 계속하여 건물을 점유하는 것은 토지 소유자가 건물 전체의 철거를 명하는 확정판결을 받지 못하여 철거집행이 불가능한 상황에 따른 반사적 효과에 지나지 않는다. 토지 소유자로서는 건물 전체에 대하여 철거에 관한 집행권원을 확보하여 곧바로 집행에 들어가거나 **철거집행 전까지 토지 점유에 관한 부당이득반환 등을 청구하는 방법으로 권리구제**를 받을 수 있다.

나. 방해예방청구권

(1) 요건

A. 당사자: §213과 같음

B. 객관적 요건

- 방해의 의미는 방해배제 청구권의 경우와 같다.
- 방해를 염려하게 하는 행위: 방해자의 특정 행위가 물권 행사에 대한 방해를 야기할 것이라고 볼 만한 객관적 개연성이 있어야 하고 관념적인 가능성만으로는 부족하다. 예컨대 인접 토지 소유자가 경계면에 대한 굴착 공사를 중단한 후 수년간 방치했는데도 붕괴되지 않았다면 방해의 염려가 인정되기 어렵다.

방해예방청구권은 방해의 발생을 기다리지 않고 현재 예방수단을 취할 것을 인정하는 것이므로 그 방해의 염려가 있다고 하기 위하여는 방해예방의 소에 의하여 미리 보호받을 만한 가치가 있는 것으로서 **객관적으로 근거 있는 상당한 개연성을 가져야 할 것이고 관념적인 가능성만으로는 이를 인정할 수 없**다(대법원 1995. 7. 14. 선고 94다50533 판결).

(2) 효과

* 물권자는 ㉠ 방해를 예방하기 위해 필요한 행위나 ㉡ 방해 발생을 가정했을 때의 손해배상액에 대한 담보 제공 중 하나를 선택하여 청구할 수 있다.
* 다만 방해 예방을 위해 필요한 비용을 청구할 수는 없다. 물권법정주의 원칙상 물권적 청구권의 내용도 법률이나 관습법으로 정해진 것에 한정되기 때문이다.

(3) 사례: 방해예방 비용 청구권의 인정 여부

A. 사안의 개요

* 乙은 甲소유 X토지에 인접한 Y토지 소유자이다.
* 乙이 두 토지의 경계면을 수직 절토하자, 甲은 X토지의 붕괴를 막기 위한 보강 공사를 한 후 乙에게 공사비용을 청구했다

B. 쟁점과 판단

* 甲은 乙에게 방해배제 청구권을 행사할 수는 없다. 아직 방해가 구체적으로 발생하지 않았기 때문이다.
* 甲은 乙에게 방해예방을 위해 필요한 행위를 청구할 수 있으나 집행권원을 확보하여 대체집행 방식으로 강제집행을 하려면 장기간이 소요된다. 또한 장차 발생하게 될 손해의 배상액에 대한 담보 제공을 청구할 수 있으나 그 가액을 산정하기 어렵다.
* 甲이 자신의 비용으로 방해예방을 위한 조치를 하고 그 비용의 상환을 청구할 수는 없다. 물권법정주의에 비추어 볼 때 비용상환 청구권은 물권적 청구권의 내용이 될 수 없기 때문이다.

대법원 2014. 11. 27. 선고 2014다52612 판결

▸ 제214조의 규정에 의하면 소유자가 침해자에 대하여 방해제거 행위 또는 **방해예방 행위를 하는 데 드는 비용을 청구할 수 있는 권리는 위 규정에 포함되어 있지 않으므로, 소유자가 제214조에 기하여 방해배제 비용 또는 방해예방 비용을 청구할 수는 없다.**

▸ 원심은 원고 소유 토지에 연접한 이 사건 비탈면 부분의 토지를 수직으로 절토하는 바람에 원고 소유 토지가 붕괴되는 등의 피해가 발생하였거나 발생할 것으로 예상된다고 주장하면서 제214조에 기하여 이 사건 비탈면 부분에 옹벽을 설치하는 데 드는 비용 상당의 지급을 구하는 원고의 청구에 대하여, 이미 **피해가 발생하고 침해가 종결된 경우 피고의 귀책사유 유무에 따라 손해배상청구의 문제**가 남을 뿐이고 방해배제청구권의 대상이 될 수는 없으며, 향후 소유권에 대한 **방해가 예상되는 경우** 소유자는 방해 제거나 예방을 위한 구체적인 행위를 명하는 집행권원을 받아 상대방이 이를 자발적으로 이행하지 않는 경우 이를 강제집행하고 그 집행비용을 상환받으면 되고, 물권적 청구권으로서의 소유물 방해예방청구권에 방해예방조치를 위한 비용을 본안소송으로 청구할 수 있는 권리까지 포함되는 것은 아니라는 등의 이유로, 위 청구를 기각하였다. 이러한 원심의 판단은 정당하다

10장

점유와 점유권

점유와 점유권

I 점유

1. 점유의 의미와 기능

가. 점유의 의미

- 점유란 사람이 물건을 지배하고 있는 상태 자체를 뜻한다. 이에 비해 점유의 권원 또는 본권이란 물건의 점유를 정당화시켜 주는 권리로서, 소유권·지상권·임차 권 등이 전형적인 예이고, 미등기 취득자나 점유 취득시효 완성자라는 지위도 점 유의 권원인 본권의 근거가 된다.

> 미등기 취득자는 매매계약의 효력으로서 전유부분의 소유를 위하여 건물의 대지를 **점유·사용할 권리**가 있는바, 이러한 점유·사용권은 <u>단순한 점유권과는 차원을 달리 하는 본권이다</u>(대법원 2006. 3. 10. 선고 2004다742 판결).

- 점유와 사용·수익의 관계: 점유는 물건에 대한 사실상 지배 상태 자체만을 의미 하므로, 물건을 점유하는데 그치지 않고 물건으로부터 발생하는 이익을 취득하 는 것을 뜻하는 사용·수익과는 의미가 다르다. 예컨대 유치권자는 점유자로서 점유권이 있지만 점유한 유치물에 대한 사용·수익권은 없다.

> **대법원 2012. 1. 27. 선고 2011다74949 판결**
> ‣ 물건의 점유와 그 사용은 엄연히 구별되어야 하는 법개념이다. 목적물의 점유를 요 건으로 하여 성립하는 유치권에서 유치권자가 원칙적으로 유치물을 사용할 수 없 다고 한 제324조 제2항이 이 점을 단적으로 보여준다. 물건의 점유와 사용이 동시 에 일어나기는 하지만, 나아가 <u>사용 없는 점유나 타인의 토지 위를 통행하는 경우와 같이 점유 없는 사용</u>도 얼마든지 있을 수 있다.
> ‣ 타인이 목적물을 권원 없이 점유하여 소유권을 침해함으로 말미암아 재산상 손해

를 입었다고 주장하여 그 손해의 배상을 청구하는 경우, 무엇보다도 소유자에게 재산상 손해가 발생하였는지를 살펴보아야 할 것인데, 그 경우 그 손해의 유무는 상대방이 당해 물건을 점유하는지에 의하여 좌우되지 아니하며, 점유 여부는 단지 배상되어야 할 손해의 구체적인 액을 산정함에 있어서 고려될 여지가 있을 뿐이다. 반대로 피고가 원고의 소유물을 권원 없이 점유·사용하고 있다고 주장하여 손해배상을 청구하는 경우에, 비록 피고의 목적물 점유가 인정되지 아니한다고 하더라도, 법원은 원고에게 피고의 사용권능 침해로 인한 손해가 있는지를 심리·판단하여야 할 것이다.

나. 점유의 기능

- 실체법적 기능: 점유는 점유권이라는 법률효과를 발생시키는 법률요건이고, 시효취득·선의취득·유치권 성립 등의 법률요건을 구성하는 법률사실이다.
- 절차법적 기능: 점유는 동산 물권 변동의 공시 방법이다.

2. 점유의 개념 요소: 점유 여부 판단의 기준

가. 사실상 지배 상태를 보여주는 객관적·외관적 요소

(1) 개관

- 점유의 의미는 물건에 대한 사실상의 지배이지만 점유 여부를 판단할 때는 사실상의 지배상태뿐 아니라 본권 관계 등도 고려하여 사회관념에 따라 합목적적으로 판단해야 한다.

✓ 다만 점유 여부를 판단할 때 기본적·원칙적인 판단 기준은 사실상 지배를 구성하는 요소들이고 본권과 관련된 요소들은 소극적 판단의 기준이라고 보아야 한다. 전자가 인정되면 원칙적으로 점유가 인정되고 후자를 고려하여 점유가 부정될 수 있는 것이다.

물건에 대한 점유란 **사회관념상 어떤 사람의 사실상의 지배에 있다고 보여지는 객관적 관계**를 말하는 것이다. 사실상의 지배에 있다고 하기 위하여는 반드시 물건을 물리적, 현실적으로 지배하는 것만을 의미하는 것이 아니고, 물건과 사람과의 시간적, 공간적 관계와 본권관계, 타인 지배의 배제 가능성 등을 고려하여 **사회관념에 따라 합목적적으로 판단**하여야 한다(대법원 2018. 3. 29. 선고 2013다2559 판결).

(2) 기본적·원칙적인 요소: 물리적·현실적 지배 가능성

- 점유 상태라고 인정되려면 점유자가 물건을 물리적·현실적 지배할 수 있는 가능

성이 있어야 한다. 이러한 가능성은 점유자와 점유물 사이의 시간적·공간적 밀접성, 배타성, 외부로부터의 인식 가능성 등을 고려하여 판단한다.

- 예컨대 ㉠ 주택의 경우 출입문의 열쇠를 소지하거나, 도어락의 비밀번호를 파악하여 출입을 통제할 수 있어야 하고 ㉡ 정박중인 선박의 경우, 대규모 선박이면 선박 자체에 대한 출입·운항 가능성을, 소규모 선박이면 정박지에 대한 출입 통제 가능성을 근거로 점유 여부를 판단해야 한다.

> 원고가 이 사건 아파트 분양과 관련한 채권 등을 담보하기 위하여 이 사건 아파트 출입문을 잠그고 그 열쇠를 보관하는 한편 자신이 유치권을 행사하고 있다는 내용의 경고문을 이 사건 아파트 출입문에 게시한 사실을 인정한 다음, 원고가 **타인의 지배를 배제하고 사회 관념상 이 사건 아파트를 사실상 지배하여 그 점유를 취득**하였다고 판단한 원심의 판단은 정당하다(대법원 2012. 3. 29. 선고 2010다2459 판결).

> 선박의 경우에는 그 규모, 선체의 구조와 기능 등을 종합하여, 그 선박이 소재하는 장소를 점유함으로써 그 선체 전부를 점유하는 것으로 보아야 할 경우가 있는 반면, 선박이 소재하는 장소 또는 드라이독 등의 시설을 점유한다는 것만으로 당연히 그 선박도 함께 점유하는 것으로는 볼 수 없고, 그 선박의 소재와는 무관하게 선박의 점유관계가 성립하는 경우도 있을 수 있으므로, 이러한 경우에는 선박 자체에 대한 사실적 지배 등을 기초로 하여 선체의 전부 또는 일부에 대한 점유 여부를 판단하여야 한다 (대법원 2003. 2. 11. 선고 2000다66454 판결).

(3) 규범적 요소: 본권관계

A. 의미

- 사실상 지배 여부를 판단할 때 점유자에게 본권이 있는지의 여부도 고려하여야 한다.
- 따라서 물건을 사실상 지배하지 않는 자도 점유자로 인정될 수 있다.

B. 사례

(a) 지상 건물 소유자의 대지 점유

- 토지와 건물은 별개의 부동산이며, 건물 소유자와 토지 소유자가 서로 다를 수 있다.
- 건물의 대지에 대한 지배 상태는 건물의 존재 자체에 의해 초래된다. 따라서 그 건물의 소유자는 대지의 점유자로 간주되어 대지 소유자의 §213 점유반환 청구나 §741의 부당이득 반환청구의 상대방이 된다.

사회통념상 건물은 그 부지를 떠나서는 존재할 수 없으므로 건물의 부지가 된 토지는 그 건물의 소유자가 점유하는 것으로 볼 것이고, 이 경우 건물의 소유자가 현실적으로 건물이나 그 부지를 점거하고 있지 아니하고 있더라도 건물의 소유를 위하여 그 부지를 점유한다. 타인 소유의 토지 위에 권원 없이 건물을 소유하는 자는 그 자체로써 건물 부지가 된 토지를 점유하고 있는 것이므로 법률상 원인 없이 타인의 재산으로 인하여 토지의 차임에 상당하는 이익을 얻고 이로 인하여 타인에게 동액 상당의 손해를 주고 있다고 할 것이다(대법원 2022. 9. 29. 선고 2018다243133 판결).

• 건물을 점유하면서 대지를 이용하고 있지만 건물 소유자가 아닌 자는 ㉠ 대지 점유자가 아니므로 §213의 점유 반환 청구의 상대방이 될 수 없으나 ㉡ 부당이득 반환청구의 상대방이 될 수는 있다(2011다76747, 432면).

• 건물 이외의 시설물에 대해서도 같은 법리가 적용된다. 예컨대 철도청이 소유한 궤도에 지방자치단체가 도시철도를 운영하고 있는 경우 대지 점유자는 철도청이다.

대법원 2014. 7. 24. 선고 2011두10348 판결

• 이 사건 토지들 위에 설치된 이 사건 궤도구축물은 국가의 소유에 속하고 원고에게 그 관리업무가 위탁되었음을 알 수 있다. 따라서 이 사건 토지들은 국가가 이 사건 궤도구축물의 소유를 위하여 이를 점용하고 있다고 할 수 있을지언정, 원고가 이 사건 토지들을 점용하고 있다고는 할 수 없다.

• 타인 소유의 토지 위에 권한 없이 건물을 소유하고 있는 이는 그 자체로 특별한 사정이 없는 한 법률상 원인 없이 타인의 재산으로 토지의 차임에 상당하는 이익을 얻고 그로 인하여 타인에게 동액 상당의 손해를 주고 있다고 보아야 하고, 이는 타인 소유의 토지 위에 권한 없이 건물 이외의 공작물을 소유하고 있는 경우에도 마찬가지라고 할 것이다

(b) 임야의 점유자

• 임야의 점유자는 그 임야에 대한 관리·이용권을 가진 자이다.

• 따라서 임야의 소유권이 이전되면 점유도 이전되는 것으로 보는 것이 사회통념에 부합한다.

임야에 대한 점유의 이전이나 점유의 계속은 <u>반드시 물리적이고 현실적인 지배를 요한다고 볼 것은 아니고, 관리나 이용의 이전이 있으면 인도가 있었다고 보아야 하고, 임야에 대한 **소유권을 양도하는 경우라면 그에 대한 지배권도 넘겨지는 것**</u>이 거래에 있어서 통상적인 형태라고 할 것이다(대법원 2013. 7. 11. 선고 2012다201410 판결).

나. 지배를 근거지울 수 있는 최소한의 주관적 요소: 점유설정의사

(1) 전제: 객관주의

• 의미: 점유는 사실상의 지배라는 객관적 모습만을 근거로 인정된다.
• 이에 비해 주관주의는 점유의 법적 효과에 대한 효과의사도 있어야 점유가 인정될 수 있다고 본다.

> 제192조(점유권의 취득과 소멸) ①물건을 사실상 지배하는 자는 점유권이 있다.

(2) 점유설정의사의 의미

• 점유 여부는 객관적으로 판단하지만(§192 ①), '사실상 지배'라는 사실이 인정되려면 지배하려는 자의 자연적 의사가 필요하다. 이러한 의사를 '점유설정의사'라고 하는데, 점유설정의사는 포괄적·잠정적으로도 인정될 수 있다.
• 사례: 주민들의 요청으로 지방자치단체가 도로포장 공사를 한 경우 도로부지에 대한 지방자치단체의 점유설정의사가 인정될 수 없으므로 점유도 인정될 수 없다.

> <u>피고가 이 사건 토지에 관하여 정식으로 도로를 개설하거나 도시계획사업의 시행으로 도로를 개설할 계획을 수립한 바도 없이 지역주민들로부터 보수요청을 받고 주민들의 편의를 위하여 보수공사를 실시한 것만으로</u>, 사회관념상 이 사건 토지를 사실상 지배하기 시작하였다고 보기 어렵고, 더욱이 **사실상의 지배가 성립하기 위하여는 사실적 의사로서 점유설정의사가 필요하다**고 할 것인데 이 사건의 경우 <u>인근 주민의 요청으로 그 편의를 위하여 기존의 자연발생 도로에 보수공사를 실시한 것만으로 곧바로 피고에게 이 사건 토지에 관한 **점유설정의사가 생겼다고 보기도 어렵다**</u>(대법원 1997. 7. 11. 선고 97다14040 판결).

3. 점유의 규범화·관념화

가. 개관

• 점유의 기본적인 의미는 '사실상 지배'이지만 점유 여부를 판단할 때는 규범적·관념적인 요소도 고려해야 한다.

✓ 점유는 점유권의 요건이고 선의취득 등의 법률요건을 구성하는 법률사실이므로 이러한 법률효과를 부여할 만한 보호가치가 있는지를 고려해야만 하기 때문이다. 예컨대 점유보조자는 사실상 지배의 외관을 갖췄더라도 점유자로 인정되지 않는다.

✓ 또한 점유 인도는 동산 물권 변동의 공시 방법이므로 사실상 지배를 실제로 인도하는 것보다 더 간단한 방법으로 동산 물권의 변동을 공시할 수 있다면, 이 방법도 '점유 인도'에 해당하는 것으로 파악할 필요가 있다. 예컨대 간접점유도 점유로 파악하면 간접점유의 인도만으로 동산 물권 변동을 공시할 수 있다.

나. 점유보조자

> 제195조(점유보조자) 가사상, 영업상 기타 유사한 관계에 의하여 타인의 지시를 받아 물건에 대한 사실상의 지배를 하는 때에는 그 타인만을 점유자로 한다.

(1) 개관

• 의미: 점유보조자란 물건의 사실상 지배라는 외관은 갖추고 있으나 법적으로는 점유자에 해당하지 않는 자를 뜻한다.

• 요건: 점유보조자란, 물건을 사실상 지배하지만 타인(점유주)의 지시에 따라야 하는 종속관계에 있는 자이다. 종속관계의 유형은 가리지 않으므로 공법상 관계나 일시적 관계로 인해 타인의 지시를 받아 물건을 사실상 지배하게 되었더라도 점유보조자에 해당한다.

• 효과: ㉠ 점유주가 점유자이고 점유보조자는 점유자가 아니다. 따라서 점유보조자에게는 점유권이 인정되지 않는다. ㉡ 예외적으로 점유권의 내용 중 자력구제권은 점유보조자에게만 인정된다(456면).

• 부부가 함께 점유하고 있는 경우 공동점유자에 해당하고 일방이 타방의 점유보조자라고 볼 수 없다(대법원 1998. 6. 26. 선고 98다16456 판결).

(2) 사례

• 물건을 사실상 지배하는 자에게도 고유한 권리가 있으면 점유보조자가 아니라 직접점유자이다.

- 구별의 실익: 점유보조자는 §741의 부당이득 반환의무가 없지만 직접점유자는 간접점유자와 함께 §741의 부당이득 반환의무를 진다(2019다14943, 434면).

> 피고 공사는 피고 대한민국으로부터 수도권 광역상수도시설에 관한 <u>수도시설관리권</u>을 출자받은 권리자의 지위에 있고, 그 권리의 성질이 물권인 이상 피고 공사는 위 수도시설의 일부인 이 사건 송전선로를 직접 지배하면서 유지·관리하고 있는 것이지, 그 시설에 대한 <u>소유권자인 피고 대한민국이 그 시설을 피고 공사가 이용하는 데 적합한 상태로 제공하는 데 따라 이를 점유·사용하는 보조적 지위에 있는 것은 아니라고</u> 할 것이다. 따라서 이 사건 송전선로가 통과하는 토지의 상공 부분은 피고 공사가 직접 점유하고 있다 할 것이지 단순히 피고 대한민국의 점유보조자로서 점유하는 것에 불과하다고 볼 것은 아니다(대법원 2012. 9. 27. 선고 2011다76747 판결).

다. 간접점유자

> 제194조(간접점유) 지상권, 전세권, 질권, 사용대차, 임대차, 임치 기타의 관계로 타인으로 하여금 물건을 점유하게 한 자는 간접으로 점유권이 있다

(1) 개관

A. 의미

- §194의 제한해석: 타인으로 하여금 물건을 점유하게 했더라도, 궁극적으로 점유하게 한 것이 아니라 잠정적으로 점유하게 한 경우에만 간접점유자가 된다.
- 예컨대 매도인은 간접점유자가 아니지만 임대인은 간접점유자이다.

B. 간접점유 개념의 기능(필요성)

- 간접점유의 본질적 요소인 '직접점유자에 대한 반환청구권'을 물건에 대한 점유로 간주하는 이유는 두 가지로 생각해 볼 수 있다.
- 점유권의 요건인 점유: 물건을 사실상 지배하고 있지는 않아도 장차 반환청구를 할 수 있는 자도 점유권자로 인정하여 보호할 필요가 있다. 예컨대 임차물에 대한 점유보호청구권은 임차인뿐 아니라 임대인에게도 필요하다.
- 동산물권의 공시방법인 점유: 동산 물권 변동에 대한 공시의 편의를 위해 반환청구권 양도를 동산 물권 변동의 공시 방법으로 인정할 필요가 있다. 예컨대 보관함에 보관되어 있는 물건을 거래하는 경우, 간접점유 개념을 인정하면 동산 자체를 갖다 주는 것 대신 보관함의 비밀번호를 알려주는 방식으로 인도를 마칠 수 있다.

(2) 간접점유의 요건: 점유매개관계

A. 의미: 간접점유자가 직접점유자에게 점유반환 청구권을 가지는 모든 법률관계

B. 구성요건: 반환청구권

• 점유매개관계의 본질인 반환청구권은 간접점유의 본질적 구성요건이다. 즉 간접점유자란 물건을 사실상 지배하는 자인 직접점유자에게 반환청구권을 가지는 자이고, 직접점유자는 타인에 대한 반환의무를 승인하면서 점유하는 자이다.

간접점유를 인정하기 위해서는 간접점유자와 직접점유를 하는 자 사이에 일정한 법률관계, 즉 점유매개관계가 필요하다. 이러한 **점유매개관계는 직접점유자가 자신의 점유를 간접점유자의 반환청구권을 승인**하면서 행사하는 경우에 인정된다(대법원 2012. 2. 23. 선고 2011다61424 판결).

• 점유 반환청구권과 점유 인도청구권과의 구별기준: ㉠ 물건을 사실상 지배하는 직접점유자의 점유는 간접점유자로부터 유래한 것이어야 한다. ㉡ 직접점유자의 본권은 간접점유자의 본권보다 제한된 것이어야 한다.

C. 점유매개관계의 유형

• 간접점유를 근거지우는 점유매개관계는 그 법적 성질을 가리지 않는다.

• 소유자·지상권자와 같은 물권관계뿐 아니라 임대인·임차인과 같은 약정채권관계나 공법상의 관계도 점유매개관계가 될 수 있다.

• 법률에 의해 발생한 반환청구권도 간접점유의 근거가 된다. 예컨대 법정해제로 인한 §548의 원상회복청구권, 계약의 무효·취소로 인한 §741·§747의 원물반환청구권도 간접점유의 근거가 될 수 있다.

대법원 2019. 8. 14. 선고 2019다205329 판결

‣ 간접점유를 인정하기 위해서는 간접점유자와 직접점유를 하는 자 사이에 일정한 법률관계, 즉 점유매개관계가 필요한데, **간접점유에서 점유매개관계를 이루는 임대차계약 등이 해지 등의 사유로 종료되더라도 직접점유자가 목적물을 반환하기 전까지는 간접점유자의 직접점유자에 대한 반환청구권이 소멸하지 않**는다.

‣ 따라서 점유매개관계를 이루는 임대차계약이 차임연체로 인한 적법한 해지로 인해 종료된 이후에도 직접점유자가 목적물을 점유한 채 이를 반환하지 않고 있는 경우에는, 간접점유자의 **반환청구권이 소멸한 것이 아니므로 간접점유의 점유매개관계가 단절된다고 할 수 없**다.

(3) 효과: 직접점유와 간접점유의 병존

A. 대외관계

(a) 원칙: 점유의 중첩

• 점유매개관계의 당사자인 간접점유자·직접점유자 이외의 사람들에 대해서는 점유가 중첩된다. 즉 간접점유자와 직접점유자는 모두 점유자로 인정된다.

• 점유 중첩은 간접점유자와 직접점유자에게 유리한 효과뿐 아니라 불리한 효과에 대해서도 적용된다. ㉠ 간접점유자와 직접점유자는 모두에게 점유권이 인정된다는 점에서는 유리하지만 ㉡ 불법점유로 인한 §750·§741 채무에 대해 부진정연대채무자가 된다는 점에서는 불리하다.

> **대법원 2019. 10. 18. 선고 2019다14943 판결**
> ‣ 어떤 물건에 대하여 <u>직접점유자와 간접점유자가 있는 경우</u> 그에 대한 점유·사용으로 인한 **부당이득의 반환의무**는 동일한 경제적 목적을 가진 채무로서 서로 중첩되는 부분에 관하여는 일방의 채무가 변제 등으로 소멸하면 타방의 채무도 소멸하는 <u>부진정연대채무의 관계</u>에 있다고 할 것이다.
> ‣ 부진정연대채무의 관계에 있는 채무자들을 공동피고로 하여 이행의 소가 제기된 경우 그 공동피고에 대한 각 청구는 법률상 양립할 수 없는 것이 아니므로 그 소송은 민사소송법 제70조 제1항에서 규정한 본래 의미의 예비적·선택적 공동소송이라고 할 수 없다. 따라서 거기에는 필수적 공동소송에 관한 민사소송법 제67조는 준용되지 않는다고 할 것이어서 상소로 인한 확정차단의 효력도 상소인과 그 상대방에 대해서만 생기고 다른 공동소송인에 대한 관계에는 미치지 않는다.

(b) 예외

• 직접점유자가 제3자에게 점유물을 무단 처분한 경우 간접점유자는 제3자에게 점유반환청구권을 행사할 수 없다. 점유의 '침탈'로 인정되지 않기 때문이다. 이에 비해 §213의 물권적 청구권은 이 경우에도 행사할 수 있다. 물권자가 간접점유를 상실한 이유를 가리지 않고 인정되기 때문이다.

• 점유권의 내용 중 자력구제권은 직접점유자만 행사할 수 있다.

B. 내부관계: 간접점유자, 직접점유자 사이의 관계

• 직접점유자는 간접점유자에게 점유권과 점유매개관계로부터 비롯되는 권리를 모두 주장할 수 있다.

- 간접점유자는 직접점유자에게 점유권을 주장할 수 없고, 점유매개관계로부터 비롯되는 권리나 본권에 근거한 권리를 주장함으로써 자신의 이익을 보호할 수 있다.

(4) 간접점유의 중첩

A. 의미

- 간접점유의 요건인 점유매개관계가 간접점유자들 사이에서 성립한 경우를 뜻한다.
- 예컨대 임대인 A로부터 X동산을 임차한 B가 X동산을 창고업자 C에게 임치한 경우, C는 직접점유자, B는 하위 간접점유자, A는 상위 간접점유자이다.

B. 간접점유자들 사이의 법률관계

- 대외관계: 점유의 중첩이 인정되므로 A·B·C 모두 점유자이다.
- 내부관계: 하위 간접점유자는 상위 간접점유자에 대해서는 직접점유자에 준하는 지위를 가지고 직접점유자에 대해서는 간접점유자의 지위를 가진다. 따라서 C는 A, B 모두에게 점유권을 주장할 수 있으나, B는 A에게만 점유권을 주장할 수 있고, A는 누구에게도 점유권을 주장할 수 없다.

II 점유권

1. 개관

가. 의미·내용

(1) 의미

- 점유권의 정의에 대해서는 다양한 견해가 있지만, 점유를 요건으로 인정되는 법률효과인 여러 권리·이익들의 총합이라고 정의할 수 있다.
- 점유권은 다른 물권과는 다른 특징을 가지고 있다. ㉠ 우선 점유권은 발생·소멸이 물건에 대한 사실상 지배 여부에 달려 있다는 점에서 잠정적 권리이다. ㉡ 또한 점유권은 본권과 양립할 수 있다는 점에서 중성적 권리이다.
- 점유권도 물권의 일종이므로 대세효가 있고, 직접성·배타성이 인정된다.

(2) 점유권의 내용

- 점유권의 내용은 절차법적 이익(§197~§200)과 실체법적 이익으로 나누어 볼 수 있다.

- 실체법적 이익은, 점유를 요건으로 주어지는 재산적 이익(§201~§203)과 점유권에 근거한 물권적 청구권(§204~§205)으로 나누어 볼 수 있다.

나. 점유권의 변동

- 점유권은 점유 개시로 발생하고 점유 종료로 소멸하는데, 점유권의 요건인 '점유'에는 직접점유는 물론 간접점유도 포함된다.
- 점유권은 점유 이전인 '인도'에 의해 이전된다. 점유권 이전의 요건인 인도에는 현실인도뿐 아니라 다양한 인도 방법이 모두 포함된다.

> 제196조(점유권의 양도)
> ① 점유권의 양도는 점유물의 인도로 그 효력이 생긴다.
> ② 전항의 점유권의 양도에는 제188조 제2항, 제189조, 제190조의 규정을 준용한다.

다. 준점유

- 물권 이외의 재산권을 사실상 행사하는 자에 대해서는 점유에 관한 규정들이 성질에 반하지 않는 한 준용된다. 이를 준점유라 한다.

> 제210조(준점유) 본장의 규정은 재산권을 사실상 행사하는 경우에 준용한다.

- 다만 채권의 준점유에 대해서는 특칙인 §470·§471가 우선 적용된다.

2. 점유권의 절차법적 내용

가. 점유의 추정력

(1) 본권 추정력

> 제200조(권리의 적법의 추정) 점유자가 점유물에 대하여 행사하는 권리는 적법하게 보유한 것으로 추정한다.

A. 의미·적용범위
- 점유자가 점유물에 대하여 행사하는 권리는 점유의 정당한 권원인 본권이라고 추정된다.
- 점유자뿐 아니라 제3자도 원용할 수 있고, 점유자의 불이익을 위해서도 원용될 수 있다. 예컨대 소유자가 불명확한 재산에 대한 조세·공과금 등은 점유자에게 부과된다.

B. 적용되지 않는 경우

- 본권자임이 증명된 자와 점유자 사이에서는 점유의 본권 추정력이 인정되지 않는 다. 예컨대 소유자의 물권적 청구권 행사에 대항하려면 점유자는 §200의 본권 추정 력을 주장할 수 없고 §213 단서의 정당한 권원에 해당하는 본권을 증명해야만 한다.
- 등기·등록으로 공시되는 물건인 부동산, 선박·항공기·자동차 등에 대해서는 등기·등록명의인이 본권자로 추정된다. 미등기·미등록 상태이더라도 점유를 근거로 본권이 추정되지는 않는다(81다780, 502면).

(2) 사실 추정력

- 점유라는 사실로부터 점유의 모습이 평온·공연하며 점유자가 선의·자주로 점 유한다는 사실이 추정된다.

> 제197조(점유의 태양)
> ① 점유자는 소유의 의사로 선의, 평온 및 공연하게 점유한 것으로 추정한다.
> ② 선의의 점유자라도 본권에 관한 소에 패소한 때에는 그 소가 제기된 때로부터 악의 의 점유자로 본다.

- 점유 계속의 추정: ㉠ 점유 개시 사실이 인정되면 그 때부터 현재의 점유 시점까 지 점유가 계속된 것으로 추정된다. ㉡ 점유 승계가 인정되면 전 점유자의 점유 개시 시점부터 현 점유자의 점유 시점까지 점유가 계속된 것으로 추정된다.

> 제198조(점유계속의 추정) 전후 양시에 점유한 사실이 있는 때에는 그 점유는 계속한 것으로 추정한다.

> 제198조 소정의 **점유계속 추정**은 동일인이 전후 양 시점에 점유한 것이 증명된 때에 만 적용되는 것이 아니고 ⋯ **전후 양 시점의 점유자가 다른 경우에도 점유의 승계가 입 증**되는 한 점유 계속은 추정된다(대법원 1996. 9. 20. 선고 96다24279 판결).

나. 점유의 소와 본권의 소의 구별

(1) 의미

- 점유권에 근거한 소송과 본권에 근거한 소송은 별개의 소송이고, 점유권에 근거 한 소송에서 본권을 근거로 판단하면 안 된다.
- 다만 점유권자와 본권자가 본소와 반소의 형태로 소를 제기하는 것까지 금지되

지는 않는다. 예컨대 본권자는 점유권자의 주장이 인용되는 것을 조건으로 하는 장래이행의 소로 예비적 반소를 제기할 수 있다.

> 제208조(점유의 소와 본권의 소와의 관계)
> ① 점유권에 기인한 소와 본권에 기인한 소는 서로 영향을 미치지 아니한다.
> ② 점유권에 기인한 소는 본권에 관한 이유로 재판하지 못한다

(2) 사례: 점유권에 기한 본소와 본권에 기한 반소

A. 사안의 개요

- 甲은 2016. 9. 1. X부동산에 대한 소유권이전등기를 마친 소유자이다.
- 甲이 2016. 11. 13. 유치권 행사를 주장하고 있던 乙의 X부동산에 대한 점유를 자력으로 침탈하여 회수하자 乙은 2016. 11. 30. 甲을 상대로 점유회수의 소를 제기했고 乙의 승소 판결이 확정되었다.
- 甲은 乙의 위 점유회수 소송 제기 후 §213에 근거한 이 사건 소를 제기했고, 乙의 점유회수의 소의 변론종결 전에 병합을 위한 이부 신청을 했으나 배척되었다.
- 甲은 위 점유회수 소송에 의해 乙의 점유가 회복될 것을 조건으로 하는 장래이행의 소로 청구취지를 변경·확장하였다.
- 원심의 판단: 乙의 점유회수 청구가 인용되더라도 乙이 실제로 점유를 회복할 수 있다고 단정할 수 없고, §208의 취지상 점유의 소의 인용을 조건으로 하는 본권의 소는 허용될 수 없다고 보아, 甲의 장래이행의 소를 각하했다.

B. 쟁점과 판단

- 대법원은 파기환송 판결을 했다.
- 점유권자가 점유회수를 구하는 본소와 점유회수 청구 인용을 조건으로 본권자가 제기한 장래이행의 소인 예비적 반소가 모두 이유 있으면 이들을 모두 인용해야 하므로, 본안 판안을 해야 한다.

> **대법원 2021. 3. 25. 선고 2019다208441 판결**
> ‣ 점유권을 기초로 한 본소에 대하여 본권자가 본소청구의 인용에 대비하여 본권에 기초한 장래이행의 소로서 예비적 반소를 제기하고 양 청구가 모두 이유 있는 경우, <u>법원은 점유권에 기초한 본소와 본권에 기초한 예비적 반소를 모두 인용해야 하고 점유권에 기초한 본소를 본권에 관한 이유로 배척할 수 없다.</u> 이러한 법리는 점유를 침탈당한 자가 점유권에 기한 점유회수의 소를 제기하고, 본권자가 그 <u>점유회수의</u>

소가 인용될 것에 대비하여 본권에 기초한 장래이행의 소로서 별소를 제기한 경우
에도 마찬가지로 적용된다.

- 甲이 乙의 점유회수의 소가 인용될 것에 대비하여 본권에 기초한 장래이행의 소로
서 별소를 제기한 경우 그 소송요건이 갖추어졌다고 보아야 하므로 원심으로서는
본안에 관하여 심리·판단을 했어야 한다. 그럼에도 불구하고 원심이 이 사건 소가
장래이행의 소로서의 소송요건을 갖추지 못하여 부적법하다고 판단하여 이를 각하
한 데에는 잘못이 있다.

3. 점유자와 회복자의 관계(§201 ~ §203)

가. 개관

(1) 전제

- 점유자의 점유기간 동안에, ㉠ 물건으로부터 이익이 발생하거나, 물건이 멸실·
훼손되거나, 물건에 대한 비용이 지출된 후, ㉡ 소유자의 점유자에 대한 §213 반
환청구가 인용되어 점유자가 물건을 반환해야 하는 경우에 §201 ~ §203가 적용
될 수 있다.

(2) 다른 제도와의 관계

- 점유자와 소유자 사이에 약정 채권관계가 있어서 점유자가 소유자와의 유효한
계약으로 점유하다가 반환하는 경우에는 §201~§203에 우선하여 계약의 내용이
나 전형계약에 관한 임의법규가 우선 적용된다. 예컨대 임대차 종료시의 비용상
환이 문제되는 경우, 당사자들 간의 특약이 우선 적용되고 특약이 없으면 §203가
아니라 §626가 적용된다.

점유자가 유익비를 지출할 당시 계약관계 등 적법한 점유의 권원을 가진 경우에 그 지
출비용의 상환에 관하여는 그 **계약관계를 규율하는 법조항이나 법리 등이 적용**된다
(대법원 2003. 7. 25. 선고 2001다64752 판결).

- §201~§203는 계약과 무관하게 점유가 개시된 침해부당이득 사안이나 계약의
무효·취소로 인한 급부부당이득 사안에서 적용될 수 있다. 이때 §201~§203는
일반조항인 §741·§748, §750보다 우선 적용된다(2001다61869, 442면). 이에 비해
법정해제로 인한 원상회복 관계에 대해서는 §548가 §201보다 우선 적용된다.

나. 점유기간 동안에 발생한 과실의 귀속(§201)

(1) 선의 점유자의 과실 수취권

> 제201조(점유자와 과실) ① 선의의 점유자는 점유물의 과실을 취득한다.

A. 요건

• 점유자는 선의·무과실로 평온·공연하게 점유한 기간 동안 발생한 과실에 대한 과실 수취권을 가진다.

• 선의·무과실의 의미: 과실수취권을 포함하는 본권인 소유권·지상권·임차권 등 이 있다고 적극적으로 믿었고, 점유자가 자신의 본권의 존재를 오신할 만한 정당 한 근거가 있어야 한다.

> 선의의 점유자라 함은 과실수취권을 포함하는 권원이 있다고 오신한 점유자를 말하 고, 다만 그와 같은 오신을 함에는 오신할 만한 정당한 근거가 있어야 한다(대법원 2000. 3. 10. 선고 99다63350 판결).

• 증명책임: 점유라는 사실로부터 점유자의 선의와 평온·공연한 점유는 추정되지 만(§197), 점유자의 무과실은 추정되지 않는다. 따라서 과실수취권을 주장하는 점유자는 무과실을 증명해야 한다.

> 제197조에 의하여 점유자는 선의로 점유한 것으로 추정되고, 권원 없는 점유였음이 밝혀졌다고 하여 곧 그 동안의 점유에 대한 선의의 추정이 깨어졌다고 볼 것은 아니다 (대법원 2000. 3. 10. 선고 99다63350 판결).

B. 효과: 과실수취권의 내용

• 선의 점유자는 현존하는 과실을 수취할 수 있는 본권이 인정된다. 현존하는 과실 도 반환할 필요가 없다는 점에서 선의 부당이득자가 현존이익 반환 의무를 지는 것과 다르다.

> 토지를 사용함으로써 얻는 이득은 그 토지로 인한 과실과 마찬가지이므로, 선의의 점 유자는 비록 법률상 원인 없이 타인의 토지를 점유·사용하고 이로 말미암아 그에게 손해를 입혔다고 하더라도 그 점유·사용으로 인한 이득을 반환할 의무는 없다(대법 원 2016. 12. 29. 선고 2016다242273 판결).

- 선의 점유자의 과실 수취로 인해 회복자에게 손해가 발생해도 점유자는 §750의 손해배상책임을 지지 않는다. 과실 수취는 §201 ①에 근거한 권리의 행사이므로 위법성이 없을 뿐 아니라, §201 ①이 적용되는 경우라면 점유자의 선의·무과실이 인정되기 때문이다.

(2) 악의 점유자의 과실 반환의무

> 제201조(점유자와 과실)
> ② 악의의 점유자는 수취한 과실을 반환하여야 하며 소비하였거나 과실로 인하여 훼손 또는 수취하지 못한 경우에는 그 과실의 대가를 보상하여야 한다.
> ③ 전항의 규정은 폭력 또는 은비에 의한 점유자에 준용한다.

A. 요건: 악의점유자의 유형

- 악의 점유자란, ㉠ 과실 수취권이 포함된 본권이 없음을 알고 점유를 시작한 자(§201 ②), ㉡ 과실 수취권이 포함된 본권이 있다고 믿었지만 폭력·은비 점유를 한 자(§201 ③)를 뜻한다.
- 선의·평온·공연 점유자이더라도 본권에 근거한 점유물 반환청구 소송(§213)에서 패소한 경우, 점유반환청구 소송이 제기된 때부터 악의점유자로 간주된다(§197②).

> 선의의 점유자가 본권에 관한 소에서 패소한 경우 제197조 제2항에 의해 악의로 간주되는 시점인 '소가 제기된 때'란 **소송이 계속된 때 즉 소장 부본이 피고에게 송달된 때**를 말한다(대법원 2016. 12. 29. 선고 2016다242273 판결).

- 본권자가 제기한 부당이득 반환청구 소송에서 패소한 경우에도 마찬가지이다.

> **대법원 2002. 11. 22. 선고 2001다6213 판결**
> - 제201조 제1항, 제197조 제1항, 같은 조 제2항 제197조 제2항의 취지와 부당이득 반환에 관한 제749조 제2항의 취지 등에 비추어 볼 때, 여기서의 본권에 관한 소에는 소유권에 기하여 점유물의 인도나 명도를 구하는 소송은 물론 부당점유자를 상대로 점유로 인한 **부당이득의 반환을 구하는 소송도 포함**된다.
> - 소유권에 기한 명도 및 인도 청구가 변론종결 전에 소유권 상실되었음을 이유로 배척된다고 하더라도, 법원으로서는 소유권 상실 이전 기간의 부당이득반환청구와 관련하여 피고의 점유 권원의 유무 등을 가려서 그 청구의 당부를 판단하고, 원고의 부

당이득 주장이 이유 있는 것으로 판단된다면 적어도 그 소제기일부터는 피고들의 점유를 악의로 의제하여 피고들에 대하여 그날부터 원고가 소유권을 상실한 날까지의 부당이득의 반환을 명하여야 할 것이다.

B. 효과

(a) 과실 원본 반환의무

- 악의 점유자는 현존하는 과실을 원물반환 해야 하고, 이미 소비하여 현존하지 않는 과실에 대해서는 그 가액을 반환해야 한다.
- 대가변상: 악의 점유자는 자신의 과실(過失)로 인해 취득하지 못한 과실이나 자신이 훼손한 과실에 대해서는 대가를 변상해야 한다.

(b) 반환해야 할 과실 또는 그 대가에 대한 이자

- 부당이득 반환에 있어서 악의인 부당수익자는 과실 원본뿐 아니라 이에 대한 이자도 배상해야 한다(§748②).
- 악의 점유자도 반환 대상인 과실뿐 아니라 이 과실을 원본으로 삼아 발생하는 이자도 반환해야 한다. §201①은 §748 ①에 대한 특칙이지만, §201 ②은 §201①에 대한 예외규정일 뿐 §748②에 대한 특칙은 아니기 때문이다.

> **대법원 2003. 11. 14. 선고 2001다61869 판결**
> ‣ 타인 소유물을 권원 없이 점유함으로써 얻은 사용이익을 반환하는 경우 민법은 **선의 점유자를 보호하기 위하여 제201조 제1항을 두어 선의 점유자에게 과실수취권**을 인정함에 대하여, 이러한 보호의 필요성이 없는 악의 점유자에 관하여는 제201조 제2항을 두어 과실수취권이 인정되지 않는다는 취지를 규정하는 것으로 해석되는바, 따라서 악의 수익자가 **반환하여야 할 범위는 제748조 제2항**에 따라 정하여지는 결과 그는 받은 이익에 이자를 붙여 반환하여야 한다.
> ‣ 악의 점유자는 과실을 반환하여야 한다고만 규정한 제201조 제2항이 제748조 제2항에 의한 **악의 수익자의 이자지급의무까지 배제하는 취지는 아니**기 때문에, 악의 수익자의 부당이득금 반환범위에 있어서 제201조 제2항이 제748조 제2항의 특칙이라거나 우선적으로 적용되는 관계를 이루는 것은 아니다.
> ‣ 제748조 제2항에서 규정하는 이자는 당해 침해행위가 없었더라면 원고가 과실에 해당하는 **임료로부터 통상 얻었을 법정이자상당액**을 말하는 것이므로 악의 수익자는 위 이자의 이행지체로 인한 지연손해금도 지급하여야 할 것이다. 그럼에도 원심

은 제201조 제2항이 제748조 제2항의 특칙이라는 이유로 임료 상당액에 대한 청구만 인용하고 임료상당의 부당이득에 대한 점유일 이후 소장부본 송달일까지의 법정이자 및 그 이자에 대한 지연손해금 청구 부분을 배척하고 말았으니 위법이 있다.

- 악의 점유자에 대한 본권자의 §213 청구를 인용하는 판결이 확정되기 전이더라도 본권자는 미리 소 제기 이후 기간에 대한 사용이익 상당액의 반환을 청구할 수 있다.

> **대법원 2016. 7. 29. 선고 2016다220044 판결**
> ‣ 제197조 제2항, 제749조 제2항, 제748조 제2항에서 '패소한 때'라고 함은 점유자 또는 수익자가 종국판결에 의하여 패소 확정되는 것을 뜻하지만, 이는 악의의 점유자 또는 **수익자로 보는 효과가 그때 발생한다는 것**뿐이고 점유자 등의 패소판결이 확정되기 전에는 이를 전제로 하는 청구를 하지 못한다는 의미가 아니다.
> ‣ 그러므로 소유자가 점유자 등을 상대로 물건의 반환과 아울러 그 권원 없는 사용으로 얻은 이익의 반환을 청구하면서 물건의 반환 청구가 인용될 것을 전제로 하여 그에 관한 소송이 계속된 때 이후의 기간에 대한 사용이익의 반환을 청구하는 것은 허용된다.

다. 점유기간 동안에 물건이 멸실·훼손된 경우

> 제202조(점유자의 회복자에 대한 책임) 점유물이 점유자의 책임있는 사유로 인하여 멸실 또는 훼손한 때에는 악의의 점유자는 그 손해의 전부를 배상하여야 하며 선의의 점유자는 이익이 현존하는 한도에서 배상하여야 한다. 소유의 의사가 없는 점유자는 선의인 경우에도 손해의 전부를 배상하여야 한다.

(1) 요건

A. 전제

- 점유물의 가치 저하를 초래하는 모든 사유에 대해 §202가 적용된다. 예컨대 물리적인 멸실·훼손은 물론 법적인 멸실·훼손의 경우에도 §202가 적용된다. 후자의 예로서 점유기간 동안의 벌점 누적으로 인해 본권자가 반환받은 자동차를 운행할 수 없게 된 경우를 들 수 있다.
- 멸실·훼손에 대한 점유자의 귀책사유: 과실책임주의 원칙이 적용되므로, 악의점유자라 하더라도 멸실·훼손에 대한 귀책사유가 없으면 §202에 의한 배상책임을 지지 않는다.

B. §750과의 관계

✓ 특칙설: 점유자와 회복자의 관계에서는 §202만 적용되고 §750는 적용되지 않는다.

✓ 청구권 경합설: §202는 점유물 자체의 가치감소로 인하여 발생한 손해만을 대상으로 한다. 따라서 점유자의 귀책사유 있는 행위와 상당인과관계가 있는 그 밖의 손해에 대해서는 §750가 적용된다. 따라서 선의 점유자이더라도 과실이 있으면 §750책임을 진다.

(2) 효과

• 선의·자주점유자: 현존 상태 그대로 반환하면 되고 멸실·훼손에 대한 과실이 있어도 손해배상책임이 면제된다(특칙설).

• 악의점유자, 선의·타주점유자는 점유물에 관한 손해 전부에 대한 §202에 의한 배상책임과 그 외의 손해에 대한 §750 배상책임을 진다.

라. 점유기간 동안에 물건에 지출된 비용의 부담

> 제203조(점유자의 상환청구권)
> ① 점유자가 점유물을 반환할 때에는 회복자에 대하여 점유물을 보존하기 위하여 지출한 금액 기타 필요비의 상환을 청구할 수 있다. 그러나 점유자가 과실을 취득한 경우에는 통상의 필요비는 청구하지 못한다.
> ② 점유자가 점유물을 개량하기 위하여 지출한 금액 기타 유익비에 관하여는 그 가액의 증가가 현존한 경우에 한하여 회복자의 선택에 좇아 그 지출금액이나 증가액의 상환을 청구할 수 있다.
> ③ 전항의 경우에 법원은 회복자의 청구에 의하여 상당한 상환기간을 허여할 수 있다.

(1) 문제의 소재

• 전제: 본권자 아닌 점유자의 점유 기간 동안 점유자의 출연으로 인해 물건의 가치가 유지되거나 증가되는 경우가 있다.

• 이때 점유자가 회복자에게 자신이 출연한 비용 상환을 청구할 수 있는지의 여부와 그 범위가 문제된다.

(2) 요건

A. 비용상환 청구권 관계의 당사자

• 비용상환 청구권은 비용을 지출한 점유자와 §213 청구 당시의 소유자 사이에서 문제된다(2001다64752, 447면).

• 점유자가 점유물 반환 이외의 사유로 점유를 상실한 경우: ㉠ §213의 물권적 청구

권의 상대방이 아니므로 §203의 비용상환 청구권을 행사할 수 없다. 예컨대 건물 소유자가 건물 소유권을 상실하면, 더 이상 대지 점유자가 아니므로 대지를 반환받는 소유자에게 §203의 비용상환청구권을 행사할 수는 없다. ⓛ 이 경우 §739나 §741를 근거로 비용상황 청구를 할 수 있을 뿐이다.

점유자가 점유물 반환 이외의 원인으로 물건의 점유자 지위를 잃어 소유자가 그를 상대로 **물권적 청구권을 행사할 수 없게 되었다면, 그들은 더 이상 제203조가 규율하는 점유자와 회복자의 관계에 있지 않으**므로, 점유자는 위 조항을 근거로 비용상환청구권을 행사할 수 없고, 다만 비용 지출이 사무관리에 해당할 경우 그 상환을 청구하거나(제739조), 자기가 지출한 비용으로 물건 소유자가 얻은 이득의 존재와 범위를 증명하여 부당이득 반환청구권(제741조)을 행사할 수 있을 뿐이다(대법원 2022. 6. 30. 선고 2020다209815 판결).

- 간접점유자가 비용을 지출한 경우 직접점유자 아닌 간접점유자가 소유자에 대해 §203의 비용상환 청구권자가 될 수 있다.

유효한 도급계약에 기하여 수급인이 도급인으로부터 제3자 소유 물건의 점유를 이전받아 이를 수리한 결과 그 물건의 가치가 증가한 경우 **도급인이 그 물건을 간접점유**하면서 궁극적으로 자신의 계산으로 비용지출과정을 관리한 것이므로, **도급인만이 소유자에 대한 관계에 있어서 제203조에 의한 비용상환 청구권**을 행사할 수 있는 비용지출자이고, 수급인은 그러한 비용지출자에 해당하지 않는다(대법원 2002. 8. 23. 선고 99다66564 판결).

B. 필요비

- 의미: 물건을 사용하기 적합한 상태로 유지·보존하기 위해 지출된 비용을 뜻한다. 그 예로서 공과금, 수리비 등을 들 수 있다.
- 유형: 필요비는 통상의 필요비와 특별한 필요비로 나눠진다. 과실수취권 있는 선의 점유자는 통상의 필요비를 스스로 부담해야 하므로 특별한 필요비의 상환만 청구할 수 있다. 이에 비해 악의 점유자는 모든 필요비의 상환을 청구할 수 있다.

제201조 제1항, 제203조 제1항의 규정을 체계적으로 해석하면 제203조 **제1항 단서에서 말하는 '점유자가 과실을 취득한 경우'란 점유자가 선의의 점유자**로서 제201조 제1항에 따라 **과실수취권**을 보유하고 있는 경우를 뜻한다고 보아야 한다. 선의의 점유자

는 과실을 수취하므로 물건의 용익과 밀접한 관련을 가지는 비용인 통상의 필요비를 스스로 부담하는 것이 타당하기 때문이다. 따라서 과실수취권 없는 악의의 점유자에 대해서는 위 단서 규정이 적용되지 않으므로 결국 **악의 점유자는 통상의 필요비 상환**도 청구할 수 있다(대법원 2021. 4. 29. 선고 2018다261889 판결).

C. 유익비

(a) 의미

• 물건의 가치를 증가시키기 위해 지출된 비용을 뜻한다.

• 유익비 상환청구를 하려면, 유익비로 지출된 가액뿐 아니라 이로 인한 물건의 가치 증가가 현존한다는 사실도 인정되어야 한다. 이에 비해 필요비 상환청구는 필요비로서 지출된 가액만 증명되면 충분하다.

(b) 구체적인 결정

• 증명책임: 실제 지출된 가액과 가치 증가 현존액 모두에 대해 점유자가 증명책임을 진다.

• 유익비 상환의무자인 본권자는 실제로 지출된 가액과 가치 증가 현존액 중 하나를 선택할 권리를 가진다.

유익비의 상환범위는 '점유자가 유익비로 지출한 금액'과 '현존하는 증가액' 중에서 회복자가 선택하는 것으로 정해진다. 위와 같은 실제 지출금액 및 현존 증가액에 관한 **증명책임은 모두 유익비의 상환을 구하는 점유자에게** 있다(대법원 2018. 6. 15. 선고 2018다206707 판결).

(c) 사례

• 사안의 개요: 점유자는 유익비로 3000만원을 지출했다고 주장했고 가치 증가액은 2000만원으로 산정되었다. 이에 본권자는 '가치증가액'을 선택했는데, 그 후 점유자가 실제로 지출한 가액은 1000만원임이 밝혀졌다.

• 쟁점과 판단: 본권자의 의사표시는 가치증가액 자체를 선택한 것이 아니라 더 낮은 가액을 선택한 것으로 해석된다.

점유자의 증명을 통해 실제 지출금액 및 현존 증가액이 모두 산정되지 아니한 상태에서 회복자가 '점유자가 주장하는 지출금액과 감정 결과에 나타난 현존 증가액 중 적은 금액인 현존 증가액을 선택한다'는 취지의 의사표시를 했더라도, 이를 '실제 증명된 지출금액이 현존 증가액보다 적은 금액인 경우에도 현존 증가액을 선택한다'는 뜻까지 담긴 것으로 해석하여서는 아니 된다. 일반적으로 **회복자의 의사는 실제 지출금액과 현존 증가액 중 적은 금액을 선택하겠다는 것으로 보아야** 하기 때문이다(대법원 2018. 6. 15. 선고 2018다206707 판결).

(3) 효과

A. 법적성질

- 비용상환 청구권은 점유권의 내용이므로 대세효가 있고, 물건과의 밀접관련성이 있으므로 유치권의 피담보채권이 될 수 있다.

- §741의 부당이득반환청구권과는 별개의 권리이다. 예컨대 점유자가 설치한 시설물로 인한 목적물 자체의 가치 증가액은 §203의 유익비에 해당하고 이 시설물 사용으로 본권자가 얻게 될 이익은 §741의 이익에 해당한다.

점유자의 회복자에 대한 유익비상환청구는 점유자가 점유물을 개량하기 위하여 지출한 비용의 상환을 청구하는 것으로서 피고(회복자)가 원고(점유자) 소유의 위 **시설에 대하여 원고에게 아무런 대가를 치르지 아니하고 사용함을 이유로 하는 부당이득금반환청구와는 그 법률요건과 효과를 달리하는 것이어서 원고의 이 사건 유익비상환청구에 부당이득금반환청구가 당연히 포함된다고 할 수 없으므로,** 원심이 위 시설물 설치에 따른 유익비상환청구에 대해서만 판단하고 위의 점에 대해서 판단하지 아니하였다고 하여 판단유탈의 위법이 있다고 할 수 없다(대법원 2003. 7. 25. 선고 2001다64752 판결).

B. 가액

(a) **필요비**: 필요비에 해당하는 가액 전액

(b) **유익비**: 회복자가 선택한 가액

- 점유자는 자신이 실제로 지출한 가액과 현존하는 가치 증가액 중에서 회복자(의무자)가 선택한 가액을 상환청구할 수 있다(§203 ②).

- 점유자가 유익비를 지출했다는 사실은 인정되지만 점유 기간이 장기간이어서 그 가액을 증명할 자료가 없는 경우에도 유익비 상환청구를 할 수 있다. ㉠ 이를 위해 점유자의 비용 지출 당시를 기준으로 현존하는 가치 증가를 위해 필요했던 가액을 산정한 후 그 가액을 물가인상률을 고려하여 현재가치로 산정해야 한다. ㉡ 비용상환청구 당시를 기준으로 가치 증가에 필요한 가액을 산정하면 안 된다.

비용을 지출한 것은 명백하나 유익비를 지출한 때부터 오랜 시간이 지나 자료가 없어 졌다는 이유로 실제 지출한 금액에 대한 증명이 불가능하여 가치 증가에 드는 비용을 추정하는 방법으로 지출금액을 인정해야 하는 경우 실제 비용을 지출한 날을 기준시점으로 하여 가치 증가에 드는 금액을 산정한 다음 그 금액에 대하여 물가상승률을 반영하는 등의 방법으로 현가한 금액을 지출금액으로 인정해야 한다(대법원 2018. 3. 27. 선고 2015다3914 판결).

C. 이행기

(a) 중요성

- 비용상환 청구권의 이행기가 도래해야 유치권이 성립하고, 소멸시효가 기산한다.

✓ 계약에 의한 비용상환 청구권은 계약 종료시 이행기에 도래한다는 점이 §203의 비용상환 청구권과 다르다는 점에도 유의해야 한다.

> **대법원 2011. 12. 13. 선고 2009다5162 판결**
> ‣ 제203조 제1항, 제2항은 '점유자가 점유물을 반환할 때'에 상환을 청구할 수 있도록 규정하고 있으므로, 그 상환청구권은 **점유자가 회복자로부터 점유물의 반환을 청구받은 때에 비로소 이를 행사할 수 있는 상태가 되고 이행기가 도래**한다.
> ‣ 필요비 및 유익비 상환청구권을 담보하는 **유치권이 성립하려면, 점유자가 그 점유의 반환을 청구받음으로써 위 상환청구권의 변제기가 도래한 것으로 인정**이 되어야 한다.

(b) 내용

- 원칙: 회복자가 점유자에게 점유물 반환을 청구할 때 이행기가 도래한다.
- 예외: 유익비에 대해 법원이 지급 유예기간 부여한 경우, 유예기간이 경과해야 이행기가 도래한다(§203 ③). 이에 비해 필요비에 대해서는 법원도 유예기간을 붙일 수 없음에 유의해야 한다.

4. 점유(자체)에 대한 보호청구권(§204 ~ §207)

가. 개관: 점유 자체에 대한 보호의 필요성

- 점유자에게 본권이 있는 경우, ㉠ 본권이 물권이면 물권적 청구권을 행사할 수 있고 ㉡ 본권이 채권이면 채무자의 물권적 청구권을 대위행사할 수 있다.
- 그런데도 별도의 점유보호 청구권이 인정되는 이유는, 점유자로 하여금 본권을

증명하지 않은 채 점유 사실만을 근거로 신속하게 점유 방해행위에 대응할 수 있게 해 줄 필요가 있기 때문이다. 특히 목적물이 동산인 경우에는 점유의 본권 추정력이 인정되기 때문에 점유만을 근거로 물권적 청구권을 인정해도 법적 안정성을 저해하지 않는다.

나. 점유회수 청구권

(1) 당사자

A. 권리자

• 직접점유자는 물론 간접점유자도 점유회수 청구권을 행사할 수 있다. 이에 비해 점유보조자는 점유회수 청구권을 행사할 수 없다.

> 제204조(점유의 회수) ① 점유자가 점유의 침탈을 당한 때에는 그 물건의 반환 및 손해의 배상을 청구할 수 있다.

> 제207조(간접점유의 보호) ① 전3조의 청구권은 제194조의 규정에 의한 간접점유자도 이를 행사할 수 있다.

• 간접점유자의 점유회수 청구권에 관한 특칙: 직접점유자가 직접점유를 침탈당한 경우에, 간접점유자는 점유회수 청구권을 행사하더라도 직접점유자에게 반환하라고 청구할 수 있을 뿐이다. 다만 예외적으로 직접점유자가 반환받을 수 없거나 반환받지 않으려 하는 경우에는 간접점유자 자신에게 반환하라고 청구할 수 있다.

> 제207조(간접점유의 보호) ② 점유자가 점유의 침탈을 당한 경우에 간접점유자는 그 물건을 점유자에게 반환할 것을 청구할 수 있고 점유자가 그 물건의 반환을 받을 수 없거나 이를 원하지 아니하는 때에는 자기에게 반환할 것을 청구할 수 있다.

B. 상대방

(a)점유를 침탈한 사람

• 점유물 반환청구권의 상대방은 점유를 침탈한 자이다. 상대방에게 귀책사유가 있는지는 문제되지 않는데, 점유회수 청구권도 물권적 청구권의 일종이기 때문이다.

• 점유 침탈자가 간접점유하고 있으면 직접점유자에게만 점유회수 청구권을 행사할 수 있다. 이에 비해 계약상의 반환청구권을 행사하는 경우에는 채무자가 간접점유하고 있으면 채무자에게 간접점유 이전을 요구할 수 있다.

대법원 2014. 12. 11. 선고 2014다50203 판결

• **불법점유를 이유로 하여 부동산의 인도를 청구하는 경우 현실적인 점유자를 상대로** 하여야 한다. 이와 달리 약정에 의하여 부동산의 인도를 청구하는 경우에는 그 상대방이 직접점유자로 제한되지 아니하고 간접점유자를 상대로 하는 청구도 허용된다.

• 다만 다른 사람의 직접점유로 인하여 상대방의 인도의무의 이행이 불가능한 경우에는 그 상대방에 대한 부동산의 인도청구는 허용되지 아니하고, 여기에서 인도의무의 이행불능은 단순히 절대적·물리적으로 불능인 경우가 아니라 사회생활에서의 경험법칙 또는 거래상의 관념에 비추어 볼 때 상대방의 인도의무의 이행의 실현을 기대할 수 없는 경우를 말한다.

(b) 침탈자가 점유를 다른 사람에게 넘긴 경우

• 침탈자가 타인에게 점유를 이전하여 직접점유는 물론 간접점유도 인정되지 않는 경우에는 더 이상 침탈자에게 점유회수 청구를 할 수 없게 된다.

불법점유를 이유로 하여 그 명도 또는 인도를 청구하려면 현실적으로 그 목적물을 점유하고 있는 자를 상대로 하여야 하고 불법점유자라 하여도 그 물건을 다른 사람에게 인도하여 현실적으로 점유를 하고 있지 않은 이상 그 자를 상대로 한 인도 또는 명도 청구는 부당하다(대법원 1999. 7. 9. 선고 98다9045 판결).

• 다만 침탈자로부터의 특정승계인이 점유 침탈 사실에 대해 악의임이 증명되면, 그 특정승계인을 상대로 점유회수 청구권을 행사할 수 있다. 이에 비해 §213의 경우 특정승계인이 선의이더라도 물권적 청구권 행사의 상대방이 된다.

제204조(점유의 회수) ② 전항의 청구권은 침탈자의 특별승계인에 대하여는 행사하지 못한다. 그러나 승계인이 악의인 때에는 그러하지 아니하다.

(2) 객관적 요건: 점유의 침탈

A. 의미

• 점유회수 청구권의 요건은 '점유의 침탈'이다. ㉠ 점유회수 청구권은 점유권에 근거한 물권적 청구권이므로 점유 사실만 증명되면 충분하고 본권의 존재까지 증명될 필요는 없다. ㉡ 위법성이 인정되는 한 민사집행법에 따른 점유회수도 §204의 점유 침탈에 해당한다.

- 사례: 위법한 강제집행으로 건물 유치권자를 강제 퇴거시킨 경우, 본권인 유치권의 존재 여부나 피담보채권의 존재 여부 등은 유치권자의 점유회수 청구권 행사를 위한 요건이 아니다.

> ### 대법원 2012. 3. 29. 선고 2010다2459 판결
> ‣ 제204조 제1항에서 '점유자가 점유의 침탈을 당한 때'라 함은 점유자가 그 **의사에 의하지 아니하고 사실적 지배를 빼앗긴 경우를 말하고, 점유자에 대한 집행권원 없이 이루어진 위법한 강제집행에 의하여 점유자의 점유를 빼앗은 경우도 점유의 침탈**에 해당한다.
> ‣ 제204조 제1항이 규정하는 **점유물반환청구는 원고가 목적물을 점유하였다가 피고에 의하여 이를 침탈당하였다는 사실을 주장·증명하면 족하고, 그 목적물에 대한 점유가 본권에 기한 것이라는 점은 주장·증명할 필요가 없다.** 원심이 원고의 이 사건 주위적 청구를 인용하여 피고들에게 이 사건 아파트의 인도를 명한 것은 정당하고, 원고의 이 사건 아파트에 대한 유치권 취득 여부, 그 유치권의 피담보채권의 범위, 원고의 경매신청에 의한 유치권의 포기 내지 소멸 여부 등은 이 사건 주위적 청구의 당부와는 아무런 관련이 없는 사항들이므로, 원심이 위 사항들에 대하여 판단을 누락하거나 그 판단에 일부 잘못이 있다 하더라도 이는 판결 결과에 아무런 영향을 미칠 수 없다.

B. 점유 침탈로 인정되지 않는 경우

- 점유자 자신의 의사에 따른 점유 단절은 침탈이 아니므로 이 경우 점유자는 §204의 점유회수 청구권을 행사할 수 없다. 예컨대 점유자가 타인의 기망으로 인해 스스로 점유를 단절시킨 경우에는 '침탈'로 인정되지 않는다. 이에 비해 사기 당한 소유자는 §213의 물권적 청구권을 행사할 수 있다.

> 원고는 피고의 사기의 의사표시에 의하여 이 사건 건물을 명도해준 것이고, 이 사건 건물의 점유를 침탈당한 것이 아니므로 원고가 피고에 대하여 점유회수의 소권을 가지고 있음을 전제로 한 위 상고논지도 역시 이유 없다(대법원 1992. 2. 28. 선고 91다17443 판결).

- 직접점유자가 자발적으로 제3자에게 점유를 인도한 경우, 간접점유자는 점유를 침탈당하지 않았으므로 그 제3자에게 점유회수 청구권을 행사할 수 없다. 예컨대 甲으로부터 X부동산을 임차한 丙이 임의로 X부동산을 乙에게 전대차한 후 甲·丙간

X부동산 임대차계약이 해지된 경우 甲은 乙에게 점유회수 청구를 할 수 없다.

- **직접점유자가 임의로 그 점유를 타에 양도한 경우에는 그 점유이전이 간접점유자의 의사에 반한다 하더라도 제204조 소정의 점유침탈에 해당하지 않는다.**
- 乙(피고)은 이 사건 대지의 직접점유자인 丙과의 임대차계약에 기하여 건물을 점유하고 있으며 그 건물부지인 이 사건 대지를 점유하고 있다면 대지를 丙에게 임대한 간접점유자인 甲은 乙에게 퇴거를 구할 수는 없고, 甲의 丙에 대한 이 사건 대지상의 건물철거 및 대지인도청구권은 동인과의 임대차계약에 기한 채권적 청구권에 불과한 것으로서 계약당사자 이외의 자인 乙에게 그 효과를 주장할 수 없다.

(3) 효과

A. 내용

- 점유자는 침탈자에게 그 물건의 반환을 청구할 수 있다. 반환의 의미는 §213의 경우와 같다.
- 점유자는 침탈자에게 손해배상청구도 할 수 있다. 다만 §204 ①의 손해배상청구권은 §750의 손해배상청구권의 일종이므로 침탈자의 귀책사유를 전제한다.

B. 행사기간

- 점유회수 청구권은 침탈 당한 날로부터 1년 이내에 행사해야 한다.

> 제204조(점유의 회수) ③ 제1항의 청구권은 침탈을 당한 날로부터 1년내에 행사하여야 한다.

- 이 기간은 제척기간이고 제소기간이다. 점유회수 청구권을 비롯한 점유보호 청구권은 점유라는 사실상태를 보호하여 사회 평화를 유지하기 위한 것이다. 따라서 침탈 후 상당기간이 경과하면 더 이상 점유보호 청구권을 행사할 수 없고 본권에 근거한 물권적 청구권만 행사할 수 있다.

제204조, 제205조에서 제척기간의 대상이 되는 권리는 형성권이 아니라 통상의 청구권인 점과 점유의 침탈 또는 방해의 상태가 일정한 기간을 지나게 되면 그대로 사회의 평온한 상태가 되고 이를 복구하는 것이 오히려 평화질서의 교란으로 볼 수 있게 되므로 일정한 기간을 지난 후에는 원상회복을 허용하지 않는 것이 점유제도의 이상에 맞고 여기에 점유의 회수 또는 방해제거 등 청구권에 단기의 제척기간을 두는 이유가 있

는 점 등에 비추어 볼 때, 위의 제척기간은 재판외에서 권리 행사하는 것으로 족한 기간이 아니라 **반드시 그 기간 내에 소를 제기하여야 하는 이른바 출소기간**으로 해석함이 상당하다(대법원 2002. 4. 26. 선고 2001다8097).

- 적용범위: §204 ③의 행사 기간은 점유보호 청구권에 대해서만 적용되므로 본권 침해로 인한 손해배상청구권에 대해서는 적용되지 않는다.

✓ 판례가 명시적으로 언급하고 있지는 않지만 본권 침탈은 일반적인 불법행위이므로 §766의 행사 기간이 적용되어야 한다.

제204조 제3항에서 말하는 1년의 행사기간은 제척기간으로서 소를 제기하여야 하는 기간이지만 **본권 침해로 발생한 손해배상청구권의 행사에는 적용되지 않**으므로 점유를 침탈당한 자가 본권인 유치권 소멸에 따른 손해배상청구권을 행사하는 때에는 제204조 제3항이 적용되지 아니하고, 점유를 침탈당한 날부터 1년 내에 행사할 것을 요하지 않는다(대법원 2021. 8. 19. 선고 2021다213866 판결).

(4) 사례: 물건의 일부에 대한 점유보호청구권

A. 사안의 개요

- 甲은 X건물에 대한 유치권을 행사하고 있던 중에 X건물 소유자인 乙과 협의하여 X건물 중 甲이 직접점유하는 2층을 제외한 나머지 부분을 乙이 임대하게 해주고 乙은 그 차임으로 X건물 관리비에 충당하기로 약정했다.

- 丙은 乙로부터 X건물 1층을 임차한 후 인테리어 공사를 진행했는데 수급인 丁에게 공사대금을 지급하지 못했다. 이에 丁이 X건물 1층을 점거하자 甲은 무단점유임을 이유로 丁을 상대로 §204의 점유회수 청구 소송을 제기하여 자신의 간접점유가 침탈되었다고 주장한다.

B. 쟁점과 판단

- 간접점유가 침탈된 경우에도 점유회수 청구권이 인정될 수 있다.

- 그러나 甲은 X건물의 1층 부분에 대해서는 점유 침탈을 이유로 하는 점유회수 청구권자가 될 수 없다. X건물의 1층 부분에 대한 직접점유자는 丙인데 간접점유를 근거지우는 임대차 계약상 반환청구권자로서 간접점유자로 인정되는 자는 乙이지 甲이 아니다.

‣ 제204조의 점유회수의 소에 있어서는 <u>점유를 침탈당하였다고 주장하는 당시에 점</u> <u>유하고 있었는지의 여부만을</u> 살피면 되는 것이고, 점유회수의 소에 있어서의 점유 에는 <u>직접점유뿐만 아니라 간접점유도</u> 포함되는 것이기는 하나, 간접점유를 인정 하기 위해서는 간접점유자와 직접점유를 하는 자 사이에 일정한 법률관계, 즉 점유 매개관계가 필요하다. 이러한 <u>점유매개관계는 **직접점유자가 자신의 점유를 간접점**</u> **유자의 반환청구권을 승인**하면서 행사하는 경우에 인정된다.

‣ <u>제3자에게 임대가 이루어진 부분에 대한 甲의 간접점유가 인정되기 위해서는</u> 甲과 직접점유자인 임차인 丙 사이에 점유매개관계가 인정되어야 한다. 丙은 임대차 계 약을 乙과 체결한 사실을 알 수 있다. 그러므로 임대차계약에 기하여 임차 부분의 직 접점유자인 임차인들에 대하여 반환청구권을 갖는 자는 乙뿐이라고 보아야 한다.

‣ 따라서 丙의 직접점유의 근거인 임대차 계약은 甲과 직접점유자 丙사이의 점유매 개관계를 인정할 기초가 될 수 없다. 甲이 乙과 함께 <u>X건물 관리에 관여하였다는 사</u> <u>정만으로는</u> 임차인들과의 점유매개관계를 인정할 근거가 될 수 없다.

다. 방해제거·방해예방 청구권(§205 ~ §206)

(1) 개관

• 점유권에 대해서도 방해배제·방해예방 청구권이 인정된다. 직접점유자뿐 아니 라 간접점유자도 방해배제·방해예방 청구권을 행사할 수 있다.

> 제205조(점유의 보유) ① 점유자가 점유의 방해를 받은 때에는 그 방해의 제거 및 손 해의 배상을 청구할 수 있다.

> 제206조(점유의 보전) ① 점유자가 점유의 방해를 받을 염려가 있는 때에는 그 방해 의 예방 또는 손해배상의 담보를 청구할 수 있다.

> 제207조(간접점유의 보호) ① 전3조의 청구권은 제194조의 규정에 의한 간접점유자 도 이를 행사할 수 있다.

• 점유권에 근거한 방해제거·방해예방 청구권에 대해서도 행사기간 제한이 적용 된다. ㉠ 이 기간도 제척기간·제소기간이다(2001다8097, 453면). ㉡ 공사로 인한 점유 방해(염려)의 경우 공사 착수후 1년 또는 공사 완성 전까지만 방해제거·방 해예방 청구권을 행사할 수 있다.

제205조(점유의 보유) ② 전항의 청구권은 방해가 종료한 날로부터 1년내에 행사하여야 한다.

제205조(점유의 보유) ③ 공사로 인하여 점유의 방해를 받은 경우에는 공사착수후 1년을 경과하거나 그 공사가 완성한 때에는 방해의 제거를 청구하지 못한다.

제206조(점유의 보전) ② 공사로 인하여 점유의 방해를 받을 염려가 있는 경우에는 전조제3항의 규정을 준용한다.

(2) 사례: 미등기건물 폐쇄와 점유보호청구권

A. 사안의 개요

- 미등기·무허가 상태인 X주택에 대해 관할관청 乙은 2009. 10. 빈집 폐쇄 조치를 하면서 출입문 봉쇄와 철망 설치를 마쳤다.
- 甲은 2011. 11. 10. X주택에 거주하던 丙으로부터 X주택을 양수한 후 2015. 3. 11. 乙을 상대로 주위적으로 §214·§205에 근거한 방해배제청구를, 예비적으로 §750에 의한 손해배상청구를 했다.

B. 쟁점과 판단

- §214에 근거한 방해배제 청구 주장은 배척되었다. 미등기건물에 대해서도 §186이 적용되므로 X주택의 소유자는 X주택에 거주하던 丙이 아니라 원시취득자인 성명불상자이기 때문이다.
  ✓ 甲이 소유권을 주장하려면, 丙을 비롯하여 X주택을 매수하여 거주하던 자들과 성명불상의 원시취득자를 순차대위하여 보존등기부터 마쳐야 한다.
- §205에 근거한 방해제거 청구 주장도 배척되었다. §205 ②의 행사기간의 기산점은 방해상태 종료시가 아니라 방해행위 종료시므로, 이미 행사기간이 경과했기 때문이다.
- 한편 甲은 주거권에 기한 방해배제 청구 주장도 했으나 배척되었다. 법률이나 관습법에 비추어 볼 때 주거권이라는 물권이 인정되지 않기 때문이다(물권법정주의).

대법원 2016. 7. 29. 선고 2016다214483 판결

‣ 미등기 무허가건물의 양수인이라도 그 소유권이전등기를 마치지 않는 한 그 건물의 소유권을 취득할 수 없고, 소유권에 준하는 관습상의 물권이 있다고도 할 수 없

으므로, 미등기 무허가건물의 **양수인은 소유권에 기한 방해제거청구를 할 수 없다**고 보아야 한다.

‣ 제205조 제2항의 제척기간은 반드시 그 기간 내에 소를 제기하여야 하는 이른바 출소기간으로 해석함이 상당하다. 그리고 그 기산점이 되는 '방해가 종료한 날'이라 함은 **방해 행위가 종료한 날**을 의미한다고 보아야 한다.

라. 자력구제권

(1) 개관

• 점유자는 물건에 대한 사실상 지배를 방해하는 자에 대해 자력으로 방해 제거에 필요한 행위를 할 수 있다.

• 자력구제권은 사회 평화를 교란시킬 우려가 있으므로 필요한 경우에 한하여 인정되어야 한다. 따라서 물건을 사실상 지배하는 직접점유자나 점유 보조자에게만 인정되고, 간접점유자나 점유주에게는 인정되지 않는다.

(2) 유형

A. 자력방위권

> 제209조(자력구제) ① 점유자는 그 점유를 부정히 침탈 또는 방해하는 행위에 대하여 자력으로써 이를 방위할 수 있다.

• 요건: 점유자는 사실상 지배에 대한 위법한 침탈이나 방해에 대해 자력으로 방위할 수 있다.

• 효과: 자력 방위를 위한 행위에는 적법성이 인정된다. 따라서 이로 인해 상대방에게 손해가 발생해도 점유자는 §750의 손해배상책임을 지지 않는다.

B. 자력탈환권

> 제209조(자력구제) ② 점유물이 침탈되었을 경우에 부동산일 때에는 점유자는 침탈 후 직시 가해자를 배제하여 이를 탈환할 수 있고 동산일 때에는 점유자는 현장에서 또는 추적하여 가해자로부터 이를 탈환할 수 있다.

(a) 요건: 점유물 침탈 완료

(b) 효과

• 동산: 점유자는 현장에서 또는 추적하여 물건을 탈환할 수 있다.

- 부동산: 점유자는 즉시 가해자를 배제하여 점유를 회복할 수 있다. '즉시'란 가해자를 배제하는데 필요하다고 사회통념상 인정되는 기간을 뜻하며 규범적으로 판단해야 한다.

> 원고가 신축중인 건물의 기성부분을 피고가 무단철거한 날로부터 4일 후 다시 대지를 점거한 경우는 자력구제라고 할 수 없다 (대법원 1993.3.26. 선고 91다14116 판결).

(3) 사례

A. 유치권 행사중인 건물과 자력탈환권

(a) 사안의 개요

- 乙이 점유하여 유치권 행사중인 아파트에 대해 집행관이 부동산 인도집행을 실시하여 출입문 잠금장치를 교체했다.
- 그 다음날 乙은 잠금장치를 훼손하여 출입문을 개방하고 재점거했다.

(b) 쟁점과 판단

- 乙의 행위가 자력탈환에 해당하여 잠금장치 손괴와 주거침입에 대한 위법성조각사유가 인정되는지가 문제된다.
- 자력탈환의 요건인 즉시성은 물리적 시간의 장단뿐 아니라 침탈자가 점유를 확립했다고 볼만한 사정이 있는지 고려하여 (규범적으로) 판단해야 한다. 그런데 소유자가 잠금장치를 교체 설치했다면 이미 점유가 확립된 것이다. 따라서 乙은 유죄이다.

대법원 2017. 9. 7. 선고 2017도9999 판결

- 제209조에서 '직시'란 '객관적으로 가능한 한 신속히' 또는 '사회관념상 가해자를 배제하여 점유를 회복하는 데 필요하다고 인정되는 범위 안에서 되도록 속히'라는 뜻으로, 자력탈환권의 행사가 '직시'에 이루어졌는지는 물리적 시간의 장단은 물론 침탈자가 확립된 점유를 취득하여 자력탈환권의 행사를 허용하는 것이 오히려 법적 안정 내지 평화를 해하거나 자력탈환권의 남용에 이르는 것은 아닌지 함께 살펴 판단하여야 한다.
- 집행관이 집행채권자 갑 조합 소유 아파트에서 유치권을 주장하는 피고인을 상대로 부동산인도집행을 실시하자, 피고인이 이에 불만을 갖고 아파트 출입문과 잠금장치를 훼손하며 강제로 개방하고 아파트에 들어갔다고 하여 재물손괴 및 건조물침입으로 기소된 사안에서, 피고인이 아파트에 들어갈 당시에는 이미 갑 조합이 집

행관으로부터 아파트를 인도받은 후 출입문의 잠금 장치를 교체하는 등으로 그 점유가 확립된 상태여서 점유권 침해의 현장성 내지 추적가능성이 있다고 보기 어려워 점유를 실력에 의하여 탈환한 피고인의 행위가 민법상 자력구제에 해당하지 않는다고 보아 유죄를 인정한 원심판단을 수긍한 사례.

B. 상호침탈

(a) 사안의 개요

- 乙은 X건물 공사대금을 받지 못하자 2012. 10.부터 X건물을 점유하여 유치권을 행사하고 있었다. X건물 소유자 甲은 2019. 5. 23. 乙과 말다툼을 하던 중 乙을 폭행했고 이에 공포심을 느낀 乙은 X건물에서 퇴거했다.
- 乙은 2019. 5. 29. 용역직원을 동원하여 X건물에 재진입하여 甲을 퇴거시킨 후 다시 X건물에 대한 사실상 지배를 시작했다. 이에 甲은 乙을 상대로 점유회수 청구소송을 제기했다.

(b) 쟁점과 판단

- 乙이 2019. 5. 29. X건물에 대한 사실상 지배를 개시한 것은 자력구제의 한계를 벗어난 위법행위이므로 甲의 점유를 침탈한 것에 해당한다.
- 그러나 甲이 2019. 5. 15. X건물에 대한 사실상 지배를 개시한 것도 乙의 점유를 침탈한 것에 해당하고, 이러한 상호침탈의 경우 점유회수 청구권이 인정되지 않는다.

상대방으로부터 점유를 위법하게 침탈당한 점유자가 상대방으로부터 점유를 탈환하였을 경우(이른바 '점유의 상호침탈'), 상대방의 점유회수청구가 받아들여지더라도 점유자가 상대방의 점유침탈을 문제 삼아 점유회수청구권을 행사함으로써 다시 자신의 점유를 회복할 수 있다면 상대방의 점유회수청구를 인정하는 것이 무용할 수 있다. 따라서 이러한 경우 점유자의 점유탈환행위가 제209조 제2항의 자력구제에 해당하지 않는다고 하더라도 특별한 사정이 없는 한 상대방은 자신의 점유가 침탈당하였음을 이유로 점유자를 상대로 제204조 제1항에 따른 점유의 회수를 청구할 수 없다고 보는 것이 타당하다(대법원 2023. 8. 18. 선고 2022다269675 판결).

11장

물권 변동의 요건, 법률행위에
의한 동산 물권 변동

11장

물권 변동의 요건, 법률행위에 의한 동산 물권 변동

I 물권 변동의 요건

1. 물권 변동의 의미: 물권의 발생·변경·소멸

2. 물권 변동의 요건

가. 개관

- 물권 변동은 법률행위 또는 법률의 규정에 의해 일어난다.
- 법률행위에 의한 물권 변동의 요건: ㉠ 물권에 대한 처분 권한 있는 자가, ㉡ 효과 의사의 내용이 '물권 변동'인 의사표시로 구성된 법률행위인 원인행위를 하고, ㉢ 이러한 원인행위의 내용에 따른 공시 방법이 갖춰져야 한다.

나. 법률행위에 의한 물권 변동

(1) 전제: 채권행위와 물권행위

(a) 채권행위(의무부담행위)

- 채권의 발생·변경·소멸을 효과의사의 내용으로 하는 법률행위를 뜻한다.
- 채권행위 성립 후 이행되기 전까지 채권관계가 유지된다.

(b) 물권행위(처분행위)

- 물권의 발생·변경·소멸을 효과의사의 내용으로 하는 법률행위를 뜻한다.
- 물권행위를 하면 당사자들의 효과의사대로 물권 변동이 일어나야 하지만, 공시 원칙이 적용되는 경우 물권행위가 유효하게 성립해도 이것만으로는 물권 변동이 일어나지 않는다. 즉 공시 원칙은 사적 자치 원칙을 제한하는 것이다.

(2) 물권 변동을 근거지우는 법률행위인 원인행위의 의미

A. 견해대립의 개관

(a) 제1설: 물권행위의 독자성 부정설(판례)

• 내용: 부동산 물권 변동의 법률상 원인인 법률행위는 하나뿐이며 그 법적 성질은 채권행위이다. 따라서 물권변동을 근거지우는 채권행위인 '원인행위'에 무효·취소·해제 사유가 있으면 물권 변동은 일어날 수 없다.

• 판례는 물권 변동의 요건인 법률행위와 관련하여 물권행위·채권행위라는 용어 대신 원인행위라는 용어를 사용한다. 또한 원인행위에 의해 뒷받침되지 못해서 물권 변동을 근거지우지 못하는 등기를 '원인무효 등기'라고 하고 진정권리자는 §214를 근거로 원인무효 등기에 대한 말소등기청구를 할 수 있다고 본다.

> 우리의 법제가 <u>물권행위의 독자성과 무인성을 인정하고 있지 않는</u> 점과 제548조 제1항 단서가 거래안정을 위한 특별규정이란 점을 생각할 때 계약이 해제되면 그 계약의 이행으로 변동이 생겼던 물권은 당연히 그 계약이 없었던 원상태로 복귀한다고 봄이 타당하다(대법원 1977. 5. 24. 선고 75다1394 판결).

> 선량한 풍속 기타 사회질서에 위반한 사항을 내용으로 하는 법률행위의 무효는 이를 주장할 이익이 있는 자는 누구든지 무효를 주장할 수 있다. 따라서 **반사회질서 법률행위를 원인**으로 하여 부동산에 관한 소유권이전등기를 마쳤다 하더라도 그 등기는 원인무효로서 말소될 운명에 있다(대법원 2016. 3. 24. 선고 2015다11281 판결).

(b) 제2설: 물권행위의 독자성과 유인성을 모두 인정하는 견해(지배적 견해)

• 채권행위와 물권행위는 별개의 법률행위로서 독자성을 가진다. 그렇지만 이들 사이에서는 유인성이 인정되므로 채권행위가 무효·취소·해제로 인해 실효되면 물권행위도 당연 실효된다.

• 물권 변동의 근거가 될 수 있는 법률행위가 없어졌으므로 물권은 양도인에게 그대로 남아 있고 양수인에게 이전되지 않는다. 따라서 양도인은 양수인에게 §214에 근거한 말소등기청구나 진정명의회복 소유권이전등기청구를 할 수 있다.

(c) 제3설: 물권행위의 독자성·무인성을 모두 긍정하는 견해

• 채권행위가 무효·취소·해제로 인해 실효되더라도 물권행위 자체에는 이러한 사유가 없다면, 물권행위는 유효하게 존속하고 이러한 물권행위를 근거로 물권

변동이 일어난다. 즉 양수인은 물권자이다.

- 다만 물권 변동의 법률상 원인인 채권행위가 소멸했<u>으</u>므로 양도인은 양수인에게 §741·§747에 의한 원물반환으로 소유권이전등기청구를 할 수 있는 채권을 가지게 된다.

B. 논의의 실익: 양수인이 제3자에게 물권을 양도한 경우

(a) 사안의 개요

- 전제 상황: ㉠ 양도인·양수인 간에 매매계약이 체결되고 이에 따라 양수인 명의로 공시 방법을 갖춰진 상태에서, 양수인·제3자 간 유효한 법률행위로 제3자 명의로 공시 방법이 갖춰졌다. ㉡ 그 후 양도인·양수인 간 매매계약이 무효·취소, 해제로 인해 그 효력이 소멸했다.
- 문제의 소재: 이 경우 양도인이 자신이 물권자임을 근거로 제3자에게 §213·§214 청구를 할 수 있는지가 문제된다.

(b) 쟁점과 판단

- 제1설·제2설: 양수인은 무권리자이므로 제3자도 무권리자이다. 따라서 양도인은 제3자에게 물권적 청구권을 행사할 수 있다. 다만 양도인·양수인간 원인행위의 실효를 초래하는 무효·취소·해제 등의 사유에 제3자 보호조항이 있으면 제3자는 이 조항에 따라 보호될 수 있을 뿐이다.
- 제3설: 양수인은 물권을 유지하기 때문에 제3자는 유효한 물권을 취득한다. 양도인의 양수인에 대한 소유권 이전등기 청구권은 §741의 부당이득반환 채권에 불과하므로 제3자의 선의·악의를 불문하고 제3자에게는 주장할 수 없다.

(3) 공시 원칙과 공신 원칙

A. 공시 원칙

> 제186조(부동산물권 변동의 효력) 부동산에 관한 법률행위로 인한 물권의 득실변경은 등기하여야 그 효력이 생긴다.

> 제188조(동산물권양도의 효력, 간이인도) ①동산에 관한 물권의 양도는 그 동산을 인도하여야 효력이 생긴다.

(a) 공시 원칙의 의미

- 물권의 현상 즉 어떤 물건에 대해 현재 존재하는 물권의 내용과 물권 변동의 과정

은 누구나 알 수 있게 공개되어야 한다.

- 공시의 필요성: 물권은 대세적 배타성이 있으므로 누구든지 특정한 물건에 대한 물권관계를 파악할 수 있게 해 줄 필요가 있다.

(b) 공시 방법의 의미

- 공시 방법이란 물권의 현상과 변동을 알 수 있게 해 주기 위해 마련된 방법을 뜻한다.
- 공시 방법은 물건의 유형에 따라 달라지는데, 부동산은 등기로 공시되고 동산은 점유로 공시된다.

(c) 공시 원칙의 적용범위

- 공시 원칙은 법률행위에 의한 물권 변동에 대해서만 적용된다. 계약은 물론 단독행위인 물권 포기에 대해서도 공시 원칙이 적용된다.

> 공유지분의 포기는 **법률행위로서 상대방 있는 단독행위**에 해당하므로, 부동산 공유자의 공유지분 포기의 의사표시가 다른 공유자에게 도달하더라도 이로써 곧바로 공유지분 포기에 따른 물권 변동의 효력이 발생하는 것은 아니고, 다른 공유자는 자신에게 귀속될 공유지분에 관하여 채권적 **소유권이전등기 청구권을 취득**하며, 이후 **제186조에 의하여 등기를 하여야 공유지분 포기에 따른 물권 변동의 효력이 발생**한다(대법원 2016. 10. 27. 선고 2015다52978 판결).

- 법률규정에 의한 물권 변동의 경우: 물권 변동의 법정요건 자체가 물권관계를 공시하는 기능을 수행하기 때문에 거듭 공시 방법을 갖출 필요가 없다(550면).

(d) 공시 원칙의 두 가지 유형

- 성립요건주의: 공시 방법은 물권 변동을 성립시키는 요건으로 기능한다. 물권 변동에 관한 당사자들의 합의인 물권계약만으로는 물권 변동이 성립하지 않고, 이를 반영한 공시 방법이 갖춰져야 비로소 물권 변동이 성립한다.
- 대항요건주의: 공시 방법은 대항요건으로 기능한다. 대항요건이란 계약을 근거로 발생한 권리 변동을 대외적으로 즉 그 계약의 당사자 아닌 제3자에게 주장하기 위해 필요한 요건을 뜻한다. 대항요건주의 하에서는, 유효한 물권계약이 성립한 경우 ㉠ 양도인과 양수인 사이에서는 공시 방법이 갖춰지지 않았더라도 물권 변동이 일어나고 양수인은 양도인에게는 물권을 주장할 수 있으나, ㉡ 양도인·양수인 이외의 제3자에 대해서는 여전히 양도인만이 물권자로 인정되므로 양수

인이 제3자에게 물권을 주장하려면 공시 방법을 갖춰야만 한다.

B. 공신 원칙

(a) 전제

• 부실 공시의 발생 가능성: 공시 방법을 통해 파악할 수 있는 물권의 존재와 내용이 반드시 실제 권리 관계와 일치하는 것은 아니다. 즉 물권 변동의 원인인 법률행위나 법정 요건의 법률효과를 제대로 반영하지 못한 부실 공시가 이루어질 수도 있다.

(b) 공신 원칙의 의미와 적용범위

• 공신 원칙의 의미: 공신 원칙이 적용되면, 공시된 내용이 실제 물권관계인 것으로 간주된다. 따라서 권리자로 공시된 자와 원인행위를 하고 공시방법을 갖춘 양수인은 공시된 권리자가 실제 물권자가 아님이 밝혀지더라도 물권을 취득한다. 즉 공신 원칙의 반사효과로서 실제 물권자는 물권을 상실하게 된다.

• 공신 원칙의 적용범위: 법률행위에 의한 물권 변동 중 객체가 동산인 경우에만 공신 원칙이 적용된다.

> 우리 민법은 법률행위로 인한 부동산 물권의 득실변경에 관하여 등기라는 공시 방법을 갖추어야만 비로소 그 효력이 생긴다는 형식주의를 채택하고 있음에도 불구하고 등기에 공신력이 인정되지 않는다 (대법원 2000. 3. 16. 선고 97다37661 전원합의체 판결).

> 등기부상 명의수탁자로부터 소유권이전등기를 이어받은 자의 등기가 무효인 이상, 부동산 등기에 관하여 공신력이 인정되지 아니하는 우리 법제 아래서는 무효인 등기에 기초하여 새로운 법률원인으로 이해관계를 맺은 자가 다시 등기를 이어받았다면 그 명의의 등기 역시 특별한 사정이 없는 한 무효이다(대법원 2005. 11. 10. 선고 2005다34667 판결).

(4) 법률행위에 의한 동산 물권 변동(456면 이하)

(5) 법률행위에 의한 부동산 물권 변동 · 부동산 등기(478면 이하)

다. 법률의 규정에 의한 물권 변동(550면 이하)

1. 개관

가. 성립요건주의(§188)

> 제188조(동산물권양도의 효력, 간이인도) ① 동산에 관한 물권의 양도는 그 동산을 인도하여야 효력이 생긴다.

(1) 원칙적인 공시 방법: 점유 이전(인도)

(2) 예외: 등기·등록으로 공시되는 동산

- 고가의 동산인 자동차·선박·항공기·건설기계 등은 등록으로 공시된다. 이들에 대해서는 점유는 공시 방법이 아니고, 선의취득도 인정되지 않는다.
- 다만 관련 법령상 요건을 위반하여 등록이 불가능한 자동차 등은 일반적인 동산으로 취급되므로, 점유로 공시되고 선의취득 대상이 될 수도 있다.

대법원 2016. 12. 15. 선고 2016다205373 판결

- 자동차관리법에서 등록으로 공시하도록 규정한 것은 현대사회에서 자동차의 경제적 효용과 재산적 가치가 크므로 민법상의 불완전한 공시 방법인 '인도'가 아니라 공적 장부에 의한 체계적인 공시 방법인 '등록'에 의하여 그 소유권 변동을 공시함으로써 자동차 소유권과 이에 관한 거래의 안전을 한층 더 보호하려는 데 그 취지가 있다. 따라서 자동차관리법이 적용되는 자동차의 소유권을 취득함에는 민법상의 **공시 방법인 '인도'에 의할 수 없고 나아가 이를 전제로 하는 제249조의 선의취득 규정은 적용되지 아니함**이 원칙이다.
- 그러나 그 구조와 장치가 제작 당시부터 자동차관리법령이 정한 자동차안전기준에 적합하지 아니하여 행정상의 특례조치에 의하지 아니하고는 적법하게 등록할 수 없어서 등록하지 아니한 상태에 있고 통상적인 용도가 도로 외의 장소에서만 사용하는 것이라는 등의 특별한 사정이 있다면 '등록'에 의하여만 그 소유권 변동을 공시할 것을 기대하기는 어려우므로, 그 소유권을 취득함에는 민법상의 공시 방법인 **'인도'에 의할 수도 있다고 할 것이고 이때는 제249조의 선의취득 규정이 적용될 수 있다.**

나. 동산물권 변동의 공시 방법: 점유 이전(인도)

(1) 개관

- 동산 물권은 점유로 공시되므로 동산 물권의 변동은 점유의 이전, 즉 인도에 의해 공시된다.
- 직접점유뿐 아니라 간접점유도 동산 물권의 공시 방법이다.

(2) 인도의 유형

A. 현실인도

(a) 의미

- 현실인도란 직접점유의 이전뿐 아니라 민법에 규정되어 있는 다른 인도 방법을 제외한 점유 이전 방법 전부를 가리킨다.
- 예컨대 점유보조자가 사실상 지배하고 있는 물건을 인도하기 위해 양도인이 점유보조자에게 '사실상 지배를 양수인에게 넘겨 주라'고 지시하는 것도 현실인도에 해당한다.

(b) 현실인도 여부의 판단

- 현실인도가 있었는지의 여부는 사회통념에 따라 판단할 수밖에 없다.
- 사실상 지배의 동일성을 유지하면서, 양도인의 사실상 지배가 완전히 종료되고 양수인의 사실상 지배가 확립되면 현실인도로 인정된다.

> 물건의 **인도가 이루어졌는지 여부**는 사회관념상 목적물에 대한 양도인의 사실상 지배인 점유가 동일성을 유지하면서 양수인의 지배로 이전되었다고 평가할 수 있는지 여부에 달려있는 것인 바, 현실의 인도가 있었다고 하려면 양도인의 물건에 대한 사실상의 지배가 동일성을 유지한 채 양수인에게 완전히 이전되어 양수인은 목적물에 대한 지배를 계속적으로 확고하게 취득하여야 하고, 양도인은 물건에 대한 점유를 완전히 종결하여야 한다(대법원 2003. 2. 11. 선고 2000다66454 판결).

B. 간이인도

> 제188조(동산물권양도의 효력, 간이인도) ② 양수인이 이미 그 동산을 점유한 때에는 당사자의 의사표시만으로 그 제1항의 효력이 생긴다.

(a) 요건
- 양수인이 이미 동산을 점유하고 있으면 간이인도 방식으로 인도할 수 있다. 양수인이 직접점유하고 있는 경우는 물론 하위 간접점유하고 있는 경우에도 상위 간접점유자인 양도인으로부터 간이인도로 점유를 이전받을 수 있다.
- 동산 물권 변동의 당사자인 양도인·양수인이 양도인의 반환청구권의 원인인 점유매개관계를 소멸시키기로 합의하면 간이인도가 성립한다.

(b) 효과
- 간이인도 시점 즉 양도인·양수인 간 합의가 성립했을 때 동산이 인도된 것으로 간주된다.
- 동산 물권변동이 공시될 뿐 아니라 점유권도 이전하고 양수인의 점유는 타주점유에서 자주점유로 전환된다.

C. 점유개정

> 제189조(점유개정) 동산에 관한 물권을 양도하는 경우에 당사자의 계약으로 양도인이 그 동산의 점유를 계속하는 때에는 양수인이 인도받은 것으로 본다.

(a) 의미
- 양도인이 점유를 유지하면서 양수인으로 하여금 간접점유를 원시취득하게 함으로써 인도가 일어나게 하는 것을 점유개정이라고 한다.
- 양도인이 직접점유를 그대로 유지하면 양수인은 간접점유를 원시취득하고, 양도인이 간접점유를 그대로 유지하면 양수인은 상위 간접점유를 원시취득하고, 어떤 경우이든 점유개정을 통해 동산 물권 변동이 공시된다.

(b) 요건
- 물권 변동의 원인행위, 점유개정으로 동산 물권 변동을 공시하기로 하는 약정, 양수인의 간접점유 창설을 위한 계약 즉 점유매개관계를 발생시키는 계약이 모두 성립해야 한다.
- 예컨대 양도인이 양수인에게 매도한 동산을 양수인으로부터 임차하여 계속 사용하는 경우, 매매계약, 점유개정 방식으로 인도하기로 하는 약정, 임대차계약이 모두 성립하여 점유개정 방식으로 인도가 이루어진다.

(c) 효과
- 점유개정도 인도의 일종으로 인정된다.

- 점유개정을 구성하는 계약이 유효하게 성립하면 인도의 효과인 동산 물권 변동의 공시와 양수인의 점유권 취득이 모두 인정된다.

D. 반환청구권 양도

> 제190조(목적물반환청구권의 양도) 제삼자가 점유하고 있는 동산에 관한 물권을 양도하는 경우에는 양도인이 그 제삼자에 대한 반환청구권을 양수인에게 양도함으로써 동산을 인도한 것으로 본다.

(a)요건

- 대상: 반환청구권 양도 방식으로 인도하려면 그 당시에 이미 목적물에 대한 제3자의 하위점유와 양도인의 상위점유가 성립한 상태이어야 한다.
- 물권 변동의 원인행위, 반환청구권 양도라는 방법으로 동산 물권 변동을 공시하기로 하는 약정뿐 아니라, 반환청구권에 대한 채권양도의 요건도 갖춰져야 반환청구권 양도 방식에 의한 인도가 일어난다. 즉 동산 양도인에 대한 하위점유자인 제3자에게 §450의 통지·승낙이 이루어져야 §190에 의한 인도로 인정된다는 점에 유의해야 한다.

> 주권의 점유를 취득하는 방법에는 현실의 인도 외에 간이인도, 반환청구권의 양도가 있으며, 양도인이 소유자로부터 보관을 위탁받은 주권을 **제3자에게 보관시킨 경우에 반환청구권의 양도에 의하여 주권의 선의취득에 필요한 요건인 주권의 점유를 취득하였다고 하려면, 양도인이 그 제3자에 대한 반환청구권을 양수인에게 양도하고 지명채권 양도의 대항요건**을 갖추어야 한다(대법원 2000. 9. 8. 선고 99다58471 판결).

(b) 효과: 인도의 모든 효과, 채권양도의 효과

(c) 사례: 간접점유의 중첩과 반환청구권양도

- 사안의 개요: A는 B에게 X동산을 맡겼고 B는 다시 X동산을 C에게 맡겨 두었다.
- 쟁점과 판단: A가 D에게 X를 매도한 경우, B에 대한 채권을 D에게 양도하고 그 취지를 B에게 통지하면 A로부터 D에게로 인도가 일어난다. 간접점유가 중첩된 경우 상위 간접점유자가 반환청구권 양도 방식으로 인도하려면 하위 간접점유자에게 §450의 통지를 하는 것으로 충분하며, 모든 하위 점유자들에게 §450의 통지를 할 필요는 없기 때문이다.

상법 제338조에 의하면 주식의 질권설정에 필요한 요건인 주권의 점유를 이전하는 방법으로는 반환청구권의 양도도 허용되고 이 경우 대항요건으로서 그 제3자의 승낙 또는 질권 설정자의 그 제3자에 대한 통지를 갖추어야 한다. 이러한 법리는 그 **제3자가 다시 타인에게 주권을 보관시킴으로써 점유매개관계가 중첩적으로 이루어진 경우에도 마찬가지로 적용된다**고 할 것이므로, **최상위의 간접점유자인 질권 설정자는 질권자에게 자신의 점유매개자인 제3자에 대한 반환청구권을 양도하고, 그 대항요건으로서 그 제3자의 승낙 또는 그 제3자에 대한 통지를 갖추면 충분**하며, 직접점유자인 타인의 승낙이나 그에 대한 질권 설정자 또는 제3자의 통지까지 갖출 필요는 없다(대법원 2012. 8. 23. 선고 2012다34764 판결).

2. 선의취득: 법률행위에 의한 동산물권 변동과 공신 원칙

가. 개관

(1) 선의취득의 의미: 동산 물권 변동에 대해 공신의 원칙이 적용되는 경우

(2) 절차법

- 선의취득은 진정권리자와 무권리자로부터 동산 물권을 취득한 양수인 사이에서 문제된다.
- 진정권리자인 원고의 청구원인은 §213의 점유반환청구권이고 §249의 선의취득은 양수인인 피고가 주장할 수 있는 항변 사유이다. 원고는 재항변으로 도품·유실품의 특칙(§250)을, 피고는 이에 대한 재재항변으로 경매·공개시장 매수자의 대금변상 청구(§251)를 각각 주장할 수 있다.

나. 요건

> 제249조(선의취득) 평온, 공연하게 동산을 양수한 자가 선의이며 과실없이 그 동산을 점유한 경우에는 양도인이 정당한 소유자가 아닌 때에도 즉시 그 동산의 소유권을 취득한다.

(1) 개관

A. 동산물권 변동을 목적으로 하는 유효한 법률행위

(a) 법률행위

- 선의취득은 거래 안전을 위한 제도이므로 법률행위에 의한 물권 변동 사안에서

만 적용되고 법률의 규정에 의한 물권 변동의 경우에는 적용되지 않는다.

- 예외: 민사집행법상의 동산 경매의 경우에는 선의취득이 적용된다. 민사집행법상 경매는 법률의 규정에 의한 물권 변동이지만 그 본질은 매매이기 때문이다. 따라서 경매 목적물이 채무자 소유물이 아니더라도 매수인은 선의취득 할 수 있다. 이 경우 진정권리자는 채권자에게 §741 청구·§750 청구를 할 수 있다.

> 채무자 이외의 자의 소유에 속하는 동산을 경매한 경우에 경매절차에서 그 동산을 경락받아 경락대금을 납부하고 이를 인도받은 **경락인이 동산의 소유권을 선의취득**한 경우, 그 동산의 매득금은 채무자의 것이 아니어서 채권자가 이를 배당을 받았다고 하더라도 채권은 소멸하지 않고 계속 존속한다고 할 것이므로, 배당을 받은 채권자는 이로 인하여 법률상 원인 없는 이득을 얻고 소유자는 경매에 의하여 소유권을 상실하는 손해를 입게 되었다고 할 것이니 그 동산의 소유자는 배당을 받은 채권자에 대하여 **부당이득으로서 배당받은 금원의 반환을 청구**할 수 있다(대법원 1998. 6. 12. 선고 98다6800 판결).

> 집행관이 채무자 아닌 제3자의 재산을 압류한 경우에 **채권자가** 압류 당시 그 압류목적물이 제3자의 재산임을 알았거나 알지 못한 데 **과실이 있다면** 집행관이 채무자 아닌 제3자의 재산을 압류함으로써 받은 제3자의 손해에 대하여 불법행위자로서 배상책임을 진다(대법원 2003. 7. 25. 선고 2002다39616 판결).

(b) 유효한 법률행위

- 선의취득은 거래 안전을 위한 제도이므로 양도인에게 처분권한만 인정되면 물권 변동이 일어나게 할 수 있는 유효한 법률행위에 대해서만 인정될 수 있다.
- 즉 선의취득은 양도인의 무권리라는 하자만 치유할 수 있으며 법률행위 자체의 무효·취소 사유 등은 치유할 수 없다.

B. 양도인에 관한 요건

- 선의취득이 인정되려면 양도인은 무권리자로서 동산을 점유한 자이어야 한다.
- 점유의 모습: 양도인이 직접점유한 경우는 물론 간접점유한 경우에도 선의취득이 인정될 수 있다.

C. 양수인에 관한 요건

(a) 동산물권 변동의 공시 방법인 점유

- 양수인이 선의취득을 주장하려면 공시 방법을 갖춰야 한다.

- 양수인이 ㉠ 현실인도·간이인도·반환청구권 양도 방식으로 인도받은 경우에는 선의취득이 인정될 수 있으나 ㉡ 점유개정으로 인도받은 경우에는 선의취득이 인정될 수 없다(대법원 2004. 10. 28. 선고 2003다30463 판결 등).

(b) **점유의 보호가치: 양도인이 무권리자라는 사실에 대한 양수인의 선의·무과실**

- 양수인이 동산을 인도받을 때 양도인이 무권리자라는 사실에 대해 선의·무과실이었어야 선의취득이 인정될 수 있다.

- 증명책임: 양수인의 선의는 추정되지만(§197) 무과실은 추정되지 않으므로 선의취득자 자신이 증명해야 한다. 다만 판례는 선의도 증명 대상이라고 한다.

> 제330조, 제343조, 제249조에 의하면 동산질권을 선의취득하기 위하여는 질권자가 평온, 공연하게 선의이며 과실없이 질권의 목적 동산을 취득하여야 하고 그 취득자의 선의 무과실은 동산질권자가 입증하여야 한다(대법원 1981. 12. 22. 선고 80다2910 판결).

- 판단기준시: 원인행위시뿐 아니라 인도시에도 선의·무과실이어야 한다.

> 제249조의 선의·무과실의 기준시점은 물권행위가 완성되는 때인 것이므로 물권적 합의가 동산의 인도보다 먼저 행하여지면 인도된 때를, 인도가 물권적 합의보다 먼저 행하여지면 물권적 합의가 이루어진 때를 기준으로 해야 한다(대법원 1991. 3. 22. 선고 91다70 판결).

(2) 사례

A. 무권대리와 선의취득

- 사안의 개요: 甲이 소유한 X동산을 丙이 甲의 대리인이라고 사칭하여 무단으로 丁에게 팔고 현실인도해 주었다.

- 쟁점과 판단: 丙의 X동산 무단 처분 사실에 대한 丁의 선의·무과실이 증명되더라도 丁은 X동산을 선의취득할 수 없다. 丁으로서는 표현대리를 주장할 수밖에 없다.

> 丁이 원고 회사를 대표할 권한이 없는 丙으로부터 이 사건 동산을 양수한 것이어서 그 양수행위가 무효인 이 사건에 있어서는 丁은 그 동산을 선의취득할 수 없다(대법원 1995. 6. 29. 선고 94다22071 판결).

B. 사례: 이중 점유개정

• 사안의 개요: 甲은 자신이 소유한 X동산을 乙·丙에게 이중매매하고 각 점유개정으로 인도해 주었다.

• 쟁점과 판단: 이중 점유개정의 경우 먼저 현실인도를 받은 자가 소유권을 취득한다.

✓ 비판론: 동산물권 변동에 대해 적용되는 성립요건주의(§188)나 점유개정을 인도 방법으로 인정하는 §193의 취지에 비추어 볼 때 먼저 점유개정으로 공시 방법을 갖춘 자가 소유자가 되고 나중에 점유개정 받은 자는 선의취득도 불가능하므로 무권리자라고 보아야 한다. 이중 점유개정에 의한 이중 양도담보 사안에 대한 판례(2004다37430, 979면)의 태도이기도 하다.

> 동산의 **소유자가 이를 이중으로 양도하고 각 점유개정의 방법**으로 매도인이 점유를 계속하는 경우 **양수인들 사이에 있어서는 먼저 현실의 인도를 받아 점유이전을 해온 자가 소유권을 취득**한다고 볼 것이다(대법원 1989. 10. 24. 선고 88다카26802 판결).

• 변형된 사안: 乙이 X동산에 대한 처분금지가처분 집행을 마친 후 동산의 인도를 명하는 본안판결을 받았다면, 위 가처분 집행 후에 먼저 현실인도를 받은 丙은 선의취득의 요건을 갖춘 경우에만 소유권을 취득할 수 있다.

> 동산을 이중으로 양도한 양도인이 그 동산을 점유하고 있던 중 양수인중 **한 사람이 처분금지가처분집행을 하고 그 동산의 인도를 명하는 판결을 받은 경우**에는 다른 양수인이 위 가처분집행후에 양도인으로부터 그 동산을 현실의 인도를 받아 점유를 승계하였다고 하더라도 그 동산을 선의취득한 것이 아닌 한 이와 같은 양수인은 가처분권자가 본안소송에서의 승소판결에 따른 채무명의에 터잡아 강제집행을 하는 경우 이를 수인 하여야 하는 지위에 있어 가처분권자에게 위 **가처분집행후에 이루어진 현실의 인도를 가지고 대항할 수 없다** 할 것이므로 가처분권자와의 사이에서는 그 동산의 소유권을 취득하였다고 주장할 수 없다(대법원 1989. 10. 24. 선고 88다카26802 판결).

다. 효과: 양수인의 소유권 취득과 진정소유자의 소유권 상실

(1) 양수인의 동산물권 취득

A. 원시취득

B. 법률에 의한 확정적인 권리 취득

(a) 법률에 의한 권리 취득

• 양수인이 원하지 않아도 선의취득의 효과를 부정할 수 없다.

• 사례: 丙은 X동산이 채무자 丁의 소유물이라고 착각하여 경매하였고 乙이 선

의·무과실로 X동산을 매수하고 매각대금을 납부했으며, 그 대금은 전액 丙에게 배당되었다. 그 후 X동산이 丁 아닌 甲의 소유로 밝혀지더라도 乙은 선의취득의 효과를 부정하여 일방적으로 X동산 소유권을 甲에게 반환하고, 배당받은 채권자 丙에 대한 §741 청구권을 甲 대신 취득할 수는 없다.

채무자 아닌 자가 소유한 동산이 경매되어 매수인이 그 동산을 선의취득한 경우 진정 소유자는 배당받은 채권자에게 배당금 상당액의 부당이득 반환을 청구할 수 있는데 제249조의 동산 선의취득제도는 동산을 점유하는 자의 권리외관을 중시하여 이를 신뢰한 자의 소유권 취득을 인정하고 진정한 소유자의 추급을 방지함으로써 거래의 안전을 확보하기 위하여 법이 마련한 제도이므로 위 법조 소정의 요건이 구비되어 **동산을 선의취득한 자는 권리를 취득하는 반면, 종전 소유자는 소유권을 상실하게 되는 법률효과가 법률의 규정에 의하여 발생되므로, 취득자가 임의로 이와 같은 선의취득 효과를 거부하고 종전 소유자에게 동산을 반환받아 갈 것을 요구할 수 없다**(대법원 1998. 6. 12. 선고 98다6800 판결).

(b) 확정적인 권리취득

• 양수인이 선의취득 후 양도인이 무권리자임을 알게 되었더라도 소유권은 유지된다.

• 또한 甲이 소유한 X동산을 乙이 丙에게 매도하여 丙이 선의취득한 후 乙의 무단 처분 사실을 잘 아는 丁이 丙으로부터 X를 매수하고 점유개정으로 인도받은 경우, 이미 丙의 소유권 취득이 확정되었으므로 丁은 선의취득의 요건과 무관하게 소유권을 취득한다.

(2) 진정권리자의 지위

A. 진정권리자와 선의취득자

• 진정권리자는 더 이상 소유자가 아니기 때문에 선의취득자에게 §213을 행사할 수 없다.

• 진정권리자는 선의취득자에게 §741 청구도 할 수 없다. 선의취득자의 소유권 취득에는 §249라는 법률상 원인이 있기 때문이다.

제3자가 도급계약에 의하여 제공된 자재의 소유권이 유보된 사실에 관하여 과실 없이 알지 못한 경우라면 **선의취득의 경우와 마찬가지로 제3자가 그 자재의 귀속으로 인한 이익을 보유할 수 있는 법률상 원인이 있다**고 봄이 상당하므로 매도인으로서는 그에 관한 보상청구를 할 수 없다(대법원 2009. 9. 24. 선고 2009다15602 판결).

B. 진정권리자와 무단 양도인
- 진정권리자는 무단양도인에게 §741의 부당이득반환 청구권, §750의 손해배상청구권을 행사할 수 있다.

라. 진정권리자 보호와 양수인 보호의 조화를 위한 제도

(1) 전제: 선의취득 제도의 양면성과 조화의 모색
- 문제의 소재: 선의취득 제도는 거래 안전을 위한 제도이지만 양수인 보호를 위해 진정권리자를 희생시키는 부작용을 발생시킨다.
- 조화의 모색: 무권리자의 양도라는 상황 발생에 대해 진정권리자가 원인제공을 한 경우에는 선의취득자 보호가 정당화될 수 있다. 예컨대 甲·乙간 계약이 무효·취소나 해제로 소멸하여 乙이 점유라는 외관을 가진 무권리자가 된 경우라면 이런 상황 발생에 대해 甲이 원인제공을 한 것으로 볼 수 있다.
- 특칙의 필요성: 이에 비해 진정권리자가 선의취득 발생 상황에 대해 원인제공을 하지 않았다면 선의취득의 효과를 제한할 필요가 있다.

(2) 도품·유실품의 특칙

> 제250조(도품, 유실물에 대한 특례) 전조의 경우에 그 동산이 도품이나 유실물인 때에는 피해자 또는 유실자는 도난 또는 유실한 날로부터 2년내에 그 물건의 반환을 청구할 수 있다. 그러나 도품이나 유실물이 금전인 때에는 그러하지 아니하다.

A. 의미: 진정권리자의 의사와 무관하게 무권리자의 점유 상황이 발생한 경우
B. 요건: 금전 이외의 도품·유실품의 현존
- 의미: 선의취득의 대상인 동산이 점유자의 의사에 반해 점유를 이탈하면 도품이고, 점유자의 의사 없이 점유를 이탈하면 유실품이다.
- 판단기준: 도품·유실품 여부 판단은 형법상 재산죄 성립과는 별개의 문제이다. 따라서 ㉠ 진정 권리자가 간접점유자인 경우의 직접점유자 또는 ㉡ 진정 권리자가 점유주인 경우의 점유보조자가 한 무단처분은, 형법상 횡령죄나 절도죄의 구성요건에 해당하지만, 무단 처분된 동산이 민법상의 도품·유실품은 아니므로 §250가 적용되지 않는다.

도품 유실품이란 위에서 본 제도적 취지에 비추어 <u>원권리자로부터 점유를 수탁한 사람이 적극적으로 제3자에게 부정 처분한 경우와 같은 위탁물 횡령의 경우는 포함되지 아니하고 점유보조자의 횡령처럼 형사법상 절도죄가 되는 경우도 형사법과 민사법의 경우를 반드시 동일시 해야 하는 것은 아닐</u> 뿐만 아니라 **진정한 권리자와 선의의 거래 상대방간의 이익형량**의 필요성에 있어서 위탁물 횡령의 경우와 다를 바 없으므로 이 역시 제250조의 도품, 유실품에 해당되지 않는다(대법원 1991. 3. 22. 선고 91다70 판결).

C. 효과: 진정권리자의 반환청구권

- 피해자는 현재의 점유자가 선의취득자인 경우는 물론 선의취득자로부터 동산을 취득한 전득자이더라도 현재의 점유자에게 동산의 반환을 청구할 수 있다.
- 이러한 반환청구권의 법적성질에 대해서는 견해가 대립한다. ㉠ 제1설은 도품·유실품의 경우에도 선의취득으로 인한 소유권 귀속은 확정되므로 피해자의 선의취득자에 대한 반환청구권은 §250에 근거한 법정채권의 일종이라고 본다. ㉡ 제2설은 도품·유실품에 대해서는 선의취득이 성립하지 않지만, 거래안전을 위해 피해자인 진정권리자의 물권적 청구권의 행사기간을 제한하는 것이 §250의 취지라고 본다.
- 행사기간: 도난이나 유실로 인해 점유를 상실한 날로부터 2년의 제척기간에 걸린다.

(4) 도품·유실품의 선의취득자 보호: 대가변상청구권

> 제251조(도품, 유실물에 대한 특례) 양수인이 도품 또는 유실물을 경매나 공개시장에서 또는 동종류의 물건을 판매하는 상인에게서 선의로 매수한 때에는 피해자 또는 유실자는 양수인이 지급한 대가를 변상하고 그 물건의 반환을 청구할 수 있다

A. 요건

- §249의 선의취득의 요건과 §250의 반환청구권의 요건이 모두 충족된 경우에만 §251가 적용될 수 있다. 예컨대 양수인에게 과실이 있으면 선의취득을 할 수 없으므로 §251의 대가변상청구권도 인정될 수 없다.

대법원 1991. 3. 22. 선고 91다70 판결

- 제250조나 제251조는 다같이 제249조의 선의취득의 요건이 충족된 경우들에 관한 규정으로서 선의취득의 요건이 갖춰지지 않은 경우 선의취득자로 된 경우에 비로소

문제가 되는 도품, 유실품인지에 관하여 원심이 판단하지 않았다해서 어떤 잘못이 있다고도 할 수 없을 뿐만 아니라 양수인이 선의취득자일 때 비로소 그 요건 해당 여부가 문제되는 제251조를 살피지 않았다 해서 법리오해의 위법이 있다고도 할 수 없다.

‣ 제251조는 제249조의 경우와는 달리 무과실을 명문으로 규정하고 있지는 아니하나 같은 조문은 위에서 본 것처럼 위 제249조와 제250조를 전제로 하는 규정이므로 무과실도 당연한 요건이라고 해석해야만 한다

• 양수인이 경매나 공개시장에서 동산을 양수한 경우에만 §251가 적용될 수 있다.

B. 효과

• 피해자가 §250의 반환청구권을 행사하려면 선의 양수인에게 그 대가를 변상해야만 한다.

• 양수인의 권리는 청구권이고 항변권이 아니다. 따라서 이미 반환했더라도 대가변상을 청구할 수 있다.

대법원 1972. 5. 23. 선고 72다115 판결

‣ 물건을 일반 공개시장 또는 같은 물건을 판매하는 상인들로부터 매수한 경우에는 그 물건이 도품인가의 여부를 조사케 하여 매수하도록 함은 거래의 침체와 안전을 해하게 되므로 제251조는 그 소정의 조건을 구비한 때에는 그 피해자에게 그 물건 반환의 청구권은 인정하면서도 양수인이 지급한 댓가는 변상하여야 한다고 규정하므로서 선의 취득자를 보호하여 거래안전을 또한 도모한 것이라 할 것이다.

‣ 그러므로 피해자는 그 물건의 반환을 청구하느냐 아니하느냐 함은 자유라 하더라도 일단 그 물건의 반환을 청구하려면 양수인이 지급한 대가를 변상하여야 함은 물론 피해자가 어떠한 원인으로 양수인으로부터 그 물건을 반환받았더라도 이를 보유하려면 그 댓가를 지급할 의무가 있다고 해석해야 한다.

12장

부동산 물권변동의 공시방법: 등기

부동산 물권변동의 공시방법: 등기

Ⅰ 개관

1. 등기의 의미와 등기 절차

가. 등기의 의미와 유형

(1) 등기·등기부의 의미

A. 개관

• 등기란 어떤 물건에 대한 물권 변동의 과정과 현황을 공적으로 기록한 것 자체를 뜻하는데 '등기기록'이라고도 한다. 이러한 등기기록이 일반인의 열람을 위해 편성·제공된 것을 '등기부'라고 한다.

• 등기는 부동산 물권 변동에 대한 공시 방법이다(§186).

B. 등기부와 대장

(a) 의미

• 부동산에 관한 공적 기록은 등기부와 대장으로 나누어진다.

• 대장이란 부동산의 사실적 현황을 기록한 공적 장부를 뜻하며, 부동산의 종류에 따라 작성된다. 즉 건물에 대해서는 건축물대장(건축법 §38)이 작성되고, 토지에 대해서는 지목에 따라 토지대장과 임야대장(공간정보관리법 §2 19호)이 각각 작성된다.

(b) 관계

• 동일한 부동산에 대해 작성된 대장과 등기부의 기록은 일치해야 한다. 이를 위해 물권 변동이 발생하면 등기관은 지체 없이 대장 소관청에 그 사실을 알려야 한다(부동산등기법 §62).

• 그러나 이들은 작성·관리 주체가 다르고, 각각의 내용에는 당사자가 신청할 때

제출한 정보가 반영되기 때문에 이들의 내용이 일치하지 않을 수 있다. 이 경우 권리에 대해서는 등기부의 기록이 우선 적용되고, 사실적 현황에 대해서는 대장의 기록이 우선 적용된다. 예컨대 ㉠ 등기신청 정보에 포함된 부동산의 표시가 대장에 기록된 부동산의 현황과 일치하지 않으면 등기관은 등기 신청을 각하해야 하고(부동산등기법 §29 11호), ㉡ 소유자의 주소가 잘못 기록된 경우 소유자의 신청에 따른 경정등기가 마쳐져야 하며 그 후 이를 반영하여 대장상의 등록사항 정정이 이루어져야 한다.

지적공부는 등기된 토지에 관한 한 토지소유자에 관한 사항을 증명하는 것은 아니라고 할 것이고, 그리하여 부동산등기부상의 소유자의 주소와 임야대장상의 소유자의 주소가 다른 경우에는 먼저 진정한 소유자의 신청에 의한 경정등기가 이루어져야 하고 임야대장상의 등록사항 정정이 이루어져야 하는 것이다(대법원 2003. 11. 13. 선고 2001다37910 판결).

(2) 등기부의 편성과 등기 사항

A. 등기부의 편성

• 부동산 등기부는 토지 등기부와 건물 등기부로 구분하여 편성된다.

> 부동산등기법 제14조(등기부의 종류 등) ① 등기부는 토지등기부와 건물등기부로 구분한다.

• 물적편성주의: 등기부는 부동산 한 개를 단위로 편성되며, 하나의 등기부는 ㉠ 물건의 현황을 표시하는 표제부, ㉡ 소유권에 관한 사항을 기록하는 갑구, ㉢ 소유권 이외의 권리에 관한 사항을 기록하는 을구로 구성된다.

> 부동산등기법 제15조(물적 편성주의)
> ① 등기부를 편성할 때에는 1필의 토지 또는 1개의 건물에 대하여 1개의 등기기록을 둔다. 다만 1동의 건물을 구분한 건물에 있어서는 1동의 건물에 속하는 전부에 대하여 1개의 등기기록을 사용한다.
> ② 등기기록에는 부동산의 표시에 관한 사항을 기록하는 표제부와 소유권에 관한 사항을 기록하는 갑구(甲區) 및 소유권 외의 권리에 관한 사항을 기록하는 을구(乙區)를 둔다.

B. 등기 사항

• 표제부 등기에는 표시번호, 접수연월일, 소재·지번, 지목(건물등기부는 건물 현황), 면적, 등기 원인 등이 기재된다(부동산등기법 §34, §40).

• 갑구·을구의 등기에는 순위번호, 등기목적, 접수연월일·접수번호, 등기원인·그 연월일, 권리자 등이 기재된다(부동산등기법 §48 ①).

(3) 등기의 유형

A. 기능에 따른 분류: 기입등기·말소등기, 변경등기·경정등기

(a) 물권의 변동을 공시하는 등기

• 기입등기는 물권의 변동을 공시하는 등기를 뜻한다. ㉠ 물권의 발생을 공시하는 등기에는 소유권 보존등기와 제한물권 설정등기가 있다. ㉡ 물권의 이전을 공시하는 등기에는 각 물권에 대한 이전등기가 있다. 소유권 이전등기는 주등기이지만 그 외의 권리의 이전등기는 부기등기로 공시한다.

• 말소등기는 물권의 소멸을 공시하는 등기로서 독립된 등기번호를 가지는 주등기이다.

(b) 등기된 사항의 변경을 반영하거나 등기기록의 오류를 바로잡기 위한 등기

• 변경등기는 등기된 사항에 대한 변경을 반영하는 등기이고 경정등기는 착오로 인해 잘못 등기된 사항을 직권으로 바로잡는 등기이다.

• 이들은 모두 변경·경정 대상인 등기를 주등기로 하는 부기등기이다.

B. 기재방식에 따른 분류: 주등기와 부기등기

• 주등기는 독립된 번호를 가진 등기이고 부기등기는 주등기에 가지번호가 붙은 등기이다. 부기등기의 목적은 주등기와 같은 순위를 부여하거나 주등기와의 관련성을 보여주는 것이다.

> 부동산등기법 제5조(부기등기의 순위) 부기등기의 순위는 주등기의 순위에 따른다. 다만, 같은 주등기에 관한 부기등기 상호간의 순위는 그 등기 순서에 따른다.

• 부기등기의 예로서, 변경등기·경정등기, 소유권 이외의 권리를 목적으로 하는 이전등기 등을 들 수 있다(부동산등기법 §52).

(4) 등기의 유효요건과 그 효과 개관

• 등기의 유효요건이란 등기가 갖춰져서 당사자의 법률행위인 원인행위의 내용대로 물권 변동이 성립할 수 있게 된 상태를 뜻한다. 등기의 유효요건은 ㉠ 등기부

의 작성, 등기기록의 존재 등과 같은 형식적 유효요건과 ⓛ 원인행위의 내용과 등기 내용과의 일치를 뜻하는 실체적 유효요건으로 나눠진다.

• 등기의 효과란 등기의 유효요건이 충족된 경우에 인정되는 법률효과로서, ㉠ 물권변동을 성립시키고 순위를 확정시키는 등의 실체법적 효과와 ⓛ 등기추정력과 같은 절차법적 효과로 나눠진다.

나. 부동산 등기의 절차

(1) 등기 신청

A. 원칙적인 공동신청

(a) 의미

• 부동산 등기는 당사자의 신청 또는 관공서의 촉탁에 의해 이루어지는데, 당사자의 신청에 의한 등기는 이해관계인의 공동신청을 원칙으로 한다.

> 부동산등기법 제22조(신청주의)
> ① 등기는 당사자의 신청 또는 관공서의 촉탁에 따라 한다. 다만, 법률에 다른 규정이 있는 경우에는 그러하지 아니하다.
> ② 촉탁에 따른 등기절차는 법률에 다른 규정이 없는 경우에는 신청에 따른 등기에 관한 규정을 준용한다.

> 부동산등기법 제23조 ① 등기는 법률에 다른 규정이 없는 경우에는 등기권리자와 등기의무자가 공동으로 신청한다.

(b) 공동신청의 당사자: 등기권리자, 등기의무자

• 의미: 등기가 공동신청 대상인 경우, 등기함으로써 직접적으로 권리 취득이나 그 밖의 이익을 얻는 자를 등기권리자라고 한다. 이에 비해 등기함으로써 권리 상실이나 그 밖의 불이익을 입는 자를 등기의무자라고 한다.

• 판단기준: 형식적으로 판단한다. 즉 등기부 기재만을 근거로 판단하며 실체법적 권리관계를 고려하지 않는다.

> 등기의무자, 즉 등기부상의 형식상 그 등기에 의하여 권리를 상실하거나 기타 불이익을 받을 자(등기명의인이거나 그 포괄승계인)가 아닌 자를 상대로 한 등기의 말소절차이행을 구하는 소는 당사자적격이 없는 자를 상대로 한 부적법한 소이다(대법원 2019. 5. 30. 선고 2015다47105 판결).

B. 예외적인 단독신청

- 등기로 인해 불이익을 입는 자가 없으면 등기권리자의 단독신청으로 등기가 마쳐질 수 있다.
- 예컨대 ㉠ 소유권 보존등기나 그 말소등기, ㉡ 포괄승계로 인한 등기, ㉢ 등기절차의 이행이나 인수를 명하는 이행판결이나 공유물 분할 판결에 의한 등기, 부동산이나 등기명의인의 표시에 대한 변경·경정등기는 단독신청 대상이다(부동산등기법 §23 ② ~ ⑥)등을 들 수 있다. ㉣ 가등기 말소등기의 경우에, 가등기명의인은 항상 단독으로 신청할 수 있고, 가등기의무자 그 밖의 등기상 이해관계인은 가등기명의인의 승낙을 얻어 단독으로 신청할 수 있다(부동산등기법 §93).

(2) 등기신청에 필요한 서류

- 등기신청을 하려면 부동산등기법에 규정된 등기신청 정보에 해당하는 내용을 등기소에 제공해야 한다.
- 등기신청 정보에는 부동산의 현황, 신청인의 성명·주소·주민등록번호, 등기원인과 연월일, 등기의 목적뿐 아니라, 등기필 정보도 포함된다(부동산등기법 §24 ②, 부동산등기규칙 §43).

(3) 등기필 정보의 통지

- 등기필 정보란 등기관이 새로운 등기를 마친 후 그 정보를 작성하여 등기권리자에게 통지한 것을 뜻한다(부동산등기법 §50).
- 등기권리자가 추후 등기의무자가 되어 등기를 위한 공동신청을 해야 하는 경우, 기존에 발급받은 등기필 정보를 제공해야 한다.

2. 등기청구권

가. 개관: 등기신청권, 등기청구권, 등기인수 청구권

- 원인행위의 내용에 따른 등기가 마쳐지려면 등기관의 사무처리가 이루어져야 한다. 등기관에게 이러한 사무처리를 요구할 수 있는 공법상 권리를 등기신청권이라고 한다.
- 공동신청주의 원칙이 적용되는 경우 등기권리자는 등기의무자에게 등기신청을 위해 필요한 협력을 요구할 권리가 있는데, 이 권리를 등기청구권이라고 한다. 이러한 '협력'의 전형적인 예는 등기의무자인 매도인이 등기권리자인 매수인에게 등기필 정보와 부동산 매도용 인감증명서를 제공하는 것이다.

- 이에 비해 등기의무자가 등기권리자에게 등기 이전에 필요한 협력을 요구할 수 있는 권리를 등기인수 청구권이라고 한다.

> 부동산등기법상 공동신청이 원칙이지만 판결에 의한 등기는 승소한 등기권리자 또는 등기의무자만으로 신청할 수 있도록 규정하고 있는바, 승소한 등기권리자 외에 **등기의무자도 단독으로 등기를 신청**할 수 있게 한 것은, 통상의 채권채무 관계에서는 채권자가 수령을 지체하는 경우 채무자는 공탁 등에 의한 방법으로 채무부담에서 벗어날 수 있으나 등기에 관한 채권채무 관계에 있어서는 이러한 방법을 사용할 수 없으므로, 등기의무자가 자기 명의로 있어서는 안 될 등기가 자기 명의로 있음으로 인하여 사회생활상 또는 법상 불이익을 입을 우려가 있는 경우에는 소의 방법으로 등기권리자를 상대로 등기를 인수받아 갈 것을 구하고 그 판결을 받아 등기를 강제로 실현할 수 있도록 한 것이다(대법원 2001. 2. 9. 선고 2000다60708 판결).

나. 등기청구권의 법적 성질

(1) 채권적 청구권인 경우

A. 요건: 등기의무자가 물권자인 경우

- 법률행위에 의한 물권변동에 대해서는 성립요건주의가 적용된다. 따라서 물권변동을 급부의 내용으로 하는 채권계약이 성립한 경우 채권자인 양수인은 채무자인 양도인에게 원인행위의 내용에 따른 등기를 마쳐서 물권 변동을 완성시키는데 필요한 협력을 요구할 수 있는 채권을 가진다.
- 법률에 의한 물권변동 중 점유 취득시효의 경우, 시효완성자는 진정권리자에게 채권적 소유권이전등기 청구권을 가질 뿐이다(609면 이하).

B. 효과

- 채권적 등기청구권은 일반적인 채권과 마찬가지로 소멸시효에 걸린다. 다만 이른바 '미등기 취득자'가 가지는 소유권이전등기 청구권은 채권적 청구권이지만 소멸시효가 기산하지 않는다(534면).
- 계약에 의한 채권적 등기청구권도 채권양도의 대상이지만, 채무자에게 대항하려면 §450의 통지·승낙만으로는 부족하고 채무자의 동의를 얻어야 한다. 부동산 거래는 대개 상대방에 대한 신뢰관계에 기초하기 때문이다. 이에 비해 점유취득시효 완성을 원인으로 하는 채권적 소유권이전등기청구권은 신뢰관계와 무관하므로 §450의 요건에 따라 양도할 수 있다.

대법원 2018. 7. 12. 선고 2015다36167 판결

· 부동산매매계약에서 매도인과 매수인은 서로 **동시이행관계에 있는 일정한 의무를 부담하므로 그 이행과정에 신뢰관계**가 따른다. 매도인으로서는 매매대금 지급을 위한 매수인의 자력, 신용 등 매수인이 누구인지에 따라 계약유지 여부를 달리 생각할 여지가 있다. 이러한 이유로 매매로 인한 소유권이전등기청구권의 양도는 양도가 제한되고 통상의 채권양도와 달리 양도인의 채무자에 대한 통지만으로는 채무자에 대한 대항력이 생기지 않으며 **반드시 채무자의 동의나 승낙**을 받아야 대항력이 생긴다.

· 그러나 <u>취득시효완성으로 인한 소유권이전등기청구권</u>은 채권자와 채무자 사이에 아무런 계약관계나 신뢰관계가 없고, 그에 따라 채권자가 채무자에게 반대급부로 부담하여야 하는 의무도 없다. 따라서 취득시효완성으로 인한 소유권이전등기청구권의 양도의 경우에는 매매로 인한 소유권이전등기청구권에 관한 **양도제한의 법리가 적용되지 않는다**고 보아야 한다.

(2) 물권적 청구권인 경우

· 개관: 등기권리자가 물권자이고 등기명의인이 방해자인 경우, 실체법적 물권관계와 등기를 일치시키기 위해 물권자가 방해자에게 행사할 수 있는 등기청구권은 §214의 물권적 청구권이다.

· 물권자가 방해자에게 행사할 수 있는 ㉠ 유해등기 말소등기 청구권과 ㉡ 진정명의 회복을 원인으로 한 소유권이전등기 청구권은 성질과 목적이 같다. 이들은 모두 §214의 물권적 청구권의 일종이므로 진정권리자만 행사할 수 있고 방해 배제를 목적으로 한다.

대법원 2001. 9. 20. 선고 99다37894 전원합의체 판결

· 진정한 등기명의의 회복을 위한 소유권이전등기청구는 이미 소유권을 표상하는 등기가 되어 있었거나 법률에 의하여 소유권을 취득한 자가 진정한 등기명의를 회복하기 위한 방법으로 현재의 등기명의인을 상대로 그 등기의 말소를 구하는 것에 갈음하여 허용되는 것인데,

· 말소등기에 갈음하여 허용되는 진정명의회복을 원인으로 한 소유권이전등기 청구권과 무효등기의 말소청구권은 어느 것이나 진정한 소유자의 등기명의를 회복하기 위한 것으로서 실질적으로 그 목적이 동일하고, **두 청구권 모두 소유권에 기한 방해**

배제청구권으로서 그 법적 근거와 성질이 동일하다.

II 등기의 요건

1. 형식적 유효요건

가. 의미

(1) 등기의 존재

- 등기의 형식적 유효요건이란 적법한 등기부와 등기가 존재하는 것을 뜻한다.
- 물적편성주의 원칙에 따른 적법한 등기부가 편성되고 여기에 등기기록이 마쳐져야 등기의 형식적 유효요건이 충족된다.

(2) 비교: 원인 없는 말소등기

A. 개관

- 등기의 존재는 권리의 발생요건이지만 권리의 존속요건은 아니다.
- 권리가 발생한 후 ㉠ 등기부가 멸실되거나 ㉡ 권리 소멸 요건이 충족되지 않은 상태에서 원인 없는 말소등기가 마쳐지더라도, 권리는 소멸하지 않는다.
- 권리의 근거인 등기에 대한 말소등기가 원인무효임이 증명되면, ㉠ 회복등기의 대상이 되고 ㉡ 회복등기가 마쳐지기 전이더라도 원인 없이 말소된 등기의 명의인은 적법한 권리자로 추정된다.

B. 사례

- A소유 X부동산에 甲이 1순위 저당권 설정등기를 마쳤고 乙은 2순위 저당권 설정등기를 마쳤다.
- 甲명의 1순위 저당권 설정등기에 대한 말소등기가 마쳐졌고, 乙명의 2순위 저당권 설정등기에 대해서는 丙에게 이 저당권을 이전하는 부기등기가 마쳐졌는데, 甲명의 저당권 설정등기 말소등기와 丙명의 저당권 이전 부기등기는 모두 원인무효임이 밝혀졌다.
- 이 경우 甲명의 1순위 저당권에 대한 회복등기와 丙명의 부기등기 말소등기가 마쳐지기 전이더라도 甲은 적법한 저당권자로 추정된다. 따라서 甲이 배당받지 못한 상태에서 저당물에 대한 경매절차가 종료된 경우 甲은 배당이의 소송을 제기

하여 구제받을 수 있다.

> **대법원 2019. 8. 30. 선고 2019다206742 판결**
> ‣ <u>등기는 물권의 효력 발생 요건이고 존속 요건은 **아니**</u>어서 등기가 <u>원인 없이 말소되거나 그 이전등기가 무효인 경우 그 물권의 효력에 아무런 영향이 없고</u>, 그 **회복등기가 마쳐지기 전이라도 말소된 등기 또는 종전 등기의 등기명의인은 적법한 권리자로 추정**된다.
> ‣ 따라서 근저당권 설정등기가 위법하게 말소되어 아직 회복등기를 경료하지 못하였거나 또는 근저당권 이전 부기등기가 무효임에도 그 부기등기가 말소되지 않은 연유로 그 부동산에 대한 경매절차의 배당기일에서 피담보채권액에 해당하는 금액을 **배당받지 못한 근저당권자는 배당기일에 출석하여 이의를 하고 배당이의**의 소를 제기하여 구제를 받을 수 있다.

나. 등기의 형식적 요건과 관련된 사례: 중복등기

(1) 개관

A. 문제의 소재

• 하나의 부동산에 대해 두 개 이상의 등기부가 작성되어 있고 두 등기부 모두 표제부가 부동산의 현황과 일치하는 경우, 물적편성주의 원칙상 이들 중 하나의 등기부만 유지하고 다른 하나는 폐쇄해야 한다.

✓ 중복등기는 과거에는 멸실된 등기부를 복구하는 과정에서 발생했으나 현재는 토지의 분필·합필 과정이나 건물에 대한 집합건물 등기 과정에서 현황을 착각함으로써 발생하게 된다.

B. 비교: 중복등기에 관한 법리가 적용되지 않는 사안

(a) 개관

• 하나의 부동산에 대한 여러 등기부 중 표제부에 나타나는 부동산에 대한 표시가 실제 현황과 다른 등기부가 있으면 이것을 폐쇄하면 충분하다. 따라서 중복등기에 관한 법리가 적용될 여지는 없다.

• 하나의 등기부에 두 개 이상의 양립할 수 없는 등기가 기록되어 있는 경우에는 선순위 등기만 남기고 후순위 등기를 말소하면 된다. 이때 등기의 순위는 구가 같으면 순위번호, 구가 다르면 날짜와 접수번호를 기준으로 판단한다(부동산등기법 §4).

(b) 사례

- 사안의 개요: X부동산에 대해 甲명의 2번 지분소유권이전등기, 乙명의 3번 지분 소유권 이전등기, 丙명의 4번 지분소유권 이전등기가 마쳐졌는데, 乙과 丙의 등 기원인은 같은 날짜에 행해진 지분매매계약이고, 그 지분도 모두 7/10이다.
- 쟁점과 판단: ㉠ 甲이 자신의 7/10지분을 乙에게 이전하고 등기까지 마쳐준 후 다시 丙에게 이전등기해 준 것이면 丙명의 지분소유권 이전등기는 원인무효이 고 말소등기 대상이다. ㉡ 이에 비해 丙명의 7/10지분소유권 이전등기의 원인행 위가 乙·丙간의 법률행위이면 丙이 적법한 지분소유권자이다.

> 같은 부동산에 관하여 등기한 **권리의 순위는 법률에 다른 규정이 없으면 등기한 순서**에 따르고, 등기의 순서는 등기기록 중 같은 구의 등기 상호 간에는 순위번호에 따른 다. 따라서 같은 부동산이나 같은 지분에 관하여 <u>이중으로 소유권이전등기 또는 지분 이전등기가 마쳐진 경우, 선순위 등기가 원인무효이거나 직권말소될 경우에 해당하 지 아니하는 한, 후순위 등기는 실체적 권리관계에 부합하는지에 관계없이 무효</u>라고 보아야 할 것이다(대법원 2013. 3. 14. 선고 2011다48711 판결).

(2) 중복보존등기의 해결방법: 절차법설

A. 개관

- 견해대립의 실익: 중복보존등기 중 어떤 것을 폐쇄할 것인지를 결정한다.
- 등기·등록으로 공시되는 재산권 전반에 대해 같은 법리가 적용된다. 예컨대 동 일 어장에 대한 어업권이 중복 등록된 경우, 나중에 이루어진 어업권 면허는 당연 무효이다. 관련 법령에 의하면 어장에 대해서는 토지에 관한 규정이 준용되고 어 업권은 물권으로 다루어지기 때문이다(대법원 2007. 5. 10. 선고 2007다8211 판결).

B. 절차법설 적용의 전제

(a) 표제부의 현황

- 표제부와 실제 현황을 비교했을 때 실제 현황과 일치하지 않는 등기부가 있으면 작성의 선후를 불문하고 이 등기부가 폐쇄된다.
- 따라서 중복등기가 모두 실제 현황과 일치하는 경우에만 중복등기에 관한 법리 가 적용된다.

(b) 최초의 명의인의 불일치

- 두 등기부 모두 표제부와 실제 현황이 일치하는 경우, 각 등기부상 최초의 명의인

이 동일인인지가 문제된다.

- 최초의 명의인이 동일인이면 항상 선행 보존등기가 유효로 처리되므로, 선후 보존등기의 명의인이 다른 경우에만 절차법설이 적용된다.
- 절차법설이 적용되는 경우, 각 중복등기부상 최종 소유권이전등기 명의인의 등기의 선후 또는 실체법상 권리와의 부합 여부는 문제되지 않으며 각 중복등기부의 보존등기의 선후를 기준으로 판단한다.

C. 절차법설의 내용

(a) 중복된 각 등기부들 사이의 우열관계 판단

- 개관: 선행 등기부에 원인무효 사유가 있음이 증명되면 선행 등기부가 폐쇄되고, 그렇지 않으면 후행 등기부가 폐쇄된다. 물적편성주의라는 절차법 원칙에 따르면 이미 등기부가 편성된 부동산에 대해 거듭 편성된 등기부가 폐쇄되어야 하기 때문이다.
- 선행 등기부에 원인무효 사유가 있음이 증명되지 않은 경우: ㉠ 후행 등기부가 폐쇄되고 선행 등기부는 유지된다. 각 등기부상 최종 소유권이전등기 명의인들 중 누가 진정권리자인지는 문제삼지 않는다. ㉡ 후행 등기부상 명의인이 원시취득의 요건을 갖추었더라도 절차법설은 그대로 적용된다. 예컨대 후행 등기부상 명의인이 점유시효취득의 요건을 갖췄더라도 후행 등기부가 폐쇄된다.

> **대법원 2001. 2. 15. 선고 99다66915 전원합의체 판결**
> - 동일 부동산에 관하여 등기명의인을 달리하여 중복된 소유권보존등기가 경료된 경우에는 각 소유권보존등기가 그 부동산을 표상함에 부족함이 없는 것으로 인정되는 경우, 그 각 등기는 모두 공시의 효력을 가지게 되고 먼저 된 소유권보존등기가 원인무효가 되지 아니하는 한 나중에 된 소유권보존등기는 1부동산1용지주의를 채택하고 있는 현행 부동산등기법 아래에서는 무효라고 해석함이 상당하다.
> - 동일 부동산에 관하여 중복된 소유권보존등기에 터잡아 등기명의인을 달리하는 각 소유권이전등기가 경료된 경우에 등기의 효력은 소유권이전등기의 선후에 의하여 판단할 것이 아니고 각 소유권이전등기의 바탕이 된 소유권보존등기의 선후를 기준으로 판단하여야 하며, 그 이전등기가 멸실회복으로 인한 이전등기라 하여 달리 볼 것은 아니다.

절차법설의 법리는 후행 보존등기의 명의인이 당해 부동산의 소유권을 **원시취득한 경우에도 그대로 적용**된다. 동일 부동산에 대하여 이미 소유권이전등기가 경료되어 있음에도 그 후 중복하여 소유권보존등기를 경료한 자에 대해 점유취득시효가 완성되었더라도, 선등기인 소유권이전등기의 토대가 된 소유권보존등기가 원인무효라고 볼 아무런 주장·입증이 없는 이상, 뒤에 경료된 소유권보존등기는 실체적 권리관계에 부합하는지의 여부에 관계없이 무효이므로, 뒤에 된 소유권보존등기의 말소를 구하는 것이 신의칙위반이나 권리남용에 해당한다고 할 수 없다(대법원 2008. 2. 14. 선고 2007다63690 판결).

• 다만 선행 등기부상 소유권이전등기 명의인에게 실체법적 권리가 없어서 선행 등기부상 소유권이전등기가 원인무효임이 증명된 경우에는, 이러한 명의인이 후행 등기부상 중복등기에 대한 말소등기를 청구하더라도 기각된다. 소유자 아닌 자가 §214의 물권적 청구권을 행사할 수는 없기 때문이다.

원고가 피고들에게 피고들 명의의 소유권보존등기나 소유권이전등기의 말소를 청구하려면 먼저 원고에게 그 말소를 청구할 수 있는 실체적 권리가 있어야 할 것이므로, 원고에게 그와 같은 실체적 권리가 있는 것이 인정되지 않는다면, 설사 피고들 명의의 위 각 등기가 중복되어 경료된 소유권보존등기이거나 그 등기를 기초로 한 소유권이전등기이어서 말소되어야 할 등기라고 하더라도, 원고의 청구는 인용될 수 없다(대법원 1992. 10. 27. 선고 92다16522 판결).

(b) 선행 보존등기가 원인무효임이 증명된 경우의 등기부 정리: 실체관계의 반영

• 중복등기 상태에서 증명된 경우: 선행 등기부가 폐쇄되고 후행 등기부는 유지된다.
• 후행 등기부 폐쇄 후 증명된 경우: 후행 등기부상 최종 명의인인 실체법상 진정권리자가 확정판결 등으로 자신의 권리를 증명하면 후행 등기부가 부활하고 선행 등기부가 폐쇄된다(부동산등기법 §21 ②, 부동산등기규칙 §41 참조).
• 비교: 선행 등기부상 권리자 甲에게 후행 등기부상 권리자 乙이 채권적 소유권이전등기 청구권을 가진 경우, 乙은 甲에게 채권적 소유권이전등기청구를 하여 선행 등기부에 소유권이전등기를 할 수 있다.

甲 명의의 소유권이전등기의 토대가 된 소유권보존등기(기록상 언제 누구 명의로 경료되어 있었는지 밝혀져 있지 않다)가 원인무효라고 볼 아무런 주장·입증이 없는 이상 乙(원고)이 甲으로부터 위 토지를 매수하였다 하더라도 위 甲 명의의 소유권이전등기에 기하여 소유권이전등기를 경료하지 아니하고 소유권보존등기를 경료한 이상 뒤에 경료된 乙 명의의 소유권보존등기는 이중등기로서 무효라고 할 것이므로, 乙은 매도인인 甲의 상속인인 피고들을 상대로 이 사건 부동산에 관하여 위 매매를 원인으로 한 소유권이전등기를 소구할 이익이 있다(대법원 1990. 11. 27. 선고 87다카2961 전원합의체 판결).

(3) 절차법설의 적용범위: 보존등기 이외의 중복등기

A. 개관

• 문제의 소재: 동일한 부동산에 대해, 보존등기 이외의 등기로부터 시작하는 두 개 이상의 등기부가 있는 경우, 어떤 등기부를 유지할 것인지가 문제된다.

• 해결방법: 이 경우에도 절차법설을 그대로 적용한다.

• 적용범위: 멸실회복등기부터 시작하는 등기부가 중복된 경우 뿐 아니라, 보존등기부터 시작하는 등기부와 멸실회복등기된 등기부가 중복된 경우에도 절차법설이 그대로 적용된다.

동일 부동산에 관하여 등기명의인을 달리하여 중복된 소유권보존등기가 경료된 경우에는 먼저 이루어진 등기가 원인무효가 되지 아니하는 한 뒤에 이루어진 등기를 무효로 보아야 한다는 것이 당원의 판례이고, 이는 **먼저 이루어진 등기가 멸실 회복된 소유권이전등기의 경우라도 그 해석을 달리할 이유가 없다**(대법원 1991. 10. 11. 선고 91다20159 판결).

B. 사례

(a) 사안의 개요

• 동일한 부동산에 대해 甲명의 소유권이전등기 회복등기와 乙명의 소유권이전등기 회복등기가 중복된 상태이고 이들의 표제부는 모두 현황과 일치한다.

(b) 쟁점과 판단

• 추가사실관계1: 甲·乙이 모두 동일한 보존등기에 터잡은 소유권이전등기 명의인임이 증명되면 실체법설에 따라 판단한다. 따라서 ㉠ 甲·乙의 원인행위의 상대방이 동일인이면 먼저 등기를 마친 甲이 소유자이므로 乙의 회복등기에 터잡

은 등기부가 폐쇄되고, ⓒ 甲·乙의 원인행위의 상대방이 동일인이 아니면 최종 명의인인 乙이 소유자이므로 甲의 회복등기에 터잡은 등기부가 폐쇄된다.

- 추가사실관계2: 甲·乙의 각 소유권이전등기의 출발점인 보존등기가 서로 다름이 증명되면 절차법설에 따라 판단한다. 즉 각 보존등기의 선후를 판단하여 甲명의 소유권이전등기가 터잡은 선행 보존등기가 원인무효임이 증명되지 않는 한 甲명의 회복등기가 터잡은 등기부가 유지되고 乙명의 회복등기가 터잡은 등기부가 폐쇄된다.

- 추가사실관계3: 위의 두 가지 중 어떤 경우인지가 증명되지 않은 경우 즉 甲·乙의 각 소유권이전등기의 출발점인 보존등기의 동일성 여부를 알 수 없는 경우에는, 각 회복등기에 대해 절차법설을 적용하여 甲명의 회복등기가 원인무효가 아닌 한 乙명의 회복등기가 폐쇄된다.

대법원 2001. 2. 15. 선고 99다66915 전원합의체 판결

- 한편 동일 부동산에 관하여 **하나의 소유권보존등기가 경료**된 후 이를 바탕으로 순차로 소유권이전등기가 경료되었다가 그 등기부가 멸실된 후 **등기명의인을 달리하는 소유권이전등기의 각 회복등기가 중복하여 이루어진 경우에는 중복등기의 문제는 생겨나지 않고** 멸실 전 먼저 된 소유권이전등기가 잘못 회복등재된 것이므로 그 회복등기 때문에 나중 된 소유권이전등기의 회복등기가 무효로 되지 아니함은 원심이 판시한 바와 같다.

- 그런데 동일 부동산에 관하여 **등기명의인을 달리하여 멸실회복에 의한 각 소유권이전등기가 중복등재되고 각 그 바탕이 된 소유권보존등기가 동일등기인지 중복등기인지, 중복등기라면 각 소유권보존등기가 언제 이루어졌는지가 불명**인 경우에는 위 법리로는 중복등기의 해소가 불가능하므로 이러한 경우에는 **적법하게 경료된 것으로 추정되는 각 회복등기 상호간에는 각 회복등기일자의 선후를 기준**으로 우열을 가려야 한다.

2. 등기의 실체적 유효요건

가. 개관

(1) 의미

- 형식적 유효요건이 충족된 등기가 그 내용대로 물권 변동 등의 효과를 발생시키기 위해 필요한 요건을 뜻한다.
- 등기의 실체적 유효요건이 충족되려면 ㉠ 등기기록 상의 법률요건에 따른 법률효과인 물권 변동의 내용과 ㉡ 등기부 상의 등기기록에 나타나는 물권 변동의 내용이 일치해야 하는 것이 원칙이다. 예컨대 법률행위에 의한 물권 변동의 경우, 원인행위에 포함된 효과의사의 내용과 등기된 물권 변동의 내용이 일치해야 한다.

> 등기의 공신력이 인정되지 않는 현행 등기제도 하에서는 <u>등기 기재에 부합하는 실체상의 권리관계가 존재함을 전제로 그 등기의 유효성이 인정</u>된다(대법원 1969. 6. 10. 선고 68다199 판결).

- 물권 변동의 법률요건이 충족되지 못한 등기는 '원인무효 등기'로서 물권 변동을 근거지울 수 없다. 따라서 등기 공신력이 인정되지 않는 우리 법제 하에서는 그 내용을 선의·무과실로 믿은 제3자도 보호될 수 없다.

> 甲 명의의 본등기는 **원인무효의 등기**라고 봄이 타당하다. 이에 따라 甲명의의 본등기를 비롯하여 그 후 원고에 이르기까지 순차적으로 마쳐진 각 지분소유권이전등기는 <u>부동산등기에 관하여 공신력이 인정되지 아니하는 우리 법제</u>하에서는 특별한 사정이 없는 한 무효임을 면할 수 없다(대법원 2020. 1. 30. 선고 2019다280375 판결).

> 제249조의 선의취득은 점유 인도를 물권 변동의 요건으로 하는 동산의 소유권취득에 관한 규정으로서 부동산물권인 저당권의 취득에는 적용될 수 없다(대법원 1985. 12. 24. 선고 84다카2428 판결).

(2) 실체적 유효요건이 충족되지 못하는 경우의 유형

- 등기기록에 나타난 물권 변동과 실체법적 법률요건에 따른 물권 변동의 내용이 서로 다르면 등기의 실체적 유효요건이 충족되지 못하게 된다.
- 이러한 사안의 예로서 존재의 불일치, 내용의 불일치, 과정의 불일치를 들 수 있다.

나. 존재의 불일치

- 의미: 등기기록에 나타난 물권 변동의 실체법상 법률요건이 존재하지 않는 경우를 뜻한다. 위조 서류에 의한 허위 등기가 마쳐진 경우뿐 아니라 물권변동의 원인행위의 무효·취소, 해제, 해제조건 성취 등의 사정이 인정되는 경우에도 발생한다.
- 효과: 원인관계가 존재하지 않는 등기는 원인무효이므로 그 내용대로 물권 변동이 일어나지 않으며, 진정권리자는 §214에 의한 말소등기 청구를 할 수 있다.

  위조 또는 절취된 등기관계서류에 의하여 경료된 이전등기는 그것이 실체관계에 부합하는 것이 아닌 한, 원인을 결여한 무효의 등기라고 할 것이다(대법원 1994. 6. 28. 선고 93다55777 판결).

다. 내용의 불일치

- 의미: 원인행위가 존재하지만 그 법률효과의 내용과 등기기록에 나타나는 물권 변동의 내용이 일치하지 않는 경우를 뜻한다.
- 효과: ㉠ 등기된 내용과 원인행위의 내용의 교집합 부분에 대해서만 물권 변동이 일어난다. ㉡ 등기된 내용이 더 크면 초과부분은 원인무효 등기가 되고, 원인행위의 내용이 더 크면 초과부분에 대해서는 여전히 채권이 남아 있을 뿐이고 물권 변동은 일어나지 않는다.

라. 과정의 불일치

(1) 의미

- 등기기록에 나타나는 물권 변동의 내용과 원인행위의 법률효과인 물권 변동의 내용은 일치하지만, 물권 변동의 과정이 일치하지 않는 경우를 뜻한다. 그 예로서 실체관계에 부합하는 등기, 무효 등기 유용, 중간생략 등기 등을 들 수 있다.
- 이 경우 등기기록과 원인행위에 각각 나타나는 물권 변동의 내용은 같으므로 그 내용대로 물권 변동이 일어난다. 즉 유효한 등기로 인정된다.

(2) 실체관계에 부합하는 등기의 법리

A. 의미

- 등기기록에 나타나는 물권 변동과 실체법적 법률요건의 법률효과인 물권 변동의 내용만 일치하면, 등기기록에 나타나는 물권 변동의 과정이나 법률요건이 실체법적 법률요건과 일치하지 않아도 등기는 유효이고 그 내용에 따른 물권 변동이

일어난다.

✓ 甲·乙간 원인행위가 허위표시인 경우 선의의 제3자인 丙명의 소유권이전등기는 유효 등기이므로 丙은 실체관계 부합의 법리를 주장할 필요는 없다.

> 등기가 실체적 권리관계에 부합한다고 하는 것은 그 **등기절차에 어떤 하자가 있다 하더라도 진실한 권리관계와 합치되는 것**을 의미한다(대법원 2007. 1. 11. 선고 2006다50055 판결).

• 논거: 부동산 등기의 주된 기능은 물권의 현황을 공시하는 것이므로 등기기록에 나타나는 물권 변동의 내용이 실체법적 권리관계와 일치한다면 유효한 등기라고 보아야 한다. 즉 등기기록이 물권 변동의 과정을 정확하게 반영하지 못하더라도 원인무효 등기가 아닌 유효한 등기로 본다.

> 부동산 등기는 **현재의 진실한 권리상태를 공시**하면 그에 이른 **과정이나 태양을 그대로 반영하지 아니하였어도 유효**한 것이다(대법원 2005. 9. 29. 선고 2003다40651 판결).

B. 실체관계 부합의 의미

• 실체관계에 부합하는 등기로 인정되려면, 등기된 내용대로 물권 변동이 일어나기 위한 실체법적 요건은 모두 충족되어 있어야 한다. 예컨대 동시이행관계인 부동산 매매에서 대금완납 전 매수인 명의로 소유권이전등기가 마쳐지더라도 실체관계 부합 등기라고 볼 수 없다.

> 위조 서류에 의해 마쳐진 소유권이전등기의 실체법적 등기원인이 매매인 경우 매매대금이 전부 지급되지 아니하였다면, 그 대금완불 전에 미리 소유권이전등기를 하기로 하는 특약이 없는 한, 그 등기로써 실체관계에 부합한다고 할 수는 없다(대법원 1994. 6. 28. 선고 93다55777 판결).

• 등기 당시부터 실체관계에 부합했을 필요는 없다. 등기 당시에는 원인무효 등기였으나 그 후 등기 내용대로 물권 변동이 일어나게 하는 실체법상 법률요건이 충족되어 후발적으로 실체관계에 부합하게 된 경우에도 유효한 등기로 인정된다.

> 원인없이 이루어진 무효의 소유권이전등기라고 하더라도 그 등기가 다른 사정에 의하여 실체관계에 부합하게 되면 유효한 것으로 된다(대법원 2022. 9. 29. 선고 2020다293773 판결).

(3) 무효등기 유용

A. 대상: 권리에 관한 등기

• 무효등기 유용의 법리는 실체관계에 부합하는 등기의 법리에 근거한다.

• 따라서 권리에 관한 등기만 유용할 수 있고, 표제부 등기는 유용할 수 없다. 예컨 대 건물을 철거·재건축한 경우 전 건물에 대한 등기부를 신축 건물에 대한 등기 부로 유용할 수는 없다.

> 기존 건물이 멸실되고 새로이 건물이 세워진 경우 신축된 건물과 멸실된 건물이 그 재료, 위치, 구조 기타 면에 있어서 상호 유사한 면이 있다고 하더라도 그로써 신축된 건물이 멸실된 건물과 동일한 건물이라고는 할 수 없으므로, 그 등기는 신축건물에 대한 등기로서 유효하다고 할 수 없다(대법원 2012. 10. 29.자 2012마1235 결정).

B. 요건

(a) 원인무효 등기의 유지

• 원인무효 등기가 말소되지 않고 존재해야 유용 대상이 될 수 있다.

• 예컨대 甲이 乙에 대한 채권을 담보하기 위해 乙명의 X부동산에 1순위 저당권 설 정등기를 마친 경우 乙이 피담보채무 전부를 변제하면 甲의 저당권은 곧바로 소 멸하므로(§187) 甲명의 저당권 설정등기가 말소되지 않고 남아 있어도 원인무효 등기이다.

(b) 새로운 법률요건 성립

• 원인무효가 된 등기의 내용대로 물권 변동을 일으킬 수 있는 원인인 법률요건이 다시 갖춰져야 한다.

• 예컨대 위의 예에서 甲의 乙에 대한 채권이 다시 발생하면 이 요건이 충족된다.

(c) 당사자의 합의

• 등기권리자와 등기의무자가 원인무효 등기를 유효한 등기로 유용하기로 하는 합 의를 해야 무효등기 유용이 인정될 수 있다. 예컨대 위의 예에서 甲·乙 사이에 무 효등기 유용 합의가 성립하면 甲명의 1순위 저당권 설정등기는 유효한 등기가 되 어 甲의 乙에 대한 새 피담보채권을 담보한다.

• 사후추인, 묵시적 합의도 가능하지만, ㉠ 무효 등기가 장기간 방치된 것에 불과하 거나 ㉡ 당사자간에 다툼이 있으면 묵시적 합의로 인정될 수 없다. 이러한 합의가 성립하지 않으면 등기권리자는 새로운 등기를 마치지 않는 한 물권 변동이라는

효과를 주장할 수 없다(§186).

> 무효등기의 유용에 대한 합의 내지 추인은 묵시적으로도 이루어질 수 있으나, 위와 같은 묵시적 합의 내지 추인을 인정하려면 무효등기 사실을 <u>알면서 장기간 이의를 제기하지 아니하고 방치한 것만으로는 부족</u>하고 등기가 무효임을 알고도 <u>유효를 전제한 행위</u>를 하는 등 무효등기를 <u>유용할 의사에서 비롯되어 장기간 방치된 것이라고 볼 수 있는</u> 특별한 사정이 있어야 한다(대법원 2007. 1. 11. 선고 2006다50055 판결).

(d) 소극적 요건: 등기부상 이해관계 있는 제3자가 없을 것

• 위와 같은 요건들이 충족되면 당사자들 사이에서는 원인무효 등기는 유효한 등기로 변경된다.

• 다만 등기부상 이해관계 있는 제3자가 있으면 이러한 변경으로 제3자에게 대항할 수 없다. 예컨대 위의 예에서 X부동산에 대해 후순위 저당권자 丁이나 가압류권리자 戊가 있었다면, 甲·乙이 무효등기 유용 합의를 하더라도 丁이나 戊에게는 甲명의 1순위 저당권 설정등기가 유효라고 주장할 수 없다.

C. 효과

(a) 개관

• 등기부상에 이해관계 있는 제3자가 없으면 실체관계에 부합하는 유효 등기로 인정된다.

• 등기부상 이해관계 있는 제3자가 있으면, 제3자에 대해서는 유효 등기라고 주장할 수 없지만, 당사자들 사이에서는 여전히 유효 등기로 인정된다. 예컨대 乙소유 X부동산에 대한 원인무효인 甲명의 1순위 저당권 설정등기를 유용하기로 甲·乙이 합의할 당시 가압류권리자 丙이 있었다면, ㉠ 甲은 丙에게 1순위 저당권을 주장할 수 없으나 ㉡ 丙이 乙을 대위하여 甲명의 1순위 저당권 설정등기의 말소등기를 청구할 수는 없다.

대법원 2009. 5. 28. 선고 2009다4787 판결

‣ 부동산의 매매예약에 기하여 소유권이전등기청구권의 보전을 위한 가등기가 경료된 경우에 그 매매예약완결권이 소멸하였다면 그 가등기 또한 효력을 상실하여 말소되어야 할 것이나, 그 부동산의 소유자가 제3자와 사이에 새로운 매매예약을 체결하고 그에 기한 소유권이전등기청구권의 보전을 위하여 이미 효력이 상실된 <u>가등기를 유용하기로 합의하고 실제로 그 가등기이전의 부기등기를 경료하였다면,</u>

그 가등기이전의 부기등기를 경료받은 제3자로서는 언제든지 부동산의 소유자에 대하여 위 가등기 유용의 합의를 주장하여 가등기의 말소청구에 대항할 수 있고, 다만 그 가등기이전의 부기등기 이전에 등기부상 이해관계를 가지게 된 자에 대하여는 위 가등기 유용의 합의 사실을 들어 그 가등기의 유효를 주장할 수는 없다고 할 것이다.

• 채권자대위권은 채무자의 제3채무자에 대한 권리를 행사하는 것이므로, 제3채무자는 채무자에 대해 가지는 모든 항변사유로써 채권자에게 대항할 수 있고 채권자는 채무자 자신이 주장할 수 있는 사유의 범위 내에서 주장할 수 있을 뿐, 자기와 제3채무자 사이의 독자적인 사정에 기한 사유를 주장할 수는 없는 것이다.

(b) 적용범위

• 저당권 설정등기의 본등기가 유용 대상인 경우가 많지만, 가등기도 유용 대상이 될 수 있다.

• 무효인 주등기를 유용하여 이에 대한 부기등기를 마치는 방식으로도 무효등기 유용을 할 수도 있다. 이 경우 유용 합의에 따른 부기등기가 마쳐지기 전이면 주등기는 여전히 원인무효 등기이다.

채무자인 부동산 소유자와 새로운 제3의 채권자와 사이에 저당권등기의 유용의 합의를 하였으나 아직 저당권 이전의 부기등기를 경료하지 못한 경우에는 부동산 소유자와 종전의 채권자 사이에서는 **저당권 설정등기는 여전히 등기원인이 소멸한 무효의 등기**라고 할 것(대법원 1998. 3. 24. 선고 97다56242 판결).

• 예컨대 乙소유 X부동산에 대한 甲명의 가등기의 피보전채권이 소멸한 후 乙 · 丙이 매매예약을 하고 丙의 예약완결권을 보전하기 위해 丙명의로 甲명의 가등기에 대한 부기등기를 마쳐 주면 丙명의 가등기 이전 부기등기는 유효한 등기로 인정된다.

(4) 중간생략 등기

A. 개관: 미등기 전매

• 미등기 전매란 하나의 부동산에 대한 두 개의 매매계약이 연속적으로 이루어지는 경우를 뜻한다. 예컨대 甲 소유 부동산을 乙이 매수한 후 乙명으로 소유권이전등기를 마치지 않은 상태에서 이것을 乙이 丙에게 매도하면, 甲 · 乙간 매매뿐 아니라 §569에 의해 乙 · 丙간 매매도 유효하게 성립한다.

- 이러한 미등기 전매는 중간자 乙이 등기 비용을 절감하거나 부동산 투기 단속을 회피할 목적으로 행해진다.

B. 전득자의 중간생략 등기청구권의 요건

(a) 견해의 대립

- 위의 예에서 丙이 甲에게 직접 소유권이전등기 청구를 하려면 어떤 요건이 충족되어야 하는지에 대해서는 견해가 대립한다.
- 판례(합의조건부 유효설)에 의하면, 甲·乙·丙 모두 甲으로부터 丙에게로 중간생략 등기를 하는 것에 합의해야 丙이 甲에게 직접 소유권이전등기 청구권을 행사할 수 있다. 이러한 합의는 묵시적·순차적으로도 할 수 있다.
- 채권양도설에 의하면 乙이 甲에게 §450의 통지만 하면 甲이 동의를 거절해도 丙은 甲에 대한 소유권이전등기 청구권을 행사할 수 있다. 그러나 판례는 소유권이전등기 청구권은 신뢰관계에 기초한 것이므로 채무자인 매도인의 동의·승낙 없이 채권양도인인 중간자의 매도인에 대한 통지만으로는 §450의 대항요건이 충족될 수 없다고 본다.

✓ 현재의 법상황에 의하면 최초매도인 甲의 협조(동의)가 없는 한 전득자 명의의 중간생략 소유권이전등기가 마쳐질 수 없을 것으로 보인다. 매도인이 부동산 매도용 인감증명서를 발급받으려면 매수인란을 반드시 기재해야 하고, 여기에 기재된 명의와 등기신청서상의 등기권리자 명의가 일치해야 하기 때문이다.

> 인감증명법 시행령 제13조 ③ 부동산 매도용으로 인감증명서를 발급받으려는 자는 인감증명서 중 부동산 매수자란에 기재하려는 부동산 매수자의 성명·주소 및 주민등록번호를 관계공무원에게 구술이나 서면으로 제공하고, 그 기재사항을 확인한 후 발급신청자 서명란에 서명한다.

대법원 1995. 8. 22. 선고 95다15575 판결

‣ 부동산이 전전 양도된 경우에 중간생략등기의 합의가 없는 한 그 최종 양수인은 최초 양도인에 대하여 직접 자기 명의로의 소유권이전등기를 청구할 수는 없다고 할 것이고, 부동산의 양도계약이 순차 이루어져 최종 양수인이 중간생략등기의 합의를 이유로 최초 양도인에게 직접 그 소유권이전등기 청구권을 행사하기 위하여는 관계 당사자 전원의 의사합치, 즉 중간생략등기에 대한 최초 양도인과 중간자의 동의가 있는 외에 최초 양도인과 최종 양수인 사이에도 그 중간등기 생략의 합의가 있

었음이 요구된다.

‣ 비록 최종 양수인이 중간자로부터 소유권이전등기 청구권을 양도받았다고 하더라도 소유권이전등기 청구권은 신뢰관계에 바탕을 두고 있어서 성질상 양도가 제한되는 채권이므로 최초 양도인이 그 양도에 대하여 동의하지 않고 있다면 **최종 양수인은 최초 양도인에 대하여 채권양도를 원인으로 하여 소유권이전등기 절차 이행을 청구를 할 수 없다.**

(b) 판례(합의조건부 유효설)에 따른 법률관계

• 중간생략 등기청구권의 유효요건이 갖춰진 경우: 중간생략등기에 대한 전원의 합의는 등기이전 방식에 대한 상호양해에 불과하다. 즉 甲 · 丙 간에 원인행위가 새로 성립한 것으로 간주되는 것은 아니다.

중간생략등기의 합의는 중간등기를 생략하여도 당사자 사이에 이의가 없겠고 또 그 등기의 효력에 영향을 미치지 않겠다는 의미가 있을 뿐이지 그러한 합의가 있었다 하여 중간매수인의 소유권이전등기 청구권이 소멸된다거나 첫 매도인의 그 매수인에 대한 소유권이전등기의무가 소멸하는 것은 아니라 할 것이다(대법원 1991. 12. 13. 선고 91다18316 판결).

• 물권 변동의 원인행위는 여전히 甲 · 乙, 乙 · 丙 사이에 각각 존재한다. 따라서 ㉠ 乙은 甲에게 소유권이전등기 청구권을 행사할 수 있고, ㉡ 甲은 乙에 대한 항변으로 丙의 소유권이전등기청구에 대항할 수 있다. 예컨대 甲 · 乙 · 丙 간 중간생략등기 합의 후 甲 · 乙 간에 대금 증액 약정이 추가된 경우, 甲은 증액된 대금을 乙로부터 지급받기 전까지는 추가 대금 지급 전까지 甲은 乙에 대한 동시이행항변권을 행사할 수 있으므로 이를 근거로 丙의 소유권이전등기 청구에 대해서도 동시이행항변권을 행사할 수 있다.

중간생략등기의 합의란 부동산이 전전 매도된 경우 각 매매계약이 유효하게 성립함을 전제로 그 이행의 편의상 최초의 매도인으로부터 최종의 매수인 앞으로 소유권이전등기를 경료하기로 한다는 당사자 사이의 합의에 불과할 뿐이므로, 이러한 합의가 있다고 하여 최초의 매도인이 자신이 당사자가 된 매매계약상의 매수인인 중간자에 대하여 갖고 있는 매매대금청구권의 행사가 제한되는 것은 아니라고 할 것인바, 이 사건 토지에 관하여 자신들 소유 명의로 등기가 되어 있는 피고들로서는 매수인인 소외 회사 명의로 소유권이전등기를 경료해 줄 의무의 이행과 동시에 소외 회사에 대하여 위와 같이 인상된 매매대금의 지급을 구하는 내용의 동시이행의 항변권을 보유하고 있다고 보아야 할 것이므로, 피고들은 위와 같이 인상된 매매대금이 지급되지 아니하였음을 이유로 원고 명의로의 소유권이전등기의무의 이행을 거절할 수 있다고 할 것이다(대법원 2005. 4. 29. 선고 2003다66431 판결).

C. 중간자의 동의 없이 마쳐진 중간생략등기의 효과

(a) 문제의 소재

• 乙이 반대하는데도 甲·丙의 공동신청으로 丙 명의 소유권이전등기가 마쳐진 경우 유효한 등기인지가 문제된다.

(b) 원칙

• 丙 명의 소유권이전등기는 원인무효 등기이므로 소유자는 여전히 甲이다.

• 중간생략등기가 유효로 인정되기 위한 요건인 '전원의 합의'는 전체로서 하나의 법률요건이므로 중간자의 동의가 빠졌다면 전부무효가 되는 것이 원칙이기 때문이다(§137).

복수의 당사자 사이에 중간생략등기의 합의를 한 경우 그 합의는 전체로서 일체성을 가지는 것이므로, 그 중 한 당사자의 의사표시가 무효인 것으로 판명된 경우 나머지 당사자 사이의 합의가 유효한지의 여부는 제137조에 정한 바에 따라 당사자가 그 무효 부분이 없더라도 법률행위를 하였을 것이라고 인정되는지의 여부에 의하여 판정되어야 할 것이고, 그 당사자의 의사는 실재하는 의사가 아니라 법률행위의 일부분이 무효임을 법률행위 당시에 알았다면 당사자 쌍방이 이에 대비하여 의욕하였을 가정적 의사를 말하는 것이다(대법원 1996. 2. 27. 선고 95다38875 판결).

(c) 예외: 실체관계에 부합하는 등기

• 중간자 乙의 동의 없이 丙명의 소유권이전등기가 마쳐졌으나 乙의 丙에 대한 항변사유가 없어서 乙이 丙의 소유권이전등기청구에 대항할 수 없으면, 乙의 동의 없이 甲·丙간 합의로 마쳐진 丙명의 소유권이전등기는 실체관계에 부합하여 유효이다.

• 乙이 丙 명의 소유권이전등기에 협력할 의무를 이행해야만 하는데도 자신의 동의가 없었음을 이유로 丙 명의 소유권이전등기의 말소등기를 청구하는 것은 무의미한 절차낭비이기 때문이다.

최종 양수인이 중간생략등기의 합의를 이유로 최초 양도인에게 직접 중간생략등기를 청구하기 위하여는 관계 당사자 전원의 의사합치가 필요하지만, 당사자 사이에 적법한 원인행위가 성립되어 일단 중간생략등기가 이루어진 이상 중간생략등기에 관한 합의가 없었다는 이유만으로는 중간생략등기가 무효라고 할 수는 없는 것이다(대법원 2005. 9. 29. 선고 2003다40651 판결).

III 등기의 효과

1. 실체법적 효과

• 등기의 본질적인 효과는 물권 변동을 성립시키는 창설적 효력이다. 또한 등기된 권리에는 대세효가 인정되고, 등기된 권리들이 상충하는 경우에 대비하여 등기 순서에 따른 순위 확정효도 부여된다.

• 다만 물권 이외의 권리를 공시하는 가등기에는 일반적인 등기와는 다른 실체법적 효력이 인정되는데 구체적인 내용은 후술한다.

2. 절차법적 효과: 등기추정력

가. 개관

• 의미: 형식적 요건이 갖춰진 등기가 존재하면 등기된 내용대로 물권 변동이 적법하게 이루어진 것으로 추정된다.

부동산 등기는 그것이 형식적으로 존재하는 것 자체로부터 적법한 등기원인에 의하여 마쳐진 것으로 추정된다(대법원 2017. 6. 19. 선고 2017다215070 판결).

• 법적 성질: 등기추정력은 경험칙에 근거한 사실상 추정이 아니라 법률상 추정이므로 간접반증으로 번복할 수 없다(대법원 1987. 10. 13. 선고 86다카2928 전원합의체 판결).

• 등기추정력을 번복시키려면 등기된 내용이 사실이 아님을 본증으로 직접 증명해야 한다.

부동산에 관하여 소유권이전등기가 마쳐진 경우에 등기명의자는 <u>그 전 소유자는 물론 제3자에 대하여도</u> **적법한 등기원인**에 따라 소유권을 취득한 것으로 추정되므로 이를 <u>다투는 측에서 무효사유를 주장·증명하여야</u> 한다(대법원 2023. 7. 13. 선고 2023다223591판결).

지분이전등기가 마쳐져있는 이상 그 등기는 적법하게 된 것으로서 진실한 권리상태를 공시하는 것이라고 추정되므로, 그 등기가 위법하게 된 것이라고 주장하는 원고에게 그 추정력을 번복할 만한 반대사실을 입증할 책임이 있다(대법원 1992. 10. 27. 선고 92다30047 판결).

나. 요건

(1)등기추정력의 적용 대상: 모든 부동산

A. 등기추정력의 배타성

• 부동산에 대해서는 점유의 추정력은 배제되고 오직 등기의 추정력만 인정된다.
• 미등기 건물이더라도 점유 추정력은 인정되지 않는다.

제200조 소정 점유자의 권리추정의 규정은 특별한 사정이 없는 한 부동산 물권에 대하여는 적용되지 아니하고 다만 그 등기에 대하여서만 추정력이 부여된다(대법원 1982. 4. 13. 선고 81다780 판결).

B. 적용범위

• 권리추정: 점유자와 등기명의인 사이에 누가 소유자인지에 대한 다툼이 있으면 등기명의인이 소유자로 추정되므로 점유자가 등기의 원인무효에 대한 증명책임을 진다.
• 사실추정: 소유권이전등기 명의인은 등기일에 점유도 시작한 것으로 추정된다. 이에 비해 보존등기 명의인은 보존등기시 점유를 개시했다고 추정되지 않으므로 점유 사실을 증명해야만 등기부 시효취득을 할 수 있다.

대법원 2013. 7. 11. 선고 2012다201410 판결

‣ 대지의 <u>소유자로 등기한 자는 보통의 경우 등기할 때에 그 대지를 인도받아 점유를 얻은 것으로 보아야</u> 할 것이므로 등기사실을 인정하면서 특별한 사정의 설시 없이 점유사실을 인정할 수 없다고 판단해서는 아니 된다고 할 것이다.

‣ 그러나 이는 그 임야나 대지 등이 매매 등을 원인으로 양도되고 이에 따라 <u>소유권이</u> <u>전등기가 마쳐진 경우에 그렇다는 것이지, 소유권보존등기의 경우에도 마찬가지라</u> <u>고 볼 수는 없다.</u> 소유권보존등기는 이전등기와 달리 해당 토지의 양도를 전제로 하 는 것이 아니어서, **보존등기를 마쳤다고 하여 일반적으로 그 등기명의자가 그 무렵** **다른 사람으로부터 점유를 이전받는다고 볼 수는 없**기 때문이다.

(2) 등기추정력이 적용되는 등기

A. 원칙: 모든 등기

• 소유권이전등기: 등기원인으로 기재된 법률요건이 유효하게 충족되어 등기 명의 인이 적법하게 소유권을 취득한 것으로 추정된다.

• 말소등기: ㉠ 말소등기의 원인무효 여부가 증명되기 전까지는 말소된 권리의 부 존재가 추정되지만 ㉡ 말소등기가 원인무효임이 증명되면 회복등기 전이더라도 말소등기 대상인 권리의 존재가 추정된다. 등기는 권리의 성립요건이지 존속 요 건은 아니기 때문이다.

> 등기는 물권의 효력 발생 요건이고 존속 요건은 아니어서 등기가 원인 없이 말소된 경우에는 그 물권의 효력에 아무런 영향이 없고, 그 회복등기가 마쳐지기 전이라도 말 소된 등기의 등기명의인은 적법한 권리자로 추정되므로 원인 없이 말소된 등기의 효력을 다투는 쪽에서 그 무효 사유를 주장·입증하여야 한다(대법원 1997. 9. 30. 선 고 95다39526 판결).

• 회복등기가 마쳐진 경우: ㉠ 회복 대상 권리의 유효한 존재가 추정되고 회복등기 절차가 적법하게 처리된 것으로 추정된다. 회복 대상인 등기의 접수번호 등이 공 란이더라도 마찬가지이다. ㉡ 사례: 회복등기 신청 당시에 등기명의인이 사망했 음이 증명되더라도 회복등기의 추정력에는 영향이 없다. 등기권리자가 사망한 경우 그 상속인은 피상속인의 이름으로 회복등기를 신청해야 하기 때문이다.

> 소유권이전등기가 등기부 멸실 후 회복등기절차에 따라 이루어진 경우에 그 회복등 기는 등기공무원에 의하여 적법하게 수리되어 처리된 것으로 추정되므로 회복대상인 <u>전등기의 접수연월일, 접수번호 및 원인일자가 각 공란으로 되어 있다고 하더라도 특</u> <u>별한 사정이 없는 한 멸실회복등기의 실시요강에 따라 등기공무원이 토지대장등본</u> <u>등 전등기의 권리를 증명할 공문서가 첨부된 등기신청서에 의하여 적법하게 처리한</u>

것이라고 추정된다(대법원 2003. 12. 12. 선고 2003다44615 판결).

> 수인이 공동으로 소유하는 부동산에 관한 멸실회복등기는 공유자 중 1인이 공유자 전 원의 이름으로 그 회복등기신청을 할 수 있고, 등기권리자가 사망한 경우에는 상속인 의 명의가 아니라 피상속인의 이름으로 회복등기를 하여야 하는 것이므로, 회복등기 신청 당시 등기명의인이 이미 사망하였다고 하더라도 그 멸실회복등기의 추정력이 깨어지지 아니한다(대법원 2003. 12. 12. 선고 2003다44615 판결).

- 담보권 설정등기가 마쳐진 경우 피담보채권의 존재도 추정된다. 판례의 태도는, 일반 저당권에 대해서는 아직 불명확하고, 근저당권 설정등기에 대해서는 근저 당권 설정계약 사실만 추정되고 피담보채권 발생의 원인행위는 추정되지 않는다 고 보는 듯하다(2010다107408, 945면).

B. 예외: 등기추정력이 인정되지 않는 등기

(a) 중복등기 중 폐쇄 대상인 후행 등기부상의 등기

- 중복등기임을 이유로 폐쇄될 등기부상의 등기에 대해서는 등기추정력이 인정되 지 않는다.

> 동일 부동산에 관하여 등기명의인을 달리하여 중복된 소유권보존등기가 마쳐진 경 우 먼저 이루어진 소유권보존등기가 원인무효로 되지 않는 한 뒤에 된 소유권보존등 기는 실체적 권리관계에 부합하는 여부를 불문하고 무효이다(대법원 1996. 4. 23. 선 고 95다11184 판결).

(b) 가등기

- 가등기가 마쳐졌더라도 피보전권리인 채권적 등기청구권의 존재가 추정되지는 않는다.

> 가등기의 구체적인 등기원인의 추정력을 부정하는 대법원의 입장은 현행 민법과 부 동산등기법에 따라 이루어진 가등기에 관해서도 마찬가지로 유지되었다. 이 사건 가 등기도 그 등기원인에 해당하는 특정의 법률관계가 존재한다고 추정할 수 없다(대법 원 2018. 11. 29. 선고 2018다200730 판결).

- 이에 비해 가등기의 말소등기가 원인무효임이 증명되면 회복등기 전이더라도 말 소된 가등기가 유효한 등기라고 추정된다.

가등기가 그 **등기명의인의 의사에 기하지 아니하고 위조된 서류에 의하여 부적법하게 말소된 사실이** 인정된 경우 이 **가등기는 여전히 적법한 등기원인에 의하여 이루어진 것으로 추정**된다. 따라서 가등기명의인이 명의신탁 토지에 대한 임의 처분 방지를 목적으로 위 가등기를 마쳐 두었다고 주장하고 있으며, <u>이러한 사실을 입증하지 못한다 하더라도 그로 인하여 위 가등기의 권리추정력이 깨어져 원고가 위 가등기가 실체관계에 부합하는 가등기라고 하는 것을 입증할 책임을 지게 되는 것은 아니고, 여전히 위 가등기의 말소등기가 실체관계에 부합하는 것이라고 주장하는 피고들이 그 주장 사실을 입증할 책임을 진다</u>(대법원 1997. 9. 30. 선고 95다39526 판결).

(3) 등기추정력이 미치는 범위

A. 인적 범위: 모든 사람, 모든 용도

• 등기 추정력은 등기의 원인인 물권 변동의 당사자들 사이에서도 적용된다. 예컨대 매매계약을 원인행위로 하는 소유권이전등기가 마쳐진 경우, 매도인인 전 등기명의인이 매매계약의 무효·취소, 해제 등의 사유를 증명하지 못하는 한 매수인이 유효하게 소유권을 취득했다고 추정된다.

소유권이전등기가 마쳐진 경우, 등기명의자는 <u>제3자만이 아니라 전 소유자에 대하여도 적법한 등기원인에 따라 소유권을 취득한 것으로 추정</u>되므로, 이를 부인하고 등기원인의 무효를 주장하여 소유권이전등기의 <u>말소를 구하는 자는 무효원인이 되는 사실을 주장하고 이를 증명할 책임이 있다</u>(대법원 2022. 5. 12. 선고 2020다279180 판결).

• 대장이나 등기부를 관리하는 주체인 국가·지방자치단체 등에 대해서도 적용된다.

등기추정력의 법리는 <u>매수인이 지적공부 등의 관리주체인 국가나 지방자치단체라고 하여 달리 볼 것은 아니다</u>(대법원 2019. 12. 13. 선고 2019다267464 판결).

• 등기명의인 아닌 사람도 주장할 수 있고 등기명의인의 불이익을 위해서도 적용된다. 예컨대 과세 관청은 부동산 관련 재산세를 소유권이전등기 명의인에게 부과할 수 있다.

B. 물적 범위: 등기부에 기재된 모든 내용

• 등기된 물권의 실체법적 법률요건인 등기 원인의 존재뿐 아니라, 등기 절차의 적법성도 추정된다.

부동산등기부에 **소유권이전등기를 하면 그 절차와 원인이 정당한 것이라고 추정되고 절차와 원인이 부당하다고 주장하는 당사자에게 이를 증명할 책임**이 있다. 그러나 등기 절차나 원인이 부당한 것으로 볼 만한 <u>의심스러운 사정이 있음이</u> 증명되면 그 <u>추정력은 깨어진다</u>(대법원 2017. 10. 31. 선고 2016다27825 판결).

- 원인행위의 당사자가 실제로는 전 등기명의인 아닌 제3자임이 밝혀졌더라도 그 제3자에 대한 처분권한 부여나 대리권 수여 사실이 추정된다. 따라서 등기가 원인무효라고 주장하는 전 등기명의인이 그 제3자에게 대리권이나 처분권한이 없었다는 사실에 대한 증명책임을 진다.

소유권이전등기가 전 **등기명의인의 직접적인 처분행위에 의한 것이 아니라 제3자가 그 처분행위에 개입**된 경우 현 등기명의인이 그 제3자가 전 등기명의인의 대리인이라고 주장하더라도 현 소유명의인의 <u>등기가 적법히 이루어진 것으로 추정되므로, 그 등기가 원인무효임을 이유로 그 말소를 청구하는 전 소유명의인으로서는 반대사실, 즉 그 제3자에게 전 소유명의인을 대리할 권한이 없었다든가 또는 제3자가 전 소유명의인의 등기서류를 위조하는 등</u> 등기절차가 적법하게 진행되지 아니한 것으로 의심할 만한 사정이 있다는 등의 <u>무효사실에 대한 증명책임을 진다</u>(대법원 2009. 9. 24. 선고 2009다37831 판결).

- 전 등기명의인인 제한능력자인 경우 법정대리인의 재산처분을 위한 요건이 모두 충족된 것으로 추정된다. 예컨대 원인행위의 당사자인 친권자와 그 자녀 사이에 이해상반성이 인정되더라도 특별대리인 선임 등의 절차를 거쳐 유효하게 등기가 마쳐진 것으로 추정된다.

전 등기명의인인 원고가 미성년자이고 지분을 친권자인 피고에게 증여하는 행위가 이해상반행위라 하더라도 일단 지분이전등기가 경료되어 있는 이상 그 이전등기에 관하여 필요한 절차를 적법하게 거친 것으로 추정된다(대법원 2002. 2. 5. 선고 2001다72029 판결).

다. 등기추정력의 효과

(1) 개관

- 등기된 내용에 대해서는 악의로 추정되고, 등기 내용을 믿은 것은 무과실로 추정된다.

부동산을 매수하는 사람은 매도인에게 그 부동산을 처분할 권한이 있는지 여부를 알아보아야 하는 것이 원칙이고, 이를 알아보았더라면 무권리자임을 알 수 있었을 때에는 과실이 있다고 보아야 할 것이나, 매도인이 등기부상의 소유명의자와 동일인인 경우에는 그 등기부나 다른 사정에 의하여 매도인의 소유권을 의심할 수 있는 여지가 엿보인다면 몰라도 그렇지 않은 경우에는 등기부의 기재가 유효한 것으로 믿고 매수한 사람에게 과실이 있다고 말할 수는 없다(대법원 2019. 12. 13. 선고 2019다267464 판결).

- 등기추정력을 소멸시키려면 등기된 내용이 진실이 아님을 본증으로 증명해야 한다. 따라서 ㉠ 등기된 내용을 의심하게 하는 특별한 사정을 증명하는 간접반증으로는 부족하고, ㉡ 등기 명의인이 등기부에 기재된 등기 원인과 다른 주장을 했더라도 등기 추정력은 유지된다.

부동산등기는 그것이 형식적으로 존재하는 것 자체로부터 적법한 등기원인에 의하여 마쳐진 것으로 추정되고, 등기명의자가 등기부에 기재된 것과 다른 원인으로 등기 명의를 취득하였다고 주장하고 있지만 그 주장 사실이 인정되지 않는다 하더라도 그 자체로 등기의 추정력이 깨어진다고 할 수 없으므로, 그와 같은 경우에도 등기가 원인 없이 마쳐진 것이라고 주장하는 쪽에서 무효사유를 주장·증명할 책임을 지게 된다(대법원 2023. 7. 13. 선고 2023다223591판결).
부동산등기는 현재의 진실한 권리상태를 공시하면 그에 이른 과정이나 태양을 그대로 반영하지 아니하였어도 유효한 것인바, 등기원인행위의 태양이나 과정을 등기부상 기재된 등기원인과 다소 다르게 주장하거나 그 주장 사실이 인정되지 않더라도 그러한 사정만으로 등기의 추정력이 깨어진다고 할 수 없으므로, 이러한 경우에도 이를 다투는 측에서 등기명의자의 소유권이전등기가 전 등기명의자의 의사에 반하여 이루어진 것으로서 무효라는 주장·증명을 하여야 한다(대법원 2022. 5. 12. 선고 2020다279180 판결).

(2) 등기추정력의 복멸 사유

A. 당사자의 부존재가 증명된 경우

(a) 등기의무자가 허무인인 경우

- 등기명의인이 존재하지 않는 자연인인 허무인이거나 실체가 없는 법인임이 증명되면 등기추정력은 복멸된다.
- 따라서 등기의 유효를 주장하는 자가 실체관계에 부합 등기라는 것을 주장·증명

할 책임을 진다.

> 피고 종중이 위 소외인으로부터 신탁해지를 원인으로 소유권이전등기를 받았다 하여
> 도 위 소외인은 허무한 가공인물인 만큼 그 소유권이전등기는 원인무효로서 피고 종
> 중의 소유권추정은 깨트려 진다고밖에 볼 수 없다(대법원 1985. 11. 12. 선고 84다카
> 2494 판결).

(b) 등기의무자가 망인인 경우

• 원칙: 등기신청일에 등기의무자가 이미 사망했다는 사실이 증명된 경우 원인무
 효 등기로 인정되고 더 이상 등기추정력이 유지될 수 없다.

> 망인 명의 신청으로 이루어진 이전등기는 원인무효의 등기로서 등기의 추정력을 인
> 정할 여지가 없으므로 그 등기의 유효를 주장하는 자가 현재의 실체관계와 부합함을
> 증명할 책임이 있다(대법원 2017. 12. 22. 선고 2017다360 판결).

• 예외: ㉠ 등기신청 명의인 사망 전에 이미 등기신청이 접수되었거나, ㉡ 망인이
 생전에 한 원인계약을 이행하기 위하여 상속인이 망인에게서 양수인에게로 중간
 생략등기를 했다는 사실이 인정되면, 유효한 등기라는 등기추정력이 유지된다.

> 전 소유자의 사망 후에 그 명의로 신청되어 경료된 소유권이전등기는, 또는 등기신청
> 을 ㉠ 등기공무원이 접수한 후 등기를 완료하기 전에 본인이나 그 대리인이 사망한 경
> 우 또는 ㉡ 등기원인이 이미 존재하고 있으나 아직 등기신청을 하지 않고 있는 동안에
> 등기의무자에 대하여 상속이 개시된 경우에 피상속인이 살아 있다면 그가 신청하였
> 을 등기를 상속인이 신청한 경우와 같은 **특별한 사정이 인정되는 경우를 제외하고는,**
> **원인무효**의 등기라고 볼 것이어서 그 등기의 추정력을 인정할 여지가 없다(대법원
> 2004. 9. 3. 선고 2003다3157 판결).

B. 등기 절차의 위법성이 증명된 경우

• 등기절차가 적법하게 진행되지 않았다고 의심할 만한 사정이 있음이 증명되면
 등기추정력은 복멸된다.
• 예컨대 등기의무자가 서로 달라서 일괄하여 등기신청을 할 수 없었던 여러 부동
 산에 대해 동일한 접수번호가 부여되었다면 등기추정력은 깨진다.

이 사건 토지가 원고의 소유이며 인접 대지는 소외 1의 소유로서 그 등기의무자가 다름은 원심이 확정한 바이고 각 부동산은 별도의 중개인을 통하여 매수하여 별개의 등기필증을 교부받았다는 취지의 증언이 사실이라면, 이 사건 토지와 인접 대지는 일괄신청에 의하여 등기일자와 등기번호가 동일하게 될 수 없는 것이다. 이처럼 등기절차가 적법하게 진행되지 아니한 것으로 볼만한 의심스러운 사정이 있음이 입증되는 경우에는 그 추정력은 깨어진다고 할 것이다(대법원 2003. 2. 28. 선고 2002다46256 판결).

C. 등기내용상 허위임이 명백한 경우

- 등기된 공유지분의 합이 1이 넘는 경우에는 그 자체로서 허위임이 명백하므로 원인무효 등기로 인정된다.

소유권지분이전등기가 경료되어 있는 경우에는 일단 그 등기명의자는 그 공유지분 비율에 의한 적법한 공유자로 추정되지만, 등기부상 등기명의자의 공유지분의 분자 합계가 분모를 초과하는 경우에는 등기부의 기재 자체에 의하여 그 등기가 불실함이 명백하므로 그 중 어느 공유지분에 관한 등기가 무효인지를 가려 보기 전에는 등기명 의자는 등기부상 공유지분의 비율로 공유한다고 추정할 수 없고 공유지분의 분모를 분자 합계로 수정한 공유지분의 비율로 공유한다고 추정할 수도 없다(대법원 1997. 9. 5. 선고 96다33709 판결).

- 등기신청 당시 제출된 등기원인 계약서가 진정하지 않음이 증명되면 등기추정력 은 깨진다.

소유권이전등기의 원인으로 주장된 계약서가 진정하지 않은 것으로 증명된 이상 그 등기의 적법추정은 복멸되는 것이고 계속 다른 적법한 등기원인이 있을 것으로 추정 할 수는 없는 것이다(대법원 1998. 9. 22. 선고 98다29568 판결).

라. 특별조치법에 의한 등기와 등기추정력

(1) 개관: 특별조치법에 의한 등기의 강한 추정력

- 일반적인 등기추정력은 그 내용인 사실관계나 권리관계의 부존재가 증명되면 깨지는 데 비해, 특별조치법에 의한 등기의 추정력은, ㉠ 특별조치법상 등기를 위해 제출된 보증서·확인서 등이 허위이거나 위조되었음이 증명되거나 ㉡ 그 밖의 사유로 부적법하게 등기되었음이 증명되는 경우에만 깨진다.
- 다만 이러한 사유들에 대한 의심을 불러일으킬 수 있을 정도로 증명되면 충분하

고 법관이 확신할 수 있을 정도로 증명될 필요는 없다.

> 특별조치법에 따라 마쳐진 등기는 실체적 권리관계에 부합하는 등기로 추정되고, 특별조치법에 정한 **보증서나 확인서가 허위 또는 위조**된 것이라거나 그 밖의 사유로 **적법하게 등기된 것이 아니라는 입증**이 없는 한 그 소유권보존등기나 이전등기의 <u>추정력은 번복되지 않는다.</u> 여기서 허위의 보증서나 확인서라 함은 권리 변동의 원인에 관한 실체적 기재 내용이 진실에 부합하지 않는 보증서나 확인서를 뜻하는 것이다(대법원 2006. 2. 23. 선고 2004다29835 판결).

> 등기의 추정력을 번복하기 위한 <u>보증서의 허위성의 입증 정도</u>는 그 실체적 기재 내용이 진실이 아님을 의심할 만큼 증명하는 것으로 족하고 **법관이 확신할 정도가 되어야 하는 것은 아니다**(대법원 2005. 6. 24. 선고 2005다21975 판결).

(2) 특별조치법에 의한 등기의 등기추정력이 문제된 사례

A. 등기추정력이 유지된 사례

- 진정권리자가 따로 있음이 밝혀진 경우: 특별조치법에 의한 소유권보존등기 명의인이 원시취득자가 아님이 증명된 것만으로는 특별조치법에 의한 소유권보존등기의 추정력이 소멸하지 않는다. 중간생략 보존등기를 한 것으로 볼 여지가 있기 때문이다.

> **특별조치법에 의한 소유권보존등기가 마쳐진 토지에 관하여 사정받은 사람이 따로 있는 것으로 밝혀진 경우**이더라도, 그 보존등기는 같은 법 소정의 <u>적법한 절차에 따라 마쳐진 것으로서 실체적 권리관계에도 부합하는 등기로 추정</u>되는 것이다(대법원 2005. 6. 24. 선고 2005다21975 판결).

- 보증서·확인서 기재 내용 중 권리 변동의 경과에 관한 부분이 부정확하더라도 등기추정력은 유지된다. 특별조치법에 의한 등기는 현재의 소유자 명의로 등기를 마치도록 하는 것이 목적이기 때문이다. 따라서 ㉠ 원인행위의 날짜가 전 등기명의인 사망 후로 기재되거나 ㉡ 보증서에 권리 변동의 요건 기재가 누락되고 현재의 권리 현황만 기재되어 있거나 ㉢ 보증서에 기재된 매도인의 이름이나 원인행위 날짜가 등기 내용과 일치하지 않더라도, 등기 추정력은 유지된다.

> 특별조치법이 <u>부동산의 사실상의 양수인에 대하여 그 권리 변동 과정과 일치하지 아니하는 등기를 허용하는 것</u>임에 비추어, 권리취득의 원인인 매수일자가 원소유자 또

는 전 등기명의인의 사망일자보다 뒤로 되어 있거나, 보증서나 확인서상의 매도인 명의나 매수일자의 기재가 실제와 달리 되어 있거나, 보증서에 구체적 권리 변동사유의 기재가 생략되고 현재의 권리상태에 대해서만 기재되어 있더라도 그것만으로는 바로 그 등기의 적법 추정력이 깨진다고 할 수 없다(대법원 2019. 7. 10. 선고 2018다 295677 판결).

B. 등기추정력이 번복된 예
(a) 특별조치법에 의한 등기의 추정력 소멸을 위한 특별한 사정이 증명된 경우(509면)
(b) 전 등기명의인이 무권리자임이 증명된 경우

• 특별조치법상 등기의 전 등기명의인이 무권리자임이 증명되면 그로부터의 승계취득을 원인으로 하는 소유권이전등기는 특별조치법에 의한 등기이더라도 등기 추정력이 소멸한다. 이 경우에는 특별조치법에 의한 등기의 추정력 소멸을 위한 특별한 사정이 증명되지 않아도 된다.

• 논거: 특별조치법에 의한 등기이더라도 소유권보존등기는 원시취득, 소유권이전등기는 승계취득의 요건이 각각 갖춰졌다는 사실에 대해서만 강한 추정력이 인정되는 데 그친다. 따라서 전 등기명의인이 무권리자임이 증명되었다면 특별조치법에 의한 소유권이전등기의 원인행위가 유효임이 추정되더라도 소유권을 취득할 수 없다.

대법원 2018. 1. 25. 선고 2017다260117 판결
‣ 특별조치법에 의한 소유권이전등기는 실체적 권리관계에 부합하는 등기로 추정되지만 그 소유권이전등기도 전 등기명의인으로부터 소유권을 승계취득하였음을 원인으로 하는 것이고 보증서 및 확인서 역시 그 승계취득사실을 보증 내지 확인하는 것이므로, 그 전 등기명의인이 무권리자이기 때문에 그로부터의 소유권이전등기가 원인무효로서 말소되어야 할 경우라면, 그 등기의 추정력은 번복된다.
‣ 소유권보존등기의 추정력은 그 등기가 특별조치법에 의하여 마쳐진 것이 아닌 한 등기명의인 이외의 자가 해당 토지를 사정받은 것으로 밝혀지면 깨어지는 것이어서, 등기명의인이 구체적으로 실체관계에 부합한다거나 그 승계취득사실을 주장·증명하지 못하는 한 그 등기는 원인무효이므로, 이와 같이 원인무효인 소유권보존등기를 기초로 마친 소유권이전등기는 그것이 특별조치법에 의하여 이루어진 등기

라고 하더라도 **원인무효**이다.

(c) 보증서·확인서 기재와 다른 권리취득 원인의 주장

- 특별조치법에 따른 등기 명의인이 보증서·확인서에 기재된 취득원인이 사실이 아님을 인정하면서 새로운 소유권 취득원인을 주장하는 경우, 등기추정력이 소멸하는지의 여부가 문제된다.
- 등기추정력 소멸이 인정되려면, ㉠ 특별조치법 적용이 불가능한 취득일자를 주장하거나, 구체적인 내용이 전혀 없어서 주장 자체로서 허구임이 명백한 경우 등의 특별한 사정 또는 ㉡ 새로 주장된 권리취득 원인이 진실이 아니라는 사실이 증명되어야 한다.
- 증명의 정도: 법관이 의심할 만큼만 증명되면 등기추정력이 깨진다.

특별조치법에 따라 등기를 마친 자가 보증서나 확인서에 기재된 취득원인이 사실과 다름을 인정하더라도 그가 **다른 취득원인에 따라 권리를 취득하였음을 주장**하는 때에는, 특별조치법의 적용을 받을 수 없는 시점의 취득원인 일자를 내세우는 경우와 같이 그 주장 자체에서 특별조치법에 따른 등기를 마칠 수 없음이 명백하거나 그 주장하는 내용이 구체성이 전혀 없다든지 그 자체로서 허구임이 명백한 경우 등 **특별한 사정이 없는 한** 특별조치법에 따라 마쳐진 등기의 추정력이 깨어진다고 볼 수는 없으며, 그 밖의 자료에 의하여 새로이 주장된 취득원인 사실에 관하여도 진실이 아님을 의심할 만큼 증명되어야 그 등기의 추정력이 깨어진다(대법원 2001. 11. 22. 선고 2000다71388 전원합의체 판결).

Ⅳ   등기의 유형별 쟁점

1. 진정명의회복을 원인으로 한 소유권이전등기

가. 개관

- 법적 성질: 진정명의회복을 원인으로 한 소유권이전등기 청구권과 §214에 근거한 말소등기 청구권은 법적 근거와 성질이 같으므로 소송물의 동일성도 인정된다.

대법원 2001. 9. 20. 선고 99다37894 전원합의체 판결

・진정한 등기명의의 회복을 위한 소유권이전등기 청구는 이미 자기 앞으로 <u>소유권</u>
<u>을 표상하는 등기</u>가 되어 있었거나 <u>법률에 의하여 소유권을 취득한 자</u>가 진정한 등
기명의를 회복하기 위한 방법으로 <u>현재의 등기명의인을 상대로 그 등기의 말소를</u>
<u>구하는 것</u>에 갈음하여 <u>허용</u>되는 것이다.

・진정명의회복을 원인으로 한 소유권이전등기 청구권과 무효등기의 말소청구권은
진정한 소유자의 등기명의를 회복하기 위한 것으로서 실질적으로 그 <u>목적이 동일</u>
<u>하고, 두 청구권 모두 소유권에 기한 방해배제청구권으로서 그 법적 근거와 성질이</u>
<u>동일</u>하므로, 비록 전자는 이전등기, 후자는 말소등기의 형식을 취하고 있다고 하더
라도 그 <u>소송물은 실질상 동일한 것</u>으로 보아야 하고, 따라서 소유권이전등기 말소
청구소송에서 패소확정판결을 받았다면 그 기판력은 그 후 제기된 진정명의회복을
원인으로 한 소유권이전등기 청구소송에도 미친다.

・따라서 §214의 물권적 청구권을 행사할 수 있는 진정 소유자만이 진정명의회복을
원인으로 하는 소유권이전등기 청구권을 행사할 수 있다. 즉 본인 명의로 유효한
소유권이전등기가 마쳐져 있었거나 법률에 의해 소유권을 취득했었던 자만이 현
재의 소유권이전등기 명의인을 상대로 진정명의회복을 원인으로 한 소유권이전
등기 청구를 할 수 있다.

나. 사례: 명의신탁과 진정명의회복을 원인으로 한 소유권이전등기 청구

(1) 사안의 개요

・甲(종중)은 丙소유 X부동산을 매수하면서 甲・乙간 명의신탁 약정에 따라 수탁
자 乙명의 소유권이전등기를 마쳤다. 그 후 丁은 특별조치법에 따라 X부동산에
丁명의 소유권이전등기를 마쳤는데 이때 위조된 서류를 이용했다는 사실이 밝혀
졌다.

・甲은 乙을 대위하여 丁명의 소유권이전등기 말소등기청구소송을 제기하여 1심
에서 승소한 후, 2심에서 진정명의회복을 원인으로 하는 소유권이전등기 청구로
청구 변경을 했다.

(2) 쟁점과 판단

・명의신탁이 유효이더라도 삼당사자간 명의신탁에서의 신탁자는 소유권을 표상
하는 등기를 마쳤거나 법률에 의해 소유권을 취득했던 자가 아니므로, 진정명의

회복을 원인으로 하는 소유권이전등기 청구를 할 수 없다.

• 원심은 甲의 청구 변경 신청이 교환적 변경인가 추가적 변경인가에 대한 석명의
무가 있는데도 이를 위반했다.

> **대법원 2003. 1. 10. 선고 2002다41435 판결**
>
> › 자기 앞으로 소유권을 표상하는 등기가 되어 있지 않았고 법률에 의하여 소유권을
> 취득하지도 않은 자가 소유권자를 대위하여 현재의 등기명의인을 상대로 그 등기
> 의 말소를 청구할 수 있을 뿐인 경우에는 현재의 등기명의인을 상대로 진정한 등기
> 명의의 회복을 위한 소유권이전등기청구를 할 수 없다. 따라서 신탁자가 수탁자를
> 대위하지 않고 부실등기명의인에게 진정명의회복을 구하는 소유권이전등기청구
> 를 할 수는 없다.
>
> › 당사자의 청구 변경형태가 불명할 경우에는 사실심법원으로서는 청구변경의 취지
> 가 무엇인가 즉 교환적인가 또는 추가적인가의 점에 대하여 석명으로 밝혀볼 의무
> 가 있다.

2. 말소등기 · 회복등기

가. 말소등기

(1) 의미 · 방법

A. 의미

• 말소등기란 실체관계와 일치하지 않는 등기기록을 말소하는 등기를 뜻한다.

• 등기절차가 부적법한 경우는 물론 적법하게 마쳐진 등기가 후발적 사정으로 인
해 실체관계를 반영하지 못하게 된 경우에도 말소등기 대상이 된다.

B. 방법

(a) 신청 방법

• 말소등기도 신청 방법은 일반적인 등기와 같다.

• 따라서 공동신청주의가 적용되지만 승소확정판결을 받은 등기권리자는 단독으
로도 신청할 수 있다.

(b) 등기 방법

• 말소등기도 독립된 번호를 가지는 주등기의 형식으로 하고, 말소 대상 등기기록
에 삭제선을 그어 말소 표시를 한다.

> 부동산등기규칙 제116조(등기의 말소) ① 등기를 말소할 때에는 말소의 등기를 한 후 해당 등기를 말소하는 표시를 하여야 한다.

- 말소할 권리를 목적으로 하는 제3자 명의의 등기는 직권말소 대상이고(등기선례 제6−382호), 권리자 및 기타사항란에 그 취지를 표기한다. 예컨대 원인무효인 甲 명의 1번 지상권 설정등기에 대해 乙명의 1−1번 지상권 저당권 설정등기가 마쳐진 경우, 진정소유자 丙은 순위번호 2번으로 乙명의 1−1번 지상권 저당권 설정등기 말소등기를 하고 1번 지상권 말소로 인한 것임을 기록한 후, 순위번호 3번 으로 甲명의 1번 지상권 설정등기 말소등기를 한다.

> 부동산등기규칙 제116조(등기의 말소) ② 제1항의 경우에 말소할 권리를 목적으로 하는 제3자의 권리에 관한 등기가 있을 때에는 등기기록 중 해당 구에 그 제3자의 권리 의 표시를 하고 어느 권리의 등기를 말소함으로 인하여 말소한다는 뜻을 기록하여야 한다.

(2) 말소등기 청구권의 권원

A. 개관

- 원인무효 등기에 대한 말소등기 청구는 §214의 방해배제 청구권의 행사이므로, 말소할 권리의 부존재가 증명되더라도 물권자 아닌 자가 한 말소등기 청구는 기 각된다.
- 예컨대 甲 소유 X부동산에 대해 乙이 등기서류 위조 등의 방법으로 원인무효 소 유권이전등기를 마친 후 丙이 乙로부터 X부동산을 전득하여 丙명의 소유권이전 등기가 마쳐진 경우, 丙이 등기부 시효취득의 요건을 충족하면 甲은 소유권을 상 실하기 때문에 乙에 대해서도 말소등기 청구를 할 수 없다.

대법원 2019. 7. 10. 선고 2015다249352 판결

- 원고가 피고에 대하여 피고 명의로 마쳐진 **소유권이전등기의 말소를 구하려면 먼 저 원고에게 그 말소를 청구할 수 있는 권원이 있음을 적극적으로 주장·증명**하여 야 하고, 만일 원고에게 그러한 권원이 있음이 인정되지 않는다면 설령 **피고 명의의 소유권이전등기가 말소되어야 할 무효의 등기라고 하더라도 원고의 청구를 인용할 수는 없**다.
- 피고로부터 매매 등의 방법으로 부동산에 대한 권리가 순차적으로 이전되어 <u>최종</u>

> 적으로 소유권이전등기를 마친 제3자가 시효취득을 원인으로 부동산에 대한 소유
> 권을 취득함에 따라 당초 부동산의 **소유자인 원고가 소유권을 상실**하게 되면, 비록
> 피고 명의의 소유권이전등기가 원인무효라고 하더라도 원고에게 <u>피고 명의의 소유</u>
> <u>권이전등기의 말소를 청구할 수 있는 권원이 없으므로</u>, 원고는 피고에 대하여 소유
> 권에 기한 등기말소청구를 할 수 없다.

- 이러한 법리는 말소할 등기가 보존등기인 경우에도 마찬가지로 적용된다(대법원 2008. 10. 9. 선고 2008다35128 판결).

B. 사례: 등기 명의인 표시 변경·등기에 대한 말소등기 청구권의

- 사안의 개요: A가 신축하여 보존등기한 것으로 증명된 X부동산에 대해 甲·乙 명의로 순차적으로 보존등기 명의인의 표시를 변경하는 부기등기가 마쳐졌다. 甲은 乙이 자신과 동일인이 아님을 이유로 乙명의로 변경한 부기등기에 대한 말소등기 청구를 했다.

- 쟁점과 판단: 보존등기 명의인을 乙로 변경한 부기등기가 원인무효이더라도 甲이 그 말소를 청구하려면 A와 甲이 동일인이어서 甲 자신이 X부동산의 소유자임이 증명되어야 한다.

> 등기명의인의 표시변경 또는 경정의 부기등기가 등기명의인의 동일성을 해치는 방법
> 으로 행하여져서 부동산등기사항증명서상의 표시가 실지 소유관계를 표상하고 있는
> 것이 아니라면 진실한 소유자는 그 소유권의 내용인 침해배제청구권의 정당한 행사
> 로써 그 표시상의 소유명의자를 상대로 그 소유권에 장애가 되는 부기등기인 표시변
> 경 또는 경정등기의 말소등기절차의 이행을 청구할 수 있으므로, 이와 같이 부동산의
> 등기명의인의 표시변경 또는 경정등기의 말소등기절차의 이행을 청구하려는 자는 자
> 신이 부동산의 원래의 등기명의인에 해당하는 자로서 진실한 소유자라는 사실을 증
> 명하여야 한다(대법원 2021. 5. 7. 선고 2020다299214 판결).

(3) 말소등기의 대상

A. 전부 말소 원칙

- 말소등기는 실체관계와 부합하지 않는 등기 전부를 대상으로 하는 것이 원칙이다.
- 다만 판례에 의하면 경정등기의 형식으로 말소 대상인 권리의 일부에 대한 말소등기를 할 수 있다(2016다6309, 523면).

B. 사례: 저당권·가등기 등의 권리 이전 부기등기에 대한 말소등기

• 원인무효 등기로 권리가 설정된 후 그 권리의 이전 등기가 부기등기로 마쳐진 경우, 말소등기 청구의 상대방은 부기등기 명의인이지만, 말소등기 청구의 대상은 주등기이다. 부기등기는 주등기에 종속되어 주등기와 일체를 이룰 뿐 새로운 권리를 성립시키는 것이 아니고, 주등기가 말소되면 부기등기는 직권말소 되기 때문이다(부동산등기법 §57 ②).

> **대법원 1995. 5. 26. 선고 95다7550 판결**
> ・ 근저당권의 양도에 의한 **부기등기는** 기존의 근저당권 설정등기에 의한 **권리의 승계를 등기부상 명시**하는 것뿐으로, 그 등기에 의하여 새로운 권리가 생기는 것이 아닌 만큼 근저당권 설정등기의 말소등기청구는 양수인만을 상대로 하면 족하고, 양도인은 그 말소등기청구에 있어서 피고 적격이 없다.
> ・ 근저당권 이전의 부기등기는 기존의 주등기인 근저당권 설정등기에 종속되어 주등기와 일체를 이루는 것이어서 피담보채무가 소멸된 경우 또는 근저당권 설정등기가 당초 원인무효인 경우 주등기인 근저당권 설정등기의 말소만 구하면 되고 그 부기등기는 별도로 말소를 구하지 않더라도 주등기의 말소에 따라 직권으로 말소되는 것이다.

• 이러한 법리는 가등기된 권리를 이전하는 부기등기(대법원 1994. 10. 21. 선고 94다17109 판결), 등기명의인 표시를 변경하거나 경정하는 부기등기에 대해 동일하게 적용된다.

✓ 저당권이나 가등기 이전 부기등기에 대한 말소등기 청구는 저당권이나 가등기 이전의 원인행위가 사해행위이 경우 사해행위취소에 수반하는 원물반환의 일환으로 행해지는 경우가 많다(채권총론 참조).

(4) 등기상 이해관계 있는 제3자의 승낙

A. 제3자의 의미·범위

• 말소등기 청구권의 요건이 충족되었더라도 말소등기로 인해 손해를 입을 우려가 있는 제3자가 있으면 그 제3자의 승낙을 얻어야 말소등기를 할 수 있다.

> 부동산등기법 제57조(이해관계 있는 제3자가 있는 등기의 말소)
> ① 등기의 말소를 신청하는 경우에 그 말소에 대하여 등기상 이해관계 있는 제3자가 있을 때에는 제3자의 승낙이 있어야 한다.
> ② 제1항에 따라 등기를 말소할 때에는 등기상 이해관계 있는 제3자 명의의 등기는 등

기관이 직권으로 말소한다.

여기서 말하는 등기상 이해관계 있는 제3자란 말소등기를 함으로써 손해를 입을 우려가 있는 등기상의 권리자로서 그 손해를 입을 우려가 있다는 것이 등기부 기재에 의하여 형식적으로 인정되는 자이고, 그 제3자가 승낙의무를 부담하는지 여부는 그 제3자가 말소등기권리자에 대한 관계에서 그 승낙을 하여야 할 실체법상의 의무가 있는지 여부에 의하여 결정된다(대법원 2007. 4. 27. 선고 2005다43753 판결).

- 여기서 말하는 제3자는 등기부 기재만을 근거로 형식적으로 판단해야 한다. 따라서 말소등기 대상인 소유권이전등기 명의인으로부터 저당권을 설정받았으나 이미 피담보채권이 소멸한 자도 제3자에 해당하는 데 비해, 말소대상인 등기가 명의수탁자 명의인 경우의 명의신탁자는 제3자에 해당하지 않는다.

등기의무자 아닌 자나 등기에 관한 이해관계 있는 제3자가 아닌자를 상대로 한 등기의 말소절차이행을 구하는 소는 당사자적격이 없는 자를 상대로 한 부적법한 소라고 할 것이다. 乙은 채권담보를 위한 가등기 및 본등기 또는 소유권이전등기를 함에 있어서 丙에게 명의를 신탁하여 위에서 본 바와 같은 각 등기를 한 사실을 알 수 있으며 이 경우 乙은 등기에 관한 이해관계 있는 제3자라고 할 수는 없다. 결국 乙에 대해 丙 명의의 위 각 등기의 말소등기절차의 이행을 구하는 소는 당사자적격이 없는 자를 상대로 한 부적법한 소로서 각하함이 상당하다(대법원 1992. 7. 28. 선고 92다10173 판결).

✓ 한편, 말소대상 등기에 터잡은 권리의 승계인이나 이러한 권리에 대해 사실상 이해관계만 가진 자는 승낙권자가 아니다. 후자의 예로서 1번 저당권 설정등기가 말소 대상인 경우의 후순위 저당권자를 들 수 있다(구연모, 169면).

B. 승낙 의무

(a) 인정 여부

- 실체법적 판단: 등기상 이해관계 있는 제3자가 자신의 권리의 근거인 등기에 대한 말소등기에 대해 승낙할 의무가 있는지의 여부는 실체법적으로 결정된다.

제3자가 승낙의무를 부담하는지 여부는 그 제3자가 말소등기권리자에 대한 관계에서 그 승낙을 하여야 할 실체법상의 의무가 있는지 여부에 의하여 결정된다(대법원 2008. 7. 24. 선고 2008다25510 판결).

- 예컨대 甲·乙간 허위표시로 X부동산에 대해 乙명의 소유권이전등기가 마쳐진 후 乙에 대한 채권자 丙이 X부동산에 1순위 저당권 설정등기를 마친 경우, 丙이 선의의 제3자로서 甲에게 대항할 수 있으면 승낙의무가 없다. 이에 비해 甲·乙간 원인계약이 강행법규 위반이고 제3자 보호조항이 없으면 丙은 甲의 乙명의 소유권이전등기 말소등기에 대해 승낙할 의무를 진다.
- 비교: 제3자가 등기상 이해관계를 가지게 된 시점은 고려 대상이 아니다. 예컨대 말소등기 청구를 인용한 판결 확정 전에 말소 대상 등기에 대한 이해관계를 가진 제3자라는 이유만으로 말소등기 청구의 청구원인을 따져 보지도 않은 채 승낙 의무가 없다고 판단한 것은 심리미진이다.

> 乙 명의 소유권이전등기가 어떤 원인으로 말소되기에 이른 것인지 및 그것이 甲에게 대항할 수 있는 성질의 것인지 여부를 따져 보지도 아니한 채, 단순히 乙 명의 소유권 이전등기의 말소를 명한 판결이 확정되기 전에 丙의 압류등기가 경료되었다는 사유 만으로 乙 명의 소유권이전등기의 말소에 관하여 승낙할 의무가 있는 등기부상 이해 관계 있는 제3자에 해당하지 아니한다고 판단한 원심판결에는 심리를 다하지 아니하 여 판결에 영향을 미친 위법이 있다(대법원 2007. 4. 27. 선고 2005다43753 판결).

(b) 승낙 의무가 인정되는 경우

- 말소등기 청구권자는 제3자를 상대로 승낙 의사표시를 구하는 소를 제기해야 하는 것이 원칙이지만, 승낙 의무 있는 제3자에게 말소등기 청구를 하면 여기에는 승낙 의사표시를 구하는 취지가 포함된 것으로 해석된다.

> 소유자가 원인무효인 소유권이전등기의 말소와 함께 가압류등기 등의 말소를 구하는 이 사건의 경우, 원고 청구의 취지는 소유권이전등기의 말소에 대한 승낙을 구하는 것 으로 해석할 여지가 있다(대법원 1998. 11. 27. 선고 97다41103 판결).

- 제3자에게 승낙 의사표시를 구하는 소송은 말소등기 청구 소송과 소송물이 다르다.

> 부동산의 소유자가 그 부동산상의 권리취득명의자를 상대로 구하는 말소등기청구와 그 등기상 이해관계 있는 제3자를 상대로 구하는 승낙의 의사표시 청구는 당사자와 소송물을 달리하는 것이다(대법원 2008. 7. 24. 선고 2008다25510 판결).

C. 승낙 없이 말소등기가 마쳐진 경우

• 원칙: 등기상 이해관계 있는 제3자의 승낙이 없으면 등기관은 말소등기 신청을 각하해야 한다. 등기에 필요한 서류·정보가 제공되지 않은 경우에 해당하기 때문이다(부동산등기법 §29 9호).

• 다만 이러한 하자를 간과하고 말소등기가 마쳐진 경우 그 효과는 제3자에게 실체법상 승낙 의무가 있는지의 여부에 따라 결정된다. 제3자의 승낙 의무가 없으면 말소등기로 제3자에게 대항할 수 없지만, 제3자의 승낙 의무가 있으면 이러한 말소등기는 실체관계에 부합하므로 유효한 등기가 된다.

> 이해관계 있는 그 제3자의 승낙서 등을 첨부하지 아니한 채 말소등기가 이루어진 경우에는 그 말소등기는 **제3자에 대한 관계에 있어서는 무효**라고 해석할 것이나, 다만 그 제3자에게 위 말소등기에 관하여 <u>실체법상의 승낙의무가 있는 때</u>에는 그 승낙서 등이 첨부되지 아니한 채 말소등기가 경료되었다고 하여도 그 말소등기는 **실체적 법률관계에 합치되는 것이어서 위 제3자에 대한 관계에 있어서도 유효**하다(대법원 1996. 8. 20. 선고 94다58988 판결).

나. 말소회복등기

(1) 의미

• 말소회복등기란 말소등기가 원인무효 등기인 경우에, 부적법하게 말소된 등기를 회복함으로써 말소 당시로 소급하여 말소되지 않았던 것과 같은 효과를 생기게 하는 등기를 뜻한다.

• 말소회복 등기는 말소 대상 등기에 대해 그 명의인의 의사에 반하여 부적법하게 말소등기가 마쳐진 경우에만 할 수 있으므로, 등기 명의인 자신이 임의로 말소등기를 한 경우에는 말소회복등기를 할 수 없다.

> 말소회복등기란 등기의 전부 또는 일부가 부적법하게 말소된 경우에 그 말소된 등기를 회복하여 **말소 당시에 소급하여 말소가 없었던 것과 같은 효과를 생기게 하는 등기를 말하는 것** 여기서 부적법이란 실체적 이유에 기한 것이건 절차적 하자에 기한 것임을 <u>불문하고 말소등기나 기타의 처분이 무효인 경우</u>를 의미하는 것이기 때문에 어떤 이유이건 당사자가 **자발적으로 말소등기를 한 경우에는 말소회복등기를 할 수 없는** 것이다(대법원 2001. 2. 23. 선고 2000다63974 판결).

✓ 다만 등기는 권리의 존속 요건이 아니므로 말소등기 회복등기가 불가능하더라도 실체법적 권리가 유지된다. 따라서 임의로 말소등기를 했던 등기권리자는 등기의무자와의 공동신청 절차를 통해 다시 기입등기를 할 수 있다(구연모, 179면).

(2) 방법

• 신청 방법: ㉠ 말소회복등기의 신청 방법은 말소등기의 신청 방법과 같다. 즉 공동신청으로 말소등기되었을 때는 말소회복등기도 공동신청으로 하되 등기권리자와 등기의무자가 바뀌게 되고, 직권·촉탁으로 말소등기 되었을 때는 말소회복등기도 직권·촉탁으로 마쳐져야 한다. ㉡ 다만 가등기의무자로부터 전득자 명의로 소유권이전등기가 마쳐진 후 가등기가 말소된 경우, 회복등기의무자는 가등기의무자가 아니라 회복등기 당시의 소유자인 전득자이다.

• 등기 방법: 말소회복등기는 주등기로 말소회복등기를 마쳐야 할 뿐 아니라, 연이어 회복될 등기를 순위번호를 포함하여 다시 등기부에 기록하는 방식으로 실행한다.

> 부동산등기규칙 제118조 (말소회복등기) 법 제59조의 말소된 등기에 대한 회복 신청을 받아 등기관이 등기를 회복할 때에는 회복의 등기를 한 후 **다시 말소된 등기와 같은 등기를 하여야** 한다. 다만, 등기전체가 아닌 **일부 등기사항만 말소된 것일 때에는 부기에 의하여 말소된 등기사항만 다시 등기**한다.

(3) 등기상 이해관계 있는 제3자의 승낙

A. 제3자의 의미

• 말소회복등기를 위해 승낙을 받아야 하는 제3자는 말소회복등기와 등기상 이해관계 있는 제3자로서, 선의·악의를 불문한다. 등기상 이해관계의 의미는 말소등기의 경우와 같다.

> 제59조(말소등기의 회복) 말소된 등기의 회복을 신청하는 경우에 등기상 이해관계 있는 제3자가 있을 때에는 그 제3자의 승낙이 있어야 한다.

> 여기서 등기상 이해관계 있는 제3자라 함은 등기 기재의 형식상 말소된 등기가 회복됨으로 인하여 손해를 입을 우려가 있는 제3자를 의미한다(대법원 2002. 2. 27.자 2000마7937 결정).

말소등기가 원인 무효인 경우에는 등기상 이해관계 있는 제3자는 그의 **선의·악의를 묻지 아니하고 가등기권리자의 회복등기절차에 필요한 승낙을 할 의무**가 있다(대법원 1997. 9. 30. 선고 95다39526 판결).

- 말소회복등기와 양립할 수 없는 등기인 저촉등기의 명의인은 부동산등기법 §59조의 제3자에 해당하지 않는다. 이러한 저촉등기를 먼저 말소해야 말소회복등기가 가능하기 때문이다. 따라서 저촉등기 명의인을 상대로 승낙 의사표시를 구하는 소는 각하 대상이다.

회복될 등기와 등기부상 양립할 수 없는 등기가 된 경우에는 이를 먼저 말소하지 않는 한 회복등기를 할 수 없으므로 이러한 등기는 **회복등기에 앞서 말소의 대상이 될 뿐**이고, 그 등기의무자를 승낙청구의 상대방인 **등기상 이해관계 있는 제3자**로 보아 별도로 그 승낙까지 받아야 할 필요는 없으므로, 그 자에 대한 승낙청구는 상대방 당사자의 적격이 없는 자에 대한 청구로서 부적법하다(대법원 2013. 7. 11. 선고 2013다18011 판결).

B. 제3자의 승낙

- 등기상 이해관계에 있는 제3자의 승낙은 직권에 의한 말소회복등기의 경우에도 필요하다.

등기관이 **직권으로 말소회복등기**를 할 경우에 등기상 이해관계 있는 제3자가 있으면, 그 승낙서 또는 이에 대항할 수 있는 재판서 등본의 제출이 없는 한 그 회복등기를 할 수 없다(대법원 2013. 7. 11. 선고 2013다18011 판결).

- 제3자의 승낙 의무 등에 관한 사항은 말소등기의 경우와 같다.

3. 경정등기

가. 의미

- 경정등기란, 등기 당시부터 등기기록에 착오나 누락이 있어서 등기기록의 내용과 실체법적 법률관계의 내용에 불일치가 있었던 경우, 등기기록의 내용을 실체관계에 일치하도록 변경하는 등기를 뜻한다.
- 원시적으로 존재했던 착오·누락을 바로잡는다는 점에서 ㉠ 등기 이후에 후발적으로 발생한 사정 변경을 반영하기 위한 등기인 변경등기와 다르고, ㉡ 등기의 효

과 자체에는 영향이 없다는 점에서 말소등기 후 말소회복등기를 하는 것과도 다르다.

- 당사자가 등기 신청시 제출한 등기원인 서류와 같은 내용으로 등기가 마쳐졌다면 그 서류의 내용이 실체관계와 일치하지 않더라도 경정등기 사유가 될 수 없다.

> 당사자가 <u>등기원인을 증명하는 서면과 같은 내용</u>으로 등기신청을 하여 그와 같은 내용의 등기가 완료되었다면 등기 당시부터 <u>착오나 빠진 부분이 있다고 할 수 없다.</u> 원고와 피고가 신청한 바에 따라 이 사건 공유지분이전등기가 마쳐진 이상 그 등기에 <u>경정등기의 사유가 없다</u>(대법원 2014. 5. 29. 선고 2012다22167 판결).

나. 요건

(1) 등기 내용의 원시적 착오·누락

- 경정등기는 대개 당사자나 목적물에 관한 표시를 대상으로 하지만, 등기원인도 경정등기의 대상이 될 수 있다.

> 일반적으로 권리의 등기에 있어서 **등기원인의 경정은 허용**되고 등기원인을 경정하는 등기는 위 각 표시의 변경이나 경정에 해당하지 않으므로 단독 신청에 의한 등기의 경우에는 단독 신청으로, 공동 신청에 의한 등기의 경우에는 공동으로 신청하여야 한다(대법원 2013. 6. 27. 선고 2012다118549 판결).

(2) 경정의 한계

A. 의미: 실체법적 권리관계의 동일성

- 경정등기 전후에 걸쳐 등기된 권리관계의 동일성·유사성이 인정되지 않으면 경정등기는 허용될 수 없다. 예컨대 단독소유를 공유로 하는 경정등기는 소유권 변동을 초래하므로 허용될 수 없다.
- 이 경우 경정등기 신청은 각하되어야 하고, 이미 경정등기가 마쳐졌다면 말소등기 대상이 된다(2020다299214, 524면).

> 경정등기가 허용되려면 **경정 전후의 등기에 동일성 내지 유사성**이 있어야 하는데, 경정 전의 명의인과 경정 후의 명의인이 달라지는 권리자 경정등기는 등기명의인의 동일성이 인정되지 않으므로 허용되지 않는다. 따라서 <u>단독소유를 공유로 또는 공유를 단독소유로 하는 경정등기 역시 소유자가 변경되는 결과로 되어 등기명의인의 동일성을 잃게 되므로 허용될 수 없다</u>(대법원 2017. 8. 18. 선고 2016다6309 판결).

표시상의 착오 또는 오류가 중대하여 그 실질관계와 동일성 혹은 유사성조차 인정할 수 없는 경우에는 그 등기의 공시의 기능도 발휘할 수 없으니, 이런 등기의 경정을 무제한으로 인정한다면 제3자에게 뜻밖의 손해를 가져 올 경우도 있을 것이므로 이와 같은 경우에는 경정등기를 허용할 수 없고, 그 등기는 무효이다(대법원 2007. 7. 26. 선고 2007다19006 판결).

B. 사례: 권리자 아닌 자 명의로 경정등기가 마쳐진 경우

• 진정권리자는 §214를 근거로 경정등기 명의인를 상대로 ㉠ 권리자 표시 변경등기나 ㉡ 경정등기 말소등기 절차의 이행을 청구할 수 있다.

• 이를 위해 진정권리자가 자신이 진정한 소유자라는 사실과 경정등기 명의인과 진정권리자의 동일성·유사성이 없어서 경정등기가 위법하다는 사실을 모두 증명해야만 한다.

✓ 경정등기에도 등기추정력이 적용되기 때문이다.

> **대법원 2021. 5. 7. 선고 2020다299214 판결**
> ‣ 등기명의인의 표시변경 또는 경정의 부기등기가 등기명의인의 동일성을 해치는 방법으로 행하여져서 실제 소유관계를 표상하고 있는 것이 아니라면 진실한 소유자는 그 소유권의 내용인 침해배제청구권의 정당한 행사로써 그 표시상의 소유명의자를 상대로 그 소유권에 장애가 되는 부기등기인 표시변경 또는 경정등기의 말소등기절차의 이행을 청구할 수 있다.
> ‣ 이와 같이 부동산의 등기명의인의 표시변경 또는 경정등기의 말소등기절차의 이행을 청구하려는 자는 자신이 이 사건 부동산의 원래의 등기명의인에 해당하는 자로서 진실한 소유자라는 사실 및 표시변경등기가 그 등기명의인의 동일성을 해치는 것이라는 사실을 모두 증명할 책임이 있다.

다. 절차

(1) 직권 통지

• 등기관이 등기를 마친 후 경정등기 사유를 발견하면 지체 없이 등기권리자·등기의무자 또는 등기명의인에게 알려야 한다.

• 등기관이 직권으로 경정등기를 마친 경우에도 등기권리자·등기의무자 또는 등기명의인에게 알려야 한다.

부동산등기법 제32조(등기의 경정)

① 등기관이 등기를 마친 후 그 등기에 착오나 빠진 부분이 있음을 발견하였을 때에는 지체 없이 그 사실을 등기권리자와 등기의무자에게 알려야 하고, 등기권리자와 등기의무자가 없는 경우에는 등기명의인에게 알려야 한다. 다만, 등기권리자, 등기의무자 또는 등기명의인이 각 2인 이상인 경우에는 그 중 1인에게 통지하면 된다.

③ 등기관이 제2항에 따라 경정등기를 하였을 때에는 그 사실을 등기권리자, 등기의무자 또는 등기명의인에게 알려야 한다. 이 경우 제1항 단서를 준용한다.

(2) 신청에 의한 경정등기

A. 표시 경정

- 부동산의 표시에 대한 변경·경정등기는 소유권 등기 명의인이 단독으로 신청하고, 등기명의인 표시에 대한 변경·경정등기는 그 등기 명의인이 단독으로 신청한다.
- 이러한 변경은 권리 변동을 초래하지 않으므로 등기의무자가 있을 수 없기 때문이다.

부동산등기법 제23조(등기신청인)

⑤ 부동산표시의 변경이나 경정의 등기는 소유권의 등기명의인이 단독으로 신청한다.

⑥ 등기명의인표시의 변경이나 경정의 등기는 해당 권리의 등기명의인이 단독으로 신청한다.

등기명의인의 표시변경(경정)의 등기는 등기명의인의 동일성이 유지되는 범위 내에서 등기부상의 표시를 실제와 합치시키기 위하여 행하여지는 것에 불과할 뿐 **어떠한 권리 변동을 가져오는 것이 아니므로** 등기가 잘못된 경우 등기명의인은 다시 소정의 서면을 갖추어 경정등기를 하면 되고, **등기의무자의 관념이 있을 수** 없다(대법원 2019. 5. 30. 선고 2015다47105 판결).

B. 등기 원인 경정

- 경정 대상 등기와 같은 방식으로 신청해야 한다.
- 경정 대상 등기가 공동신청 대상이었으면 경정등기도 공동으로 신청해야 한다. 상대방이 공동신청을 거부하면 경정등기절차 이행을 명하는 판결을 받아 단독신청할 수 있다.

상대방이 공동신청을 거부하는 경우에는 그를 상대로 **경정등기절차이행을 명하는 판결을 받아 단독으로 신청할 수 있으므로 소의 이익을 부정할 것은 아니다**(대법원 2013. 6. 27. 선고 2012다118549 판결).

(3) 직권에 의한 경정등기

• 등기관이 경정등기 사유를 발견하면 지체 없이 직권으로 경정등기를 해야 한다. 이 경우, 등기권리자·등기의무자는 등기관에게 직권 발동을 촉구하는 단독신청을 할 수도 있다.

• 등기부상 이해관계 있는 제3자가 있으면 직권에 의한 경정등기를 할 때도 그 제3자의 승낙을 얻어야 한다.

> 부동산등기법 제32조(등기의 경정) ② 등기관이 등기의 착오나 빠진 부분이 등기관의 잘못으로 인한 것임을 발견한 경우에는 지체 없이 그 등기를 직권으로 경정하여야 한다. 다만, 등기상 이해관계 있는 제3자가 있는 경우에는 제3자의 승낙이 있어야 한다.

등기사항의 누락, 오타 등의 오류가 있음이 발견된 경우 등기관은 등기상 이해관계 있는 제3자가 없는 한 지체 없이 <u>직권으로 경정등기</u>를 하여야 하고, 이 경우 등기권리자 또는 등기의무자는 등기관의 **직권발동을 촉구하는 의미의 경정등기를 단독으로 신청**할 수 있다(대법원 2017. 1. 25.자 2016마5579 결정).

(4) 경정등기에 대한 제3자의 승낙

A. 제3자의 의미

• 경정등기로 인해 손해를 입게 될 가능성이 있는 자인데, 손해 발생의 실질적 가능성과 무관하게 형식적으로 판단해야 한다. 따라서 등기명의인만이 제3자가 될 수 있다.

• 제3자에 해당하지 않는 자에게 승낙을 구하는 소를 제기하면 각하된다. 제3자에 해당하지 않는 자의 예로서 저당권 변경등기에 의해 새로 채무자로 등기된 자를 들 수 있다.

대법원 2015. 12. 10. 선고 2014다87878 판결

· 부동산등기법에 의하면 등기상 이해관계 있는 제3자의 승낙이 없는 경우에는 권리의 변경이나 경정의 등기를 부기등기로 할 수 없다. 이때 등기상 이해관계 있는 제3

자란 기존 등기에 권리변경등기나 경정등기를 허용함으로써 손해를 입게 될 위험성이 있는 등기명의인을 의미하고, 그와 같은 손해를 입게 될 위험성은 등기의 형식에 의하여 판단하며 **실질적으로 손해를 입을 염려가 있는지는 고려의 대상이 되지 아니**한다.

- ﹒ 따라서 **등기명의인이 아닌 사람은 권리변경등기나 경정등기에 관하여 등기상 이해관계 있는 제3자에 해당하지 않음이 명백**하므로 등기명의인이 아닌 사람을 상대로 권리변경등기나 경정등기에 대한 승낙의 의사표시를 청구하는 소는 당사자적격이 없는 사람을 상대로 한 부적법한 소이다.
- ﹒ 승낙 대상인 근저당권 변경등기에 의해 새로 **채무자로 등기되더라도 등기명의인이라고 할 수도 없**으므로, 이 부분 소는 당사자적격이 없는 사람을 상대로 한 것으로서 부적법하다.

B. 저촉등기 명의인은 제3자에 해당하지 않음

- 경정될 등기와 양립불가능한 등기는 경정의 대상이므로 그 명의인은 경정등기에 대한 승낙이 필요한 제3자에 해당하지 않는다.
- ✓ 이 점은 말소회복등기의 경우와 마찬가지이다.

등기관이 직권 경정등기를 해야 하는 경우 승낙을 받아야 하는 '등기상 이해관계 있는 제3자'는 기존 등기에 존재하는 착오 또는 빠진 부분을 바로잡는 경정등기를 허용함으로써 **손해를 입게 될 위험성이 있는 등기상의 권리자**를 의미하는데, 경정될 등기와 **등기부상 양립할 수 없는 등기**가 된 경우에 그 등기내용은 단지 경정의 대상이 될 뿐이고, 그 등기명의자를 승낙청구의 상대방인 등기상 이해관계 있는 제3자로 보아 별도로 그 **승낙까지 받아야 할 필요는 없**다(대법원 2011. 9. 14.자 2011마1248 결정).

4. 가등기

가. 개관

(1) 의미

- 가등기는 물권 변동을 성립시키는 공시 방법이 아니다. 가등기는 물권 변동을 목적으로 하는 채권이나 예약완결권에 대세효를 부여하고 그 순위를 보전하게 하는 것을 목적으로 하는 등기이다.
- 가등기의 목적은, 부동산 물권 변동을 목적으로 하는 채권이나 예약완결권을 가지

고 있으나 당장 등기를 마칠 수 없는 자를 보호하는 것이다. 따라서 존재와 내용이 확정된 권리는 물론 정지조건이나 시기가 붙어 있는 원인행위로부터 발생한 권리, 구체적 내용이 장래에 확정될 권리도 가등기의 피보전권리가 될 수 있다.

> 부동산등기법 제88조(가등기의 대상) 가등기는 제3조 각 호의 어느 하나에 해당하는 등기할 수 있는 권리의 설정, 이전, 변경 또는 소멸의 청구권을 보전하려는 때에 한다. 그 청구권이 시기부 또는 정지조건부일 경우나 그 밖에 장래에 확정될 것인 경우에도 같다.

(2) 유형

- 가등기는 두 가지 유형으로 나눠진다. 다만 등기부상의 기재 내용 등의 외관이 동일하기 때문에 원인행위의 해석을 거쳐야만 어떤 유형에 속하는지를 파악할 수 있다.
- 일반 가등기란 가등기 본연의 목적인 물권 변동을 내용으로 하는 청구권이나 형성권을 보전하기 위한 가등기를 뜻한다.
- 담보가등기란 피담보채권을 담보하기 위한 가등기를 뜻한다. 일반 가등기와는 달리 특약이 없는 한 피담보채무 불이행이 본등기의 요건이며 본등기 후에는 청산관계가 발생한다. 구체적인 내용은 비전형 담보 부분에서 다룬다.

나. 가등기의 요건

(1) 형식적 유효요건

- 가등기도 독립된 번호를 가진 주등기의 형식으로 등기된다.
- 가등기의 경우에도 공동신청주의가 적용되지만, 가등기의무자의 승낙 또는 법원의 가처분명령이 있으면 가등기권리자가 단독으로 가등기 신청을 할 수 있다(부동산등기법 §89). 가등기 말소등기에 대해서도 마찬가지이다(부동산등기법 §93, 부동산등기규칙 §150).

(2) 실질적 유효요건: 가등기할 수 있는 권리에 해당하는 피보전권리의 존재

A. 가등기의 피보전권리: 채권, 형성권

- 가등기로 보전할 수 있는 권리는 등기로 공시되는 권리인 물권·임차권 등의 변동을 목적으로 하는 채권적 청구권 또는 예약완결권이다.

- 부동산등기법 §88는 청구권만 가등기의 피보전권리가 될 수 있는 것처럼 규정하고 있으나 판례는 예약완결권도 가등기 대상으로 인정한다.

> 이 사건 **가등기에 기초한 원고의 예약완결권**은 매매예약의 성립일인 2006. 9. 29.부터 10년이 되는 2016. 9. 29.까지 적법하게 행사되지 아니함으로써 제척기간의 도과로 2016. 9. 30. 소멸하고, 그에 따라 이 사건 가등기의 효력도 소멸하였다고 판단된다(대법원 2019. 7. 25. 선고 2019다227817 판결).

B. 가등기의 피보전권리가 될 수 없는 권리: 물권적 청구권, 소유권보존등기 청구권

> 「부동산등기법」제3조에서 규정하고 있는 물권 또는 부동산임차권의 변동을 목적으로 하는 청구권에 관해서만 가등기를 할 수 있으므로, 물권적 청구권을 보전하기 위한 가등기나 소유권보존등기의 가등기는 할 수 없다(가등기에 관한 업무처리지침, 등기예규 제1632호).

다. 가등기의 효과

(1) 가등기에 기한 본등기 실행 전

A. 가등기 자체의 효과

(a) 순위보전

- 가등기의 본질적 기능은 순위보전이다.
- 본등기가 마쳐지면 가등기를 기준으로 순위가 부여되므로, 본등기된 권리는 가등기 후 본등기 전에 마쳐진 다른 등기보다 선순위 권리가 된다.

> 부동산등기법 제91조(가등기에 의한 본등기의 순위) 가등기에 의한 본등기를 한 경우 본등기의 순위는 가등기의 순위에 따른다.

(b) 비교: 인정되지 않는 효과

- 가등기 상태로는 등기 추정력이 없으므로 가등기 말소등기 청구를 당하면 가등기권리자는 피보전권리의 발생요건을 증명해야만 한다.
- 부동산의 처분을 제한할 수도 없으므로 가등기된 부동산 양수인도 유효하게 소유권을 취득한다.

B. 가등기된 피보전권리의 양도

- 가등기된 피보전권리도 양도할 수 있으나, 이를 위해 ⓐ 피보전 권리 자체의 양도요건을 갖춰야 할 뿐 아니라 ⓑ 피보전 권리의 양도인과 양수인의 공동신청으로

가등기의 이전등기를 마쳐야 가등기권리자의 지위도 이전된다.

- 가등기된 권리도 소유권 이외의 재산권에 해당하므로 그 권리의 이전등기는 부기등기의 형식으로 마쳐야 한다.

> 가등기는 원래 순위를 확보하는 데에 그 목적이 있으나, 순위 보전의 대상이 되는 물권 변동의 청구권은 그 성질상 양도될 수 있는 재산권일 뿐만 아니라 가등기로 인하여 그 권리가 공시되어 결과적으로 공시 방법까지 마련된 셈이므로, 이를 양도한 경우에는 <u>양도인과 양수인의 공동신청으로 그 가등기상의 권리의 이전등기를 가등기에 대한 부기등기의 형식으로 경료할 수 있다</u>(대법원 1998. 11. 19. 선고 98다24105 전원합의체 판결).

C. 가등기권리자가 본등기 이외의 방법으로 소유권이전등기를 마친 경우

(a) 원칙: 유효한 가등기 유지

- 가등기는 유효이므로 본등기청구권이 유지된다. 가등기의 피보전권리는 채권이므로 '채무자'의 지위 아닌 '소유자'의 지위가 가등기권리자에게 귀속되더라도 피보전권리가 혼동으로 소멸하는 것은 아니기 때문이다. 예컨대 甲이 乙소유 X부동산에 매매예약을 원인으로 가등기를 마쳤는데 그 후 甲·乙 간 증여계약을 원인으로 甲명의 소유권이전등기가 마쳐진 경우, 乙은 여전히 甲의 가등기로 보전된 소유권이전등기청구권에 대한 채무자이므로 甲명의 가등기는 유효이다.

- 이에 비해 목적물에 대한 소유권이전등기를 마친 가등기권리자가 채무인수나 상속 등을 원인으로 소유권이전등기 의무까지 승계하면, 가등기의 피보전권리는 혼동으로 소멸하고, 가등기는 원인무효 등기가 된다.

> 어느 **특정의 물건에 관한 채권을 가지는 자가 그 물건의 소유자가 되었다는 사정만으로는 채권과 채무가 동일한 주체에 귀속한 경우에 해당한다고 할 수 없어** 그 물건에 관한 채권이 혼동으로 소멸하는 것은 아니다. 결국 이 사건 토지를 피고에게 명의신탁하고 장차의 소유권이전의 청구권 보전을 위하여 자신의 명의로 가등기를 경료한 원고가, 피고에 대하여 가지는 이 사건 **가등기에 기한 본등기청구권은 채권**으로서, 원고가 피고를 상속하거나 피고의 가등기에 기한 본등기 절차 이행의 의무를 인수하지 아니하는 이상, 원고가 위 가등기에 기한 본등기 절차에 의하지 아니하고, 피고로부터 별도의 소유권이전등기를 경료받았다고 하여 혼동의 법리에 의하여 원고의 가등기에 기한 본등기청구권이 소멸하는 것은 아니다(대법원 1995. 12. 26. 선고 95다29888 판결).

(b) 예외

- 가등기의 원인무효: 甲의 소유권이전등기 원인이 실질적으로 가등기의 원인과 동일하면 乙의 채무가 이행되었기 때문에 본등기청구권이 소멸하고 결국 가등기는 원인무효 등기가 된다.

- 다만 위의 경우에도, 가등기 후에 ㉠ 가등기 목적물에 대한 처분제한 등기가 마쳐졌거나 ㉡ 본등기에 의해 말소될 저촉등기가 마쳐진 경우, 가등기는 유효로 유지된다. 가등기에 기한 본등기가 인정되어야만 ㉠의 경우에는 처분제한 등기에 대항할 수 있고 ㉡의 경우에는 저촉등기를 말소시킬 수 있기 때문이다.

> 가등기권리자가 별도의 소유권이전등기를 경료받았다 하더라도, 가등기 경료 이후에 가등기된 목적물에 관하여 제3자 앞으로 처분제한의 등기가 되어 있거나 **중간처분의 등기가 되어 있지 않고 가등기와 소유권이전등기의 등기원인도 실질상 동일**하다면, **가등기의 원인이 된 가등기의무자의 소유권이전등기의무는 그 내용에 좇은 의무이행이 완료되었다** 할 것이어서 가등기에 의하여 보전될 소유권이전등기청구권은 소멸되었다고 보아야 하므로, 가등기권리자는 가등기의무자에 대하여 더 이상 그 **가등기에 기한 본등기절차의 이행을 구할 수 없는 것**이다(대법원 2007. 2. 22. 선고 2004다 59546 판결).

(2) 가등기에 근거한 본등기 실행

A. 본등기의 실행 방법: 가등기의 순위번호 사용

- 가등기에 의한 본등기 신청의 등기의무자는 가등기를 할 때의 소유자이며, 가등기 후에 제3자에게 소유권이 이전된 경우에도 가등기의무자는 변동되지 않는다 (가등기에 관한 업무처리지침, 등기예규 제1632호, 2018. 3. 7. 시행).

- 가등기에 의한 본등기 신청은 가등기된 권리 중 일부지분에 관해서도 할 수 있다. 이 경우 등기신청서에는 본등기 될 지분을 기재하여야 하고 등기기록에도 그 지분을 기록하여야 한다(가등기에 관한 업무처리지침, 등기예규 제1632호, 2018. 3. 7. 시행).

- 가등기에 기한 본등기는 가등기의 순위번호를 사용한다(부동산등기규칙 §146).

B. 물권 변동 시점: 본등기 시점

- 본등기가 실행되더라도 본등기 내용에 따른 물권 변동은 본등기를 했을 때 발생한다. 즉 가등기 시점으로 물권 변동의 효과가 소급하는 것은 아니다.

- 가등기보다 후순위로 소유권이전등기를 마친 자는 본등기로 인해 후순위 소유권이전등기가 말소되기 전까지는 적법한 소유자이다. 따라서 가등기 목적물로부터 과실이 발생하거나 이에 대한 비용이 투입되었더라도 §201 ~ §203는 ㉠ 소유권이전등기 시점부터 본등기가 마쳐지기 전 시점까지의 기간에 대해서는 적용되지 않으며, ㉡ 본등기가 마쳐진 후부터 적용된다.
- 사례: 점유 취득시효가 완성된 부동산에 대해 가등기에 기한 본등기가 마쳐진 경우 본등기 시점을 기준으로 제3원칙 적용 여부를 판단한다. 따라서 가등기는 점유 취득시효 완성 전에, 본등기는 점유 취득시효 완성 후에 각각 마쳐진 경우 제3원칙이 적용되므로 시효완성자는 본등기 명의인에게 대항할 수 없다.

> 가등기는 성질상 본등기의 순위보전의 효력만이 있어 후일 본등기가 경료된 때에는 본등기의 순위가 가등기한 때로 소급하는 것 뿐이지 본등기에 의한 물권 변동의 효력이 가등기한 때로 소급하여 발생하는 것은 아니므로 점유취득시효 완성 전 가등기명의인이 완성 후 시효완성자 명의 소유권이전등기 전에 본등기를 마쳤다면 제3원칙이 적용된다(대법원 1992. 9. 25. 선고 92다21258 판결).

C. 가등기의 순위보전효가 적용되는 결과
- 가등기의 피보전권리와 양립할 수 없는 권리를 공시하는 후순위 등기인 '저촉등기'는 모두 등기관이 직권으로 말소하고, 그 취지를 말소된 등기의 명의인에게 통지한다(부동산등기법 §92). 이 경우 §576의 담보책임이 유추 적용된다(2011다1941, 채권각론 참조).
- 가등기보다 선순위인 권리에 기초한 등기는 비록 가등기보다 후순위이더라도 말소되지 않는다(부동산등기규칙 §147).

Ⅴ 부동산 등기와 관련된 문제

1. 이른바 미등기 취득자의 법적 지위

가. 미등기 취득자의 의미·요건
- 부동산의 소유권 이전을 목적으로 하는 계약의 당사자인 소유자(양도인)와 양수인 사이에서 양수인 명의 소유권이전등기를 제외한 모든 계약상의 의무가 이행

된 상태일 때, 이러한 양수인을 미등기 취득자라고 한다. 예컨대 甲이 소유한 X부동산을 乙이 매수하기로 하는 매매계약이 체결된 경우 乙이 미등기 취득자로 인정되려면 乙은 대금을 모두 지급하고 甲으로부터 부동산의 점유 인도뿐 아니라 소유권이전등기에 필요한 서류까지 모두 넘겨 받은 상태이어야 한다.

• 미등기 취득자는 소유권이전등기를 아직 마치지 않았으므로 소유자라고 할 수는 없지만, 단순한 채권자보다는 더 강한 권리를 가진다는 점에서 실질적·사실적 소유자라고 볼 수도 있다.

사실상 소유 또는 실질적 소유라는 개념은 매매 등 소유권 취득의 원인이 되는 법률요건이 성립되어 **소유권 취득의 실질적 요건은 모두 갖추**고 있으나 그 형식적 요건인 자기 명의의 등기를 갖추고 있지 아니한 경우를 의미한다(대법원 2000. 10. 13. 선고 98다55659 판결).

• 간이인도 방식으로 점유가 이전되는 경우에도 같은 법리가 적용된다. 예컨대 ㉠ 임차인이 임대인으로부터 임차물인 부동산을 양수하고 소유권이전등기만 마치지 않은 경우 임차인은 미등기 취득자의 지위를 취득한다. ㉡ 대물변제 약정을 근거로 부동산이 인도된 경우에도 같은 법리가 적용된다.

미등기 취득자에 관한 이러한 법리는 부동산의 소유권을 이전받게 되는 자가 이미 당해 부동산을 점유·사용하고 있거나, 그로부터 다시 이를 임차하여 점유·사용하고 있는 경우에도 마찬가지로 적용된다고 할 것이다(대법원 2001. 12. 11. 선고 2001다45355 판결).

토지의 매수인이 아직 소유권이전등기를 경료받지 않았더라도 매매계약의 이행으로 그 토지를 인도받은 때에는 매매계약의 효력으로서 이를 점유·사용할 권리가 있다고 할 것이므로, 매도인이 매수인에 대하여 그 점유·사용을 법률상 원인이 없는 이익이라고 하여 부당이득반환청구를 할 수는 없다. 이러한 법리는 대물변제 약정 등에 의하여 매매와 같이 부동산의 소유권을 이전받게 되는 사람이 이미 해당 부동산을 점유·사용하고 있는 경우에도 마찬가지로 적용된다(대법원 2016. 7. 7. 선고 2014다2662 판결).

나. 미등기 취득자의 법적 지위

(1) 내부관계

A. 소유권이전등기 청구권의 소멸시효

- 미등기 취득자가 소유권이전등기 명의인인 양도인에 대해 행사하는 소유권이전등기 청구권은 매매계약으로부터 인정되는 채권적 권리지만, 미등기 취득자가 목적물인 부동산을 점유하여 사용·수익을 계속하는 한 소멸시효가 진행하지 않는다. '매수인으로서의 권리'를 행사하고 있는 것으로 볼 수 있기 때문이다.

> 시효제도는 일정 기간 계속된 사회질서를 유지하고 시간의 경과로 인하여 곤란해지는 증거보전으로부터 구제를 꾀하며 자기 권리를 행사하지 않고 소위 권리 위에 잠자는 자는 법적 보호에서 제외하기 위하여 규정된 제도라고 할 것인바, 부동산에 관하여 **인도, 등기 등의 어느 한 쪽에 대하여서라도 권리를 행사하는 자는 전체적으로 보아 그 부동산에 관하여 권리 위에 잠자는 자라고 할 수 없**다 할 것이므로, 매수인이 목적 부동산을 **인도받아 계속 점유하는 경우에는 그 소유권이전등기 청구권의 소멸시효가 진행하지 않**는다(대법원 2010. 1. 28. 선고 2009다73011 판결).

- 미등기 취득자가 목적물에 대한 점유를 상실하면 소유권이전등기 청구권의 소멸시효가 기산한다. 이에 비해 미등기 취득자의 지위를 양도하고 이에 수반하여 점유도 넘겨 준 경우에는 소멸시효가 기산하지 않는다. 자신의 권리를 적극적으로 행사했다는 점에서 점유를 유지한 경우와 다를 바 없기 때문이다.

> 부동산의 매수인이 그 부동산을 인도받은 이상 **이를 사용·수익하다가 그 부동산에 대한 보다 적극적인 권리 행사의 일환으로 다른 사람에게 그 부동산을 처분하고 그 점유를 승계**하여 준 경우에도 그 **이전등기청구권의 행사 여부에 관하여 그가 그 부동산을 스스로 계속 사용·수익만 하고 있는 경우와 특별히 다를 바 없**으므로 위 두 어느 경우에나 이전등기청구권의 소멸시효는 마찬가지로 진행되지 않는다(대법원 1999. 3. 18. 선고 98다32175 전원합의체 판결).

B. 점유의 권원

- 미등기 취득자가 목적물인 부동산의 매수인으로서 가지는 '인도 청구권'은 §213 단서의 '점유할 권리'에 해당한다.
- 따라서 매도인이 미등기 취득자에게 §213 반환청구를 하더라도 배척된다.

C. 과실수취권

- 미등기 취득자의 정당한 과실수취권이 있으므로 소유권이전등기 명의인인 매도인에게 부당이득 반환의무를 지지 않는다.
- 논거: ㉠ 매도인이 매매계약상 채무를 이행하기 위해 미등기 취득자에게 목적물을 인도했으므로, 미등기 취득자는 매매계약의 효력을 근거로 점유, 사용·수익을 할 정당한 권원이 인정된다. ㉡ 매도인은 미등기 취득자로부터 대금 전액을 받은 상태이므로 §587에 의해 과실수취권은 매수인에게 이전한다.

> **대법원 1996. 6. 25. 선고 95다12682 판결**
> - 부동산의 매수인이 아직 **소유권이전등기를 경료받지 아니하였다고 하더라도 매매계약의 이행으로 그 부동산을 인도받은 때에는 매매계약의 효력으로서 이를 점유·사용할 권리**가 생기는 것으로 보아야 할 것이다.
> - 원고는 적어도 이 사건 매매계약을 체결한 이후에는 매수인으로서 이 사건 매매계약의 대상인 위 각 부동산을 점유·사용할 권리가 있다고 할 것이고, 따라서 피고로서는 원고에 대하여 **제587조에 따라 미지급 잔대금에 대한 법정이자 상당의 지급을 구함은 별론으로 하고, 위 매매계약 후의 원고의 위 각 부동산에 대한 점유·사용이 법률상 원인이 없는 이득이라고 하여 부당이득반환청구를 할 수는 없**다.

(2) 대외관계

A. 성립요건주의

- 미등기 취득자는 소유권자가 아니다. 미등기 부동산이더라도 성립요건주의가 적용되기 때문이다.

> 미등기 무허가건물의 양수인이라도 그 소유권이전등기를 경료받지 않는 한 그 건물에 대한 소유권을 취득할 수 없고, 소유권에 준하는 관습상의 물권이 있다고도 할 수 없으며, 현행법상 사실상의 소유권이라고 하는 어떤 포괄적인 권리 또는 법률상의 지위를 인정하기도 어렵다(대법원 2006. 10. 27. 선고 2006다49000 판결).

- 미등기 취득자는 소유권이전등기 명의인의 물권적 청구권을 대위행사할 수 있으나, 미등기 취득자 자신이 직접 소유권에 기한 물권적 청구권을 행사할 수는 없고, 점유보호청구권만 행사할 수 있다(2016다214483, 545면).

B. 점유권

• 미등기 취득자는 부동산의 점유자이므로 점유권을 행사할 수 있다.

• 또한 매수인으로서 점유를 개시한 자주점유자이므로 점유 취득시효 진행을 주장할 수 있다.

C. 사용·수익을 위한 본권

• 미등기 취득자가 가지는 매수인으로서의 권리는 목적물에 대한 사용·수익권으로 인정된다.

• 따라서 미등기 취득자는 부동산에 대해 점유권뿐 아니라 본권도 가진다.

> 집합건물의 건축자가 그 대지를 매수하였으나 아직 소유권이전등기를 마치지 아니하였다 하여도 매매계약의 이행으로 대지를 인도받아 그 지상에 집합건물을 건축하였다면 매매계약의 효력으로서 이를 점유·사용할 권리가 생긴 것이고, 이 경우 집합건물의 건축자로부터 전유부분과 대지지분을 함께 분양의 형식으로 매수하여 그 대금을 모두 지급함으로써 소유권 취득의 실질적 요건은 갖추었지만 전유부분에 대한 소유권이전등기만 마치고 대지지분에 대하여는 위와 같은 사정으로 아직 소유권이전등기를 마치지 못한 자 역시 **매매계약의 효력으로서 전유부분의 소유를 위하여 건물의 대지를 점유·사용할 권리**가 있는바, 이러한 점유·사용권은 <u>단순한 점유권과는 차원을 달리하는 본권</u>으로서 집합건물법 제2조 제6호 소정의 구분소유자가 전유부분을 소유하기 위하여 건물의 대지에 대하여 가지는 권리인 대지사용권에 해당한다(대법원 2006. 3. 10. 선고 2004다742 판결).

다. 미등기 취득자 지위의 양도

(1) 요건

• 양도 가능성: 미등기 취득자의 지위도 재산권의 일종이므로 양도할 수 있다.

• 양도 요건: 미등기 취득자 지위는 매수인의 매매계약상 채권에 근거를 둔다. 따라서 점유 인도와 §450의 대항요건을 갖추면 미등기 취득자 지위가 이전된다고 볼 수 있다.

• 다만 미등기 취득자 지위 양수인이 물권을 취득하려면 채권자대위권을 순차 대위하여 자신의 명의로 소유권이전등기를 마쳐야 한다.

(2) 효과

- 양수인에게도 미등기 취득자로서의 권리가 인정되므로 매도인은 양수인에게 물권적 청구권을 행사할 수 없다.
- 양수인은 적법한 사용·수익권과 소유권이전등기 청구권을 모두 취득한다. 판례에 의하면 소유권이전등기 청구권은 성질상 양도가 제한되는 채권이지만, 매도인이 미등기 취득자에게 소유권이전등기서류 일체를 교부한 것은 묵시적 승낙이라고 볼 수 있으므로, '성질상 양도가 제한되는 채권'을 양도할 수 있는 요건이 충족된다(2015다36167, 484면).

> 토지의 매수인이 아직 소유권이전등기를 경료받지 아니하였다 하여도 매매계약의 이행으로 그 토지를 인도받은 때에는 매매계약의 효력으로서 이를 점유·사용할 권리가 생기게 된 것으로 보아야 하고, 매수인으로부터 위 토지를 다시 매수한 자는 위와 같은 **토지의 점유사용권을 취득**한 것으로 봄이 상당하므로 매도인은 매수인으로부터 다시 위 토지를 매수한 자에 대하여 토지 소유권에 기한 물권적 청구권을 행사하거나 그 점유·사용을 법률상 원인이 없는 이익이라고 하여 부당이득반환청구를 할 수는 없다(대법원 2001. 12. 11. 선고 2001다45355 판결).

- 미등기 취득자 지위 양수인이 자주점유자인지의 여부에 대해 견해가 대립한다. 부정설은 성립요건주의가 확립되었다는 점을 근거로 들지만, 판례는 거래관행을 근거로 미등기 취득자 양수인도 자주점유자라고 본다.

대법원 2000. 3. 16. 선고 97다37661 전원합의체 판결

> - 현행법이 형식주의를 채택하고 있음에도 불구하고 등기에 공신력이 인정되지 아니하고, 또 현행 민법의 시행 이후에도 법생활의 실태에 있어서는 상당기간 동안 의사주의를 채택한 구 민법에 따른 부동산 거래의 관행이 잔존하고 있었던 점 등에 비추어 보면, 토지의 매수인이 매매계약에 의하여 목적 토지의 점유를 취득한 경우 설사 그것이 타인의 토지의 매매에 해당하여 곧바로 소유권을 취득할 수 없다고 하더라도 그것만으로 매수인이 점유권원의 성질상 소유의 의사가 없는 것으로 보이는 권원에 바탕을 두고 점유를 취득한 사실이 증명되었다고 단정할 수 없을 뿐만 아니라, 매도인에게 처분권한이 없다는 것을 잘 알면서 이를 매수하였다는 등의 다른 특별한 사정이 입증되지 않는 한, 그 사실만으로 바로 그 매수인의 점유가 소유의 의사가 있는 점유라는 추정이 깨어지는 것이라고 할 수 없다.

- 제197조 제1항이 규정하고 있는 점유자에게 추정되는 소유의 의사는 **사실상 소유할 의사가 있는 것으로 충분한 것이지 반드시 등기를 수반하여야 하는 것은 아니므**로 등기를 수반하지 아니한 점유임이 밝혀졌다고 하여 이 사실만 가지고 바로 점유권원의 성질상 소유의 의사가 결여된 타주점유라고 할 수 없다.

2. 신축건물과 관련된 쟁점들

가. 개관

(1) 문제의 소재

- 건물은 보존등기가 되기 전에 대지로부터 독립된 부동산이 될 수 있다. 따라서 신축 중인 건물이 완공 전에 대지와 독립된 별개의 독자적인 부동산이 되는 시점을 확정할 필요가 있다.
- 건물이 독자적인 물건이 되는 시점이 특정되면 그 때를 기준으로 원시취득자가 결정되므로 이를 위한 기준이 필요하다. 특히 건축허가와 대지이용권은 도급인 명의인 반면 자재·인력은 수급인이 조달한 경우 누가 원시취득자가 되는지가 문제된다.

(2) 건축허가(명의)의 사법상 의미

A. 개관

- 건축허가 명의는 소유권의 공시 방법이 아니다. 따라서 건축허가 명의에는 소유권에 대한 추정력이 인정되지 않으며, 건축허가 명의인과 원시취득자인 소유자가 반드시 일치할 필요도 없다.
- 다만 보존등기는 건축허가 명의를 반영한 건축물관리대장을 근거로 이루어지므로(부동산등기법 §65), 보존등기를 하려면 건축허가 명의가 있어야 한다.

> **대법원 2015. 9. 10. 선고 2012다23863 판결**
> - 건축허가는 시장·군수 등의 행정관청이 건축행정상 목적을 수행하기 위하여 수허가자에게 일반적으로 행정관청의 허가 없이는 건축행위를 하여서는 안 된다는 상대적 금지를 관계 법규에 적합한 일정한 경우에 해제함으로써 일정한 건축행위를 하도록 회복시켜 주는 행정처분일 뿐 허가받은 자에게 **새로운 사법적 권리를 부여하는 것이 아니다.**
> - 건축허가서는 허가된 건물에 관한 실체적 권리의 득실변경의 **공시 방법이 아니며**

<u>그 추정력도 없으므로</u> 건축허가서에 건축주로 기재된 자가 그 소유권을 취득하는 것은 아니며, 건축 중인 건물의 <u>소유자와 건축허가의 건축주가 반드시 일치되어야 하는 것도</u> 아니다.

- 도급계약이 법정해제된 경우 건축허가 명의를 양도받은 사람은 §548에서 보호되는 제3자에 해당하지 않는다. 확정적 권리를 취득한 제3자라고 볼 수 없기 때문이다.

> **건축허가서에 건축주로 기재된 자가 건물의 소유권을 취득하는 것은 아니고** 건축주허가 명의만을 양수한 자에 불과한 자는 제548조 제1항 단서에서 규정하는 제3자에 해당한다고 볼 수 없다(대법원 2007. 4. 26. 선고 2005다19156 판결).

B. 건축 중인 건물이 양도된 경우

- 공사를 계속하거나 완공 후 소유권 보존등기를 하려면 건축허가 명의를 변경해야 한다. 이를 위해 건축허가 명의인의 동의가 필요하므로 양수인은 양도인에게 동의 의사표시에 갈음하는 판결을 청구할 소의 이익이 인정된다.

> **건축 중인 건물의 양수인**은 진행 중인 건축공사를 계속하기 위해 허가 등에 관한 건축주 명의를 변경할 필요가 있고, 준공검사 후 **건축물관리대장에 소유자로 등록하여 양수인 명의로 소유권보존등기를 신청하기 위해서도 건축주 명의를 변경할 필요**가 있는데, 이를 위해서 양수인은 건축 관계 법령에 따라 변경신고서에 변경 전 **건축주의 명의변경동의서 등을 첨부하여 제출해**야 하므로, 건축 중인 건물을 양도한 자가 건축주 명의변경에 동의하지 않으면 양수인으로서는 <u>그 의사표시에 갈음하는 판결을 받을 필요</u>가 있다(대법원 2015. 9. 10. 선고 2012다23863 판결).

- 신축건물이 이미 보존등기된 후 이 건물을 양수한 자에게는 건축허가 명의 변경을 청구할 소의 이익이 인정되지 않는 것이 원칙이다. 다만 예외적으로 신축건물이 독립된 부동산으로서의 요건이 갖춰지기 전에 보존등기부터 마쳐진 경우에는 건축허가 명의 변경을 구할 이익이 인정된다.

> **대법원 2007. 12. 27. 선고 2006다60229 판결**
> ・ **건축공사가 완료**되고 <u>소유권보존등기까지 마쳐진 건물</u>의 경우에는 이미 허가된 내용에 따른 건축이 더 이상 있을 수 없어 건축주명의변경이 필요 없을 뿐 아니라, 건축허가서는 허가된 건물에 관한 실체적 권리의 득실변경의 공시 방법이 아니며 추

정력도 없어 건축주명의를 변경한다고 하더라도 그 건물의 실체적 권리관계에 아무런 영향을 미치는 것이 아니므로 위와 같은 건물에 관해서는 건축주명의의 변경을 청구할 소의 이익이 없다.

- 법원의 가처분결정에 따라 소유권보존등기가 마쳐졌지만 건축공사가 완료되어 이미 허가된 내용에 따른 건축이 더 이상 있을 수 없는 건물임을 인정할 자료가 없고 오히려 골조공사 정도만 완성된 상태에서 공사가 중단된 것으로 보이므로, 이 사건 임대아파트에 관한 건축공사가 완료되었음을 전제로 소의 이익이 없다고 하는 상고이유의 주장은 받아들일 수 없다.

• 건축허가 명의인이 여러 명인 경우, 건축허가 명의를 이전하려면 원래의 명의인 전원의 동의를 받아야 한다. 다만 순차적 동의도 가능하기 때문에 전원을 공동피고로 할 필요는 없다.

대법원 2015. 9. 10. 선고 2012다23863 판결

- 허가 등에 관한 건축주 명의가 수인으로 되어 있을 경우에, 그 허가 등은 해당 건축물의 건축이라는 단일한 목적을 달성하기 위하여 이루어지고 그 허가 등을 받은 지위의 분할청구는 불가능하다는 법률적 성격 등에 비추어 보면, 공동건축주 명의변경에 대하여는 **변경 전 건축주 전원으로부터 동의**를 얻어야 한다.
- 다만 그 명의변경에 관한 동의의 표시는 변경 전 건축주 **전원이 참여한 단일한 절차나 서면에 의하여 표시될 필요는 없**고 변경 전 건축주별로 동의의 의사를 표시하는 방식도 허용되므로, **동의의 의사표시에 갈음하는 판결도 반드시 변경 전 건축주 전원을 공동피고로 하여 받을 필요는 없**으며 건축주별로 피고로 삼아 그 판결을 받을 수 있다.

나. 건물이 독립된 부동산이 되기 위한 요건

(1) 개관

• 일반적인 건물: 기둥·주벽·지붕이라는 사실적 요건만 충족되면 독립된 부동산으로 인정된다. 이러한 사실적 요건이 충족되면 그 시점을 기준으로 원시취득자가 결정된다.

최소한의 **기둥과 지붕 그리고 주벽이 이루어지면 독립한 부동산으로서의 건물의 요건**을 갖춘 것이라고 보아야 한다(대법원 2007. 4. 26. 선고 2005다19156 판결).

- 집합건물에 대해서는 별도의 기준이 적용된다(집합건물법 참조).

(2) 독립된 부동산이 되는 시점 파악의 실익

- 토지와 건물의 소유자가 달라질 때 건물이 독립된 물건의 요건이 갖춰져야 법정 지상권이 인정된다. 특히 §366의 법정지상권의 요건과 관련하여, 대지에 대한 저당권설정 당시에는 건물 신축의 예견가능성으로 충분하기 때문에 건물이 독립된 물건의 요건을 갖추지 못했더라도 일단 법정지상권의 요건이 충족된다. 그러나 대지 소유자와 건물 소유자가 달라지는 시점까지 지상건물이 독립된 물건의 요건을 갖추지 못하면 이 건물을 위한 법정지상권이 인정될 수 없다.

> 제366조의 법정지상권은 저당권설정 당시 동일인의 소유에 속하던 토지와 건물이 경매로 인하여 양자의 소유자가 다르게 된 때에 건물의 소유자를 위하여 발생하는 것으로서, 토지에 관하여 <u>저당권이 설정될 당시 토지 소유자에 의하여 그 지상에 건물이 건축 중이었던 경우 그것이 사회관념상 독립된 건물로 볼 수 있는 정도에 이르지 않았다 하더라도</u> 건물의 규모, 종류가 **외형상 예상할 수 있는 정도까지 건축이 진전**되어 있었고, 그 후 경매절차에서 <u>매수인이 매각대금을 다 낸 때까지 최소한의 기둥과 지붕 그리고 주벽이 이루어지는 등</u> 독립된 부동산으로서 건물의 요건을 갖춘 경우에는 법정지상권이 성립한다(대법원 2011. 1. 13. 선고 2010다67159 판결).

- 대지 저당권 설정 당시 독립된 물건의 요건을 갖추고 있었던 건물은 보존등기가 마쳐지기 전이더라도 대지에 부합되지 않는다. 따라서 대지 저당권의 효력이 미치지 않는다(§358의 적용 배제).
- 원시취득자 결정에 관한 특약이 없어서 수급인의 원시취득이 인정되는 사안에서 공사 도중에 수급인이 변경되었다면, 수급인 변경 당시 건물이 독립된 물건의 요건을 갖추고 있으면 변경 전 수급인의 원시취득이 인정된다.

다. 원시취득자의 결정 기준

(1) 개관

A. 원칙

- 도급인과 수급인 중에서 건축 비용을 더 많이 조달한 사람이 원시취득자가 된다.
- ✓ 이 원칙을 '부합, 가공의 법리'라고 표현하기도 하지만, 엄밀하게 말하면 잘못된 표현이다. §256에 의하면 '부동산'인 토지에 '부합'된 건축자재는 토지소유자에게 귀속되어야 하고, §259는 문리해석상 '동산'에 대한 가공에 대해서만 적용되기 때문이다. 따라서 재료 ·노력을 포괄하는 '비

용'을 더 많이 조달한 사람이 원시취득자가 된다는 법리는 실정법이 아니라 오히려 관습법에 근거한 것이라고 볼 수 있고, 이렇게 본다면, '원시취득자 결정 기준에 대해서는 당사자의 합의가 우선한다'는 것 또한 관습법의 내용으로 파악할 수 있다.

> 자기의 비용과 노력으로 건물을 신축한 자는 그 건축허가가 타인의 명의로 된 여부에 관계없이 그 소유권을 원시취득하게 된다(대법원 2006. 5. 12. 선고 2005다68783 판결).

B. 예외

(a) 특약에 의한 원시취득자 결정

• 당사자인 도급인과 수급인의 합의로 원시취득자가 될 사람을 정한 경우 이러한 특약에 따라 원시취득자가 정해진다.

• 이러한 특약은 묵시적으로도 할 수 있다. 또한 도급인이 원시취득하기로 하는 특약의 효력은 공사대금 지급 여부와 관계 없이 그대로 적용된다. 즉 원시취득은 공사대금 지급과 동시이행 관계가 아니다.

> **수급인이 자기의 노력과 출재로 완성**한 건물의 소유권은 도급인과 수급인 사이의 **특약에 의하여 달리 정하거나** 기타 특별한 사정이 없는 한 수급인에게 귀속된다(대법원 2011. 8. 25. 선고 2009다67443 판결).

> 공사대금 잔대금은 공사완료 후에 원고가 이 사건 주택의 각 가구를 전세 놓아 그 전세금으로 지급하기로 약정하였으며, 이 사건 주택 신축공사에 있어서 그 건축허가 명의는 도급인인 원고로 되어 있었으므로, 원고와 위 소외인 사이에는 위 공사 도급계약 당시부터 완성된 건축물의 소유권을 원시적으로 도급인인 원고에게 귀속시키기로 하는 **묵시적 합의**가 있었다고 봄이 상당하다(대법원 1996. 9. 20. 선고 96다24804 판결).

> 수급인이 그의 노력과 재료를 들여 위 공사를 80퍼센트 가량 진행하고 중단할 당시 사회통념상 독립한 건물의 형태를 갖추고 있었다 하더라도 그 건물의 원시적 소유권은 그 인도 여부나 공사대금의 지급 여부에 관계없이 도급인에게 귀속시키기로 합의한 것으로 볼 수 있다(대법원 1992. 3. 27. 선고 91다34790 판결).

(b) 특약의 존재를 증명하기 위한 간접사실의 예

• 건축허가와 보존등기를 모두 도급인 명의로 하기로 하는 약정은 도급인이 원시취득하기로 하는 특약으로 해석된다.

일반적으로 **자기의 노력과 재료를 들여 건물을 건축한 사람이 그 건물의 소유권을 원시취득**하는 것이지만, **도급계약에 있어서는** 수급인이 자기의 노력과 재료를 들여 건물을 완성하더라도 도급인과 수급인 사이에 **도급인 명의로 건축허가를 받아 소유권보존등기를 하기로 하는 등 완성된 건물의 소유권을 도급인에게 귀속시키기로 합의**한 것으로 보여질 경우에는 그 건물의 소유권은 **도급인에게 원시적으로 귀속**된다(대법원 2003. 12. 18. 선고 98다43601 전원합의체 판결).

• 또한 ㉠ 도급인이 신축건물을 담보로 대출을 받아 공사대금을 지급하기로 하는 약정, ㉡ 도급인의 임대권한을 인정하는 약정등도 도급인의 원시취득을 전제한 것으로 해석된다.

도급인 乙과 수급인 丙 사이에 신축건물에 관하여 乙의 이름으로 준공검사를 받아 준공하고 乙은 소유권보존등기를 필한 후 융자금 1억 원을 받아 丙에게 지급하기로 약정한 바, 이러한 각 약정은 신축건물의 **소유권을 공사도급인인 乙에게 귀속시키는 것을 당연한 전제로 하고 있는 것**이라고 보아야 할 것이므로 이 사건 신축건물은 乙이 원시취득한 것으로 볼 여지가 충분하다(대법원 2003. 12. 18. 선고 98다43601 전원합의체 판결).

공사잔대금은 공사완료 후에 원고가 이 사건 주택의 각 가구를 전세 놓아 그 전세금으로 지급하기로 약정하였으며, 건축허가 명의는 도급인인 원고로 되어 있었으므로, 원고와 위 소외인 사이에는 위 공사 도급계약 당시부터 완성된 건축물의 소유권을 원시적으로 도급인인 원고에게 귀속시키기로 하는 묵시적 합의가 있었다고 봄이 상당하다(대법원 1996. 9. 20. 선고 96다24804 판결).

• 수급인의 공사대금채권 담보를 위해 도급인이 신축건물에 대해 수급인 명의의 제한물권이나 가등기 등을 설정해 주기로 하는 약정도 도급인의 원시취득을 전제한 것으로 해석된다.

제666조는 목적물의 소유권이 **원시적으로 도급인에게 귀속되는 경우**에 수급인에게 목적물에 대한 저당권설정청구권을 부여함으로써 수급인이 사실상 목적물로부터 공사대금을 우선적으로 변제받을 수 있도록 하는 데 그 취지가 있다(대법원 2018. 11. 29. 선고 2015다19827 판결).

이 사건 건물 신축공사에 있어서 그 건축허가 명의가 도급인측으로 되어 있고 공사도 급계약상 도급인이 **공사대금을 미지급**할 때에는 그 미지급한 금액에 대하여 완성된 **건물로 대물변제하거나** 또는 수급인에게 그 건물소유권에 대한 가등기를 하여 주기로 하는 등 **도급인이 완성된 건물의 소유권을 취득함을 전제로 한 약정**이 있다(대법원 1992. 3. 27. 선고 91다34790 판결).

(2) 사례: 건축중에 수급인이 변경된 경우

• 변경 당시 독립된 건물의 요건이 충족된 경우: 원래의 도급계약에 특약이 있으면 도급인이 원시취득하고 이런 특약이 없으면 수급인이 원시취득한다. 따라서 후속공사를 하여 건물을 완공한 사람은 공사대금 채권자일 뿐이다.

건축공사가 중단되었던 미완성의 건물을 인도받아 나머지 공사를 마치고 완공한 경우 그 건물이 공사가 중단된 시점에서 이미 사회통념상 **독립한 건물이라고 볼 수 있는 형태와 구조를 갖추고 있었다면 원래의 건축주가 그 건물의 소유권을 원시취득**한다 (대법원 2011. 8. 25. 선고 2009다67443 판결).

• 변경 당시 독립된 건물의 요건이 충족되지 못한 경우: 도급인의 원시취득을 인정하는 특약이 없는 한 완성 전에 인도받아 완공한 자가 원시취득하고, 그 전까지 공사된 부분은 동산인 공사 자재들에 불과하므로 §261에 의한 보상청구권의 대상이 될 뿐이다.

공사의 중단 시점에 이미 사회통념상 독립한 건물이라고 볼 수 있는 정도의 형태와 구조를 갖춘 경우가 아닌 한 **이를 인도받아 자기의 비용과 노력으로 완공한 자가 그 건물의 원시취득자**가 된다(대법원 2006. 5. 12. 선고 2005다68783 판결).

동산이 제256조에 의하여 부동산에 부합된 것으로 인정되어, 제261조에 의한 청구권이 발생하려면 그 동산을 훼손하거나 과다한 비용을 지출하지 않고서는 분리할 수 없을 정도로 부착·합체되었는지 여부 및 **그 물리적 구조, 용도와 기능면에서 기존 부동산과는 독립한 경제적 효용을 가지고 거래상 별개의 소유권의 객체**가 될 수 있는지 여부 등을 종합하여 판단하여야 할 것이고 부동산에 대한 동산 부합에 관한 이러한 법리는 **건물의 증축의 경우는 물론 건물의 신축의 경우에도 그대로 적용**될 수 있다(대법원 2009. 9. 24. 선고 2009다15602 판결).

라. 신축건물에 대한 공시 방법

(1) 전제: 보존등기의 추정력이 미치는 범위

- 보존등기의 추정력은 적법하게 보존등기되었다는 사실 즉 원시취득의 요건사실에 대해서만 적용된다. 예컨대 신축건물 보존등기가 마쳐진 경우 건축허가의 적법성, 허가 사항 준수 등과 같이 건물이 행정법적으로 적법하게 보존등기 되었다는 사실에 대해서만 추정력이 적용된다.

- 이에 비해 보존등기의 추정력은 미등기 건물이 양도된 경우 소유권의 승계취득의 요건사실에 대해서는 적용되지 않는다.

(2) 미등기 건물 양도와 중간생략 보존등기

A. 미등기 건물을 법률행위로 양도하는 경우

- 채권적으로는 유효이지만 미등기 건물도 §186의 적용 대상이기 때문에 등기되기 전까지는 여전히 양도인이 소유자이다. 따라서 양수인은 양도인을 대위해야만 물권적 청구권을 행사할 수 있다.

> 미등기 무허가건물의 양수인이라도 그 소유권이전등기를 경료받지 않는 한 그 건물에 대한 소유권을 취득할 수 없고, 소유권에 준하는 관습상의 물권이 있다고도 할 수 없으며, 현행법상 사실상의 소유권이라고 하는 어떤 포괄적인 권리 또는 법률상의 지위를 인정하기도 어렵다(대법원 2006. 10. 27. 선고 2006다49000 판결).

> 미등기 무허가건물의 양수인은 소유권에 기한 방해제거청구를 할 수 없다고 보아야 한다(대법원 2016. 7. 29. 선고 2016다214483 판결).

> 丙이 매도인인 甲을 **대위하여 명도를 청구한 것도 아닌** 이 사건에서, 만연히 "피고들은 원고에게 이 사건 각 건물을 명도할 의무가 있다."고 판단한 원심판결에는 미등기 건물 양수인의 법적 지위에 관한 법리를 오해하여 판결에 영향을 미친 위법이 있다(대법원 2007. 6. 15. 선고 2007다11347 판결).

- 미등기건물 양수인이 자신의 명의로 유효한 등기를 마치는 방법: ㉠ 양도인 甲이 乙의 소유권 취득의 원인계약 성립을 다투는 경우 乙은 甲을 대위하여 보존등기를 마친 후, 자신의 채권에 기해 소유권이전등기를 마칠 수 있다. ㉡ 甲이 乙의 소유권 취득을 다투지 않으면 乙은 본인 명의로 중간생략 보존등기를 할 수 있으나 등기 추정력이 제한되기 때문에 불리하다.

B. 중간생략 보존등기

(a) 의미와 유효성

• 신축건물이 법률행위로 양도된 경우, 원시취득자가 보존등기를 한 후 양수인 명의 소유권이전등기를 마쳐야 하는 것이 원칙이다.

• 그러나 원시취득자가 보존등기를 하지 않은 상태에서 건축허가명의를 양수인으로 변경하여 양수인 명의로 보존등기가 마칠 수도 있다. 이러한 중간생략 보존등기 자체는 유효인데 실체관계에 부합하는 등기라고 볼 수 있기 때문이다.

> 미등기건물을 등기할 때에는 소유권을 **원시취득한 자 앞으로 소유권보존등기를 한 다음 이를 양수한 자 앞으로 이전등기를 함이 원칙**이라 할 것이나, 이 사건의 경우와 같이 원시취득자인 甲과 승계취득자인 丙의 사이의 합치된 의사에 따라 丙 앞으로 직접 소유권보존등기를 경료하게 되었다면, 그 소유권보존등기는 **실체적 권리관계에 부합되어 적법한 등기**로서의 효력을 가진다(대법원 1995. 12. 26. 선고 94다44675 판결).

(b) 제한된 추정력: 명의인의 소유권 취득이 다투어지는 경우

• 사안의 개요: 수급인 乙이 자신이 재료·노력으로 신축했다는 사실을 증명하여 원시취득자라고 주장하면서 도급인 甲으로부터 신축건물을 양수한 丙이 중간생략등기 방식으로 마친 丙명의 보존등기의 말소등기를 청구한다.

• 쟁점과 판단: ㉠ 이 경우 丙은 자신의 소유권 취득의 요건사실을 모두 증명해야 한다. 즉 도급인 甲의 원시취득을 근거지울 수 있는 甲·乙간의 특약뿐 아니라, 양수인 자신의 승계취득의 원인행위인 甲·丙간 채권계약의 존재를 모두 증명해야만 유효한 보존등기라고 주장할 수 있다. ㉡ 다만 丙이 원시취득자가 아니므로 丙명의로 마친 보존등기는 당연 무효라는 乙의 주장은 배척된다. 중간생략보존등기도 실체관계에 부합하는 등기이기 때문이다.

대법원 1996. 6. 28. 선고 96다16247 판결

› 소유권보존등기는 새로 등기용지를 개설함으로써 그 부동산을 등기부상 확정하고 이후는 이에 대한 권리 변동은 모두 보존등기를 시발점으로 하게 되는 까닭에 등기가 실체법상의 권리관계와 합치할 것을 보장하는 관문이며, 따라서 그 외의 다른 보통 등기에 있어서와 같이 당사자간의 상대적인 사정만을 기초로 하여 이루어질 수 없고 물권의 존재 자체를 확정하는 절차가 필요하다 할 것이고, 따라서 소유권보존등기는 소유권이 진실하게 보존되어 있다는 사실에 관하여서만 추정력이 있고 소

유권보존 이외의 권리 변동이 진실하다는 점에 관하여서는 추정력이 없다.

‣ 이와 같은 <u>보존등기의 본질에 비추어 보존등기 명의인이 원시취득자가 아니라는</u> <u>점이 증명되면 그 보존등기의 추정력은 깨어</u>지는 것이므로, 소유권보존등기명의 인의 주장과 입증에 따라 그 등기에 대하여 실체적 권리관계에 부합하는지 여부를 가려야 한다. 보존등기 명의인이 원시취득자가 아니라 승계취득자로 밝혀진 경우 <u>등기명의인이 그 구체적인 승계취득 사실</u>을 주장, 입증하지 못하는 한 그 등기는 원 인무효로 된다.

법률 규정에 의한 물권 변동

법률 규정에 의한 물권 변동

I 법률 규정에 의한 물권 변동 개관

1. 의미와 법적 성질

- 물권을 비롯한 권리의 변동은 당사자들의 법률행위의 효과로서 발생하는 것이 원칙이지만 법률 규정에 의해 직접 물권 변동이 일어나는 경우도 있다.
- 물권 변동의 원인으로 법률에 규정된 요건들의 법적 성질은 대개 '사건'에 해당한다.

2. 공시 원칙과의 관계

> 제187조(등기를 요하지 아니하는 부동산물권취득) 상속, 공용징수, 판결, 경매 기타 법률의 규정에 의한 부동산에 관한 물권의 취득은 등기를 요하지 아니한다. 그러나 등기를 하지 아니하면 이를 처분하지 못한다.

가. 공시 원칙 적용 배제

(1) 개관

- 법률 규정에 의한 물권 변동은 법정된 구성요건만 충족되면 즉시 발생한다. 따라서 공시 원칙은 적용되지 않는다(§187 본문).
- 법률의 규정에 의한 물권 변동을 공시하지 않아도 되는 이유는 각각의 요건마다 다르다. ㉠ 동산의 선점이나 동산 선의취득의 경우, 법정 요건 자체에 공시 방법인 '점유'가 포함되어 있고, ㉡ 상속의 경우에는 소유권의 공백 방지가 필요하고, ㉢ 수용이나 경매의 경우 법정 절차를 거치면서 실질적으로 공시가 이루어지게 된다. ㉣ 한편 담보물권의 부종성은 담보물권의 본질이 반영된 것이다.

(2) 사례: §187 본문의 '판결'의 의미

- 법률 규정에 의한 물권변동 요건인 '판결'은 형성판결만을 의미한다. 예컨대 공유물 분할판결은 형성판결이므로 판결 확정 즉시 물권 변동이 일어난다. 또한 확정판결과 동일한 효력이 있는 인낙조서 등도 그 내용에 비추어 형성효가 있으면 §187의 '판결'에 준한다.

> **대법원 2017. 9. 21. 선고 2017다232105 판결**
> ‣ 공유물분할의 소는 형성의 소로서 법원은 재량에 따라 합리적인 방법으로 공유물을 분할할 수 있는 것이고, **공유물분할 판결이 확정되면 그 즉시 공유자들의 권리관계는 확정된 공유물분할 판결의 주문 기재와 같이 변경되는** 것이다.
> ‣ 공유물분할의 소에 의하여 공유물분할 **판결이 확정되면 그 즉시 공유관계가 소멸하고 공유자는 각자 분할받은 부분에 관하여 소유권을 취득**한다.

- 비교: 소유권이전등기청구를 인용하는 이행판결이 확정되더라도 원고의 단독 신청으로 소유권이전등기를 마쳐야 물권 변동이 일어난다.

> 매매 등의 법률행위를 원인으로 소유권이전등기절차 이행의 소를 제기하여 얻은 판결은 그 판결자체에 부동산물권취득이라는 형성적 효력이 없어 제187조 소정의 판결에 해당되지 아니하므로 원고가 먼저 승소판결을 받았다 하여도 그에 따른 소유권이전등기를 경료할 때 까지는 이 사건 부동산의 소유권을 취득하였다고 볼 수 없다(대법원 1982. 10. 12. 선고 82다129 판결).

나. 법률의 규정에 의한 물권 변동 이후의 물권 변동

(1) 개관

- 법률에 의한 물권 변동 이후 다시 법률에 의한 물권 변동사유가 충족되면 이 경우에도 공시 방법 없이 물권 변동이 일어난다(§187 본문). 예컨대 A가 사망하여 B가 X토지의 소유권을 상속한 후, B가 사망하여 C가 B를 상속하면 X토지의 소유권이전등기가 A명의로 남아 있더라도 C가 X토지의 소유자이다.
- 법률에 의한 물권 변동 이후 법률행위에 의한 물권 변동이 일어난 경우에는 공시원칙이 적용된다(§187 단서). 예컨대 위의 예에서 B가 상속받은 X토지를 C에게 매도한 경우에는 C가 소유권을 취득하려면 C명의 소유권이전등기가 마쳐져야 한다.

제187조 단서의 취지는, 같은 조 본문에 의하여 부동산물권을 등기 없이 취득하였더라도 그 권리자가 이를 법률행위에 의하여 처분하려면 미리 물권의 취득을 등기하고 그 후에 그 법률행위를 원인으로 하는 등기를 경료하여야 한다는 당연한 원칙을 선언한 것이다.(대법원 1994. 10. 21. 선고 93다12176 판결).

(2) 사례: 단순승인 간주 후 부동산에 대한 상속분 포기

(a) 사안의 개요

• 피상속인 A 사망시 상속재산으로는 X부동산이 있었고, A의 공동상속인으로는 A의 자녀인 甲·乙이 있었다. 甲은 단순승인 간주 사유가 발생한 후 상속 포기 취지의 의사표시를 했다.

• 그 후 乙이 임의로 X부동산 전부에 대해 단독소유인 것처럼 등기하자 甲은 1/2지분에 대한 말소등기를 청구했다.

(b) 쟁점과 판단

• 단순승인 간주 후 상속 포기 의사표시는 무효이지만, 무효행위 전환의 법리에 따라 상속재산 분할협의로 인정될 수 있다.

• 상속재산 분할협의는 계약의 일종이다. 따라서 ㉠ 甲은 乙에게 X부동산에 대한 자신의 1/2지분을 넘겨 줄 채무를 지는 데 그친다. ㉡ §187 단서가 적용되므로 甲은 포기 의사표시 후에도 이를 반영한 등기가 마쳐지기 전까지는 여전히 X부동산의 공유자로서 1/2지분을 소유한다.

• 그러나 甲이 乙에게 X부동산에 대한 자신의 1/2지분을 주장하는 것은 자신이 체결한 계약인 상속재산 분할협의 상의 채무를 부정하는 것에 해당하여 신의칙에 반한다.

대법원 1994. 10. 21. 선고 93다12176 판결

• 甲이 자신의 상속지분에 대하여 소유권을 포기한다는 의사표시를 한 사실은 인정되나, 甲은 이 사건 토지의 지분소유권을 상속으로 취득했으므로 제187조 단서에 의하여 등기하지 아니하면 이를 처분하지 못한다 할 것인데, 이 사건 토지에 관하여 아직 甲 명의의 지분소유권이전등기가 경료되지 아니하였으니 甲의 지분소유권은 여전히 동인에게 귀속된다.

• 제187조 단서의 취지에 비추어볼 때 부동산물권을 등기 없이 취득한 자가 자기 명의의 등기 없이 이를 처분한 경우 그 처분의 상대방은 부동산물권을 취득하지 못한

다는 것일 뿐, 그 처분행위의 채권적 효력까지 부인할 수는 없다. 甲의 진의가 상속지분을 포기함으로써 이 사건 토지 중 그 상속지분에 관한 乙명의의 등기가 유효한 것으로 추인한다는 데 있는 것이라면, 甲으로서는 그 포기의 채권적 효력에 의하여 자신의 상속지분에 관하여는 乙에게 위 등기의 말소를 청구할 수 없다.

II 혼동

1. 채권의 소멸사유로서의 혼동

> 제507조(혼동의 요건, 효과) 채권과 채무가 동일한 주체에 귀속한 때에는 채권은 소멸한다. 그러나 그 채권이 제삼자의 권리의 목적인 때에는 그러하지 아니하다.

가. 개관

(1) 요건

- 혼동이란 권리와 의무가 동일한 권리주체에게 귀속되는 경우를 뜻한다.
- 채권의 소멸사유인 혼동의 예로서 채권자·채무자 사이에 상속이나 법인 합병이 일어나는 경우를 들 수 있다.

(2) 효과

- 원칙: 채권·채무가 모두 소멸한다.
- 예외: ㉠ 채권이 제3자의 권리의 목적인 경우에는 소멸하지 않는다. ㉡ 상속 사안에서 한정승인이나 재산분리로 인해 상속재산과 고유재산이 분리되면 상속인과 피상속인간의 채권·채무는 혼동으로 소멸하지 않고 그대로 유지된다(§1031, §1050).
- 사례: 甲의 乙에 대한 채권에 대해 甲에 대한 채권자 丙이 채권질권을 설정한 후 甲이 乙의 단독상속인이 된 경우, 丙의 채권질권의 대상인 甲의 채권은 여전히 존속한다. 이때 甲은 丙에 대해 채무자와 제3채무자의 지위를 모두 가지게 된다.

혼동에 의한 채권의 소멸을 인정하는 취지는 주로 채권 채무가 동일인에게 귀속되는 경우 권리의무관계를 간소화하려는 것이므로 채권과 채무가 동일한 주체에 귀속되더라도 그 채권의 존속을 인정하여야 할 특별한 이유가 있는 때에는 그 채권은 혼동에 의하여 소멸되지 아니한다(대법원 1995. 7. 14. 선고 94다36698 판결).

나. 사례

(1) 교통사고의 가해자와 피해자 사이에 상속관계가 있는 경우

- 乙소유 X차량을 丙이 운전하던 중 교통사고가 발생하여 乙의 부모인 丁이 사망했다. 丙에 대한 보험자 甲이 운행자 乙에게 구상권을 행사하자 乙은 丁의 甲에 대한 보험금 직접청구권을 행사한다.
- 乙이 자배법 제3조의 운행자에는 해당하지만 §750의 가해자는 아닌 경우: 혼동이 적용되지 않으므로, 피해자 丁의 乙에 대한 손해배상채권이 유지되고 이를 전제한 피해자 丁의 보험자에 대한 직접청구권도 유지되어 乙에게 상속된다.

> 乙 소유 차량을 丙이 운전하던 중 교통사고가 발생하여 乙의 부모인 丁이 사망한 경우 乙은 자배법 제3조에 따라 피해자에 대한 배상책임을 부담하는 자동차의 운행자에 불과하고 사고 발생에 대한 귀책사유가 없어 제750조의 가해자로 볼 수 없는 이상, 비록 乙에게 위 사고로 인한 손해배상채권과 손해배상채무가 함께 귀속된다 하더라도, 위 손해배상청구권은 망인의 甲에 대한 직접청구권의 전제가 되기 때문에 혼동으로 소멸하지 않고, 따라서 乙은 망인의 상속인으로서 甲에 대하여 직접청구권을 행사할 수 있다(대법원 2003. 1. 10. 선고 2000다41653 판결).

- 비교: 乙이 §750의 가해자인 경우에는 혼동이 적용되어 피해자 丁의 손해배상채권이 가해자 乙에게 상속되는 순간 소멸한다. 따라서 乙은 丁의 보험자 甲에 대한 직접청구권을 상속받아 행사할 수 없다.

> 예외적으로 가해자가 피해자의 상속인이 되는 등 특별한 경우에 한하여 손해배상청구권과 손해배상의무가 혼동으로 소멸하고 그 결과 피해자의 보험자에 대한 직접청구권도 소멸한다(대법원 2005. 1. 14. 선고 2003다38573 판결).

(2) 가해자와 운행자가 공동상속인이었는데, 가해자가 상속포기를 한 경우

- 사안의 개요: 丙은 자신이 소유한 승용차를 운전하다가 과실로 교통사고를 일으켜 동승하고 있던 丁이 사망했는데, 丁은 乙(피고)·丙의 자녀였다. 丙이 고려기간 내 상속포기 신고를 하여 수리되었다.
- 쟁점과 판단: 상속포기의 소급효가 있으므로 혼동으로 소멸했어야 할 가해자 丙의 상속분 상당액은 소멸하지 않은 채 운행자인 공동상속인에게 귀속된다.

대법원 2005. 1. 14. 선고 2003다38573 판결

‣ 피해자의 사망으로 상속이 개시되어 가해자가 피해자의 자신에 대한 손해배상청구권을 상속함으로써 위의 법리에 따라 그 손해배상청구권과 이를 전제로 하는 직접청구권이 소멸하였다고 할지라도 **가해자가 적법하게 상속을 포기하면 그 소급효로 인하여 위 손해배상청구권과 직접청구권은 소급하여 소멸하지 않았던 것**으로 되어 다른 상속인에게 귀속되고, 그 결과 위에서 본 '가해자가 피해자의 상속인이 되는 등 특별한 경우'에 해당하지 않게 되므로 위 손해배상청구권과 이를 전제로 하는 직접청구권은 소멸하지 않는다.

‣ 상속포기로 당해 상속인에게 발생하였던 포괄적인 권리의무의 승계의 효력이 소멸한 결과 상속포기를 하지 아니하였더라면 혼동으로 소멸하였을 개별적인 권리가 소멸하지 않는 효과가 발생하였더라도 이는 상속포기로 인한 부수적 결과에 불과한 것이어서 이를 이유로 신의칙 등 일반조항을 들어 전체적인 상속포기의 효력을 부정하는 것은 상당하지 아니하다는 점 등에 비추어 볼 때 이 사건에서 상속포기가 신의칙에 반하여 무효라고 할 수도 없다.

2. 물권의 소멸사유로서의 혼동

가. 개관

(1) 원칙

• 소유권과 제한물권이 동일인에게 귀속하면 제한물권은 혼동으로 소멸한다.

> 제191조(혼동으로 인한 물권의 소멸) ① 본문: 동일한 물건에 대한 소유권과 다른 물권이 동일한 사람에게 귀속한 때에는 다른 물권은 소멸한다.

• 제한물권과 그 제한물권을 목적으로 하는 다른 권리가 동일인에게 귀속하면 후자가 소멸한다. 예컨대 A가 소유한 X토지에 甲이 지상권을 설정하고 甲에 대한 채권자 乙이 지상권 저당권을 설정한 후 甲이 乙의 단독상속인이 되면 지상권 저당권은 혼동으로 소멸한다.

> 제191조(혼동으로 인한 물권의 소멸) ② 전항의 규정은 소유권 이외의 물권과 그를 목적으로 하는 다른 권리가 동일한 사람에게 귀속한 경우에 준용한다.

(2) 예외

A. 성질상 혼동 대상이 아닌 물권: 점유권

> 제191조(혼동으로 인한 물권의 소멸) ③ 점유권에 관하여는 전2항의 규정을 적용하지
> 아니한다.

B. 혼동으로부터 제3자를 보호할 필요가 있는 경우

- 혼동으로 소멸해야 하는 물권이 제3자의 권리의 객체인 경우에는, 제3자의 이익
  보호를 위해 혼동으로 인한 물권 소멸이라는 효과가 발생하지 않는다.
- 예컨대 甲 소유 X토지에 乙명의 지상권이 설정되고 乙의 지상권에 대해 丙명의
  저당권이 설정된 후 甲에게서 乙에게로 X토지의 소유권이 이전된 경우, 乙이 소
  유한 X토지에 대한 乙명의 지상권은 그대로 유지된다.

> 제191조(혼동으로 인한 물권의 소멸) ① 단서: 그러나 그 물권이 제삼자의 권리의 목적
> 이 된 때에는 소멸하지 아니한다.

> 제191조(혼동으로 인한 물권의 소멸) ② 전항의 규정은 소유권이외의 물권과 그를 목
> 적으로 하는 다른 권리가 동일한 사람에게 귀속한 경우에 준용한다.

C. 혼동으로부터 당사자를 보호할 필요가 있는 경우

- 혼동이 일어나면 제3자가 원인 없는 이득을 얻게 되는 경우, 이를 저지하기 위해
  혼동의 예외가 인정된다.
- ✓ 판례는 '§191 ① 단서의 해석'을 근거로 제3자뿐 아니라 '본인'의 이익을 위해서도 혼동의 예외가
  인정된다고 판시한다. 그러나 §191 ① 단서의 문리해석으로 본인의 이익을 위한 혼동 제한을 근
  거지울 수 있을지는 의문이다.

> 어떠한 물건에 대한 소유권과 다른 물권이 동일한 사람에게 귀속한 경우 그 제한물권
> 은 혼동에 의하여 소멸하는 것이 원칙이지만, **본인 또는 제3자의 이익을 위하여 그 제**
> **한물권을 존속시킬 필요**가 있다고 인정되는 경우에는 제191조 제1항 단서의 해석에
> 의하여 혼동으로 소멸하지 않는다(대법원 1998. 7. 10. 선고 98다18643 판결).

나. 혼동이 문제된 사례

(1) 선순위 담보물권자의 담보물 소유권 양수와 후순위 저당권·가압류 등기

- 저당권자가 저당물을 양수하더라도 저당물에 그 저당권자보다 후순위인 담보물

권자나 가압류권리자가 있으면, 저당물 양수인의 선순위 저당권은 혼동으로 소멸하지 않는다.

> 공유지분에 관하여 甲이 근저당권을 취득한 후 乙이 가압류를 하였고, 그 후 甲이 소유권을 취득한 경우 만약 甲의 근저당권이 혼동으로 소멸하게 된다면, 가압류권자 乙은 이로 인하여 부당한 이득을 얻게 되는 반면 甲은 손해를 보게 되는 불합리한 결과가 초래된다. 따라서 위의 법리에 따라 甲의 근저당권은 그 이후의 소유권 취득에도 불구하고 혼동으로 소멸하지 않고, 甲은 여전히 채권자에 우선하는 근저당권자의 지위에 있다. 이러한 취지의 원심의 판단은 타당하다(대법원 2013. 11. 19.자 2012마745 결정).

- 예컨대 甲 소유 X부동산에 乙이 1순위 저당권을 설정한 후 丙이 2순위로 저당권을 설정한 경우, 乙이 X부동산을 양수하여 乙명의 소유권이전등기를 마쳤더라도 乙명의 1순위 저당권은 그대로 유지된다. 乙명의 1순위 저당권이 혼동으로 소멸하면 2순위였던 丙의 저당권의 순위가 승진하여 丙이 뜻밖의 이익을 얻게 되어 부당하기 때문이다.
- 이러한 법리는 대항력 있는 임대차에 대해서도 그대로 적용된다. 예컨대 주택임대차보호법이 적용되는 경우 임차인이 임차주택의 소유권을 취득하여 임대인의 지위를 승계하면 임차인의 '대항력 있는 임차권'은 혼동으로 소멸하는 것이 원칙이지만 대항력 있는 임차권보다 후순위였던 담보권자 등이 있으면 혼동이 일어나지 않고 임차권이 그대로 유지된다.

> 부동산에 대한 <u>소유권과 임차권이 동일인에게 귀속하게 되는 경우 임차권은 혼동에 의하여 소멸하는 것이 원칙이지만, 임차권이 대항요건을 갖추고 있고 또한 그 **대항요건을 갖춘 후에 저당권이 설정**된 때에는 혼동으로 인한 물권소멸 원칙의 예외 규정인 제191조 제1항 단서를 준용하여 임차권은 소멸하지 않는다</u>(대법원 2001. 5. 15. 선고 2000다12693 판결).

(2) 유치권자가 설정한 제한물권과 혼동

A. 사안의 개요

- 乙은 甲 소유 X건물 보수공사를 마쳤는데도 공사대금을 받지 못하여 유치권을 취득했다.
- 乙이 甲으로부터 X건물을 양수하여 소유권이전등기를 마쳤는데 그후 乙에 대한

채권자 丙명의로 X건물에 대한 근저당권 설정등기가 마쳐졌다.

B. 쟁점과 판단

- 乙의 유치권은 혼동으로 소멸했으므로 丙은 유치권의 제약 없이 근저당권을 행사할 수 있다.
- 논거: 乙이 소유권을 취득할 당시에는 제3자가 없었으므로 혼동이 발생하고, 그 후 乙 자신이 제3자 丙에게 제한물권을 설정해 주었다.

> 乙은 2001. 10. 29. 甲으로부터 이 사건 건물을 매수하여 같은 해 12. 7. 이전등기를 경료한 다음, 같은 날 丙명의 근저당권 설정등기를 경료한 사실을 알 수 있는바, 乙이 위와 같이 이 사건 건물의 <u>소유권을 취득하기 전에 이 사건 건물에 관하여 유치권을 가지고 있었다고 하더라도 이는 그 유치권이 혼동으로 소멸하지 아니하는 경우에 해당하지 아니한다</u>고 할 것이다(대법원 2008. 5. 8. 선고 2007다36933 판결).

III 부합

1. 개관: 첨부의 법률관계

- 첨부란 ㉠ 여러 개의 물건이 결합하여 하나의 물건이 되는 부합·혼화와 ㉡ 어떤 물건에 사람의 노력이 결합하여 새로운 물건이 되는 가공을 총칭하는 말이다.
- 첨부의 법률관계는 ㉠ 새로운 물건에 대한 소유자의 결정 기준(§256 ~ §259), ㉡ 종래의 물건에 대한 제3자의 권리의 존속 여부 결정(§260), ㉢ 첨부로 인해 손실을 입는 사람에게 주어지는 보상청구권(§261) 등으로 나눠진다.

2. 부합의 요건: 부합 여부의 판단 기준

가. 일반적 판단기준

(1) 개관: 객관적 판단

- 어떤 물건이 다른 물건과 합체된 경우, 즉 분리하면 훼손되거나 분리에 과도한 비용이 필요한 경우에 부합이 성립하고, 부합된 물건의 소유권 귀속은 법정된 기준에 따라 결정된다.
- 부합 여부는 객관적 기준에 따라 판단한다. 즉 당사자의 의사나 부합으로 인한 가치 증가 여부는 고려 대상이 아니다.

(2) 사례

A. 사안의 개요

- 甲소유 X토지와 丙소유 Y토지는 인접한 토지인데, 경사면인 Y토지가 붕괴되면 X토지에 설치된 시설물이 매몰될 우려가 있다.
- 丙은 Y토지 붕괴를 예방하기 위한 시설물인 석축·법면을 甲의 동의 없이 X토지 위에 무단으로 설치한 후 Y토지를 乙에게 양도했다.
- 甲은 乙에게 §214를 근거로 X토지 상에 설치된 석축·법면의 철거를 청구한다.

B 쟁점과 판단

- 석축·법면 설치는 X토지의 소유자인 甲의 의사에 반하고 X토지의 가치를 감소시키지만, 부합의 객관적 기준을 충족했으므로 甲에게 그 소유권이 귀속된다.
- 甲은 §214를 근거로 자신의 소유물인 석축·법면 수거를 乙에게 청구할 수는 없다.
- ✓ 甲이 자신의 비용으로 X토지에 설치된 석축·법면을 철거할 수 있으나 이때 乙이 甲을 상대로 §214의 방해예방청구를 할 가능성이 있다.

> **대법원 2009. 5. 14. 선고 2008다49202 판결**
> - 어떠한 물건이 부동산에 부합된 것으로 인정되기 위해서는 그 물건을 훼손하거나 과다한 비용을 지출하지 않고서는 분리할 수 없을 정도로 부착·합체되었는지 여부 및 그 **물리적 구조, 용도와 기능면에서 기존 부동산과는 독립한 경제적 효용**을 가지고 **거래상 별개의 소유권의 객체가 될 수 있는지 여부** 등을 종합하여 판단하면 되고, 권원에 의하여 부속될 것을 요건으로 하지 않으며, 피부합물인 부동산의 경제적 효용이나 가치 증대를 위한다는 의사를 필요로 하는 것도 아니다.
> - Y토지의 전 소유자인 丙이 X토지에 무단으로 석축과 법면을 설치한 후에 乙에게 Y토지를 매도한 경우 甲소유 X토지 내에 있는 이 사건 석축과 법면은 X토지에 정착된 공작물로서, 이를 X토지로부터 분리할 경우 과다한 비용이 소요될 뿐만 아니라 토사의 붕괴로 인하여 X토지의 경제적 가치가 현저히 손상될 것이므로 이 사건 **석축과 법면은 X토지에 부합**된 것으로 보는 것이 상당하다.

나. 부동산에 다른 부동산이 부합되는 경우의 판단기준

(1) 원칙

A. 개관

- 명문 규정은 없으나 부동산 간에도 부합이 일어날 수 있다

• 부합 여부는 물리적 구조, 기능적 독립성, 당사자의 의사 등을 종합하여 판단한다.

B. 사례: 증축 부분이 기존 건물에 부합되었는지의 여부

• 사안의 개요: 甲은 乙소유 X건물에 저당권을 설정했는데 그 후 乙이 X건물에 옥탑방을 증축했다. 乙이 피담보채무를 변제하지 못하자 甲은 적법하게 경매를 신청하여 丙이 X건물을 매수했다.

• 쟁점과 판단: 丙이 X건물뿐 아니라 옥탑의 소유권도 취득했는지가 문제된다. ㉠ 옥탑 부분이 부합되었다면 저당권의 효력이 미치기 때문에(§358) 丙은 옥탑의 소유권도 취득한다. ㉡ 이에 비해 옥탑 부분이 부합되지 않으면 X건물과 독립된 부동산이므로 甲의 저당권의 효력이 미치지 않는다. 옥탑 부분은 미등기건물이므로 공동저당의 대상이 될 수도 없다.

> 건물이 증축된 경우에 **증축 부분이 기존건물에 부합된 것으로 볼 것인가** 아닌가 하는 점은 증축 부분이 기존건물에 부착된 **물리적 구조뿐만 아니라,** 그 **용도와 기능의 면에서** 기존건물과 독립한 경제적 효용을 가지고 거래상 **별개의 소유권 객체가 될 수 있는지**의 여부 및 **증축하여 이를 소유하는 자의 의사** 등을 종합하여 판단하여야 한다(대법원 2002. 10. 25. 선고 2000다63110 판결).

(2) 예외

A. 대지와 지상건물

• 대지와 지상 건물은 별개의 부동산이다. 즉 건물은 대지에 부합되지 않는다.

• 대지소유자와 건물소유자가 다른 경우, 건물소유자에게 대지 사용권(지상권, 전세권, 임차권, 사용차권 등)이 없으면 건물 소유자는 §213, §214에 근거한 대지 소유자의 건물 철거 청구에 대항할 수 없다.

B. 비교: 수목, 농작물 등의 경우

• 농작물: 대지에 부합되지 않고 독립된 물건으로 다루어진다.

• 수목: ㉠ 원칙적으로 토지에 부합되므로 독립된 소유권의 객체가 될 수 없다. ㉡ 예외적으로 특별법에 의해 등기된 수목의 집단인 입목(立木)이거나 관습법상 공시 방법인 명인방법으로 토지와 별개의 소유자가 있음이 공시된 수목은 토지와 별개의 부동산이 된다. 따라서 토지 소유자 아닌 사람이 이러한 수목을 소유할 수도 있다. 다만 입목등기, 명인방법 등이 마쳐졌다는 특별한 사정은 수목의 소유권을 주장하는 자가 증명해야 한다(2020다266375, 561면).

C. 사례

(a) 사안의 개요

• 甲은 자신이 소유한 X토지에 조경사업을 위해 나무들을 심었다.

• 甲·乙간 X토지 매매계약에 따라 X토지에 乙 명의 소유권이전등기가 마쳐졌는
데 甲·乙 사이에서는 甲이 X토지상에 있는 나무들을 소유하면서 조경사업을 계
속하는 것을 乙이 용인하기로 하는 특약이 체결되었다.

(b) 쟁점과 판단

• X토지가 수용되는 경우 甲이 나무들에 대한 보상금을 요구하더라도 배척된다.

• 甲·乙간의 특약은 채권적 효력만 인정되고, 입목등기나 명인방법을 갖추지 않은
채 X토지에 식재된 나무들의 소유권은 乙에게 귀속되기 때문이다.

> **대법원 2021. 8. 19. 선고 2020다266375 판결**
>
> ・토지 위에 식재된 입목은 토지의 구성부분으로 토지의 일부일 뿐 독립한 물건으로
> 볼 수 없으므로 특별한 사정이 없는 한 토지에 부합하고, 토지의 소유자는 식재된
> 입목의 소유권을 취득한다. 토지 위에 식재된 입목을 그 토지와 독립하여 거래의 객
> 체로 하기 위해서는 「입목에 관한 법률」에 따라 입목을 등기하거나 명인방법을
> 갖추어야 한다. 물권 변동에 관한 성립요건주의를 채택하고 있는 민법에서 명인방
> 법은 부동산의 등기 또는 동산의 인도와 같이 입목에 대하여 물권 변동의 성립요건
> 에 해당하므로 식재된 입목에 대하여 명인방법을 실시해야 그 토지와 독립하여 소
> 유권을 취득한다.
>
> ・만일 원고들이 이 사건 부동산을 양도하면서 이 사건 지장물의 소유권은 유보하기
> 로 피고들과 약정하였다면, 원고들이 이 사건 지장물의 소유에 관한 명인방법을 갖
> 추어 그 소유권을 행사할 수 있지만, 명인방법을 갖추지 못한 경우에는 피고들에 대
> 한 채권적 청구권만을 행사할 수 있다.

3. 부합의 효과

가. 본질적 효과: 소유권의 귀속

(1) 개관

• 부동산 소유자가 부동산에 부합된 다른 물건의 소유권을 취득한다. 부합된 다른
물건의 가액이 부동산의 가액을 초과하더라도 마찬가지이다. 또한 부동산에 다
른 부동산이 부합된 경우는 물론 부동산에 동산이 부합된 경우에도 마찬가지인

데, §257는 동산간 부합에 대해서만 적용되기 때문이다.

- 비교: 결합된 물건들의 독립성이 유지되는 경우에는 부합이 인정되지 않는다. 모든 물건들을 동일인이 소유하게 할 필요가 없기 때문이다. 이 경우 각 물건 소유자들 간의 계약관계가 우선적용되고 이들 사이에 계약 관계가 없으면 §214, §741 등의 일반조항으로 해결할 수밖에 없다.

(2) 부동산이 부합 대상 물건인 경우에만 적용되는 효과

A. 부합의 유형과 이에 따른 효과

(a) 강한 부합: 물리적 의미의 분리 불가능

- 의미: 사실상 분리복구가 불가능하게 되어 버린 경우, 즉 분리하더라도 거래 객체가 될 수 없게 되어 버린 경우를 뜻한다.
- 효과: 부합되는 물건은 독자성을 잃고 부합 대상 부동산의 구성 부분이 된다.

(b) 약한 부합(부속): 경제적 의미의 분리 불가능(§256 단서)

- 의미: 부합 대상 부동산으로부터 부합된 물건을 분리할 수는 있지만 과도한 비용이 필요하거나, 부합된 물건이 분리되면 훼손 또는 현저한 경제적 가치 감소가 초래되는 경우를 뜻한다. 예컨대 주유소 대지 지하에 매설된 유류저장 탱크는 대지에 부속된 것으로 본다.
- 효과: 정당한 권원에 근거하여 부속된 경우에는 부속시킨 사람이 부속된 물건의 소유권을 유지하지만, 정당한 권원 없이 부속된 경우에는 부속 대상 물건인 부동산의 소유자가 부속된 물건의 소유권을 취득한다.

B. 구별의 실익: §256 단서의 적용 여부

- 공통 사실관계: 甲이 소유한 X부동산에 乙이 Y물건을 부합시켰다.
- 乙에게 권원이 있는 경우: ㉠ 약한 부합이면 §256 단서가 적용되어 乙이 Y물건의 소유권을 계속 보유하지만, ㉡ 강한 부합이면 §256 단서의 적용이 배제되어 甲이 Y물건의 소유권을 취득하고 乙은 甲에게 §261의 보상청구를 할 수 있을 뿐이다.
- 乙에게 권원이 없는 경우: 강한 부합이든 약한 부합이든 甲은 Y물건의 소유권을 취득하고, 乙은 甲에게 §261의 보상청구권을 행사할 수 있을 뿐이다.

> **대법원 2012. 1. 26. 선고 2009다76546 판결**
> ‣ 부합이란 **훼손하지 아니하면 분리할 수 없거나 분리에 과다한 비용**을 요하는 경우는 물론 분리하게 되면 **경제적 가치를 심히 감손케 하는 경우도 포함**하고 부합의 원

인은 인공적인 경우도 포함한다.

▸ 부동산에 부합한 물건이 타인이 적법한 권원에 의하여 부속한 것인 때에는 ㉠ 제256조 단서에 따라 그 물건의 소유권은 그 타인의 소유에 귀속되는 것이다. ㉡ 다만 부동산에 부합된 물건이 **사실상 분리복구가 불가능하여 거래상 독립한 권리의 객체성을 상실하고 그 부동산과 일체를 이루는 부동산의 구성 부분이 된 강한 부합의 경우에는** 타인이 권원에 의하여 이를 부합시켰더라도 그 물건의 소유권은 **부동산의 소유자에게 귀속**된다.

▸ 토지 임차인이 주유소 영업을 위해 설치한 유류저장조는 토지로부터 분리하는 데에 과다한 비용을 요하거나 분리하게 되면 경제적 가치가 현저히 감소될 것으로 볼 수 있는 반면 **사실상 분리복구가 불가능하여 거래상 독립한 권리의 객체성을 상실하고 이 사건 토지와 일체를 이루는 구성 부분이 되었다고는 보기 어렵다.** 따라서 임차권자가 설치한 이 사건 유류저장조는 제256조 단서에 의하여 임차권자가 소유하므로 토지소유자에게 그 소유권이 귀속되지 않는다.

C. 사례: 결합의 정도와 토지 소유자의 §214 인정 여부

• 부동산 소유자가 부합된 물건의 소유권을 취득하면 §214의 방해배제청구권을 행사할 수 없다. 따라서 타인의 정당한 권원에 근거한 약한 부합이 성립하여 부합된 물건의 소유권이 타인에게 귀속되는 경우에만 §214의 방해배제청구를 할 수 있다.

• 농지에 대한 도로포장이 마쳐진 경우, 약한 부합으로 인정되므로 방해배제청구의 대상이 될 수 있다.

강한 부합의 요건이 충족되면 타인이 권원에 의하여 이를 부합시켰더라도 그 **물건의 소유권은 부동산의 소유자에게 귀속되어 부동산의 소유자는 방해배제청구권에 기하여 부합물의 철거를 청구할 수 없**지만, 부합물이 위와 같은 요건을 충족하지 못해 그 **물건의 소유권이 부동산의 소유자에게 귀속되었다고 볼 수 없는 경우에는 부동산의 소유자는 방해배제청구권**에 기하여 부합물의 철거를 청구할 수 있다(대법원 2020. 4. 9. 선고 2018다264307 판결).

나. 부합의 부수적 효과: 부합물의 소유권 귀속 이외의 이해관계의 조절

(1) 이해관계 있는 제3자의 지위(§260)

> 제260조(첨부의 효과) ① 전4조의 규정에 의하여 동산의 소유권이 소멸한 때에는 그 동산을 목적으로 한 다른 권리도 소멸한다.

- 객체의 범위: 문리해석상 동산간 부합에 대해서만 적용되는 것처럼 보이지만, 부동산간 부합이나 동산·부동산간 부합에 대해서도 유추 적용된다.
- 제3자의 권리의 범위: 물권만을 의미한다. 만약 담보물권이 소멸한다면 물상대위가 문제될 수 있다. 이에 비해 부합으로 인해 채무자가 동산 소유권을 상실하여 이 동산에 관한 채무를 이행할 수 없게 되면 §390의 손해배상책임이 문제될 뿐이다.

(2) 부당이득 반환관계(§261)

> 제261조(첨부로 인한 구상권) 전5조의 경우에 손해를 받은 자는 부당이득에 관한 규정에 의하여 보상을 청구할 수 있다.

A. 요건
- 부합으로 인해 부합된 물건의 소유권을 상실하는 사람과 그 물건의 소유권을 취득하는 사람이 있어야 하고, 이들 사이에 그 소유권 귀속에 관한 계약이 없어야 한다.
- 지배적 견해에 의하면 §261은 다른 규정들과는 달리 임의법규이기 때문이다.

B. 효과
- 부당이득에 관한 규정에 따른 보상청구권이 발생한다. 즉, 부당이득의 요건이 충족된 경우에 한해 부당이득의 효과에 관한 조항에서 정한 바에 따라 보상청구권이 인정된다.
- 예컨대 X동산이 그 소유자 甲 아닌 乙에 의해 丙소유 Y물건에 부합된 경우, X동산 소유자가 乙이라고 丙이 과실 없이 오신했다면 甲은 丙에게 §261의 보상청구권을 행사할 수 없다. 丙은 '선의취득'이라는 법률상 원인에 의해 X동산의 소유권을 취득했기 때문이다.

대법원 2018. 3. 15. 선고 2017다282391 판결

- 매도인에게 소유권이 유보된 자재가 제3자와 매수인 사이에 이루어진 도급계약의 이행으로 제3자 소유 건물의 건축에 사용되어 부합된 경우 보상청구를 거부할 법률상 원인이 있다고 할 수 없지만, 제3자가 도급계약에 의하여 제공된 자재의 소유권이 유보된 사실에 관하여 **과실 없이 알지 못한 경우라면 선의취득의 경우와 마찬가지로** 제3자가 그 자재의 귀속으로 인한 이익을 보유할 수 있는 **법률상 원인이 있다**고 봄이 상당하므로, 매도인으로서는 그에 관한 보상청구를 할 수 없다.

- 이러한 법리는 매도인에게 소유권이 유보된 자재가 본인에게 효력이 없는 계약에 기초하여 매도인으로부터 무권대리인에게 이전되고, 무권대리인과 본인 사이에 이루어진 도급계약의 이행으로 본인 소유 건물의 건축에 사용되어 부합된 경우에도 마찬가지로 적용된다.

(3) 사례: 건물신축과 부합

A. 사안의 개요

- 甲은 자신이 소유한 X동산(철근)을 乙에게 소유권유보부 매매로 인도했고 乙은 X동산을 乙·丙간 공사도급계약에 따라 乙이 진행 중이던 Y건물 신축공사에 사용했다. 乙·丙간 특약에 의하면 丙이 Y건물을 원시취득하기로 되어 있었다.

- 乙이 甲에게 X동산의 대금을 지급하지 못하자 甲은 丙에게 1) 주위적으로 X동산의 반환을, 2) 예비적으로 X동산의 가액상당액의 지급을 청구한다.

B. 쟁점과 판단

(a) 甲의 주장 1)에 대한 판단

- §256의 법리는 건물 신축의 경우에도 적용되는데, 완성된 건물에서 철근을 분리하는 것은 과도한 비용이 소요될 뿐 아니라 분리된 철근이 독립된 경제적 효용을 가진다고도 보기 어렵다.

- X동산은 Y건물에 부합되고 Y건물의 원시취득자 丙이 그 소유권을 취득했으므로 甲의 丙에 대한 §213 청구는 이유 없다.

(b) 甲의 주장 2)에 대한 판단

- 부합으로 소유권을 상실한 자가 §261에 의한 부당이득반환 청구를 하려면 §741의 요건이 충족되어야 한다.

- ✓ X동산의 소유권은 甲에게 유보되어 있으므로, 연쇄적 계약관계에 따른 순차적 소유권 이전 사안과는 달리 丙은 계약을 근거로 소유권을 취득할 수 없다. 즉 삼각부당이득(전용물소권)은 쟁점이 아니다.

- 丙이 乙·丙간 공사도급 계약과 §256를 근거로 X동산의 소유자 아닌 乙로부터 X동산의 소유권을 취득한 것은 선의취득과 유사한 상황이므로 선의취득에 관한 법리가 유추적용된다.

- ✓ 이러한 판례의 논거와는 달리, 편취금전에 의한 변제 사안에서 §741 청구권의 인정 여부 판단 기준으로 동원되었던 '보호가치의 비교형량'을 적용하고 있는 것이라고 볼 수도 있다. 이 사건에서도 삼당사자간 침해부당이득이 문제된다고 할 수 있기 때문이다.

- 丙은 선의·무과실로 현실인도 방식에 의해 X동산을 인도받았으므로 丙의 X동산 소유권 취득은 법률상 원인이 있고, 결국 甲은 丙에게 §261청구를 할 수 없다.

대법원 2009. 9. 24. 선고 2009다15602 판결

- ‣ 동산의 부동산에 대한 부합 요건에 관한 판단기준은 건물 신축이나 증축 사안에 대해서도 그대로 적용된다. 원고의 소유권 유보에도 불구하고 원고 소유이던 이 사건 철강제품이 건물의 증축 및 신축에 사용되어 공장건물들에 부합됨으로써 **건물의 소유자인 피고가 이 사건 철강제품의 소유자가 되었다고 인정한 판단은 정당**하다.

- ‣ 제261조의 보상청구가 인정되기 위해서는 제261조 자체의 요건만이 아니라, 부당이득 법리에 따른 판단에 의하여 **부당이득의 요건이 모두 충족**되었음이 인정되어야 한다. ㉠ 계약 당사자 사이에 계약관계가 연결되어 있어서 각각의 급부로 순차로 소유권이 이전된 경우 계약관계에 기한 급부가 법률상의 원인이 되므로 최초의 급부자는 최후의 급부수령자에게 법률상 원인 없이 급부를 수령하였다는 이유로 **부당이득반환청구를 할 수 없다**. ㉡ 이와 달리, 매매 목적물에 대한 소유권이 유보된 상태에서 매매가 이루어진 경우에는 대금이 모두 지급될 때까지는 **매매 목적물에 대한 소유권이 이전되지 않고 점유의 이전만 있어 매수인이 이를 다시 매도하여 인도하더라도 제3자는 유효하게 소유권을 취득하지 못**하므로, 위와 같은 계약관계에 의한 급부만을 이유로 제3자는 소유자의 반환 청구를 거부할 수 없고, **부합으로 제3자가 소유권을 유효하게 취득하였다면 그 가액을 소유자에게 부당이득으로 반환함이 원칙**이다. ㉢ 다만, 매매 목적물에 대한 소유권이 유보된 경우라 하더라도 이를 다시 매수한 제3자의 선의취득이 인정되는 때에는, 그 **선의취득이 이익을 보유할 수 있는 법률상 원인이 되므로 제3자는 그러한 반환의무를 부담하지 않는다.**

- 매도인에 의하여 소유권이 유보된 자재를 매수인이 제3자와 사이의 도급계약에 의하여 제3자 소유의 건물 건축에 사용하여 부합됨에 따라 매도인이 소유권을 상실하는 경우에, 비록 그 자재가 <u>직접 매수인으로부터 제3자에게 교부된 것은 아니지만 도급계약에 따른 이행에 의하여 제3자에게 제공된 것으로서 거래에 의한 동산 양도와 유사한 실질을 가지므로</u>, 그 부합에 의한 보상청구에 대하여도 선의취득에서의 이익보유에 관한 법리가 유추적용된다. 제3자가 도급계약에 의하여 제공된 자재의 소유권이 유보된 사실에 관하여 과실 없이 알지 못한 경우라면 선의취득의 경우와 마찬가지로 제3자가 그 자재의 귀속으로 인한 이익을 보유할 수 있는 법률상 원인이 있다고 봄이 상당하므로 매도인으로서는 그에 관한 보상청구를 할 수 없다.

다. 동산간 부합의 효과

(1) 소유권의 귀속

- 동산간 부합으로 만들어진 새 물건의 소유권은 주된 동산 소유자에게 귀속된다. 만약 동산들 사이의 주종이 불명확하면 부합 당시의 각 동산의 가액 비율로 각 동산의 소유자였던 자들이 새 물건을 공유한다.

> 제257조(동산간의 부합) 동산과 동산이 부합하여 훼손하지 아니하면 분리할 수 없거나 그 분리에 과다한 비용을 요할 경우에는 그 합성물의 소유권은 <u>주된 동산의 소유자</u>에게 속한다. 부합한 동산의 <u>주종을 구별할 수 없는 때에는 동산의 소유자는 부합당시의 가액의 비율</u>로 합성물을 공유한다.

> 제258조(혼화) 전조의 규정은 동산과 동산이 혼화하여 식별할 수 없는 경우에 준용한다.

- 부동산의 경우와 다른 점: 부합시킬 권원의 유무를 따지지 않고 일률적으로 적용되므로, 강한 부합·약한 부합 여부를 판단할 필요도 없다.

(2) 부수적 효과

- 제3자의 권리에 미치는 영향: 기본적으로 부동산에 대한 부합의 경우와 같지만 (§260 ①), 동산간 부합에 대해서만 적용되는 특칙이 있다(§260 ②).

> 제260조(첨부의 효과)
> ① 전4조의 규정에 의하여 동산의 소유권이 소멸한 때에는 그 동산을 목적으로 한 다른 권리도 소멸한다.

② 동산의 소유자가 합성물, 혼화물 또는 가공물의 단독소유자가 된 때에는 전항의 권리는 합성물, 혼화물 또는 가공물에 존속하고 그 공유자가 된 때에는 그 지분에 존속한다.

- 보상청구권(§261): 부동산에 대한 부합의 경우와 같다.

Ⅳ 주위토지 통행권

1. 개관

가. 주위토지 통행권의 필요성

- 어떤 토지(맹지)가 다른 토지(들)에 포위되어 있어서, 맹지 소유자가 주위의 다른 토지(위요지)를 거치지 않고 공로(公路)로 나가는 것이 불가능하거나, 가능하기는 하지만 이에 대해 과도한 비용이 드는 경우가 있다.
- 이 경우 맹지 소유자와 위요지 소유자의 소유권을 조화롭게 실현하기 위해 맹지 소유권은 확장되고 위요지 소유권은 제한된다.

나. 해결방법: 지역권과 상린관계

(1) 지역권과 주위토지 통행권의 비교

A. 법적 성질·성립 요건

- 지역권은 법률행위에 의해 설정되는 제한물권이다. 따라서 당사자의 약정이 있어야만 발생하고 성립요건주의가 적용되므로 등기되어야 성립한다.
- 이에 비해 주위토지 통행권은 인접한 토지의 소유권 행사를 조절하기 위해 토지 소유권의 일부를 확장하거나 제한하는 제도인 상린관계를 근거로 인정된다. 즉 법률상의 요건이 충족되면 당사자의 의사와 무관하게 곧바로 법정된 효과가 발생한다.

B. 대상

- 어떤 토지(요역지)의 사용·수익을 위해 다른 토지(승역지)를 사용할 필요가 있으면 인접 토지가 아닌 승역지에 대해서도 지역권을 설정할 수 있다.
- 이에 비해 주위토지 통행권은 상린관계를 근거로 인정되므로 인접 토지에 대해서만 인정될 수 있다.

(2) 상호 관련성

- 기능의 유사성: 어떤 토지 사용을 위해 다른 토지를 사용하지만, 다른 토지를 배타적·전면적으로 사용하는 것은 아니고 시간적·공간적으로 제한된 범위 내에서만 사용한다.
- 유사성의 반영: 통행지역권은 특별한 사정이 없는 한 무상이지만, 통행지역권이 시효취득된 경우에는 시효취득자의 손실보상 의무에 관한 명문규정은 없지만, 주위토지 통행권에 관한 §219 ②의 유추적용을 근거로 손실보상 의무가 발생한다. 통행지역권과 주위토지 통행권은 법적 성질이 유사하기 때문이다.
- 예외: 시효기간 동안 무상통행에 대한 양해가 있었다는 등의 특별한 사정이 있으면 보상의무가 인정되지 않는다.

대법원 2015. 3. 20. 선고 2012다17479 판결

- **통행지역권의 경우에 지역의 대가로서의 지료는 그 요건이 아니다.** 그렇지만 통행지역권의 취득시효가 인정되면, 도로가 개설된 상태에서 승역지가 이용되고 또한 다른 사정이 없는 한 그 존속기간에 제한이 없어 승역지 소유자의 사용 및 소유권 행사에 상당한 지장을 주게 되므로 그에 따른 불이익에 대하여 승역지 소유자를 적절히 보호할 필요가 있다.
- 통행지역권의 취득시효는 승역지 위에 도로를 설치하여 늘 사용하는 객관적 상태를 전제로 하는데, 도로 개설에 의한 종전의 승역지 사용이 **무상으로 이루어졌다는 특별한 사정이 없다면** 취득시효 전에는 그 사용에 관한 지료 지급의무를 지거나 부당이득반환의무를 지므로, 이러한 상태를 **전제로 하여 시효취득이 이루어진다**고 할 수 있다.
- 그리고 **제219조는 주위토지 통행권을 인정하는 한편, 그 토지 소유자로 하여금 통행지 소유자의 손해를 보상**하도록 정하고 있다. 통행지역권은 용익물권으로서 통행지역권의 시효취득은 상린관계에 관한 주위토지 통행권과는 그 **권리의 성질 및 성립 근거가 다르지만** 인접한 토지소유자 사이에서 통로 개설에 의한 통행 이용에 관한 이해관계를 조정하는 역할을 한다는 점에서는 서로 유사하다.
- 따라서 종전의 승역지 사용이 **무상으로 이루어졌다는 등의 다른 특별한 사정이 없다면 통행지역권을 취득시효한 경우에도 주위토지 통행권의 경우와 마찬가지로 요역지 소유자는 승역지에 대한 도로 설치 및 사용에 의하여 승역지 소유자가 입은 손해를 보상하여야 한다**고 해석함이 타당하다.

2. 주위토지 통행권의 요건

> 제219조(주위토지 통행권) ① 어느 토지와 공로사이에 그 토지의 용도에 필요한 통로가 없는 경우 그 토지소유자는 주위의 토지를 통행 또는 통로로 하지 아니하면 공로에 출입할 수 없거나 과다한 비용을 요하는 때에는 그 주위의 토지를 통행할 수 있고 필요한 경우에는 통로를 개설할 수 있다. 그러나 이로 인한 손해가 가장 적은 장소와 방법을 선택하여야 한다.

가. 당사자: 맹지·위요지에 대한 각 사용권자

• 소유자뿐 아니라 용익물권자에게도 주위토지 통행권이 인정된다. 예컨대 법정지상권자에게도 주위토지 통행권이 인정될 수 있다.

• 사례: 맹지의 명의신탁자에게는 주위토지 통행권이 인정되지 않는다. 명의신탁자는 대외적으로 자신의 권리를 주장할 수 없기 때문이다.

> 제219조 소정의 주위토지 통행권은 인접한 토지의 상호이용의 조절에 기한 권리로서 토지의 소유자, 지상권자, 전세권자 등 **토지사용권을 가진 자에게 인정되는 권리**라고 할 것인데 등기부상 소유명의자인 수탁자에 대한 **명의신탁자의 지위에서는 대외적으로 소유권을 주장할 수 없으므로 통행권의 확인이나 그 통행권이 있음을 전제로 한 청구를 할 수 없**다(대법원 2008. 5. 8. 선고 2007다22767 판결).

나. 발생

(1) 실질적 요건

 A. 맹지 이용을 위해 필요한 통로가 없을 것

 (a) 의미

• 위요지를 거치지 않으면 ㉠ 공로 출입이 불가능하거나, ㉡ 공로에 출입하려면 과도한 비용 발생하는 경우를 뜻한다.

> 어느 토지가 타인 소유의 토지에 둘러싸여 **공로에 통할 수 없는 경우**뿐만 아니라, 기존의 **통로가 있더라도 그것이 당해 토지의 이용에 부적합하여 실제로 통로로서의 충분한 기능을 하지 못하고 있는 경우**에도 인정된다(대법원 2003. 8. 19. 선고 2002다53469 판결).

• 위요지를 거치지 않아도 되는 대체 통로가 있더라도 이러한 대체 통로가 맹지의

용도에 따른 이용에 부적합하여 통로로서의 기능을 완전하게 발휘하지 못하면 위요지에 대한 주위토지 통행권이 인정될 수 있다. 예컨대 맹지가 공장용지인 경우에, 보행 가능한 통로만 있고 화물차가 출입할 수 있는 포장도로가 없다면 §219의 요건이 충족된다.

이 사건 토지에 대하여는 그 토지에서 공로에 이르는 기존의 소로가 있으나 그 통로는 오솔길에 불과하여 **공장용지로 사용되고 있는 이 사건 토지의 용도에 적당하지 않다**고 할 것이고, 주위토지상에 개설된 도로를 통과하지 아니하면 공로에 이를 수 있는 통로로서 자동차가 통행할 수 있는 통행로가 없는 점 등에 비추어 보면 피고가 주위토지 통행권을 가진다(대법원 2003. 8. 19. 선고 2002다53469 판결).

(b) 비교: 주위토지 통행권이 인정되지 않는 경우

• 공로로 나갈 수 있는 대체 통로가 있고 이 통로를 이용해도 맹지 사용에 지장이 없다면, 위요지를 거치는 것이 ㉠ 통행이 더 편리하거나 ㉡ 비용이 더 적게 든다는 이유만으로는 주위토지 통행권이 인정될 수 없다(2010다103086, 581면).

토지의 용도에 필요한 통로가 있는 경우, 그 통로를 사용하는 것보다 **더 편리하다는 이유만으로 다른 장소로 통행할 권리를 인정할 수는 없**다(대법원 1995. 6. 13. 선고 95다1088 판결).

• 사례: 공로로 나가는 통로가 구분소유적 공유토지의 일부인데 내부적으로 맹지 소유자의 전유부분이 아닌 경우에는 §219의 주위토지 통행권이 인정되지 않는다. 대외관계에서는 구분소유적 공유도 일반적인 공유로 인정되고 모든 공유자는 §263에 따라 공유물 전부에 대한 사용·수익권이 있기 때문이다.

대법원 2021. 9. 30. 선고 2021다245443 판결
‣ 공로에 통할 수 있는 자기의 공유토지를 두고 공로에의 통로라 하여 남의 토지를 통행한다는 것은 허용될 수 없다. 설령 위 공유토지가 구분소유적 공유관계에 있고 공로에 접하는 공유 부분을 다른 공유자가 배타적으로 사용, 수익하고 있다고 하더라도 마찬가지이다.
‣ 이 사건 토지는 등기상으로 원고와 소외인이 공유하고 있는 것으로 등재되어 있으나 각 구분소유하고 있으며, 위 토지의 동쪽, 즉 소외인이 구분소유한 부분은 공로

와 접해 있음을 알 수 있다. 원고가 소외인과의 관계에서 공로와 접한 위 대지 부분에 대하여 소외인의 배타적 소유임을 인정할 수밖에 없다고 할지라도 이는 어디까지나 공유자 간의 내부적 사정에 불과하므로 다른 특별한 사정이 없는 한 공유토지를 통하여 공로에 출입할 수 있는 길을 놓아두고 제3자인 피고 소유의 인접지에 관하여 통행권을 주장할 수는 없다 할 것이다.

B. 판단기준

- 주위토지 통행권 행사 당시의 사용 현황을 고려하여 판단해야 하며, 장래의 사용 가능성까지 고려할 필요는 없다.
- 사례: 맹지가 주택지인 경우 사람의 출입이나 일상적 가재도구 운반이 가능한 통로가 있으면 장래의 재건축 허가요건 충족이나 자동차 출입을 위해 필요하다는 이유로만으로는 주위토지 통행권이 인정되지 않는다.

대법원 2017. 9. 12. 선고 2014다236304 판결
- 주위토지 통행권의 범위는 현재의 토지의 용법에 따른 이용의 범위에서 인정되는 것이지 더 나아가 **장차의 이용상황까지 미리 대비하여 통행로를 정할 것은 아니다.**
- 토지의 **이용방법에 따라서는 자동차 등이 통과할 수 있는 통로의 개설도 허용**되지만, 단지 토지이용의 편의를 위해 다소 필요한 상태라고 여겨지는 정도에 그치는 경우까지 자동차의 통행을 허용할 것은 아니다.

위요지 소유자에게 장래 그 토지에 건축을 할 것에 대비하여 건축허가에 필요한 폭의 통행로를 미리 보장하고 이를 주위토지 소유자로 하여금 수인하도록 하는 것까지를 그 내용으로 하는 것은 아니다(대법원 1996. 11. 29. 선고 96다33433 판결).

(2) 형식적 요건

A. 법률 규정에 의한 소유권의 내용 변동
- 주위토지 통행권은 §219의 요건이 충족되면 당사자의 의사와 무관하게 발생한다.
- 사정변경으로 인해 ㉠ 통행권의 내용(통행의 경로·횟수·방법 등)이 변경되거나 ㉡ §219의 요건이 소멸하여 통행권이 소멸하는 경우, 별도의 절차 없이 즉시 주위토지 통행권의 변경·소멸이라는 효과가 발생한다(2013다11669, 573면).

B. 비교: 지역권
- 당사자의 의사표시 합치와 지역권설정등기에 의해 발생한다.

- 사정변경이 있어도 당사자의 합의에 의한 말소등기나 변경등기를 거치지 않는 한 원래의 내용이 그대로 유지된다.

다. 소멸·변경의 사유

(1) 소멸사유

- 대체 통로가 개설되면 주위토지 통행권은 소멸한다.

> 일단 주위토지 통행권이 발생하였다고 하더라도 나중에 그 토지에 접하는 공로가 개설됨으로써 주위토지 통행권을 인정할 필요성이 없어진 때에는 그 통행권은 소멸하는 것이다(대법원 1998. 3. 10. 선고 97다47118 판결).

- 통행권자가 대체 통로로 쓸 수 있는 토지에 대한 이용권을 가지게 되면 주위토지 통행권은 소멸한다.

> 주위토지 통행권은 **법정의 요건을 충족하면 당연히 성립하고 그 요건이 없어지게 되면 당연히 소멸**한다. 따라서 포위된 토지가 사정변경에 의하여 공로에 접하게 되거나 포위된 토지의 소유자가 주위의 토지를 취득함으로써 주위토지 통행권을 인정할 필요성이 없어지게 된 경우에는 그 통행권은 소멸한다(대법원 2014. 12. 24. 선고 2013다11669 판결).

(2) 변경사유

- 주위토지 통행권 발생 후 위요지에 관한 사정변경이 발생하면 주위토지 통행권의 내용이 변경되므로 통로의 폭·범위 등을 다시 정해야 한다.
- 판단기준시는 사실심 변론종결시이다.

> 주위토지 통행권은 **통행을 위한 지역권과는 달리** 그 통행로가 항상 **특정한 장소로 고정되어 있는 것은 아니고**, 주위토지통행권 확인청구는 **변론종결시에 있어서의 제219조 소정의 요건에 해당하는 토지가 어느 토지인가를 확정하는 것**이므로, 주위토지 소유자가 그 용법에 따라 기존 **통행로로 이용되던 토지의 사용방법을 바꾸었을 때에는 대지소유자는 그 주위토지 소유자를 위하여 보다 손해가 적은 다른 장소로 옮겨 통행할 수밖에 없는 경우**도 있다(대법원 2009. 6. 11. 선고 2008다75300 판결).

- 사례: 통행권이 인정되던 위요지에 주택이 신축되면 종래의 통행권은 소멸한다. 위요지에 대한 최소 손해라는 요건을 충족하려면 주거의 평온을 방해하지 않는 다른 통로를 이용해야 하기 때문이다.

‣ 주거의 보호가치를 고려할 때 주위토지 통행권을 행사함에 있어서도 이러한 **주거의 자유와 평온 및 안전을 침해하여서는 아니 된다.**

‣ 연립주택 주민들은 연립주택 단지 내에서 주거로서의 평온과 안전을 누릴 권리가 있다고 할 것이며, 종래의 통행로가 <u>연립주택 단지 내를</u> 위와 같이 가로지르면서 주민들의 창고, 놀이터 등의 이용에 영향을 미칠 수 있는 것이므로, <u>이 사건 토지의 통행을 위해 연립주택 주민들에게 손해가 가장 적은 장소와 방법이라고 쉽게 단정할 수는 없다.</u> 이 사건 토지에서 토지를 거쳐 공로로 나가는데 비용이 더 들고 그 토지 소유자의 소유권이 제한되지만 위 주택단지의 주거의 평온과 안전에 대한 침해는 최소화될 수 있다

라. 절차법: 청구취지와 처분권주의

• 원칙: 주위토지 통행권의 확인을 구하려면, ㉠ 청구취지로 통행의 장소와 방법을 특정하여 명시해야 하고 ㉡ 청구원인으로 §219의 요건을 주장·증명해야 한다. 따라서 청구취지로 특정된 부분이 §219의 요건을 충족하지 못했으면 청구를 기각해야 한다.

• 예외: 청구취지로 특정된 통행 장소·방법의 일부에 대해 §219의 요건이 충족되면 일부 인용해야 한다.

‣ 주위토지 통행권의 확인을 구하기 위해서는 <u>통행의 장소와 방법을 특정하여 청구취지로써 이를 명시하여야 하고, 제219조에 정한 요건을 주장·증명하여야 한다.</u> 그러므로 주위토지 통행권이 있음을 주장하여 확인을 구하는 <u>특정의 통로 부분이 제219조에 정한 요건을 충족하지 못할 경우에는 다른 토지 부분에 주위토지 통행권이 인정된다고 할지라도 원칙적으로 그 청구를 기각할 수밖에 없다.</u>

‣ 다만 이와 달리 통행권의 확인을 구하는 특정의 통로 부분 중 <u>일부분이 제219조에 정한 요건을 충족하거나 특정의 통로 부분에 대하여 일정한 시기나 횟수를 제한하여 주위토지 통행권을 인정하는 것이 가능한 경우</u>라면, 그와 같이 한정된 범위에서만 통행권의 확인을 구할 의사는 없음이 명백한 경우가 아닌 한 그 청구를 <u>전부 기각할 것이 아니라, 그렇게 제한된 범위에서 청구를 인용함이 상당하다</u>

3. 주위토지 통행권의 효과

가. 당사자의 권리 · 의무

(1) 위요지 소유자의 의무

• 위요지 소유자는 수인의무 · 부작위의무를 진다. 예컨대 필요 · 최소한이라는 요건이 충족되는 한 통행권자가 위요지에 있는 통로 부분을 포장하거나 통행에 필요한 시설물을 설치해도 위요지 소유자는 방해배제 청구를 할 수 없다.

> 주위토지 통행권자는 필요한 경우에는 통행지상에 **통로를 개설할 수 있으므로**, 계단을 조성하거나, 장해가 되는 나무를 제거하는 등의 방법으로 통로를 개설할 수 있으며 통행지 소유자의 **이익을 해하지 않는다면 통로를 포장하는 것도 허용**된다고 할 것이고, 주위토지 통행권자가 통로를 개설했더라도 그 통로에 대하여 통행지 소유자의 **점유를 배제할 정도의 배타적인 점유를 하고 있지 않다면 통행지 소유자가 주위토지 통행권자에 대하여 주위토지 통행권이 미치는 범위 내의 통로 부분의 인도를 구하거나 그 통로에 설치된 시설물의 철거를 구할 수 없다**(대법원 2003. 8. 19. 선고 2002다53469 판결).

• 위요지 소유자는 통로 개설이나 유지 비용 부담 등의 작위의무를 부담하지는 않음이 원칙이다. 다만 자신이 통행권자의 통행을 방해하는 시설물을 설치한 경우에는 이 시설물을 철거할 의무를 진다.

> 주위토지 통행권의 본래적 기능발휘를 위해서는 그 **통행에 방해가 되는 담장과 같은 축조물도 위 통행권의 행사에 의하여 철거**되어야 한다(대법원 2006. 6. 2. 선고 2005다70144 판결).

(2) 통행권자의 권리

A. 배타적 사용권은 인정되지 않음

• 통행권자가 통로 부분을 배타적으로 점유하면 위요지 소유자는 통행권자에게 물권적 청구권을 행사할 수 있다.

> 다른 사람의 소유토지에 대하여 **상린관계로 인한 통행권을 가지고 있는 사람은 그 통행권의 범위 내에서 그 토지를 사용할 수 있을** 뿐이고 그 통행지에 대한 **통행지 소유자의 점유를 배제할 권능까지 있는 것은 아니**므로 통행지 소유자는 그 통행지를 **전적**

<u>으로 점유하고 있는 주위토지 통행권자에 대하여 그 통행지의 인도를 구할 수 있다</u>(대법원 2003. 8. 19. 선고 2002다53469 판결).

- 다만 통행권자가 통행을 위해 필요한 시설물을 설치하거나 포장공사를 한 것만으로는 배타적 점유로 인정되지 않는다(2002다53469, 575면).

B. 상시 통행권은 보장되지 않음

- 통행의 횟수나 통행 가능한 시간대는 구체적 타당성을 고려하여 제한될 수 있다.
- 통행권자가 상시적 통행권의 존재 확인 청구를 하는 경우: 제한된 통행권 존재 확인 의사 없음이 명백한 경우가 아닌 한 일부 인용 판결을 해야 한다(2016다39422, 574면).

나. 이해관계 조절

(1) 통행의 방법·범위·경로의 법정: 필요 최소한

- 주위통행권이 인정되더라도 통행권자는 위요지 소유자에게 손해가 가장 적은 장소와 방법으로만 통행할 수 있다. 통행권자 자신의 편의를 위해 임의로 다른 장소나 방법으로 통행할 수 없다.
- 사례: 위요지에 녹지와 아파트 단지가 포함된 경우 녹지 부분에 통로를 개설하려면 비용이 많이 든다는 이유로 아파트 단지 내 포장도로에 대한 통행권이 인정될 수는 없다. 단지 내 도로도 주거 공간에 해당하기 때문이다.

아파트 **단지 내 기존 통행로**는 아스팔트가 포장되어 있어 차량 통행로로 사용되고 있기는 하지만 <u>아파트 주민들의 전체 주거공간</u>이므로, 공로로 통할 수 있는 인접한 녹지가 있는 이상 <u>통행로 개설 비용이 들더라도 인접 녹지를 통하여 공로로 나가는 것이 아파트 단지 내의 주거의 평온과 안전에 대한 침해를 최소화한다</u>는 이유로, 위 기존 통행로에 대한 주위토지 통행권을 인정한 원심판결을 파기한 사례(대법원 2005. 7. 14. 선고 2003다18661 판결).

(2) 통행권자의 보상의무

제219조(주위토지 통행권) ② 전항의 통행권자는 통행지소유자의 손해를 보상하여야 한다.

A. 보상할 가액

- 산정기준: 위요지의 원래 용도를 기준으로 사용료를 산정해야 하며, 도로용지임

을 전제로 사용료를 산정하면 안 된다.

- 감액사유: 일반적인 차임 상당액보다는 감액되어야 한다. 통행권자가 통로 부분을 배타적으로 사용하지는 않기 때문이다.

> **대법원 2014. 12. 24. 선고 2013다11669 판결**
> - 주위토지 통행권자가 통행지 소유자에게 **보상해야 할 손해액**은 주위토지 통행권 인정 당시의 **현실적 이용상태에 따른 통행지 임료 상당액을 기준**으로 하여, **구체적인 사안에서 사회통념에 따라** 본래 용도에의 사용 가능성, 통행지를 공동으로 이용하는 사람이 있는지를 비롯하여 통행 횟수·방법 등의 이용태양, 상린지 이용자의 이해득실 기타 **제반 사정을 고려하여 이를 감경**할 수 있고, 단지 주위토지 통행권이 인정되어 통행하고 있다는 사정만으로 **통행지를 '도로'로 평가하여 산정한 임료 상당액이 통행지 소유자의 손해액이 된다고 볼 수 없다.**
> - 乙에게 주위토지 통행권이 인정된다 하더라도 甲의 점유를 배제할 정도의 배타적인 점유를 하고 있지 아니한 이상 乙의 통행으로 인한 甲의 손해액은 이 사건 토지 부분의 현실적 이용상태인 '주차장 부지'로서의 임료 상당액을 기준으로 하여 제반 사정을 고려하여 적절하게 감경하여 정해져야 한다.

B. 보상의무 위반의 효과

✓ 다통행권이 소멸하지는 않는다(지원림, 3-150).

✓ 금전채무 불이행의 일반적인 효과가 인정되는데 그친다(사견).

4. 특칙: 양해된 주위토지통행관계(§220)

> 제220조(분할, 일부양도와 주위통행권)
> ① 분할로 인하여 공로에 통하지 못하는 토지가 있는 때에는 그 토지소유자는 공로에 출입하기 위하여 다른 분할자의 토지를 통행할 수 있다. 이 경우에는 보상의 의무가 없다.
> ② 전항의 규정은 토지소유자가 그 토지의 일부를 양도한 경우에 준용한다.

가. 근거

- 법률행위에 의한 물권 변동으로 맹지가 발생한 경우에는 맹지 발생의 원인인 법률행위의 당사자들이 무상통행에 합의한 것으로 해석함이 상식에 부합한다.

✓ 관습법상 법정지상권과 마찬가지로 보충적 해석을 근거로 인정되는 권리라고 볼 수 있다.

택지를 조성하여 분할하여 분양하는 사업을 하는 경우에, 그 택지를 맹지로 분양하기로 약정하였다는 등의 특별한 사정이 없다면, 분양계약에 **명시적인 약정이 없더라도** 분양사업자로서는 수분양 택지에서의 통행이 가능하도록 관계 법령의 기준에 맞는 도로를 개설하여 제공하고 수분양자에 대하여 그 도로를 이용할 수 있는 권한을 부여하는 것을 전제로 하여 분양계약이 이루어졌다고 추정하는 것이 거래상의 관념에 부합되고 분양계약 당사자의 의사에도 합치된다(대법원 2014. 3. 27. 선고 2011다107184 판결).

나. 요건

- 한 필의 공유토지가 분할되거나(§220 ①), 한 필지의 일부가 양도되는 경우(§220 ②), §220의 무상 통행권이 인정될 수 있다.
- 동일인이 소유한 여러 필의 독립된 토지 중 일부가 양도된 경우에도 §220가 유추 적용될 수 있다.

무상의 주위토지 통행권이 발생하는 **토지의 일부 양도라 함은 1필의 토지의 일부가 양도된 경우뿐만 아니라 일단으로 되어 있던 동일인 소유의 수필의 토지 중 일부가 양도된 경우**도 포함된다 할 것이다(대법원 2005. 3. 10. 선고 2004다65589 판결).

다. 효과

(1) 무상통행권

- 맹지 소유자가 된 사람은 위요지에 대한 주위토지 통행권이 발생한다. 구체적인 내용은 §219에 의한 통행권과 같다.
- 무상통행권의 대상: 맹지 발생 원인이 된 법률행위 당시에 양도인이 소유했던 토지에 대해서만 무상통행권이 인정된다.

(2) §220의 우선성

- §220의 요건이 충족되면 §220의 통행권만 인정된다. 양도인 아닌 사람의 소유지인 다른 위요지로 통행하는 것이 더 편리하더라도 §219의 주위토지 통행권이 인정되지 않는다.

동일인 소유의 토지의 일부가 양도되어 공로에 통하지 못하는 토지가 생긴 경우에 포위된 토지를 위한 주위토지 통행권은 일부 양도 전의 양도인 소유의 종전 토지에 대하

여만 생기고 **다른 사람 소유의 토지에 대하여는 인정되지 않는**다(대법원 2005. 3. 10. 선고 2004다65589 판결).

• 양도인이 §220의 무상통행권 행사를 방해하여, 양수인이 어쩔 수 없이 다른 토지 소유자와 약정하여 지역권이나 임차권을 설정했더라도 §220의 무상통행권은 유지된다.

양도인이 포위된 토지의 소유자에게 **무상 주위토지통행을 허용하지 아니함으로써 포위된 토지의 소유자가 할 수 없이 주위의 다른 토지의 소유자와 일정기간 동안 사용료를 지급하기로 하고 그 다른 토지의 일부를 공로로 통하는 통로로 사용하였다고 하더라도 포위된 토지의 소유자는 제220조 소정의 무상의 주위토지 통행권을 취득**한다(대법원 1995. 2. 10. 선고 94다45869 판결).

라. 무상통행권의 소멸: 특정승계

(1) 개관

A. 요건: 맹지나 위요지 중 한 쪽의 소유권의 특정승계

B. 효과

• §220의 무상통행권은 소멸한다. 이미 통로가 개설되어 있더라도 마찬가지이다.

✓ 다만 위요지 특정승계인이 악의이면 소멸하지 않는다는 견해도 있다(지원림, 3-150).

• §219에 따라 다시 주위토지 통행권이 발생하지만 이때는 유상 통행권만 인정된다.

무상주위통행권에 관한 제220조의 규정은 토지의 **직접 분할자 또는 일부 양도의 당사자 사이에만 적용되고 포위된 토지 또는 피통행지의 특정승계인에게는 적용되지 않**는 바 이러한 법리는 분할자 또는 일부 양도의 당사자가 무상주위통행권에 기하여 이미 통로를 개설해 놓은 다음 특정승계가 이루어진 경우라 하더라도 마찬가지라 할 것이다(대법원 2002. 5. 31. 선고 2002다9202 판결).

(2) 사례: §220의 주위토지 통행권자의 사망

A. 사안의 개요

• 丙소유이던 토지가 분할되어 X토지에는 乙명의로, Y토지에는 丁명의로 각각 소유권이전등기가 마쳐졌다. Y토지는 맹지이고 X토지에 통로가 개설되었다.

• 그 후 丁이 사망했고 단독상속인 甲만 있는 상태에서 Y토지에 대해 증여를 원인으로 하는 甲명의 소유권이전등기를 마쳤졌다.

B. 쟁점과 판단

- 甲이 Y토지의 소유권을 취득한 원인은 丁으로부터의 상속이 아니라 丁과의 증여계약이라고 보아야 한다(등기추정력).
- 따라서 甲은 특정승계인에 해당하므로 더 이상 §220의 무상통행권을 행사할 수 없다.

> 甲이 상속재산분할협로 甲 토지를 포괄승계하였다는 자료를 찾아볼 수 없으므로 丁의 사망 전의 증여를 원인으로 하여 소유권이전등기를 경료받은 甲은 분할 전 토지의 분할 등의 직접 당사자가 아닌 특정승계인이라 할 것이고, 그렇다면 이에는 무상주위 통행권에 관한 제220조가 적용되지 않는다(대법원 2009. 8. 20. 선고 2009다38247 판결).

마. 주위토지 통행권 관련 사례

(1) 무상통행권과 유상통행권의 관계

- 사안의 개요: 甲은 자신이 소유한 X, Y, Z토지들 중 X토지를 乙에게 양도했다. X토지에서 공로로 나가려면 Y토지나, 丙소유인 Q토지 중 한 군데를 거쳐야만 하는데 Q토지로 통행하는 것이 훨씬 더 가깝고 편하다.
- 쟁점과 판단: 乙에게 Q토지에 대한 통행권은 인정될 수 없다. §220은 양도인 소유 토지에 대해서만 적용될 수 있고, §220의 통행권이 인정되면 공로까지 통행할 수 있기 때문에 §219의 통행권의 요건이 충족될 수 없기 때문이다(2004다65589, 579면).
- 변형된 사실관계: 제3자 丁이 乙로부터 X토지를 매수하면 Y토지에 대해서도 §220 적용이 배제된다. 따라서 丁은 Q토지에 대해 §219에 의한 유상 통행권을 행사할 수 있을 것이다.

(2) 주위토지상 타인소유 배수시설 사용권(§227)

제227조(유수용공작물의 사용권)
① 토지소유자는 그 소유지의 물을 소통하기 위하여 이웃 토지소유자의 시설한 공작물을 사용할 수 있다.
② 전항의 공작물을 사용하는 자는 그 이익을 받는 비율로 공작물의 설치와 보존의 비용을 분담하여야 한다.

A. 사안의 개요

• 甲은 X, Y토지의 소유자인데, X토지에 전선을 연결하기 위해 Y토지 상에 전선을 가설하는 것보다 乙소유인 Z토지 상에 가설된 전선을 이용하는 것이 비용이 더 적게 든다.

• 甲은 乙을 상대로 Z토지 상에 가설된 전선에 대한 사용권을 주장한다.

B. 쟁점과 판단

• 甲은 상린관계를 근거로 乙에게 Z토지 상에 가설된 전선을 甲이 사용하는 것을 수인하라고 청구할 수 없다.

• §227는 배수시설에 대해서만 적용되므로 전선에 대해 유추 적용할 수 없기 때문이다. 또한 상린관계 조항은 소유권에 대한 법적 제한이므로 함부로 확장 해석하거나 유추 적용하면 안 된다. 상린관계 조항보다 확장된 내용으로 타인의 토지를 이용하려면 지역권 설정과 같은 계약으로 해결해야 한다.

> **대법원 2012. 12. 27. 선고 2010다103086 판결**
> ‣ 인접하는 토지 상호간의 이용의 조절을 위한 상린관계에 관한 민법 등의 규정은 인접지 소유자에게 그 <u>소유권에 대한 제한을 수인할 의무를 부담하게 하는 것이므로 그 적용요건을 함부로 완화하거나 유추하여 적용할 수는 없</u>고, 상린관계 규정에 의한 수인의무의 범위를 넘는 토지이용관계의 조정은 <u>사적 자치의 원칙</u>에 맡겨야 한다.
> ‣ 제218조, 제227조는 <u>타인의 토지를 통과하지 않고는 전선 등 불가피한 시설을 할 수가 없거나 타인의 토지를 통하지 않으면 물을 소통할 수 없는 합리적 사정이 있어</u>야만 인정되는 것이다. 인접한 타인의 토지를 통과하지 않고도 시설을 하고 물을 소통할 수 있는 경우에는 스스로 그와 같은 시설을 하는 것이 타인의 토지 등을 이용하는 것보다 <u>비용이 더 든다는 등의 사정이 있다는 이유만으로 이웃토지 소유자에게 그 토지의 사용 또는 그가 설치·보유한 시설의 공동사용을 수인하라고 요구할 수 있는 권리는 인정될 수 없</u>다.

14 장

부동산의 점유 시효취득

부동산의 점유 시효취득

I 요건

> 제245조(점유로 인한 부동산소유권의 취득기간) ① 20년간 소유의 의사로 평온, 공연
> 하게 부동산을 점유하는 자는 등기함으로써 그 소유권을 취득한다.

1. 주체와 객체

가. 주체

(1) 모든 권리주체

(2) 사례: 국가 등의 시효취득

A. 개관

• 국가 등도 시효취득의 주체가 될 수 있다. 이 경우 §197에 의한 점유의 양태 추정
  이나 등기추정력 등도 그대로 적용된다.

• 전형적인 사례로서 국가 등의 도로관리청이 타인의 토지 위에 도로를 개설한 경
  우를 들 수 있다.

> 제197조 제1항에 의한 추정은 지적공부 등의 관리주체인 국가나 지방자치단체가 점
> 유하는 경우에도 마찬가지로 적용된다(대법원 2020. 7. 9. 선고 2017다241116 판결).

> 매도인이 등기부상 소유명의자와 동일인인 경우 특별한 사정이 없는 한 매수인은 선
> 의·무과실이라는 법리는 매수인이 지적공부 등의 관리주체인 국가 등이더라도 마찬
> 가지이다(대법원 2019. 12. 13. 선고 2019다267464 판결).

B. 국가 등의 자주점유 추정 유지

- 국가 등이 시효취득자인 경우에도 악의의 무단점유 등이 증명되지 않으면 자주점유 추정이 유지된다(대법원 2017. 9. 7. 선고 2017다228342 판결).

- 예컨대 ㉠ 국가 등의 부동산 취득 절차에 대한 근거 서류가 없거나 ㉡ 국가 등의 부동산 취득 과정에서 법정 절차를 위반했음이 증명되더라도 이러한 사정만으로 자주점유 추정이 깨지지는 않는다.

  토지에 관한 지적공부 등이 6·25 전란으로 소실되었거나 그 밖의 사유로 존재하지 않을 수 있으므로 점유의 경위와 용도 등을 감안할 때 국가 등이 점유 개시 당시 공공용 재산의 취득절차를 거쳐서 소유권을 적법하게 취득하였을 가능성도 배제할 수 없다고 보이는 경우 국가 등이 소유권 취득의 법률요건이 없이 그러한 사정을 잘 알면서 토지를 무단점유한 것임이 증명되었다고 보기 어려우므로 토지의 **취득절차에 관한 서류를 제출하지 못하고 있다는 사정만으로 토지에 관한 국가 등의 자주점유 추정이 번복되지 않**는다(대법원 2020. 5. 14. 선고 2018다228127 판결).

  국가나 지방자치단체가 법령상 요건인 협의에 갈음한 공시송달을 거쳐 토지의 소유권을 취득한 경우, 비록 위 규정에서 요구하는 공시송달의 요건이 결여되거나 공시송달이 부적법하여 이에 기한 소유권취득이 무효라고 하더라도, 그러한 사정만으로 바로 국가가 점유개시 당시에 타인 소유의 부동산을 무단점유한 것으로 인정되어 자주점유의 추정이 번복된다고 할 것은 아니고, 점유개시 당시 악의의 무단점유이었음을 인정할 수 있는 사정이 있는 경우에 한하여 자주점유의 추정이 번복될 수 있다(대법원 2019. 10. 31. 선고 2019다213368 판결).

C. 국가 등의 타주점유가 인정되는 경우

- 국가 등이 토지 점유를 개시할 당시의 지적공부가 보존되어 있고 그 기재를 통해 권리취득 근거를 확인할 수 없으면 자주점유 추정이 번복된다.

  국가 등의 토지 점유 개시 당시의 **지적공부 등이 멸실되지 않고 보존되어 있고 거기에 국가 등의 소유권 취득을 뒷받침하는 어떠한 기재도 없는 경우**까지 함부로 적법한 절차에 따른 소유권 취득의 가능성을 인정하면 안 된다(대법원 2020. 5. 14. 선고 2018다228127 판결).

- 악의의 무단점유임이 증명된 경우에는 자주점유 추정이 번복된다.

국가나 지방자치단체가 국유재산법 등에 의한 공공용 재산의 취득절차를 밟거나 그 소유자들의 사용승낙을 받는 등 <u>토지를 점유할 수 있는 법정된 권원 없이 사유토지를 점유·사용하였다는 사정이 증명되면 특별한 사정이 없는 한 자주점유의 추정은 깨어진다</u>(대법원 2017. 9. 7. 선고 2017다228342 판결).

나. 객체

(1) 개관

A. 원칙: 모든 부동산
- 모든 부동산은 점유 시효취득의 대상이 될 수 있다.
- 미등기 부동산 등 진정권리자가 불명확한 부동산도 시효취득의 대상이 될 수 있다. 이 경우 시효취득자는 ㉠ 자신의 명의로 중간생략 보존등기를 하거나 ㉡ 채권자대위권을 행사하여 성명불상인 진정권리자 명의 보존등기청구를 하면서 소유권이전등기를 청구할 수 있다.

미등기토지에 대하여 국가를 상대로 한 소송에서 시효취득을 원인으로 한 소유권이전등기절차 이행의 판결이 확정된 경우 원고는 위 판결에 의하여 **국가를 대위할 필요 없이 직접 자기명의로 소유권보존등기를 신청할** 수 있다(등기선례 제4-220호)

- 국유재산 중 행정재산에 속하는 재산은 시효취득할 수 없으나 다른 유형의 국유재산은 시효취득할 수 있다(국유재산법 §7).

B. 부동산의 일부, 공유 지분
- 부동산의 일부에 대한 시효취득도 가능하지만 특정 부분에 대한 점유를 인식할 수 있는 객관적 징표가 계속 존재해야 한다.
- 공유 지분권의 시효취득도 가능하며 이 경우 점유의 범위를 보여주는 객관적 징표가 존재할 필요는 없다.

부동산의 <u>지분권을 시효취득</u>하였음을 주장하는 당사자가 그 전체의 토지 중 자기의 지분에 해당하는 **특정부분을 시효취득한 것으로 주장하는 경우**에는 그 특정부분이 그의 점유에 속한다는 것을 인식하기에 충분한 **객관적 징표가 계속 존재**하여야 하나, 토지의 일부 지분에 대하여는 자주점유로, 나머지 지분에 대하여는 타주점유로 전 토지를 점유하여 왔음을 이유로 그 일부의 지분권을 즉 특정부분이 아니라 토지전부에 대한 지분을 시효로 취득하였다고 주장하는 경우에는 객관적 징표가 계속 존재할 필요는 없다(대법원 2018. 11. 9. 선고 2018다250773 판결).

- 공유자가 타인 소유 부동산 전부를 점유한 경우: ㉠ 일반적인 공유이면 자신의 지분에 대해서만 시효취득할 수 있고 다른 공유자의 지분에 대해서는 타주점유이므로 시효취득할 수 없다. ㉡ 구분소유적 공유이면 각자의 전유부분이라고 믿은 부분에 대한 자주점유가 인정되므로 각자의 전유부분에 대해 시효취득할 수 있다.

공유토지는 공유자 1인이 그 전부를 점유하고 있다고 하여도 다른 특별한 사정이 없다면 그 권원의 성질상 <u>다른 공유자의 지분비율의 범위 내에서는 타주점유</u>라고 볼 수밖에 없지만, 공유자들이 분할 전 토지의 전체면적 중 <u>각 점유 부분을 구분소유하게 된다고 믿고서 그 각 점유 부분의 대략적인 면적에 해당하는 만큼의 지분에 관하여 소유권이전등기</u>를 경료받은 **상호명의신탁**의 경우에는, 등기부상 공유자들이 각 토지의 일부 공유자로 되어 있다고 하더라도 그들의 점유가 **권원의 성질상 타주점유라고 할 수는 없**다(대법원 2019. 7. 10. 선고 2018다245597 판결).

(2) 사례: 진정권리자 자신이 소유한 부동산

A. 문제의 소재

- 진정권리자가 자신의 소유물을 시효취득할 수 있는지가 문제된다.
- 전제: ㉠ 시효취득의 객체는 타인 소유물로 한정되지 않으므로 자신의 소유물을 시효취득 할 수 있는지는 취득시효 제도의 취지를 고려하여 판단해야 한다. ㉡ 취득시효 제도의 존재 이유는 사실 상태를 권리관계로 인정하거나 권리관계에 대한 증명 곤란을 구제하는 것이다.

부동산에 대한 <u>취득시효 제도의 존재이유</u>는 해당 부동산을 점유하는 상태가 오랫동안 계속된 경우 권리자로서의 외형을 지닌 그 사실상태를 존중하여 이를 진실한 권리관계로 높여 보호함으로써 <u>법질서의 안정</u>을 기하고, 장기간 지속된 사실상태는 <u>진실한 권리관계와 일치될 개연성</u>이 높다는 점을 고려하여 권리관계에 관한 분쟁이 생긴 경우 <u>점유자의 증명곤란을 구제</u>하려는 데에 있다(대법원 2016. 10. 27. 선고 2016다224596 판결).

B. 점유 시효취득

- 점유자가 소유자임이 증명된 경우에도 점유시효취득이 인정될 수 있다. 취득시효 제도의 취지에는 증명 곤란 상황에 처한 진정 권리자 구제도 포함되어 있기 때문이다.

소유권에 기초하여 부동산을 점유하는 사람이더라도 그 등기를 하고 있지 않아 자신의 **소유권을 증명하기 어렵거나 소유권을 제3자에게 대항할 수 없는** 등으로 점유의 **사실 상태를 권리관계로 높여 보호하고 증명곤란을 구제할 필요가 있는 예외적인 경**우에는, 자기 소유 부동산에 대한 점유도 취득시효를 인정하기 위해 기초가 되는 점유로 볼 수 있다(대법원 2022. 7. 28. 선고 2017다204629 판결).

- 사례: 명의신탁자는 명의수탁자를 상대로 점유 취득시효 완성을 원인으로 하는 소유권이전등기 청구를 할 수 있다.
- ✓ 판례의 사안은 매도인이 선의인 계약명의신탁이다. 따라서 부동산실명제법 시행 후에는 처음부터 수탁자 乙이 소유자라고 봐야 하므로 甲에게 X토지가 '자기 소유 부동산'이라고 볼 근거가 없다. 다만 법 시행 전에 명의신탁이 이루어진 사안이므로 '내부관계에서는 甲이 소유자'라고 볼 수도 있을 것이다.

취득시효는 당해 부동산을 오랫동안 계속하여 점유한다는 <u>사실상태를 일정한 경우에 권리관계로 높이려고 하는</u> 데에 그 존재이유가 있는 점에 비추어 보면, 시효취득의 목적물은 **타인의 부동산임을 요하지 않고 자기 소유의 부동산이라도 시효취득의 목적물이 될 수 있다**고 할 것이고, 취득시효를 규정한 <u>제245조가 '타인의 물건인 점'을 규정에서 빼놓은 것도 같은 취지에서</u>라고 할 것이다. 점유자는 소유의 의사로 평온·공연하게 점유한 것으로 추정되므로, 甲은 위 점유개시일로부터 20년이 경과한 때 이 사건 토지에 관한 취득시효가 완성되었고, 따라서 이 사건 토지의 소유자인 乙은 甲에게 이 사건 토지에 관하여 위 취득시효 완성을 원인으로 한 소유권이전등기절차를 이행할 의무가 있다(대법원 2001. 7. 13. 선고 2001다17572 판결).

C. 등기부 시효취득
- 유효한 등기를 갖춘 권리자는 이미 권리관계를 갖추었고 증명도 가능하므로 굳이 취득시효를 인정할 필요가 없다.
- 예컨대 진정권리자가 가압류등기 등을 말소할 목적으로 등기부 시효취득 주장을 하더라도 받아들여지지 않는다.

대법원 2016. 10. 27. 선고 2016다224596 판결
- 부동산에 관하여 적법·유효한 <u>등기를 마치고 그 소유권을 취득한 사람이 자기 소유의 부동산을 점유하는 경우</u>에는 특별한 사정이 없는 한 <u>사실상태를 권리관계로 높여 보호할 필요</u>가 없고, 부동산의 소유명의자는 그 부동산에 대한 소유권을 적법

하게 보유하는 것으로 추정되어 소유권에 대한 증명의 곤란을 구제할 필요 역시 없으므로, 그러한 점유는 **취득시효의 기초가 되는 점유라고 할 수 없다.**

‣ 그 상태에서 **다른 사람 명의로 소유권이전등기가 되는 등으로 소유권의 변동이 있는 때에 비로소 취득시효의 요건인 점유가 개시**된다고 볼 수 있을 뿐이다.

2. 점유

가. 시효취득의 요건인 점유의 의미

(1) 모든 점유

A. 개관

* 직접점유뿐 아니라 간접점유도 포함된다

* 직접점유자가 사실상 지배한 부동산에 대해 간접점유자가 점유취득시효 완성을 주장할 수 있다.

B. 간접점유에 의한 시효취득이 인정된 사례

(a) 공법상의 관리위탁을 근거로 인정되는 국가 등의 간접점유

* 법률 규정이나 공법상 행위에 의한 반환청구권도 점유매개관계를 근거지울 수 있다.

* 따라서 이 경우에도 취득시효의 요건인 간접점유로 인정될 수 있다.

취득시효의 요건인 점유는 직접점유뿐만 아니라 간접점유도 포함하는 것이고 **점유매개관계는 법률의 규정, 국가행위 등에 의해서도 발생한다**(대법원 2020. 5. 14. 선고 2018다266105 판결).

(b) 임야에 대한 관념화·규범화된 점유와 간접점유에 의한 시효취득

* 사안의 개요: 甲은 1995. X임야의 진정권리자가 아닌데도 소유의 의사로 소유권보존등기를 마쳤고 乙은 2010. X임야를 甲으로부터 매수하여 소유권이전등기를 마쳤다. 甲은 X임야에 대한 보존등기를 할 무렵 丙에게 X임야의 관리를 위탁했고 이에 丙은 낙엽송을 식재하고 지적도에 甲이 위탁한 구역을 표시하여 보관했다. 丙은 X임야에 대한 사실적·구체적인 관리행위를 하지는 않았다.

* 쟁점과 판단: 丙의 관리는 직접점유에 해당하고, 甲과 乙의 점유는 丙에 대한 위임계약을 점유매개관계로 한 간접점유로 인정된다. 따라서 乙의 시효취득이 인정되고 乙명의 소유권이전등기는 실체관계 부합등기이다.

C. 간접점유에 의한 시효취득이 부정된 사례

(a) 변상금부과처분

• 사안: 甲이 소유한 X토지를 乙이 무단으로 사실상 지배하고 있었는데, 국가가 X
  토지를 국유지라고 착각하여 乙에게 변상금 부과처분을 했다.

• 판단: 변상금 부과처분만으로는 국가와 乙 사이의 점유매개관계를 근거지울 수
  없으므로 국가의 점유시효취득이 인정될 수 없다.

(b) 직접점유자가 착오로 인접토지에 시설물을 설치한 경우

• 사안의 개요: 甲이 소유한 X토지와 丙이 소유한 Y토지는 인접한 농지로서 Y토지
  에는 2003. 丙명의 소유권이전등기가 마쳐졌으나 丙의 동생인 乙이 경작하고 있
  었다. 乙은 2015. Y토지에 지하 관정을 설치하는 과정에서 X토지의 지하에도 관
  정 시설을 설치했다. 甲이 2020. 丙에게 관정시설 중 X토지 지하에 있는 부분의
  철거를 요구한다.

• 쟁점과 판단: 乙·丙 간에는 Y토지 사용대차 관계가 인정될 수 있으므로 丙은 Y
  토지를 간접점유했다고 볼 수 있다. 다만 乙이 X토지에 관정시설을 설치하여 직
  접점유한 것으로 볼 수 있더라도 丙에게는 X토지에 대한 간접점유가 인정될 수
  없다. X토지에 설치된 관정시설에 대해서는 丙의 乙에 대한 반환청구권이 인정

될 수 없기 때문이다.

✓ 간접점유에 의한 점유시효취득도 가능하다는 취지로 소개되는 판례지만 실제 사안에서는 점유시효취득이 부정되었음에 유의해야 한다.

> **대법원 2020. 5. 28. 선고 2020다202562 판결**
> ‣ 시효취득의 요건인 점유에는 **직접점유뿐만 아니라 간접점유도 포함**되는 것이기는 하나, 간접점유를 인정하기 위해서는 간접점유자와 직접점유를 하는 자 사이에 일정한 법률관계, 즉 점유매개관계가 필요하다.
> ‣ 丙이 Y토지에 대한 소유권이전등기를 마친 1985. 丙과 乙 사이에 <u>Y토지에 관하여 사용대차 등 점유매개관계가 성립하였다고 볼 수 있으나 X토지에 관하여 점유매개관계가 성립하였다고 볼 수는 없다</u>. 乙이 1994. 무렵 Y토지에 속하는 것으로 잘못 알고 X토지의 일부에 지하관정을 설치하였다고 하여, 그것만으로 그 당시 <u>X토지의 일부에 관하여 丙과 乙 사이에 사용대차 등 점유매개관계가 성립하였다고 볼 수도 없다.</u>

(2) 점유의 적법성은 불문함

• 강행법규를 위반한 계약에 의한 점유도 시효취득의 근거가 될 수 있다.

• 예컨대 점유자가 소작인에게 농지를 대여한 경우 농지 소작은 불법이지만 취득시효를 근거지우는 간접점유로 인정될 수는 있다.

> 농지인 이 사건 부동산을 소외인등에게 <u>소작을 준 것이 농지개혁법상 무효라 하더라도 원고는 소외인들을 점유매개자로 하여 간접적으로 이를 점유하고 있고 또 그들을 상대로 그 농지의 **반환을 청구할 수 있는 지위에 있는 한 시효취득에 있어서의 원고의 점유 자체를 부정할 수 없**</u>다(대법원 1991. 10. 8. 선고 91다25116 판결).

나. 점유의 모습: 평온·공연한 점유, 자주점유

> 제245조(점유로 인한 부동산소유권의 취득기간) ① 20년간 소유의 의사로 **평온, 공연**하게 부동산을 점유하는 자는 등기함으로써 그 소유권을 취득한다.

> 제197조(점유의 태양) ① 점유자는 <u>소유의 의사로 선의, 평온 및 공연</u>하게 점유한 것으로 추정한다.

(1) 평온·공연한 점유

• 평온점유란 점유의 취득·유지와 관련하여 법적으로 용인될 수 없는 강폭행위가 수반되지 않은 상태를 뜻한다. 예컨대 진정 권리자와 점유자 사이에 법적 분쟁이나 언쟁이 발생한 것만으로는 강폭행위에 이르지 않았으므로 점유의 평온성이 유지된다

• 공연한 점유란 은비 점유가 아닌 점유를 뜻한다.

> 제245조에 규정된 평온한 점유란 점유자가 그 점유를 **취득 또는 보유**하는 데 법률상 용인될 수 없는 강포행위를 쓰지 아니하는 점유이고, 공연한 점유란 은비의 점유가 아닌 점유를 말하는 것이므로, 점유가 불법이라고 주장하는 자로부터 **이의를 받은 사실이 있거나 점유물의 소유권을 둘러싸고 당사자 사이에 법률상 분쟁이 있었다 하더라도 그러한 사실만으로는 곧 그 점유가 평온, 공연성이 상실된다고 할 수 없다**(대법원 1992. 4. 24. 선고 92다6983 판결).

(2) 자주점유

A. 의미

• 자주점유란 소유자와 동일한 지배를 사실상 행사하려는 의사로 점유하는 것을 뜻하고, 타주점유는 소유자 아닌 사람으로서 지배하려는 의사로 점유하는 것을 뜻한다.

• 비교: 선의점유·악의점유는 소유자로서 지배할 수 있는 법적 권원이 있다고 믿으면서 지배하는지의 여부를 기준으로 판단한다.

> 자주점유란 소유의 의사, 즉 **소유자와 동일한 지배를 사실상 행사하려는 의사를 가지고 하는 점유**를 의미하는 것이지, 지배할 수 있는 법률상의 권원을 가지거나 소유권이 있다고 믿고서 하는 선의점유만을 의미하는 것이 아니다(대법원 1992. 6. 23. 선고 92다12698 판결).

• 증명책임: 점유자는 자주점유를 하는 것으로 추정되므로(§197) 타주점유임이 증명되지 않는 한 자주점유로 인정된다. 점유자가 주장한 자주점유의 권원이 인정되지 않아도 자주점유 추정은 번복되지 않는다.

제197조 제1항에 비추어 점유자가 취득시효를 주장하는 경우 스스로 소유의 의사를 증명할 책임은 없고, 그 점유자의 점유가 **소유의 의사가 없는 점유임을 주장하여 취득시효의 성립을 부정하는 자에게 그 증명책임**이 있다(대법원 2017. 12. 22. 선고 2017다360 판결).

점유자가 스스로 매매 또는 증여와 같이 자주점유의 권원을 주장하였으나 이것이 인정되지 않는 경우에도 원래 자주점유의 권원에 관한 증명책임이 점유자에게 있지 않은 이상 **주장된 점유권원이 인정되지 않는다는 사유만으로 자주점유의 추정이 번복된다거나 또는 점유권원의 성질상 타주점유라고 볼 수 없**다(대법원 2020. 7. 9. 선고 2017다241116 판결).

B. 판단기준

(a) 개관

- 점유자의 내심의 의사와 무관하게 외형적·객관적으로 판단한다.
- 외형적·객관적 판단의 기준은 ㉠ 점유와 관련된 행동과 ㉡ 점유 개시의 권원으로 나누어진다.

> **대법원 1997. 8. 21. 선고 95다28625 전원합의체 판결**
> ・점유가 소유의 의사 있는 자주점유인지, 소유의 의사 없는 타주점유인지의 여부는 ㉠ **점유자의 내심의 의사에 의하여 결정되는 것이 아니라**, ㉡ **점유 취득의 원인이 된 권원의 성질이나 점유와 관계가 있는 모든 사정에 의하여 외형적·객관적으로 결정**되어야 한다.
> ・따라서 자주점유 추정이 깨어지려면 ⓐ 점유자가 성질상 소유의 의사가 없는 것으로 보이는 권원에 바탕을 둔 점유 취득 사실이 증명되었거나, ⓑ 점유자가 타인을 배제하여 자기의 소유물처럼 배타적 지배를 행사하는 의사를 가지고 점유하는 것으로 볼 수 없는 객관적 사정, 즉 점유자가 진정한 소유자라면 통상 취하지 아니할 태도를 나타내거나 소유자라면 당연히 취했을 것으로 보이는 행동을 취하지 아니한 경우 등 **외형적·객관적으로 보아 점유자가 타인의 소유권을 배척하고 점유할 의사를 갖고 있지 아니하였던 것이라고 볼 만한 사정이 증명**된 경우이어야 한다.

(b) 점유와 관련된 행동

- 점유자가 소유자답지 않은 행동을 했다고 볼 만한 객관적 사정이 인정되면 타주점유로 인정된다. 즉 소유자라면 일반적으로 했을 것으로 기대되는 행동을 안 했

거나, 소유자라면 일반적으로 하지 않았을 것으로 여겨지는 행동을 했다면, 자주점유 추정이 깨지고 타주점유 사실이 증명된다.

- 예컨대 점유자가 ㉠ §758의 공작물책임을 부정하거나, ㉡ 특별조치법에 따른 소유권이전등기 기회를 활용하지 않았고 타인이 특별조치법에 따라 보존등기를 마쳤는데도 이의를 제기하지 않았다면 소유자답지 않은 행동을 한 것으로 보아 자주점유 추정이 번복된다.

> X토지의 담장 붕괴 사고로 인한 제758조의 손해배상청구에 대해 甲이 자신은 배상책임이 없다고 한 경우 甲은 점유자가 소유자라면 당연히 취했을 것으로 보이는 행동을 하지 않았거나 점유자가 점유 중에 참다운 소유자라면 통상적으로 취하지 않을 태도를 나타내 보인것이므로 자주점유의 추정은 깨어졌다(대법원 1991. 2. 22. 선고 90다15808 판결).

> 점유자 甲은 여러 차례 특별조치법이 시행됨에 따라 등기를 할 기회가 있었음에도 불구하고 소유권이전등기를 마치지 않았고, 특별조치법에 따라 乙이 소유권보존등기를 마친 후에도 甲은 이에 대해 아무런 이의제기를 하지 않았다. 따라서 甲이 진정한 소유자라면 통상 취하지 아니할 태도를 나타내거나 소유자라면 당연히 취했을 것으로 보이는 행동을 취하지 아니한 경우로서 외형적·객관적으로 보아 점유자가 타인의 소유권을 배척하고 점유할 의사를 가지고 있지 아니하였다고 볼 수 있다(대법원 2000. 3. 24. 선고 99다56765 판결).

- 이에 비해 점유자가 소유자에게 점유 토지를 매수하겠다고 제안했다는 사실만으로는 자주점유 추정이 번복되지 않는다.

(c) 점유 개시의 권원과 자주점유 여부 판단

- 점유 개시 권원이 무엇이었는지가 증명된 경우에는 점유자의 내심의 의사가 무엇이었는지와 무관하게, 즉 점유 개시 권원의 내용과 그 법적 성질에 따라 객관적으로 자주점유인지의 여부를 판단한다. 예컨대 임차인, 지상권자, 명의수탁자, 부동산 관리인(수임인) 등은 타주점유자임에 비해, 매수인, 명의신탁자 등은 자주점유자이다.

지상권·전세권·임차권 등과 같은 전형적인 타주점유의 권원에 의하여 점유함이 증명된 경우는 물론이거니와, 이러한 전형적인 타주점유의 권원에 의한 점유가 아니라도 **타인의 소유권을 배제하여 자기의 소유물처럼 배타적 지배를 행사하는 의사를 가지고 점유하는 것으로 볼 수 없는 객관적 사정**이 인정되는 때에도 **자주점유의 추정은 번복**된다(대법원 1997. 4. 11. 선고 96다50520 판결).

진정권리자의 **위임을 받아 그 재산을 관리**하여 왔고 그러한 관리재산 가운데 이 사건 토지가 포함된 것으로 인정되는 이상 **자주점유의 추정은 번복**된다(대법원 1997. 4. 11. 선고 96다50520 판결).

• 점유 개시 권원이 무엇이었는지가 증명되지 못한 경우에는 ㉠ 원칙적으로는 자주점유 추정이 유지되지만, ㉡ 악의의 무단점유 사실 즉 점유자가 점유의 권원이 없다는 사실을 알면서 점유했다는 사실이 증명되면 자주점유 추정이 깨지고 타주점유 사실이 증명된다.

대법원 1997. 8. 21. 선고 95다28625 전원합의체 판결

‣ 점유자가 점유 개시 당시에 <u>소유권 취득의 원인이 될 수 있는 **법률행위 기타 법률요건이 없다는 사실을 잘 알면서** 타인 소유의 부동산을 무단점유한 것임이 **입증된 경우**</u>에도 특별한 사정이 없는 한 점유자는 타인의 소유권을 배척하고 점유할 의사를 갖고 있지 않다고 보아야 할 것이므로 이로써 <u>소유의 의사가 있는 점유라는 추정은 깨어졌다</u>고 할 것이다.

‣ 乙소유 X토지와 丙소유 Y토지 사이에 철조망이 있었는데, 丙이 임의로 철조망을 철거하고 X토지를 침범하여 점유하기 시작했음이 증명된 경우 丙은 성질상 소유권 취득의 원인이 될 수 있는 법률행위 기타 법률요건이 없이 그와 같은 법률요건이 없다는 사정을 잘 알면서 乙소유 X대지의 일부를 점유했다고 보아야 하므로 **소유의 의사로 점유한 것이라는 추정은 깨어졌다.**

• 삼당사자간 계약명의신탁의 경우, 신탁자는 소유권 취득의 권원이 없고 이런 사실을 알고 있었다고 보아야 하므로 악의의 무단점유자에 해당한다. 매도인이 선의이면 수탁자가 소유권을 취득하게 되고, 매도인이 악의이더라도 신탁자는, 등기명의신탁 사안과는 달리, 매도인에 대한 채권적 소유권이전등기 청구권을 취득할 수 없기 때문이다.

삼당사자간 계약명의신탁에서 **명의신탁자는 부동산의 소유자가 명의신탁약정을 알았는지 여부와 관계없이 부동산의 소유권을 갖지 못할** 뿐만 아니라 매매계약의 당사자도 아니어서 소유자를 상대로 소유권이전등기청구를 할 수 없고, 이는 **명의신탁자도 잘 알고 있다**고 보아야 한다. 명의신탁자가 명의신탁약정에 따라 부동산을 점유한다면 명의신탁자에게 점유할 다른 권원이 인정되는 등의 특별한 사정이 없는 한 명의신탁자는 소유권 취득의 원인이 되는 법률요건이 없이 그와 같은 사실을 잘 알면서 타인의 부동산을 점유한 것이다. 이러한 명의신탁자는 타인의 소유권을 배척하고 점유할 의사를 가지지 않았다고 할 것이므로 소유의 의사로 점유한다는 추정은 깨어진다 (대법원 2022. 5. 12. 선고 2019다249428 판결).

C. 사례

(a) 매매 등 물권취득의 원인행위가 점유 개시 권원인 경우

• 원칙: 양수인은 자주점유, 양도인은 타주점유로 인정된다. 타인권리 매매이거나 원인행위가 무효이더라도 마찬가지이다.

부동산을 매수하여 이를 점유하게 된 자는 그 매매가 무효가 된다는 사정이 있음을 알았다는 등의 특단의 사정이 없는 한 그 점유의 시초에 소유의 의사로 점유한 것이라고 할 것이다(대법원 1996. 5. 28. 선고 95다40328 판결).

소유의 의사유무는 점유취득의 원인인 **권원에 의하여 외형적·객관적**으로 정해져야 하는 것인 만큼 토지매수인이 매매계약에 기하여 목적토지의 점유를 취득한 경우에는 그 매매가 설사 **타인의 토지의 매매인 관계로 그가 소유권을 취득할 수는 없다고 하여도** 다른 특별한 사정이 없는 이상 **매수인의 점유는 소유의 의사**로써 하는 것이라고 해석함이 타당하다(대법원 2020. 5. 14. 선고 2018다266105 판결).

• 예외: 양수인이 원인행위에 무효 사유가 있음을 알고 있었음이 증명되면 타주점유자이다. 이에 비해 양수인이 원인행위에 해제사유나 취소사유 있음을 알았더라도 아직 이러한 형성권이 행사되기 전에 점유를 시작했으면 자주점유 추정이 깨지지 않는다. 원인행위가 유지될 것으로 기대했을 수 있기 때문이다.

법령상 주무관청의 허가가 있는 경우에 한하여 처분이 허용되고 그 **허가 없이는 처분이 금지된 부동산에 대하여 처분허가가 없다는 것을 알면서 점유**하는 자는 이미 자신이 그 부동산의 진정한 소유자의 소유권을 배제하고 마치 **자기의 소유물처럼 배타적**

지배를 할 수 없다는 것을 알면서 점유하는 자이므로 점유개시 당시에 이 사건 토지에 대하여 피고의 소유권을 배제하고 자기의 소유물처럼 배타적 지배를 행사한다는 의사가 있었다고 볼 수 없다(대법원 1995. 11. 24. 선고 94다53341 판결).

(b) 착오에 의한 경계침범

• 전형적 사안: 甲이 X토지를 乙에게 매도했는데 乙은 인접한 Y토지의 일부도 매수했다고 착각하여, X토지와 Y토지의 일부에 걸쳐 Z건물을 신축하고 점유를 개시하였다.

• 원칙: 乙이 점유한 Y부분에 대해서도 乙의 자주점유가 추정된다 .

• 예외: 침범된 면적이 상당히 넓은 경우에는 자주점유 추정이 깨진다. 점유의 권원이 대지 소유권이 아니라 대지 점용권이라고 인식했을 것이기 때문이다(2011다111459, 598면).

> **대법원 2001. 5. 29. 선고 2001다5913 판결**
>
> ‣ 토지를 매수·취득하여 점유를 개시함에 있어서 매수인이 인접 토지와의 경계선을 정확하게 확인하여 보지 아니하여 착오로 인접 토지의 일부를 그가 매수·취득한 토지에 속하는 것으로 믿고서 점유하고 있다면 인접 토지의 일부에 대한 점유는 소유의 의사에 기한 것이므로, 자신 소유의 대지상에 건물을 건축하면서 인접 토지와의 경계선을 정확하게 확인해 보지 아니한 탓에 착오로 건물이 인접 토지의 일부를 침범하게 되었다고 하더라도 그것이 착오에 기인한 것인 이상 그것만으로 그 인접 토지의 점유를 소유의 의사에 기한 것이 아니라고 단정할 수는 없다.
>
> ‣ 일반적으로 자신 소유의 대지 상에 새로 건물을 건축하고자 하는 사람은 건물이 자리잡을 부지 부분의 위치와 면적을 도면 등에 의하여 미리 확인하는 것이 보통이라고 할 것이므로, 그 침범 면적이 통상 있을 수 있는 시공상의 착오 정도를 넘어 상당한 정도에까지 이르는 경우에는 당해 건물의 건축주는 자신의 건물이 인접 토지를 침범하여 건축된다는 사실을 건축 당시에 알고 있었다고 보는 것이 상당하다고 할 것이고, 따라서 그 침범으로 인한 인접 토지의 점유는 권원의 성질상 소유의 의사가 있는 점유라고 할 수 없다.

• 예외의 예외: 침범된 면적이 상당히 넓더라도 乙의 자주점유 추정이 유지되는 경우로서, ㉠ 토지 등이 외벽·도로 등에 의해 구획된 경우, ㉡ 매도인이 침범된 부분을 취득하여 이전해 주기로 약정한 경우 등을 들 수 있다.

매수 당시 그 지상에 건축되어 있던 기존 건물의 외벽이 이 사건 토지의 일부를 침범하여 건축되어 있는 바람에 그 외벽이 현실의 경계 구실을 하고 있었다면, 매수 토지의 면적이 73㎡인데, 피고 소유의 이 사건 토지 중 원고가 점유하고 있는 부분의 면적은 합계 27㎡에 이른다는 사실만으로는 원고가 매매 대상인 기존 건물의 부지의 면적이 등기부상의 면적을 상당히 초과하여 이 사건 토지를 침범하고 있다는 사실을 **알고 있었다고 보기는 어렵**다(대법원 1999. 6. 25. 선고 99다5866 판결).

매매대상 대지의 면적이 등기부상의 면적을 상당히 초과하는 경우에 특별한 사정이 없다면 계약 당사자들이 이러한 사실을 알고 있었다고 보는 것이 상당하고, 그러한 경우에는 매도인이 초과 부분에 대한 소유권을 취득하여 이전하여 주기로 약정하였다는 등의 특별한 사정이 없는 한, **초과 부분은 단순한 점용권의 매매**로 보아야 하므로 그 점유는 **권원의 성질상 타주점유**에 해당한다(대법원 2014. 3. 13. 선고 2011다111459 판결).

• 이러한 법리는 상호명의신탁의 전유부분이 매매의 대상인 경우에도 마찬가지이다.

이러한 법리는 1필의 **토지의 일부를 특정하여 매수하면서 편의상 그 전체에 관하여 공유지분등기**를 마쳤는데, 실제 점유 면적이 등기부상 지분비율에 따라 환산한 면적을 상당히 초과하는 경우에도 마찬가지로 적용된다(대법원 2011. 9. 8. 선고 2010다35367 판결).

(3) 자주점유·타주점유의 전환

A. 개관

• 자주점유 여부는 점유를 개시한 때를 기준으로 판단해야 한다. 이에 비해 평온·공연한 점유인지의 여부는 점유 기간 전체를 대상으로 판단해야 한다.
• 점유 전환 사유에 해당하는 사실이 인정되는 경우에만 자주점유·타주점유가 전환된다. 예컨대 자주점유로 인정되는 권원으로 점유를 개시한 점유자가 그 후 그 권원이 무효이거나 진정 소유자가 따로 있다는 사실 등을 알게 되었거나 진정권리자와의 사이에서 분쟁이 있었더라도 별도의 '점유 전환 사유'가 인정되지 않는 한 그 점유가 타주점유로 전환되지는 않는다.

점유의 시초에 자신의 토지에 인접한 타인소유의 토지를 자신 소유의 토지의 일부로 알고서 이를 점유하게 된 자는 나중에 그 토지가 **자신 소유의 토지가 아니라는 점을**

알게 되었다거나 지적측량 결과 경계 침범 사실이 밝혀지고 그로 인해 **상호분쟁이 있었다고 하더라도**, 그러한 사정만으로 그 점유가 타주점유로 전환되는 것은 아니다(대법원 2018. 6. 12. 선고 2017다240687 판결).

매수인은 점유 권원의 성질상 자주점유로 인정되는데 나중에 매도자에게 처분권이 없었다는 등의 사유로 그 매매가 무효인 것이 밝혀졌다 하더라도 위와 같은 점유의 성질이 변하는 것은 아니다(대법원 1996. 5. 28. 선고 95다40328 판결).

B. 자주점유에서 타주점유로의 전환: 전환 사유 발생 시점에 취득시효가 중단됨

(a) 전환이 인정된 경우

• 매도인의 점유는 매매계약 성립 후 자주점유에서 타주점유로 전환된다.
• 매도인이 매수인을 상대로 잔대금지급 청구 소송을 제기하더라도 매수인 명의 소유권이전등기가 먼저 마쳐져 있는 상태였다면 타주점유 전환이 번복되지 않는다.

부동산을 다른 사람에게 매도하여 그 인도의무를 지고 있는 매도인의 점유는 특별한 사정이 없는 한 타주점유로 변경된다(대법원 2004. 9. 24. 선고 2004다27273 판결).

매도인이 소유권이전등기의무를 선이행한 후 매수인을 상대로 대금지급을 구하는 소를 제기했더라도, 매수인 명의로 소유권이전등기를 마쳐준 이후에는 소유자와 동일한 의사를 가지고 점유한다고 볼 수 없다(대법원 1997. 4. 11. 선고 97다5824 판결).

(b) 전환이 부정된 경우

• 점유자가 주장한 자주점유 권원이 인정되지 않아도 자주점유 추정은 유지된다. 예컨대 시효완성자가 소유권이전등기 청구 소송에서 패소해도 자주점유 추정이 유지된다.

점유자가 스스로 매매 또는 증여와 같이 **자주점유의 권원을 주장하였으나 이것이 인정되지 않은 경우**에도, 원래 자주점유의 권원에 관한 입증책임이 점유자에게 있지 아니한 이상 그 주장의 점유권원이 인정되지 않는다는 사유만으로 **자주점유의 추정이 번복된다거나 또는 점유권원의 성질상 타주점유라고 볼 수는 없**다(대법원 2017. 12. 22. 선고 2017다360 판결).

• 진정권리자에 대한 점유취득시효 완성자의 매수 제안은 타주점유로의 전환 사유로 인정되지 않는다. 분쟁 방지를 위한 협상을 촉진하기 위해서이다. 같은 맥락

에서 취득시효 완성 후의 매수 제안도 시효이익 포기로 인정되지 않는다.

점유자가 **취득시효기간이 경과한 후에 상대방에게 토지의 매수를 제의**한 일이 있더라도 일반적으로 점유자는 취득시효가 완성된 후에도 소유권자와의 분쟁을 간편히 해결하기 위하여 매수를 시도하는 사례가 허다함에 비추어볼 때 매수제의를 하였다는 사실을 가지고는 위 점유자의 점유를 **타주점유라고 볼 수 없**다(대법원 1997. 4. 11. 선고 96다50520 판결).

- 국유지의 경우: ㉠ 국유지에 대한 자주점유자가 국가와 대부계약을 체결하거나 국가에 대해 대부료를 납부했더라도 이 사실만으로는 타주점유로의 전환이나 시효이익 포기로 인정되지 않는다. ㉡ 이에 비해 타주점유임을 자인하는 등의 적극적 의사가 있거나 변상금 부과처분을 다투지 않는 등의 사정이 있으면 타주점유로 전환된다(대법원 1995. 9. 9. 선고 95다12057 판결).

어떤 사람이 20년이 넘도록 평온·공연하게 국가 소유의 토지를 점유해 왔다면 그 점유는 자주점유로 추정되는 것이고, **취득시효가 완성된 후 그 점유자가 국가와 국유재산 대부계약**을 체결하였다고 하더라도 그것만으로는 위 기간 중의 점유가 타주점유라거나 점유자가 취득시효 완성의 이익을 포기하는 적극적인 의사표시를 한 것으로 **보기는 어렵**다(대법원 1996. 11. 12. 선고 96다32959 판결).

점유자가 국유토지를 점유 중임을 인정하고 매수의사를 명백히 표시하고 있는 점 등의 객관적 사정을 종합하여 보면, 특별한 사정이 없는 한 그 점유자들의 **자주점유의 추정은 깨어졌다**고 보아야 할 것이다(대법원 1996. 1. 26. 선고 95다28502 판결).

C. 타주점유에서 자주점유로의 전환: 전환이 인정되는 시점부터 취득시효 진행
(a) 개관: 증명책임
- 타주점유임이 증명된 이상 자주점유로의 전환을 주장하는 자가 증명책임을 진다.
- 자주점유 추정과는 별개의 문제이다.

전환사실에 대한 주장이 있다 하여 바로 자주점유로 추정된다고 할 수 없으므로, 전환에 대한 입증책임은 이를 주장하는 점유자에게 있다(대법원 1995. 2. 28. 선고 94다48165 판결).

(b) 자주점유로 전환되기 위한 요건

• 새로운 권원에 의하여 다시 소유의 의사로 점유를 개시하면 자주점유로 전환된다. 그 예로서 임차인이 임차물을 매수하고 간이인도 받아 계속 점유하는 경우를 들 수 있다.

• 타주점유자가 자신으로 하여금 점유하게 한 사람에게 소유의 의사 있음을 표시한 경우에도 자주점유로 전환된다.

> 악의의 무단점유로 점유를 개시했음이 증명된 경우 **새로운 권원에 기하여 소유의 의사를 가지고 점유를 시작**하거나 또는 **소유의 의사가 있음을 표시함으로써 일단 시작된 타주점유가 중도에 자주점유로 전환**되지 않고서는 그 점유기간 동안 계속하여 타주점유의 상태에 있다고 보아야 할 것이다(대법원 1998. 3. 27. 선고 97다53823 판결).

(c) 자주점유로 전환될 수 없는 사유들

• 타주점유자가 ㉠ 점유한 대지에 지상건물을 신축했거나 ㉡ 점유를 타인에게 처분했거나 ㉢ 점유물에 대해 부과된 조세·공과금을 납부했다는 등의 사실만으로는 점유의 모습이 자주점유로 전환되지 않는다.

> 토지 부분을 점유하던 중 그 지상에 건물을 지었다거나, 재산세나 종합토지세를 납부하였다는 것만으로는 새로운 권원에 의하여 다시 이를 점유하게 되었다거나 참가인에게 자신의 점유에 소유의 의사가 있음을 표시하였다고 볼 수 없다(대법원 1996. 6. 28. 선고 94다50595 판결).

• 타주점유자의 점유 기간 중에, ㉠ 소유권이전등기 명의인이 변경되었거나, ㉡ 타주점유자 명의로 소유권이전등기를 마쳤거나, ㉢ 타주점유자가 진정소유자를 상대로 소유권이전등기 청구소송을 제기한 경우에도 점유의 모습이 자주점유로 전환되지 않는다.

> 점유자가 토지에 관하여 소유권이전등기를 했더라도 진정권리자에게 소유의 의사를 표시한 것이라고 보기 어렵다(대법원 1995. 2. 28. 선고 94다48165 판결).

> 점유자가 이미 **사망한 소유자를 상대로 소유권이전등기를 구하는 소송을 제기하여 승소의 확정판결**을 받았다고 하여 그러한 사정만으로 점유를 시킨 자에게 소유의 의사가 있는 것을 표시하였다거나 신 권원에 의하여 점유를 개시하였다고 할 수는 없다(대법원 1995. 12. 12. 선고 95다21617 판결).

- 점유자가 사망한 경우: 상속인은 피상속인의 양태를 그대로 물려받기 때문에 상속인이 어떤 의사로 실제 점유를 개시했건 점유의 전환이 인정되지 않는다. 예컨대 A가 5년간 타주점유 후 사망하여 A의 상속인 B가 상속재산이라고 믿고 16년간 점유했더라도 21년간의 자주점유가 아니라 21년간의 타주점유로 인정된다.

> 상속에 의하여 점유권을 취득한 경우에는 상속인이 새로운 권원에 의하여 자기 고유의 점유를 시작하지 않는 한 피상속인의 점유를 떠나 자기만의 점유를 주장할 수 없고, 선대의 점유가 타주점유인 경우 선대로부터 상속에 의하여 점유를 승계한 자의 점유도 그 성질 내지 태양을 달리하는 것이 아니어서 그 점유가 자주점유로 될 수 없고, 자주점유가 되기 위하여는 점유자가 소유자에 대하여 소유의 의사가 있는 것을 표시하거나 새로운 권원에 의하여 다시 소유의 의사로써 점유를 시작하여야 하는 것이다 (대법원 2004. 9. 24. 선고 2004다27273 판결).

3. 취득시효기간의 경과

가. 개관

- 시효기간의 경과 자체가 주요사실이고 시효기간의 기산점은 간접사실에 지나지 않는다. 따라서 법원이 소송자료를 근거로 당사자의 주장과 다른 날을 기산점으로 인정해도 변론주의 위반이 아니다(2012다17479, 603면).
- 점유 개시 시점인 기산점이 결정되면 점유 계속은 추정된다.

> 제198조(점유계속의 추정) 전후양시에 점유한 사실이 있는 때에는 그 점유는 계속한 것으로 추정한다.

- 점유취득시효를 원인으로 하는 시효완성자 명의 소유권이전등기가 마쳐지면 취득시효의 요건이 충족된 것으로 추정된다. 따라서 취득시효 기간 진행 중 제3자가 시효취득의 대상인 부동산의 일부를 일시적으로 직접적·현실적으로 점유했다는 사실이 인정되더라도 시효완성자 명의 소유권이전등기가 원인무효가 된다고 할 수 없다.

> 토지에 관하여 점유취득시효 완성에 따라 소유권이전등기가 마쳐진 경우에도 적법한 등기원인에 따라 소유권을 취득한 것으로 추정되는 것은 마찬가지이므로, 제3자가 등기명의자의 취득시효 기간 중 일부 기간 동안 해당 토지 일부에 관하여 직접적·현실적인 점유를 한 사실이 있다는 사정만으로 등기의 추정력이 깨어진다거나 위 소유권

이전등기가 원인무효의 등기가 된다고 볼 수는 없다(대법원 2023. 7. 13. 선고 2023다
223591판결).

나. 기산점의 결정

(1) 취득시효기간 동안 소유자의 변동이 없는 경우

• 취득시효기간 경과라는 사실만 인정되면 충분하므로 기산점을 구체적으로 확정
할 필요는 없다.

취득시효기간 중 계속해서 등기명의자가 동일한 경우에는 그 기산점을 어디에 두든
지 간에 취득시효의 완성을 주장할 수 있는 시점에서 보아 그 **기간이 경과한 사실만
확정되면 충분한 것**이므로, 전 점유자의 점유를 승계하여 자신의 점유기간과 통산하
면 20년이 경과한 경우에 있어서도 **전 점유자가 점유를 개시한 이후의 임의의 시점을
그 기산점으로 삼아 취득시효의 완성을 주장**할 수 있다(대법원 1998. 5. 12. 선고 97다
34037 판결).

• 취득시효 기간 동안 소유권이 변동되었더라도 그 후 다시 취득시효 기간이 경과
했으면 기산점을 구체적으로 확정할 필요는 없다.

**소유권에 변동이 있더라도, 그 이후 계속해서 취득시효기간이 경과하도록 등기명의
자가 동일**하다면 그 소유권 변동 이후의 전점유자의 점유기간과 자신의 점유기간을
통산하여 20년이 경과한 경우에 있어서도 마찬가지이다(대법원 1998. 5. 12. 선고 97
다34037 판결).

(2) 취득시효기간 동안 소유자가 변동된 경우

• 기산점을 구체적으로 확정해야 한다.
• 법원이 당사자의 주장에 구애되지 않고 소송자료를 근거로 인정되는 실제 기산
점을 파악해야 한다.

취득시효기간을 계산할 때에, **점유기간 중에 해당 부동산의 소유권자가 변동된 경우**에
는 취득시효를 주장하는 자가 임의로 기산점을 선택하거나 소급하여 20년 이상 점유한
사실만 내세워 시효완성을 주장할 수 **없고, 법원이 당사자의 주장에 구애됨이 없이 소송
자료**에 의하여 인정되는 바에 따라 **진정한 점유의 개시시기를 인정**하고, 그에 터 잡아 취
득시효 주장의 당부를 판단하여야 한다(대법원 2015. 3. 20. 선고 2012다17479 판결).

다. 점유가 승계된 경우: 점유의 분리, 병합

(1) 분리·병합 여부 선택

• 점유자는 자신의 점유기간만 분리하여 주장할 수도 있다. 분리를 선택한 경우 전 점유자의 기간을 합산할 수 없지만 전 점유자의 점유 양태의 하자도 승계되지 않는다.

> 제199조(점유의 승계의 주장과 그 효과) ① 점유자의 승계인은 자기의 점유만을 주장하거나 자기의 점유와 전점유자의 점유를 아울러 주장할 수 있다.

> 점유의 승계가 있는 경우 전 점유자의 점유가 타주점유라 하여도 점유자의 승계인이 자기의 점유만을 주장하는 경우에는 현 점유자의 점유는 자주점유로 추정된다(대법원 2008. 7. 10. 선고 2006다82540 판결).

(2) 병합을 선택한 경우

A. 개관

• 점유자는 자신의 점유에 전 점유자들의 점유기간을 병합할 수 있고, 점유가 순차 승계되어 전 점유자가 여러 명인 경우 병합될 전 점유자의 범위를 선택할 수도 있다.

• 이 경우 점유자가 병합한 점유기간에 대해서는 전 점유자의 점유 양태도 승계된다.

> **점유가 순차 승계된 경우** 취득시효의 완성을 주장하는 자는 자기의 점유만을 주장하거나 또는 자기의 점유와 **전 점유자의 점유를 아울러 주장할 수 있는 선택권**이 있고, 전 점유자의 점유를 아울러 주장하는 경우 어느 단계의 점유자의 점유까지를 아울러 주장할 것인가도 이를 주장하는 사람에게 선택권이 있다(대법원 2020. 3. 27. 선고 2019다285363 판결).

> 제199조(점유의 승계의 주장과 그 효과) ② 전 점유자의 점유를 아울러 주장하는 경우에는 그 하자도 계승한다.

B. 점유 병합과 취득시효 기간의 기산점

• 병합된 점유의 기산점이 점유 기간의 기산점이 된다. 즉 시효취득자는 병합되는 전 점유자의 점유 기간 중 임의의 시점을 기산점으로 선택할 수는 없다.

• 취득시효 기간 동안 소유권의 변동이 없었더라도 마찬가지임에 유의해야 한다.

전 점유자의 점유를 아울러 주장하는 경우 점유의 개시 시기를 <u>어느 점유자의 점유기간 중의 임의의 시점으로 선택할 수는 없고</u>, 이와 같은 법리는 <u>소유자의 변동이 없는 경우에만 적용되는 것으로 볼 수 없다</u>(대법원 2020. 3. 27. 선고 2019다285363 판결).

4. 소극적 요건

가. 개관

- 시효완성의 효과를 저지하는 시효중단, 시효정지, 시효이익 포기 등은 취득시효에 대해서도 적용된다.
- 시효중단에 대해서는 §247 ②에 의해 소멸시효에 관한 규정들이 준용되고, 시효정지·시효이익 포기에 대해서는 소멸시효에 관한 규정들이 유추 적용된다.

> 제247조(소유권취득의 소급효, 중단사유) ② 소멸시효의 중단에 관한 규정은 전2조의 소유권취득기간에 준용한다.

나. 취득시효 중단 사유

(1) 진정권리자의 권리 행사, 점유자의 의무 승인, 가처분(§247 ② 준용)

- 진정권리자가 점유자를 상대로 물권적 반환청구권을 행사하거나, 점유자가 진정권리자의 소유권을 승인하거나, 진정권리자가 점유자를 상대로 인도금지 가처분을 마치는 것 등은 취득시효의 중단사유이다.
- 이에 비해 압류·가압류는 §247 ②의 문언에도 불구하고 취득시효 중단 사유가 될 수 없다. 이들은 금전채권에 대한 책임재산을 확보하기 위한 보전처분에 불과하므로 진정권리자가 권리를 행사하여 점유 상태를 변경시키거나 점유자가 진정권리자의 권리를 승인하는 것과 무관하기 때문이다.

> 점유로 인한 부동산소유권 <u>취득시효의 중단사유는 종래의 점유상태의 계속을 파괴하는 것으로 인정될 수 있는 사유이어야</u> 하는데, 제168조 제2호에서 정하는 '<u>압류 또는 가압류</u>'는 금전채권의 강제집행을 위한 수단이거나 그 보전수단에 불과하여 취득시효기간의 <u>완성 전에 부동산에 압류 또는 가압류 조치가 이루어졌다고 하더라도 이로써 종래의 점유상태의 계속이 파괴되었다고는 할 수 없으므로 이는 <u>취득시효의 중단사유가 될 수 없다</u>(대법원 2019. 4. 3. 선고 2018다296878 판결).

(2) 취득시효에 고유한 시효중단 사유

• 점유자의 점유상태가 계속되지 못하도록 단절시키거나, 점유의 양태를 타주점유
나 폭력·은비점유로 변경시키면 취득시효가 중단된다.
• 이에 비해 진정권리자의 처분으로 인해 등기명의가 변경되는 것은 취득시효의 중
단사유가 아니고, 오히려 등기양수인이 시효완성자에 대한 소유권이전등기 의무
자가 된다(제2원칙).

> 부동산의 소유자는 **점유자의 점유를 배제하거나 그 점유의 태양을 변경시킴으로써**
> **그 소유권취득기간의 진행을 막아**야 한다(대법원 1992. 6. 23. 선고 92다12698 판결).

> 취득시효기간이 경과하기 전에 등기부상의 소유명의자가 변경된다고 하더라도 그 사
> 유만으로는 점유자의 종래의 사실상태의 계속을 파괴한 것이라고 볼 수 없어 취득시
> 효를 중단할 사유가 되지 못한다(대법원 2009. 7. 16. 선고 2007다15172 전원합의체
> 판결).

(3) 사례: §174의 유추적용

• 사안의 개요: 甲이 18년째 점유하고 있는 X토지의 진정소유자 乙은 X토지를 측
량하여 분할등기를 하고 甲에게 인도를 요구하고 있으며, X토지에 대한 재산세
도 납부해 왔다.
• 쟁점과 판단: 이러한 사실만으로는 甲의 점유가 타주점유로 전환했다고 보기 어
렵고, 법적 분쟁으로 인해 점유의 평온성이 깨진 것도 아니다. 다만 재판외 청구
인 최고에 해당하므로 甲이 위 인도 요구 후 6개월 이내에 인도 청구 소송을 제기
하면 취득시효 중단으로 인정될 수 있다.

> **대법원 1992. 6. 23. 선고 92다12698 판결**
> ‣ 부동산의 소유자는 그 소유권을 주장하거나 다른사람이 소유권을 주장하는 것을
> 방어하는 것만으로는 그 권리 행사를 다하였다고 할 수 없고, **점유자의 점유를 배제**
> **하거나 그 점유의 태양을 변경시킴으로써 그 소유권취득기간의 진행을 막아야 할**
> 것이며, 위와 같은 소유권 주장 또는 점유자의 소유권 주장에 대한 방어와 같은 사
> 유는 법이 정하는 중단사유의 어느 것에도 해당한다고 할 수 없다.
> ‣ 진정권리자가 측량을 실시한 후 분할등기를 하고 토지의 인도를 요구하였다고 하
> 여 이것만 가지고 원고점유자의 점유의 평온성이 깨어진다고 할 수 없고, 피고소유

자가 이 사건 <u>토지에 대한 세금을 납부하였다고 하여도 마찬가지이다</u>. 다만 피고가 원고에게 **<u>인도해 줄 것을 통지한 것은 최고에 해당한다</u>**고 볼 수 있을 것이나 이와 같은 최고는 6월내에 재판상의 청구등을 하지 아니하면 시효중단의 효력이 없다.

다. 취득시효 완성 후 시효이익 포기

(1) 당사자

- 시효이익 포기의 주체는 시효완성으로 인한 이익을 받을 당사자나 그 대리인이다.
- 시효이익 포기의 상대방은 진정권리자이어야 한다. 따라서 시효완성자가 등기부상 소유자에게 시효이익 포기의 의사표시를 했더라도 그 등기가 원인무효이면 시효이익 포기로 인정되지 않는다. 따라서 시효완성자는 변심하여 진정권리자에게 시효완성의 효과를 주장할 수 있다.

> **대법원 2011. 7. 14. 선고 2011다23200 판결**
> - 취득시효이익의 포기와 같은 상대방 있는 단독행위는 그 의사표시로 인하여 권리에 직접적인 영향을 받는 상대방에게 도달하는 때에 효력이 발생한다.
> - 취득시효 완성으로 인한 권리 변동의 당사자는 **시효취득자와 취득시효 완성 당시의 진정한 소유자**이고, <u>실체관계와 부합하지 않는 원인무효인 등기의 등기부상 소유명의자는 권리 변동의 당사자가 될 수 없으므로</u>, 결국 시효이익의 포기는 달리 특별한 사정이 없는 한 시효취득자가 취득시효 완성 당시의 진정한 소유자에 대하여 하여야 그 효력이 발생하는 것이지 **<u>원인무효인 등기의 등기부상 소유명의자에게 그와 같은 의사를 표시하였다고 하여 그 효력이 발생하는 것은 아니</u>**다.

(2) 방식·내용

- 시효이익 포기는 시효완성 후에만 유효하게 할 수 있다. 다만 시효완성 전에 한 시효이익 포기의 의사표시는 시효중단 사유인 승인으로 해석될 수 있다.
- 상대방 있는 단독행위이므로 불요식이고 도달주의가 적용된다. 그 내용에는 취득시효 완성으로 인한 권리 취득이라는 법률효과를 부정하는 효과의사가 포함되어 있어야 한다.

(3) 시효이익 포기가 아니라고 인정된 사유들

- 매수를 위한 교섭을 시도한 것만으로는 시효이익 포기로 인정되지 않는다.

점유로 인한 부동산소유권의 취득기간이 경과한 뒤에 원고가 피고에게 위 토지를 매수하자고 제의한 일이 있었다는 것만으로는, 원고가 위 토지가 피고의 소유임을 승인하여 타주점유로 전환되었다거나 시효의 이익을 포기하였다고는 보기 어렵다(대법원 1992. 9. 1. 선고 92다26543 판결).

- 취득시효 완성 후 점유를 상실하더라도 취득시효 완성의 효과는 유지된다. 즉 점유 상실은 시효이익 포기로 인정되지 않는다.

점유자가 취득시효기간의 만료로 **일단 소유권이전등기 청구권을 취득**한 이상, 그 후 **점유를 상실하였다고 하더라도 이를 시효이익의 포기로 볼 수 있는 경우가 아닌 한**, 이미 **취득한 소유권이전등기 청구권은 소멸하지 않는다**(대법원 2017. 8. 18. 선고 2015다234657 판결).

Ⅱ 부동산 점유취득시효 완성의 효과

1. 개관

가. 제1원칙 ~ 제5원칙

(1) 제1원칙: 시효완성자와 진정권리자 사이의 관계

- 시효완성자는 진정권리자에게 **채권적 소유권이전등기 청구권**을 가진다.
✓ 시효완성자의 지위는 미등기 취득자와 비슷하다.

(2) 제2원칙 ~ 제4원칙

- 전제: 진정권리자로부터 부동산을 특정승계하고 유효한 소유권이전등기를 마친 자인 '등기양수인'이 있는 경우에 적용된다.
- 제2원칙: 취득시효기간 경과 전에 등기양수인 명의로 소유권이전등기가 마쳐진 경우, 시효완성자는 시효완성 당시의 소유권이전등기 명의인인 등기양수인에게 시효완성의 효과인 채권적 소유권이전등기 청구권을 행사할 수 있다.
- 제3원칙: 취득시효기간이 경과하여 시효완성자가 진정권리자에 대한 채권적 소유권이전등기 청구권을 가지게 된 후 등기양수인 명의로 소유권이전등기 명의가 변경된 경우, 진정권리자에 대한 채권자에 불과한 시효완성자는 소유권이전등기를 마친 물권자인 등기양수인에게 시효완성의 효과를 주장할 수 없다.

- 제4원칙: 취득시효 완성 시점과 등기양수인 명의 소유권이전등기가 마쳐진 시점의 선후에 따라 이해관계가 달라지기 때문에, 등기양수인이 있으면 취득시효의 기산점은 반드시 법원이 소송자료를 통해 확정해야 한다.

(3) 제5원칙

- 전제: 취득시효기간 경과 후 등기양수인 명의 등기가 마쳐져서 제3원칙이 적용되는 경우에만 제5원칙의 적용 여부가 문제된다.
- 등기양수인 명의로 소유권이전등기가 마쳐진 후 다시 취득시효기간이 경과할 때까지 점유자가 자주·평온·공연한 점유를 계속하면, 등기양수인 명의로 소유권이전등기가 마쳐진 때가 점유 취득시효의 새로운 기산점으로 간주된다.
- 제5원칙 + 제2원칙: 등기양수인 명의로 소유권이전등기가 마쳐진 후 거듭 취득시효기간이 경과하기 전에 소유권이 이전되더라도 시효완성자는 거듭 취득시효기간이 경과했을 당시의 등기양수인에게 취득시효 완성을 원인으로 하는 채권적 소유권이전등기 청구권을 주장할 수 있다.

나. 점유가 이전된 경우

(1) 점유취득시효 완성 전의 점유 이전: 점유의 분리, 병합

(2) 점유취득시효 완성 후의 점유 이전

- 점유취득시효 완성의 효과인 소유권이전등기 청구권은 취득시효 완성 당시의 점유자만 취득할 수 있다.
- 점유취득시효 완성 후의 점유 양수인은 ㉠ 시효완성 당시 점유자가 진정권리자에 대해 가지는 채권적 소유권이전등기 청구권을 대위 행사할 수 있을 뿐이고, ㉡ 자신의 점유기간과 전자 즉 취득시효 완성 당시 점유자의 점유기간을 합산한 20년을 주장하여 자신의 고유한 소유권이전등기 청구권을 행사할 수는 없다.

2. 시효완성자와 진정소유자의 관계: 채권적 소유권이전등기 청구권

가. 개관

(1) 채권적 소유권이전등기 청구권의 발생

- 시효완성자는 취득시효 완성 당시의 진정권리자에게 채권적 소유권이전등기 청구권을 가지게 될 뿐이다. 즉 점유취득시효가 완성되더라도 소유권이 시효완성자에게 즉시·당연히 귀속되는 것은 아니다.

• 이러한 법리는 미등기 부동산에 대해서도 마찬가지로 적용된다.

> 취득시효기간의 완성만으로는 소유권취득의 효력이 바로 생기는 것이 아니라, 다만 이를 원인으로 하여 소유권취득을 위한 등기청구권이 발생할 뿐이고, **미등기 부동산의 경우이더라도** 취득시효기간의 완성만으로 등기 없이도 점유자가 소유권을 취득한다고 볼 수 없다(대법원 2006. 9. 28. 선고 2006다22074 판결).

(2) 점유와 관련된 법률관계

A. 시효완성자의 사용수익권

• 진정권리자는 소유자이지만 시효완성자에게 소유권이전등기 의무를 지고 있으므로 시효완성자에게 부동산의 점유로 인한 §741의 부당이득 반환청구를 할 수 없다. 이 점에서 미등기 취득자 사안과 비슷하다.

> 취득시효가 완성되면 점유자는 소유명의자에 대하여 취득시효완성을 원인으로 한 소유권이전등기절차의 이행을 청구할 수 있고 소유명의자는 이에 응할 의무가 있으므로, 비록 점유자가 그 부동산에 관하여 그 명의로 소유권이전등기를 경료하지 아니하여 아직 소유권을 취득하지 못하였다고 하더라도 소유명의자는 점유자에 대하여 **부동산의 점유로 인한 부당이득반환청구를 할 수 없**다(대법원 2018. 6. 28. 선고 2017다255344 판결).

B. 물권적청구권

• 시효완성자는 점유자이므로 자신의 점유보호청구권을 행사할 수 있다(2004다23899, 628면).

• 시효완성자는 채권자대위권을 행사하여 진정권리자의 물권적 청구권을 대위행사할 수 있다.

(3) 사례: 시효완성자의 채권자대위권

• 시효완성 당시 등기명의인이 진정권리자가 아닌 경우, 시효완성자는 진정권리자를 대위하여 시효완성 당시 등기명의인을 상대로 원인무효등기 말소청구를 하고, 진정권리자에 대해서는 소유권이전등기 청구를 해야 한다.

> 점유취득시효 완성을 원인으로 한 **소유권이전등기청구는 시효 완성 당시의 소유자를 상대로** 하여야 하므로 시효 완성 당시의 소유권보존등기 또는 이전등기가 무효라면 원칙적으로 그 등기명의인은 시효취득을 원인으로 한 소유권이전등기청구의 상대방

이 될 수 없고, 이 경우 **시효취득자는 소유자를 대위하여 위 무효등기의 말소를 구하고 다시 위 소유자를 상대로 취득시효 완성을 이유로 한 소유권이전등기를 구하여야한다**(대법원 2007. 7. 26. 선고 2006다64573 판결).

• 진정권리자가 누구인지를 알기 어려운 경우: ㉠ 시효완성자는 성명불상자에 대한 채권적 소유권이전등기 청구권을 보전하기 위해, 성명불상자가 제3자에게 가지는 말소등기청구권을 대위행사할 수 있다. ㉡ 다른 이해관계인이 없으면 시효완성자는 직접 원인무효등기 명의인에게 소유권이전등기 청구를 할 수도 있다. ㉢ 이러한 등기는 실체관계에 부합하는 등기라고 볼 수 있으나, 진정명의 회복을 원인으로 하는 소유권이전등기라고 볼 수는 없다.

대법원 1992. 2. 25. 선고 91다9312 판결

• 시효로 인한 부동산 소유권의 취득은 **원시취득**으로서 취득시효의 요건을 갖추면 곧 등기청구권을 취득하는 것이고 또 타인의 소유권을 승계취득 하는 것이 아니어서 시효취득의 대상이 반드시 타인의 소유물이어야 하거나 그 타인이 특정되어 있어야만 하는 것은 아니므로, 성명불상자의 소유물에 대하여 시효취득을 인정한 원심의 판단에 취득시효에 관한 법리오해의 위법이 있다고도 할 수 없다.

• 채권자대위권의 요건인 채무자가 권리를 행사할 수 있는 상태에 있다는 뜻은 권리행사를 할 수 없게 하는 법률적 장애가 없어야 한다는 뜻이고 채무자 자신에 관한 현실적인 장애까지 없어야 한다는 뜻은 아니며 채무자가 그 권리를 행사하지 않는 이유를 묻지 아니한다. 채무자인 진정한 소유자가 성명불상자라 하여도 그가 위 등기의 말소를 구하는데 어떤 법률적 장애가 있다고 할 수는 없는 것이어서 원고의 이 사건 채권자대위권 행사에 장애가 될 수 없다.

대법원 2005. 5. 26. 선고 2002다43417 판결

• 현존하는 토지조사부나 지적공부 등으로는 원고가 진정권리자인 사정명의인 또는 그의 상속인을 찾을 수 없어 취득시효완성을 원인으로 하는 소유권이전등기에 의하여 소유권을 취득하는 것이 사실상 불가능하게 되었다고 볼 여지가 있는바 원고는 취득시효가 완성되었음에도 불구하고 소유권이전등기청구의 상대방을 찾을 수 없어 소유권이전등기를 구할 수 없게 되어 결국 이 사건 토지의 진실한 소유관계를 등기부상에 제대로 그것도 영구히 공시하지 못하게 되는 불합리한 결과에 이르게 된다.

- 취득시효완성 당시 진정한 소유자는 아니지만 소유권보존등기명의를 가지고 있는 피고 이외에는 이 사건 토지의 등기부상 다른 이해관계인이 존재하지 않기 때문에 피고가 직접 원고에게 소유권이전등기를 하더라도 이로 인하여 불이익을 받는 자가 없다는 점을 고려할 때, 원고는 취득시효완성 당시 **진정한 소유자는 아니지만 소유권보존등기명의를 가지고 있는 피고에 대하여 직접 취득시효완성을 원인으로 하는 소유권이전등기를 청구할 수 있다**고 할 것이다.

나. 일반적인 채권관계와 다른 점

(1) 시효완성자의 소유권이전등기 청구권의 소멸시효

A. 개관

- 시효완성자가 가지는 소유권이전등기 청구권의 시효기간은 채권의 일반적인 소멸시효 기간인 10년이다.
- 취득시효가 완성되어 소유권이전등기 청구권이 발생한 후 시효완성자가 점유를 상실하면 그 때 소멸시효가 기산한다. 이에 비해 시효완성 전에 점유를 상실하면 시효중단 사유에 해당하므로 소유권이전등기 청구권이 발생할 수 없다.
- 다만 시효완성자의 점유 상실이 시효이익 포기에 해당하면 점유 상실 즉시 시효완성자의 소유권이전등기 청구권은 소멸한다.

> 취득시효제도는 일정한 기간 점유를 계속한 자를 보호하여 **실체법상의 권리를 부여**하는 제도이므로, 부동산을 20년간 소유의 의사로서 평온 공연하게 점유한 자는 제245조 제1항에 의하여 점유부동산에 관하여 **소유자에 대한 소유권이전등기 청구권을 취득**하게 되는 것이며 점유자가 취득시효기간의 만료로 **일단 소유권이전등기 청구권을 취득한 이상, 그 후 점유를 상실하였다고 하더라도 이를 시효이익의 포기로 볼 수 있는 경우가 아닌 한, 이미 취득한 소유권이전등기 청구권은 소멸되지 아니**한다(대법원 1995. 3. 28. 선고 93다47745 전원합의체 판결).

> 다만 취득시효가 완성된 **점유자가 점유를 상실한 경우 취득시효 완성으로 인한 소유권이전등기 청구권의 소멸시효**는 이와 별개의 문제로서, 이러한 경우 점유자는 그 부동산에 대한 **점유를 상실한 때로부터 10년간 등기청구권을 행사하지 아니하면 소멸시효가 완성**한다고 보아야 할 것이다(대법원 1996. 3. 8. 선고 95다34866 판결).

B. 사례: 시효완성 후 점유양도와 소멸시효 기산 여부

• 사안의 개요: 甲은 乙소유 X토지를 점유하여 1994. 점유 취득시효가 완성되었고, 그 후 점유를 계속하다가 2006. 丙에게 X토지를 매도하고 점유를 넘겨주었다. 乙이 2020. 丙에게 §213의 물권적 청구권을 행사하면, 甲의 乙에 대한 소유권이전등기 청구권이 인정될 수 있는지가 문제된다.

• 쟁점과 판단: 미등기 취득자 사안과 마찬가지로 취득시효 사안에서도 시효완성자의 점유 양도는 점유 상실이 아니라 종래의 사용·수익보다 더 적극적인 권리 행사라고 보아야 한다. 따라서 甲의 소유권이전등기 청구권의 소멸시효는 2006. 이후에도 진행하지 않았으므로 丙은 甲을 대위하여 乙에게 소유권이전등기 청구권을 행사할 수 있다.

> 부동산의 매수인이 그 부동산을 인도받아 **사용·수익하다가 그 부동산에 대한 보다 적극적인 권리 행사의 일환으로 다른 사람에게 그 부동산을 처분하고 그 점유를 승계**하여 준 경우에도 그 이전등기청구권의 행사 여부에 관하여 그가 그 부동산을 **스스로 계속 사용·수익만 하고 있는 경우와 특별히 다를 바 없으므로 위 두 어느 경우에나 이전등기청구권의 소멸시효는 진행되지 않**는다(대법원 1999. 3. 18. 선고 98다32175 전원합의체 판결).

(2) 진정권리자의 소유권이전등기 의무의 급부불능

A. 전제: 유효한 특정승계

(a) 의미

• 유효한 특정승계가 이루어지면 진정권리자는 더 이상 소유자가 아니기 때문에 시효완성자에 대한 소유권이전등기 의무를 이행할 수 없게 된다.

• 진정권리자의 법률행위에 의한 처분뿐 아니라 §187에 의한 소유권 변동(수용 등)에 대해서도 같은 법리가 적용된다(94다18195, 619면).

• 이에 비해 상속과 같은 포괄승계의 경우 시효완성자는 포괄승계인에게 소유권이전등기 청구를 할 수 있다.

> 제3자가 취득시효 완성 당시의 소유자의 상속인인 경우에는 그 상속분에 한하여는 위 제3자에 대하여 직접 취득시효 완성을 원인으로 한 소유권이전등기를 구할 수 있다(대법원 2002. 3. 15. 선고 2001다77352 판결).

- 절차법: 목적물의 특정승계 사실은 시효완성자의 소유권이전등기 청구에 대한 진정권리자의 항변 사유이다. 즉 직권조사사항은 아니다.

> 취득시효완성 후 제3자 앞으로 소유권이전등기가 되어 피고의 취득시효완성을 원인으로 한 소유권이전등기의무가 이행불능인지의 여부는 법원이 직권으로 조사하여야 할 성질의 것도 아니다(대법원 1993. 4. 9. 선고 92다41498 판결).

(b) 비교: 특정승계인 명의 소유권이전등기의 원인행위가 무효인 경우
- 진정권리자와 특정승계인 간의 원인행위가 허위표시이거나 특정승계인이 적극 가담으로 인해 반사회성이 인정되면, 이러한 원인행위는 무효이고 진정권리자의 추인으로도 하자가 치유될 수 없다.

> **대법원 2002. 3. 15. 선고 2001다77352 판결**
> ‣ 부동산 소유자가 **취득시효가 완성된 사실을 알고 그 부동산을 제3자에게 처분하여 소유권이전등기**를 넘겨줌으로써 취득시효 완성을 원인으로 한 소유권이전등기의무가 **이행불능에 빠지게 되어 시효취득을 주장하는 자가 손해를 입었다면 불법행위**를 구성한다고 할 것이고, 부동산을 **취득한 제3자가 부동산 소유자의 이와 같은 불법행위에 적극 가담하였다면 이는 사회질서에 반하는 행위로서 무효**라고 할 것이다.
> ‣ 취득시효 완성 후 경료된 무효인 제3자 명의의 등기에 대하여 **시효완성 당시의 소유자가 무효행위를 추인하여도 그 제3자 명의의 등기는 그 소유자의 불법행위에 제3자가 적극 가담하여 경료된 것으로서 사회질서에 반하여 무효**이다.

- 이 경우 시효완성자는 진정권리자를 대위하여 말소등기청구를 할 수 있다

> **취득시효 완성 후 제3자 앞으로 경료된 소유권이전등기가 원인무효**인 경우 취득시효 완성을 원인으로 한 소유권이전등기 청구권을 가진 자는 **취득시효 완성 당시의 소유자를 대위**하여 제3자 명의 등기의 말소를 구할 수 있다(대법원 2017. 12. 5. 선고 2017다237339 판결).

B. 진정권리자의 급부불능에 대한 시효완성자의 권리: 손해배상청구권과 대상청구권

(a) §750에 근거한 손해배상청구권
- 요건: 진정권리자의 선의·무과실이 추정되므로, 손해배상청구를 하려면 시효완

성자는 진정권리자가 목적물 처분 당시 악의·과실이 있었음을 증명해야 한다. 예컨대 ㉠ 시효완성자가 제기한 소유권이전등기 청구소송의 소장 부본 송달 후에 진정권리자가 목적물을 처분한 경우에는 악의 처분으로 인정된다. ㉡ 이에 비해 진정권리자가 본소로 §213의 물권적 청구권을 행사한 후 시효완성자가 반소나 항변으로 시효완성 주장을 하더라도, 이로 인해 진정권리자의 악의가 인정되지는 않음에 유의해야 한다(94다4509, 616면).

- 효과: 진정권리자의 악의나 과실이 인정되더라도 처분행위가 무효로 되는 것은 아니고 진정권리자가 시효완성자에게 손해배상책임을 지게 될 뿐이다. 그 본질은 §390의 채무불이행 책임은 아니고 §750의 불법행위 책임이라고 본다.

✓ 그러나 이러한 판례의 태도와는 달리, 법률에 의해 발생한 채무의 불이행에 대해서도 §390가 적용된다고 볼 수 있지 않을까?

등기명의인인 부동산 소유자가 그 부동산의 인근에 거주하여 부동산의 점유·사용관계를 잘 알고 있고, 시효취득을 주장하는 권리자가 등기명의인을 상대로 취득시효완성을 원인으로 한 소유권이전등기 청구소송을 제기하여 <u>등기명의인이 그 소장 부본을 송달받은 경우에는 등기명의인이 그 부동산의 취득시효완성 사실을 알았거나 알수 있었다</u>고 봄이 상당하므로, 그 이후 등기명의인이 그 부동산을 제3자에게 매도하거나 근저당권을 설정하는 등 처분하여 취득시효완성을 원인으로 한 소유권이전등기의무가 이행불능에 빠졌다면 그러한 등기명의인의 처분행위는 시효취득자에 대한 소유권이전등기의무를 면탈하기 위하여 한 것으로서 위법하다고 보아야 할 것이고, 부동산을 처분한 등기명의인은 이로 인하여 시효취득자가 입은 **손해를 배상할 책임**이 있다(대법원 1999. 9. 3. 선고 99다20926 판결).

시효취득으로 인한 소유권이전등기 청구권이 있다고 하더라도 부동산소유자와 시효취득자 사이에 계약상의 채권 채무관계가 성립하는 것은 아니므로, **피고의 채무불이행책임을 묻는 원고의 주장을 배척한** 원심의 판단은 옳다(대법원 1995. 7. 11. 선고 94다4509 판결).

- 비교: 진정권리자가 처분 당시에 선의·무과실이었으면 아무런 책임이 없다. 진정권리자의 선의·무과실이 추정되므로 시효완성자가 손해배상청구를 하려면 진정권리자의 악의나 과실을 증명해야 한다.

부동산에 관한 점유취득시효가 완성된 후에 취득시효를 주장하거나 이로 인한 소유권이전등기청구를 하기 이전에는 그 등기명의인인 부동산 소유자로서는 특단의 사정이 없는 한 그 **시효취득 사실을 알 수 없는 것이므로 이를 제3자에게 처분하였다 하더라도 그로 인한 손해배상책임을 부담하지 않**는다(대법원 1999. 9. 3. 선고 99다20926 판결).

부동산 소유자가 그 부동산을 처분하기 위하여 먼저 그 부동산을 점유하고 있는 사람을 상대로 그 인도를 구하는 소송을 제기하여 이를 진행하고 있던 중에 상대방이 취득시효의 항변을 한다거나 반소를 제기하였다는 것만으로 부동산 소유자가 **상대방의 시효취득 사실을 알았다고 할 수 없**다(대법원 1995. 7. 11. 선고 94다4509 판결).

(b) 대상청구권

• 시효완성자는 채권자이므로 진정권리자에 대한 소유권이전등기 청구권이 급부불능이 된 경우 일반적인 채권자와 마찬가지로 손해배상청구권 대신 대상청구권을 행사할 수도 있다.

• 다만 대상청구권을 행사하려면 급부불능 발생 전에 시효완성자가 진정권리자에게 시효완성의 효과로서 발생한 권리를 주장했었다는 사실이 인정되어야만 한다.

민법상 이행불능의 효과로서 채권자의 전보배상청구권과 계약해제권 외에 별도로 대상청구권을 규정하고 있지 않으나, 해석상 대상청구권을 부정할 이유가 없다고 할 것이지만, **점유취득시효를 원인으로 한 등기청구권이 이행불능으로 되었다고 하여 대상청구권**을 행사하기 위하여는 그 **이행불능 전에** 등기명의자에 대하여 점유로 인한 부동산 소유권 취득기간이 만료되었음을 이유로 그 **권리를 주장하였거나 취득기간 만료를 원인으로 한 등기청구권을 행사**하였어야 하고, 그 이행불능 전에 **위와 같은 권리의 주장이나 행사에 이르지 않았다면 대상청구권을 행사할 수 없**다(대법원 1996. 12. 10. 선고 94다43825 판결).

3. 당사자의 지위가 특정승계된 경우

가. 진정권리자의 지위가 특정승계된 경우

(1) 시효완성 전 등기양수인의 지위(제2원칙)

A. 전제: 등기양수인의의 지위를 판단하기 위한 기준시

(a) 개관

- 등기부에 기재된 소유권이전등기 접수일을 기준으로 판단한다.
- 등기부에 기재된 원인행위일 이후 취득시효가 완성되었더라도 등기양수인 명의 소유권이전등기가 취득시효 완성일 이후에 마쳐지면 제3원칙이 적용된다.

원고가 **취득시효완성 전에 매수**하였다고 하더라도 그 이전에 그 소유권이전등기를 마치지 않고 있다가 **취득시효기간 경과 후 자신의 명의로 소유권보존등기**를 경료한 이상 피고 점유자는 원고에게 시효취득을 주장할 수 없다(대법원 1997. 4. 11. 선고 96다45917 판결).

(b) 사례: 가등기와 점유취득시효

- 가등기 후 본등기가 마쳐진 경우 본등기 접수일을 기준으로 취득시효 완성과의 선후관계를 판단해야 한다.
- 예컨대 진정권리자에 대한 채권자가 가등기를 마친 후 취득시효가 완성되었고 그 후 가등기 명의인이 본등기를 마친 경우, 본등기가 마쳐진 날을 기준으로 판단해야 하므로 제3원칙이 적용된다. 따라서 시효완성자는 본등기명의인에게 대항할 수 없다.

가등기는 순위보전효만 있고 물권 변동 시점을 소급시키는 것은 아니므로 본등기를 마쳤을 때 물권 변동이 일어난다. 따라서 甲의 **취득시효가 완성된 후 甲명의 등기를 하기 전**에 乙이 **취득시효완성전에 이미 설정되어 있던 가등기에 기하여 소유권이전의 본등기**를 경료하였다면, 그 가등기나 본등기를 무효로 볼 수 있는 경우가 아닌 한, 甲은 **시효완성 후 부동산소유권을 취득한** 제3자인 **乙에게 시효취득을 주장할 수 없다**. 따라서 토지소유자인 丙의 甲에 대한 시효취득을 원인으로 한 소유권이전등기의 무도 이행불능으로 된 것으로 볼 수밖에 없는 것이다(대법원 1992. 9. 25. 선고 92다21258 판결).

- 이에 비해 취득시효 완성 후 진정권리자에 대한 채권자가 가등기를 마친 경우에는, ㉠ 시효완성자는 진정권리자에게 소유권이전등기 청구권을 행사할 수 있으나 ㉡ 그 후 가등기에 기한 본등기가 마쳐지면 시효완성자 명의 소유권이전등기는 직권말소 된다.

> **대법원 1993. 9. 14. 선고 93다12268 판결**
> ・ 소유권이전등기 의무자가 그 부동산상에 제3자 명의로 가등기를 마쳐주었다 하여도 가등기는 본등기의 순위보전의 효력을 가지는 것에 불과하고, 또한 그 <u>소유권이전등기의무자의 처분권한이 상실되는 것도 아니므로 그 가등기만으로는 소유권이전등기의무가 이행불능이 된다고 할 수도 없다.</u>
> ・ 甲의 점유취득시효가 완성된 후 乙명의 가등기가 경료되었으므로 甲의 취득시효 완성으로 인한 <u>소유권이전등기의무는 이행불능으로 되었거나 위 시효취득으로써 乙에게 대항할 수 없다는 피고들의 주장을 배척한 것은 정당하다고 할 것이다.</u>

B. 취득시효완성 전 등기양수인의 지위: 소유권이전등기 의무자

- 시효완성자의 채권적 소유권이전등기 청구권의 상대방은 시효완성 당시의 소유자이다.

> <u>취득시효의 완성을 이유로 소유권이전등기를 청구하려면 **시효완성 당시의 소유자를**</u> 상대로 하여야 한다(대법원 1999. 2. 23. 선고 98다59132 판결).

- 따라서 시효완성자는 시효완성 전에 소유권이전등기를 마친 등기양수인에 대한 소유권이전등기 청구권을 가진다.

> **취득시효기간 만료전에 등기명의가 이전된 경우에는 경우에는 시효취득자는 그 취득시효기간 완성당시의 등기명의자에 대하여 그 소유권취득을 주장할 수 있다**(대법원 1989. 4. 11. 선고 88다카5843 판결).

(2) 시효완성 후 등기양수인의 지위(제3원칙)

A. 원칙

(a) 이중매매와 비슷한 법률관계

- 시효완성자는 진정권리자에 대한 채권자에 불과하다. 따라서 시효완성자는 자신보다 먼저 진정권리자로부터 소유권이전등기를 넘겨 받은 등기양수인에 대해 채권적 소유권이전등기 청구권을 행사할 수 없다.

- 등기양수인의 악의만으로는 진정권리자와 등기양수인 간의 점유취득시효 완성 후의 처분행위를 무효라고 볼 수 없다.
- 이러한 법리는 법률의 규정에 의한 특정승계에 대해서도 적용되지만, 포괄승계 에 대해서는 적용되지 않는다.

> **취득시효완성 후에 이를 원인으로 하는 등기를 하기 전**에 먼저 부동산의 소유권을 취 득한 제3자에 대하여는 그 **제3자의 소유권취득이 당연무효가 아닌 한 시효취득을 주 장할 수 없고** 이러한 제3자의 소유권취득에는 **법률의 규정에 의한 소유권취득으로 인 하여 등기를 경료하지 아니한 경우(제187조)도 포함된다**. 다만, 상속으로 소유권을 취득한 자에게는 시효취득을 주장할 수 있는데, 시효완성자에 대한 소유권이전등기 의무를 포괄승계하기 때문이다(대법원 1995. 2. 24. 선고 94다18195 판결).

(b) 사례: 제3원칙 적용 후 진정권리자가 다시 소유권을 취득한 경우
- 제3원칙은 시효완성자의 소유권이전등기 청구권을 소멸시키는 것이 아니라 그 급부불능을 초래하는 것이다.
- 따라서 등기양수인으로부터 시효완성 당시의 진정권리자에게로 다시 소유권이 이전된 경우 시효완성자는 소유권이전등기 청구권을 행사할 수 있다.

> 점유자가 취득시효완성 당시의 소유자에 대한 **시효취득으로 인한 소유권이전등기 청 구권을 상실하는 것은 아니**고 단지 위 소유자의 점유자에 대한 **소유권이전등기의무 가 이행불능**으로 되는 것 뿐이다. 따라서 그 후 어떠한 사유로 취득시효완성 당시의 소유자에게로 소유권이 회복되었다면 점유자는 그 소유자에게 시효취득의 효과를 주 장할 수 있다(대법원 1994. 2. 8. 선고 93다42016 판결).

B. 예외
(a) 등기양수인 명의 등기의 원인무효
- 등기양수인 명의 소유권이전등기가 원인무효 등기이면 제3원칙이 적용되지 않 는다. 제3원칙은 등기양수인이 소유권을 취득했음을 전제하기 때문이다.
- 시효완성자는 진정권리자를 대위하여 등기양수인 명의 소유권이전등기 말소등 기를 청구할 수 있다.

제3원칙은 취득시효 완성 후 등기양수인 명의의 등기가 적법 유효함을 전제로 하는 것으로서, 위 제3자 명의의 등기가 **원인무효인 경우**에는 점유자는 취득시효 완성 당시의 소유자를 대위하여 위 제3자 앞으로 경료된 원인무효인 등기의 말소를 구함과 아울러 위 소유자에게 취득시효 완성을 원인으로 한 소유권이전등기를 구할 수 있다 (대법원 2002. 3. 15. 선고 2001다77352 판결).

(b) 등기양수인의 소유권이전등기의무 인수

• 등기양수인이 시효완성자에 대한 소유권이전등기 의무를 인수했다는 특별한 사정이 증명된 경우에는 제3원칙이 적용되지 않는다.

취득시효완성사실을 알면서 소유자로부터 그 부동산을 매수하여 소유권이전등기를 마친 자라고 하더라도, 묵시적 또는 명시적인 약정 등의 특별한 사정이 인정되지 않는 한, 위와 같은 의무를 승계한다고 볼 수는 없다(대법원 1994. 4. 12. 선고 93다50666 판결).

(c) 등기양수인이 새로운 이해관계인이 아닌 경우

• 미등기 부동산의 원시취득자인 진정권리자가 시효완성 후에 보존등기를 한 경우: 진정권리자는 새로운 이해관계인이 아니므로 시효완성자는 이러한 보존등기 명의인에 대해서는 소유권이전등기 청구를 할 수 있다.

✓ 이에 비해 진정권리자로부터 시효완성 전 미등기 부동산을 양수한 양수인이 시효완성 후 중간생략 보존등기를 한 경우에는 제3원칙이 적용된다.

토지에 대한 점유로 인한 소유권취득시효완성 당시 미등기로 남아 있던 그 토지에 관하여 소유권을 가지고 있던 자가 그 취득시효완성 후 그 명의로 소유권보존등기를 마쳤다 하더라도 이는 소유권의 변경에 관한 등기가 아니므로 그러한 자를 그 취득시효완성 후의 새로운 이해관계인으로 볼 수 없다(대법원 1995. 2. 10. 선고 94다28468 판결).

✓ 상속의 경우: ㉠ 사안의 개요: A는 X부동산 소유자이고 A의 상속인으로는 甲·乙이 있다. A가 사망한 후 X부동산에 대한 B의 취득시효가 완성되었고 그 후 甲 단독명의로 소유권이전등기가 마쳐졌다. ㉡ 쟁점과 판단: 甲 단독명의 등기의 원인이 A·甲간 증여 계약 이행이라면 제3원칙이 적용되지만, 甲·乙간 분할협의라면 제2원칙이 적용된다. 분할협의의 소급효로 인해 상속개시기에 甲이 X의 단독소유자가 된 것으로 간주되기 때문이다.

(3) 시효완성 후에 등기양수인에 대해 다시 시효가 완성된 경우(제5원칙)

A. 전제: 제3원칙이 적용되는 사안에서 제2차 취득시효가 완성됨

- 제5원칙은 제3원칙이 적용되는 사안 즉 제1차 취득시효 완성 후 등기양수인 명의의 소유권이전등기가 마쳐져서 시효완성자가 채권적 소유권이전등기 청구권을 행사할 수 없게 된 경우를 전제한다.
- 등기양수인 명의 소유권이전등기가 마쳐진 후에도 시효완성자가 계속 자주·평온·공연하게 점유하여 제2차 취득시효기간이 경과하면 제5원칙이 적용된다.

B. 효과

- 제5원칙의 적용 요건이 충족되면 제4원칙의 적용이 배제된다. 즉 등기양수인이 있지만 '실제 기산점' 이외의 기산점이 적용된다.
- 시효완성자는 등기양수인 명의 소유권이전등기가 마쳐진 날을 새로운 기산점으로 삼아 제2차 취득시효 완성의 효과를 주장할 수 있다.

부동산에 대한 점유취득시효가 완성된 후 취득시효완성을 원인으로 한 소유권이전등기를 하지 않고 있는 사이에 그 부동산에 관하여 제3자 명의의 소유권이전등기가 경료된 경우라 하더라도 당초의 점유자가 계속 점유하고 있고 **소유자가 변동된 시점을 기산점으로 삼아도 다시 취득시효의 점유기간이 경과한 경우**에는 점유자로서는 **제3자 앞으로의 소유권 변동시를 새로운 점유취득시효의 기산점으로 삼아 2차의 취득시효의 완성을 주장**할 수 있다(대법원 2009. 7. 16. 선고 2007다15172 전원합의체 판결).

- 제2차 취득시효 기간 중에 등기명의가 변경되더라도, 새로운 등기양수인에게 취득시효완성의 효과를 주장할 수 있다(제5원칙 + 제2원칙).

취득시효기간이 경과하기 전에 등기부상의 소유명의자가 변경된다고 하더라도 그 사유만으로는 점유자의 종래의 **사실상태의 계속을 파괴한 것이라고 볼 수 없어 취득시효를 중단할 사유가 되지 못**하므로, 새로운 소유명의자는 취득시효완성 당시 권리의무 변동의 당사자로서 취득시효완성으로 인한 불이익을 받게 된다 할 것이어서 **시효완성자는 그 소유명의자에게 시효취득을 주장할 수 있는**바, 이러한 법리는 **새로이 2차의 취득시효가 개시되어 그 취득시효기간이 경과하기 전에 등기부상의 소유명의자가 다시 변경된 경우에도 마찬가지로 적용된다**고 봄이 상당하다(대법원 2009. 7. 16. 선고 2007다15172 전원합의체 판결).

나. 점유자의 지위가 특정승계된 경우

(1) 취득시효 완성 전 승계: 점유의 분리·병합(604면 이하)

(2) 취득시효 완성 후 점유양수인의 지위

A. 개관

- 쟁점: 시효완성자가 시효완성 후 점유를 양도한 경우, 점유양수인이 진정권리자에게 시효취득의 효과를 주장할 수 있는지가 문제된다.
- 전제: 시효완성자가 점유를 양도해도 ㉠ 시효이익 포기라고 볼 수 없으므로 이미 발생한 소유권이전등기 청구권이 즉시 소멸하지는 않는다. ㉡ 소유권이전등기 청구권의 소멸시효도 기산하지 않는다(98다32175, 613면).

> **대법원 1996. 3. 8. 선고 95다34866 판결**
> ‣ 토지에 대한 취득시효 완성으로 인한 소유권이전등기 청구권은 그 토지에 대한 점유가 계속되는 한 시효로 소멸하지 아니하고, 그 후 점유를 상실하였다고 하더라도 이를 시효이익의 포기로 볼 수 있는 경우가 아닌 한 이미 취득한 소유권이전등기 청구권은 바로 소멸되지 아니하는 것이다.
> ‣ 취득시효가 완성된 점유자가 점유를 상실한 경우 취득시효 완성으로 인한 소유권이전등기 청구권의 소멸시효는 이와 별개의 문제로서, 이러한 경우 점유자는 그 부동산에 대한 점유를 상실한 때로부터 10년간 등기청구권을 행사하지 아니하면 소멸시효가 완성한다.

B. 등기양수인이 없는 경우

- 점유양수인은 점유의 법률효과를 양수하는 것은 아니고, 점유 기간과 양태를 병합할 수 있을 뿐이다.
- 점유양수인은 진정권리자에 대해 자신의 취득시효 완성의 효과를 주장할 수 없으므로 고유한 소유권이전등기 청구권을 행사할 수 없다. 점유양도인에게 이미 발생한 점유취득시효 완성의 효과를 부정할 수는 없기 때문이다.
- 점유양수인은 점유양도인인 시효완성자가 진정권리자에게 행사할 수 있는 소유권이전등기 청구권을 대위행사할 수는 있을 뿐이다.

전 점유자의 **점유를 승계한 자는 그 점유자체와 하자만을 승계**하는 것이지 그 **점유로 인한 법률효과까지 승계하는 것은 아니**므로 부동산을 **취득시효기간 만료 당시의 점**

유자로부터 양수하여 점유를 승계한 현 점유자는 자신의 **전 점유자에 대한 소유권이전등기 청구권을 보전하기 위하여 전 점유자의 소유자에 대한 소유권이전등기 청구권을 대위행사할 수 있을 뿐**, 전 점유자의 취득시효 완성의 효과를 주장하여 직접 자기에게 소유권이전등기를 청구할 권원은 없다고 할 것이다(대법원 1995. 3. 28. 선고 93다47745 전원합의체 판결).

C. 등기양수인도 있는 경우

• 점유양도인을 기준으로 판단했을 때 ㉠ 제3원칙 사안이면 점유양수인이 대위할 소유권이전등기 청구권이 없다. ㉡ 제2원칙 사안이면 점유양수인이 대위할 소유권이전등기 청구권이 인정된다.

대법원 2023. 4. 13. 선고 2022다300019 판결

‣ 丙이 주장하는 취득시효 완성 당시의 점유자는 丙의 직전 점유자 乙 또는 그 직전 점유자 甲이므로, 丙은 乙에 대한 소유권이전등기청구권을 보전하기 위하여 乙을 대위하여 甲의 B에 대한 소유권이전등기청구권을 대위하여 행사할 수 있을 뿐, 乙의 취득시효 완성의 효과를 주장하여 직접 자기에게 소유권이전등기를 청구할 수는 없다.

‣ 다만 丙은 전 점유자의 점유기간 중 임의의 시점이 아닌 한 순차 승계된 점유 중 자기의 점유만을 주장하거나 또는 자기의 점유와 전 점유자의 점유를 아울러 주장할 수 있는 선택권이 있고, **전 점유자의 점유를 아울러 주장하는 경우에 어느 단계의 점유자의 점유까지를 아울러 주장할 것인가도 선택할 수 있다.** 그러므로 丙이 어느 단계의 점유자의 점유까지를 아울러 주장하여 점유개시 시점을 기산하는가에 따라 취득시효가 완성되는 시점의 점유자가 달리 판단될 여지가 있고, 이 경우에는 **丙이 선택한 점유개시 시점으로부터 20년이 경과한 때 취득시효가 완성**된다.

4. 시효완성자 명의로 소유권이전등기가 마쳐진 경우의 효과

가. 원시취득

(1) 요건: 시효완성자 명의의 소유권이전등기

(2) 효과: 진정권리자의 소유권에 대한 제한이 해소된 완전한 소유권 취득

제245조에 따라 점유자 명의로 등기를 함으로써 소유권을 취득하게 되며, 이는 **원시취득**에 해당하므로 특별한 사정이 없는 한 **원소유자의 소유권에 가하여진 각종 제한에 의하여 영향을 받지 아니하는 완전한 내용의 소유권**을 취득하게 된다(대법원 2004. 9. 24. 선고 2004다31463 판결).

나. 취득시효 완성의 소급효

> 제247조(소유권취득의 소급효, 중단사유) ① 전2조의 규정에 의한 소유권취득의 효력은 점유를 개시한 때에 소급한다.

(1) 제3자에 대한 소급효

A. 원칙

(a) 개관

- 시효완성 전 즉 시효기간 진행 중에 진정권리자가 설정한 제한물권 등은 시효완성자 명의 소유권이전등기가 마쳐지면 모두 소멸한다(2014다21649, 626면).
- 시효취득의 효과는 제한 없는 완전한 소유권의 원시취득이기 때문이다.

(b) 사례: 취득시효 완성 전에 설정된 가등기

- 사안의 개요: 甲 소유 X부동산에 乙명의 가등기가 마쳐진 상태에서 丙의 점유 취득시효가 완성되었다. 丙은 乙에게 가등기 말소등기청구를 한다.
- 쟁점과 판단: 시효기간 중 진정권리자의 처분은 시효완성자에게 대항할 수 없는 사유이므로 乙은 가등기의 피보전권리로 丙에게 대항할 수 없다. 그러나 시효완성자는 소유권이전등기를 마치기 전까지는 진정권리자에 대한 채권자에 불과하므로 丙의 乙에 대한 가등기 말소등기 청구는 기각된다.
- 丙의 소유권이전등기가 먼저 마쳐지면 乙의 가등기가 말소되고 乙의 가등기에 기한 본등기가 먼저 마쳐지면 제3원칙이 적용된다.

원시취득의 **반사효과로서 그 부동산에 관하여 취득시효의 기간이 진행중에 체결되어 소유권이전등기 청구권 가등기로** 보전된 매매예약상의 매수인의 지위는 **소멸**된다. 그러나 시효기간이 완성되었다고 하더라도 **점유자 앞으로 등기를 마치지 아니한 이상 전 소유권에 붙어 있는 위와 같은 부담은 소멸되지 아니**한다. 시효취득자는 점유부동산에 대한 소유권이전등기 청구권이라는 채권적 청구권을 취득할 뿐, 부동산에 대한 소유권이전등기가 경료되기 전까지는 부동산에 대한 소유권을 취득하는 것은 아

니라는 이유로 점유취득자인 <u>원고의 피고들에 대한 가등기말소청구를 배척한 원심의</u>
<u>판단은 정당하다</u>(대법원 2004. 9. 24. 선고 2004다31463 판결).

B. 예외: 소급효의 제한

(a) 진정권리자가 시효완성 후에 선의로 한 처분행위

- 시효완성자 명의로 소유권이전등기가 마쳐지기 전까지 진정권리자가 선의로 한
  권리행사는 적법하고 시효완성자는 그 결과를 수인해야 한다. 따라서 진정권리
  자가 시효완성 후 선의로 한 처분행위로 제3자가 취득한 권리는 시효완성자가 인
  수해야 한다. 이러한 법리는 제3원칙과 같은 취지라고 볼 수 있다.

- 진정권리자로부터 시효완성 후에 권리를 취득한 제3자에 대해서는 시효완성자
  가 자신의 명의로 소유권이전등기를 마쳤더라도 시효완성의 소급효를 근거로
  '무권리자로부터의 취득'이라고 주장할 수 없다.

- 사례: 시효완성자가 취득시효 기간 경과 후 진정권리자가 설정한 담보물권의 피
  담보채무를 변제한 경우, 자신이 인수한 물적 부담을 소멸시킨 것이므로 진정권
  리자에게 구상권을 행사할 수 없다.

대법원 2006. 5. 12. 선고 2005다75910 판결

- <u>점유자가 원소유자에 대하여 점유로 인한 취득시효기간이 만료되었음을 원인으로</u>
  <u>소유권이전등기청구를 하는 등 그 **권리 행사를 하거나** 원소유자가 취득시효완성</u>
  <u>사실을 알고 점유자의 권리취득을 **방해**하려고 하는 등의 특별한 사정이 없는 한 **원**</u>
  <u>**소유자는 점유자 명의로 소유권이전등기가 마쳐지기까지는 소유자로서 그 토지에**</u>
  <u>**관한 적법한 권리를 행사**할 수 있다.</u>

- <u>원소유자가 **취득시효의 완성 이후 그 등기가 있기 전**에 그 토지를 제3자에게 처분</u>
  <u>하거나 제한물권의 설정, 토지의 현상 변경 등 **소유자로서의 권리를 행사**하였다 하</u>
  <u>여 시효취득자에 대한 관계에서 **불법행위가 성립하는 것이 아님**은 물론 위 처분행</u>
  <u>위를 통하여 그 토지의 **소유권이나 제한물권 등을 취득한 제3자에 대하여 취득시효**</u>
  <u>**의 완성 및 그 권리취득의 소급효를 들어 대항할 수도 없다** 할 것이니, 시효취득자</u>
  <u>로서는 원소유자의 적법한 권리 행사로 인한 현상의 변경이나 제한물권의 설정 등</u>
  <u>이 이루어진 그 토지의 **사실상 혹은 법률상 현상 그대로의** 상태에서 등기에 의하여</u>
  <u>**그 소유권을 취득**하게 된다. 따라서 시효취득자가 **원소유자에 의하여 그 토지에 설**</u>
  <u>**정된 근저당권의 피담보채무를 변제**하는 것은 시효취득자가 용인하여야 할 그 토</u>

지상의 부담을 제거하여 완전한 소유권을 확보하기 위한 것으로서 그 자신의 이익을 위한 행위라 할 것이니, 위 변제액 상당에 대하여 원소유자에게 대위변제를 이유로 구상권을 행사하거나 부당이득을 이유로 그 반환청구권을 행사할 수는 없다 할 것이다.

(b) 비교: 시효기간 중 점유자 자신이 설정해 준 담보권

- 시효완성자 자신이 취득시효 기간 중 또는 시효완성 후 제3자에게 설정해 준 부담은 진정권리자로부터 소유권이전등기를 받아 원시취득 하더라도 그대로 인수해야 한다. 시효완성자 자신이 부담을 용인한 상태로 점유했기 때문이다.
- 예컨대 甲이 소유자인 X부동산을 乙이 마치 자신의 소유인 것처럼 丙에게 담보로 제공하여 丙명의 담보권등기를 마친 후 20년간 점유한 경우, ㉠ 乙은 甲으로부터 소유권이전등기청구를 받더라도 丙의 담보권을 부정할 수 없고, ㉡ 피담보채무 원리금을 변제하여 丙명의 담보권등기 말소등기를 마쳤더라도 甲에게 구상권을 행사할 수도 없다.

> 부동산 점유취득시효는 **원시취득에 해당하므로 특별한 사정이 없는 한 원소유자의 소유권에 가하여진 각종 제한에 의하여 영향을 받지 아니하는 완전한 내용의 소유권을 취득**하지만 진정한 권리자가 아니었던 채무자 또는 물상보증인이 채무담보의 목적으로 채권자에게 부동산에 관하여 저당권 설정등기를 **경료해 준 후 그 부동산을 시효취득하는 경우**에는, 채무자 또는 물상보증인은 **피담보채권의 변제의무 내지 책임이 있는 사람으로서 이미 저당권의 존재를 용인하고 점유**하여 온 것이므로, **저당목적물의 시효취득으로 저당권자의 권리는 소멸하지 않**는다(대법원 2015. 2. 26. 선고 2014다21649 판결).

C. 사례: 양도담보 설정자의 점유시효취득 주장

(a) 사안의 개요

- 乙은 甲에 대한 공사대금 채무를 담보하기 위해 자신이 소유한 X부동산에 대해 양도담보를 설정하고 甲명의 소유권이전등기를 마쳐 주었다.
- 그 후 20년이 경과하자 乙은 甲에게 점유취득시효 완성을 이유로 소유권이전등기를 청구한다.

(b) 쟁점과 판단

- 양도담보 설정자 乙은 내부적 소유자에 해당하지만 점유시효취득은 주장할 수

있다(2017다204629, 588면).

- 그러나 甲의 양도담보권은 시효완성자인 乙 자신이 설정한 담보권이므로 乙의 점유취득시효가 완성되었라도 乙은 甲의 양도담보권의 부담을 인수해야 한다. 따라서 乙의 甲에 대한 甲명의 소유권이전등기 말소등기 청구는 ㉠ 시효완성의 소급효 주장에 근거한 것이면 배척되지만, ㉡ 甲의 乙에 대한 피담보채권의 시효 소멸 주장에 근거한 것이면 인용될 수 있다.

✓ 판례는 양도담보를 비롯한 담보권을 설정하더라도 설정자의 자주점유가 유지됨을 전제하고 있다. 乙의 점유취득시효 완성이라는 효과 자체는 인정하고 있기 때문이다.

시효완성자 자신이 설정한 담보권은 시효완성 후에도 인수해야 한다는 법리는 **부동산 양도담보의 경우에도 마찬가지**이므로, 양도담보권 설정자가 양도담보부동산을 20년 간 소유의 의사로 평온, 공연하게 점유하였다고 하더라도, 양도담보권자를 상대로 ㉠ **피담보채권의 시효소멸을 주장하면서 담보 목적으로 경료된 소유권이전등기의 말소를 구하는 것은 별론**으로 하고 ㉡ **점유취득시효를 원인으로 담보 목적으로 경료된 소유권이전등기의 말소를 구할 수 없고, 이와 같은 효과가 있는 양도담보권 설정자 명의로의 소유권이전등기를 구할 수도 없다**(대법원 2015. 2. 26. 선고 2014다21649 판결).

(2) 진정권리자에 대한 상대적 소급효

A. 시효완성자가 진정권리자에게 권리 행사를 하는 경우: 소급효 부정

(a) 개관

- 시효완성자 명의로 소유권이전등기가 마쳐지기 전까지는 진정권리자의 권리 행사는 적법하고 시효완성자는 그 결과를 수인해야 한다.
- 다만 진정권리자기 시효완성 후에 한 행위에 대해서는, 진정권리자에게 악의나 과실이 인정되면 §750 손해배상 청구를 할 수 있다.

점유자가 원소유자에 대하여 점유로 인한 취득시효기간이 만료되었음을 이유로 취득시효완성을 원인으로 한 소유권이전등기청구를 하는 등 그 권리 행사를 하거나 원소유자가 취득시효완성 사실을 알고 점유자의 권리취득을 방해하려고 하는 등의 특별한 사정이 없는 한, 원소유자는 점유자 명의로 소유권이전등기가 경료되기까지는 소유자로서 그 토지에 관한 적법한 권리를 행사할 수 있다고 할 것이므로, **시효완성 후 원권리자의 권리 행사로 인하여 점유자의 토지에 대한 점유의 상태가 변경되었다면, 그 뒤 소유권이전등기를 경료한 점유자는 변경된 점유의 상태를 용인하여야** 하는 것

이다(대법원 1999. 7. 9. 선고 97다53632 판결).

(b) 사례

• 소유권이전등기를 마치지 않은 시효완성자는 진정권리자가 시효완성 후 설치한 시설물에 대해 §214의 방해배제청구권을 행사할 수는 없지만 §205의 방해배제청구권은 행사할 수 있다.

✓ 판례가 명시적으로 판단하지는 않았지만 진정권리자의 악의가 §205의 방해배제청구권 행사의 요건은 아니라고 보아야 한다. 상대방의 귀책사유는 물권적 청구권의 요건이 아니기 때문이다.

> 취득시효가 완성된 점유자는 **점유권에 기하여 등기부상의 명의인을 상대로** 점유방해의 배제를 청구할 수 있다 할 것인데, 원고는 점유취득시효의 완성을 원인으로 하여 소유권이전등기를 청구하면서, 그와 동시에 **시효 완성 후에 피고가 설치한 담장 등의 철거를 구하고 있을 뿐, 소유권에 기한 방해배제청구권에 기하여 위 담장 등의 철거를 구한 바 없고,** 오히려 "피고가 기존의 담장을 허물고 새로운 담장을 쌓은 것은 원고의 **점유를 침탈한 행위에 해당한다.**"고 주장하였으므로, 원고는 점유권에 기한 방해배제청구권의 행사로서 피고를 상대로 담장 등의 철거를 청구하고 있는 것으로 보아야 한다(대법원 2005. 3. 25. 선고 2004다23899 판결).

• 예컨대 乙이 소유한 X토지와 이에 인접한 Y토지 중 X토지에 대해 甲의 취득시효가 완성되었으나 甲이 乙에게 소유권이전등기 청구권을 행사하기 전에 乙이 Y토지에 건물을 신축하면서 경계를 착각하여 X토지에 대한 경계침범 건축을 한 경우, 甲은 乙에게 건물철거 청구를 할 수 없다.

> 甲이 乙에게 취득시효완성을 이유로 그 권리를 주장하거나 소유권이전등기 청구권을 행사한 적이 없고 乙은 위 건물신축 당시 X토지에 대한 甲의 취득시효완성 사실을 알지 못하고 있었음을 알 수 있으므로, Y토지에 신축한 위 건물의 일부 중 이 사건 건물 부분이 X토지의 상공으로 돌출됨으로써 X토지에 대한 甲의 **점유의 상태가 변경된 뒤 이 사건 대지에 관하여 소유권이전등기를 경료한 이상 甲으로서는 그 지상에 이 사건 건물 부분이 존재한 상태로 이 사건 대지의 소유권을 취득하였다**고 할 것이고, 따라서 이 사건 **건물 부분의 철거를 구할 수 없다**(대법원 1999. 7. 9. 선고 97다53632 판결).

B. 진정권리자가 시효완성자에게 §741, §750 청구를 하는 경우: 소급효 인정

• 취득시효가 완성되면, 시효완성자의 점유개시기부터 그 명의의 소유권이전등기

시까지의 점유의 불법성이 제거되고 수익에 대한 법률상 원인이 인정된다.

- 따라서 진정권리자는 시효완성자를 상대로 ㉠§214를 근거로 시효완성 전에 시효완성자가 신축한 지상건물의 철거를 청구할 수 없고, ㉡ 시효기간 동안의 무단 사용에 대한 §750 손해배상이나 §741 반환청구를 할 수도 없다.

소유권이전등기를 경료하지 못한 상태에 있다고 해서 원고가 피고에 대하여 그 **대지에 대한 불법점유임을 이유로 그 지상건물의 철거와 대지의 인도를 청구할 수 없**다(대법원 1988. 5. 10. 선고 87다카1979 판결).

부동산에 대한 취득시효가 완성되면 점유자는 소유명의자에 대하여 취득시효완성을 원인으로 한 소유권이전등기절차의 이행을 청구할 수 있고 소유명의자는 이에 응할 의무가 있으므로, 비록 점유자가 그 부동산에 관하여 그 명의로 소유권이전등기를 경료하지 아니하여 아직 소유권을 취득하지 못하였다고 하더라도 소유명의자는 점유자에 대하여 부동산의 점유로 인한 부당이득반환청구를 할 수 없다(대법원 2018. 6. 28. 선고 2017다255344 판결).

III 비교: 부동산의 등기부시효취득

1. 등기부 시효취득의 요건

가. 점유

(1) 점유의 유형: 점유 취득시효와 같음

(2) 점유의 모습

 A. 자주점유, 평온·공연한 점유: 점유 취득시효와 같음

 B. 선의·무과실 점유

 (a) 개관

- 선의·무과실 점유는 등기부 취득시효에 대해서만 적용되는 고유한 요건이다.

제245조(점유로 인한 부동산소유권의 취득기간) ② 부동산의 소유자로 등기한 자가 10년간 소유의 의사로 평온, 공연하게 선의이며 과실없이 그 부동산을 점유한 때에는 소유권을 취득한다.

(b) 의미

- 선의점유는 본권이 있다고 적극적으로 믿으면서 하는 점유이고, 무과실 점유는 본권이 있다고 믿은 것에 대해 과실이 없는 점유이다.
- 선의·무과실 여부는 점유 개시 당시를 기준으로 판단한다. 따라서 점유 개시 후 등기가 마쳐진 사안에서 등기가 마쳐질 때까지 선의·무과실이 유지될 필요는 없다.

> 등기부시효취득에서 점유에 과실이 없다고 함은 그 **점유의 개시시**에 과실이 없으면 된다는 취지이므로 피고가 **과실없이 점유를 시작한 이후에 이 사건 부동산의 소유권에 관한 분쟁이 있다는 것을 알았다고 하더라도 그로 인하여 피고의 점유가 과실이 있는 것으로 전환되는 것이** 아니다(대법원 1993. 11. 23. 선고 93다21132 판결).

(c) 증명책임

- 선의점유는 추정되지만(§197 ①), 무과실 점유는 추정되지 않으므로 시효완성자가 증명해야만 한다.

> **대법원 2017. 12. 13. 선고 2016다248424 판결**
> ‣ 등기부취득시효가 인정되려면 점유의 개시에 과실이 없어야 하는데, **무과실에 관한 증명책임은 시효취득을 주장하는 사람**에게 있다.
> ‣ 부동산 매수인은 매도인에게 그 부동산을 처분할 권한이 있는지 여부를 조사하여야 하므로, 이를 조사하였더라면 **매도인에게 처분권한이 없음을 알 수 있었음에도 불구하고 그러한 조사를 하지 않고 매수하였다면 그 부동산의 점유에 대하여 과실이 있다**고 보아야 한다.

- 과실에 의한 점유로 인정된 사례로서, ㉠ 등기부상 소유자 아닌 매도인의 처분권한을 조사하지 않은 경우, ㉡ 시효완성자 명의 등기가 마쳐진 절차가 정당하게 이루어지지 않은 경우, ㉢ 특별조치법상 등기의 추정력이 번복된 경우 등을 들 수 있다.

> **정당한 절차에 의하지 아니한 채 소유자로 등기**를 하고 이 사건 부동산을 점유한 경우 특별한 사정이 있다는 점에 관한 납득할 만한 설시가 없는 한 과실이 인정된다(대법원 1981. 6. 9. 선고 80다1341 판결).

> 특별조치법에 의한 소유권이전등기가 허위의 보증서와 확인서에 의하여 경료된 것이라면 그 부동산에 대한 등기명의자의 점유는 과실에 의한 것이라고 할 수밖에 없다(대

법원 1996. 4. 9. 선고 95다50578 판결).

(d) 사례: 무권리자의 처분 사안에서 부동산 매수인의 선의·무과실 여부

- 매도인이 등기부상 소유자가 아닌 경우: 매수인에게는 매도인의 처분권한을 확인할 주의의무가 있으므로, 이를 다하지 않았으면 과실이 있는 것으로 인정된다.

> 부동산을 매수하는 사람은 매도인에게 그 부동산을 처분할 권한이 있는지 여부를 알아보아야 하는 것이 원칙이고, 이를 알아보았더라면 무권리자임을 알 수 있었을 때에는 과실이 있다고 보아야 할 것이나, 이러한 법리는 **매수인이 지적공부 등의 관리주체인 국가나 지방자치단체라고 하여 달리 볼 것은 아니**다(대법원 2019. 12. 13. 선고 2019다267464 판결).

- 매도인이 등기부상 소유명의인인 경우: 매수인은 무과실로 추정된다. 다만 매도인의 소유권을 의심할 만한 특별한 사정이 있었거나 매도인의 처분권한이 있는지의 여부를 쉽게 확인할 수 있었던 경우에는 과실이 인정된다.

> **대법원 2017. 12. 13. 선고 2016다248424 판결**
> ‣ 매도인이 **등기부상의 소유명의자와 동일인**인 경우에는 일반적으로는 등기부의 기재가 유효한 것으로 <u>믿고 매수한 사람에게 과실이 있다고 할 수 없을</u> 것이다.
> ‣ 그러나 만일 등기부의 기재 또는 다른 사정에 의하여 <u>매도인의 처분권한에 대하여 의심할 만한 사정이 있거나</u>, 매도인과 매수인의 관계 등에 비추어 매수인이 매도인에게 처분권한이 있는지 여부를 조사하였더라면 그 처분권한이 없음을 쉽게 알 수 있었을 것으로 보이는 경우에는, 매수인이 매도인 명의로 된 등기를 믿고 매수하였다 하여 그것만으로 과실이 없다고 할 수 없다.

나. 점유기간 동안 계속된 점유

(1) 점유계속의 추정: 점유 취득시효와 같음

(2) 점유기간: 10년

다. 시효취득자 명의의 소유권이전등기: 고유한 요건

(1) 의미: 원인무효등기

- 원칙: 유효한 소유권이전등기 명의인이면 굳이 시효취득을 주장할 필요가 없다. 따라서 필수 기재사항 일부가 누락되어 형식적 요건 미비 상태인 등기도 등기부

시효취득을 근거지울 수 있다.
- 예외: 중복보존등기에 근거한 소유권이전등기는 등기부시효취득을 근거지울 수 없다.

> 제245조 제2항의 '등기'는 부동산등기법상 **1부동산 1용지주의에 위배되지 않은 등기**를 말하므로, 어느 부동산에 관하여 등기명의인을 달리하여 **소유권보존등기가 2중으로 경료된 경우** 먼저 이루어진 소유권보존등기가 원인무효가 아니어서 **뒤에 된 소유권보존등기가 무효로 되는 때에는 뒤에 된 소유권보존등기나 이에 터잡은 소유권이전등기를 근거로 하여서는 등기부취득시효의 완성을 주장할 수 없**다(대법원 1996. 10. 17. 선고 96다12511 전원합의체 판결).

(2) 등기의 유지
- 점유와 등기가 모두 10년간 계속되어야 한다.
- 등기일에 점유를 개시한 것으로 추정된다.

> 대지의 소유자로 등기한 자는 보통의 경우 등기할 때에 그 대지의 인도를 받아 점유를 얻은 것으로 보아야 할 것이므로 등기사실을 인정하면서 특별한 사정의 설시 없이 점유사실을 인정할 수 없다고 판단할 수는 없다(대법원 2020. 5. 14. 선고 2018다266105 판결).

2. 등기부시효취득의 효과: 요건 충족 즉시 소유권 취득
- 등기부시효취득의 요건이 충족되면 원인무효인 등기가 유효한 등기로 바뀌면서 즉시 소유권을 취득한다. 등기부시효취득자는 이미 소유권이전등기 명의인이기 때문이다.
- 등기부시효취득을 한 시효완성자 명의 소유권이전등기가 원인 없이 말소되더라도 소유권 취득이라는 효과는 그대로 유지된다.

15장

명의신탁과 부동산실명제법

명의신탁과 부동산실명제법

명의신탁

1. 명의신탁의 요건

가. 당사자

(1) 계약 당사자에 관한 일반적인 요건: 권리능력, 행위능력

- 명의신탁의 원인행위인 명의신탁 약정도 계약의 일종이므로 신탁자·수탁자 모두에게 권리능력·행위능력이 인정되어야 유효한 명의신탁 관계가 성립할 수 있다.
- 사례: 종중 등의 비법인 사단 소유 토지가 명의신탁의 목적물인 경우 신탁자인 비법인 사단의 실체가 인정되기 어려우면 명의신탁 약정에 근거한 소유권이전등기는 원인무효 등기이다. 당사자 일방의 권리능력 흠결로 인해 명의신탁 약정이 성립하지 못했기 때문이다.

(2) 명의신탁자, 명의수탁자의 의미

> 부동산실명제법 제2조(정의) 2호: "명의신탁자"란 명의신탁약정에 따라 자신의 부동산에 관한 물권을 타인의 명의로 등기하게 하는 **실권리자**를 말한다.

> 부동산실명제법 제2조(정의) 3호: "명의수탁자"란 명의신탁약정에 따라 실권리자의 부동산에 관한 물권을 자신의 명의로 등기하는 자를 말한다.

나. 객체

- 권리 귀속이 공적 장부상의 기재인 '명의'로 공시되는 모든 물건·재산권은 명의신탁의 객체가 될 수 있다.
- 명의신탁은 대개 부동산을 대상으로 하지만 주식 등 다른 재산권도 명의신탁의 대상이 될 수 있다.

다. 명의신탁 약정

(1) 개관

A. 법적 성질: 계약

B. 내용

* 명의신탁 약정의 내용은 신탁적 소유권 이전이다. 즉 목적물의 소유권은 대외적·대세적으로는 신탁자로부터 수탁자에게로 이전되지만, 내부적·채권적으로는 신탁자가 목적물에 대한 소유권을 행사하고 수탁자는 이를 용인할 채무를 지는 것이다.
* 명의신탁은 신탁적 소유권 이전이라는 취지의 약정만 있으면 성립한다. 따라서 신탁자가 자금조달자일 필요는 없다.

> 명의신탁 관계는 당사자 사이의 내부관계에서는 신탁자가 소유권을 보유하되 외부관계에서는 수탁자가 완전한 소유자로서 행세하기로 **약정함으로써 성립**하는 것이지 명의신탁 목적물이 반드시 **신탁자의 자금으로 취득되어야만 성립하는 것은 아니다**(대법원 2008. 2. 14. 선고 2007다69148 판결).

(2) 사례: 명의신탁 약정의 증명책임

A. 등기추정력

* 등기명의인은 실권리자인 완전한 소유자로 추정된다.
* 따라서 등기명의인이 실권리자가 아니라 명의수탁자에게 불과하다고 주장하는 당사자가 실제 등기 원인이 '명의신탁 약정'임을 증명해야 한다.

> 부동산등기는 그것이 형식적으로 존재하는 것 자체로부터 적법한 등기원인에 의하여 마쳐진 것으로 추정되며, 타인에게 명의를 신탁하여 등기하였다고 주장하는 사람은 그 **명의신탁 사실에 대하여 증명할 책임**을 진다(대법원 2016. 7. 22. 선고 2016다207928 판결).

B. 명의신탁 약정의 존재에 대한 증명방법: 간접증명

* 개관: 등기명의인이 수탁자가 '소유자라면 통상 하지 않았을 행동'을 했으면 명의신탁 약정의 존재에 대한 유력한 간접사실이 된다.
* 이러한 간접사실의 구체적인 예로서, ㉠ 등기필증을 등기명의인이 아니라 등기부상 매도인(전 등기명의인)이 보유하고 있는 경우, ㉡ 등기명의인이 등기부상 매

도인에게 자신이 지급했던 매수대금 상당액을 반환받은 경우, ⓒ 등기명의인이 등기부상 매도인으로부터 필요비·유익비 등을 받아 간 경우 등을 들 수 있다.

> 부동산의 소유자 명의만을 다른 사람에게 신탁한 경우에 **등기필증과 같은 권리관계를 증명하는 서류는 실질적인 소유자인 명의신탁자가 소지**하는 것이 상례이므로 명의신탁자라고 주장하는 사람이 이러한 권리관계 서류를 소지하고 있는 사실은 <u>명의신탁을 뒷받침하는 유력한 자료</u>가 되는 것이고 오히려 <u>명의수탁자라고 지칭되는 자가 소지</u>하고 있다면 그 소지 경위 등에 관하여 납득할 만한 설명이 없는 한 이는 명의신탁관계의 인정에 방해가 된다(대법원 2000. 4. 25. 선고 2000다6858 판결).

> 종중과 종중원 등 등기명의인 사이에 어떤 토지에 관한 <u>명의신탁 여부가 다투어지는 사건</u>에 있어서, 일단 그 토지에 관하여 등기명의인 앞으로 <u>등기가 경료될 당시</u> 어느 정도의 유기적 조직을 가진 **종중이 존재한 사실**이 증명되고, 분묘수호와 봉제사의 실태, 그 토지의 규모와 관리상태, 그 토지에 대한 수익의 수령·지출관계, **제세공과금의 납부관계, 등기필증의 소지관계 등 여러 정황**에 미루어 그 토지가 종중 소유라고 볼 수밖에 없는 상당한 자료가 있는 경우라면, 그 토지가 종중의 소유로서 등기명의인 앞으로 명의신탁한 것이라고 인정할 수 있다(대법원 2000. 7. 6. 선고 99다11397 판결).

라. 공적 장부상 권리명의의 이전

(1) 개관

- 명의신탁 대상인 등기의 유형: 소유권 이전등기가 일반적이지만, 소유권 이외의 권리도 명의신탁의 대상이 될 수 있다.
- 명의신탁 등기의 등기원인: 명의신탁 당사자들이 등기 원인을 명의신탁으로 기재하는 경우는 거의 없지만, 명의신탁 약정이 실제 원인행위임이 증명되면 등기기록상의 등기원인이 무엇이든 명의신탁에 의한 등기로 간주된다.
- 명의신탁 약정을 반영한 등기가 새로 마쳐지는 경우는 물론, 기존의 소유권이전등기 명의인이 명의신탁 약정에 따라 신탁자의 내부적 소유권을 인정하기로 하는 방식으로도 명의신탁 등기가 마쳐질 수 있다.

(2) 사례: 등기 명의인이 대외적으로만 소유하기로 약정한 경우

A. 사안의 개요

- 丙이 1995. 사망했을 때 공동상속인인 배우자 甲과 자녀 乙이 있었다. 丙이 丁에

게 명의신탁한 X부동산을 丙 사망후 乙이 단독소유로 등기했다.

✓ 신탁자의 지위를 포괄승계한 乙은 자신의 법정상속분에 대해서는 수탁자인 丁에게 명의신탁 해지를 원인으로 소유권이전등기를 할 수 있다. 다만 乙이 甲의 법정상속분 3/5에 대해서도 소유권이전등기를 마쳤다는 점에서 丁과 乙의 통모가 있었거나, 乙의 단독상속을 인정하는 甲·乙 간 상속재산 분할협의서를 위조하는 등의 방법으로 乙이 丁을 기망했을 가능성이 있다.

• 甲이 이에 대해 항의하자 乙은 X부동산의 1/2은 甲의 소유이며 乙은 이에 대해 대외적으로만 소유자로 공시된 것이라는 취지의 '확인서'를 작성하여 甲에게 교부했다.

✓ 이러한 확인서를 甲이 이의 없이 수령함으로써, 甲·乙 간에는 ㉠ X부동산을 각 1/2지분씩 취득하기로 하는 묵시적인 상속재산 분할협의와 ㉡ 甲이 취득한 1/2지분을 乙에게 명의신탁하기로 하는 묵시적인 약정이 있었던 것으로 해석된다.

B. 쟁점과 판단

• X부동산 전부에 대해 乙 단독명의의 소유권이전등기가 유지되더라도 위 확인서에 의해 X부동산의 1/2지분에 대해서는 양당사자간 명의신탁 성립이 인정된다.

• 따라서 부동산 실명제법상 유예기간이 경과한 1996. 7. 1. 이후 명의신탁약정은 무효가 되고 수탁자 乙은 甲이 乙에게 명의신탁 한 X부동산의 1/2지분을 취득한다.

• 부동산실명제법 시행 전 명의신탁이므로 乙은 甲의 1/2지분이라는 원물에 대한 §741 채무가 발생한다. 그런데 그로부터 10년이 경과했으므로 甲의 §741 채권은 시효소멸했다.

> **명의신탁관계가 성립하기 위하여 명의수탁자 앞으로 새로운 소유권이전등기가 행하여지는 것이 반드시 필요한 것은 아니라** 할 것이므로, **부동산 소유자가 부동산의 전부 또는 일부 지분에 관하여 제3자를 위하여 대외적으로만 보유하는 관계에 관한 약정**을 하는 경우에도 부동산실명제법이 적용되는 명의신탁관계가 성립할 수 있다. 乙는 甲와 사이에서 이 사건 확인서의 작성에 의하여 그 소유인 이 사건 부동산 지분을 甲을 위하여 '대외적으로만' 보유하는 관계에 관한 약정을 맺음으로써 甲와 乙 사이에 이 사건 부동산 지분에 관하여 이른바 2자간 등기명의신탁관계가 성립되었다(대법원 2010. 2. 11. 선고 2008다16899 판결).

2. 명의신탁의 효과

가. 신탁적 소유권 이전

(1) 의미

- 물권관계와 채권관계의 병존: 물권적으로는 수탁자가 소유자이지만, 수탁자는 신탁자에 대해 신탁자가 목적물을 소유자인 것처럼 사용·수익하거나 처분하는 것을 용인해야 할 채무를 부담한다.
- 내부관계와 외부관계의 분열: 외부관계에서는 수탁자가 소유자로 인정되지만, 내부관계에서 신탁자가 소유자인 것처럼 권리를 행사한다. 즉 수탁자는 제3자에 대해서는 소유권을 행사할 수 있지만 신탁자에 대해서는 소유권을 행사할 수 없다.
- 수탁자는 신탁자에게는 소유권을 주장할 수 없는 반면 그 외의 제3자에 대해서는 수탁자만이 소유권을 주장할 수 있다.

  ✓ 신탁자의 권리를 '내부적 소유권'이라고 표현하는 것은 물권법정주의와 저촉되는 해석론이다. 신탁법상 신탁의 법적 성질에 대해, 판례는 소유권은 수탁자에게 이전되며 신탁자와 수탁자 사이에서는 채권관계가 인정될 뿐이라고 한다(대법원 2003. 8. 19. 선고 2001다47467 판결 참조).

(2) 외부관계: 제3자에 대한 관계

A. 원칙

- 권리의 명의인인 수탁자가 소유자이다. 제3자가 명의신탁 사실을 알았는지의 여부는 문제되지 않으므로 악의의 제3자에게도 수탁자만 소유자로 인정된다.
- 물권적 청구권은 수탁자만 행사할 수 있고 신탁자는 이를 대위행사할 수 있을 뿐이다. 따라서 삼당자간 명의신탁에서 신탁자는 자신의 이름으로 진정명의 회복을 원인으로 하는 소유권이전등기 청구를 할 수 없다.

> 명의신탁에 있어서 대외적으로는 수탁자가 소유자라고 할 것이고, 명의신탁재산에 대한 침해배제를 구하는 것은 대외적 소유권자인 수탁자만이 가능한 것이며, 신탁자는 수탁자를 대위하여 그 침해에 대한 배제를 구할 수 있을 뿐이므로, 이 사건에서 원고가 주장하는 명의신탁사실이 인정된다고 할지라도 신탁자인 원고로서는 제3자인 피고에 대하여 진정한 등기명의의 회복을 원인으로 한 소유권이전등기청구를 할 수 있는 진정한 소유자의 지위에 있다고 볼 수 없다(대법원 2001. 8. 21. 선고 2000다 36484 판결).

- 수탁자의 처분은 처분 권한 있는 자의 처분이므로 수탁자·양수인 간 처분행위에 별도의 무효 사유가 없는 한 양수인은 선의이든 악의이든 소유권을 취득한다.

B. 예외

- 거래안전 보호와 무관한 법률관계에서는 신탁자가 소유자로 인정될 수 있다.
- 예컨대 §758에 의한 책임은 신탁자에게 귀속된다(대법원 1977. 8. 23. 선고 77다246 판결).

(3) 내부관계: 신탁자와 수탁자의 채권관계

A. 신탁자의 소유권 행사

- 수탁자는 신탁자에게 소유권을 주장할 수 없고, 신탁자의 소유권 행사를 방해하지 못한다.
- 신탁자는 수탁자의 동의 없이 목적물을 사용·수익, 처분할 수 있다. 예컨대 신탁자에게는 임대 권한이 인정된다.

> **주택의 소유자는 아니지만 주택에 관하여 적법하게 임대차계약을 체결할 수 있는 권한(적법한 임대권한)을** 가진 임대인과 임차인이 임대차계약을 체결한 경우에도 주택임대차보호법이 적용된다. 임대인인 乙이 비록 이 사건 주택의 **소유자가 아니라고 하더라도 주택의 명의신탁자로서 사실상 이를 제3자에게 임대할 권한**을 가지는 이상, 임차인 甲은 등기부상 주택의 **소유자인 명의수탁자에 대한 관계에서도 적법한 임대차임을 주장**할 수 있다고 할 것이므로 주택의 인도와 주민등록을 마쳤다면 甲은 법 제3조 제1항 소정의 대항력을 취득하였다고 할 것이다(대법원 1995. 10. 12. 선고 95다22283 판결).

- 소유권이 변형된 권리인 수용보상금 채권 등도 내부적으로는 신탁자에게 귀속된다. 수탁자는 자신이 권리자라고 신탁자에게 주장할 수 없고 오히려 신탁자가 이러한 권리를 제3자에게 행사하기 위해 필요한 협력을 제공할 의무를 이행해야 한다.

> 명의신탁계약의 경우 **신탁자와 수탁자 사이의 내부관계에** 있어서 그 목적물의 **소유권은 언제나 신탁자가 보유**하는 것이므로, 그 목적물의 소유권과 관련되어 발생된 권리도 그들 내부관계에 있어서는 신탁자에게 귀속되는 것이다. 따라서 명의신탁자와 명의수탁자 사이에서 명의신탁 토지에 대한 손실보상금청구권은 신탁자에게 있다(대법원 1996. 10. 25. 선고 95다40939 판결).

- 신탁자는 자주점유자이고 수탁자는 타주점유자이므로, 신탁자의 점유시효취득은 가능하지만 수탁자의 등기부시효취득이나 점유시효취득은 모두 불가능하다.

B. 위임에 관한 조항의 유추 적용

- 명의신탁 사안에 대해서는 위임에 관한 조항들이 유추 적용된다.
- 예컨대 수탁자는 신탁자에 대해 선관주의의무(§681) 등을 부담하고, 제세공과금·비용상환 청구권(§688) 등을 행사할 수 있다.

> 명의수탁자가 명의신탁재산에 관하여 부담하는 각종 세금은 **명의신탁약정에 따른 사무를 처리하는 데 지출한 비용**으로서 명의신탁자는 이를 상환할 의무가 있고(**제688조**) 명의신탁 증여의제 규정에 따라 부담하는 증여세는 특별한 사정이 없는 한 이러한 비용에 포함된다(대법원 2018. 7. 12. 선고 2018다228097 판결).

나. 신탁자 명의 소유권이전등기 가능성의 보장

(1) 신탁자의 소유권이전등기 청구권의 두 가지 유형

A. 채권적 청구권

- 명의신탁 약정을 근거로, 수탁자는 신탁자가 요구하면 언제든지 소유권이전등기를 마쳐줄 의무를 진다.
- 이러한 의무의 법적 성질은 채무이다.

B. 물권적 청구권: 명의신탁 약정이 해지된 경우

- 해지권의 근거: 명의신탁 약정에는 '임의 해지권 부여'가 포함되어 있으므로 신탁자는 언제든지 수탁자 명의로 마쳐진 소유권이전등기의 원인행위인 명의신탁 약정을 해지할 수 있다.
- 명의신탁 해지 후의 내부관계: 수탁자 명의 등기는 원인무효이므로 신탁자는 §214를 근거로 수탁자 명의 등기에 대한 말소등기를 청구하거나 진정명의 회복을 원인으로 하는 소유권이전등기를 청구할 수 있다. 따라서 신탁자의 해지권과 소유권이전등기 청구권은 소멸시효에 걸리지 않는다.

> 부동산의 소유자명의를 신탁한 자는 특별한 사정이 없는 한 **언제든지 명의신탁을 해지하고 소유권에 기하여 신탁해지를 원인으로 한 소유권이전등기절차의 이행을 청구할 수 있다.** 이와 같은 등기청구권은 **소멸시효의 대상이 되지 않는다**(대법원 1991. 11. 26. 선고 91다34387 판결).

- 명의신탁 해지 후의 외부관계: 명의신탁이 해지되더라도 신탁자는 수탁자에게 채권적 소유권이전등기 청구권을 가질 뿐이다.

(2) 두 권리의 관계

A. 청구권 경합, 별개 소송물

명의신탁자는 명의수탁자에 대하여 <u>신탁해지를 하고 신탁관계의 종료 그것만을 이유로 하여 소유 명의의 이전등기절차의 이행을 청구할 수 있음은 물론 신탁해지를 원인으로 하고 소유권에 기해서도 그와 같은 청구를 할 수 있고, 이 경우 양 청구는 청구원인을 달리하는 별개의 소송이라 할 것이다(대법원 2002. 5. 10. 선고 2000다55171 판결).

B. 사례: 신탁자 명의 가등기

(a) 사안의 개요

- 신탁자 甲은 수탁자 乙의 임의 처분 또는 乙의 채권자에 의한 압류 등을 방지하기 위해, 명의신탁의 목적물인 X부동산에 대해 乙명의 소유권이전등기를 마친 후 甲명의 가등기를 마쳤다.
- X부동산에 대해 甲명의 가등기보다 후순위로 저당권 설정등기를 마친 채권자 丙은 甲명의 가등기는 명의신탁자가 가지는 물권적 청구권을 보전하기 위한 것이므로 무효라고 주장한다.

(b) 쟁점과 판단

- 신탁자는 물권적 청구권과 채권적 청구권을 모두 가지며 이들은 별개의 권리로서 경합한다.
- 따라서 신탁자가 채권적 청구권을 보전하기 위해 마친 가등기는 유효이다.

甲·乙의 합의하에, 丙으로부터 이 사건 토지를 乙의 이름으로 매수하여 매매대금을 완납하고 乙 명의로 소유권이전등기를 경료한 다음, <u>乙에 대한 다른 채권자들이 이 사건 토지에 대하여 압류, 가압류, 가처분을 하거나 乙이 甲의 승낙 없이 이 사건 토지를 임의로 처분해 버릴 경우의 위험에 대비하기 위하여 甲 명의로 소유권이전등기 청구권 보전을 위한 가등기</u>를 경료하였다면, 甲은 乙에게 이 사건 토지를 명의신탁한 것이라고 보여지고, 또한 위 가등기는 甲·乙 사이의 별도의 약정에 의하여 경료된 것이므로, 위 가등기를 경료하기로 하는 甲·乙 사이의 약정이 통정허위표시로서 무효라고 할 수는 없고, 나아가 甲·乙 사이에 실제로 매매예약의 사실이 없었다고 하여 위 가등기가 무효가 되는 것도 아니다(대법원 1995. 12. 26. 선고 95다29888 판결).

Ⅱ   부동산 실권리자명의등기에 관한 법률(부동산 실명제법)

1. 입법 목적과 실현수단

가. 입법 목적

- 이 법의 목적은 부동산 실권리자명의 등기를 촉진하는 것, 즉 명의신탁자가 자신의 명의로 부동산을 등기하게 하는 것으로서, 신탁자의 소유권 취득 가능성을 전제한다.

- 명의신탁 약정을 했음을 이유로 명의신탁자가 부동산 소유권을 취득하지 못하게 하거나 명의신탁자의 소유권을 소멸시키는 것은 이 법의 입법 목적이 아니다.

> 제1조(목적) 이 법은 **부동산에 관한 소유권과 그 밖의 물권을 실체적 권리관계와 일치하도록 실권리자 명의(名義)로 등기**하게 함으로써 부동산등기제도를 악용한 투기ㆍ탈세ㆍ탈법행위 등 반사회적 행위를 방지하고 부동산 거래의 정상화와 부동산 가격의 안정을 도모하여 국민경제의 건전한 발전에 이바지함을 목적으로 한다.

> 부동산실명법은 부동산 소유권을 **실권리자에게 귀속시키는 것을 전제**로 명의신탁약정과 그에 따른 물권 변동을 규율하고 있다. 이 법은 신탁자에게 **부동산에 관한 물권을 지체 없이 신탁자의 명의로 등기할 의무**를 지우며, 이를 위반할 경우 **과징금 외에 이행강제금**을 추가로 부과하도록 하고 있다(대법원 2019. 6. 20. 선고 2013다218156 전원합의체 판결).

나. 실권리자(신탁자) 명의 등기를 촉진하기 위한 수단

- 사법적 수단: 명의신탁 약정의 무효화(§4 ①), 명의신탁 약정에 따른 등기로 이루어진 물권 변동의 무효화(§4 ② 본문) 등을 통해, 명의신탁 약정을 한 신탁자의 법적 지위를 약화시킴으로써 간접적으로 실권리자 명의 등기를 유도한다.

- 공법적ㆍ형사법적 수단: 과징금(§5), 이행강제금(§6), 형벌(§7) 등을 통해 실권리자 명의 등기를 유도한다.

2. 적용범위

가. 객관적 적용범위

(1) 원칙: 부동산 등기로 공시되는 모든 권리

- 이 법은 소유권 뿐 아니라 제한물권에 대해서도 적용되고, 가등기로 공시되는 권리에 대해서도 적용된다.

> 명의신탁자가 명의신탁약정과는 별개의 <u>적법한 원인</u>에 기하여 명의수탁자에 대하여 <u>소유권이전등기청구권</u>을 가지게 되었다 하더라도, 이를 보전하기 위하여 자신의 명의가 아닌 제3자 명의로 가등기를 마친 경우 위 가등기는 명의신탁자와 그 제3자 사이의 명의신탁약정에 기하여 마쳐진 것으로서 그 약정의 무효로 말미암아 <u>효력이 없다</u> (대법원 2015. 2. 26. 선고 2014다63315 판결).

- 명의신탁 약정에 의한 등기임이 증명되면 등기부에 기재된 등기원인의 형식이 무엇인지는 가리지 않고 이 법이 적용된다. 특히 수탁자 명의로 마쳐진 원인무효 등기를 신탁자가 추인하는 것도 이 법의 적용 대상인 '명의신탁 약정'에 해당한다.

> 법 제2조(정의) 1호 본문: "명의신탁약정"이란 **부동산에 관한 소유권이나 그 밖의 물권**(이하 "부동산에 관한 물권"이라 한다)을 보유한 자 또는 사실상 취득하거나 취득하려고 하는 자(이하 "실권리자"라 한다)가 타인과의 사이에서 대내적으로는 실권리자가 부동산에 관한 물권을 보유하거나 보유하기로 하고 **그에 관한 등기(가등기**를 포함한다)는 그 타인의 명의로 하기로 하는 약정(**위임·위탁매매의 형식에 의하거나 추인에 의한 경우를 포**함한다)을 말한다.

(2) 예외

A. 등기 명의인에게도 고유한 권리가 있는 경우: 명의신탁 약정 아닌 경우

- 실권리자와 등기명의인이 다르지만, 실질적 원인관계가 존재하는 경우에는 이 법이 적용되지 않는다. 양도담보, 상호명의신탁, 신탁법상의 신탁 등이 그 예이다.
- 신탁자와 수탁자 사이의 법률관계는 각 원인관계의 고유한 효과에 따른다.

> 법 제2조(정의) 1호 단서: 다만, 다음 각 목의 경우는 제외한다.
> 가. 채무의 변제를 담보하기 위해 채권자가 부동산에 관한 물권을 이전받거나 가등기하는 경우

나. 부동산의 위치와 면적을 특정하여 2인 이상이 구분소유하기로 하는 약정을 하고 그 구분소유자의 공유로 등기하는 경우

다. 「신탁법」 또는 「자본시장과 금융투자업에 관한 법률」에 따른 신탁재산인 사실을 등기한 경우

B. 명의신탁 약정이지만 유효인 경우

> 제8조(종중, 배우자 및 종교단체에 대한 특례) 다음 각 호의 어느 하나에 해당하는 경우로서 조세 포탈, 강제집행의 면탈 또는 법령상 제한의 회피를 목적으로 하지 아니하는 경우에는 제4조부터 제7조까지 및 제12조제1항부터 제3항까지를 적용하지 아니한다.
> 1. **종중이 보유한 부동산**에 관한 물권을 종중 외의 자의 명의로 등기한 경우
> 2. **배우자 명의**로 부동산에 관한 물권을 등기한 경우
> 3. 종교단체의 명의로 그 산하 조직이 보유한 부동산에 관한 물권을 등기한 경우

(a) 요건

• 비법인 사단인 종중이 총유물인 부동산을 종중 이외의 제3자, 예컨대 종손 명의로 등기하면 유효한 명의신탁 관계가 인정된다. 이에 비해 종중 유사 단체에 대해서는 이 법이 적용된다.

> 법 제8조에서 말하는 **종중은 고유의 의미의 종중만을 가리키고, 종중 유사의 비법인 사단은 포함하지 않는다**(대법원 2007. 10. 25. 선고 2006다14165 판결).

• 법률혼 부부에 대해서는 유효한 명의신탁 관계가 인정된다. ㉠ 명의신탁 약정 당시부터 부부일 필요는 없으므로 신탁자와 수탁자가 혼인하면 무효였던 명의신탁은 유효로 된다. ㉡ 혼인의 존속은 유효한 명의신탁관계 유지의 요건이 아니므로 부부간 명의신탁을 마친 당사자들이 이혼해도 명의신탁 관계는 유효로 유지된다. ㉢ 명의신탁이 설정된 상태에서 수탁자와 신탁자가 사별하면 각 상속인들 사이에서 명의신탁 관계가 유지된다.

> 신탁자가 수탁자를 살해하여 상속결격되고 수탁자의 자녀가 단독상속인이 된 사안에서 법 제8조 제2호의 문언상 명의신탁약정에 따른 **명의신탁등기의 성립 시점에 부부관계가 존재할 것을 요구하고 있을 뿐 부부관계의 존속을 그 효력 요건으로 삼고 있지 아니한 점**, 일단 유효한 것으로 인정된 부부간 명의신탁에 대하여 그 후 배우자 일방의

사망 등으로 부부관계가 해소되었음을 이유로 이를 다시 무효화하는 별도의 규정이 존재하지 아니하는 점 등에 비추어 보면, 법 제8조 제2호에 따라 부부간 명의신탁이 **일단 유효한 것으로 인정되었다면 그 후 배우자 일방의 사망으로 부부관계가 해소되었다 하더라도** 명의신탁을 받은 사람이 사망하면 그 **명의신탁관계는 그 재산상속인과의 사이에 그대로 존속**한다고 할 것이므로 **명의신탁약정은 사망한 배우자의 다른 상속인과의 관계에서 여전히 유효하게 존속**한다(대법원 2013. 1. 24. 선고 2011다99498 판결).

(b) 소극적 요건: 조세 포탈, 강제집행 면탈, 법령상 제한 회피 목적

- 이 법이 적용된다고 주장하는 당사자, 즉 명의신탁이 무효라고 주장하는 당사자가, 조세포탈 등이 그 명의신탁의 목적임을 증명해야 한다. 법 §8의 문언상으로는 명의신탁이 유효라고 주장하는 당사자에게 증명책임이 있는 것처럼 보이지만, 판례는 '조세 포탈 등을 목적으로 하는 경우'는 예외적·이례적임을 근거로 이러한 예외적 사정을 주장하는 자에게 증명책임이 있다고 본다.
- 강제집행 면탈 목적이 인정되려면, 명의신탁 당시에 강제집행이나 보전처분의 우려가 있는 객관적인 상태 즉 집행채권자가 보전소송이나 본안소송을 제기할 태세라고 볼 수 있는 상황이었음이 증명되어야 한다.

대법원 2017. 12. 5. 선고 2015다240645 판결

- 법 제8조의 문장 구조에 비추어 보면, 부부간의 명의신탁 약정에 따른 등기가 있는 경우 그것이 <u>조세 포탈 등을 목적으로 한 것이라는 점은 예외에 속한다. 따라서 이러한 목적이 있다는 이유로 그 등기가 무효라는 점은 이를 주장하는 자가 증명</u>하여야 한다.
- '조세 포탈 등의 목적'은 명의신탁약정과 그에 따른 등기의 효력을 가리는 기준이 될 뿐만 아니라 과징금·이행강제금의 부과 요건, **형벌조항의 범죄구성요건**에 해당한다. 이러한 목적이 있는지는 <u>부부간의 재산관리 관행을 존중하려는 특례규정의 목적과 취지</u>, 부부의 재산관계와 거래의 안전에 미치는 영향, 조세 포탈 등의 행위를 처벌하는 다른 형벌조항과의 체계적 연관성 등을 고려하여 판단하여야 한다.
- '강제집행의 면탈'을 목적으로 한 명의신탁에 해당하려면 민사집행법에 따른 **강제집행 또는 가압류·가처분의 집행을 받을 우려가 있는 객관적인 상태**, 즉 채권자가 **본안 또는 보전소송을 제기하거나 제기할 태세**를 보이고 있는 상태에서 한쪽 배우자가 상대방 배우자에게 부동산을 명의신탁함으로써 채권자가 집행할 재산을 발견

하기 곤란하게 할 목적이 있다고 인정되어야 한다. 부부간의 명의신탁 당시에 <u>막연한 장래에 채권자가 집행할 가능성을 염두에 두었다는 것만으로 강제집행 면탈의 목적을 섣불리 인정해서는 안 된다.</u>

(c) 효과
- 법 §8의 명의신탁에 대해서는 이 법의 적용이 배제된다.
- 당사자들 사이의 법률관계에 대해서는 유효한 명의신탁에 관한 종래의 판례법리가 그대로 적용된다.

C. 사례: 등기명의신탁에서 수탁자가 신탁자의 배우자인 경우
- 사안의 개요: 甲은 2000. 乙로부터 X토지를 매수했는데, 甲의 요청에 따라 甲의 배우자 丁명의로 소유권이전등기가 마쳐졌는데, 그 후 甲이 乙에게 X토지 매매계약에 따른 소유권이전등기 청구를 했다.
- 원심은 甲·丁이 부부이므로 위 명의신탁은 유효이고 수탁자 丁명의로 등기를 마친 이상 乙의 甲에 대한 소유권이전등기 의무는 이행되었다는 취지로 甲의 청구를 배척했다.
- 대법원의 판단: 신탁자 甲과 수탁자 丁에게 강제집행면탈 등의 목적이 있었음이 증명된다면 일반적인 삼당사자간 등기명의신탁 사안이고 이렇게 본다면 甲의 청구는 이유 있다. 따라서 원심이 甲·丁사이에 이러한 목적이 있었는지를 심리하지 않은 채 판단한 것은 심리미진에 해당한다.

> **대법원 2013. 2. 15. 선고 2012다46637 판결**
> ‣ 원심의 이러한 판단은 앞서 본 법리와 다음과 같은 사정에 비추어 그대로 수긍하기 어렵다.
> ‣ 부동산실명제법은 <u>매도인과 명의신탁자 사이의 매매계약의 효력을 부정하는 규정을 두고 있지 아니</u>하여 유예기간 경과 후에도 <u>매도인과 명의신탁자 사이의 매매계약은 여전히 유효</u>하므로, <u>명의신탁자는 매도인에 대하여 매매계약에 기한 소유권이전등기를 청구</u>할 수 있고, 그 소유권이전등기 청구권을 보전하기 위하여 <u>매도인을 대위하여 수탁자에게 무효인 수탁자 명의 등기의 말소를 구</u>할 수도 있다.
> ‣ 甲은 丁명의 소유권이전등기가 무효라면 甲의 乙에 대한 소유권이전등기청구가 이유 있게 된다고 주장하였는바, 원심으로서는 丁 명의의 소유권이전등기가 배우자 명의의 3자간 등기명의신탁에 의한 것이므로 <u>법령상 제한의 회피를 목적으로 하는</u>

지 등에 관하여 충실한 심리를 하여, 명의신탁자인 甲이 매도인인 乙에게 매매계약을 근거로 한 소유권이전등기를 청구할 수 있는지 등을 판단하였어야 한다.

나. 시간적 적용범위

(1) 이 법 시행 전에 행하여진 명의신탁

A. 유예기간 경과 전

• 유효한 명의신탁 관계로 인정된다.

• 신탁자는 언제든지 명의신탁 계약을 해지하고 소유권이전등기를 마칠 수 있다 (2015다65035, 662면).

B. 유예기간 경과 후

• 명의신탁 약정과 이에 따른 물권 변동 등기는 모두 무효이다(법 §11에 의한 법 §4의 적용)

• 과징금, 이행강제금은 부과되지만, 형벌은 부과되지 않는다. 소급입법에 의한 형사처벌에 해당하기 때문인 듯하다.

법 제11조(기존 명의신탁약정에 따른 등기의 실명등기 등)

① 이 법 시행 전에 명의신탁약정에 따라 부동산에 관한 물권을 명의수탁자의 명의로 등기하거나 등기하도록 한 기존 명의신탁자는 **이 법 시행일로부터 1년의 유예기간 이내에 실명등기**하여야 한다.

③ 실권리자의 <u>귀책사유 없이 실명등기 또는 매각처분 등을 할 수 없는 경우에는 그 사유가 소멸한 때부터 1년 이내에 실명등기</u> 또는 매각처분 등을 하여야 한다.

제12조(실명등기의무 위반의 효력 등)

① 제11조에 규정된 기간 이내에 실명등기 또는 매각처분 등을 하지 아니한 경우 그 기간이 지난 날 이후의 **명의신탁약정 등의 효력에 관하여는 제4조를 적용**한다

② 제11조를 위반한 자에 대하여는 제5조, 제5조의2 및 제6조를 적용한다.

---

(2) 이 법 시행 후의 명의신탁: 이 법이 전면적으로 적용됨

3. 법 제4조의 '무효'의 의미

가. 명의신탁 약정의 무효(법§4 ①)

> 제4조(명의신탁약정의 효력) ① 명의신탁약정은 무효로 한다.

(1) 기본적인 효과

• 내부관계의 소멸: 수탁자 명의로 등기된 부동산을 신탁자가 소유자인 것처럼 사용·수익, 처분할 수 있게 해 주는 권원이 소멸한다.

• 양당사자간 명의신탁의 경우에는 물권변동도 무효가 된다. 명의신탁 약정이 수탁자 명의 등기의 원인행위이므로, 법 §4 ①에 의해 수탁자 명의 등기는 원인무효등기가 되기 때문이다. 따라서 법 §4 ②은 양당사자간 명의신탁에 대해서는 적용될 필요가 없다.

(2) 적용범위 확장

• 법 §4 ①은 수탁자에게 신탁자의 요구에 따른 소유권이전등기 의무를 발생시키는 약정에 대해서도 적용된다. 이러한 약정은 실질적으로 명의신탁 약정이 이행된 결과를 실현하기 때문이다.

• 따라서 이러한 약정에 따른 신탁자의 채권적 소유권이전등기 청구권을 보전하기 위한 가등기도 원인무효이다.

> **대법원 2015. 2. 26. 선고 2014다63315 판결**
> ‣ 부동산실명제법 시행 이후 부동산을 매수함에 있어 매수대금의 실질적 부담자와 명의인 간에 명의신탁관계가 성립한 경우, 그들 사이에 매수대금의 실질적 부담자의 <u>요구에 따라 부동산의 소유 명의를 이전하기로 하는 등의 약정</u>을 하였다고 하더라도, 이는 부동산실명법에 의하여 <u>무효인 명의신탁약정을 전제로 명의신탁 부동산 자체 또는 그 처분대금의 반환을 구하는 범주에 속하는 것이어서 역시 무효</u>라고 보아야 한다.
> ‣ 나아가 명의신탁자와 명의수탁자가 위와 같이 무효인 명의신탁약정을 함과 아울러 그 약정을 전제로 하여 이에 기한 <u>명의신탁자의 명의수탁자에 대한 소유권이전등기청구권을 확보하기 위하여</u> 명의신탁 부동산에 명의신탁자 명의의 가등기를 마치고 향후 명의신탁자가 요구하는 경우 본등기를 마쳐 주기로 약정하였더라도, <u>이러한 약정 또한 부동산실명법에 의하여 무효인 명의신탁약정을 전제로 한 것이어서</u>

무효이고, 위 약정에 의하여 마쳐진 가등기는 원인무효라 할 것이다.

나. 명의신탁 약정에 따른 물권 변동의 무효(법 §4 ②)

> 제4조(명의신탁약정의 효력) ② 본문: 명의신탁약정에 따른 등기로 이루어진 부동산에 관한 물권 변동은 무효로 한다.

(1) 법 §4 ②의 적용대상: 삼당사자간 명의신탁

- 양당사자간 명의신탁의 경우 §4 ①에 의해 '물권 변동의 원인'인 명의신탁 약정이 무효이므로 수탁자에게로의 물권 변동도 당연히 무효이다.
- 삼당사자간 명의신탁의 경우, 매도인으로부터 수탁자에게로 마쳐진 소유권이전등기의 원인행위는 명의신탁 약정이 아니고, ㉠ 등기명의신탁이면 매도인과 신탁자간의 매매계약, ㉡ 계약명의신탁이면 매도인과 수탁자간의 매매계약이다. 그런데 이러한 원인행위가 유효이더라도 수탁자의 물권 취득이라는 효과는 법 §4 ②에 의해 부정된다.

(2) 법 §4 ②의 기능: 신탁자 명의 등기의 실현

- 법 §4 ②의 목적은 수탁자에게로의 물권 변동이 일어나지 않게 함으로써 수탁자 명의 소유권이전등기가 마쳐졌더라도 소유권이 매도인에게 남아 있게 하는 것이다.
- 등기명의신탁의 경우 신탁자와 매도인 사이에 매매계약 등의 원인행위가 있기 때문에 신탁자는 이러한 원인행위에 기한 채권적 소유권이전등기 청구권을 행사하여 실권리자 명의 등기를 마칠 수 있다.

4. 양당사자간 명의신탁의 법률관계: 신탁자의 소유권 유지

가. 근거: 수탁자 명의 소유권이전등기의 원인행위인 명의신탁 약정의 무효(§4①)

나. 효과: 실권리자인 신탁자 명의 등기 실현

- 전제: 이 법의 취지는 신탁자 명의의 등기를 촉진하는 것이기 때문에 명의신탁 약정에 따른 수탁자 명의 소유권이전등기는 불법원인급여가 아니다.

> **대법원 2019. 6. 20. 선고 2013다218156 전원합의체 판결**
> ‣ 부동산실명법을 위반하여 무효인 명의신탁약정에 따라 명의수탁자 명의로 등기를 하였다는 이유만으로 그것이 **당연히 불법원인급여에 해당한다고 단정할 수는 없**

다. 이는 농지법에 따른 제한을 회피하고자 명의신탁을 한 경우에도 마찬가지이다.

‣ 이 법의 목적은 실권리자인 신탁자 명의로 소유권이전등기를 마치도록 하는 것이고, 법 제4조 제3항은 신탁자에게 소유권이 귀속됨을 전제하고 있으므로 명의신탁을 금지하겠다는 목적만으로 <u>부동산실명법에서 예정한 것 이상으로 명의신탁자의 신탁부동산에 대한 재산권의 본질적 부분을 침해할 수는 없다.</u>

• 신탁자는 수탁자에게 §214에 기한 말소등기청구나 진정명의회복 소유권이전등기청구를 할 수 있다.

양당사자간 명의신탁에서 <u>**소유권은 그 등기와 상관없이 명의신탁자에게 그대로 남아**</u> 있다. 그 결과 명의신탁자는 부동산 <u>**소유자로서 방해배제청구권에 기초하여 명의수탁자를 상대로 그 등기의 말소를 청구**</u>할 수 있다(대법원 2019. 6. 20. 선고 2013다218156 전원합의체 판결).

• 신탁자는 수탁자에게 명의신탁 약정에 따른 채권적 소유권이전등기청구를 할 수는 없으므로 이러한 채권적 청구권을 보전하기 위한 가등기는 원인무효이다 (2014다63315, 643면).

5. 삼당사자간 명의신탁의 법률관계

가. 개관

(1) 삼당사자간 명의신탁의 의미

• 매도인으로부터 명의신탁 부동산의 소유권이 이전될 때 명의신탁 약정에 따라 수탁자 명의 등기가 마쳐지는 경우를 뜻한다.

• 신탁자가 수탁자 명의로 민사집행법에 의한 경매절차를 통해 목적물을 매수한 경우도 삼당사자간 명의신탁에 준하는 것으로 다루어진다(2012다69197, 664면).

(2) 삼당사자간 명의신탁의 하위유형

A. 개관

(a) 등기명의신탁: 중간생략등기형 명의신탁

• 중간생략등기형 명의신탁: 신탁자가 매도인과 매매계약을 체결한 당사자인 매수인이지만 매도인·신탁자·수탁자 간 중간생략등기 합의에 의해 신탁자 명의 소유권이전등기를 생략하고 곧바로 수탁자 명의로 소유권이전등기가 마쳐진 경우

를 뜻한다.

- 등기명의신탁 사안에서 매도인은 명의신탁 사실에 대해 악의라고 보아야 한다.

> 3자간 등기명의신탁은 명의신탁자가 소유자로부터 부동산을 양수하면서 명의수탁자
> 와 명의신탁약정을 하여 소유자로부터 바로 명의수탁자 명의로 해당 부동산의 소유
> 권이전등기를 하는 것이다(대법원 2021. 9. 9. 선고 2018다284233 전원합의체 판결).

(b) 계약명의신탁

- 계약명의신탁: 수탁자가 매도인과 매매계약을 체결한 당사자인 매수인이고 이에
  따라 수탁자 명의 소유권이전등기가 마쳐지는 경우를 뜻한다. 이 경우에는 매도
  인이 명의신탁 사실에 대해 선의일 수도 있고 악의일 수도 있다.

B. 수탁자가 계약서상 매수인인 경우 삼당사자간 명의신탁의 유형 판단

(a) 개관

- 삼당사자간 명의신탁 중 어떤 유형에 속하는지를 판단하려면 먼저 계약 당사자
  부터 확정해야 한다.

> 명의신탁약정이 3자간 등기명의신탁인지 아니면 계약명의신탁인지의 구별은 **계약당
> 사자가 누구인가를 확정하는 문제로 귀결**되는바, 계약의 당사자가 누구인지는 계약
> 에 관여한 당사자의 의사해석 문제이다. ㉠ 당사자들의 **의사가 일치하는 경우에는 그
> 의사에 따라** 계약의 당사자를 확정해야 한다. ㉡ 행위자와 상대방의 의사가 **일치하지
> 않는 경우**에는 그 계약 체결 전후의 구체적인 **제반 사정을 토대로 상대방이 합리적인
> 사람이라면 행위자와 명의자 중 누구를 계약 당사자로 이해**할 것인지에 의하여 계약
> 당사자를 결정하여야 한다(대법원 2019. 9. 10. 선고 2016다237691 판결).

- 수탁자가 계약서상의 명의자인데도 신탁자를 계약당사자로 인정하여 등기명의
  신탁인 것으로 파악하려면, 매도인이 명의신탁 약정의 존재에 대해 악의였다는
  사실만으로는 부족하고 매도인에게 법률효과를 직접 신탁자에게 귀속시키려는
  의사가 있었다는 사실까지 인정되어야 한다.

> 어떤 사람이 타인을 통하여 부동산을 매수하면서 매수인 명의 및 소유권이전등기 명
> 의를 그 타인 명의로 하기로 한 경우에, 이와 같은 매수인 및 등기 명의의 신탁관계는
> 그들 사이의 내부적인 관계에 불과하므로, ㉠ **상대방이 명의신탁자를 매매당사자로
> 이해하였다는 등의 특별한 사정이 없는 한 대외적으로는 계약명의자인 타인을 매매**

당사자로 보아야 하며, ⓛ 설령 **상대방이 그 명의신탁관계를 알고 있었다 하더라도** 상대방이 계약명의자인 타인이 아니라 명의신탁자에게 **계약에 따른 법률효과를 직접 귀속시킬 의도로 계약을 체결하였다는 등의 특별한 사정**이 인정되지 아니하는 한 마찬가지라 할 것이다(대법원 2013. 10. 7.자 2013스133 결정).

(b) 사례

- 사안의 개요: 매도인 A가 소유한 X부동산을 乙이 그의 친족 丙과 매수대금을 1/2씩 부담하여 매수하면서, 乙·丙은 X부동산을 丙의 단독소유로 등기하여 乙의 1/2지분을 丙에게 명의신탁하기로 약정했다. 그 후 丙은 A에게 乙이 중도금의 1/2을 분담한다는 사실을 알려 주었다.
- 쟁점과 판단: 매도인 A가 乙의 자금 분담 사실을 알았더라도 X부동산의 1/2지분을 대상으로 하는 계약명의신탁에 대한 악의가 인정되는데 그친다. 즉 위와 같은 사정만으로 乙이 X부동산의 1/2지분 매매계약의 당사자로 해석되지는 않으므로 등기명의신탁으로 인정되지는 않는다.

> A의 진술 내용은 1/2지분에 관하여 乙과 丙 사이에 명의신탁약정이 있었음을 알았다는 내용에 불과하므로, 이로써 계약명의자인 丙이 아니라 명의신탁자인 乙에게 계약에 따른 법률효과를 직접 귀속시킬 의도로 이 사건 매매계약을 체결하였다는 등의 특별한 사정을 인정할 근거로 삼기에는 부족하므로 등기명의신탁이 아니라 계약명의신탁에 해당한다고 볼 여지가 충분하다(대법원 2013. 10. 7.자 2013스133 결정).

나. 삼당사자간 등기명의신탁

(1) 개관

- 의미: 신탁자가 매도인으로부터 부동산을 매수하면서, 신탁자·매도인 간 특약으로 소유권이전등기는 수탁자 명의로 마치기로 약정한 경우를 뜻한다.
- 등기명의신탁 사안에서 매도인은 신탁자·수탁자 간 명의신탁 사실에 대해 악의이므로 §4 ② 단서가 적용될 여지가 없다.

> 丙으로부터 乙앞으로 이루어진 소유권이전등기의 원인이 된 명의신탁약정은 신탁자인 甲이 매매계약의 당사자로 되었으나 등기명의만을 수탁자인 乙에게 신탁한 것으로서 **명의수탁자가 계약당사자가 된 경우가 아니어서 법 제4조 제2항 단서의 규정을 적용할 여지 없이 무효**이다(대법원 2002. 11. 22. 선고 2002다11496 판결).

(2) 매도인·신탁자 간의 법률관계

A. 소유권의 귀속: 매도인

- 매도인은 소유권을 유지한다. 명의신탁 약정에 따른 수탁자 명의 소유권이전등기에 근거한 물권 변동은 무효이기 때문이다(법 §4 ② 본문).
- 매도인은 수탁자에게 §214에 기한 말소등기청구권이나 진정명의회복을 원인으로 하는 소유권이전등기 청구권을 행사할 수 있다. 이에 비해 수탁자는 매도인에게 아무 권리도 행사할 수 없다.

> 이른바 3자간 등기명의신탁의 경우 명의신탁약정과 그에 기한 등기는 무효로 되고 그 결과 **명의신탁된 부동산은 매도인 소유로 복귀**하므로 매도인은 명의수탁자에게 무효인 그 명의 등기의 말소를 구할 수 있게 된다(대법원 2022. 9. 29. 선고 2022다228933 판결).

B. 신탁자의 지위: 미등기 취득자

(a) 논거

- 신탁자와 매도인간 매매계약은 부동산실명제법의 적용 대상이 아니므로 별도의 무효 사유가 없는 한 유효이다.
- 신탁자는 유효한 매매계약에 근거한 매수인이고 이미 대금을 완납했으므로 미등기 취득자의 지위가 인정된다.

(b) 효과

- 신탁자가 변심하여 매매계약의 효력을 부정하면서 매도인에게 대금의 반환을 청구하더라도 별도의 무효·취소, 해제 사유가 없는 한 매도인은 이에 응할 의무가 없다.
- 매도인이 변심하여 §213의 물권적 청구권을 행사하더라도 신탁자는 미등기 취득자로서의 지위를 근거로 §213 단서의 항변을 할 수 있다.
- 신탁자의 매도인에 대한 소유권이전등기 청구권은 신탁자가 점유를 계속하는 한 소멸시효에 걸리지 않는다.

> 부동산의 **매수인이 목적물을 인도받아 계속 점유하는 경**우에는 매도인에 대한 소유권이전등기 청구권은 소멸시효가 진행되지 않는다 할 것이고, 이러한 법리는 위와 같이 3자간 등기명의신탁에 의한 수탁자 명의의 등기가 유효기간의 경과로 무효로 된

경우에도 마찬가지로 적용된다 할 것이다. 따라서 그 경우 목적 부동산을 인도받아 **점유하고 있는 명의신탁자의 매도인에 대한 소유권이전등기 청구권 역시 소멸시효가 진행되지 않는다**고 할 것이다(대법원 2013. 12. 12. 선고 2013다26647 판례).

- 신탁자는 매도인에 대한 채권적 소유권이전등기 청구권을 피보전채권으로 삼아 매도인의 수탁자에 대한 §214의 말소등기청구권이나 진정권리명의회복 소유권 이전등기 청구권을 대위행사할 수 있다.

  부동산실명법은 매도인과 명의신탁자 사이의 매매계약의 효력을 부정하는 규정을 두고 있지 아니하므로 매도인과 명의신탁자 사이의 매매계약은 여전히 유효하고, 신탁자는 매도인에 대하여 매매계약에 기한 소유권이전등기를 청구하거나 그 소유권이전등기 청구권을 보전하기 위하여 매도인을 대위하여 명의수탁자에게 무효인 그 명의 등기의 말소를 구할 수 있다(대법원 2022. 9. 29. 선고 2022다228933 판결).

(3) 신탁자·수탁자 간의 법률관계

A. 신탁자 명의 소유권이전등기는 실체관계에 부합하여 유효임

- 명의신탁 약정은 무효이므로(§4①) 신탁자는 수탁자에게 명의신탁 약정에 따른 소유권이전등기 청구권을 행사할 수 없고, 자신이 소유자임을 전제로 §214에 기한 말소등기청구권이나 진정명의 회복을 원인으로 하는 소유권이전등기 청구권을 행사할 수도 없다.

- 다만 이미 수탁자에게서 신탁자에게로 소유권이전등기가 마쳐진 경우에는 실체관계에 부합하는 등기로서 유효이다. 신탁자는 매도인을 대위하여 자기 명의로 소유권이전등기를 마칠 수 있기 때문이다.

  대법원 2004. 6. 25. 선고 2004다6764 판결
  - 3자간 등기명의신탁 사안에서 **수탁자가 부동산실명법에서 정한 유예기간 경과 후에 자의로 신탁자에게 바로 소유권이전등기를 경료**해 준 경우, 유예기간의 경과로 기존 명의신탁약정과 그에 의한 명의수탁자 명의의 등기가 모두 무효로 되고, 신탁자는 명의신탁약정의 당사자로서 법 제4조 제3항의 제3자에 해당하지 아니하므로 명의신탁자 명의의 소유권이전등기도 무효가 된다.
  - 신탁자는 매도인에 대한 소유권이전등기 청구권을 보전하기 위하여 매도인을 대위하여 명의수탁자에게 무효인 그 명의 등기의 말소를 구할 수도 있으므로, **명의수탁**

자가 명의신탁자 앞으로 바로 경료해 준 소유권이전등기는 결국 실체관계에 부합하는 등기로서 유효하다.

B. 신탁자는 수탁자에게 부당이득반환청구권을 행사할 수 없음

- 신탁자는 수탁자에게 §741청구를 할 수 없다.
- 소유권은 매도인에게 남아 있고 신탁자는 매도인에게 소유권이전등기 청구권을 행사할 수 있으므로 §741의 요건인 손실의 발생이 인정될 수 없기 때문이다.

> 명의신탁약정과 그에 의한 등기가 무효로 되더라도 신탁자는 매도인에 대하여 매매계약에 기한 소유권이전등기 청구권을 보유하고 있어 그 유예기간의 경과로 그 등기 명의를 보유하지 못하는 **손해를 입었다고 볼 수 없**고, 명의신탁 부동산의 소유권이 매도인에게 복귀한 마당에 명의신탁자가 무효인 등기의 명의인인 수탁자를 상대로 그 이전등기를 구할 수도 없으므로, 결국 3자간 등기명의신탁에 있어서 신탁자는 수탁자를 상대로 부당이득반환을 원인으로 한 소유권이전등기를 구할 수 없다(대법원 2009. 4. 9. 선고 2008다87723 판결).

다. 삼당사자간 계약명의신탁1: 매도인이 악의인 경우

(1) 소유권의 귀속: 매도인

- 매도인은 소유권을 유지한다. 명의신탁약정에 근거한 수탁자의 물권 취득은 무효이기 때문이다(법 §4 ② 본문).
- 매도인은 수탁자에게 §214에 기한 말소등기청구권이나 진정명의회복을 원인으로 하는 소유권이전등기 청구권을 행사할 수 있다.

(2) 매도인 · 신탁자 · 수탁자 간의 법률관계

A. 신탁자와 매도인의 관계

- 계약명의신탁의 경우, 등기명의신탁의 경우와는 달리, 신탁자는 매매계약의 당사자가 아니다.
- 따라서 ㉠ 신탁자의 매도인에 대한 소유권이전등기 청구권은 인정되지 않고, ㉡ 신탁자 명의 소유권이전등기가 불가능하므로 이행강제금도 부과되지 않는다.

대법원 2016. 6. 28. 선고 2014두6456 판결
- 매도인이 악의인 계약명의신탁의 경우 법 제4조 제2항 본문에 의해 수탁자 명의의 소유권이전등기는 무효이고 매도인과 수탁자가 체결한 매매계약도 원시적으로 무

효이므로, 해당 부동산의 **소유권은 매매계약을 체결한 소유자에게 그대로 남아** 있게 되며 신탁자는 소유자와 **매매계약관계가** 없기 때문에 **신탁자가 소유자를 상대로 해당 부동산에 관하여 소유권이전등기청구를 하는 것도 허용되지 아니한다.**

‣ 신탁자가 소유자를 상대로 이전등기청구권을 가지지 못하는 경우까지 부동산에 관한 물권을 자신의 명의로 등기하지 아니하였다는 이유로 신탁자에게 이행강제금을 부과하는 것은 법 제6조가 정한 이행강제금의 제도적 취지에 부합한다고 보기 어렵다.

B. 매도인과 수탁자의 관계: 동시이행관계

• 매도인은 소유자로서 수탁자에게 §213의 점유반환 청구권과 §214의 방해배제 청구권을 행사할 수 있으나, 수탁자는 매도인에게 동시이행항변으로 대금상당액의 부당이득반환을 청구할 수 있다. '물권 변동 무효'라는 동일한 법률요건으로부터 매도인의 물권적청구권과 수탁자의 부당이득반환청구권이 발생했기 때문이다.

✓ 쌍무계약이 강행규정에 의해 무효로 된 후의 청산관계이므로 §536가 아니라 신의칙을 근거로 동시이행관계가 인정된다고 보아야 한다.

> 매매대금을 수령한 상태의 소유자로서는 그 부동산에 관한 소유명의를 회복하기 전까지는 **신의칙 내지 제536조의 규정에 의하여** 명의수탁자에 대하여 이와 동시이행의 관계에 있는 매매대금 반환채무의 이행을 거절할 수 있다(대법원 2013. 9. 12. 선고 2010다95185 판결).

C. 신탁자와 수탁자의 관계: §741 채권의 연쇄와 채권자대위권 전용

• 명의신탁 약정은 무효이므로(§4 ①) 신탁자는 수탁자에게 소유권을 주장할 수 없고, 소유권이전등기 청구권도 행사할 수 없다.

• 수탁자의 매도인에 대한 대금상당 §741 채권의 대위행사: ㉠ 매도인에 대한 대금반환청구권은 급부부당이득 반환청구권이므로 매매계약의 당사자인 수탁자에게 귀속된다. ㉡ 신탁자는 '명의신탁 약정 무효'를 근거로 수탁자에게 지급했던 매수자금 상당액에 대한 §741 채권을 가진다. ㉢ 신탁자는 수탁자에 대한 §741 채권을 피보전채권으로 삼아 수탁자의 매도인에 대한 §741 채권을 대위 행사할 수 있다.

✓ 반환범위에 관한 판례는 아직 없지만, 강행법규 위반 계약을 원시적 불능이라고 본다면 급부부당이득에 준하여 취급해야 한다. 수탁자의 부당이득반환에 관한 2009다24187의 태도에 비추어 볼

때 매도인이 명의신탁 약정 사실을 안 것만으로는 악의 수익자라고 볼 수 없고 소유권이 유지되어 수탁자에게 말소등기청구를 할 수 있게 되었다는 것을 알게 되었을 때 비로소 악의 수익자가 된다고 봐야 한다.

(3) 사례: 신탁자 · 매도인 간 소유권 이전에 대한 별개의 원인행위가 인정되는 경우

- 법 §4 ② 단서에 의해 물권 변동이 무효화되어 매도인이 소유자임이 밝혀진 후에 매도인이 신탁자에게 소유권이전등기를 해 주기로 약정한 경우, 이러한 약정의 효력이 문제된다. 이러한 새로운 약정을 근거로 매도인은 신탁자에게 채권적 소유권이전등기 청구권을 가지게 되고 이후의 법률관계는 등기명의신탁과 비슷하다.

> **대법원 2003. 9. 5. 선고 2001다32120 판결**
> ‣ 어떤 사람이 **타인을 통하여 부동산을 매수함에 있어 매수인 명의 및 소유권이전등기 명의를 타인 명의로** 하기로 약정하였고 매도인도 그 사실을 알고 있어서 그 약정이 법 제4조의 규정에 의하여 무효로 되고 이에 따라 매매계약도 무효로 되는 경우에, **매매계약상의 매수인의 지위가 당연히 명의신탁자에게 귀속되는 것은 아니다.**
> ‣ 그러나 그 **무효사실이 밝혀진 후에 계약상대방인 매도인이 계약명의자인 수탁자 대신 신탁자가 그 계약의 매수인으로 되는 것에 대하여 동의 내지 승낙을 함으로써 부동산을 명의신탁자에게 양도할 의사를 표시**하였다면, **수탁자의 의사에 관계없이 매도인과 신탁자 사이에는 종전의 매매계약과 같은 내용의 양도약정이 따로 체결된 것으로 봄이 상당하다.** 이 경우 신탁자는 **당초의 매수인이 아니라고 하더라도 매도인에 대하여 별도의 양도약정을 원인으로 하는 소유권이전등기청구를 할 수 있다.**

라. 삼당사자간 계약명의신탁 2: 매도인이 선의인 경우

(1) 선의 여부 판단의 기준시: 매매계약 체결 당시

- 법 §4 ②에서 매도인의 선의 여부는 매매계약 체결 당시를 기준으로 판단한다.
- 매도인이 계약 체결 후 비로소 신탁자 · 수탁자 간 명의신탁 약정이 있었다는 사실을 알게 되더라도 수탁자의 소유권 취득이라는 효과는 그대로 유지된다.

계약명의신탁 사안에서 그 계약과 등기의 효력은 **매매계약을 체결할 당시 매도인의 인식을 기준으로 판단**해야 하고, 매도인이 계약 체결 이후에 명의신탁약정 사실을 알게 되었다고 하더라도 위 계약과 등기의 효력에는 영향이 없다. 매도인이 계약 체결

이후 명의신탁약정 사실을 알게 되었다는 <u>우연한 사정으로 인해서 위와 같이 유효하</u>
<u>게 성립한 매매계약이 소급적으로 무효로 된다고 볼 근거가 없다. 따라서 매도인은 수</u>
<u>탁자에게 매매계약을 원인으로 한 소유권이전등기절차를 이행할 의무가 있다</u>(대법
원 2018. 4. 10. 선고 2017다257715 판결).

(2) 소유권의 귀속: 수탁자의 확정적인 소유권 취득

- 매도인이 선의인 경우에는 명의신탁 약정에 따른 물권 변동도 유효이므로 수탁
  자는 확정적으로 소유권을 취득한다(법 §4② 단서). 따라서 신탁자와 수탁자간의
  법률관계만 문제되고 매도인에 대해서는 아무런 법률관계가 발생하지 않는다.
- 논거: 매도인·수탁자 간 매매계약이 이행되었다고 믿은 선의 매도인의 법적 안
  정성을 보호할 필요가 있다.

(3) 명의신탁 약정의 무효

A. 개관

- 매도인의 선의인 계약명의신탁 사안이더라도 명의신탁은 무효이다.
- 법 §4 ② 단서의 문리해석상 매도인이 선의이더라도 법 §4 ② 본문의 '물권변동
  무효'라는 효과만 부정되고 법 §4 ①의 '명의신탁 무효'라는 효과에 대해서는 영
  향을 미칠 수 없기 때문이다.

B. 효과

- 명의신탁 약정의 효력인 신탁자의 수탁자에 대한 소유권이전등기 청구권이나 사
  용·수익권은 인정되지 않는다.
- 명의신탁 약정에 근거한 신탁자의 소유권이전등기 청구권을 보전하기 위해 즉
  수탁자의 무단 처분 또는 수탁자의 채권자에 의한 보전처분이나 경매 등에 대비
  하기 위해 마쳐진 신탁자 명의 가등기나 저당권 설정등기는 원인무효이다.

C. 비교: 별개의 요건에 의한 신탁자 명의 등기

- 매도인이 선의인 삼당사자간 계약명의신탁 사안에서, 수탁자 명의 소유권이전등
  기가 마쳐진 후 신탁자·수탁자 사이에 명의신탁 약정 아닌 별개의 원인행위가
  성립하여 이를 근거로 신탁자 명의 가등기나 소유권이전등기가 마쳐질 수 있다.
  이 경우의 신탁자 명의 가등기나 소유권이전등기는 실체관계 부합 등기로서 유
  효이다.
- 예컨대 ㉠ 수탁자가 신탁자에게 매수자금 상당 부당이득반환에 갈음하여 부동산

자체를 반환하기로 하는 대물변제 약정을 체결하거나 ⓛ 신탁자·수탁자 간 명의 신탁 부동산 매매계약이 체결된 경우, 신탁자 명의로 마쳐진 소유권이전등기는 유효이다.

대법원 2014. 8. 20. 선고 2014다30483 판결

‣ 당사자들이 그 <u>명의신탁약정이 유효한 것, 즉 명의신탁자가 이른바 내부적 소유권</u> <u>을 가지는 것을 전제</u>로 하여 장차 명의신탁자 앞으로 소유권등기를 이전하거나 그 <u>부동산의 처분대가를 명의신탁자에게 지급하는 것 등을 내용으로 하는 약정</u>을 하였 다면 이는 명의신탁약정을 무효라고 한 법 <u>제4조 제1항에 좇아 무효</u>라고 할 것이다.

‣ 그러나 명의수탁자가 앞서 본 바와 같이 <u>명의수탁자의 완전한 소유권 취득을 전제</u> <u>로 하여 사후적으로</u> 명의신탁자와의 사이에 위에서 본 매수자금반환의무의 이행에 갈음하여 명의신탁된 부동산 자체를 양도하기로 합의하고 그에 기하여 명의신탁자 앞으로 소유권이전등기를 마쳐준 경우에는 그 소유권이전등기는 <u>새로운 소유권 이</u> <u>전의 원인인 대물급부의 약정</u>에 기한 것이므로 특별한 사정이 없는 한 <u>유효</u>하다고 할 것이고, 그 대물급부의 목적물이 <u>원래의 명의신탁부동산이라는 것만으로 그 유</u> <u>효성을 부인할 것은 아니다.</u>

(4) 신탁자와 수탁자의 관계: 부당이득반환

A. 부당이득반환의 대상

(a) 부동산실명제법 시행 후의 명의신탁

• 부동산실명제법 시행 후에 체결된 명의신탁 약정은 원시적 무효이므로 신탁자는 목적물의 소유권을 취득한 적이 없다. 한편 매수인의 소유권 취득에는 법 §4 ② 단서라는 법률상 원인이 있으므로, 부당이득이 아니다.

• 다만 신탁자의 수탁자에 대한 매매대금 지급의 원인은 명의신탁 약정인데, 매도 인이 선의인 계약명의신탁에서도 이러한 명의신탁 약정은 무효이다. 따라서 수 탁자는 신탁자에게 매매대금 상당액을 급부부당이득으로서 반환해야 한다.

대법원 2014. 8. 20. 선고 2014다30483 판결

‣ 매도인이 선의인 계약명의신탁 사안에서 매매계약에 따라 당해 부동산의 소유권이 전등기를 수탁자 명의로 마친 경우에는 <u>명의신탁자와 명의수탁자 사이의 명의신탁</u> <u>약정의 무효에도 불구하고 그 명의수탁자는 당해 부동산의 완전한 소유권을 취득</u> 하게 된다.

- 다만 **명의수탁자는 명의신탁자에 대하여 부당이득반환의무를 부담**하게 되는데 그 계약명의신탁약정이 법 시행 후에 이루어진 경우에는 명의신탁자는 애초부터 당해 부동산의 소유권을 취득할 수 없었으므로 위 명의신탁약정의 무효로 인하여 **명의신탁자가 입은 손해는 당해 부동산 자체가 아니라 명의수탁자에게 제공한 매수자금**이라 할 것이고, 따라서 명의수탁자는 부동산 자체가 아니라 명의신탁자로부터 제공받은 매수자금만을 부당이득한다.

(b) 부동산실명제법 시행 전의 명의신탁

- 원칙: 법 시행 전 명의신탁은 당시에는 유효였으므로, 신탁자는 수탁자에게 소유권을 주장할 수 있었다. 다만 유예기간이 경과하여 법 §4가 적용되면 이로 인해 수탁자에게 소유권이 귀속된다. 판례에 의하면 이러한 수탁자의 소유권 취득은 부당이득이므로 수탁자는 소유권 자체를 부당이득으로 반환해야 한다(2015다65035, 662면).

- 예외: 강행규정(농지법 등) 위반으로 인해 신탁자가 소유권을 취득할 수 없었던 경우이면 소유권을 취득한 수탁자(농민)는 매매대금 상당액을 부당이득으로 반환해야 한다.

법 시행 전 매도인이 선의인 계약명의신탁 사안에서 수탁자 명의로 소유권이전등기를 마친 경우 법 제11조에서 정한 **유예기간이 경과하기까지 명의신탁자가 그 명의로 당해 부동산을 등기이전하는 데 법률상 장애(농지매매증명 등의 미비)**가 있었던 경우에는, 신탁자는 소유권을 취득할 수 없었으므로, 위 명의신탁약정의 무효로 인하여 **신탁자가 입은 손해는 당해 부동산 자체가 아니라 수탁자에게 제공한 매수자금**이고, 따라서 수탁자는 그 부동산 자체가 아니라 신탁자로부터 제공받은 매수자금을 부당이득한 것이다(대법원 2008. 5. 15. 선고 2007다74690 판결).

(c) 사례: 법 시행 전 약정에 따라 유예기간 경과 후에 수탁자 명의로 등기된 경우

- 선의 매도인과 수탁자 간의 법률관계: 유예기간 경과 당시에 선의 매도인·수탁자 간 매매계약은 유효이고 아직 이행되지 않은 상태였으므로 수탁자에게는 미등기 취득자의 지위가 인정되고 수탁자는 매도인에게 소유권이전등기청구를 할 수 있다.

- 신탁자·수탁자 간의 법률관계: 법 시행 후 명의신탁에 준하여 수탁자는 매수대금 상당액의 §741채무를 진다.

대법원 2011. 5. 26. 선고 2010다21214 판결

- 법 시행 전에 계약명의신탁 약정을 하고 선의 매도인인 소유자와 부동산에 관한 **매매계약을 체결하고 그 매매계약에 따른 매매대금을 모두 지급**하였으나 당해 부동산의 **소유권이전등기를 수탁자 명의로 마치지 못한 상태에서 부동산실명법 제11조에서 정한 유예기간이 경과**하였다면, 위 명의신탁약정의 무효에 불구하고 수탁자와 소유자 사이의 **매매계약 자체는 유효한 것으로 취급**된다.

- 수탁자는 명의신탁약정에 따라 신탁자가 제공한 비용으로 소유자에게 매매대금을 지급하고 **미등기 취득자인 매수인의 지위를 취득한 것에 불과하지 당해 부동산에 관한 소유권을 취득하는 것은 아니**므로, 위 유예기간의 경과에 따른 명의신탁약정의 무효로 인하여 **명의신탁자가 입게 되는 손해는 당해 부동산 자체가 아니라 수탁자에게 제공한 매수자금**이라 할 것이고, 그 후 수탁자가 당해 부동산에 관한 소유권을 취득하게 되었다고 하더라도 이로 인하여 부당이득반환의 대상이 달라진다고 할 수는 없다.

B. 부당이득 반환의 내용: 수탁자가 악의 수익자가 되는 시점

- 부당이득자는 선의로 추정되므로 악의임이 증명되어야 악의 수익자로서의 반환범위(§748②)가 적용된다.

- 악의로 인정되려면 ㉠ 명의신탁 사실을 알았다는 것만으로는 부족하고 ㉡ 법 §4에 의해 명의신탁 약정이 무효라는 것까지 알아야 하고, 그 때부터 악의 수익자로서의 지연배상금이 발생한다.

대법원 2010. 1. 28. 선고 2009다24187 판결

- 부당이득반환의무자가 악의의 수익자라는 점에 대하여는 이를 주장하는 측에서 입증책임을 진다고 할 것이다.

- 여기서 '악의'라고 함은, 제749조 제2항에서 악의로 의제되는 경우 등은 별론으로 하고, 자신의 **이익 보유가 법률상 원인 없는 것임**을 인식하는 것을 말하고, 그 이익의 보유를 **법률상 원인이 없는 것이 되도록 하는 사정, 즉 부당이득 반환 의무의 발생요건에 해당하는 사실이 있음을 인식하는 것만으로는 부족**하다.

- 따라서 단지 甲이 수령한 이 사건 매수자금이 **명의신탁 약정에 기하여 지급되었다는 사실을 알았다고 하여도 그 명의신탁약정이 법 제4조 제1항에 의하여 무효임을 알았다는 등의 사정이 부가**되지 아니하는 한 甲이 그 금전의 보유에 관하여 법률상 원인 없음을 알았다고 섣불리 말할 수 없다.

C. 신탁자의 수탁자에 대한 부당이득 반환청구권의 소멸시효

(a) 기산점

- 수탁자에 대한 신탁자의 §741 채권은 성립 즉시 소멸시효가 기산한다(대법원 2005. 1. 27. 선고 2004다50143 판결 참조).
- 법 시행 후 명의신탁인 경우: 명의신탁 약정은 무효이므로 신탁자가 수탁자에게 대금을 지급하면 즉시 §741채권이 성립하고 이 때 소멸시효도 기산한다.
- 법 시행 전 명의신탁인 경우: 소멸시효의 기산점은 수탁자에게 소유권이 귀속되어 부당이득이 발생하는 날인 유예기간 경과일이다.

> **대법원 2016. 9. 28. 선고 2015다65035 판결**
> ‣ 양당사자간 명의신탁에서 법 제11조의 유예기간이 경과하기 전까지 명의신탁자는 언제라도 명의신탁 약정을 해지하고 해당 부동산에 관한 소유권을 취득할 수 있었던 것으로, 유예기간 경과로 명의신탁 약정은 무효로 되는 한편, 명의수탁자가 해당 부동산에 관한 완전한 소유권을 취득하게 된다.
> ‣ 법 제4조가 명의신탁자에게 소유권이 귀속되는 것을 막는 취지의 규정은 아니므로 명의수탁자는 명의신탁자에게 자신이 취득한 해당 부동산을 부당이득으로 반환할 의무가 있고, 명의신탁자가 해당 부동산의 회복을 위해 명의수탁자에 대해 가지는 소유권이전등기 청구권은 그 성질상 **법률의 규정에 의한 부당이득반환청구권으로서 제162조 제1항에 따라 10년의 기간이 경과함으로써 시효로 소멸**한다.

(b) 시효중단

- 채무자의 승인 등의 시효중단 사유는 모두 적용된다.
- 다만 신탁자의 점유, 사용·수익은 시효중단 사유가 아니다. 신탁자의 점유로 시효가 중단된다고 하면 실질적으로 명의신탁의 법률관계가 인정되는 것과 마찬가지가 될 우려가 있기 때문이다.

> 수탁자의 채무승인으로 인한 시효중단처럼 채권의 소멸시효에 관한 일반적인 법리가 그대로 적용된다. 반면 신탁자가 토지를 매수한 당시부터 현재까지 이를 계속 점유하여 왔다 하더라도 명의신탁 방지라는 입법 취지 등에 비추어 소멸시효의 진행에 장해가 되지 않는다(대법원 2014. 5. 29. 선고 2012다42505 판결).

마. 경매와 명의신탁

(1) 개관: 경매절차에서 명의신탁이 문제되는 경우

 A. 명의신탁의 유형에 따른 모습

• 양당사자형: 신탁자가 소유한 부동산을 수탁자가 매수하는 경우 양당사자간 명의신탁에 해당한다.

• 삼당사자형: 신탁자의 요청과 매수자금 제공 하에 수탁자가 집행채무자 소유 부동산을 매수하는 경우 삼당사자간 명의신탁에 해당한다.

 B. 일반적인 명의신탁 사안과 다른 점

• 매도인에 해당하는 집행채무자의 선의·악의 여부와 무관하게 수탁자의 소유권 취득이라는 효과가 확정된다. 즉 법 §4 ②은 경매 사안에 대해서는 적용되지 않는다.

• 논거: 경매 절차의 특성상 매도인에 해당하는 집행채무자의 의사와 무관하게 진행되고, 경매 절차 종료 후의 법적 안정성 확보가 필요하다.

(2) 양당사자간 명의신탁

 A. 사안의 개요

• 甲·乙은 甲 소유 X부동산을 乙이 낙찰받는 방법으로 그 소유 명의를 乙에게 신탁하기로 약정했고, 이에 따른 경매절차에서 乙이 경락대금을 납부하고 乙명의 소유권이전등기가 마쳐졌다.

• 甲은 乙에게 진정등기명의 회복을 원인으로 한 소유권이전등기청구를 하면서, 자신은 악의였으므로 법 §4 ② 본문이 적용되어야 한다고 주장한다.

 B. 쟁점과 판단

• 경매 절차에 대해서도 부동산실명제법이 적용되지만, 그 소유자의 선의 여부와 무관하게 수탁자는 확정적으로 소유권을 취득한다.

• 경매 사안의 경우에도 §4 ①은 적용되므로 甲·乙간 명의신탁 약정은 무효이지만, 수탁자 乙의 소유권 취득은 확정된다. 양당사자간 명의신탁에서 소유권의 귀속도 §4 ②에 의해 결정되기 때문이다. 따라서 甲은 확정적으로 소유권을 취득한 乙에게 §214 청구를 할 수 없다.

‣ 부동산경매절차에서 부동산을 매수하려는 사람이 매수대금을 자신이 부담하면서 타인의 명의로 매각허가결정을 받기로 하고 그 타인이 경매절차에 참가하여 매각허가가 이루어진 경우, 경매절차의 **매수인은 어디까지나 그 명의인이므로 경매 목적 부동산의 소유권은 매수대금을 실질적으로 부담한 사람이 누구인가와 상관없이 그 명의인이 취득**한다 할 것이고, 이 경우 매수대금을 부담한 사람과 이름을 빌려 준 사람 사이에는 **명의신탁관계가 성립**한다.

‣ 매수대금을 부담한 신탁자와 명의를 빌려 준 수탁자 사이의 <u>명의신탁약정은 법 제4조 제1항에 의하여 무효</u>이나, 경매절차에서의 소유자가 위와 같은 명의신탁약정 사실을 알고 있었거나 **소유자와 신탁자가 동일인**인 양당사자간 명의신탁이라고 하더라도 **법 제4조 제2항에 따라 무효는 아니다.**

‣ 비록 경매가 사법상 매매의 성질을 보유하고 있기는 하나 다른 한편으로는 **법원이 소유자의 의사와 관계없이 그 소유물을 처분하는 공법상 처분으로서의 성질**을 아울러 가지고 있고 **경매절차의 안정성** 등을 고려할 때 경매부동산의 <u>소유자를 위 제4조 제2항 단서의 '상대방 당사자'라고 볼 수는 없기</u> 때문이다.

(3) 삼당사자간 명의신탁

A. 사안의 개요

‣ 丙 소유 X부동산에 관한 임의경매절차에서 乙이 경락대금을 납부하여 2000. 4. 2. 乙명의 소유권이전등기가 마쳐졌다. 乙은 甲·乙간 명의신탁 약정에 따라 甲으로부터 경락대금 상당액을 지급받아 납부한 것이었다.

‣ 乙의 채권자 A의 경매신청으로 2004. 2. 1. 丁이 X부동산의 소유권을 취득했다.

‣ 甲은 乙의 소유권이전등기 채무의 이행불능을 이유로, 乙에게 丁의 경락대금 납부시를 기준으로 산정한 X부동산의 시가 상당액의 손해배상을 청구한다.

B. 쟁점과 판단

‣ 甲·乙 간 명의신탁 약정에 근거한 경우에도 경매 절차에 의한 乙의 소유권 취득이라는 효과는 확정된다.

‣ 甲은 乙에게 ㉠ 자신이 지급했던 매수자금 상당액에 대한 §741 청구를 할 수 있으나, ㉡ 乙의 소유권이전등기 채무 불이행으로 인한 §390 청구를 할 수는 없다. 경매 사안에서도 甲·乙간 명의신탁 약정은 무효이므로 甲은 乙에게 X부동산에 대한 소유권이전등기 청구권을 가진 적이 없기 때문이다.

대법원 2005. 4. 28. 선고 2004다68335 판결

- 부동산경매절차에서 <u>대금을 부담하는 자가 타인의 명의로 경락허가결정</u>을 받기로 약정하여 그에 따라 경락이 이루어진 경우 그 경매절차에서 <u>경락인의 지위에 서게 되는 사람은 어디까지나 그 명의인이므로 경매 목적 부동산의 소유권은 경락대금 을 실질적으로 부담한 자가 누구인가와 상관없이 대외적으로는 물론 대내적으로도 그 명의인이 취득하는 것</u>이지만, 그 경우 <u>대금을 부담한 사람과 이름을 빌려 준 사 람 사이에는 명의신탁</u>관계가 성립한다.

- 이러한 명의신탁 약정은 법 제4조 제1항에 의하여 무효이므로, 명의신탁자는 명의 수탁자에 대하여 그 <u>부동산 자체의 반환을 구할 수는 없고 명의수탁자에게 제공한 매수대금에 상당하는 금액의 부당이득반환청구권</u>을 가질 뿐이다.

(4) 수탁자의 경락 후 거듭 명의신탁 약정이 행해진 경우

A. 사안의 개요

- 丙은 丁과의 명의신탁 하에 2018. 丁명의로 X부동산을 경락받았다. 丙은 2019. X부동산을 乙에게 명의신탁하기로 하고 丁으로부터 X부동산의 처분권한을 위 임받아 X부동산에 대한 乙명의 가등기를 마쳤다.

- 丙은 乙명의로 丁을 상대로 본등기절차 이행을 구하는 소를 제기하여 승소확정 판결을 받았고 이에 따라 乙명의로 소유권이전등기가 마쳐졌다.

- 丙은 1) 주위적으로 乙을 대위하여 丁을 상대로 X부동산에 대한 인도청구를 하 고, 2) 예비적으로 乙을 상대로 매수자금 상당액의 부당이득반환을 청구한다.

B. 쟁점과 판단

- 이러한 丙의 청구는 모두 배척된다.

- 丙·丁 간 2019. 약정의 법적 성질: 첫 번째 수탁자 丁이 매도인, 丙이 신탁자, 두 번째 수탁자 乙이 수탁자인 삼당사자간 등기명의신탁이라고 보아야 한다.

- 乙의 丁에 대한 소유권이전등기 청구소송의 승소확정판결의 기판력은 丁의 乙 에 대한 소유권이전등기 채무의 존부에 대해서만 미치고, 丁의 소유권의 존부에 는 미치지 않는다. 따라서 乙명의 본등기가 마쳐졌더라도 원인무효이고 X부동산 의 소유자는 여전히 丁이다.

- 乙 명의 소유권이전등기는 원인무효이므로 乙에게는 이득이 없다. 따라서 丙은 乙이 아니라 丁에게 §741 청구를 할 수 있을 뿐이다.

대법원 2009. 9. 10. 선고 2006다73102 판결

▸ 타인명의 경매 사안에서 자금조달자와 경매로 인한 소유권취득자 사이에는 명의신탁관계가 성립한다. 이 경우 <u>신탁자는 수탁자에 대하여 그 부동산 자체의 반환을 구할 수는 없고 수탁자에게 제공한 매수대금에 상당하는 금액의 부당이득반환청구권을 가질 뿐</u>이다

▸ 소유자로 확정된 제1차 수탁자 丁이 신탁자 丙의 지시에 따라 乙명의 소유권이전등기를 마쳐 주었다면 乙 명의의 소유권이전등기는 소유자인 丁이 악의이므로 제4조 제2항에 의하여 무효이므로, 제2차 수탁자 乙은 소유권이전등기에도 불구하고 그 <u>부동산의 소유권을 취득하거나 그 매수대금 상당의 이익을 얻었다고 할 수 없다.</u>

▸ 수탁자로부터 제3자에게로 소유권이전등기를 마치게 된 것이 <u>제3자가 수탁자를 상대로 제기한 소유권이전등기 청구소송의 확정판결에 의한 것이더라도, 소유권이전등기절차의 이행을 명한 확정판결의 기판력은 소송물인 이전등기청구권의 존부에만 미치고 소송물로 되어 있지 아니한 소유권의 귀속 자체에까지 미치지는 않</u>으므로, 수탁자가 여전히 그 부동산의 소유자임은 마찬가지이다.

▸ 乙은 이 사건 부동산의 소유권을 취득하지 못하였고, 따라서 乙이 위 소유권이전등기에 의해 그 부동산의 매수대금 상당의 부당이득을 얻었다고 할 수는 없다.

6. 제3자 보호(법 제4조 ③)

가. 법 제4조 ③의 적용범위

(1) 명의신탁의 유형

• 수탁자가 소유권을 취득하지 못하는 경우, 즉 ㉠ 양당사자간 명의신탁, ㉡ 삼당사자간 등기명의신탁, ㉢ 매도인이 악의인 삼당사자간 계약명의신탁에 대해서만 적용된다.

• 이에 비해 매도인이 선의인 삼당사자간 명의신탁의 경우, 수탁자는 소유자이므로 수탁자와 원인행위를 하고 소유권이전등기를 받은 양수인은 물론 그 후의 전득자는 당연히 소유권을 취득할 수 있다. 따라서 법 §4 ③과 무관하다.

(2) 제3자의 권리취득 사유

• 물권변동의 원인이 법률행위인 경우뿐 아니라 법률 규정인 경우에도 법 §4 ③은 적용된다.

- 예컨대 삼당사자간 등기명의신탁에 의해 수탁자 명의 등기가 마쳐진 후 명의신 탁 토지가 수용된 경우 수용 주체는 유효하게 소유권을 취득한다.

> 3자간 등기명의신탁에서 명의수탁자의 **임의처분** 또는 **강제수용이나 공공용지 협의 취득 등**을 원인으로 제3자 명의로 소유권이전등기가 마쳐진 경우, 제3자는 유효하게 소유권을 취득한다(대법원 2021. 9. 9. 선고 2018다284233 전원합의체 판결).

나. 요건: 보호되는 제3자의 의미

(1) 보호되는 제3자의 일반적인 의미

A. 제3자

- 명의신탁 약정의 당사자인 신탁자·수탁자나 이들의 포괄승계인 아닌 자로서, 수 탁자가 물권자임을 기초로 수탁자와 직접 새로운 이해관계를 맺은 사람을 뜻한 다. 따라서 수탁자 명의 소유권이전등기를 마친 후 신탁자 명의로 마쳐진 저당권 설정등기에 대해서는 법 §4 ③이 적용되지 않으므로 이러한 등기는 무효이다.

> **대법원 2015. 4. 23. 선고 2014다53790 판결**
> ‣ 법 제4조 제3항의 '제3자'란 명의신탁 약정의 당사자 및 포괄승계인 이외의 사람으 로서 수탁자가 물권자임을 기초로 그와 사이에 직접 새로운 이해관계를 맺은 사람 을 말하므로, **신탁자는 여기의 제3자에 해당하지 아니**하고, 수탁자로부터 명의신 탁된 부동산에 관한 등기를 받은 사람이 위 규정의 제3자에 해당하지 아니하면 그 는 법 제4조 제3항의 규정을 들어 무효인 명의신탁등기에 터 잡아 마쳐진 자신의 등 기의 유효를 주장할 수 없다.
> ‣ 명의수탁자 앞으로 마쳐진 소유권이전등기는 법 제4조 제2항 본문에 따라 무효이므 로, 이에 터 잡아 명의신탁자인 피고 앞으로 마쳐진 근저당권 설정등기도 무효이다.

- 보호되는 제3자의 요건이 충족된다면 이러한 제3자가 명의신탁 약정의 존재에 대해 악의였더라도 보호된다(2012다107068, 668면).

B. 제3자의 원인행위의 유효성

- 보호되는 제3자이더라도 수탁자·제3자 간 원인행위가 유효이어야 소유권을 취 득할 수 있다.
- 예컨대 수탁자로부터 명의신탁 부동산을 양수한 제3자가 명의신탁 사실에 대해 단순한 악의인 경우에는 소유권을 취득하지만, 수탁자의 처분행위에 적극 가담 한 경우에는 수탁자·제3자 간 처분행위가 무효인 반사회적 법률행위이므로 소

유권을 취득할 수 없다.

> 법 제4조 제3항에서 **제3자가 명의신탁사실을 알았다 하여도 그의 소유권취득에 영향이 없는 것**이기는 하지만, 특별한 사정이 있는 경우, 즉 수탁자로부터 신탁재산을 매수한 제3자가 수탁자의 신탁자에 대한 **배임행위에 적극 가담**한 경우에는 수탁자와 제3자 사이의 계약은 반사회적인 법률행위로서 무효라고 할 것이고, 제3자가 수탁자의 배임행위에 적극 가담하는 행위란 수탁자가 단순히 등기명의만 수탁받았을 뿐 그 부동산을 처분할 권한이 없음을 잘 알면서 수탁자에게 실질소유자 몰래 신탁재산을 불법처분하도록 적극적으로 요청하거나 유도하는 등의 행위를 의미하는 것이다(대법원 2008. 3. 27. 선고 2007다82875 판결).

C. 대세적·확정적인 권리취득: 가압류 채권자도 해당함

- 물권을 취득한 경우는 물론 그 밖의 대세효 있는 지위를 취득한 채권자도 법 §4 ③의 제3자로서 보호받을 수 있다.
- 사례: ㉠ 사안의 개요: 丙은 X부동산을 丁에게 명의신탁했는데 丁에 대한 채권자 乙이 X부동산에 대한 경매개시결정 기입등기를 마쳤다. 이에 丙에 대한 채권자 甲이 청구이의소송을 제기했다. ㉡ 쟁점과 판단: 수탁자에 대한 채권자가 명의신탁 부동산에 대해 (가)압류 등기를 마친 경우, 신탁자 자신은 물론 신탁자에 대한 채권자도 (가)압류권리자에게 대항할 수 없다. 따라서 丙이 (가)압류등기를 마친 乙을 상대로 말소등기청구 소송이나 청구이의 소송을 제기하더라도 기각된다. 丙에 대한 채권자 甲이 丙을 대위하여 이러한 소를 제기하더라도 마찬가지이다.

> **대법원 2013. 3. 14. 선고 2012다107068 판결**
> - 제3자이의의 소는 이미 개시된 집행의 목적물에 대하여 소유권 기타 목적물의 양도나 인도를 막을 수 있는 권리가 있다고 주장함으로써 그에 대한 집행의 배제를 구하는 것이므로 그 소의 원인이 되는 권리는 **집행채권자에게 대항할 수 있는 것**이어야 한다.
> - 법 제4조 제3항의 '제3자'는 명의신탁약정의 당사자 및 포괄승계인 이외의 자로서 **수탁자가 물권자임을 기초로 그와 사이에 직접 새로운 이해관계**를 맺은 사람으로서, 소유권이나 저당권 등 **물권을 취득한 자**뿐만 아니라 **압류 또는 가압류채권자도 포함**하고 그의 **선의·악의를 묻지 않**는다.
> - 명의수탁자인 丁에 대한 압류채권자 乙은 법 제4조 제3항에서 말하는 '제3자'에 해

당한다고 보아야 하므로 신탁자에 대한 채권자 甲뿐 아니라 신탁자 丙도 乙에게 丁 명의의 소유권이전등기가 법 제4조 제1항, 제2항 본문에 따라 무효임을 대항하지 못한다.

(2) 법 §4 ③ 고유의 요건: 수탁자로부터의 직접적인 권리 취득

A. 개관

• 법 §4 ③의 제3자로 인정되려면 수탁자로부터 직접적으로 권리를 취득해야 한다. 수탁자 이외의 사람, 예컨대 신탁자와 원인행위를 하고 수탁자로부터 등기만 이 전받으면 법 §4 ③의 제3자에 해당하지 않는다.

• 다만 명의신탁이 연속된 경우 최종 명의수탁자로부터 양수한 제3자는 법 §4 ③의 제3자에 해당한다.

B. 사례: 신탁자로부터의 양수인

• 삼당사자간 등기명의신탁에서 ㉠ 신탁자 甲과 원인행위를 하고 수탁자 乙로부 터 등기이전만 받은 양수인인 丁이나, ㉡ 법 §4③의 제3자에 해당하지 않는 양수 인인 丁과 원인행위를 하고 중간생략등기로 등기를 마친 戊 등은 모두 법 §4 ③의 제3자가 아니다.

> 또한 위와 같이 신탁자와 원인행위를 하고 <u>등기부상 명의수탁자로부터 소유권이전등 기를 이어받은 자의 등기가 무효인 이상, **부동산등기에 관하여 공신력이 인정되지 아 니하는 우리 법제** 아래서는 그 무효인 등기에 기초하여 새로운 법률원인으로 이해관 계를 맺은 자가 다시 등기를 이어받았다면 그 명의의 등기 역시 특별한 사정이 없는 한 무효임을 면할 수 없다고 할 것이므로, 이렇게 **명의수탁자와 직접 이해관계를 맺은 것이 아니라 법 제4조 제3항의 제3자가 아닌 자**와 사이에서 무효인 등기를 기초로 다 시 이해관계를 맺은 데 불과한 자는 위 조항이 규정하는 제3자에 해당하지 않는다고</u> 보아야 한다(대법원 2009. 7. 9. 선고 2009다20581).

• 다만 이들은 수탁자에 대한 소유권이전등기 청구권을 (순차적으로) 대위행사할 수 있기 때문에, 이들 명의의 소유권이전등기는 실체관계 부합 등기로서 유효이 다. 위의 ㉠에서, 丁은 甲에 대한 소유권이전등기 청구권이 있고 甲은 매도인 丙 에게 소유권이전등기 청구권이 있으며 丙은 수탁자 乙에게 말소등기청구권 또 는 진정명의회복 소유권이전등기 청구권이 있다. 또한 위의 ㉡에서, 戊도 丁에

대한 소유권이전등기 청구권을 보전하기 위해 丁의 위와 같은 권리를 순차적으로 대위행사할 수 있다.

> **대법원 2022. 9. 29. 선고 2022다228933 판결**
> · 법 제4조 제3항의 제3자는 명의수탁자가 물권자임을 기초로 그와 새로운 이해관계를 맺은 사람을 말하고, 이와 달리 오로지 <u>명의신탁자와 부동산에 관한 물권을 취득하기 위한 계약을 맺고 단지 등기명의만을 명의수탁자로부터 경료받은 것 같은 외관</u>을 갖춘 자는 위 조항의 **제3자에 해당하지 아니**하므로, <u>위 조항에 근거하여 무효인 명의신탁등기에 터 잡아 경료된 자신의 등기의 유효를 주장할 수는 없다.</u>
> · 그러나 이러한 자도 자신의 등기가 **실체관계에 부합하는 등기로서 유효하다는 주장은 할 수 있**다. 신탁자는 매도인을 대위하여 수탁자 등기 명의 말소를 청구할 수 있고, 매도인에게는 소유권이전등기를 청구할 수 있다 그러므로 이러한 지위에 있는 명의신탁자가 제3자와 사이에 부동산 처분에 관한 약정을 맺고 그 약정에 기하여 명의수탁자에서 제3자 앞으로 마쳐준 소유권이전등기는 다른 특별한 사정이 없는 한 실체관계에 부합하는 등기로서 유효하다고 보아야 한다.

다. 제3자 보호의 효과

> 법 제4조(명의신탁약정의 효력) ③ 제1항 및 제2항의 무효는 제3자에게 대항하지 못한다.

(1) 제3자의 확정적인 권리 취득

A. 수탁자가 물권자임을 전제한 법률효과 발생

· 근거: 수탁자에게로의 물권 변동이 무효이더라도 법 §4③의 제3자에게는 이러한 무효를 대항할 수 없다.

· 수탁자가 물권자인 것으로 간주될 뿐이고 제3자의 권리 취득 자체가 간주되는 것은 아니다. 따라서 수탁자와 제3자간의 처분행위가 무효이면 제3자는 권리를 취득할 수 없다.

> 부동산을 명의신탁한 경우에는 소유권이 대외적으로 수탁자에게 귀속하므로, 수탁자가 제3자에게 수탁 부동산을 처분하였을 때에는 그 <u>처분행위가 무효 또는 취소되는 등의 특별한 사유가 없는 한</u> 그 제3자는 신탁재산에 대한 소유권을 완전히 유효하게 취득한다(대법원 2009. 4. 9. 선고 2009다2576 판결).

B. 제3자의 권리취득의 확정

• 제3자의 소유권 취득이 인정되면 이러한 효과는 확정적으로 발생한다.

• 사례: ㉠ 사안의 개요: 甲·乙간 양당사자간 명의신탁에서, 乙로부터 목적물을 양수한 丙이 법 §4 ③의 제3자에 해당하여 소유권을 취득했는데, 그 후 丙에 대한 채권자에 의한 경매절차에서 수탁자 乙이 자신이 처분했던 목적물을 경락받아 다시 소유자가 되었다. ㉡ 쟁점과 판단: 이 경우 신탁자 甲은 수탁자 乙에게 법 §4 ②을 근거로 물권적 청구권을 행사할 수 없다.

대법원 2013. 2. 28. 선고 2010다89814 판결

‣ 소유자가 자신의 소유권에 기하여 실체관계에 부합하지 아니하는 등기의 명의인을 상대로 그 등기말소나 진정명의회복 등을 청구하는 경우에, 그 권리는 물권적 청구권으로서의 방해배제청구권(제214조)의 성질을 가지는데, 이와 같은 등기말소청구권 등의 **물권적 청구권은 그 권리자인 소유자가 소유권을 상실하면 이제 그 발생의 기반이 없게 되어 더 이상 그 존재 자체가 인정되지 아니**하는 것이다.

‣ 따라서 양자간 등기명의신탁에서 **수탁자가 신탁부동산을 처분하여 제3취득자가 유효하게 소유권을 취득**하고 이로써 신탁자가 신탁부동산에 대한 소유권을 상실하였다면, 신탁자의 소유권에 기한 물권적 청구권 즉 말소등기청구권이나 진정명의회복을 원인으로 한 이전등기청구권도 더 이상 그 존재 자체가 인정되지 않는다고 할 것이다.

‣ 그 후 **수탁자가 위 제3취득자에 대한 경매절차에서 경락받아 우연히 신탁부동산의 소유권을 다시 취득하였다**고 하더라도 **신탁자가 신탁부동산의 소유권을 상실한 사실에는 변함이 없**으므로, 물권적 청구권은 그 존재 자체가 인정되지 않는다고 할 것이다.

(2) 제3자의 권리취득의 반사효과

A. 제3자가 소유권을 취득한 경우

(a) 진정권리자의 권리 상실

(b) 진정권리자가 상실하는 권리의 의미

• 양당사자간 명의신탁에서는 신탁자의 소유권을 뜻한다.

• 삼당사자간 명의신탁에서는 매도인의 소유권과 신탁자의 매도인에 대한 소유권 이전등기 청구권을 뜻한다.

B. 제3자가 그 외의 권리(예: 저당권)를 취득한 경우

- 소유자, 즉 양당사자간 명의신탁의 신탁자나 삼당사자간 명의신탁의 매도인은 법 §4③의 제3자의 권리에 의한 부담을 인수한다.

제3자는 법 제4조 제3항에 따라 **유효하게 근저당권을 취득**한다. 이 경우 매도인의 부동산에 관한 소유권이전등기의무가 이행불능된 것은 아니므로, 신탁자는 여전히 매도인을 대위하여 수탁자의 부동산에 관한 진정명의회복을 원인으로 한 소유권이전등기 등을 통하여 매도인으로부터 소유권을 이전받을 수 있지만, **수탁자가 설정한 근저당권이 유효하게 남아 있는 상태의 것**이다(대법원 2021. 9. 9. 선고 2018다284233 전원합의체 판결).

- 사례: 양당사자간 명의신탁에서 수탁자 乙에 대한 채권자 丁이 강제경매를 개시하여 경매개시결정 기입등기가 마쳐진 경우, 신탁자 甲은 경매개시결정 기입등기라는 부담을 인수해야 하기 때문에 집행에 대한 이의신청을 할 수 없다.

수탁자에 대한 채권자인 피고에 의해 강제경매 개시결정 기입등기까지 마쳐졌음을 알 수 있다. 피고는 법 제4조 제3항에서 말하는 '제3자'에 해당한다고 보아야 하므로 신탁자에 대한 채권자로서 채권자대위권을 행사하는 원고뿐 아니라 신탁자인 소외 1도 피고에게 수탁자인 소외 2 명의의 소유권이전등기가 법 제4조 제1항, 제2항 본문에 따라 무효임을 대항하지 못한다고 할 것이다(대법원 2013. 3. 14. 선고 2012다107068 판결).

C. 명의신탁의 종료

- 법 §4 ③의 제3자가 명의신탁 목적물의 소유권을 취득하면 명의신탁의 법률관계는 당연 종료된다.
- 제3자에게 명의신탁 약정의 법률관계가 인수되지 않는다.

대법원 2021. 7. 8. 선고 2021다209225 판결
  - 법 제4조 제3항에 따르면 명의수탁자가 신탁부동산을 임의로 처분하거나 강제수용이나 공공용지 협의취득 등을 원인으로 제3취득자 명의로 이전등기가 마쳐진 경우, 특별한 사정이 없는 한 그 제3취득자는 유효하게 소유권을 취득한다. 이 경우 **명의신탁관계는 당사자의 의사표시 등을 기다릴 필요 없이 당연히 종료되었다**고 볼 것이지, 주택재개발정비사업으로 인해 분양받게 될 대지 또는 건축시설물에 대해서도 명의신탁관계가 그대로 존속한다고 볼 수 없다.

- 명의신탁관계는 반드시 신탁자와 수탁자 사이의 명시적 계약에 의하여만 성립하는 것이 아니라 묵시적 합의에 의하여도 성립할 수 있으나, 명시적인 계약이나 묵시적 합의가 인정되지 않는데도 명의신탁약정이 있었던 것으로 단정하거나 간주할 수는 없다. 따라서 명의신탁 대상인 아파트가 재개발된 사안에서 당사자 간 별도의 명시적 계약이나 묵시적 합의가 있었다는 등의 특별한 사정이 인정되지 않는 한 이 사건 아파트에 관하여 당연히 명의신탁관계가 발생하였다거나 존재하는 것으로 볼 수는 없다.

D. 사례: 수탁자의 처분과 §750 책임

- 삼당사자간 등기명의신탁에서 신탁자는 매도인에 대한 채권적 소유권이전등기청구권을 상실하므로, 수탁자의 처분행위는 제3자의 채권침해에 해당한다.
- 민사책임과 형사책임은 목적·요건·효과를 달리하므로, 명의신탁 당사자간 신임관계에 형법상 보호가치가 인정될 수 없어서 수탁자의 처분행위가 횡령죄를 구성하지 않아도, 이러한 신임관계를 저버리는 처분행위에 사회통념상의 위법성이 인정될 수 있다.
- 따라서 수탁자의 처분으로 제3자가 유효하게 소유권을 취득하면 수탁자는 신탁자에게 §750 손해배상책임을 진다.

대법원 2022. 6. 9. 선고 2020다208997 판결

- 명의수탁자가 3자간 등기명의신탁에 따라 매도인으로부터 소유권이전등기를 넘겨받은 부동산을 자기 마음대로 처분한 행위가 형사상 횡령죄로 처벌되지 않더라도, 이는 명의신탁자의 채권인 소유권이전등기 청구권을 침해하는 행위로서 제750조에 따라 불법행위에 해당하여 명의수탁자는 명의신탁자에게 손해배상책임을 질 수 있다. 그 이유는 다음과 같다.
- 민사책임과 형사책임은 지도이념, 증명책임의 부담과 그 증명의 정도 등에서 서로 다른 원리가 적용된다. 형사책임은 사회의 법질서를 위반한 행위에 대한 책임을 묻는 것으로서 행위자에 대한 공적인 제재인 형벌을 그 내용으로 하는 데 반하여, 민사책임은 다른 사람의 법익을 침해한 데 대하여 행위자의 개인적 책임을 묻는 것으로서 피해자에게 발생한 손해의 전보를 그 내용으로 하고 손해배상제도는 손해의 공평·타당한 부담을 그 지도원리로 한다. 따라서 형사상 범죄를 구성하지 않는 침해행위라고 하더라도 그것이 민사상 불법행위를 구성하는지는 형사책임과 별개의 관점에서 검토해야 한다.

- 3자간 등기명의신탁에서 명의수탁자의 임의처분 등을 원인으로 제3자 앞으로 소유 권이전등기가 된 경우, 명의수탁자가 명의신탁자의 채권인 소유권이전등기 청구권 을 침해한다는 사정을 알면서도 명의신탁받은 부동산을 자기 마음대로 처분하였다 면 이는 사회통념상 사회질서나 경제질서를 위반하는 위법한 행위로서 특별한 사 정이 없는 한 제3자의 채권침해에 따른 불법행위책임이 성립한다 .
- 대법원 2014도6992 전원합의체 판결은 명의신탁자와 명의수탁자의 관계는 형법상 보호할 만한 가치 있는 신임관계가 아니므로 명의수탁자의 임의처분행위에 대하여 횡령죄를 인정할 수 없다고 한 것이지 명의신탁관계에서 명의신탁자의 소유권이전 등기 청구권을 보호할 수 없다는 취지는 아니다.

(3) 명의신탁의 유형별 검토

A. 양당사자간 명의신탁

- 수탁자의 처분으로 인해 신탁자가 소유권을 상실하게 된다는 점에서 삼당사자간 명의신탁과 다르다.
- 수탁자는 신탁자의 소유권 침해로 인한 §750 책임을 진다. 또한 §741의 침해부당 이득 반환채무도 진다고 볼 수 있다.

대법원 2012. 1. 26. 선고 2011다81152 판결

- 피상속인 사망 후 공동상속인 중 1인이 다른 공동상속인에게 자신이 상속한 재산을 중간생략등기 방식으로 명의신탁했다가 부동산실명제법에 반하여 무효임을 이유 로 반환 또는 그 반환채무의 이행불능을 원인으로 한 손해배상을 구하는 경우, 그러 한 청구는 명의신탁이 무효임을 원인으로 하여 소유권의 귀속 등을 주장하는 것일 뿐 상속으로 인한 재산권의 귀속을 주장하는 것이라고 볼 수 없고, 나아가 수탁자로 주장된 乙을 두고 진정상속인의 상속권을 침해하고 있는 참칭상속인이라고 할 수 도 없으므로, 위와 같은 청구가 상속회복청구에 해당한다고 할 수 없다. 이는 수탁 자로 주장된 乙이 명의신탁 사실을 부인하고 단독상속을 주장한다고 하여 달리 볼 것은 아니다.
- 乙이 X부동산을 제3자에게 처분하여 법 제4조 제3항에 의해 乙의 소유권이전등기 의무는 이행불능되었는바, 이러한 乙의 행위는 甲의 위 점포들에 관한 소유권을 침 해하는 것으로 불법행위에 해당하므로 乙이 甲에게 이로 인한 손해를 배상할 책임 이 있다고 한 원심의 판단은 정당하다.

B. 삼당사자간 등기명의신탁·매도인이 악의인 삼당사자간 계약명의신탁

(a) 수탁자와 매도인의 관계

- 수탁자가 제3자에게 매도인의 소유물을 처분하여 매도인의 소유권을 상실시킨 행위에는 위법성이 인정된다.
- 그러나 수탁자는 매도인에 대한 §750 손해배상책임이 없다. 수탁자의 처분으로 인해 매도인에게는 손해가 발생하지 않기 때문이다. 우선, 매도인은 수탁자에게 대금반환의무를 지지 않는다. 이러한 대금반환의무는 목적물반환의무와 동시이행관계인데, 수탁자는 매도인에게 목적물을 반환할 수 없기 때문이다. 이에 더하여 아래에서 보는 것처럼 매도인은 신탁자에게 소유권이전등기 의무를 지지도 않는다.

> **대법원 2013. 9. 12. 선고 2010다95185 판결**
> - 매도인이 악의인 계약명의신탁에서 수탁자 앞으로 당해 부동산의 소유권이전등기를 마친 경우 법 제4조 제2항 본문에 의하여 **수탁자 명의의 소유권이전등기는 무효이므로, 당해 부동산의 소유권은 매매계약을 체결한 소유자에게 그대로 남아 있게 되고, 수탁자가 자신의 명의로 소유권이전등기를 마친 부동산을 제3자에게 처분하면 이는 매도인의 소유권 침해행위로서 불법행위**가 된다.
> - 그러나 수탁자로부터 매매대금을 수령한 상태의 소유자로서는 그 부동산에 관한 소유명의를 회복하기 전까지는 신의칙 내지 제536조 제1항 본문의 규정에 의하여 수탁자에 대하여 이와 **동시이행의 관계에 있는 매매대금 반환채무의 이행을 거절**할 수 있는데, 이른바 계약명의신탁에서 수탁자의 제3자에 대한 처분행위가 유효하게 확정되어 소유자에 대한 **소유명의 회복이 불가능한 이상, 소유자로서는 그와 동시이행관계에 있는 매매대금 반환채무를 이행할 여지가 없다.**
> - **명의신탁자는 소유자와 매매계약관계가 없어** 소유자에 대한 소유권이전등기청구도 허용되지 아니하므로, 결국 소유자인 **매도인으로서는 명의수탁자의 처분행위로 인하여 어떠한 손해도 입은 바가 없다.**

(b) 신탁자와 매도인의 관계

- 등기명의 신탁의 경우에도 신탁자와 매도인에 대한 소유권이전등기 청구권은 소멸하고, 신탁자의 매도인에 대한 대금반환채권은 발생하지 않는다. 즉 신탁자는 매도인에게 아무런 권리를 행사할 수 없게 된다.
- 논거: ㉠ 신탁자의 매도인에 대한 채권적 소유권이전등기 청구권은 채무자인 매

도인의 귀책사유 없는 급부불능으로 귀결된다. 따라서 신탁자는 매도인에게 §390책임을 추궁할 수는 없다. ⓛ 매도인의 급부불능으로 인해 매도인의 신탁자에 대한 대금채권도 소멸한다고 볼 여지도 있으나(§537), 채권자인 신탁자가 원인 제공을 했다고 본다면 대금채권은 소멸하지 않는다고 볼 수 있다(§538①). ⓒ 이처럼 신탁자를 '수탁자의 처분으로 인한 매도인의 소유권 상실 상황'에 대한 원인제공자라고 본다면 신탁자가 매도인에게 기지급대금에 대한 §741청구를 하는 것은 신의칙에 반한다.

> 수탁자의 처분행위 등이 있으면 매도인의 신탁자에 대한 소유권이전등기의무는 이행불능이 된다. 매도인에게 **귀책사유가 있다고 보기 어렵**고, 설령 귀책사유가 있다고 하더라도 **법 위반상태를 야기한 신탁자가 매도인에 대하여 매매대금의 반환을 구하거나 소유권이전등기의무의 이행불능에 따른 손해배상청구를 하는 것은 여전히 신의칙상 허용되지 않**는다. 매도인은 부동산의 소유권을 상실하고 신탁자에 대하여 소유권이전등기의무와 그 이행불능으로 인한 손해배상책임도 부담하지 않게 되는 한편 신탁자로부터 받은 매매대금은 그대로 보유하게 되므로, 수탁자의 처분행위 등으로 인하여 매도인에게 경제적 손실이 발생한다고 할 수 없다(대법원 2021. 9. 9. 선고 2018다284233 전원합의체 판결).

(c) 수탁자와 신탁자의 관계

- 수탁자의 §741 채무: 반환대상은 수탁자가 제3자로부터 수령한 매매대금이나 수용보상금 등이고, 반환의 상대방은 매도인이 아니라 신탁자이다. 매도인은 소유권을 상실하지만 수탁자로부터 수령한 대금을 보유할 수 있으므로 아무런 손해를 입지 않았기 때문이다.
- 수탁자의 §750 책임: 수탁자는 신탁자에게 제3자의 채권침해로 인한 손해배상 책임을 진다(2020다208997, 673면).

C. 사례: 수탁자의 처분과 부당이득반환관계

(a) 사안의 개요

- 甲은 2010. X부동산을 丙으로부터 매수하고 대금 10억원 전액을 지급했는데, 甲·乙 간 명의신탁 약정에 따라 그 무렵 乙명의로 소유권이전등기가 마쳐졌다. 乙은 2014. 丁으로부터 5억원을 대출받고 X부동산에 대해 채권최고액 6억원의 근저당권을 설정했다.

- 원심의 판단: 3자간 등기명의신탁의 경우 소유권은 매도인에게 남아 있었으므로 이 사건 근저당권설정으로 손해를 입은 자는 매도인임을 이유로 甲의 乙에 대한 §741 청구를 받아들이지 않았다.

(b) 쟁점과 판단

- 대법원은 수탁자 乙의 신탁자 甲에 대한 §741 채무를 인정하는 한편, 그 내용은 제3자 명의의 소유권이전등기가 마쳐진 사안에서는 목적물의 교환가치인 처분대금·수용보상금 등이고, 제3자에게 저당권설정등기가 마쳐진 사안에서는 피담보채무 상당액이라고 판단했다.
- 그 논거는 다음과 같다. ㉠ 수탁자의 처분으로 인해 매도인은 손실을 입지 않았으므로 부당이득 반환청구권은 실질적으로 손실을 입은 신탁자에게 귀속되어야 한다. ㉡ 신탁자의 손실과 수탁자의 이익은 명의신탁 약정 무효라는 원인으로부터 발생했으므로 부당이득 청산도 이들 사이에서 일어나야 한다.

대법원 2021. 9. 9. 선고 2018다284233 전원합의체 판결

- 3자간 등기명의신탁에서 법률행위 또는 법률의 규정에 의한 물권 변동으로 **제3자 명의로 소유권이전등기가 마쳐진 경우 제3자는 유효하게 소유권을 취득**한다(법 제4조 제3항). 그 결과 **매도인의 신탁자에 대한 소유권이전등기의무는 이행불능**이 되어 신탁자로서는 부동산의 소유권을 이전받을 수 없게 되는 한편, 수탁자는 부동산의 처분대금이나 보상금 등을 취득하게 된다. 이 경우 **수탁자가 그러한 처분대금이나 보상금 등의 이익을 신탁자에게 부당이득으로 반환할 의무**를 부담한다. **수탁자가 부동산의 처분행위 등으로 법률상 원인 없이 얻은 이익은 사회통념상 신탁자가 입은 손해로 인한 것**으로서 신탁자에게 반환되어야 한다. **권리·의무의 변동은 신탁자와 수탁자 사이에서 이루어진 명의신탁약정이 무효인 데서 비롯된 것이므로 이에 따른 이해관계 조정의 문제도 명의신탁약정의 당사자인 신탁자와 수탁자 사이에서 해결**하는 것이 타당하고 이 과정에서 매도인이 반드시 개입해야 할 논리 필연적 이유도 없기 때문이다.
- 수탁자는 부동산의 소유자가 아님에도 소유명의를 가지고 있었음을 이유로 제3자와의 관계에서 처분대금이나 보상금 등을 취득하게 된다. 그러나 그 이익은 수탁자가 부동산의 소유자가 아님에도 그 부동산의 교환가치로 취득한 것이므로 **법률상 원인 없는 이익으로서 정당한 권리자에게 반환**하여야 한다.
- 수탁자가 부동산에 관하여 제3자에게 **근저당권을 설정하여 준 경우에도 부동산의**

소유권이 제3자에게 이전된 경우와 마찬가지로 보아야 한다. 수탁자가 부동산에 관하여 제3자에게 근저당권을 설정한 경우 수탁자는 근저당권의 피담보채무액 상당의 이익을 얻었고 그로 인하여 신탁자에게 그에 상응하는 손해를 입혔으므로, **수탁자는 신탁자에게 이를 부당이득으로 반환할 의무**를 부담한다.

(c) 유사사례

- 제3자가 수탁자에 대한 채권자가 신청한 경매 절차에서 명의신탁 부동산을 취득한 경우에도 법 §4 ③에 의해 보호된다.
- 이 경우 수탁자가 반환해야 할 부당이득은, 배당으로 소멸한 채무의 가액과 채권자들에 대한 배당 후 남은 돈을 합산한 가액이다.

> **대법원 2019. 7. 25. 선고 2019다203811 판결**
> - 丙으로부터 신탁자 甲이 매수한 X토지에 대해 수탁자 乙명의 소유권이전등기가 마쳐졌는데 乙의 채권자 丁에 의한 경매절차에서 X토지가 매각되어 배당이 이루어졌다.
> - 수탁자가 신탁자에게 그 이익을 **부당이득으로 반환할 의무**가 있다고 하는 법리는 3자간 등기명의신탁에서 명의신탁 부동산에 관하여 경매를 원인으로 제3취득자 명의로 이전등기가 마쳐진 경우에도 마찬가지로 적용된다.
> - X토지의 매각으로, 매도인인 丙의 甲에 대한 소유권이전등기의무는 이행불능이 되고, 그 결과 신탁자인 甲은 X토지 소유권을 이전받을 권리인 채권을 상실하는 손해를 입게 되는 반면, 수탁자인 乙은 법률상 원인 없이 **자신의 채권자들에게 배당된 금액 상당의 채무를 면책받고, 대한민국에 대하여 배당금 지급청구권을 취득하는 이득**을 얻게 되었으므로, 乙는 甲에게 그 이득을 부당이득으로 반환할 의무가 있다.

16 장

공동소유

공동소유

Ⅰ 개관

1. 공동소유의 의미와 기능

가. 의미: 하나의 물건에 대한 하나의 소유권이 여러 사람에게 귀속된 상태

나. 기능

(1) 공동소유와 일물일권주의의 관계

- 일물일권주의는 일인 일물주의를 의미하는 것은 아니므로, 다수의 권리주체도 하나의 물건에 대한 하나의 물권을 가질 수 있다.
- 다수의 권리주체가 하나의 물건을 소유하는 것을 공동소유라고 한다. 한편 소유권 이외의 물권을 공동으로 보유하는 경우를 준공동소유라고 하는데, 공동소유에 관한 규정들이 준용되기 때문이다.

> 제278조(준공동소유) 본절의 규정은 소유권 이외의 재산권에 준용한다. 그러나 다른 법률에 특별한 규정이 있으면 그에 의한다.

(2) 공동소유에 관한 규정들의 내용

A. 문제의 소재

- 하나의 권리주체가 하나의 물권을 가지는 경우는 그 물권에 속하는 권능을 자유롭게 행사할 수 있다. 즉 보존, 사용·수익, 관리, 변경, 처분 등을 권리주체가 임의로 자유롭게 할 수 있다.
- 이에 비해 다수 권리주체가 하나의 물권을 (준)공동소유하면 각 권리주체의 물권행사는 서로간의 관계로 인해 제한될 수밖에 없다.

B. 공동소유에 관한 규정들의 체계

- 우선 공동소유물에 대한 보존, 사용·수익, 관리, 변경, 처분 방법이 정해져야 한다. 또한 공동소유 관계는 해소될 수 있으므로 그 요건·절차와 효과가 정해져야 한다.
- 이러한 내용들 중에서는 공동소유 당사자들의 약정으로 정할 수 있는 것도 있고 강행법규에 의해 직접 규율되는 것도 있다.

2. 공동소유의 유형

가. 지분이 인정되는 경우: 공유·합유

(1) 의미

- 공동소유 중 각 공동소유자에게 하나의 물권에 대한 분수적 권리인 '지분'이 인정되는 경우로서 공유와 합유가 있다.
- 공유는 각 공동소유자들 사이에 공동소유 이외의 다른 법률관계가 없는 경우이고, 합유는 이들 사이에 조합계약 관계가 있는 경우이다.

(2) 비교

A. 공통점

- 보존행위: 각 공동소유자는 공동소유물 전부에 대한 보존행위를 각자 단독으로 할 수 있다.
- 처분·변경행위: 공동소유물을 처분·변경하려면 공동소유자들 전원의 동의가 있어야 한다.

B. 차이점

- 지분 처분: 각 공유자들은 자유롭게 공유 지분을 처분할 수 있다. 이에 비해 합유 지분은 조합계약의 구성원 지위에서 비롯되는 것이므로 합유자라 하더라도 조합 계약상 지위와 분리하여 합유 지분만 처분할 수 없다.
- 공동소유물의 사용·수익: 공유의 경우 각 공유자들은 공유물을 각자의 공유지분 비율에 따라 사용할 수 있다. 이에 비해 합유의 경우 합유물의 사용·수익 방법은 조합의 업무집행 방법에 따라 정해진다.
- 공동소유물에 대한 관리: 공유의 경우 과반수 지분권자가 단독으로 결정할 수 있는 데 비해, 합유의 경우 명문 규정이 없으므로 조합의 업무집행 방법에 따라 결정된다.

- 공동소유 관계의 종료: 각 공유자들은 자유롭게 공유물 분할을 청구할 수 있는 형성권을 가진다. 이에 비해 조합계약이 유지되는 한 합유물의 분할은 불가능하므로 합유관계는 탈퇴나 해산에 의해서 종료될 수 있을 뿐이다.

나. 지분이 인정되지 않는 경우: 총유(274면 이하)

- 총유는 비법인 사단의 구성원들이 물권을 보유하는 것을 뜻한다.
- 공유·합유와는 달리 각 구성원에게는 총유물에 대한 지분이 인정되지 않는다.
- 총유물의 보존, 사용·수익, 관리, 변경·처분 등은 비법인 사단의 업무집행 방법에 따라 결정되기 때문에 구성원들이 직접적으로 개입할 수는 없다.
- 총유관계의 종료는 비법인 사단의 구성원 지위 상실 또는 비법인 사단 자체의 해산에 의해 발생한다. 즉 총유물에 대한 분할은 인정되지 않으며, 이 점은 합유와 비슷하다.

Ⅱ   공유의 성립요건·공유지분

1. 공유의 성립요건

- 공유도 일반적인 법률관계와 마찬가지로 ㉠ 법률행위 또는 법률 규정에 의해 성립하고, ㉡ 법률행위로 성립하는 경우 공유 지분을 공시해야 비로소 공유관계가 성립한다. 예컨대 부동산이 공유물이면 공유 지분 등기를 마쳐야 한다(§186).
- 법률 규정에 의한 공유관계 성립의 전형적인 예로서 상속인이 여러 명이어서 공동상속관계가 성립하는 경우를 들 수 있다(§1006·§1007).

2. 공유 지분

가. 의미

- 공유 지분은 하나의 소유권의 일부인 분수적 소유권을 뜻한다.

> 제262조(물건의 공유) ① 물건이 지분에 의하여 수인의 소유로 된 때에는 공유로 한다.

- 공유 지분은 독립된 소유권과 같은 성질을 가지므로 이를 근거로 공유자는 공유물 전부에 대한 사용·수익권을 가진다.

공유자가 공유물에 대하여 가지는 공유지분권은 소유권의 분량적 일부이지만 하나의 독립된 소유권과 같은 성질을 가지므로, 공유자는 소유권의 권능에 속하는 사용·수익권을 갖는다(대법원 2022. 6. 30. 선고 2021다276256 판결).

나. 지분의 결정

(1) 법률행위로 공유가 성립하는 경우

A. 개관

- 원인행위로 지분 비율을 약정하고 이를 반영하여 공유지분 등기를 마쳐야 비로소 지분권이 인정된다.
- 원인행위의 해석상 공유관계 설정 합의만 인정되고 각 공유자의 지분에 대한 합의는 인정되지 않는 경우에는 지분이 균등한 공유관계를 성립시키기로 약정한 것으로 추정된다.

> 제262조(물건의 공유) ② 공유자의 지분은 균등한 것으로 추정한다.

B. 사례: 등기된 지분비율과 실제 지분비율이 다른 경우

(a) 사안의 개요

- X부동산에 대해 甲·乙·丙이 각 1/3씩 공유하는 것으로 지분소유권이전등기가 되어 있었으나, 실제로는 甲이 4/6, 乙·丙은 각 1/6씩의 비율로 X부동산을 공유하고 있었다.
- 丙은 자신의 지분 전부를 丁에게 양도하고 丁명의로 X부동산에 대한 1/3 지분소유권이전등기를 마쳐주었다.
- 공유물 분할재판에서 X부동산을 매각하여 그 대금을 지분 비율대로 분할하라는 취지의 판결이 확정되었고, X부동산에 대한 경매절차에서 배당금은 6억원으로 정해졌다.

(b) 쟁점과 판단

- 공유관계 성립 당시 당사자들 사이에 약정된 지분 비율과 등기된 지분 비율이 다른 경우, 제3자에 대해서는 등기된 지분 비율, 공유관계 설정 당사자들 사이에서는 실제 지분 비율이 각각 적용된다.
- 丁에게는 등기된 지분에 따라 2억원을 배당해야 하지만, 남은 4억원을 甲·乙 사이에서 배당할 때는 실제 지분에 따라 4 : 1의 비율로 배당해야 한다. 따라서 甲은

3억2000만원, 乙은 8000만원을 각각 배당받을 수 있다.

> 공유물분할청구소송에 있어 원래의 공유자들이 각 그 지분의 일부 또는 전부를 제3자에게 양도하고 그 지분이전등기까지 마쳤다면, 새로운 이해관계가 형성된 그 **제3자에 대한 관계에서는 달리 특별한 사정이 없는 한 일단 등기부상의 지분을 기준**으로 할 수 밖에 없을 것이나, **원래의 공유자들 사이에서는** 등기부상 지분과 실제의 지분이 다르다는 사실이 인정된다면 여전히 **실제의 지분을 기준으로 삼아야 할 것**이고 등기부상 지분을 기준으로 하여 그 실제의 지분을 초과하거나 적게 인정할 수는 없다(대법원 2001. 3. 9. 선고 98다51169 판결).

✓ 대상판결은 판단의 논거를 제시하고 있지는 않지만 명의신탁의 법리를 근거로 같은 결론을 이끌어낼 수 있다. 예컨대 위의 예에서 실제로는 4/6지분권자인 甲이 乙·丙에게 각 1/6씩을 명의신탁해서 등기부상으로는 甲·乙·丙 모두 각 2/6지분권자인 것처럼 등기되었다고 볼 여지가 있다. 이 경우 부동산실명제법이 적용되면 乙·丙에 대한 각 1/6씩의 '초과등기'는 모두 원인무효이지만, 법 §4 ③에 의해 丙에게는 대항할 수 없다. 이에 비해 법 §4①에 따라 甲·乙간에는 실제 지분 비율이 적용된다.

(3) 법률 규정에 의해 공유가 성립하는 경우

• 법률 규정에서 정한 비율대로 공유 지분이 정해진다.
• 예컨대 공동상속의 경우 법정 상속분, 동산간 부합의 경우 가액의 비율로 공유 지분이 정해진다(§257).

다. 지분의 탄력성

(1) 개관

A. 의미

• 공유 관계가 성립한 후 일부 지분에 대한 지분권자가 없어지는 경우가 있다. 그 예로서 지분권자가 지분 소유권 포기 의사표시를 하거나, 상속인 없이 사망한 경우를 들 수 있다.
• 이 경우 지분권자가 없어지게 된 지분은 다른 공유자들에게 각자의 지분에 따라 분속된다. 이를 공유지분의 탄력성이라고 한다.

> 제267조(지분포기 등의 경우의 귀속) 공유자가 그 지분을 포기하거나 상속인 없이 사망한 때에는 그 지분은 다른 공유자에게 각 지분의 비율로 귀속한다.

B. 탄력성의 실현방법

- 공유지분권 포기의 경우: 의사표시에 의한 물권 변동이므로 §267에 따른 분속 등기가 마쳐져야 비로소 효과가 발생한다.
- 상속인 없는 사망의 경우: 법률에 의한 물권 변동이므로 등기와 무관하게 곧바로 분속의 효과가 발생한다. 상속인 부재의 경우 상속재산은 국유가 된다는 원칙(§1058)에 대한 예외이다.

(2) 사례: 공유지분 포기와 성립요건주의

A. 사안의 개요

- X부동산을 甲이 1/4, 丙이 1/4, 丁이 1/2의 지분으로 공유하고 있었는데, 丙은 2002. 甲·丁을 상대로 지분 이전등기 인수를 구하는 소송을 제기하여 자신의 지분을 포기한다는 의사표시가 담긴 소장을 제출했고, 甲은 1/12 지분, 丁은 2/12 지분에 관하여 丙의 지분포기를 원인으로 각 지분 소유권이전등기절차를 인수하라는 판결이 확정되었다. 그 후 丙이 사망하여 戊가 상속인이 되었다.
- 甲에 대한 채권자가 실시한 강제경매절차에서 乙이 甲의 종전 지분인 1/4 지분을 취득했고 그 후 乙은 丁과 함께 丙의 상속인 戊를 상대로 '丙이 자신의 공유지분을 포기하였으므로 이에 따른 지분소유권이전등기 절차를 이행하라'는 소를 제기하여 승소판결이 확정되었다.
- 이에 따라 乙은 2010. 4. 29. 丙의 지분 중 1/12에 대해 지분 포기를 원인으로 한 소유권이전등기를 마쳤다. 그 후 乙은 자신이 경락받은 甲의 종전 지분 3/12과 위 1/12을 모두 A에게 매도하고 소유권이전등기를 마쳐줌으로써 그 전부를 처분하였다.

B. 쟁점과 판단

(a) 경과

- 甲은 乙을 상대로 §741 청구를 했다. 乙은 甲의 1/4지분만 취득했는데도 丙의 지분 포기로 인해 甲에게 추가로 귀속된 1/12까지 처분했으므로 그 대가에 대한 가액배상을 구한 것이다.
- 원심은 이를 인용했고 대법원에서도 이 판단이 유지되었다.

(b) 논거

- 乙이 甲의 지분을 경매로 취득했을 때는 丙의 지분포기 의사표시만 있었고 등기

로 반영되지는 않았으므로 丙이 포기한 지분은 甲에게 분속되지 않은 상태였다.

- 甲은 丙에게 1/12지분에 대한 소유권이전등기 청구권만 가진 상태였고 이 채권적 소유권이전등기 청구권은 甲의 지분에 대한 경매의 목적물이 아니므로 乙이 경락받을 수 없다.
- 이처럼 乙은 甲의 원래 지분인 1/4만 경락받았고, 甲이 丙의 상속인 戊를 상대로 1/12지분 소유권이전등기 청구권을 행사할 수 있는 상태에서 乙이 甲의 권리까지 A에게 매도하여 취득한 대금은 甲에 대한 침해부당이득에 해당한다.

✓ 戊가 乙에게 1/12 지분의 소유권이전등기를 해 준 것은 채권의 준점유자에 대한 변제로 볼 수 있으므로 결국 甲은 乙의 무단처분으로 인해 이 채권을 상실한 것으로 볼 수 있다.

> **대법원 2016. 10. 27. 선고 2015다52978 판결**
> ‣ 제267조에서 **공유지분의 포기는 법률행위로서 상대방 있는 단독행위**에 해당하므로, 부동산 공유자의 공유지분 포기의 의사표시가 다른 공유자에게 도달하더라도 이로써 곧바로 공유지분 포기에 따른 물권 변동의 효력이 발생하는 것은 아니고, 다른 공유자는 자신에게 귀속될 공유지분에 관하여 소유권이전등기 청구권을 취득하며, 이후 **제186조에 의하여 등기를 하여야 공유지분 포기에 따른 물권 변동의 효력이 발생**한다. 그리고 부동산 공유자의 공유지분 포기에 따른 등기는 **해당 지분에 관하여 다른 공유자 앞으로 소유권이전등기를 하는 형태**이어야 한다.
> ‣ 丙이 甲 등 다른 공유자에 대하여 자신의 공유지분을 포기한다는 의사표시를 하였다고 하더라도 그에 따른 등기가 마쳐지지 않은 이상 곧바로 甲이 이 사건 지분에 관한 소유권을 취득하였다고 할 수는 없다. 그러나 丙의 지분 포기 의사표시로 **甲은 丙에 대하여 이 사건 지분에 관한 소유권이전등기 청구권**을 가지게 되었다. 반면 乙은 강제경매절차를 통하여 甲의 **종전 1/4지분만을 취득하였을 뿐 丙의 지분에 관해서는 소유권은 물론 그에 관한 이전등기청구권 등 어떠한 권원도 취득하였다고 할 수 없다.** 원심이 乙은 甲에 대해 부당이득반환의무가 있다고 판단한 것은 정당하다.

라. 지분의 처분

(1) 원칙: 지분 처분의 자유

- 공유자는 다른 공유자의 동의 없이 자유롭게 자신의 지분을 처분할 수 있다.
- 사례: ㉠ 문제의 소재: 공동명의 가등기로 예약완결권을 준공유한 경우에, 예약완결권이 공동 행사의 대상인지 아니면 각자의 지분에 대한 단독행사도 가능한

지가 문제된다. ⓛ 이 경우 예약의 내용 또는 제반사정을 고려한 당사자들의 의사표시 해석에 따라 판단해야 한다.

대법원 2012. 2. 16. 선고 2010다82530 전원합의체 판결

‣ 수인의 채권자가 각기 그 채권을 담보하기 위하여 채무자와 채무자 소유의 부동산에 관하여 수인의 채권자를 공동매수인으로 하는 1개의 매매예약을 체결하고 그에 따라 수인의 채권자 공동명의로 그 부동산에 가등기를 마친 경우, 수인의 채권자가 공동으로 매매예약완결권을 가지는 관계인지 아니면 채권자 각자의 지분별로 별개의 독립적인 매매예약완결권을 가지는 관계인지는 ㉠ 매매예약의 내용에 따라야 하고 ⓛ 매매예약에서 그러한 내용을 명시적으로 정하지 않은 경우에는 담보 관련 권리를 공동 행사하려는 의사의 유무, 채권자별 구체적인 지분권의 표시 여부 및 그 지분권 비율과 피담보채권 비율의 일치 여부, 가등기담보권 설정의 관행 등을 종합적으로 고려하여 판단해야 한다.

‣ 이와 달리 매매예약의 내용이나 매매예약완결권 행사와 관련한 당사자의 의사와 관계없이 언제나 수인의 채권자가 공동으로 매매예약완결권을 가진다고 보고, 매매예약완결의 의사표시도 수인의 채권자 전원이 공동으로 행사하여야 한다는 취지의 판결 등은 이 판결의 견해와 저촉되는 한도에서 변경하기로 한다.

---

(2) 예외

• 법률의 규정으로 지분 처분이 금지되는 경우가 있다. 예컨대 집합건물법에 의하면 공용부분이나 대지사용권에 대한 지분은 분리·처분할 수 없다. 전유부분에 대한 수반성이 인정되기 때문이다(집합건물법 §13, §20 참조).
• 공유자들 간 약정으로 지분 처분을 제한할 수 있으나 이러한 약정에는 채권적 효력만 인정된다. 지분 처분의 자유를 규정한 §263은 강행법규이고 물권법정주의가 적용되기 때문이다.

III 공유의 법률관계: 공유물에 대한 소유권 행사 방법

1. 보존행위

가. 개관

(1) 의미

- 보존행위란 공유물의 현상을 유지하고 멸실·훼손을 방지하는 데 필요한 모든 행위를 뜻하며, 사실행위, 법률행위를 불문한다.

> 공유물의 **보존행위는 공유물의 멸실·훼손을 방지하고 그 현상을 유지하기 위하여 하는 사실적, 법률적 행위**이다(대법원 2019. 9. 26. 선고 2015다208252 판결).

- 각 공유자는 공유물 전부에 대해 단독으로 보존행위를 할 수 있다.

> 제265조(공유물의 관리, 보존) 단서: 그러나 보존행위는 각자가 할 수 있다.

(2) 판단 기준

- §265 단서의 전제는 보존행위는 대개 긴급 필요한 행위이거나 공유자 모두에게 이익을 주는 행위라는 것이다. 따라서 공유자들 간 이해상반성이 있거나 일부 공유자가 반대하는 경우, 더 이상 '보존행위'라고 볼 수 없다. 이러한 행위는 관리행위에 해당하므로 지분 과반수로 결정하여야 한다.
- 예컨대 공유 대지에 설치된 시설물 철거에 대한 공유자들 간 이해관계가 대립하면, 소수 지분권자는 보존행위를 근거로 그 시설물의 철거를 구하는 물권적 청구권을 행사할 수 없다.

> **대법원 2019. 9. 26. 선고 2015다208252 판결**
> ‣ 제265조 단서가 공유물의 보존행위를 각 공유자가 단독으로 할 수 있도록 한 취지는 보존행위가 **긴급을 요하는 경우가 많고 다른 공유자에게도 이익이 되는 것이 보통**이기 때문이다. 따라서 **다른 구분소유자들의 이익에 어긋날 수 있다면** 이는 각 구분소유자가 **개별적으로 할 수 있는 보존행위**라고 볼 수 없고 **관리행위**라고 보아야 한다.
> ‣ 구분소유자들이 도시가스를 공급받기 위해 필수적인 시설로서 甲이 구하는 이 사건 정압기실의 철거와 부지의 인도 청구는 이 사건 아파트의 다른 구분소유자들의

이익에 반할 수 있다. 또한 乙(가스공급사)은 이 사건 아파트 건축 시 시행사의 사용 승낙을 받아 적법하게 이 사건 정압기실을 설치하였고 그 후 현재까지 정압기실이 아파트 대지 내에 존재해 왔으므로, 그 철거를 구하는 것이 아파트 대지의 현상을 유지하기 위한 행위라고 보기도 어렵다. 그렇다면 이 사건 청구는 보존행위가 아니라 이 사건 아파트 대지의 관리를 위한 행위로서 이 사건 아파트 관리단집회의 결의를 거쳐야 하는데도, 그러한 결의를 거치지 않았으므로 甲의 청구는 허용될 수 없다.

나. 보존행위와 관련된 사례

(1) 공유물에 대한 유해등기 말소등기 청구

A. 개관

• 공유물에 대해 유해등기가 마쳐진 경우, 각 공유자는 자신의 지분이 침해되는 한 유해등기 전부에 대한 말소등기 청구를 할 수 있다. 같은 맥락에서, 공유등기에 대해 원인무효인 말소등기가 마쳐진 경우, 각 공유자는 보존행위의 일환으로 모든 공유자의 지분소유권 이전등기에 대한 회복등기 청구를 할 수 있다(2003다 44615, 504면).

• 공유물의 일부 지분에 대해서만 유해등기가 마쳐진 경우: 이로 인해 자신의 지분에 영향을 받지 않는 공유자가 위 유해등기에 대한 말소등기청구를 하는 것은 보존행위가 아니라 다른 공유자의 지분을 대외적으로 주장하는 것에 불과하여 허용될 수 없다.

> **대법원 2023. 12. 7. 선고 2023다273206 판결**
> ‣ 부동산의 공유자의 1인은 공유 부동산에 관하여 제3자 명의로 원인무효의 소유권 이전등기가 마쳐져 있는 경우 공유물에 관한 보존행위로서 제3자에 대하여 그 등기 전부의 말소를 구할 수 있으나, 공유자가 다른 공유자의 지분권을 대외적으로 주장하는 것을 공유물의 멸실·훼손을 방지하고 공유물의 현상을 유지하는 사실적·법률적 행위인 공유물의 보존행위에 속한다고 할 수는 없으므로, 자신의 소유지분 범위를 초과하는 부분에 관하여 마쳐진 등기에 대하여 공유물에 관한 보존행위로서 무효라고 주장하면서 말소를 구할 수는 없다.
> ‣ 결국 공유물에 관한 원인무효의 등기에 대하여 모든 공유자가 항상 공유물의 보존행위로서 말소를 구할 수 있는 것은 아니고, **원인무효의 등기로 인하여 자신의 지분**

이 침해된 공유자에 한하여 공유물의 보존행위로서 그 등기의 말소를 구할 수 있을 뿐이므로, 원인무효의 등기가 특정 공유자의 지분에만 한정하여 마쳐진 경우에는 그로 인하여 지분을 침해받게 된 특정 공유자를 제외한 나머지 공유자들은 공유물의 보존행위로서 위 등기의 말소를 구할 수는 없다.

B. 공유물 전부에 대해 마쳐진 유해등기에 대한 진정명의 회복 소유권 이전등기

- 보존행위의 일환으로 공유물 전부에 대한 유해등기 말소등기 청구를 할 수 있는 공유자는 말소등기 청구 대신 진정명의 회복을 원인으로 하는 소유권이전등기 청구를 할 수도 있다.

- 이를 위해 다른 공유자의 지분에 대해서도 각 지분에 따른 진정명의회복을 원인으로 하는 소유권이전등기 청구를 할 수 있다. 말소등기청구와 진정명의회복 소유권이전등기는 실질적으로 목적이 동일하기 때문이다.

> 부동산의 공유자 중 한 사람은 공유물에 대한 보존행위로서 그 공유물에 관한 원인무효의 등기 전부의 말소를 구할 수 있고, 진정명의회복을 원인으로 한 소유권이전등기 청구권과 무효등기의 말소청구권은 어느 것이나 진정한 소유자의 등기명의를 회복하기 위한 것으로서 실질적으로 그 목적이 동일하고 두 청구권 모두 소유권에 기한 방해배제청구권으로서 그 법적 근거와 성질이 동일하므로, 공유자 중 한 사람은 공유물에 경료된 원인무효의 등기에 관하여 각 공유자에게 해당 지분별로 진정명의회복을 원인으로 한 소유권이전등기를 이행할 것을 단독으로 청구할 수 있다(대법원 2005. 9. 29. 선고 2003다40651 판결).

- 다만 유해등기 명의인도 공유자들 중 1인이라면, 그 자의 지분비율에 대해서는 말소등기청구를 할 수 없다. 실체관계 부합 등기에 해당하기 때문이다.

> 공유 부동산에 관하여 제3자 명의로 원인무효의 소유권이전등기가 경료되어 있는 경우 공유자들 중 1인은 공유물에 관한 보존행위로서 제3자에 대하여 그 등기 전부의 말소를 구할 수 있다고 할 것이나, 원인무효등기 명의인인 제3자가 공유자 중의 1인인 경우 그 소유권이전등기는 그 1인의 공유지분에 관하여는 실체관계에 부합하는 등기라고 할 것이므로, 이러한 경우 공유자의 1인은 단독 명의로 등기를 경료하고 있는 공유자에 대하여 그 공유자의 공유지분을 제외한 나머지 공유지분 전부에 관하여만 소유권이전등기 말소등기절차의 이행을 구할 수 있다(대법원 2015. 4. 9. 선고 2012다2408 판결).

C. 다른 공유자의 지분에 대해서만 마쳐진 유해등기 말소등기 청구: 보존행위 아님

(a) 사안의 개요

- X임야의 소유자인 A는 4촌 이내 혈족이나 배우자가 전혀 없으므로 자신에게 법정상속인이 없다고 생각했다. 이에 A는 친지인 甲·乙에게 제사를 부탁하면서 이들에게 각각 X임야의 1/4지분에 대한 지분소유권이전등기를 마쳤고, 그 결과 X임야에 대한 공유지분은 A 1/2, 甲·乙 각 1/4이 되었다. A는 1985. 사망했는데, 乙은 2006. 특별조치법상 등기과정에서 A의 1/2지분을 증여받았다는 보증서를 첨부하여 지분소유권 이전등기를 마쳤고, 그 결과 乙이 3/4지분권자가 되었다.
- 甲은 위 보증서가 허위임을 이유로, 2006. 마쳐진 乙의 1/2 지분소유권 이전등기의 말소를 청구한다. 이에 대해 원심은 A가 상속인 없이 사망한 이상 A의 1/2지분의 1/2에 해당하는 1/4은 甲에게 귀속되었으므로(§267), 甲은 자신에게 귀속된 1/4지분에 대해서는 원인무효임을 이유로 말소를 구할 권원이 인정된다고 보아, 원고의 청구를 인용했다.

(b) 쟁점과 판단

- 대법원은 원심을 파기했다. A가 사망한 1985. 당시에 적용되던 상속법에 의하면 '8촌이내 혈족'까지 4순위 상속권이 인정되었는데, A에게는 5촌혈족 丙이 있었다.
- 따라서 특별조치법에 의해 乙이 무단으로 등기한 1/2지분은 원래 甲·乙의 공유대상조차 아니었고 A의 상속인의 丙의 것이었다. 따라서 甲은 보존행위를 근거로 丙의 지분에 대해서만 마쳐진 乙명의 1/2지분 소유권이전등기가 원인무효임을 대외적으로 주장할 수 없다.

대법원 2010. 1. 14. 선고 2009다67429 판결

- 원고가 피고 명의로 마쳐진 **소유권보존등기의 말소를 구하려면 먼저 원고에게 그 말소를 청구할 수 있는 권원이 있음을 적극적으로 주장·증명**하여야 하며, 만일 원고에게 이러한 권원이 있음이 인정되지 않는다면 설사 피고 명의의 소유권보존등기가 말소되어야 할 **무효의 등기라고 하더라도 원고의 청구를 인용할 수 없다.**
- 부동산의 공유자의 1인은 당해 부동산에 관하여 제3자 명의로 원인무효의 소유권이전등기가 경료되어 있는 경우 공유물에 관한 **보존행위로서 제3자에 대하여 그 등기 전부의 말소를 구할 수 있으나, 공유자가 다른 공유자의 지분권을 대외적으로 주**

장하는 것을 공유물의 **보존행위에 속한다고 할 수 없**으므로, 자신의 소유지분을 침해하는 지분 범위를 초과하는 부분에 대하여 공유물에 관한 보존행위로서 무효라고 주장하면서 그 부분 등기의 말소를 구할 수는 없다.

D. 확인의 이익

- 공유물의 소유권이나 공유 지분에 대한 다툼이 있는 경우, 각 공유자는 자신의 지분에 대해서만 확인의 이익이 인정된다. 따라서 자신의 지분에 대해서만 확인 청구를 할 수 있으며, 다른 공유자의 지분에 대한 확인청구는 물론 공유물 전부에 대한 공유관계 확인 청구도 확인의 이익이 없다.
- 논거: 다른 공유자의 지분 확인을 구하는 것은 공유물의 멸실·훼손 방지나 현상 유지와 무관하기 때문에 보존행위가 아니다.

> **대법원 1994. 11. 11. 선고 94다35008 판결**
>
> ‣ 공유자의 지분은 다른 공유자의 지분에 의하여 일정한 비율로 제한을 받는 것을 제외하고는 독립한 소유권과 같은 것으로 **공유자는 그 지분을 부인하는 제3자에 대하여 각자 그 지분권을 주장하여 지분의 확인을 소구**하여야 하는 것이고, 공유자 일부가 제3자를 상대로 타공유자의 지분의 확인을 구하는 것은 타인의 권리관계의 확인을 구하는 소에 해당하므로 그 타인 간의 권리관계가 자기의 권리관계에 영향을 미치는 경우에 한하여 확인의 이익이 있다고 할 것이며, **공유물 전체에 대한 소유관계 확인도 이를 다투는 제3자를 상대로 공유자 전원**이 하여야 하는 것이지 공유자 일부만이 그 관계를 대외적으로 주장할 수 있는 것이 아니므로, 특별한 사정이 없이 **타공유자의 지분의 확인을 구하는 것은 확인의 이익이 없다.**
>
> ‣ 공유자가 **다른 공유자의 지분권을 대외적으로 주장하는 것**을 공유물의 멸실·훼손을 방지하고 공유물의 현상을 유지하는 사실적·법률적 행위인 **공유물의 보존행위에 속한다고도 할 수 없**을 것이므로 다른 공유자의 지분확인 청구는 확인의 이익이 없다

(2) 공유물 전부를 무단점유한 자에 대한 §213 청구

A. 제3자가 점유자인 경우

- 원칙: 각 공유자는 공유물 전부에 대한 §213청구를 할 수 있다.
- 예외: 제3자의 점유 권원의 원인행위가 공유물 관리행위로서의 요건을 충족한 경우에는 §213 단서가 적용된다. 예컨대 과반수 지분권자가 제3자에게 공유물

전부를 임대한 경우, 다른 공유자는 임차인을 상대로 공유물 반환을 청구할 수 없다.

> **과반수 지분의 공유자가 그 공유물의 특정 부분을 배타적으로 사용·수익하기로 정하는 것은 공유물의 관리방법으로서 적법**하다고 할 것이므로, 과반수 지분의 공유자로부터 사용·수익을 허락받은 점유자에 대해 소수 지분의 공유자는 건물의 철거나 퇴거 등 그 **점유의 배제를 구할 수 없다**(대법원 2009. 6. 25. 선고 2009다22235 판결).

B. 소수지분권자들 사이의 물권적청구권 행사

(a) 사안의 개요

- X토지에 대한 1/2지분권자인 乙은 X토지 전부를 단독으로 점유하면서 수목을 식재하였다.

- X토지에 대한 1/2지분권자인 甲은 乙을 상대로 §213에 근거한 X토지의 반환과 §214에 근거한 지상 수목 제거를 청구한다.

(b) 쟁점과 판단: §213의 청구 기각, §214의 청구 인용

- §213의 반환청구는 기각된다. ㉠ §265는 이해관계가 대립하는 경우에는 적용될 수 없고, ㉡ 甲의 반환청구를 인정하면 이로 인해 乙의 1/2지분에 따른 사용·수익권이 박탈되며, ㉢ 乙도 다시 甲에게 §213의 반환청구를 할 수 있으므로 분쟁이 반복된다.

- §214의 방해배제청구는 인용된다. ㉠ 공유자의 사용·수익권은 과반수 지분의 동의 없이도 인정되므로, 비배타적 사용·수익은 소수지분권자에게도 인정된다. ㉡ 사용·수익은 소유권의 핵심적 권능이므로 지분에 기한 공유물 사용·수익권 행사에 대한 방해에 대해서는 소수지분권자이더라고도 §214의 방해배제 청구를 할 수 있다.

- 이를 위한 청구취지는 공유물에 대한 소수지분권자의 사용·수익 방해를 초래하는 행위나 방해물을 구체적으로 특정하고, 방해배제를 위한 작위나 방해예방을 위한 부작위를 청구하는 형태로 구성된다. 이때 부작위를 명하는 판결에 대해서는 간접강제로 집행할 수 있다.

대법원 2020. 5. 21. 선고 2018다287522 전원합의체 판결 다수의견

- 공유물의 소수지분권자인 피고가 다른 공유자와 협의하지 않고 공유물의 전부 또는 일부를 독점적으로 점유하는 경우 **다른 소수지분권자인 원고가 피고를 상대로 공유물의 인도를 청구할 수는 없다**고 보아야 한다. ㉠ 애초에 보존행위를 공유자 중 1인이 단독으로 할 수 있도록 한 것은 보존행위가 다른 공유자에게도 이익이 되기 때문이라는 점을 고려하면, 이러한 행위는 제265조 단서에서 정한 보존행위라고 보기 어렵다. ㉡ 피고가 단독 소유자인 것처럼 공유물을 독점하는 것은 **지분비율을 초과하는 한도에서만 위법**하다고 보아야 한다. 따라서 원고의 인도청구를 허용한다면, 피고의 점유를 전면적으로 배제함으로써 **피고가 적법하게 보유하는 '지분비율에 따른 사용·수익권'까지 근거 없이 박탈하는 부당한 결과를 가져온다.** ㉢ 원고의 피고에 대한 물건 인도청구가 인정되려면 먼저 원고에게 인도를 청구할 수 있는 권원이 인정되어야 한다. 원고 역시 피고와 마찬가지로 소수지분권자에 지나지 않으므로 원고가 단독으로 공유물을 점유하도록 인도해 달라고 청구할 권원은 없다.

- 원고는 공유물을 독점적으로 점유하면서 원고의 공유지분권을 침해하고 있는 피고를 상대로 지분권에 기한 **방해배제청구권을 행사함으로써 피고가 자의적으로 공유물을 독점하고 있는 위법 상태를** 제거하고 공유물이 본래의 취지에 맞게 공유자 전원의 공동 사용·수익에 제공되도록 할 수 있다. ㉠ 공유자들은 **공유물 전부를 사용·수익할 수 있는 권리**가 있고(제263조) 공유물 관리에 관한 **결정이 없는 경우에도 마찬가지**이므로 다른 공유자의 사용·수익권을 침해하지 않는 방법으로, 즉 **비독점적인 형태로 공유물 전부를 다른 공유자와 함께 점유·사용하는 것은 자신의 지분권에 기초한 것으로 적법**하다.

- 공유자는 자신의 **지분권 행사를 방해하는 행위에 대해 제214조에 따른 방해배제청구권을 행사할 수 있고, 공유물에 대한 지분권은 공유자 개개인에게 귀속되는 것이므로 공유자 각자**가 행사할 수 있다. 따라서 공유물의 소수지분권자가 다른 공유자와 협의 없이 공유물의 전부 또는 일부를 독점적으로 점유·사용하고 있는 경우 다른 소수지분권자는 **공유물의 보존행위로서 그 인도를 청구할 수는 없고, 다만 자신의 지분권에 기초하여 공유물에 대한 방해 상태를 제거하거나 공동 점유를 방해하는 행위의 금지 등을 청구할 수 있다.**

- 방해배제 청구의 구체적 모습으로, 乙이 소유한 **지상물이 존재하는 경우 지상물은** 그 존재 자체로 다른 공유자의 공유 토지에 대한 점유·사용을 방해하므로 **甲은 지**

상물의 철거나 수거를 청구할 수 있다(대체집행의 방법으로 집행된다). 甲은 공유물의 종류, 용도, 상태나 당사자의 관계 등을 고려해서 **甲의 공동 점유를 방해하거나 방해할 염려 있는 乙의 행위와 방해물을 구체적으로 특정하여 방해의 금지·제거·예방(작위·부작위의무의 이행)을 청구하는 형태로 청구취지를** 구성할 수 있다. 이때 방해금지 등의 부대체적 작위의무나 부작위의무는 간접강제의 방법으로 민사집행법에 따라 실효성 있는 강제집행을 할 수 있다.

2. 관리행위

가. 관리행위의 의미, 다른 행위들과의 관계

(1) 관리행위의 의미

* 관리행위는 물건의 동일성을 유지하는 한도 내에서 그 물건의 성상을 변화시키는 행위를 뜻한다. ㉠ 공유물에 본질적 변화를 초래한다는 점에서 공유물의 현상 유지에 그치는 보존행위와 다르고, ㉡ 공유물에 본질적 변화를 일으켜 그 동일성에 영향을 미치는 정도에 이르지는 않는다는 점에서 처분·변경과도 다르다.
* 예컨대 공유물인 나대지에 건물을 신축하는 행위는 나대지에 대한 변경행위에 해당하므로 과반수 지분의 동의만으로는 부족하고 공유자 전원의 동의가 필요하다.

  사용·수익의 내용이 공유물의 기존의 모습에 **본질적 변화를 일으켜 '관리' 아닌 '처분'이나 '변경'의 정도에 이르는 것이어서는 안 된다. 예컨대 다수지분권자라 하여 나대지에 새로이 건물을 건축한다든지 하는 것은 '관리'의 범위를 넘는 것**이 될 것이다(대법원 2001. 11. 27. 선고 2000다33638 판결).

(2) 사용·수익과의 관계

* 사용·수익을 위한 구체적 방법을 결정하는 것은 관리행위의 일종이지만, 관리와 사용·수익은 의미가 다르다.
* 관리 방법 결정 기준과 수익배분 기준의 관계: ㉠ 공유물의 관리 방법은 지분 과반수로 결정되지만(§265본문), 이 경우에도 각 공유자는 지분 비율에 따라 공유물 전부를 사용수익 할 수 있다(§263후단). ㉡ 따라서 과반수 지분권자가 임의로 공유물 전부를 단독으로 사용해도 적법한 관리행위이지만, 과반수 지분권자는 그 수익을 다른 공유자들에게도 각 지분 비율에 따라 분배해야 한다. 만약 과반수 지분권자가 수익을 독식하면 다른 공유자들에 대한 §741 채무가 발생한다.

공유자 중 일부가 특정 부분을 배타적으로 점유·사용하는 경우 비록 그 **특정한 부분이 자기의 지분비율에 상당하는 면적의 범위내라 할지라도** 다른 공유자들 중 지분은 있으나 사용·수익은 전혀 하고 있지 아니함으로써 손해를 입고 있는 자에 대하여는 과반수 지분권자를 비롯하여 사용·수익을 하고 있는 공유자가 각자의 **지분에 상응하는 부당이득을 하고 있다고 보아야 한다.** 왜냐하면 **모든 공유자는 공유물 전부를 지분의 비율로 사용 수익할 수 있기 때문**이다(대법원 2011. 7. 14. 선고 2009다76522 판결).

공유물인 토지의 관리방법으로서 특정 부분을 배타적으로 사용·수익하는 과반수 지분권자는, 그로 말미암아 그 부분을 전혀 사용·수익하지 못하여 손해를 입는 **소수지분권자의 지분만큼 임료 상당 부당이득**을 얻는 것이므로 이를 반환할 의무가 있다. 소수지분권자가 공유물을 자기 지분 비율로 사용·수익할 권리(제263조)가 침해되었기 때문이다(대법원 2021. 12. 30. 선고 2021다252458 판결).

• 사례: 과반수 지분권자로부터의 공유물을 임차한 임차인은 적법한 사용·수익의 권원이 있으므로 소수지분권자에 대해서도 §741 채무를 부담하지 않는다.

과반수 지분의 공유자로부터 다시 그 특정 부분의 사용·수익을 허락받은 제3자의 점유는 다수지분권자의 공유물관리권에 터잡은 적법한 점유이므로 그 제3자는 **소수지분권자에 대하여도 그 점유로 인하여 법률상 원인 없이 이득을 얻고 있다고는** 볼 수 없다(대법원 2002. 5. 14. 선고 2002다9738 판결).

(3) 사례: 공유물 임대차와 관리행위의 범위

• 공유물인 부동산에 대한 임대차계약 체결은 물론 그 해지, 갱신거절 통지 등의 행위는 모두 관리행위에 해당한다.

공유자가 공유물을 타인에게 **임대하는 행위 및 그 임대차계약을 해지**하는 행위는 공유물의 **관리행위에 해당**하므로 제265조 본문에 의하여 공유자의 지분의 과반수로써 결정하여야 한다(대법원 2019. 5. 30. 선고 2016다245562 판결).

• 따라서 주택임대차보호법이 적용되는 건물이 공유물인 경우, 소수 지분권자가 갱신 거절 통지를 했더라도 이러한 갱신 거절 통지는 무효이므로 법정 갱신이 이루어진 것으로 인정된다.

따라서 상임법이 적용되는 경우 법 제10조 제4항에 의하여 **임차인에게 갱신 거절의 통지를 하는 행위는 실질적으로 임대차계약의 해지**와 같이 공유물의 임대차를 종료시키는 것이므로, 공유물의 관리행위에 해당하고, **공유자의 지분의 과반수**로써 결정하여야 한다(대법원 2010. 9. 9. 선고 2010다37905 판결).

나. 관리 방법 결정

(1) 원칙: 지분 과반수 동의로 결정

• 과반수 지분권자는 단독으로 공유물 전부에 대한 관리 방법을 정할 수 있다.

> 제265조(공유물의 관리, 보존) 본문: 공유물의 관리에 관한 사항은 공유자의 지분의 과반수로써 결정한다.

• 과반수 지분권자가 공유물의 전부나 특정부분을 배타적으로 사용·수익하는 것도 적법한 관리방법이다.

> 공유자 사이에 공유물을 **사용·수익할 구체적인 방법을 정하는 것은 공유물의 관리**에 관한 사항으로서 공유자의 지분의 과반수로써 결정하여야 할 것이고, **과반수 지분의 공유자**는 다른 공유자와 사이에 미리 공유물의 **관리방법에 관한 협의가 없었다 하더라도 공유물의 관리에 관한 사항을 단독으로 결정**할 수 있으므로, 과반수 지분의 공유자가 그 **공유물의 특정 부분을 배타적으로 사용·수익하기로 정하는 것은 공유물의 관리방법으로서 적법**하다(대법원 2019. 5. 30. 선고 2016다245562 판결).

(2) 사례: 관리 방법에 관한 특약

A. 원시적 결정

• 지분 과반수로 관리 방법에 관한 약정을 하는 경우 이러한 특약에 따라 공유물 관리 방법이 정해진다.

• 관리 방법에 관한 특약은 지분에 대한 특정승계인에게도 적용됨이 원칙이다. 다만 사용·수익권 포기처럼 지분권의 본질에 반하는 내용의 특약은 특정승계인의 악의 취득 등의 특별한 사정이 인정되는 경우에만 특정승계인에게도 적용된다.

> 공유자간의 공유물에 대한 사용수익, 관리에 관한 특약은 공유자의 특정승계인에 대하여도 **당연히** 승계된다고 할 것이나, 공유물에 관한 특약이 지분권자로서의 사용·수익권을 사실상 포기하는 등으로 공유지분권의 **본질적 부분을 침해한다고 볼 수 있**

<u>는 경우</u> 그러한 특약의 효과가 특정승계인에게 항상 미치지 않는 것은 아니고 특정승계인이 그러한 사실을 <u>알고도 공유지분권을 취득하였다는 등의 특별한 사정이 없는</u> 경우 특정승계인에게 당연히 승계되지 않는다(대법원 2009. 12. 10. 선고 2009다54294 판결).

B. 후발적 변경

- 관리 방법에 관한 특약을 변경하려면 ㉠ 지분 과반수의 동의뿐 아니라 ㉡ 기존 특약을 변경할 만한 사정도 인정되어야 한다.
- 예컨대 관리 방법에 관한 특약에 대해 악의인 소수 지분권자는 지분 양수를 통해 과반수 지분권자가 되더라도 사정변경이 없는 한 특약 변경을 할 수 없다.

> **대법원 2005. 5. 12. 선고 2005다1827 판결**
>
> ‣ 공유자 간의 공유물에 대한 <u>사용수익·관리에 관한 특약은 공유자의 특정승계인에 대하여도 당연히 승계</u>된다고 할 것이나, 제265조에 의해 위와 같은 특약 후에 공유자에 변경이 있고 특약을 변경할 만한 사정이 있는 경우에는 **공유자의 지분의 과반수의 결정으로 기존 특약을 변경할 수 있다**고 할 것이다 .
>
> ‣ X토지 공유자인 甲·丙·丁의 특약으로, 丙이 Y건물을 신축하여 그 대지인 X토지를 배타적으로 사용·수익하기로 한 경우, 이 특약은 丙의 특정승계인 乙뿐 아니라 甲·丁의 특정승계인에 대해서도 승계된다. 甲이 丁의 지분을 승계하여 **과반수 지분을 가지게 된 경우 특약을 변경할 만한 사정이 있는 경우에는 甲는 乙에게 위 특약의 변경을 구할 수 있고, 그에 대한 합의가 이루어지지 아니하는 경우, 과반수 지분권자인 甲의 결정에 의하여 특약을 변경할 수 있다**고 할 것이다.
>
> ‣ 특약을 변경할 만한 사정이 있는지 여부에 대하여 살피건대 甲는 위 특약의 당사자로서 위와 같은 **특약의 내용을 잘 알고 있음에도** 특약 후 丙을 제외한 나머지 공유자인 丁의 **공유지분을 증여받아 과반수 지분권자가** 된 점, 乙이 공유물분할을 원하는데도 공유물 분할에 앞서 과반수 지분권자인 甲의 요구에 따라 위 특약의 변경을 받아들여 Y건물을 철거하는 것은 사회·경제적으로 바람직하지 않다고 보이는 점 등에 비추어 보면, 이 사건에서 위 <u>특약을 변경할 만한 사정이 있다고 보기는 어렵</u>다고 할 것이다.

3. 공유물에 대한 부담

가. 적용대상

(1) 공유물 관리 비용

(2) 그 밖의 부담: 보존행위를 위한 소송비용, §758에 의한 손해배상책임 등

나. 분담방법

(1) 내부관계

- 공유자들의 합의로 정한다.
- 합의가 안 되면 임의규정인 §266 ①에 따라 지분비율로 분담한다.

> 제266조(공유물의 부담) ① 공유자는 그 지분의 비율로 공유물의 관리비용 기타 의무를 부담한다.

(2) 외부관계

- 공유자들과 상대방 사이의 약정이 우선 적용되고, 이에 관한 약정이 없으면 법률관계의 성질에 따라 결정된다. 예컨대 공유물의 부담과 관련된 채무에 대해 상법이 적용되면 공유자들은 연대채무가 되고(상법 §57), 상법이 적용되지 않으면 불가분채무자가 된다.
- 상대방과 특정 공유자 사이에 비용 부담 약정이 있더라도, 내부적으로는 §266에 따라 정산해야 한다. 예컨대 공유자인 A·B·C 중 A가 상대방 甲에게 공사비 300만원을 책임지기로 한 경우 A는 甲에게 300만원 전액을 지급할 의무가 있지만, B·C에게 각 100만원씩을 구상할 수 있다.

> 제266조(공유물의 부담) ① 공유자는 그 지분의 비율로 공유물의 관리비용 기타 의무를 부담한다.

> 제266조의 관리비용의 부담의무는 공유자의 **내부관계에 있어서 부담을 정하는 것일 뿐이므로 제3자와의 관계는 당해 법률관계에 따라 결정**된다고 할 것인바, 甲·乙이 공유한 X토지에 대한 공사계약을 하면서 공유자중 1인인 甲과 수급인 丙이 공사대금은 甲이 책임지기로 합의한 경우 피고 회사에 대하여 그 공사비를 **직접 부담해야 할 사람은 甲만**이라 할 것이고, 다만 甲은 지출한 공사비 중 乙의 지분비율에 따른 공사비만을 상환청구할 수 있을 뿐이다(대법원 1991. 4. 12. 선고 90다20220 판결).

(3) 사례

- 사안의 개요: 집합건물 일부 층에 개설된 X숙박업소를 甲·丙 각 1/4 지분, 丁 2/4 지분으로 공유하고 있다. 甲·丙·丁은 2007년 1월분부터 관리비의 일부를 미납하기 시작했고, 위 집합건물의 소유자 乙은 甲에게 미납 관리비 및 연체료 전액의 지급을 청구한다.
- 쟁점과 판단: 甲은 乙의 청구에 응할 의무가 있다. 숙박업에 대해서는 상법이 적용되므로 甲·丙·丁은 연대채무자이기 때문이다. §266 ①은 연대채무자들 간의 내부적 분담비율을 결정하는 기준이 될 뿐이다.

> **대법원 2009. 11. 12. 선고 2009다54034 판결**
> - 공유자가 공유물의 **관리에 관하여 제3자와의 사이에 계약을 체결**한 경우에 그 계약에 기하여 **제3자가 지출한 관리비용의 상환의무**를 누가 어떠한 내용으로 부담하는가는 일차적으로 당해 **계약의 해석**으로 정하여진다.
> - 공유자들이 공유물의 관리비용을 각 지분의 비율로 부담한다는 내용의 제266조 제1항은 공유자들 사이의 **내부적인 부담관계**에 관한 규정일 뿐이다. 숙박업은 공중접객업으로서 상행위에 해당하여 상법 제57조가 적용된다. 甲 등은 공동으로 乙과 X사업장의 관리에 관한 계약을 체결하였다고 할 것인데 그 계약은 甲 등에 있어서 상행위임이 명백하다. 따라서 甲은 丙, 丁와 연대하여 위 관리비 등 전액에 관하여 乙에게 그 지급의무를 부담한다.

다. 분담의무 불이행

- 지분매수 형성권: 공유물에 관한 부담을 분담할 의무를 1년 이상 이행하지 않는 공유자가 있으면, 다른 공유자는 상당한 가액으로 분담 의무 불이행 공유자의 지분을 매수할 수 있다. 이 권리의 법적 성질은 형성권이다.

> 제266조(공유물의 부담) ② 공유자가 1년 이상 전항의 의무이행을 지체한 때에는 다른 공유자는 상당한 가액으로 지분을 매수할 수 있다.

- 매수대금 선이행의무: 다만 이 경우 지분 대금 지급의무가 선이행 의무라고 본다.

> 제266조 제2항의 규정에 의하여 공유자가 다른 공유자의 의무이행지체를 이유로 그 지분의 매수청구권을 행사함에 있어서는 매수대상이 되는 지분 전부의 매매대금을 제공한 다음 매수청구권을 행사하여야 할 것이다(대법원 1992. 10. 9. 선고 92다25656 판결).

4. 공유물의 처분 · 변경

가. 개관

(1) 의미

- 처분 · 변경은 공유물에 본질적 변화를 일으키는 행위로서, 사실행위 · 법률행위를 불문한다. 법률행위에 의한 변경의 예로서 공유물 전부에 대한 제한물권 설정을 들 수 있다.

  > 사용 · 수익의 내용이 **공유물의 기존의 모습에 본질적 변화를 일으켜** '관리' 아닌 '처분'이나 '변경'의 정도에 이르는 것이어서는 안 될 것이다(대법원 2001. 11. 27. 선고 2000다33638 판결).

- 처분은 공동소유 자체를 종료시키지만 변경은 공동소유 관계를 유지시킨다는 점이 다르다.

(2) 처분 · 변경의 요건

- 공유물을 처분 · 변경하려면 공유자 전원이 동의해야 한다.

  > 제264조(공유물의 처분, 변경) 공유자는 다른 공유자의 동의없이 공유물을 처분하거나 변경하지 못한다.

- 공유자 전원의 동의를 얻지 못한 처분행위를 원인으로 등기가 마쳐진 경우, 동의한 공유자들의 지분에 대해서만 실체관계에 부합하는 유효한 등기로 인정된다.

  > 공유자 중 1인이 다른 공유자의 동의 없이 그 공유 토지를 매도하여 타인 명의로 소유권이전등기가 마쳐졌다면, 그 매도 토지에 관한 소유권이전등기는 **처분공유자의 공유지분 범위 내에서는 실체관계에 부합하는 유효한 등기**라고 보아야 한다(대법원 2008. 4. 24. 선고 2008다5073 판결).

나. 사례: 공유와 법정지상권

(1) 대지 단독 소유자가 지상 건물 공유자인 경우

A. 개관

- 대지 저당권 설정 당시 지상 건물 공유자들 중 1인이 대지 전부를 단독소유한 경우, 법정지상권의 요건인 '동일인 소유인 대지 · 건물'로 인정된다.
- 대지에 관한 이해관계인인 대지 양수인이나 대지 저당권자는 이러한 부담을 예

상할 수 있었기 때문이다.

B. 사안의 개요

• A는 자신이 소유한 X토지에 Y건물을 신축했으나 보존등기를 마치지 않았다.

• A가 1994. 사망하자 공동상속인인 A의 배우자 丁과 A의 자녀 乙·丙의 상속재산 분할 협의에 의해 X토지를 丁의 단독소유로 하는 상속등기가 마쳐졌다.

• 丁은 2010. 8. 23. 丙에게 X토지를 증여하여 丙명의 소유권이전등기가 마쳐졌다.

• 丙에 대한 채권자 B가 실행한 X토지 경매 절차에서 甲은 2014. 1. 12. 매각대금을 납부하여 소유권을 취득한 후 乙·丙에게 Y건물 철거와 X토지 인도 및 X토지의 차임 상당 부당이득을 구하는 소를 제기했다.

C. 쟁점과 판단

• 상속개시 후 Y건물은 乙·丙·丁의 공유가 되지만 X토지는 丁의 단독소유가 된다. 분할협의의 소급효가 인정되기 때문이다(§1015).

• 대지의 단독소유자가 건물 공유자인 상태에서 대지 소유권만 이전된 경우, 건물을 위한 관습법상 법정지상권이 발생한다. 또한 관습법상 법정지상권이 발생한 대지의 매수인은 법정지상권의 등기 여부와 무관하게 그 부담을 승계한다. 따라서 甲의 주장은 이유 없다.

✓ 대지 매수인 甲으로서는 매도인에게 §578·§575의 담보책임을 추궁할 수 있을 뿐이다.

건물공유자의 1인이 그 건물의 부지인 토지를 단독으로 소유하면서 그 토지에 관하여만 저당권을 설정하였다가 위 저당권에 의한 경매로 인하여 토지의 소유자가 달라진 경우에도, 위 토지소유자는 자기뿐만 아니라 다른 건물공유자들을 위하여도 위 토지의 이용을 인정하고 있었다고 할 것인 점, 저당권자로서도 저당권 설정 당시 법정지상권의 부담을 예상할 수 있었으므로 불측의 손해를 입는 것이 아닌 점, 건물의 철거로 인한 사회경제적 손실을 방지할 공익상의 필요성도 인정되는 점 등에 비추어 위 건물공유자들은 제366조에 의하여 토지 전부에 관하여 건물의 존속을 위한 법정지상권을 취득한다(대법원 2014. 9. 4. 선고 2011다73038 판결).

원심은 丁이 2010. 8. 23. 丙에게 이 사건 토지를 증여할 당시 이 사건 각 건물 전부의 소유자는 아니고 상속지분에 따른 공유자에 불과하였으므로, 그 증여 당시 이 사건 토지와 이 사건 각 건물의 소유권이 동일인에게 속하였다고 볼 수 없다는 이유만으로 乙

· 丙이 관습법상 법정지상권을 취득하지 못한다고 판단하였다. 그러나 대지의 단독소유자가 그 지상 건물을 다른 사람과 공유하면서 대지만을 타인에게 매도한 경우 건물 공유자들은 대지에 관하여 관습법상 법정지상권을 취득한다(대법원 2022. 7. 21. 선고 2017다236749 전원합의체 판결).

(2) 대지 공유자가 지상 건물 단독소유자인 경우

* 대지 공유자 중 과반수 지분권자는 공유 대지에 대한 사용·수익 방법의 일환으로 지상 건물을 신축할 수 있다.
* 그러나 이러한 건물을 위한 법정지상권은 인정될 수 없다. 공유 대지에 대해 법정지상권과 같은 제한물권을 설정하는 것은 처분·변경에 해당하여 모든 공유자의 동의가 필요하므로, 소수지분권자의 동의가 없는 한 법정지상권이 인정될 수 없다.

대법원 2014. 9. 4. 선고 2011다73038 판결

* 건물공유자의 한 사람이 그 대지를 단독소유한 사안과는 달리 **토지공유자**의 한 사람이 **다른 공유자의 지분 과반수의 동의를 얻어 건물을 신축하여 단독소유한 후 토지와 건물의 소유자가 달라진 경우** 토지에 관하여 관습법상의 법정지상권이 성립되는 것으로 보게 되면 이는 토지공유자의 1인으로 하여금 자신의 지분을 제외한 다른 공유자의 지분에 대하여서까지 지상권설정의 처분행위를 허용하는 셈이 되어 부당하다.
* 이러한 법리는 ㉠ 제366조의 법정지상권의 경우에도 마찬가지로 적용되고, 나아가 ㉡ **토지와 건물 모두가 각각 공유에 속한 경우**에 토지에 관한 공유자 일부의 지분만을 목적으로 하는 근저당권이 설정되었다가 경매로 인하여 그 지분을 제3자가 취득하게 된 경우에도 **마찬가지로** 적용된다.

(3) 대지·건물이 모두 공유인 경우

A. 사안의 개요

* 甲·丁은 X토지와 그 위에 있는 Y건물을 공유하고 있었는데, X토지·Y건물 각각에 대한 甲·丁의 지분은 각 1/2이었다.
* Y건물에 대한 甲의 지분이 乙에게 이전된 후, 丁의 지분은 丙에게 이전되어, 乙·丙이 Y건물을 공유하고 있다.
* 원심은, 원래 甲·丁의 공유였던 X토지·Y건물의 공유자가 서로 달라졌을 때 관습법상 법정지상권이 성립했으므로 건물 공유자 乙·丙은 토지 공유자 甲·丁에

게 지료를 지급할 의무가 있다고 판단했다.

B. 쟁점과 판단

• 대법원은 원심을 파기했다.

• Y건물에 대한 甲의 지분이 乙에게 이전되었을 때, X토지 공유자의 丁의 동의 없이 X토지에 관습상 법정지상권이 인정될 수는 없다. 따라서 乙에게는 관습법상 법정지상권이 인정되지 않는다.

• Y건물에 대한 丁의 지분이 丙에게 이전되었을 때, Y건물 공유자는 乙·丁이고 X토지 공유자는 甲·丁이었으므로 '동일인의 공동소유'가 아니었다. 따라서 丙에게도 관습법상 법정지상권이 인정될 수 없다.

대법원 2022. 8. 31. 선고 2018다218601 판결

‣ 토지 및 그 지상 건물 모두가 각 공유에 속한 경우 토지 및 건물공유자 중 1인이 그 중 건물 지분만을 타에 증여하여 토지와 건물의 소유자가 달라진 경우에도 해당 토지 전부에 관하여 건물의 소유를 위한 관습법상 법정지상권이 성립된 것으로 보게 된다면, 이는 토지공유자의 1인으로 하여금 다른 공유자의 의사에 기하지 아니한 채 자신의 지분을 제외한 다른 공유자의 지분에 대하여서까지 지상권설정의 처분행위를 허용하는 셈이 되어 부당하다. 따라서 이 사건 토지 및 건물공유자 중 1인인 甲이 乙에게 위 건물의 공유지분을 이전함으로써 토지와 건물의 소유자가 달라졌다고 하여 乙에게 이 사건 토지에 관한 관습법상 법정지상권의 성립을 인정할 수 없다.

‣ 나아가, 관습법상 법정지상권은 동일인 소유이던 토지와 그 지상 건물임을 전제로 인정되는 것인데, 丙이 Y건물 중 1/2지분을 이전받았을 당시 X토지는 甲·丁이 각 1/2지분씩, Y건물은 乙·丁이 각 1/2지분씩 공유하고 있는 상태로서 토지와 건물 자체가 동일인의 소유였다고 볼 수도 없어, 丙에 대하여도 관습법상 법정지상권의 성립을 인정할 수 없다.

Ⅳ 공유물 분할

1. 개관

가. 공유물 분할의 의미

* 공유물 분할이란 종래의 공유관계를 해소·종료시키는 것을 뜻한다.
* 다만 공유물 분할절차를 거치더라도 공유 지분을 달리하여 공유가 다시 성립할 수도 있으므로, 공유물 분할이 반드시 공유관계의 소멸을 뜻하는 것은 아니다.

나. 공유물 분할 재판의 법적 성질과 한계

* 공유물 분할재판은 형식적 형성소송이므로 법원은 재량에 따른 공유물 분할 방법의 일환으로, 공유물 분할 청구를 한 특정 공유자에 대해서만 공유관계를 종료시키고 나머지 공유자들 사이의 공유관계를 유지시키는 것을 명할 수도 있다.
* 다만 모든 공유자들이 공유관계 유지를 원하지 않는데도 위와 같이 일부 공유자들에 대해 공유관계를 유지시키는 방식으로 분할을 명할 수는 없다.

> **대법원 2015. 7. 23. 선고 2014다88888 판결**
> ‣ 공유물분할청구의 소는 **형성의 소**로서 법원은 공유물분할을 청구하는 원고가 구하는 방법에 <u>구애받지 않고</u> **재량에 따라 합리적 방법**으로 분할을 명할 수 있으므로, 여러 사람이 공유하는 물건을 <u>현물분할하는 경우에는 분할청구자의 지분 한도 안에서 현물분할을 하고 분할을 원하지 않는 나머지 공유자는 공유로 남게 하는 방법</u>도 허용된다.
> ‣ 그렇다고 하더라도 공유물분할을 **청구한 공유자의 지분 한도** 안에서 공유물을 현물 또는 경매·분할함으로써 공유관계를 해소하고 단독소유권을 인정하여야지 <u>분할청구자들이 그들 사이의 공유관계의 유지를 원하고 있지 아니한데도 분할청구자들과 상대방 사이의 공유관계만 해소한 채 분할청구자들을 여전히 공유로 남기는 방식으로 현물분할을 하는 것은 허용될 수 없다.</u>
> ‣ 같은 맥락에서 분할청구자가 <u>상대방들을 공유로 남기는 방식의 현물분할을 청구하고 있다고 하여</u>, **상대방들이 그들 사이만의 공유관계의 유지를 원하고 있지 아니한데도 상대방들을 여전히 공유로 남기는 방식으로 현물분할을 하여서는 아니** 된다(대법원 2015. 3. 26. 선고 2014다233428 판결).

2. 분할 개시 요건: 공유자의 분할청구권 행사

가. 분할청구권의 법적 성질: 형성권

> 제268조(공유물의 분할청구) ① 본문: 공유자는 공유물의 분할을 청구할 수 있다.

- 특정 공유자가 공유물 분할청구권을 행사하면 그 상대방인 다른 공유자들의 승낙과 무관하게 모든 공유자들에 대해 공유물 분할 협의를 시작할 의무가 발생한다.
- 일방적 의사표시로 공유물 분할관계를 성립시킬 수 있는 형성권인 공유물 분할청구권은 공유관계의 본질을 반영한 것이다. 따라서 공유관계가 유지되는 한 인정되고 공유물 분할청구권에 대해서는 행사기간 제한이 적용되지 않는다.

> 공유는 물건에 대한 공동소유의 한 형태로서 물건에 대한 <u>1개의 소유권이 분량적으로 분할되어 여러 사람에게 속하는 것</u>이므로, 특별한 사정이 없는 한 공유자는 공유물의 분할을 청구하여 기존의 공유관계를 폐지하고 공유자 간에 공유물을 분배하는 법률관계를 실현하는 <u>일방적인 권리</u>를 가진다(대법원 2023. 6. 29. 선고 2023다217916 판결).

나. 소극적 요건

(1) 분할금지 특약

> 제268조(공유물의 분할청구) ① 단서: 그러나 5년내의 기간으로 분할하지 아니할 것을 약정할 수 있다.

> 제268조(공유물의 분할청구) ② 전항의 계약을 갱신한 때에는 그 기간은 갱신한 날로부터 5년을 넘지 못한다.

- 공유물 분할금지 특약은 유효이지만 최장기간은 5년이므로 5년 이상의 기간을 약정했더라도 5년으로 단축된다.
- 분할 금지 특약은 등기된 경우에만 공유지분의 특정승계인에게 대항할 수 있다(부동산등기법 §67 ①). 분할 금지 특약은 부기등기로 한다(부동산등기법 §52).

(2) 법률에 의한 분할금지

> 제268조(공유물의 분할청구) ③ 전2항의 규정은 제215조, 제239조의 공유물에는 적용하지 아니한다.

집합건물법 제8조(대지공유자의 분할청구 금지) 대지 위에 구분소유권의 목적인 건물이 속하는 1동의 건물이 있을 때에는 그 대지의 공유자는 그 건물 사용에 필요한 범위의 대지에 대하여는 분할을 청구하지 못한다.

3. 분할방법의 결정

가. 원칙적인 분할방법: 분할협의

(1) 법적성질: 일반적인 계약

- 공유물 분할 방법은 원칙적으로 공유자들간 협의로 결정된다.
- 이러한 분할 협의의 법적 성질은, 양적 분할의 경우에는 지분의 교환, 대금 정산의 경우에는 지분 매매에 각각 해당한다.

> 공유물분할의 소는 형성의 소로서 **공유자 상호 간의 지분의 교환 또는 매매**를 통하여 공유의 객체를 단독 소유권의 대상으로 하여 그 객체에 대한 공유관계를 해소하는 것을 말한다(대법원 2023. 6. 29. 선고 2023다217916 판결).

- 따라서 분할협의에 대해서는 계약법의 일반적인 법리가 그대로 적용된다. 예컨대 공유물 분할협의는 ㉠ 공유자들 중 한 명이라도 빠진 경우는 물론 공유자 아닌 자가 가담한 경우에도 불성립으로 귀결되고, ㉡ 불요식이므로 묵시적 의사표시에 의한 합의도 인정된다. 또한 ㉢ 공유물 분할협의의 구체적인 내용에 대해서는 사적 자치 원칙이 적용되므로 공서양속이나 강행법규에 반하지 않는 한 공유자들은 자유롭게 분할 방법을 정할 수 있다.

> 협의에 의한 공유물분할은 사적 자치와 계약자유의 원칙이 지배하는 영역에서 이루어지는 것이므로 당사자는 **협의에 의하여 분할의 방법을 임의로 자유로이 선택**할 수 있다(대법원 2013. 11. 21. 선고 2011두1917 전원합의체 판결).

(2) 소유권 변동시점

- 공유물 분할 협의는 법률행위이므로 그 내용에 따른 소유권 변동은 협의 내용에 따른 등기가 마쳐졌을 때 이루어진다(§186).
- 공유물 분할 재판 중에 조정이 성립하여 조정조서에 공유자들이 협의한 내용이 기재된 경우에도 §186가 적용된다는 것에 유의해야 한다. 이 경우 조정조서의 내용을 반영한 등기가 마쳐져야 소유권 변동이 완료된다.

공유물분할의 소송절차 또는 조정절차에서 공유자 사이에 공유토지에 관한 **현물분할 협의가 성립하여 그 합의사항을 조서에 기재함으로써 조정이 성립**하였다고 하더라도, 공유물분할의 소의 소송물 자체를 대상으로 하여 그 소송에서의 법원의 판단을 갈음하는 것이 아니어서 본질적으로 당사자들 사이에 협의에 의한 공유물분할이 있는 것과 다를 바 없다. 따라서 그 조정이 재판에 의한 공유물분할의 효력, 즉 법원이 당해 사건에 관한 일체의 사정들을 고려하여 정한 현물분할 판결이 확정됨에 따라 바로 기존의 공유관계가 폐기되고 새로운 소유관계가 창설되는 것과 같은 형성적 효력을 가진다고는 볼 수 없다. … 공유자들이 협의한 바에 따라 토지의 분필절차를 마친 후 각 단독소유로 하기로 한 부분에 관하여 **다른 공유자의 공유지분을 이전받아 등기를 마침으로써 비로소 그 부분에 대한 대세적 권리로서의 소유권을 취득**하게 된다(대법원 2013. 11. 21. 선고 2011두1917 전원합의체 판결).

(3) 분할협의의 불이행

• 공유자들 중 일부가 분할 협의에 따른 등기신청에 협조하지 않으면 분할협의 위반으로 인한 채무불이행이 성립한다.

• 이 경우 다른 공유자는 협의 내용에 따른 소유권이전등기청구나 소유권확인청구를 할 수 있지만, 재판분할을 청구할 수는 없다. 협의분할이 성립한 이상 재판분할은 불가능하기 때문이다.

공유물분할은 협의분할을 원칙으로 하고 협의가 성립되지 아니한 때에는 재판상 분할을 청구할 수 있으므로 **공유자 사이에 이미 분할에 관한 협의가 성립**된 경우, 일부 공유자가 분할에 따른 이전등기에 협조하지 않거나 분할에 관하여 **다툼이 있더라도, 그 분할된 부분에 대한 소유권이전등기를 청구하든가 소유권확인을 구함**은 가능하지만 **또다시 소송으로 분할을 청구하거나 이미 제기한 공유물분할의 소를 유지할 수 없다**(대법원 1995. 1. 12. 선고 94다30348 판결).

✓ 분할협의는 계약의 일종이므로 공유자들 중 일부가 분할협의를 이행하지 않으면 분할협의를 법정해제할 수 있고, 그 후에는 재판분할을 청구할 수 있을 것이다.

나. 보충적 분할방법: 공유물분할 재판

(1) 개관

• 공유물분할 재판은 분할협의의 불가능·불성립을 요건으로 한다. 따라서 공유물분할청구 소송의 계속 중에 분할협의가 성립하면 공유물분할 청구 소송은 각하

로 종결된다.

> 제269조(분할의 방법) ① 분할의 방법에 관하여 협의가 성립되지 아니한 때에는 공유자는 법원에 그 분할을 청구할 수 있다.

공유물분할의 원칙적 모습은 공유자들의 합의에 의한 협의분할이고, 공유자들 사이에 이미 분할에 관한 협의가 성립된 경우에는 소로써 그 분할을 청구하거나 이미 제기한 공유물분할의 소를 유지하는 것이 허용되지 않는다(대법원 2020. 5. 21. 선고 2018다879 전원합의체 판결).

• 공유물분할 청구 소송은 고유필수적 공동소송이고, 형식적 형성소송이다.

공유물분할청구의 소는 **분할을 청구하는 공유자가 원고가 되어 다른 공유자 전부를 공동피고로 하여야 하는 고유필수적 공동소송**이고 공동소송인 중 일부가 제기한 상소는 다른 공동소송인에게도 그 효력이 미치므로 공동소송인 전원에 대한 관계에서 판결의 확정이 차단되고 그 소송은 전체로서 상소심에 이심된다. 따라서 공유물분할 판결은 공유자 전원에 대하여 상소기간이 만료되기 전에는 확정되지 않고, 일부 공유자에 대하여 상소기간이 만료되었다고 하더라도 그 공유자에 대한 판결 부분이 분리·확정되는 것은 아니다(대법원 2017. 9. 21. 선고 2017다233931 판결).

재판에 의한 공유물 분할의 방법은 당사자가 구하는 방법에 구애받지 아니하고 법원의 재량에 따라 공유관계나 그 객체인 물건의 제반 상황에 따라 공유자의 **지분비율에 따른 합리적**인 분할을 하면 된다(대법원 2015. 3. 26. 선고 2014다233428 판결).

(2) 재판으로 명할 수 있는 분할방법

A. 개관: 현물분할 원칙과 예외적인 경매·대금분할

• 재판으로 공유물을 분할하는 경우, 현물분할을 명하는 것이 원칙이다.

• 현물분할이 불가능하거나 이로 인해 그 가액이 감손될 염려가 있을 때 경매 후 대금분할을 명할 수 있다.

협의가 성립하지 않은 경우의 재판상 분할의 원칙적인 모습은 현물분할이다(대법원 2020. 5. 21. 선고 2018다879 전원합의체 판결).

> 제269조(분할의 방법) ② 현물로 분할할 수 없거나 분할로 인하여 현저히 그 가액이 감손될 염려가 있는 때에는 법원은 물건의 경매를 명할 수 있다.

B. 원칙: 현물분할

(a) 의미

- 공유물을 물리적으로 분할하여 각 공유자의 종래의 지분비율과 분할된 현물의 양적 비율이 일치하도록 하는 것이 현물분할의 원칙적인 방법이다.

> 공유물 분할에 있어서 **현물로 분할할 수 없**거나 현물로 분할을 하게 되면 **현저히 그 가액이 감손될 염려**가 있는 때에 비로소 **물건의 경매를 명하여 대금분할**을 할 수 있는 것이므로, 위와 같은 사정이 없는 한 법원은 각 공유자의 **지분비율에 따라 공유물을 현물 그대로 수개의 물건으로 분할**하고 분할된 물건에 대하여 각 공유자의 단독소유권을 인정하는 판결을 하여야 한다(대법원 2023. 6. 29. 선고 2023다217916 판결).

- 다만 구체적 사정을 고려하여, 각 공유자에게 귀속될 경제적 가치의 비율이 종래의 지분비율에 상응하게 하는 여러 방법들도 현물분할 방법의 일환으로 인정된다.
- 예컨대 법원은 공유물을 양적으로 분할하여 각 공유자들에게 귀속시키면서 경제적 가치의 과부족을 금전지급으로 전보할 것을 명할 수도 있다. 헌법재판소 2022. 7. 21. 선고 2020헌바205 전원재판부 결정은 이러한 현물분할 방법을 '부분적 가액보상'이라고 한다.

> 법원은 공유물분할을 청구하는 자가 구하는 방법에 구애받지 아니하고 자유로운 재량에 따라 공유관계나 그 객체인 물건의 제반 상황에 따라 공유자의 지분비율에 따른 합리적인 분할을 하면 된다. 따라서 여러 사람이 공유하는 물건을 분할하는 경우 원칙적으로는 각 공유자가 취득하는 면적이 그 공유 지분의 비율과 같도록 하여야 할 것이나, 반드시 그런 방법으로만 분할하여야 하는 것은 아니고, 분할 대상이 된 공유물의 형상이나 위치, 그 이용 상황이나 경제적 가치가 균등하지 아니할 때에는 이와 같은 여러 사정을 고려하여 경제적 가치가 지분비율에 상응되도록 분할하는 것도 허용되며, 일정한 요건이 갖추어진 경우에는 공유자 상호 간에 금전으로 경제적 가치의 과부족을 조정하여 분할을 하는 것도 **현물분할의 한 방법**으로 허용된다(대법원 2023. 6. 29. 선고 2023다217916 판결).

(b) 양적 분할 이외의 현물분할 방법

• 공유물을 양적으로 분할하지 않고 그대로 유지한 채 ㉠ 특정 공유자의 단독소유 대상으로 하고, 그 공유자가 다른 공유자들에게 대금으로 정산하게 하거나, ㉡ 이 공유물을 종래의 공유자들 중 일부가 공유하면서 나머지 공유자들에게 대금 으로 정산하게 하는 것도 현물분할의 일환으로 인정된다. 헌법재판소는 이러한 현물분할 방법을 '전면적 가액보상'이라고 한다(위 2020헌바205).

공유관계의 발생원인과 공유 지분의 비율 및 분할된 경우의 경제적 가치, 분할 방법에 관한 공유자의 희망 등의 여러 사정을 종합적으로 고려하여 당해 공유물을 특정한 자 에게 취득시키는 것이 상당하다고 인정되고, 다른 공유자에게는 그 지분의 가격을 취 득시키는 것이 공유자 간의 실질적인 공평을 해치지 않는다고 인정되는 특별한 사정 이 있는 때에는 공유물을 공유자 중의 1인의 단독소유 또는 수인의 공유로 하되 현물 을 소유하게 되는 공유자로 하여금 다른 공유자에 대하여 그 지분의 적정하고도 합리 적인 가격을 배상시키는 방법에 의한 분할도 현물분할의 하나로 허용된다(대법원 2023. 6. 29. 선고 2023다217916 판결)

• 이 경우 '지분가격'은 분할 당시를 기준으로 파악한 공유물의 객관적 교환가치 즉 시장가격에 지분 비율을 곱하여 산정한다. 따라서 ㉠ 시가 변동 등을 감안하여 사 실심 변론종결시를 기준으로 산정해야 하고 ㉡ 제반자료를 최대한 객관적·합리 적으로 평가해야 하므로, 그러한 사정이 제대로 반영되지 않은 감정평가액에만 의존하면 안 된다.

가격배상의 기준이 되는 '지분가격'이란 공유물분할 시점의 객관적인 교환가치에 해 당하는 시장가격 또는 매수가격을 의미하는 것으로, 그 적정한 산정을 위해서는 분할 시점에 가까운 **사실심 변론종결일**을 기준으로 변론과정에 나타난 관련 자료를 토대 로 최대한 객관적·합리적으로 평가하여야 하므로, 객관적 시장가격 또는 매수가격에 해당하는 시가의 변동이라는 사정을 일절 고려하지 않은 채 **그러한 사정이 제대로 반 영되지 아니한 감정평가액에만 의존하여서는 아니** 된다(대법원 2023. 6. 29. 선고 2023다217916 판결).

C. 예외: 경매 후 대금분할

(a) 경매 후 대금분할을 명하기 위한 요건

• 판단 기준: 객관적·구체적 사정을 심리하고 이에 기초하여 판단해야 한다. ㉠ 공

유자들 사이의 의견 불일치와 같은 주관적·추상적 사정만을 근거로 하거나 ⓛ 원고의 청구취지에 따른 현물분할 방법이 불가능하거나 현저한 가치 감손을 가져온다는 이유만으로 경매·대금분할을 명하는 것은 허용될 수 없다.

재판에 의한 공유물분할은 공유자별 지분에 따른 합리적인 분할을 할 수 있는 한 현물분할을 하는 것이 원칙이므로, 원고가 바라는 방법에 따른 현물분할을 하는 것이 부적당하거나 이 방법에 따르면 그 가액이 현저히 감손될 염려가 있다고 하여 이를 이유로 곧바로 경매에 따른 대금분할을 명하여서는 아니 되고, 불가피하게 경매에 따른 대금분할을 할 수밖에 없는 요건에 관한 객관적·구체적인 심리 없이 단순히 공유자들 사이에 분할의 방법에 관하여 의사가 합치하고 있지 않다는 등의 주관적·추상적인 사정에 터 잡아 함부로 경매에 따른 대금분할을 명하는 것도 허용될 수 없다(대법원 2023. 6. 29. 선고 2023다217916 판결).

• 객관적·구체적 판단 기준의 구체적인 내용: 현물분할이 불가능하거나, 현물분할을 하면 현저하게 가치가 감소해야 한다. 현물분할을 하는 경우에 공유자들 중 한 사람이라도 분할 전 지분의 가액보다 현저하게 가치가 낮은 현물을 분할받게 될 것으로 예상되면 경매 후 대금분할의 요건이 충족된다.

현물분할 불가능이라는 요건은 이를 물리적으로 엄격하게 해석할 것은 아니고, 공유물의 성질, 위치나 면적, 이용상황, 분할 후의 사용가치 등에 비추어 보아 **현물분할을 하는 것이 곤란하거나 부적당한 경우를 포함**하고, '현물로 분할을 하게 되면 현저히 그 가액이 감손될 염려가 있는 경우'라는 것은 공유자의 **한 사람이라도 현물분할에 의하여 단독으로 소유하게 될 부분의 가액이 분할 전의 소유 지분 가액보다 현저하게 감손될 염려가 있는 경우도 포함**하는 것이다(대법원 2023. 6. 29. 선고 2023다217916 판결).

(b) 효과

• 공유물 경매절차에서 매수인이 매각대금을 완납하면 각 공유자들의 지분소유권은 모두 소멸한다.

대법원 2021. 3. 11. 선고 2020다253836 판결
> • 대금분할을 명한 공유물분할 확정판결의 당사자인 공유자가 공유물분할을 위한 경매를 신청하여 진행된 경매절차에서 공유물 전부에 관하여 매수인에 대한 매각허가결정이 확정되고 매각대금이 완납된 경우, 매수인은 공유물 전부에 대한 소유권

을 취득하게 되고, 이에 따라 각 공유지분을 가지고 있던 공유자들은 <u>지분소유권을</u>
<u>상실하게 된다.</u>

- <u>대금분할을 명한 공유물분할판결의 변론이 종결된 뒤 공유지분에 관하여 소유권이</u>
  <u>전청구권의 순위보전을 위한 가등기가 마쳐진 경우,</u> 대금분할을 명한 공유물분할
  확정판결의 효력은 민사소송법 제218조 제1항이 정한 **변론종결 후의 승계인에 해**
  당하는 가등기권자에게 미치므로, 특별한 사정이 없는 한 위 가등기상의 권리는 매
  수인이 매각대금을 완납함으로써 소멸한다.

✓ 다만 공유자들 중 일부가 매수인이 된 경우 다른 공유자들의 지분에 대해서만 촉탁에 의한 지분소
유권이전등기를 하는 방식으로 매수인 명의 단독소유권 등기가 마쳐진다(등기선례 제3-264호).

- 매각대금은 각 공유자들의 지분 비율에 상응하도록 배당되어야 한다. 공유물 분
  할 재판에 있어서 각 공유자들이 취득하는 경제적 가치가 지분 비율에 상응하도
  록 분할하는 것이 원칙이기 때문이다(2023다217916, 710면).

(3) 분할의 효력발생 시점: 공유물분할 판결 확정시

- 공유물분할 판결은 형성판결이다. 따라서 공유물분할을 명하는 판결이 확정되면
  즉시 공유관계가 소멸하고 판결 내용에 따른 권리 귀속이 발생한다.
- 공유물분할 판결에 의한 부동산의 소유권 귀속은 등기와 무관하게 발생하고
  (§187), 이러한 판결로 인해 발생하는 금전지급 의무에는 그 판결 확정 다음날부
  터 가산금이 추가된다.

공유물분할의 소에 의하여 **공유물분할 판결이 확정되면 그 즉시 공유관계가 소멸하**
고 공유자는 각자 분할받은 부분에 관하여 소유권을 취득한다. 대상판결이 이 사건 토
지를 현물분할받는 대상판결 원고들에게 <u>금전지급을 명한 부분에 대하여 대상판결</u>
<u>확정일 다음 날부터 가산금을 지급하도록 명한 것도</u> 바로 이러한 점을 고려한 것이다
(대법원 2017. 9. 21. 선고 2017다232105 판결).

(4) 분할 후의 이해관계 조절

- 분할 재판에 따른 권리 변동의 본질: 금전에 의한 대가보상은 공유자들 간 지분
  매매, 현물분할은 공유자들 간 지분 교환의 성질을 가진다. 한편 공유물의 경매
  후 대금분할은 제3자에 대한 공유물 전부의 매각에 해당한다.

> 공유물분할의 소는 **형성의 소**로서 공유자 상호간의 지분의 교환 또는 매매를 통하여 공유의 객체를 단독 소유권의 대상으로 하여 그 객체에 대한 공유관계를 해소하는 것을 말한다(대법원 2011. 8. 18. 선고 2011다24104 판결).

- 이러한 성질을 반영하여 각 공유자들에 대해서는 공유물 분할로 인한 담보책임이 인정된다. 다만 담보책임의 효과들 중 법정해제는 인정되지 않는다.

> 제270조(분할로 인한 담보책임) 공유자는 다른 공유자가 분할로 인하여 취득한 물건에 대하여 그 지분의 비율로 매도인과 동일한 담보책임이 있다.

(5) 공유 지분에 대한 담보물권이 설정된 후 현물분할된 경우

A. 개관

- 명문규정 없으나, 공유지분에 대해 설정된 담보물권은 분할된 물건(들) 전부에 대해 종래의 담보물이었던 지분과 같은 비율로 존속한다. 지분에 대한 담보물권을 설정했던 공유자가 분할받은 현물로 담보물권이 집중되는 것은 아님에 유의해야 한다.

- 따라서 공유물이 현물분할된 경우 분할된 각 부동산에 대한 공동저당권이 성립한다. 예컨대 甲에 대한 채권자 丙이 甲·乙의 공유물인 X부동산에 대한 甲의 2/3지분에 대한 저당권을 설정했고, 그 후 X부동산이 현물분할되어 甲이 Y부동산, 乙이 Z부동산을 각각 단독소유하게 된 경우, 丙은 Y부동산의 2/3지분, Z부동산의 2/3지분에 대한 공동저당권을 가진다.

> **공유자의 한 사람의 지분위에 설정된 근저당권 등 담보물권**은 특단의 합의가 없는 한 공유물분할이 된 뒤에도 종전의 지분비율대로 공유물 전부의 위에 그대로 존속하는 것이고 **근저당권설정자 앞으로 분할된 부분에 당연히 집중되는 것은 아니**므로 甲·丙이 공유한 X토지에 대한 저당권설정자 甲과 채권자 乙 사이에, X토지의 분할 후 甲의 단독소유로 부분에 대한 丙의 지분 부분을 근저당권의 목적물에 포함시키기로 합의했더라도, 丙의 단독소유로 된 부분에 대한 甲지분에 대한 저당권을 소멸시키기로 하는 합의까지 내포한 것은 아니다(대법원 1989. 8. 8. 선고 88다카24868 판결).

B. 사안

- 대지에 대한 저당권이 설정된 후 그 대지상에 집합건물이 신축되어 전유부분과 대지에 대한 공유지분이 일체로서 분양된 경우, 집합건물의 구분소유자들의 대

지사용권인 대지 공유지분권은 원래의 대지에 대한 저당권의 부담이 있는 상태로 수분양자들에게 귀속된다.

- 특정 전유부분이 경매되면 일체성 원칙에 따라 그 전유부분에 대한 대지 공유지분도 경매된다. 따라서 대지 공유지분에 대한 공동저당권자는 이시배당 원칙에 따라, 특정 전유부분에 대한 매각대금 중 대지 공유지분에 대한 가액 전액을 우선변제 받을 수 있다.

> **대법원 2012. 3. 29. 선고 2011다74932 판결**
> ‣ 부동산의 일부 **공유지분에 관하여 저당권이 설정된 후 그 부동산이 분할**된 경우, 그 저당권은 **분할된 각 부동산 위에 종전의 지분비율대로 존속**하고, 분할된 각 부동산은 그 저당권의 **공동담보**가 된다.
> ‣ 저당권이 설정된 1필의 토지가 전체 집합건물에 대한 대지권의 목적인 토지가 되었을 경우에는 종전의 저당목적물에 대한 담보적 효력은 그대로 유지된다고 보아야 하므로 그 저당권은 개개의 **전유부분에 대한 각 대지권 위에 분화되어 존속**하고, 각 대지권은 그 저당권의 공동담보가 된다고 봄이 상당하다.
> ‣ 따라서 **집합건물이 성립하기 전 집합건물의 대지에 대하여 저당권이 설정**되었다가 집합건물이 성립한 후 어느 **하나의 전유부분 건물에 대하여 경매가 이루어져** 경매 대가를 먼저 배당하는 경우에는 **저당권자는 매각대금 중 대지권에 해당하는 경매 대가에 대하여 우선변제받을 권리**가 있고 그 경우 공동저당 중 이른바 **이시배당에 관하여 규정하고 있는 제368조 제2항의 법리에 따라 저당권의 피담보채권액 전부를 변제**받을 수 있다고 보아야 한다.

Ⅴ   구분소유적 공유(상호명의신탁)

1. 개관

가. 의미

- 여러 사람이 하나의 부동산에 대해 ㉠ 내부관계에서는 여러 부분으로 나누어 위치와 면적을 특정한 후 각 부분에 대해 각자가 완전한 소유권을 행사하기로 하는 구분소유 약정을 하고, ㉡ 외부관계에서는 부동산 전체에 대해 각자의 구분소유

부분의 면적 비율로 공유 지분등기를 하는 경우를 뜻한다.

- 토지뿐 아니라 건물도 구분소유적 공유의 대상이 될 수 있다.

✓ 각자의 단독소유 부분에 대한 단독소유 등기를 하려면 토지에 대해서는 분필등기, 건물에 대해서는 집합건물 등기를 마쳐야 하는데, 이를 위해 소요되는 시간과 비용을 절감하기 위해 구분소유적 공유 등기가 마쳐지는 경우가 많다.

나. 구분소유적 공유의 법적 성질: 상호명의신탁

- 각 구분소유적 공유자가 내부적으로는 단독으로 구분소유하는 부분에 대해서도 다른 공유자 명의로 공유지분 등기가 마쳐져 있는데, 이러한 타인 명의 공유지분 등기는 명의신탁된 것으로 본다. 예컨대 甲·乙이 2 : 1의 비율로 X부동산을 구분소유적 공유한 경우, 甲의 구분소유 부분인 X토지의 2/3 부분은 甲이 단독소유하면서 그 중 1/3 지분을 乙에게 명의신탁한 것이라고 본다.
- 상호명의신탁에 대해서는 부동산실명제법이 적용되지 않으므로(부동산실명제법 §2 1호 나목), 명의신탁에 대한 종래의 판례법리가 그대로 적용된다.

2. 구분소유적 공유의 요건

가. 원시취득: 구분소유적 공유의 발생 요건

- 구분소유적 공유로 인정되려면, ㉠ 구분소유가 가능한 구조상·이용상의 독립성, ㉡ 당사자들의 구분소유 의사 합치, ㉢ 각자의 구분소유 부분의 면적 비율을 반영한 공유지분 등기라는 세 요건이 모두 충족되어야 한다.
- 이 요건들 중 ㉢만 충족되고 ㉠, ㉡이 충족되지 못하면 일반적인 공유로 인정된다.

> **대법원 2014. 2. 27. 선고 2011다42430 판결**
> ‣ 1동의 건물 중 위치 및 면적이 특정되고 구조상·이용상 독립성이 있는 **일부분씩을 2인 이상이 구분소유하기로 하는 약정**을 하고, 기만은 편의상 각 **구분소유의 면적에 해당하는 비율로 공유지분등기**를 하여 놓은 경우, 구분소유자들 사이에 공유지분등기의 상호명의신탁관계 내지 건물에 대한 구분소유적 공유관계가 성립한다.
> ‣ 1동 건물 중 각 일부분의 위치 및 면적이 특정되지 않거나 구조상·이용상 독립성이 인정되지 아니한 경우에는 공유자들 사이에 이를 구분소유하기로 하는 취지의 **약정이 있다 하더라도 일반적인 공유관계**가 성립할 뿐, 공유지분등기의 상호명의신탁관계 내지 그 건물에 대한 구분소유적 공유관계가 성립한다고 할 수 없다.

- 일반적인 공유상태에서 공유자들이 공유물 분할협의로 각자 특정 부분을 구분소유하기로 합의한 경우, 이미 공유지분등기가 되어 있으므로 의사 합치만 있으면 곧바로 권리의 공유등기가 구분소유적 공유등기로 법적 성질이 변경된다.

> 공유자들이 그 **공유물을 분할하기로 약정하고 그 때부터 각자의 소유로 분할된 부분을 특정하여 각자 점유·사용하여 온 경우**에도 **구분소유적 공유관계가 성립**할 수 있지만, 공유자들 사이에서 <u>특정부분을 각각의 공유자들에게 배타적으로 귀속시키려는 의사의 합치가 이루어지지 아니한 경우에는 이러한 관계가 성립할 수 없다</u>(대법원 2009. 3. 26. 선고 2008다44313 판결).

나. 구분소유권의 승계취득

(1) 요건

- 처분의 자유: 구분소유권 설정 합의에는 서로의 전유부분에 대한 자유로운 처분을 승낙하는 의사도 포함된 것으로 해석된다. 따라서 각 구분소유적 공유자들은 다른 구분소유적 공유자들의 동의 없이 각자의 구분소유권을 자유롭게 처분할 수 있다.

> 구분소유적 공유관계에 있어서 각 공유자 상호간에는 **각자의 특정 구분부분을 자유롭게 처분함에 서로 동의하고 있다고 볼 수 있으므로**, 공유자 각자는 자신의 특정 구분부분을 단독으로 처분하고 이에 해당하는 공유지분등기를 자유로이 이전할 수 있다(대법원 2009. 10. 15. 선고 2007다83632 판결).

- 구분소유권 양도를 내용으로 하는 원인행위와 이에 따른 공유지분소유권 이전등기가 마쳐지면 구분소유권의 승계취득이 일어난다(2006다84171, 718면).

(2) 효과

- 특정 전유부분의 양수인과 다른 구분소유자들 사이에서도 구분소유관계가 인정된다.
- 특정승계에 있어서 양수인은 양도인의 지위를 그대로 승계하는 것이 원칙이기 때문이다.

> 각자가 소유하는 <u>특정 부분이 전전 양도되고 그에 따라 **공유지분등기도 전전 경료되어** 이 사건 건물 각 층 소유자 사이의 **상호명의신탁관계도 전전 승계**됨</u>으로써 최종 공유지분등기명의를 보유하고 있는 각 층 구분소유자인 원고와 피고들은 이 사건 건물

각 층을 구분소유적으로 공유하는 관계에 있다(대법원 20103 5. 27. 선고 2006다 84171 판결).

(3) 비교: 각 구분소유자들이 각 공유지분을 일반적인 공유지분으로 양도한 경우

- 이러한 양도도 유효이고 그 효과로서 구분소유적 공유관계는 일반적 공유관계로 전환된다.
- 공유지분 이전등기만 있고 원인행위의 내용이 '구분소유권 양도'와 '공유지분 양도' 중 무엇인지가 불명확한 경우 일반적인 공유지분 양도로 추정된다(등기추정력).
- 예컨대 구분소유적 공유지분이 경매로 처분된 경우에도 집행법원이 구분소유적 공유를 전제로 목적물에 대해 평가하지 않았다면 일반적인 공유지분의 경매로 인정된다.

> **대법원 2008. 2. 15. 선고 2006다68810 판결**
> ‣ 각 구분소유적 공유자가 자신의 권리를 타인에게 처분하는 경우 중에는, ㉠ 구분소유의 목적인 **특정 부분을 처분하면서 등기부상의 공유지분을 그 특정 부분에 대한 표상으로서 이전하는 경우**와 ㉡ 등기부 기재대로 **1필지 전체에 대한 진정한 공유지분으로서 처분하는 경우**가 있을 수 있다. 이 중 ㉠**의 경우에는 그 제3자에 대하여 구분소유적 공유관계가 승계**될 것이나, ㉡**의 경우에는 제3자가 그 부동산 전체에 대한 공유지분을 취득하고 구분소유적 공유관계는 소멸**된다.
> ‣ 이는 **경매에 있어서도 마찬가지라고 할 것인바**, ㉠에 해당하기 위하여는 집행법원이 공유지분이 아닌 특정 구분소유 목적물에 대한 평가를 하게 하고 그에 따라 최저경매가격을 정한 후 경매를 실시하여야 한다고 할 것이고, 그러한 사정이 없는 경우에는 1필지에 관한 공유자의 지분에 대한 경매목적물은 **원칙적으로 1필지 전체에 대한 공유지분**이라고 봄이 상당하다.

3. 효과

가. 개관

(1) 내부관계: 구분소유 부분에 대한 단독소유

- 구분소유 부분에 대해 각 구분소유자는 제3자는 물론 서로에 대해서도 물권적 청구권을 행사할 수 있다.

상호명의신탁의 내부관계에 있어서는 특정 부분에 한하여 소유권을 취득하고 이를 배타적으로 사용·수익할 수 있고, 다른 구분소유자의 방해행위에 대하여는 소유권에 터 잡아 그 배제를 구할 수 있다(대법원 2012. 4. 26. 선고 2010다6611 판결).

• 토지의 구분소유자들이 각자의 구분소유 부분에 위에 각자의 건물을 신축한 경우, 법정지상권의 요건인 '동일인이 소유한 대지와 건물'로 인정된다(2004다 13533, 722면).

(2) 외부관계

A. 개관: 일반적인 공유

• 제3자에 대한 물권적 청구권 행사 등의 보존행위는 각 공유자가 단독으로 할 수 있다.

상호명의신탁의 외부관계에 있어서는 1필지 전체에 관하여 공유관계가 성립되고 공유자로서의 권리만을 주장할 수 있는 것이므로, 제3자의 방해행위가 있는 경우에는 자기의 구분소유 부분뿐 아니라 **전체토지에 대하여** 공유물의 보존행위로서 그 배제를 구할 수 있다(대법원 1994. 2. 8. 선고 93다42986 판결).

B. 사례

(a) 사안의 개요

• 甲·乙이 구분소유적 공유한 X토지 중 甲이 구분소유한 북쪽 부분(1/3에 해당함)에 대한 丙의 점유취득시효가 완성되었다.

• 그 후 乙이 구분소유한 남쪽 부분이 丁에게 양도되어 X토지의 2/3 공유지분에 대해 丁명의 지분소유권 이전등기가 마쳐졌다.

(b) 쟁점과 판단

• 이 경우 丙은 자신이 점유했던 북쪽 부분의 구분소유권 아닌 X토지 전체에 대한 1/3지분을 시효취득한다. 대외관계에서는 丙의 점유취득시효 완성 후 X토지 전체에 대한 2/3 공유지분이 丁에게 양도된 것으로 다루어져, 제3원칙이 적용되기 때문이다.

• 丁은 과반수지분권자로서 丙이 점유한 북쪽 부분의 점유반환을 청구할 수 있다.

구분소유적 공유관계에 있는 토지 중 공유자 1인의 **특정 구분소유 부분에 관한 점유취득시효가 완성된 후, 다른 공유자의 특정 구분소유 부분이 타에 양도**되고 그에 따라 토지 전체에 대한 공유지분에 관한 **지분이전등기가 경료**되었다면, **대외적인 관계**에서는 점유취득시효가 완성된 특정 구분소유 부분 중 **다른 공유자 명의의 지분에 관하여는 소유 명의자가 변동된 경우에 해당**한다고 할 것이어서, 점유자는 취득시효의 기산점을 **임의로 선택하여 주장할 수 없**다(대법원 2006. 10. 12. 선고 2006다44753 판결).

나. 구분소유적 공유와 다른 물권의 관계

(1) 구분소유적 공유에 대한 저당권 설정 후 단독소유로 전환된 경우

A. 문제의 소재

- 전제: 구분소유자 1인의 지분에 대한 저당권이 설정된 후 구분소유적 공유가 해소되어 공유물 분할을 거쳐 각자의 단독소유 부분마다 별개의 보존등기가 마쳐졌다.
- 쟁점: 이 경우 그 저당권의 목적물이 무엇인지가 문제된다.

B. 효과

(a) 개관

- 이러한 저당권은 설정자가 단독소유하게 된 부분으로 집중되지 않는다. 분할 후 종래의 구분소유자들의 각자 단독소유하게 된 부동산 전부에 대한 종래의 설정자의 지분 비율에 따른 공유 지분이 저당권의 목적물이 되므로, 공동저당이 성립한다.
- 논거: 구분소유적 공유의 법적 성질을 각자의 구분소유 부분에 대한 명의신탁이라고 본다면, 제3자인 저당권자에 대해서는 등기된 내용대로의 법률관계가 인정되어야 한다.
- 저당권자가 구분소유적 공유에 대해 악의인 경우이더라도 마찬가지인데 명의신탁의 법리상 악의의 제3자도 대외관계의 효과를 주장할 수 있기 때문이다.

(b) 사례

- 사안의 개요: X토지는 甲, 乙이 구분소유적 공유하고 있었는데, 甲이 1/3지분, 乙이 2/3지분으로 공유 등기가 마쳐져 있다. 甲에 대한 채권자 丙이 X토지의 1/3지분에 대한 저당권설정등기를 마쳤는데, 丙은 위와 같은 구분소유적 공유관계에 대해 잘 알고 있었다.
- 쟁점과 판단: 그 후 甲·乙 간 구분소유적 공유가 해소되어 X토지가 甲이 단독소유한 Y토지와 乙이 단독소유한 Z토지로 분필되었다. 이 경우 丙은 Y, Z 각각의

1/3지분에 대한 공동저당권자가 된다.

대법원 2014. 6. 26. 선고 2012다25944 판결

‣ 구분소유적 공유관계에서, 1필지의 토지 중 특정 부분에 대한 **구분소유적 공유관계를 표상하는 공유지분을 목적으로 하는 근저당권이 설정된 후** 구분소유하고 있는 특정 부분별로 독립한 필지로 분할되고 나아가 구분소유자 상호 간에 지분이전등기를 하는 등으로 구분소유적 공유관계가 해소되더라도 그 근저당권은 종전의 구분소유적 공유지분의 비율대로 분할된 토지들 전부의 위에 그대로 존속하는 것이고, 근저당권설정자의 단독소유로 분할된 토지에 **당연히 집중되는 것은 아니다.**

‣ 근저당권을 설정할 당시 구분소유적 공유관계의 존재를 알고 있었다거나 장차 공유물분할이 있을 것이라는 점을 알고 있었다는 사정만으로 설정자의 단독소유로 분할된 부분에 대하여만 위 **근저당권의 효력이 미친다고 볼 수 없다.**

(2) 구분소유적 공유와 법정지상권

A. 사안의 개요

• 甲·乙은 X토지를 매수하면서, 좌측 절반은 甲, 우측 절반은 乙이 사용하기로 약정하고 X에 대해 각 1/2 지분으로 공유 등기를 마쳤다.

• 甲에 대한 채권자 丙은 X토지에 대한 甲의 1/2지분에 대한 근저당권을 설정했는데, 적법한 임의경매절차를 거쳐 丁이 甲의 1/2지분을 매수했다.

• 丁은 X토지 좌측에 있는 甲 소유 건물 A건물과 우측에 있는 乙 소유 B건물에 대한 철거를 청구한다. 이유 있는가?

B. 쟁점과 판단

• 경매절차가 구분소유권을 전제로 진행되었다면 매수인 丁도 '상호명의신탁에 의한 구분소유권'만 취득하기 때문에, 甲이 구분소유한 좌측 대지에 丙이 저당권을 설정한 후 지상건물이 신축된 경우와 다를 바 없다.

• 甲 소유 A건물에 대해: §366가 적용되므로 丙이 甲의 1/2지분에 대한 근저당권을 설정할 때 건물신축을 예견할 수 있었는지의 여부가 문제된다.

• 乙 소유 B건물에 대해: 丁은 구분소유권만을 취득했으므로 乙이 사용하는 우측 부분에 대해서는 소유권을 주장할 수 없다. 따라서 B건물에 대한 철거청구는 이유 없다.

대법원 2006. 9. 28. 선고 2004다53050 판결
- 각 공유자들이 자신이 점유하는 특정부분에 단독소유의 건물을 신축할 때 나머지 공유자들이 모두 아무런 이의 없이 대지사용승낙을 하여 주었던 점, 그 결과 각 공유자들의 특정점유부분마다 그 점유자 단독소유의 건물이 건축되어 있으며 건물과 함께 건물 부지가 일체로 전전매도되면서 **대지소유권 등기만 이 사건 토지에 대한 지분이전등기**의 방식으로 이루어져 온 점 등을 종합하여 보면, 상호명의신탁관계를 유지하려는 명시적 또는 묵시적인 합의가 있었다고 봄이 상당하고, 이러한 관계는 그 승계인들 사이에도 여전히 유지되고 있다고 하겠다.
- 이 사건 토지의 지분을 승계받은 원고와 피고들은 이 사건 토지를 등기부상 지분비율대로 순수하게 공유하는 것이 아니라 상호명의신탁관계에 있으므로, 이 사건 토지를 단독으로 점유하면서 그 지상의 건물을 소유하고 있는 원고가 명의신탁을 해지함에 따라 피고들은 원고에게 이 사건 토지의 각 지분에 관한 이전등기절차를 이행할 의무가 있다.
- 근저당권이 설정된 경우, 상호명의신탁관계에서의 공유지분등기는 특정부분에 대한 구분소유적 공유관계를 표상하는 것으로, 그 공유지분에 설정된 근저당권의 실행에 의하여 공유지분을 취득한 **경락인도 구분소유적 공유지분을 그대로 승계취득한다.**

C. 변형된 사실관계

(a) 사안의 개요

- X토지 전부에 대해 戊명의 저당권이 설정되었고 이에 따른 임의경매에서 己가 X토지 전부를 매수하여 대금을 완납했다.
- 乙은 자신이 신축한 B건물을 庚에게 매도했으나 B건물에 대해서는 보존등기가 마쳐지지 않은 상태이다.

(b) 쟁점과 판단

- §366가 적용되는 사안이므로 乙에게 법정지상권이 인정된다면 庚은 비록 소유자는 아니지만 채권자대위권을 전용하여 대지소유자 己에게 지상권 설정등기 청구를 할 수 있고, 이때 己의 물권적청구권 행사는 신의칙에 반한다고 항변할 수 있다.

대법원 2004. 6. 11. 선고 2004다13533 판결
- 공유로 등기된 토지의 소유관계가 **구분소유적 공유관계에 있는 경우**에는 공유자

중 1인이 소유하고 있는 건물과 그 대지는 다른 공유자와의 <u>내부관계에 있어서는</u> <u>그 공유자의 단독소유로 되었다</u> 할 것이므로, 건물을 소유하고 있는 공유자가 **그 건물 또는 토지지분에 대하여 저당권을 설정**하였다가 그 후 저당권의 <u>실행으로 소유자가 달라지게</u> 되면 **건물 소유자는 그 건물의 소유를 위한 법정지상권을 취득**하게 된다.

‣ 이는 구분소유적 공유관계에 있는 토지의 공유자들이 그 토지 위에 각자 독자적으로 별개의 건물을 소유하면서 그 <u>**토지 전체에 대하여 저당권을 설정**</u>하였다가 그 저당권의 실행으로 토지와 건물의 소유자가 달라지게 된 경우에도 마찬가지라 할 것이다.

4. 구분소유적 공유관계의 종료

가. 요건

(1) 개관

• 구분소유적 공유관계 종료의 원인은 명의신탁 해지이다.

• 주의: 공유물 분할재판으로는 구분소유적 공유를 종료시킬 수 없음에 유의해야 한다.

수인이 1필지인 토지의 각 특정 부분을 점유·사용하기로 약정하고 등기는 편의상 그 토지의 전체에 관하여 공유지분등기를 마친 **구분소유적 공유관계**에서 특정 부분 소유를 주장하는 자가 그 특정 부분에 관한 전체 지분 소유권이전등기를 마치기 위해서는 그 특정 부분에 관하여 신탁적으로 지분등기를 가지고 있는 다른 공유자를 상대로 **명의신탁 해지를 원인으로 한 지분이전등기를 청구하면 되고, 공유물 분할 청구를 할 수는 없다**(대법원 2023. 5. 18. 선고 2022다229219 판결).

(2) 사례: 구분소유적 공유물에 대한 공유물 분할재판

A. 사안의 개요

• 甲은 乙로부터 X토지의 일부를 매수하여 Y건물을 신축했는데, Y건물의 대지는 X토지의 3/5인 데 비해 甲의 X토지에 대한 공유지분은 1/5로 등기되어 있다.

• 甲이 乙을 상대로 제기한 공유물분할청구 소송에서 원심은 Y건물의 대지 부분을 甲이 나머지 부분을 乙이 각각 단독소유하라는 취지로 분할 재판을 했으나, 대법원은 이러한 원심을 파기했다.

B. 쟁점과 판단

- 甲·乙이 X부동산의 구분소유적 공유자라고 볼 여지도 있으나, 만약 구분소유적 공유라면 명의신탁 해지 방식으로 분할했어야 한다.
- 공유물 분할재판을 했다면 일반적인 공유물 분할에 준하여 경제적 가치가 지분 비율에 상응하도록 분할해야 한다. 따라서 1/5 지분권자인 甲에게 X토지의 3/5 지분이 귀속되도록 한 원심의 판단은 현물반환에 대해 적용되는 원칙적인 기준과 부합하지 않아서 부당하다.

대법원 2023. 5. 18. 선고 2022다229219 판결

- 법원은 공유물분할의 소에서 공유관계나 그 객체인 물건의 제반 상황을 종합적으로 고려하여 합리적인 방법으로 지분비율에 따른 분할을 명하여야 한다. 토지를 분할하는 경우 <u>원칙적으로는 각 공유자가 취득하는 토지의 면적이 그 공유지분의 비율과 같도록</u> 하여야 할 것이나, 토지의 형상이나 위치, 그 이용상황이나 <u>경제적 가치가 균등하지 아니할 때에는 이와 같은 제반 사정을 고려하여 경제적 가치가 지분비율에 상응하도록 분할하는 것도 허용되고</u>, 현물분할이 가능하고 필요하지만 공유자 상호간에 지분비율에 상응하는 <u>합리적인 현물분할 방법이 없는 등의 사유가 있을 때에는 공유자 상호간에 금전으로 경제적 가치의 과부족을 조정하게 하여 분할</u>을 하는 것도 현물분할의 한 방법으로 허용된다.
- 원심이 원고와 피고가 <u>등기된 공유지분으로 이 사건 토지를 공유하고 있고 구분소유적 공유관계가 아니라는</u> 취지에서 공유물 분할을 청구할 수 있다고 보았다면, 각 분할 부분의 경제적 가치가 지분비율에 상응하도록 분할을 명하여야 한다. 원심이 명한 바와 같은 방법으로 이 사건 토지를 분할하게 되면, <u>각 분할 부분의 경제적 가치와 지분비율이 상응하지 않게 될 가능성이 크고 이는 토지 현물분할의 방법에 관한 원칙과도 부합하지 않는다.</u>

나. 효과: 공시 방법

- 토지이면 분필등기를, 건물이면 집합건물 등기를 각각 마친 후, 각자의 구분소유 부분에 대해 단독명의로 보존등기를 마쳐야 한다.

구분소유자들은 **상호명의신탁을 해지**하는 한편으로, 이 사건 건물에 대하여 <u>구분건물로 건축물대장의 전환등록절차 및 등기부의 구분등기절차를 마치고 각 층별로 상호간에 자기가 신탁받은 공유지분 전부를 이전하는 방식으로 **구분소유적 공유관계를**</u>

해소할 수 있다(대법원 2010. 5. 27. 선고 2006다84171 판결).

- 각 단독명의 보존등기에 대해 공유지분 등기를 전사하고 그 후 이러한 공유지분 등기를 말소해야 한다. 서로에 대한 말소등기의무는 상호명의신탁 해지라는 동일한 법률관계에서 비롯된 것이므로 신의칙상의 동시이행관계가 인정된다.

대법원 2011. 10. 13. 선고 2010다52362 판결

- 토지의 각 특정부분을 구분하여 소유하면서 상호명의신탁으로 공유등기를 해 둔 경우 그 토지가 분할되면 **분할된 각 토지에 종전토지의 공유등기가 전사되어 상호 명의신탁관계가 그대로 존속**되는 것이고, 분할된 토지의 한 쪽 토지에 대한 상호명의신탁관계가 소멸되었다고 하여도 **나머지 분할토지에 관한 명의신탁관계가 당연히 소멸되는 것은 아니**다.
- 그 부분에 대하여 신탁적으로 지분등기를 가지고 있는 자를 상대로 하여 그 **특정 부분에 대한 명의신탁 해지를 원인으로 한 지분이전등기절차의 이행을 구하면 되고, 이에 갈음하여 공유물분할청구를 할 수는 없**는 것이다.

17장

지상권

지상권

I. 약정 지상권

1. 요건

가. 지상권 설정계약

(1) 개관

- 약정 지상권의 원인행위는 지상권 설정계약이다. 이에 대해서는 특칙이 없으므로 계약에 관한 일반 법리가 적용된다.
- 지상권 설정계약이 성립하더라도 지상권 설정등기가 마쳐져야 비로소 지상권이 발생한다(§186).

(2) 지상권 설정계약의 내용

- 지상권 설정계약에는 지상권자에 대한 토지 인도, 지상권자의 직접적 · 배타적인 토지 사용 · 수익권 보장 등의 내용이 포함되어야 한다.
- 지상권은 무상임이 원칙이다. 따라서 지료에 관한 약정이 없어도 지상권 설정계약은 유효이며, 유상 지상권이라고 주장하는 설정자가 지료 약정의 존재와 그 내용을 증명해야 한다.

나. 지상권 설정등기

- 필수 등기사항은 지상권 설정의 목적과 범위이다. 토지 일부에 대한 지상권인 경우 지상권이 미치는 부분을 표시한 도면을 첨부해야 한다.

> 부동산등기법 제69조(지상권의 등기사항) 본문: 등기관이 지상권설정의 등기를 할 때에는 제48조에서 규정한 사항 외에 다음 각 호의 사항을 기록하여야 한다. 1. 지상권 설정의 목적, 2. 범위, 6. 지상권설정의 범위가 토지의 일부인 경우에는 그 부분을 표시

한 도면의 번호

- 임의적 등기사항: 존속기간, 지료의 가액과 지급 시기, 구분지상권 행사의 범위 등은 지상권의 성립요건이 아니다. 다만 지상권 설정계약으로 약정되어 등기까지 마쳐지면 지상권의 내용이 되고 대세효도 인정된다.

> 부동산등기법 제69조(지상권의 등기사항) 단서: 다만, 제3호부터 제5호까지는 등기원인에 그 약정이 있는 경우에만 기록한다. 3. 존속기간, 4. 지료와 지급시기, 5. 제289조의2 제1항 후단의 구분지상권 행사를 위한 토지 사용 제한에 관한 약정

2. 지상권의 효과

가. 지상권의 존속기간

(1) 약정된 경우

A. 편면적 강행법규

- 지상권의 존속기간은 설정계약으로 약정할 수 있으며, 등기해야 제3자(특히 토지 양수인)에게도 약정된 존속기간을 주장할 수 있다.
- 최단 존속기간에 관한 편면적 강행법규가 적용된다. 따라서 법정 최단 존속기간보다 길게 약정된 존속기간은 그대로 적용되는 데 비해, 법정 최단 존속기간보다 짧은 존속기간이 약정되면 법정 최단 존속기간이 적용된다.

> 제280조(존속기간을 약정한 지상권) ② 전항의 기간보다 단축한 기간을 정한 때에는 전항의 기간까지 연장한다.

B. 법정 최단 존속기간의 내용

- 최단 존속기간은 지상물의 종류에 따라 다르게 정해진다.

> 제280조(존속기간을 약정한 지상권) ① 계약으로 지상권의 존속기간을 정하는 경우에는 그 기간은 다음 연한보다 단축하지 못한다.
> 1. 석조, 석회조, 연와조 또는 이와 유사한 견고한 건물이나 수목의 소유를 목적으로 하는 때에는 30년
> 2. 전호이외의 건물의 소유를 목적으로 하는 때에는 15년
> 3. 건물이외의 공작물의 소유를 목적으로 하는 때에는 5년

- 여러 가지 재료가 혼용된 지상물의 소유를 목적으로 하는 지상권의 최단 존속기 간에 대해서는 해체의 난이도에 따라 제1호 또는 제2호가 적용된다.

> 제280조 제1항 제1호가 정하는 견고한 건물인지의 여부는 그 건물이 갖고 있는 물리 적·화학적 외력 또는 화재에 대한 저항력 및 건물해체의 난이도 등을 종합하여 판단 하여야 한다. 이 사건 건물은 기둥은 목제이지만 벽체는 벽돌, 블록 등이어서 상당기 간의 내구력을 지니고 있고, 용이하게 해체할 수 없는 것으로서 제280조 제1항 제1호 소정의 견고한 건물에 해당한다(대법원 2003. 10. 10. 선고 2003다33165 판결).

(2) 약정되지 않은 경우

- 지상권 설정계약으로 지상물의 종류만 약정되고 존속기간은 약정되지 않은 경우 에는 지상물의 종류에 따른 최단 존속기간이 적용된다.

> 제281조(존속기간을 약정하지 아니한 지상권) ① 계약으로 지상권의 존속기간을 정 하지 아니한 때에는 그 기간은 전조의 최단존속기간으로 한다.

- 지상권 설정계약으로 지상물의 종류와 존속기간 모두가 약정되지 않은 경우, 기타 건물의 소유를 목적으로 하는 경우에 준하여 15년의 최단 존속기간이 적용된다.

> 제281조(존속기간을 약정하지 아니한 지상권) ② 지상권설정당시에 공작물의 종류와 구조를 정하지 아니한 때에는 지상권은 전조제2호의 건물의 소유를 목적으로 한 것으 로 본다.

(3) 견해대립: 영구 지상권의 인정 여부

A. 전제

- 지상권 설정계약의 당사자들이 명시적으로 영구적 존속기간을 약정한 경우에만 문제된다.
- 당사자들이 기간을 약정하지 않았으면 최단 존속기간이 적용되기 때문이다.

B. 견해의 대립

- 긍정설은 민법에 최단 존속기간 제한 조항만 있고 최장기간 제한 조항은 없으므 로 영구지상권 설정계약도 유효라고 한다. 판례도 같은 입장이다.

대법원 2001. 5. 29. 선고 99다66410 판결

‣ 민법상 지상권의 존속기간은 <u>최단기만이 규정되어 있을 뿐 최장기에 관하여는 아무런 제한이 없으며, 존속기간이 영구인 지상권을 인정할 실제의 필요성도 있고, 이러한 지상권을 인정한다고 하더라도 지상권의 제한이 없는 토지의 소유권을 회복할 방법이 있다.</u>

‣ 특히 <u>구분지상권의 경우 존속기간이 영구라고 할지라도 대지 소유권을 전면적으로 제한하지 아니한다는 점 등에 비추어 보면, 지상권의 존속기간을 영구로 약정하는 것도 허용된다.</u>

✓ 부정설은 영구 지상권을 인정하는 것은 실질적으로 사용권 없는 소유권을 창설하는 것이므로 물권법정주의와 저촉된다고 한다. 그러나 영구적 존속 기간을 약정했더라도 지료 연체로 인한 지상권 소멸청구 등이 가능하므로 설정자의 사용권능이 영구적으로 배제되는 것은 아니라고 볼 수 있다.

나. 지상권의 본질적 효과

(1) 개관

 A. 토지에 대한 직접적 · 배타적 사용 · 수익권, 점유권

• 지상권자는 토지에 대한 사용 · 수익권을 가진다.

> 제279조(지상권의 내용) 지상권자는 타인의 토지에 건물 기타 공작물이나 수목을 소유하기 위하여 그 토지를 사용하는 권리가 있다.

• 토지에 대한 사용 · 수익권은 지상권자에게 배타적으로 귀속되므로 소유자의 사용 · 수익권도 배제된다. 따라서 소유자는 지상권이 설정된 토지의 무단 점유자에게 §741 청구를 할 수 없다.

> 지상권설정등기가 경료되면 <u>그 토지의 사용 · 수익권은 지상권자에게 있고, 지상권을 설정한 토지소유자는 지상권이 존속하는 한 그 토지를 사용 · 수익할 수 없다</u>(대법원 2018. 3. 15. 선고 2015다69907 판결).

> 따라서 소유자는 무단 점유자에게는 **임료 상당의 손해금을 청구할 수 없다**(대법원 1974. 11. 12. 선고 74다1150 판결).

• 지상권자는 설정자의 의사와 무관하게 토지를 임대하거나 지상권을 양도할 수 있다.

> 제282조(지상권의 양도, 임대) 지상권자는 타인에게 그 권리를 양도하거나 그 권리의 존속기간 내에서 그 토지를 임대할 수 있다.

- 지상권자는 토지 점유자이므로 점유권도 행사할 수 있다.

B. 물권적 청구권

- 지상권자는 점유보호청구권을 가질 뿐 아니라, 지상권 자체에 포함된 독자적인 물권적 청구권도 가진다.

> 제290조(준용규정) ① 제213조, 제214조, 제216조 내지 제244조의 규정은 지상권자 간 또는 지상권자와 인지 소유자간에 이를 준용한다.

- 지상권을 설정해 준 소유자는 목적물인 토지를 점유·사용할 수 없으므로 §213의 반환청구권을 행사할 수 없지만, 지상권이 설정된 토지 사용을 방해하는 자에게 §214의 방해배제·방해예방 청구권은 행사할 수 있다. 지상권이 소멸하면 토지 소유자는 완전한 소유권의 회복하기 때문에 방해배제나 방해예방 청구권을 인정할 필요가 있기 때문이다.

> 토지소유권은 그 토지에 대한 지상권 설정이 있어도 이로 인하여 그 권리의 전부 또는 일부가 소멸하는 것도 아니고 단지 지상권의 범위에서 그 권리 행사가 제한되는 것에 불과하며, 일단 지상권이 소멸되면 토지소유권은 다시 자동적으로 완전한 제한없는 권리로 회복된다. 따라서 소유자가 그 소유토지에 대하여 **지상권을 설정하여도 그 소유자는 그 토지를 불법으로 점유하는 자에게 대하여 방해배제를 구할 수 있는 물권적 청구권이 있다**(대법원 1974. 11. 12. 선고 74다1150 판결).

(2) 사례: 토지 자체의 사용을 목적으로 설정된 지상권

A. 개관

- 문제의 소재: 지상권 설정계약의 내용인 '목적'이, 지상물을 설치하지 않은 채 지면만을 사용하는 것으로 약정된 경우, 물권법정주의와 저촉되어 무효인지의 여부가 문제된다. §279의 문리해석상 지상권은 지상물의 소유를 위하여 토지를 사용할 권리라고 볼 여지가 있기 때문이다.
- 쟁점과 판단: ㉠ 지상권의 본질적인 내용은 지상물 소유가 아니라 타인 소유 토지에 대한 배타적·직접적 사용이므로 지상물과 무관한 지상권도 인정될 수 있다. 주차장, 방목, 운동장 등의 용도로도 토지를 사용할 수 있기 때문이다. ㉡ 따라서

지상권 설정계약과 지상권 설정등기가 모두 마쳐진 후 지상물이 소멸하더라도 지상권은 원래의 존속기간 만큼은 보장된다.

B. 사례

(a) 사안의 개요

- 甲은 콘크리트 건물인 Y건물과 그 대지인 X토지를 모두 소유하고 있었다.
- 甲은 乙에게 Y건물만 15년간 임대하면서 X토지에 乙명의 지상권 설정등기를 해 주고 존속기간을 15년으로 등기했다.

(b) 쟁점과 판단

- 乙은, Y건물이 견고한 건물이므로 X토지에 대한 지상권에는 30년의 최단 존속기간이 적용되어야 한다고 주장한다.
- 그러나 이러한 주장은 부당하다. 乙은 Y건물의 임차인에 불과하고 그 소유자는 아니므로, 乙의 X토지에 대한 지상권의 목적은 '지상건물 소유'가 아니다.
- 다만 甲·乙 간 지상권 설정계약 자체는 유효이고 '지상물을 약정하지 않은 경우'에 해당하므로 최단 존속기간 15년이 적용된다. 따라서 甲·乙이 지상권의 존속기간을 15년으로 약정한 것은 유효이다.

> 지상권은 타인의 토지에서 <u>건물 기타의 공작물이나 수목을 소유하는 것을 본질적 내용으로 하는 것이 아니라 타인의 토지를 사용하는 것을 본질적 내용</u>으로 하고 있으므로 지상권 설정계약 당시 건물 기타의 공작물이나 수목이 없더라도 지상권은 유효하게 성립할 수 있고, 또한 기존의 건물 기타의 공작물이나 수목이 멸실되더라도 존속기간이 만료되지 않는 한 지상권이 소멸되지 아니하는 것은 소론이 지적하는 바와 같으나, 이 사건 지상권은 그 존속기간이 15년으로 약정되었고, 지상권 설정자인 원고 소유의 건물들을 사용할 목적으로 한 것으로서 제280조 제1항 제1호의 규정이 적용되지 아니하므로, 15년이 경과하여 지상권의 최단존속기간이 만료되었다고 한 조치는 모두 정당하다(대법원 1996. 3. 22. 선고 95다49318 판결).

다. 지료

(1) 의미: 지상권자가 토지 이용의 대가로서 지급해야 하는 금전 또는 유가물

- 지료 지급은 지상권의 본질적 요소가 아니기 때문에 지상권 설정계약의 내용에 지료에 관한 약정이 없으면 무상 지상권이 설정된 것으로 본다.
- 지상권 설정계약의 당사자들 사이에서는 약정만 있으면 지료 지급 청구권과 이

에 상응하는 의무가 인정된다. 이에 비해 소유자가 지상권의 특정승계인에게 지료 지급을 청구하려면 지상권 설정등기에 지료 지급 의무와 지료 가액이 등기되어 있어야만 한다(99다17142, 736면).

(2) 지료증감 청구권

> 제286조(지료증감청구권) 지료가 토지에 관한 조세 기타 부담의 증감이나 지가의 변동으로 인하여 상당하지 아니하게 된 때에는 당사자는 그 증감을 청구할 수 있다.

• 지료증감 청구권의 법적 성질은 형성권이다. 따라서 §286의 요건이 충족된 경우 지상권자와 설정자 중 일방만 청구해도 지료 증감의 효과가 발생한다.
• 다만 증감될 가액에 대한 합의가 성립하지 않으면 법원의 재판으로 정할 수밖에 없다.

(3) 지료 연체의 효과: 후술 §287

3. 지상권의 소멸

가. 지상권의 소멸 사유

(1) 약정기간 만료

(2) 지상권 설정계약의 합의해지

(3) 2년분 이상 지료 연체와 설정자의 지상권 소멸 청구권 행사

A. 개관

• 지상권자의 지료 연체로 인해 설정자에게 발생하는 지상권 소멸 청구권의 법적 성질은 형성권이다. 따라서 2년분 이상 지료가 연체되면 설정자는 지상권을 존속시키는 것과 소멸시키는 것 중에서 선택할 수 있다.
• 사례: 2년분 이상의 지료를 연체한 지상권자가 설정자의 형성권 행사 전에 연체된 지료의 일부를 지급하자 설정자가 이의 없이 이를 수령함으로써 연체 액수가 2년분에 미달하게 되면 형성권은 소멸한다.

> 2년치 이상 지료가 연체되었는데도 지상권설정자가 지상권의 소멸을 청구하지 않고 있는 동안 지상권자로부터 연체된 지료의 일부를 지급받고 이를 이의 없이 수령하여 연체된 지료가 2년 미만으로 된 경우, 지상권설정자는 종전에 지상권자가 2년분의 지료를 연체하였다는 사유를 들어 지상권자에게 지상권의 소멸을 청구할 수 없으며, 이

러한 법리는 토지소유자와 법정지상권자 사이에서도 마찬가지이다(대법원 2014. 8. 28. 선고 2012다102384 판결).

- §287는 편면적 강행법규이므로 지상권 소멸청구권을 발생시키는 지료 연체 기간을 2년 이상으로 약정할 수 있으나 2년 미만으로 약정할 수는 없다.

> 제287조(지상권소멸청구권) 지상권자가 2년 이상의 지료를 지급하지 아니한 때에는 지상권설정자는 지상권의 소멸을 청구할 수 있다.

> 제289조(강행규정) 제280조 내지 제287조의 규정에 위반되는 계약으로 지상권자에게 불리한 것은 그 효력이 없다.

- 지상권 자체 또는 지상물에 대한 저당권이 설정되어 있는 경우에는 설정자는 이러한 저당권자에게도 지상권 소멸청구 사실을 통지해야 하고, 이러한 통지 후 상당 기간이 경과해야 비로소 지상권이 소멸한다. 지상권이나 지상물에 대한 저당권자에게 연체된 지료를 대위변제할 기회를 주기 위해서이다.

> 제288조(지상권소멸청구와 저당권자에 대한 통지) 지상권이 저당권의 목적인 때 또는 그 토지에 있는 건물, 수목이 저당권의 목적이 된 때에는 전조의 청구는 저당권자에게 통지한 후 상당한 기간이 경과함으로써 그 효력이 생긴다.

B. 지료 연체의 의미

(a) 귀책사유에 의한 지료 미지급

- 지료의 '연체'로 인정되려면 지료 미지급이라는 객관적 상황만으로는 부족하고 이에 대한 지상권자의 귀책사유도 필요하다.
- 다만 귀책사유 유무는 지료의 가액이 불명확한 법정 지상권에 대해서만 문제된다. 약정 지상권의 경우 지료의 가액이 약정되어 있고 금전채무에 대해서는 무과실 항변이 불가능하므로 약정된 지급기에 지료를 지급하지 못하면 곧바로 귀책사유에 의한 연체로 인정된다.

(b) 지상권이 설정된 토지의 소유자가 변경된 경우

- 각 소유자를 단위로 2년분 이상의 지료 연체 여부를 판단해야 한다.
- 토지 소유권 양수인은 자신에 대한 체납액이 2년분에 이르러야만 §287의 지상권 소멸청구권을 행사할 수 있다. 즉 지상권자의 토지 소유권 양도인에 대해 지료를

연체한 기간의 합산을 주장할 수는 없다.

> **대법원 2001. 3. 13. 선고 99다17142 판결**
> · 제287조는 <u>토지소유자의 이익을 보호</u>하려는 것이므로, 지상권자가 그 권리의 목적
>   이 된 토지의 <u>특정한 소유자에 대하여 2년분 이상의 지료를 지불하지 아니한 경우</u>
>   에 그 특정의 소유자로 하여금 <u>선택에 따라</u> 지상권의 소멸을 청구할 수 있도록 한
>   것이라고 해석함이 상당하다.
> · 전 소유자에 대해 2년 이상 지료가 연체되었더라도 토지 양수인인 원고가 지상권자
>   인 피고에게 이 사건 지상권소멸청구를 한 때는 위 피고가 <u>원고에 대하여는 2년 이</u>
>   <u>상의 지료를 연체하지 아니하였음</u>이 역수상 명백하므로, 원고들의 위 지상권소멸
>   청구는 부적법하다.

C. 비교: 법정지상권의 경우

• 법정지상권은 유상임이 원칙이지만, 지료의 가액은 합의나 재판으로 확정되어야
  한다. 따라서 지료 가액이 확정되기 전까지는 귀책사유에 의한 연체에 해당하지
  않는다.

> **법정지상권의 경우** 당사자 사이에 지료에 관한 <u>협의가 있었다거나 법원에 의하여 지</u>
> <u>료가 결정되었다는 아무런 입증이 없다면,</u> 법정지상권자가 지료를 <u>지급하지 않았다</u>
> <u>고 하더라도 지료 지급을 지체한 것으로는 볼 수 없</u>으므로 법정지상권자가 2년 이상
> 의 지료를 지급하지 아니하였음을 이유로 하는 토지소유자의 <u>지상권소멸청구는 이유</u>
> <u>가 없다</u>(대법원 2001. 3. 13. 선고 99다17142 판결).

• 다만 지료의 가액이 확정되면 그 순간에, 즉 설정자가 지료 지급을 청구하기 전이
  더라도 미지급 가액 전부에 대한 지료 연체로 인정된다. 예컨대 재판 기간이 2년
  을 경과하여 2년분 이상의 지료가 지급되지 않은 상태이면, 설정자는 지료의 가
  액을 정하는 재판 확정 즉시 지상권 소멸 청구를 할 수 있고, 재판 확정일부터 2년
  분 이상이 연체될 때까지 기다릴 필요는 없다.

> 판결에 의해 분묘기지권에 관한 <u>지료의 액수가 정해졌음에도 판결확정 후 책임 있는</u>
> <u>사유로 상당한 기간 동안 지료의 지급을 지체하여 지체된 지료가 **판결확정 전후에 걸**</u>
> **쳐 2년분** 이상이 되는 경우에는 제287조를 유추적용하여 새 토지소유자는 그 분묘기
> 지권자에 대하여 분묘기지권의 소멸을 청구할 수 있다(대법원 2015. 7. 23. 선고 2015
> 다206850 판결).

판결 확정일로부터 2년 이상 지료의 지급을 지체하여야만 지상권의 소멸을 청구할 수 있는 것은 아니다(대법원 1993. 3. 12. 선고 92다44749 판결).

- 지료는 등기되어야 제3자(특히 토지 양수인)에게 대항할 수 있는 것이 원칙이다. 다만 법정지상권의 지료가 재판으로 정해지면 설정자는 지료에 관한 등기를 마치지 않아도 제3자에게 대항할 수 있다. 지료를 정하는 재판은 형식적 형성소송이므로 §187가 적용되기 때문이다.

  지료액 등 지료에 관한 **약정**은 이를 **등기하여야만 제3자에게 대항할 수 있는 것**이고, 법원에 의한 지료의 결정은 당사자의 지료결정청구에 의하여 **형식적 형성소송인** 지료결정판결로 이루어져야 **제3자에게도 그 효력**이 미친다(대법원 2001. 3. 13. 선고 99다17142 판결).

나. 지상권 소멸의 효과

(1) 기본적인 효과

> 제285조(수거의무, 매수청구권)
> ① 지상권이 소멸한 때에는 지상권자는 건물 기타 공작물이나 수목을 수거하여 토지를 원상에 회복하여야 한다.
> ② 전항의 경우에 지상권설정자가 상당한 가액을 제공하여 그 공작물이나 수목의 매수를 청구한 때에는 지상권자는 정당한 이유없이 이를 거절하지 못한다.

> 제289조(강행규정) 제280조 내지 제287조의 규정에 위반되는 계약으로 지상권자에게 불리한 것은 그 효력이 없다.

- 지상권자가 지상물을 설치한 경우 지상물 수거권과 원상회복의무가 발생한다.
- 설정자에게는 형성권의 일종인 지상물 매수청구권이 인정되므로, 설정자가 상당한 가액을 제공하여 매수 청구를 하면 지상물 매매계약이 성립하고 지상권자는 지상물을 수거할 수 없다.

(2) 지상권자 보호를 위한 특칙

제283조(지상권자의 갱신청구권, 매수청구권)

① 지상권이 소멸한 경우에 건물 기타 공작물이나 수목이 현존한 때에는 지상권자는 계약의 갱신을 청구할 수 있다.

② 지상권설정자가 계약의 갱신을 원하지 아니하는 때에는 지상권자는 상당한 가액으로 전항의 공작물이나 수목의 매수를 청구할 수 있다.

제289조(강행규정) 제280조 내지 제287조의 규정에 위반되는 계약으로 지상권자에게 불리한 것은 그 효력이 없다

A. 필요성

• 지상권은 장기간 존속하고 건물·공작물 등의 지상물을 설치·소유하기 위해 설정되는 경우가 많다. 따라서 지상물이 현존하여 사용가치가 유지되고 있다면 지상권 설정계약의 갱신을 촉진할 필요가 있다.

• 그러나 지상권 갱신청구권은 형성권이 아니므로, 지상권자의 갱신 청약에 대해 대지 소유자가 승낙하지 않으면 갱신이 이루어질 수 없다. 이런 상황에 대비하기 위해 지상물 매수청구권이 필요하다.

B. 지상물 매수청구권의 요건

(a) 지상권자의 갱신청구권 행사와 이에 대한 설정자의 불응

• 지상권자가 갱신을 청구했는데 설정자가 이에 응하지 않아서 지상권 설정계약이 갱신되지 않으면, 지상권자는 지상물 매수청구권을 행사할 수 있다.

• 지상권 갱신청구권은 존속기간 만료 후 지체 없이 해야 하므로, 존속기간 만료 후 상당 기간이 경과하면 지상권 갱신청구권이 소멸하고 이에 따라 지상권 갱신청구권 행사를 전제하는 지상물 매수청구권은 발생하지 않는다.

제283조 제2항 소정의 지상물매수청구권은 지상권이 존속기간의 만료로 인하여 소멸하는 때에 지상권자에게 갱신청구권이 있어 그 갱신청구를 하였으나 지상권설정자가 계약갱신을 원하지 아니할 때 비로소 행사할 수 있는 권리이다. 지상권갱신청구권의 행사는 지상권의 존속기간 만료 후 지체 없이 하여야 한다. 따라서 지상권의 존속기간 만료 후 지체 없이 행사하지 아니하여 지상권갱신청구권이 소멸한 경우에는, 지상권자의 적법한 갱신청구권의 행사와 지상권설정자의 갱신 거절을 요건으로 하는 지상

물매수청구권은 발생하지 않는다고 할 것이다(대법원 2023. 4. 27. 선고 2022다 306642 판결).

(b) 보호가치

- 지상권자의 보호가치: ㉠ 지상물 매수청구권은 지상권자 보호를 위한 제도이므로, 지상권 소멸 사유 중 지상권자에게 보호가치가 인정되는 사유에 해당하는 존속기간 만료, 합의해지 등의 경우에만 지상물 매수청구권이 인정될 수 있다. ㉡ 지상권 설정계약으로 약정된 사용 목적이나 토지의 객관적인 사용방법을 위반하여 설치된 지상물은 매수청구권의 대상이 아니다. 지상권자의 보호가치가 인정될 수 없기 때문이다.
- 지상물의 보호가치: 지상물의 사용가치 유지도 지상권 매수청구권 제도의 목적이기 때문에 지상물이 현존해야 한다. 현존하기만 하면 무허가·미등기 건물이어도 무방하고 지상물 설치 당시에 설정자가 이에 대해 동의했었는지의 여부도 묻지 않는다.

C. 지상물 매수청구권 행사의 효과: 지상물 매매계약 성립 간주

(a) 개관

- 지상물 매수청구권은 형성권이므로 지상권자가 이를 행사하면 설정자가 원하지 않아도 매매계약이 성립한다. 이때 매매대금은 상당한 가액(시가)으로 정해지는데 구체적인 액수는 합의로 정하고 합의가 안 되면 재판으로 정한다.
- 설정자가 지상권의 존속 기간 만료를 이유로 지상물 철거를 청구하면 지상권자는 곧바로 지상물의 시가 상당액의 지급을 청구할 수도 있다.

> 임차인이 지상물의 매수청구권을 행사한 경우에는 임대인은 그 매수를 거절하지 못한다. 즉 이 지상물매수청구권은 이른바 형성권으로서, 그 행사로 임대인·임차인 사이에 지상물에 관한 매매가 성립하게 된다(대법원 1995. 7. 11. 선고 94다34265 전원합의체 판결).

(b) 사례

- 지상권의 존속기간 만료 후 소유자의 지상물 철거 및 대지 인도 청구에 대해 지상권자가 매매대금 지급을 청구한 경우, 소유자의 대지 인도 청구에 매매 대금 지급과 상환한 건물 인도 청구도 포함된 것으로 볼 수는 없다.

• 따라서 법원은 청구취지 변경 여부에 대해 석명하고 이에 불응하면 청구 기각 판결을 해야 한다.

> **대법원 1995. 7. 11. 선고 94다34265 전원합의체 판결**
> ‣ 토지임대인이 그 임차인에 대하여 지상물 철거 및 그 부지의 인도를 청구한 데 대하여 임차인이 적법한 지상물매수청구권을 행사하게 되면 임대인과 임차인 사이에는 그 지상물에 관한 매매가 성립하게 되므로 임대인의 청구는 이를 그대로 받아들일 수 없게 된다.
> ‣ 이 경우에 법원으로서는 임대인이 종전의 청구를 계속 유지할 것인지, 아니면 대금 지급과 상환으로 지상물의 명도를 청구할 의사가 있는 것인지(예비적으로라도)를 석명하고 임대인이 그 석명에 응하여 소를 변경한 때에는 지상물명도의 판결을 함으로써 분쟁의 1회적 해결을 꾀하여야 한다.

4. 특수한 약정 지상권

가. 구분지상권

(1) 의미

• 구분지상권이란 지하나 지상 공간에 상하의 범위를 정해 설정하는 지상권이라는 점에서 지표를 사용하는 일반 지상권과 다르다. 다만 구분지상권을 설정할 때 지표의 사용 방법을 제한할 수도 있다.

> 제289조의2(구분지상권) ① 지하 또는 지상의 공간은 상하의 범위를 정하여 건물 기타 공작물을 소유하기 위한 지상권의 목적으로 할 수 있다. 이 경우 설정행위로써 지상권의 행사를 위하여 토지의 사용을 제한할 수 있다.

• 구분지상권을 설정하지 않은 채 무단으로 타인이 소유한 토지의 지상이나 지하를 사용하면 부당이득 반환의무가 발생한다.

> 토지소유자의 사용·수익이 제한되는 상공의 범위에는 고압전선이 통과하는 부분뿐만 아니라 관계 법령에서 고압전선과 건조물 사이에 일정한 거리를 유지하도록 규정하고 있는 경우 그 거리 내의 부분도 포함된다. 고압전선의 소유자가 해당 토지 상공에 관하여 일정한 사용권원을 취득한 경우, 그 양적 범위가 토지소유자의 사용·수익이 제한되는 상공의 범위에 미치지 못한다면, 사용·수익이 제한되는 상공 중 사용권원을 취득하지 못한 부분에 대해서 고압전선의 소유자는 특별한 사정이 없는 한 차임

상당의 부당이득을 토지소유자에게 반환할 의무를 부담한다(대법원 2022. 11. 30. 선고 2017다257043 판결).

(2) 토지 사용권과의 양립

- 구분지상권은 토지 사용권과 양립할 수 있으므로 지상권이나 토지 임차권 등의 토지 사용권이 설정된 토지에 대해서도 구분지상권이 설정될 수 있다. 다만 이를 위해서는 토지 사용권자와 이러한 토지 사용권을 목적으로 하는 권리자 전원의 승낙을 얻어야 한다.
- 구분지상권이 설정되면 토지 소유자는 물론 토지에 대한 지상권자 등의 사용권자도 구분지상권 행사를 방해하면 안 된다.

> 제289조의2(구분지상권) ② 제1항의 규정에 의한 구분지상권은 제3자가 토지를 사용·수익할 권리를 가진 때에도 그 권리자 및 그 권리를 목적으로 하는 권리를 가진 자 전원의 승낙이 있으면 이를 설정할 수 있다. 이 경우 토지를 사용·수익할 권리를 가진 제3자는 그 지상권의 행사를 방해하여서는 아니된다.

나. 담보지상권

(1) 기능: 나대지 저당권자의 담보가치 보호

A. 나대지에 저당권이 설정된 경우의 이해관계 대립 상황

- 저당권이 설정되더라도 소유자는 사용권을 유지하기 때문에 건물 신축에 대한 법적 장애는 없다.
- 나대지 상태에서 토지 저당권 설정 후 설정자가 지상건물을 신축한 경우, 이 건물에는 §366의 법정지상권이 인정되지 않는다. 따라서 저당권 실행 경매에서의 토지 매수인은 §213·§214를 근거로 건물 철거를 청구할 수 있다. 다만 이를 실행하기는 쉽지 않다는 현실적인 문제가 있다.

B. 나대지 저당권자가 소유자의 건물 신축을 방지하기 위한 법적 조치

- 나대지 저당권자는 §214의 방해배제청구권을 행사하여 건물 신축을 중지시킬 수 있다.
- 그러나 더 효과적인 방법은 소유자의 사용권을 법적으로 제한하여 아예 건축허가를 받지 못하게 하는 것이다. 이를 위해 나대지 저당권자 명의로 설정되는 지상권이 '담보 지상권'이다.

(2) 담보지상권의 요건

- 설정계약과 설정등기에 의해 성립한다는 점에서 약정 지상권과 같다.
- 피담보채권자 명의로 담보권과 지상권이 모두 설정된다. 즉 담보권자와 지상권자가 동일인인 것이 일반적이다.

(3) 담보지상권의 효과: 일반적인 지상권과 다른 점

A. 설정자의 무상 사용권

(a) 개관

- 담보지상권이 설정되더라도 토지의 사용·수익권은 설정자에게 유보된다. 즉 설정자는 담보지상권 설정 후에도 그 토지에 대한 무상 사용권을 가진다.
- 설정자나 제3자가 담보지상권이 설정된 토지의 사용·수익을 방해하는 행위를 하는 경우 담보지상권자는 ㉠ 사용이익 침해로 인한 §741·§750 청구는 할 수 없고, ㉡ 담보권 실행 방해나 교환가치 감소로 인한 §750 청구만 할 수 있다.

> **대법원 2008. 1. 17. 선고 2006다586 판결**
> - 불법점유를 당한 부동산의 소유자 또는 용익권자로서는 불법점유자에 대하여 그로 인한 임료 상당 손해의 배상이나 부당이득의 반환을 구할 수 있을 것이나, 부동산의 소유자 또는 용익권자에게 임료 상당 이익이나 기타 소득이 발생할 여지가 없는 특별한 사정이 있는 때에는 손해배상이나 부당이득반환을 청구할 수 없다.
> - 금융기관이 대출금 채무의 담보를 위하여 채무자 또는 물상보증인 소유의 토지에 저당권을 취득함과 아울러 그 토지에 지료를 지급하지 아니하는 지상권을 취득하면서 채무자 등으로 하여금 그 토지를 계속하여 점유, 사용토록 하는 경우, 특별한 사정이 없는 한 당해 지상권은 저당권이 실행될 때까지 제3자가 용익권을 취득하거나 목적 토지의 담보가치를 하락시키는 침해행위를 하는 것을 배제함으로써 저당 부동산의 담보가치를 확보하는 데에 그 목적이 있다고 할 것이고, 그 경우 지상권의 목적 토지를 점유, 사용함으로써 임료 상당의 이익이나 기타 소득을 얻을 수 있었다고 보기 어려우므로, 그 목적 토지의 소유자 또는 제3자가 저당권 및 지상권의 목적 토지를 점유, 사용한다는 사정만으로는 금융기관에게 어떠한 손해가 발생하였다고 볼 수 없다.
> - 저당권자는 원칙적으로 저당부동산의 소유자가 행하는 저당부동산의 사용 또는 수익에 관하여 간섭할 수 없다고 할 것이나, 저당부동산에 대한 소유자 또는 제3자의 점유가 저당부동산의 본래의 용법에 따른 사용·수익의 범위를 초과하여 그 교환가

치를 감소시키거나, 점유자에게 저당권의 실현을 방해하기 위하여 점유를 개시하였다는 점이 인정되는 등, 정상적인 점유가 있는 경우의 **경락가격과 비교하여 그 가격이 하락하거나 경매절차가 진행되지 않는 등 저당권의 실현이 곤란하게 될 사정이 있는 경우에는 저당권의 침해가 인정**될 수 있다. 같은 취지에서 피고들에 대하여 손해배상책임을 인정한 원심의 판단은 정당하다.

(b) 사례: 담보지상권 설정 후 설정자의 임대

• 사안의 개요: 丙이 소유한 X토지에 채권자 甲명의 저당권과 지상권 설정등기가 마쳐졌다. 그 후 丙이 X토지를 乙에게 조경수 식재 용도로 임대했고 이에 乙은 단풍나무를 심었다.

• 쟁점과 판단: ㉠ 乙이 심은 단풍나무의 소유자는 누구인지가 문제되는데, 丙·乙 간 임대차계약이 유효이면 乙이 단풍나무의 소유권을 유지하고(§256 단서) 甲의 저당권의 효력이 미치지 않는다. 이에 비해 丙·乙 간 임대차계약이 무효이면 단풍나무는 X토지에 부합되고 甲의 저당권의 효력이 미친다(§358). ㉡ 甲명의 지상권의 법적 성질은 담보지상권이다. 따라서 X토지의 사용권은 丙에게 남겨지고 丙·乙 간 임대차 계약은 유효이다.

대법원 2018. 3. 15. 선고 2015다69907 판결

‣ 제256조에서 말하는 '권원'이라 함은 지상권, 전세권, 임차권 등과 같이 타인의 부동산에 자기의 동산을 부속시켜서 그 부동산을 이용할 수 있는 권리를 뜻하므로, 그와 같은 권원이 없는 자가 타인의 토지 위에 나무를 심었다면 특별한 사정이 없는 한 토지소유자에 대하여 그 나무의 소유권을 주장할 수 없다.

‣ 지상권설정등기가 경료되면 그 토지의 사용·수익권은 지상권자에게 있고, 지상권을 설정한 토지소유자는 지상권이 존속하는 한 그 토지를 사용·수익할 수 없다. 따라서 지상권을 설정한 토지소유자로부터 그 토지를 이용할 수 있는 권리를 취득했더라도 지상권이 존속하는 한 이와 같은 권리는 원칙적으로 제256조 단서의 '권원'에 해당하지 아니한다.

‣ 그런데 금융기관이 대출금 채권의 담보를 위하여 **토지에 저당권과 함께 지료 없는 지상권을 설정하면서 채무자 등의 사용·수익권을 배제하지 않은** 경우 토지소유자는 저당 부동산의 **담보가치를 하락시킬 우려가 있는 등의** 특별한 사정이 없는 한 그 **토지를 사용·수익할 수 있다. 따라서 그러한 토지소유자로부터 그 토지를 사용·수**

익할 수 있는 권리를 취득하였다면 이러한 권리는 제256조 단서가 정한 '권원'에 해당한다.

‣ 원고가 이 사건 토지의 소유자와 사이에 수목의 소유를 위하여 체결한 사용대차계약은 제256조 단서가 정하는 '권원'에 해당한다고 봄이 상당하므로, 이 사건 단풍나무는 이 사건 토지에 부합하지 않는다고 보아야 한다.

B. 부종성

- 피담보채권이 소멸하면 담보지상권은 즉시 소멸한다. 따라서 §280의 최단존속기간은 적용되지 않는다.

✔ 이러한 부종성은 담보물권과 유사한 성질을 반영한 것이므로 말소등기와 무관하게 소멸한다고 보아야 한다(§187).

> 근저당권 등 담보권 설정의 당사자들이 그 목적이 된 토지 위에 차후 용익권이 설정되거나 건물 또는 공작물이 축조·설치되는 등으로써 그 **목적물의 담보가치가 저감하는 것을 막는 것을 주요한 목적으로 하여 채권자 앞으로 아울러 지상권을 설정**하였다면, 피담보채권이 **변제 등으로 만족을 얻어 소멸한 경우는 물론이고 시효소멸한 경우에도 그 지상권은 피담보채권에 부종하여 소멸**한다(대법원 2011. 4. 14. 선고 2011다6342 판결).

- 담보지상권은 피담보채권에 부종하지만, 담보물권은 아니다. 따라서 담보지상권자라 하더라도 피담보채권의 존부나 범위에 대한 확인의 이익은 인정되지 않는다.

> 지상권은 용익물권으로서 담보물권이 아니므로 피담보채무라는 것이 존재할 수 없다. 이른바 담보지상권의 경우, 당사자의 약정에 따라 담보권의 존속과 지상권의 존속이 서로 연계되어 있을 뿐이고, 이러한 경우에도 지상권의 피담보채무가 존재하는 것은 아니다. 따라서 지상권설정등기에 관한 **피담보채무의 범위 확인을 구하는 원고의 청구 부분은 원고의 권리 또는 법률상의 지위에 관한 청구라고 보기 어려우므로, 확인의 이익이 없어** 이 부분 소는 부적법하다(대법원 2017. 10. 31. 선고 2015다65042 판결).

1. 개관

가. 문제의 소재

(1) 대지와 건물의 관계

- 건물이 있는 토지를 대지라고 하는데, 건물과 대지는 별개의 독립된 부동산으로 취급된다. 따라서 건물 소유자가 대지 소유자의 건물 철거 청구에 대항하려면 대지 사용권이 있어야 한다(§213 단서). 이러한 대지 사용권에는 지상권·전세권과 같은 물권뿐 아니라 임차권·사용차권·미등기 매수인의 권리 등과 같은 채권도 포함된다.

- 그런데 동일인이 대지와 건물을 모두 소유한 경우에는 대지 사용권을 설정할 수 없다. 설정하더라도 혼동으로 인해 소멸하기 때문이다.

(2) 동일인이 소유하던 대지와 건물의 소유자가 달라지는 경우

- 원칙: 동일인 소유하던 대지나 건물 중 하나 또는 전부의 소유권이 양도되는 경우 대지 소유자가 될 사람과 건물 소유자가 될 사람이 계약으로 대지 사용권을 설정해야 한다. 이러한 사용권에는 약정 지상권뿐 아니라 임차권도 포함된다.

- 예외: 실정법이나 관습법에 따른 요건이 충족되면 당사자의 명시적인 약정이 없어도 법률 또는 관습법을 근거로 건물 소유를 위한 지상권이 성립한 것으로 간주된다. 이것을 법정지상권이라 한다.

나. 법정지상권의 유형(요건) 개관

(1) 관습법상의 법정지상권

- 관습법상 법정지상권은 ㉠ 지상 건물의 철거 방지라는 공공복리 실현과 ㉡ 건물이나 대지 처분행위를 하는 당사자들의 묵시적 의사표시를 근거로 인정된다.

✔ 대지만 양도되는 경우이든 건물만 양도되는 경우이든 그 당사자들이 건물 철거에 대해 명확하게 약정하지 않았다면 대지 소유자는 건물의 존속을 양해하는 묵시적 의사표시가 있었다고 볼 수 있으며, 이것이 관습법상 법정지상권의 실질적 근거라고 할 수 있다.

관습법상 법정지상권은 토지와 건물을 각각 독립된 부동산으로 취급하는 우리 법제에서 동일인 소유이던 토지와 그 지상 건물 중 **하나가 다른 사람에게 귀속되고 그 당사자 사이에 대지의 사용관계에 관하여 아무런 합의가 없을 때** 건물 소유자가 대지에 아무런 권리가 없다는 이유로 ㉠ 건물을 철거하도록 한다면 사회경제상의 불이익이 많으므로 이러한 불이익을 제거하기 위하여 건물 소유자에게 그 대지를 적법하게 이용할 수 있도록 함으로써 건물이 철거되는 것을 막기 위하여 인정된 제도이다. 동일인 소유이던 토지와 그 지상 건물이 매매 등으로 인하여 각각 소유자를 달리하게 되었으나 ㉡ 그 **건물을 철거한다는 등의 특약이 없으면 건물 소유자로 하여금 대지를 계속 사용하게 하려는 것이 당사자의 의사**라고 볼 수 있기 때문이다(대법원 2022. 7. 21. 선고 2017다236749 전원합의체 판결).

- 관습법상 법정지상권의 인정 근거에 대한 법적 확신은 변경되지 않았고, 대지 사용권에 관한 명시적 약정에 대해 보충적으로 적용되므로 사적 자치 원칙과 저촉되지 않으며, 유상 지상권이 발생하므로 토지 소유자의 이익을 지나치게 제한하지도 않아서 관습법의 요건으로서 요구되는 합리성도 인정된다.

대법원 2022. 7. 21. 선고 2017다236749 전원합의체 판결
- 관습법 변경·소멸의 요건, 특히 법적 안정성을 위한 명백성 요건에 비추어 볼 때 건물의 철거로 인한 사회경제적 손실을 방지할 공익상의 필요성이나 건물 소유자 혹은 사용자의 이익을 보호할 필요성에 대하여 사회 구성원들의 법적 구속력에 대한 확신이 소멸하였다거나 그러한 관행이 본질적으로 변경되었다고 인정할 수 있는 자료도 찾아볼 수 없다.
- 관습법상 법정지상권은 당사자 사이에 아무런 약정이 없을 때 보충적으로 인정된다고 볼 수 있으므로 헌법을 최상위 규범으로 하는 전체 법질서에 부합하지 아니하거나 그 정당성과 합리성을 인정할 수 없다고 보기 어렵다.

- 관습법상 법정지상권은 토지·건물의 소유자가 달라지게 되는 모든 경우에 대해 적용되는 일반법이다.

(2) 실정법을 근거로 인정되는 법정지상권
- 담보권 실행으로 토지·건물의 소유자가 달라지게 되는 경우에는 실정법에 의한 법정지상권이 우선 적용된다. 저당권 실행의 경우 §366의 법정지상권, 가등기담보권 실행의 경우 가등기담보법 §10의 법정지상권이 인정된다.

- §305의 법정지상권은 토지·건물의 소유자가 달라지는 모든 경우에 대해 적용된다. 그런데 건물 전세권자가 아니라 건물 소유자에게 법정지상권이 발생한다(795면).

다. 법정지상권의 효과 개관

(1) 약정지상권과 법정지상권에 공통된 효과

- 법정지상권은 요건만 실정법 또는 관습법으로 정해져 있다.
- 법정지상권 효과에 대해서는 약정 지상권의 효과에 관한 조항들이 적용되는 것이 원칙이다.

(2) 법정지상권에 고유한 효과

- 존속기간: 법정지상권의 특성상 존속기간은 약정될 수 없다. 따라서 §281 ① 각호의 최단존속기간이 적용된다(§281 ①).

  관습법상의 법정지상권에 관하여는 특별한 사정이 없는 한 민법의 지상권에 관한 규정이 준용되므로, 당사자 사이에 관습법상의 법정지상권의 존속기간에 대하여 따로 정하지 않은 때에는 제281조 제1항에 의하여 제280조 제1항 각호에 규정된 기간이 된다(대법원 2013. 9. 12. 선고 2013다43345 판결).

- 지료: 법정지상권은 약정 지상권과는 달리 지료가 있는 유상 지상권임이 원칙이다. 토지 소유자의 의사와 무관하게 발생하므로 이에 대한 보상이 필요하기 때문이다.
- 범위: 건물의 유지·이용에 필요한 범위로 한정된다. 건물 철거후 재건축되더라도 원래 건물을 기준으로 정해진 범위·내용에 대해서만 인정된다. 이에 비해 약정의 목적물은 특약으로 범위를 정하여 공시하지 않는 한 토지 전부이다.

라. 절차법

(1) 청구원인: §213 본문

- 건물 철거 청구의 원고적격은 대지 소유자에게 인정되는 것이 원칙이다.
- 철거 청구의 경우 피고가 지상 건물 소유자라는 점이, 퇴거 청구의 경우 피고가 지상건물의 소유자 아닌 점유자라는 점이 각각 주장·증명되어야 한다.

(2) 항변: 정당한 점유 권원(§213 단서)

- 관습법상 법정지상권: 건물과 대지의 소유권이 동일인에게 귀속되어 있다가, 법률행위나 법률규정에 의한 물권 변동으로 인해 건물과 대지의 소유권이 서로 다

른 사람에게 귀속되었다는 사실이 주장·증명되어야 한다.

- §366의 법정지상권: 동일인 소유였던 대지·건물의 소유자가 서로 달라지게 되었을 뿐 아니라, 그 사유가 담보권 실행 경매라는 점과 대지에 대한 저당권 설정 당시 건물 신축을 예견할 수 있었다는 점이 추가로 주장·증명되어야 한다.

(3) 재항변

- 법정지상권의 불성립: 토지 소유자는 다음과 같은 법정지상권 소멸사유들을 주장·증명해야 한다. ㉠ 토지와 건물의 소유자가 서로 달라지게 된 원인인 법률행위에 건물 철거 특약이 포함되어 있다는 점 또는 ㉡ 법정지상권을 인정할 필요가 없는 특별한 사정(건물만 미등기 매수한 경우)이 있다는 점에 주장·증명되어야 한다. ㉠은 관습법상 법정지상권에 대해서만 적용된다.
- 법정지상권의 소멸: ㉠ 법정지상권 성립 후 건물 소유자가 법정지상권 포기 의사표시를 했다는 사실이 주장·증명되어야 한다. 이러한 법정지상권 포기 의사표시를 볼 수 있는 전형적인 예는 대지에 대한 지상권이나 임차권을 설정하는 계약이 체결된 경우이다. 이러한 계약은 이미 성립·존재하는 법정지상권을 포기하는 묵시적 의사표시라고 볼 수 있기 때문이다. ㉡법정지상권 성립 후 2년분 이상의 지료가 연체되어 대지 소유자가 지상권 소멸청구권을 행사했다는 사실이 주장·증명되어야 한다.

2. 관습법상 법정지상권의 요건

가. 건물의 존재: 독립된 부동산으로 인정될 수 있는 요건 충족

- 법정지상권은 건물 소유권에 종된 권리이므로, 건물이 독립된 부동산으로 인정될 수 있는 상태여야 법정지상권이 성립할 수 있다.
- 가설건물은 토지에 정착되었다고 볼 수 없으므로, 동일인이 소유한 가설건물과 대지의 소유자가 서로 달라지더라도 법정지상권이 발생하지 않는다.

> 독립된 부동산으로서 건물은 토지에 정착되어 있어야 하는데(제99조 제1항), 가설건축물은 일시 사용을 위해 건축되는 구조물로서 **설치 당시부터 일정한 존치기간이 지난 후 철거가 예정되어 있어 일반적으로 토지에 정착되어 있다고 볼 수 없**다. 따라서 **가설건축물은 특별한 사정이 없는 한 독립된 부동산으로서 건물의 요건을 갖추지 못하여 법정지상권이 성립하지 않는다**(대법원 2021. 10. 28. 선고 2020다224821 판결).

- 이미 법정지상권이 발생한 건물이 철거되고 가설건물이 신축된 경우에도 마찬가지이다.

✓ 약정 지상권은 일단 설정되면 지상물이 소멸해도 약정 기간 동안 유지되는 것과는 달리 법정지상권은 지상건물의 철거방지 필요성이 없어지면 소멸한다고 보아야 하기 때문이다.

> 이는 동일인의 소유에 속하던 토지와 건물의 소유자가 달라지게 된 시점에는 해당 건물이 독립된 부동산으로서 건물의 요건을 갖추었으나 그 후 해당 건물이 철거되고 가설건축물 등 독립된 건물이라고 볼 수 없는 지상물이 건축된 경우에도 마찬가지이다 (대법원 2022. 2. 10. 선고 2016다262635 판결).

나. 동일인이 소유하고 있던 토지와 지상건물

(1) 동일인 소유 여부의 판단기준

A. 원칙: 등기 명의

B. 예외: 미등기 건물

(a) 개관

- 미등기 건물에 대해서도 관습법상 법정지상권이 인정될 수 있다.

> 관습상의 법정지상권에 있어서 건물은 건물로서의 요건을 갖추고 있는 이상 무허가 건물이거나 미등기건물이거나를 가리지 않는다(대법원 1988. 4. 12. 선고 87다카2404 판결).

- 미등기 건물의 소유자는 미등기 건물의 원시취득자 결정 방법에 따라 정해진다.

(b) 사례: 미등기 건물 매수인

- 사안의 개요: 甲은 자신이 소유한 X토지 위에 Y건물을 신축했으나 보존등기를 하지 않았다. 乙은 미등기 상태인 Y건물을 甲으로부터 양수하여 점유·사용하고 있다.

- 쟁점과 판단: X토지의 소유권이 丙에게 이전되면, 乙은 丙에게 관습법상 법정지상권을 주장할 수 없다. 그러나 Y건물의 원시취득자 甲에게 관습상 법정지상권이 발생했고 乙은 甲으로부터 Y건물 소유권에 종된 권리인 대지사용권도 양수했으므로(§100 ②), 乙은 甲을 대위하여 丙에게 지상권 설정등기청구를 할 수 있다. 따라서 丙의 乙에 대한 Y건물 철거 청구는 의무를 부정하는 행위로서 신의칙에 반한다(84다카1131, 763면).

(2) 동일인 소유라는 요건 충족 여부의 판단기준시

A. 원칙

- 토지나 건물의 소유권이 변동되는 시점을 기준으로 판단해야 한다.
- 원시적으로 동일인 소유였을 필요는 없다. 즉 건물 신축 당시에는 토지·건물이 동일인 소유가 아니었더라도 그 후 토지·건물이 동일인 소유가 되면 관습법상 법정지상권의 요건인 '동일인 소유인 토지·건물'로 인정된다.

B. 예외: 강제경매

- 토지나 건물 중 하나에 대해서만 강제경매가 진행된 경우, ⊙ 토지·건물의 소유자가 달라지게 되는 매각대금 납부시가 아니라 강제경매로 인한 처분금지효의 기준 시점인 (가)압류의 효력 발생시를 기준으로 토지·건물의 소유자가 동일한지의 여부를 판단해야 한다. ⓒ 따라서 (가)압류 당시에는 토지·건물의 소유자가 달랐으나 매각대금 납부 전에 토지·건물의 소유권이 동일에게 귀속되었다가 매각대금 납부로 매수인이 토지 소유권을 취득하면 그 건물을 위한 관습법상 법정지상권이 인정되지 않는다.
- 논거: (가)압류의 처분금지효에 의해 (가)압류등기 후에 발생한 물권은 모두 말소대상이므로, (가)압류등기 후 발생 요건이 충족된 새로운 물권으로 매수인에게 대항할 수 없다.
- 비교: §366의 법정지상권의 경우 대지 저당권 설정 당시를 기준으로 판단한다. 대지 저당권자는 저당권 설정 당시에 이미 §366의 부담을 감수했을 것이기 때문에 그 후 건물 소유권을 양수한 자에 대해서도 §366의 법정지상권이 인정된다(99다52602, 770면).

> **대법원 2012. 10. 18. 선고 2010다52140 전원합의체 판결**
> - 강제경매절차에서 매수인의 법적 지위는 다른 특별한 사정이 없는 한 **압류의 효력이 발생하는 때를 기준**으로 하여 정해져야 한다.
> - 강제경매의 목적이 된 토지 또는 그 지상 건물의 소유권이 강제경매로 인하여 그 절차상의 매수인에게 이전된 경우에 건물의 소유를 위한 관습상 법정지상권이 성립 여부는 그 **매수인이 소유권을 취득하는** 매각대금의 완납시가 아니라 그 **압류의 효력이 발생하는 때를 기준**으로 하여 **토지와 그 지상 건물이 동일인에 속하였는지 여부가 판단**되어야 한다.

- 한편 **강제경매개시결정 이전에 가압류가 있는 경우**에는, 그 가압류가 강제경매개시결정으로 인하여 **본압류로 이행되어 가압류집행이 본집행에 포섭됨으로써 당초부터 본집행이 있었던 것과 같은 효력**이 있다. 따라서 경매의 목적이 된 부동산에 대하여 가압류가 있고 그것이 본압류로 이행되어 경매절차가 진행된 경우에는 애초 **가압류가 효력을 발생하는 때를 기준으로 토지와 그 지상 건물이 동일인에 속하였는지 여부를 판단**할 것이다.

(3) '동일인 소유' 요건과 관련된 사례

A. 대지소유권 양도의 원인계약 실효

- 사안의 개요: 甲으로부터 X토지를 매수한 乙이 지상에 Y건물을 신축한 후 甲·乙 간 원인행위가 무효·취소나 해제로 인해 실효되어 X토지에 대한 乙명의 소유권이전등기가 말소되는 경우, Y건물을 위한 관습법상 법정지상권이 성립하는지가 문제된다.

- 쟁점과 판단: 관습법상 법정지상권은 인정되지 않는다. 무효·취소나 해제에는 소급효가 있기 때문에 乙의 Y건물 신축 당시부터 X토지는 甲의 소유였던 것으로 인정되기 때문이다.

> 관습상 법정지상권의 요건인 그 해당 토지와 건물의 소유권의 동일인에의 귀속과 그 후의 다른 사람에의 귀속은 법의 보호를 받을 수 있는 권리 변동으로 인한 것이어야 한다. 따라서 원래 동일인에게의 그 소유권 귀속이 원인무효로 이루어졌다가 그 뒤 그 원인무효임이 밝혀져 그 등기가 말소됨으로써 그 건물과 토지의 소유자가 달라지게 된 이 사건과 같은 경우에는 관습상의 법정지상권을 허용할 수 없다(대법원 1999. 3. 26. 선고 98다64189 판결).

B. 대지 소유자의 사용승낙에 의한 건물신축

(a) 사안의 개요

- 甲 소유 X토지를 丙이 매수하면서 그 지상에 Y건물을 신축·분양하여 토지 잔대금을 지급하기로 약정했다. 丙은 甲의 사용승낙 하에 Y건물을 신축하여 보존등기를 마쳤으며 乙은 丙으로부터 Y건물을 분양받아 소유권이전등기를 마쳤다.

- 丙이 약정된 이행기까지 토지 잔대금을 지급하지 못하자 甲은 X토지 매매계약을 해제하고 Y건물 소유자로서 X토지의 점유자에 해당하는 乙에게 Y건물 철거청구를 한다(§213).

(b) 쟁점과 판단

- Y건물의 신축 당시에 대지와 건물의 소유자가 달랐으므로 관습상 법정지상권이 성립할 여지가 없다.
- 다만 甲은 X토지를 丙에게 사용대차함으로써 乙이 대지 사용권 없는 건물을 분양받게 한 원인제공자이다. 이러한 甲이 乙에게 철거청구를 하는 것은 신의칙에 반하여 권리남용이다.

> 원고가 이 사건 <u>토지에 관하여 소외 회사로 하여금 이 사건 건물을 신축하는</u>데 사용하도록 승낙하였고 소외 회사가 이에 따라 이 사건 건물을 신축하여 피고들에게 분양하였다면 **원고는 이 사건 건물을 신축하게 한 원인을 제공**하였다 할 것이므로, 이를 <u>신뢰하고 견고하게 신축한 건물 중 각 판시부분을 분양받은</u> 피고들에게 이 사건 토지에 대한 소외 회사와의 매매계약이 해제되었음을 이유로 하여 그 철거를 요구하는 것은 비록 그것이 이 사건 토지에 대한 <u>소유권에 기한 것이라 하더라도 신의성실의 원칙에</u> <u>비추어 용인될 수 없다</u>(대법원 1993. 7. 27. 선고 93다20986 판결).

C. 명의신탁된 토지 위의 건물 신축과 명의신탁 해지

(a) 내부관계

- 수탁자가 명의신탁된 토지에 건물을 무단 신축한 후 명의신탁이 해지된 경우 수탁자는 신탁자에게 관습법상 법정지상권을 주장할 수 없다.
- 내부관계에서는 토지는 신탁자의 소유이므로 건물 신축 당시부터 토지·건물의 소유자가 서로 달랐기 때문이다.

(b) 외부관계

- 사안의 개요: 신탁자가 수탁자 명의 대지에 건물을 신축한 후 수탁자가 대지 소유권을 양도했고, 부동산실명제법 §4 ③ 에 의해 소유자로 인정되는 양수인이 신탁자에게 건물철거 청구를 한다.
- 쟁점과 판단: 신탁자는 양수인의 철거 청구에 대항할 수 없다. 대외관계에서는 건물 신축 당시 대지 소유자가 수탁자였기 때문이다.
  - ✓ 신탁자가 지상건물을 자신의 명의로 보존등기한 경우, 토지 사용료를 수탁자에게 지급했음이 인정될 수 있다면 §622에 의한 임차권으로 대항할 수 있을 것이다.

대법원 2004. 2. 13. 선고 2003다29043 판결

- 제366조의 법정지상권은 **저당권설정 당시 동일인의 소유에 속하던 토지와 그 지상건물**이 경매로 각기 그 소유자가 다르게 된 때에 건물의 소유자를 위하여 발생하는 것이므로, 토지와 그 지상건물이 각기 소유자를 달리하고 있던 중 토지나 지상건물만이 경매로 다른 사람에게 소유권이 이전된 경우에는 위 법조 소정의 법정지상권이 발생할 여지가 없다.
- 건물의 등기부상 소유명의를 타인에게 신탁한 경우에 <u>신탁자는 제3자에게 그 건물이 자기의 소유임을 주장할 수 없고</u>, 따라서 그 **건물과 부지인 토지가 동일인의 소유임을 전제로 한 법정지상권을 취득할 수 없**다.

D. 대지에 대한 가등기가 마쳐진 경우

(a) 사안의 개요

- 甲 소유 X대지와 Y건물을 乙이 양수하고 소유권이전등기를 마쳤다.
- X대지에 대해 乙명의 소유권이전등기보다 선순위로 마쳐져 있었던 丙명의 가등기에 기한 丙명의 본등기가 마쳐졌고 이로 인해 乙명의 소유권이전등기는 말소되었다.
- Y건물에 대한 적법한 경매절차에서 丁이 Y건물의 매각대금을 납부하고 소유권을 취득했다.

(b) 쟁점과 판단

- 乙은 X토지에 대한 丙명의 본등기가 마쳐졌을 때 건물을 위한 관습법상 법정지상권을 취득한다. 가등기에 기한 본등기로 소유권이 이전되는 시점은 본등기시이기 때문이다.

대법원 1982. 6. 22. 선고 81다1298 판결

- 가등기는 그 성질상 본등기의 <u>순위보전의 효력만이 있고 후일 본등기가 경료된 때에는 본등기의 순위가 가등기한 대로 소급함으로써</u> 가등 기 후 본등기 전에 이루어진 중간처분이 본등기보다 후 순위로 되어 실효될 뿐이고 <u>본등기에 의한 물권 변동의 효력이 가등기한 때로 소급하여 발생하는 것은 아니므로</u> 본건 대지에 관한 소외인 명의의 가등기가 경료된 후 그에 기한 본등기가 이루어지기 전까지의 본건 대지의 소유자는 乙이었던 것이다.
- 따라서 본건 대지와 건물은 모두 乙의 소유에 속해 있다가, 丙이 2013. X에 관하여

소유권이전 본등기를 경료함으로써 대지와 건물이 각기 소유자를 달리하게 된 것이니 본건 건물을 철거한다는 조건 등의 특별한 사정이 없는 한 乙은 X대지 위에 Y건물의 소유를 목적으로 하는 **관습상의 법정지상권을 취득**하였다.

- 丁은 경매로 Y건물의 소유권과 함께 종된 권리인 법정지상권도 취득한다. 법률에 의한 물권 변동의 경우에도 §100 ②이 적용되기 때문이다.

대법원 2014. 9. 4. 선고 2011다13463 판결

  › 이 경우 **관습상 법정지상권 성립 여부**와 관련하여서는 위 토지와 건물은 모두 甲 소유였다가 그중 **건물만 乙에게 소유권이 이전된 것과 마찬가지**로 봄이 상당하므로, 결국 乙은 위 **건물에 관하여 소유권을 취득함으로써 관습상의 법정지상권**을 취득하였다고 할 것이고, 이 건물에 관하여 진행된 공매절차에서 丙이 위 건물에 관한 소유권을 취득함으로써 **건물의 소유권과 함께 위 지상권도 취득**하였다고 할 것이다.
  › 관습상 법정지상권이 붙은 건물을 경매로 취득한 매수인은 등기 없이 법정지상권도 취득한다는 법리는 압류·가압류, 체납처분압류 등 처분제한의 등기가 된 건물에 그에 저촉되는 소유권이전등기를 마친 사람이 건물의 소유자로서 관습상의 법정지상권을 취득한 후 경매 또는 공매절차에서 건물이 매각되는 경우에도 마찬가지로 적용된다.

E. 대지에 대한 담보가등기가 설정된 경우

(a) 사안의 개요

- 丙 소유 X대지가 나대지일 때 甲명의 담보가등기가 마쳐진 후 丁명의 소유권이전등기가 마쳐졌다.
- 丁은 그 후 X대지 위에 Y건물을 신축하고 소유권보존등기를 마쳤는데, 丁의 채권자 A의 신청에 의한 Y건물의 강제경매 절차 중 X토지에 대한 甲의 본등기로 인해 丁명의 소유권이전등기는 직권말소되었다.
- 한편 Y건물에 대한 경매절차에서 乙이 매각대금을 납부하고 소유권을 취득했다.

(b) 쟁점과 판단

- 甲은 乙에게 Y건물 철거를 청구할 수 있다. §366의 경우와 마찬가지로 나대지 담보권자의 담보가치에 대한 기대를 보호할 필요가 있으면 법정지상권이 인정될 수 없다.

- 가등기담보법이 적용되는 경우에는 §10의 해석을 근거로, 그렇지 않은 경우에는 94다5458을 근거로 같은 결론을 도출할 수 있다.

대법원 1994. 11. 22. 선고 94다5458 판결

- **채권을 담보하기 위하여 나대지상에 가등기가 경료** 상태에서 대지소유자가 그 지상에 건물을 신축하였는데, 그후 그 가등기에 기한 **본등기가 경료되어 대지와 건물의 소유자가 달라진 경우**, 관습상 법정지상권을 인정하면 애초에 대지에 채권담보를 위하여 가등기를 경료한 사람의 이익을 크게 해하게 되기 때문에 특별한 사정이 없는 한 위 건물을 위한 관습상 법정지상권이 성립한다고 할 수 없다. 따라서 위 가등기에 기한 본등기 당시 X토지와 Y건물의 소유자였던 丁이 관습상 법정지상권을 취득한다고 볼 수 없다.
- Y건물에 대한 강제경매절차가 진행 중 X토지에 설정된 담보가등기에 기하여 그 본등기가 경료되었으므로 Y건물의 경락인인 乙은 관습상 법정지상권을 취득한다고 볼 수도 없다.

(c) 변형

- 가등기담보법이 적용되는 경우 귀속청산의 요건이 충족되지 못했다면 토지·건물의 소유자가 달라졌다고 볼 수 없다. 가등기담보권자 명의 본등기는 원인무효이기 때문이다.
- 유담보 약정으로 대지나 건물의 소유권이 채권자에게 귀속된 경우, ㉠ 가등기담보법이 적용되면 채권자의 소유권 취득 자체가 인정될 수 없으므로 법정지상권은 성립할 수 없다. ㉡ 따라서 가등기담보법이 적용되지 않는 경우에만 관습법상 법정지상권이 성립한다.

대법원 1992. 4. 10. 선고 91다45356 판결

- 원심이 이 사건 건물에 대한 가등기가 원래 원고의 피고에 대한 공사대금채권을 담보하기 위한 목적에서 이루어진 것이라고 인정하면서도, 가등기담보법 제10조를 적용하여 원고가 위 건물에 대한 가등기에 기한 본등기를 함에 의하여 그 소유를 목적으로 피고 소유의 위 대지 위에 지상권이 설정된 것으로 보아야 한다고 판단함으로써 위 **법률의 적용범위에 관한 법리를 오해한 위법**을 저지른 것임은 소론과 같다.
- 원고가 본등기에 의해 피고로부터 **건물의 소유권이전등기를 받은 위 건물부분의 사용에 필요한 범위 내에서 피고 소유의 대지에 대하여 관습상의 법정지상권을 취**

득한 것이라고 주장하고 있는데, 원래 피고가 위 대지와 그 지상의 이 사건 건물을 함께 소유하고 있다가 원고가 위 건물에 관하여 공사대금채권의 담보를 위한 가등기를 경료하였다가 그 대물변제조로 위 건물부분의 소유권을 양도받기에 이른 것임을 알 수 있으므로, 원고는 위 건물의 점유사용에 필요한 범위 내에서 피고 소유의 위 대지에 관하여 관습상의 법정지상권을 취득한 것이라고 인정되는 바이므로, 원심이 위와 같이 원고가 위 건물부분의 소유를 목적으로 피고 소유의 위 대지를 점유사용할 권원이 있다고 판단한 결론은 옳다.

F. 사해행위취소의 상대적 효력과 법정지상권의 요건인 '동일인 소유'

(a) 개관

- 전제: 채무자 丙이 X토지와 그 지상의 Y건물을 수익자 甲에게 매도하고 이들 모두에 대해 甲명의 소유권이전등기를 마쳐준 후, 丙의 채권자에 의한 사해행위 취소소송에서 Y건물에 대한 甲명의 소유권이전등기만 말소되었다.

- 판단: 사해행위취소의 상대적 효력이 적용되므로, 법정지상권과 같은 대세효 있는 법률관계를 판단할 때는 여전히 수익자인 甲이 Y건물 소유자임을 전제로 판단해야 한다. 따라서 Y건물에 대한 甲명의 소유권이전등기가 말소되더라도 Y건물을 위한 관습법상 법정지상권이 발생하지는 않는다.

(b) Y건물에 대해서만 강제경매가 진행된 경우

- 사안의 개요: 위의 예에서 丙에 대한 채권자가 Y건물 강제경매를 신청했고 이 경매절차에서 乙이 Y건물을 매수하고 매각대금을 완납하여 소유권을 취득했다.

- 쟁점과 판단: Y건물에 대한 압류등기 당시 비록 甲명의 소유권이전등기가 말소등기 되어 있었더라도 여전히 그 소유자는 甲이라고 보아야 한다. 따라서 '동일인 소유 대지와 건물'이라는 요건이 충족되고 Y건물 매수인인 乙은 관습법상 법정지상권을 취득한다.

> **대법원 2014. 12. 24. 선고 2012다73158 판결**
> ‣ 제406조의 채권자취소권의 행사로 인한 사해행위의 취소와 일탈재산의 원상회복은 채권자와 수익자 또는 전득자에 대한 관계에 있어서만 그 효력이 발생할 뿐이고 채무자가 직접 권리를 취득하는 것이 아니므로, 토지와 그 지상 건물이 함께 양도되었다가 채권자취소권의 행사에 따라 그중 건물에 관하여만 양도가 취소되고 수익자와 전득자 명의의 소유권이전등기가 말소되었다고 하더라도, 이는 관습상 법정

지상권의 성립요건인 '동일인의 소유에 속하고 있던 토지와 그 지상 건물이 매매 등으로 인하여 소유자가 다르게 된 경우'에 해당하지 않는다.

- Y건물에 대한 압류의 효력이 발생할 당시 비록 甲명의 소유권이전등기가 말소된 상태였더라도 甲은 X토지뿐 아니라 Y건물도 소유하고 있었다고 할 것이다. 따라서 乙이 위 강제경매절차에서 Y건물만을 매수하고 그 매수대금을 납부함으로써 양자의 소유자가 다르게 되었으므로, 乙은 관습상 법정지상권을 취득하였다.

(c) 변형된 사실관계

- 사안의 개요: 위 사안에서 丙은 사해행위로 甲에게 X토지와 Y건물을 양도하기 전에 X토지에 대해서만 丁명의 근저당권을 설정해 준 상태였는데 丙에 대한 채권자 己가 제기한 사해행위 취소소송에서 甲·丙간 위 Y건물 매매계약이 취소되어 Y건물에 대해서만 甲명의 소유권이전등기가 말소되었다. 그후 X토지에 대한 임의경매 절차에서 戊가 매각대금을 납부하고 소유권을 취득했고, Y건물에 대한 경매절차에서 乙이 Y건물의 매각대금을 납부하고 소유권을 취득했다.

- 쟁점과 판단: X토지 소유자 戊가 Y건물 소유자 乙에게 Y건물 철거를 주장하면 배척된다. ㉠ 사해행위 취소의 상대적 효력으로 인해 X토지에 대한 임의경매 당시에 등기명의와 무관하게, 즉 甲명의 Y건물 소유권이전등기가 말소되어 있었더라도, X토지와 Y건물은 모두 甲의 소유였던 것으로 인정된다. 또한 丁이 X토지에 대한 저당권을 설정할 당시 X토지 상에 Y건물이 있었으므로, 甲은 X토지의 매수인 戊에 대해 §366의 법정지상권을 취득한다. ㉡ 甲 소유 Y건물을 강제경매로 매수한 乙은 종된 권리인 §366의 법정지상권도 등기와 무관하게 함께 취득한다(§100 ②).

대법원 2014. 12. 24. 선고 2012다73158 판결

- 법정지상권이 붙은 건물을 경매로 취득한 매수인은 법정지상권도 당연히 취득한다는 법리는 사해행위의 수익자 또는 전득자가 건물 소유자로서 법정지상권을 취득한 후 채무자와 수익자 사이에 행하여진 건물의 양도에 대한 채권자취소권의 행사에 따라 수익자와 전득자 명의의 소유권이전등기가 말소된 다음 경매절차에서 그 건물이 매각되는 경우에도 마찬가지로 적용된다.

- 丁명의 근저당권의 설정 당시 X토지와 Y건물은 모두 丙의 소유에 속했고, 임의경매 절차에서 戊가 매수대금을 납부함으로써 양자의 소유자가 다르게 되었으므로, 위

매수대금 납부 당시의 Y건물 소유자인 甲이 제366조의 법정지상권을 취득하였다.

‣ 채권자취소권의 행사에 따라 Y건물에 대한 甲명의의 소유권이전등기가 말소된 다음 Y건물에 대한 **경매절차에서 乙이 Y건물의 소유권을 취득함으로써 그 소유를 위한 위 법정지상권도 함께 취득하였다**고 보아야 한다.

다. 물권 변동으로 인해 토지와 건물이 다른 사람의 소유가 됨

(1) 원칙: 모든 물권 변동 사유

• 관습법상 법정지상권은 동일인의 소유였던 토지·건물의 소유자가 서로 달라지게 하는 물권 변동 사유가 무엇이든 성립할 수 있다.

• 토지·건물 모두에 대한 소유권 변동이 일어나는 경우는 물론, 이들 중 하나에 대한 소유권 변동만 일어나도 법정지상권이 성립한다.

• 매매·증여 등과 같은 법률행위에 의한 물권 변동뿐 아니라, 강제경매·국세징수법상 공매 등과 같은 법률의 규정에 의한 물권 변동에 의해서도 관습법상 법정지상권이 발생할 수 있다.

> 대법원은 오래전부터 '동일인 소유이던 토지와 그 지상 건물이 **매매, 증여, 강제경매, 국세징수법에 의한 공매 등 기타 적법한 원인**(이하 '매매 등'이라 한다)으로 인하여 양자의 소유자가 다르게 될 때 그 건물을 철거한다는 특약이 없는 한 건물 소유자는 토지 소유자에 대하여 그 건물의 소유를 위한 관습법상 법정지상권을 취득한다.'고 판시해 왔다(대법원 2022. 7. 21. 선고 2017다236749 전원합의체 판결).

> 관습상 법정지상권이 성립하려면 <u>토지 또는 그 지상 건물의 소유권이 유효하게 변동될 당시에 동일인이 토지와 그 지상 건물을 소유하였던 것</u>으로 충분하다(대법원 2013. 4. 11. 선고 2009다62059 판결).

(2) 예외

• 특별법 우선 원칙: 저당권 실행경매의 경우에는 §366가, 가등기담보권 실행에 따른 귀속청산의 경우에는 가등기담보법 §10가 각각 우선 적용된다.

✓ 실익: 대지가 담보물인 경우 담보권 설정 당시 건물의 현존 또는 건물신축 예견 가능성이라는 요건이 추가된다. 이러한 추가요건이 충족되지 않아서 §366의 법정지상권이 성립하지 않는다면 비록 일반법인 관습법에 의한 법정지상권의 성립 요건은 충족되어 있더라도 관습법상 법정지상권은 성립할 수 없다(특별법 우선 원칙).

나대지에 대하여 저당권이 설정된 후 저당권설정자가 그 위에 건물을 건축하였다가 임의경매절차에서 경매로 인하여 대지와 그 지상건물이 소유자를 달리 하였을 경우에는 제366조의 법정지상권이 인정되지 아니할 뿐만 아니라 **관습상의 법정지상권도 인정되지 않는다**(대법원 1993. 6. 25. 선고 92다20330 판결).

라. 소극적 요건: 건물보호를 위해 법정지상권을 인정할 필요가 없을 것

(1) 사적 자치 원칙의 반영

A. 당사자간 약정으로 지상권·임차권 등의 대지 사용권이 설정된 경우

• 건물 소유를 위한 대지사용권을 대지 소유자와 건물 소유자의 약정으로 설정한 경우에는 법정지상권이 성립하지 않는다.

✓ 법정지상권은 보충적 해석에 근거하는데, 보충적 해석이 당사자들의 명시적 약정보다 우선 적용될 수는 없기 때문이다.

동일인 소유이던 토지와 그 지상 건물이 매매 등으로 인하여 각각 소유자를 달리하게 되었더라도, 건물 소유자가 토지 소유자와 토지에 관하여 건물 소유를 목적으로 하는 임대차계약을 체결한 경우에는 관습법상 법정지상권을 포기하였다고 볼 수 있고, 대지의 사용관계에 관하여 건물 소유자와 토지 소유자 사이에 **어떠한 약정이 있는 것으로 볼 수 있는 경우에는 관습법상의 법정지상권이 인정되지 않**는다(대법원 2022. 7. 21. 선고 2017다236749 전원합의체 판결).

B. 법정지상권을 배제하기로 하는 약정이 있는 경우

• 대지·건물 소유자가 건물소유를 위한 대지 사용을 그만두는 것을 전제로 대지만 양도한 경우에는 법정지상권이 인정될 필요가 없다. 법정지상권은 원래 건물의 존속을 보호하기 위한 제도이기 때문이다.

• 법정지상권을 배제하기로 하는 약정을 '철거특약'이라고 하는 것이 일반적이지만 엄밀하게 말하면 '철거 특약'이 아니라 '대지 미사용 특약'이라고 해야 한다. 예컨대 철거 후 재건축을 전제로 토지만 양도한 경우 철거 특약은 있으나 대지 사용은 전제되어 있으므로 법정지상권이 인정된다.

대법원 1999. 12. 10. 선고 98다58467 판결

‣ 토지와 건물이 동일한 소유자에게 속하였다가 건물 또는 토지가 매매 기타 원인으로 인하여 양자의 소유자가 다르게 되었더라도, 당사자 사이에 그 **건물을 철거하기로 하는 합의가 있었던 경우에는 건물 소유자는 토지 소유자에 대하여 그 건물을 위한 관습상의 법정지상권을 취득할 수 없다.**

‣ **건물 철거의 합의가 관습상의 법정지상권 발생의 소극적 요건이 되는 이유는** 그러한 합의가 없을 때라야 토지와 건물의 소유자가 달라진 후에도 건물 소유자로 하여금 그 건물의 소유를 위하여 <u>토지를 계속 사용케 하려는 묵시적 합의가 있는 것으로</u> 볼 수 있다는 데 있고, 관습상의 법정지상권은 타인의 토지 위에 <u>건물을 소유하는 것을 본질적 내용으로 하는 권리가 아니라,</u> 건물의 소유를 위하여 **타인의 토지를 사용하는 것을 본질적 내용**으로 하는 권리여서, 위에서 말하는 '**묵시적 합의**'라는 당사자의 추정 의사는 건물의 소유를 위하여 '**토지를 계속 사용한다**'는 데 중점이 있는 의사라 할 것이므로, 이러한 묵시적 합의를 깨뜨리는 효력, 즉 관습상의 법정지상권의 발생을 배제하는 효력을 인정할 수 있기 위하여서는, 단지 **형식적으로 건물을 철거한다는 내용만이 아니라 건물을 철거함으로써 토지의 계속 사용을 그만두고자 하는 당사자의 의사가 그 합의에 의하여 인정될 수 있어야 할 것**이다.

(2) 법정지상권을 인정하지 않아도 건물철거를 방지할 수 있는 경우

A. 미등기 건물

(a) 사안의 개요

‣ 乙은 A로부터 A명의 X토지와 그 위의 Y건물을 모두 양수하면서 X토지에 대해서만 소유권이전등기를 하고, Y건물에 대해서는 점유만 인도받아 미등기 취득자로서 사용하고 있다(ⓐ).

‣ 乙은 丙으로부터 대출을 받고 X토지에 丙명의 저당권을 설정했는데, 丙의 저당권에 대한 담보권 실행경매로 甲이 X토지의 소유권을 취득했다(ⓑ).

(b) 쟁점과 판단: 乙은 甲에게 Y건물 소유를 위한 법정지상권을 주장할 수 있는가?

‣ ⓐ단계: 소유권이전등기라는 외관·형식에 비추어 관습법상 법정지상권이 성립하는 것처럼 보이지만, 대지 양수인 乙이 지상 건물의 실질적 처분권자이므로 철거방지를 위한 대지 이용권이 인정될 필요가 없다.

‣ ⓑ단계: 대지 저당권자 丙처럼 이해관계 있는 제3자가 있으면 이 때는 등기를 기준으로 판단해야 한다. 丙의 저당권 설정 당시 이미 대지와 지상건물의 소유권이

전등기 명의인이 달랐으므로, Y건물을 위한 §366의 법정지상권이 인정될 수 없다.

> **대법원 2002. 6. 20. 선고 2002다9660 전원합의체 판결**
> - 관습상의 법정지상권은 건물 소유자로 하여금 토지를 계속 사용하게 하려는 것이 **당사자의 의사라고 보아** 인정되는 것이므로, **토지의 점유·사용에 관한 당사자간 약정**이 있다고 볼 수 있거나 **토지 소유자가 건물의 처분권까지 함께 취득**한 경우에는 관습상의 법정지상권을 **인정할 까닭이 없다** 할 것이다.
> - 미등기건물과 대지 매매에서 비록 매수인에게 그 대지에 관하여만 소유권이전등기가 경료되고 건물에 관하여는 등기가 경료되지 아니하여 **형식적으로 대지와 건물이 그 소유 명의자를 달리하게 되었다** 하더라도 매도인에게 관습상의 법정지상권을 인정할 이유가 없다.
> - 미등기건물을 그 대지와 함께 매수한 사람이 그 대지에 관하여만 소유권이전등기를 넘겨받고 **건물에 대하여는 그 등기를 이전 받지 못**하고 있다가 대지에 저당권이 설정되고 그 실행으로 대지가 경매되어 다른 사람의 소유로 된 경우에는, **저당권의 설정 당시에 이미 대지와 건물이 각각 다른 사람의 소유에 속하고 있었으므로 법정지상권이 성립될 여지가 없다.**

B. 사례: 대지 매도인의 건물 신축

(a) 사안의 개요

- 甲은 乙에게 자신이 소유한 X대지를 매도한 후 대금 증액을 요구하면서 소유권이전등기를 거부하고, 오히려 X대지 위에 Y건물을 신축했다.
- 乙이 대금 전액을 공탁하고 X대지에 대한 소유권이전등기청구소송에서 승소하여 소유권이전등기를 마치자, 甲은 자신이 신축한 건물을 위한 관습상 법정지상권 성립을 주장한다.

(b) 쟁점과 판단

- 甲의 건물신축 당시 X대지는 이미 매수인 乙에게 실질적으로 귀속되어 있었다.
- 따라서 Y건물은 신축 당시부터 대지와 소유자를 달리하는 상태였다고 보아야 한다.

토지의 소유자가 건물을 건축할 당시 이미 토지를 타에 매도하여 소유권을 이전하여 줄 의무를 부담하고 있었다면 토지의 매수인이 그 건축행위를 승낙하지 않는 이상 그 건물은 장차 철거되어야 하는 운명에 처하게 될 것이고 **토지소유자가 이를 예상하면서도 건물을 건축하였다면 그 건물을 위한 관습상의 법정지상권은 생기지 않는다**(대

법원 1994. 12. 22. 선고 94다41072 판결).

마. 관습법상 법정지상권과 등기

(1) 관습법상 법정지상권의 발생

• 지상권 설정등기는 관습법상 법정지상권의 성립요건이 아니다. 관습법도 §187의 '법률'에 해당하기 때문이다.

• 관습법상 법정지상권의 요건이 충족되면 지상권자는 소유자에게 지상권 설정등 기 청구를 할 수 있다.

(2) 관습법상 법정지상권의 이전

A. 법률행위에 의한 이전: §187 단서

• 건물 소유권 양도의 원인계약이 성립하면, 명시적으로 관습법상 법정지상권을 양도 대상에서 배제하기로 약정한 경우가 아닌 한, 관습법상 법정지상권도 수반 양도하기로 약정한 것으로 해석된다(§100 ②에 의한 보충적 해석).

• 법률에 의해 등기 없이 성립한 법정지상권도 법률행위에 의해 양도되는 경우에 는 이전등기가 마쳐져야 한다(§187 단서). 따라서 법정지상권의 원시취득자인 건 물 양도인이 대지 소유자를 상대로 지상권 설정등기 청구를 하여 이를 마친 후 건 물·법정지상권 양수인에게 지상권 이전등기 부기등기를 마쳐야만 건물 양수인 은 법정지상권도 취득한다.

> 건물 경락인이 관습상 법정지상권이 발생한 건물을 제3자에게 양도한 때에는 특별한 사정이 없는 한 제100조 제2항의 유추적용에 의하여 건물과 함께 종된 권리인 지상권 도 양도하기로 한 것으로 봄이 상당하다(대법원 1996. 4. 26. 선고 95다52864 판결).

B. 법률에 의한 이전: §187 본문

• 법정지상권이 발생한 건물의 소유권이 법률 규정에 의해 양도되는 경우가 있다. 그 예로서 법정지상권이 발생한 건물이 경매로 매각되는 경우를 들 수 있다.

• 이 경우 매수인은 건물 소유권뿐 아니다 법정지상권도 등기 없이 취득한다.

> **대법원 2014. 9. 4. 선고 2011다13463 판결**
> ‣ 건물 소유를 위하여 **법정지상권을 취득한 자로부터 경매에 의하여 건물의 소유권을 이전**받은 경락인은 경락 후 건물을 철거한다는 등의 매각조건하에서 경매되는 경우

등 특별한 사정이 없는 한 **건물의 경락취득과 함께 위 지상권도 당연히 취득**한다.

‣ 이러한 법리는 압류, 가압류나 체납처분압류 등 <u>처분제한의 등기가 된 건물에 관하여 그에 저촉되는 소유권이전등기를 마친 사람이 건물의 소유자로서 관습상의 법정지상권을 취득한 후 경매 또는 공매절차에서 건물이 매각되는 경우에도 마찬가지로 적용</u>된다.

C. 사례: 법정지상권 이전등기 전 건물양수인에 대한 대지 소유자의 철거청구

(a) 사안의 개요

• 甲 소유 토지와 건물 중 토지 소유권만 乙이 취득하여 법정지상권이 발생했는데, 甲이 법정지상권을 등기하지 않은 상태에서 건물을 丙에게 팔고 건물 소유권이 전등기만 마쳤다.

• 甲·丙간 건물매매 계약의 내용에 법정지상권 이전이 포함되어 있는지는 불명확하다.

(b) 쟁점과 판단

• 乙의 丙에 대한 건물철거 청구에 대해: 丙은 乙에게 대항할 수 있는 지상권자는 아니지만, 丙은 甲을 대위하여 乙에게 지상권설정등기 청구를 할 수 있다. 따라서 乙이 丙에게 §213청구를 하는 것은 의무자가 자신의 의무를 부정하는 것으로서 신의칙에 반한다.

대법원 1985. 4. 9. 선고 84다카1131 전원합의체 판결

‣ 이 사건 대지와 건물은 위 <u>근저당권설정 당시는 동일인인 丙의 소유에 속하였다가 그 후 대지의 경매로 인하여 대지와 건물이 다른 소유자에게 속하게 된 것</u>이니 위 건물의 소유자인 丙은 제366조에 의하여 이 사건 대지에 대하여 건물의 소유를 목적으로 하는 법정지상권을 취득하였다 할 것이고, **법정지상권자는 물권으로서의 효력에 의하여 이를 취득할 당시의 대지소유자나 이로부터 소유권을 전득한 제삼자에 대하여도 등기없이 위 지상권을 주장할 수 있**는 것이므로 丙은 위 **대지의 전득자인 甲에 대하여 지상권설정등기청구권이 있다** 할 것이며, 위 **법정지상권을 양도받기로 한 乙은 채권자대위의 법리에 의하여 甲·丙에 대하여 차례로 지상권설정등기 및 이전등기절차의 이행을 구할 수 있다** 할 것이다.

‣ 이와 같이 <u>법정지상권을 취득할 지위에 있는 乙에 대해 甲이 대지소유권에 기하여 건물철거를 구함은 지상권의 부담을 용인하고 또한 그 설정등기절차를 이행할 의</u>

무있는 자가 그 권리자를 상대로 한 청구라 할 것이어서 신의성실의 원칙상 허용될 수 없다.

- 乙의 丙에 대한 토지사용료 청구에 대해: 乙이 丙에게 물권적 청구권을 행사하여 건물철거를 구할 수 없다 하더라도, 乙은 丙에게 §741청구를 할 수 있다. 이 때 건부지가 아니라 나대지를 기준으로 사용료를 산정해야 한다.

대법원 1995. 9. 15. 선고 94다61144 판결

- 피고는 아직 법정지상권을 취득하지는 아니하였으나 원고에 대하여는 법정지상권의 취득자인 위 소외인을 대위하여 위 소외인에게 법정지상권설정등기 절차이행을, 그리고 위 소외인에 대하여는 위 법정지상권이전등기 절차 이행을 각 청구할 수 있고, 대지소유자인 원고는 이와 같은 지상권의 부담을 용인하여야 할 처지여서 건물소유자인 피고에 대하여 건물의 철거나 부지의 인도를 구할 수 없다.
- 법정지상권이 있는 건물의 양수인으로서 장차 법정지상권을 취득할 지위에 있어 대지소유자의 건물철거나 대지인도청구를 거부할 수 있는 지위에 있는 자라고 할지라도 그 대지의 사용으로 얻은 실질적 이득은 이로 인하여 대지 소유자에게 손해를 끼치는 한에 있어서는 부당이득으로서 이를 대지소유자에게 반환할 의무가 있다.
- 그렇다면 피고로서는 실질적으로 법정지상권을 취득한 자와 동일한 지위에서 자신을 위하여 어떠한 제한이나 하자도 없는 토지를 직접적으로 완전하게 사용하고 있을 뿐이므로, 피고가 반환하여야 할 부당이득액은 아무런 제한 없이 원고 소유의 토지를 사용함으로써 얻는 이익에 상당하는 대가라고 봄이 상당하다 할 것이다.
- 그런데도 원심이 이 사건 대지의 소유권이 법정지상권에 의하여 제한되는 사정을 참작하여 감액한 차임 상당액만을 반환할 의무가 있다고 판단한 것은 부당이득금액의 산정에 관한 법리를 오해한 위법이 있다.

3. §366의 법정지상권

가. 문제의 소재: 대지에 대한 담보권이 설정된 경우

- 나대지의 담보가치는 토지이용권이 제한된 토지보다 높으므로 법정지상권이 발생하면 대지의 담보가치가 저하된다.
- 나대지에 담보물권을 설정한 담보권자가 담보물권 설정 당시에 건물 신축 가능성을 예견할 수 없었던 경우에는 나대지의 담보가치에 대한 기대는 보호되어야 한다.

- 따라서 나대지 상태였던 대지에 대한 담보권 설정 이후 신축된 건물에 대해서는 법정지상권이 인정되면 안 된다.

나. §366의 법정지상권의 요건

(1) 개관

A. 관습법상 법정지상권과의 공통요건

(a) 동일인이 소유하고 있던 대지와 건물의 소유자가 달라질 것

(b) 건물 철거를 방지하기 위한 토지 이용권 설정이 필요할 것

B. §366의 고유한 요건

(a) 토지에 대한 저당권이 설정되어 있을 것

(b) 토지 저당권 설정 당시 나대지의 담보가치를 기대할 수 없었을 것

- 토지 저당권 설정 당시 지상 건물이 존재하고 있었던 경우는 물론, 토지 저당권 설정 당시 건물이 완성되지 않은 상태였더라도 건물의 규모 등을 예견할 수 있었으면 나대지의 담보가치를 기대할 수 없었으므로 법정지상권이 인정될 수 있다.

- 반면 대지에 대한 담보권 설정 당시에 건물 신축을 예견할 수 없었던 상태여서 나대지의 담보가치에 대한 기대를 보호할 필요가 있으면 법정지상권은 인정될 수 없다. 담보권실행경매 사안에서 §366의 법정지상권이 인정될 수 없는 것은 물론 다른 사유에 의해 대지나 건물의 소유자가 변경된 사안에서 관습법상 법정지상권도 인정될 수 없다.

(c) 토지 소유자 변경시 건물이 독립된 부동산으로서의 요건을 충족했을 것

- §366의 법정지상권은 건물 신축 전에도 그 요건이 충족될 수 있다.

- 법정지상권은 건물의 존속 보호를 위한 종된 권리이므로, 담보물권 설정 당시 신축이 예견되던 건물이 대지·건물의 소유자가 달라지는 시점인 매각대금 납부시까지 완성되지 못했다면 법정지상권이 인정될 필요가 없다.

- 따라서 '지상 건물의 완성' 역시 §366의 법정지상권의 성립요건에 해당한다. 다만 건물이 독립된 부동산으로 인정되는 요건을 갖추는 것으로 충분하고 건물에 대한 보존등기까지 마쳐질 필요는 없다.

제366조의 법정지상권은 저당권설정 당시 동일인의 소유에 속하던 토지와 건물이 경매로 인하여 양자의 소유자가 다르게 된 때에 건물의 소유자를 위하여 발생하는 것으

로서, 토지에 **저당권이 설정될 당시 토지 소유자에 의하여 그 지상에 건물이 건축 중**이었던 경우 그것이 사회관념상 독립된 건물로 볼 수 있는 정도에 이르지 않았다 하더라도 건물의 **규모, 종류가 외형상 예상할 수 있는 정도까지 건축이 진전**되어 있었고, 경매절차에서 매수인이 **매각대금을 다 낸 때까지 최소한의 기둥과 지붕 그리고 주벽이 이루어지는 등 독립된 부동산으로서 건물의 요건**을 갖춘 경우에는 법정지상권이 성립한다(대법원 2013. 10. 17. 선고 2013다51100 판결).

그 건물이 **미등기라 하더라도 법정지상권의 성립에는 아무런 지장이 없**다(2004. 6. 11. 선고 2004다13533 판결).

(2) 사례

A. 나대지 저당권 설정 후 설정자 · 저당권자 간 법정지상권 창설 약정

(a) 사안의 개요

• 나대지 저당권 설정 당시 건물 신축을 예견할 수 없는 상태였으나, 저당권자와 소유자가 법정지상권을 인정하기로 약정했다.

• 나대지에 대한 저당권 설정등기가 마쳐진 후 대지 소유자는 대지 저당권자의 동의를 얻어 건물을 신축했다.

(b) 쟁점과 판단

• 이 경우에도 §366의 법정지상권은 인정되지 않는다. ㉠ 대지에 대한 등기부를 근거로 법정지상권이 인정되지 않을 것이라고 기대한 매수인 등을 보호해야 하고, ㉡ 물권의 종류와 내용을 당사자들의 합의로 임의로 창설할 수 없기 때문이다(§185).

토지에 관하여 **저당권이 설정될 당시 그 지상에 토지소유자에 의한 건물의 건축이 개시되기 이전**이었다면, 저당권이 설정될 당시 근저당권자가 토지소유자에 의한 건물의 건축에 동의하였다고 하더라도 그러한 사정은 주관적 사항이고 **공시할 수도 없는 것이어서 토지를 낙찰받는 제3자로서는 알 수 없는 것**이므로 그와 같은 사정을 들어 법정지상권의 성립을 인정한다면 토지 소유권을 취득하려는 제3자의 법적 안정성을 해하는 등 법률관계가 매우 불명확하게 되므로 **법정지상권이 성립되지 않는다**고 보아야 한다(대법원 2003. 9. 5. 선고 2003다26051 판결).

B. 법정지상권 붙은 건물의 재건축과 법정지상권의 존속 여부

- §366의 요건이 충족된 상태에서 재건축을 위해 일시적으로 건물이 철거되더라도 그 후 지상 건물이 신축되면 §366의 법정지상권이 인정될 수 있다. 대지 저당권자는 법정지상권의 부담을 감수하고 대지의 담보가치를 파악했기 때문이다.

- 다만 신축 건물을 위한 법정지상권이더라도 그 범위는 구건물을 기준으로 결정되어야 한다. 신축 건물을 기준으로 하여 법정지상권이 확장되거나 강화되면 대지 저당권자에게 뜻밖의 불이익이 발생하기 때문이다.

  > 제366조의 법정지상권이나 관습상의 법정지상권이 성립한 후 건물을 개축·증축하는 경우는 물론 건물이 멸실되거나 철거된 후에 신축하는 경우에도 **법정지상권은 성립** 하나, 다만 그 법정지상권의 **범위는 구건물을 기준으로 하여 그 유지 또는 사용을 위하여 일반적으로 필요한 범위 내의 대지 부분**에 한정된다(대법원 1997. 1. 21. 선고 96다40080 판결).

- 비교: 건물에 대한 멸실등기나 등기부 폐쇄가 행해졌더라도 건물의 존재 자체는 유지되는 경우에는 제366조의 법정지상권도 유지된다. 건물에 대한 멸실등기가 마쳐졌더라도 회복등기가 가능하기 때문이다.

대법원 2013. 3. 14. 선고 2012다108634 판결

- 제366조의 법정지상권은 동일인의 소유에 속하는 토지 및 그 지상 건물에 대하여 공동저당권이 설정되었으나 그중 하나에 대하여만 경매가 실행되어 소유자가 달라지게 된 경우에도 마찬가지라고 할 것이다.

- 이 사건과 같이 토지와 함께 **공동근저당권이 설정된 건물이 그대로 존속함에도 불구하고 사실과 달리 등기부에 멸실의 기재**가 이루어지고 이를 이유로 등기부가 폐쇄된 경우, 저당권자로서는 멸실 등으로 인하여 폐쇄된 등기기록을 부활하는 절차 등을 거쳐 건물에 대한 저당권을 행사하는 것이 가능한 이상 저당권자가 이 사건 주택의 교환가치에 대하여 이를 담보로 취득할 수 없게 되는 불측의 손해가 발생한 것은 아니라고 보아야 하므로, 그 후 토지에 대하여만 경매절차가 진행된 결과 토지와 건물의 소유자가 달라지게 되었다면 그 **건물을 위한 법정지상권은 성립한다** 할 것이고, 단지 건물에 대한 등기부가 폐쇄되었다는 사정만으로 건물이 멸실된 경우와 동일하게 취급하여 법정지상권이 성립하지 아니한다고 할 수는 없다.

C. 대지·건물 공동저당의 경우

(a) 사안의 개요

- 乙이 소유한 X토지와 그 지상의 Y건물에 대해 甲은 5억원의 피담보채권을 담보하기 위해 1순위 공동저당을 설정하였다. X토지는 나대지로서는 3억원, 건부지로서는 1억원의 가치가 있고, Y건물은 2억원의 가치가 있다.
- 乙이 Y건물을 철거한 후 Z건물을 신축했는데, Z건물은 3억원의 가치가 있다.

(b) 쟁점과 판단

- 원칙: Z건물을 위한 법정지상권이 발생하지 않으므로, 임의경매로 X토지를 매수한 丙은 Z건물의 철거를 청구할 수 있다. 甲은 원래 X토지의 가치 3억원, Y건물의 가치 2억원 총 5억의 담보가치를 기대했는데, Y건물의 철거로 2억원을 상실한 상태에서, 신축된 Z건물을 위한 법정지상권이 인정되면 X토지의 가치 3억원 중 법정지상권의 가치 2억만큼을 다시 상실하고 결국 X토지의 담보가치 중에서 건부지로서의 가치 1억만 확보할 수 있게 되어 불공평하기 때문이다.
- 예외: 乙이 甲에게 Z건물에 대해 1순위 공동저당을 설정해 주면 Z건물을 위한 법정지상권이 인정된다. 이 경우, 법정지상권의 가치는 甲이 새로 취득한 공동담보물인 Z건물의 담보가치에 포함되기 때문이다.

> **대법원 2003. 12. 18. 선고 98다43601 전원합의체 판결**
> - 동일인의 소유에 속하는 토지 및 그 지상건물에 관하여 공동저당권이 **설정된 후 그 지상건물이 철거되고 새로 건물이 신축된 경우**에는, 그 신축건물의 소유자가 토지의 소유자와 동일하고, 토지의 저당권자에게 **신축건물에 관하여 토지의 저당권과 동일한 순위의 공동저당권을 설정**해 주는 등 특별한 사정이 없는 한, 저당물의 경매로 인하여 토지와 그 신축건물이 **다른 소유자에 속하게 되더라도 그 신축건물을 위한 법정지상권은 성립하지 않는**다.
> - **공동저당권자는 토지 및 건물 각각의 교환가치 전부를 담보로 취득**한 것으로서, 저당권의 목적이 된 건물이 그대로 존속하는 이상은 건물을 위한 법정지상권이 성립해도 **토지의 교환가치에서 제외된 법정지상권의 가액상당가치는 법정지상권이 성립하는 건물의 교환가치에서 되찾을 수 있어 궁극적으로 토지에 관하여 아무런 제한이 없는 나대지로서의 교환가치 전체를 실현**시킬 수 있다고 **기대**하지만, 건물이 철거된 후 신축된 건물에 토지와 동순위의 공동저당권이 설정되지 않았는데도 그 신축건물을 위한 법정지상권이 성립한다고 하면, 공동저당권자가 법정지상권이 성

립하는 신축건물의 교환가치를 취득할 수 없게 되는 결과 법정지상권의 가액상당
가치를 되찾을 길이 막혀 위와 같이 당초 나대지로서의 토지의 교환가치 전체를 기
대하여 담보를 취득한 공동저당권자에게 불측의 손해를 입게 하기 때문이다.

- 이러한 법리는 집합건물의 전유부분과 대지 지분에 대해 공동저당권이 설정된
  후 집합건물이 철거·재건축된 경우에도 마찬가지로 적용된다(대법원 2014. 9. 4.
  선고 2011다73038 판결).

다. 관습법상 법정지상권과 §366의 법정지상권의 관계

(1) 개관

- 문제의 소재: 관습법상 법정지상권의 요건과 §366의 법정지상권의 요건은 완전
  히 일치하지는 않는다.
- 따라서 하나라도 요건이 충족되면 법정지상권이 인정되어야 하는지가 문제된다.

(2) 관습법상 법정지상권과 임의경매

A. 사안의 개요

- 1단계: 동일인이 소유한 대지·건물 중 대지에 대해서만 저당권이 설정된 상태에
  서 법률행위에 의한 물권 변동으로 대지와 건물의 소유자가 달라지면 관습법상
  법정지상권이 성립한다.
- 2단계: 그 후 대지의 임의경매로 매수인이 대지 소유권을 취득하면 관습법상 법
  정지상권이 유지되는지가 문제된다.

B. 쟁점과 판단

- 1단계에서 일단 관습법상 법정지상권이 발생하지만, 2단계의 대지 임의경매 절
  차에서는 §366의 고유요건이 충족되었는지의 여부가 문제된다.
- §366의 고유요건이 충족된 경우에는 §366의 법정지상권이 인정되는 반면, §366
  의 고유요건이 충족되지 못한 경우 즉 나대지 상태에서 저당권이 설정되어 §366
  의 법정지상권이 성립할 수 없는 경우에는 일단 발생했던 관습법상 법정지상권
  은 대지에 대한 임의경매 절차에서 소멸한다. 결국 지상 건물은 철거를 면할 수
  없다.

  건물이 없는 토지에 대하여 저당권이 설정된 후 근저당권 설정자가 그 위에 건물을 건
  축하였다가 경매로 인하여 대지와 그 지상건물이 소유자를 달리하였을 경우에는 **제**

<u>366조의 법정지상권</u>이 인정되지 아니할 뿐만 아니라 **관습상의 법정지상권도 인정되지 아니**한다(대법원 2003. 9. 5. 선고 2003다26051 판결).

C. 연습: 관습법상 법정지상권 성립 후의 임의경매와 §366의 법정지상권 성립

- 丙이 X토지에 저당권 설정등기를 했을 때 X토지와 그 위의 Y건물은 모두 채무자 丁 소유였는데, 丙의 신청으로 X토지에 대해 임의경매 기입등기가 경료되었다.

- X토지에 대한 임의경매 절차가 진행되어 甲은 매각대금을 납부했고 그 무렵 X토지에 대한 甲명의 소유권이전등기가 마쳐졌다. 丁은 위 임의경매 절차가 개시된 후 甲의 매각대금 납부 전에 2017. 10. Y건물을 乙에게 양도하고 그 무렵 Y건물에 대한 乙명의 소유권이전등기가 마쳐졌다.

- 乙은 甲이 X토지의 소유권을 취득할 때 제366조 소정의 법정지상권을 취득한다. ㉠ 丙명의 저당권 설정 당시 지상 건물이 존재했으므로 §366의 요건이 충족되었고, ㉡ 甲이 X토지의 소유권을 취득할 때 X토지는 丁, Y건물은 乙의 소유였더라도 경매개시 기입등기 당시에는 X토지와 Y건물은 모두 동일인 丁의 소유였다.

토지 저당권 설정 당시 지상에 건물이 존재하고 있었고 그 양자가 동일 소유자에게 속하였다가 그 후 **저당권의 실행으로 토지가 낙찰되기 전에 건물이 제3자에게 양도된 경우 건물을 양수한 제3자는 제366조의 법정지상권을 취득**한다(대법원 1999. 11. 23. 선고 99다52602 판결).

(3) 저당권이 설정된 토지에 대한 강제경매

A. 문제의 소재: 동일인 소유의 토지와 건물이라는 요건의 차이

- 관습법상 법정지상권: 강제경매 개시 기입등기시를 기준으로 판단하고 건물이 완성된 경우에만 고려된다.

- §366의 법정지상권: 저당권 설정등기시를 기준으로 판단하고 건물 신축을 예견할 수 있어도 고려 대상이다.

B. 사안의 개요

- 乙소유 X토지에 대한 甲의 저당권 설정 당시 X토지 위에 Y건물의 기초공사가 진행 중이었다.

- 乙에 대한 일반채권자 丙이 X토지에 대한 강제경매를 신청하여 경매개시결정 기입등기가 마쳐진 후, Y건물이 독립된 건물의 요건을 갖췄다.

C. 쟁점과 판단

(a) 결론

- X토지에 대한 강제경매 절차에서 매수인 丁이 X토지의 소유권을 취득하면 Y건물을 위한 관습법상 법정지상권이 성립한다.
- 따라서 매각대금은 X토지가 건부지임을 전제로 산정되어야 한다.

(b) 논거

- 甲은 X토지에 대한 저당권설정 당시 지상건물 신축을 예견하고 건부지의 담보가치만을 기대할 수 있는 상태였다. 즉 §366의 법정지상권의 성립을 예견할 수 있었으므로 관습법상 법정지상권의 성립이 인정되더라도 뜻밖의 불이익을 입지는 않는다.
- 강제경매의 경우 관습법상 법정지상권이 발생하는지가 문제되는데 사안의 경우 '동일인 소유 대지·건물' 요건의 판단 기준시인 경매개시결정 기입등기시에는 건물이 완성되지 않았으므로 관습법상 법정지상권이 인정될 수 없다. 그러나 관습법상 법정지상권을 부정하면, 저당권이 설정된 대지에 대해 임의경매 아닌 강제경매가 실행되었다는 우연한 사정으로 인해 원래 §366의 법정지상권에 의해 제한된 건부지의 담보가치만 기대했던 甲이 나대지의 담보가치 전부를 취득하게 되는데 이런 결과는 불공평하다. 따라서 저당권이 설정된 토지에 대한 강제경매가 실시된 사안에서 관습법상 법정지상권의 성립 여부는 §366의 법정지상권의 요건이 충족되었는지의 여부에 따라 판단해야 한다.

> **대법원 2013. 4. 11. 선고 2009다62059 판결**
> - 강제경매의 경우 관습상 법정지상권이 문제되고 이 경우 (가)압류 효력 발생시를 기준으로 토지와 지상 건물의 동일인 귀속 여부를 판단하여 관습상 법정지상권의 성립 여부를 판단해야 한다.
> - 강제경매의 목적이 된 토지 또는 그 지상 건물에 관하여 강제경매를 위한 압류나 그 압류에 선행한 가압류가 있기 이전에 저당권이 설정되어 있다가 그 후 강제경매로 인해 그 저당권이 소멸하는 경우에는, 저당권 설정 이후의 특정 시점을 기준으로 토지와 그 지상 건물이 동일인의 소유에 속하였는지 여부에 따라 관습상 법정지상권의 성립 여부를 판단하게 되면, 저당권자로서는 저당권 설정 당시를 기준으로 그 토지나 지상 건물의 담보가치를 평가하였음에도 저당권 설정 이후에 토지나 그 지상

건물의 소유자가 변경되었다는 <u>외부의 우연한 사정</u>으로 인하여 자신이 당초에 파악하고 있던 것보다 부당하게 높아지거나 떨어진 가치를 가진 담보를 취득하게 되는 예상하지 못한 이익을 얻거나 손해를 입게 되므로, **저당권 설정 당시를 기준으로** 토지와 그 지상 건물이 동일인에게 속하였는지 여부에 따라 **관습상 법정지상권의 성립 여부**를 판단하여야 할 것이다.

라. 일괄경매

(1) 개관

A. 문제의 소재: 법정지상권 없는 건물 신축의 가능성과 이로 인한 문제점

- 나대지에 저당권이 설정된 후에도 설정자는 임의로 지상 건물을 신축할 수 있다.
- 이 경우 신축된 건물에 대해서는 법정지상권이 인정될 수 없다. 따라서 대지 경매로 소유자가 변경되면 철거 대상이다. 다만 이로 인해 경매절차가 지연되거나 사실상 불가능해질 우려가 있다.

> 제365조의 취지는 <u>저당권설정자로서는 저당권설정 후에도 그 지상에 건물을 신축할 수 있는데</u> 후에 그 저당권의 실행으로 토지가 제3자에게 매각될 경우에 건물을 철거하여야 한다면 사회경제적으로 현저한 불이익이 생기게 되므로 이를 방지할 필요가 있고, 저당권자에게도 <u>저당토지상의 건물의 존재로 인하여 생기게 되는 경매의 어려움을 해소하여 저당권의 실행을 쉽게</u> 할 수 있도록 한 데에 있다(대법원 2012. 3. 15. 선고 2011다54587 판결).

B. 나대지 저당권자 보호를 위한 조치

- 나대지 저당권자는 ㉠ 저당권 설정 당시 담보지상권을 설정함으로써 설정자 명의 건축허가를 억제할 수 있고, ㉡ §214를 근거로 건물 신축을 중단시킬 수 있다. ㉢ 대지 저당권자가 이러한 조치를 취하지 않아서 이미 건물이 완성되었다면, 대지 저당권자는 대지뿐 아니라 자신이 담보권을 설정하지 않았던 건물도 일괄경매할 수 있다. 건물의 존속이 가능하게 함으로써 경매절차진행을 촉진할 수 있기 때문이다.
- §365의 한계: 일괄경매는 대지 저당권자의 권리이지 의무가 아니다. 그런데 대지 저당권자에게 건물 대금에 대한 우선변제권 없으므로, 대지 저당권자로서는 일괄경매 대신 건물철거를 전제로 대지에 대해서만 경매를 진행하는 것이 더 유리하다.

(2) 일괄경매의 요건

A. 법정지상권이 인정될 수 없을 것: §366의 요건 미비

B. 대지 저당권자가 임의경매 신청시 지상건물에 대한 일괄경매를 신청

(3) 효과

A. 지상건물에 대한 경매

- 대지 저당권자의 저당권의 객체가 아닌 지상건물도 일괄하여 임의경매의 대상이 된다.

- 대지의 경매대금은 나대지의 가치를 전제로 산정해야 한다.

> 건물과 대지에 대한 공동저당 설정 후 건물이 재건축되어 법정지상권이 부정되는 사 안에서 제365조에 의한 일괄매각대금 중 **토지에 안분할 매각대금은 법정지상권 등의 제한이 없는 상태의 토지로 평가**하여 산정해야 한다(대법원 2012. 3. 15. 선고 2011다 54587 판결).

B. 건물 경매대금에 대한 일괄경매권자의 지위

- 일괄경매권자는 대지 저당권자에 불과하므로 건물 경매대금에 대해서는 일반채 권자의 지위만 인정된다.

- 대지 저당권자는 건물 경매대금에서 배당을 받으려면 배당요구 등의 요건을 갖 춰야만 하고, 배당을 받더라도 안분배당만 받을 수 있다.

> 제365조 단서가 그때 저당권자에게는 건물 매각대금에서 우선변제를 받을 권리가 없 도록 규정한 점에 비추어 보면, 위와 같은 경우 토지의 저당권자가 건물의 매각대금에 서 배당을 받으려면 민사집행법 제268조, 제88조의 규정에 의한 적법한 배당요구를 했거나 그 밖의 배당을 받을 수 있는 채권으로서 필요한 요건을 갖추고 있어야 할 것 이다(대법원 2012. 3. 15. 선고 2011다54587 판결).

4. 법정지상권의 소멸

가. 법정지상권의 포기

(1) **근거**: 사적 자치원칙, 권리포기의 자유

(2) **요건**: 의사표시

- 의사표시만으로 법정지상권 소멸이라는 효과가 발생하며, 점유를 유지하고 있더

라도 법정지상권은 소멸한다.

> 분묘의 기지에 대한 지상권 유사의 물권인 <u>관습상의 법정지상권이 점유를 수반하는</u> <u>물권으로서 권리자가 의무자에 대하여 그 권리를 포기하는 의사표시를 하는 외에 점</u> <u>유까지도 포기하여야만 그 권리가 소멸하는 것은 아니다</u>(대법원 1992. 6. 23. 선고 92 다14762 판결).

- 지상권 포기 의사표시는 불요식 행위이므로 묵시적 의사표시로도 법정지상권을 포기할 수 있다. 예컨대 건물 소유자가 법정지상권 성립 후 대지 소유자와 약정 지상권이나 임차권을 설정하는 계약을 체결하면 법정지상권 포기 의사표시를 한 것으로 해석된다.

> 관습상의 법정지상권이 성립한 경우 건물 소유자가 토지 소유자와 사이에 건물의 소 유를 목적으로 하는 **토지임대차계약을 체결한 경우에는 관습상의 법정지상권을 포기** **한 것**으로 봄이 상당하다(대법원 1992. 10. 27. 선고 92다3984 판결).

나. 지료연체로 인한 소멸청구

(1) 개관

A. 법정지상권의 유상성 원칙

B. 지료의 결정: 합의 또는 재판

> 제366조(법정지상권) 단서: 그러나 지료는 당사자의 청구에 의하여 법원이 이를 정 한다.

(2) 지료를 정하는 재판

A. 원칙: 형식적 형성소송, 대세효 인정

B. 예외: 지료 급부 이행소송

- 형식적 형성소송으로 지료가 정해지기 전이더라도 토지 소유자는 지상권자에게 지료 급부의 이행청구를 할 수 있다. 다만 이 절차에서 법원이 결정한 지료는 당 사자에 대해서만 적용된다는 점에서 형성소송에 의한 지료 결정에는 대세효가 인 정되는 것과 다르다.
- 이러한 이행소송으로 지료가 정해진 경우에는 지료증감청구에 관한 제286조의 취지상 당사자들 사이에서는 특별한 사정이 없는 한 그 가액이 계속 적용된다.

대법원 2020. 1. 9. 선고 2019다266324 판결

‣ 법정지상권이 발생하여 <u>토지의 소유자가 법정지상권자에게 지료를 청구하는 경우</u> <u>지료를 확정하는 형식적 형성소송절차에 따른 재판이 있기 전</u>이더라도, 지료의 지급을 소구할 수 없는 것이 아니라 **법원에서 상당한 지료를 결정할 것을 전제로 하여** **바로 그 급부를 구하는 청구를** 할 수 있다. 법원은 이 경우 판결의 이유에서 지료를 얼마로 정한다는 판단을 하면 족하고 그와 같은 지료급부 이행소송의 판결 이유에서 정해진 지료에 관한 결정은 그 소송의 당사자인 <u>토지소유자와 법정지상권자 사</u> <u>이에서 지료결정으로서의 효력이</u> 있다.

‣ 제286조의 규정에 비추어 볼 때 <u>특정 기간에 대한 지료가 법원에 의하여 결정되었</u> 다면 당해 당사자 사이에서는 그 후 위 민법 규정에 의한 <u>지료증감의 효과가 새로</u> 발생하는 등의 특별한 사정이 없는 한, 그 후의 기간에 대한 지료 역시 종전 기간에 대한 지료와 같은 액수로 결정된 것이라고 보아야 한다.

‣ 선행소송에서 지료 또는 지료 상당 부당이득금 지급을 명했는데, 그 가액이 지료라고 인정되는 경우, 그 가액보다 더 높은 감정가를 들어 지료지급을 청구하는 이 사건 소송에서 <u>원고는</u> **지료의 결정을 구한 것이 아니라** 선행소송 판결에서 인정된 기간 이후의 기간에 대한 **지료의 지급을 구하는 이행소송**을 제기한 것이므로, 선행소송에서 지료가 결정되지 않았다면 법원에서 상당한 지료를 결정할 것을 전제로 그 지료의 지급을 바로 청구할 수 있고, 선행소송에서 <u>지료가 결정되었다면, 그와 같이</u> <u>결정된 지료의 지급을 구할 수 있다.</u>

99다17142 판결은 **토지 소유자가 변경된 사안**에서 법원에 의한 지료의 결정은 당사자의 지료결정청구에 의하여 **형식적 형성소송인 지료결정판결로 이루어져야 제3자** **인 새로운 토지 소유자에게도 그 효력이 미친다**고 판시한 것으로서, 법정지상권 발생이후 대지 소유자가 변경되지 않아서 지료이행청구소송의 당사자들 사이에서의 문제로서 사안을 달리 하는 이 사건에 원용하기에 적절하지 않다(대법원 2003. 12. 26. 선고 2002다61934 판결).

(3) 지료 연체로 인한 지상권 소멸

A. 개관(734면 이하)

B. 사례: 관습상 법정지상권 붙은 건물의 매수인에 대한 §287의 소멸청구 가능성

(a) 사안

- X토지와 그 지상에 있는 Y건물의 소유자인 甲이 Y건물을 乙에게 증여하고 乙명의 소유권이전등기가 마쳐진 후 丙이 경매로 Y건물을 매수했다.

- 甲은 乙이 2년 이상 지료를 연체했다고 주장하면서 丙에게 지상권 소멸청구를 한다.

(b) 쟁점과 판단

- 乙이 Y건물 소유권과 이를 위한 관습상 법정지상권을 취득한 상태에서 Y건물이 경매되면 종된 권리인 법정지상권도 매수인에게 귀속되며, 경매의 경우에는 §187이 적용되므로 丙은 등기와 무관하게 법정지상권도 양수한다.

- 법정지상권은 유상임이 원칙이지만 최초의 법정지상권자의 지료지급 의무에 관한 사항이 등기되지 않으면 대지 소유자는 법정지상권 양수인에게 유상 지상권임을 주장할 수 없다.

- 사안의 경우 丙은 지료에 관한 등기가 없는 상태에서 양수했으므로 토지소유자 甲은 丙에게 乙의 지료 연체 사실을 주장할 수 없다.

> **대법원 2013. 9. 12. 선고 2013다43345 판결**
> - <u>동일한 소유자에 속하는 대지와 그 지상건물</u>이 매매 등에 의하여 <u>각기 그 소유자가 달라지게 된 경우</u>에는 특히 그 건물을 철거한다는 조건이 없는 한 건물소유자는 그 대지 위에 그 건물을 위한 <u>관습법상의 법정지상권</u>을 취득하는 것이다.
> - 건물 소유를 위하여 <u>법정지상권을 취득한 사람으로부터 경매에 의하여 그 건물의 소유권을 이전받은 매수인</u>은 매수 후 건물을 철거한다는 등의 매각조건하에서 경매되는 경우 등 특별한 사정이 없는 한 건물의 <u>매수취득과 함께 위 지상권도 당연히 취득</u>한다.
> - 지료의 가액 또는 지급시기 등 <u>지료에 관한 약정은</u> 이를 등기하여야만 제3자에게 대항할 수 있는 것이므로, 지료의 등기를 하지 아니한 이상 토지소유자는 <u>구 지상권자의 지료연체 사실을 지상권을 이전받은 자에게 대항하지 못</u>한다. 따라서 지료연체로 인한 지상권 소멸 청구는 배척된다.

III 분묘기지권

1. 의미

- 분묘기지권은 분묘 수호와 제사를 위해 분묘 소유자가 타인이 소유한 토지를 분묘의 기지로 사용할 수 있는 용익물권의 일종이다. 타인의 토지 사용을 위한 일반적인 용익물권인 지상권과는 요건·효과가 다른 별개의 물권이다.
- 법적 근거: 명문 규정은 없지만 관습법을 근거로 인정된다. 매장을 규제하는 실정법이 제정되었으나 이 법 시행 전에 설치된 분묘에 대해서는 여전히 분묘기지권에 관한 관습법이 적용된다. 이 법은 장래효만 있으며 분묘와 관련된 관행과 법적 확신이 변했다고 볼 수도 없기 때문이다.

> **대법원 2017. 1. 19. 선고 2013다17292 전원합의체 판결**
> - 분묘기지권은 분묘를 수호하고 봉제사하는 목적을 달성하는 데 필요한 범위 내에서 타인 소유의 토지를 사용할 수 있고 토지 소유자나 제3자의 방해를 배제할 수 있는 관습상의 물권이다.
> - 분묘기지권은 지상권과 유사한 물권이지만 그 발생이나 소멸, 변동 등에 이르기까지 권리의 내용이 **민법상 지상권과 동일하지 않다**. 대법원은 <u>분묘기지권의 특수성을 고려하여 민법상 물권에 관한 법리를 분묘기지권에 그대로 적용하지 아니하였다.</u>
> - 매장을 원칙적으로 금지하고 매장 기간을 30년으로 제한하는 장사법이 시행되었으나 장래효만 규정했음에 비추어볼 때 장사법 시행일인 2001. 1. 13. 이전에 설치된 분묘에 대하여는 대법원이 인정해 온 분묘기지권에 관한 관습법이 여전히 적용된다.

2. 요건

가. 분묘의 의미와 분묘 소유자

(1) 분묘의 의미

- 분묘기지권이 인정되려면 타인의 토지에 설치된 '분묘'에 유골·유해 등 시신이 안장되어 있어야 한다.
- 분묘의 형태가 외부에서 인식가능한 봉분으로 되어 있어야 한다. 별도의 공시 방법 없이 인정되는 물권이기 때문이다. 따라서 평장의 경우 분묘기지권이 인정될 수 없다.

분묘란 그 내부에 사람의 유골, 유해, 유발 등 시신을 매장하여 사자를 안장한 장소를 말한다. 관습상의 물권인 분묘기지권은 **봉분 등 외부에서 분묘의 존재를 인식할 수 있는 형태를 갖추고 있는 경우에 한하여** 인정되고, 평장되어 있거나 암장되어 있어 객관적으로 인식할 수 있는 외형을 갖추고 있지 아니한 경우에는 인정되지 않으므로, 위와 같은 특성상 분묘기지권은 **등기 없이 성립**한다(대법원 2017. 1. 19. 선고 2013다 17292 전원합의체 판결).

(2) 분묘의 소유자: §1008의3의 제사주재자

나. 분묘기지권의 성립 요건

(1) 약정에 의한 분묘기지권

• 분묘기지권은 대지 소유자와 분묘 소유자의 약정에 의해 성립할 수 있다.

• 이러한 약정이 있으면 관습법상 분묘기지권이나 시효취득에 의한 분묘기지권이 발생할 여지는 없다.

✓ §186에 의한 물권 변동이므로 설정등기를 마쳐야 한다고 볼 여지가 있으나, 판례에 의하면 분묘기지권은 지상권과 구별되는 별개의 관습법상 물권이므로 약정으로 설정되는 경우에도 등기 없이 성립한다.

분묘의 기지인 토지가 분묘의 수호·관리권자 아닌 다른 사람의 소유인 경우에 그 토지 소유자가 분묘 수호·관리권자에 대하여 분묘의 설치를 승낙한 때에는 그 분묘의 기지에 관하여 분묘기지권을 설정한 것으로 보아야 한다. 토지 소유자의 승낙에 의하여 취득한 분묘기지권을 보유하는 이상 그 후에 같은 분묘의 기지에 관하여 취득시효를 원인으로 하는 분묘기지권을 취득할 여지는 없다(대법원 2021. 9. 16. 선고 2017다 271834 판결).

(2) 법률에 의한 분묘기지권

A. 관습법상 분묘기지권

• 동일인이 소유하던 기지와 분묘 중 기지의 소유권이 이전된 경우 분묘 이장에 관한 특약이 없으면 분묘기지권이 성립한다.

• 분묘와 기지의 소유자가 달라지게 된 사유가 법률행위에 의한 물권 변동인 경우뿐 아니라 법률 규정에 의한 물권 변동인 경우에도 관습법상 분묘기지권이 성립한다.

B. 시효취득에 의한 분묘기지권

- 타인의 토지에 승낙 없이 무단으로 분묘를 설치하고 20년간 분묘를 유지하면서 평온·공연하게 기지를 점유하면, 분묘 소유자인 §1008의3의 제사주재자가 분묘 기지권을 시효취득 한다.
- 지상권의 시효취득 사안과는 달리, 분묘기지권의 경우에는 ㉠ 악의의 무단점유 이더라도 점유시효취득이 인정되고 ㉡ 등기를 마칠 필요도 없다.

대법원 2017. 1. 19. 선고 2013다17292 전원합의체 판결

- 대법원은 오랜 기간 동안 ㉠ 타인 소유의 토지에 소유자의 승낙을 받아 분묘를 설치한 경우 분묘기지권을 취득하고, ㉡ 분묘를 설치한 사람이 토지를 양도한 경우에 분묘를 이장하겠다는 특약을 하지 않는 한 분묘기지권을 취득한다고 판시하여 왔고, ㉢ 타인 소유의 토지에 소유자의 승낙 없이 분묘를 설치한 경우에도 20년간 평온·공연하게 그 분묘의 기지를 점유하면 지상권과 유사한 관습상 물권인 분묘기지권을 시효취득하고, 이를 등기 없이 제3자에게 대항할 수 있는 것이 관습이라고 판시하여 왔다.
- 악의의 무단 점유의 경우 소유권의 점유취득시효를 인정하지 않고, 지상권의 점유취득시효가 인정되려면 점유사실 외에도 토지소유자의 허락이 존재하는 등 그 점유가 지상권자로서의 점유라는 점이 객관적으로 표시되어야 한다고 하면서도, 취득시효형 분묘기지권에 관하여는 민법상 재산권의 시효취득과 달리 토지소유자의 승낙 없이 분묘를 무단으로 설치한 경우에도 분묘기지권을 시효로 취득할 수 있다고 하였다. 또한 민법상 점유자는 점유취득시효가 완성되더라도 등기를 하여야 그 재산권을 취득함에 반하여(제245조 제1항, 제248조), **분묘기지권은 등기 없이도 취득하고 이를 제3자에게 대항**할 수 있다.

3. 효과(내용)

가. 분묘 기지에 대한 필요최소한의 점유·사용

- 분묘기지권이 미치는 범위는 분묘를 수호·관리하고 제사를 지내는데 필요한 범위에 한정된다.
- 분묘 기지에 해당하는 토지이더라도 새로운 분묘를 설치하는 것은 허용되지 않는다.

분묘기지권이 미치는 범위는 분묘를 수호·봉사하기 위해 **필요한 범위에 한정**되고, 이미 분묘기지권이 미치는 범위 내라 하더라도 새로운 분묘를 설치하는 것은 허용되지 않는다(대법원 2017. 1. 19. 선고 2013다17292 전원합의체 판결).

나. 존속기간

- 분묘기지권은 분묘 수호와 제사가 계속되는 한 인정된다. 이 점에서 지상물의 종류에 따라 존속기간이 정해지는 지상권과 다르다.
- 토지 소유권에 대한 과도한 제한이라고 볼 여지가 있지만, 분묘기지권자에게 지료 지급 의무를 인정함으로써 이해관계를 조절한다.

대법원 2017. 1. 19. 선고 2013다17292 전원합의체 판결
- **분묘기지권의 존속기간**에 관하여 민법의 지상권에 관한 규정에 따를 것이 아니라 당사자 사이에 **약정**이 있는 등 특별한 사정이 있으면 그에 따를 것이며, 그러한 사정이 없는 경우에는 권리자가 **분묘의 수호와 봉사를 계속하며 그 분묘가 존속하고 있는 동안**은 분묘기지권이 존속한다.
- 관습법상 분묘기지권을 인정하는 취지는 분묘의 수호와 봉제사를 위해 필요한 범위에서 타인의 토지를 사용하도록 하려는 것일 뿐 분묘소유자와 토지소유자 중 어느 한편의 이익만을 보호하려는 데 있는 것이 아니다. 그러므로 자신의 의사와 무관하게 성립한 분묘기지권으로 인해 위와 같은 불이익을 감수하여야 하는 토지소유자로 하여금 일정한 범위에서 토지 사용의 대가를 지급받을 수 있도록 함으로써 토지소유자와 분묘기지권자 사이의 이해관계를 합리적으로 조정할 필요가 있다.

다. 지료 지급 의무

(1) 약정에 의한 분묘기지권

- 지료의 가액, 지료의 발생 시기는 모두 당사자의 약정으로 정해진다.
- 지료에 관한 약정의 효력은 분묘 기지의 승계취득자에게도 적용된다. 분묘기지권의 내용은 물권의 효력이므로 대세효가 인정되기 때문이다.

대법원 2021. 9. 16. 선고 2017다271834 판결
- 승낙에 의하여 성립하는 분묘기지권의 경우 성립 당시 토지 소유자와 분묘의 수호·관리자가 지료 지급의무의 존부나 범위 등에 관하여 약정을 하였다면 그 **약정의 효력은 분묘 기지의 승계인**에 대하여도 미친다.

• 따라서 대지 소유자의 승낙에 의하여 분묘기지권이 설정된 경우 대지 소유자와 분묘기지권자 사이에 지료에 관하여 약정한 것이 있다면 <u>분묘의 기지를 승계취득한 자에 대하여도 그 효력이 미치게 되므로</u>, 원심으로서는 분묘 기지 승계인에 대한 분묘기지권자의 지료 지급의무의 존부와 범위를 판단할 때 우선 분묘기지권 설정 계약 당시의 지료에 관한 약정 여부와 그 내용에 관하여 심리했어야 한다.

(2) 법률에 의한 분묘기지권

A. 가액: 차임 상당액

B. 발생시점

• 관습법상 분묘기지권은 성립 즉시 지료 지급 의무가 발생한다. 즉 분묘기지권자는 대지 소유권이 이전되어 분묘기지권이 발생한 때부터 대지 소유권 양수인에게 지료를 지급할 의무를 진다.

대법원 2021. 9. 16. 선고 2017다271834 판결

• 자기 소유 토지에 분묘를 설치한 사람이 그 토지를 양도하면서 분묘를 이장하겠다는 특약을 하지 않음으로써 분묘기지권을 취득한 경우, 특별한 사정이 없는 한 분묘기지권자는 <u>분묘기지권이 성립한 때부터 토지 소유자에게 그 분묘의 기지에 대한 토지사용의 대가로서 지료를 지급할 의무</u>가 있다.

• 원심은 A가 소유한 토지에 甲을 비롯한 A의 상속인들이 분묘를 설치한 사실, 乙이 <u>임의경매로 인한 매각을 원인으로 토지에 관한 소유권이전등기를 마친 사실</u>을 인정하여 이 사건 분묘의 수호·관리권자인 甲이 분묘기지권을 취득하였다고 판단한 다음, 甲이 토지 소유자인 乙에 대하여 <u>乙의 소유권 취득일</u>부터 분묘기지권이 미치는 부분에 대한 **차임 상당액의 지료를 지급할 의무**가 있다고 판단했는데 이러한 원심의 판단은 정당하다.

• 시효취득에 의한 분묘기지권은 대지 소유자로부터 지료 지급 청구를 받은 때 지료 지급 의무가 발생한다. 발생 시점부터 지료 지급 의무가 부과되면 일시에 거액의 지료를 지급할 의무를 지게 되어 실질적으로 분묘기지권의 시효취득을 부정하는 것과 다름없는 결과를 초래할 수 있기 때문이다.

대법원 2021. 4. 29. 선고 2017다228007 전원합의체 판결

• 장사법 시행일 이전에 타인의 토지에 분묘를 설치한 다음 20년간 평온·공연하게

그 분묘의 기지를 점유함으로써 분묘기지권을 시효로 취득하였더라도, 분묘기지권자는 토지소유자가 분묘기지에 관한 **지료를 청구하면 그 청구한 날부터의 지료를 지급할 의무가 있다.**

‣ 시효로 분묘기지권을 취득한 사람으로 하여금 오래전 분묘를 설치한 시점까지 소급하여 그 이후의 지료를 모두 지급하도록 한다면, 분묘기지권자는 토지소유자의 지료결정 청구에 따라 위 시점 이후의 지료를 일시에 지급해야 하고, 분묘기지권자가 상당한 기간 내에 이를 지급하지 않는 경우 토지소유자의 소멸청구에 의해 분묘기지권 자체가 소멸하게 된다. 이러한 결과는 법적 안정성을 도모하기 위하여 관습법으로써 분묘기지권의 시효취득을 인정한 취지에 부합한다고 보기 어렵다.

(3) 지료지급의무 위반으로 인한 분묘기지권 소멸

• 분묘기지권의 발생 요건이 무엇이든 2년 이상 지료 지급이 연체되면 대지 소유자는 분묘기지권의 소멸을 청구할 수 있다.

• 이러한 소멸 청구권의 법적 성질은 형성권이다(§287의 유추적용).

대법원은 자기 토지에 분묘를 설치한 사람이 **토지를 양도하여 분묘기지권을 취득한 경우** 지료 지급의무가 있다는 전제하에, 분묘기지권자가 지료에 관한 판결 확정 후 책임 있는 사유로 상당한 기간 동안 지료 지급을 지체하고 그 지체된 지료가 2년분 이상이면 제287조를 유추적용하여 분묘기지권의 소멸을 청구할 수 있다고 하였다. 특별한 사정이 없는 한 취득시효형 분묘기지권의 지료에 관하여도 같은 법리가 적용될 수 있을 것이다(대법원 2021. 4. 29. 선고 2017다228007 전원합의체 판결).

18_장

전세권

전세권

I 개관

- 전세권은 타인 소유 부동산을 점유하고 그 용도에 따라 사용·수익하는 용익물이다. 사용·수익의 대가로 전세권자는 소유자에게 전세금을 지급했다가 용익기간 종료시 반환받는다. 이 점에서 지상권자나 임차권자가 정기적으로 사용료를 지급할 의무를 지는 것과 다르다.

- 전세권은 용익물권적 성격과 담보물권적 성격을 모두 가진 것으로 평가된다. 전세권의 존속기간 만료나 전세권 설정계약 해지 등의 사정으로 용익권능이 소멸하면 전세권자는 전세금 반환청구권을 행사할 수 있고 이를 담보하기 위해 전세물 전부에 대해 우선변제권을 가지기 때문이다.

전세권 설정등기를 마친 민법상의 전세권은 그 성질상 **용익물권적 성격과 담보물권적 성격을 겸비**한 것이다(대법원 2005. 3. 25. 선고 2003다35659 판결).

제303조(전세권의 내용) ① 전세권자는 전세금을 지급하고 타인의 부동산을 **점유하여 그 부동산의 용도에 좇아 사용·수익**하며, 그 부동산 **전부에 대하여 후순위권리자 기타 채권자보다 전세금의 우선변제**를 받을 권리가 있다.

- 전세권 설정등기는 용익권능 소멸 후에도 담보권 설정등기로서 그 효력이 존속된다.

전세권이 존속기간의 만료나 합의해지 등으로 종료하면 전세권의 용익물권적 권능은 소멸하고 단지 **전세금 반환채권을 담보하는 담보물권적 권능의 범위 내에서 전세금의 반환 시까지 그 전세권 설정등기의 효력이 존속**한다(대법원 2015. 11. 17. 선고 2014다10694 판결).

Ⅱ 전세권의 성립요건

1. 객체

가. 부동산

- 원칙: 전세권은 부동산을 대상으로 설정될 수 있다. 주로 건물 전세권이 문제되지만 토지에 대한 전세권도 설정될 수 있다.
- 예외: 농경지는 전세권의 목적물이 될 수 없다.

> 제303조(전세권의 내용) ② 농경지는 전세권의 목적으로 하지 못한다.

나. 건물의 일부에 대한 전세권

- 요건: 건물의 일부도 전세권의 목적물이 될 수 있다. 다만 이 경우 전세권이 미치는 범위도 따로 등기해야 한다.
- 건물 일부에 대한 전세권자의 지위: ㉠ 건물 전부에 대한 우선변제권은 인정되지만, 건물 전부에 대한 경매신청권은 없다. 전세권자는 전세권의 목적물에 대해서만 경매 신청을 할 수 있는데(§318) 민사집행법상 하나의 건물 일부에 대한 경매는 불가능하기 때문이다. ㉡ 전세권의 목적물인 건물 일부에 구조상·이용상 독립성이 인정되더라도 구분소유권의 객체로 등기되지 않았다면 경매신청의 대상이 될 수 있다.

> **대법원 2001. 7. 2. 자 2001마212 결정**
> - **건물의 일부에 전세권이 설정**되어 있는 경우 전세권자는 제303조 제1항에 의해 **건물 전부에 대해 후순위권리자 기타 채권자보다 전세금의 우선변제**를 받을 권리가 있으나, **전세권의 목적물이 아닌 나머지 부분에 대하여는 우선변제권은 별론으로 하고 경매신청권은 없**으므로, 전세권자는 전세권의 목적물 부분을 초과하여 **건물 전부의 경매를 청구할 수 없**다.
> - 전세권의 목적이 된 부분이 <u>구조상 또는 이용상 독립성이 없어 독립한 소유권의 객체로 분할할 수 없고 따라서 그 부분만의 경매신청이 불가능하다고 하여 달리 볼 것은 아니</u>다.

2. 전세권 설정계약·전세권 설정등기

* 전세권은 법률행위로 성립하는 물권이므로, 원인행위인 전세권 설정계약과 그 내용에 따른 전세권 설정등기가 이루어져야 성립한다.
* 전세권 설정등기에 고유한 필수 등기사항은 '전세금의 가액'과 '전세권이 미치는 범위'이다. 이에 비해 존속기간, 위약금, 전세권 양도·전전세 금지 특약 등은 등기하지 않아도 전세권 성립에는 지장이 없으나 등기해야 대세효가 발생한다.

> 부동산등기법 제72조(전세권 등의 등기사항) ① 등기관이 전세권설정이나 전전세의 등기를 할 때에는 제48조에서 규정한 사항 외에 다음 각 호의 사항을 기록하여야 한다. 다만, 제3호부터 제5호까지는 등기원인에 그 약정이 있는 경우에만 기록한다.
> 1. 전세금 또는 전전세금
> 2. 범위
> 3. 존속기간
> 4. 위약금 또는 배상금
> 5. 「민법」 제306조 단서의 약정
> 6. 전세권이나 전전세의 범위가 부동산의 일부인 경우에는 그 부분을 표시한 도면의 번호

3. 전세금 지급, 목적물 인도와 전세권 성립

가. 전세금

(1) 전세금의 의의와 가액 결정 방법

A. 의미

* 전세금이란 전세권자가 전세권을 설정하면서 전세권 설정자에게 지급하고, 전세권의 용익권능이 소멸할 때 우선변제받을 수 있는 돈을 뜻한다.
* 전세금의 이자는 사용·수익의 대가에 충당된다.

B. 전세금의 가액 결정

* 원칙: 전세금의 가액은 전세권자와 설정자가 전세권 설정계약으로 약정하며, 등기된 가액에 대해서만 제3자(양수인이나 후순위 저당권자 등)에게 대항할 수 있다.
* 예외: 전세권자·설정자 모두에게 사정변경 원칙을 반영한 전세금 증감 형성권이 인정된다. 다만 설정자의 청구에 따른 증액의 경우 그 비율은 제한된다.

제312조의2(전세금 증감청구권) 전세금이 목적 부동산에 관한 조세·공과금 기타 부담의 증감이나 경제사정의 변동으로 인하여 상당하지 아니하게 된 때에는 당사자는 장래에 대하여 그 증감을 청구할 수 있다. 그러나 증액의 경우에는 대통령령이 정하는 기준에 따른 비율을 초과하지 못한다.

(2) 전세권의 성립요건

• 전세금 지급은 전세권의 성립요건이다. 다만 전세금이 설정자와 전세권자 사이에서 현실적으로 수수될 필요는 없고, 기존의 채권으로 전세금 지급을 대신할 수 있다.
✓ 전세권은 담보물권의 성질도 가지고 있으므로 피담보채권인 전세금 반환채권이 존재해야 하기 때문이다.

대법원 2021. 12. 30. 선고 2018다268538 판결
‣ <u>전세금의 지급은 전세권 성립의 요소</u>가 되는 것이지만 그렇다고 하여 전세금의 지급이 반드시 현실적으로 수수되어야만 하는 것은 아니고 <u>기존의 채권으로 전세금 지급을 대신할 수도 있다.</u>
‣ 임대차계약에 따른 <u>임대차보증금 반환채권을 담보할 목적으로 임대인과 임차인 사이의 합의에 따라 임차인 명의로 전세권 설정등기를 마친 경우</u>, 그 **전세금의 지급은 이미 지급한 임대차보증금으로 대신**한 것이고, 장차 **전세권자가 목적물을 사용·수익하는 것을 완전히 배제하는 것도 아니므로, 그 전세권 설정등기는 유효**하다.

(3) 전세금 반환청구권과 당연공제

• §315에 의한 손해배상금만 전세금에서 당연공제될 수 있다.

제315조(전세권자의 손해배상책임)
① 전세권의 목적물의 전부 또는 일부가 전세권자에 <u>책임있는 사유로 인하여 멸실</u>된 때에는 전세권자는 손해를 배상할 책임이 있다.
② **전항의 경우**에 전세권설정자는 <u>전세권이 소멸된 후</u> **전세금으로써 손해의 배상에 충당**하고 잉여가 있으면 반환하여야 하며 부족이 있으면 다시 청구할 수 있다.

• 설정자가 전세권자에게 §315의 손해배상채권 이외의 반대채권을 가진 경우, 상계의 일반법리에 따라 상계할 수 있을 뿐이고 당연공제를 주장할 수는 없다. 이 점에서 임대차보증금 반환채권에 대한 당연공제가 문제되는 경우와 다르다(820면 이하 참조).

나. 전세물 인도와 사용·수익

(1) 개관

- 전세권은 용익물권이므로 전세권자가 전세물을 인도받아 점유·사용하는 것은 전세권의 내용이다. 따라서 전세권자의 전세물 점유 배제를 내용으로 하는 전세권 설정계약은 물권법정주의 위반으로 인해 무효이고 이에 따른 전세권 설정등기는 원인무효이다.
- 이에 비해 전세물의 인도 자체가 전세권의 성립요건은 아니다. 전세권 설정등기와 동시에 전세물 인도가 이루어지지 않은 경우 즉 전세권자가 전세금을 지급하고 전세권 설정등기를 마쳤으나 아직 전세물의 점유를 개시하지 않았더라도 전세권은 유효하게 성립한다.

(2) 사례: 전세권자의 점유 배제 특약과 전세권 설정등기의 원인무효

A. 개관

- 금전채권에 대한 담보 설정을 위해 전세권 설정계약을 하면서 기존의 금전채권으로 전세금 지급에 갈음한 경우, 전세권 설정등기가 유효인지가 문제된다.
- 전세권자의 점유를 배제하기로 약정하지 않았다면 금전채권 담보가 주된 목적이더라도 전세권 설정계약은 유효이다. 금전채권 담보라는 목적은 동기에 불과하기 때문이다.

B. 미등기 건물에 대한 대체 담보 제공

(a) 사안의 개요

- 甲이 소유한 X상가를 임차하여 영업을 하던 임차인 乙은 甲에게 임대차보증금 반환채권을 담보하기 위한 전세권 설정을 요구했다. X상가가 미등기건물이었기 때문에 甲은 X상가 대신 자신이 소유한 다른 점포인 Y상가에 乙명의로 전세권 설정등기를 마쳤다.
- 乙에 대한 채권자 丙은 乙의 전세권에 대한 양도담보를 설정했고 乙이 피담보채무를 변제하지 못하자 Y상가에 대한 乙명의 전세권에 대해 丙명의로 전세권 이전의 부기등기를 마쳤다.

(b) 쟁점과 판단

- Y상가에 대한 乙명의 전세권 설정등기는 원인무효이다. Y상가에 대한 乙의 사용·수익 가능성을 배제하고 오직 채권담보만을 목적으로 설정된 것이기 때문이다.

따라서 丙명의 부기등기도 원인무효이다.

> **대법원 2021. 12. 30. 선고 2018다40235 판결**
> - 전세권 설정계약의 당사자가 <u>주로 채권담보 목적으로 전세권을 설정</u>하고 설정과 동시에 목적물을 인도하지 않는다고 하더라도 장차 전세권자가 목적물을 <u>사용·수익하는 것을 배제하지 않</u>는다면, 전세권의 효력을 부인할 수는 없다.
> - 그러나 전세권 설정의 동기와 경위등에 비추어 전세권 설정계약의 <u>당사자가 전세권의 핵심인 사용·수익 권능을 배제</u>하고 채권담보만을 위해 전세권을 설정하였다면, 법률이 정하지 않은 새로운 내용의 전세권을 창설하는 것으로서 물권법정주의에 반하여 허용되지 않고 이러한 <u>**전세권 설정등기는 무효**</u>라고 보아야 한다.

C. 설정자가 전세물을 계속 점유한 경우

(a) 사안의 개요

- 甲은 乙에 대한 대여금 채권을 담보하기 위해 乙소유 X주택에 전세권 설정등기를 마쳤다. 乙은 그 후에도 X주택에 거주했고 甲은 이에 대해 이의를 제기하지 않았다.
- 乙·丙간 X주택 매매계약에 따라 X주택에 대해 丙명의 소유권이전등기가 마쳐졌고 丙이 X주택을 인도받아 거주하기 시작했는데 甲은 이에 대해서도 이의를 제기하지 않았다.

(b) 쟁점과 판단

- 甲이 丙에게 전세금반환청구를 하자 丙은 甲에게 甲명의 전세권 설정등기 말소를 청구한다. 이 경우 丙의 청구는 인용되고 甲의 청구는 기각된다.
- 甲명의 전세권 설정등기는 원인무효 등기이기 때문이다(대법원 2021. 12. 30. 선고 2018다26723 판결. 판결 이유로 설시된 법리는 2018다40235와 같다).

III 전세권의 효과

1. 용익물권으로서의 효과

가. 개관: 대세효

- 전세권은 물권이므로 대세효가 인정된다.
- 전세권이 설정된 후 전세물 소유권이 양도되면, 전세권과 관련된 모든 권리·의

무는 동일성을 유지한 채 전세물 소유권 양수인에게 승계된다. 따라서 양수인이 전세금 반환채무도 승계하고 원래의 설정자는 전세금 반환채무를 면한다.

> **대법원 2000. 6. 9. 선고 99다15122 판결**
> ‣ 전세권이 성립한 후 **목적물의 소유권이 이전되는 경우**에 명시적인 규정은 없으나 민법이 **전세권 관계로부터 생기는 법률관계의 당사자로 규정하고 있는 전세권설정자 또는 소유자는 모두 목적물의 소유권을 취득한 신 소유자로 새길 수밖에 없다고** 할 것이므로, 전세권은 **전세권자와 목적물의 소유권을 취득한 신 소유자 사이에서 계속 동일한 내용으로 존속**하게 된다.
> ‣ 목적물의 신 소유자는 구 소유자와 전세권자 사이에 성립한 전세권의 내용에 따른 권리의무의 직접적인 당사자가 되어 전세권이 소멸하는 때에 전세권자에 대하여 전세권설정자의 지위에서 **전세금반환의무를 부담**하게 되고, **구 소유자는** 전세권설정자의 지위를 상실하여 **전세금반환의무를 면**하게 된다.
> ‣ 전세권이 전세금 채권을 담보하는 담보물권적 성질을 가지고 있다고 하여도 전세권은 전세금이 존재하지 않으면 독립하여 존재할 수 없는 용익물권으로서, **전세금은 전세권과 분리될 수 없는 요소이므로** 전세권 관계로 생기는 위와 같은 법률관계가 신 소유자에게 이전되었다고 보는 이상, 전세금 채권 관계만이 따로 분리되어 전 소유자와 사이에 남아 있다고 할 수는 없을 것이고, 당연히 신 소유자에게 이전되었다고 보는 것이 옳다.

나. 용익기간(존속기간)

(1) 원시적 결정

A. 원칙: 사적 자치
• 당사자의 약정으로 정할 수 있으나 등기해야 제3자에게 대항할 수 있다.
• 존속기간을 약정하지 않은 경우, 양 당사자는 언제든지 해지 통고를 할 수 있고 해지 통고 도달 후 6개월의 유예기간이 지나면 전세권이 소멸한다.

> 제313조(전세권의 소멸통고) 전세권의 존속기간을 약정하지 아니한 때에는 각 당사자는 언제든지 상대방에 대하여 전세권의 소멸을 통고할 수 있고 상대방이 이 통고를 받은 날로부터 6월이 경과하면 전세권은 소멸한다.

B. 법률에 의한 제한
• 최장기간은 10년으로 제한된다. 당사자들이 10년 이상의 기간이 약정하더라도

10년으로 단축된다.

- 계약을 갱신하는 경우에도 최장기간 10년이 적용된다.

> 제312조(전세권의 존속기간)
> ① 전세권의 존속기간은 10년을 넘지 못한다. 당사자의 약정기간이 10년을 넘는 때에는 이를 10년으로 단축한다.
> ③ 전세권의 설정은 이를 갱신할 수 있다. 그 기간은 갱신한 날로부터 10년을 넘지 못한다.

- 최단기간은 1년은 전세 목적물이 건물인 경우에만 적용된다.

> 제312조(전세권의 존속기간) ② 건물에 대한 전세권의 존속기간을 1년 미만으로 정한 때에는 이를 1년으로 한다.

(2) 용익기간 종료와 갱신

A. 법정갱신

- 건물 전세권에 대해서만 적용된다(§312 ④ 1문).
- 법정갱신을 저지하려면 설정자는 존속기간 만료 6월 ~ 1월 사이에 갱신 거절 통지를 해야 한다.
- 법정갱신의 요건이 충족되면 갱신 전과 같은 내용의 전세권 설정계약이 체결된 것으로 간주된다. 다만 존속기간은 정하지 않은 것으로 간주되므로 갱신 전 계약에 따른 존속기간 대신 최단 존속기간이 적용된다(§312 ④ 2문).

> 제312조(전세권의 존속기간) ④ 건물 전세권설정자가 전세권의 존속기간 만료전 6월부터 1월까지 사이에 전세권자에 대하여 갱신거절의 통지 또는 조건을 변경하지 아니하면 갱신하지 아니한다는 뜻의 통지를 하지 아니한 경우에는 그 기간이 만료된 때에 전 전세권과 동일한 조건으로 다시 전세권을 설정한 것으로 본다. 이 경우 전세권의 존속기간은 그 정함이 없는 것으로 본다.

✓ 법정갱신은 법률에 의한 물권의 내용 변경이므로 변경등기 여부와 무관하게 대세효가 인정된다(§187 본문). 다만 법정갱신된 전세권에 대한 저당권을 설정하려면 존속기간 변경등기를 마쳐야 한다(§187 단서).

B. 약정갱신

(a) 의미

- 전세권의 존속기간이 만료될 때 전세권자와 설정자가 계약으로 전세권 설정계약을 갱신하는 것을 뜻한다.

✓ §312의 문리해석상 갱신의 횟수는 제한되지 않으므로 20년 이상 전세권이 유지될 수도 있다.

(b) 갱신거절로부터 전세권자를 보호하기 위한 특칙

- 설정자가 계약 갱신을 거절하면 약정갱신은 인정될 수 없다. 설정자의 약정갱신 거절로 인해 전세권이 소멸하는 경우, 전세권자 보호를 위한 특칙이 적용된다.
- 첫째로 형성권인 부속물 매수청구권이 인정된다. 그 목적물은 설정자로부터 매수했거나 설정자의 동의 하에 설치한 부속물이다.

> 제316조(원상회복의무, 매수청구권) ② 존속기간 만료로 전세권이 소멸하여 원상회복의무가 발생하는 전항의 경우에 그 부속물건이 전세권설정자의 동의를 얻어 부속시킨 것인 때에는 전세권자는 전세권설정자에 대하여 그 부속물건의 매수를 청구할 수 있다. 그 부속물건이 전세권설정자로부터 매수한 것인 때에도 같다.

- 둘째로 건물 소유를 목적으로 하는 대지 전세권의 경우 ㉠ 전세권자에게는 대지 임차인에 준하여 형성권인 지상물 매수청구권이 인정되고(§643의 유추적용), 지상물 매수청구권 행사 결과 발생한 대금 채권을 담보하기 위해 대지에 대한 유치권도 행사할 수 있다. ㉡ 다만 건물과 대지 모두에 대한 전세권자에게는 지상물 매수청구권이 인정될 수 없다.

> **대법원 2007. 9. 21. 선고 2005다41740 판결**
> ‣ 제643조의 규정은 성질상 토지의 전세권에도 유추 적용될 수 있다고 할 것이지만, 그 매수청구권은 건물 기타 공작물의 소유 등을 목적으로 한 것으로서 기간이 만료되어야 하고 건물 기타 지상시설이 현존하여야만 행사할 수 있다.
> ‣ 피고는 이 사건 **건물과 그 부지인 토지 전부**에 대한 전세권자일 뿐이고 토지 부분만 분리하여 건물소유를 목적으로 토지임대차를 한 것이 아니며 또한 그 전세권의 **존속기간이 만료되지도 않은 이상 위 매수청구권이 발생하였다고 할 수 없**으니 이를 피담보채권으로 한 피고의 유치권은 성립할 수 없다고 한 원심의 판단은 정당하다.

다. 용익권능의 내용

(1) 점유, 사용·수익

A. 사용·수익방법의 결정

- 전세권의 내용인 용익권능의 내용은 당사자의 약정으로 정해지는 것이 원칙이다.
- 다만 사용·수익 방법에 관한 약정은 전세권의 성립요건이 아니기 때문에 이러한 약정이 없어도 전세권은 유효하게 성립한다. 이 경우 전세권자는 목적물의 성질에 의하여 정해진 용법대로 사용·수익해야 한다.

> 제311조(전세권의 소멸청구) ① 전세권자가 전세권 설정계약 또는 그 목적물의 성질에 의하여 정하여진 용법으로 이를 사용, 수익하지 아니한 경우에는 전세권설정자는 전세권의 소멸을 청구할 수 있다.

B. 사용·수익과 관련된 문제

- 전세물에 대한 보존행위는 전세권자 자신의 부담이므로, 전세권자는 설정자에게 필요비 상환청구를 할 수 없다.

> 제309조(전세권자의 유지, 수선의무) 전세권자는 목적물의 현상을 유지하고 그 통상의 관리에 속한 수선을 하여야 한다.

- 전세권자에게도 물권적 청구권이 인정되고, 토지 전세권의 경우 상린관계에 관한 조항들이 준용된다.

> 제319조(준용규정) 제213조, 제214조, 제216조 내지 제244조의 규정은 전세권자간 또는 전세권자와 인지소유자 및 지상권자간에 이를 준용한다.

(2) 전세물 임대, 전전세

A. 개관

- 전세권자는 전세물을 전전세 또는 임대할 수 있는 것이 원칙이다. 사용·수익의 일환으로 볼 수 있기 때문이다.
- 다만 설정계약으로 전전세·임대를 제한할 수 있으며, 이러한 제한이 있는데도 전전세·임대를 하면 약정된 방법을 위반한 사용이므로 설정자에게 전세권 소멸청구권이 발생한다(§311 ①).

> 제306조(전세권의 양도, 임대 등) 전세권자는 전세권을 타인에게 양도 또는 담보로 제공할 수 있고 그 존속기간내에서 그 목적물을 타인에게 전전세 또는 임대할 수 있다. 그러나 설정행위로 이를 금지한 때에는 그러하지 아니하다.

B. 효과

- 전세물 임대의 경우: 전세권자와 전세물 임차인 간에는 임대차의 일반적 효과가 발생하고, 설정자와 임차인 간에는 아무런 법률관계가 없다.
- 전전세의 경우: ⊙ 전세권자와 전전세권자 간에는 전세권의 일반적 효과가 발생한다. ⊙ 전세권자는 설정자에게 전전세로 인해 발생한 손해에 대한 무과실 책임을 진다.

> 제308조(전전세 등의 경우의 책임) 전세권의 목적물을 전전세 또는 임대한 경우에는 전세권자는 전전세 또는 임대하지 아니하였으면 면할 수 있는 불가항력으로 인한 손해에 대하여 그 책임을 부담한다.

라. 건물 전세권 보호를 위한 토지 사용권 확보

(1) 개관

A. 전제: 토지와 건물의 소유자가 다른 경우

B. 건물 전세권의 효력 확장: 대지 이용권

- 건물 전세권의 효력은 종된 권리인 대지사용권에도 미친다.

> 제304조(건물의 전세권, 지상권, 임차권에 대한 효력) ① 타인의 토지에 있는 건물에 전세권을 설정한 때에는 전세권의 효력은 그 건물의 소유를 목적으로 한 지상권 또는 임차권에 미친다.

✓ 건물전세권 설정자가 대지사용권을 확보하지 못하여 건물전세권자가 건물을 사용하지 못하게 되면, 설정자는 전세권 설정계약 상의 채무불이행으로 인한 책임과 §575의 담보책임을 져야 한다.

C. 건물 전세권자 보호를 위한 설정자의 대지사용권 임의 처분 제한

> 제304조(건물의 전세권, 지상권, 임차권에 대한 효력) ② 전항의 경우에 전세권설정자는 전세권자의 동의 없이 지상권 또는 임차권을 소멸하게 하는 행위를 하지 못한다.

(a) 의미

- 건물 소유자와 대지 소유자가 다른 경우 건물 전세권의 효력은 설정자인 건물소유자가 가지는 대지 사용권에도 미친다.
- 따라서 설정자는 건물 전세권자의 동의 없이 대지 사용권을 소멸시키지 못한다.

(b) 적용범위

- §304 ②은 설정자의 단독행위로 대지 이용권을 포기한 경우는 물론 대지소유자와 설정자간 계약으로 종래의 대지사용권의 내용을 불리하게 변경하는 경우에도 적용된다. 이 경우 설정자뿐 아니라 대지 소유자도 대지사용권 소멸 약정의 효력을 전세권자에게 주장할 수 없다(2006다14684, 797면).
- 비교: 설정자의 귀책사유로 인해 대지사용권의 원인계약이 해지된 경우에는 대지소유자는 대지사용권 소멸이라는 효과를 건물 전세권자에게도 대항할 수 있다(2010다43801, 798면).

(2) §305의 법정지상권

제305조(건물의 전세권과 법정지상권)
① 대지와 건물이 동일한 소유자에 속한 경우에 건물에 전세권을 설정한 때에는 그 대지소유권의 특별승계인은 전세권설정자에 대하여 지상권을 설정한 것으로 본다. 그러나 지료는 당사자의 청구에 의하여 법원이 이를 정한다.
② 전항의 경우에 대지소유자는 타인에게 그 대지를 임대하거나 이를 목적으로 한 지상권 또는 전세권을 설정하지 못한다.

A. 요건

- 동일인 소유 대지와 지상 건물 중 건물에 대해서만 전세권이 설정된 후 대지 소유권이 특정승계 되면 §305의 법정지상권이 발생한다.
- 관습상 법정지상권과 마찬가지로 '특정승계'이기만 하면 그 원인을 불문한다. 따라서 매매 등의 계약뿐 아니라 경매에 의해 대지 소유권이 특정승계된 경우에도 §305의 법정지상권이 인정될 수 있다.

B. 효과

- 대지의 특정승계인은 건물 전세권자가 아니라 건물 전세권 설정자인 건물 소유자에게 지상권을 설정한 것으로 간주된다.

- 건물 전세권자는 설정자인 건물 소유자가 취득한 §305의 법정지상권을 §304 ①
  을 근거로 행사할 수 있을 뿐이다.

(3) 건물 전세권자의 대지 이용권과 관련된 사례

A. 건물소유자의 법정지상권 포기

(a) 사안의 개요

- 丙은 자신이 소유한 X토지와 그 지상의 Y건물 중 Y건물에 대해서만 丁에게 전세권
  을 설정해 주었다. X토지에 대한 강제경매로 甲이 X토지의 소유권을 취득했는데
  그 직후 丙은 Y건물을 乙에게 양도하고 乙명의 소유권이전등기를 마쳐 주었다.
- 甲·乙은 Y건물 소유를 위한 대지 임대차 계약을 체결했는데 차임은 월 100만원
  이었다. 감정 결과 X토지의 적정 사용료는 월 100만원으로 인정된다.
- 乙이 4개월간 토지 사용료를 연체하자 甲은 乙에게 임대차 계약 해지와 건물 철
  거를, 丁에게 퇴거를 각 청구한다. 이에 乙은 연체된 차임을 甲에게 지급했다.

(b) 쟁점과 판단

- 乙은 X건물에 대한 강제경매 절차에서 X건물뿐 아니라 丙에게 발생한 §305의 법
  정지상권도 함께 양수했으나, 甲과 임대차 계약을 체결함으로써 이를 포기한 것
  으로 간주된다. 이러한 대지 이용권 포기의 효과는 甲·乙 사이에서는 유효하게
  발생하고 건물 전세권자 丁에게 대항할 수 없을 뿐이다.
- 乙의 권리는 지상권이 아니라 임차권이므로 乙이 사용료를 2년분이 아니라 2기
  분만 연체해도 甲은 해지권을 행사할 수 있다. 따라서 甲의 乙에 대한 청구는 타
  당하다.

> 건물 양수인이 법정지상권을 취득할 지위를 소멸하게 하는 행위를 한 것은 **전세권자
> 의 동의 여부와 상관없이 대지 소유자와 사이에서는 그대로 유효**하다. 건물 양수인이
> 대지 소유자와 사이에 **건물의 소유를 목적으로 하는 토지 임대차계약을 체결한 경우
> 에는 법정지상권을 취득할 지위를 포기**한 것으로 봄이 상당하다(대법원 2007. 8. 24.
> 선고 2006다14684 판결).

- 다만 乙의 법정지상권 포기는 법률행위이므로 이로 인한 법정지상권 소멸로 건물
  전세권자 丁에게 대항할 수 없다. 따라서 甲의 丁에 대한 퇴거청구는 부당하다.

대법원 2007. 8. 24. 선고 2006다14684 판결

- 토지·건물의 소유자가 건물에 대하여 전세권을 설정한 후 토지가 타인에게 경락되어 제305조 제1항에 의한 법정지상권을 취득한 상태에서 **다시 건물을 타인에게 양도**한 경우, **건물을 양수하여 소유권을 취득**한 자는 특별한 사정이 없는 한 법정지상권을 취득할 지위를 가지게 되고, 다른 한편으로는 **전세권 관계도 이전**받게 되는바, 제304조 등에 비추어 건물 양수인이 토지 소유자와의 관계에서 전세권자의 동의 없이 법정지상권을 취득할 지위를 소멸시켰다고 하더라도, **건물 양수인은 물론 토지 소유자도** 그 사유를 들어 전세권자에게 대항할 수 없다고 할 것이다.

- 전세권이 설정된 Y건물을 양수한 乙이 X토지에 대한 법정지상권을 취득할 지위를 포기해도 그 효력은 건물 전세권자인 丁에게 미치지 않는다. 따라서 X토지 소유자인 甲의 건물 전세권자 丁에 대한 건물퇴거 및 대지인도 청구는 배척된다.

B. 해지로 인한 법정지상권 소멸

(a) 사안

- A가 소유하고 있던 X대지와 Y건물 중 Y건물에 대해서만 乙명의 전세권이 설정되었다. 그 후 X대지에 대한 강제경매 절차에서 甲이 소유권을 취득했고 이에 따라 A는 Y건물 소유자로서 X대지에 대해 §305의 법정지상권을 취득했다.

- A가 X대지에 대한 적정 지료 가액의 2년분 이상을 연체하자 甲은 A에게 지상권 소멸 통지를 하고 乙에게 퇴거를 청구한다.

- 이에 대해 乙은 甲이 乙에게 A의 지료 연체 사실을 통지하지는 않았으므로 법정지상권 해지로 乙에게 대항할 수 없다고 주장한다.

(b) 쟁점과 판단

- 甲의 주장은 타당하고 乙의 주장은 부당하다.

- §304 ②은 건물전세권 설정자의 법률행위로 대지사용권이 소멸한 경우에만 적용된다. 따라서 건물전세권 설정자가 대지사용료를 연체하여 대지 소유자가 법정해지권을 행사한 경우에는 §304 ②가 적용되지 않으므로, 甲은 §305의 법정지상권 해지를 건물전세권자 乙에게 주장할 수 있다.

- §642의 특칙이 있는 대지 임대차의 경우와는 달리 지상권의 경우 대지 소유자는 지료 연체로 인한 해지권을 이해관계인에 대한 통지와 무관하게 행사할 수 있다.

> **대법원 2010. 8. 19. 선고 2010다43801 판결**
> - 제304조는 **전세권을 설정하는 건물소유자가 건물의 존립에 필요한 지상권 또는 임차권과 같은 토지사용권을 가지고 있는 경우**에 관한 것으로서, 그 경우에 건물전세권자로 하여금 토지소유자에 대하여 건물소유자, 즉 **전세권설정자의 그러한 토지사용권을 원용할 수 있도록** 함으로써 토지소유자 기타 토지에 대하여 권리를 가지는 사람에 대한 관계에서 건물전세권자를 보다 안전한 지위에 놓으려는 취지의 규정이다.
> - 지상권을 가지는 건물소유자가 그 건물에 전세권을 설정하였더라도 건물소유자의 2년 이상의 **지료 연체로 인해** 토지소유자의 청구로 **지상권이 소멸하는 것은 전세권설정자가 전세권자의 동의 없이는 할 수 없는 제304조 제2항의 "지상권 또는 임차권을 소멸하게 하는 행위"**에 해당하지 아니한다. 위 제304조 제2항이 제한하는 것은 포기, 기간단축약정 등 지상권 등을 소멸하게 하거나 제한하여 건물전세권자의 지위에 불이익을 미치는 **전세권설정자의 임의적인 행위**라고 할 것이다. 따라서 전세권설정자가 건물의 존립을 위한 토지사용권을 가지지 못하여 그가 토지소유자의 건물철거 등 청구에 대항할 수 없는 경우, 제304조 등을 들어 **전세권자 또는 대항력 있는 임차권자가 토지소유자의 권리 행사에 대항할 수 없음은** 물론이다.
> - 건물의 전세권 또는 임차권 설정자 겸 대지지상권자의 지료연체를 **이유로 한 지상권소멸청구가 그에 대한 전세권자 또는 임차인의 동의가 없이 행하여졌다고 해도 제304조 제2항에 의하여 그 효과가 제한된다고 할 수 없**다.

마. 전세권의 용익권능 소멸

(1) 사유

A. 물권의 일반적인 소멸사유

(a) 포기, 혼동, 수용

- 전세권자가 전세권을 포기하면 전세권이 소멸하지만 법률행위에 의한 물권 변동이므로 전세권 말소등기까지 마쳐져야 전세권 소멸이라는 효과가 발생한다.
- 전세권자가 전세물의 소유권을 취득하면 전세권은 혼동으로 소멸한다. 또한 전세물이 수용되는 경우에도 전세권은 소멸한다. 수용이나 혼동에 의한 전세권 소멸은 법률의 규정에 의한 물권변동이므로 말소등기 여부와 무관하게 전세권 소멸이라는 효과가 발생한다.

(b) 목적물의 멸실로 인한 소멸

* 전세물의 전부 멸실은 전세권 소멸 사유이다. 이에 비해 전세물의 일부 멸실의 경우 전세권의 일부만 소멸하는 것이 원칙이고 남은 부분만으로는 전세권자가 목적을 달성할 수 없을 때만 전세권 전부가 소멸한다.
* 이때 전세권자의 귀책사유로 인해 전세물이 멸실되면 전세권자의 손해배상채무의 가액은 설정자의 전세금반환채무에서 당연공제된다.

> 제314조(불가항력으로 인한 멸실)
> ① 전세권의 목적물의 전부 또는 일부가 불가항력으로 인하여 멸실된 때에는 그 멸실된 부분의 전세권은 소멸한다.
> ② 전항의 일부멸실의 경우에 전세권자가 그 잔존부분으로 전세권의 목적을 달성할 수 없는 때에는 전세권설정자에 대하여 전세권전부의 소멸을 통고하고 전세금의 반환을 청구할 수 있다.

> 제315조(전세권자의 손해배상책임)
> ① 전세권의 목적물의 전부 또는 일부가 전세권자에 책임있는 사유로 인하여 멸실된 때에는 전세권자는 손해를 배상할 책임이 있다.
> ② 전항의 경우에 전세권설정자는 전세권이 소멸된 후 전세금으로써 손해의 배상에 충당하고 잉여가 있으면 반환하여야 하며 부족이 있으면 다시 청구할 수 있다.

B. 전세권에 고유한 소멸사유

(a) 설정자의 소멸청구권 행사

* 요건: 전세권자가 약정 또는 용법에 따른 사용·수익 방법을 위반하여 전세물을 사용하면 설정자는 전세권 소멸청구권을 행사하여 전세권을 소멸시킬 수 있다.
* 효과: 이 경우 전세권 소멸의 일반적인 효과뿐 아니라 전세권자의 원상회복 또는 손해배상 채무도 발생한다.

> 제311조(전세권의 소멸청구) ② 전항의 경우 전세권설정자는 전세권자에 대하여 원상회복 또는 손해배상을 청구할 수 있다.

(b) 존속기간 만료, 기간을 정하지 않은 전세권의 해지통고

(c) 전세물에 대한 저당권의 실행

* 전세권이 최선순위가 아닌 경우: 전세권의 용익권능은 소멸하고 전세권자는 순

위에 따른 우선변제를 받을 수 있을 뿐이다(민사집행법 §91 ③).

> 민사집행법 제91조(인수주의와 잉여주의의 선택 등) ③지상권·지역권·전세권 및 등 기된 임차권은 저당권·압류채권·가압류채권에 대항할 수 없는 경우에는 매각으로 소멸된다.

- 전세권이 최선순위인 경우: ㉠ 용익권능이 유지되고 있는 전세권은 전세권자가 배당요구를 한 경우에만 소멸하므로, 전세권자가 배당요구를 하지 않았다면 매 수인이 전세권의 부담을 인수한다(민사집행법 §91 ④). ㉡ 이미 용익권능이 소멸 한 전세권은 그 법적 성질이 담보물권으로 변경되고, 담보물권이 된 이상 최선순 위이더라도 경매절차에서 소멸하고 우선변제권만 인정된다(민사집행법 §91 ②).

(d) 사례: 전세권의 법정갱신과 전세물에 대한 저당권 실행

- 법정갱신은 법률에 의한 물권 변동이므로 등기부에 기재된 존속기간이 경과했더 라도 법정갱신에 의해 갱신된 기간이 경과하지 않았다면 여전히 전세권의 용익권 능이 유지된다.
- 최선순위 전세권자 乙에 대한 채권자 甲은 채권자대위권이나 압류·추심명령에 의해 乙의 전세금 반환채권과 이에 기한 우선변제권을 대위행사할 수 있으나, 이 를 위해서는 乙의 전세권이 법정갱신 되지 않아서 용익권능이 소멸했다는 사실 까지 증명해야 한다.

> **대법원 2015. 11. 17. 선고 2014다10694 판결**
> - 최선순위의 전세권은 전세권자 스스로 배당요구를 하여야만 매각으로 소멸함이 원 칙이다. 전세권이 **존속기간의 만료나 합의해지 등으로 종료**하면 전세권의 **용익물 권적 권능은 소멸하고 단지 전세금 반환채권을 담보하는 담보물권적 권능**의 범위 내에서 전세금의 반환 시까지 그 전세권 설정등기의 효력이 존속하므로, 전세권이 존속기간의 만료 등으로 **종료한 경우라면 최선순위 전세권자의 채권자는 그 전세 권이 설정된 부동산에 대한 경매절차에서 채권자대위권에 기하거나 전세금 반환채 권에 대하여 압류 및 추심명령을 받은 다음 그 추심권한에 기하여 자기 이름으로 전 세권에 대한 배당요구를 할 수 있다.**
> - 다만 건물에 대한 전세권이 법정갱신된 경우에는 등기된 존속기간의 경과 여부만 보고 실제 존속기간의 만료 여부를 판단할 수는 없는 점 등에 비추어 보면, **최선순 위 전세권자의 채권자**가 위와 같이 채권자대위권이나 추심권한에 기하여 전세권에

대한 배당요구를 함에 있어서는 채권자대위권 행사의 요건을 갖추었다거나 전세금 반환채권에 대하여 압류 및 추심명령을 받았다는 점과 아울러 그 **전세권이 존속기 간의 만료 등으로 종료하였다는 점에 관한 소명자료를 배당요구의 종기까지 제출 하여야 한다.**

(2) 효과

A. 기본적인 효과

• 설정자는 전세권자에게 전세금 반환의무를, 전세권자는 설정자에게 목적물 반환· 전세권 설정등기 말소등기 의무를 각각 이행해야 한다.

> 제317조(전세권의 소멸과 동시이행) 전세권이 소멸한 때에는 전세권설정자는 전세권 자로부터 그 목적물의 인도 및 전세권 설정등기의 말소등기에 필요한 서류의 교부를 받는 동시에 전세금을 반환하여야 한다.

• 전세권은 물권이므로 전세권이 설정된 부동산의 소유권이 이전된 후 전세권의 용익권능이 소멸하면, 전세물 양수인과 전세권자 사이에 전세권의 용익권능 소 멸의 법률관계가 발생한다. 따라서 양수인이 전세금 반환채무자가 된다.

전세권이 성립한 후 전세목적물의 소유권이 이전된 경우 민법이 전세권 관계로부터 생기는 법률관계의 당사자로 규정하고 있는 **전세권설정자 또는 소유자는 모두 목적 물의 소유권을 취득한 신 소유자**로 새길 수밖에 없고, 전세권은 전세권자와 목적물의 소유권을 취득한 신 소유자 사이에서 계속 동일한 내용으로 존속하게 된다. 고 보아야 할 것이고, 따라서 목적물의 **신 소유자**는 구 소유자와 전세권자 사이에 성립한 전세권 의 내용에 따른 권리의무의 직접적인 당사자가 되어 전세권이 소멸하는 때에 전세권 자에 대하여 전세권설정자의 지위에서 **전세금 반환의무를 부담**하게 된다(대법원 2006. 5. 11. 선고 2006다6072 판결).

B. 전세권자가 전세물의 현상을 변경시킨 경우에만 발생하는 효과

• 전세권자는 전세물을 원상회복하여 반환할 의무를 진다. 전세물에 부속시킨 부 속물이 있는 경우, 전세권자는 부속물 수거권이 있으나 설정자가 매수청구를 하 면 정당한 이유 없이 거절할 수 없다.

> 제316조(원상회복의무, 매수청구권) ① 전세권이 그 존속기간의 만료로 인하여 소멸한 때에는 전세권자는 그 목적물을 원상에 회복하여야 하며 그 목적물에 부속시킨 물건은 수거할 수 있다. 그러나 전세권설정자가 그 부속물건의 매수를 청구한 때에는 전세권자는 정당한 이유없이 거절하지 못한다.

- 전세권자는 설정자에게 유익비 상환을 청구할 수 있는데 그 내용은 §203과 같다. 한편 전세권자는 보존의무를 지기 때문에 필요비 상환을 청구할 수는 없다.

> 제310조(전세권자의 상환청구권)
> ① 전세권자가 목적물을 개량하기 위하여 지출한 금액 기타 유익비에 관하여는 그 가액의 증가가 현존한 경우에 한하여 소유자의 선택에 좇아 그 지출액이나 증가액의 상환을 청구할 수 있다.
> ② 전항의 경우에 법원은 소유자의 청구에 의하여 상당한 상환기간을 허여할 수 있다.

C. 동시이행관계

(a) 개관

- 설정자의 전세금반환의무와 전세권자의 목적물 인도·전세권 설정등기 말소의무는 동시이행 관계에 있다(§317).

  ✓ 피담보채무를 변제할 의무는 담보권 설정등기 말소등기 의무보다 선이행되어야 하는 것이 원칙이지만, 전세권의 경우 §317의 특칙에 의해 피담보채무인 전세금 반환채무와 전세권 설정등기의 말소등기의무 사이의 동시이행관계가 인정되는 것이다.

  ✓ §317에 명시적으로 규정되어 있지는 않지만, 공평원칙에 비추어 설정자의 유익비 상환의무, 전세권자의 원상회복 의무 등과 같은 부수적 의무도 동시이행관계라고 볼 수 있다.

(b) 사례

- 전세권자가 목적물을 인도했더라도 전세권 설정등기 말소 의무에 대한 이행제공을 하지 않는 한 설정자는 동시이행항변권을 유지하므로, 설정자는 전세금의 이자 상당액에 대한 부당이득 반환의무를 부담하지 않는다.

  ✓ 임대차종료시 임차인의 반환거부가 동시이행항변권에 근거한 경우 실제 사용 여부에 따라 §741 여부가 결정되는 것과 비교해 본다면, 전세금반환거부가 동시이행항변권에 근거하더라도 항상 §741의무가 없다고 한 이 판결의 태도는 납득하기 어렵다. 특히 설정자가 이미 인도를 받았다면 §587의 취지를 고려할 때 적어도 전세금의 이자는 전세권자에게 귀속되어야 하지 않을까?

전세권자가 그 **목적물을 인도하였다고 하더라도 전세권 설정등기의 말소등기에 필요한 서류를 교부하거나 그 이행의 제공을 하지 아니**하는 이상, 전세권설정자는 전세금의 반환을 거부할 수 있고, 이 경우 다른 특별한 사정이 없는 한 그가 <u>전세금에 대한 이자 상당액의 이득을 법률상 원인 없이 얻는다고 볼 수 없다</u>(대법원 2002. 2. 5. 선고 2001다62091 판결).

- 전세금 반환채권을 피담보채권으로 하는 유치권은 인정될 수 없다. 전세권자가 전세물을 인도하지 않고 점유하고 있는 한 유치권의 요건인 '피담보채권의 변제기 도래'가 충족될 수 없기 때문이다(2013다30653, 832면).

2. 담보물권으로서의 효과

가. 개관

(1) 담보권능 행사의 전제

- 전세권의 용익권능이 소멸해야 전세금 반환채권의 이행기가 도래하고 이때 비로소 담보물권으로서의 효과가 발생한다.
- 이 경우 동시이행관계가 인정되므로 전세권자가 반대급부를 이행제공 하여 설정자의 동시이행 항변권 행사를 저지해야 담보권능을 행사할 수 있다.

제317조와 제318조의 규정취지에 의하면 전세권자의 전세목적물 인도의무 및 전세권 설정등기 말소등기의무와 전세권설정자의 전세금반환 의무는 서로 <u>동시이행의 관계에 있으므로</u> 전세권자인 채권자가 전세목적물에 대한 경매를 청구하려면 우선 전세권설정자에게 대하여 전세목적물의 인도의무 및 전세권 설정등기말소의무의 <u>이행제공을 완료하여 전세권설정자를 이행지체에 빠뜨려야</u> 한다(대법원 1977. 4. 13.자 77마90 결정).

(2) 저당권에 관한 조항들의 유추적용

- ✓ 담보물권의 통유성, 피담보채권의 범위, 부합물·종물에 대한 효과 등에 대한명문 규정은 없지만 저당권에 준하여 판단해야 한다. §321, §342, §358~360 등이 유추 적용될 수 있을 것이다.
- ✓ 판례는 전세권의 성질이 담보물권으로 변경되면 부종성·수반성이 인정된다고 한다(97다33997, 810면).

(3) 당사자

A. 일반적인 경우: 전세권자와 설정자

B. 전세권자 아닌 전세금 반환채권자가 등장하는 경우

- 전세권 자체가 양도되거나 전세금 반환채권 분리 양도된 경우, 전세금 반환채권자가 누구인지가 문제된다(806면 이하).

- 전세금 반환채권자 아닌 제3자 명의로 전세권 설정등기가 마쳐진 경우, 설정자·전세금 반환채권자·전세권 설정등기 명의인 간 3자 합의가 있었으면 전세금 반환채권자와 전세권 설정등기 명의인은 불가분채권자가 된다. 이 경우 전세권 설정등기 명의인과 설정자 사이에서도 담보권 설정계약이 있었기 때문에 전세권 설정등기는 유효이다.

> 전세권이 담보물권적 성격도 가지는 이상 부종성과 수반성이 있는 것이기는 하지만, 채권담보를 위하여 담보권을 설정하는 경우 **채권자와 채무자 및 제3자 사이에 합의가 있으면 채권자가 그 담보권의 명의를 제3자로 하는 것도 가능하고, 이와 같은 경우에는 채무자와 담보권명의자인 제3자 사이에 담보계약관계가 성립**하는 것으로 그 **담보권명의자는 그 피담보채권을 수령하고 그 담보권을 실행하는 등의 담보계약상의 권한을 가진다**(대법원 1995. 2. 10. 선고 94다18508 판결).

나. 담보권능 실현 방법

(1) 경매권

> 제318조(전세권자의 경매청구권) 전세권설정자가 전세금의 반환을 지체한 때에는 전세권자는 민사집행법의 정한 바에 의하여 전세권의 목적물의 경매를 청구할 수 있다.

(2) 우선변제권

A. 근거: §303 ①

B. 구체적인 내용

- 전세권자는 스스로 담보권 실행경매를 신청하거나 다른 채권자가 신청한 경매절차에 참가하여 배당요구를 하는 방법으로 우선변제권을 행사할 수 있다.

- 우선변제 순위: 등기부에 기재된 존속 기간 개시일이 아니라 전세권 설정등기일을 기준으로 한다.

대법원 2018. 1. 25. 자 2017마1093 결정

- **전세권이 용익물권적인 성격과 담보물권적인 성격을 모두** 갖추고 있는 점에 비추어 전세권 용익권 존속기간이 시작되기 전에 마친 전세권 설정등기도 특별한 사정이 없는 한 유효한 것으로 추정된다. 이 경우에도 부동산등기법 제4조 제1항에 의해 전세권은 등기부상 기록된 전세권 설정등기의 존속기간과 상관없이 등기된 순서에 따라 순위가 정해진다.
- 전세권 설정등기가 2019. 2. 1., 저당권 설정등기가 같은 해 2. 15. 마쳐진 경우 위 전세권 설정등기에 기재된 전세권의 존속기간이 같은 해 3. 1.부터이더라도, 전세권 설정등기는 담보권등기로서는 저당권 설정등기보다 선순위이다.

✓ 참고: 98다50869는 존속기간 경과 전인 선순위 전세권자는 배당요구를 해도 배당받을 수 없다는 취지로 판시했으나, 이 판결은 민사집행법 §91 ④ 단서 신설 전의 판결이다.

Ⅳ 전세권의 처분

1. 개관: 전세권 처분의 자유와 이에 대한 제한

가. 원칙

(1) 요건

- 전세권은 처분 가능한 재산권이므로 전세권자는 자신의 전세권을 자유롭게 처분할 수 있다. 다만 법률행위에 의한 물권 변동이므로 전세권 이전 부기등기를 마쳐야 한다.

> 제306조(전세권의 양도, 임대 등) 본문: 전세권자는 전세권을 타인에게 양도 또는 담보로 제공할 수 있고 그 존속기간내에서 그 목적물을 타인에게 전전세 또는 임대할 수 있다.

- 다만 처분의 대상이 되는 전세권은 용익권능이 유지되고 있는 상태인 전세권만을 뜻한다. 용익권능이 소멸한 전세권은 담보물권으로 성질이 변경되어 부종성·수반성이 적용되므로 피담보채권과 분리하여 처분될 수는 없기 때문이다.

(2) 효과

> 제307조(전세권양도의 효력) 전세권양수인은 전세권설정자에 대하여 전세권양도인
> 과 동일한 권리의무가 있다.

A. 전세권 양도의 경우

- 전세권에 관한 권리의무는 동일성을 유지한 채 양도인에게서 양수인에게로 이전
  된다.
- 용익권뿐 아니라 용익권의 존속기간 만료시의 법률관계인 전세금 반환채권 자체
  와 이를 실현하기 위한 우선변제권도 양수인에게 이전된다.

B. 전세권 저당권 설정의 경우(812면 이하)

나. 예외

- 전세권 설정계약으로 전세권 처분이 금지되고 그 취지가 등기되면 전세권자는
  물론 전세권 양수인도 전세권 양도·양수로 설정자에게 대항할 수 없다.

> 제306조(전세권의 양도, 임대 등) 단서: 그러나 설정행위로 이를 금지한 때에는 그러
> 하지 아니하다.

- 설정자는 전세권 양수인에게는 §213의 반환청구를 할 수 있고, 전세권자에게는
  §311의 소멸 청구를 할 수 있다.

2. 비교: 전세금 반환채권의 양도

가. 용익권능 존속 중

(1) 개관

A. 원칙적인 방법: 전세권 양도

- 용익권능 존속 중에 전세금 반환채권을 양도하려면 §306의 전세권 양도 요건을
  갖춰야 한다. 즉 전세금 반환채권은 용익권능과 함께 양도되어야만 한다.

  ✓ 전세권 양도가 이루어진 경우 전세권 이전의 부기등기만 있으면 충분하다. 즉 양도인이 설정자에
  게 §450의 통지를 하지 않았더라도 양수인은 전세권의 용익권능 소멸 후 설정자에게 전세금 반환
  채권을 행사할 수 있다.

B. 전세금 반환채권만 분리 양도하는 계약의 효과

- 원칙: 전세권의 용익권능 존속 중에 전세금 반환채권만 분리·양도하는 약정은
  무효이다. 전세금 반환채권 없는 전세권을 만들어 내는 것은 물권법정주의 위반

이기 때문이다.

- 예외: '용익권능 소멸'을 정지조건으로 붙인 경우에는 정지조건부 계약으로서 유효이다. 이때 전세금 반환채권 양수인이 설정자에게 전세금 반환청구를 할 수 없게 하는 사유가 발생하면 정지조건 불성취로 인해 전세금 반환채권 양도 계약은 확정적 무효가 된다. 그 사유로서 ㉠ 전세금 반환채권이 §315의 당연공제로 인해 소멸했거나, ㉡ 용익권능 소멸 전에 전세권 자체가 §306에 의해 제2 양수인에게 이전된 경우를 들 수 있다.

(2) 사례

A. 전세권의 법정갱신과 전세금 반환채권의 분리양도

(a) 사안의 개요

- 乙소유 X건물에 관하여 丙이 2015. 2. 전세권 설정계약을 체결하고 그 무렵 전세권 설정등기를 마쳤는데, 전세금 1억원, 존속기간 1년으로 약정했다.
- 2018. 4. 丙은 전세금 반환채권을 丁에게 양도하고 그 취지를 乙에게 통지했다.
- 丙이 2021. 10. 乙에게 X건물을 인도하자 甲은 丙의 전세금 반환채권에 대한 압류·전부 명령을 받은 후 乙에게 전부금 청구를 한다.

(b) 쟁점과 판단

- 丙의 전세권은 2021. 1.까지 법정갱신이 반복되었으므로 丁이 전세금 반환채권을 양수할 때도 전세권의 용익권능이 유지되는 중이었다.
- 丙·丁 간 2018. 4. 전세금 반환채권 양도 당시에 전세권 소멸이라는 정지조건을 붙였다고 볼 만한 사정이 없으므로 丙·丁 간 전세금 반환채권 양도계약은 무효이다.
- 따라서 甲은 乙에게 전부금청구를 할 수 있다.

대법원 2002. 8. 23. 선고 2001다69122 판결

> ‣ 전세금은 전세권과 분리될 수 없는 요소일 뿐 아니라, 전세권에 있어서는 그 설정행위에서 금지하지 아니하는 한 전세권자는 전세권 자체를 처분하여 전세금으로 지출한 자본을 회수할 수 있도록 되어 있으므로 **전세권이 존속하는 동안은 전세권을 존속시키기로 하면서 전세금 반환채권만을 전세권과 분리하여 확정적으로 양도하는 것은 허용되지 않는 것**이며, 다만 전세권 존속 중에는 **장래에 그 전세권이 소멸하는 경우에 전세금 반환채권이 발생하는 것을 조건으로 그 장래의 조건부 채권을**

양도할 수 있을 뿐이라 할 것이다.

- 이 사건 건물에 대한 전세권의 존속기간 만료 전 6월부터 1월까지 사이에 소외 회사에 대하여 전세권의 갱신거절의 통지나 조건을 변경하지 아니하면 갱신하지 아니한다는 뜻의 통지를 하지 아니하였고, 한편 소외 회사도 전세권의 존속기간이 만료된 이후에도 계속하여 이 사건 건물을 점유·사용하여 옴에 따라 이 사건 건물에 관한 전세권은 원래의 존속기간이 만료된 이후에도 묵시적으로 갱신되어 丙이 乙에게 이 사건 건물을 명도한 때까지는 존속하고 있었다고 본 후 丙이 乙에 대한 이 사건 건물 명도 전에 丁에게 전세금 반환채권을 양도할 당시 乙·丙 사이에 위의 전세권 설정계약을 합의해지하였다거나 전세권을 소멸시키기로 합의하였다고 볼 아무런 증거가 없으므로 丙이 전세권이 존속하는 동안에 전세권을 존속시키기로 하면서 전세금 반환채권만을 전세권과 분리하여 양도한 것은 무효라고 판단한 것은 위의 법리에 따른 것으로서 정당하다.

B. 전세금 반환채권 양도와 전세권 저당권 설정이 경합하는 경우

(a) 사안의 개요

- 甲 소유 X주택에 대한 임차인 乙은 임대차 계약과 동일한 내용으로 X주택에 대한 전세권 설정등기를 마쳤다.

- 임대차기간이 만료되기 전에 乙은 丙에게 임대차보증금 반환채권을 양도하고 그 취지를 甲에게 통지했다. 그 후 乙에 대한 채권자 丁은 乙의 전세권에 대한 전세권저당권을 설정했다.

(b) 쟁점과 판단

- 甲·乙 간 임대차계약과 전세권설정계약 사이의 동일성이 인정되므로 乙의 임차권과 전세권은 경합·병존한다.

- 乙·丙 간 임대차보증금 반환채권 양도 계약은 전세권의 용익권능 존속 중의 전세금 반환채권 양도이므로 정지조건부 계약인데, 丁의 전세권저당권 설정으로 인해 정지조건 불성취로 확정되어 무효가 된다.

- 乙의 임대차·전세권의 용익기간이 종료되면 丁은 물상대위권을 행사하여 乙의 甲에 대한 전세금 반환채권에 대한 추심명령이나 전부명령을 받을 수 있다.

전세금 지급이 없으면 전세권은 성립하지 않는 등 **전세금은 전세권과 분리될 수 없는 요소**일 뿐 아니라 전세권에서는 그 설정행위에서 금지하지 아니하는 한 전세권자는

전세권 자체를 처분하여 전세금으로 지출한 자본을 회수할 수 있으므로, 전세권이 존속하는 동안은 전세권을 존속시키기로 하면서 전세금 반환채권만을 전세권과 분리하여 확정적으로 양도하는 것은 허용되지 아니한다. 이러한 법리는 **임대차보증금 반환채권을 담보하기 위하여 설정된 전세권에 관하여도 그대로 적용**된다(대법원 2018. 7. 20. 선고 2014다83937 판결).

나. 용익권능 소멸 후의 전세금 반환채권 양도

(1) 개관: 원칙적인 양도 방법

- 전세권은 용익권능 소멸 후에는 법적 성질이 담보물권으로 변경된다.
- 전세금 반환채권은 담보물권이 붙은 일반적인 금전채권으로 성질이 바뀐다. 따라서 ㉠ 전세금 반환채권 자체는 §450의 방식으로 양도되어야 하고, ㉡ 담보물권인 전세권은 이에 수반하여 이전되지만 부기등기로 공시되어야 한다.

대법원 2005. 3. 25. 선고 2003다35659 판결

- 전세권은 그 성질상 용익물권적 성격과 담보물권적 성격을 겸비한 것으로서, 전세권의 존속기간이 만료되면 전세권의 용익물권적 권능은 전세권 설정등기의 말소 없이도 당연히 소멸하고 단지 전세금 반환채권을 담보하는 담보물권적 권능의 범위 내에서 전세금의 반환시까지 그 전세권 설정등기의 효력이 존속하고 있다고 할 것이다.
- 존속기간의 경과로서 본래의 용익물권적 권능이 소멸하고 **담보물권적 권능만 남은 전세권에 대해서도 그 피담보채권인 전세금 반환채권과 함께** 제3자에게 이를 양도할 수 있다 할 것이지만 이 경우에는 **제450조 제2항 소정의 확정일자 있는 증서에 의한 채권양도절차를 거치지 않는 한** 전세금 반환채권의 압류·전부 채권자 등 제3자에게 전세금 반환채권의 양도사실로써 대항할 수 없다.

(2) 사례

A. 용익권능 소멸 후 §450의 대항요건과 전세권 이전 부기등기의 충돌

(a) 용익권능 소멸 후에 마쳐진 전세권 이전 부기등기는 원인무효임

- 전세금 반환채권 양수인이 전세권 이전 부기등기만 갖추고 §450의 대항요건을 갖추지 못한 경우 설정자나 §450의 대항요건을 갖춘 제2양수인에게 대항할 수 없다.
- 이 경우 담보물권인 전세권은 소멸하는데 피담보채권을 채무자(설정자)에게 주장할 수 없기 때문이다.

대법원 1999. 2. 5. 선고 97다33997 판결
> ・전세권이 **담보물권적 성격도 가지는 이상 부종성과 수반성이 있는 것**이므로 전세권을 그 담보하는 전세금 반환채권과 분리하여 양도하는 것은 허용되지 않는다고 할 것이다.
> ・한편 담보물권의 수반성이란 특별한 사정이 없는 한 피담보채권의 처분에는 담보물권의 처분도 포함된다고 보는 것이 합리적이라는 것일 뿐이므로, 당사자 간 **특약에 의하여 전세권반환채권의 처분**에도 불구하고 전세권의 처분이 따르지 않는 경우나 전세권이 **존속기간의 만료로 소멸**한 경우 등의 특별한 사정이 있으면, 채권양수인은 **담보물권이 없는 무담보의 채권을 양수**한 것이 되고, 채권의 처분에 **따르지 않은 담보물권은 소멸**한다고 할 것이다.

(b) 사안의 개요

• A소유 X부동산의 전세권자 丙은 A와 전세권 설정계약을 합의해지 한 후 甲에게 전세금 반환채권을 양도하고 A에게 그 취지를 확정일자 있는 증서로 통지했다.
• 丙이 A에게 X부동산을 반환하자 그 직후에 丙에 대한 일반채권자 乙은 丙명의 X부동산 전세권 설정등기에 대한 가압류 부기등기를 마쳤다.
• 甲은 X부동산에 대한 丙명의 전세권 설정등기 말소등기를 청구하면서 乙에게 승낙의사표시를 청구한다.

(c) 쟁점과 판단

• 甲의 주장은 타당하다.
• A·丙간 전세권 합의해지로 전세권의 용익권능이 소멸하므로, 전세금 반환채권 양도에 대해서는 §450가 적용된다.
• 甲은 전세금 반환채권을 양수하고 §450의 대항요건을 갖추었으므로, 丙명의 전세권 설정등기는 피담보채권과 분리되어 원인무효가 된다. 따라서 이에 터잡은 乙명의 가압류등기도 원인무효이다.

> **대법원 1999. 2. 5. 선고 97다33997 판결**
> ・전세권 설정계약의 당사자 사이에 그 계약이 **합의해지된 경우 전세권 설정등기는 전세금 반환채권을 담보하는 효력은 있다**고 할 것이나, 그 후 당사자 간의 **약정에 의하여 전세권의 처분이 따르지 않는 전세금 반환채권만의 분리양도**가 이루어진 경우에는 **양수인은 유효하게 전세금 반환채권을 양수**하였다고 할 것이고, 그로 인

하여 전세금 반환채권을 담보하는 물권으로서의 전세권마저 소멸된 이상 그 전세
권에 관하여 가압류 부기등기가 경료되었다고 하더라도 아무런 효력이 없다.
- 그 전세권을 가압류하여 부기등기를 경료한 乙은 등기상 이해관계 있는 제3자로서
  등기권리자인 甲의 말소등기절차에 필요한 승낙을 할 실체법상의 의무가 있다.

B. 용익권능 소멸후 §450에 의한 양수인이 전세권 이전 부기등기를 마친 경우

(a) 사안의 개요

- 甲소유 X건물에 乙이 전세권 설정등기(전세금 2억원, 존속기간 2017. 12.까지)를 마
  쳤다. 甲이 2017. 9. 갱신 조건으로 전세금 증액을 요구했으나 乙은 이를 거절했다.
- 丙은 2018. 2. 乙과 전세권 양도·양수계약을 체결하고 甲의 승낙을 얻어 위 乙명
  의 전세권 설정등기에 전세권 이전의 부기등기를 마쳤다.
- 乙에 대한 채권자 丁은 2018. 4. 乙의 甲에 대한 전세금 반환채권 2억원에 대한
  압류·전부명령을 받았고 그 무렵 甲에게 송달되었다.

(b) 쟁점과 판단

- 乙의 전세권의 존속기간 만료 후 丙이 乙의 甲에 대한 전세금 반환채권을 양수하
  려면 전세권 이전 부기등기만으로는 부족하고 §450의 대항요건을 갖춰야 한다.
- 그런데 등기소의 확정일자가 날인된 전세권 이전 부기등기 신청서에는 甲의 승
  낙서가 포함되어 있지 않으므로, 丙은 §450의 대항요건인 '확정일자 있는 통지·
  승낙'을 갖추지 못한 것으로 인정되고, 결국 제3자인 丁에게 대항할 수 없다.

乙의 전세권은 갱신약정에 따른 등기를 경료함이 없이 존속기간이 경과함으로써 소
멸하고 단지 이 사건 **전세금 반환채권을 담보하는 담보물권적 권능만이 남게 되었다
가, 전세권 양도계약의 체결 및 전세권 이전 부기등기로써 전세금 반환채권이 위 전세
권의 담보물권적 권능과 함께 丙에게 양도**된 것으로 보아야 할 것인데, 비록 위 전세
권 이전 부기등기의 신청서류에 관할 등기소의 일부인이 찍혀 있다 하더라도 <u>甲의 양
도승인원이 같이 제출되어 등기소의 일부인을 받지 아니한 이상 위 전세금 반환채권
의 양도에 관하여 확정일자 있는 통지나 승낙이 있었다고 볼 수 없어 이로써 위 전세
금 반환채권의 압류·전부 채권자인 丁(원고)에게 대항할 수 없다</u>(대법원 2005. 3. 25.
선고 2003다35659 판결).

3. 전세권에 대한 담보권 설정

가. 전세권을 담보로 제공하는 방법: 전세권 저당권 설정

• 전세권도 저당권의 객체가 될 수 있으나(§371), 질권의 객체가 될 수는 없다(§345 단서).

• 전세권 저당권도 일반적인 저당권과 마찬가지로 전세권 저당권 설정계약과 이를 반영한 전세권 저당권 설정등기에 의해 성립한다. 전세권 저당권 설정등기는 전세권 설정등기에 대한 부기등기의 형식으로 한다.

나. 전세권 저당권의 실행방법

(1) 용익권능 존속 중

• 전세권 자체에 대한 저당권 실행경매 절차에 따라 실행한다.

• 전세권 매수인은 매각대금을 완납한 때 전세권 이전등기 여부와 무관하게 전세권자가 된다(§187).

(2) 용익권능 소멸 후

A. 전세권 저당권의 객체 소멸

• 전세권은 용익물권에서 담보물권으로 법적 성질이 변경된다. 이때 원래 전세권 저당권의 객체였던 용익물권은 소멸해 버리고 그 대신 담보물권으로서의 전세권이 발생한다.

• 그런데 담보물권은 저당권의 객체가 될 수 없으므로 결국 전세권 저당권의 목적물은 소멸한다. 따라서 전세권 저당권 설정자는 전세권 저당권 설정등기에 대한 말소등기청구를 할 수 있다.

> 이 사건 전세권은 기간만료로 종료되었으므로 전세권은 전세권 설정등기의 말소등기 없이도 당연히 소멸하는 것이고, 저당권의 목적물인 전세권이 소멸하면 저당권도 당연히 소멸하는 것이므로 전세권을 목적으로 한 **저당권자는 전세권의 목적물인 부동산의 소유자에게 더 이상 저당권을 주장할 수는 없다**고 할 것이며, 전세권이 기간만료로 소멸한 상태에서 **저당권자인 피고는 특별한 사정이 없는 한 부동산 소유자인 원고에 대해 전세권저당권 말소등기절차를 이행할 의무**가 있다(대법원 1999. 9. 17. 선고 98다31301 판결).

B. 물상대위

(a) 개관

- 전세권 저당권의 객체였던 용익권능 있는 전세권의 소멸로 인해 전세권 저당권 설정자인 전세권자는 전세금 반환채권을 행사할 수 있게 된다.

- 따라서 전세권 저당권자는 이 전세금 반환채권에 대해 물상대위권을 행사할 수 있다.

(b) 물상대위권의 행사 방법

- 전세권 저당권자는 설정자를 제3채무자로 한 전세금 반환채권 압류·추심(전부) 명령을 받을 수 있다. 이 경우 압류 경합이더라도 물상대위권에 근거한 전부명령 은 유효이다.

> 저당목적물의 변형물인 금전 기타 물건에 대하여 **일반 채권자가** 물상대위권을 행사 하려는 저당채권자보다 단순히 먼저 압류나 가압류의 집행을 함에 지나지 않은 경우 에는 **저당권자는 그 전은 물론 그 후에도 목적채권에 대하여 물상대위권을 행사**하여 일반 채권자보다 우선변제를 받을 수가 있으며, 위와 같이 전세권부 근저당권자가 우 선변제권 있는 채권에 기하여 전부명령을 받은 경우에는 형식상 압류가 경합되었다 하더라도 그 전부명령은 유효하다(대법원 2008. 12. 24. 선고 2008다65396 판결).

- 일반적인 물상대위 사안과 마찬가지로, 전세권 저당권자는 전세권자에 대한 다 른 채권자가 신청한 전세금 반환채권에 대한 강제집행 절차에 참가하여 우선변 제권에 기한 배당요구를 할 수도 있다.

- 어떤 경우이건 제3채무자인 설정자는 전세권자에게 항변할 수 있었던 모든 사유 로 압류채권자인 전세권 저당권자에게 대항할 수 있다.

> **대법원 2021. 12. 30. 선고 2018다268538 판결**
> ‣ **전세권에 대하여 저당권이 설정된 경우 그 저당권의 목적물은 물권인 전세권 자체 이지 전세금 반환채권은 그 목적물이 아니다.**
> ‣ **전세권을 목적으로 한 저당권**이 설정된 후 전세권의 존속기간이 만료되면, 전세권 의 용익물권적 권능이 소멸하기 때문에 더 이상 전세권 자체에 대하여 저당권을 실 행할 수 없게 되고, 저당권자는 저당권의 목적물인 전세권에 갈음하여 존속하는 것 으로 볼 수 있는 전세금 반환채권에 대하여 압류 및 추심명령 또는 전부명령을 받거 나 제3자가 전세금 반환채권에 대하여 실시한 강제집행절차에서 배당요구를 하는

등의 방법으로 **물상대위권을 행사**하여 전세금의 지급을 구하여야 한다.

- 전세권저당권자가 이처럼 물상대위권을 행사하여 전세금 반환채권에 대하여 압류 및 추심명령 또는 전부명령을 받고 이에 기하여 추심금 또는 전부금을 청구하는 경우 제3채무자인 전세권설정자는 일반적 채권집행의 법리에 따라 압류 및 추심명령 또는 전부명령이 **송달된 때를 기준으로 하여 그 이전에 채무자와 사이에 발생한 모든 항변사유로 압류채권자에게 대항**할 수 있다.

- 전세권 저당권자가 물상대위의 요건을 갖추지 못한 경우, 설정자는 전세권자에게 전세금 반환채무를 이행할 수 있다.

대법원 1999. 9. 17. 선고 98다31301 판결

- 전세권을 목적물로 하는 저당권의 설정은 전세권의 목적물 소유자의 의사와는 상관없이 전세권자의 동의만 있으면 가능한 것 전세권저당권이 설정된 경우에도 전세권이 기간만료로 소멸되면 전세권설정자는 전세금 반환채권에 대한 제3자의 압류 등이 없는 한 전세권자에 대하여만 전세금반환의무를 부담한다고 보아야 한다.

- 전세권저당권자가 위 전세금 반환채권에 대해 압류, 추심, 전부명령 등을 받았다는 자료가 없는 이 사건에서 전세권 설정자가 전세권 저당권자에게 잔존 전세금을 직접 지급할 의무를 지는 것은 아니다. 따라서 설정자가 저당권자를 피공탁자로 특정하여 변제공탁하지 않고 집행공탁을 했더라도 적법하고, 전세권저당권자의 전세권 저당권 설정등기 말소등기의무와 설정자의 전세금지급의무는 동시이행관계가 아니다.

V │ 주택임대차보호법상 임차인이 전세권 설정등기를 한 경우

1. 유효한 전세권으로 인정되기 위한 요건: 동일성

가. 동일성의 의미와 판단 기준

(1) 개관

- 임차인이 자신의 지위를 강화하기 위한 방편으로 전세권 설정등기를 한 경우, 임차권의 내용과 등기된 전세권의 내용에 동일성이 인정되면 전세권과 주택임대차보호법상 임차권이 모두 성립한다.

- 판단의 기준: 당사자, 목적물, 존속기간, 보증금(전세금)의 가액을 비교하여 동일성 여부를 판단한다. 전세권 설정계약서와 임대차 계약서에 기재된 계약일자는 달라도 무방하다.

나. 비교: 동일성이 부정된 경우

(1) 개관: 임대차 계약의 해지 후 전세권 설정으로 간주됨

(2) 사례

- 사안의 개요: 甲은 2019. 乙소유 X건물을 보증금 5000만원으로 2년간 임차했다. 甲은 乙에 대한 보증금반환채권을 丙에게 양도하고 2020. 새로 전세권 설정계약서를 작성하여 전세권자를 甲과 丙, 전세금 4500만원, 전세기간을 2022.까지로 하는 전세권 설정등기를 마쳤다.
- 쟁점과 판단: 당사자, 존속기간, 전세금액수가 모두 다르기 때문에 甲·乙간의 임대차계약은 합의해지되고 그 대신 전세권 설정계약이 새로 체결된 후, 이에 따른 전세권 설정등기가 마쳐진 것으로 보아야 한다.

> 종전의 임대차는 채권적 전세에 불과하나, 전세권 설정계약과 이에 따른 등기를 통하여 물권인 전세권이 되었고, 종전 임대차는 보증금이 5,000만 원이고, 그 존속기간이 남았는데도, 이 사건 전세권 설정계약에서는 **전세보증금을 5,000만 원에서 4,600만 원으로 감액하고, 전세권존속기간을 새로 정하였**으며, **전세권자도 이미 乙에 대한 채권을 양수받아 乙로부터 그 승낙을 얻은 丙을 포함**하였으므로, 위 전세권 설정계약과 그에 따른 등기에 의하여, 종전 임대차는 존속기간 전에 합의해지되고, 丙과 乙을 공동전세권자로 한 전세권 설정계약이 새로 체결된 것이라고 보아야 한다(대법원 2005. 5. 26. 선고 2003다12311 판결).

2. 동일성이 인정되는 경우의 효과: 임차권과 전세권의 경합

가. 개관

- 임차인이 자신의 지위를 강화하려고 별도로 전세권 설정등기를 마치거나 반대로 전세권자가 주택임대차보호법에 의한 대항요건을 추가로 갖춘 경우에는 별개의 권리인 임차권과 전세권이 경합·병존한다.

주택임차인이 그 지위를 강화하고자 별도로 전세권 설정등기를 마치더라도 주택임대차보호법상 임차인으로서 우선변제를 받을 수 있는 권리와 전세권자로서 우선변제를

받을 수 있는 권리는 **근거규정 및 성립요건을 달리하는 별개의 권리**라고 할 것이다(대법원 2010. 6. 24. 선고 2009다40790 판결).

주택에 관하여 <u>최선순위로 전세권 설정등기를 마치고 등기부상 새로운 이해관계인이 없는 상태</u>에서 전세권 설정계약과 계약당사자, 계약목적물 및 보증금(전세금액) 등에 있어서 **동일성이 인정되는 임대차계약을 체결하여 주택임대차보호법상 대항요건을** 갖추었다면, <u>전세권자로서의 지위와 주택임대차보호법상 대항력을 갖춘 임차인으로서의 지위를 함께</u> 가지게 된다(대법원 2010. 7. 26.자 2010마900 결정).

• 임차인 겸 전세권자는 경합하는 권리들 중 하나를 선택하여 행사할 수 있으나 선택된 권리 자체의 요건·효과만이 적용된다. 예컨대 주민등록을 이전하는 전출 신고를 하여 주택임대차보호법상 대항력이 소멸한 경우 소액보증금에 대한 최우선변제권·확정일자에 따른 우선변제권 등과 같은 주택임대차보호법상의 권리를 행사할 수는 없지만 전세권 설정등기 순위에 따른 우선변제권은 행사할 수 있다.

• 전세금 반환채권과 임대차보증금 반환채권의 경합이 인정된다. 따라서 ⊙ 어느 하나가 변제되면 다른 하나도 소멸하고, ⓒ 임차주택 인도의무뿐 아니라 전세권 설정등기 말소등기 의무도 임대차보증금 반환채무와 동시이행관계에 있게 된다.

임대인과 임차인이 <u>임대차계약을 체결하면서 임대차보증금을 전세금으로 하는 전세권 설정등기를 경료</u>한 경우 <u>임대차보증금은 전세금의 성질을 겸</u>하게 되므로, 당사자 사이에 다른 약정이 없는 한 <u>임대차보증금 반환의무는 제317조에 따라 전세권 설정등기의 말소의무와도 동시이행관계</u>에 있다(대법원 2011. 3. 24. 선고 2010다95062 판결).

나. 사례

(1) 전세권 설정등기와 주택임대차보호법상의 확정일자

• 임대차계약서에 확정일자가 없어도 전세권 설정계약서가 주택임대차보호법 §3의2 ②의 '확정일자 계약서'로 인정될 수 있다. 전세권 설정계약서가 첨부된 등기필증에 날인된 등기관의 접수인도 부칙 §3 ④의 확정일자인에 해당하기 때문이다.

주택에 관하여 임대차계약을 체결한 임차인이 <u>자신의 지위를 강화하기 위한 방편으로 따로 전세권 설정계약서를 작성하고 전세권 설정등기</u>를 한 경우, 따로 작성된 전세권 설정계약서가 원래의 임대차계약서와 계약일자가 다르다고 하여도, <u>계약당사자,</u>

계약목적물 및 보증금액(전세금액) 등에 비추어 동일성을 인정할 수 있다면 전세권 설정계약서 또한 원래의 임대차계약에 관한 증서로 볼 수 있고, 등기필증에 찍힌 등기관의 접수인은 첨부된 등기원인계약서에 대하여 부칙 제3조 제4항 후단에 의한 확정일자에 해당한다(대법원 2002. 11. 8. 선고 2001다51725 판결).

- 건물에 대해서만 전세권 설정등기가 마쳐졌더라도 주택임대차보호법상 확정일자 계약서를 갖춘 것으로 인정되므로, 주택임대차보호법 §3의2 ②를 근거로 임차주택의 대지에 대한 우선변제권도 인정된다.

원래의 임대차는 대지 및 건물 전부에 관한 것이나 전세권 설정계약서는 건물에 관하여만 작성되고 전세권등기도 건물에 관하여만 마쳐졌다고 하더라도, 전세금액이 임대차보증금액과 동일한 금액으로 기재된 이상 대지 및 건물 전부에 관한 임대차의 계약증서에 확정일자가 있는 것으로 봄이 상당하다(대법원 2002. 11. 8. 선고 2001다51725 판결).

(2) 임차권의 대항력 소멸

A. 사안의 개요

- 甲이 소유한 X주택에 대해 乙의 주택임대차보호법상 대항요건의 기준시는 2023. 2. 1.이고 乙명의 전세권 설정등기는 2023. 2. 5. 마쳐졌는데, X주택에 대한 丙명의 저당권 설정등기가 2023. 2. 3. 먼저 마쳐져 있었다.
- 乙은 이사를 가면서 다른 주택에 전입신고를 마쳤으나 X주택에 대한 전세권 설정등기는 그대로 유지했다.
- 丙의 적법한 임의경매 신청으로 진행된 X주택에 대한 경매절차에서 乙은 배당요구를 하지 않았으며 매수인 丁이 매각대금을 완납했다.

B. 쟁점과 판단

- 乙은 전세권자이므로 배당요구를 하지 않았어도 배당을 받을 수 있다. 그러나 乙은 최선순위자가 아니므로 丁에게 전세권이나 임차권의 존속을 주장할 수 없다.
- 乙이 주민등록을 유지하지 못한 이상 주택임대차보호법상의 대항력은 소멸하고 전세권 설정등기의 대항력만 인정되는데 그 기준일은 전세권 설정등기일이다. 주택임대차보호법상 임차권등기명령에 의한 임차권등기나 §621의 임차권설정등기와는 달리 전세권 설정등기에는 주택임대차보호법에 의한 대항력의 기준시 판별

을 위해 필요한 정보인 전입신고일이나 확정일자가 공시되지 않기 때문이다.

- 따라서 乙은 소액보증금의 최우선변제를 받을 수 없고, 전세권 등기의 순위에 따른 우선변제권만 인정되므로 선순위자인 저당권자 丙보다 후순위로 배당을 받을 수밖에 없다.

> **주택임차인이 그 지위를 강화하고자 별도로 전세권 설정등기**를 마치더라도 임차권과 전세권은 별개의 권리이고 전세권 설정등기에는 주택임대차보호법상 대항요건인 '주민등록일자', '점유개시일자' 및 '확정일자'를 공시하는 기능이 없는 점 등을 고려할 때, 주택임차인이 <u>주택임대차보호법 제3조 제1항의 대항요건을 상실하면 전세권 설정등기를 마쳤더라도 전세권 설정등기의 순위에 따른 우선변제권 등은 인정되지만 이미 취득한 주택임대차보호법상의 대항력 및 우선변제권을 상실한다.</u> 따라서 주택임대차보호법 제3조 제1항의 대항요건인 주민등록을 상실함으로써 주택임대차보호법 **제8조 제1항의 소액보증금 우선변제권도 상실**한다(대법원 2007. 6. 28. 선고 2004다69741 판결).

(3) 최선순위 전세권자 겸 임차인의 배당요구

A. 전제

- 전세권이 최선순위 권리인 경우 경매절차에서 소멸하지 않고 매수인에게 인수되는 것이 원칙이다.
- 다만 전세권자가 배당요구를 한 경우, 최선순위 전세권도 매각으로 소멸한다.

> 민사집행법 제91조(인수주의와 잉여주의의 선택 등)
> ③ 지상권·지역권·전세권 및 등기된 임차권은 저당권·압류채권·가압류채권에 대항할 수 없는 경우에는 매각으로 소멸된다.
> ④ 제3항의 경우 외의 지상권·지역권·전세권 및 등기된 임차권은 매수인이 인수한다. 다만, 그중 전세권의 경우에는 전세권자가 제88조에 따라 배당요구를 하면 매각으로 소멸된다.

B. 전세권자로서 배당요구를 했으나 전액을 배당받지 못한 경우

- 최선순위 전세권자가 배당요구를 한 이상 전세금 전액을 배당받지 못했더라도 전세권은 매각으로 소멸한다(대법원 2015. 10. 29. 선고 2015다30442 판결).
- 다만 이 경우 임대차보증금 전액을 배당받지 못한 이상 대항력 있는 임차권은 유지되므로 매수인은 임대인의 지위를 승계한다(주택임대차보호법 §3 ④).

이러한 경우 자신의 지위를 강화하기 위하여 설정한 전세권으로 인하여 오히려 주택임대차보호법상의 대항력이 소멸된다는 것은 부당하다는 점, 동일인이 같은 주택에 대하여 전세권과 대항력을 함께 가지므로 대항력으로 인하여 전세권 설정 당시 확보한 담보가치가 훼손되는 문제는 발생하지 않는다는 점 등을 고려하면, 최선순위 전세권자로서 배당요구를 하여 전세권이 매각으로 소멸되었다 하더라도 변제받지 못한 나머지 보증금에 기하여 대항력을 행사할 수 있고, 그 범위 내에서 임차주택의 매수인은 임대인의 지위를 승계한 것으로 보아야 할 것이다(대법원 2010. 7. 26.자 2010마900 결정).

C. 임차인으로서 배당요구를 했으나 전세권자로서의 배당요구는 안 한 경우

(a) 사안의 개요

• 丙소유 X주택에 대해 甲은 전세권 설정등기(2006. 7. 4.)와 주택임대차보호법상 대항요건(2006. 11. 3.)을 모두 갖춘 상태였고, 확정일자 계약서상의 보증금과 등기된 전세금의 가액은 같다.

• X주택에 대해 2006. 9. 5. 근저당권 설정등기를 마친 乙의 임의경매 신청에 의한 적법한 경매절차에서 甲은 임차인으로 권리신고를 하고 배당요구를 했으며 丁이 X주택을 매수하고 대금을 완납했다.

• 甲은 전세금 전액을 배당받지 못한 상태에서 경매절차 종료후 전세권 설정등기가 말소되자 회복등기 청구를 하면서 丁에게 승낙 의사표시를 구하는 소를 제기했다.

(b) 쟁점과 판단

• 甲이 경합하는 임차권과 전세권 중 임차권에 기한 배당요구를 했더라도 전세권에 기한 배당요구를 한 것으로 간주되지는 않는다. 따라서 민사집행법 §91 ④ 단서가 적용되지 않으므로 甲의 전세권은 소멸하지 않는다.

• 이 경우 丁은 전세권을 인수해야 할 실체법상 의무가 있으므로 甲의 전세권 말소등기 회복등기에 대한 승낙 의무가 있다.

• 丁은 매수인에게 인수되어야 하는 전세권 설정등기를 과실로 말소한 국가에 대해 §750 청구를 할 수 있다.

대법원 2010. 6. 24. 선고 2009다40790 판결
• 임보법상 임차인으로서의 지위와 전세권자로서의 지위를 함께 가지고 있는 자가

그 중 임차인으로서의 지위에 기하여 경매법원에 배당요구를 하였다면 **배당요구를 하지 아니한 전세권에 관하여는 배당요구가 있는 것으로 볼 수 없다**. 민사집행법 제91조 제4항은 **최선순위의 전세권은 오로지 전세권자의 배당요구에 의하여만 소멸되고, 전세권자가 배당요구를 하지 않는 한 매수인에게 인수되며, 반대로 배당요구를 하면 존속기간에 상관없이 소멸한다는 취지이다.**

‣ 이 사건 전세권은 최선순위 전세권으로서 경매절차에서의 매각으로 소멸되지 않고 매수인에게 인수되는 것이므로 집행법원의 경매담당 공무원으로서는 그 매각물건명세서를 작성함에 있어서 이 사건 전세권이 인수된다는 취지의 기재를 하였어야 할 것임에도 이를 기재하지 아니한 채 경매를 진행하는 잘못을 저질렀고, 丁은 매각물건명세서의 잘못된 기재로 인하여 이 사건 전세권이 매수인에게 인수되지 않은 것으로 오인한 상태에서 매수신고가격을 결정하고 이 사건 부동산을 매수하였다가 이 사건 전세권을 인수하여 그 전세금을 반환하여야 하는 손해를 입었다고 할 것이므로, 대한민국은 위와 같은 경매담당 공무원 등의 직무집행상의 과실로 인하여 丁이 입은 손해를 배상할 책임이 있다.

(4) 임대인 겸 전세권설정자의 당연공제 주장

A. 사안의 개요

• 甲은 2014. 5. 19. 丙에게 X부동산을 임대차보증금 1억원, 임대차기간 2014. 6. 19.부터 2016. 6. 18.까지, 차임 월 500만원으로 정하여 임대하기로 하는 이 사건 임대차계약을 체결하면서, 丙명의 전세권 설정등기를 마치기로 약정하였다. 丙은 이에 따라 2014. 6. 18. 1억원을 甲에게 지급했다.

• X부동산에 대해 2014. 6. 26. 전세권자 丙, 전세금 1억원, 존속기간 2014. 6. 19.부터 2016. 6. 18.까지로 기재된 전세권 설정등기가 마쳐졌고, 같은 날 丙에 대한 채권자 乙은 위 丙명의 전세권에 대해 채권최고액 1억원의 전세권 근저당권 설정등기를 마쳤다.

• 丙이 차임을 3기분 이상 지급하지 않자 甲은 2015. 12. 1. 적법하게 이 사건 임대차계약을 해지하고 X부동산의 인도를 청구하는 소를 제기했다.

• 乙은 2016. 2. 17. 丙의 甲에 대한 전세금 반환채권 1억원에 대하여 물상대위에 의한 채권압류 및 추심명령을 받았고, 위 명령은 2016. 2. 23. 甲에게 송달되었다.

• 甲은, 甲·丙간에 실제로 체결된 계약은 임대차계약이므로 가장행위인 전세권

설정계약은 통정허위표시에 해당하여 무효이고, 이러한 사실에 대해 악의임이 증명된 乙은 甲의 丙명의 전세권 설정등기 말소등기 청구에 대해 승낙 의사표시를 할 의무가 있다고 주장한다.

B. 쟁점과 판단

- 전세권자 丙은 목적물을 사용·수익했으며, 기지급된 임대차보증금으로 전세금 지급에 갈음한 것으로 볼 수 있으므로, 丙명의 전세권 설정등기는 유효이다. 전세금과 보증금의 가액이나 용익기간 등 주요부분의 동일성이 인정되는 경우에 해당하기 때문이다.

- 다만 甲·丙간 위 계약은 대외적으로는 전세권 설정계약이지만 내부적으로는 임대차계약이다. 따라서 그 내용이 일치하지 않는 부분에 대해서는 통정허위표시로 인정된다(일부무효). 예컨대 연체차임의 당연공제 등 임대차에 고유한 약정은 은닉행위이고 전세권에 고유한 법률관계인 '전세물 멸실·훼손으로 인한 손해배상액의 당연공제(§315②)'라는 부분은 가장행위이다.

✓ 그런데 허위표시의 경우, 선의자에게는 가장행위의 무효를 주장할 수 없음은 물론이지만 더 나아가 악의자에게는 은닉행위의 유효를 주장할 수 있는가? 오표시무해원칙 등을 동원한다 하더라도 이 사안처럼 가장행위가 물권설정계약이고 은닉행위는 그 물권과 다른 내용을 정하는 채권계약이라면 물권법정주의와의 저촉은 어떻게 해결해야 할까? 결국 판례의 태도를 선해하려면 두 가지 방법을 생각해 볼 수 있다. 첫째, 악의자인 전세권 저당권자에 대해 '공제 대상은 §315로 한정된다'는 부분이 일부무효로 정리되고, 물상대위권에 기초한 채권집행시 제3채무자인 전세권 설정자가 집행채무자인 전세권자에게 항변할 수 있는 유효한 은닉행위에 기한 당연공제 항변을 전세권 저당권자에게도 주장할 수 있다고 보는 방법이다. 전세권저당권 설정 당시부터 원인이 존재했고 동시이행 관계였기 때문이다. 둘째, 용익권능 소멸 후 물상대위가 일어났을 때 전세권 저당권자는 물권법정주의가 적용되는 전세권이 아니라 '담보물권이 붙은 반환채권'을 가지게 되므로 이러한 상황에 관한 일반 법리에 따라 처리해야 한다. 그런데 이 반환채권에는 당연공제라는 성질이 내재되어 있으므로 채무자인 甲으로서는 악의의 제3자인 乙에 대해서는 이와 저촉되는 §315 부분이 무효임을 주장할 수 있다.

- 丙명의 전세권 설정등기는 연체차임 등을 공제한 나머지를 담보하는 범위에서 유효하므로, 乙은 甲으로부터 임대차보증금에서 연체차임 등이 공제된 가액을 지급받을 때까지 이 사건 전세권 설정등기의 말소를 저지할 이익이 있다. 따라서 원심이 이 사건 전세권 설정계약 전부가 통정허위표시로서 무효이고, 乙에게 이 사건 전세권 설정등기의 말소에 대하여 승낙의 의사표시를 할 의무가 있다고 판

단한 것은 잘못이다.

> **대법원 2021. 12. 30. 선고 2018다268538 판결**
>
> ‣ 이미 지급한 임대차보증금으로 전세금 지급에 갈음하기로 하더라도 전세금 지급으로 인정될 수 있고, 전세권자의 목적물 사용·수익을 인정하는 원인행위에 기초한 것이므로 전세권 설정등기는 유효이다.
>
> ‣ 임대인과 임차인이 임대차보증금 반환채권을 담보할 목적으로 전세권 설정계약을 체결하였다면, 임대차보증금에서 **연체차임 등을 공제하고 남은 돈을 전세금으로 하는 것이 임대인과 임차인의 합치된 의사**라고 볼 수 있다. 그러나 그 전세권 설정계약은 외관상으로는 그 내용에 차임지급 약정이 존재하지 않고 이에 따라 전세금이 연체차임으로 공제되지 않는 등 임대인과 임차인의 진의와 일치하지 않는 부분이 존재한다. 따라서 그러한 **전세권 설정계약은 위와 같이 임대차계약과 양립할 수 없는 범위에서 통정허위표시에 해당하여 무효**라고 봄이 타당하다. 다만 그러한 전세권 설정계약에 의하여 형성된 법률관계에 기초하여 새로이 법률상 이해관계를 가지게 된 제3자에 대하여는 그 제3자가 그와 같은 사정을 알고 있었던 경우에만 그 무효를 주장할 수 있다.
>
> ‣ **전세권을 목적으로 한 저당권**이 설정된 경우, 전세권의 존속기간이 만료되면 전세권의 용익물권적 권능이 소멸하기 때문에 더 이상 전세권 자체에 대하여 저당권을 실행할 수 없게 되고 **물상대위권을 행사**하여 전세금의 지급을 구하여야 한다. 이 경우 제3채무자인 전세권설정자는 일반적 채권집행의 법리에 따라 압류 및 추심명령 또는 전부명령이 송달된 때를 기준으로 하여 그 이전에 전세권자와 사이에 발생한 모든 항변사유로 압류채권자에게 대항할 수 있다. 단 상계항변은 전세권저당권 설정시를 기준으로 한다.
>
> ‣ 임대차계약에 따른 임대차보증금 반환채권을 담보할 목적으로 유효한 전세권 설정등기가 마쳐진 경우에는 **전세권저당권자가 저당권 설정 당시 그 전세권 설정등기가 임대차보증금 반환채권을 담보할 목적으로 마쳐진 것임을 알고 있었다면**, 제3채무자인 전세권설정자는 전세권저당권자에게 그 전세권 설정계약이 임대차계약과 양립할 수 없는 범위에서 무효임을 주장할 수 있으므로, 그 임대차계약에 따른 연체차임 등의 공제 주장으로 대항할 수 있다.
>
> ‣ 甲과 丙이 이 사건 전세권 설정등기를 마치기 위해 체결한 **전세권 설정계약은 임대차계약과 양립할 수 없는 범위에서 통정허위표시에 해당하여 무효**이나, 이 사건 전

세권 설정등기는 이 사건 임대차계약에 따른 소외인의 임대차보증금 반환채권을 담보할 목적으로 마쳐진 것으로서 유효하다. 따라서 이 사건 전세권 설정등기는 이 사건 임대차보증금 중 소외인의 연체차임 등을 공제한 나머지를 담보하는 범위에서 여전히 유효하므로, 乙은 甲으로부터 그 나머지 임대차보증금 상당액을 지급받을 때까지 이 사건 전세권 설정등기의 말소를 저지할 이익이 있다.

C. 변형된 사안: 선의의 제3자의 범위

(a) 사안의 개요

- 위의 예에서 乙에 대한 채권자 丁이 乙의 전세권 저당권부 채권을 압류하고 압류등기를 마쳤는데, 丁은 甲·丙 간의 원인행위가 실제로는 임대차임을 알지 못했다.
- 연체차임 등으로 인해 임대차보증금이 모두 공제로 소멸하자 甲은 丁에게 丙명의 전세권 설정등기 말소등기에 대한 승낙을 구하는 소를 제기했다.

(b) 쟁점과 판단

- 丁은 선의의 제3자이므로 丁에 대해서는 가장행위인 甲·丙 간 전세권 설정계약은 유효로 다루어져야 한다. 따라서 甲은 임대차에 대해서만 인정되고 전세권에 대해서는 인정되지 않는 사유인 연체차임 당연공제를 주장할 수 없다.
- 甲·丙 간 전세권 설정계약이 가장행위라는 사실에 대해 乙이 악의이더라도 丁의 선의이면 丁은 §108 ②의 선의의 제3자로서 보호된다.

대법원 2021. 12. 30. 선고 2020다257999 판결

- 임대차보증금 반환채권을 담보할 목적으로 전세권 설정등기를 마친 경우 임대차계약에 따른 연체차임 공제는 전세권 설정계약과 양립할 수 없으므로, 전세권설정자는 **선의의 제3자에 대해서는 연체차임 공제 주장으로 대항할 수 없다.** 선의의 제3자가 보호될 수 있는 법률상 이해관계는 전세권 설정계약의 당사자를 상대로 하여 <u>직접 법률상 이해관계를 가지는 경우</u> 외에도 법률상 이해관계를 바탕으로 다시 위 전세권 설정계약에 의하여 형성된 법률관계와 **새로이 법률상 이해관계를 가지게 되는 경우도 포함**된다.
- 丁은 丙명의 전세권 설정등기의 외형을 바탕으로 한 乙의 전세권근저당권부 채권을 압류함으로써 이 사건 전세권에 대하여 새로이 법률상 이해관계를 가지게 되었는데 丁이 丙명의 전세권 설정등기가 임대차계약에 따른 임대차보증금 반환채권을

담보할 목적으로 되었음을 알고 있었다는 사실을 인정할 증거가 없다. 따라서 甲은 丁에게 연체차임 공제를 주장할 수 없다.

乙의 전세권근저당권부 채권은 통정허위표시에 의하여 외형상 형성된 전세권을 목적물로 하는 전세권근저당권의 피담보채권으로서, 丁은 이러한 乙의 전세권근저당권부 채권을 가압류하고 나아가 압류명령을 얻음으로써 그 채권에 관한 담보권인 전세권근저당권의 목적물에 해당하는 전세권에 대하여 새로이 법률상 이해관계를 가지게 되었다 할 것이므로, 만약 丁이 통정허위표시에 관하여 선의라면 비록 乙이 악의라 하더라도 허위표시자는 丁에 대하여 전세권이 통정허위표시에 의한 것임을 이유로 대항할 수 없다(대법원 2013. 2. 15. 선고 2012다49292 판결).

3. 비교: 임차인과 임대인간 전세권 설정계약이 전부 무효인 경우

가. 개관

(1) 전세권의 용익물권성

- 전세권은 용익물권이므로 전세물의 사용·수익과 무관하게 금전채권 담보만을 목적으로 하는 전세권 설정계약을 하면, 이러한 전세권 설정계약은 허위표시이고 이에 기한 전세권 설정등기는 원인무효이다.
- 다만 주된 목적이 금전채권 담보이더라도 전세물의 사용·수익을 배제하기로 하는 경우가 아니라면 전세권 설정계약은 유효이다(2018다40235, 789면).

(2) 임대차보증금 반환채권을 담보만을 목적으로 하는 전세권 설정등기

A. 개관

- 임대차보증금 반환채권 담보만을 목적으로 하는 전세권 설정계약은 허위표시이므로 무효이다.
- 전세권 설정계약에 근거한 전세권 설정등기를 근거로 새로운 이해관계를 가지게 된 선의의 제3자에게는 가장행위에 근거한 전세권의 효과만 인정되고 은닉행위에 근거한 임대차의 효과는 부정된다.
- 이에 비해 악의의 제3자에 대해서는 은닉행위에 근거한 임대차의 효과만 인정되고 가장행위에 근거한 전세권의 효과는 부정된다.

B. 실익

- 전세금 반환채권에 대해서는 §315에 의한 공제만 인정되지만 임대차보증금 반환채권에 대해서는 연체차임 등의 당연공제도 인정된다.
- 전세금 반환채권을 용익기간 중 채권양도 방식으로 양도하면 정지조건부 유효이지만, 임대차보증금 반환채권은 용익기간 중 채권양도 방식으로 유효하게 양도할 수 있다.

나. 사례

(1) 허위표시인 전세권에 대한 전세권 저당권자와 연체차임의 당연공제

A. 사안의 개요

- 甲이 소유한 X주택을 乙이 임대차보증금 1억원에 임차했는데 임대차 기간 종료후 임대차 보증금반환채권 담보를 위해 乙명의 전세권 설정등기를 마쳤다.
- 乙에 대한 채권자 丙이 乙의 전세권에 대한 저당권을 설정했고 乙명의 전세권 설정등기에 기록된 전세기간이 만료하자 물상대위권을 행사하여 乙의 甲에 대한 전세금 반환채권에 대한 압류·추심명령을 받았다.
- 甲은 乙의 미납 관리비, 임대차기간 종료후 발생한 차임상당 부당이득액 등의 당연공제를 주장한다.

B. 쟁점과 판단

- 甲·乙간 전세권 설정계약은 임대차기간 종료 후 체결되었으므로 '사용·수익'을 목적으로 하지 않는다. 따라서 허위표시이고 무효이다.
- 甲·乙간 전세권 설정계약이 허위표시라는 사실에 대해 ㉠ 丙이 선의이면 甲은 §315의 공제만 주장할 수 있고, 연체차임 등의 당연공제를 丙에게 주장할 수 없는 반면, ㉡ 丙이 악의이면 甲은 丙에게 연체차임 등의 당연공제를 주장할 수 있다.

대법원 2008. 3. 13. 선고 2006다29372 판결
- **실제로는 전세권 설정계약이 없으면서도 임대차계약에 기한 임대차보증금 반환채권을 담보할 목적**으로 임차인과 임대인 사이의 합의에 따라 임차인 명의로 전세권 설정등기를 경료한 후 그 전세권에 대하여 근저당권이 설정된 경우, 가사 위 <u>전세권 설정계약만 놓고 보아 그것이 통정허위표시에 해당하여 무효</u>라 하더라도 이로써 위 전세권 설정계약에 의하여 형성된 법률관계를 토대로 별개의 법률원인에 의하여 <u>새로운 법률상 이해관계를 갖게 된 근저당권자에 대하여는 그와 같은 사정을 알</u>

고 있었던 경우에만 그 무효를 주장할 수 있다.

‣ 전세금은 제315조 소정의 전세권설정자의 전세권자에 대한 손해배상채권 외 다른 채권까지 담보한다고 볼 수 없으므로, 전세권설정자가 전세권자에 대하여 위 손해배상채권 외 다른 채권을 가지고 있더라도 전세금 반환채권에 대하여 물상대위권을 행사한 전세권저당권자에게 상계 등으로 대항할 수 없다.

‣ 甲은 乙에게는 전세권 설정계약이 무효라고 주장할 수 있더라도, 그러한 사정을 알지 못한 채 위 전세권에 대하여 근저당권을 설정한 丙에게는 위 전세권 설정계약의 무효를 주장할 수 없어, 위 전세권 설정계약과 양립할 수 없는 위 임대차계약에 의하여 발생한 甲의 乙에 대한 연체차임, 관리비, 손해배상 등의 채권을 주장할 수 없으므로, 결국 甲은 위 각 채권으로서 乙이 물상대위권의 행사로서 압류·추심한 전세금 반환채권과 상계할 수도 없다고 봄이 상당하다.

대법원 2004. 6. 25. 선고 2003다46260 판결

‣ 이 사건 전세권은 甲·乙간 임대차계약의 **임대차보증금 반환채권을 담보하기 위하여 설정된 것이고, 丙 역시 그러한 경위를 잘 알면서 전세권에 관하여 근저당권 설정등기**를 하였다.

‣ 丙은 물상대위권의 행사로 乙의 전세금 반환채권에 관하여 압류 및 전부명령을 받았더라도, 甲은 丙에 대해 이 사건 **전세금에서 임대차계약에 기하여 발생한 연체 임대료, 관리비 및 5,000만 원의 원상복구비 등의 공제를 주장할 수 있다.**

(2) 법정갱신

A. 사안의 개요

• 甲은 2011. 11. 26. 丙에게 X건물에 관하여 보증금 1억원, 월차임 800만원, 임대차기간 24개월로 정하여 임대하고서도, 丙의 요청에 따라 전세금 3억원, 전세기간 2013. 12. 1.로 기재된 대출용 전세계약서를 작성해 주고 이 사건 전세권 설정등기까지 마쳐 주었다.

• 甲·丙은 2013. 12. 30. 임대기간을 2년으로 정한 임대차계약을 다시 체결했고, 甲은 丙의 요청에 따라 보증금을 전액 반환하는 대신 월차임을 증액하기로 임대차 계약을 변경했다.

• 乙은 2014. 11. 25. 丙의 전세권부 채권에 대한 가압류 결정을 받아 그 무렵 X건물

에 관한 전세권부 채권 가압류 등기를 마쳤는바, 당시 丙은 임차인으로서 여전히 X건물을 점유·사용하고 있었다.

B. 쟁점과 판단

• 허위표시인 전세권 설정등기의 등기부상 존속기간 만료 후에 등장한 제3자도 선의의 제3자로서 보호받을 수 있다.

• 법정갱신은 §187이 적용되므로 변경등기가 없어도 효력이 발생한다. 등기된 존속기간이 지났더라도 전세권설정등기가 말소등기되지 않은 상태라면 이것과 동시이행관계인 전세금 반환도 이루어지지 않았다고 추정되므로, 전세권이 법정갱신에 의해 존속한다고 믿은 선의의 제3자는 보호되어야 한다.

대법원 2010. 3. 25. 선고 2009다35743 판결

‣ 임차인 명의 전세권 설정등기의 원인행위가 허위표시인 경우 전세권저당권자가 악의인 경우에만 그 무효를 주장할 수 있고 통정한 허위표시에 의하여 **외형상 형성된 법률관계로 생긴 채권을 가압류한 경우 그 가압류권자는 허위표시에 기초하여 새로이 법률상 이해관계를 가지게 된 제3자**에 해당하므로, 그가 선의인 이상 위 통정허위표시의 무효를 그에 대하여 주장할 수 없다.

‣ 전세권이 법정갱신된 경우 이는 법률의 규정에 의한 물권의 변동이므로 전세권갱신에 관한 등기를 필요로 하지 아니하고, 전세권자는 **등기 없이도 전세권설정자나 그 목적물을 취득한 제3자에 대하여 갱신된 권리를 주장**할 수 있다. 여기에 전세권설정자의 전세금반환의무와 전세권자의 목적물 인도 및 전세권 설정등기의 말소등기에 필요한 서류 교부의무가 동시이행 관계에 있는 사정 등을 더해 보면, 乙이 위 전세권부채권가압류 등기를 마칠 당시 이 사건 전세권 설정등기가 말소되지 아니한 상태였고, 전세권 갱신에 관한 등기가 불필요한 전세권명의자인 丙이 위 부동산을 여전히 점유·사용하고 있었던 이상, 乙은 통정허위표시를 기초로 하여 새로이 법률상 이해관계를 가진 선의의 제3자에 해당한다고 봄이 상당하다.

유치권

유치권

I 유치권의 요건

> 제320조(유치권의 내용)
> ① 타인의 물건 또는 유가증권을 점유한 자는 그 물건이나 유가증권에 관하여 생긴 채권이 변제기에 있는 경우에는 변제를 받을 때까지 그 물건 또는 유가증권을 유치할 권리가 있다.
> ② 전항의 규정은 그 점유가 불법행위로 인한 경우에 적용하지 아니한다.

1. 목적물

가. 모든 물건, 유가증권

(1) 개관

• 유치권의 목적물인 물건에는 동산·부동산이 모두 포함된다. 즉 부동산도 유치권의 대상이 될 수 있다.

• 물건뿐 아니라 유가증권도 유치권의 목적물이 될 수 있다.

(2) 사례

A. 지상 건물에 관한 채권을 피담보채권으로 하는 유치권과 대지 이용권

• 지상 건물에 관한 피담보채권자인 유치권자가 대지 소유자의 지상 건물 철거 청구에 대항할 수 있는지의 여부는 건물 소유를 위한 대지 사용 권원이 인정되는지의 여부에 따라 결정된다.

• 지상 건물과 대지는 별개의 부동산이므로 건물에 대한 유치권을 대지 소유자에게 주장할 수 없기 때문이다.

乙이 건물소유자 丙에 대해 **건물에 관한 유치권을 행사할 수 있어도 건물의 존재와 점유가 토지소유자인 甲에게 불법행위**가 되고 있는 이 사건에 있어서는 丙에 대한 유치권으로 甲에게 대항할 수 없다(대법원 1989. 2. 14. 선고 87다카3073 판결).

공소외 2는 이 사건 회사와 건물철거 공사계약을 체결하고 이 사건 토지 위에 있던 건물을 철거한 뒤 그에 따른 공사대금채권을 취득한 자이다. 공소외 2가 유치권의 피담보채권으로 내세우는 건물철거 공사대금채권은 이 사건 토지 자체에 관하여 생긴 것이 아니므로 이를 피담보채권으로 하여 토지에 대한 유치권을 주장할 수는 없다(대법원 2020. 5. 28. 선고 2020도3170 판결).

B. 신축 중인 건물과 유치권

(a) 사안의 개요

• 甲은 甲·乙 간 건물공사 도급계약에 따라 乙소유 X토지에 건물 신축 공사를 시작했으나 乙이 기성고를 지급하지 않자 공사를 중단한 채 X토지를 점유하고 있다.

• X토지에 대한 적법한 경매절차에서 X토지를 매수한 丙이 甲에게 §213의 점유반환청구권을 행사한다.

(b) 쟁점과 판단

• 공사 중인 건물이 독립된 부동산으로서의 요건을 갖추기 전에 丙이 X토지의 소유자가 된 경우: 공사 중인 건물은 대지에 부합되므로 독립된 물건이 아니어서 유치권의 객체가 될 수 없다.

• 甲이 주장하는 피담보채권인 건물공사 대금채권은 대지인 X토지에 관하여 생긴 것이 아니다. 따라서 甲은 X토지에 대한 유치권자가 아니고 丙의 §213 반환청구에 대항할 수 없다.

> **대법원 2008. 5. 30. 자 2007마98 결정**
> ‣ 건물의 신축공사를 한 수급인이 그 건물을 점유하고 있고 또 그 건물에 관하여 생긴 공사금 채권이 있다면, 수급인은 그 채권을 변제받을 때까지 건물을 유치할 권리가 있지만, 수급인이 사회통념상 독립한 건물이라고 볼 수 없는 정착물을 토지에 설치한 상태에서 공사가 중단된 경우에 위 정착물은 **토지의 부합물에 불과**하여 이러한 정착물에 대하여 유치권을 행사할 수 없다.
> ‣ 또한 공사중단시까지 발생한 **공사대금 채권은 토지에 관하여 생긴 것이 아니므로**

위 공사대금 채권에 기하여 <u>토지에 대하여 유치권을 행사할 수도 없다.</u>

나. 소유의 타인성

- 채권자 자신이 소유한 물건에 대해서는 유치권이 인정되지 않는다. ⑦ 유치권은 법정물권이므로 §320의 요건이 충족되지 않으면 성립할 수 없고, ⓒ 채권자 자신이 소유한 물건에 대한 담보물권은 혼동으로 소멸하기 때문이다.
- 다만 유치물이 반드시 채무자의 소유물일 필요는 없다. 유치권자가 주장하는 피담보 채권과 견련성 있는 물건이 채무자 아닌 제3자의 소유이더라도 유치권자가 적법하게 점유를 개시했다면 유치권을 취득한다.

2. 피담보채권

가. 담보물권의 피담보채권이 될 수 있는 일반적인 자격

나. 유치권에 고유한 요건: 변제기 도래

- 피담보채권의 변제기 도래는 유치권에서는 성립요건이지만 다른 담보물권에서는 강제집행 개시요건일 뿐이다.
- 사례: 유치권자의 피담보채권에 대한 채무자의 동시이행 항변권이 인정되면 유치권이 성립할 수 없다. 반대급부가 이행제공 되기 전까지는 변제기 도래로 인정될 수 없기 때문이다. 예컨대 신축건물에 하자가 있으면 도급인의 공사대금채무와 수급인의 하자보수채무는 동시이행관계에 있으므로 수급인은 공사대금채권을 피담보채권으로 삼아 유치권을 행사할 수 없다.

> 수급인의 <u>공사대금채권</u>이 도급인의 <u>하자보수청구권</u> 내지 하자보수에 갈음한 손해배상채권 등과 동시이행의 관계에 있는 점 및 <u>피담보채권의 변제기 도래를 유치권의 성립요건</u>으로 규정한 취지 등에 비추어 보면, 건물신축 도급계약에서 <u>수급인이 공사를 완성하였다고 하더라도</u> 신축된 건물에 하자가 있고 그 하자 및 손해에 상응하는 금액이 공사잔대금액 이상이어서 도급인이 수급인에 대한 하자보수청구권 내지 하자보수에 갈음한 손해배상채권 등에 기하여 수급인의 공사잔대금 채권 전부에 대하여 동시이행의 항변을 한 때에는, 공사잔대금 채권의 변제기가 도래하지 아니한 경우와 마찬가지로 수급인은 도급인에 대하여 <u>하자보수의무나 하자보수에 갈음한 손해배상의무 등에 관한 이행의 제공을 하지 아니한</u> 이상 공사잔대금 채권에 기한 <u>유치권을 행사할 수 없다</u>(대법원 2014. 1. 16. 선고 2013다30653 판결).

3. 목적물과 피담보채권의 견련성

가. 개관

(1) 의미

- 유치권이 성립하려면, 유치물 점유자가 행사하는 피담보채권이 유치물에 관하여 생긴 채권이어야 한다. 즉 피담보채권과 유치물의 견련성이 인정되어야 하는 것이다.

  유치권의 피담보채권은 '그 물건에 관하여 생긴 채권'이어야 한다(대법원 2012. 1. 26. 선고 2011다96208 판결).

- 비교: 피담보채권과 점유 개시 사이의 관련성은 유치권의 요건이 아니다. 즉 피담보채권이 점유 개시의 권원이나 계기가 아니었더라도, 피담보채권과 물건 자체와의 견련성만 인정되면 '피담보채권의 견련성' 요건은 충족된다.

(2) 견련성 판단의 기준

A. 공통 요건: 유치권 인정이 공평원칙에 반하지 않을 것

B. 유형별 요건

- 채권이 목적물 자체로부터 발생한 경우에는 견련성이 인정된다. 그 예로서 목적물에 지출된 비용에 대한 비용상환 청구권, 목적물로 인해 발생한 손해에 대한 손해배상청구권 등을 들 수 있다.

- 채권과 목적물 반환청구권이 동일한 법률요건으로부터 발생한 경우에도 그 채권과 목적물과의 견련성이 인정된다.

  제320조 제1항에서 '그 물건에 관하여 생긴 채권'이라 함은, 유치권 제도 본래의 취지인 공평의 원칙에 특별히 반하지 않는 한, 채권이 목적물 자체로부터 발생한 경우는 물론이고 채권이 목적물의 반환청구권과 동일한 법률관계나 사실관계로부터 발생한 경우도 포함한다(대법원 2007. 9. 7. 선고 2005다16942 판결).

나. 견련성이 문제된 사례

(1) 공사대금채권을 확보하기 위한 신축건물 점유

A. 전제

- 신축건물이 독립된 부동산이 될 수 있는 요건을 충족해야 한다. 유치권은 물권이

므로 그 객체는 독립된 물건이어야 하기 때문이다.

- 신축건물의 소유권 귀속에 관한 특약을 근거로 신축건물 소유권이 도급인에게 귀속되어야 한다. 수급인 자신이 원시취득자이면 '타인성' 요건이 충족되지 못했기 때문이다.

B. 쟁점과 판단

- 신축건물을 도급인이 원시취득하면 수급인은 공사대금채권을 피담보채권으로 삼아 신축건물에 대한 유치권을 행사할 수 있다.
- 도급인이 수급인에게 처분수권을 한 경우 즉 신축건물을 처분하여 그 대금으로 공사대금에 충당하기로 하는 특약이 있더라도 마찬가지이다. 이러한 특약만으로는 공사대금채권에 대한 대물변제가 이루어진 것으로 인정될 수 없기 때문이다.

> 乙이 현재 점유중인 건물의 신축공사를 한 수급인으로서 위 건물에 관하여 생긴 공사금 채권이 있다면, 乙은 그 채권을 변제받을 때까지 위 건물을 유치할 권리가 있다고 할 것이고, 이러한 유치권은 乙이 점유를 상실하거나 피담보채무가 변제되는 등의 사정이 없는 한, 소멸되지는 아니하는 것이므로, 건물 완공 후의 약정에 의하여 **도급인 甲이 수급인 乙에게 위 건물 등 이 사건 각 건물에 대한 처분권을 위임하여 그 분양대금에서 공사대금 등 건축과 관련한 일체의 비용을 지급받을 수 있는 권한을 부여**하여 乙이 건물 등을 매각하여 **공사대금을 지급받을 수 있게 되었다고 하더라도** 그러한 **약정만으로는 피담보채권인 공사대금이 변제된 것이라고 볼 수는 없다.** 따라서 乙은 여전히 그 공사대금 채권을 담보하는 유치권을 가지고 있는 것으로 보아야 한다(대법원 1995. 9. 15. 선고 95다16202 판결).

(2) 임대차 종료시의 법률관계

A. 보증금반환채권

- 보증금반환채권은 유치권의 피담보채권이 될 수 없다. 따라서 임차인은 보증금을 반환받지 못했더라도 임차물에 대한 유치권을 취득하지 못한다.
- 논거: 임차인의 보증금반환채권은 임대차계약과 별개인 보증금계약을 근거로 발생하므로 '임차물에 관하여 생긴 채권'에 해당하지 않는다.

> 건물의 임대차에 있어서 임차인의 임대인에게 지급한 **임대차보증금반환청구권**이나 임대인이 건물시설을 아니하기 때문에 임차인에게 건물을 **임차목적대로 사용 못한 것을 이유로 하는 손해배상청구권**은 모두 **제320조에 규정된 소위 그 건물에 관하여**

생긴 채권이라 할 수 없으므로 보증금반환채권과 손해배상채권에 관한 임차인의 유치권 주장을 배척한 조치는 정당하다(대법원 1976. 5. 11. 선고 75다1305 판결).

B. 유익비상환청구권

(a) 사안의 개요

- 甲은 2012. 10. 경 음식점 영업을 위해 丙으로부터 X점포(집합건물의 전유부분)를 임차하면서 특약사항으로 '임대차계약 종료시 丙은 甲이 음식점 영업을 하기 위해 X점포에 투입한 총 공사비의 70%를 甲에게 지급하고, 甲은 X점포를 계약종료시의 상태 그대로 丙에게 반환한다'는 내용의 공사비 반환 약정을 했다. 그 후 甲은 X점포에 대해 설비공사 등으로 10억원을 지출했다.
- 원심은 §626은 임의규정이므로 유익비상환청구권의 범위·내용은 당사자의 약정으로 정해질 수 있다고 보았고, 이에 따라 甲의 X점포에 대한 유치권의 피담보채권액을 7억원이라고 보았으나 대법원은 이를 파기했다.

(b) 쟁점과 판단

- 임차인의 임대인에 대한 유익비상환청구권(§626)은 임차물에 관한 채권이므로, 유치권의 피담보채권이 될 수 있다.
- 그러나 법정된 유익비에 해당하지 않는 금액에 대한 금전채권은 유치권의 피담보채권이 될 수 없다. 유치권은 법정물권이므로 그 피담보채권을 당사자의 약정으로 확장하는 것은 물권법정주의에 반하기 때문이다.
- 임대인·임차인 간에 임차인의 영업을 위해 투자된 비용도 유익비에 포함시키기로 하는 특약이 성립했더라도, §626에 따라 산정된 비용만 유치권의 피담보채권이 될 수 있다.

대법원 2023. 4. 27. 선고 2022다273018 판결
- 甲·丙간 공사비반환 약정을 근거로 민법상 유익비에 해당하지 않는, 즉 건물의 객관적 가치 증가와 무관한 비용지출로서 유치물과의 견련관계가 인정되지 않는 부분까지 법정담보물권인 유치권의 피담보채권이 된다고 볼 수 없다.
- 유치권의 목적물과 견련관계가 인정되지 않는 채권을 피담보채권으로 하는 유치권을 인정한다면, 법률이 정하지 않은 새로운 내용의 유치권을 창설하는 것으로서 물권법정주의에 반하여 허용되지 않는다.
- 甲이 지출하였다고 주장하는 비용에는, 임차물 자체의 개량을 위하여 지출되어 물

건의 가치를 객관적으로 증가시키는 비용과 임차인인 甲의 주관적 이익이나 특정한 영업을 위한 목적으로 지출된 비용이 구분되어 있지 않다.

(3) 소유권이전등기를 넘겨준 매도인

A. 사안의 개요

- 甲은 자신이 소유한 X부동산을 乙에게 매도하고 잔금을 지급받기 전에 乙에게 소유권이전등기만 마쳐주고 X부동산을 계속 점유하고 있다.
- 乙이 잔금을 지급하지 않은 상태에서 점유 인도를 요구하자 甲은 유치권을 주장한다.

B. 쟁점과 판단

- 甲은 인도채무와 잔대금채권의 동시이행을 주장할 수는 있으나, 甲의 잔대금채권을 피담보채권으로 하는 유치권의 성립은 인정되지 않는다.
- 논거: ㉠ 甲에게 유치권을 인정하면 소유권 양도인이 대세적 점유권을 보유하게 되고 그 결과 소유권 양수인 乙은 '점유권 없는 소유자'가 되는데, 이런 상태는 물권법정주의와 저촉되므로 허용될 수 없다. ㉡ 甲은 소유권이전등기 의무의 선이행을 스스로 선택했으므로 이에 수반되는 위험을 감수해야 한다.

대법원 2012. 1. 12.자 2011마2380 결정

- 부동산매도인이 매매대금을 다 지급받지 아니한 상태에서 매수인에게 소유권이전등기를 경료하여 목적물의 소유권을 매수인에게 이전한 경우에는, 매도인의 목적물인도의무에 관하여 위와 같은 동시이행의 항변권 외에 **물권적 권리인 유치권까지 인정되는 것은** 아니다.
- 매도인은 등기에 의하여 매수인에게 소유권을 이전하였음에도 매수인 또는 그의 처분에 기하여 소유권을 취득한 제3자에 대하여 소유권에 속하는 대세적인 점유의 권능을 여전히 보유하게 되는 결과가 되어 부당하다. 매도인으로서는 자신이 원래 가지는 동시이행의 항변권을 행사하지 아니하고 자신의 소유권이전의무를 선이행함으로써 매수인에게 소유권을 넘겨 준 것이므로 그에 필연적으로 부수하는 위험은 스스로 감수하여야 한다.

(4)부합 여부 판단과 유치권의 견련성 판단

A. 건물에 부착된 시설물(간판) 공사대금

- 사안의 개요: 건물 외부에 설치된 간판에 대한 공사대금채권을 피담보채권으로 삼아 건물 자체에 대한 유치권을 행사할 수 있는지가 문제된다.
- 쟁점과 판단: 간판이 건물에 부합되었는지의 여부에 따라 결정된다. 만약 간판을 쉽게 분리할 수 있어서 건물의 일부로 부합되지 않았다면 간판공사 대금채권은 건물 자체에 관한 채권이 아니다.

> **대법원 2013.10.24. 선고 2011다44788 판결**
> - 甲은 X건물의 소유자인데 X신축공사 수급인 丙은 공사대금 잔금을 받지 못했고 이에 따라 丙으로부터 하도급 받은 乙도 간판설치 공사대금을 받지 못하자 乙이 X에 대한 유치권을 주장한 사안에서 건물 외벽에 설치된 간판은 일반적으로 <u>건물의 일부가 아니라 독립된 물건으로 남아 있으면서 과다한 비용을 들이지 않고 건물로부터 분리할 수 있는 것</u>이 충분히 있을 수 있고, 그러한 경우에는 간판 설치공사 대금채권을 <u>그 건물 자체에 관하여 생긴 채권이라고 할 수 없</u>다.
> - 따라서 간판의 종류와 형태, 간판 설치공사의 내용 등을 심리하여 그 간판이 이 사건 호텔 건물의 일부인지 아니면 별도의 독립한 물건인지 등을 명확히 한 다음 乙의 채권이 이 사건 호텔에 관한 유치권의 피담보채권이 될 수 있는지 여부를 판단해야 한다.

B. 삼각부당이득과 유치권의 견련성 판단

(a) 사안의 개요

- 乙은 X주택 공사를 진행하는 수급인 丁에게 시멘트 등의 건축자재를 공급했으나 그 대금 중 1억원을 받지 못하자 도급인 丙과 수급인 丁의 승낙을 얻어 X주택에 거주하면서 乙명의로 전입신고를 마쳤다.
- X주택에 대한 경매절차가 진행되자 乙은 유치권 신고를 했고 甲이 X주택을 매수하여 매각대금을 완납했다.

(b) 쟁점과 판단

- 결론: 乙의 유치권은 인정되지 않는다.
- 논거: ㉠ 乙의 대금채권은 X주택 공사계약이 아니라 자재 매매계약으로부터 발생한 것이므로 건물과 견련성이 없다. ㉡ 乙은 丙에 대한 채권자도 아니다. 乙은

대금 채권을 매매계약의 상대방이었던 丁에게만 행사할 수 있기 때문이다. ⓒ 乙은 건물소유자 丙에게 직접 §741채권을 행사할 수도 없다. 이른바 전용물 소권은 인정되지 않기 때문이다.

乙은 X 신축공사의 수급인인 丁과의 약정에 따라 그 공사현장에 건축자재를 공급하였을 뿐이라는 것인바, 그렇다면 이러한 乙의 건축자재대금채권은 그 건축자재를 공급받은 **丁과의 매매계약에 따른 매매대금채권에 불과**한 것이고, 乙이 공급한 건축자재가 수급인 등에 의해 위 건물의 신축공사에 사용됨으로써 **결과적으로 위 건물에 부합되었다고 하여도 건축자재의 공급으로 인한 매매대금채권이 위 건물 자체에 관하여 생긴 채권이라고 할 수는 없**다(대법원 2012.01.26. 선고 2011다96208 판결).

(5) 명의신탁자의 명의수탁자에 대한 §741 채권

- 매도인이 선의인 삼당사자간 계약명의신탁 사안에서, 신탁자는 수탁자에 대해 매수대금 상당액에 대한 §741 채권을 가지게 된다.
- 신탁자가 명의신탁 부동산을 점유하는 경우이더라도 신탁자는 이러한 §741 채권을 피담보채권으로 삼아 유치권을 주장할 수 없다. 신탁자의 §741 채권과 명의신탁 부동산의 견련성이 인정될 수 없기 때문이다. 이 채권은 ㉠ 부동산 자체로부터 발생한 채권이 아니고, ㉡ 수탁자의 반환청구권과 발생 요건을 달리한다. 전자는 부동산실명제법 §4 ② 단서에 의해 수탁자가 소유권을 취득함으로써 발생하고 후자는 같은 법 §4 ①에 의해 명의신탁 약정이 무효로 됨에 따라 발생한다.

매도인이 선의인 삼당사자간 계약명의신탁에서 명의신탁자가 명의수탁자에 대해 가지는 매수대금 상당액에 대한 부당이득반환청구권은 **부동산 자체로부터 발생한 채권이 아닐** 뿐만 아니라 소유권 등에 기한 부동산의 반환청구권과 동일한 **법률관계나 사실관계로부터 발생한 채권** 이라고 보기도 어려우므로, 결국 제320조 제1항에서 정한 유치권 성립요건으로서의 목적물과 채권 사이의 견련관계를 인정할 수 없다(대법원 2009. 3. 26. 선고 2008다34828 판결).

4. 적법한 점유

가. 점유

(1) 개관

- 원칙: 유치권의 요건인 점유에는 직접점유뿐 아니라 간접점유도 포함되고(2019 다205329, 859면), 유치권자의 점유보조자가 사실상 지배하는 경우도 포함된다.

- 예외: 채무자가 직접점유자인 경우, 즉 채무자·채권자 간에 점유매개관계가 존 재하는 경우라면, 채권자의 간접점유는 유치권의 요건인 점유에 해당하지 않는다.

> 유치권의 성립요건이자 존속요건인 유치권자의 점유는 직접점유이든 간접점유이든 관계가 없으나, 다만 유치권은 목적물을 유치함으로써 채무자의 변제를 간접적으로 강제하는 것을 본체적 효력으로 하는 권리인 점 등에 비추어, 그 **직접점유자가 채무자 인 경우에는 유치권의 요건으로서의 점유에 해당하지 않는다**고 할 것이다(대법원 2008. 4. 11. 선고 2007다27236 판결).

(2) 사례: 채무자가 유치권자의 양해 하에 유치물의 일부를 임대한 경우

- 사안의 개요: 甲은 乙소유 X주택에 대한 인테리어 공사대금을 받지 못하자 적법 하게 X주택을 점유했다. 乙은 X주택을 임대하여 보증금을 받으면 공사대금을 지 급할 테니 협조해 달라고 요청했고, 甲은 이에 응하여 乙로부터 X주택을 임차한 丙에게 X주택의 점유를 인도했다.

- 쟁점과 판단: X주택에 대한 甲의 점유가 종료되었으므로 甲의 유치권은 소멸한 다. 乙이 X주택을 임대했으므로 X주택에 대해서는 乙이 간접점유자이고 임차인 丙이 직접점유자이다. 반면 甲·丙 사이에는 점유매개관계가 없으므로 甲에게는 직접점유는 물론 간접점유도 인정되지 않는다.

> 이 사건 건물 중 제3자 丙에게 임대가 이루어진 부분에 대한 甲의 간접점유가 인정되 려면 甲과 직접점유자인 임차인 丙 사이에 점유매개관계가 인정되어야 한다. 그런데 丙과의 임대차 계약은 당시 소유자이던 채무자 乙이 체결한 사실을 알 수 있다. 그러 므로 임대차계약에 기하여 임차 부분의 직접점유자인 임차인 丙에게 반환청구권을 갖는 자는 임대인 乙뿐이라고 보아야 한다. 따라서 丙과의 임대차 계약은 甲과 직접점 유자 丙 사이의 점유매개관계를 인정할 기초가 될 수 없다(대법원 2012. 2. 23. 선고 2011다61424 판결).

나. 점유의 적법성

(1) 의미

- 기능: 무담보채권자가 함부로 채무자의 소유물을 탈취하여 유치권을 발생시키는 것을 방지할 필요가 있다.
- 적법 여부 판단의 기준: ㉠ §750의 요건인 위법성 판단과 같은 기준에 따른다. 규범적 판단이므로 사실적 판단인 '점유의 평온성'과는 의미가 다르다. ㉡ 점유 권원 없음에 대한 악의나 중과실이 증명되면 점유의 적법성이 부정된다.
- 증명책임: 유치권 성립을 부정하는 유치물 소유자 등이 증명해야 한다. 점유의 추정력이 인정되기 때문이다(§197, §200).

> 제197조 제1항, 제200조에 의하면, 점유는 보호가치 있는 적법 점유로 추정되므로 점유물에 대한 필요비·유익비 상환청구권을 기초로 하는 유치권의 주장을 배척하려면 적어도 그 점유가 **불법행위로 인하여 개시**되었거나 점유자가 필요비 및 유익비를 지출할 당시 이를 **점유할 권원이 없음을 알았거나 중대한 과실로 알지 못하였다고 인정**할 만한 사유에 대한 **상대방 당사자의 주장·입증**이 있어야 한다(대법원 2011. 12. 13. 선고 2009다5162 판결).

(2) 적용범위

✓ 인적 범위: 피담보채권자 아닌 제3자가 위법하게 점유를 개시해도 유치권이 성립할 수 없다.

✓ 시간적 범위: 점유 개시 자체는 적법하였더라도 나중에 위법해지면 유치권이 소멸하는지가 문제되는데 아직 판례의 태도는 불명확하다.

(3) 사례: 유치물인 부동산이 압류된 경우

A. 개관: 판단기준

- 경매 목적물에 대한 유치권 성립 가능성은 경매절차의 법적 안정성을 저해하는지의 여부에 따라 결정된다. 경매 목적물에 대해 유치권을 주장하는 자의 선의·과실 여부는 고려 대상이 아니다.
- 판단기준시: 유치권의 성립요건이 모두 갖춰진 때를 기준으로 판단해야 한다.

> **경매절차에서의 매수인**이 매수가격 결정의 기초로 삼은 **현황조사보고서나 매각물건명세서 등에서 드러나지 않는** 유치권의 부담을 그대로 인수하게 되어 경매절차의 공정성과 신뢰를 현저히 훼손하게 될 뿐만 아니라, 유치권신고 등을 통해 매수신청인이

위와 같은 유치권의 존재를 알게 되는 경우에는 매수가격의 즉각적인 하락이 초래되어 책임재산을 신속하고 적정하게 환가하여 채권자의 만족을 얻게 하려는 민사집행제도의 운영에 심각한 지장을 줄 수 있기 때문이다(대법원 2011. 11. 24. 선고 2009다19246 판결).

B. 유치권이 부정되는 경우: 압류등기 후 유치권의 성립요건이 갖춰진 경우

(a) 압류 후의 점유개시

• 사안의 개요: 乙이 소유한 X건물에 대해 乙에 대한 채권자 A의 적법한 경매신청으로 압류등기가 마쳐졌다. 그후 乙로부터 X건물의 점유를 넘겨받아 공사를 시작한 甲은 공사를 완성했으나 공사대금을 받지 못했다. X건물의 매수인 丙이 甲에게 X건물 인도를 청구하자 甲은 유치권을 주장한다.

• 쟁점과 판단: 甲에게는 X건물에 대한 유치권이 인정되지 않는다. 처분금지효를 규정한 민사집행법 §92를 위반하여 위법성이 인정되는 불법 점유를 개시했기 때문이다. 甲이 압류등기 사실에 대해 선의·무과실이었더라도 마찬가지이다. 다만 등기추정력의 법리에 비추어 甲의 선의·무과실이 인정되기는 어려울 것이다.

부동산에 **경매개시결정의 기입등기가 경료되어 압류의 효력이 발생한 이후**에 甲이 乙로부터 위 부동산의 점유를 이전받고 이에 관한 공사 등을 시행함으로써 乙에 대한 공사대금채권 및 이를 피담보채권으로 한 유치권을 취득한 경우, 이러한 점유의 이전은 목적물의 교환가치를 감소시킬 우려가 있는 **처분행위에 해당**하여 민사집행법 제92조 등에 따른 **압류의 처분금지효에 저촉**되므로, 위와 같은 경위로 부동산을 점유한 甲으로서는 위 유치권을 내세워 그 부동산에 관한 경매절차의 매수인 丙에게 대항할 수 없고, 이 경우 위 부동산에 경매개시결정의 기입등기가 경료되었다는 사실에 대한 유치권 주장자의 선의·무과실 여부는 유치권을 丙에게 대항할 수 없다는 결론에 아무런 영향을 미치지 못한다(대법원 2006. 8. 25. 선고 2006다22050 판결).

(b) 압류 후 피담보채권의 변제기 도래

• 위의 사례에서 甲이 압류등기 전에 공사를 개시하여 점유를 시작했더라도 압류등기 후에 공사를 완성했다면, 甲에게는 유치권이 인정되지 않는다.

• 공사대금채권의 변제기는 공사를 완성한 때이므로 압류등기에 의해 처분금지효가 발생한 후 비로소 피담보채권의 변제기 도래라는 요건이 충족되었다.

• 다만 공사 완성 전에 공사대금채권의 변제기가 도래했다고 볼 만한 특별한 사정이

있으면 유치권이 인정될 수도 있다. 그 예로서 기성고 약정이 있는 경우를 생각해 볼 수 있다.

> **대법원 2011. 10. 13. 선고 2011다55214 판결**
> ‣ 유치권은 그 목적물에 관하여 생긴 **채권이 변제기에 있는 경우**에 비로소 성립하고 채무자 소유의 부동산에 **경매개시결정의 기입등기가 마쳐져 압류의 효력이 발생한 후에 유치권을 취득한 경우에는 그로써 그 부동산에 관한 경매절차의 매수인에게 대항할 수 없**다.
> ‣ 비록 수급인이 사건 경매개시결정 전에 점유를 시작하였다 하더라도 그 공사**대금채권의 변제기가 이 사건 경매개시결정 전에 도래하였다고 볼 만한 특별한 사정**이 인정되지 않는 이상 그와 같은 점유만으로는 유치권이 성립하지 않으므로, 이 사건 경매개시결정의 기입등기 후에 공사를 완공하여 공사대금채권을 취득하였다 하더라도 그 공사대금채권에 기한 유치권으로는 이 사건 부동산에 관한 경매절차의 매수인에게 대항할 수 없는 것이다.

C. 비교: 유치권이 인정되는 경우

(a) 개관

• 경매의 근거인 권리의 순위를 보전하는 등기만으로는 유치권의 성립을 저지하지 못하는 것이 원칙이다.

• 예컨대 저당권 설정등기, 가압류등기, 체납처분 압류등기가 마쳐진 후 유치권의 성립요건이 충족되고 그 후 비로소 이러한 등기들에 근거한 경매개시결정과 압류등기가 마쳐졌다면, 유치권은 경매절차에서 소멸하지 않으므로 유치권자는 매수인에게 유치권을 주장할 수 있다.

✓ 논거: 유치권은 순위와 무관하게 매수인이 인수해야 하는 권리이므로(민사집행법 §91 ③), 유치권 성립 전에 등기된 권리에 근거한 경매절차에서도 소멸하지 않는 것이 원칙이다. 이에 비해 압류등기 후 유치권의 성립요건이 충족된 경우에는 민사집행법 §92의 처분금지효 때문에 유치권 발생이라는 물권 변동이 부정되는 것이다. 즉 처분금지효가 없는 저당권 설정등기나 가압류등기 등이 마쳐졌더라도 유치권 성립을 저지할 수는 없다.

> **대법원 2014. 4. 10. 선고 2010다84932 판결**
> ‣ 부동산에 관하여 경매개시결정등기가 된 뒤에 비로소 민사유치권을 취득한 사람은 경매절차의 매수인에 대하여 그의 유치권을 주장할 수 없다. 이러한 법리는 어디까지나 **경매절차의 법적 안정성을 보장하기 위한 것이므로 경매개시결정등기가 되기**

전에 민사유치권을 취득한 사람은 그 취득에 앞서 저당권 설정등기, 가압류등기, 체납처분압류등기 등이 먼저 되어 있다 하더라도 경매절차의 매수인에게 자기의 유치권으로 대항할 수 있다.

‣ 민사집행법 제91조 제3항과는 달리, 같은 조 제5항은 "매수인은 유치권자에게 그 유치권으로 담보하는 채권을 변제할 책임이 있다"고 규정하고 있으므로, 유치권은 성립시기에 관계없이 경매절차에서의 매각으로 인하여 소멸하지 않고, 그 성립시기가 저당권 설정 후라고 하여 달리 볼 것이 아니다.

(b) 가압류 후 본압류 전에 발생한 유치권
• 가압류 후에 행해진 처분행위는 본압류에 의해 실효되는 것이 원칙이다.
• 그러나 유치권의 요건을 완성시키는 '점유 인도에 의한 점유 개시'는 법률행위의 일종인 처분행위가 아니라 사실행위이므로 가압류 후 본압류 전에 성립요건이 갖춰친 유치권은 매수인이 인수해야 한다.

대법원 2011. 11. 24. 선고 2009다19246 판결

‣ 부동산에 **가압류등기**가 경료되면 채무자가 당해 부동산에 관한 처분행위를 하더라도 이로써 가압류채권자에게 대항할 수 없게 되는데, 여기서 처분행위란 당해 부동산을 양도하거나 이에 대해 **용익물권, 담보물권 등을 설정**하는 행위를 말하고 점유의 이전과 같은 **사실행위는 이에 해당하지 않는다.**

‣ 부동산에 **가압류등기가 경료되어 있을 뿐 현실적인 매각절차가 이루어지지 않고 있는 상황** 하에서는 채무자의 점유이전으로 인하여 제3자가 유치권을 취득하게 된다고 하더라도 이를 처분행위로 볼 수는 없다. 이에 비해 압류등기가 마쳐진 후의 점유 인도 등을 처분행위로 보는 것은 경매절차의 법적 안정성 실현 등 민사집행법의 입법취지를 고려하여 채무자의 제3자에 대한 점유이전을 압류의 처분금지효에 저촉되는 처분행위로 봄이 타당하다는 취지이다.

(c) 체납처분에 근거한 압류등기 후 공매개시결정 등기 전에 발생한 유치권
• 체납처분에 근거한 압류등기 후 공매개시결정 기입등기 전에 발생한 유치권은 경매절차에서 소멸하지 않는다.
• 논거: 국세징수법에 의한 체납처분 압류등기는 곧바로 공매절차 개시로 이어지지 않으므로 비록 명칭은 압류등기이지만 법적 성질은 가압류등기에 가깝다고 보아야 하기 때문이다. 이 경우 §578의 담보책임이 발생할 수 있다.

- 부동산에 관한 **민사집행절차에서는 경매개시결정과 함께 압류를 명하므로 압류가 행하여짐과 동시에 매각절차인 경매절차가 개시되는** 반면, 국세징수법에 의한 체납처분절차에서는 **체납처분압류와 동시에 매각절차인 공매절차가 개시되는 것이 아닐** 뿐만 아니라, 체납처분압류가 반드시 공매절차로 이어지는 것도 아니다.
- 체납처분절차와 민사집행절차는 별개의 절차로서 공매절차와 경매절차가 별도로 진행되는 것이므로, 부동산에 관하여 **체납처분압류가 되어 있다고 하여 경매절차에서 이를 그 부동산에 관하여 경매개시결정에 따른 압류가 행하여진 경우와 마찬가지로 볼 수는 없다.** 따라서 체납처분압류가 되어 있는 부동산이라고 하더라도 그 후 경매절차가 개시되어 경매개시결정 등기가 되기 전에 부동산에 관하여 유치권을 취득한 유치권자는 경매절차의 매수인에게 유치권을 행사할 수 있다.
- 이러한 법리는 **가압류등기 후 경매개시결정 기입등기 전에 유치권이 발생한 경우에도 마찬가지**이다.

D. 압류등기 후의 피담보채무의 변제기 유예

(a) 사안의 개요

- 乙은 丙소유 X건물에 대한 인테리어 공사를 마쳤으나 공사대금을 받지 못하자 2020. 8. 1. 적법하게 X건물에 대한 점유를 시작했다. X건물에 대한 저당권자 丁의 적법한 경매신청에 의해 2020. 8. 24. 경매절차가 개시되었는데, 같은 날 작성된 현황조사보고서에 乙이 공사대금채권을 피담보채권으로 하여 유치권 행사 중이라는 취지가 기재되었다.
- 乙은 丙의 간청에 따라 공사대금의 지급일을 2020. 9. 1.로 연기해 주었으나 丙은 사실심 변론종결시까지 공사대금을 지급하지 못하고 있다. 그 후 진행된 경매절차에서 乙은 다시 유치권 신고를 했고 2022. 3. 2. 진행된 매각기일에 甲이 최고가 매수신고인이 되었다.
- 甲은 매각대금을 완납한 후 乙을 상대로 X건물의 인도와 부당이득 반환을 청구하는 소를 제기했고 乙은 유치권을 주장하여 항변했다.
- 원심은 乙이 甲에게 공사대금 지급기를 2020. 9. 1.으로 유예함에 따라 피담보채권의 변제기가 경매개시결정 등기일인 2020. 8. 24. 이후가 되어 乙의 유치권이 인정되지 않는다고 판단했다.

(b) 쟁점과 판단

• 경매개시결정 등기 후에 유치권의 요건이 충족된 경우에는 유치권 성립이 부정된다. 경매절차의 법적 안정성 보장과 이해관계인의 뜻밖의 불이익 방지를 위해서이다.

• 이 사건에서 乙은 경매개시결정 당시 유치권을 가지고 있었고 그 취지가 현황조사서에 기재되었으므로 乙의 유치권이 인정되더라도 법적 안정성·이해관계인 보호에 영향을 미치지 않는다. 따라서 乙의 유치권 항변은 타당하다.

대법원 2022. 12. 29. 선고 2021다253710 판결

‣ 민사집행법 제91조 5항에 의하면 유치권은 특별한 사정이 없는 한 그 성립시기에 관계없이 경매절차에서 매각으로 인하여 소멸하지 않는다. 다만 부동산에 관하여 이미 경매절차가 개시되어 진행되고 있는 상태에서 비로소 그 부동산에 유치권을 취득한 경우에도 압류채권자를 비롯한 다른 이해관계인들의 희생 아래 유치권자만을 우선 보호하는 것은 집행절차의 법적 안정성이라는 측면에서 받아들일 수 없다. 그리하여 대법원은 집행절차의 **법적 안정성을 보장**할 목적으로 부동산에 관하여 **경매개시결정등기가 된 뒤**에 비로소 부동산의 **점유를 이전**받거나 **피담보채권이 발생**하여 유치권을 취득한 경우에는 경매절차의 매수인에 대하여 유치권을 행사할 수 없다고 본 것이다.

‣ 피고가 **경매개시결정 전후로 계속하여 경매목적물을 점유**해 온 이 사건에서 피고의 공사대금채권의 변제기가 변제기 유예 이전에 이미 도래하여 피고가 이 사건 경매개시결정등기 전에 유치권을 취득하였을 경우, 이 사건 경매개시결정 이후 변제기가 재차 도래함으로써 피고가 다시 유치권을 취득하였다고 볼 여지가 있다. 또한 경매개시결정 전후로 유치권자가 부동산을 계속 점유하면서 집행법원에 유치권을 신고하였고 **현황조사보고서에 이러한 사정이 기재**되기도 하였으며 유치권의 존재를 확인하는 판결까지 확정되어 매수인 등이 유치권이 존재한다는 점을 알고 있었던 것으로 보이고 이 사건에서는 유치권의 행사를 허용하더라도 경매절차의 이해관계인에게 **예상하지 못한 손해를 주지 않고 집행절차의 법적 안정성을 해치지 않아** 유치권의 행사를 제한할 필요가 없으므로, 피고는 경매절차의 매수인인 원고에게 유치권을 주장할 수 있다고 봄이 타당하다.

II 유치권의 효과

1. 본질적 효과

가. 대세효 있는 인도거절권

(1) 개관

- 유치권자는 피담보채권을 변제받을 때까지 유치물 소유자의 물권적 반환청구권 행사에 대항하여 유치물의 인도를 거부하고 점유를 계속할 권리가 있다.
- 유치권은 물권이므로 대세효가 있다. 따라서 유치물 소유자가 변경되더라도 유치권을 행사하여 인도를 거절할 수 있다.
- 다만 이러한 대세적 인도거절권은 유치권의 권능에 불과하고 독자적인 권리는 아니므로, 압류·전부명령의 대상이 될 수 없다.
  ✓ 유치권자에게도 물권적 청구권이 인정될 수 있으나, 부동산 유치권은 등기로 공시되지 않으므로 물권적 청구권보다는 점유보호청구권을 행사하는 것이 더 쉽다.

(2) 사례: 유치권자의 사실상 우선변제권에 대한 압류의 효력

A. 사안의 개요

- 丙소유 X건물에 대한 공사대금 채권자 乙은 공사 완료 후 丙으로부터 공사대금을 지급받지 못하여 유치권을 행사하던 중, X건물에 대한 경매절차가 진행되어 丁이 X건물을 매수하고 매각대금을 완납했다.
- 乙에 대한 채권자 甲은 적법한 집행권원을 근거로 '乙이 X건물의 인도와 상환하여 丁으로부터 공사대금 상당액을 지급받을 권리'에 대한 채권압류 및 추심명령을 신청했다.

B. 쟁점과 판단

- 어떤 권리를 행사하면 재산적 이익이 발생하더라도 그 권리에 독립성이 없으면 채권집행의 대상이 될 수 없다.
- 유치권자 乙은 매수인 丁에 대해 인도거절 권능을 행사할 수 있을 뿐이고 丁에 대한 공사대금채권을 가지는 것은 아니다. 유치권자의 인도거절 권능은 독립적인 권리가 아니므로 채권집행의 대상이 될 수 없다. 따라서 甲의 채권압류·추심명령은 각하되어야 한다.

대법원 2014. 12. 30. 자 2014마1407 결정

‣ 재산적 가치가 있어도 독립성이 없어 그 자체로 처분하여 현금화할 수 없는 권리는 **집행의 목적으로 할 수 없다.**

‣ 유치권자인 집행채무자 乙이 유치권 행사 과정에서 제3채무자 丁으로부터 이 사건 공사대금을 변제받을 수 있다 하더라도, 이는 丁에 대한 채권이 아니라 丙에 대한 공사대금채권을 소멸시키는 것이고 유치권에 의한 목적물의 **유치 및 인도 거절 권능에서 비롯된 것**에 불과하므로, 이러한 변제에 관한 유치권자 乙의 권한은 이 사건 유치권 내지는 그 피담보채권인 이 사건 공사대금 채권과 분리하여 독립적으로 처분하거나 환가할 수 없는 것으로서, 결국 **압류할 수 없는 성질**의 것이라고 봄이 타당하다. 그러므로 甲의 신청을 인용한 원심결정을 파기하되, 이 사건은 이 법원이 직접 재판하기에 충분하므로 자판하기로 하여 제1심결정을 취소하고, **이 사건 채권 압류 및 추심명령 신청을 각하**하기로 하여, 관여 대법관의 일치된 의견으로 주문과 같이 결정한다.

나. 담보물권

(1) 개관: 담보물권의 통유성

• 원칙: 유치권도 담보물권이므로 담보물권의 통유성이 인정된다.

• 예외: 유치권자에게는 우선변제권이 인정되지 않으므로 물상대위성은 인정되지 않는다.

✓ 지배적 견해는 담보물권의 통유성 중 수반성이 유치권에 대해서도 적용된다고 본다. 그러나 수반성이 구현되기 위한 요건은 불명확하다. 저당권부 채권이 법률행위로 양도된 경우에 비추어 본다면 유치권의 피담보채권이 양도되는 경우 §450의 대항요건뿐 아니라 유치물 인도도 이루어져야 수반성이 구현될 수 있을 것이다.

(2) 사례: 유치권의 불가분성

A. 개관

• 유치권자는 피담보채권 전부를 변제받을 때까지 유치물 전부에 대해 유치권을 행사할 수 있다.

> 제321조(유치권의 불가분성) 유치권자는 채권전부의 변제를 받을 때까지 유치물전부에 대하여 그 권리를 행사할 수 있다.

• 적용범위: 유치권자가 여러 개의 물건에 관한 하나의 피담보채권을 가진 경우, 여

러 개의 물건 전부에 대해 유치권의 불가분성이 적용된다.

제321조에 의하면 유치물은 그 각 부분으로써 피담보채권의 전부를 담보하고, 이와 같은 유치권의 불가분성은 그 목적물이 분할 가능하거나 **수 개의 물건인 경우**에도 적용되며, 상법 제58조의 상사유치권에도 적용된다. 따라서 여러 필지의 토지에 대하여 유치권이 성립한 경우 유치권의 불가분성으로 인하여 각 필지의 토지는 다른 필지의 토지와 관계없이 피담보채권의 전부를 담보한다(대법원 2022. 6. 16. 선고 2018다 301350 판결).

B. 유치물 중 일부에 대한 점유를 상실한 경우

(a) 사안의 개요

• 甲·乙은 X, Y 두 개의 건물을 신축하기로 하는 공사도급계약을 체결했다. 甲이 공사비 잔금 6억원을 지급하지 않자 乙은 두 건물을 모두 점거했다가 관리 비용을 줄이기 위해 X건물만 점거하고 Y건물은 甲에게 인도해 주었다.

• 甲·乙 간 건물신축 도급계약은 X, Y건물 모두에 대한 총 공사비와 공사 일정 등으로 구성되어 있으며 건물별 공사대금 등은 산정되어 있지도 않았다.

• 甲은 3억원을 공탁하고 X건물의 점유 반환을 청구한다. 이유 있는가?

(b) 쟁점과 판단

• 乙이 Y건물의 점유를 상실했으므로 乙의 유치권은 X건물에 대해서만 유지된다.

• 乙은 유치권의 불가분성을 근거로 피담보채권 6억원 전액을 변제받을 때까지 X 건물에 대한 유치권을 행사할 수 있다.

민법상 유치권에 있어서의 **채권과 목적물과의 견련관계 및 유치권의 불가분성**에 관한 법리에 비추어 보면, 乙이 甲에 대하여 가지는 이 사건 공사 목적물 전체에 관한 공사대금채권은 乙과 甲 사이의 하도급계약이라는 **하나의 법률관계에 의하여 생긴 것으로서 그 공사대금채권 전부와 공사 목적물 전체 사이에는 견련관계**가 있다고 할 것이고, 乙이 이 사건 공사의 목적물 전체에 대한 공사를 완성하여 이를 점유하다가, 일부 목적물에 대하여는 점유를 상실하고 이 사건 주택만을 점유하고 있다고 하더라도, 유치물은 그 각 부분으로써 피담보채권의 전부를 담보한다고 하는 유치권의 불가분성에 의하여 이 사건 주택은 이 사건 공사로 인한 공사대금채권 잔액 전부를 담보하는 것으로 보아야 할 것이다(대법원 2007.9.7. 선고 2005다16942 판결).

2. 부수적인 효과: 유치와 관련된 권리의무

가. 유치권자의 선관주의의무, 사용금지 원칙

> 제324조(유치권자의 선관의무)
> ① 유치권자는 선량한 관리자의 주의로 유치물을 점유하여야 한다.
> ② 유치권자는 채무자의 승낙없이 유치물의 사용, 대여 또는 담보제공을 하지 못한다.
> 그러나 유치물의 보존에 필요한 사용은 그러하지 아니하다.
> ③ 유치권자가 전2항의 규정에 위반한 때에는 채무자는 유치권의 소멸을 청구할 수
> 있다.

(1) 개관

A. 유치권자의 점유 방법

* 유치권자는 선량한 관리자의 주의로 유치물을 점유해야 한다.
* 유치권자는 유치물을 사용·대여하거나 담보로 제공할 수 없으나, 유치물의 보존을 위해 필요한 사용은 할 수 있다.

B. 소유자의 유치권 소멸 청구권(§324③)

* 유치권자가 선관주의의무를 위반하여 유치물이 손상된 경우 또는 유치권자가 유치물을 무단으로 사용·대여하거나 담보로 제공한 경우에는 소유자는 유치권 소멸을 청구할 수 있다.
* 유치권 소멸 청구권의 법적 성질은 형성권이다. ㉠ 소유자가 유치권 소멸 청구권을 행사하면 유치권이 소멸하므로, 유치물 소유자는 유치권자에게 유치물 반환(§213), 손해배상(§750), 무단사용으로 인한 이익 반환(§741) 등을 청구할 수 있다. ㉡ 이에 비해 소유자가 유치권 소멸 청구권을 행사하지 않으면 유효한 유치권으로서의 효력이 유지된다.
* §324의 유치권 소멸청구권은 유치물 소유자 보호를 위한 권리이므로, 채무자, 채무자 아닌 유치물 소유자는 물론, 유치권자의 무단 사용·임대 후 유치물의 소유권을 취득한 양수인도 이 권리를 행사할 수 있다.

제324조에서 정한 유치권소멸청구는 유치권자의 선량한 관리자의 주의의무 위반에 대한 제재로서 채무자 또는 유치물의 소유자를 보호하기 위한 규정이므로 특별한 사정이 없는 한 제324조 제2항을 위반한 임대행위가 있은 뒤에 유치물의 소유권을 취득한

제3자도 유치권소멸청구를 할 수 있다(대법원 2023. 8. 31. 선고 2019다295278 판결).

(2) 사례

A. 유치권자의 임대에 대한 채무자의 승낙

- 사안의 개요: 유치권자 丙은 채무자 丁의 동의 하에 유치물인 X부동산을 乙에게 임대했는데 그 후 X부동산에 대한 경매절차에서 甲이 X부동산을 매수하고 매각대금을 완납했다.

- 쟁점과 판단: 甲이 乙에게 X부동산 인도를 청구하는 경우, 乙은 丙·乙간 임대차계약 당시 이를 승낙한 丁이 X부동산의 소유자였음을 증명해야 甲에게 대항할 수 있다. 유치권자에게 임대 권한을 수여할 수 있는 자는 채무자가 아니라 소유자이기 때문이다.

> 유치권자는 소유자의 승낙이 없는 이상 그 목적물을 타에 임대할 수 있는 권한이 없으므로, 유치권자의 그러한 임대행위는 <u>소유자의 처분권한을 침해하는 것으로서 소유자에게 그 임대의 효력을 주장할 수 없다.</u> 따라서 소유자의 승낙 없는 유치권자의 임대차에 의하여 유치권의 목적물을 임차한 자의 점유는 <u>소유자에게 대항할 수 있는 적법한 권원에 기한 것이라고 볼 수 없다.</u> 유치권자로부터 유치물을 임차한 임차인이 유치권을 원용하여 매수인의 건물 인도청구를 거절하기 위해서는 **피담보 채무자의 동의만으로는 부족하고** 임차 당시 건물의 소유자였던 자 또는 그 후 소유자가 된 자로부터 이에 관한 승낙을 받았다는 점에 관한 입증이 있어야 한다(대법원 2011. 2. 10. 선고 2010다94700 판결).

B. 토지소유자에 대한 건물 유치권자의 §741 의무

(a) 사안

- X토지와 Y건물은 모두 甲의 소유인데, Y건물에 대한 공사대금을 받지 못한 乙이 Y건물에 대해 유치권을 행사한다.

- 乙이 Y건물을 사용하자 甲은 乙이 Y건물을 점유했음을 이유로 X토지의 차임 상당액에 대한 §741 청구를 했다.

(b) 쟁점과 판단

- 대지를 점유하여 부당이득을 얻는 자는 원칙적으로 지상 건물 소유자이고 예외적으로 지상 건물에 대한 사실상의 처분권자이다. Y건물의 유치권자인 乙은 이

들 중 어디에도 해당하지 않으며 Y건물은 甲 자신의 소유이다. 따라서 乙은 X토지에 대한 점유자가 아니고 차임 상당액에 대한 §741 채무자도 아니다.
- 다만 甲은 乙에게 Y건물의 차임 상당액에 대한 §741 청구를 할 수는 있으며 건물의 차임에는 대지 이용의 대가도 포함되어 있다. 따라서 甲의 청구는 Y건물의 차임 중 대지 사용의 대가에 해당하는 가액의 지급을 청구한 것으로 선해할 수 있다.

> **대법원 2009. 9. 10. 선고 2009다28462 판결**
> - 사회통념상 건물은 그 부지를 떠나서는 존재할 수 없으므로 **건물의 소유자가 현실적으로 건물이나 그 부지를 점거하고 있지 않다 하더라도 건물의 소유를 위하여 그 부지를 점유**한다고 보아야 한다. 한편 **미등기건물을 양수하여 건물에 관한 사실상의 처분권을** 보유하여 건물부지 역시 아울러 점유하고 있다고 볼 수 있는 등의 특별한 사정이 없는 한 건물의 **소유명의자가 아닌 자는 실제 건물을 점유하고 있다 하더라도 그 부지를 점유하는 자로 볼 수 없**다. 乙이 유치권자로서 이 사건 건물을 점유하였다고 하더라도 이 사건 건물의 **소유자는 乙이 아니라 甲**이므로 乙이 위 건물의 대지를 점유·사용하였다고 볼 수 없다. 따라서 대지소유자 甲이 소유권에 기하여 乙을 상대로 대지의 점유·사용에 따른 부당이득반환을 구하는 주장을 배척한 원심의 판단은 정당하다.
> - 건물의 유치권자가 **건물을 사용하였을 경우**에는 특별한 사정이 없는 한 그 **차임 상당액을 건물소유자에게 부당이득으로 반환**할 의무가 있다. 甲은 유치권자인 乙이 이 사건 건물을 사용함으로써 얻은 그 차임 상당 부당이득액 가운데 이 사건 대지의 차임액에 상당하는 금원에 대하여 부당이득반환을 구했다고 볼 여지가 있다.

C. 유치권의 불가분성과 §324의 소멸청구

(a) 사안의 개요

- 甲·乙 사이에 乙 소유 X, Y주택에 대한 공사도급계약이 체결되었는데, 甲이 공사를 마쳤는데도 乙은 공사대금을 지급하지 못했다.
- 甲은 X, Y주택에 대한 유치권을 행사하던 중 X주택을 무단으로 사용했는데 선관주의의무 위반으로 인해 X주택이 파손되었다.
- 乙이 X, Y주택 모두에 대해 §213의 물권적 반환청구권을 행사하자, 甲은 Y주택에 대해서는 유치권이 존속한다고 주장한다.

(b) 쟁점과 판단

- 甲의 Y주택에 대한 유치권은 존속한다.

- 유치권의 불가분성은 하나의 피담보채권을 담보하기 위해 여러 개의 물건에 유치권이 성립한 경우에도 적용된다. 그러나 ㉠ 불가분성의 취지는 유치권자 보호를 위해 유치권의 효력을 강화하는 것이므로, 불가분성이 유치권자에게 불리하게 적용되면 안 된다. ㉡ 또한 §324에 의한 유치권 소멸 청구권은 유치권자의 선관주의 의무 위반에 대한 제재이므로 주의의무 위반의 정도에 비례하여 그 효력 범위가 결정되어야 한다.

> 유치권의 불가분성이 인정되더라도, 유치물인 여러 필지의 토지 중 일부에 대해 유치권자의 선량한 관리자의 주의의무 위반을 이유로 유치권 소멸청구가 있는 경우 그 위반 대상 토지에 대하여만 제324조의 소멸청구가 허용된다고 해석함이 타당하다. ㉠ **일부에 대한 점유를 상실하여도 나머지에 대하여 피담보채권의 담보를 위한 유치권이 존속**하는 것과 **같은 취지**이고, ㉡ **유치권의 불가분성은 담보물권인 유치권의 효력을 강화하여 유치권자의 이익을 위한 것**으로서 이를 근거로 오히려 유치권자에게 불이익하게 선량한 관리자의 주의의무 위반이 문제 되지 않는 유치물에 대한 유치권까지 소멸한다고 해석하는 것은 상당하지 않다. ㉢ 제324조에서 정한 유치권 소멸청구는 유치권자의 선량한 관리자의 주의의무 위반에 대한 제재로서 채무자 또는 유치물의 소유자를 보호하기 위한 규정이다. 유치권자가 선량한 관리자의 **주의의무를 위반한 정도에 비례**하여 유치권소멸의 효과를 인정하는 것이 유치권자와 채무자 또는 소유자 사이의 **이익균형**을 고려한 합리적인 해석이다(대법원 2022. 6. 16. 선고 2018다301350 판결).

나. 유치권자의 필요비·유익비 상환청구권

- 유치권자가 유치물에 대해 필요비나 유익비를 지출한 경우, 유치물 소유자에게 필요비나 유익비의 상환을 청구할 수 있다.
- 점유자와 회복자의 관계(§203)에 대한 특칙이지만 내용은 실질적으로 같다.

> 제325조(유치권자의 상환청구권)
> ① 유치권자가 유치물에 관하여 필요비를 지출한 때에는 소유자에게 그 상환을 청구할 수 있다.
> ② 유치권자가 유치물에 관하여 유익비를 지출한 때에는 그 가액의 증가가 현존한 경우에 한하여 소유자의 선택에 좇아 그 지출한 금액이나 증가액의 상환을 청구할 수 있다. 그러나 법원은 소유자의 청구에 의하여 상당한 상환기간을 허여할 수 있다.

3. 유치권자의 피담보채권 실행 방법

가. 개관

(1) 경매권은 있으나 경매절차에서의 우선변제권은 없음

(2) 유치권자에게 인정되는 우선변제권

- 유형: 유치권자에게는 특칙에 근거한 우선변제권인 간이변제 충당권, 과실수취
  권도 인정되지만, 대개 사실상 우선변제를 통해 피담보채권이 실현된다.
- 유치권은 물권이므로 이러한 우선변제권은 채무자가 아닌 유치물 소유자에게도
  적용되고, 유치권 성립 후 유치물 소유권 양수인에게도 적용된다.

> 유치물의 소유자가 채무자인 경우에만 유치권자에게 과실수취권이 있고, 유치물의
> 소유자가 채무자가 아닌 제3자인 경우에는 과실수취권이 생기지 않는다는 취지의 주
> 장은 유치권의 물권적인 성격에 반하는 주장으로 받아들일 수 없다(대법원 2009. 9.
> 24. 선고 2009다40684 판결).

나. 경매권

> 제322조(경매, 간이변제충당) ① 유치권자는 채권의 변제를 받기 위하여 유치물을 경
> 매할 수 있다.

> 민사집행법 제274조(유치권 등에 의한 경매)
> ① 유치권에 의한 경매와 민법·상법, 그 밖의 법률이 규정하는 바에 따른 경매(이하
> "유치권등에 의한 경매"라 한다)는 담보권 실행을 위한 경매의 예에 따라 실시한다.
> ② 유치권 등에 의한 경매절차는 목적물에 대해 강제경매 또는 담보권 실행을 위한 경
> 매절차가 개시된 경우 이를 정지하고, 채권자 또는 담보권자를 위하여 그 절차를 계속
> 하여 진행한다.
> ③ 제2항의 경우에 강제경매 또는 담보권 실행을 위한 경매가 취소되면 유치권 등에
> 의한 경매절차를 계속하여 진행하여야 한다.

- 유치권자도 경매신청을 할 수 있으나 담보권실행경매 절차와 별개의 경매절차인
  이른바 형식적 경매절차가 적용된다.
- 유치권자가 신청한 경매절차에서도 소멸주의 원칙이 적용된다. 따라서 집행법원
  이 특별매각조건으로 매수인의 유치권 인수를 명시하지 않았다면 매각물건 명세

서에 매수인이 유치권의 부담을 인수해야 한다는 취지를 따로 기재하지 않았더라도 유치권은 인수되지 않고 소멸한다.

· 유치권자가 신청한 경매절차에서의 배당은 담보권 실행경매 절차에 준하여 이루어진다. 따라서 담보물 소유자에 대한 채권자이기만 하면 우선변제권자는 물론 일반채권자도 배당을 받을 수 있다. 이때 유치권은 소멸하고 유치권자는 일반채권자와 동일한 순위로 배당을 받을 수 있을 뿐이다.

· 강제경매나 임의경매 절차는 유치권자가 신청한 경매절차에 우선하므로, 강제경매나 임의경매 절차가 개시되면 유치권자의 신청에 의한 형식적 경매절차는 정지된다(민사집행법 §247 ②). 형식적 경매절차가 종료되면 유치권에 대해서도 소멸주의가 적용되는 것과는 달리, 강제경매나 임의경매절차가 종료되면 유치권은 소멸하지 않고 오히려 매수인이 피담보채무를 변제할 부담을 인수한다(민사집행법 §91 ⑤).

대법원 2011. 8. 18. 선고 2011다35593 판결

‣ 유치권에 의한 경매도 강제경매나 담보권 실행을 위한 경매와 마찬가지로 목적부동산 위의 부담을 소멸시키는 것을 법정매각조건으로 하여 실시되고 **우선채권자뿐만 아니라 일반채권자의 배당요구도 허용되며, 유치권자는 일반채권자와 동일한 순위로 배당**을 받을 수 있다고 봄이 상당하다.

‣ 부동산에 관한 강제경매 또는 담보권 실행을 위한 경매절차에서의 매수인은 유치권자에게 그 유치권으로 담보하는 채권을 변제할 책임이 있고(민사집행법 제91조 제5항, 제268조), 유치권에 의한 경매절차는 목적물에 대하여 강제경매 또는 담보권 실행을 위한 경매절차가 개시된 경우에는 정지되도록 되어 있으므로(민사집행법 제274조 제2항), 유치권에 의한 경매절차가 정지된 상태에서 그 목적물에 대한 강제경매 또는 담보권 실행을 위한 경매절차가 진행되어 매각이 이루어졌다면, **유치권에 의한 경매절차가 소멸주의를 원칙으로 하여 진행된 경우와는 달리 그 유치권은 소멸하지 않는다**고 봄이 상당하다.

다. 사실상의 우선변제

• 유치권자는 대세적으로 유치권을 행사할 수 있으므로, 유치물 양수인, 경매절차에서 매수한 자 등의 인도청구에 대해서도 법원은 상환이행판결을 해야 한다(대법원 2022. 6. 16. 선고 2018다301350 판결).

• 다만 매수인은 부동산에 대한 물적 부담을 인수할 뿐이고 피담보채무 자체를 인수하는 것은 아니므로(민사집행법 §91 ⑤), 유치권자가 매수인에게 피담보채무의 변제를 청구할 수는 없다.

민사집행법 제268조에 의하여 준용되는 같은 법 제91조 제5항에서 매수인은 유치권자에게 유치권의 피담보채권을 변제할 책임이 있다고 규정하고 있는데 여기에서 '변제할 책임이 있다'는 의미는 **부동산상의 부담을 승계한다는 취지로서 인적채무까지 인수한다는 취지는 아니**므로, 유치권자는 경락인에 대하여 그 피담보채권의 변제가 있을 때까지 유치목적물인 부동산의 인도를 거절할 수 있을 뿐이고 그 피담보채권의 변제를 청구할 수는 없다(대법원 2014. 12. 30. 자 2014마1407 결정).

라. 특칙에 의한 우선변제권

(1) 간이변제 충당

> 제322조(경매, 간이변제충당) ② 정당한 이유있는 때에는 유치권자는 감정인의 평가에 의하여 유치물로 직접 변제에 충당할 것을 법원에 청구할 수 있다. 이 경우 유치권자는 미리 채무자에게 통지해야 한다.

A. 요건

- 간이변제 충당이 인정되려면, 정당한 이유, 감정평가에 의한 가액산정, 법원의 허가, 채무자에 대한 통지 등의 요건이 충족되어야 한다.
- 유치물 처분에 대한 다른 이해관계인이 있거나 유치물의 공정한 가격을 쉽게 파악할 수 없으면, '정당한 이유'가 인정되지 않으므로 간이변제충당이 인정될 수 없다.

> 유치물 소유자에 대한 채권자가 여러 명이 있는 경우처럼 유치물의 처분에 관하여 이해관계를 달리하는 다수의 권리자가 존재하거나, **유치물의 공정한 가격을 쉽게 알 수 없는** 등의 경우에는 제322조 제2항에 의하여 유치권자에게 유치물의 간이변제충당을 허가할 정당한 이유가 있다고 할 수 없다(대법원 2000. 10. 30.자 2000마4002 결정).

B. 효과

✓ 유치권자가 유치물의 소유권을 취득한다. §322에 의한 물권 변동이므로 §187가 적용된다.

✓ 감정평가된 시가에서 피담보채권액을 공제한 가액인 청산금을 유치물 소유자에게 지급해야 한다. 피담보채권액이 시가보다 클 때는 변제충당이 문제된다.

(2) 유치권자의 과실수취권

A. 인정근거: 유치권자의 선관주의의무, 공평원칙

- 유치권자는 유치물에 대해 선관주의의무를 지므로 공평원칙상 이에 대한 보상이 필요하다. 이를 위해 유치권자에게는 유치물의 과실을 수취하여 피담보채권의 변제에 충당할 수 있는 권리인 과실수취권이 인정된다.
- 이러한 과실수취권의 목적물인 '과실'에 '사용이익'도 포함되는지가 문제되는데, 이에 대해서는 견해가 대립하고 판례의 태도도 모호하다.

B. 요건

> 제323조(과실수취권) ① 유치권자는 유치물의 과실을 수취하여 다른 채권보다 먼저 그 채권의 변제에 충당할 수 있다. 그러나 과실이 금전이 아닌 때에는 경매하여야 한다.

C. 효과

> 제323조(과실수취권) ② 과실은 먼저 채권의 이자에 충당하고 그 잉여가 있으면 원본에 충당한다.

(3) 유치권자의 유치물 사용과 관련된 사례

A. 건물 유치권자의 건물 사용

(a) 원칙

- 유치권자는 소유자가 승낙해야 유치물을 사용할 수 있다. 만약 무단으로 사용하면 유치권 소멸 청구권(§324 ③)을 행사하고 §213, §750, §714 등에 근거한 권리를 행사할 수 있다.
  - ✓ 유치물 소유자의 승낙을 근거로 한 유치물 사용의 적법성은 당사자가 변경되더라도 유지된다. 예컨대 유치물 소유자가 유치권자의 사용을 승낙한 후 유치물 소유권이 이전되더라도 유치권자는 양수인에게 사용의 적법성을 주장할 수 있다.

(b) 예외

- 요건: 유치물의 보존을 위하여 필요한 경우에는 소유자의 승낙이 없어도 적법한 사용으로 인정된다(§324 ② 단서).
- 효과: ㉠ 소유자는 유치권 소멸청구권을 행사할 수 없다. ㉡ 보존의 필요성이 사용의 정당성에 대한 법적 근거가 될 뿐 아니라 사용이익 취득에 대해서도 법률상 원인이 되는지에 대해서는 견해가 대립한다. 부정설은 유치권자는 사용이익에 대한 §741 채무를 지지만 피담보채권을 자동채권으로 하는 상계를 주장할 수 있다고 본다. 이에 비해 긍정설은 유치권자는 §323 ①의 과실수취권을 근거로 사용이익을 피담보채권의 변제에 충당할 수 있다고 한다. 판례의 태도는 원래 전자였으나 최근에는 후자로 변경된 듯하다.

유치권을 행사하는 피고가 그의 **점유보조자로 하여금 이 사건 건물에 거주하도록 하면서 현재까지 공사대금채권을 변제받지 못하여 계속하여 이를 사용**하고 있는 경우,

이는 유치물인 주택의 보존에 도움이 되는 행위로서 <u>유치물의 보존에 필요한 사용행위라고 봄이 상당하므로</u>, 원고로서는 피고에게 유치권의 소멸을 청구할 수 없다(대법원 2013. 4. 11. 선고 2011다107009 판결).

공사대금채권에 기하여 유치권을 행사하는 자가 <u>스스로 유치물인 주택에 거주하며 사용하는 것은 특별한 사정이 없는 한 유치물인 주택의 보존에 도움이 되는 행위로서</u> 제324조 제2항 단서의 유치물의 보존에 필요한 사용에 해당한다고 할 것이다. 그리고 유치권자가 유치물의 보존에 필요한 사용을 한 경우에도 특별한 사정이 없는 한 차임에 상당한 이득을 소유자에게 반환할 의무가 있다(대법원 2009. 9. 24. 선고 2009다40684 판결).

(c) 사례

• 사안의 개요: 甲 소유 X건물에 대해 2013. 유치권을 취득한 乙은 2013. 이후 甲의 승낙 없이 X건물을 사용하던 중 2018. 11. 1. X건물을 丙에게 임대했다. 甲은 乙을 상대로 X건물 인도와 2013.부터 인도일까지의 부당이득반환을 청구하면서 2018. 11. 27. 송달된 서면으로 유치권 소멸청구를 했다. 乙의 X건물 사용은 보존을 위해 필요했던 것으로 인정된다.

• 쟁점과 판단: ㉠ 유치권자의 유치물 사용이 그 보존을 위해 필요하다고 인정되면 유치권자에게는 §323 ①의 과실수취권이 인정된다. 따라서 乙이 2013. 이후 스스로 사용한 기간 동안에 발생한 사용이익은 피담보채권의 변제에 충당된다. ㉡ 乙의 무단 임대를 이유로 한 甲의 유치권 소멸 청구는 적법하다. 따라서 乙은 甲에게 X건물을 인도하고, 甲의 유치권 소멸 청구 의사표시가 송달된 다음 날인 2018. 11. 28.부터 인도 완료일까지의 X건물의 차임 상당액을 부당이득으로 반환해야 한다.

대법원 2023. 8. 31. 선고 2019다295278 판결

‣ 乙은 소유자의 <u>승낙 없이</u> 이 사건 부동산을 丙에게 임대함으로써 제324조 제2항 위반행위를 하였다. 이 사건 부동산의 소유권을 취득한 甲은 2018. 11. 27. 자 준비서면의 송달로써 유치권소멸청구의 의사표시를 하였으므로 특별한 사정이 없는 한 乙의 유치권은 그때부터 소멸하였다. 따라서 <u>위 준비서면이 乙에게 송달되었음이 기록상 명백한 2018. 11. 28.부터는 乙은 이 사건 부동산을 점유할 권원이 없으므로</u>

甲에게 이 사건 부동산을 인도하여야 하고 그 인도 완료일까지 이 사건 부동산을 점유·사용하여 얻은 차임 상당 이익을 부당이득으로 반환하여야 한다.

  ‣ 甲은 2013.부터 유치권이 소멸할 때까지 乙의 이 사건 부동산 점유·사용으로 인한 이익도 부당이득으로 반환을 구하나, 이 기간 동안의 사용은 유치물의 보존에 필요한 사용으로 乙에게 **제323조의 과실수취권이 인정**되고 이에 따라 乙이 그 사용이익 상당을 피담보채권 변제에 충당한 이상 甲은 부당이득 반환을 구할 수 없다.

B. 유치권자의 임대차 해지와 유치권의 소멸 여부

(a) 사안의 개요

• 丁 소유 X주택(다가구주택)에 대한 공사대금 채권자 丙은 丁이 공사대금을 지급하지 않자 X주택을 점유하여 1층은 스스로 사용하고 2층은 乙에게 임대했다. 이 사실을 알게 된 丁은 丙의 사용과 임대를 모두 승낙했다.

• 丙은 乙의 차임 연체를 이유로 임대차계약을 해지했으나 乙은 丙의 퇴거요구에 불응하고 계속 거주하고 있다.

• 甲이 丁으로부터 X주택의 소유권을 양수한 후 丙에게 X주택의 1층, 2층 전부의 반환을 청구한다.

(b) 쟁점과 판단

• 유치권자가 스스로 사용한 부분: 보존을 위해 필요한 사용이므로 유치권 소멸청구 대상이 아니다(§324 ② 단서).

• 유치권자가 임대한 부분: ㉠ 임대 당시의 소유자 丁의 승낙을 받았으므로 丙의 임대는 적법하고, ㉡ 이처럼 승낙에 의한 적법한 임대라는 취지는 丁으로부터 소유권을 양수한 甲에게도 주장할 수 있다. ㉢ 그 후 임대차가 해지되더라도 임대인 丙은 간접점유를 유지하므로 유치권의 요건인 '점유'가 유지된다.

대법원 2019. 8. 14. 선고 2019다205329 판결

  ‣ 유치권자인 丙이 이 사건 부동산의 **종전 소유자인 丁으로부터 위 부동산의 사용 등에 관하여 승낙**을 받았고 승낙 범위 내에서 사용 등을 하였음을 전제로, 丙이 **새로운 소유자인 甲로부터 별도의 승낙을 받지 않았다고 하여 제324조 제2항에 따른 유치물 사용금지의무를 위반하였다고 볼 수는 없다**고 한 원심의 판단은 정당하다.

  ‣ 유치권의 성립요건인 유치권자의 점유는 **직접점유이든 간접점유이든 관계없다**. 간접점유를 인정하기 위해서는 간접점유자와 직접점유를 하는 자 사이에 점유매개관

계가 필요한데, 간접점유에서 **점유매개관계를 이루는 임대차계약 등이 해지 등의 사유로 종료되더라도 직접점유자가 목적물을 반환하기 전까지는 간접점유자의 직접점유자에 대한 반환청구권이 소멸하지 않**는다. 따라서 <u>간접점유의 점유매개관계가 단절된다고 할 수 없다.</u>

Ⅲ 유치권의 소멸

1. 담보물권의 일반적인 소멸사유

가. 물권의 일반적 소멸 사유

(1) 목적물의 멸실, 수용 등

(2) 유치권의 포기

A. 요건

(a) 의미·법적성질

* 다른 물권과 마찬가지로 유치권도 포기할 수 있다. 유치권은 법정담보물권이지만 채권자의 이익을 위해 인정되므로 채권자의 사전 포기 의사표시도 유효이다.

> **제한물권은 이해관계인의 이익을 부당하게 침해하지 않는 한 자유로이 포기할 수 있는 것이 원칙**이다. 유치권은 <u>채권자의 이익을 보호하기 위한 법정담보물권</u>으로서, 당사자는 미리 **유치권의 발생을 막는 특약을 할 수 있고 이러한 특약은 유효**하다(대법원 2018. 1. 24. 선고 2016다234043 판결).

* 유치권 포기는 유치권의 소멸을 효과의사로 하는 의사표시로서, 단독행위의 일종이다. 따라서 유치권 포기 여부는 의사표시 해석의 문제이다. 예컨대 유치권자가 유치물에 대한 경매신청을 한 것은 유치권 포기로 해석되지 않는다.

> 유치권자가 유치물에 대한 **강제경매를 신청하였다고 하여 이 사건 건물에 대한 유치권을 행사할 수 없다거나 이를 포기한 것으로 볼 수 없다**(대법원 2011. 11. 24. 선고 2009다19246 판결).

(b) 공시 원칙의 적용 배제

* 유치권 포기는 법률행위에 의한 물권 변동이지만 공시 원칙이 적용되지 않는다.

• 성립 자체에 대해 공시 원칙이 적용되지 않기 때문이다(2014다52087, 862면)

(c) 사전포기·사후포기 모두 가능

• 유치권이 성립한 후에 유치권을 포기하는 의사표시뿐 아니라, 어떤 물건에 관한 채권을 발생시키는 계약에 수반하여 이루어진 유치권 배제 의사표시도 유효이다.

B. 효과

(a) 유치권의 소멸

• 적법·유효한 유치권 포기 의사표시가 있으면 유치권은 소멸하고 유치권자의 점유는 적법성을 상실한다.

• 소유자는 §213의 반환청구를 할 수 있고, 유치권자가 이에 불응하면 §741의 부당이득반환 청구뿐 아니라 §750의 손해배상청구도 할 수 있다.

(b) 대세효

• 유치권 포기 의사표시는 상대방 있는 의사표시라고 볼 여지가 있지만, 유치권 소멸이라는 효과는 물권 변동이므로 대세효가 인정된다.

• 따라서 유치권 포기 의사표시의 상대방 아닌 자도 유치권 소멸을 전제한 효과를 주장할 수 있다.

C. 사례

(a) 유치권의 발생 전에 한 사전 포기 약정의 효과

• 사안의 개요: 甲은 丙과 X건물 공사계약을 체결하면서 丙이 공사대금을 연체해도 유치권을 행사하지 않기로 도급계약서에 명시했다. 공사 완성 후 공사대금 연체 상태에서 X건물이 경매되어 乙이 소유권을 취득했다.

• 쟁점과 판단: ㉠ 물권 포기이므로 그 효과는 대세적으로 인정된다. 따라서 甲은 丙뿐 아니라 乙에게도 유치권을 주장할 수 없다. ㉡ 유치권 사전포기 약정에도 조건을 붙일 수 있으나 조건의 존재 여부 판단과 그 내용 확정은 의사표시 해석의 문제이다.

대법원 2018. 1. 24. 선고 2016다234043 판결
> • 유치권 배제 특약이 있는 경우 <u>다른 법정요건이 모두 충족되더라도 유치권은 발생하지 않는데</u>, 특약에 따른 효력은 특약의 상대방뿐 아니라 <u>그 밖의 사람도 주장할</u> 수 있다.

> ▸ 조건은 법률행위의 효력 발생 또는 소멸을 장래의 불확실한 사실의 발생 여부에 의
> 존케 하는 법률행위의 부관으로서, 법률행위에서 효과의사와 일체적인 내용을 이
> 루는 의사표시 그 자체라고 볼 수 있다. 유치권 배제 특약에도 조건을 붙일 수 있는
> 데, 조건을 붙이고자 하는 의사가 있는지는 의사표시에 관한 법리에 따라 판단하여
> 야 한다.

(b) 유치권 발생 후에 한 포기 의사표시의 효과

- 사안의 개요: 甲이 乙소유 X부동산에 관한 공사대금채권을 피담보채권으로 하는
  유치권을 행사하던 중 乙은 공사대금 일부를 변제했고, 그 과정에서 甲은 乙의
  요청에 따라 丙은행 앞으로 유치권 포기각서를 작성해 주었다. 丙은행은 甲의 유
  치권 소멸을 전제로 산정한 가액을 乙에게 대출한 후 X부동산에 1순위 근저당권
  을 설정했다.
- 쟁점과 판단: 유치권 포기 의사표시는 공시 방법과 무관하게 효과가 발생하고 대
  세효가 있다. 따라서 丙은행 뿐 아니라 乙도 유치권 소멸을 전제로 甲에게 §213
  의 점유반환청구권을 행사할 수 있다.

> **유치권은 법정담보물권**이지만 채권자의 이익보호를 위한 채권담보의 수단에 불과하
> 므로 이를 **포기하는 특약은 유효**하고, ㉠ 유치권을 **사전에 포기한 경우 다른 법정요건
> 이 모두 충족되더라도 유치권이 발생하지 않**는 것과 마찬가지로 ㉡ 유치권을 **사후에
> 포기한 경우 곧바로 유치권은 소멸**한다. 또한 유치권 포기로 인한 유치권의 소멸은 **유
> 치권 포기의 의사표시의 상대방뿐 아니라 그 이외의 사람도 주장**할 수 있다(대법원
> 2016. 5. 12. 선고 2014다52087 판결).

나. 담보물권의 일반적인 소멸사유: 피담보 채권의 소멸(부종성)

(1) 개관

- 유치권도 담보물권의 일종이므로 담보물권의 통유성이 적용된다. 따라서 유치권
  의 피담보채권에 대해 채권의 일반적인 소멸사유인 변제, 상계, 공탁 등의 사유가
  발생하면 유치권도 소멸한다.
- 사례: 유치물 매수인은 유치권자에 대한 피담보채무자는 아니지만 변제할 정당
  한 이익 있는 제3자에 해당한다.

유치권의 부담이 있는 경매목적 부동산의 매수인은 유치권의 피담보채권을 만족시키는 등으로 유치권을 소멸시키지 않는 한 그 인도를 받을 수 없고, 나아가 유치권자의 경매신청으로 부동산의 소유권을 잃을 위험도 있는 점(제322조) 등에 비추어 보면 유치권의 **피담보채무를 대신 변제할 이해관계 있는 제3자**에 해당한다. 따라서 이 경우 매수인은 채무자의 의사에 반하여 유치권의 피담보채무를 변제할 수 있고, 그 피담보채무를 변제하였다면 특별한 사정이 없는 한 채무자에게 구상권을 행사할 수 있다(대법원 2021. 9. 30. 선고 2017다278743 판결).

(2) 사례: 피담보채권의 시효소멸

A. 유치권 행사는 시효중단 사유 아님

• 유치권 행사는 피담보채권의 소멸시효 진행을 중단시키지 못한다. 따라서 피담보채권의 시효소멸로 인해 유치권이 소멸하는 경우가 있을 수 있다.

> 제326조(피담보채권의 소멸시효) 유치권의 행사는 채권의 소멸시효의 진행에 영향을 미치지 아니한다.

• 이 점은 다른 담보물권의 경우에도 마찬가지이다. 담보물권을 설정한 것만으로는 소멸시효 진행을 막지 못한다.

B. 유치물 매수인의 지위

• 유치물 매수인은 유치권의 피담보채권에 대한 소멸시효 완성을 원용할 수 있는 직접 수익자에 해당한다.

• 그러나 유치권의 피담보채권에 대한 단기 소멸시효가 확정판결에 의해 연장된 경우 유치물 매수인은 원래의 단기 소멸시효를 주장할 수 없다. 유치물 매수인은 피담보채권에 대한 채무자가 아니고 물적 부담만 부담하는 자이기 때문이다(대법원 2009. 9. 24. 선고 2009다39530 판결).

2. 유치권 특유의 소멸사유

가. 점유 상실

> 제328조(점유상실과 유치권소멸) 유치권은 점유의 상실로 인하여 소멸한다.

(1) 원칙

• 유치권자가 점유를 상실하면 유치권은 소멸한다. 법정물권이므로 점유 상실 즉시 유치권 소멸의 효과가 발생한다. 다만 유치권자가 유치물 사용의 일환으로 유치물을 임대했다가 임대차 계약을 해지한 경우에는 간접점유가 유지되므로 유치권이 유지된다(2019다205329, 433면).

• 유치권이 점유 상실로 인해 소멸한 경우 유치권자는 점유 침탈자에게 §750 청구를 할 수 있다. 이 권리는 본권에 기한 것이므로 §204 ③의 제척기간이 적용되지 않으며, §766의 기간이 적용될 것으로 보인다.

> 제204조 제3항은 본권 침해로 발생한 손해배상청구권의 행사에는 적용되지 않으므로 점유를 침탈당한 자가 본권인 유치권 소멸에 따른 손해배상청구권을 행사하는 때에는 민법 제204조 제3항이 적용되지 아니하고, 점유를 침탈당한 날부터 1년 내에 행사할 것을 요하지 않는다. 그런데도 원심은 제204조 제3항이 적용된다고 보아 이 사건 소가 제204조 제3항에서 정한 1년의 제척기간을 지나 제기되어 부적법하다고 판단한 제1심판결을 그대로 유지하였다. 이러한 원심판단에는 잘못이 있다(대법원 2021. 8. 19. 선고 2021다213866 판결).

(2) 예외: 점유반환청구에 의한 점유 회복

• 유치권자가 점유반환청구 소송을 제기하여 승소함으로써 점유를 회복하면 유치권이 회복된다.

• 유치권자가 점유반환청구 소송을 제기한 것만으로는 유치권이 회복되지 않는다. 판례가 유치권이 '되살아난다'고 한 것에 비추어, 유치권자가 점유를 상실하면 유치권은 일시 소멸했다가 유치권자의 점유반환청구권 행사에 의해 점유가 회복되면 유치권도 회복되는 것이라고 보아야 한다.

✓ 소송 진행 중에 유치물에 대해 제3자가 대세효 있는 권리를 취득하면 유치권자였던 원고가 점유반환 청구소송에서 승소해도 결국 유치권을 회복할 수 없게 된다. 다만 유치물 소유자로부터의 특별승계인이 악의이면 이러한 특별승계인에게도 점유보호청구권을 행사할 수 있으므로 유치권이 회복될 수 있을 것이다(§204 ② 참조).

나. 다른 담보의 제공에 의한 유치권소멸 청구(형성권)

> 제327조(타담보제공과 유치권소멸) 채무자는 상당한 담보를 제공하고 유치권의 소멸 을 청구할 수 있다.

(1) 요건

- 주체: 채무자뿐 아니라 유치물 소유자도 §327의 유치권 소멸청구를 할 수 있다. 유치권자에게 특별한 불이익이 생기는 것은 아니기 때문이다.
- 담보의 상당성 판단: 유치물 가액과 피담보채무 가액 중 더 작은 값보다 더 많은 담보가치가 제공되어야 한다.

(2) 효과

- 형성권: 담보제공자가 유치권 소멸청구 의사표시를 해야 한다. 이러한 의사표시 가 유치권자에게 도달하면 유치권은 소멸한다(대법원 2001. 12. 11. 선고 2001다 59866 판결).
- 유치권자는 다른 담보 제공을 수령하고 유치물을 소유자에게 인도할 의무를 진다.

(3) 사례: 채무자 아닌 유치물 소유자의 다른 담보 제공

A. 사안의 개요

- 甲은 2016. 2. 16. 담보권 실행을 위한 경매절차에서 X건물을 매수하였다.
- 乙은 위 경매절차의 집행채무자인 丙에 대한 공사대금채권을 피담보채권으로 하 여 X건물에 대해 유치권을 행사하고 있다. 피담보채권의 내용은 '乙이 丙에 대하 여 가지는 공사대금 4억원과 이에 대한 2008. 5. 16.부터 다 갚는 날까지 연 20%

의 비율로 계산한 지연손해금'이다.

- 甲은 2018. 10. 26. 자 청구취지 및 청구원인 변경신청서에서 乙에게 甲이 소유한 Y건물에 관해서 최선순위 근저당권을 설정해 주는 방법으로 다른 담보를 제공하 겠다는 청약을 하면서 유치권 소멸을 청구하는 의사표시를 하였고, 위 신청서가 2018. 10. 30. 乙에게 도달하였다.
- 2017. 이후 현재까지의 감정평가액은 X건물이 1억 5000만원이고, Y건물이 1억 6000만원이다.

B. 쟁점과 판단

- 유치권 소멸 청구는 피담보채무자 아닌 유치물 소유자도 할 수 있다. 따라서 피담 보채무자로부터 유치물을 양수한 甲은 유치권 소멸 청구를 할 수 있다.
- 유치권을 소멸시키기 위해 제공해야 하는 담보의 가액은 유치물의 가액과 피담 보채권액 중 더 적은 값이면 충분하다.

✓ 주의: 유치물 가액이 피담보채권액보다 적은 경우에는 불가분성이 적용되지 않는다. 불가분성은 채무자가 일부 변제를 한 경우에만 적용되기 때문이다.

> **대법원 2021. 7. 29. 선고 2019다216077 판결**
> - 유치권 소멸 청구는 제327조에 규정된 채무자뿐만 아니라 유치물의 소유자도 할 수 있다. 제327조에 따라 채무자나 소유자가 제공하는 담보가 상당한지는 담보 가치 가 채권 담보로서 상당한지, 유치물에 의한 담보력을 저하시키지 않는지를 종합하 여 판단해야 한다. 따라서 유치물 가액이 피담보채권액보다 많을 경우에는 피담보 채권액에 해당하는 담보를 제공하면 되고, 유치물 가액이 피담보채권액보다 적을 경우에는 유치물 가액에 해당하는 담보를 제공하면 된다.
> - X건물의 가액은 피담보채권액보다 적으므로, 甲은 유치권 소멸을 청구하기 위해서 X건물의 가액에 해당하는 담보를 제공하면 된다. 甲이 제공한 담보는 우선변제권 이 있는 최선순위 근저당권 설정이고 담보물인 Y건물의 가액은 X건물의 가액과 비 슷하다. 따라서 甲의 청구를 인용한 원심의 판단은 정당하다.
> - 원심의 주문: 가. 피고는 원고로부터 Y건물에 관하여 채무자를 丙, 채권최고액을 11 억 8000만 원으로 한 최선순위 근저당권 설정등기 절차를 인수하고, 나. 원고로부터 위 가.항 기재 근저당권 설정등기 절차를 인수한 후 원고에게 X건물을 인도하라.

20장

지명채권에 대한 채권질권

20장

지명채권에 대한 채권질권

I | 객체

1. 질권의 대상이 될 수 있는 지명채권의 범위

가. 원칙: 모든 지명채권

나. 예외

(1) 채권양도 제한 사유는 모두 입질 제한 사유임

(2) 권리질권 설정에 대한 고유한 제한: 부동산의 사용·수익을 목적으로 하는 재산권

• 권리질권의 대상에서 배제되는 '부동산의 사용·수익을 목적으로 하는 권리'의 예로서 지상권, 전세권, 부동산 임차권 등을 들 수 있다.

> 제345조(권리질권의 목적) 질권은 재산권을 그 목적으로 할 수 있다. 그러나 부동산의 사용, 수익을 목적으로 하는 권리는 그러하지 아니하다.

• 비교: 임대차보증금 반환채권은 임대차계약과 별개의 보증금계약에 의해 성립하며 부동산 임차권의 일부가 아니라 별개의 금전채권이므로 권리질권의 대상이 될 수 있다

(3) 사례: 입질금지 특약에 의한 제한

• 채권자·채무자 사이에 입질 금지 특약이 있는 지명채권에 대해 설정된 채권질권의 효력은 양도금지 특약이 있는 채권에 대한 채권양도가 이루어진 경우에 준하여 판단한다.

• 예컨대 채무자가 채권질권자의 직접청구에 대항하려면 양도금지 특약에 대한 채권질권자의 악의나 중과실을 증명해야 한다.

임대차계약서에 임대차보증금 반환채권을 타인에게 양도하거나 **질권 기타 담보로 할 수 없다**고 기재된 사실을 인정할 수 있으므로 일응 이 사건 임대차계약상 임대보증금 반환채권에 관하여 **양도금지의 특약**이 있다고 할 것인데, 채무자는 제3자가 채권자로부터 채권을 양수한 경우 채권양도금지 특약의 존재를 알고 있는 양수인이나 그 특약의 존재를 알지 못함에 중대한 과실이 있는 양수인에게 그 특약으로써 대항할 수 있고 제3자의 악의 내지 중과실은 채권양도 금지의 특약으로 양수인에게 대항하려는 자가 이를 주장·입증하여야 한다(대법원 2003. 1. 24. 선고 2000다5336 판결).

Ⅱ 설정방법

1. 원칙: 지명채권 양도 방법과 동일

가. 개관

- 권리질권의 설정 방법은 그 권리의 양도 방법과 같다. 즉 권리질권 설정계약과 그 권리의 양도를 위한 공시 방법을 갖추면 권리질권이 성립한다.

> 제346조(권리질권의 설정방법) 권리질권의 설정은 법률에 다른 규정이 없으면 그 권리의 양도에 관한 방법에 의하여야 한다.

- 따라서 지명채권에 대한 채권질권 설정의 경우 채권양도의 경우와 마찬가지로 대항요건주의가 적용되고(§349, §450, §451), 채권양도 통지의 공신력(§452)도 유추 적용된다(2013다76192, 871면).

> 제349조(지명채권에 대한 질권의 대항요건)
> ① 지명채권을 목적으로 한 질권의 설정은 설정자가 제450조의 규정에 의하여 제삼채무자에게 질권설정의 사실을 통지하거나 제삼채무자가 이를 승낙함이 아니면 이로써 제삼채무자 기타 제삼자에게 대항하지 못한다.
> ② 제451조의 규정은 전항의 경우에 준용한다.

나. 지명채권에 대한 질권설정 방법과 관련된 사례

(1) 제3채무자의 이의유보 없는 승낙의 효력이 미치는 범위

A. 사안의 개요

- 매수인 甲은 매도인 乙소유 X부동산을 5억 원에 사기로 하는 매매계약을 체결하

고, 계약금·중도금 2억원을 지급한 상태에서 X부동산을 인도받았다.
- 甲은 丙에 대한 물품대금 채무를 담보하기 위해, 甲·乙 간 X부동산 매매계약 해제시 발생할 기지급대금 반환채권(§548)을 丙에게 입질했고 乙은 丙에게 이의 유보 없는 승낙을 했다.
- 甲이 丙에 대한 물품대금 채무를 이행하지 못한 상태에서 甲·乙 간 X부동산 매매계약이 해제되자 丙은 乙에게 甲의 기지급대금 2억원의 반환을 청구한다. 乙은 이에 응할 의무가 있는가?

B. 쟁점과 판단

- 법정해제로 인한 원상회복은 동시이행관계이므로(§549), 乙은 丙의 기지급대금 반환청구에 대해 甲의 X부동산 인도와의 동시이행을 주장할 수 있다.
- 다만 乙이 甲·丙 간 지명채권양도에 대해 이의 유보 없는 승낙을 했고, 이의 유보 없는 승낙의 효력은 그 당시 발생한 항변사유뿐 아니라 乙이 발생 개연성을 인식하고 있었던 항변사유에 대해서도 미친다.
- 따라서 乙이 丙에게 동시이행항변을 하려면 동시이행관계에 대한 丙의 악의나 중과실을 증명해야만 한다. 이의유보 없는 승낙을 한 채무자도 양수인이나 질권자에게 악의나 과실이 인정되는 항변사유는 주장할 수 있기 때문이다.

> **대법원 2018. 7. 24. 선고 2016다205687 판결**
> - 제349조 제1항, 제451조 제1항에 의해 제3채무자가 질권 설정자에게 대항할 수 있는 사유로써 질권자에게 대항하지 못하는 사유는, <u>협의의 항변권에 한하지 아니하고, 넓게 채권의 성립, 존속, 행사를 저지하거나 배척하는 사유를 포함한다.</u>
> - <u>**질권 설정 후에 비로소 질권 설정자에 대한 대항사유가 발생**하였더라도, 질권 설정에 대한 **승낙 당시** 채무자가 그와 같은 대항사유가 가까운 장래에 상당한 정도로 발생할 가능성이 있음을 인식하였고, 승낙 당시 이의를 보류하지 않았다면</u>, 채무자는 그와 같은 사유를 질권자에게 주장할 수 없다.
> - 이의유보 없는 승낙을 한 제3채무자의 항변사유를 제한한 취지는, 질권자는 그 채권에 아무런 항변권도 부착되지 아니한 것으로 신뢰하는 것이 보통이므로, <u>채무자의 '승낙'이라는 사실에 공신력을 주어 질권자의 신뢰를 보호하고, 질권 설정과 같은 거래의 안전을 꾀하기 위한 것이다.</u> 그렇다면 지명채권을 목적으로 한 질권의 설정에 대하여 이의를 보류하지 아니하고 승낙을 하였더라도, **질권자가 악의 또는 중과실의 경우에 해당하는 한 채무자의 승낙 당시까지 질권 설정자에 대하여 생긴 사**

<u>유로써도 질권자에게 대항할 수 있다.</u>
- 丙은 해지시지급금채권에 관해 근질권을 설정할 때 <u>해지시지급금 지급의무가 발생</u>
  <u>하면 이행상 견련관계에 있는 이 사건 건물 인도의무가 마찬가지로 발생할 것임을</u>
  <u>예상할 수 있었고, 위 해지시지급금 지급이 이 사건 건물 인도와 동시이행의 관계에</u>
  <u>있음을 알았거나 알 수 있었다.</u>

(2) §452의 유추 적용

A. 사안
- 甲(은행)은 예금채권자 乙에 대한 丙의 질권 설정을 승낙했는데 그 후 질권자 丙
  은 甲에게 모사전송 방법으로 질권설정계약 해지통지서를 전송했다.
- 甲은 乙의 지급청구에 따라 乙에게 위 예금채무를 변제했는데, 실제로는 乙·丙
  간 질권설정계약은 해지되지 않았음이 밝혀졌다. 이에 대한 甲의 선의 여부는 증
  명되지 않았다.

B. 쟁점과 판단
- 지명채권에 대한 질권이 설정되면 명문의 준용규정은 없지만 §452도 유추 적용
  된다.
- 채권양도나 채권질권 설정계약의 해지를 통지받은 제3채무자의 선의는 추정된
  다. 따라서 甲의 乙에 대한 변제는 유효로 인정된다.

대법원 2014. 4. 10. 선고 2013다76192 판결
- <u>제452조 제1항도 지명채권을 목적으로 한 질권 설정의 경우에 **유추 적용**</u>된다. 지명
  채권의 양도통지 후 <u>그 양도계약이 해제된 경우 채권양도인이 그 해제를 이유로 다</u>
  시 원래의 채무자에 대하여 양도채권으로 대항하려면 <u>채권양수인이 채무자에게 위</u>
  <u>와 같은 해제 등 사실을 통지하여야 한다.</u> 이러한 법리는 지명채권을 목적으로 한
  질권설정 사실을 제3채무자에게 통지하거나 제3채무자가 이를 승낙한 후 그 **질권**
  설정계약이 해제, 합의해제 또는 합의해지된 경우에도 마찬가지로 적용된다고 보
  아야 한다.
- 만일 질권자가 제3채무자에게 질권설정계약의 해지 사실을 통지하였다면, 설사 아
  직 해지가 되지 아니하였다고 하더라도 <u>선의인 제3채무자는 질권 설정자에게 대항</u>
  <u>할 수 있는 사유로 질권자에게 대항할 수 있다</u>고 봄이 상당하다.
- <u>해지 통지가 있었다면 그 해지 사실은 추정되고, 그렇다면 해지 통지를 믿은 **제3채**</u>

무자의 선의 또한 추정된다고 볼 것이어서 제3채무자가 악의라는 점은 그 선의를 다투는 질권자가 증명할 책임이 있다. 해지 사실의 통지는 질권자가 질권설정계약이 해제되었다는 사실을 제3채무자에게 알리는 이른바 **관념의 통지로서, 제3채무자에게 도달됨으로써 효력이 발생**하고, 통지에 특별한 방식이 필요하지는 않다.

2. 특칙

가. 질권 설정의 요물성과 채권증서의 의미

- 채권질권 설정계약은 낙성계약이지만, 채권증서가 있으면 이를 질권자에게 교부해야 채권질권 설정계약의 효력이 생긴다.

> 제347조(설정계약의 요물성) 채권을 질권의 목적으로 하는 경우에 채권증서가 있는 때에는 질권의 설정은 그 증서를 질권자에게 교부함으로써 그 효력이 생긴다.

- §347의 '채권증서'란, 입질된 채권이 변제되면 채권자가 채무자에게 반환해야 하는 문서를 뜻하며, 불요식이다.
- 사례: 임대차계약서는 임대차계약상의 권리·의무의 내용을 정한 서면이고 임대차보증금 반환채권의 존속을 표상하는 서면이 아니므로, 입질된 임대차보증금 반환채권에 대한 채권증서라고 볼 수는 없다.

> 제347조의 '채권증서'는 채권의 존재를 증명하기 위하여 채권자에게 제공된 문서로서 특정한 이름이나 형식을 따라야 하는 것은 아니지만, 장차 변제 등으로 **채권이 소멸하는 경우에는 제475조에 따라 채무자가 채권자에게 그 반환을 청구할 수 있는 것**이어야 한다. 이에 비추어 임대차계약서와 같이 계약 당사자 쌍방의 권리의무관계의 내용을 정한 서면은 그 계약에 의한 권리의 존속을 표상하기 위한 것이라고 할 수는 없으므로 위 채권증서에 **해당하지 않**는다(대법원 2013. 8. 22. 선고 2013다32574 판결).

나. 저당권부 채권의 입질

(1) 개관

A. 의미

- 저당권의 피담보채권인 저당권부 채권도 채권질권 설정의 대상이 될 수 있다.
- 저당권부 채권에 대한 질권 설정을 공시하려면 채권질권 설정에 대한 공시 방법인 §450·§451의 대항요건뿐 아니라 저당권의 수반 입질에 대한 공시 방법인 부

기등기까지 마쳐야 한다. 이러한 부기등기에는 채권질권의 피담보채권에 관한 사항도 공시되어야 한다(부동산등기법 §76).

> 제348조(저당채권에 대한 질권과 부기등기) 저당권으로 담보한 채권을 질권의 목적으로 한 때에는 그 저당권등기에 질권의 부기등기를 하여야 그 효력이 저당권에 미친다.

> 부동산등기법 제76조(저당권부 채권에 대한 질권 등의 등기사항) ① 등기관이 「민법」 제348조에 따라 저당권부 채권에 대한 질권의 등기를 할 때에는 제48조에서 규정한 기본적인 등기사항 외에 [채권질권의 피담보채권에 관한] 다음 각 호의 사항을 기록하여야 한다.
> 1. 채권액 또는 채권최고액
> 2. 채무자의 성명 또는 명칭과 주소 또는 사무소 소재지
> 3. 변제기와 이자의 약정이 있는 경우에는 그 내용

B. 효과

- 입질된 채권이 저당권부 채권이더라도 채권질권의 효력은 일반적인 채권이 입질된 경우와 같다.
- 질권자는 §353·§354에 따라 질권 실행 방법을 선택하여 행사할 수 있다. 질권자가 제3채무자에게 직접청구권을 행사하는 경우 제3채무자가 임의로 채무를 이행하지 않으면 질권자는 입질된 채권을 담보하기 위해 설정된 저당권을 실행할 수 있다.

(2) 사례: 저당권부 채권에 대한 질권 설정과 저당권의 수반성

A. 사안의 개요

- 甲은 乙소유 X건물을 보증금 10억원에 임차했는데, 그 후 甲은 丙(원고)에 대한 대여금 채무를 담보하기 위해 위 보증금반환채권을 丙에게 입질하고 그 취지를 乙에게 통지했다.
- 甲·丙 간 질권설정계약 당시, ㉠ 입질채권인 甲의 乙에 대한 보증금 반환채권을 담보하기 위한 저당권 설정에 관한 약정은 없었고, ㉡ 甲·乙 간 임대차계약의 갱신금지, 丙의 채권질권 실행 방법 등에 대한 약정만 있었다.
- 위 보증금반환채권 담보를 위해 甲·乙 간 근저당권 설정계약에 따라 X건물에 채권최고액 15억원인 甲명의 근저당권 설정등기가 마쳐졌다.

- 그 후 甲·乙 간 근저당권 설정계약이 해지되어 甲명의 근저당권 설정등기 말소 등기가 마쳐지자, 丙은 ㉠ 입질채권에 대한 저당권만을 말소시킨 것은 저당권의 부종성에 반하므로 무효이므로 甲명의 근저당권은 존속하고, ㉡ 이처럼 말소등 기되었더라도 유효하게 존속하는 근저당권은 입질채권에 수반하여 채권질권자 인 丙 자신에게 귀속되었다고 주장한다.

B. 쟁점과 판단

(1) 丙의 주장 1)에 대한 판단

- 저당권부 채권이 입질되면 저당권에도 질권의 효력이 미치는 것이 원칙이지만, 저당권만은 채권질권 설정자에게 유보될 수도 있다. 저당권의 수반성은 저당권 만을 피담보채권에서 분리·처분하는 것이 불가능함을 뜻하므로, 피담보채권만 을 저당권과 분리·처분하는 것은 저당권의 수반성에 저촉되지 않는다.

- 부종성이 적용되는지의 여부: 피담보채권이 분리·<u>양도</u>되면 부종성으로 인해 저 당권은 소멸하지만, 피담보채권이 분리·<u>입질</u>되는 경우 저당권자는 여전히 피담 보채권자이므로 부종성이 적용되지 않아서 저당권은 질권 설정자에게 유보된다. 결국 질권자는 저당권을 행사할 수 없지만 질권 설정자는 여전히 저당권을 행사 할 수 있다.

- 적용범위: 채권질권 설정 후 입질채권을 담보하기 위한 저당권이 설정된 경우에 도 같은 법리가 적용된다. 따라서 채권질권이 설정된 후 입질채권을 피담보채권 으로 하는 저당권이 설정된 경우, 이 저당권은 입질채권을 담보하는 것이 원칙이 지만, 질권자·질권 설정자의 의사표시 해석상 채권질권 설정에 저당권이 수반하 지 않고 설정자에게 유보되는 것으로 인정될 수도 있다.

> **대법원 2020. 4. 29. 선고 2016다235411 판결**
> - 제361조는 저당권의 분리·양도를 금지하고 있을 뿐 피담보채권을 저당권과 분리 해서 양도하거나 다른 채권의 담보로 하지 못한다고 정하고 있지 않다. 채권담보라 고 하는 저당권 제도의 목적에 비추어 **피담보채권 처분에는 저당권의 처분도 당연 히 포함된다고 볼 것이지만, 피담보채권의 처분이 있으면 언제나 저당권도 함께 처 분된다고는 할 수 없다.**
> - 따라서 저당권으로 담보된 채권에 질권을 설정한 경우, ㉠ 원칙적으로는 저당권이 피담보채권과 함께 질권의 목적이 된다고 보는 것이 합리적이지만, ㉡ 질권자와 질

권 설정자가 **피담보채권만을 질권의 목적으로 하고 저당권은 질권의 목적으로 하지 않는 것도 가능**하고 이는 저당권의 **부종성에 반하지 않**는다. 이는 저당권과 분리해서 피담보채권만을 양도한 경우 양도인이 채권을 상실하여 양도인 앞으로 된 저당권이 소멸하게 되는 것과 구별된다.

• **담보가 없는 채권에 질권을 설정한 다음 그 채권을 담보하기 위하여 저당권이 설정된 경우,** ㉠ 원칙적으로는 저당권도 질권의 목적이 되지만, ㉡ 질권자와 질권 설정자가 피담보채권만을 질권의 목적으로 했거나 질권 설정자가 질권자에게 제공하려는 의사 없이 저당권을 설정받는 등 특별한 사정이 있는 경우 저당권은 질권의 목적이 되지 않는다. 이때 저당권은 저당권자인 질권 설정자를 위해 존재하며, 질권자의 채권이 변제되거나 질권설정계약이 해지되는 등의 사유로 **질권이 소멸한 경우 저당권자는 자신의 채권을 변제받기 위해서 저당권을 실행할 수 있다.**

(b) 丙의 주장 2)에 대한 판단: §348의 적용범위

• §348은 이미 저당권이 설정된 채권을 입질하는 경우에 대한 규정이지만, 채권질권 설정 후 입질채권을 담보하기 위한 저당권이 설정된 경우에 대해서도 유추 적용된다. 따라서 丙명의 부기등기가 마쳐지지 않은 이상 丙의 채권질권의 효력은 입질채권에 대한 저당권에 미치지 않는다.

• 채권질권 설정은 법률행위에 의한 물권 변동이므로 §186의 공시 원칙이 적용되어야 할 뿐 아니라, 만약 §348을 유추 적용하지 않으면 저당권부 채권이나 저당물에 대한 다른 이해관계인들에게 뜻밖의 불이익을 줄 수 있기 때문이다.

> **대법원 2020. 4. 29. 선고 2016다235411 판결**
>
> • 제348조는 **저당권으로 담보한 채권**을 질권의 목적으로 한 때에는 그 저당권 설정등기에 질권의 부기등기를 하여야 그 효력이 저당권에 미친다고 정한다. 저당권에 의하여 담보된 채권에 질권을 설정하였을 때 저당권의 부종성으로 인하여 **등기 없이 성립하는 권리질권이 당연히 저당권에도 효력이 미친다고 한다면, 공시의 원칙에 어긋**나고 그 저당권에 의하여 담보된 채권을 양수하거나 압류한 사람, 저당부동산을 취득한 제3자 등에게 예측할 수 없는 질권의 부담을 줄 수 있어 거래의 안전을 해할 수 있다.
>
> • 이러한 제348조의 입법 취지에 비추어 보면, '담보가 없는 채권에 질권을 설정한 다

음 그 채권을 담보하기 위해서 저당권을 설정한 경우'에도 '저당권으로 담보한 채권에 질권을 설정한 경우'와 달리 볼 이유가 없다. 따라서 담보가 없는 채권에 질권을 설정한 다음 그 채권을 담보하기 위해 저당권이 설정되었더라도, **제348조가 유추적용되어 저당권 설정등기에 질권의 부기등기를 하지 않으면 질권의 효력이 저당권에 미친다고 볼 수 없다.**

‣ 그럼에도 원심은, 저당권의 부종성 원칙에 따라 당연히 질권의 효력이 저당권에 미친다는 전제하에, 이러한 경우 제348조가 유추적용되지 않아 원고가 질권의 부기등기를 하지 않았더라도 당연히 원고의 근질권의 효력이 이 사건 근저당권에 미친다고 보았다. 그에 따라 甲과 乙이 丙(원고)의 동의 없이 이 사건 근저당권 설정등기를 말소한 것은 원고의 근질권을 침해하는 것이어서 원고는 그 방해배제청구로서 부적법하게 말소된 이 사건 근저당권 설정등기의 회복등기절차의 이행을 구할 수 있다고 판단하였다. 이러한 원심의 판단에는 **판결에 영향을 미친 잘못이 있다.**

III 지명채권에 대해 설정된 채권질권의 효과

1. 담보권 실행 전

가. 개관

(1) 피담보채권의 범위

• 질권의 피담보채권의 범위는 당사자의 약정으로 정할 수 있다.

• 피담보채권의 범위에 관한 약정이 없으면 원금, 이자, 위약금, 비용, 손해배상채권 등의 부대채권도 담보된다. 저당권과는 달리 지연배상금의 범위도 제한되지 않는다.

> 제334조(피담보채권의 범위) 본문: 질권은 원본, 이자, 위약금, 질권실행의 비용, 질물 보존의 비용 및 채무불이행 또는 질물의 하자로 인한 손해배상의 채권을 담보한다. 그러나 다른 약정이 있는 때에는 그 약정에 의한다.

> 제355조(준용규정) 권리질권에는 본절의 규정외에 동산질권에 관한 규정을 준용한다.

(2) 불가분성

> 제343조(준용규정) 제321조 내지 제325조의 규정은 동산질권에 준용한다.

> 제355조(준용규정) 권리질권에는 본절의 규정외에 동산질권에 관한 규정을 준용한다.

(3) 근질권

A. 의미

- 피담보채권이 특정되지 않고 채권최고액만 정해져 있는 질권을 근질권이라고 한다.
- 채권질권의 경우 근질권이 설정되었다는 취지나 채권최고액 등이 공시되지 않으므로, 근질권이 설정된 채권을 압류한 다른 채권자 등은 뜻밖의 손해를 입을 수밖에 없다.
- 설정자에 대한 다른 채권자가 근질권의 대상인 채권에 대해 압류·추심(전부)명령을 받은 경우 ㉠ 이에 따른 강제집행 절차가 종료되면 근질권도 소멸하므로, 근질권자는 강제집행 절차에 참가하거나 스스로 집행 방법을 선택하여 근질권을 실행해야 한다. ㉡ 근질권자가 다른 채권자의 신청에 의한 강제집행 개시 사실을 알게 되면 피담보채권이 확정된다. 이 점에서 근저당권의 경우와 다르다(99다 26085, 956면).

B. 사례: 입질채권에 대한 압류와 피담보채무의 확정

(a) 사안의 개요

- 甲의 乙은행(피고)에 대한 마이너스통장 대출금채무 담보를 위해 물상보증인 丙의 乙에 대한 예금채권에 근질권이 설정되었다.
- 丙의 채권자 丁(원고)은 丙의 乙에 대한 위 예금채권에 대한 압류·추심명령을 받았고 乙에게 송달되어 확정되었는데, 그 무렵 甲의 乙에 대한 대출금 채무는 없었다.

(b) 쟁점과 판단

- 판단의 기준: ㉠ 근질권은 공시되지 않으므로 근질권자가 입질채권에 대한 압류 사실을 알지 못하고 계속 거래했다면 보호가치가 인정된다. 따라서 근질권자로서의 지위를 압류채권자에게 주장할 수 있다. ㉡ 이에 비해 근질권자가 입질채권에 대한 압류 사실을 알게 되면 그때 피담보채권이 확정되고 근질권자로서는 채

권집행 절차에 참가하여 배당을 받는 등의 조치를 취해야 한다.

- 사안의 해결: 입질채권에 대한 압류·추심명령이 제3채무자 乙에게 송달되었으므로 乙은 그때 압류 사실을 알게 되어 근질권이 확정된다. 그 당시의 피담보채권이 0원이었으므로 乙은 더 이상 근질권을 주장할 수 없다.

대법원 2009. 10. 15. 선고 2009다43621 판결

- 근질권의 목적이 된 금전채권에 대하여 근질권자가 아닌 제3자의 압류로 강제집행절차가 개시된 경우, 제3채무자가 그 절차의 전부명령이나 추심명령에 따라 전부금 또는 추심금을 제3자에게 지급하거나 채권자의 경합 등을 사유로 위 금전채권의 채권액을 법원에 공탁하게 되면 그 변제의 효과로서 위 금전채권은 소멸하고 그 결과 바로 또는 그 후의 절차진행에 따라 종국적으로 근질권도 소멸하게 되므로, 근질권자는 위 강제집행절차에 참가하거나 아니면 근질권을 실행하는 방법으로 그 권리를 행사할 것이 요구된다. 따라서 위 강제집행절차가 개시된 때로부터 위와 같이 근질권이 소멸하게 되기까지의 어느 시점에서인가는 근질권의 피담보채권도 확정된다고 하지 않을 수 없다.
- 그런데 금전채권에 대하여 설정된 근질권은 근저당권처럼 등기에 의하여 공시되는 것이 아니기 때문에, 통상 그러한 채권을 압류한 제3자는 그 압류 당시 존재하는 근질권의 피담보채권으로 인하여 예측하지 못한 손해를 입을 수밖에 없고, 근질권자가 제3자의 압류 사실을 알지 못한 채 채무자와 거래를 계속하여 채권을 추가로 발생시키더라도 근질권자의 선의를 보호하기 위하여 그러한 채권도 근질권의 피담보채권에 포함시킬 필요가 있으므로 그 결과 제3자가 입게 되는 손해 또한 불가피한 것이나, 근질권자가 제3자의 압류 사실을 알고서도 채무자와 거래를 계속하여 추가로 발생시킨 채권까지 근질권의 피담보채권에 포함시킨다고 하면 제3자가 입게 되는 손해는 위 추가된 채권액만큼 확대되고 이는 사실상 채무자의 이익으로 귀속될 개연성이 높아 부당할 뿐 아니라, 근질권자와 채무자가 그러한 점을 남용하여 제3자 등 다른 채권자의 채권 회수를 의도적으로 침해할 수 있는 여지도 제공하게 된다.
- 따라서 근질권이 설정된 금전채권에 대하여 제3자의 압류로 강제집행절차가 개시된 경우 근질권의 피담보채권은 근질권자가 위와 같은 강제집행이 개시된 사실을 알게 된 때에 확정된다고 봄이 타당하다.

나. 질권 설정자의 처분제한(§352)

(1) 개관

A. 의미: 질권 설정자·제3채무자 간 처분행위의 제한

- 질권 설정자는 질권 설정 후에도 여전히 제3채무자에 대한 권리자이므로, 입질된 권리를 소멸시키거나 질권자에게 불리하게 권리의 내용을 변경할 수 있는 처분권이 있다.
- 그러나 질권자 보호를 위한 특칙인 §352에 의하면, 질권 설정자는 물론 제3채무자도 이러한 처분행위의 효과를 질권자에게 대항할 수 없다.

> 제352조(질권 설정자의 권리처분제한) 질권 설정자는 질권자의 동의없이 질권의 목적된 권리를 소멸하게 하거나 질권자의 이익을 해하는 변경을 할 수 없다.

B. 비교: 입질채권의 내용이나 채무자가 법률에 의해 변경된 경우

- 법률에 의해 입질채권의 급부나 채무자가 변경되는 경우가 있다. 이 때는 '처분'이 아니므로 §352가 적용되지 않아서 변경된 내용으로 질권자에게 대항할 수 있다.
- 예컨대 임대차보증금 반환채권에 대한 채권질권 설정 후 임차주택의 소유권이 법률행위로 양도된 경우, 채권질권자의 동의와 무관하게 입질채권에 대한 채무자는 임차주택 양수인으로 변경된다. 이러한 효과는 주택임대차보호법에 의한 것이므로 §352에 의해 제한되는 '처분'에 해당하지 않는다.
- 따라서 보증금반환채권 질권자는 질권 설정 당시의 제3채무자였던 임대인에게 §353의 직접청구권을 행사할 수 없고, 질권 실행 당시의 임차주택 소유자에게만 §353의 직접청구권을 행사할 수 있다.

대법원 2018. 6. 19. 선고 2018다201610 판결
- 주택임대차보호법상 임차주택 양수인의 임대인 지위 당연승계는 **법률상의 당연승계**로서 양수인은 주택의 소유권과 결합하여 임대인의 임대차 계약상의 권리·의무 일체를 그대로 승계하고 양도인은 임대차관계에서 탈퇴하여 임차인에 대한 임대차보증금반환채무를 면하게 된다.
- 이는 임차인이 임대차보증금 반환채권에 질권을 설정하고 임대인이 그 질권 설정을 승낙한 후에 임대주택이 양도된 경우에도 마찬가지이다.

(2) 사례: 입질된 채권에 대한 채권양도, 압류·전부명령

A. 판단기준: 대항요건의 선후

• 입질된 채권이 채권양도나 전부명령의 대상이 된 경우, 채권질권자와 양수인·전부채권자 사이의 관계는 대항요건의 신후에 따라 결정된다.

• 양수인이 질권자보다 우선하는 경우, 질권자는 채권질권을 취득할 수 없고, 설정자에게 질권설정 계약상의 채무불이행 책임을 물을 수밖에 없다.

• 질권자가 양수인보다 우선하는 경우, 양수인은 질권자에게 대항할 수 없고 질권의 부담 있는 채권을 양수하게 된다. 따라서 질권자에게 불리한 처분이나 변경이 발생했다고 볼 수 없어서 §352는 적용될 필요가 없다. 결국 질권자의 동의가 없었더라도 입질된 채권에 대한 채권양도 계약은 유효이다. 이 경우 양수인은 양도인 겸 채권질권 설정자에게 §576의 담보책임을 추궁할 수 있을 것으로 보인다.

> 질권의 목적인 채권의 <u>양도행위는 제352조 소정의 질권자의 이익을 해하는 변경에 해당되지 않으므로 질권자의 동의를 요하지 아니한다</u>(대법원 2005. 12. 22. 선고 2003다55059 판결).

B. 사례

(a) 사안의 개요

• 甲은 丁에 대한 금전채권을 담보하기 위해, 丁의 丙에 대한 임차보증금 반환채권에 대해 근질권을 설정했고 丙은 이를 확정일자로 승낙했다.

• 그 후 丁에 대한 채권자 乙이 위 임차보증금 반환채권에 대한 압류·전부명령을 받아 丙에게 송달되었고, 이에 丙은 乙에게 임차보증금을 반환했다.

(b) 쟁점과 판단

• 甲은 乙이 법률상 원인 없이 위 임차보증금을 수령했음을 이유로 乙에게 §741 청구를 했다.

• 그러나 1) 甲의 근질권 설정시 제3채무자인 임대인 丙으로부터 확정일자 있는 승낙을 받았으므로, 그보다 나중에 압류·전부명령을 받은 乙이 임대차보증금을 지급받았더라도 甲은 <u>여전히 丙에게 임대차보증금의 지급을 청구할 수 있으며</u>, 2) 근질권이 설정된 채권도 압류할 수 있으므로 乙의 추심이 법률상 원인 없는 것이라고는 할 수 없다. 따라서 乙이 근질권을 침해하여 부당이득을 얻었다는 甲의 주장은 이유 없다.

대법원 2022. 3. 31. 선고 2018다21326 판결

‣ 질권 설정자가 제349조 제1항에 따라 제3채무자에게 질권이 설정된 사실을 통지하거나 제3채무자가 이를 승낙한 때에는 제3채무자가 질권자의 동의 없이 질권의 목적인 채무를 변제하더라도 질권자에게 대항할 수 없고, 질권자는 여전히 제3채무자에게 직접 채무의 변제를 청구할 수 있다.

‣ 질권의 목적인 채권에 대하여 질권 설정자의 일반채권자의 신청으로 압류·전부명령이 내려진 경우에도 그 명령이 송달된 날보다 먼저 질권자가 확정일자 있는 문서에 의해 제349조 제1항에서 정한 대항요건을 갖추었다면, 전부채권자는 질권이 설정된 채권을 이전받을 뿐이고 제3채무자는 전부채권자에게 변제했음을 들어 질권자에게 대항할 수 없다.

2. 채권질권의 실행

가. 개관

(1) 전제: 담보물권 실행의 일반적인 요건 충족

(2) 실행방법 결정: 채권자의 선택

• 채권자는 §353의 직접청구권을 행사하여 제3채무자에게 직접 이행을 청구할 수 있다.

> 제353조(질권의 목적이 된 채권의 실행방법) ① 질권자는 질권의 목적이 된 채권을 직접 청구할 수 있다.

• 채권자는 민사집행법에 따른 질권 실행을 선택하여, 입질채권에 대한 압류·추심명령이나 압류·전부명령을 받을 수도 있다.

> 제354조(질권의 목적이 된 채권의 실행방법) 질권자는 전조의 규정에 의하는 외에 민사집행법에 정한 집행방법에 의하여 질권을 실행할 수 있다.

재판상 담보공탁에 있어 담보권리자(피공탁자)는 **담보물에 대하여 질권자와 동일한 권리**가 있는바, 담보권리자가 공탁공무원에게 피담보채권에 관한 확정판결 등 공탁원인사실에 기재된 피담보채권이 발생하였음을 증명하는 서면을 제출하여 공탁금에 대하여 직접 출급청구를 하는 경우, **제354조에 의해 민사집행법상 채권 집행 방법에 의하여 공탁자의 공탁금회수청구권을 압류하고 추심명령이나 확정된 전부명령**을 받

아 공탁금 출급청구를 하여 질권의 실행을 하는 방법으로 그 담보권을 실행할 수 있다 (대법원 2004. 11. 26. 선고 2003다19183 판결).

나. §353에 의한 직접청구

(1) 직접청구의 법적 성질

- 질권자가 직접청구권을 행사하는 경우, 질권자에게는 설정자의 대리인과 같은 지위가 인정된다.
- 질권자가 제3채무자로부터 추심한 재산은 피담보채권의 변제에 충당된다.

> 금전채권의 질권자가 제353조 제1항, 제2항에 의하여 자기채권의 범위 내에서 직접 청구권을 행사하는 경우 질권자는 질권 설정자의 **대리인과 같은 지위에서 입질채권을 추심하여 자기채권의 변제에 충당하고 그 한도에서 질권 설정자에 의한 변제가 있었던 것**으로 본다(대법원 2015. 5. 29. 선고 2012다92258 판결).

(2) 직접청구권 행사의 범위

A. 개관

- 질권자는 우선변제권 있는 채권액의 한도 내에서 직접청구권을 행사할 수 있다. 질권자의 우선변제권은 피담보채권의 원본뿐 아니라 부대채권에 대해서도 적용되고 약정된 피담보채권액의 범위를 넘지 않는 한 1년 이상의 지연손해금도 우선변제의 대상이 된다.
- 질권자는 입질된 채권의 원본뿐 아니라 부대채권에 대해서도 자신의 피담보채권액 한도 내에서 직접청구권을 행사할 수 있다.
- 질권자의 직접청구권 행사에 제3채무자가 불응하면 제3채무자 자신의 고유한 지연배상금이 발생한다. 이 경우 채권질권의 피담보채권에 대한 지연손해금율과 제3채무자에게 적용될 지연손해금율 중 더 작은 값이 적용된다.

B. 사례

(a) 사안의 개요

- 甲은 乙에게 1억원을 연20%의 비율로 대여하고, 乙의 丙에 대한 예금채권 5억원 중 1억 4000만원에 대해 질권을 설정했다.
- 乙이 이자는 잘 지급했으나 변제기 이후 잠적하여 2년이 경과했다. 이에 甲은 丙에게 직접지급을 청구했다.

(b) 쟁점과 판단: 甲이 丙에게 직접청구할 수 있는 가액

- 乙의 연체기간 2년에 대해 약정이자율에 의한 지연손해금을 계산하면 4000만원이고, 원금과 지연손해금을 합산하면 질권설정액 1억 4000만원에 해당한다.
- 甲이 丙에게 1억 4000만원의 직접지급을 청구했으나 丙이 이행하지 않으면, 甲은 丙에게 피담보채권의 한도인 1억 4000만원뿐 아니라 이에 대한 丙 자신의 이행지체로 인한 지연손해금도 청구할 수 있다. 이때 지연손해금율은 甲·乙간 약정이율에 기초한 연20%가 아니라 법정이자 연5%이다.

> **대법원 2005. 2. 25. 선고 2003다40668 판결**
> ‣ 채권질권의 효력은 **질권의 목적인 채권의 지연손해금 등과 같은 부대채권**에도 미치므로, 채권질권자는 **질권의 목적인 채권과 그 지연손해금채권을 피담보채권의 범위에 속하는 자기채권액에 대한 부분에 한하여 직접 추심**하여 자기채권의 변제에 충당할 수 있다.
> ‣ 피담보채권의 부대채권을 포함한 가액이 질권설정액인 19억 원에 도달하는 2002. 3. 25. 이후에는, 그 후 발생하는 피담보채권의 부대채권 상당액은 담보되지 않으므로 직접청구할 수 없으나 그 **피담보채권의 범위에 속하는 자기채권의 한도에서** 질권의 목적이 된 채권인 **19억 원의 임대차보증금에 대한 지연손해금 등의 부대채권도 직접 청구**할 수 있다고 봄이 상당하다.

(3) 직접청구에 의한 질권 실행 방법

A. 입질채권이 금전채권인 경우

- 질권자는 피담보채권의 한도 내에서 제3채무자에게 직접 지급을 청구할 수 있다.
- 피담보채권의 이행기 도래 전에 입질채권의 이행기가 도래한 경우, 질권자는 제3채무자에게 공탁을 청구할 수 있고 이때는 공탁금이 질권의 목적물이 된다.

> 제353조(질권의 목적이 된 채권의 실행방법)
> ② 채권의 **목적물이 금전**인 때에는 질권자는 자기채권의 한도에서 직접 청구할 수 있다.
> ③ **전항의 채권**의 변제기가 질권자의 채권의 변제기보다 먼저 도래한 때에는 질권자는 제삼채무자에 대하여 그 변제금액의 공탁을 청구할 수 있다. 이 경우에 질권은 그 공탁금에 존재한다.

B. 입질채권이 특정물 채권 또는 종류물 채권인 경우

• 질권자는 직접청구권을 행사하여 제3채무자로부터 받은 물건에 대해 질권을 행사할 수 있다.

> 제353조(질권의 목적이 된 채권의 실행방법) ④ 채권의 목적물이 금전 이외의 물건인 때에는 질권자는 그 변제를 받은 물건에 대하여 질권을 행사할 수 있다.

✓ 입질채권의 목적물이 물건인 경우에도 입질채권의 이행기가 먼저 도래하면 질권자는 제3채무자에게 공탁을 청구할 수 있다(§353 ③을 유추적용).

21장

저당권

21장

저당권

Ⅰ 당사자

1. 저당권자

가. 피담보채권자와 저당권자의 동일성 원칙

• 저당권자는 반드시 피담보채권자이어야 한다.

• 이에 비해 채무자뿐 아니라 제3자(물상보증인)도 저당권 설정자가 될 수 있다.

나. 사례: 저당권자와 피담보채권자의 균열

(1) 원칙

• 피담보채권자 아닌 제3자 명의로 마쳐진 저당권 설정등기는 원인무효 등기이다.

• 논거: ㉠ 저당권에 대해서도 부동산실명제법이 적용되는데, 실권리자인 실제 저당권자 아닌 제3자 명의로 마쳐진 저당권 설정등기는 저당권의 명의신탁을 원인으로 한 것이므로 부동산실명제법 §4 ①의 적용 대상이다. ㉡ 부부간 명의신탁처럼 유효한 명의신탁으로 인정되는 경우이더라도 피담보채권은 신탁자에게 저당권은 수탁자에게 분속되는 것은 수반성 원칙에 저촉된다.

> 근저당권은 채권담보를 위한 것이므로 원칙적으로 채권자와 근저당권자는 동일인이 되어야 한다(대법원 2021. 4. 29. 선고 2017다294585 판결).

(2) 예외

A. 사유

• 제3자 명의인 저당권 설정등기도 유효로 인정되려면 ㉠ 설정자·피담보채권자·저당권 명의인 간 합의에 근거하여 저당권 설정등기가 마쳐졌고 ㉡ 저당권 명의인에게도 피담보채권이 실질적으로 귀속되었다고 볼 수 있는 특별한 사정이 인

정되어야 한다.

- 이러한 특별한 사정의 예로서 ㉠ 피담보채권자가 저당권 명의인에게 피담보채권을 양도한 경우, ㉡ 피담보채권자와 설정자 사이에 저당권 명의인에게 수익권을 부여하는 제3자를 위한 계약이 체결된 경우, ㉢ 피담보채권자와 저당권 명의인이 불가분채권자인 경우 등을 들 수 있다.

근저당권은 채권담보를 위한 것이므로 원칙적으로 채권자와 근저당권자는 동일인이 되어야 하지만, **제3자를 근저당권 명의인**으로 하는 근저당권을 설정하는 경우 그 점에 대하여 **채권자와 채무자 및 제3자 사이에 합의**가 있고, 채권양도, 제3자를 위한 계약, 불가분적 채권관계의 형성 등 방법으로 채권이 그 **제3자에게 실질적으로 귀속**되었다고 볼 수 있는 경우 제3자를 근저당권자로 한 근저당권 설정등기도 유효하다(대법원 2001. 3. 15. 선고 99다48948 전원합의체 판결).

이와 같이 제3자를 근저당권자로 한 근저당권 설정등기를 유효하게 볼 수 있는 경우에는 그 근저당권 설정등기를 **부동산실명제법이 금지한 실권리자 아닌 자 명의의 등기라고 할 수 없**다(대법원 2013. 1. 16. 선고 2011다71100 판결).

B. 적용범위

- 이러한 법리는 담보 가등기(대법원 2009. 11. 26. 선고 2008다64478 판결), 전세권 설정등기(94다18508, 804면)에 대해서도 마찬가지로 적용된다.

2. 피담보채무자

가. 개관

(1) 원칙: 등기된 채무자는 실제로 피담보채무자이어야 함

(2) 예외

- 예외적으로 저당권자·등기된 채무자·실제 채무자 전원의 합의가 있으면, 실제 채무자 아닌 사람이 채무자로 등기된 저당권 설정등기도 유효이다.
- 이 경우 실제 채무자가 채권자에게 피담보채무자로서의 책임을 진다.
- 채권자 아닌 저당권자, 채무자 아닌 설정자가 동시에 등장하는 저당권 설정등기가 마쳐진 경우에도 각각에 대해 저당권 설정등기를 유효로 하는 요건이 충족되어 있으면 유효한 저당권 설정등기에 해당한다.

위의 **양자의 형태가 결합된 근저당권**이라 하여도, 그 자체만으로는 부종성의 관점에서 근저당권이 무효라고 보아야 할 어떤 질적인 차이를 가져오는 것은 아니라고 보아야 할 것이다(대법원 2001. 3. 15. 선고 99다48948 전원합의체 판결).

나. 사례

(1) 매수인의 잔대금 대출을 위해 매도인이 채무자로서 저당권을 설정한 경우

- 사안의 개요: 매수인이 대출을 받아 잔대금을 지급할 수 있게 해 주기 위해, 대출채권자를 저당권자로 매도인을 피담보채무자로 하는 저당권 설정등기가 마쳐졌다.
- 쟁점과 판단: 이러한 저당권 설정등기는 실제 채무자와 채권자, 저당권 설정자 사이의 합의가 있으므로 유효이고 이때 피담보채무자는 실제 채무자인 매수인이다.

부동산을 매수한 자가 소유권이전등기를 마치지 아니한 상태에서 매도인인 소유자의 승낙 아래 매수 부동산을 타에 담보로 제공하면서 당사자 사이의 합의로 편의상 **매수인 대신 등기부상 소유자인 매도인을 채무자**로 하여 마친 근저당권 설정등기는 실제 채무자인 **매수인의 근저당권자에 대한 채무를 담보**하는 것으로서 유효하다(대법원 2001. 3. 15. 선고 99다48948 전원합의체 판결).

(2) 명의수탁자의 저당권설정

A. 사안의 개요

- 乙은 자신이 소유한 X부동산을 丙에게 명의신탁했는데, 丙은 X부동산에 대해 甲 명의 근저당권 설정등기를 마쳤다.
- 甲·丙 간에는 실제 피담보채무는 乙의 甲에 대한 채무이고 피담보채무자 명의만 丙으로 하는 것에 대한 합의가 있었다.

B. 쟁점과 판단

- 명의신탁에서 수탁자의 처분행위는 신탁자의 동의가 없었더라도 유효이다. 따라서 실제 채무자 乙의 동의 여부와 무관하게 甲·丙간 근저당권 설정계약은 유효이다.
- 다만 甲에 대한 실제 피담보채무자는 丙이 아니라 乙이라고 보아야 한다.

대법원 2010. 6. 24. 선고 2010다17840 판결
- 근저당권 설정계약 당시 근저당권설정자와 근저당권자 사이에 그 피담보채무와 채무자 등을 지정함에 관한 <u>의사가 합치된 경우</u>에는 비록 이로써 지정된 **실제 채무자**

와 근저당권 설정계약서·등기부상의 채무자가 **다르다**고 하더라도 그 근저당권 설정계약에 기해 경료된 근저당권 설정등기는 유효하고, 그 근저당권의 **피담보채무**는 근저당권 설정계약서·등기부상 등재된 채무자의 채무가 아닌 **실제 채무자**의 그 것으로 보아야 한다.

- **명의수탁자의 제3자에 대한 처분행위는 원칙적으로 유효**하므로, 신탁자의 동의 여부와 이 사건 근저당권 설정등기의 유·무효 및 피담보채무 특정과는 아무런 관련이 없다.
- 근저당권설정자 丙과 근저당권자 겸 채권자 甲이 근저당권 설정계약을 체결함에 있어 그 근저당권에 의하여 담보되는 피담보채무를 乙의 甲에 대한 채무로 지정하기로 **의사가 합치**되었으나 근저당권 설정계약서상의 채무자를 등기부상 소유자로 등재되어 있던 수탁자 丙으로 기재하였을 뿐이므로, 위 근저당권 설정계약에 기해 경료된 근저당권 설정등기는 유효하고, 그 근저당권의 피담보채무는 설정계약서나 등기부상 채무자로 등재된 丙이 아니라 乙의 채무이다.

Ⅱ 저당권의 성립과 소멸

1. 성립

- 저당권은 저당권 설정계약과 이를 반영한 저당권 설정등기로 성립한다.
- 저당권 설정계약에 대해서는 계약법의 일반 일반 법리가 적용되고, 저당권 설정등기에 대해서는 부동산 등기에 관한 일반 법리가 적용된다.

2. 소멸

가. 절대적 소멸

(1) 사유

A. 담보물권의 일반적 소멸사유

- 피담보채권이 소멸하면 저당권은 소멸한다(부종성). 부종성으로 인한 담보물권 소멸은 법률의 규정에 의한 물권 변동이므로 저당권 설정등기가 남아 있어도 원인무효 등기이다. 담보물권이 부종성으로 인해 소멸하는 것은 §369의 규정에 의한 물권변동이기 때문이다(§187).

> 제369조(부종성) 저당권으로 담보한 채권이 시효의 완성 기타 사유로 인하여 소멸한 때에는 저당권도 소멸한다.

- 비교: 저당물의 멸실은 저당권 소멸사유가 아니다. 물상대위가 인정되기 때문이다.

B. 저당권에 고유한 소멸사유: 경매

- 저당물에 대한 경매가 실행되면 저당권은 소멸하고, 저당권자는 배당절차에서 우선변제를 받을 수 있을 뿐이다.
- 저당권자보다 후순위자인 권리자나 일반채권자의 신청에 의해 경매가 실행되더라도 마찬가지이다.

> 민사집행법 제91조(인수주의와 잉여주의의 선택 등) ② 매각부동산 위의 모든 저당권은 매각으로 소멸된다.

C. 사례: 저당권 설정등기의 불법 말소

(a) 개관

- 등기는 물권의 성립요건이지 존속요건은 아니므로 저당권 설정등기 말소등기가 원인무효이면 저당권은 그대로 유지되고, 저당권자는 회복등기를 할 수 있다.
- 따라서 저당권의 불법 말소 사실만으로는 저당권자에게 저당권 상실로 인한 손해가 발생하지 않는다.

> 등기는 물권의 효력 발생 요건이고 존속 요건은 아니어서 등기가 원인 없이 말소된 경우에는 그 물권의 효력에 아무런 영향이 없고, 그 회복등기가 마쳐지기 전이라도 말소된 등기의 등기명의인은 적법한 권리자로 추정되며, 그 회복등기 신청절차에 의하여 말소된 등기를 회복할 수 있으므로, 근저당권설정등기가 불법행위로 인하여 원인 없이 말소되었다 하더라도 말소된 근저당권설정등기의 등기명의인이 곧바로 근저당권 상실의 손해를 입게 된다고 할 수는 없다(대법원 2010. 2. 11. 선고 2009다68408 판결).

(b) 회복등기를 마치지 못한 저당권자의 보호

- 저당물에 대한 경매절차가 진행된 경우, 저당권자는 아직 회복등기를 마치지 못했더라도 배당기일에 출석하여 이의를 제기하고 배당이의 소송을 제기하여 구제받을 수 있다.

등기는 물권의 효력 발생 요건이고 존속 요건은 아니어서 등기가 원인 없이 말소되거나 그 이전등기가 무효인 경우 그 물권의 효력에 아무런 영향이 없고, 그 회복등기가 마쳐지기 전이라도 말소된 등기 또는 종전 등기의 등기명의인은 적법한 권리자로 추정된다. 따라서 근저당권 설정등기가 위법하게 말소되어 아직 회복등기를 경료하지 못하였거나 또는 근저당권 이전 부기등기가 무효임에도 그 부기등기가 말소되지 않은 연유로 그 부동산에 대한 경매절차의 배당기일에서 피담보채권액에 해당하는 금액을 배당받지 못한 근저당권자는 **배당기일에 출석하여 이의를 하고 배당이의의 소를 제기**하여 구제를 받을 수 있다(대법원 2019. 8. 30. 선고 2019다206742 판결).

- 배당절차가 종료되면 유효한 저당권도 소멸하므로 ㉠ 원인 없이 말소된 저당권 설정등기 명의인은 더 이상 회복등기나 이에 대한 승낙 의사표시를 구할 법률상 이익을 가지지 못하지만, ㉡ 배당받은 후순위 담보권자나 일반채권자 등에게 §741청구를 할 수 있다. 배당이 실체법상 권리를 확정시키는 것은 아니기 때문이다. ㉢ 타인의 위법행위로 인해 저당권이 소멸한 경우, 저당권자는 우선변제 받을 수 있었던 피담보채권액을 상실하는 손해를 입었으므로 §750의 손해배상청구를 할 수 있다. 한편 위 ㉠은 원인 없이 가압류등기가 마쳐진 경우에도 마찬가지로 적용된다(대법원 2017. 1. 25. 선고 2016다28897 판결).

대법원 2014. 12. 11. 선고 2013다28025 판결

‣ 부동산에 관하여 근저당권설정등기가 마쳐졌다가 그 등기가 위조된 관계서류에 기하여 아무런 원인 없이 말소되었다는 사정만으로는 곧바로 근저당권이 소멸하는 것은 아니지만, 부동산이 경매절차에서 매각되면 그 매각부동산에 존재하였던 저당권은 당연히 소멸하는 것이므로 근저당권설정등기가 원인 없이 말소된 이후 그 근저당목적물인 부동산에 관하여 다른 근저당권자 등 권리자의 신청에 따라 경매절차가 진행되어 매각허가결정이 확정되고 매수인이 매각대금을 완납하였다면, 원인 없이 말소된 근저당권도 소멸한다.

‣ 따라서 원인 없이 말소된 근저당권설정등기의 회복등기절차 이행과 그 회복등기에 대한 승낙의 의사표시를 구하는 소송 도중에 매각허가결정이 확정되고 매수인이 매각대금을 완납하였다면 그 매각부동산에 설정된 근저당권은 당연히 소멸하므로, 더 이상 원인 없이 말소된 근저당권설정등기의 회복등기절차 이행이나 그 회복등기에 대한 승낙의 의사표시를 구할 법률상 이익이 없게 된다.

저당권자가 배당기일에 출석하지 않음으로써 배당표가 확정되었다고 하더라도, <u>확정</u>
<u>된 배당표에 의하여 배당을 실시하는 것은 실체법상의 권리를 확정하는 것이 아니기</u>
때문에 배당받은 자에 대하여 **부당이득반환 청구**로서 그 배당금의 한도 내에서 그 근
저당권 설정등기가 말소되지 아니하였더라면 배당받았을 금액의 지급을 구할 수 있
다(대법원 2002. 10. 22. 선고 2000다59678 판결).

<u>타인의 불법행위로 인하여 근저당권이 소멸되는 경우</u>에 있어 근저당권자로서는 근저
당권이 소멸하지 아니하였더라면 그 실행으로 피담보채무의 변제를 받았을 것임에도
불구하고 근저당권의 소멸로 말미암아 이러한 변제를 받게 되는 권능을 상실하게 되
는 것이므로, <u>그 근저당권의 소멸로 인한 근저당권자가 입게 되는 손해는</u> 특별한 사정
이 없는 한 위 부동산의 가액 범위 내에서 채권최고액을 한도로 하는 피담보채권액이
라 할 것이다(대법원 2010. 7. 29. 선고 2008다18284 판결).

(2) 효과

• 저당권의 절대적 소멸 사유가 충족되면 저당권은 즉시 소멸한다.
• 저당권이 소멸하면 저당권 설정등기는 원인무효 등기가 된다.

나. 상대적 소멸(저당권의 이전)

(1) 개관

A. 수반성 원칙

제361조(저당권의 처분제한) 저당권은 그 담보한 채권과 분리하여 타인에게 양도하
거나 다른 채권의 담보로 하지 못한다.

• 의미: 피담보채권이 원래의 채권자 아닌 사람에게 이전되면 저당권도 이에 수반
하여 새 채권자에게 귀속되어야 한다.
• 수반성이 적용되기 위한 추가 요건: ㉠ 저당권 이전의 원인행위는 피담보채권 양
도인·양수인 간에만 있으면 되고 이에 대한 설정자의 동의는 필요 없다. ㉡ 그러
나 피담보채권의 이전의 원인이 법률행위인 경우에는 §450·§186가 적용된다. 따
라서 채권양도의 대항요건뿐 아니라 저당권 이전의 부기등기까지 마쳐야 한다.

대법원 2022. 1. 14.자 2019마71 결정

- 저당권은 피담보채권과 분리하여 양도하지 못하는 것이어서 저당권부 채권의 양도는 언제나 저당권의 양도와 채권양도가 결합되어 행해지므로 저당권부 채권의 양도는 **부동산물권 변동에 관한 규정과 채권양도에 관한 규정**에 의해 규율된다.
- 저당권의 양도에 있어서도 물권 변동의 일반원칙에 따라 저당권을 이전할 것을 목적으로 하는 물권적 합의와 등기가 있어야 저당권이 이전된다고 할 것이나, 이 때의 물권적 합의는 저당권의 양도·양수받는 당사자 사이에 있으면 족하고 그 외에 그 채무자나 물상보증인 사이에까지 있어야 하는 것은 아니라 할 것이고, 단지 채무자에게 채권양도의 통지나 이에 대한 채무자의 승낙이 있으면 채권양도를 가지고 채무자에게 대항할 수 있게 되는 것이다.
- 저당권의 피담보채권 양도는 언제나 저당권의 양도와 채권양도가 결합되어 행해지므로, 저당권의 피담보채권 양도는 제186조에서 정한 부동산물권 변동에 관한 규정과 제449조 내지 452조에서 정한 채권양도에 관한 규정에 따라 규율된다. 따라서 저당권은 물권 변동의 일반원칙에 따라 저당권을 이전할 것을 목적으로 하는 물권적 합의와 등기가 있어야 이전되나, 이때의 **물권적 합의는 저당권을 양도·양수받는 당사자 사이에 있으**면 족하고 그 외에 그 채무자나 물상보증인 사이에까지 있어야 하는 것은 아니라 할 것이고, 단지 채무자에게 채권양도의 통지나 이에 대한 채무자의 승낙이 있으면 채권양도를 가지고 채무자에게 대항할 수 있다.

B. 수반성에 대한 예외

(a) 개관

- 수반성은 당사자의 합리적인 의사를 추정한 것에 불과하며 임의법규에 의한 보충적 해석에 근거한다(§100 ②). 따라서 당사자의 명시적 의사가 있으면 피담보채권만 분리·양도하는 것은 가능하다. 다만 피담보채권만 양도 대상이고 저당권은 양도 대상이 아니라는 사실을 주장하는 당사자가 이에 대한 증명책임을 진다.
✓ 이에 비해 저당권만 분리 양도하는 것은 불가능하다. 피담보채권과 분리되면 저당권은 당연 소멸하고 저당권 설정등기는 원인무효 등기가 된다. 따라서 저당권만 분리·양도하기로 하는 계약은 원시적 불능이라고 보아야 한다.

대법원 2017. 9. 21. 선고 2017다17207 판결

- **담보권의 수반성**이란 피담보채권의 처분이 있으면 **언제나 담보권도 함께 처분된다는 것이 아니라** 담보권 제도의 존재 목적에 비추어 볼 때 특별한 사정이 없는 한 피

담보채권의 처분에는 담보권의 처분도 포함된다고 보는 것이 합리적이라는 것일 뿐이다.

　‣ 따라서 피담보채권의 처분에도 불구하고 담보권 처분이 따르지 않는 **특별한 사정이 있는 경우에는 채권양수인은 담보권이 없는 무담보의 채권을 양수**한 것이 되고 채권의 처분에 **따르지 않은 담보권은 소멸**하나, 담보권이 소멸하였다고 주장하는 사람이 그 **특별한 사정의 존재에 대한 증명책임**을 진다.

(b) 수반성이 배제된 경우의 효과

• 피담보채권만 분리·양도되면 양수인은 피담보채권만 취득하고 담보물권은 취득하지 못하므로 무담보권자가 된다

• 피담보채권과 분리된 담보물권은 존속할 수 없으므로, 담보물권은 부종성 원칙에 따라 소멸하고 담보권 설정등기는 원인무효 등기가 된다.

　‣ **피담보채권인 이 사건 대여금 채권의 처분이 있음에도 불구하고 이 사건 가등기의 처분이 따르지 않은 특별한 사정의 존재에 대한 주장·증명 책임은 이 사건 가등기의 담보권이 소멸되었다고 주장하는 원고에게** 있고, 그러한 주장·증명이 없으면 이 사건 대여금 채권의 처분에 이 사건 가등기의 담보권의 처분도 포함되었다고 보는 것이 합리적이다. 그럼에도 원심이 이러한 특별한 사정이 있다는 점에 대한 증명이 없다고 인정하면서도 이 사건 가등기의 담보권이 소멸하였다고 판단한 것은 잘못이다(대법원 2017. 9. 21. 선고 2017다17207 판결).

(2) 사례: 저당권부 채권에 대한 양도·(가)압류·입질

A. 저당권부 채권의 양도

(a) 채권양도의 대항요건만 갖춰지고 저당권 이전 부기등기는 마쳐지지 않은 경우

• 수반성이 동시 이전의 필요성을 의미하는 것은 아니므로, 분리·양도 특약이 증명된 경우가 아닌 한 채권양도의 대항요건이 갖추어진 후에 마쳐진 저당권 이전 부기등기도 유효이고 그때 저당권도 채권양수인에게 이전된다.

• 피담보채권이 양도된 후 양수인 명의 부기등기가 마쳐지기 전까지 피담보채권 양도인 명의로 남아 있는 저당권 설정등기가 원인무효 등기로 되는 아니다. 그렇지만 피담보채권 양도인이 이 등기를 근거로 배당이의 소송을 제기할 수는 없다.

✓ 그러나 피담보채권만 양도되면 부종성 원리에 따라 저당권은 일단 소멸하지만 무효등기 유용의 법리에 따라 부활한다고 보는 것이 더 설득력이 있을 것이다. 만약 피담보채권이 甲에게서 乙에

게로 이전된 후 乙명의 부기등기가 마쳐지기 전에 등기부에 이해관계 있는 제3자인 丙이 등장한 경우, 사견에 의하면 乙은 丙에게 대항할 수 없지만 판례에 의하면 乙은 丙에게 대항할 수 있을 것으로 보인다는 점에서 차이가 있다.

> **대법원 2003. 10. 10. 선고 2001다77888 판결**
> - **피담보채권과 저당권을 함께 양도하는 경우에 채권양도는 당사자 사이의 의사표시만으로 양도의 효력이 발생하지만 저당권이전은 이전등기**를 하여야 하므로 채권양도와 저당권이전등기 사이에 어느 정도 시차가 불가피한 이상 피담보채권이 먼저 양도되어 일시적으로 피담보채권과 저당권의 귀속이 달라진다고 하여 저당권이 **무효로 된다고 볼 수는 없**으므로 이 점에서 원심이 피담보채권의 양도로 인하여 이 사건 근저당권이 소멸한다고 볼 수 없다고 판단한 것은 수긍할 수 있다.
> - 그러나 등기부상 근저당권 명의인인 원고가 그 피담보채권의 변제를 수령할 수 있음을 전제로 원고의 이 사건 배당이의소송 청구를 인용한 원심의 판단은 수긍할 수 없다. 원고 명의의 이 사건 근저당권은 그 피담보채권의 양수인인 참가인에게 이전되어야 할 것에 불과하고, <u>원고는 피담보채권을 양도하여 결국 피담보채권을 상실한 셈이므로, 집행채무자로부터 변제를 받기 위하여 배당표에 자신에게 배당하는 것으로 배당표의 경정을 구할 수 있는 지위에 있다고 볼 수 없다.</u>

(b) 채권양도의 대항요건을 갖추기 전에 저당권 이전 부기등기만 마쳐진 경우
- 대항요건주의의 본질상 채권양도의 효력 자체는 인정된다. 따라서 양수인은 실체법상 채권자이지만 양수인과 양립할 수 없는 지위에 있는 제3자에게 대항할 수 없을 뿐이다.
- 채권양도의 대항요건 충족이 담보권실행경매 개시의 요건은 아니기 때문에, 대항요건을 갖추지 않은 양수인 겸 저당권 명의인도 저당권자로서 적법하게 담보권실행경매 신청을 할 수 있다.
- 다만 경매개시 결정에 대한 불복 절차에서는 신청채권자인 양수인이 §450의 대항요건을 충족했음이 증명되어야만 한다.

> **대법원 2014. 12. 2. 자 2014마1412 결정**
> - 채권양도에 있어서 채권의 **양도 자체는 양도인과 양수인 간의 의사표시만으로 이루어**지고, 대항요건을 갖추지 아니한 양수인은 채무자 또는 제3자에게 채권을 주장할 수 없을 뿐이며, 담보권실행을 위한 경매의 개시 요건으로서 집행법원은 담보권

의 존재에 관해서 위 서류의 한도에서 심사를 하며, 그 밖의 <u>실체법상의 요건은 신</u>
<u>청서에 기재하도록 하는 데 그치고</u>, 담보권실행을 위한 경매절차의 개시요건으로
서 이를 증명하도록 요구하고 있지 않다.

    ‣ 따라서 **피담보채권을 저당권과 함께 양수한 자는 저당권이전의 부기등기를 마치고**
      저당권실행의 요건을 갖추고 있는 한 채권양도의 대항요건을 갖추고 있지 아니하
      더라도 경매신청을 할 수 있으며, 이 경우에 경매개시결정을 할 때에 피담보채권의
      양수인이 채무자에 대한 채권양도의 대항요건을 갖추었다는 점을 <u>증명할 필요는</u>
      <u>없지만</u>, 적어도 그와 같은 사유는 <u>경매개시결정에 대한 이의나 항고절차에서는 신</u>
      <u>청채권자가 증명하여야 한다</u>

- 후순위 저당권자는 선순위 저당권의 피담보채권 양도 여부에 따라 자신의 이해
관계에 영향을 받지 않는다. 따라서 §450의 대항요건주의가 적용되는 제3자가 아
니다.

    <u>채권양도의 대항요건의 흠결의 경우 채권을 주장할 수 없는 채무자 이외의 제3자는</u>
    양도된 채권 자체에 관하여 <u>양수인의 지위와 양립할 수 없는 법률상 지위를 취득한 자</u>
    <u>에 한하므로</u>, <u>선순위의 근저당권부채권을 양수한 채권자보다 후순위의 근저당권자는</u>
    채권양도의 대항요건을 갖추지 아니한 경우 **대항할 수 없는 제3자에 포함되지 않는다**
    (대법원 2005. 6. 23. 선고 2004다29279 판결).

B. 저당권부채권에 대한 (가)압류와 부종성·수반성

- 저당권부 채권에 대한 (가)압류가 집행되면 수반성을 반영하여 저당권 설정등기
에 대한 부기등기로 피담보채권 (가)압류의 취지가 공시된다.
- 저당권부 채권이 존재하지 않거나 전부명령으로 소멸하면 부종성을 반영하여 저
당권 설정등기는 물론 이에 대한 (가)압류 부기등기도 원인무효가 되므로, 집행
채권자는 저당권 설정등기 말소등기에 대한 승낙 의사표시를 할 의무를 진다.

    근저당권이 있는 **채권이 가압류**되는 경우, 근저당권 설정등기에 부기등기의 방법으
    로 그 피담보채권의 가압류사실을 기입등기하는 목적은 근저당권의 피담보채권이
    가압류되면 담보물권의 <u>수반성에 의하여 종된 권리인 근저당권에도 가압류의 효력</u>
    <u>이 미치게 되어 피담보채권의 가압류를 공시하기 위한 것이므로</u>, 만일 근저당권의 피
    <u>담보채권이 존재하지 않는다면 그 가압류명령은 무효라고 할 것이고</u>, 근저당권을 말
    소하는 경우에 가압류권자는 등기상 이해관계 있는 제3자로서 **근저당권의 말소에 대**

한 승낙의 의사표시를 하여야 할 의무가 있다(대법원 2004. 5. 28. 선고 2003다70041 판결).

C. 피담보채권의 입질(2016다235411, 872면 이하)

III 저당권의 효력이 미치는 범위

1. 피담보채권

가. 개관

> 제360조(피담보채권의 범위) 저당권은 원본, 이자, 위약금, 채무불이행으로 인한 손해배상 및 저당권의 실행비용을 담보한다. 그러나 지연배상에 대하여는 원본의 이행기일을 경과한 후의 1년분에 한하여 저당권을 행사할 수 있다.

(1) 피담보채권의 범위

- 저당권의 피담보채권에는 원본뿐 아니라 이자, §390 손해배상금, 위약금, 저당권의 실행 비용도 포함된다. §360의 위약금에는 손해배상액 예정뿐 아니라 위약벌도 포함되는 것으로 해석된다(§398 ④ 참조).
- 손해배상금 중 지연손해금에 대해서는 1년분에 한하여 저당권자로서의 우선변제권을 행사할 수 있다.

(2) 사례: §360 단서의 적용범위

- 인적 적용범위: 채무자 이외의 제3자에 대해서만 적용된다. 채무자에 대해서는 불가분성이 적용되기 때문이다.

> 저당권의 피담보채무의 범위에 관하여 제360조가 지연배상에 대하여는 원본의 이행기일을 경과한 후의 1년분에 한하여 저당권을 행사할 수 있다고 규정하고 있는 것은 **저당권자의 제3자에 대한 관계에서의 제한**이며 채무자나 저당권설정자가 저당권자에 대하여 대항할 수 있는 것이 아니다(대법원 1992. 5. 12. 선고 90다8855 판결).

- 객관적 적용범위: 양도담보·가등기담보의 경우 §360 단서는 ㉠ 가등기담보법이 적용되지 않는 사안에 대해서는 유추 적용되고 ㉡ 가등기담보법이 적용되는 사

안에 대해서는 가등기담보법 §3에 의해 준용된다.

위의 판시 내용은 **제360조가 양도담보의 경우에 준용된다고 하여도 마찬가지로 해석**하여야 할 것인 만큼, 이 사건에 있어 채무자인 원고가 양도담보권자인 피고에 대하여 제360조에 따른 피담보채권의 제한을 주장할 수는 없다(대법원 1992. 5. 12. 선고 90다8855 판결).

가등기담보법 제3조(담보권 실행의 통지와 청산기간) ② 제1항에 따른 청산금 통지에는 통지 당시의 담보목적 부동산의 평가액과 「민법」 제360조에 규정된 채권액을 밝혀야 한다.

나. 불가분성(§370, §321 준용)

2. 객체: 저당물의 범위

가. 개관

- 저당권의 목적물은 저당권 설정등기 대상인 부동산 자체인 것이 원칙이다.
- 다만 저당물로부터 발생하는 과실이나 저당물에 대한 부합물·종물이 있는 경우, 이들에 대해서도 저당권의 효력이 미치는지가 문제된다.

나. 저당물의 부합물·종물

(1) 개관

A. 원칙

제358조(저당권의 효력의 범위) 본문: 저당권의 효력은 저당부동산에 부합된 물건과 종물에 미친다.

- 저당물인 부동산 자체뿐 아니라 그 부합물이나 종물에 대해서도 법정 요건이 충족되면 저당권의 효력이 미친다.
- 부합물·종물인지의 여부는 일반 법리에 따라 결정되고 경매 절차에서 부합물·종물로 전제되었는지의 여부와 무관하다. 예컨대 부합물·종물에 해당하지 않는 물건이 경매 절차에서 부합물·종물인 것처럼 다루어졌더라도 매수인은 그 물건을 취득할 수 없고, 반대로 경매절차에서 파악되지 않은 부합물·종물이더라도 매수인은 그 소유권을 취득한다.

저당권은 법률에 특별한 규정이 있거나 설정행위에 다른 약정이 있는 경우를 제외하고 그 저당 부동산에 부합된 물건과 종물 이외에까지 그 효력이 미치는 것이 아니라 할 것이므로, 토지에 대한 경매절차에서 그 지상 건물을 토지의 부합물 내지 종물로 보아 경매법원에서 저당 토지와 함께 경매를 진행하고 경락허가를 하였다고 하여 그 건물의 소유권에 변동이 초래될 수 없는 것이다(대법원 1997. 9. 26. 선고 97다10314 판결).

건물의 증축 부분이 기존건물에 부합하여 기존건물과 분리하여서는 별개의 독립물로서의 효용을 갖지 못하는 이상 기존건물에 대한 근저당권은 제358조에 의하여 부합된 증축 부분에도 효력이 미치는 것이므로 기존건물에 대한 **경매절차에서 경매목적물로 평가되지 아니하였다고 할지라도 경락인은 부합된 증축 부분의 소유권을 취득**한다(대법원 2002. 10. 25. 선고 2000다63110 판결).

• 부합물·종물이 저당권 설정 이후에 발생했더라도 저당권의 효력이 미친다(지원림, 3-372b).
• 저당권 설정 이후에 부합물·종물에 대해 매수인과 양립할 수 없는 권리를 취득한 자는 매수인에게 그 권리로 대항할 수 없다.

건물에 설치된 통신설비는 과다한 비용을 들이지 않고도 분리할 수 있고, 분리하더라도 독립한 동산으로서 가치를 지니지만 건물이 효용과 기능을 다하기에 필요불가결한 시설들로서, 이 사건 건물의 상용에 제공된 종물이라 할 것이고, 부동산의 종물은 주물의 처분에 따르고, 저당권은 그 목적 부동산의 종물에 대하여도 그 효력이 미치기 때문에, 저당권의 실행으로 개시된 경매절차에서 부동산을 경락받은 자는 종물의 소유권을 취득하고, 그 저당권이 설정된 이후에 종물에 대하여 강제집행을 한 자는 위와 같은 경락인과 그 승계인에게 강제집행의 효력을 주장할 수 없다(대법원 1993. 8. 13. 선고 92다43142 판결).

• 종물뿐 아니라 종된 권리에 대해서도 §358가 유추 적용된다. 예컨대 경매절차에서 저당물인 건물의 소유권을 취득한 매수인은 이 건물을 위한 법정지상권도 함께 취득한다.

저당권의 효력은 저당부동산에 부합된 물건과 종물에 미친다는 제358조 본문을 유추하여 보면 건물에 대한 저당권의 효력은 그 건물에 종된 권리인 건물의 소유를 목적으로 하는 지상권에도 미치게 되는 것이므로 건물에 대한 저당권이 실행되어 경락인이 그 건물의 소유권을 취득하였다면 경락 후 건물을 철거한다는 등의 매각조건에서 경매되었다는 등 특별한 사정이 없는 한 경락인은 건물 소유를 위한 지상권도 제187조의 규정에 따라 등기 없이 당연히 취득한다(대법원 1996. 4. 26. 선고 95다52864 판결).

B. 예외

> 제358조(저당권의 효력의 범위) 단서: 그러나 법률에 특별한 규정 또는 설정행위에 다른 약정이 있으면 그러하지 아니하다.

(a) 사유
- 특약: 부합물·종물을 저당권의 객체에서 제외하기로 하는 특약은 유효이지만 등기해야 효력이 인정된다(부동산등기법 §75 ① 7호).
- 법률: 저당물 소유자 아닌 제3자가 적법한 권원에 기해 부속시킨 물건은 저당물에 부합되지 않는다(§256 단서).

(b) 효과
- §358 단서가 적용되면, 부합물·종물에 대해서는 저당권의 효력이 미치지 않는다. 따라서 매수인은 그 소유권을 취득하지 못한다.
- 다만 부합물·종물이 동산이면 매수인은 동산 선의취득을 주장할 수 있다(2007다36933, 901면).

(2) 사례: 제3자가 소유한 물건과 저당권의 효력

A. 사안의 개요
- 乙소유 X부동산에 대해 적법한 저당권 실행경매 절차가 진행되어 매수인 甲이 X부동산의 소유권을 취득했다.
- X부동산에는 X부동산 임차인 丙이 Y동산을 설치해 둔 상태였는데, 甲이 Y동산의 소유권도 취득했는지가 문제된다.

B. 쟁점과 판단

(a) 강한 부합이 인정되는 경우
- Y동산에 대해서도 저당권의 효력이 미치기 때문에 매수인 甲은 Y동산의 소유권도 취득한다.
- 丙은 부당이득반환청구를 할 수 있을 뿐인데(§261), 그 상대방은 실질적으로 이득

을 얻은 자인 채무자 乙이라고 보아야 한다(이른바 '카고펌프사건'에 대한 2012다 19659, 977면).

> 부동산에 부합된 물건이 사실상 분리복구가 불가능하여 거래상 **독립한 권리의 객체성을 상실**하고 그 부동산과 일체를 이루는 부동산의 구성부분이 된 경우에는 타인이 **권원에 의하여 이를 부합시켰더라도 그 물건의 소유권은 부동산의 소유자**에게 귀속된다(대법원 2008. 5. 8. 선고 2007다36933 판결).

(b) 약한 부합이 인정되거나, Y동산이 X부동산의 상용에 공하는 물건인 경우

- 원칙: 어떤 경우이건 저당권의 효력이 미치지 않는다. 약한 부합의 경우에는 §256 단서에 의해 §358의 적용이 배제되고, 주물 소유자 아닌 사람이 소유한 물건이면 종물이 될 수 없기 때문이다(§100 ①).
- 예외: 경매물건명세서에 부합물·종물로 기재되어 있었고 매수인 甲의 선의·무과실이 인정되면 甲은 선의취득으로 Y동산의 소유권을 취득할 수 있다.

> 부동산의 상용에 공하여진 물건일지라도 그 물건이 <u>부동산의 소유자가 아닌 다른 사람의 소유인 때에는 이를 종물이라고 할 수 없으므로</u> 부동산에 대한 저당권의 효력에 미칠 수 없어 부동산의 낙찰인이 당연히 그 소유권을 취득하는 것은 아니며, 나아가 부동산의 낙찰인이 그 물건을 <u>선의취득하였다고 할 수 있으려면 그 물건이 경매의 목적물로 되었고 낙찰인이 선의이며 과실 없이 그 물건을 점유하는 등으로 선의취득의 요건을 구비하여야 한다</u>고 할 것이다(대법원 2008. 5. 8. 선고 2007다36933 판결).

다. 압류등기 후 발생하는 과실

(1) 개관

> **제359조(과실에 대한 효력)** 저당권의 효력은 저당부동산에 대한 압류가 있은 후에 저당권설정자가 그 부동산으로부터 수취한 과실 또는 수취할 수 있는 과실에 미친다. 그러나 저당권자가 그 부동산에 대한 소유권, 지상권 또는 전세권을 취득한 제삼자에 대하여는 압류한 사실을 통지한 후가 아니면 이로써 대항하지 못한다.

- 저당권이 설정되더라도 저당물에 대한 사용·수익권은 설정자에게 남겨지는 것이 원칙이다.
- 그러나 저당물에 대한 경매절차가 개시되어 저당물이 압류되면 그 후 발생하는 과실에는 저당권의 효력이 미친다. 채무자가 더 많은 과실을 수취하기 위해 고의

로 경매절차를 지연시키는 것을 방지하기 위해서이다.

(2) 사례: 저당물에 임차인이 있는 경우

A. 개관

• §359는 법정과실에 대해서도 적용되므로 저당물로부터 발생하는 차임채권에 대해서도 저당권의 효력이 미진다.

• 다만 저당물에 대한 압류의 효력은 그 과실인 차임채권에 미치지 않으므로, 저당권자가 §359의 효력을 주장하려면 차임채권에 대한 압류를 마쳐야 한다(민사집행법 §273 이하).

• 다만 임대차 보증금이 지급된 사안에서 임대차 목적물에 대한 저당권자가 저당권 설정자인 임대인의 차임채권에 대한 압류를 마쳤더라도, 이것만으로는 임대차 보증금에서 연체차임이 당연공제되는 효과를 저지할 수 없다.

B. 연습

• 甲은 乙소유 X건물에 대한 저당권자이고 乙은 X건물을 丙에게 보증금 1억원 차임 월100만원으로 임대했다.

• 이 경우 ㉠ 甲이 X건물뿐 아니라 乙의 丙에 대한 차임채권도 압류해야 §359를 근거로 차임에 대한 우선변제권을 행사할 수 있다. ㉡ 그러나 甲이 차임채권을 압류했더라도 丙이 甲에게 차임 상당액을 직접 지급하거나 공탁하지 않는 한 丙이 乙에게 지급하지 않은 연체차임 상당액이 보증금에서 당연공제되는 것을 저지할 수는 없다.

> **대법원 2016. 7. 27. 선고 2015다230020 판결**
>
> • 제359조의 '과실'에는 천연과실뿐만 아니라 **법정과실도 포함**된다고 할 것이므로, 저당부동산에 대한 압류가 있으면 그 압류 이후의 저당권설정자의 <u>저당부동산에 관한 차임채권 등에도 저당권의 효력이 미친다.</u> 다만, 저당부동산에 대한 경매절차에서 저당부동산에 관한 차임채권 등을 관리하면서 이를 추심하거나 저당부동산과 함께 매각할 수 있는 제도가 마련되어 있지 아니하므로, 저당권의 효력이 미치는 <u>차임채권 등에 대한 저당권의 실행이 저당부동산에 대한 경매절차에 의하여 이루어질 수는 없고,</u> 그 저당권의 실행은 저당권의 효력이 존속하는 동안에 채권에 대한 담보권의 실행에 관하여 규정하고 있는 **민사집행법 제273조에 따른 채권집행의 방법으로 저당부동산에 대한 경매절차와 별개**로 이루어질 수 있을 뿐이다.

・따라서 보증금이 수수된 저당부동산에 관한 임대차계약이 저당부동산에 대한 경매로 종료되었는데, 저당권자가 차임채권 등에 대하여는 민사집행법 제273조에 따른 채권집행의 방법으로 ㉠ 별개로 **저당권을 실행하지 아니한 경우에** 저당부동산에 대한 압류의 전후와 관계없이 임차인이 연체한 차임 등의 상당액이 임차인이 배당받을 보증금에서 당연히 공제됨은 물론, 저당권자가 차임채권 등에 대하여 위와 같은 방법으로 ㉡ **별개로 저당권을 실행한 경우에도** 그 채권집행 절차에서 **임차인이 실제로 그 차임 등을 지급하거나 공탁하지 아니하였다면 잔존하는 차임채권 등의 상당액은 임차인이 배당받을 보증금에서 당연히 공제**된다.

3. 저당권의 목적물에 관한 특칙: 물상대위

가. 물상대위의 요건

> 제342조(물상대위) 질권은 질물의 멸실, 훼손 또는 공용징수로 인하여 질권 설정자가 받을 금전 기타 물건에 대하여도 이를 행사할 수 있다. 이 경우에는 그 지급 또는 인도 전에 압류하여야 한다.

> 제370조(준용규정) 제342조의 규정은 저당권에 준용한다.

(1) 담보물의 멸실과 이로 인한 설정자의 채권 취득

・담보물이 멸실되었으나 이로 인해 설정자에게 채권이 발생했고 이 채권이 담보물의 가치변형물이라고 볼 수 있는 경우, 담보물권자는 이 채권에 대해서도 우선변제권을 행사할 수 있다.
・설정자에게 담보물 멸실에 대한 귀책사유가 없어도 물상대위가 인정된다. 담보물권은 원래 담보물의 교환가치를 배타적으로 지배하는 권리이기 때문이다.

(2) 압류

A. 취지

・원래의 담보물은 특정되고 담보물권의 목적물임이 공시되지만, 담보물의 가치변형물인 채권에 대해서는 특정과 공시가 모두 이루어지지 않은 상태이다. 따라서 담보물권자가 물상대위권을 행사하려면 물상대위 대상인 채권을 설정자의 다른 재산으로부터 분리·특정하여 이 채권에 대한 배타적 우선변제권이 있음을 공시할 필요가 있다.

- 그런데 담보권 설정등기는 채권에 대해서는 공시 기능을 수행하지 못한다. 따라서 물상대위 대상인 채권을 분리·특정·공시하려면 이에 대한 압류가 마쳐질 필요가 있다.

> 저당권자가 물상대위권을 행사하기 위하여 저당권실정자가 받을 금전 기타 물건의 지급 또는 인도 전에 압류하여야 한다고 규정한 제370조, 제342조의 취지는 <u>물상대위의 목적인 채권의 특정성을 유지하여 그 효력을 보전함과 동시에 제3자에게 불측의 손해를 입히지 않으려는 데에 그 취지가 있다</u>(대법원 2010.10.28. 선고 2010다46756 판결).

B. 방법
(a) 담보물권자 자신이 압류한 경우: 물상대위 대상 채권에 대한 압류·전부명령
(b) 설정자에 대한 다른 채권자가 압류한 경우

- 이때도 담보물권자는 물상대위권을 행사할 수 있다. 분리·특정이 이루어졌기 때문에 제3채무자나 다른 이해관계인에게 뜻밖의 피해를 주지 않기 때문이다.
- 물상대위권을 행사하려면 ㉠ 담보권의 존재를 증명하는 서류를 집행법원에 제출하여 채권압류·전부명령을 신청하거나(민사집행법 §273) ㉡ 채권집행 절차에서 배당요구를 하는 방법(민사집행법 §247 ①) 중 하나를 선택할 수 있다.

> 저당목적물의 변형물인 금전 기타 물건에 대하여 <u>**이미 제3자가 압류하여 그 금전 또는 물건이 특정된 이상 저당권자가 스스로 이를 압류하지 않고서도 물상대위권을 행사하여 일반 채권자보다 우선변제를 받을 수 있으나**</u>, 그 행사방법은 ㉠ 담보권의 존재를 증명하는 서류를 집행법원에 제출하여 채권압류 및 전**부명령을 신청**하는 것(민사집행법 제273조) 또는 ㉡ 채권집행 절차에서 배당요구를 하는 것(민사집행법 제247조 제1항)이다.

C. 필요성
- 담보물권자가 위와 같은 압류를 마치지 않으면 물상대위권을 행사할 수 없다.

> 이러한 물상대위권의 행사에 나아가지 아니한 채 <u>**단지 수용대상토지에 대한 담보권 설정등기가 된 것만으로는 그 보상금으로부터 우선변제를 받을 수 없**</u>다(대법원 2010.10.28. 선고 2010다46756 판결).

- 우선변제권 없는 일반채권자로서의 지위만 인정된다.

나. 물상대위의 효과: 우선변제권의 행사 방법

(1) 담보물권자가 스스로 압류한 경우: 추심·전부명령

A. 개관

* 담보권자는 물상대위권을 근거로 설정자를 대신하여 물상대위 대상 재산에 해당하는 채권을 행사할 수 있다.
* 제3채무자는 설정자에 대한 항변으로 담보권자에게 대항할 수 있다.

> **대법원 2018. 9. 28. 선고 2016다246800 판결**
> ‣ 재건축 아파트의 소유자인 丙이 분양계약을 체결하지 않아 조합원 지위를 상실하여 현금청산 대상자가 된 이상, 이 아파트에 대한 근저당권자 甲은 **근저당권 소멸의 효력이 발생하는 이전고시 이전이라도 丙이 취득한 청산금채권에 대하여 물상대위권**을 행사할 수 있다.
> ‣ 다만 이전고시 이전에는 재건축조합 乙은 丙에 대하여 근저당권 설정등기 내지 가압류등기의 말소의무와 동시이행으로만 청산금을 지급할 의무를 부담하므로, 근저당권자로서는 丙이 취득한 청산금의 제한범위 내에서 물상대위권을 행사할 수 있을 따름이다.
> ‣ 따라서 근저당권자 甲이 추심금 청구를 하는 이 사건에 있어 제3채무자인 乙은 집행채무자인 丙에게 주장할 수 있는 위와 같은 동시이행 항변권으로 甲에게 대항할 수 있다.

B. 사례: 물상대위의 효력이 미치는 부대채권의 범위

(a) 사안의 개요

* 甲은 A에 대한 대여금채권 1억원(이자 연12%, 지연손해금 약정 없음)을 담보하기 위해 A소유 X주택에 1순위 저당권을 설정했고, 乙은 A에 대한 물품대금채권 1억원을 담보하기 위해 2순위 저당권을 설정했다.
* A는 甲에게 이자는 지급했으나 대여금 채무의 변제기에 원금을 갚지 못했고, 그 무렵 X주택에 대한 수용보상금채권이 발생했다.
* 甲·乙이 위 수용보상금채권을 압류했는데 甲은 부대채권을 기재하지 않았다. 수용보상금채무자 B는 적법한 원리금 2억원을 공탁하고 사유신고를 마쳤고, 이에 따라 배당절차가 개시되었다. 배당기일은 甲에 대한 A의 대여금 채무 변제기로부터 2년이 지난 날이다.

- 甲이 원금 1억원에 지연손해금 2400만원을 더한 1억2400만원에 대한 우선변제권을 주장하자 乙은 甲이 압류신청서에 기재한 1억원을 제외한 1억원이 자신에게 배당되어야 한다고 주장한다.

(b) 쟁점과 판단

- 甲에게는 1억1200만원이, 乙에게는 8800만원이 각 배당되어야 한다.
- 채권집행에서 압류채권자가 압류신청일까지의 부대채권을 기재하는 실무 관행이 있지만, 물상대위의 일환으로 압류신청을 하는 경우에는 배당기일까지 발생한 부대채권 전액에 대해 우선변제권이 인정된다.
- 저당권자가 물상대위권의 행사로 인해 전보다 불리해지면 안 되기 때문에 원래 우선변제권을 행사할 수 있었던 범위 내에서 우선변제권이 인정되어야 한다. 따라서 甲은 원금뿐 아니라 1년치 지연손해금도 우선변제 받을 수 있다.

> **대법원 2022. 8. 11. 선고 2017다256668 판결**
> - 저당권자가 물상대위권을 행사하여 <u>채권압류명령 등을 신청하면서</u> 그 청구채권 중 이자·지연손해금 등 <u>부대채권의 범위를 신청일 무렵까지의 확정금액으로 기재한 경우</u> 저당권자가 부대채권에 관하여는 신청일까지의 액수만 배당받겠다는 의사를 명확하게 표시하였다고 볼 수 있는 등의 특별한 사정이 없는 한, 그 **배당절차에서는 채권계산서를 제출하였는지 여부에 관계없이 배당기일까지의 부대채권을 포함하여 원래 우선변제권을 행사할 수 있는 범위에서 우선배당**을 받을 수 있다고 봄이 타당하다.
> - 제3채무자의 공탁(민사집행법 제248조) 등의 이유로 배당절차가 개시된 경우에는 제3채무자의 보호가 처음부터 문제 되지 않으므로, 물상대위권을 행사하는 **저당권자는 원래 배당절차에서 우선변제권을 행사할 수 있는 범위에서 우선배당**을 받고자 하는 것이 통상적인 의사라고 볼 수 있다.

(2) 다른 채권자가 압류한 경우

- 담보물권자는 담보권 설정등기가 있다는 사실만으로는 배당받을 수 없고, 민사집행법 §247에 의한 배당요구를 하는 방법으로 물상대위권을 행사해야 한다.
- 물상대위 대상 채권에 대한 집행절차의 배당요구 종기 이후에는 더 이상 물상대위권을 행사할 수 없다.

저당권자가 물상대위권을 행사하기 위해서는 ㉠ 민사집행법 제273조에 의하여 담보권의 존재를 증명하는 서류를 집행법원에 제출하여 채권압류 및 추심명령 또는 전부명령을 신청하거나, ㉡ 민사집행법 제247조에 의하여 배당요구를 하는 방법으로 하여야 하고, 이는 늦어도 민사집행법 제247조 제1항 각호의 배당요구 종기까지 하여야 한다. 이와 같이 물상대위권자의 권리 행사 방법과 시한을 제한하는 취지는 물상대위의 목적인 채권의 특정성을 유지하여 그 효력을 보전함과 동시에 제3자에게 불측의 손해를 입히지 않으려는 것이다(대법원 2022. 8. 11. 선고 2017다256668 판결).

다. 담보물권자가 우선변제권 행사를 게을리한 경우

(1) 담보물 소유자인 설정자가 변제받은 경우

• 담보물권자가 물상대위 대상 채권을 압류하기 전에 설정자가 그 채권을 행사하면 물상대위권이 소멸한다.

근저당권자는 근저당권의 목적이 된 토지의 공용징수 등으로 인하여 토지의 소유자가 받을 금전이나 그 밖의 물건에 대하여 물상대위권을 행사할 수 있으나, 그 지급이나 인도 전에 압류하여야 하고, 근저당권자가 위 금전이나 물건의 인도청구권을 압류하기 전에 토지의 소유자가 그 인도청구권에 기하여 금전 등을 수령한 경우 근저당권자는 더 이상 물상대위권을 행사할 수 없다(대법원 2015. 9. 10. 선고 2013다216273 판결).

• 담보물권자의 물상대위권 상실과 이로 인한 설정자의 변제 수령은 법률상 원인이 없으므로, 설정자는 담보물권자에게 §741 반환채무를 부담한다.
• §741 반환채무의 내용: 설정자가 물상대위권자에게 부담하는 §741 의무의 내용은, ㉠ 설정자가 제3채무자로부터 추심을 마친 경우에는 변제로서 수령한 금전이나 물건 자체의 반환이고, ㉡ 아직 설정자가 추심하지 못한 경우이면 채권 자체를 양도하고 §450의 대항요건을 갖추어 주는 것이다.
• 이러한 법리는 저당물 소유자가 채무자였던 경우는 물론 제3취득자였던 경우에도 마찬가지로 적용된다.

대법원 2009. 5. 14. 선고 2008다17656 판결

• 저당물 소유자가 보상금채권 등을 행사하여 저당권자가 물상대위권을 상실한 경우 저당권자는 저당물의 교환가치를 지배하고 있다가 상실하는 손해를 입는 반면, 저

당목적물의 소유자는 저당권자에게 저당목적물의 교환가치를 양보하여야 할 지위에 있다가 이를 취득하게 되는 것이므로 수령 금액 중 근저당권의 채권최고액을 한도로 하는 피담보채권액의 범위 내에서는 이득을 얻는다.

‣ 저당목적물 소유자가 얻은 위와 같은 이익은 저당권자의 손실로 인한 것으로서 인과관계가 있을 뿐 아니라 위와 같은 이익을 소유권자에게 종국적으로 귀속시키는 것은 저당권자에 대한 관계에서 공평의 관념에 위배되어 법률상 원인이 없다고 봄이 상당하므로, **저당목적물 소유자는 저당권자에게 이를 부당이득으로서 반환할 의무**가 있다.

대법원 2017. 7. 18. 선고 2017다218796 판결

‣ 법률상 원인 없이 제3자에 대한 채권을 취득한 경우 만약 **채권의 이득자가 이미 그 채권을 변제받은 때에는 그 변제받은 금액이 이득이 되어 이를 반환**하여야 한다. 그러나 채권의 이득자가 그 채권을 현실적으로 **추심하지 못한 때에는 손실자는 이득자에게 그 채권의 반환을 구하여야 하는데 이는 결국 부당이득한 채권의 양도와 그 채권 양도의 통지**를 그 채권의 채무자에게 하여 줄 것을 청구하는 형태가 된다.

‣ 물상대위권을 상실한 근저당권자가 근저당목적물 소유자에 대하여 부당이득반환청구를 할 수 있다는 법리는 근저당목적물을 양수한 제3취득자에 대한 경우뿐만 아니라 근저당목적물의 소유자가 피담보채권의 채무자인 경우에도 마찬가지로 적용된다.

(2) 설정자에 대한 다른 채권자가 변제받은 경우

• 문제의 소재: 물상대위권자가 압류하기 전에 다른 채권자가 채권양도·전부명령 등에 의해 담보물의 가치변형물인 채권을 취득한 경우의 법률관계가 문제된다.

• 쟁점과 판단: ㉠ 배당요구 종기 경과 전이면, 물상대위권자는 배당 절차에서 우선변제권을 행사할 수 있다. ㉡ 그러나 다른 채권자에 대한 지급이 마쳐지거나 배당요구 종기가 경과한 경우, 물상대위권자는 다른 채권자에게 §741 반환청구를 할 수 없다. 다른 채권자에게는 배당받을 법률상 원인이 있었기 때문이다.

물상대위권자의 압류 전에 양도 또는 전부명령 등에 의하여 **보상금 채권이 타인에게 이전**된 경우라도, **보상금이 타인에게 직접 지급**되거나, 보상금 지급청구권에 관한 강제집행절차에 있어서 **배당요구의 종기**에 이르기 전에는 물상대위권자는 여전히 그 청구권에 대한 **추급이 가능**하지만, 배당요구 종기 이후에는 저당권자가 **물상대위권**

의 행사에 나아가지 아니하여 우선변제권을 상실한 이상, **다른 채권자**가 그 보상금 또는 이에 관한 변제공탁금으로부터 이득을 얻었다고 하더라도 저당권자는 이를 **부당이득으로서 반환청구할 수** 없다(대법원 2000. 6. 23. 선고 98다31899 판결).

IV 저당권의 효과

1. 저당권 실행 전

가. 개관

- 저당권이 설정되더라도 설정자는 저당물을 자유롭게 사용·수익할 수 있고, 처분할 수도 있다.
- 저당물이 토지인 경우 설정자는 토지 사용·수익권을 유지하므로 지상 건물을 신축할 수도 있다. 이를 방지하기 위해 저당권자가 저당물에 대해 설정한 지상권을 담보지상권이라고 한다(741면 이하).
- 저당물이 처분된 경우 저당물 양수인인 제3취득자는 소유권을 취득하지만 저당권의 부담을 인수한다. 이로 인해 §576의 담보책임이 문제될 수 있다.

나. 저당권 침해와 이에 대한 구제

(1) 특정인에 대해서만 적용되는 구제수단

A. 기한이익 상실: 채무자

- 채무자가 저당권 침해행위를 한 경우 기한 이익을 상실한다.
- 기한 이익 상실은 저당권 침해의 정도를 불문하고 인정되므로, 저당물의 잔존가치가 피담보채권액을 넘는지의 여부와 무관하게 적용된다.
- ✓ §388의 문리해석상 채무자가 물상보증인 소유 저당물을 손상해도 기한이익 상실이 적용된다.

> 제388조(기한의 이익의 상실) 채무자는 다음 각호의 경우에는 기한의 이익을 주장하지 못한다. 1. 채무자가 담보를 손상, 감소 또는 멸실하게 한 때

B. 저당물 보충 청구권: 설정자

- 설정자의 귀책사유로 인해 저당물의 가액이 현저하게 감소되면 저당권자는 설정자에게 원상회복이나 상당한 대체 담보 제공을 청구할 수 있다.

✓ 저당물의 잔존가치가 피담보채권액을 넘어도 §362의 저당물 보충청구권이 인정될 수 있다. 불가분성이 적용되기 때문이다. 만약 저당물 보충 청구권에 응하여 설정자가 원상회복이나 대체 담보를 제공하면 손해 발생이 인정되지 않으므로 저당권자는 §750의 손해배상청구를 할 수 없다.

> 제362조(저당물의 보충) 저당권설정자의 책임 있는 사유로 인하여 저당물의 가액이 현저히 감소된 때에는 저당권자는 저당권설정자에 대하여 그 원상회복 또는 상당한 담보제공을 청구할 수 있다.

(2) 저당권 침해로 인한 불법행위책임

A. 개관

• 저당권은 물권이므로 누구든지 고의·과실로 위법하게 저당권을 침해하여 저당권자에게 손해를 발생시키는 행위를 하면 저당권자에게 §750에 의한 손해배상책임을 진다. 불법행위인 저당권 침해로 인한 손해배상액은 저당권 침해로 인해 저당권자가 우선변제 받지 못하게 된 가액이다(차액설). 따라서 가해행위 후에 남은 저당물의 가치가 피담보채권 가액보다 높으면 불법행위가 성립하지 않는다.

• 저당권 침해 행위의 유형에는 ㉠ 저당물을 멸실·훼손하거나 저당권의 효력이 미치는 종물이나 부합물을 반출하는 행위 등과 같이 저당물의 가치를 낮추는 행위뿐 아니라 ㉡ 저당권자를 기망하여 저당권 설정등기를 말소시키는 행위도 포함된다.

B. 사례

(a) 위법성이 인정되지 않는 경우

• 사안의 개요: 甲은 乙에 대한 피담보채권을 담보하기 위해 乙소유 X주택에 저당권을 설정했고 그 후 乙이 X주택을 丙에게 임대했다. X주택에 대한 경매절차에서 丙이 주택임대차보호법 §8에 따라 소액보증금의 최우선변제를 받았고 그 가액만큼 甲은 피담보채권을 회수하지 못했다.

• 쟁점과 판단: ㉠ 원칙적으로 乙은 甲에게 §750 책임을 지지 않는다. 저당권 설정자가 저당물을 임대하는 것은 사용·수익권 행사이므로 적법하기 때문이다. ㉡ 예외적으로, 甲·乙 사이에 임대 금지 특약이 있었거나, 乙이 원래의 보증금을 감액하여 소액보증인의 요건을 작출했다는 등의 사정이 있으면 위법성이 인정된다.

가등기담보권자인 甲이 임의경매절차에서 소액임차인 丙의 배당액만큼 배당받지 못하게 된 것은 채무자인 **乙의 주택임대라는 새로운 행위가 개재**되었기 때문이지만, 乙의 임대 등 통상의 사용수익행위를 함에 있어 담보가등기권자가 손해를 입게 될 것을 예견하여 이를 회피할 의무가 있다고 볼 수 없고 당사자 간에 새로운 임대차를 금하는 약정이 있었거나 담보권자를 해하기 위하여 부당하게 임대차보증금을 낮추어 주택임대차보호법 제8조 소정의 소액임대차보증금에 해당하도록 하였다는 등의 특별한 사정이 없는 한 위 乙의 주택임대행위를 위법하다고 할 수는 없다(대법원 2010. 7. 29. 선고 2008다18284 판결).

(b) 불법행위로 인한 저당권 소멸과 손해배상액의 산정

- 선순위 담보권이 없으면 손해배상액은 ㉠ 저당권자가 파악한 담보가치인 저당물의 가액과 ㉡ 소멸한 저당권의 피담보채권액 중 더 작은 값이다.
- 선순위 담보권이 있으면 ㉠ 저당권자가 파악한 담보가치인 저당물의 가액에서 선순위담보권의 피담보채권액을 공제한 가액과 ㉡ 소멸한 저당권의 피담보채권액 중 더 작은 값이다.

> **대법원 2010. 7. 29. 선고 2008다18284 판결**
> - **타인의 불법행위로 인하여 근저당권이 소멸**되는 경우 근저당권자로서는 근저당권이 소멸하지 아니하였더라면 그 실행으로 피담보채무의 변제를 받았을 것임에도 불구하고 근저당권의 소멸로 말미암아 이러한 변제를 받게 되는 권능을 상실하게 된다.
> - 선순위담보권이 없으면 근저당권 소멸로 인한 **근저당권자의 손해는 특별한 사정이 없는 한 위 부동산의 가액 범위 내에서 채권최고액을 한도로 하는 피담보채권액**이라 할 것이나, 선순위담보권이 있으면 근저당 목적물인 부동산의 시가에서 소멸된 근저당권에 우선하는 선순위담보권 등의 피담보채권액을 공제한 잔액, 즉 **잔존 담보가치 상당액이 채권최고액 또는 피담보채권액보다 적은 경우에는 그 잔존 담보가치 상당액**을 손해로 보아야 할 것이다.

(3) 물권적 방해배제 청구권

A. 개관

- 저당권도 물권이므로 저당권 행사 방해에 대해 저당권자는 §214의 물권적 방해배제·방해예방 청구권을 행사할 수 있다. 다만 저당권의 내용에 목적물의 점유는

포함되어 있지 않으므로 저당권자는 §213의 점유반환 청구권은 가지지 않는다.

> 제370조(준용규정) 제214조의 규정은 저당권에 준용한다.

- 저당권에 대한 방해 행위에는 ㉠ 저당물의 교환가치를 감소시키는 행위뿐 아니라 ㉡ 저당물 경매에 지장을 초래하여 저당권자의 우선변제권 행사를 방해하는 행위도 포함된다(아래의 2003다58454).

✓ 저당권에 기한 물권적 방해배제 청구권은 저당물의 잔존가치와 무관하게 인정된다. 불가분성이 적용되기 때문이다.

B. 사례: 저당권이 설정된 나대지에 대한 건물신축 저지

(a) 사안의 개요

- 甲은 乙에 대한 피담보채권을 담보하기 위해 乙소유 X토지에 1순위 저당권을 설정했다. 乙은 그 후 X토지 상에 Y건물 신축 공사를 개시했다.

- 甲이 乙에게 Y건물 신축공사 중단을 요구하자 乙은 자신은 X토지 사용·수익권자이므로 건물을 신축할 권리가 있다고 주장한다.

(b) 쟁점과 판단

- 전제: 설정자(소유자)는 담보물에 대한 적법한 이용권자이기 때문에 신축 자체는 적법하지만, 장차 대지 저당권이 실행되면 이 신축건물에 대해서는 법정지상권이 성립할 수 없어서 철거 대상이 된다. 다만 지상 건물을 철거하려면 시간·비용이 들기 때문에 경매절차가 진행되기 어려워진다.

- 따라서 법정지상권이 발생할 수 없는 건물을 신축하는 행위도 '저당권 실행을 방해하는 행위'에 해당하고, 대지 저당권자 甲은 설정자 乙에게 §214에 의한 방해배제·방해예방 청구를 할 수 있다.

> **대법원 2006. 1. 27. 선고 2003다58454 판결**
> ‣ 저당부동산의 소유자 또는 그로부터 점유권원을 설정받은 제3자에 의한 점유가 전제되어 있으므로 <u>소유자 또는 제3자가 저당부동산을 점유하고 통상의 용법에 따라 사용·수익하는 한 저당권을 침해한다고 할 수 없다.</u>
> ‣ 그러나 저당권자는 저당권 설정 이후 환가에 이르기까지 **저당물의 교환가치에 대한 지배권능을** 보유하고 있으므로, ㉠ 저당목적물의 소유자 또는 제3자가 저당목적물을 **물리적으로 멸실·훼손**하는 경우는 물론 ㉡ 그 밖의 행위로 저당부동산의 교환가치가 하락할 우려가 있는 등 **저당권자의 우선변제청구권의 행사가 방해되는**

결과가 발생한다면 저당권자는 저당권에 기한 방해배제청구권을 행사하여 방해행위의 제거를 청구할 수 있다.

‣ 대지의 소유자가 나대지 상태에서 저당권을 설정한 다음 대지상에 건물을 신축하기 시작하였으나 피담보채무를 변제하지 못함으로써 저당권이 실행에 이르렀거나 실행이 예상되는 상황인데도 소유자 또는 제3자가 신축공사를 계속한다면 <u>신축건물을 위한 법정지상권이 성립하지 않는다고 할지라도 경매절차에 의한 매수인으로서는 신축건물의 소유자로 하여금 이를 철거하게 하고 대지를 인도받기까지 별도의 비용과 시간을 들여야 하므로</u>, 이는 경매절차에서 **매수희망자를 감소시키거나 매각가격을 저감시켜 결국 저당권자가 지배하는 교환가치의 실현을 방해**하거나 방해할 염려가 있는 사정에 해당한다.

2. 저당권의 실행

가. 저당권의 실행 방법

(1) 담보권실행경매

• 저당권자는 담보권 실행경매를 신청할 수 있고 배당절차에서 순위에 따른 우선변제를 받을 수 있다.

> 제363조(저당권자의 경매청구권, 경매인) ① 저당권자는 그 채권의 변제를 받기 위하여 저당물의 경매를 청구할 수 있다.

• 담보권 실행경매 절차와 저당권자의 배당 순위 등에 대해서는 민사집행법이 규정하고 있다.

• 민사집행법 §267에 의한 담보권 실행경매의 공신력은 경매개시 결정 이후 담보권이 소멸한 경우에만 적용된다. 따라서 경매개시 결정 전에 담보권이 소멸한 경우 매수인은 매각대금을 완납해도 소유권을 취득할 수 없고 배당받은 채권자에게 §741 청구를 할 수밖에 없다.

> 민사집행법 제267조(대금완납에 따른 부동산취득의 효과) 매수인의 부동산 취득은 담보권 소멸로 영향을 받지 아니한다.

종래 대법원은 민사집행법 제267조가 신설되기 전에도 실체상 존재하는 담보권에 기하여 경매개시결정이 이루어졌으나 그 후 경매 과정에서 담보권이 소멸한 경우에는 예외적으로 공신력을 인정하여, 경매개시결정에 대한 이의 등으로 경매절차가 취소되지 않고 매각이 이루어졌다면 경매는 유효하고 매수인이 소유권을 취득한다고 해석해 왔고 위 조항이 신설된 후에도 같은 입장을 유지하였다. 즉, 이 사건 조항은 **경매개시결정이 있은 뒤에 담보권이 소멸하였음에도 경매가 계속 진행되어 매각된 경우에만 적용**된다고 보는 것이 대법원의 일관된 입장이다. 위와 같은 현재의 판례는 타당하므로 그대로 유지되어야 한다(대법원 2022. 8. 25. 선고 2018다205209 전원합의체 판결).

(2) 임의환가

- 저당권자·설정자 간 임의환가 특약이 있으면, 저당권자는 설정자가 저당물을 제3자에게 처분하고 받는 대가로부터 피담보채권액을 우선변제 받을 수 있다.

  ✓ 그러나 담보권 실행경매 이외의 우선변제권 행사 방법을 명문 규정 없이 인정하는 것은 물권법정주의와 저촉된다. 판례의 태도를 선해하면 '처분대금'도 대체이익이 될 수 있으므로 물상대위의 대상이 된다고 볼 여지가 있다. 판례는 대상청구권의 인정 여부가 문제된 사안에서 채무자인 매도인이 처분하고 수령한 처분대금도 대상청구권의 대상이 된다고 판단했기 때문이다(2018다248244, 채권법 참조). 이렇게 본다면 임의환가를 위한 매도 후 채무자에 대한 다른 채권자가 매매 대금채권을 압류한 경우에도 저당권자는 물상대위권을 행사하여 우선변제를 받을 수 있다.

  공동근저당권자가 일부 저당물로부터 우선변제를 받으면 그 가액만큼 채권최고액에서 공제되어야 한다는 이러한 법리는 채무자 소유의 부동산과 물상보증인 소유의 부동산에 공동근저당권이 설정된 후 공동담보의 목적 부동산 중 채무자 소유 부동산을 **임의환가하여 청산하는 경우, 즉 공동담보 목적 부동산 중 채무자 소유 부동산을 제3자에게 매각하여 그 대가로 피담보채권의 일부를 변제하는 경우에도 적용**되어, 공동근저당권자는 그와 같이 변제받은 금액에 관하여는 더 이상 물상보증인 소유 부동산에 대한 경매 등의 환가절차에서 우선변제권을 행사할 수 없다고 보아야 할 것이다(대법원 2018. 7. 11. 선고 2017다292756 판결).

나. 저당권 실행 후의 법률관계

(1) 개관

A. 저당물에 대한 권리들의 소멸·인수

* 저당물에 대한 저당권은 최선순위 저당권을 포함하여 모두 매각으로 소멸한다. 후순위 저당권자나 일반 채권자가 경매를 신청한 경우에도 마찬가지다(민사집행법 §91 ②).
* 저당물에 대한 저당권 이외의 권리는, 저당권보다 선순위이면 매수인에게 인수되고 저당권보다 후순위이면 소멸한다(민사집행법 §91 ③, ④).

> 제91조(인수주의와 잉여주의의 선택 등)
> ③ 지상권·지역권·전세권 및 등기된 임차권은 저당권·압류채권·가압류채권에 대항할 수 없는 경우에는 매각으로 소멸된다.
> ④ 제3항의 경우 외의 지상권·지역권·전세권 및 등기된 임차권은 매수인이 인수한다. 다만, 그중 전세권의 경우에는 전세권자가 제88조에 따라 배당요구를 하면 매각으로 소멸된다.

B. 배당(민사집행법 참조)
C. 법정지상권과 일괄경매(지상권 부분 참조)

(2) 사례: 경매·배당 절차에서 저당권과 가압류등기의 관계

A. 개관

(a) 가압류등기보다 후순위인 저당권설정등기

* 가압류채권자보다 후순위인 권리자는 가압류채권자에게 그 권리를 주장할 수 없다. 따라서 후순위저당권자는 가압류채권자에게는 우선변제권을 행사할 수 없으므로(상대적 무효) 가압류채권자를 비롯한 일반채권자들과 안분배당을 받은 후, 가압류채권자 이외의 일반채권자에게 배당된 가액을 흡수하여 배당받을 수 있다.
* 사례: 저당권 설정계약이 사해행위임을 이유로 선순위 가압류채권자가 채권자취소소송을 제기한 경우, 그 피보전채권액은 실제 채권액에서 안분배당 가액을 공제한 가액으로 한정된다. 안분배당 가액에 대해서는 사해행위인 저당권설정계약으로 인한 불이익이 발생하지 않기 때문이다.

대법원 2008. 2. 28. 선고 2007다77446 판결

‣ 부동산에 대하여 가압류등기가 먼저 되고 나서 근저당권설정등기가 마쳐진 경우에 그 근저당권등기는 가압류에 의한 처분금지의 효력때문에 그 집행보전의 목적을 달성하는 데 필요한 범위 안에서 가압류채권자에 대한 관계에서만 상대적으로 무효라 할 것인 바, 이 경우 가압류채권자와 근저당권자 및 위 근저당권설정등기 후 강제경매신청을 한 압류채권자 사이의 배당관계에 있어서, <u>근저당권자는 선순위 가압류채권자에 대하여는 우선변제권을 주장할 수 없으므로 1차로 채권액에 따른 안분비례에 의하여 평등배당을 받은 다음, 후순위 경매신청압류채권자에 대하여는 우선변제권이 인정되므로 경매신청압류채권자가 받을 배당액으로부터 자기의 채권액을 만족시킬 때까지 이를 흡수하여 배당받을 수 있다.</u>

‣ 이 경우 <u>가압류채권자는 채무자의 근저당권설정행위로 인하여 아무런 불이익을 입지 않으므로 채권자취소권을 행사할 수 없다</u> 할 것이나, 채권자의 **실제 채권액이 가압류 채권금액보다 많은 경우** 그 **초과하는 부분**에 관하여는 가압류의 효력이 미치지 아니하여 그 범위 내에서는 채무자의 처분행위가 채권자들의 공동담보를 감소시키는 사해행위가 되므로 그 부분 채권을 피보전채권으로 삼아 채권자취소권을 행사할 수 있다.

(b) 가압류보다 선순위인 저당권설정등기

• 저당권설정등기보다 후순위인 가압류채권자는 자신의 권리를 저당권자에게 주장할 수 없으므로 배당절차에서 저당권자의 우선변제권 행사에 영향을 미치지 못한다.

• 저당권자가 우선변제 받은 후의 잔액에 대해 가압류채권자는 일반채권자로서의 안분배당만 받을 수 있다. 가압류는 처분금지효의 근거가 될 수 있을 뿐이고(민사집행법 §291, §92 ①), 우선변제권의 근거가 될 수는 없기 때문이다.

B. 비교: 가압류등기, 가등기, 저당권설정등기의 순서로 등기된 경우

(a) 사안의 개요

• 채무자 乙소유 X부동산에 丙명의 가압류등기, 甲명의 가등기, 丁명의 저당권 설정등기가 순서대로 마쳐졌다.

• 丁의 신청에 의한 임의경매 절차에서 戊가 적법하게 X부동산을 매수했다.

(b) 쟁점과 판단

• 저당권보다 선순위인 가등기는 매수인이 인수해야 하는 것이 원칙이다.

- 다만 가등기가 가압류등기보다 후순위이면 저당권 실행경매에서 가압류등기가 소멸하기 때문에 후순위 가등기도 매수인에게 인수되지 않는다. 결국 甲명의 가등기도 촉탁에 의한 말소등기 대상이 된다.

> 소유권이전등기청구권 보전의 가등기보다 후순위로 마쳐진 근저당권의 실행을 위한 경매절차에서 매각대금이 완납된 경우에도, 선순위 가등기는 소멸하지 않고 존속하는 것이 원칙이다. 다만 그 <u>가등기보다 선순위로 기입된 가압류등기</u>는 근저당권의 실행을 위한 경매절차에서 매각으로 인하여 소멸하고, 이러한 경우에는 <u>가압류등기보다 후순위인 가등기 역시 민사집행법 제144조 제1항 제2호에 따라 매수인이 인수하지 아니한 부동산의 부담에 관한 기입에 해당하여 말소촉탁의 대상</u>이 된다. 그럼에도 원심은 甲 명의 가등기가 부적법하게 말소되었음을 전제로 甲의 청구를 일부 받아들였는바, 이러한 원심판결에는 잘못이 있다(대법원 2022. 5. 12. 선고 2019다265376 판결).

다. 저당물 양수인(저당부동산의 제3취득자)의 지위

(1) §364의 제3취득자의 의미

- 저당물에 대해, 소유권, 지상권, 전세권을 취득한 자를 뜻한다.

> 제364조(제삼취득자의 변제) 저당부동산에 대하여 **소유권, 지상권 또는 전세권**을 취득한 제삼자는 저당권자에게 <u>그 부동산으로 담보된 채권</u>을 변제하고 저당권의 소멸을 청구할 수 있다.

- 후순위 저당권자는 ㉠ §364의 제3취득자에 해당하지 않지만 ㉡ §481의 '변제할 정당한 이익 있는 제3자'에는 해당한다.

> 근저당부동산에 대하여 <u>후순위근저당권을 취득한 자는 제364조에서 정한 권리를 행사할 수 있는 제3취득자에 해당하지 아니한다.</u> 따라서 이러한 후순위근저당권자가 선순위근저당권의 피담보채무가 확정된 이후에 그 확정된 피담보채무를 변제한 것은 <u>제469조의 규정에 의한 이해관계 있는 제3자의 변제</u>로서 유효한 것인지 따져볼 수는 있을지언정 제364조의 규정에 따라 선순위근저당권의 소멸을 청구할 수 있는 사유로는 삼을 수 없다(대법원 2006. 1. 26. 선고 2005다17341 판결).

(2) 피담보채권이 제3취득자에게 미치는 영향

A. 피담보채권의 시효소멸과 제3취득자

- 담보물의 제3취득자는 피담보채무의 소멸시효 완성을 원용할 수 있는 직접수익

자에 해당한다(2009다39530, 320면).

- 제3취득자에게 저당물을 매도한 채무자(저당권설정자)에 대한 시효중단이나 이러한 채무자의 시효이익 포기는 제3취득자에게 영향이 없다(2015다200227, 387면).

B. 근저당권의 피담보채무 확정과 제3취득자

- 근저당권이 설정된 경우에도 §364가 적용된다. 제3취득자는 피담보채무가 확정된 후 채권최고액과 확정된 피담보채권액 중 더 작은 값을 변제하고 근저당권 소멸을 청구할 수 있다.

> 근저당부동산에 대하여 소유권을 취득한 제3자는 **피담보채무가 확정된 이후**에 그 확정된 피담보채무를 채권최고액의 범위 내에서 변제하고 근저당권의 소멸을 청구할 수 있다(대법원 2002. 5. 24. 선고 2002다7176 판결).

- 제3취득자는 피담보채무 확정 사유인 설정자의 근저당권 설정계약 해지권을 원용할 수 있고, 이러한 해지 의사표시는 묵시적으로도 할 수 있다.

> **대법원 2002. 5. 24. 선고 2002다7176 판결**
> - **피담보채무를 확정시키는 근저당권설정자의 근저당권 설정계약의 해제 또는 해지에 관한 권한은 근저당부동산의 소유권을 취득한 제3취득자도 원용**할 수 있다
> - 제3취득자가 명시적인 해지의 의사표시를 하지는 아니하였지만 근저당권자에게 저당목적 부동산을 취득하였음을 내세우면서 앞으로 <u>대위변제를 통하여 채권최고액 범위 내에서 피담보채무를 소멸시키고 근저당권의 소멸을 요구할 것이라는 전제에서 채무자의 피담보채무에 대하여 채무를 일부 변제하기 시작하는 등 제3취득자가 기존 근저당권 설정계약의 존속을 통한 **피담보채무의 증감변동을 더 이상 용인하지 아니하겠다는 의사**를 파악할 수 있는 어떤 외부적, 객관적 행위를 하고, 채권자도 그러한 사정 때문에 그 계약이 종료됨으로써 피담보채무가 확정된다고 하는 점을 객관적으로 인식할 수 있었던 경우라면 묵시적인 의사표시를 한 것으로 볼 수 있으므로,</u> 근저당권의 피담보채무는 확정된다.

(3) 제3취득자의 대위변제

A. 취지

- 매도인은 매수인에게 완전한 소유권을 이전해 줄 의무를 지므로 설정자는 제3취득자를 위해 저당권 말소등기를 해 줄 의무를 진다.
- 제3취득자가 설정자에게 매수 대금 전액을 지급하더라도 설정자가 저당권 말소

등기 의무를 이행하지 않을 수 있으므로, 제3취득자가 저당권자에게 직접 피담보채권 상당액을 변제하고 저당권 말소를 청구할 수 있게 해 줄 필요가 있다.

저당권설정자가 제3취득자로부터 매매목적물의 대가 전액을 받고서도 저당권자에 대한 피담보채무를 변제하지 않는 경우에 저당권의 실행으로 말미암아 제3취득자의 권리가 상실될 위험이 있으므로, 제3취득자로 하여금 대가 전액을 저당권설정자에 대하여 지급하고 다시 저당권설정자가 그 피담보채무를 변제하게 할 것이 아니라 <u>저당권자에게 직접 담보된 채권을 변제하도록 하게 함으로써 제3취득자의 보호</u>를 도모하고자 한 것이다(대법원 2002. 5. 24. 선고 2002다7176 판결).

B. 실익: 대위변제할 지연손해금의 가액 감축

- 제3취득자는 변제할 이익 있는 제3자로서 유효한 대위변제를 할 수 있다. 그러나 일반적인 제3자변제의 경우 채무자가 채권자에게 부담하는 채무 전부를 대위변제해야 하기 때문에 채무의 원리금, 지연손해금 전액을 변제해야 저당권이 소멸한다.
- 반면 §364의 특칙이 적용되면 §360에 따라 지연손해금은 1년치만 변제해도 저당권이 소멸한다.

C. 사례

- 저당물 양수인이 설정자에 대한 대금 지급에 갈음하여 피담보채무를 부담하기로 약정한 경우, 이러한 약정이 피담보채무에 대한 **채무인수**이면 저당물 양수인은 더 이상 §364의 제3취득자로 인정될 수 없다. 이에 비해 이러한 약정이 피담보채무에 대한 **이행인수**이면 저당물 양수인은 여전히 §364의 제3취득자에 해당한다.
- 위와 같은 약정은 특별한 사정이 없는 한 이행인수로 추정된다.

대법원 2002. 5. 24. 선고 2002다7176 판결

- 저당부동산의 제3취득자가 **피담보채무를 인수한 경우**에는 그 때부터 제3취득자는 채권자에 대한 관계에서 **채무자의 지위로 변경되므로** 제364조의 규정은 적용될 여지가 없을 것이다.
- 제364조의 취지상 저당부동산에 관한 매매계약을 체결하는 당사자 사이에 매매대금에서 피담보채무 또는 채권최고액을 공제한 잔액만을 현실로 수수하였다는 사정만을 가지고 언제나 매수인이 매도인의 저당채권자에 대한 피담보채무를 인수한 것으로 보아 저당부동산의 제3취득자가 원래 행사할 수 있었던 저당권소멸청구권을 상실한다고 볼 수는 없다.

(4) 저당권이 실행된 경우

A. 제3취득자의 소유권 취득 가능성

• 원칙: 제3취득자는 저당권 실행경매에 의해 소유권을 상실하고, 매도인에게 §576 담보책임을 추궁할 수 있다.

• 예외: 제3취득자 자신도 경매절차에서 매수인이 되어 소유권을 유지할 수 있다.

> 제363조(저당권자의 경매청구권, 경매인) ② 저당물의 소유권을 취득한 제삼자도 경매인이 될 수 있다.

B. 제3취득자의 비용상환 청구권

(a) 개관

• 제3취득자가 담보권 실행경매로 소유권을 상실하는 경우, 담보물에 대해 지출한 필요비·유익비는 경매대가에서 우선적으로 상환받을 수 있다. 구체적인 내용은 §203에 따른다.

> 제367조(제삼취득자의 비용상환 청구권) 저당물의 제삼취득자가 그 부동산의 보존, 개량을 위하여 필요비 또는 유익비를 지출한 때에는 제203조 제1항, 제2항의 규정에 의하여 **저당물의 경매대가에서 우선상환**을 받을 수 있다.

• 다만 §367에 의한 비용은 일종의 공익비용이므로 경매 절차에서 환가대금으로부터 배당받는 방식으로만 실현될 수 있으며, 비용을 지출한 제3취득자가 소유자나 매수인에게 직접 청구할 수는 없다. 따라서 유치권의 피보전채권이 될 수 없다.

대법원 2023. 7. 13. 선고 2022다265093 판결
  ‣ 제367조는 … 저당권이 설정되어 있는 부동산의 제3취득자가 저당부동산에 관하여 지출한 필요비, 유익비는 그 부동산 가치의 유지·증가를 위하여 지출된 일종의 공익비용이므로 저당부동산의 환가대금에서 부담하여야 할 성질의 비용이고 더욱이 제3취득자는 경매의 결과 그 권리를 상실하게 되므로 특별히 경매로 인한 매각대금에서 우선적으로 상환을 받도록 한 것이다. 저당부동산의 소유권을 취득한 자도 제367조의 제3취득자에 해당한다. 제3취득자가 제367조에 의하여 우선상환을 받으려면 저당부동산의 경매절차에서 배당요구의 종기까지 배당요구를 하여야 한다(민사집행법 제268조, 제88조).
  ‣ 위와 같이 제367조에 의한 우선상환은 **제3취득자가 경매절차에서 배당받는 방법**

으로 제203조 제1항, 제2항에서 규정한 비용에 관하여 경매절차의 매각대금에서 우선변제받을 수 있다는 것이지 이를 근거로 **제3취득자가 직접 저당권설정자, 저당권자 또는 경매절차 매수인 등에 대하여 비용상환을 청구할 수 있는 권리가 인정될 수 없**다. 따라서 제3취득자는 민법 제367조에 의한 비용상환청구권을 피담보채권으로 주장하면서 **유치권을 행사할 수** 없다.

(b) 사례

- 甲은 乙에 대한 대출금채권을 담보하기 위해 乙소유 X부동산에 1순위 저당권을 설정했다. 乙은 丙으로부터 1억원을 투자받아 X부동산을 증축하여 증축부분이 부합됨에 따라 그 가치가 1억5000만원 증가되었는데, 乙은 丙에게 투자의 대가로 X부동산의 1/5지분을 양도했다.

- 경매절차에서 乙과 丙 모두 자신이 1억원의 유익비상환청구권자라고 주장하면 乙의 주장만 인용된다. 乙만 X부동산에 대해 유익비를 지출했기 때문이다.

✓ 丙은 乙에게 자신이 투자한 1억원의 금전채권을 담보하기 위해 X부동산의 1/5지분에 양도담보권을 설정한 자라고 볼 수 있다. 따라서 乙의 유익비청구권에 대해 물상대위권을 행사할 수 있을 것이다.

대법원 2004. 10. 15. 선고 2004다36604 판결

‣ 제367조의 취지는 저당권설정자가 아닌 제3취득자가 저당물에 관한 필요비 또는 유익비를 지출하여 저당물의 가치가 유지·증가된 경우, 매각대금 중 그로 인한 부분은 일종의 공익비용과 같이 보아 **제3취득자가 경매대가에서 우선상환을 받을 수 있도록** 한 것이다.

‣ 그렇다면 저당물에 관한 지상권, 전세권을 취득한 자만이 아니고 **소유권을 취득한 자도 제367조 소정의 제3취득자에 해당하는 것으로 보는 것이 타당**하다. 이 사건 건물의 증축은 丙의 투자를 받은 乙에 의하여 이루어진 것이고, 丙은 그 대가로 이 사건 건물에 관한 지분이전등기를 경료받았다가 저당권의 실행으로 인하여 그 권리를 상실하게 된 것에 불과한 이상, 丙이 **제3취득자로서 필요비 또는 유익비를 지출한 것으로 볼 수 없**다.

22장

공동저당, 근저당

공동저당, 근저당

I 공동저당

1. 의미

가. 여러 개의 저당물에 대한 중첩적 담보 설정

- 공동저당이란 하나의 피담보채권을 담보하기 위해 여러 개의 저당권이 설정된 경우를 뜻한다.

> 공동저당권의 목적인 수 개의 부동산이 동시에 경매된 경우에 공동저당권자로서는 어느 부동산의 경매대가로부터 배당받든 우선변제권이 충족되기만 하면 되지만, 각 부동산의 소유자나 후순위 저당권자 그 밖의 채권자는 어느 부동산의 경매대가가 공동저당권자에게 배당되는지에 관하여 중대한 이해관계를 가진다(대법원 2017. 12. 21. 선고 2013다16992 전원합의체 판결).

- 누적적 담보가 아니라 중첩적 담보이므로, 공동저당물 일부에 대해 담보권이 실행되어 우선변제를 받으면 그 가액만큼 다른 공동저당물에 대한 우선변제권이 감축된다.

나. 비교: 하나의 피담보채권을 위한 여러 개의 담보가 설정된 경우

(1) 하나의 부동산에 여러 개의 근저당권이 설정된 경우

- 동일한 피담보채권을 담보하기 위해 하나의 부동산에 대해 순위를 달리하는 여러 개의 근저당권이 설정될 수 있다.
- 각 근저당권은 각각의 채권최고액 한도 내에서 동일한 피담보채권을 담보한다.

> **동일 목적물**에 관하여 동일한 당사자가 동일 거래관계로 인하여 발생되는 채무를 담보하기 위하여 **순위가 다른 여러 개의 근저당권**을 설정한 경우, 각 근저당권은 그 설

정계약에서 정한 거래관계로 인하여 발생된 여러 개의 채무 전액을 각 한도 범위 내에서 담보하는 것이이다(대법원 2002. 12. 10. 선고 2002다51579 판결).

- 효과: 담보물의 매각대금이 피담보채권 전액을 만족시키지 못하는 경우, 피담보채권의 변제충당 순서에 따라 채무 소멸의 순서가 정해진다. 따라서 선순위 근저당권 설정 당시 존재했던 피담보채권에 우선적으로 충당되지 않는다.

그 담보물의 경매대금이 채무 전액을 만족시키지 못할 때에는 변제충당의 방법으로 그 대금 수령으로 인하여 소멸할 채무를 정할 것이지, 경매대금을 당연히 선순위 근저당권 설정시에 발생한 채무에 우선적으로 변제충당할 것은 아니고, 따라서 피고의 주장과 같이 이 사건 배당금이 제1순위 근저당권 및 제2순위인 이 사건 근저당권의 채권최고액에 순차로 충당된다고 볼 수는 없다(대법원 2002. 12. 10. 선고 2002다 51579 판결).

(2) 근보증인이 물상보증인으로서 근저당권을 설정한 경우

- 근보증인이 물상보증인으로서 근저당권을 설정한 경우, 근보증의 채권최고액과 근저당권의 채권최고액의 관계가 중첩적인 것인지 아니면 누적적인 것인지가 문제된다.
- 피담보채권이 동일한 근보증과 근저당은 중첩적인 것으로 추정된다. 따라서 누적적 담보로 인정되려면 특약의 존재가 증명되어야 한다.

대법원 2005. 4. 29. 선고 2005다3137 판결

- ‣ 계속적인 거래관계로부터 장래 발생하는 **불특정채무를 보증하는 근보증을 하고 아울러 그 불특정채무를 담보하기 위하여 동일인이 근저당권 설정등기를 하여 물상보증도** 한 경우, 근저당권의 피담보채무와 근보증에 의하여 담보되는 주채무가 별개의 채무인가 아니면 그와는 달리 근저당권에 의하여 담보되는 채권이 위 근보증에 의하여도 담보되는 것인가의 문제는 계약 **당사자의 의사해석 문제**라 할 것이다.
- ‣ 근보증약정과 근저당권 설정계약은 별개의 계약으로서 원칙적으로 그 성립과 소멸이 따로 다루어져야 할 것이나, 근보증의 주채무와 근저당권의 피담보채무가 동일한 채무인 이상 근보증과 근저당권은 **특별한 사정이 없는 한 동일한 채무를 담보하기 위한 중첩적인** 담보로서 **근저당권의 실행으로 변제를 받은 금액은 근보증의 보증한도액에서 공제**되어야 한다.

2. 요건

가. 저당권의 일반적인 성립요건

나. 공동저당에 고유한 성립요건

(1) 공동저당권 설정계약

(2) 공동저당권 설정등기

- 원칙: 공동저당의 취지를 등기해야 한다.

> 부동산등기법 제78조(공동저당의 등기)
> ① 등기관이 동일한 채권에 관하여 여러 개의 부동산에 관한 권리를 목적으로 하는 저당권설정의 등기를 할 때에는 각 부동산의 등기기록에 그 부동산에 관한 권리가 다른 부동산에 관한 권리와 함께 저당권의 목적으로 제공된 뜻을 기록하여야 한다.
> ② 등기관은 제1항의 경우에 부동산이 5개 이상일 때에는 공동담보목록을 작성하여야 한다.

- 예외: 부동산등기법 §78의 공동저당 등기는 공동저당권의 성립요건이나 대항요건이 아니다. 따라서 동일한 피담보채권을 중첩적으로 담보하는 여러 개의 저당권이 설정되면 공동저당 등기가 갖춰지지 않았더라도 공동저당권이 성립한다.
  - ✓ 공동저당권으로 등기되지 않았더라도 각 공동저당물의 피담보채권이 동일하기 때문에 선행 경매로 피담보채권이 소멸되면 다른 공동저당물에 대한 피담보채권도 소멸한다.

> 부동산등기법은 부동산의 등기용지 중 해당 구 사항란에 다른 부동산에 관한 권리의 표시를 하고 그 권리가 함께 담보의 목적이라는 뜻을 기재하도록 규정하고 있지만, 이는 수 개의 저당권이 피담보채권의 동일성에 의하여 서로 결속되어 있다는 취지를 공시함으로써 권리관계를 명확히 하기 위한 것에 불과하므로, 이와 같은 **공동저당관계의 등기를 공동저당권의 성립요건이나 대항요건이라고 할 수 없다.** 따라서 근저당권설정자와 근저당권자 사이에서 **동일한 기본계약에 기하여 발생한 채권을 중첩적으로 담보하기 위하여 수 개의 근저당권을 설정하기로 합의**하고 이에 따라 수 개의 근저당권 설정등기를 마친 때에는 부동산등기법 제149조에 따라 **공동근저당관계의 등기를 마쳤는지 여부와 관계없이** 그 수 개의 근저당권 사이에는 각 채권최고액이 동일한 범위 내에서 공동근저당관계가 성립한다(대법원 2010. 12. 23. 선고 2008다57746 판결).

3. 효과

가. 공동저당물이 동일인의 소유인 경우: 중첩적 담보권

(1) 개관

- 공동저당권에 근거한 담보권 실행 요건이 충족된 경우 공동저당권자는 공동저당물의 순차경매와 동시경매 중에서 자유롭게 선택할 수 있다.
- 다만 동시경매의 경우는 물론 순차경매의 경우에도 각 공동저당물은 경매대가에 비례하여 피담보채권액을 분담한다. 예컨대 甲이 乙에 대한 3억 원의 금전채권을 담보하기 위해 乙소유 X, Y부동산에 공동저당권을 설정했고, 경매대가는 X부동산 3억원, Y부동산 2억원인 경우, 책임분담액은 X부동산 1억8000만원, Y부동산 1억2000만원이다.
- 공동저당물에 대해 제3자가 신청한 경매절차에 공동저당권자가 참가하여 배당받는 경우에도 같은 법리가 적용된다.

  > 제368조는 공동근저당권자가 스스로 근저당권을 실행한 경우는 물론이며 타인에 의하여 개시된 경매 등의 환가절차에서 그 환가대금 등으로부터 다른 권리자에 우선하여 피담보채권의 일부에 대하여 배당받은 경우에도 적용된다(대법원 2017. 12. 21. 선고 2013다16992 전원합의체 판결).

- 공동저당물이 모두 동일인의 소유이면, 소유자가 채무자이든 물상보증인이든 같은 법리가 적용된다.

  > 동일한 물상보증인이 소유한 복수의 부동산에 공동저당이 설정된 후 그 중 하나의 부동산에 후순위 저당권이 설정된 경우에, 그 부동산의 대가만이 배당되는 때에는 후순위 저당권자는 제368조 제2항에 따라 선순위 공동저당권자가 같은 조 제1항에 따라 공동저당이 설정된 다른 부동산으로부터 변제를 받을 수 있었던 금액에 이르기까지 선순위 공동저당권자를 대위하여 그 부동산에 대한 저당권을 행사할 수 있다(대법원 2021. 12. 16. 선고 2021다247258 판결).

(2) 동시경매·동시배당

- 공동저당물이 동시에 경매된 경우, 각 공동저당물의 경매대가에 비례하여 책임분담액이 정해지고, 공동저당권자는 각 공동저당물에 대해 각 책임분담액을 한도로 배당받을 수 있다. 위의 예에서 甲은 X부동산의 경매대가에서 1억8000만

원, Y부동산의 경매대가에서 1억2000만원만 배당받을 수 있다.

> 제368조(공동저당과 대가의 배당, 차순위자의 대위) ① 동일한 채권의 담보로 수개의 부동산에 저당권을 설정한 경우에 그 부동산의 경매대가를 동시에 배당하는 때에는 각부동산의 경매대가에 비례하여 그 채권의 분담을 정한다.

제368조 제1항은 공동저당권 목적 부동산의 전체 환가대금을 동시에 배당하는 이른 바 동시배당의 경우에 **공동저당권자의 실행선택권과 우선변제권을 침해하지 아니하는 범위 내에서 각 부동산의 책임을 안분**함으로써 각 부동산의 소유자와 후순위 저당권자 그 밖의 채권자의 이해관계를 조절한다(대법원 2017. 12. 21. 선고 2013다16992 전원합의체 판결).

- 따라서 동시경매의 경우에도 각 공동저당물마다 배당재단을 형성한 후 따로 배당표가 작성되어야 한다.

주택임대차보호법상 주택 임차인의 우선변제권이 임차주택뿐 아니라 그 대지에 대해서도 미치는 경우 대한 제368조가 유추적용되는데 대지와 건물을 일괄매각하는 경우 각 재산의 매각대금에서 배당받을 채권자 및 채권이 다른 때에는 각 부동산의 매각대금마다 구분하여 이른바 개별 배당재단을 형성한 후 각 대금마다 따로 배당표를 작성하여야 한다(대법원 2003. 9. 5. 선고 2001다66291 판결).

- 책임분담액의 산정 기준인 경매대가란 공동저당권자에게 배당될 수 있는 가액, 즉 매각대금에서 경매비용, 선순위권리자의 채권액 등 공동저당권보다 우선변제되어야 하는 가액을 공제한 잔액을 뜻한다.

제368조 제1항에서 말하는 '각 부동산의 경매대가'라 함은 매각대금에서 당해 부동산이 부담할 경매비용과 선순위채권을 공제한 잔액을 말한다(대법원 2003. 9. 5. 선고 2001다66291 판결).

(3) 순차경매·이시배당

A. 전제: 담보권 실행의 자유
- 공동저당권자가 순차경매를 선택한 경우 먼저 경매된 공동저당물의 경매대가로부터 얼마를 우선변제 받을 것인지도 자유롭게 선택할 수 있다.
- 공동저당권자는 먼저 경매된 공동저당물의 경매대가로부터 피담보채권액 전액을 우선변제 받을 수 있으며, 피담보채권이 먼저 경매된 공동저당물의 책임분담

액을 초과하더라도 마찬가지이다. 위의 예에서 甲이 X부동산을 먼저 경매하면 3억원 전액을 우선변제 받을 수 있다.

> 제368조(공동저당과 대가의 배당, 차순위자의 대위) ② 1문: 전항의 저당부동산중 일부의 경매대가를 **먼저 배당하는 경우**에는 그 대가에서 그 **채권 전부의 변제**를 받을 수 있다.

- 공동저당권자가 먼저 경매된 공동저당물의 책임분담액 미만으로 우선변제를 받았더라도 다른 공동저당물에 대한 저당권을 포기한 것으로 볼 수 없다. 위의 예에서 甲이 X부동산에 대한 선행 경매절차에서 1억원에 대해서만 우선변제권을 행사했더라도 Y부동산에 대한 후행 경매절차에서 2억원에 대한 우선변제권을 행사할 수 있다.

> 공동저당권자가 공동저당의 목적인 수개의 부동산 중 **어느 것이라도 먼저 저당권을 실행하여 피담보채권의 전부나 일부를 자유롭게 우선변제** 받을 수 있는 것이므로, 위 수개의 부동산 중 먼저 실행된 부동산에 관한 경매절차에서 **피담보채권액 중 일부만을 청구하여 이를 배당**받았다고 하더라도 이로써 나머지 피담보채권액 전부 또는 제368조 제1항의 규정에 따른 그 부동산의 책임분담액과 배당액의 차액에 해당하는 채권액에 대하여 아직 경매가 실행되지 아니한 다른 부동산에 관한 저당권을 포기한 것으로 볼 수 없다(대법원 1997. 12. 23. 선고 97다39780 판결).

B. 후순위자대위

(a) 문제의 소재

- 각 공동저당물에 대해 공동저당권자보다 후순위로 담보물권 등의 권리가 설정될 수 있다.
- 동시경매의 경우 후순위권리자는 경매대가에서 공동저당권의 책임분담액을 공제한 가액을 확보할 수 있다.
- 순차경매의 경우에 공동저당권자는 책임분담액을 초과하여 피담보채권 전부를 우선변제 받을 수 있으므로, 이로 인해 먼저 경매된 공동저당물에 대한 후순위권리자가 나중에 경매되는 공동저당물에 대한 후순위권리자에 비해 불리해질 수 있다. 후순위자대위 제도는 이런 문제를 해결하기 위한 것이다.

(b) 후순위자대위의 요건

- 선행 경매에서 선순위 공동저당권자가 우선변제받은 가액이 그 부동산의 책임분

담액을 초과해야 한다. 선행 경매에서 선순위 공동저당권자가 책임분담액 한도 내에서 우선변제를 받았다면, 그 부동산에 대한 후순위자는 원래 기대했던 만큼의 담보가치를 누릴 수 있기 때문이다.

> 이시배당에 의한 후순위 저당권자의 대위권은 <u>선순위 공동저당권자가 공동저당의 목적물인 부동산 중 일부의 경매대가로부터 배당받은 금액이 그 부동산의 **책임분담액을 초과하는 경우에 비로소 인정**되는 것이다(대법원 2011. 10. 13. 선고 2010다99132 판결).

- 나머지 공동저당물에 대한 후행 경매절차가 진행되어 경매대가에 대한 배당이 실시되어야 한다.

(c) 후순위자대위의 효과

- 먼저 경매된 공동저당물의 후순위권리자는 나중에 경매되는 공동저당물의 책임분담액 한도 내에서 공동저당권을 대위 행사할 수 있다.

> 제368조(공동저당과 대가의 배당, 차순위자의 대위) ② 2문: 이 경우에 그 경매한 부동산의 차순위 저당권자는 선순위 저당권자가 전항의 규정에 의하여 다른 부동산의 경매대가에서 변제를 받을 수 있는 금액의 한도에서 선순위자를 대위하여 저당권을 행사할 수 있다.

- 후순위자대위 제도의 취지는 순차경매의 경우에도 동시경매와 같은 결과를 실현하는 것이다. 즉 각 공동저당물의 경매대가에서 책임분담액을 공제한 가액은 각 공동저당물에 대한 후순위권리자에게 귀속되게 하는 것이다.

> 제368조 제2항은 대위제도를 규정하여 공동저당권의 목적 부동산 중 일부의 경매대가를 먼저 배당하는 이른바 <u>이시배당의 경우에도 최종적인 배당의 결과가 동시배당의 경우와 같게 함</u>으로써 공동저당권자의 실행선택권 행사로 인하여 불이익을 입은 후순위 저당권자를 보호하는 데에 그 취지가 있다(대법원 2017. 12. 21. 선고 2013다16992 전원합의체 판결).

C. 사례: 후순위 저당권자의 후순위자대위에 대한 기대권

(a) 사안의 개요

- 甲은 乙에 대한 3억원의 채권을 담보하기 위해 X, Y부동산에 공동저당을 설정했고 X부동산에는 丙이 피담보채권액 2억원인 2순위 저당권을 설정했다. 경매대가

는 X부동산 3억원, Y부동산 2억원이다.

- 甲은 X부동산만 경매하면 3억원을 회수할 수 있다고 생각하여 우선 X부동산을 경매한 후 Y부동산에 대한 공동저당권을 말소했다.

(b) 쟁점과 판단

- X부동산의 경매대가 3억원에서 丙은 1억2000만원을 甲보다 우선하여 배당받을 수 있다.

- 甲이 Y부동산에 대한 공동저당권을 포기하여 丙이 후순위자대위를 기대할 수 있었던 1억2000만원을 상실시켰기 때문이다.

> **대법원 2011. 10. 13. 선고 2010다99132 판결**
> ‣ 후순위 저당권자로서는 선순위 공동저당권자가 피담보채권을 변제받지 않은 상태에서도 추후 공동저당 목적 부동산 중 일부에 관한 경매절차에서 <u>선순위 공동저당권자가 그 부동산의 책임분담액을 초과하는 경매대가를 배당</u>받는 경우 다른 공동저당 목적 부동산에 관하여 선순위 공동저당권자를 대위하여 저당권을 행사할 수 있다는 <u>대위의 기대를 가진다</u>고 보아야 할 것이고, 후순위 저당권자의 이와 같은 <u>대위에 관한 정당한 기대는 보호되어야 한다.</u>
> ‣ 선순위 공동저당권자가 **피담보채권을 변제받기 전에 공동저당 목적 부동산 중 일부에 관한 저당권을 포기한 경우**에는, 후순위 저당권자가 있는 부동산에 관한 경매절차에서, 저당권을 포기하지 아니하였더라면 **후순위 저당권자가 대위할 수 있었던 한도에서는 후순위 저당권자에 우선하여 배당을 받을 수 없다.**

(4) §368의 적용범위

A. 객관적 적용범위

(a) 여러 목적물에 대한 저당권

- 건물 자체와 그 건물에 대한 전세권은 공동저당의 목적물이 될 수 있다.

> 이 사건 **건물에 설정된 이 사건 근저당권**과 이 사건 **건물 일부분에 관한 전세권에 설정된 이 사건 전세권 근저당권**은 비록 부동산등기법이 규정하는 공동근저당관계의 등기가 마쳐져 있지 아니하지만 채권최고액 3억 원의 범위 내에서 동일한 피담보채무를 중첩적으로 담보하기 위하여 설정된 공동근저당권이라는 취지로 판단한 원심은 정당하다(대법원 2010. 12. 23. 선고 2008다57746 판결).

• 공유 부동산에 대해 동일한 피담보채권을 담보하기 위한 저당권이 설정된 경우, 각 공유지분에 대한 공동저당권이 설정된 것으로 인정된다.

> 제368조의 해석론에 관한 법리는 동일한 채권의 담보를 위하여 **공유인 부동산에 공동 저당의 관계가 성립된 경우에도 마찬가지**로 적용된다고 보아야 할 것이다(대법원 2011. 10. 13. 선고 2010다99132 판결).

(b) 여러 부동산에 가등기담보

• 가등기담보권자가 경매절차에서 우선변제권을 행사하는 방식으로 담보권을 실행하는 경우에는 저당권으로 간주되므로(가등기담보법 §13) §368이 적용된다.
• 가등기담보권자가 귀속청산 방식으로 담보권을 실행하는 경우에도 §368이 유추적용된다. 귀속청산의 경우에도 후순위권리자 보호가 필요하기 때문이다. 판례도 가등기담보권자가 청산금 통지를 할 때 각 부동산별 책임분담액을 밝히도록 하는 가등기담보법 조항(§3 ②)의 취지는 후순위권리자 보호라고 본다.

> 가등기담보법 제3조 ② 제1항에 따른 청산금 통지에는 통지 당시의 담보목적부동산의 평가액과 「민법」 제360조에 규정된 채권액을 밝혀야 한다. 이 경우 부동산이 둘 이상인 경우에는 각 부동산의 소유권이전에 의하여 소멸시키려는 채권과 그 비용을 밝혀야 한다.

> 가등기담보법이 담보권 실행 대상 부동산이 둘 이상인 경우에 각 부동산의 소유권이전에 의하여 소멸시키려는 채권과 그 비용을 밝히도록 한 것은 **후순위권리자의 이익을 보호하기 위하여** 채권자가 자기의 채권액을 각 부동산별로 나누어 어느 부동산에 대하여 얼마의 채권액과 비용으로 소유권을 취득하겠다는 채권액의 배분액을 구분 표시하도록 한 것일 뿐이다(대법원 2016. 4. 12. 선고 2014다61630 판결).

(c) 저당권 이외의 우선변제권 있는 권리

• 저당권 이외의 우선변제권 있는 권리가 여러 개의 목적물에 대해 성립한 경우에도 §368가 유추 적용된다.
• 예컨대 임금채권 등의 우선특권이나 우선변제권 있는 보증금반환채권의 객체가 여러 개의 부동산인 경우 이들 중 일부가 먼저 경매되어 임금채권자나 보증금반환채권자가 우선변제를 받으면, 먼저 경매된 부동산의 후순위자는 나중에 경매되는 부동산에 대해 후순위자 대위권을 행사할 수 있다.

근로기준법에 규정된 임금 등에 대한 우선특권은 사용자의 총재산에 대하여 저당권에 의하여 담보된 채권, 조세 등에 우선하여 변제받을 수 있는 이른바 **법정담보물권**으로서, 사용자 소유의 수 개의 부동산 중 일부가 먼저 경매되어 그 경매대가에서 임금채권자들이 우선특권에 의하여 우선변제 받은 결과 그 경매한 부동산의 저당권자가 제368조 제1항에 의하여 위 수 개의 부동산으로부터 임금채권이 동시배당되는 경우보다 불이익을 받은 경우에는 같은 조 <u>제2항 후문을 유추적용하여, 위 저당권자로서는 임금채권자가 위 수 개의 부동산으로부터 동시에 배당받았다면 다른 부동산의 경매대가에서 변제를 받을 수 있었던 금액의 한도 내에서 선순위자인 임금채권자를 대위하여 다른 부동산의 경매절차에서 우선하여 배당받을 수 있다</u>(대법원 2000. 9. 29. 선고 2000다32475 판결).

(d) 비교: 선박경매 후 부동산경매

• 선박도 저당권의 객체이지만 선박 경매절차는 부동산 경매절차와 다르기 때문에 동시경매가 불가능하다.

• 따라서 하나의 피담보채권을 담보하기 위해 선박 저당권과 부동산 저당권이 설정된 경우 §368가 유추 적용되지 않는다.

제368조가 유추적용되려면 먼저 동일한 채권의 담보로 마쳐진 부동산과 선박에 대한 저당권이 **동일한 절차에 따라 실행되어 그 경매대가를 동시에 배당하는 것이 법률상 가능하여야 할 것**인데 선박을 목적으로 하는 담보권의 실행을 위한 경매절차와 부동산을 목적으로 하는 담보권의 실행을 위한 경매절차는 법률상 별개의 절차에 해당하고, 동일한 채권의 담보로 부동산과 선박에 근저당권이 설정된 경우 **동일한 절차에서 담보권이 실행되어 그 경매대가가 동시에 배당될 수 없어** 제368조 제1항이 적용될 여지가 없으므로 동일한 채권의 담보로 부동산과 선박에 저당권이 설정된 경우 **제368조 제2항이 유추적용된다고 보기도 어렵다**(대법원 2002. 7. 12. 선고 2001다53264 판결).

B. 시간적 적용범위: 공동저당물이 추가된 경우

• 하나의 부동산에 저당권이 설정된 후 추가로 다른 부동산에 저당권을 설정하면서 두 부동산에 대한 공동저당을 설정할 수 있다.

• 단독 저당권에 대해 후순위 저당권을 설정받은 자는 그 후 추가된 공동저당물에 대해 §368 ②의 후순위자대위를 주장할 수 있다.

당사자는 최초 근저당권 설정 시는 물론 그 후에도 공동근저당권임을 등기하여 공동근저당권의 저당물을 추가할 수 있는데, 이와 같이 특정 공동근저당권에 있어 공동저당물이 추가되기 전에 기존의 저당물에 관하여 후순위 근저당권이 설정된 경우에도 제368조가 마찬가지로 적용된다(대법원 2014. 4. 10. 선고 2013다36040 판결).

C. 인적 적용범위: 공동저당물 양수인이 있는 경우

(a) 선행 경매 전에 공동저당물의 일부가 양도된 경우

• 후순위자대위의 요건이 충족된 이상 공동저당물 중 일부의 소유자가 변경되더라도 후순위권리자의 권리에는 영향을 미치지 않는다.

• 양수인이 목적물과 관련된 권리·의무를 그대로 인수하는 것은 특정승계의 본질적 효과이기 때문이다.

대법원 2011. 10. 13. 선고 2010다99132 판결

> • 제368조 제2항에 의하여 공동저당 부동산의 후순위 저당권자에게 인정되는 대위를 할 수 있는 지위 내지 그와 같은 대위에 관한 정당한 기대를 보호할 필요성은 그 후 공동저당 부동산이 제3자에게 양도되었다는 이유로 달라지지 않는다.
> • 공동저당 부동산의 일부를 취득하는 제3자로서는 공동저당 부동산에 관하여 후순위 저당권자 등 이해관계인들이 갖고 있는 기존의 지위를 전제로 하여 공동저당권의 부담을 인수한 것으로 보아야 하기 때문에 공동저당 부동산의 후순위 저당권자의 대위에 관한 기대는 공동저당 부동산의 일부가 제3자에게 양도되었다는 사정에 의해 영향을 받지 않는다.

(b) 선행 경매 후 나머지 공동저당물 중 일부가 양도된 경우

• 공동저당물들 중 일부에 대해 먼저 경매가 진행된 후 나머지 부동산이 양도된 경우, 먼저 경매된 부동산의 후순위권리자는 §368 ②의 후순위자대위를 주장할 수 있다. 다만 이를 위해서는 양도된 부동산에 대한 공동저당권 설정등기도 말소되지 않고 남아 있어야 한다.

• 예컨대 채권자 甲에 대한 채무자 乙의 채무를 담보하기 위해 乙 소유 X, Y부동산에 대해 공동저당권이 설정되었는데 그 중 X부동산이 먼저 경매된 후 Y부동산이 丙에게 양도된 경우, X부동산에 대한 후순위권리자 丁이 丙에게 후순위자대위를 주장하려면 丙이 Y부동산의 소유권을 취득할 때 Y부동산에 대해 甲 명의 공동저당권 설정등기가 남아 있거나 丁 명의로 공동저당권 이전등기가 마쳐졌어야

한다. 丁의 후순위자대위권 발생은 법률에 의한 물권 변동이므로 등기와 무관하게 일어나지만, 丙이 Y부동산을 양수할 때 Y부동산에 甲명의 공동저당권 설정등기가 말소등기된 상태였다면 丁은 丙에게 후순위자대위를 주장할 수 없다.

✓ 판례는 공동저당·후순위자 대위 사안에 대해 §482 ②의 대항요건주의를 유추 적용하고 있는 것으로 평가할 수 있다. 다만 이러한 변제자대위 사안과는 달리, 후순위대위권자 명의로 부기등기까지 마쳐질 필요는 없다. 즉 원래의 공동저당권 설정등기가 남아 있기만 하면 후순위권리자는 공동저당물 양수인에게 후순위자대위를 주장할 수 있다.

대법원 2015. 3. 20. 선고 2012다99341 판결

- 제368조 제2항의 후순위 저당권자의 대위는 선순위 저당권자가 가지고 있던 다른 부동산에 관한 저당권이 법률상 당연히 후순위 저당권자에게 일정 한도에서 이전하는 것으로서, 제187조에서 말하는 법률의 규정에 의한 물권 변동에 해당하여 등기 없이도 효력이 생긴다.

- 그러나 변제자대위에 관한 대항요건주의를 규정한 제482조 제2항 1호의 취지에 비추어 볼 때 법률상 당연히 이전되는 저당권과 관련하여 그 후에 해당 부동산에 대하여 권리를 취득한 제3취득자를 보호할 필요성은 후순위 저당권자의 대위의 경우에도 마찬가지로 존재한다.

- 후순위 저당권자의 대위의 경우에도 부동산등기법 제80조에서 정한 공동저당의 대위등기를 통하여 제3취득자에게 공시할 수 있으므로, 변제자대위와 마찬가지로 일정한 경우에 그 대위등기를 선행하도록 요구한다고 하더라도 후순위 저당권자에게 크게 불리하지 아니하다. 하지만 반드시 부기등기를 해야만 하는 것은 아니다. 후순위 저당권자의 대위에 의하여 선순위 저당권자가 가지고 있던 다른 부동산에 관한 저당권이 후순위 저당권자에게 이전된 후에 아직 저당권이 말소되지 아니하고 부동산등기부에 존속하는 경우라면, 비록 공동저당의 대위등기를 하지 아니하더라도 제3취득자로서는 그 저당권이 유효하게 존재함을 알거나 적어도 그 저당권이 공동저당권으로서 공시되어 있는 상태에서 이를 알면서 해당 부동산을 취득할 것이므로 저당권의 이전과 관련하여 제3취득자를 보호할 필요성은 적다.

- 따라서 먼저 경매된 부동산의 후순위 저당권자가 다른 부동산에 공동저당의 대위등기를 하지 아니하고 있는 사이에 선순위 저당권자 등에 의해 그 부동산에 관한 선순위 공동저당권등기가 말소되고, 그와 같이 저당권등기가 말소되어 등기부상 저당권의 존재를 확인할 수 없는 상태에서 그 부동산에 관하여 소유권이나 저당권 등 새로 이해관계를 취득한 사람에 대해서는, 후순위 저당권자가 제368조 제2항에 의

<u>한 대위를 주장할 수 없다.</u>

나. 공동저당물의 소유자가 서로 다른 경우

(1) 문제의 소재

- 공동저당물에 대한 후순위권리자가 있는 경우 공동저당물이 동일인 소유이면 §368가 적용된다.
- 이에 비해 공동저당물의 소유자가 서로 다른 경우, 즉 일부는 채무자 소유이고 나머지는 물상보증인 소유이거나, 각 공동저당물이 서로 다른 물상보증인의 소유인 경우에는 변제자대위가 적용되므로 §368는 적용되지 않는다.

(2) 채무자 소유물과 물상보증인 소유물에 대한 공동저당

A. 동시경매

- 채무자 소유 부동산의 경매 대가부터 공동저당권자에게 배당하고, 이것만으로는 피담보채권을 전부 변제하기에 부족한 경우에만 물상보증인 소유 부동산의 경매 대가로부터 배당이 이루어진다.
- 물상보증인이 연대보증인을 겸하고 있더라도 마찬가지이다.

> **대법원 2010. 4. 15. 선고 2008다41475 판결**
> ‣ 공동저당권이 설정되어 있는 수개의 부동산 중 **일부는 채무자 소유이고 일부는 물상보증인의 소유**인 경우 위 각 부동산의 경매대가를 **동시에 배당**하는 때에는, 물상보증인이 제481조, 제482조의 규정에 의한 변제자대위에 의하여 채무자 소유 부동산에 대하여 담보권을 행사할 수 있는 지위에 있는 점 등을 고려할 때, **제368조 제1항은 적용되지 아니한다.**
> ‣ 따라서 이러한 경우 경매법원으로서는 **채무자 소유 부동산의 경매대가에서 공동저당권자에게 우선적으로 배당**을 하고, **부족분이 있는 경우에 한하여** 물상보증인 소유 부동산의 경매대가에서 추가로 배당을 하여야 할 것이다.

이러한 이치는 물상보증인이 채무자를 위한 연대보증인의 지위를 겸하고 있는 경우에도 마찬가지이다(대법원 2016. 3. 10. 선고 2014다231965 판결).

- 연습: ㉠ 사안의 개요: 甲이 乙에 대한 3억 원의 금전채권을 담보하기 위해 乙소유 X부동산과 丙소유 Y부동산에 대해 1순위 공동저당권을 설정했고, 경매대가는 X, Y부동산 모두 각 3억원이며 X부동산에 대해 丁이 피담보채권 2억원의 2순

위 저당권을, Y부동산에 대해 戊가 피담보채권 2억원의 2순위 저당권을 각각 설정했다. ⓒ 쟁점과 판단: 동시경매가 이루어지면 甲은 X부동산의 경매대가 3억원만 배당받을 수 있다.

B. 순차경매

(a) 채무자 소유 공동저당물이 먼저 경매되는 경우

- 채무자 소유 공동저당물이 먼저 경매되어 공동저당권자가 경매대가 전액을 배당받은 후 물상보증인 소유 공동저당물이 경매되더라도 채무자 소유물에 대한 후순위권리자는 배당받을 권리가 없다. 즉 §368 ②은 적용되지 않는다.
- 채무자 소유 부동산에 저당권이 설정된 후 물상보증인 소유 부동산에 추가로 저당권이 설정된 경우에도 마찬가지이다.
- 연습: 위의 예에서 X부동산이 먼저 경매되어 甲이 3억원 전액을 배당받으면 Y부동산에 대한 甲명의 저당권은 소멸하고 丁은 Y부동산에 대해 아무런 권리가 없다.

> **대법원 2014. 1. 23. 선고 2013다207996 판결**
> ‣ 공동저당의 목적인 채무자 소유의 부동산과 물상보증인 소유의 부동산 중 **채무자 소유의 부동산에 대하여 먼저 경매**가 이루어져 그 경매대금의 교부에 의하여 1번 공동저당권자가 변제를 받더라도 **채무자 소유의 부동산에 대한 후순위 저당권자는** 제368조 제2항 후단에 의하여 1번 공동저당권자를 대위하여 물상보증인 소유의 부동산에 대하여 저당권을 행사할 수 없다.
> ‣ 이러한 법리는 채무자 소유의 부동산에 후순위 저당권이 설정된 후에 물상보증인 소유의 부동산이 추가로 공동저당의 목적으로 된 경우에도 마찬가지로 적용된다.

(b) 물상보증인 소유물이 먼저 경매되는 경우

- 물상보증인의 변제자대위권: 물상보증인은 상실한 담보물의 가액 전부에 대해 채무자 소유물에 대한 채권자의 공동저당권을 대위할 수 있다.
- 따라서 물상보증인 소유물의 경매대가로부터 공동저당권자가 전액을 변제받았더라도 채무자는 자신의 소유물에 대한 공동저당권 말소등기청구를 할 수 없고 오히려 물상보증인의 변제자대위권 행사를 원인으로 하는 저당권 이전 부기등기를 해 줄 의무가 있다.
- 물상보증인 소유물에 대한 후순위권리자의 물상대위권: 물상보증인 소유물의 후순위담보권자는, 물상보증인의 변제자대위권에 대한 물상대위권을 행사하여 채

무자 소유물에 대한 공동저당권을 행사할 수 있다. 위의 예에서 Y부동산이 먼저 경매되면 甲이 3억원 전액을 배당받고, 물상보증인 丙에 대한 채권자인 戊는 물상대위권을 행사하여 丙이 Y부동산 대신 취득하게 되는 재산인 丙의 乙에 대한 변제자대위권을 취득할 수 있다.

대법원 2012. 7. 26. 선고 2010다78708 판결

› 공동저당의 목적인 <u>채무자 소유의 부동산과 물상보증인 소유의 부동산에 각각 채권자를 달리하는 후순위 저당권이 설정되어 있는 경우</u>, **물상보증인 소유의 부동산에 대하여 먼저 경매**가 이루어져 그 경매대금의 교부에 의하여 1번 저당권자가 변제를 받은 때에는, ㉠ **물상보증인은** 채무자에 대하여 구상권을 취득함과 동시에 제481조, 제482조의 규정에 의한 변제자대위에 의하여 채무자 소유의 부동산에 대한 1번 저당권을 취득하고, ㉡ 물상보증인 소유의 **부동산에 대한 후순위 저당권자는** 물상보증인에게 이전한 1번 저당권으로부터 우선하여 변제를 받을 수 있다.

› 자기 소유의 부동산이 먼저 경매되어 1번 저당권자에게 대위변제를 한 **물상보증인은 1번 저당권을 대위취득하고, 그 물상보증인 소유의 부동산의 후순위 저당권자는 1번 저당권에 대하여 물상대위**를 할 수 있으므로, 물상보증인이 대위 취득한 선순위 저당권 설정등기에 대하여는 말소등기가 경료될 것이 아니라 물상보증인 앞으로 대위에 의한 저당권이전의 부기등기가 경료되어야 하고, 아직 경매되지 아니한 공동저당물의 소유자채무자로서는 1번 저당권자에 대한 피담보채무가 소멸하였다는 사정만으로 말소등기를 청구할 수 없다.

• 이러한 법리는 공동근저당의 경우에도 마찬가지로 적용된다(대법원 2018. 7. 11. 선고 2017다292756 판결).

C. 사례: 물상보증인에 대한 채무자의 상계 주장 불가능

(a) 사안의 개요

• 채무자 乙소유 X부동산과 물상보증인 丙소유 Y부동산에 甲이 1순위 공동저당권을 설정했고 Y부동산에는 丁이 2순위 저당권을 설정했다. Y부동산에 대한 경매절차에서 甲이 경매대가 전액을 배당받자 丁은 甲에게 X부동산에 대한 甲명의 1순위 근저당권의 이전등기를 청구한다.

• 이에 대해 乙은 독립당사자참가 신청을 하여 丙에 대한 자신의 금전채권이 丙의 乙에 대한 구상금 채권보다 다액이고 상계적상이라고 주장하면서, 甲에게 X부동산에 대한 甲명의 1순위 근저당권의 말소등기를 청구한다.

(b) 쟁점과 판단

• 주채무자 乙에게 물상보증인 丙에 대한 반대채권이 있어도 丙의 乙에 대한 구상금 채권을 수동채권으로 삼아 상계할 수 없다.

• 丙의 구상금 채권과 이에 근거한 변제자대위권은 물상보증인 소유 공동저당물의 후순위자권리자 보호를 위해 필요한 반면, 乙이 주장하는 상계적상은 공동저당권자가 물상보증인 소유 부동산을 먼저 경매하여 수동채권인 구상권이 성립했다는 우연한 사정에 의해 발생한 것으로서 보호가치가 낮기 때문이다.

> **대법원 2017. 4. 26. 선고 2014다221777 판결**
>
> ‣ 乙의 말소등기청구는 위 등기의 이전을 구하는 원고 丁의 청구와 동일한 권리관계에 관하여 주장 자체로 양립되지 않는 관계에 있지 않다. 그러므로 이 부분 독립당사자 참가신청은 민사소송법 제79조 제1항 전단에 따른 권리주장참가의 요건을 갖추지 못하였다.
>
> ‣ 물상보증인 소유 공동저당물이 먼저 경매되어, 물상보증인이 채무자에게 변제자대위권을 행사할 수 있는 경우 채무자는 물상보증인에 대한 반대채권이 있더라도 특별한 사정이 없는 한 **물상보증인의 구상금 채권과 상계함으로써 물상보증인 소유의 부동산에 대한 후순위 저당권자에게 대항할 수 없다.** 채무자는 선순위공동저당권자가 물상보증인 소유의 부동산에 대해 먼저 경매를 신청한 경우에 비로소 상계할 것을 기대할 수 있는데, **이처럼 우연한 사정에 의하여 좌우되는 상계에 대한 기대가 물상보증인 소유의 부동산에 대한 후순위 저당권자가 가지는 법적 지위에 우선할 수 없다.**

(3) 서로 다른 물상보증인 소유물에 대한 공동저당

A. 개관

• 공동저당물이 서로 다른 물상보증인의 소유물인 경우에도 §368의 적용이 배제된다.

• 먼저 경매된 공동저당물 소유자인 물상보증인은 다른 물상보증인에게 변제자대위권을 행사할 수 있으며, 먼저 경매된 공동저당물에 대한 후순위권리자는 물상대위권을 근거로 이러한 변제자대위권을 행사할 수 있다.

• 다만 나중에 경매되는 공동저당물이 채무자 소유인 경우와는 달리, 먼저 경매된 공동저당물의 가액 전부가 아니라, 이 가액에서 그 소유자인 물상보증인의 책임분담액을 공제한 가액에 대해서만 변제자대위권이 인정된다(§482 ②).

대법원 2001. 6. 1. 선고 2001다21854 판결

• 채무자 소유물과 물상보증인 소유물에 공동저당이 설정된 경우 변제자대위가 적용된다는 법리는 **수인의 물상보증인이 제공한 부동산 중 일부에 대하여 경매가 실행된 경우에도 마찬가지**로 적용되어야 하고, 이 경우 물상보증인들 사이의 변제자대위의 관계는 제482조 제2항 제4호, 제3호에 의하여 규율될 것이다. 따라서 자기소유의 부동산이 먼저 경매되어 1번 공동저당권자에게 대위변제를 한 물상보증인은 다른 물상보증인의 부동산에 대한 1번 공동저당권을 대위취득하고, 그 물상보증인 소유 부동산의 후순위 저당권자는 1번 공동저당권에 대하여 물상대위를 할 수 있다.

• 그러므로 물상보증인이 대위취득한 선순위 저당권 설정등기에 대하여는 말소등기가 경료될 것이 아니라 물상보증인 앞으로 대위에 의한 저당권이전의 부기등기가 경료되어야 하고, 아직 경매되지 아니한 공동저당물의 소유자로서는 1번 저당권자에 대한 피담보채무가 소멸하였다는 사정만으로 말소등기를 청구할 수는 없다

B. 연습

• 甲의 乙에 대한 3억원의 금전채권을 담보하기 위해 丙소유 X부동산과 丁소유 Y부동산에 공동저당권이 설정되었고, X부동산의 가액은 3억원 Y부동산의 가액은 2억원이다. X부동산에 대한 후순위권리자 A의 피담보채권액은 2억원이다. X부동산이 먼저 경매되어 甲이 3억원 전액을 배당받으면, 丙의 丁에 대한 변제자대위권은 1억2000만원(= 3억×2/5)에 대해서만 인정된다. 따라서 A의 물상대위권도 1억2000만원의 한도 내에서만 인정된다.

• 위 사례에서 보증인 戊가 있었다면, 물상보증인들은 2억원만 분담하게 되어, 丙의 책임분담액은 1억2000만원이 된다. 丙은 丁에게 책임분담액 8000만원(= 2억×2/5), 보증인 戊에게 책임분담액 1억원에 대한 구상권·변제자대위권을 각각 행사할 수 있고, A는 이에 대한 물상대위권을 각각 행사할 수있다.

(4) 비교: 물상보증인 소유 공동저당물들 중 일부를 채무자가 양수한 경우

A. 사안의 개요

• 戊의 G에 대한 채무 4억5000만원을 담보하기 위해 丁은 2013. 4. 15. 자신이 소유한 X, Y부동산에 대해 G명의 1순위 공동근저당권(채권최고액 5억원)을 설정해 주었다. X부동산은 5억원, Y부동산은 10억 원으로 평가된다.

- 甲은 2013. 4. 23. X부동산에 대해 전세권 설정등기(전세금 4억원)를 마쳤고 乙은 2013. 11. 1. Y부동산을 매수하여 소유권이전등기를 마쳤으며 戊는 2013. 12. 1. X부동산에 대해 매매를 원인으로 소유권이전청구권 가등기를 마쳤다.
- 乙은 2016. 2. 1. 戊의 G에 대한 위 공동근저당권의 피담보채무 채무 4억 5000만원을 대위변제 했고, 같은 날 Y부동산에 대해서는 G명의 공동근저당권이 말소되었다.
- 戊는 2016. 6. 1. X부동산에 관하여 2013. 12. 1.자 가등기에 기한 소유권이전의 본등기를 마쳤고, 乙은 2018. 2. 1. G로부터 X부동산에 관한 1순위 근저당권 이전등기를 받았다.
- X부동산에 대한 임의경매 절차에서 경매대가 4억 5000만원 전액을 乙이 배당받는 내용의 배당표가 작성되자, 甲은 乙의 배당액 중 3억 원에 대하여 이의를 제기하고 이 사건 소를 제기하였다.

B. 쟁점과 판단

(a) 결론

- 甲의 주장은 이유 있다.
- 책임분담액은 X부동산이 1억5000만원(4억5000만 × 5/15), Y부동산이 3억원(4억 5000만 × 10/15)이므로, 乙은 X부동산의 경매 대가 중 1억5000만원에 대해서만 변제자대위권을 행사할 수 있기 때문이다.

(b) 논거

- 동일한 물상보증인이 소유하는 복수의 부동산에 공동저당이 설정된 후, 공동저당물 중 일부가 채무자에게 양도된 경우에는 변제자대위가 적용된다. 예컨대 위의 예에서 戊가 乙에게 책임분담을 요구할 수는 없다.
- 그러나 원래 물상보증인 소유였던 부동산의 후순위권리자는 그 부동산의 경매가액에서 책임분담액을 공제한 가액에 대해 우선변제권을 가진다. 채무자가 공동저당물의 소유권을 취득했다는 우연한 사정 때문에 후순위권리자가 뜻밖의 손해를 보는 것은 불공평하기 때문이다.

대법원 2021. 12. 16. 선고 2021다247258 판결
- 동일한 물상보증인이 소유한 복수의 부동산에 공동저당이 설정된 후 그 중 하나의 부동산에 후순위 저당권이 설정된 경우에, 그 부동산의 대가만이 배당되는 때에는 후순

위 저당권자는 제368조 제2항에 따라 선순위 공동저당권자를 대위하여 그 부동산에 대한 저당권을 행사할 수 있다.

‣ 이 경우 공동저당이 설정된 부동산이 제3자에게 양도되더라도 제482조 제2항 제3호, 제4호에 따라 각 부동산의 소유자는 그 부동산의 가액에 비례해서만 변제자대위를 할 수 있으므로 **후순위 저당권자의 지위는 영향을 받지 않**는다.

‣ 동일한 물상보증인이 소유하는 복수의 부동산에 공동저당이 설정되고 그 중 한 부동산에 후순위 저당권이 설정된 다음에 그 부동산이 **채무자에게 양도**된 경우, 물상보증인의 변제자대위는 후순위 저당권자의 지위에 영향을 주지 않는 범위에서 성립한다고 보아야 하고, 이는 물상보증인으로부터 부동산을 양수한 제3취득자가 변제자대위를 하는 경우에도 마찬가지이다. 이 경우 물상보증인이 자신이 변제한 채권 전부에 대해 변제자대위를 할 수 있다고 본다면, **후순위 저당권자는 저당부동산이 채무자에게 이전되었다는 우연한 사정으로 대위를 할 수 있는 지위를 박탈**당하는 반면, 물상보증인 또는 그로부터 부동산을 양수한 제3취득자는 뜻하지 않은 이득을 얻게 되어 부당하다. 위와 같은 법리는 공동저당이 설정된 복수의 부동산에 선순위 공동근저당권이 설정되고 그 후 **일부 부동산에 후순위 전세권이 설정된 경우에도 마찬가지**로 적용된다.

Ⅱ | 근저당

1. 근저당권의 의미

• 근저당권은 저당권의 일종이지만 부종성이 완화된다. 근저당권의 피담보채권은 불확정 상태이므로 근저당권 설정 후 피담보채권이 소멸하더라도 근저당권은 그대로 유지된다.

근저당권은 계속되는 거래관계로부터 발생하고 소멸하는 불특정 다수의 장래 채권을 결산기에 계산하여 잔존하는 채무를 일정한 한도액의 범위 내에서 담보하는 저당권이어서 그 거래가 종료하기까지 채권은 계속적으로 증감 변동한다(대법원 2023. 6. 29. 선고 2022다300248 판결).

근저당권은 보통의 저당권과 달리 발생 및 소멸에 있어 피담보채무에 대한 부종성이 완화되어 있다(대법원 1999. 5. 14. 선고 97다15777 판결).

- 근저당권자가 근저당권을 행사하여 우선변제를 받으려면 피담보채권이 특정되는 '확정'을 거쳐야 한다. 확정에 의해 근저당권은 일반 저당권으로 성질이 변경되는데, 법률에 의한 물권 변동이므로 변경등기를 마칠 필요는 없다.

> 제357조(근저당) ① 저당권은 그 담보할 채무의 **최고액만을 정하고 채무의 확정을 장래에 보류**하여 이를 설정할 수 있다. 이 경우에는 그 확정될 때까지의 채무의 소멸 또는 이전은 저당권에 영향을 미치지 아니한다.

2. 근저당권의 요건

가. 개관: 저당권의 일반적 성립요건과 근저당권에 고유한 요건

- 근저당권도 일반 저당권과 마찬가지로 근저당권 설정계약과 이를 반영한 근저당권 설정등기가 있어야 성립한다.
- 근저당권에 고유한 요건은 '채권최고액'과 '결산기'이다. 이들 중 ㉠ 채권최고액은 근저당권 설정계약과 근저당권 설정등기의 내용에 반드시 포함되어 있어야 하므로, 채권최고액이 누락된 근저당권 설정등기는 원인무효 등기이다. ㉡ 이에 비해 결산기는 필수 요건은 아니므로 결산기가 정해지지 않았거나 결산기가 약정되었을 뿐 등기되어 있지 않은 경우에도 근저당권도 유효하게 성립한다.

> 부동산등기법 제75조(저당권의 등기사항) ② 등기관은 제1항의 저당권의 내용이 근저당권인 경우에는 제48조에서 규정한 사항 외에 다음 각 호의 사항을 기록하여야 한다.
> 1. **채권의 최고액**   4. 존속기간

나. 근저당권의 피담보채권

(1) 개관

A. 피담보채권의 특정

(a) 의미

- 근저당권도 담보물권이기 때문에 피담보채권이 존재해야 한다. 물건의 가치 자체를 목적물로 삼아 배타적으로 지배하는 순수한 가치권은 우리 법제 하에서는

인정되지 않기 때문이다.

- 근저당권은 피담보채권의 존재를 전제하므로 근저당권 설정계약뿐 아니라 피담보채권을 발생시키는 원인계약도 유효하게 성립해야만 유효한 근저당권 설정등기로 인정된다.

(b) 포괄근저당권의 유효성

- 의미: 피담보채권이 설정자와 근저당권자 사이의 특정 법률관계로부터 장차 발생할 모든 채권으로 정해진 근저당권을 포괄근저당권이라고 한다.
- 포괄근저당권 설정계약도 유효이다. 설정자와 저당권자 사이의 원인관계를 근거로 피담보채권이 특정되고 설정계약 당시의 피담보채권의 불확정성은 근저당권에 고유한 성질이기 때문이다.

> **대법원 2020. 10. 15. 선고 2019다222041 판결**
> ‣ 금융기관과 근저당권설정자가 근저당권 설정계약을 체결할 때 작성한 근저당권 설정계약서에 **금융기관의 여신거래로부터 생기는 모든 채무를 담보하기로 하는 이른바 포괄근저당권**을 설정한다는 문언이 기재된 경우, 근저당권 설정계약서는 처분문서이므로 특별한 사정이 없는 한 그 계약서의 <u>문언에 따라 의사표시의 내용을 해석하여야 함이 원칙</u>이다.
> ‣ 그러나 근저당권 설정계약서가 일반거래약관의 형태로 일률적으로 부동문자로 인쇄해 두고 사용하는 것이고 여러 사정에 비추어 <u>당사자의 의사가 계약서 문언과는 달리 특정한 채무만을 피담보채무로 하려는 취지였다고 인정할 수 있는 경우에는 당사자의 의사에 따라 그 담보책임의 범위를 제한</u>하여야 한다

(2) 사례: 피담보채권의 원인관계가 없는 근저당권 설정등기

 A. 개관

- 근저당권 설정계약의 당사자들 사이에 피담보채권을 발생시키는 원인계약이 존재하지 않으면 근저당권 설정등기는 원인무효 등기이다.
- 근저당권은 일반적인 저당권과는 달리 피담보채권의 발생·존재를 전제하지 않는다. 따라서 근저당권 설정등기의 등기추정력을 근거로 피담보채권의 원인계약의 존재가 추정되지 않으므로 근저당권을 주장하는 자가 이러한 원인계약의 존재에 대한 증명책임을 진다.

✓ 등기추정력을 관철시킨다면 근저당권 설정등기가 마쳐진 이상 근저당권 설정계약뿐 아니라 피담보채권의 원인계약도 유효하게 성립한 것으로 추정되어야 하지 않을까?

근저당권설정행위와는 별도로 근저당권의 피담보채권을 성립시키는 법률행위가 있어야 하고 근저당권의 성립 당시 근저당권의 피담보채권을 성립시키는 법률행위가 있었는지 여부에 대한 증명책임은 그 존재를 주장하는 측에 있다(대법원 2011. 4. 28. 선고 2010다107408 판결).

원고와 소외인은 근저당권 설정계약만 체결하였을 뿐, 피담보채권을 성립시키는 의사표시가 있었다고 볼 만한 자료가 없으므로 위 **근저당권은 피담보채권이 존재하지 아니하여 무효**라고 볼 여지가 있다(대법원 2004. 5. 28. 선고 2003다70041 판결).

B. 사안의 개요
• 乙은 자신이 소유한 X부동산에 대한 강제집행을 면탈할 목적으로 X부동산에 대해 G명의 근저당권을 설정했고 G에 대한 채권자 甲은 G의 乙에 대한 근저당권부 금전채권에 대해 압류·전부명령을 받았다.
• 乙은 G명의 근저당권의 말소등기와 이에 대한 甲의 승낙 의사표시를 청구한다. 이에 대해 甲은 乙·G간 근저당권 설정계약이 허위표시이더라도 자신은 선의의 제3자라고 주장한다.

(a) 쟁점과 판단
• 근저당권이 성립하려면 근저당권 설정계약뿐 아니라 피담보채권을 성립시키는 법률행위도 필요하다.
• 이러한 '피담보채권의 원인계약'의 존재는 甲이 증명해야 하고, 증명하지 못하면 압류등기는 무효이다.

대법원 2011. 4. 28. 선고 2010다107408 판결
  ‣ <u>근저당권이 있는 채권이 압류되는 경우</u>, 근저당권 설정등기에 부기등기의 방법으로 그 피담보채권의 압류사실을 기입등기하는 목적은 근저당권의 피담보채권이 압류되면 담보물권의 수반성에 의하여 종된 권리인 근저당권에도 압류의 효력이 미치게 되어 <u>피담보채권의 압류를 공시하기 위한 것이므로 만일 근저당권의 **피담보채권이 존재하지 않는다면 그 압류명령은 무효**라고 할 것이다.
  ‣ 근저당권을 말소하는 경우에 압류권자는 등기상 이해관계 있는 제3자로서 근저당

권의 말소에 대한 승낙의 의사표시를 하여야 할 의무가 있다.

• 원심은 乙과 G 사이에 체결된 이 사건 근저당권 설정계약은 통정허위표시에 해당 하여 무효이고 甲은 새로이 법률상 이해관계를 가진 선의의 제3자에 해당하므로, 피고는 원고에 대하여 위 근저당권 설정계약의 무효를 주장할 수 없다고 판단하였 다. 그러나 乙은 근저당권 설정계약만을 체결하였을 뿐 근저당권의 피담보채권을 성립시키는 법률행위 자체가 없었다고 다투고 있으므로, 그 존재 여부가 문제된다 할 것인데, 그에 대한 증명책임은 그 존재를 주장하는 원고에게 있고, 그에 관한 **원 고의 증명이 부족하다면 이 사건 압류는 무효**라고 할 것이다.

다. 채권최고액

(1) 의미

• 근저당권자는 등기된 채권최고액 한도 내에서만 우선변제권을 행사할 수 있다.

• 근저당권의 성질인 피담보채권의 불확정성·변동성으로부터 후순위 저당권자를 비롯한 다른 이해관계인의 이익을 보호할 필요가 있기 때문이다.

(2) 효과

A. 원칙

(a) 의미: 근저당권자가 배당받을 수 있는 금액의 상한

• 피담보채권의 실제 가액이 채권최고액을 초과하더라도 채권최고액 한도 내에서 만 우선변제권이 인정된다.

• 피담보채권에 대한 이자, 지연손해금 등의 부대채권도 채권최고액 한도 내에서 만 우선변제의 대상이 된다. 근저당권의 피담보채권의 원본·부대채권을 합산 한 가액이 등기된 채권최고액을 초과하면 채권최고액 한도 내에서만 우선변제 권이 인정되므로 부대채권부터 충당되고 남은 원본채권은 무담보채권으로 잔 존한다(§479).

> 제357조(근저당) ② 전항의 경우에는 채무의 이자는 최고액 중에 산입한 것으로 본다.

• 채권최고액 한도 내이면 1년분 이상의 지연손해금도 우선변제 대상이 된다(§360 단서의 적용 배제).

저당권의 피담보채권 범위에 관한 제360조 단서는 근저당권에 적용되지 않으므로 근저당권의 피담보채권 중 지연손해금도 근저당권의 채권최고액 한도에서 전액 담보된다. 이는 근저당권의 피담보채권이 회생담보권인 경우라고 해서 달리 볼 이유가 없다(대법원 2021. 10. 14. 선고 2021다240851 판결).

✓ 근저당권 실행비용(경매비용)은 집행비용이므로 근저당권보다 선순위로 배당되며 근저당권의 채권최고액에 포함되지 않는다(법원실무제요 2-2: 민사집행(II) 부동산집행, 475면. 다만 이 책에서 논거로 제시된 대법원 2001. 11. 273 선고 2001다47986 판결은 검색으로 확인할 수 없다).

(b) 비교

• 근저당권의 채권최고액은 경매절차에서 근저당권의 배당금자가 배당받을 수 있는 상한액이다.

• 경매절차가 개시되기 전에 제3자가 근저당권의 피담보채무를 대위변제하고 근저당권 말소등기를 청구하는 경우에는, 물상보증인 또는 §364가 적용되는 제3자에 대해서만 채권최고액이 적용된다.

• 예컨대 후순위 저당권자가 있는 경우 근저당권자는 경매절차에서는 채권최고액을 한도로 배당받을 수 있지만, 후순위 저당권자가 대위변제를 하는 경우에는 §364가 적용되지 않고 불가분성이 적용되므로 피담보채권 전부를 변제받을 수 있다(2005다17341, 917면).

B. 예외: 불가분성

• 채무자가 근저당권 설정자이고, 후순위 담보권자 등의 이해관계인이 없으면, 불가분성 원칙이 적용된다. 채권최고액을 한도로 우선변제권을 제한할 필요가 없기 때문이다.

• 피담보채권이 채권최고액을 초과하는 경우 그 전부가 변제되기 전까지는 근저당권이 유지되므로 ㉠ 채무자 겸 근저당권 설정자는 피담보채권액 전부를 변제하지 않는 한 근저당권 설정등기 말소등기를 청구할 수 없고, ㉡ 경매절차에서 채권최고액을 초과하는 금액도 설정자에게 반환되지 않고 근저당권자에게 배당된다.

피담보 채권의 총액이 그 최고액을 초과하는 경우, 적어도 근저당권자와 채무자 겸 근저당권설정자와의 관계에 있어서는 위 채권 전액의 변제가 있을 때까지 근저당권의 효력은 채권최고액과는 관계없이 잔존채무에 여전히 미친다는 점을 고려할 때, 민사집행법상 경매절차에 있어 근저당권설정자와 채무자가 동일한 경우에 근저당권의 채권최고액은 민사집행법 제148조에 따라 배당받을 채권자나 저당목적 부동산의 제3취득자에 대한 우선변제권의 한도로서의 의미를 갖는 것에 불과하고 그 부동산으로서는 그 최고액 범위 내의 채권에 한하여서만 변제를 받을 수 있다는 이른바 책임의 한도라고까지는 볼 수 없으므로 제3취득자나 민사집행법 제148조의 배당받을 채권자 등의 이해관계인이 없으면 매각대금 중 그 최고액을 초과하는 금액이 있더라도 이는 근저당권설정자에게 반환할 것은 아니고 근저당권자의 채권최고액을 초과하는 채무의 변제에 충당하여야 할 것이다(대법원 2009. 2. 26. 선고 2008다4001 판결).

라. 담보기간(결산기)

• 필수 등기 사항은 아니지만 등기하면 효력이 있다(부동산등기법 §75② 참조).

• 결산기가 약정·등기된 경우, 결산기 도래는 피담보채무의 확정사유이다. 따라서 결산기 이후에 근저당권자인 채권자가 채무자에 대한 채권을 취득해도 이 채권에 대해서는 제3자에 대한 우선변제권이 인정되지 않는다.

3. 근저당권의 효과

가. 확정 전의 법률관계

(1) 저당권 설정 후 담보권 실행 전의 일반적인 법률관계

(2) 채무자·피담보채무의 추가·변경

A. 설정자·근저당권자 간 합의만으로 가능

• 근저당권은 원래 피담보채권의 가변성을 전제하며, 채권최고액에 대해서만 우선변제권이 인정되기 때문에 채무자나 피담보채무가 추가·변경되더라도 제3자에게 미치는 영향은 제한적이다. 따라서 후순위 저당권자 등의 이해관계인이 있어도, 설정자와 근저당권자의 합의만 있으면 등기부상 이해관계인의 동의 없이 채무자나 피담보채무를 추가·변경할 수 있다.

• 피담보채무의 내용이나 채무자의 인적사항은 근저당권 설정등기의 필수 등기사항이 아니므로 이에 관한 변경등기 없이도 피담보채권 추가·변경의 효력이 발생한다. 이 경우, 변경 전의 채무자나 피담보채무에 대해서는 우선변제권이 인정되지 않으며, 변경 후의 채무자나 피담보채무에 대해서만 우선변제권이 인정된다.

피담보채무가 **확정되기 이전이라면 채무의 범위나 또는 채무자를 변경**할 수 있는 것이고, 채무의 범위나 채무자가 변경된 경우에는, 변경 후의 범위에 속하는 채권이나 채무자에 대한 채권만이 당해 근저당권에 의하여 담보되고, 변경 전의 범위에 속하는 채권이나 채무자에 대한 채권은 그 근저당권에 의하여 담보되는 채무의 범위에서 제외되는 것이다(대법원 1999. 5. 14. 선고 97다15777 판결).

대법원 2021. 12. 16. 선고 2021다255648 판결

- 후순위 저당권자 등 <u>이해관계인은 근저당권의 채권최고액에 해당하는 담보가치가 근저당권에 의하여 이미 파악되어 있는 것을 알고 이해관계를 맺었기 때문에 이러한 변경으로 예측하지 못한 손해를 입었다고 볼 수 없으므로, 피담보채무의 범위 또는 채무자를 변경할 때 이해관계인의 승낙을 받을 필요가 없다</u>. 또한 등기사항의 변경이 있다면 변경등기를 해야 하지만 <u>등기사항에 속하지 않는 사항은 당사자의 합의만으로 변경의 효력</u>이 발생한다.
- 피담보채무의 범위를 변경할 때 후순위 저당권자인 원고의 승낙을 받을 필요가 없고, 피담보채무의 범위는 부동산등기법 제48조, 제75조 제2항에서 정한 근저당권의 등기사항에 해당하지 않으므로 당사자 합의만으로 변경의 효력이 있다. 따라서 이 사건 근저당권의 피담보채무는 변경된 대여금 채무라고 봄이 타당하다.

B. 사례: 피담보채권의 추가·변경

(a) 사안의 개요

- 甲은 乙에 대한 외상대금 채권을 담보하기 위해 乙소유 X부동산에 채권최고액 1억원의 근저당권을 설정했고 丙은 X부동산에 2순위 저당권을 설정했다. 甲·乙 간 외상거래가 종료되자, 甲·乙은 피담보채권을 대여금채권으로 변경하기로 합의했다.
- 그 후 X부동산에 대한 경매절차에서 甲이 1순위로 1억원을 배당받자 丙은 甲·乙간 피담보채무 변경 약정에 대해 자신이 승낙한 적이 없으므로 甲은 甲 명의 1순위 근저당권으로 丙에게 대항할 수 없다고 주장한다.

(b) 쟁점과 판단

- 丙의 주장은 이유 없다. 설정자와 근저당권자의 합의만 있으면 채무자나 피담보채권을 추가·변경할 수 있으며, 후순위권리자 등의 승낙을 받을 필요는 없다.
- 변형: 甲·乙 간 피담보채권 변경 약정을 원래의 피담보채권에 대한 '확정' 사유로

볼 수 있으면 변경 당시를 기준으로 피담보채권이 확정되고 그 후에 변경된 채권
은 피담보채권이 될 수 없다.

C. 비교: 면책적 채무인수

- 근저당권의 채무자가 변경된 것이 아니라 피담보채무만 면책적으로 인수된 경
  우, 인수인이 근저당권자에게 새로 부담하게 된 채무는 피담보채무가 아니다.
- 이러한 법리는 물상보증인이 피담보채무를 인수한 경우에도 마찬가지이다.

✓ 판례가 면책적 채무인수 자체가 피담보채무의 확정 사유라고 본 것인지는 불명확하다. 판례의 사
  안에서는 당사자들 사이에 면책적 채무인수의 대상이 확정 채무라는 취지의 약정이 있었기 때문
  이다.

> **대법원 2002. 11. 26. 선고 2001다73022 판결**
>
> ・ 물상보증인이 근저당권의 채무자의 **계약상의 지위를 인수한 것이 아니라**, 다만 그
>   채무만을 면책적으로 인수하고 이를 원인으로 하여 근저당권 변경의 부기등기가
>   경료된 경우, 특별한 사정이 없는 한 그 변경등기는 당초 채무자가 근저당권자에 대
>   하여 부담하고 있던 것으로서 **물상보증인이 인수한 채무만을 그 대상으로 하는 것
>   이지, 그 후 채무를 인수한 물상보증인이 다른 원인으로 근저당권자에 대하여 부담
>   하게 된 새로운 채무까지 담보하는 것으로 볼 수는 없다.**
> ・ 채무인수 과정에서 물상보증인 乙과 근저당권자 甲 사이에 작성된 계약서에 '위 당사
>   자 간 확정채무의 면책적 인수계약을 하기 위하여 다음과 같이 계약을 체결한다'고
>   기재되어 있고, 근저당권부기등기의 등기원인에서도 **'확정채무의 면책적 인수계약'**
>   으로 등재되어 있는 점 등을 종합하면, 甲 명의 근저당권은, 당초 주채무자 丙과 甲의
>   거래로 인한 채무를 포괄적으로 담보하였으나, 乙이 丙의 채무를 인수하면서 인수계
>   약 당사자들 사이에서, 丙이 甲에게 부담하고 있던 기존 차용금채무만을 한정적으로
>   담보하기로 약정하였다고 봄이 상당하므로, 위 면책적 채무인수 이후에 乙이 甲과 새
>   로 체결한 계약에 의한 채무는 위 근저당권의 피담보채무가 되지 않는다.

(3) 피담보채권의 이전

A. 개관

(a) 문제의 소재

- 근저당권의 확정 사유가 발생하지 않은 상태에서, 근저당권의 피담보채권이 양
  도・압류되거나 근저당권의 피담보채권이 제3자에 의해 변제되어 변제자대위의
  대상이 되면, 피담보채권자 변경이 일어나게 된다.

- 이때 근저당권도 수반하여 피담보채권 양수인에게 이전하는지가 문제된다.

(b) 쟁점과 판단

- 피담보채권 확정 전에는 부종성뿐 아니라 수반성도 적용되지 않으므로 근저당권은 원래의 채권자·채무자 사이에 발생하는 채권만 담보한다. §357의 문리해석상, 확정 전까지는 피담보채권의 소멸뿐 아니라 그 이전 역시 근저당의 속성인 피담보채권의 증감변동에 해당한다고 보아야 하기 때문이다.
- 피담보채권이 확정된 후에는 근저당 목적물의 경매 대가에서 확정된 피담보채권액을 공제한 가액에 대해서는 피담보채권을 이전받은 자에게 근저당권이 이전된다.
- ✓ 판례는, 근저당권 설정등기 당시의 채권자가 우선변제 받고 난 잔액에 대해서는 근저당권 이전의 부기등기 여부와 관계 없이 법률상 당연히 근저당권이 이전한다고 판단했다. 다만 이러한 결론이, 근저당권의 피담보채권이 이전된 사안에 대한 일반적인 법리인지, 아니면 대상판결에서 문제되었던 일부 대위변제로 인한 변제자 대위 사안의 특성을 반영한 것인지는 불명확하다.

B. 사례: 변제자대위와 근저당

(a) 사안의 개요

- 甲의 乙에 대한 물품대금 채권을 담보하기 위해 乙소유 X부동산에 채권최고액 1억원의 근저당권이 설정되었다.
- 乙에 대한 보증인 丙은 乙의 물품대금 채무의 이행기가 되자 8000만원 전액을 甲에게 지급했다. 그 후 乙이 甲에게 다시 4000만원의 물품대금 채무를 부담하게 되었고 이를 지급하지 못했다. X부동산에 대한 경매절차에서 배당가능 금액이 6000만원으로 산정되었다.

(b) 쟁점과 판단

- 丙이 대위변제로 甲의 乙에 대한 물품대금 채권을 취득해도 이 채권은 근저당권의 피담보채권이 아니다.
- 甲은 丙의 대위변제 후 발생한 4000만원의 피담보채권 전액에 대해 우선변제권을 행사할 수 있다.
- 丙은 남은 2000만원에 대해 우선변제권을 행사할 수 있을 뿐이다.

대법원 2002. 7. 26. 선고 2001다53929 판결

‣ 채권자가 부동산에 대하여 근저당권을 가지고 있는 경우에는, 채권자는 대위변제 자에게 일부 대위변제에 따른 저당권의 일부 이전의 부기등기를 경료해 주어야 할 의무가 있다 할 것이나, 이 경우에도 **채권자는 일부 변제자에 대하여 우선변제권**을 가지고 있다.

‣ 근저당권이라고 함은 계속적인 거래관계로부터 발생하고 소멸하는 불특정다수의 장래채권을 결산기에 계산하여 잔존하는 채무를 일정한 한도액의 범위 내에서 담 보하는 저당권이어서, 거래가 종료하기까지 채권은 계속적으로 증감변동하는 것이 므로, **근저당권의 피담보채권이 확정되기 전에 그 채권의 일부를 양도하거나 대위 변제한 경우 근저당권이 양수인이나 대위변제자에게 이전할 여지는 없다.**

‣ 그 근저당권에 의하여 담보되는 **피담보채권이 확정되게 되면, 그 피담보채권액이 그 근저당권의 채권최고액을 초과하지 않는 한**, 근저당권 내지 그 실행으로 인한 경 락대금에 대한 권리 중 그 피담보채권액을 담보하고 **남는 부분은 저당권의 일부 이 전의 부기등기의 경료 여부와 관계없이 대위변제자에게 법률상 당연히 이전된다** 할 것이다.

나. 피담보채권의 확정

(1) 의미

‣ 근저당권의 확정 사유가 발생하면, 근저당권은 확정 당시의 피담보채권만 담보 하는 일반 저당권으로 성질이 변경된다.

근저당권자가 피담보채무의 불이행을 이유로 경매신청을 한 경우에는 경매신청시에 근저당 채무액이 확정되고, **근저당권은 부종성을 가지게 되어 보통의 저당권과 같은 취급**을 받게 된다(대법원 2002. 11. 26. 선고 2001다73022 판결).

‣ 법률에 의한 물권의 내용 변경이므로 근저당권 설정등기를 일반 저당권 설정등 기로 변경하는 부기등기를 하지 않아도 확정의 효과가 발생한다(§187).

(2) 확정 사유

A. 존속기간·결산기가 정해진 경우

(a) 의미

‣ 근저당권자와 설정자는 근저당권 설정계약으로 근저당권의 존속기간을 정할 수 있다.

- 근저당권의 피담보채권의 채권자와 채무자는 원인계약에서 결산기를 정할 수도 있다. 결산기 지정은 근저당권 피담보채무 확정의 시기와 방법을 정하는 것을 뜻한다.
- 결산기와 피담보채무의 이행기가 반드시 일치하는 것은 아니므로 다르게 정해질 수 있으며, 이들이 서로 다른 경우 소멸시효 기산점은 이행기를 기준으로 판단해야 한다.

> **대법원 2017. 10. 31. 선고 2015다65042 판결**
> ‣ 근저당권 설정계약이나 그 기본계약에서 **결산기를 정하거나 근저당권의 존속기간이 있는** 경우라면, 원칙적으로 결산기가 도래하거나 존속기간이 만료한 때에 그 **피담보채무가 확정**된다. 결산기의 지정은 일반적으로 근저당권 피담보채무의 확정시기와 방법을 정한 것으로서 **피담보채무의 이행기에 관한 약정과는 구별**된다.
> ‣ 원고는 이 사건 근저당권 설정계약에서 **결산기를 장래 지정형**으로 정하였으므로 그 피담보채무는 **기한을 정하지 않은 채무로서 채권의 발생과 동시에 소멸시효가 진행**한다고 주장하였다. 장래 지정은 피담보채무의 확정시기에 관한 약정일 뿐 그 이행기에 관한 약정이 아니라는 이유로 소멸시효의 기산일에 관한 원고의 주장을 받아들이지 않고 피담보채권인 대출채권의 이행기에 소멸시효가 기산한다고 본 원심의 판단은 타당하다.

(b) 존속기간·결산기가 정해진 경우의 확정시점

- 원칙: 존속기간·결산기가 도래한 때 피담보채권이 확정된다.
- 예외: 근저당권에 의하여 담보되는 채권이 전부 소멸하고 채무자·채권자 사이에 거래를 계속할 의사가 없다면, 근저당권 설정자는 존속기간·결산기가 경과하기 전이더라도 근저당권 설정계약을 해지하고 근저당권 설정등기의 말소를 구할 수 있다.

근저당권에 의하여 담보되는 채권이 전부 소멸하고 채무자가 채권자로부터 새로이 금원을 차용하는 등 거래를 계속할 의사가 없는 경우에는, 그 존속기간 또는 결산기가 경과하기 전이라 하더라도 근저당권설정자는 계약을 해제하고 근저당권 설정등기의 말소를 구할 수 있다(대법원 2006. 4. 28. 선고 2005다74108 판결).

B. 존속기간이나 결산기가 정해지지 않은 경우

(a) 확정 방법을 약정한 경우: 약정된 방법에 따름

(b) 확정 방법을 약정하지 않은 경우: 근저당권 설정계약의 해지

- 설정자는 언제든지 계약 해지 의사표시를 하여 피담보채무를 확정시킬 수 있고, 해지 의사표시는 묵시적으로도 할 수 있다.

- 제3취득자도 설정자와 마찬가지로 확정을 위한 해지 의사표시를 할 수 있다.

> 근저당권의 **존속기간이나 결산기를 정하지 않은 때**에는 ㉠ 피담보채무의 **확정방법에 관한 다른 약정**이 있으면 그에 따르고, ㉡ 이러한 **약정이 없는 경우라면 근저당권설정자가 근저당권자를 상대로 언제든지 계약 해지의 의사표시를 함으로써 피담보채무를** 확정시킬 수 있다(대법원 2017. 10. 31. 선고 2015다65042 판결).

> 이러한 계약의 해제 또는 해지에 관한 권한은 근저당부동산의 소유권을 취득한 제3자도 원용할 수 있다(대법원 2006. 4. 28. 선고 2005다74108 판결).

C. 근저당권자가 경매신청을 한 경우

(a) 개관

- 경매 신청에는 근저당권 설정계약 해지 의사표시가 포함되어 있는 것으로 해석된다. 따라서 근저당권자가 한 경매 신청은 확정 사유이고 경매 신청일을 기준으로 피담보채권액이 확정된다.

> 근저당권자가 피담보채무의 불이행을 이유로 스스로 담보권의 실행을 위한 경매를 신청한 때에는 그때까지 발생되어 있는 채권으로 피담보채권액이 확정된다(대법원 2023. 6. 29. 선고 2022다300248 판결).

- 경매 신청이 적법하게 철회되었더라도 '근저당권 설정계약 해지'라는 의사표시에는 영향을 미치지 않으므로, 이미 확정된 피담보채권액은 그대로 유지된다.

> 근저당권의 확정 이후부터 근저당권은 부종성을 가지게 되어 보통의 저당권과 같은 취급을 받게 되는바, 위와 같이 경매신청을 하여 경매개시결정이 있은 후에 경매신청이 취하되었다고 하더라도 채무확정의 효과가 번복되는 것은 아니다(대법원 2002. 11. 26. 선고 2001다73022 판결).

(b) 경매신청서에 피담보채권의 일부만 기재한 경우

- 원칙: 신청채권자가 배당받을 수 있는 금액은 경매신청서에 기재된 청구금액을 한도로 확정되므로 ㉠ 그 후 청구금액 확장신청서·채권계산서 등을 제출해도 청구금액을 확장할 수 없지만, ㉡ 누락된 피담보채권을 근거로 이중경매 신청을 하는 것은 가능하다.

담보권의 실행을 위한 경매에서 신청채권자가 경매를 신청함에 있어서 그 **경매신청서에 피담보채권액 중 일부만을 청구금액으로 기재**하였을 경우에는 다른 특단의 사정이 없는 한 <u>신청채권자가 당해 경매절차에서 배당을 받을 금액이 그 기재된 청구금액을 한도로 확정되며</u>, 신청채권자가 <u>이중경매신청</u>을 할 수 있는 것은 별론으로 하고, **청구금액 확장신청서나 채권계산서를 제출하는 방법 등에 의하여 그 청구금액을 확장할 수는 없**다(대법원 1998. 7. 10. 선고 96다39479 판결).

- 예외: 부대 채권에 대해서는 경매 신청서에는 개괄적으로 표시한 후 채권계산서로 구체적 금액을 특정할 수 있다. 따라서 경매 신청서에는 부대 채권이 확정액으로 표시되었더라도 배당요구 종기까지 채권계산서를 제출하여 이를 증액·확장할 수 있다.

다만 경매신청서에 청구채권으로 원금 외에 이자, 지연손해금 등의 ㉠ <u>부대채권을 개괄적으로 표시하였다가 나중에 채권계산서에 의하여 그 부대채권의 구체적인 금액을 특정하는 것</u>은 경매신청서에 개괄적으로 기재하였던 청구금액의 산출 근거와 범위를 밝히는 것이므로 허용된다. 또한 ㉡ <u>신청채권자가 경매신청서에 청구채권 중 이자, 지연손해금 등의 부대채권을 확정액으로 표시한 경우에는 나중에 배당요구 종기까지 채권계산서를 제출하는 등으로 부대채권을 증액하여 청구금액을 확장하는 것은 허용된다</u>(대법원 2022. 8. 11. 선고 2017다225619 판결).

- 경매 신청서에 청구채권으로 특정 피담보채권을 기재했더라도 ㉠ 확정 이전에 존재했던 다른 피담보채권을 청구채권에 추가하거나 변경할 수 있지만 ㉡ 확정 이후에 발생한 채권은 추가·변경 대상이 될 수 없다. 다만 ㉠의 경우에도 경매신청서에 기재된 청구채권액 한도 내에서만 우선변제를 받을 수 있다.

근저당권의 실행을 위한 경매절차에서 신청채권자는 <u>일단 경매신청서에 특정의 피담보채권을 기재함으로써 이를 청구채권으로 표시하였다고 하더라도 당해 근저당권의</u>

피담보채권으로서 **다른 채권이 있는 경우**에는 그 다른 채권을 청구채권에 추가하거나 당초의 청구채권을 그 다른 채권으로 교환하는 등 **청구채권을 변경할 수 있다**(대법원 1998. 7. 10. 선고 96다39479 판결).

그러나 피담보채권이 확정된 이후에 비로소 발생하는 원금채권은 더 이상 근저당권에 의하여 담보될 수 없으므로, 근저당권자가 경매를 신청하면서 경매신청서의 청구금액 등에 장래 발생될 것으로 예상되는 원금채권을 기재하였거나 그 구체적인 금액을 밝혔다는 사정만으로 경매 신청 당시에 발생하지 않은 장래의 원금채권까지 피담보채권액에 추가될 수 없을 뿐만 아니라 경매절차상 청구금액이 그와 같이 확장될 수 있는 것도 아니다(대법원 2023. 6. 29. 선고 2022다300248 판결).

D. 근저당권자 아닌 제3가 경매를 신청한 경우

- 제3자의 신청으로 경매 절차가 개시된 경우, 매수인이 매각대금을 납부하면 최선순위 근저당권이더라도 소멸한다.
- 따라서 근저당권의 피담보채권은 매각대금 납부시를 기준으로 확정된다.
- ✓ 제3자의 경매신청이 적법하게 취하되면 매각대금이 납부될 수 없으므로 확정되지 않고 근저당권으로 유지된다.

> ### 대법원 1999. 9. 21. 선고 99다26085 판결
> - 당해 근저당권자는 저당부동산에 대하여 경매신청을 하지 아니하였는데 **다른 채권자가 저당부동산에 대하여 경매신청을 한 경우** 경매신청을 하지 아니한 근저당권자의 근저당권도 경락으로 인하여 소멸한다. 그러므로 다른 채권자가 경매를 신청하여 경매절차가 개시된 때로부터 경락으로 인하여 당해 근저당권이 소멸하게 되기까지의 어느 시점에서인가는 당해 근저당권의 피담보채권도 확정된다고 하지 아니할 수 없다. 그런데 그 중 어느 시기에 당해 근저당권의 피담보채권이 확정되는지에 관하여 우리 민법은 아무런 규정을 두고 있지 않다.
> - 선순위 근저당권자는 자신이 경매신청을 하지 아니하였으면서도 경락으로 인하여 근저당권을 상실하게 되는 처지에 있으므로 **거래의 안전을 해치지 아니하는 한도 안에서 선순위 근저당권자가 파악한 담보가치를 최대한 활용**할 수 있도록 함이 타당하다. 이와 같은 관점에서 보면 후순위 근저당권자가 경매를 신청한 경우 선순위 근저당권의 피담보채권은 그 근저당권이 소멸하는 시기, 즉 **경락인이 경락대금을 완납한 때에 확정**된다고 보아야 한다.

(3) 효과: 확정 후의 우선변제권의 범위

• 원칙: 확정 당시에 존재했던 피담보채권에 대해서만 우선변제권이 인정된다.

• 예외: 확정 당시에 존재했던 피담보채권으로부터 확정 후 발생하는 부대채권인 이자, 지연손해금 등에 대해서도 채권최고액 한도 내에서 우선변제권이 인정된다(대법원 2007. 4. 26. 선고 2005다38300 판결).

4. 근저당의 여러 가지 형태

가. 근저당권의 준공유

(1) 요건

• 근저당권도 물권이므로 준공유의 대상이 될 수 있다. 여러 채권자가 하나의 부동산에 대해 하나의 근저당권 설정등기를 마친 경우, 근저당권의 준공유가 성립한다. 일반적인 저당권과 마찬가지로 근저당권 설정계약과 근저당권 설정등기에 의해 성립하는데, 공유지분 등기는 필수 요건이 아님에 유의해야 한다.

• 채권최고액: 근저당권이 준공유된 경우, 각 준공유자들의 피담보채권액 합산액을 근저당권의 채권최고액 한도 내에서 담보한다.

> **여러 채권자**가 하나의 부동산에 **하나의 근저당권을 설정받아 이를 준공유**하는 경우 그 근저당권은 준공유자들의 **피담보채권액을 모두 합쳐서 채권최고액까지 담보**하게 된다(대법원 2008. 3. 13. 선고 2006다31887 판결).

(2) 준공유지분

A. 원칙

• 확정 전에는 근저당권에 대한 준공유지분이 정해질 수 없다.

• 확정 후에는 확정된 피담보채권액의 비율에 따라 근저당권을 준공유하게 되므로 그 비율에 따라 우선변제 받을 수 있다.

> 피담보채권이 **확정되기 전에는 근저당권에 대한 준공유비율을 정할 수 없**으나, 피담보채권액이 확정되면 각자 그 **확정된 채권액의 비율에 따라 근저당권을 준공유**하는 것이 되므로, 준공유자는 각기 그 채권액의 비율에 따라 변제 받는 것이 원칙이다(대법원 2008. 3. 13. 선고 2006다31887 판결).

B. 예외

(a) 요건

• 준공유자들 전원의 합의로 우선변제권 행사의 비율을 약정하고 그 취지를 등기하면, 약정된 비율에 따라 우선변제권을 행사할 수 있다.

• 근저당권 설정등기 당시에 준공유 지분을 등기한 경우에는 우선변제권 행사 비율을 약정한 것으로 본다.

> **대법원 2008. 3. 13. 선고 2006다31887 판결**
>
> ‣ 그러나 준공유자 **전원의 합의**로 피담보채권의 **확정 전**에 위와 다른 비율을 정하거나 준공유자 중 일부가 먼저 변제받기로 약정하는 것을 금할 이유가 없으므로 그와 같은 약정이 있으면 그 약정에 따라야 하며, 이와 같은 별도의 **약정을 등기하게 되면 제3자에 대하여도 효력이 있다.**
>
> ‣ 근저당권의 준공유자들이 **각자의 공유지분을 미리 특정하여 근저당권 설정등기를 마쳤다면 그들은 처음부터 그 지분의 비율로 근저당권을 준공유**하는 것이 되고, 이러한 경우 다른 특별한 사정이 없는 한 준공유자들 사이에는 각기 그 <u>지분비율에 따라 변제받기로 하는 약정이 있었다고 봄이 상당하다.</u>

(b) 예외가 적용되는 경우의 배당 방법

• 우선 등기된 지분 비율에 따라 배당한다.

• 특정 준공유자의 실제 피담보채권액이 지분 비율에 따라 배당받은 가액보다 작아서 발생하는 잔여액은 다른 준공유자들에게 각자의 지분에 따라 다시 배당한다.

> 근저당권의 실행으로 인한 경매절차에서 배당을 하는 경매법원으로서는 배당시점에서의 준공유자 각자의 <u>채권액의 비율에 따라 안분하여 배당할 것이 아니라 각자의 **지분비율에 따라 안분하여 배당**해야 하며, 어느 준공유자의 **실제 채권액이 위 지분비율에 따른 배당액보다 적어 잔여액이 발생하게 되면 이를 다른 준공유자들에게 그 지분비율에 따라 다시 안분**하는 방법으로 배당해야 한다(대법원 2008. 3. 13. 선고 2006다31887 판결)..

(3) 연습

A. 사안의 개요

• M이 소유한 X부동산에 설정된 1번 근저당권의 채권최고액은 6억원인데, 근저당권 설정등기 명의인은 甲·乙·丙 세 사람이다.

- 丁의 신청에 의한 경매절차에서 배당가능금액은 5억이었는데, 확정된 채권액은 甲·乙은 각 2억, 丙은 6억이었다.

B. 쟁점과 판단

- 甲·乙·丙 간 특약과 지분등기가 없으면, 경락대금이 납부되어 근저당권이 확정된 날을 기준으로 甲·乙·丙의 피담보채권액을 산정한 후 그 가액에 비례하여 배당해야 한다. 따라서 甲·乙은 각 1억원, 丙은 3억원을 배당받는다.
- 甲·乙·丙명의로 각 1/3씩 지분 등기가 마쳐졌다면, 각 5억*1/3원씩을 배당받는다.
- 甲 : 乙 : 丙 = 3 : 1 : 1로 지분 등기가 마쳐졌다면, 甲에게 배당된 3억원에서 甲의 피담보채권액을 공제하고 남은 1억원이 다시 乙·丙에게 1 : 1로 배당된다. 결국 甲은 2억원, 乙·丙은 각 1.5억원을 배당받는다.

나. 공동근저당

(1) 요건

- 공동근저당권이 성립하려면 근저당권의 요건과 공동저당권의 요건이 모두 충족되어야 한다.
- 원인계약: 우선 ㉠ 피담보채권의 원인계약, ㉡ 피담보채권의 불확정을 전제하는 근저당권 설정계약, ㉢ 동일한 피담보채권을 담보하기 위해 여러 물건에 대해 근저당권을 설정하기로 하는 계약이 모두 유효하게 성립해야 한다.
- 채권최고액: 각 목적물에 대한 공동근저당권의 채권최고액이 같을 필요는 없지만, 그 가액이 서로 다르면 최저액을 기준으로 공동근저당 관계가 성립한다.
- 공동근저당권 설정등기: 여러 부동산에 대해 근저당권 설정등기가 마쳐지면 이들 사이의 공동저당 관계는 공시되지 않아도 된다. 이 점은 공동저당의 경우와 마찬가지이다.

근저당권설정자와 근저당권자 사이에서 **동일한 기본계약에 기하여 발생한 채권**을 중첩적으로 담보하기 위하여 수 개의 근저당권을 설정하기로 합의하고 이에 따라 수 개의 근저당권 설정등기를 마친 때에는 부동산등기법 제149조에 따라 공동근저당관계의 등기를 마쳤는지 여부와 관계없이 그 수 개의 근저당권 사이에는 각 **채권최고액이 동일한 범위 내**에서 공동근저당관계가 성립한다(대법원 2010. 12. 23. 선고 2008다57746 판결).

(2) 효과

A. 개관

- 공동근저당의 경우에도 §368가 적용된다.
- 공동근저당권자가 일부 공동근저당물로부터 우선변제를 받으면 그 가액만큼 나머지 공동근저당물에 대한 채권최고액이 감액된다. 다만 다른 이해관계인이 없으면 나머지 공동근저당물에 대한 채권최고액은 그대로 유지된다(2008다4001 참조, 948면).
- 이러한 법리는 ⊙ 채무자 소유물과 물상보증인 소유물에 대한 공동근저당에 대해서도 적용되고, ⓒ 일부 공동근저당물의 임의환가에 의해 우선변제가 이루어진 경우에도 적용되고, ⓒ 제3자에 의해 개시된 경매절차에서 배당을 받은 경우에도 적용되고, ⓔ 원금뿐 아니라 부대채권에 대해서도 적용된다.

> **대법원 2018. 7. 11. 선고 2017다292756 판결**
> - **공동근저당권자**가 <u>스스로 근저당권을 실행하거나 타인에 의하여 개시된 경매 등의 환가절차</u>를 통하여 공동담보의 목적 부동산 중 일부에 대한 환가대금 등으로부터 다른 권리자에 우선하여 피담보채권의 일부를 배당받은 경우, 그와 같이 **우선변제 받은 금액에 관하여는 공동담보의 나머지 목적 부동산에 대한 경매 등의 환가절차에서 다시 공동근저당권자로서 우선변제권을 행사할 수 없다.**
> - 이러한 법리는 **채무자 소유의 부동산과 물상보증인 소유의 부동산에 공동근저당권**이 설정된 후 **채무자 소유 부동산을 임의환가하여 청산**하는 경우, 즉 공동담보 목적 부동산 중 채무자 소유 부동산을 제3자에게 매각하여 그 대가로 피담보채권의 일부를 변제하는 경우에도 적용되어, 공동근저당권자는 그와 같이 <u>변제받은 금액에 관하여는 더 이상 물상보증인 소유 부동산에 대한 경매 등의 환가절차에서 우선변제권을 행사할 수 없다</u>고 보아야 할 것이다. 공동근저당권자가 담보 목적물로부터 변제받는 방법으로 임의환가 방식을 선택하였다는 이유만으로 물상보증인의 책임 범위가 달라진다고 하면 형평에 어긋나기 때문이다.

> **대법원 2017. 12. 21. 선고 2013다16992 전원합의체 판결**
> - 제368조는 공동근저당권의 경우에도 적용되고, 공동근저당권자가 스스로 근저당권을 실행한 경우는 물론이며 타인에 의하여 개시된 경매 등의 환가절차에서 그 환가대금 등으로부터 다른 권리자에 우선하여 피담보채권의 일부에 대하여 배당받은

경우에도 적용된다.

‣ 공동근저당권자가 목적 부동산 중 일부에 대한 환가대금 등으로부터 다른 권리자에 우선하여 **피담보채권의 일부에 대하여 배당받은 경우**에, 우선변제받은 금액에 관하여는 공동담보의 나머지 목적 부동산에 대한 경매 등의 환가절차에서 다시 공동근저당권자로서 우선변제권을 행사할 수 없다고 보아야 하며, 공동담보의 나머지 목적 부동산에 대하여 공동근저당권자로서 행사할 수 있는 우선변제권의 범위는 피담보채권의 확정 여부와 상관없이 최초의 채권최고액에서 위와 같이 우선변제받은 금액을 공제한 나머지 채권최고액으로 제한된다.

‣ 이러한 법리는 채권최고액을 넘는 피담보채권이 원금이 아니라 **이자·지연손해금인 경우에도 마찬가지**로 적용된다.

B. 동시경매

• 피담보채권의 확정: 일반적인 근저당권과 마찬가지로, 공동근저당권의 피담보채권도 ㉠ 근저당권자 자신이 경매신청을 한 경우에는 경매신청시에 확정되고, ㉡ 제3자가 경매신청을 한 때는 매각대금 납부시에 확정된다.

• 원칙적인 배당 방법(§368 ①): 공동근저당 부동산 전부에 대한 동시경매가 이루어지면, 공동근저당권자는 공동저당권의 채권최고액을 각 부동산의 각 환가대금의 비율로 안분하여 각 환가대금으로부터 배당받는다.

• 예외: 누적적 근저당 설정계약이 있었음이 증명되면 공동근저당권자는 각 부동산의 각 채권최고액만큼 누적적으로 배당받는다.

공동근저당권이 설정된 목적 부동산에 대하여 **동시배당이 이루어지는 경우**에 공동근저당권자는 채권최고액 범위 내에서 피담보채권을 제368조 제1항에 따라 부동산별로 나누어 각 환가대금에 비례한 액수로 배당받으며, 공동근저당권의 각 목적 부동산에 대하여 채권최고액만큼 반복하여, 이른바 누적적으로 배당받지 아니한다(대법원 2017. 12. 21. 선고 2013다16992 전원합의체 판결).

C. 이시경매

(a) 선행경매를 근저당권자 자신이 신청한 경우

• 피담보채권은 경매신청시에 확정된다(2001다73022, 954면).

• 나머지 부동산에 대한 근저당권도 함께 확정되므로, 원래의 채권최고액에서 선행 경매에서 배당받은 가액을 공제한 가액만을 담보하는 일반 저당권이 된다.

(b) 선행 경매를 제3자가 신청한 경우

- 선행 경매된 부동산에 대한 피담보채권은 매각대금 납부시에 확정된다.
- 나머지 부동산에 대해서는 확정이 일어나지 않으므로 여전히 근저당권의 성질을 유지하고 그 후 발생한 피담보채권도 담보된다. 선행 경매에서 공동근저당권자가 배당받은 가액만큼 채권최고액이 감액되므로 다른 이해관계인에게 불리하지 않기 때문이다.

> **대법원 2017. 9. 21. 선고 2015다50637 판결**
> ‣ **공동근저당권자**가 목적 부동산 중 **일부 부동산에 대하여 제3자가 신청한 경매절차에 소극적으로 참가하여 우선배당**을 받은 경우에, **해당 부동산에 관한 근저당권의 피담보채권**은 그 근저당권이 소멸하는 시기, 즉 매수인이 매각대금을 지급한 때에 **확정**된다.
> ‣ 이에 비해 **나머지 목적 부동산에 관한 근저당권의 피담보채권**은 기본거래 종료나 설정자에 대하여 파산 선고 등의 **다른 확정사유가 발생하지 아니하는 한 확정되지 아니**한다. 그 이유는 ㉠ 공동근저당권자가 제3자가 신청한 경매절차에 소극적으로 참가하여 우선배당을 받았다는 사정만으로는 당연히 채권자와 채무자 사이의 기본 거래가 종료된다고 볼 수 없고, ㉡ 나머지 목적 부동산에 관한 공동근저당권자의 우선변제권 범위는 위 우선배당액을 공제한 채권최고액으로 제한되므로 후순위 근저당권자나 기타 채권자들이 예측하지 못한 손해를 입게 된다고 볼 수 없기 때문이다.

- 후순위자가 있는 경우(§368 ②): 먼저 경매된 부동산의 후순위권리자는 채권최고액을 기준으로 산정한 각 부동산의 책임분담액을 한도로 후순위자대위권을 행사할 수 있다.

(c) 특약이 없는 한 누적적으로 배당되지 않음

> 공동근저당권이 설정된 목적 부동산에 대하여 **이시배당이 이루어지는 경우에도 동시배당의 경우와 마찬가지로** 공동근저당권자가 공동근저당권 목적 부동산의 각 환가대금으로부터 **채권최고액만큼 반복하여 배당받을 수는 없다**고 해석하는 것이 제368조 제1항 및 제2항의 취지에 부합한다(대법원 2017. 12. 21. 선고 2013다16992 전원합의체 판결).

다. 누적적 근저당

(1) 의미

* 동일한 피담보채권을 담보하기 위해 여러 부동산에 근저당권을 설정하는 경우로 서 공동근저당의 일종이라고 볼 수 있다.
* 그러나 일반적인 공동근저당과는 달리 각 근저당권의 채권최고액 합산액 전부에 대해 우선변제를 받을 수 있다.
* 예컨대 甲이 乙에 대한 10억원의 채권을 담보하기 위해 乙소유 X, Y부동산에 각 채권최고액 6억원의 근저당권을 각 설정한 후 甲이 X부동산으로부터 5억원을 배 당받은 경우, Y부동산의 경매대가로부터 甲이 우선변제 받을 수 있는 가액은 위 공동근저당이 누적적 공동근저당이면 5억원인데 비해 중첩적 공동근저당이면 1 억원이다.

> **대법원 2020. 4. 9. 선고 2014다51756 판결**
> ‣ 하나의 기본계약에서 발생하는 **동일한 채권을 담보하기 위하여 여러 개의 부동산에 근저당권을 설정하면서 각각의 근저당권 채권최고액을 합한 금액을 우선변제받기 위하여 공동근저당권의 형식이 아닌 개별 근저당권의 형식**을 취한 경우, 이러한 근저당권은 제368조가 적용되는 **공동근저당권이 아니라** 피담보채권을 **누적적으로 담보하는 근저당권**에 해당한다.
> ‣ 누적적 근저당권은 **공동근저당권과 달리 담보의 범위가 중첩되지 않으므로**, 누적적 근저당권을 설정받은 채권자는 동시경매, 이시경매가 모두 가능하며 어떤 경우이든 **각 근저당권의 채권최고액 범위에서 반복하여 우선변제**를 받을 수 있다.

* 외관상 각 부동산에 대해 개별 근저당권의 형식으로 등기되지만, 피담보채권은 하나로 유지되며 각 근저당권별로 분할되지 않는다.

> **대법원 2020. 4. 9. 선고 2014다51756 판결**
> ‣ 누적적 근저당권은 모두 하나의 기본계약에서 발생한 동일한 피담보채권을 담보하기 위한 것이다. 이와 달리 당사자가 근저당권 설정 시 피담보채권을 여러 개로 분할하여 분할된 채권별로 근저당권을 설정하였다면 이는 그 자체로 각각 별개의 채권을 담보하기 위한 개별 근저당권일 뿐 누적적 근저당권이라고 할 수 없다.
> ‣ 누적적 근저당권은 각 근저당권의 담보 범위가 중첩되지 않고 서로 다르지만 이러한 점을 들어 **피담보채권이 각 근저당권별로 자동으로 분할된다고 볼 수도 없다.** 이

는 **동일한 피담보채권이 모두 소멸할 때까지 자유롭게** 근저당권 전부 또는 일부를 실행하여 각각의 채권최고액까지 우선변제를 받고자 누적적 근저당권을 설정한 당사자의 의사에 반하기 때문이다.

(2) 사례: 누적적 근저당과 후순위자대위, 변제자대위

A. 후순위자대위

- 누적적 근저당의 경우, 이시경매 사안에서도 후순위자대위가 인정될 필요가 없다.
- 누적적 근저당권자는 각 저당물의 담보가치 전부를 파악하므로 후순위자 대위의 대상인 각 저당물의 책임분담액이 인정될 수 없기 때문이다.

B. 물상보증인의 변제자대위

- 누적적 근저당의 채권최고액 합산액보다 피담보채권액이 더 큰 경우에는 근저당권자가 각 채권최고액 전부를 취득하므로, 변제자대위의 대상이 될 근저당권 자체가 존재하지 않는다.
- 누적적 근저당권의 채권최고액 합산액보다 피담보채권액이 더 작은 경우에는 물상보증인은 채무자 소유 부동산에 대한 채권최고액에서 근저당권자가 우선변제가 받고 남은 가액 한도 내에서 변제자대위권을 행사할 수 있다. 후순위자가 있더라도 채권최고액 한도 내에서만 변제자대위가 가능하므로 후순위자에게는 불이익이 발생하지 않는다.

대법원 2020. 4. 9. 선고 2014다51756 판결

- 채권자가 하나의 기본계약에서 발생하는 동일한 채권을 담보하기 위하여 **채무자 소유의 부동산과 물상보증인 소유의 부동산에 누적적 근저당권**을 설정받았는데 물상보증인 소유의 부동산이 먼저 경매되어 매각대금에서 채권자가 변제를 받은 경우 물상보증인은 **변제자대위에 의하여 종래 채권자가 보유하던 채무자 소유 부동산에 관한 근저당권을 대위취득하여 행사**할 수 있다.
- **누적적 근저당권의 피담보채권액이 각각의 채권최고액을 합한 금액에 미달하는 경우 물상보증인은 변제자대위 등을 통해 채무자 소유의 부동산이 가장 우선적으로 책임을 부담할 것을 기대**하고 담보를 제공한다. 그 후에 채무자 소유 부동산에 후순위 저당권이 설정되었다는 사정 때문에 물상보증인의 기대이익을 박탈할 수 없다. 누적적 근저당권은 공동근저당권이 아니라 **개별 근저당권의 형식으로 등기**되므로 선순위근저당권의 채권최고액 범위에서 물상보증인에게 변제자대위를 허용하더

라도 후순위 저당권자의 보호가치 있는 신뢰를 침해한다고 볼 수 없다.

‣ 이에 비해 누적적 근저당권의 피담보채권액이 각각의 채권최고액을 합한 금액보다 큰 경우에는 채권자만이 모든 근저당권으로부터 만족을 받게 되므로 물상보증인의 변제자대위가 인정될 여지가 없다.

23장

비전형 담보물권

비전형 담보물권

I 소유권유보부 매매

1. 요건

- 소유권유보부 매매는 동산 매매계약에서 대금채권을 담보하기 위해 사용되는 비전형 담보물권의 일종이다.
- 이러한 담보권이 설정되려면 정지조건부 물권적 합의가 있어야 한다. 즉 소유권유보부 매매에는 매매의 목적물인 동산의 소유권을 매수인의 대금 완납 즉시 별도의 추가 의사표시 없이 매수인에게 귀속시키기로 하는 매도인과 매수인 간의 약정이 포함된다.

> 동산의 매매에서 그 **대금을 모두 지급할 때까지는 목적물의 소유권을 매도인이 그대로 보유하기로 하면서 목적물을 미리 매수인에게 인도하는 이른바 소유권유보약정**이 있는 경우, 목적물의 소유권을 이전한다는 당사자 사이의 **물권적 합의**는 매매계약을 체결하고 목적물을 인도한 때 이미 성립하지만 **대금이 모두 지급되는 것을 정지조건**으로 한다(대법원 1999. 9. 7. 선고 99다30534 판결).

✓ 소유권유보부 매매에서 매도인은 대금 완납 전에 목적물을 매수인에게 인도하므로 매도인에게 유보된 소유권은 간접점유로 공시되는 것이 일반적이다.

2. 효과

가. 개관

(1) 대금 완납 전

A. 소유권은 매도인에게 유보됨

- 대세효: ㉠ 매도인은 매수인뿐 아니라 제3자에게도 소유권 유보를 주장할 수 있

다. ⓛ 이러한 효과는 소유권 유보의 취지가 공시되었는지의 여부와 무관하고, 대금의 상당부분이 지급된 경우에도 마찬가지이다.

목적물이 매수인에게 인도되었다고 하더라도 특별한 사정이 없는 한 매도인은 대금이 모두 지급될 때까지 매수인뿐만 아니라 제3자에 대하여도 유보된 목적물의 소유권을 주장할 수 있고 매수인의 목적물 전매를 예정하고 있고, 그 매매계약에서 소유권유보의 특약을 제3자에 대하여 공시한 바 없고, **종류물**인 철강재를 목적물로 하고 있다 하더라도 다를 바 없다(대법원 1999. 9. 7. 선고 99다30534 판결).

이는 매수인이 매매대금의 상당 부분을 지급하였다고 하여도 다를 바 없다(대법원 2010. 2. 11. 선고 2009다93671 판결).

- 매수인이 대금 완납 전에 목적물을 처분하면 무권리자의 처분에 해당한다. 따라서 전득자는 매도인의 추인이나 선의취득의 요건이 충족된 경우에만 소유권을 취득할 수 있다.

대금이 모두 지급되지 아니한 상태에서 매수인이 목적물을 다른 사람에게 양도하더라도, 양수인이 선의취득의 요건을 갖추거나 소유자인 소유권유보매도인이 후에 처분을 추인하는 등의 특별한 사정이 없는 한 그 양도는 목적물의 소유자가 아닌 사람이 행한 것으로서 효력이 없어서, 그 양도로써 목적물의 소유권이 매수인에게 이전되지 아니한다.(대법원 2010. 2. 11. 선고 2009다93671 판결).

B. 미납 대금의 이자, 선인도 된 동산의 과실

✓ 매도인과 매수인의 특약이 있으면 이에 따라 이자와 과실의 귀속이 결정된다.

✓ 특약이 없으면 동산의 과실이 점유자인 매수인에게 귀속되므로 매수인은 미지급 대금의 이자를 지급해야 한다(§587).

(2) 대금 완납 후

- 정지조건이 성취되었으므로 추가 의사표시 없이 곧바로 물권행위의 효력이 발생한다.
- 공시 방법인 점유는 간이인도에 의해 갖춰지므로 곧바로 소유권이 매수인에게 이전된다.

그 대금이 모두 지급되지 아니하고 있는 동안에는 비록 매수인이 목적물을 인도받았어도 목적물의 소유권은 위 약정대로 여전히 매도인이 이를 가지고, 대금이 모두 지급됨으로써 그 정지조건이 완성되어 별도의 의사표시 없이 바로 목적물의 소유권이 매수인에게 이전된다(대법원 2010. 2. 11. 선고 2009다93671 판결).

나. 사례: 대금완납 전 매수인의 처분행위

(1) 사안의 개요

- 甲이 丙에게 X동산을 소유권유보부 매매로 인도했는데 丙은 丁에 대한 채무의 대물변제를 위해 A에게 보관시켜 두었던 X동산의 반환청구권을 丁에게 양도했다.
- 丙이 매매 잔대금 지급을 연체하자 甲은 A로부터 X동산을 인도받았다. 이에 丁은 자신이 X동산의 소유자라고 주장하면서 甲을 상대로 1) 주위적으로 §213의 반환청구, 2) 예비적으로 그 시가 상당의 §750 손해배상청구를 한다.

(2) 쟁점과 판단

- X동산의 소유자는 甲이고 丙은 무권리자이다. 따라서 丁이 X동산의 소유자가 되려면, X동산을 선의취득 했거나, 丙·丁간 대물변제라는 처분행위를 甲이 추인했다는 사실이 인정되어야 한다.
- 丁은 X동산을 전문으로 취급하는 상인이고 소유권유보부 매매 관행을 잘 알고 있었으므로 과실이 인정되어 선의취득이 인정되지 않고, 甲의 추인 사실도 인정되지 않는다. 따라서 丁의 주장 1), 2)는 모두 이유 없다.

> **대법원 2010. 2. 11. 선고 2009다93671 판결**
> - 이 사건 계약에서와 같이 그러므로 대금이 모두 지급되지 아니한 상태에서 매수인이 목적물을 다른 사람에게 양도하더라도, **양수인이 선의취득의 요건**을 갖추거나 소유자인 소유권유보**매도인이 처분을 추인**하는 등의 특별한 사정이 없는 한 그 양도는 목적물의 소유자가 아닌 사람이 행한 것으로서 효력이 없어서, 그 양도로써 목적물의 소유권이 매수인에게 이전되지 아니한다.
> - 전득자 丁은 X동산의 거래를 취급하는 상인이므로 소유권유보부 매매로 거래되는 관행을 알고 있었을 뿐 아니라, 甲이 주로 제작·공급하는 기계라는 것도 알고 있었으므로 甲에게 문의하여 대금 완납 여부를 쉽게 확인할 수 있었으므로 과실이 인정되어 선의취득이 부정된다.

관습법상 양도담보·가등기담보

1. 개관

가. 관습법과 「가등기담보 등에 관한 법률」의 관계: 일반법과 특별법

- 양도담보·가등기담보는 관습법에 의해 인정되는 비전형 담보물권이고, 그 내용은 판례를 통해 확인할 수밖에 없다.
- 이에 비해 「가등기담보 등에 관한 법률」은 양도담보·가등기담보 중에서 §607·§608가 적용되는 경우 즉 피담보채무가 (준)소비대차 계약으로부터 발생했고, 피담보채권액이 목적물의 가액을 초과하는 경우에만 적용되는 특별법이다.
- 가등기담보법이 적용되지 않는 사안은 물론 가등기담보법이 적용되는 사안에서 이법에 규정되어 있지 않은 내용에 대해서도 일반법인 관습법에 따라 당사자들 사이의 법률관계를 판단해야 한다.

나. 관습법상 양도담보·가등기담보

(1) 비교

- 공통점: ㉠ 피담보채권 담보라는 실질적 목적을 달성하기 위해 담보물의 소유권을 채권자에게 양도한다는 형식으로 설정되고 ㉡ 채권자는 설정자의 담보물 사용·수익을 보장하고 담보권 실행 요건 충족 전까지 담보물 처분권을 행사하지 않을 의무를 진다. ㉢ 담보권 실행 방법은 채권자·설정자의 약정으로 정할 수 있으나, 별도의 약정이 없으면 담보권자가 담보물의 소유권을 취득하고 담보물의 가액에서 피담보채권액을 공제한 청산금을 설정자에게 지급하는 귀속청산 약정이 있는 것으로 추정된다.
- 차이점: 담보권 설정 방식이 권리의 완전한 양도이면 양도담보이고 가등기 설정이면 가등기담보이다. 따라서 양도담보는 부동산뿐 아니라 양도할 수 있는 모든 재산권을 대상으로 할 수 있는 데 비해 가등기담보는 등기·등록으로 공시되는 재산권만을 대상으로 한다.

(2) 양도담보의 법적성질: 신탁적 소유권 이전설과 담보물권설의 대립

A. 개관

- 양도담보의 법적 성질에 대해, 지배적 견해는 판례의 태도가 불확실하고 보는 듯

하다. 그러나 판례는 동산(2004다37430, 979면)뿐 아니라 부동산(주택)의 경우에도 양도담보의 법적 성질이 '신탁적 소유권 이전'이라는 취지로 판시했다.

> 임차주택의 소유권을 취득한 자 등은 주택임대차보호법 제3조에서 말하는 임차주택의 양수인에 해당 된다고 할 것이나, **주택의 양도담보**의 경우는 **채권담보를 위하여 신탁적으로 양도담보권자에게 주택의 소유권이 이전될 뿐**이어서, 특별한 사정이 없는한, 양도담보권자가 주택의 사용수익권을 갖게 되는 것이 아니고 또 주택의 <u>소유권이 양도담보권자에게 확정적, 종국적으로 이전되는 것도 아니므로 양도담보권자는 이 법 조항에서 말하는 '양수인'에 해당되지 아니한다고 보는 것이 상당하다</u>(대법원 1993. 11. 23. 선고 93다4083 판결).

- 비교: 가등기담보권은 소유권 이전을 전제하지 않으므로 그 법적 성질은 담보물권의 일종으로 파악할 수밖에 없다.

B. 견해대립의 실익

- 물권적 청구권의 행사방법: 신탁적 소유권 이전설에 따르면 채무자는 채권자를 대위하여 물권적 청구권을 행사할 수 있으나, 담보물권설에 따르면 채무자는 소유권을 근거로, 채권자는 담보물권을 근거로 각각 물권적 청구권을 행사할 수 있다.
- 채권자의 무단처분의 효과: 신탁적 소유권 이전설에 따르면 제3자는 선의·악의를 불문하고 유효하게 소유권을 취득하고 설정자는 채권자에게 §390 손해배상책임을 추궁할 수 있을 뿐이지만, 담보물권설에 따르면 제3자는 소유권 아닌 담보물권을 취득하게 된다.

2. 관습법상 양도담보

가. 요건

(1) 개관

A. 담보물권의 일반적인 요건

- 관습법상 양도담보도 본질은 담보물권이므로 담보물권의 일반적인 요건들이 갖춰져야 성립한다.
- 예컨대 ㉠ 피담보채권의 존재해야 하고(부종성), ㉡ 담보권자는 채권자이거나 채권을 행사할 수 있는 사람이어야 하고(2002다50484, 1005면), ㉢ 설정자는 채무자

이거나 물상보증인으로서 담보물에 대한 처분권자이어야 하고, ㉣ 피담보채권의 원인계약과 담보권 설정계약이 유효하게 성립해야 한다.

> 양도담보를 설정하려면 양도담보설정자에게 목적물에 대한 소유권이나 처분권 등 양도담보를 설정할 권한이 있어야 한다. 양도담보설정자에게 이러한 권한이 없는데도 양도담보설정계약을 체결한 경우에는 특별한 사정이 없는 한 양도담보가 유효하게 성립할 수 없다(대법원 2022. 1. 27. 선고 2019다295568 판결).

B. 양도담보에 고유한 요건

- 양도담보의 객체는 양도할 수 있는 모든 물건과 재산권이다. 이와 관련하여 '집합동산 양도담보'가 문제된다. 이에 대한 구체적인 내용은 (2)에서 다룬다.
- 양도담보권의 공시 방법은 양도 자체의 공시 방법과 같다. 이와 관련하여 특히 동산 양도담보와 선의취득의 관계, 보존등기되지 않은 신축건물 양도담보의 공시 방법 등이 문제된다. 이에 대한 구체적인 내용은 (3), (4)에서 다룬다.

(2) 사례: 집합동산의 양도담보

A. 개관

(a) 문제의 소재

- 여러 물건들을 '집합물'이라는 하나의 담보물로 파악하여 이에 대한 양도담보권을 설정하는 거래 관행이 있다. 양도담보권의 대상이 되는 집합물은 ㉠ 원자재 · 재고상품 등과 같은 특정된 집합물(2012다19659)과 ㉡ 가축 등과 같이 증감 · 변동하는 성질을 가진 유동 집합물(2012다78726)로 나누어 볼 수 있다.
- 집합물에 대한 양도담보권이 설정되는 경우 집합물의 범위를 특정하기 위한 기준이 필요하다. 거래 안전을 위해 개별 동산이 양도담보권의 객체인 집합물에 속하는지를 식별할 수 있어야 하기 때문이다.

(b) 특정 기준

- 집합물을 구성하는 물건의 종류는 반드시 정해져야 하지만, 그 보관장소나 수량은 둘 중 하나만 정해져도 된다. 또한 당사자의 의사, 목적물의 성질, 집합물의 이용 방법 등도 고려 대상이다.
- 이에 비해 구입 자금의 출처는 식별 기준이 아니므로 '도급인이 지급한 선급금으로 구입한 동산들'은 유동 집합동산이라고 볼 수 없다.

일단의 **증감 변동하는 동산**을 하나의 물건으로 보아 이를 **채권담보의 목적으로 삼는 이른바 유동 집합물**에 대한 양도담보계약의 경우에, 양도담보의 **효력이 미치는 범위를 명시**하여 제3자에게 불측의 손해를 입지 않도록 하고 권리관계를 미리 명확히 하여 집행절차가 부당히 지연되지 않도록 하기 위하여 그 **목적물을 특정할 필요**가 있으므로, ㉠ 담보목적물은 담보설정자의 다른 물건과 구별될 수 있도록 그 **종류, 소재하는 장소 또는 수량의 지정 등의 방법에 의하여 외부적·객관적으로 특정**되어 있어야 하고, ㉡ 목적물의 특정 여부 및 목적물의 범위는 목적물의 종류, 장소, 수량 등에 관한 계약의 전체적 내용, 목적물 자체가 가지는 유기적 결합의 정도, 담보물 관리와 이용 방법 등 **여러 가지 사정을 종합하여 구체적으로 판단**하여야 할 것이다(대법원 2013. 1. 16. 선고 2012다78726 판결).

구매자금의 동일성은 기준이 아니므로, 동일한 선수금계좌에서 지출된 자금으로 구입한 물건들이 유동 집합물이 되는 것은 아니다(대법원 2013. 2. 15. 선고 2012다87089 판결).

B. 유동 집합물이 양도담보의 목적물인 경우

(a) 사안의 개요

- 甲은 丙에 대한 채권을 담보하기 위해 丙이 소유한 X축사에서 사육되는 돼지 500마리에 대한 양도담보를 설정하고 점유개정으로 인도받았다.
- 乙은 丙으로부터 X축사에서 사육되는 돼지 500마리를 매수하고 점유개정으로 인도받은 후, 자신이 구입한 돼지 100마리를 반입했는데 乙이 반입한 돼지들은 원래 丙이 사육하던 돼지들과 품종이나 연령이 같았다.
- 甲은 丙의 채무불이행으로 양도담보권 실행 요건이 갖춰지자, X축사 내에 있는 돼지 600마리에 대한 양도담보권을 행사한다. 이에 대해 乙은 1) 자신은 X축사 내의 돼지들이 양도담보의 목적물임을 알지 못했고 2) 위 돼지들 중 500마리에 대해서는 甲의 권리가 인정될 수 있어도 乙 자신이 추가 반입한 100마리에 대해서는 甲의 권리가 인정될 수 없다고 주장한다.

(b) 쟁점과 판단

- 양도담보 설정 계약의 해석상 유동 집합물에 대해 양도담보권이 설정된 것으로 인정되는 경우, ㉠ 양도담보 설정 후 증식된 천연과실은 물론 천연과실의 처분대가로 받은 돈 등도 모두 양도담보의 목적물이 된다. ㉡ 증감·변동하는 개별 동산

에 대해 별도의 양도담보권 설정계약이나 공시 방법(점유개정 방식에 의한 인도)을 갖추지 않아도 된다.
- 다만 설정자가 별도의 자금으로 구입한 개별 동산에 대해서는 유동 집합동산 양도담보의 효력이 미치지 않지만, 이러한 사실은 주장하는 자가 증명해야 해야 한다.
- 이러한 법리는 점유개정으로 인도받아 선의취득 할 수 없어서 양도담보의 부담 있는 소유권을 취득한 양수인에게도 동일하게 적용된다. 따라서 乙의 주장 1)은 선의취득의 요건 충족이 증명되지 못하는 한 이유 없고, 乙의 주장 2)는 乙이 100마리를 자신이 반입했다는 사실을 증명하지 못하는 한 이유 없다.

대법원 2004. 11. 12. 선고 2004다22858 판결

- 이른바 '유동집합물에 대한 양도담보계약'의 경우 <u>양도담보권자가 담보권 설정계약 당시 존재하는 집합물에 대하여 점유개정의 방법으로 점유를 취득하면 그 후 새로 반입되는 개개의 물건에 대하여 그 때마다 별도의 양도담보계약을 맺거나 점유개정의 표시를 하지 아니하더라도 하나의 집합물로서의 동일성을 잃지 아니한 채 양도담보권의 효력은 항상 현재의 집합물 위에 미치게 되고</u>, 증감 변동하리라는 점이 당연히 예상되는 것이고, 이에 따라 양도담보설정자로서는 통상적으로 허용되는 범위 내에서 양도담보 목적물인 돼지를 처분할 수도 있고 새로운 돼지를 구입할 수도 있는데, 이 때 새로 **반입되는 돼지에 대하여 별도의 양도담보계약을 맺거나 점유개정의 표시를 하지 않더라도 자동적으로 양도담보권의 효력이 미친다.**
- 이 사건 양도담보권의 효력은 양도담보 목적물인 집합동산을 매수했으나 선의취득의 요건을 충족하지 못한 乙이 애초에 양수한 **농장 내에 있던 돼지들 및 통상적인 양돈방식에 따라 그 돼지들을 사육·관리하면서 돼지를 출하하여 얻은 수익으로 새로 구입하거나 그 돼지와 교환한 돼지 또는 그 돼지로부터 출산시켜 얻은 새끼돼지에 한하여 미치고** 乙이 **별도의 자금을 투입하여 반입한 돼지가 있다면 그 돼지에는 미치지 않는다.**
- 乙이 양도담보의 효력이 미치는 목적물에다 자기 소유인 동종의 물건을 섞어 관리함으로써 당초의 양도담보의 효력이 미치는 목적물의 범위를 불명확하게 한 경우에는 乙로 하여금 그 양도담보의 효력이 미치지 아니하는 물건의 **존재와 범위를 입증하도록 하는 것이 공평**의 원칙에 부합할 것이다.

C. 특정 집합물이 양도담보의 목적물인 경우

(a) 개관

• 여러 개의 동산인 집합물을 담보물로 한 경우 '증감·변동'을 전제한 것인지의 여부는 의사표시 해석의 문제이다.

• 특정된 동산들을 양도담보의 목적물로 삼았다면, 동종 동산이 같은 장소에 추가로 보관되더라도 이에 대한 별도의 설정계약과 인도가 행해지지 않는 한 추가된 동종 동산은 양도담보의 목적물로 편입되지 않는다.

(b) 사례

• 내구연수가 길고 제작번호 등으로 특정되는 기계류에 대한 양도담보는 특정된 동산들에 대한 양도담보로 해석된다.

> **대법원 2016. 4. 28. 선고 2015다221286 판결**
> ‣ 여러 개의 동산을 일괄하여 양도담보의 목적으로 하는 양도담보설정계약을 체결하면서 향후 일정 장소에 편입되는 동산에 대해서도 양도담보의 효력을 받는 것으로 약정한 경우에, 특정된 동산들을 목적물로 한 양도담보로 볼 것인지, 일단의 증감 변동하는 동산을 하나의 물건으로 보아 이를 목적물로 한 이른바 유동집합동산 양도담보로 볼 것인지는 양도담보설정계약의 해석의 문제이다.
> ‣ 기계기구 또는 영업설비 등 내구연수가 장기간이고 가공 과정이나 유통 과정 중에 있지 아니한 여러 개의 동산을 목적으로 하고 있으며, 담보목적물마다 제작번호 등으로 특정하고 있는 경우에는, 원칙적으로 **특정된** 동산들을 일괄하여 양도담보의 목적물로 한 계약이라고 보아야 하므로 향후 편입되는 동산을 양도담보 목적으로 하기 위해서는 편입 시점에 제3자가 그 동산을 다른 동산과 구별할 수 있을 정도로 구체적으로 특정되어야 한다.

• 설정자와 채권자는 특정 돈사에서 사육 중인 돼지에 대한 양도담보를 설정했는데 의사표시 해석상 증감·변동을 전제하지 않았던 것으로 인정된다(지원림, 3−421 참조). 또한 명시적으로 사용·수익권을 설정자에게 유보했는데 여기에는 과실수취권이 포함된다. 따라서 양도담보 설정 이후 태어난 새끼돼지는 설정자가 소유하므로 양도담보권의 대상인 집합물에 편입되지 않는다.

일반적으로 물건을 양도담보의 목적으로 양도한 경우 특별한 사정이 없는 한 목적물에 대한 **사용수익권은 설정자**에게 있는 것이며, 특히 설정자와 채권자 사이의 특약으로 설정자가 양도담보목적물인 돼지를 점유하는 동안 이를 **무상으로 사용·수익하기로 약정**한 경우, 양도담보목적물로서 원물인 돼지가 **출산한 새끼 돼지는 천연과실에 해당하고 그 천연과실의 수취권은 원물인 돼지의 사용수익권을 가지는 담보설정자**에게 귀속되는 것이므로, 달리 원·피고 사이에 특별한 약정이 없는 한 천연과실인 위 새끼 돼지에 대하여는 양도담보의 효력이 미치는 것이라고 할 수 없다(대법원 1996. 9. 10. 선고 96다25463 판결).

D. 사례: 카고펌프 사건

(a) 사안의 개요

- 乙은 丙에 대한 채권을 담보하기 위해 丙이 건조 중인 X선박의 '원자재' 일체에 대한 양도담보권을 설정했다. X선박의 핵심부품인 Y동산(카고펌프)의 운송 중 甲은 丙에 대한 채권을 담보하기 위해 Y동산에 대한 양도담보권을 설정하고 선하증권을 인도받았다.

- 그 후 丙이 Y동산을 인도받아 X선박에 설치했다.

(b) 쟁점과 판단

- 집합물에 대한 양도담보가 설정된 경우, 제3자가 소유한 개별 동산은 집합동산의 식별 기준인 장소·종류에 부합하더라도 집합동산 양도담보의 효력이 미치지 않는다. 따라서 乙은 甲이 선하증권 인도 방식으로 대외적 소유권을 취득한 Y동산에 대한 양도담보권을 주장할 수 없다.

- 그러나 X선박이 완성되면 Y동산은 X선박에 부합되고 甲은 그 소유권을 상실하는 대신 §261의 부당이득반환청구권을 행사할 수 있을 뿐이다. 이때 부당이득의 요건인 '이익'은 실질적으로 판단해야 하는데, Y동산이 X선박에 부합되어 실질적으로 이익을 얻는 사람은 X선박의 양도담보권자에 불과한 乙이 아니라 양도담보권 설정자인 丙이다. 따라서 甲의 乙에 대한 §261·§741 부당이득 반환청구는 기각된다.

대법원 2016. 4. 28. 선고 2012다19659 판결

  ‣ 재고상품, 제품, 원자재 등과 같은 집합물을 하나의 물건으로 보아 이를 일정 기간 계속하여 채권담보의 목적으로 삼으려는 이른바 **집합물에 대한 양도담보권 설정계**

<u>약</u>에 있어서는 담보목적인 **집합물을 종류, 장소 또는 수량지정** 등의 방법에 의하여 특정할 수 있으면 집합물 전체를 하나의 재산권 객체로 하는 담보권의 설정이 가능하므로, 그에 대한 양도담보권 설정계약이 이루어지면 집합물을 구성하는 개개의 물건이 변동되거나 변형되더라도 한 개의 물건으로서의 동일성을 잃지 아니한 채 <u>양도담보권의 효력은 항상 현재의 집합물</u> 위에 미치고, 양도담보권자가 점유개정의 방법으로 양도담보권 설정계약 당시 존재하는 집합물의 점유를 취득하면 그 후 양도담보권 설정자가 집합물을 이루는 개개의 물건을 반입하였다 하더라도 별도의 양도담보권 설정계약을 맺거나 점유개정의 표시를 하지 않더라도 양도담보권의 효력이 나중에 반입된 물건에도 미친다.

‣ 다만 양도담보권 설정자가 **양도담보권 설정계약에서 정한 종류·수량에 포함되는 물건을 그 계약에서 정한 장소에 반입**하였다고 하더라도 그 물건이 **제3자의 소유라면 담보목적인 집합물의 구성부분이 될 수 없**고 따라서 그 물건에는 **양도담보권의 효력이 미치지 않는다.**

‣ 제261조에서 '부당이득에 관한 규정에 의하여 보상을 청구할 수 있다'는 것은 <u>법률효과만이 아니라 법률요건도 부당이득에 관한 규정이 정하는 바에 따른다는 의미</u>이다. 부당이득반환청구에 있어 이득이라 함은 실질적인 이익을 의미하는바 동산 양도담보권은 담보물의 교환가치 취득을 그 목적으로 하는 것이다 이러한 양도담보권의 성격에 비추어 보면 주된 동산의 가치가 증가된 데 따른 <u>실질적 이익은 주된 동산에 관한 양도담보권 설정자에게 귀속</u>되는 것이므로, 이 경우 부합으로 인하여 그 권리를 상실하는 자는 그 양도담보권 설정자를 상대로 민법 제261조의 규정에 따라 보상을 청구할 수 있을 뿐 양도담보권자를 상대로 그와 같은 보상을 청구할 수는 없다.

(3) 사례: 동산 양도담보와 공시 방법

A. 인도의 의미

‣ 동산 양도담보의 공시 방법인 인도에는 민법에 규정된 모든 인도 방법이 포함된다. 또한 인도는 동산 물권의 성립요건이지 존속요건은 아니다.

‣ 따라서 점유개정도 동산 양도담보 설정의 공시 방법이 될 수 있고, 이 점에서 질권 설정의 경우와 다르다.

동산에 대하여 점유개정의 방법으로 **양도담보를 일단 설정한 후에는 양도담보권자나 양도담보설정자가 그 동산에 대한 점유를 상실하였다고 하더라도 그 양도담보의 효력에는 아무런 영향이 없다**(대법원 2000. 6. 23. 선고 99다65066 판결).

B. 사례: 점유개정에 의한 양도담보 설정 후 설정자의 처분행위

(a) 설정자가 거듭 점유개정으로 양도담보를 설정한 경우

- 사안의 개요: 乙이 甲에게 점유개정으로 양도담보를 설정하고 丙에게 거듭 점유개정으로 양도담보를 설정했다.

- 쟁점과 판단: 甲은 유효하게 양도담보권을 취득하며 乙은 대외적으로는 소유권을 상실한다. 따라서 丙은 무권리자로부터 양도담보를 설정받은 자에 해당하는데, 점유개정으로 인도받았으므로 선의취득도 인정되지 않는다.

금전채무를 담보하기 위하여 채무자가 그 소유의 동산을 채권자에게 양도하되 점유개정의 방법으로 인도하고 채무자가 이를 계속 점유하기로 약정한 경우 그 동산의 소유권은 신탁적으로 이전되는 것에 불과하여, 채권자와 채무자 사이의 대내적 관계에서는 채무자가 소유권을 보유하나 대외적인 관계에서의 채무자는 동산의 소유권을 이미 채권자에게 양도한 무권리자가 되는 것이어서, 다시 다른 채권자와 사이에 양도담보설정계약을 체결하고 점유개정의 방법으로 인도하더라도 선의취득이 인정되지 않는 한 나중에 설정계약을 체결한 채권자로서는 양도담보권을 취득할 수 없는데, 점유개정의 방법으로는 선의취득이 인정되지 아니하므로 결국 뒤의 채권자는 적법하게 양도담보권을 취득할 수 없다(대법원 2005. 2. 18. 선고 2004다37430 판결).

- 변형: 후행 양도담보권자가 목적물을 처분하고 전득자가 선의취득의 요건을 충족했다면 선행 양도담보권자의 양도담보권이 소멸한다. 이때 후행 담보권자의 처분행위에는 위법성이 인정되므로 귀책사유만 인정되면 §750의 불법행위가 성립할 수 있다. 예컨대 후행 양도담보권자가 처분행위에 적극 가담하지 않았고 그 처분행위가 횡령죄나 배임죄 등의 범죄를 구성하지 않아도, 후행 담보권자에게 과실이 인정된다면 선행 양도담보권자에 대한 §750의 불법행위가 성립하는 것이다.

동산에 대하여 점유개정의 방법으로 이중 양도담보를 설정한 경우 원래의 양도담보권자는 뒤의 양도담보권자에 대하여 배타적으로 자기의 담보권을 주장할 수 있으므로, 뒤의 양도담보권자가 양도담보의 목적물을 처분함으로써 원래의 양도담보권자로

하여금 양도담보권을 실행할 수 없도록 하는 행위는 이중양도담보 설정행위가 **횡령죄나 배임죄를 구성하는지 여부나 뒤의 양도담보권자가 이중양도담보 설정행위에 적극적으로 가담하였는지 여부와 관계없이, 원래의 양도담보권자의 양도담보권을 침해하는 위법**한 행위이다(대법원 2000. 6. 23. 선고 99다65066 판결).

(b) 설정자가 점유개정으로 매도한 경우

- 원칙: 매수인은 소유권을 취득하지만 양도담보권의 부담도 인수한다. 즉 매수인은 담보물의 제3취득자가 된다.
- ✓ 예외: 매수인이 거듭 매도하고 점유개정 이외의 방법으로 인도하여 매수인으로부터의 전득자가 선의취득의 요건을 갖췄다면 전득자는 완전한 소유권을 취득하고 양도담보권이 소멸한다.

대법원 2004. 11. 12. 선고 2004다22858 판결
  ‣ 유동집합물 양도담보의 목적인 집합물이 양도담보설정자로부터 제3자에게 양도된 경우 양수인은 그 양도담보권의 부담을 인수한 채로 집합물을 양수한 것이 되어 양수인에게도 유동집합물에 대한 양도담보의 법리가 그대로 적용되므로, 양수인이 양수할 당시에 존재하던 집합물 내의 개별 동산뿐만 아니라 그 후 양수 당시의 동산으로부터 산출되거나 양수인이 새로 구입하여 반입한 동산에도 양도담보권의 효력이 미치게 된다.
  ‣ 다만 이 경우에 양수인이 양수 당시 선의취득의 요건을 갖추었다면 양수한 목적물에 대하여 양도담보의 부담이 없는 완전한 소유권을 취득하게 되므로 이 때에는 양수한 목적물이나 그 후 새로 구입한 동산에 양도담보권의 효력이 미칠 여지가 없게 된다

(4) 사례: 신축·미등기건물의 양도담보

A. 개관
- 건물을 비롯한 부동산에 대한 양도담보권은 소유권이전등기로 공시되어야 한다.
- 신축·미등기건물도 양도담보의 목적물이 될 수 있는데 이 경우의 공시 방법이 문제된다.

B. 신축·미등기건물에 대한 양도담보권의 공시 방법
- 양도담보권 설정 방법은 채권자 명의로 건축허가를 받는 것이지만, 건축허가명의가 신축건물의 소유권 공시 방법은 아니다.

- 따라서 원시취득자는 신축자이고 건축허가명의에 따라 채권자 명의로 보존등기가 마쳐진 때 비로소 양도담보에 의한 소유권 이전이 일어난다.

> 건축업자가 타인의 대지를 매수하여 그 대금을 지급하지 아니한 채 그 위에 자기의 노력과 재료를 들여 건물을 건축하면서 **건축허가 명의를 대지소유자**로 한 경우에는, 부동산등기법에 의해 특별한 사정이 없는 한 건축허가명의인 앞으로 소유권보존등기를 할 수밖에 없는 점에 비추어 볼 때 그 목적이 **대지대금 채무를 담보**하기 위한 경우가 일반적이고, 이 경우 완성된 건물의 소유권은 **일단 이를 건축한 채무자가 원시취득한 후 채권자 명의 보존등기를 마침으로써 담보 목적의 범위 내에서 위 채권자에게 그 소유권이 이전**된다(대법원 2002. 4. 26. 선고 2000다16350 판결).

- 다만 보존등기의 경우 소유권 취득 요건의 존재에 대해서는 등기추정력이 적용되지 않으므로, 양도담보권자는 채무자의 원시취득의 요건뿐 아니라 자신과 채무자 사이의 유효한 양도담보계약도 증명해야만 보존등기에 기한 양도담보권을 주장할 수 있다.

> 이 사건 건물은 甲이 건축허가서상의 건축주 명의를 편의상 乙 앞으로 하여 두고 甲의 비용으로 신축한 것인데, 丙이 乙로부터 丙에 대한 채무의 변제에 갈음하여 이 사건 건물에 대한 건축주 명의를 이전하여 주겠다는 제의를 받아 丙 앞으로 건축주 명의를 변경한 후, 이를 사용하여 丙명의로 소유권보존등기를 경료하였다. 이러한 사실관계가 인정된다면 丙명의 소유권 보존등기의 추정력은 깨어지고, 丙이 대외적인 소유권을 가지지 못한 乙로부터 이를 양수하여 소유권보존등기를 마친 것만으로는 그 소유권을 적법하게 취득하지 못한다고 한 원심의 판단은 정당하다(대법원 1996. 7. 30. 선고 95다30734 판결).

C. 신축건물에 대한 양도담보권자 명의 보존등기와 대외적 소유권

(a) 사안의 개요

- 丁은 丙에 대한 채권을 담보하기 위해 X주택의 건축허가 명의를 이전받았고 그 결과 X주택에 대해 丁명의 보존등기가 마쳐졌다.
- 乙은 丁에 대한 채권을 담보하기 위해 丁명의로 보존등기된 X주택에 대한 저당권 설정등기를 마쳤다.
- 甲은 丙에 대한 채권을 보전하기 위해 丙을 대위하여 乙명의 저당권 설정등기 말소등기를 청구한다.

(b) 쟁점과 판단

- 甲의 청구는 기각된다. 丙·丁간 미등기건물 양도담보 설정계약에 따라 丁명의 보존등기가 마쳐졌으므로, 대외적으로는 X주택은 丁의 소유이기 때문이다.
- 이러한 결론은 丁의 양도담보권의 피담보채권이 소멸했더라도 마찬가지이다. 양도담보의 본질을 신탁적 소유권 이전이라고 본다면 대외적 소유자인 丁으로부터 물권을 취득한 제3자인 乙은 양도담보 사실에 대한 선의·악의 여부를 불문하고 유효하게 물권을 취득한다고 보아야 하기 때문이다.

> **대법원 2013. 12. 12. 선고 2012다200974 판결**
>
> ·丙이 이 사건 건물의 소유권을 원시적으로 취득하였더라도 丙과 丁 사이에 丙의 丁에 대한 **매매대금 등의 지급채무를 담보**하기 위해 X건물을 양도담보로 제공하기로 하는 담보권 설정의 합의가 있었고, 그 후 X건물에 관하여 丁명의로 이 사건 <u>소유권 보존등기가 마쳐짐으로써</u> 이 사건 건물의 소유권은 丁에게 이전되었다고 할 것이며, 乙은 丁의 이러한 소유권에 터 잡아 권리를 취득하였거나 등기상 이해관계를 가지게 되었다.
>
> ·사정이 이와 같다면, 丙을 대위하는 甲은 X건물에 관하여 <u>丁의 소유권에 터 잡아 권리를 취득하였거나 등기상 이해관계를 가지게 된 乙에게 X건물이 丙의 소유라는 주장을 내세울 수 없고,</u> 甲의 주장과 같이 丁의 양도담보권의 **피담보채권인 매매대금 등 채권이 사후적으로 소멸하였더라도 그러한 사유만으로 乙의 X건물에 관한 권리가 함께 소멸하는 것으로 볼 수는 없다.**

D. 지상물에 대한 양도담보권이 설정된 경우 대지 소유자에 대한 부당이득 반환의 무자: 설정자

(a) 사안의 개요

- 甲이 소유한 X토지에 대해 甲·乙간 매매계약이 체결되었는데, 특약사항으로 乙은 X토지 상에 Y건물을 신축한 후 X토지의 잔대금을 지급하기로 했고 이에 따라 甲은 乙에게 건물 신축을 위한 토지사용 승낙서를 교부해 주었다.
- 乙은 자금난을 겪게 되자 丙으로부터 자금을 대출받으면서 Y건물을 담보로 제공했고 이에 따라 Y건물에 대해 丙명의 보존등기가 마쳐졌다.
- Y건물이 보존등기된 후에도 乙이 잔대금을 지급하지 않자 甲은 X토지 매매계약을 해제하고 丙을 상대로 X토지에 대한 차임상당 부당이득 반환을 청구하는 소

를 제기했다.

(b) 쟁점과 판단

• Y건물에 대한 丙명의 보존등기는 乙·丙 간 Y건물 양도담보 설정계약에 의한 것이므로 丙은 양도담보권자이다.

• 건물에 대한 양도담보권이 설정된 경우 설정자가 실질적으로 건물을 사용·수익하므로 그 대지에 대한 부당이득도 설정자에게 귀속된다. 따라서 지상건물에 대한 보존등기 명의인이지만 양도담보권자에 불과한 丙은 부당이득 반환의무를 지지 않는다.

✓ 부당이득의 요건인 '이득'은 실질적으로 판단해야 하므로 Y건물의 형식적·대외적 소유자가 양도담보권자인 丙이더라도, Y건물의 사용·수익권을 가진 양도담보 설정자 乙이 §741의 부당이득 반환 채무자이다. 이른바 '카고펌프 사건'에 대한 2012다19659 판결도 같은 취지이다.

> **대법원 2022. 4. 14. 선고 2021다263519 판결**
>
> ‣ 채무를 담보하기 위하여 채무자가 자기의 비용과 노력으로 신축하는 건물의 신축허가 명의를 채권자 명의로 한 경우 이는 완성될 건물을 양도담보로 제공하기로 하는 담보권 설정의 합의가 있다고 볼 수 있다. 이때 완성된 건물의 소유권은 이를 건축한 채무자가 원시적으로 취득하고, 채권자가 그 명의로 소유권보존등기를 함으로써 건물에 대한 양도담보가 설정된 것으로 보아야 한다.
>
> ‣ 양도담보권자가 청산절차 등을 거쳐 담보목적 부동산의 소유권을 취득하기 전까지 특별한 사정이 없는 한 설정자가 건물의 소유자로서 이를 현실적으로 점유하면서 사용·수익하고 있다고 볼 수 있으므로 채권자가 건물에 대한 양도담보권을 취득했다고 해서 그 대지 소유자에게 부당이득반환의무를 부담하는 것은 아니다.
>
> ‣ 파기된 원심의 판단: 등기된 부동산의 양도담보권자는 대외적 관계에서 소유자로 인정된다. 따라서 피고는 자신의 명의로 소유권보존등기가 된 날부터 이 사건 토지의 점유로 인한 부당이득을 원고에게 반환할 의무가 있다.

(c) 변형된 사실관계: 甲이 丙에게 건물 철거 청구를 할 수 있는가?

• 丙은 Y건물에 대해 이해관계를 가진 자이므로 X토지 매매계약 해제와 관련하여 §548의 제3자라고 보기 어렵다.

• 다만 甲이 乙에게 토지에 대한 사용승낙서를 교부하여 토지 잔대금 지급 전에 지상 건물 신축이 가능하도록 원인을 제공했으므로 丙에게 Y건물 철거를 구하는 것은 신의칙에 반한다.

일반적으로 대지 소유자가 건축업자에게 대지를 매도하고 건축업자는 대지 소유자 명의로 건축허가를 받아 다세대주택을 신축하여 그 분양대금 중 일부로 매매대금을 지급하되 그 지급을 담보하기 위하여 신축 주택에 관하여 대지 소유자 명의로 소유권 보존등기를 마치기로 약정한 경우, 대지 소유자는 그 소유의 토지에 관하여 건축업자로 하여금 건물을 신축하는 데 사용하도록 승낙한 것이라고 할 것이고, 건축업자가 이러한 승낙에 따라 다세대주택을 신축하여 제3자에게 분양하였다면, 대지 소유자는 건물을 신축하게 한 원인을 제공하였고 제3자는 이를 신뢰하여 견고하게 신축한 건물 중 일부를 분양받은 것이므로, 대지 소유자가 그 대지에 관한 매매계약이 해제되었음을 이유로 제3자에 대하여 철거를 요구하는 것은 비록 그것이 대지에 대한 소유권에 기한 것이라 하더라도 신의성실의 원칙에 반하여 용인될 수 없다(대법원 2019. 10. 31. 선고 2017다48003 판결).

E. 미등기 건물에 대한 양도담보권을 실행하는 방법

(a) 원칙

• 채권자는 완전한 소유권을 취득하는 방법으로 양도담보권을 실행한다.
• 양도담보권 실행을 위해 채무자의 내부적 소유권 제거가 필요하므로, 채권자는 채무자의 내부적 소유권 제거를 위해 채무자나 그로부터 사용수익권을 설정받은 임차인 등에게 인도 청구를 할 수 있다.

채무담보를 위해 채무자가 자기의 비용과 노력으로 신축하는 건물의 건축허가 명의를 채권자 명의로 하여 완성될 건물을 양도담보로 제공하기로 하는 담보권 설정의 합의가 있었으면, 완성된 건물에 관하여 자신의 명의로 소유권보존등기를 마친 채권자는 채무자가 이행지체에 빠졌을 때에는 담보계약에 의하여 취득한 목적부동산의 처분권을 행사하기 위한 환가절차의 일환으로서 즉, 담보권의 실행으로서 채무자 또는 채무자로부터 적법하게 건물의 점유를 이전받은 주택임차인 등 제3자에 대하여 명도청구를 할 수 있다(대법원 2002. 1. 11. 선고 2001다48347 판결).

(b) 예외

• 채무자가 신축건물을 환가·처분하여 그 대금으로 피담보채권을 우선변제 하기로 하는 약정이 있었다면 채권자에게는 인도청구권이 없다.
• 이 경우 채무자가 신축건물을 처분하고 대금을 수령하는 것 자체가 양도담보권

을 실행하는 방법이고 채권자는 채무자가 수령한 분양대금에 대해 강제집행을 할 수밖에 없다.

(c) 예외에 대한 예외: 특약 해제 후의 처분

• 사안의 개요: 甲에 대한 채무자 乙은 자신의 비용과 노력으로 신축하는 X주택을 담보로 제공하면서 완공 후 X주택을 처분하여 그 대금으로 채무를 변제하기로 약정했다. 甲은 X주택에 대한 보존등기를 마친 후 乙로부터 X주택을 임차한 丙에게 인도청구를 한다.

• 쟁점과 판단: 이 경우 甲은 '乙의 처분 후 대금으로 채무 변제'라는 특약이 해제되었음을 증명해야 한다.

채무담보를 위해 채무자가 자기의 비용과 노력으로 신축하는 건물의 건축허가 명의를 채권자 명의로 함으로써 **완성될 건물을 양도담보로 제**공하기로 하는 담보권 설정 합의시 채무자가 신축건물을 타에 처분하여 그 대금으로 채무변제에 충당하기로 약정한 바가 있고, 그 약정에 기하여 **신축건물의 처분행위가 이루어졌다면, 신축건물에 관한 채권자의 담보권은 이미 실행되어 소멸**된 것으로 보거나 담보권 주장을 포기한 것으로 볼 여지가 있어 채권자는 채무자 또는 제3자를 상대로 <u>명도청구를 할 수 없다</u> 하겠으나, <u>그 약정이 신축건물의 처분 이전에 실효되거나 해제되었다면 채권자가 명</u> 도청구를 할 수 있다(대법원 2002. 1. 11. 선고 2001다48347 판결).

나. 관습법상 양도담보의 효과

(1) 개관: 저당권에 관한 조문의 유추 적용

• 양도담보·가등기담보와 관련하여, 관습법이나 특별법으로 정해지지 않은 사항에 대해서는 저당권에 관한 민법 규정들이 유추 적용된다.

• 예컨대 양도담보·가등기담보의 경우, 담보물의 소멸로 인한 물상대위(2012다 58609, 991면), 근담보권 설정 가능성(2011다28090, 987면), 부합물·종물에 양도 담보·가등기담보의 효력이 미치기 위한 요건, 피담보채권의 범위 등에 대해서는 저당권에 관한 조문들이 유추 적용된다.

제360조가 양도담보의 경우에 준용된다고 하여도 마찬가지로 해석하여야 할 것인 만 큼, 이 사건에 있어 채무자인 원고가 양도담보권자인 피고에 대하여 제360조에 따른 피 담보채권의 제한을 주장할 수는 없는 것이다(대법원 1992. 5. 12. 선고 90다8855 판결).

✓ 관습법이 적용되는 사안에서는 '저당권에 준하는 효과'가 관습법의 내용인 것이고, 가등기담보법이 적용되는 사안에서는 저당권에 관한 조항들이 유추 적용되는 것으로 이해할 수 있다.

(2) 피담보채권

A. 개관

• 양도담보의 경우에도 피담보채권이 특정되는 것이 원칙이고, §360가 적용된다.

> 저당권의 피담보채무의 범위에 관하여 제360조는 저당권자의 제3자에 대한 관계에서의 제한이며 채무자나 저당권설정자가 저당권자에 대하여 대항할 수 있는 것이 아니다. **제360조가 양도담보의 경우에 준용된다고 하여도 마찬가지로 해석**하여야 할 것인만큼, 이 사건에 있어 채무자인 원고가 양도담보권자인 피고에 대하여 제360조에 따른 피담보채권의 제한을 주장할 수는 없는 것이다(대법원 1992. 5. 12. 선고 90다8855 판결).

• 다만 양도담보나 가등기담보의 경우에도 근담보권 설정이 가능하다.

> 이 사건 동산에 관하여 양도담보계약이 이루어졌다면 원고은행은 대외적으로 그 소유권을 행사할 수 있다 할 것이므로 원심이 이를 바탕으로 제3자인 피고들에게 이 사건 동산의 인도를 명한 것은 적법하고 거기에 양도담보에 관한 법리오해의 위법이 없다. 그리고 비록 그것이 현재와 장래에 발생하는 계속적인 거래관계를 담보한다 하여 제3자인 피고들과의 관계에 있어서는 그 결론을 달리하는 것도 아니다(대법원 1986. 8. 19. 선고 86다카315 판결).

B. 사례: 근가등기담보

(a) 사안의 개요

• 채무자 甲은 자신이 소유한 X토지에 乙에 대한 대여금채무를 담보하기 위한 乙 명의 가등기담보를 설정해 주었다. 그 후 X토지에 대해 甲에 대한 채권자 丙의 가압류가 마쳐졌다.

• 甲·乙은 丙이 X토지에 대한 경매신청을 했다는 사실을 알고 乙의 피담보채권을 추가하는 내용으로 가등기담보 설정계약서를 작성하면서 그 날짜를 乙명의 가등기가 마쳐진 날 이전으로 소급하여 기재했다.

(b) 쟁점과 판단

• 관습법이 적용되는 경우는 물론 가등기담보법이 적용되는 경우에도 근가등기담

보 약정은 유효이지만, 등기부상 이해관계 있는 제3자가 생기기 전까지만 할 수 있다.

채권자와 채무자 또는 물상보증인이 가등기담보권 설정계약을 체결함에 있어 **가등기 이후에 발생될 채무도 가등기부동산의 피담보채무범위에 포함시키기로 한 약정**은 가등기담보등에관한법률 제4조 제1항 내지 제3항의 어느 규정에도 반하는 것이라고 볼 수 없고 가등기담보권의 존재가 가등기에 의하여 공시되므로 후순위권리자로 하여금 **예측할 수 없는 위험에 빠지게 하는 것도 아니**다(대법원 1993. 4. 13. 선고 92다12070 판결).

- 甲·乙 간 가등기담보 설정 당시 근가등기담보 약정이 없었으므로, 등기부상 이해관계인인 丙이 등장한 후 甲·乙 간 약정으로 일반 가등기담보의 피담보채무를 확장하더라도 丙에게 대항할 수 없다.

대법원 2011. 7. 14. 선고 2011다28090 판결

- 또한 **가등기담보권 설정 후**에 채권자와 채무자의 약정으로 새로 발생한 채권을 기존 가등기담보권의 피담보채권에 추가할 수도 있으나, **가등기담보권 설정 후에 후순위권리자나 제3취득자 등 이해관계 있는 제3자가 생긴 상태**에서 새로운 약정으로 기존 가등기담보권에 피담보채권을 추가하거나 피담보채권의 내용을 변경, 확장하는 경우에는 이해관계 있는 제3자의 이익을 침해하게 되므로, 이러한 경우에는 피담보채권으로 추가 부분은 이해관계 있는 제3자에 대한 관계에서는 우선변제권 있는 피담보채권에 포함되지 않는다고 보아야 한다.
- 따라서 이 사건의 경우 **가등기 당시에** 甲과 乙이 차용금과 약정 이익금 외에 장래 발생할 채무도 가등기의 피담보채권에 **포함시키기로 약정하였다**거나 차용금과 약정 이익금을 원본으로 하여 별도의 이자 약정을 하였다는 **사정을 인정할 수 없**으로, 가등기 설정 후에 위 토지 중 일부 지분에 관하여 소유권을 취득하거나 지분을 가압류함으로써 가등기에 관하여 이해관계를 가지게 된 자 또는 지분에 관한 가압류채권자에 대한 관계에서 위와 같이 가등기의 피담보채권으로 추가, 확장된 부분은 우선변제권 있는 피담보채권에 포함되지 않는다.

(3) 사용·수익권

A. 개관

- 담보권 실행 전 양도담보 목적물의 사용·수익권 귀속은 당사자의 약정으로 정해

지는데 특약이 없으면 채무자에게 사용·수익권이 유보된다.

> 채권을 담보하기 위하여 설정자 소유 동산을 채권자에게 양도한 경우 담보목적물을 누가 사용·수익할 수 있는지는 당사자의 **합의**로 정할 수 있지만 반대의 특약이 없는 한 양도담보 **설정자**가 그 동산에 대한 사용·수익권을 가진다(대법원 2018. 5. 30. 선고 2018다201429 판결).

- 채권자는 대외적 소유자이지만, 채무자는 물론 채무자로부터 사용·수익권을 설정받은 임차인 등에게도 소유권을 근거로 인정되는 §213, §741, §750 등의 권리를 행사할 수 없다.

> 부동산을 채권담보의 목적으로 양도한 경우 **특별한 사정이 없는 한 목적부동산에 대한 사용수익권은 채무자인 양도담보설정자에게** 있는 것이므로, 양도담보권자는 사용수익할 수 있는 정당한 권한이 있는 채무자나 **채무자로부터 그 사용수익할 수 있는 권한을 승계한 자**에 대하여는 사용수익을 하지 못한 것을 이유로 임료 상당의 손해배상이나 부당이득반환청구를 할 수 없다(대법원 2008. 2. 28. 선고 2007다37394 판결).

> 동산을 점유개정 방식으로 양도담보에 제공한 채무자는 양도담보 설정 이후에도 여전히 남아 있는 자신의 권리에 기하여, 그리고 자신의 이익을 위하여 자신의 비용 부담 하에 담보목적물을 계속하여 점유·사용하는 것이지, 채권자인 양도담보권자로부터 재산관리에 관한 임무를 부여받았기 때문이 아니다. 따라서 이러한 측면에서도 채무자가 양도담보권자의 재산을 보호·관리하는 사무를 위탁받아 처리하는 것이라고 할 수 없다. 따라서 배임죄가 성립하지 않는다 (대법원 2020. 2. 20. 선고 2019도9756 전원합의체 판결).

B. 사례: 양도담보와 대지에 대한 부당이득

(a) 사안의 개요

- 甲 소유 X토지에 丙이 양어장을 설치·운영하던 중 丙에 대한 채권자 乙이 이 양어장에 대한 양도담보권을 설정했다.
- 甲이 乙에게 X토지 무단 사용으로 인한 §741 청구를 한다.

(b) 쟁점과 판단

- 대지 소유자는 지상물 사용·수익권자인 설정자에게만 §741 청구를 할 수 있고,

지상물에 대한 양도담보권자에게는 §741 청구를 할 수는 없다.

✓ 판례는 가등기담보법이 적용되는 사안에 대해서도 동일한 법리를 판시하고 있다(2021다263519, 983면).

> 양도담보가 설정된 경우 사용·수익권은 설정자에게 유보되므로 양도담보물인 동산이 일정한 토지 위에 설치되어 있어 그 **토지의 점유·사용이 문제 된 경우에는 특별한 사정이 없는 한 양도담보 설정자가 그 토지를 점유·사용하고 있는 것으로 보아야** 한다. 丙이 자신의 채무를 담보하기 위해서 이 사건 시설물을 乙에게 양도하면서 양도담보 기간 동안 이 사건 시설물에 대한 사용·수익권을 갖고 있었던 이상, 양도담보 설정자인 丙이 이 사건 시설물이 설치된 이 사건 토지를 점유·사용하고 있다고 보아야 하고, 채권자인 乙이 이 사건 토지를 점유·사용하고 있다고 볼 수 없다(대법원 2018. 5. 30. 선고 2018다201429 판결).

(4) 처분권

• 대외관계이므로 양도담보권자에게 처분권이 인정된다. 따라서 악의의 제3자이더라도 담보물의 소유권을 취득할 수 있다.

• 담보권실행 요건이 충족되지 않은 상태에서 채권자가 담보물을 처분하더라도 양수인은 소유권을 취득하고, 채권자가 설정자에 대해 §750 책임을 지게 될 뿐이다. 이때 손해배상액은 설정자가 소유권을 회복할 수 없게 되었을 때의 목적물의 가액에서 그때까지의 피담보채무액을 공제한 가액이다(2010다27458, 1025면).

(5) 담보물권의 통유성

A. 부종성·수반성

• 비전형 담보물권에 대해서도 부종성·수반성이 인정된다.

• 가등기담보의 피담보채권이 양도된 경우 가등기담보권의 수반 양도를 배제하기로 하는 특약 등이 증명되지 못하면 가등기담보권 양도 의사표시도 피담보채권 양도 의사표시에 포함된 것으로 해석된다.

> 담보물권의 수반성의 의미에 관한 위 법리에 비추어 보면, 이 사건 **가등기의 피담보채권인 이 사건 대여금 채권의 처분이 있음에도 불구하고 이 사건 가등기의 처분이 따르지 않은 특별한 사정의 존재에 대한 주장·증명 책임은 이 사건 가등기의 담보권이 소멸되었다고 주장하는 원고에게** 있고, 그러한 주장·증명이 없으면 이 사건 대여금 채

권의 처분에 이 사건 <u>가등기의 담보권의 처분도 포함되었다고 보는 것이 합리적이다</u> (대법원 2017. 9. 21. 선고 2017다17207 판결).

B. 불가분성

- 비전형 담보물권에 대해서도 불가분성이 인정된다.
- 따라서 피담보채권이 전부 변제되지 않는 한 목적물 전부에 대해 양도담보권·가등기담보권을 실행할 수 있다.

> 양도담보 약정에 따라 채권자가 목적물에 대한 소유권이전등기 청구를 한 경우 아직 피담보채권의 일부가 남아 있는 사실이 분명한 이상 당초약정에 따라 목적부동산의 전부에 대한 소유권이전등기청구를 인용해야 하는것이지 정산절차도 마쳐지지 않는 단계에서 약정된 목적물가운데에서 피담보채권액에 상응한 부분만을 인용해야 하는 것은 아니다(대법원 1987. 12. 8. 선고 87다카1320 판결).

C. 물상대위

(a) 사안의 개요

- 甲의 乙에 대한 용역비 채권을 담보하기 위해 乙 소유 X물건에 甲이 양도담보권을 설정했는데, 乙·丙 사이에 X물건의 멸실을 보험사고로 하고 乙을 보험수익자로 하는 손해보험계약을 체결되어 있는 상태였다. 그 후 乙은 丙으로부터 금전을 대출받았다.
- 乙의 丙에 대한 대출채무가 이행지체된 상태에서 X물건이 화재로 소실되었다.
- 乙·丙 간 보험계약에 따라 손해보험금 채권이 발생하자, 甲은 이 채권에 대한 압류·추심명령을 받았고 이에 丙은 대출채권을 자동채권으로 하는 상계를 주장한다.

(b) 쟁점과 판단

- 양도담보에 대해서도 물상대위에 관한 민법 조항들이 유추 적용되므로, 甲은 물상대위권을 행사하여 보험금채권에 대한 압류·추심명령을 받아 추심권을 행사할 수 있다.
- 보험금채무자 丙은 보험목적물인 X물건에 대한 양도담보권이 설정된 이후에 취득한 설정자에 대한 반대채권으로 상계를 주장할 수 없다. 보험금채무자는 보험금채권에 대한 물상대위 가능성이 생긴 후에 취득한 자동채권으로 상계를 기대할 수 없었기 때문이다,

대법원 2014. 9. 25. 선고 2012다58609 판결

· 동산 양도담보권자는 양도담보 목적물이 소실되어 설정자가 보험회사에 대하여 화재보험계약에 따른 보험금청구권을 취득한 경우 **담보물 가치의 변형물인 그 화재보험금청구권에 대하여 양도담보권에 기한 물상대위권을 행사**할 수 있다.

· 동산 양도담보권자가 물상대위권 행사로 설정자의 화재보험금청구권에 대하여 압류 및 추심명령을 얻어 <u>추심권을 행사</u>하는 경우 제3채무자인 보험회사는 **양도담보 설정 후 취득한** 설정자에 대한 별개의 채권을 가지고 상계로써 양도담보권자에게 대항할 수 없다.

다. 담보권 실행방법

(1) 전제: 담보권 실행에 의한 채권자의 소유권 취득의 의미

A. 적극적 의미

· 가등기담보의 경우에는 채권자 명의의 소유권이전등기 본등기를 실시하고 채권자가 담보물의 점유도 인도받는 것을 의미한다.

· 양도담보의 경우에는 이미 채권자 명의 소유권이전등기가 마쳐진 상태이므로, 채권자가 채무자로부터 점유를 인도받는 것만을 의미한다.

B. 소극적 의미

· 채무자는 지연손해금을 포함한 적법한 원리금을 변제해도 더 이상 채권자 명의 소유권이전등기의 말소를 청구할 수 없게 된다.

· 비교: '완전한 소유권 이전'이 마쳐지기 전까지는 담보권 실행이 완료되지 않은 상태이므로 변제기가 지났더라도 채무자는 지연손해금을 포함한 적법한 원리금을 변제하고 담보가등기나 양도담보 소유권이전등기 말소를 청구할 수 있다.

(2) 담보권 실행 방법의 유형

A. 청산형(약한 의미)

· 귀속청산: 채권자는 담보물의 소유권을 취득하는 방식으로 담보권을 실행하는데, 이때 채권자는 담보물의 가액에서 피담보채권의 원리금을 공제한 '청산금'을 채무자에게 지급할 채무를 지게 된다.

· 처분청산: 채권자가 담보물을 제3자에게 처분하여 대금을 받는 방식으로 담보권을 실행한다. 이때도 채권자는 채무자에게 청산금을 지급할 채무를 지게 된다.

B. 유담보형(강한 의미)

• 채권자가 담보물의 소유권을 취득함으로써 담보권 실행이 종료된다.

• 채무자에 대해 채권자는 청산금 지급 채무를 지지 않는다.

(3) 담보권 실행방법의 결정

A. 1차적 기준: 당사자의 합의

• 근거: 양도담보에 관한 관습법의 내용에 '당사자 합의로 담보권 실행방법을 결정할 수 있음'이 포함되어 있다.

• 주의: 담보권 실행방법에 대해 사적 자치 원칙이 적용된다는 의미는 아니다.

B. 2차적 기준

• 전제: 담보권 실행방법에 관한 당사자의 의사 합치가 인정되지 않거나, 합치된 의사의 내용이 불확실한 경우가 있다.

• 이 경우 가등기담보(2015다63138)이든 양도담보(97다4005, 1007면)이든 청산을 전제하는 약한 의미의 담보권으로 추정된다.

> **대법원 2016. 10. 27. 선고 2015다63138 판결**
> ‣ 당사자 사이에 매매대금 채무를 담보하기 위하여 부동산에 관하여 가등기를 마치고 위 채무를 변제하지 아니하면 그 가등기에 기한 본등기를 마치기로 약정한 경우에 부동산의 소유권이 확정적으로 채권자에게 귀속된다는 명시의 특약이 없는 이상 대물변제의 약정이 있었다고 인정할 수 없고, 단지 위 채무에 대한 담보권 실행을 위한 방편으로 소유권이전등기를 하는 약정, 이른바 정산절차를 예정하고 있는 '약한 의미의 양도담보' 계약이라고 봄이 타당하다.
> ‣ 위와 같이 '약한 의미의 양도담보'가 이루어진 경우에, 채권자는 채무의 변제기가 지나면 부동산의 가액에서 채권원리금 등을 공제한 나머지 금액을 채무자에게 반환하고 부동산의 소유권을 취득하거나(귀속정산), 부동산을 처분하여 그 매각대금에서 채권원리금 등의 변제에 충당하고 나머지 금액을 채무자에게 반환할 수도 있다(처분정산).

C. 사례: 양도담보 목적물에 대한 민사집행법상의 경매

(a) 채권자가 집행권원에 기한 강제경매를 신청하는 경우

• 채권자는 양도담보권 행사 대신 민사집행법에 따른 경매신청도 할 수 있다.

• 형식은 강제경매이지만 실질은 담보권실행경매이므로 양도담보권자의 우선변

제권이 인정되고, 다른 채권자의 압류가 경합해도 안분배당은 인정되지 않는다.

대법원 1999. 9. 7. 선고 98다47283 판결

‣ 채권자 甲과 채무자 丙이 양도담보설정계약과 함께 채무불이행시 강제집행을 수락하는 유효한 공정증서를 작성한 경우 丙이 그 피담보채무를 불이행한 때에는, 甲은 양도담보권을 실행하여 유동집합동산 양도담보의 목적물인 곤지암창고의 丙의 의류 상품을 환가함에 있어서 집행증서에 기하지 아니하고 ㉠ **양도담보의 약정 내용에 따라 이를 사적으로 타에 처분하거나 스스로 취득한 후 정산하는 방법**으로 환가할 수도 있지만, 집행증서에 기하여 창고의 丙의 의류 상품을 ㉡ **압류하고 강제경매를 실시하는 방법으로 환가할 수도 있다.**

‣ ㉡에 의한 경매절차는 형식상은 강제경매절차에 따르지만 그 **실질은 일반 채권자의 강제집행절차가 아니라 동산양도담보권 실행**을 위한 환가절차로서, **압류를 경합한 양도담보설정자의 다른 채권자인 乙은 양도담보권자인 甲에 대한 관계에서는 압류경합권자나 배당요구권자로 인정될 수 없고**, 따라서 환가로 인한 매득금에서 환가비용을 공제한 잔액은 양도담보권자인 甲의 채권변제에 전액 충당함이 당연하고 양도담보권자인 甲과 압류경합자인 피고 사이에서 **안분비례로 배당할 것이 아니다.**

(b) 설정자에 대한 일반채권자가 경매를 신청한 경우

• 양도담보권자는 제3자 이의의 소로 경매절차를 저지할 수 있다.
• 양도담보권자는 경매절차를 저지하지 않고 이중 압류의 방법으로 배당절차에 참가하여 우선변제를 받는 것을 선택할 수도 있다.

집행증서를 소지한 동산양도담보권자는 특별한 사정이 없는 한 양도담보권자인 지위에 기초하여 제3자이의의 소에 의하여 목적물건에 대한 양도담보권 설정자의 일반채권자가 한 강제집행의 배제를 구할 수 있으나, 이러한 방법에 의하지 아니하고 집행증서에 의한 담보목적물에 대한 이중 압류의 방법으로 배당절차에 참가하여 선행한 동산압류에 의하여 압류가 경합된 양도담보권 설정자의 일반채권자에 우선하여 배당을 받을 수도 있다 할 것이다(대법원 2004. 12. 24. 선고 2004다45943 판결).

(4) 관습법상 양도담보·가등기담보에서 귀속청산의 의미

A. 전제: 담보권 실행 여부는 채권자의 자유

• 이행지체가 성립해도 채권자는 담보권 실행을 미룰 수 있다. 담보가치가 충분히 확보되어 있다면 지연배상금 가액이 늘어나도 우선변제 받을 수 있기 때문이다.

• 이행지체 성립 후에도 채권자가 담보권 실행을 하지 않는 한 귀속청산의 법률관계는 발생하지 않으므로, ⓐ 채무자가 청산금 지급청구를 해도 기각된다. 설령 가등기담보법 §4 ③이 적용되더라도 '담보권 실행' 즉 가등기담보이면 본등기 실시, 양도담보이면 점유 인도와의 상환이행을 명할 수도 없다. ⓑ 그 대신 채무자는 적법한 원리금을 변제하고 담보가등기나 양도담보 소유권이전등기 말소를 청구할 수 있다. ⓒ 이때 가등기담보법이 적용되면 제척기간 10년에 걸리는 것과는 달리, 관습법이 적용되는 경우에는 제척기간이 적용되지 않는다.

> 채무자가 채권자에게 적극적으로 **정산을 요구할 청구권을 가지지는 아니**하며, 다만 채무자는 변제기가 지난 후에도 채권자가 그 담보권을 실행하여 정산절차를 마치기 전에는 언제든지 채무를 변제하고 채권자에게 위 가등기 및 그 가등기에 기한 본등기의 말소를 청구할 수 있다(대법원 2016. 10. 27. 선고 2015다63138 판결).

> **가등기담보법 시행 전에 성립**한 약한 의미의 양도담보에서는 귀속정산의 방법으로 담보권이 실행되어 그 소유권이 채권자에게 확정적으로 이전되었다고 인정하려면 채권자가 가등기에 기하여 본등기를 경료하였다는 사실만으로는 부족하고 담보 부동산을 적정한 가격으로 평가한 후 그 대금으로써 피담보채권의 원리금에 충당하고 나머지 금원을 반환하거나 평가 금액이 피담보채권액에 미달하는 경우에는 채무자에게 그와 같은 내용의 통지를 하는 등 정산절차를 마친 사실이 인정되어야 한다. 양도담보권자가 **본등기 이후 10여 년** 동안이나 제세공과금을 납부하는 등 대외적으로 소유권을 행사해 오는 동안 양도담보설정자나 채무자가 정산절차의 이행을 촉구하거나 나아가 피담보채무의 변제를 조건으로 가등기 및 본등기의 말소를 요구하지 않았다고 하여, 이를 두고 묵시적 대물변제 또는 **귀속정산이 이루어졌다고 할 수는** 없다(대법원 2005. 7. 15. 선고 2003다46963 판결).

B. 채권자가 담보권을 실행하는 경우

(a) 채무자의 선이행의무

- 피담보채무의 이행지체 성립 후 채권자가 담보권 실행 즉 가등기담보이면 본등기 청구, 양도담보이면 점유 인도 청구를 하면 채무자는 이를 거절할 수 없다.
- 담보물권의 본질상 채무 변제가 선이행의무이고, 민사집행법상 경매절차에서도 채권자가 담보물을 처분하여 우선변제를 받은 후 남은 돈을 채무자에게 지급한다.

> **대법원 2016. 10. 27. 선고 2015다63138 판결**
> ‣ 이 사건 가등기는 피고의 원고에 대한 매매대금 채무를 담보하기 위한 담보가등기에 해당하므로 가등기담보법이 적용되지 아니한다.
> ‣ '약한 의미의 양도담보'의 경우 원고는 **피담보채권이 존재하는 한 가등기담보법이 정한 청산절차를 거치지 아니하고 그 가등기담보권을 실행하기 위하여 피고에게 이 사건 가등기에 기한 본등기절차의 이행을 바로 청구할 수 있으며**, 이에 대하여 피고는 원고에게 적극적으로 정산을 요구할 수 있는 청구권이 없고 그 정산을 이유로 **본등기절차의 이행을 거절할 수도 없다.**
> ‣ 부동산의 가액이 피담보채권액에 미달하는 경우에는 원고의 가등기에 기한 귀속정산 완료를 원인으로 하는 본등기 청구를 인용하여야 하고, **부동산의 가액이 피담보채권액을 넘는 경우에는** 원고의 가등기에 기한 **담보권 실행을 원인으로 하는 본등기 청구를 인용**하였어야 한다.

(b) 채무자의 말소등기청구권

- 전제: 유담보 특약이 증명되지 못하면, 가등기담보·양도담보는 청산형으로 해석된다.
- 가등기담보권자 명의로 본등기가 마쳐졌더라도 설정자는 청산금이 지급되기 전까지 적법한 원리금을 변제하고 본등기 말소등기를 청구할 수 있다.
- ✓ 따라서 청산금 지급 전 양도담보·가등기담보 실행이 마쳐지면 청산금 채권의 소멸시효가 기산한다.
- ✓ 비교: 가등기담보법이 적용되면 법 §4에 의해 청산금 지급과 본등기의 동시이행 관계가 인정되지만, 이 조항은 채무자 보호를 위한 특칙이다.

가등기담보법이 적용되지 않는 경우에도 이 사건과 같이 채권자가 채권담보의 목적으로 부동산에 가등기를 경료하였다가 그 후 변제기까지 변제를 받지 못하게 되어 위 가등기에 기한 소유권이전의 본등기를 경료한 경우에는, 당사자들 사이에 채무자가 변제기에 피담보채무를 변제하지 아니하면 채권채무관계는 소멸하고 부동산의 소유권이 확정적으로 채권자에게 귀속된다는 명시의 특약이 없는 한, 그 본등기도 채권담보의 목적으로 경료된 것으로서 정산절차를 예정하고 있는 이른바 '약한 의미의 양도담보'가 된 것으로 보아야 하고 채무의 **변제기가 도과된 후라고 하더라도 채권자가 담보권을 실행하여 정산절차를 마치기 전에는 채무자는 언제든지 채무를 변제하고 채권자에게 위 가등기 및 그 가등기에 기한 본등기의 말소를 청구**할 수 있다(대법원 2006. 8. 24. 선고 2005다61140 판결).

3. 관습법상 가등기담보

가. 요건

(1) 가등기담보 설정계약

* 가등기담보 설정계약의 전형적인 형태는 대물변제 예약이다. 즉 채권자와 설정자가, ㉠ 피담보채권의 이행기가 도래하면 원래의 급부에 갈음하여 담보물의 소유권을 이전하기로 하는 대물변제 약정을 하면서 ㉡ 채무불이행을 정지조건으로 하는 예약완결권을 채권자에게 부여하는 일방예약도 하는 것이다.
* 이러한 조건부 예약완결권도 가등기의 피보전권리가 될 수 있다(부동산등기법 §88).

(2) 담보가등기

* 가등기담보권은 가등기의 형식으로 공시된다.
* 등기부상 가등기가 청구권 보전을 위한 가등기와 담보가등기 중 무엇에 해당하는 것인지는 거래의 실질과 당사자의 의사에 따라 판단할 수밖에 없다.

어떤 가등기가 담보가등기인지 여부는 그 등기기록의 표시나 등기를 할 때에 주고받은 서류의 종류에 의하여 형식적으로 결정할 것이 아니고 거래의 실질과 당사자의 의사해석에 따라 결정하여야 한다(대법원 2016. 10. 27. 선고 2015다63138 판결).

나. 효과

(1) 사용수익권

A. 개관: 가등기담보권 설정 후에도 사용·수익권은 채무자에게 남겨짐

B. 사례: 채무자가 채권자에게 사용이익을 귀속시킨 경우

* 채무자가 채권자에게 차임을 지급하거나, 임차인에게 지시하여 차임을 채권자에게 지급하게 하는 경우, ㉠ 채권자에게 지급되는 가액은 피담보채무의 변제에 충당된다(2018다300661, 후술). ㉡ 또한 이러한 차임 지급은 채무승인으로 인정되어 피담보채무의 소멸시효가 중단된다.

* 담보가등기에 기한 본등기가 원인무효인 경우에도 마찬가지이다(2018다300661, 1027면).

(2) 담보권실행방법

A. 원칙(유담보 특약이 증명되지 못한 경우)

* 채권자는 청산금 지급 전에 본등기 청구를 할 수 있다. 청산금이 지급되지 않은 채 마쳐진 본등기는 원인무효는 아니지만 청산형 양도담보등기로 추정된다. 이 점에서 가등기담보법이 적용되는 경우와 다르다.

* 채권자가 이미 본등기를 마쳤더라도 적법한 청산금을 지급해야 소유권 취득이 확정되므로, 채무자는 그 전까지 적법한 원리금(지연손해금 포함)을 변제하고 본등기 말소를 청구할 수 있다. 이러한 채무자의 권리 행사에는 제척기간이 적용되지 않는다는 점에서 가등기담보법이 적용되는 경우와 다르다.

✓ 신탁적 소유권이전설에 의하면 신탁자가 소유권을 회복할 수 있는 권리는 물권적 청구권의 일종이라고 보아야 하기 때문이다.

> **대법원 2006. 8. 24. 선고 2005다61140 판결**
> ‣ 가등기담보 약정 당시 담보물의 가액에서 선순위 저당권의 피담보채권액을 공제한 가액이 이 사건 가등기의 피담보채무액으로 정한 2억 원에 미달하므로 **가등기담보법이 적용된다고 할 수 없고**, 따라서 피고가 가등기담보법 소정의 <u>청산절차를 거치지 않았다는 이유만으로 이 사건 본등기가 무효의 등기라고 할 수는 없다.</u>
> ‣ 당사자들 사이에 명시의 특약이 없는 한, <u>그 본등기도 채권담보의 목적으로 경료된 것으로서 청산절차를 예정하고 있는 이른바 '약한 의미의 양도담보'가 된 것으로 보아야 하고, 이와 같이 약한 의미의 양도담보가 된 경우에는 채무의 변제기가 도과된</u>

> 후라고 하더라도 채권자가 담보권을 실행하여 정산절차를 마치기 전에는 채무자는
> 언제든지 채무를 변제하고 채권자에게 위 가등기 및 그 가등기에 기한 본등기의 말
> 소를 청구할 수 있다고 할 것이므로, 원심으로서는 원고와 피고 사이에 위와 같은
> 유담보 특약이 있었는지 여부를 심리하여 이 사건 본등기의 효력을 판단하여야 함
> 을 지적하여 둔다.

B. 예외(유담보 특약이 증명된 경우)
• 관습법상 가등기담보·양도담보에서는 유담보 특약도 유효이기 때문에 유담보 약
  정이 있었음이 증명되면 채권자는 본등기 즉시 확정적으로 소유권을 취득한다.
• 이 경우 채무자가 적법한 원리금을 이행제공하더라도 본등기 말소를 청구할 수
  없다.

C. 비교: 담보권 실행 방법에 관한 가등기담보법의 특칙
• 가등기담보법에 의하면, 청산금 지급과 본등기 실행은 동시이행관계이다.
• 채권자가 청산금을 지급하지 않은 상태에서 본등기를 마친 경우, 이 본등기는 원인
  무효이지만, 청산금이 없으면 청산통지 후 2개월 경과시점에, 청산금이 있으면 청산
  금이 지급된 시점에 무효사유가 치유되어 '실체관계에 부합하는 등기'로 인정된다.
• 채무자는 본등기가 실체관계에 부합하는 등기가 되기 전까지 적법한 원리금(지
  연손해금 포함)을 변제하고 본등기 말소를 청구할 수 있으나, 변제기로부터 10년
  이라는 제척기간에 걸린다.
• 위와 같은 효과는 유담보 약정이 있어도 마찬가지이다. 유담보 약정은 무효이기
  때문이다.

III 가등기담보 등에 관한 법률

1. 적용 요건

가. 개관
• 가등기담보법이 적용되려면 다음의 요건들이 모두 충족되어야 한다. ㉠ 피담보
  채권은 소비대차 또는 준소비대차 계약에 의한 대여금 채권이어야 하고, ㉡ 피담

보채권의 원리금 합산액이 담보물의 가액에 미달하여 채권자에게 초과 이익이 발생해야 하고, ⓒ 채권자·채무자 간 대물변제 예약으로 채권자에게 예약완결권이 수여되어야 하고, ② 이러한 예약완결권이 가등기 또는 신탁적 소유권이전등기로 공시되어 있어야 한다.

- 채권자·채무자 간 담보권 설정계약을 원인으로 하는 가등기·소유권이전등기가 마쳐졌으나 ㉠ ~ ⓒ의 요건 전부가 충족되지 않았으면 관습법상 가등기담보·양도담보로 인정될 수 있다(2005다61140, 전술).

나. 피담보채무에 관한 요건

(1) 소비대차, 준소비대차에 의한 대여금 채무

- 이 법은 피담보채권이 소비대차 계약을 원인으로 하는 대여금 채권인 경우에만 적용될 수 있다.

법 제2조(정의) 이 법에서 사용하는 용어의 뜻은 다음과 같다. 1. **"담보계약"이란 「민법」 제608조에 따라 그 효력이 상실되는** 대물반환의 예약(환매, **양도담보** 등 명목이 어떠하든 그 모두를 포함한다)에 포함되거나 병존하는 채권담보 계약을 말한다.

민법 제608조(차주에 불이익한 약정의 금지) 전2조의 규정에 위반한 당사자의 약정으로서 차주에 불리한 것은 환매 기타 여하한 명목이라도 그 효력이 없다.

- 피담보채무가 원래는 대여금 채무가 아니었으나 준소비대차 계약으로 대여금 채무가 된 경우에도 이 법이 적용된다.

민법 제605조(준소비대차) 당사자 쌍방이 소비대차에 의하지 아니하고 금전 기타의 대체물을 지급할 의무가 있는 경우에 당사자가 그 목적물을 소비대차의 목적으로 할 것을 약정한 때에는 소비대차의 효력이 생긴다.

> • 甲이 乙에게 매매잔대금의 일부만을 지급하면서, 나머지 잔대금은 乙이 甲에게 빌려주기로 약정한 것이라면, 이는 기존의 매매대금채무를 소멸시키고 소비대차에 기한 차용금채무를 새로이 성립시키는 계약으로서 특별한 사정이 없는 한 준소비대차에 해당한다. 따라서 그 변제기까지 甲이 위 금원을 지급하지 아니할 때에는 위 금원의 지급에 갈음하여 甲이 매수한 위 지분에 대한 소유권이전등기 청구권으로 대물변제하기로 한 약정은 대물반환의 예약을 한 것이라고 할 것이며, 한편 제607

조, 제608조는 이 사건의 경우와 같이 준소비대차계약에 의하여 차주가 반환할 차용물에 관하여도 그 적용이 있다(대법원 1997. 3. 11. 선고 96다50797 판결).

(2) 대여금 채무 이외의 채무가 피담보채무인 경우

A. 원칙: 가등기담보법은 적용되지 않음

(a) 개관

- 피담보채무가 소비대차·준소비대차 계약상의 대여금 채무가 아닌 경우에는 가등기담보법이 적용되지 않는다. 예컨대 피담보채무가 매매대금 채무, 공사대금 채무, 해제로 인한 §548 원상회복의무 등인 경우에는 가등기담보법이 적용되지 않는다.

가등기담보법은 차용물의 반환에 관하여 다른 재산권을 이전할 것을 예약한 경우에만 적용되고 매매 잔대금 지급과 관련하여 다른 재산권을 이전하기로 약정한 경우에는 적용되지 않는다(대법원 2007. 12. 13. 선고 2005다52214 판결).

이 사건 양도담보계약은 공사잔대금의 지급을 담보하기 위한 계약이라고 봄이 상당하여 가등기담보법이 적용되지 않는다(대법원 1996. 11. 15. 선고 96다31116 판결).

- 피담보채무가 소비대차·준소비대차 계약상의 대여금 채무와 그 밖의 채무로 구성되어 있어도 가등기담보법은 적용되지 않는다.

금전소비대차나 준소비대차에 기한 차용금반환채무 이외의 채무를 담보하기 위하여 경료된 가등기나 양도담보에는 위 법이 적용되지 않는다(대법원 2004. 4. 27. 선고 2003다29968 판결).

(b) 사례: §548 채무 담보를 위한 가등기담보와 가등기의 유용

- 사안의 개요: 甲은 자신이 소유한 X부동산을 乙에게 매도하고 계약금·중도금을 수령했으며 乙의 요청에 따라 乙명의 가등기를 마쳐 주었다. 乙이 잔금을 지급하지 못하자 甲은 적법하게 위 매매계약을 해제했는데 甲·乙 간 합의로 乙명의 가등기를 乙의 甲에 대한 기지급대금 반환채권(§548) 담보를 위한 담보가등기로 유용하기로 했다.
- 쟁점과 판단: ㉠ 일반 가등기를 담보 가등기로 유용하는 것도 가능하고 ㉡ 乙명의 담보가등기의 피담보채권은 §548의 원상회복청구권이므로 가등기담보법이

적용되지 않는다.

설령 위 가등기를 매매계약 해제에 따른 대금반환채무를 담보하는 담보가등기로 유용하기로 당사자 사이에 합의하였다고 하더라도 이는 차용물의 반환에 관하여 대물변제예약으로 마친 것으로 볼 수는 없어서 가등기담보법이 적용되지 않는다(대법원 1996. 11. 29. 선고 96다31895 판결).

B. 예외: 일부변제로 대여금 채무만 남은 경우

(a) 개관

• 피담보채무가 대여금 채무와 그 밖의 채무로 구성되어 있었으나, 일부 변제로 대여금 채무만 남게 되면 가등기담보법이 적용된다.

금전소비대차나 준소비대차에 기한 차용금반환채무와 그 외의 원인으로 발생한 채무를 동시에 담보할 목적으로 경료된 가등기나 소유권이전등기라도, 그 후 후자의 채무가 변제 기타의 사유로 소멸하고 금전소비대차나 준소비대차에 기한 차용금반환채무의 전부 또는 일부만이 남게 된 경우에는 그 가등기담보나 양도담보에 가등기담보법이 적용된다(대법원 2004. 4. 27. 선고 2003다29968 판결).

• 변제충당과의 관계: 가등기담보의 피담보채무가 대여금 채무와 그 밖의 채무로 구성되어 있는 상태에서 채무자가 일부 변제를 한 경우, 변제충당 순서를 결정하기 위해 대여금 채무와 그 밖의 채무 중 어떤 것이 채무자에게 더 유리한지가 문제된다. 이에 대한 판례의 태도는 불명확하다. 2003다29968은 대여금 채무보다 구상금 채무의 변제이익이 더 크다고 판단했지만, 후자를 먼저 변제해야 가등기담보법이 적용될 수 있음을 이유로 한 것이 아니라 후자에 대해서만 이자가 발생하고 있음을 이유로 했기 때문이다.

(b) 사례

• 사안의 개요: 乙은 甲에게 1억원의 대여금 채무와 8000만원의 구상금 채무를 부담하고 있었는데, 대여금 채무는 이자나 변제기가 정해지지 않았고 구상금 채무는 발생시부터 법정이자가 가산되고 있는 상태였다. 乙이 甲에게 1억원을 변제했다.

• 쟁점과 판단: 乙이 변제한 1억원은 §479에 따라 이자에 먼저 충당된 후 남은 돈은 원금들 중에서는 이미 법정이자가 가산되고 있는 구상금 채무에 먼저 충당된다. 그 결과 대여금 채무만 남게 되면 가등기담보법이 적용된다.

피고가 소외 2에게서 지급받은 9000만원은 그 당시 원고와 피고 사이에 충당에 관한 합의나 의사표시가 있었다고 볼 특별한 사정이 없는 한 제479조에 따라 법정이자에 충당하고, 원금 상호간에는 변제 이익이 많은 채무들에 먼저 충당해야 하므로(이자와 변제기의 정함이 없는 차용금채무보다는 발생시부터 법정이자가 가산되는 구상금채무의 변제이익이 더 많다), 위 각 구상금채무와 법정이자는 이미 변제 충당으로 소멸하였음이 계산상 명백하고, 원고의 차용금반환채무는 피고가 소외 3에게 실제 변제한 금액에 따라 일부 잔존하거나 전부 소멸하였다 할 것인데, 일부가 잔존한다면 이 사건 가등기 및 본등기는 이를 담보하기 위하여 존속한다 할 것이고 그에 관하여는 가등기담보법 제11조 단서가 적용된다(대법원 2004. 4. 27. 선고 2003다29968 판결).

다. 초과이익의 발생 가능성

(1) 초과이익의 의미·산정방법

- 초과이익의 가액은 담보물의 가액에서 피담보채권의 원리금과 가등기담보권자보다 선순위인 우선변제권자의 피담보채권의 원리금을 공제한 값이다.
- 초과이익 발생 여부는 담보권 설정계약 당시를 기준으로 판단한다. 이에 비해 귀속청산으로 가등기담보권을 실행할 때 채무자에게 반환되어야 할 초과이익인 청산금은 담보권 실행시를 기준으로 산정된다(2015다13171, 1014면).

재산의 가액이 차용액과 이에 붙인 이자의 합산액을 넘는지의 여부는 예약 당시를 기준으로 하고 소유권이전 당시를 기준으로 하지 않는다(대법원 1996. 4. 26. 선고 95다34781 판결).

- 초과이익이 없으면 가등기담보법은 적용되지 않는다. 따라서 청산금 지급 통지를 하지 않은 채 마쳐진 가등기담보권자 명의 본등기도 유효한 등기이다.

가등기담보부동산에 대한 **예약 당시의 시가**가 그 피담보채무액에 미치지 못하는 경우에 있어서는 가등기담보법 제3조·제4조에 의한 **청산금평가액의 통지 및 청산금지급 등의 절차를 이행할 여지가 없다**(대법원 1993. 10. 26. 선고 93다27611 판결).

(2) 대물급부인 담보물의 가액

- 원칙: 통상적인 시장에서 충분한 기간 동안 거래된 후 담보물의 거래에 정통한 합리적인 당사자들 사이에 성립한다고 인정되는 적정가격으로 산정한다.
- 예외: 이러한 적정가격을 확인하기 어려우면, 법원이 합리적·객관적으로 평가한

가액으로 산정한다. 따라서 감정평가 이외의 방법으로 담보물의 가액을 산정해
도 된다.

- 사례: 담보물인 대지 위에 설정자 아닌 제3자가 소유한 건물이 있으면 법정지상
권 성립 여부를 판단하고 이를 반영하여 토지의 가액을 산정해야 한다.

> **대법원 2007. 6. 15. 선고 2006다5611 판결**
> ‣ 여기에서 말하는 재산의 가액은 ㉠ 원칙적으로 통상적인 시장에서 충분한 기간 거
> 래된 후 그 대상재산의 내용에 정통한 거래당사자 간에 성립한다고 인정되는 **적정**
> **가격**이고, ㉡ 그와 같은 적정가격을 확인하기 어려울 때에는 객관적이고 합리적인
> 방법으로 평가한 가액이다.
> ‣ 대상 재산이 토지로서 법정지상권의 성립가능성이 있는 등 토지이용상 제한을 받
> 는지 여부가 불분명한 경우에는 **법정지상권의 성립에 관한 사정을 객관적이고 합**
> **리적으로 평가하여 그 성립 여부를 판단한 다음 그에 따라 평가**한 토지의 가격을 가
> 액으로 봄이 상당하다.

(3) 공제되어야 하는 가액

A. 담보권자 자신의 피담보채권액

- 원본: 대물변제 예약 당시의 피담보채권을 기준으로 하는 것이 원칙이지만, 다른
이해관계인이 없으면 그 후 당사자의 합의로 추가된 피담보채권의 가액도 공제
된다(2011다28090, 987면).

- 이자: 약정된 이행기까지의 이자만 포함되고 지연배상금은 포함되지 않는다(가
등기담보법 §1의 문리해석). 이에 비해 귀속청산 절차에서 청산금을 산정할 때는
지연배상금도 산입된다.

> 채권자는 담보목적 부동산 처분에 이르기까지 약정이자 및 지연손해금을 담보목적
> 물의 가액에서 공제받음으로써 이익을 누린다(대법원 2010.8.26. 선고 2010다27458
> 판결).

B. 선순위 우선변제권자의 피담보채권액

(a) 개관

- 담보권 설정계약 당시에 설정되어 있었던 선순위 담보권의 피담보채권액도 전액
공제되어야 한다.

- 가등기담보법의 입법취지는 가등기담보권자의 초과이익 취득 방지인데, 선순위

담보권자의 피담보채권액은 가등기담보·양도담보권자가 취득할 수 없으므로 초과이익을 구성하지 않기 때문이다.

재산권 이전의 **예약 당시** 재산에 대하여 **선순위 근저당권**이 설정되어 있는 경우에는 재산의 가액에서 **피담보채무액을 공제**한 나머지 가액이 차용액 및 이에 붙인 이자의 합산액을 초과하는 경우에만 적용된다(대법원 2006. 8. 24. 선고 2005다61140 판결).

(b) 사례: 선순위 근저당권이 설정된 경우

• 선순위 근저당권의 채권최고액이 아니라 대물변제 예약 당시의 실제 피담보채권액을 산정하여 공제해야 한다.

✓ 예컨대 甲의 乙에 대한 2억원의 대여금채권 담보를 위해 X부동산(5억원)에 대한 가등기담보권이 설정되었는데 X부동산에 대해서는 丙명의로 채권최고액 3억원의 1순위 근저당권이 설정되어 있었던 경우, 丙의 피담보채권액이 甲·乙간 대물변제 예약 당시 1억원이었다면 가등기담보법이 적용되고 3억원 이상이었다면 가등기담보법이 적용되지 않는다.

원심으로서는 피고들이 주장하는 선순위 근저당권자들의 **현존 피담보채무액을 심리하여 예약당시의 재산가액이 채권액을 초과하는 여부를 판단하였어야 함**에도 불구하고 이에 이름이 없이 위와 같이 판단하고 말았음은 제607조의 법리를 오해하여 판결에 영향을 미친 위법을 저지른 것이다(대법원 1991. 2. 26. 선고 90다카24526 판결).

라. 담보권 설정계약과 대물변제 예약

(1) 담보권 설정계약

A. 당사자

• 채권자가 담보권자로 등기되는 것이 원칙이지만 채권자 아닌 담보권등기 명의인도 피담보채권을 행사할 수 있으면 유효한 담보권 등기로 인정된다.

채권담보를 목적으로 가등기를 하는 경우에는 원칙적으로 채권자와 가등기명의자가 동일인이 되어야 하지만, **채권자 아닌 제3자의 명의로 가등기**를 하는 데 대하여 채권자와 채무자 및 제3자 사이에 합의가 있었고, 나아가 제3자에게 그 채권이 실질적으로 귀속되었다고 볼 수 있는 특별한 사정이 있거나, 거래경위에 비추어 제3자도 채무자로부터 유효하게 채권을 변제받을 수 있고 채무자도 채권자나 가등기명의자인 제3자 중 누구에게든 채무를 유효하게 변제할 수 있는 관계 즉, 채권자와 제3자가 불가분적 채권자의 관계에 있다고 볼 수 있는 경우에는, 그 제3자 명의의 가등기도 유효하고 부동산실명제법이 금지한 실권리자 아닌 자 명의의 등기라고 할 수는 없다(대법원 2002. 12. 24. 선고 2002다50484 판결).

- 채무자뿐 아니라 물상보증인도 가등기담보·양도담보를 설정할 수 있다.

> 법 제2조(정의) 이 법에서 사용하는 용어의 뜻은 다음과 같다. 2. "채무자 등"이란 다음 각 목의 자를 말한다. 가. 채무자 나. 담보가등기목적 부동산의 물상보증인 다. 담보가등기 후 소유권을 취득한 제삼자

B. 내용

- 가등기담보·양도담보 설정 계약의 주된 내용은, 피담보채권의 채무불이행이 성립하면 피담보채권인 금전채권에 갈음하여 담보물의 소유권을 양도하기로 하는 대물변제 예약을 체결하고 이러한 예약에 대한 예약완결권을 채권자에게 수여하는 것이다.
- 가등기담보법이 적용되는 경우, 담보권 실행 방법에 관한 당사자간 약정은 가등기담보법에 저촉되지 않는 한도 내에서만 유효이다. 가등기담보법은 강행법규이기 때문이다.

(2) 대물변제 예약

> 민법 제607조(대물반환의 예약) 차용물의 반환에 관하여 차주가 차용물에 갈음하여 다른 재산권을 이전할 것을 예약한 경우에는 <u>그 재산의 **예약당시의** 가액이 차용액 및 이에 붙인 이자의 합산액</u>을 넘지 못한다.

> 법 제1조(목적) 이 법은 차용물의 반환에 관하여 차주가 **차용물을 갈음하여 다른 재산권을 이전할 것을 예**약할 때 그 재산의 예약 당시 가액이 차용액과 이에 붙인 이자를 <u>합산한 액수를 **초과**</u>하는 경우에 이에 따른 담보계약과 그 **담보의 목적으로 마친 가등기 또는 소유권이전등기**의 효력을 정함을 목적으로 한다.

A. 의미

- 가등기담보법이 적용되려면, (준)소비대차 계약에 수반하여, 대여금 채무의 이행 지체시 대여금 반환에 갈음하여 담보물의 소유권을 양도하기로 하는 대물변제 계약을 성립시킬 수 있는 예약완결권을 채권자에게 수여한다는 취지의 담보권 설정계약이 체결되어야 한다.

- 대물변제 예약의 목적물이 부동산인 경우, 대물변제 예약을 한 채권자는 이러한 대물변제 예약완결권을 가등기함으로써 그 순위를 보전할 수 있다

B. 비교: 대물변제 약정에 대해서는 가등기담보법 적용 안 됨

- (준)소비대차 계약의 채권자와 채무자가 대여금에 갈음하여 채무자 소유 부동산으로 변제하기로 약정하고 이에 따라 채권자 명의로 소유권이전등기가 마쳐지면, §607 · §608가 적용되지 않는다. 대물변제를 약정하는 본계약에 대해서는 가등기담보법이 적용되지 않기 때문이다.

채무자가 채권자 앞으로 차용물 아닌 다른 재산권을 이전한 경우에 있어 그 권리의 이전이 채무의 이행을 담보하기 위한 것이 아니고 그 채무에 갈음하여 상대방에게 완전히 그 권리를 이전하는 경우 즉 대물변제의 경우에는 가사 그 시가가 그 채무의 원리금을 초과한다고 하더라도 제607조, 제608조가 적용되지 아니한다(대법원 1992. 2. 28. 선고 91다25574 판결).

- 다만 가등기담보법이 적용되지 않아도 관습법이 적용되므로 위와 같은 약정은 청산형 양도담보로 추정된다. 따라서 유담보 특약이 있었음이 증명되지 못하면 채권자는 채무자에게 청산금을 지급해야 하고 채무자는 청산금 지급 전까지 원리금을 변제하여 채권자 명의 본등기 말소를 청구할 수 있다.

기존의 공사대금 채무를 정리하는 방법으로 다른 재산권을 이전하기로 하면서 일정 기간 내에 채무 원리금을 변제할 때에는 그 재산을 반환받기로 하는 약정이 이루어졌다면, 다른 특별한 사정이 없는 한 당사자 사이에는 그 재산을 담보의 목적으로 이전하고 변제기 내에 변제가 이루어지지 않으면 담보권 행사에 의한 정산절차를 거쳐 원리금을 변제받기로 하는 양도담보약정이 이루어진 것으로 해석하여야 한다(대법원 2012. 11. 29. 선고 2012다64505 판결).

위와 같이 **청산절차를 예정한 약한 의미의 양도담보 약정**이 이루어졌다면 피고는 위 채무의 변제기 후 반드시 담보권 실행을 위한 **정산절차를 거쳐야만 하는 것**이고, 위 소외인으로서는 피고가 담보권을 실행하여 정산절차를 마치기 전에는 채무를 변제하고 이 사건 부동산에 대한 피고 명의의 소유권이전등기의 말소를 구할 수 있다고 할 것인바, 이는 위 양도담보 **약정 당시 이 사건 부동산의 시가가 채권 원리금에 미달한다 하더라도 마찬가지**라고 할 것이다(대법원 1998. 4. 10. 선고 97다4005 판결).

마. 담보권 설정등기

(1) 의미

- 가등기담보법은 가등기담보뿐 아니라 양도담보에 대해서도 적용되므로, 이 법이 적용되는 담보권 설정등기에는 담보가등기뿐 아니라 양도담보를 위한 소유권이전등기도 포함된다(가등기담보법 §1 참조).

- 가등기의 외관·형식만으로는 담보가등기인지 청구권 보전을 위한 일반 가등기인지를 판별할 수 없으므로 결국 당사자의 의사표시 해석에 따라 판단할 수밖에 없다(2015다63138, 996면).

(2) 비교: 채권자 명의 가등기나 소유권이전등기가 마쳐지기 전인 경우

- 가등기담보법의 실질적 적용 요건이 충족된 경우 즉 '소비대차에 의한 대여금 채무 담보를 위해 채권자에게 원리금을 초과하는 이익이 발생할 가능성이 있는 대물변제 예약'을 한 경우이더라도, 채권자가 아직 가등기나 소유권이전등기를 마치지 않았다면 가등기담보법은 적용되지 않는다.

- 채무자는 채권자에게 담보권 설정계약에 따른 담보가등기나 양도담보 소유권이전등기를 마쳐 줄 의무가 있고, 청산금 미지급 등을 이유로 이행을 거절하면 이행지체가 성립한다.

- 채무자가 이러한 의무를 이행하여 담보가등기 또는 양도담보 소유권이전등기가 마쳐지면 가등기담보법이 적용됨은 물론이다. 따라서 채무자는 일단 채권자에게 담보가등기나 양도담보 소유권이전등기를 마친 후 원리금을 변제하고 그 말소등기를 청구할 수 있을 뿐이다(가등기담보법 §11).

> **대법원 2013. 1. 16. 선고 2012다11648 판결**
> - 양도담보를 설정하기로 하는 **약정을 체결하고도 그에 기한 소유권이전등기를 미처 마치지 아니한 경우**에는 채권자는 양도담보의 **약정을 원인으로 하여 담보목적물에 관하여 소유권이전등기절차의 이행을 청구할 수 있으므로**, 피고는 원고에게 이 사건 토지 지분에 관하여 이 사건 양도계약을 원인으로 한 소유권이전등기절차의 이행을 청구할 수 있다.
> - 피고는 원고에게 이 사건 토지 지분에 관한 소유권이전등기를 마쳐준 후, 이 사건 투자정산금 채무를 모두 변제한다면 이 사건 양도계약이 양도담보계약임을 주장하여 법 제11조 등에 따라 그 소유권이전등기의 말소를 청구할 수 있을 것이다.

2. 담보권 실행 전의 법률관계

✓ 가등기담보법에 특칙이 없으므로, 일반법인 관습법상 가등기담보·양도담보의 법률관계가 그대로 적용된다.

3. 가등기담보권·양도담보권에 근거한 담보권 실행 방법

가. 개관: 채권자의 자유

• 피담보채권에는 이자·지연손해금 등의 부대채권도 포함되므로, 채권자는 피담보채권의 이행지체가 발생해도 담보권을 실행하지 않음으로써 우선변제 받을 수 있는 지연배상금의 가액을 증가시키는 것을 선택할 수 있다.

• 채권자가 담보권을 실행하려는 경우, 민사집행법에 따른 경매와 가등기담보법에 고유한 담보권 실행 방법인 귀속청산 중 하나를 자유롭게 선택할 수 있다. 즉 가등기담보법이 적용되더라도 채권자가 귀속청산 방식으로 담보권을 실행해야 할 할 의무는 없다.

나. 민사집행법에 따른 경매

(1) 가등기담보권자·양도담보권자 자신의 임의경매 신청

A. 개관

• 채권자가 임의경매 절차를 선택하면 채권자 명의 담보가등기나 양도담보 소유권이전등기는 저당권 설정등기로 간주된다.

• 가등기담보법에 의한 권리의 성질 변경이므로 변경등기를 거칠 필요는 없다(§187).

> 법 제12조(경매의 청구) ① 담보가등기 권리자는 그 선택에 따라 제3조에 따른 담보권을 실행하거나 담보목적부동산의 경매를 청구할 수 있다. 이 경우 경매에 관하여는 담보가등기권리를 저당권으로 본다.

B. 사례: 경매절차 개시 후에는 귀속청산 불가능

• 사안의 개요: 甲은 乙에 대한 대여금 채권을 담보하기 위해 乙소유 X부동산에 담보가등기를 마쳤다. 乙이 피담보채무를 이행하지 못하자 甲은 X부동산에 대한 경매를 신청했는데, 경매절차 진행 중에 피담보채권액에 X부동산의 가액을 초과한다는 사실을 알게 되었다. 이에 甲은 乙에게 청산금이 없다는 취지를 통지했고, 이러한 통지가 乙에게 도달한 날로부터 2개월의 청산기간이 지나자 乙에게 본등기청구를 한다.

- 쟁점과 판단: 甲의 본등기청구는 이유 없다. 담보가등기 목적물에 대한 민사집행법상의 경매 절차가 개시되었다면 가등기담보권자는 귀속청산 방식으로 담보권을 실행할 수는 없기 때문이다.

대법원 2022. 11. 30. 선고 2017다232167 판결

‣ 법 제12조부터 제14조까지의 체계와 담보목적부동산에 대한 경매절차가 개시된 경우 그 경매절차에 참가할 수 있을 것이라는 후순위권리자 등의 기대를 보호할 필요가 있는 점 등을 고려하면, **담보가등기권리자가 담보목적부동산의 경매를 청구하는 방법을 선택하여 그 경매절차가 진행 중인 때에는 특별한 사정이 없는 한 가등기담보법 제3조에 따른 담보권을 실행할 수 없**으므로 그 가등기에 따른 본등기를 청구할 수 없다고 봄이 타당하다.

‣ 그런데도 원심은 청산금이 존재하지 않는다는 취지의 통지가 도달한 때부터 2개월이 경과하여 법 제3조 제1항에 따른 청산기간이 경과하였다는 이유만으로, 乙을 甲에게 가등기에 따른 본등기절차를 이행할 의무가 있다고 판단하였다. 이러한 원심판단에는 담보가등기권리자의 담보권 실행 방법 등에 관한 법리를 오해하여 판결에 영향을 미친 잘못이 있다.

(2) 다른 담보물권자나 일반채권자의 경매신청

A. 요건

- 가등기담보·양도담보가 설정되어 있는 부동산이더라도, 이 부동산에 대해 강제경매의 요건을 갖춘 일반채권자나 임의경매의 요건을 갖춘 후순위권리자는 경매신청을 할 수 있다.
- 후순위권리자 중 피담보채권의 변제기가 도래하지 않아서 임의경매의 요건을 갖추지 못한 자도 청산기간 중에는 임의경매를 신청할 수 있다(법 §12 ②).

> 법 제12조(경매의 청구) ② 후순위권리자는 청산기간에 한정하여 그 피담보채권의 변제기 도래 전이라도 담보목적부동산의 경매를 청구할 수 있다.

- 가등기담보권자 아닌 권리자의 신청에 의한 민사집행법상 경매는 귀속청산 절차가 개시된 후에도 가능하지만 청산 절차가 종료된 후에는 불가능하다. 청산 절차 종료시란, 청산금이 있으면 청산금이 채무자에게 지급된 때이고 청산금이 없으면 청산기간이 경과한 때이다.

> 법 제14조(강제경매 등의 경우의 담보가등기) 담보가등기를 마친 부동산에 대하여 강
> 제경매등의 개시 결정이 있는 경우에 **그 경매의 신청이 청산금을 지급하기 전에 행하**
> **여진 경우(청산금이 없는 경우에는 청산기간이 지나기 전)**에는 담보가등기권리자는
> 그 가등기에 따른 본등기를 청구할 수 없다.

B. 효과

(a) 귀속청산에 의한 소유권 취득 불가능

- 적법한 경매신청이 있으면 귀속청산 절차에 따른 가등기담보권자·양도담보권
  자의 소유권 취득이 불가능하다(법 §14).
- 따라서 제3자의 경매개시 신청 전에 가등기담보법상의 청산 절차가 종료되었다
  는 사실이 증명되지 않는 한 경매개시 후에 마쳐진 가등기담보권자 명의 본등기
  로 매각대금을 납부한 매수인에게 대항할 수 없다.

> **대법원 2010. 11. 9. 자 2010마1322 결정**
> ‣ 법 제13조 내지 제15조에 의하면, 청산절차를 거치기 전에 강제경매 등의 신청이
>   행하여진 경우 담보가등기권자는 그 가등기에 기한 본등기를 청구할 수 없고, 그 가
>   등기가 부동산의 매각에 의하여 소멸하되 다른 채권자보다 자기 채권을 우선변제
>   받을 권리가 있을 뿐이다.
> ‣ 이 사건 가등기가 담보가등기이고 그 **본등기가 이 사건 강제경매절차의 매각기일**
>   **후에 이루어진** 것이라면, 이 사건 가등기에 기한 본등기는 이 사건 **강제경매의 신청**
>   **전에 청산절차를 거친 것이 아닌 한** 무효로 말소되어야 하고 이 사건 가등기는 이
>   사건 부동산의 매각으로 소멸된다.
> ‣ 원심이 매각허가를 받더라도 이 사건 가등기에 대항할 수 없어 소유권을 유효하게
>   취득할 수 없게 되었다고 판단하여 매각불허가사유에 해당한다고 본 것은 강제경
>   매절차에서 담보가등기의 소멸에 관한 법리를 오해하여 결정 결과에 영향을 미친
>   위법이 있다.

(b) 가등기담보권자의 지위: 저당권자로 간주됨

- 담보가등기·양도담보 소유권이전등기는 저당권 설정등기로 간주되고(법 §13 2
  문). 이때도 법률에 의한 물권 변동이므로 변경등기를 마칠 필요는 없다.
- 그 결과 가등기담보권자·양도담보권자는 저당권자에 준하여 ㉠ 자신의 순위에
  따른 우선변제를 받을 수 있고(법 §13 1문), 경매절차가 종료하면 그 권리가 소멸

한다(법 §15).

> 법 제13조(우선변제청구권) 담보가등기를 마친 부동산에 대하여 강제경매등이 개시
> 된 경우에 담보가등기권리자는 다른 채권자보다 자기채권을 우선변제 받을 권리가
> 있다. 이 경우 그 순위에 관하여는 그 담보가등기권리를 저당권으로 보고, 그 담보가
> 등기를 마친 때에 그 저당권의 설정등기가 행하여진 것으로 본다.

> 법 제15조(담보가등기권리의 소멸) 담보가등기를 마친 부동산에 대하여 강제경매등
> 이 행하여진 경우에는 담보가등기권리는 그 부동산의 매각에 의하여 소멸한다.

다. 귀속청산

- 가등기담보법이 적용되는 경우, 채권자가 담보물의 소유권을 취득하는 방식으로 담보권을 실행하려면 청산금 지급과 동시이행으로 소유권을 취득하는 귀속청산만 선택할 수 있다. 그 외의 담보권 실행방법, 예컨대 처분청산은 당사자가 합의했더라도 무효이다(2002다42001, 1026면).
- 귀속청산의 구체적인 방법·절차는 후술한다.

4. 귀속청산의 구체적인 절차·방법

가. 개관

- 귀속청산은 ㉠ 채권자가 청산금 가액을 산정하여 채무자 등에게 담보권 실행 통지를 함으로써 개시된다. ㉡ 채무자 등에게 이러한 통지가 도달하면 청산기간이 기산하고 ㉢ 청산기간이 경과한 후 채권자는 청산금 지급과 동시이행으로 담보물의 소유권을 취득하는데 그 방법은 가등기담보이면 본등기, 양도담보이면 인도이다.

> 법 제3조(담보권 실행의 통지와 청산기간) ① 채권자가 담보계약에 따른 담보권을 실
> 행하여 그 담보목적부동산의 소유권을 취득하기 위하여는 그 채권의 변제기 후에 제4
> 조의 청산금의 평가액을 채무자등에게 통지하고, 그 통지가 채무자등에게 도달한 날
> 부터 2개월(이하 "청산기간"이라 한다)이 지나야 한다. 이 경우 청산금이 없다고 인정
> 되는 경우에는 그 뜻을 통지하여야 한다.

- 후순위자는 귀속청산으로 인한 청산절차에 참가하여 가등기담보권자에게 자신의 피담보채권액의 간이배당을 청구할 수 있다(법 §5).

나. 청산금의 가액 산정

(1) 청산금의 의미·산정 기준시

• 청산금이란 담보물의 가액에서 채권자 자신의 피담보채권액과 선순위 우선변제 권자의 피담보채권액을 공제한 금액을 뜻한다.

• 청산금을 산정하려면 담보물의 가액과 피담보채권액을 산정해야 하는데, 이들은 모두 담보권 실행 통지 당시를 기준으로 산정한다.

> 법 제4조(청산금의 지급과 소유권의 취득) ① 1문: 채권자는 제3조 제1항에 따른 **통지 당시**의 담보목적 부동산의 가액에서 그 채권액을 뺀 금액(이하 "청산금"이라 한다)을 채무자등에게 지급하여야 한다.

(2) 담보물의 가액 산정

• 채권자는 적당한 방법으로 담보물의 가액을 산정하면 된다(2006다5611, 1003면).

• 산정된 가액이 실제 가액보다 작은 경우에도 적법한 담보권 실행 통지로 인정된다. 구체적인 효과는 '과소 통지' 부분에서 다룬다.

> **대법원 2016. 6. 23. 선고 2015다13171 판결**
> ‣ 여기서 말하는 **청산금의 평가액**은 **통지 당시**의 담보목적부동산의 가액에서 그 당시의 피담보채권액(원본, 이자, 위약금, 지연배상금, 실행비용)을 뺀 금액을 의미하므로, 가등기담보권자가 담보권 실행을 통하여 우선변제받게 되는 이자나 지연배상금 등 피담보채권의 범위는 **통지 당시를 기준으로 확정**된다.
> ‣ 채권자는 **주관적으로 평가한 청산금의 평가액을 통지**하면 족하고, 채권자가 주관적으로 평가한 청산금의 액수가 **정당하게 평가된 청산금의 액수에 미치지 못하더라도 담보권 실행의 통지로서의 효력에는 아무런 영향이** 없다.

(3) 공제 대상 가액의 산정

A. 담보권 실행 비용

• 민사집행법상 우선적으로 배당되는 담보권 실행 비용은 경매·환가 자체를 위해 지출된 돈으로서 경매절차의 준비나 실시를 위해 필요한 비용만 포함되고, 매수인의 소유권 취득을 위해 지출된 제세공과금 등의 비용은 포함되지 않는다. 담보물권 실행의 본질은 담보물의 교환가치를 파악하는 것이고, 이에 따른 소유권 변동은 그 결과에 불과하므로 소유권 변동을 위한 비용은 집행 비용이 아니기

때문이다.

- 귀속청산의 경우에 어떤 비용이 청산금에서 공제되어야 하는 '담보권 실행비용'에 해당하는지가 문제되는데, 민사집행법상 경매절차의 경우에 준하여 판단해야 한다. 예컨대 청산금 산정을 위한 감정평가 비용은 공제 대상이지만, 채권자의 소유권 취득을 위한 취득세 등의 비용은 공제 대상이 아니다. 따라서 채권자는 소유권 취득 비용을 청산금에서 공제할 수 없고 채무자에게 구상할 수도 없다.

대법원 2022. 4. 14. 선고 2017다266177 판결

- 담보권의 실행이란 목적물의 교환가치로부터 채무를 변제받음으로써 채권의 만족을 실현하는 것이다. 담보목적물을 매각해 현금화하여 채무의 변제를 받는 것이 담보권의 전형적인 실행방법이고, 담보권의 성격이나 합의에 따라 담보물 가액에서 피담보채권액 등을 빼고 남은 금액을 채무자에게 지급함으로써 담보물의 소유권을 넘겨받는 방식도 가능하다. 채권자가 어떤 방법을 선택하든지 목적물의 **교환가치를 파악하여 피담보채권의 만족을 도모하는 것이 담보권 실행의 본질**이고, 담보물의 소유권 변동은 그에 뒤따른 결과일 뿐이다.

- 채권자가 담보권 실행을 위해 경매를 신청한 경우에 그 경매를 **직접 목적으로 하여 지출**된 돈으로서 경매절차의 준비 또는 실시를 위하여 필요한 비용이어야 집행비용으로서 배당재단에서 우선적으로 변상된다. 매각에 따라 소유권을 취득한 매수인은 소유권이전등기를 넘겨받기 위해 지출한 비용과 취득세 등을 자기가 부담해야 한다. 이는 경매를 신청한 채권자가 매수인이 된 경우에도 마찬가지이다.

- 귀속정산에 의한 가등기담보권 실행도 담보로 파악한 교환가치만큼을 채권자에게 이전한다는 점에서 경매에 의한 실행과 본질이 같으므로, **청산금에서 공제할 수 있는 가등기담보권 실행비용**은 경매절차의 집행비용에 상응하는 것이어야 한다. 그러므로 가등기담보권자는 귀속정산 과정에서 담보목적물의 교환가치를 파악하기 위하여 쓴 **감정평가비용** 등을 실행비용으로서 청산금에서 공제할 수 있을 뿐, 청산의 결과로서 **본등기를 마치기 위해 지출한 절차비용과 취득세 등은 스스로** 부담해야 한다.

- 피고에게 취득세와 등록세 세액만큼의 구상금 채권이 생긴다고 보아 상계항변을 받아들인 원심판단에는 법리오해의 잘못이 있다.

B. 채권자 자신의 피담보채권액

(a) 개관

- 통지 대상인 피담보채권의 범위는 저당권에 준하고(법 §3 ②, 민법 §360 준용), 이자·지연손해금 등의 부대채권은 통지 당시를 기준으로 산정한다.

> 피고가 이 사건 가등기담보권 실행을 통해 <u>우선변제 받게 되는 이자나 지연배상금을</u> <u>포함한 피담보채권액은 위 통지 당시를 기준으로</u> 확정되어야 한다(대법원 2016. 6. 23. 선고 2015다13171 판결).

- 피담보채권액을 실제와 다르게 통지하면 과소통지·과다통지의 문제가 생긴다 (1018면 이하).

> 법 제3조(담보권 실행의 통지와 청산기간) ② 제1항에 따른 통지에는 통지 당시의 담보목적부동산의 평가액과 「민법」 제360조에 규정된 채권액을 밝혀야 한다. 이 경우 부동산이 둘 이상인 경우에는 각 부동산의 소유권 이전에 의하여 소멸시키려는 채권과 그 비용을 밝혀야 한다.

(b) 사례: 공동가등기담보와 청산금 산정

- 원칙: 각 담보물의 책임분담액 즉 각 부동산에 대한 담보권 실행으로 소멸시키려고 하는 채권·비용의 가액을 산정하여 통지해야 적법한 청산금 통지로 인정된다 (§3②).

- 예외: 피담보채권액이 각 공동담보물의 가액을 합산한 가액을 초과하는 경우에는 책임분담액을 산정할 필요가 없다. 따라서 각 담보물별 평가액을 산정하지 않은 채 모든 담보물의 가액 합산액과 피담보채권 총액만을 통지해도 유효한 담보권 실행 통지로 인정된다.

- 지상건물과 그 대지에 대해 공동가등기담보가 설정된 경우에도 같은 법리가 적용된다.

> **대법원 2016. 4. 12. 선고 2014다61630 판결**
> ‣ 어느 채권의 담보를 위하여 둘 이상의 부동산에 관하여 담보권을 설정받은 담보권자가 가등기담보법에 따라 담보권을 실행하는 경우 <u>반드시 모든 부동산에 관하여</u> <u>동시에 담보권을 실행하여야 하는 것은 아니고</u>, 특별한 사정이 없는 한 담보권자의 <u>자유로운 선택에 따라 따로따로 실행할 수 있으며</u>, 이러한 법리는 공동담보물이 토

지와 그 지상건물의 관계에 있는 경우에도 마찬가지이다.

- 가등기담보법에 따라 담보권을 실행하는 경우에 담보권을 실행하는 <u>부동산이 둘 이상인 경우에는 각 부동산의 소유권이전에 의하여 소멸시키려는 채권과 그 비용을 밝혀야 한다.</u> (이것은) 후순위권리자의 이익을 보호하기 위하여 채권자가 자기의 채권액을 각 부동산별로 나누어 어느 부동산에 대하여 얼마의 채권액과 비용으로 소유권을 취득하겠다는 채권액의 배분액을 구분 표시하도록 한 것일 뿐이므로, **청산금이 없다고 인정되는 경우에는 각 담보권 실행 대상 부동산별로 담보권 실행에 의하여 소멸되는 채권과 비용을 구분하여 명시하지 아니하였다는 이유로 그 실행 통지의 효력을 부인할 수 없다**

C. 다른 권리자의 피담보채권액

(a) 선순위 권리자

- 개관

✓ 전제: 채권자는 귀속청산 절차에서 선순위 권리자에게 간이배당을 하지 않아도 담보물의 소유권을 취득할 수 있다. 선순위 권리는 채권자에게 인수되기 때문이다.

✓ 선순위 권리자에 대한 피담보채권액 공제의 취지: 귀속청산의 본질은 피담보채무의 변제에 갈음하여 채권자가 목적물의 완전한 소유권을 취득하는 것이므로 담보가등기로 대항할 수 없는 선순위 권리를 말소시킬 의무는 채무자가 부담해야 한다. 따라서 채권자가 채무자에 대한 선순위 권리를 인수하면 채무자에 대해 구상권이 발생하게 되고 이 구상권의 가액을 청산금 산정시 공제함으로써 사실상 우선변제 받게 되는 것이다.

- 담보물에 대해 담보가등기보다 선순위인 권리가 있으면, 채권자는 청산금을 산정할 때 선순위 권리자 명의 등기를 말소하는데 필요한 가액도 공제할 수 있다.

> 법 제4조(청산금의 지급과 소유권의 취득) ① 2문: 이 경우 담보목적부동산에 <u>선순위 담보권 등의 권리가 있을 때에는 그 채권액을 계산할 때에 선순위담보 등에 의하여 담보된 채권액을 포함한다.</u>

- 가등기담보권자가 이미 선순위 권리자의 피담보채권을 대위변제했다면, 이로 인해 발생하는 구상권도 청산금에서 공제된다.

가등기담보 채권자가 가등기담보권을 실행하기 이전에 그의 계약상의 권리를 보전하기 위하여 가등기담보 채무자의 제3자에 대한 선순위 근저당채무를 대위변제하여 구상권이 발생하였다면 특별한 사정이 없는 한 이 **구상권도 가등기담보계약에 의하여 담보된다**(대법원 2007. 7. 13. 선고 2006다46421 판결).

- 선순위 권리자에는 담보물권자나 대항력 있는 임차인뿐 아니라 가압류채권자도 포함된다.

> 가등기담보권자가 법 제4조에 따라 채무자에게 청산금을 지급함에 있어 담보가등기보다 먼저 등기된 가압류의 채권액은 특별한 사정이 없는 한 법 제4조 제1항 후문에서 정한 '선순위담보 등에 의하여 담보된 채권액'에 준하여 가등기담보 채권자의 채권액에 포함된다(대법원 2007. 7. 13. 선고 2006다46421 판결).

(b) 후순위 권리자

- 후순위 권리는 담보가등기에 기한 본등기가 마쳐지면 말소되므로 채권자에게 영향을 미치지 않는다. 따라서 청산금에서 후순위 권리자의 피담보채권액은 공제되지 않는다.
- 그 대신 후순위 권리자에게는 간이배당 청구권이 인정된다(1029면 이하).

다. 담보권 실행 통지

> 법 제3조(담보권 실행의 통지와 청산기간) ① 채권자가 담보계약에 따른 담보권을 실행하여 그 담보목적 부동산의 소유권을 취득하기 위하여는 그 채권의 변제기 후에 제4조의 청산금의 평가액을 채무자 등에게 통지하고, 그 통지가 채무자 등에게 도달한 날부터 2개월(이하 "청산기간"이라 한다)이 지나야 한다. 이 경우 청산금이 없다고 인정되는 경우에는 그 뜻을 통지하여야 한다.

(1) 통지의 상대방·방법

A. 상대방

- 통지의 상대방은 법 §2의 '채무자 등'에 해당하는 자이다. 따라서 후순위권리자에게 담보권 실행 통지를 하지 않았더라도 청산기간의 기산·경과나 청산금 지급에 의한 채권자의 담보물 소유권 취득에는 아무런 영향을 미치지 않는다.
- 통지 상대방인 '채무자 등'에는 채무자뿐 아니라 물상보증인, 담보가등기 후의 제3취득자도 포함된다(법 §2 2호). 따라서 채무자와 담보물 소유자가 다른 경우, 채무자뿐 아니라 물상보증인·제3취득자 등에게도 담보권 실행 통지를 해야 적법한 귀속청산 절차를 마친 것으로 인정될 수 있다.

이 때의 채무자 등에는 채무자와 물상보증인뿐만 아니라 담보가등기 후 소유권을 취득한 제3취득자가 포함되는 것이므로(가등기담보법 제2조 제2호), **위 통지는 이들 모두에게 하여야 하는 것으로서 채무자 등의 전부 또는 일부에 대하여 위 통지를 하지 않으면 청산기간이 진행할 수 없**게 되고, 따라서 가등기담보권자는 그 후 적절한 청산금을 지급하거나 실제 지급할 청산금이 없다고 하더라도 가등기에 기한 본등기를 청구할 수 없으며, 설령 편법으로 본등기를 마쳤다고 하더라도 그 소유권을 취득할 수 없는 것이다(대법원 2002. 4. 23. 선고 2001다81856 판결).

B. 방법: 불요식

• 가등기담보법에 통지 방법에 대한 특칙은 없으므로, 담보권 실행 통지는 불요식 행위이다. 따라서 서면뿐 아니라 말로도 유효하게 통지할 수 있다.

귀속정산의 통지방법에는 아무런 제한이 없어 구두로든 서면으로든 가능하다(대법원 2001. 8. 24. 선고 2000다15661 판결).

(2) 통지할 내용

A. 개관

• 적법한 담보권 실행 통지로 인정되려면, ㉠ 담보권의 실행으로 소유권을 확정적으로 채권자의 소유로 귀속시킨다는 취지와 ㉡ 법 §4에 따라 산정한 청산금의 평가액을 통지해야 한다. 만약 청산금이 없으면 채권자의 소유권 취득이라는 취지만 통지해도 유효한 통지로 인정될 수 있다.

담보부동산의 평가액이 피담보채권액에 미달하는 경우에는 청산금이 있을 수 없으므로 귀속정산의 통지방법으로 **부동산의 평가액 및 채권액을 구체적으로 언급할 필요없이** 그 미달을 이유로 채무자에 대하여 담보권의 실행으로 그 부동산을 확정적으로 채권자의 소유로 귀속시킨다는 뜻을 알리는 것으로 족하다(대법원 2001. 8. 24. 선고 2000다15661 판결).

• 청산금의 평가액을 잘못 산정했더라도 통지 자체의 효과는 인정되고 정당한 청산금에 대해서만 그 효과가 미칠 뿐이다.

B. 사례: 청산금의 가액을 잘못 통지한 경우

(a) 과소통지

• 통지로서의 효과는 인정되어 청산기간이 기산하지만, 적법한 청산금이 지급되지 않는 한 귀속청산의 효과가 발생하지 않는다. 즉, 채무자는 통지된 청산금이 지급되었더라도 적법한 청산금 전액이 지급되기 전까지는 ㉠ 가등기담보의 경우에는 본등기와 적법하게 산정된 청산금 지급의 동시이행을 주장할 수 있고, ㉡ 양도담보의 경우에는 적법한 피담보채무 원리금을 지급하고 양도담보권자 명의의 소유권이전등기 말소등기를 청구할 수 있다.

> 채무자 등은 **정당하게 평가된 청산금을 지급받을 때까지** 목적부동산의 소유권이전등기 및 인도채무의 이행을 거절하면서 피담보채무 전액을 채권자에게 지급하고 채권담보의 목적으로 마쳐진 가등기의 말소를 구할 수 있다(대법원 1996. 7. 30. 선고 96다6974 판결).

• 주의: 채권자가 통지한 청산금의 가액에 대해 채무자가 동의하면 이로써 청산금은 확정된다. 이러한 동의는 묵시적으로도 할 수 있다. 따라서 채무자가 과소통지된 청산금 가액을 다투지 않고 채권자의 본등기·인도 청구에 응했다면 묵시적 동의가 있었던 것으로 볼 수 있으므로 청산금의 가액은 확정되고 이에 따라 적법한 청산절차 종료의 효과가 발생한다.

> 채무자는 채권자가 **통지한 청산금액에 동의함으로써 청산금을 확정**시킬 수 있으며, 그 경우 동의는 명시적 뿐만 아니라 묵시적으로도 가능하다. 채무자가 채권자의 청산금이 없다는 취지의 가등기담보권의 실행 통지에 대하여 <u>아무런 이의를 하지 아니한 채 담보물에 대한 채권자의 본등기청구 내지 인도청구에 응한 경우</u>에도 청산금액에 대하여 더 이상 다투지 아니할 의사이었다고 보여질 정도라면 청산금에 대하여 <u>묵시적으로 동의</u>한 것으로 인정할 수 있을 것이다(대법원 2008. 4. 11. 선고 2005다36618 판결).

(b) 과다통지

• 채권자는 자신이 통지한 청산금의 가액을 다툴 수 없으므로 통지된 가액에 따라 청산의무를 이행해야 한다.

- 그러나 이 경우 청산금 가액 총액에 대해서만 구속력이 미치고, 청산금 산정의 기초가 되는 피담보채권액 자체에는 영향을 미치지 않는다.
- ✓ 예컨대 채권자·채무자 사이에 피담보채권을 추가하기로 하는 약정이 있었던 경우, 다른 이해관계인이 없으면 채권자는 추가된 피담보채권액을 더한 실제 피담보채권액이 담보물의 가액을 초과한다는 사실을 증명하여 가등기담보법 적용 배제를 주장할 수 있다.

대법원 1993. 4. 13. 선고 92다12070 판결

‣ 통지의 구속력이 발생하는 사항은 채무자 등에게 통지된 청산금의 평가액 자체뿐이고 이와 아울러 명시될 것이 요구되는 **채권액은 위 청산금산정의 기초가 되는 데 지나지 않아 여기에까지는 구속력이 생기지 않는다**고 보아야 할 것이므로 원고가 피고 등에게 이 사건 가등기담보권의 실행통지를 함에 있어 그 피담보채권액을 명시하였다고 하더라도 위 채권액에 대하여는 구속력이 생긴다고 할 수 없다.

‣ 원심이 이 사건 부동산으로 **담보된 채권을 위 실행통지에서 명시한 액수보다 많은 금액으로 판단하였다고 하더라도 법리오해의 위법이 없다.**

(3) 통지 자체의 효과: 청산 통지가 채무자 등에게 도달한 날로부터 청산기간 기산

라. 청산기간의 경과와 그 효과

(1) 청산기간의 의미

- 청산기간은 채무자 등에 대한 채권자의 담보권 실행통지가 채무자 등에게 도달한 날부터 2개월이다.
- 채권자는 채무자 등에 대한 담보권 실행 통지가 도달했다는 취지를 후순위 권리자에게 통지해야 하지만(§6), 후순위 권리자에게 이러한 통지를 하지 않더라도 청산기간의 기산·경과와 그 효과에는 아무런 영향을 미치지 않는다.

(2) 청산기간 경과의 효과: 청산금 지급과 동시이행으로 소유권 취득 가능

- 청산기간이 경과하면 채권자는 적법한 청산금 지급과 동시이행으로, ㉠ 가등기담보이면 본등기 청구, ㉡ 양도담보이면 점유 인도 청구를 할 수 있다.

> 법 제4조(청산금의 지급과 소유권의 취득)
> ② 채권자는 담보목적부동산에 관하여 이미 **소유권이전등기를 마친 경우**에는 청산기간이 지난 후 청산금을 채무자등에게 지급한 때에 담보목적부동산의 완전한 **소유권을 취득**하며, **담보가등기를 마친 경우**에는 청산기간이 지나야 그 가등기에 따른 **본등기를 청구**할 수 있다.
> ③ 청산금의 지급채무와 부동산의 소유권이전등기 및 인도채무의 이행에 관하여는 동시이행의 항변권에 관한 「민법」 제536조를 준용한다.

- 귀속청산 이외의 방법에 관한 특약의 유효성: 귀속청산 방법에 관한 법 §4 ① ~ ③은 편면적 강행규정이다. 다만, 청산기간 경과 후에는 제3자의 권리를 해치지 않는 한 채무자에게 불리한 약정도 유효하게 할 수 있다.

> 법 제4조(청산금의 지급과 소유권의 취득) ④ 제1항부터 제3항까지의 규정에 어긋나는 특약으로서 채무자등에게 불리한 것은 그 효력이 없다. 다만, **청산기간이 지난 후에 행하여진 특약으로서 제삼자의 권리를 침해하지 아니**하는 것은 그러하지 아니하다.

(3) 법정지상권

A. 개관
- 동일인이 소유한 대지와 건물의 전부 또는 일부에 대한 귀속청산이 발생한 경우, 법정지상권이 성립한다.

> 법 제10조(법정지상권) 토지와 그 위의 건물이 동일한 소유자에게 속하는 경우 그 토지나 건물에 대하여 제4조제2항에 따른 소유권을 취득하거나 담보가등기에 따른 본등기가 행하여진 경우에는 그 건물의 소유를 목적으로 그 토지 위에 지상권이 설정된 것으로 본다. 이 경우 그 존속기간과 지료는 당사자의 청구에 의하여 법원이 정한다.

- 다만 나대지에 가등기담보가 설정되었고 그 당시 건물 신축을 예견할 수 없었다면 법 §10의 법정지상권은 성립할 수 없다(§366의 유추적용).

B. 사례
- 사안의 개요: 甲이 소유한 X토지가 나대지인 상태에서 乙명의 가등기가 마쳐졌고 그 후 甲이 X토지에 Y건물을 신축했다.
- 乙명의 가등기가 담보가등기인 경우, X토지가 나대지인 상태에서 가등기담보권

이 설정되었으므로, 담보가치에 대한 乙의 기대이익을 보장하기 위해 법 §10의 법정지상권은 물론 관습상 법정지상권도 인정되지 않는다.

✓ 비교: 乙명의 가등기가 일반 가등기인 경우 가등기에 기한 본등기를 마치더라도 소유권 취득 시점이 소급하는 것은 아니므로 본등기 당시에 지상 건물이 존재한 것으로 인정된다. 따라서 甲은 관습상 법정지상권을 취득한다고 볼 수 있다.

원래 채권을 담보하기 위하여 나대지상에 가등기가 경료되었고, 그 뒤 대지소유자가 그 지상에 건물을 신축하였는데, 그후 그 가등기에 기한 본등기가 경료되어 대지와 건물의 소유자가 달라진 경우에, 관습상 법정지상권을 인정하면 애초에 대지에 채권담보를 위하여 가등기를 경료한 사람의 이익을 크게 해하게 되기 때문에 특별한 사정이 없는 한 위 건물을 위한 관습상 법정지상권이 성립한다고 할 수 없다. 따라서 위 가등기에 기한 본등기 당시에 이 사건 대지와 건물의 소유자가 관습상 법정지상권을 취득한다고 볼 수 없다(대법원 1994. 11. 22. 선고 94다5458 판결).

마. 청산기간은 경과했으나 청산금이 지급되기 전의 효과

(1) 개관

• 채권자가 귀속청산 절차를 진행하여 청산기간이 경과했으나 채무자에게 적법한 청산금이 지급되기 전이라면, 채무자는 ㉠ 목적물의 소유권 이전을 위해 필요한 본등기(점유 인도)를 거절하거나, ㉡ 피담보채무 전액을 변제하고 가등기(소유권이전등기) 말소를 청구할 수 있다.

• 또한 채무자가 ㉢ 본등기(점유 인도)와 동시이행으로 적법한 청산금의 지급을 청구할 수도 있음은 물론이다.

채무자 등은 채권자가 통지한 청산금액을 다투고 정당하게 평가된 청산금을 지급받을 때까지 ㉠ 목적부동산의 소유권이전등기 및 인도채무의 이행을 거절하거나 ㉡ 피담보채무 전액을 채권자에게 지급하고 채권담보의 목적으로 마쳐진 가등기의 말소를 구할 수 있을 뿐 아니라, ㉢ 채권자에게 정당하게 평가된 청산금을 청구할 수도 있다(대법원 2008. 4. 11. 선고 2005다36618 판결).

(2) 채무자의 본등기·소유권이전등기 말소등기 청구권(§11 본문)

> 법 제11조(채무자등의 말소청구권) 채무자 등은 청산금채권을 변제받을 때까지 채무액(반환할 때까지의 이자와 손해금을 포함)을 채권자에게 지급하고 채권담보의 목적으로 마친 소유권이전등기의 말소를 청구할 수 있다.

* 청산기간 경과와 적법한 청산금 지급이라는 귀속청산 요건이 충족되어 채권자가 소유권을 확정적으로 취득하기 전이라면, 채무자는 양도담보에 기한 소유권이전등기나 담보가등기에 기한 본등기의 말소등기를 청구할 수 있다.
* 다만 이러한 말소등기 청구의 법적 성질은 담보권 말소등기 청구이므로, 담보물권에 관한 일반적인 법리가 적용된다. 즉 ㉠ 적법한 피담보채무 전액 상환이 선이행 의무이고 ㉡ 불가분성에 따라 지연손해금도 전액을 상환해야 한다. 이 점에서 청산금을 산정할 때는 민법 §360에 따라 지연손해금이 1년분으로 제한되는 것과 다르다.

> 채무자 등이 가등기담보법 제11조 본문에 따라 채권담보의 목적으로 마친 소유권이전등기의 말소를 구하기 위해서는 <u>그때까지의</u> 이자와 손해금을 포함한 <u>**피담보채무액을 전부 지급**</u>함으로써 그 요건을 갖추어야 한다(대법원 2018. 6. 15. 선고 2018다215947 판결).

* 피담보채권액 일부를 공탁한 경우 채권자가 이를 수령했더라도 이의 유보를 하지 않아서 전부 변제로 인정되는 경우에만 채권자의 말소등기 의무가 인정된다.

> 채권자가 담보권의 실행을 위한 통지를 하여 <u>청산기간이 경과한 후 청산금을 채무자 등에게 지급하지 않고 있는 동안</u>에, 채무자 등이 채권자를 위하여 변제공탁한 금액을 수령하였다고 하더라도, <u>피담보채권의 일부의 변제에 충당한다는 이의를 유보하고 수령하였다면</u> 그와 같은 사유만으로 채권자가 기왕에 한 <u>담보권실행의 통지에 따른 청산의 의사표시를 철회한 것이라고 단정할 수는 없다</u>(대법원 1992. 9. 1. 선고 92다10043).

(3) 채무자의 본등기·소유권이전등기 말소 등기 청구권의 소멸(§11 단서)

> 법 제11조(채무자등의 말소청구권) 다만, 그 채무의 변제기가 지난 때부터 10년이 지나거나 선의의 제삼자가 소유권을 취득한 경우에는 그러하지 아니하다.

A. 채권자 보호를 위해: 변제기로부터 10년이 경과한 경우

(a) 요건

• 적법한 청산절차가 종료되지 않았더라도 채무의 변제기로부터 10년이 경과하면 채무자는 더 이상 담보가등기에 기한 본등기나 양도담보 소유권이전등기의 말소등기를 청구할 수 없다.

• 이러한 기간은 제척기간이다. 따라서 채무자는 제척기간 경과 전에 적법한 피담보채무를 변제하고 말소등기 청구권을 행사할 수 있을 뿐이다.

• 기산점인 '변제기'는 일반 법리에 따라 결정된다. 피담보채무의 기한이 정해지지 않았고 이행 청구 시점이 증명되지 못했다면 늦어도 가등기담보권자 명의 본등기가 마쳐진 때가 기산점이 된다.

• 채무자가 자신의 선이행의무인 피담보채무 원리금 변제를 마치지 않은 상태에서 담보가등기에 기한 본등기나 양도담보 소유권이전등기 등에 대한 말소등기 청구를 해도 제척기간 진행을 막을 수 없다. 적법한 권리 행사가 아니기 때문이다.

가등기담보법 제11조 단서에는 '그 채무의 변제기가 경과한 때로부터 10년'으로 정하여져 있으나, 기한의 정함이 없는 채무에 있어서는 **채무가 성립한 때부터 위 기간이 기산된다 할 것이니, 늦어도 이 사건 본등기가 경료된 때**로부터 10년이 지난 시점에는 이미 위 법조 소정의 제척기간이 도과하였다고 보아야 한다(대법원 2004. 4. 27. 선고 2003다29968 판결).

채무자 등이 위 제척기간이 경과하기 전에 **피담보채무를 변제하지 아니한 채 또는 변제를 조건으로** 담보목적으로 마친 소유권이전등기의 말소를 청구하더라도 이를 **제척기간 준수에 필요한 권리의 행사에 해당한다고 볼 수 없**으므로, 채무자 등의 위 말소청구권은 제척기간의 경과로 확정적으로 소멸한다. 이러한 법리는 채무자 등이 피담보채무를 변제하지 아니한 채 또는 변제를 조건으로 위 소유권이전등기의 말소등기를 청구하는 **소를 제기한 경우에도 마찬가지**로 적용된다(대법원 2014. 8. 20. 선고 2012다47074 판결).

(b) 효과

• 제척기간이 경과하면 채무자 등의 말소등기청구권은 확정적으로 소멸한다.

• 따라서 ㉠ 채권자는 확정적으로 소유권을 취득하고 ㉡ 채무자는 채권자에게 청산금 지급을 청구할 수 있으므로 이때 청산금 채권의 소멸시효가 기산한다.

B. 거래안전 보호를 위해: 선의의 제3자가 소유권을 취득한 경우

(a) 요건

- 모든 승계취득자에 대해 적용되는데, 따라서 매매 계약은 물론 경매 절차에서 매수한 제3자도 법 §11 단서의 보호를 받을 수 있다.
- 선의의 제3자만 보호되는데, 이때 제3자의 선의는 추정된다.

(b) 반사효과: 채권자 등기 명의의 소급적 유효화

- 선의의 제3자의 소유권 취득의 반사효과로서 채권자 명의 본등기는 무단으로 마쳐진 시점으로 소급하여 확정적으로 유효가 된다. 이러한 소급효는 제3자의 소유권 취득의 반사효과이다.
- 채무자는 제3자 명의 소유권이전등기는 물론 채권자 명의 본등기·소유권이전등기의 말소등기도 청구할 수 없게 된다.

대법원 2021. 10. 28. 선고 2016다248325 판결

‣ 청산절차를 위반하여 이루어진 담보가등기에 기한 본등기가 무효라고 하더라도 선의의 제3자가 그 본등기에 터 잡아 소유권이전등기를 마치는 등으로 담보목적부동산의 소유권을 취득하면, 채무자 등은 더 이상 법 제11조 본문에 따라 채권자를 상대로 그 본등기의 말소를 청구할 수 없게 된다.

‣ 이 경우 그 <u>반사적 효과로서 무효인 채권자 명의의 본등기는 그 등기를 마친 시점으로 소급하여 확정적으로 유효</u>하게 되고, 이에 따라 담보목적부동산에 관한 <u>채권자의 가등기담보권은 소멸하며, 청산절차를 거치지 않아 무효였던 채권자의 위 본등기에 터 잡아 이루어진 등기 역시 소급하여 유효</u>하게 된다고 보아야 한다.

(c) 채무자 보호 방법

• 청산금 채권은 그대로 유지된다. 선의의 제3자의 소유권 취득의 소급효는 담보물의 소유권 귀속에 대해서만 적용되고 청산금 채권에는 영향을 미치지 않기 때문이다. 즉 청산금 지급청구권에 고유한 소멸사유가 없는 한 채무자는 본등기 말소청구를 할 수 없게 되었더라도 청산금 지급청구를 할 수는 있다.

다만 이 경우에도 채무자 등과 채권자 사이의 **청산금 지급을 둘러싼 채권·채무 관계까지 모두 소멸하는 것은 아니고, 채무자 등은 채권자에게 청산금의 지급을 청구할 수 있다**(대법원 2021. 10. 28. 선고 2016다248325 판결).

• 채권자는 채무자에 §750 책임을 진다. ㉠ 손배배상액은 채무자가 말소등기 청구를 할 수 없게 된 때의 담보물의 시가에서 그 당시의 피담보채무의 원리금을 공제한 가액이다. ㉡ 채권자는 채무자의 피담보채무 이행지체 등을 이유로 과실상계에 의한 책임 제한을 주장할 수 없다.

대법원 2010. 8. 26. 선고 2010다27458 판결

‣ 법 제11조 단서에 의하여 채무자가 더는 채무액을 채권자에게 지급하고 그 채권담보의 목적으로 마친 소유권이전등기의 말소를 청구할 수 없게 되었다면, 채권자는 위법한 담보목적 부동산 처분으로 인하여 채무자가 입은 손해를 배상할 책임이 있다고 할 것이다.

‣ 이때 채무자가 입은 손해는 다른 특별한 사정이 없는 한 채무자가 더는 그 소유권이전등기의 **말소를 청구할 수 없게 된 때의 담보목적 부동산의 가액에서 그때까지의 채무액을 공제한 금액**이라고 봄이 상당하다.

- 채무자가 약정 이자 지급을 연체하였다든지 채무자가 그 채무액을 채권자에게 지급하고 그 채권담보의 목적으로 마친 소유권이전등기의 말소를 청구할 수 있었다는 사정이나 채권자가 담보목적부동산을 처분하여 얻은 이익의 크고 작음 등과 같은 사정은 위법한 담보목적부동산 처분으로 인한 **손해배상책임을 제한할 수 있는 사유가 될 수 없다**고 할 것이다.

바. 채권자가 무단으로 실행한 본등기의 효과

(1) 채권자의 소유권 취득 불가

A. 채권자 명의 본등기는 원인무효 등기임

- 채권자가 적법한 청산금 지급 등 적법한 본등기 실행의 요건을 갖추지 못한 상태에서, 채권자 명의 본등기가 마쳐지는 경우가 있다.
- 이러한 채권자 명의 본등기는 원인무효 등기이며 청산형 양도담보 소유권이전등기로 인정될 수도 없다. 청산형 양도담보로 본다면 실질적으로 처분청산을 인정하는 것이 되는데 가등기담보법의 취지상 처분청산은 허용될 수 없기 때문이다.

가등기담보법이 적용되는 경우에는 채권자가 담보목적 부동산에 관하여 소유자로 등기되어 있다고 하더라도 청산절차 등 법에 정한 요건을 충족해야만 비로소 담보목적부동산의 **소유권을** 취득할 수 있다(대법원 2022. 4. 14. 선고 2021다263519 판결).

가등기담보권의 사적 실행에 있어서 채권자가 청산금의 지급 이전에 본등기와 담보목적물의 인도를 받을 수 있다거나 청산기간이나 동시이행관계를 인정하지 아니하는 '처분정산'형의 담보권실행은 법률상 허용되지 아니한다(대법원 2002. 12. 10. 선고 2002다42001 판결).

가등기담보법 제4조는 강행법규에 해당하여 이를 **위반하여 담보가등기에 기한 본등기가 이루어진 경우 본등기는 무효**이고, 그와 같은 본등기가 가등기권리자와 채무자 사이에 이루어진 특약에 의하여 이루어졌다고 할지라도 만일 그 특약이 채무자에게 불리한 것으로서 무효라고 한다면 그 본등기는 여전히 무효일 뿐, 이른바 약한 의미의 양도담보로서 담보의 목적 내에서는 유효하다고 할 것이 **아니**다(대법원 2019. 6. 13. 선고 2018다300661 판결).

B. 종래의 가등기담보·양도담보계약상 법률관계 유지

- 채권자가 임의로 본등기를 마쳤더라도 담보권 실행이 종료되지 않았으므로 종래의 가등기담보·양도담보 계약상의 법률관계가 유지된다.
- 예컨대 담보물의 사용·수익권은 여전히 설정자에게 유보된다.

> 담보가등기에 기하여 마쳐진 본등기가 무효인 경우, **담보목적 부동산에 대한 소유권은 담보가등기 설정자인 채무자 등에게 있고 소유권의 권능 중 하나인 사용수익권도 당연히 담보가등기 설정자가 보유**한다(대법원 2019. 6. 13. 선고 2018다300661 판결).

C. 사례: 채권자의 차임 수취와 청산금 미지급

(a) 사안의 개요

- 甲은 乙에 대한 5억원의 대여금 채권을 담보하기 위해 乙소유 X토지에 대한 담보가등기를 마쳤고 그 후 乙은 X토지를 丙에게 임대했다.
- 乙은 甲으로부터 지연배상금 독촉을 받게 되자 丙에게 요청하여 차임을 甲에게 지급하라고 했다. 이에 따라 丙이 甲에게 직접 지급한 차임이 2000만원에 이른다.

(b) 쟁점과 판단

- 甲이 乙과의 공동신청으로 본등기를 마쳤을 때 X토지의 시가는 5억원이었다면 甲명의 본등기는 원인무효이다.
- 丙으로부터 甲이 수령한 차임이 변제에 충당되었으므로 피담보채권액은 4억 8000만원이고 청산금은 2000만원인데 甲이 乙에게 이를 지급하지 않았기 때문이다.

> **대법원 2019. 6. 13. 선고 2018다300661 판결**
> - 담보가등기에 기하여 마쳐진 본등기가 무효인 경우, **담보목적 부동산에 대한 소유권은 담보가등기 설정자인 채무자 등에게 있고 소유권의 권능 중 하나인 사용수익권도 당연히 담보가등기 설정자가 보유**한다.
> - 따라서 채무자가 자신이 소유하는 담보목적 부동산에 관하여 **채권자와 임대차계약을 체결하고 채권자에게 차임을 지급**하거나, **채무자와 임대차계약을 체결하고 있는 임차인으로 하여금 채권자에게 차임을 지급하도록** 할 수 있다.
> - 채권자가 차임을 수령했다면, 특별한 사정이 없는 한, **위 차임은 피담보채무의 변제에 충당**된 것으로 보아야 하고, 피담보채무의 변제에 충당되지 않았다고 보기 위해서는, **차임을 피담보채무의 변제와 무관하게 별개로 취급하기로 약정하였거나 차**

> 임이 피담보채무의 변제에 충당되었다고 보기 어려운 특별한 사정이 있었는지를
> 심리·판단했어야 한다.

(2) 예외: 실체관계에 부합하는 등기로 인정되는 경우

 A. 개관: 증명책임

* 전제: 채권자 명의 본등기가 청산금 미지급을 이유로 원인무효임이 밝혀진 상태
  에서 실체관계에 부합하는 등기라는 주장을 하는 단계이므로 채권자 명의 본등
  기나 소유권이전등기에 기한 등기추정력을 주장할 수 없는 상태이다. 따라서 실
  체관계 부합을 주장하는 자가 증명책임을 진다(대법원 2010. 8. 19. 선고 2009다
  90160 판결).
* 청산금 가액을 산정하지 않은 채 본등기가 유효라고 판단하면 심리미진이다.

> 청산금이 남아 있는지 등에 관하여 별도의 심리와 판단 없이 담보권실행 통지가 있은
> 때부터 청산기간 2개월이 지난 점만을 들어 채권자가 이 사건 부동산의 소유권을 취
> 득하였다고 판단한 원심판결에는 가등기담보법에서 정한 청산절차 또는 청산금 산정
> 에 관한 법리를 오해하여 필요한 심리를 다하지 않은 잘못이 있다(대법원 2017. 5. 17.
> 선고 2017다202296 판결).

B. 실체관계부합이 인정될 수 있는 사유

* 채권자가 채무자에게 담보권실행통지를 하지 않은 경우, 채권자가 다시 담보권
  실행통지를 한 후 청산기간 2개월이 경과하면 채권자 명의 본등기는 실체관계 부
  합 등기로 인정된다.
* 채권자가 산정한 청산금이 부족한 경우, 채권자가 법정액에 미달하는 가액을 추
  가지급하면 채권자 명의 본등기는 실체관계 부합 등기로 인정된다.
* 청산금이 없는 경우, 청산기간이 경과하면 채권자 명의 본등기는 실체관계 부합
  등기로 인정된다.
* 청산기간을 법정기간(2개월)보다 짧게 정한 경우, 적법한 기산점으로부터 2개월
  이 경과하면 채권자 명의 본등기는 실체관계 부합 등기로 인정된다.

> 가등기권리자가 법 제3조·제4조에 정한 절차에 따라 청산금의 평가액을 채무자 등에
> 게 통지한 후 채무자에게 정당한 청산금을 지급하거나 지급할 청산금이 없는 경우에
> 는 채무자가 그 통지를 받은 날로부터 2월의 청산기간이 경과하면 위 무효인 본등기

는 **실체적 법률관계에 부합하는 유효한 등기**가 될 수 있다(대법원 2019. 6. 13. 선고 2018다300661 판결).

- 비교: 본등기를 명하는 화해권고결정이 있더라도 이것만으로는 실체관계부합으로 인정될 수 없다.

> **대법원 2017. 8. 18. 선고 2016다30296 판결**
> ‣ 가등기담보법의 규정을 위반하여 무효인 본등기가 마쳐진 후 가등기에 기한 본등기를 이행한다는 내용의 화해권고결정이 확정되었다고 하더라도, <u>확정된 화해권고결정이 있다는 사정만으로는 무효인 본등기가 실체관계에 부합하는 유효한 등기라고 주장할 수 없다.</u>
> ‣ 나아가 그러한 <u>화해권고결정에 기하여 다시 본등기를 마친다고 하더라도 본등기는 가등기담보법의 위 각 규정을 위반하여 이루어진 것이어서 여전히 무효라고 할 것이다.</u>

사. 후순위 권리자에 대한 간이배당

(1) 개관

(a) 후순위 권리자의 의미

- 후순위 권리자는 담보가등기보다 후순위로 등기된 저당권자 · 전세권자 · 담보가등기권리자를 뜻한다.
- ✓ 후순위 담보가등기권리자는 선순위 담보가등기권리자의 귀속청산 저지를 위해 임의경매를 신청하거나 선순위 담보가등기권리자에게 간이배당을 요구할 수는 있으나, 자신이 귀속청산 절차를 진행할 수는 없다.

> 법 제2조(정의) 5호: "후순위권리자"란 담보가등기 후에 등기된 저당권자 · 전세권자 및 담보가등기 권리자를 말한다.

(b) 간이배당의 법적 성질

- 후순위 권리자는 청산금이 지급되기 전까지 채권자에게 직접 간이배당을 요구할 수 있다. 이러한 후순위 권리자의 지급청구에 응하여 채권자가 청산금의 한도 내에서 후순위 권리자에게 간이배당을 하면, 그 가액만큼 청산금에서 공제된다(법 §5 ③).

✓ 원래 후순위 권리자는 귀속청산이 종료되면 권리를 상실하고, 채무자의 청산금채권에 대한 물상대위권을 행사하여 만족을 얻어야 한다. 따라서 가등기담보법 §5는 후순위자 보호를 위해 간이배당 제도를 둔 것으로 볼 수 있다. 이에 비해 선순위 권리자는 귀속청산에 의해 영향을 받지 않으므로 간이배당 제도에 의해 보호될 필요가 없다.

(2) 간이배당의 요건

A. 전제: 채권자의 담보권 실행 통지

• 후순위권리자에 대한 통지: 채권자는 채무자에게 법 §4의 담보권 실행 통지를 마쳐야만 후순위 권리자에게 적법하게 통지할 수 있다. 채무자에게 통지한 내용뿐 아니라 채무자에게 통지가 도달한 날짜도 후순위 권리자에게 통지해야 하기 때문이다.

> 법 제6조(채무자등 외의 권리자에 대한 통지) ① 채권자는 제3조 제1항에 따른 통지가 채무자등에게 도달하면 지체 없이 후순위권리자에게 그 통지의 사실과 내용 및 도달일을 통지하여야 한다.

• 후순위권리자 이외의 대항력 있는 권리자인 가압류권리자나 대항력 있는 임차인 등에 대한 통지에는 채무자에게 통지하였다는 사실과 피담보채권액만 포함되면 된다. 즉 채무자에 대한 통지의 도달일은 통지할 필요가 없다.

> 법 제6조(채무자등 외의 권리자에 대한 통지) ② 제3조 제1항에 따른 통지가 채무자등에게 도달한 때에는 담보가등기 후에 등기한 제삼자(제1항에 따라 통지를 받을 자를 제외하고, 대항력 있는 임차권자를 포함한다)가 있으면 채권자는 지체 없이 그 제삼자에게 제3조 제1항에 따른 통지를 한 사실과 그 채권액을 통지해야 한다.

• 통지할 주소와 발신주의: 등기부상의 주소로 통지해야 한다. 다만 대항력 있는 임차인은 목적물 소재지로 통지해야 한다. 또한 후순위자에 대한 통지에 대해서는 발신주의가 적용된다.

> 법 제6조(채무자등 외의 권리자에 대한 통지) ③ 제1항과 제2항에 따른 통지는 통지를 받을 자의 등기부상 주소로 발송함으로써 그 효력이 있다. 그러나 대항력 있는 임차권자에게는 담보목적부동산의 소재지로 발송해야 한다.

B. 후순위 권리자의 간이배당 청구

• 후순위 권리자는, 청산기간이 경과했더라도 채권자가 채무자에게 실제로 청산금

지급을 완료하기 전까지는 간이배당을 청구할 수 있다.

- 후순위 권리자가 간이배당을 청구하려면 자신의 피담보채권액의 범위 내에서 채권의 명세와 채권증서를 채권자에게 교부해야 한다. 법 §5의 문리해석상 이러한 교부 의무가 간이배당금 지급보다 선이행 의무이기 때문이다.

> 법 제5조(후순위권리자의 권리 행사)
> ① 후순위권리자는 그 순위에 따라 채무자등이 지급받을 청산금에 대하여 제3조제1항에 따라 통지된 평가액의 범위에서 <u>청산금이 지급될 때까지</u> 그 권리를 행사할 수 있고, 채권자는 후순위권리자의 요구가 있는 경우에는 청산금을 지급하여야 한다.
> ② 후순위권리자는 제1항의 권리를 행사할 때에는 그 <u>피담보채권의 범위에서 그 채권의 명세와 증서를 채권자에게 교부하여야</u> 한다.

C. 소극적 요건: 청산금 채권에 대한 (가)압류

- 다른 이해관계인이 후순위 권리자에 대한 간이배당을 저지하려면 청산금 채권을 (가)압류해야 한다.

✓ §5 ④이 (가)압류 대상을 단순히 청산금이라고 규정한 것은 입법의 오류라고 볼 여지가 있다. 청산금 채권은 채무자가 채권자에게 가지는 것인데, 간이배당에 대한 이해관계 대립은 후순위 권리자들 사이에서뿐 아니라 채무자와 후순위 권리자 사이에서도 일어날 수 있기 때문이다.

> 법 제5조(후순위권리자의 권리 행사) ④ 제1항의 권리 행사를 막으려는 자는 청산금을 압류하거나 가압류하여야 한다.

(3) 간이배당의 효과

A. 원칙

- 명문 규정은 없지만 채권자는 후순위 권리자들의 순위에 따라 간이배당금을 지급해야 한다.
- 채권자가 청산금에서 후순위 권리자에게 간이배당금을 지급하면 그 가액만큼 채무자에 대한 청산금에서 공제된다.

> 제5조(후순위권리자의 권리 행사) ③ 채권자가 제2항의 명세와 증서를 받고 **후순위 권리자에게 청산금을 지급한 때에는 그 범위에서 (채무자에 대한) 청산금채무는 소멸한다.**

- 후순위 권리자가 대항력 있는 임차인이면 임차물 인도와 동시이행으로 간이배당금을 지급한다.

> 법 제5조(후순위권리자의 권리 행사) ⑤ 담보가등기 후에 대항력 있는 임차권을 취득한 자에게는 청산금의 범위에서 동시이행의 항변권에 관한 「민법」 제536조를 준용한다.

B. 예외: 후순위 권리자가 간이배당 청구를 하지 않은 경우
- 채권자의 적법하게 통지를 발송했는데도 후순위 권리자가 간이배당을 청구하지 않은 경우, 후순위자에 대한 채권자의 간이배당 의무가 소멸한다.
- 채권자는 그 상당액을 청산금으로 채무자에게 지급할 수 있고(96다17776, 1034면), 이러한 지급이 이루어지면 후순위 권리자는 무담보 채권자가 된다.

(4) 후순위 권리자 보호를 위한 특칙

A. 청산금의 처분 제한
- 청산기간 경과 전에 채무자가 청산금 채권을 양도·처분하더라도 후순위 권리자에게 대항하지 못한다.
✓ 채무자에게 청산금 가액이 통지되면 채무자는 채권자에게 청산금 채권을 가지게 되지만 간이배당이 이루어지면 그 가액은 청산금에서 공제된다. 이러한 공제 가능성은 청산기간 중에만 유지되므로 채권자는 간이배당으로 인한 공제로 청산기간 종료 전 청산금 채권 양수인에게는 대항할 수 있음에 비해 청산기간 종료 후 청산금 채권 양수인에게는 대항할 수 없다.

> 법 제7조(청산금에 대한 처분 제한) ① 채무자가 청산기간이 지나기 전에 한 청산금에 관한 권리의 양도나 그 밖의 처분은 이로써 후순위 권리자에게 대항하지 못한다.

- 청산기간 경과 전에 채권자가 채무자에게 청산금을 지급했거나, 청산기간 경과 후이더라도 채권자가 후순위 권리자에게 법 §6 ①의 통지를 하지 않은 상태에서 채무자에게 청산금을 지급한 경우, 채권자는 후순위 권리자가 간이배당을 청구하면 이에 응할 의무가 있다. 이 경우 채권자는 채무자에게 구상권(§741)을 행사할 수 있다.

> 법 제7조(청산금에 대한 처분 제한) ② 채권자가 청산기간이 지나기 전에 청산금을 지급한 경우 또는 제6조 제1항에 따른 통지를 하지 아니하고 청산금을 지급한 경우에도 제1항과 같다.

B. 후순위 권리자에 대한 채권자의 통지·간이배당 의무 위반의 효과

(a) 개관

• 채권자가 청산금 처분 제한을 위반했더라도 그 효과는 상대적인 것에 불과하다. 즉 청산기간의 기산·경과나 귀속청산에 의한 소유권 취득에 대해서는 아무런 영향을 미치지 않는다.

• 채무자도 후순위 권리자에 대한 통지 의무 위반을 이유로 채권자의 소유권 취득이라는 효과를 부정할 수 없다.

대법원 2002. 12. 10. 선고 2002다42001 판결

‣ 채권자가 후순위권리자에게 통지하지 아니하고, 채무자에게 청산금을 지급한 경우에는 이로써 후순위권리자에게 대항할 수 없는 것이나, 이러한 <u>채권자의 변제 제한의 효력은 후순위권리자에게만 적용되는 상대적인 것이므로, 후순위권리자는 청산금채권이 아직 소멸하지 않은 것으로 보고 채권자에게 직접 권리를 행사할 수 있고 후순위권리자가 채권자에게 청산금을 지급하여 줄 것을 청구하게 되면 채권자로서는 청산금의 이중 지급의 책임을 면할 수 없다는 취지일 뿐이지</u>, 후순위권리자가 존재한다는 사유만으로 **채무자에게 담보권의 실행을 거부할 권원을 부여하는 것은 아니다.**

‣ 이 사건 정산 합의가 가등기담보법 제4조 제4항에 의하여 무효라고 하더라도 **자기 위 정당한 청산금을 모두 지급받은 때에 이 사건 가등기에 기한 본등기는 실체적 법률관계에 부합하는 유효한 등기**로 되었다고 봄이 상당하고, 담보권실행의 통지를 받지 못한 후순위권리자가 존재한다고 하더라도 이와 달리 볼 사정은 되지 못한다고 할 것이다.

(b) 사례: 간이배당에서 담보권자의 통지누락과 후순위 권리자의 배당요구 누락

• 사안의 개요: ㉠ 甲의 피담보채무액은 1억원이고 담보물인 X부동산의 가액은 5억원인데 여기에는 후순위 저당권자인 A(피담보채권액 1억원), B(피담보채권액 2억원), C(피담보채권액 1억원)가 있다. ㉡ 甲은 적법한 담보권 실행통지를 A, B에 대해서만 마쳤고 C에게는 하지 않았으며, B만 甲에게 간이배당 요구를 했다. 甲은 乙에게 가등기담보의 피담보채권 이외의 무담보 금전채권(2억원)을 가지고 있다.

• 사건의 경과: 甲이 청산금 4억원 중 2억 원을 B에게 간이배당하고, 남은 2억원은 자신의 乙에 대한 무담보 채권 2억원과 상계한 후, 乙에 대해 지급할 청산금이 없

다는 취지로 통지했다. 그 후 청산기간이 경과하자 甲은 본등기를 실행했다.
- 쟁점과 판단: 甲명의의 본등기는 유효이고, 적법한 본등기 실행으로 인해 A, C명의 각 후순위 저당권 설정등기는 말소된다. ㉠ 후순위 권리자 중 통지를 받고 간이배당 요구를 하지 않은 A는 물론, 간이배당 통지를 받지 않아서 甲에게 간이배당금으로 대항할 수 있는 C나 채무자 乙도 甲의 귀속청산을 다툴 수 없다. ㉡ 채권자는 채무자에 대해 가지는 피담보채권 이외의 채권을 자동채권으로 삼아 청산금채무와 상계할 수 있다.

> 통지를 받은 후순위권리자가 채권자에게 직접 권리를 행사한 바가 없고, 또한 청산기간을 경과하게 되면 채권자는 채무자에게 청산금을 변제할 수 있음은 물론, 채권자가 채무자에 대하여 가등기담보에 의하여 담보되지 아니한 별개의 금전채권을 가지고 있는 경우에는 이것을 자동채권으로 하여 채무자의 청산금채권을 상계할 수도 있다 (대법원 1996. 7. 12. 선고 96다17776 판결).

저자약력

권재문

서울대학교 법학사(1993), 법학석사(2001), 법학박사(2010)

서울대학교 법학연구소 조교(2001)

제42회 사법시험 합격, 사법연수원 33기

변호사 개업(2004~2006)

숙명여자대학교 법학부 조교수, 부교수, 교수(2006~2020)

서울시립대학교 법학전문대학원 교수(2020~현재)

경찰대학, 덕성여자대학교, 성균관대학교, 서울대학교, 연세대학교, 한국외국어대학교, 한양대학교 출강

사법시험, 변호사시험 출제위원

민법강의: 민법총칙·물권

초판발행	2024년 6월 14일
지은이	권재문
펴낸이	안종만 · 안상준
편 집	윤혜경
기획/마케팅	장규식
표지디자인	권아린
제 작	고철민 · 조영환
펴낸곳	㈜ **박영사**
	서울특별시 금천구 가산디지털2로 53, 210호(가산동, 한라시그마밸리)
	등록 1959. 3. 11. 제300-1959-1호(倫)
전 화	02)733-6771
f a x	02)736-4818
e-mail	pys@pybook.co.kr
homepage	www.pybook.co.kr
ISBN	979-11-303-4724-0 93360

정 가   59,000원